CompTIA A+ All in One

Mike Meyers

CompTIA A+ All in One

Prüfungsvorbereitung und Hardware-Buch

Übersetzung aus dem
Amerikanischen von Gerhard Franken

mitp

Bibliografische Information der Deutschen Nationalbibliothek
Die Deutsche Nationalbibliothek verzeichnet diese Publikation in der
Deutschen Nationalbibliografie; detaillierte bibliografische
Daten sind im Internet über <http://dnb.d-nb.de> abrufbar.

Bei der Herstellung des Werkes haben wir uns zukunftsbewusst für
umweltverträgliche und wiederverwertbare Materialien entschieden.
Der Inhalt ist auf elementar chlorfreiem Papier gedruckt.

ISBN 978-3-8266-9054-9
1. Auflage 2010

E-Mail: kundenbetreuung@hjr-verlag.de

Telefon: +49 89/2183-7928
Telefax: +49 89/2183-7620

www.mitp.de

© 2010 mitp, eine Marke der Verlagsgruppe Hüthig Jehle Rehm GmbH
Heidelberg, München, Landsberg, Frechen, Hamburg

Original edition © 2010 by The McGraw-Hill Companies. All rights reserved.

Dieses Werk, einschließlich aller seiner Teile, ist urheberrechtlich geschützt.
Jede Verwertung außerhalb der engen Grenzen des Urheberrechtsgesetzes ist
ohne Zustimmung des Verlages unzulässig und strafbar. Dies gilt insbesondere
für Vervielfältigungen, Übersetzungen, Mikroverfilmungen und die
Einspeicherung und Verarbeitung in elektronischen Systemen.

Original English language edition text and art copyright
© 2010 Osborne/McGraw-Hill Companies, California.
All rights reserved including the right of reproduction in whole part or in part in any form.

Lektorat: Sabine Schulz
Satz: III-satz, Husby, www.drei-satz.de
Druck: Fuldaer Verlagsanstalt, Fulda
Coverbild: © Michael S. Schwarzer – Fotolia.com

Inhaltsverzeichnis

Kapitel 1: Der Weg zum PC-Techniker — 25
Was es bedeutet, sich Wissen im Hinblick auf die Verwaltung und die Fehlersuche bei PCs anzueignen — 25
Die Bedeutung der CompTIA A+-Zertifizierung — 26
    Das CompTIA A+-Zertifikat — 26
    Wer ist die CompTIA? — 27
    Der Weg zu anderen Zertifizierungen — 27
Wie erhalte ich das CompTIA A+-Zertifikat? — 28
    Der grundlegende Aufbau der Prüfung — 29
    Wie legt man die Prüfungen ab? — 32
    Was kostet die Prüfung? — 32
    Wie bestehe ich die CompTIA A+-Prüfungen? — 33

Geschichte und Konzepte — 35

Wiederholung — 37
    Fragen — 37
    Antworten — 38

Kapitel 2: Arbeitsabläufe — 39

Essentials — 39
Der professionelle Techniker — 39
    Das äußere Erscheinungsbild — 40
    Die Charakterzüge eines Technikers — 40
Kommunikation — 44
    Verbindliche Kommunikation — 45
    Respektvolle Kommunikation — 45
    Antworten erhalten — 46
    Erwartungen und Nachfassaktionen — 48

Inhaltsverzeichnis

Sicherheit und Werkzeuge	48
Elektrostatische Entladungen	49
Antistatische Hilfsmittel	49
EMI (Elektromagnetische Interferenzen)	51
RFI (Radio Frequency Interference)	51
Körperliche Sicherheit	52
Die wichtigsten Werkzeuge	54
Wiederholung	54
Fragen	54
Antworten	56

Kapitel 3: Der gläserne PC   57

Geschichte & Konzepte	57
Wie ein PC funktioniert	57
Eingabe	59
Verarbeitung	60
Ausgabe	60
Speicher	61
Die Kunst des PC-Technikers	61
Essentials	62
Der Komplettrechner	62
Externe Anschlüsse	63
Geräte und ihre Anschlüsse	69
Innerhalb der Systemeinheit	75
Gehäuse	76
CPU	77
RAM	79
Mainboard	79
Netzteil	80
Diskettenlaufwerk	81
Festplatte	81
Optische Laufwerke	82
Verschaffen Sie sich einen Überblick über Ihre Komponenten	84
Wiederholung	84
Fragen	84
Antworten	85

Kapitel 4: Windows verstehen   87

Geschichte und Konzepte	87
Ein kurzer Überblick über die Geschichte von Microsoft Windows	87
Ältere Windows-Versionen	89

Moderne Windows-Versionen...	91
Essentials...	**92**
Windows 2000...	92
Windows XP...	93
Windows Vista..	96
Einstieg in 64-Bit-Windows...	97
Die Windows-Oberfläche..	102
Benutzerschnittstelle...	102
Tastenkürzel (»Hot-Keys«)..	120
Practical Application...	**121**
Ordner des Betriebssystems...	121
Der Systemordner...	121
Ordner mit Programmen und Benutzerdateien..................	122
Die Registrierung..	125
Die Auslagerungsdatei..	130
Dienstprogramme für Techniker..	134
Klicken mit der rechten Maustaste.................................	134
Die Systemsteuerung..	136
Der Geräte-Manager..	138
Systemprogramme...	143
Eingabeaufforderung..	149
Die MMC (Microsoft Management Console)....................	150
Verwaltung...	153
Jenseits von A+...	**158**
Windows 7..	159
Windows Mobile...	159
Windows XP Tablet PC Edition.....................................	160
Windows Embedded...	160
Wiederholung...	**161**
Fragen...	161
Antworten..	162

Kapitel 5: Mikroprozessoren   163

Geschichte und Konzepte...	**163**
Kernkomponenten der CPU...	163
Der Mann in der Schachtel...	164
Register...	166
Die Taktleitung...	168
Zurück zum externen Datenbus....................................	171
Speicher..	172
Speicher und RAM..	172

Adressbus 174

Essentials 178

Moderne Prozessoren 178
Hersteller 178
Prozessorbauformen 179
Der Pentium: Die frühen Jahre 182
Original-Pentium 190
Pentium Pro 190
Die späteren CPUs der Pentium-Klasse 192
Pentium II 193
AMD K6 194
Pentium III 195

Practical Application 195
AMD Athlon 196
AMD Duron 197
Intel Pentium 4 198
Mobile Prozessoren 200
Frühe 64-Bit-CPUs 201
Mehrkern-Prozessoren 204
Intel Core 205
AMD Phenom 206
AMD Phenom II 206
Intel Core i7 207
Intel Celeron 208
Intel Pentium Dual-Core 208
Intel-Xeon-Prozessoren 209

Installation von Prozessoren 210
Warum den Prozessor austauschen? 210
Ermittlung der passenden CPU 211
Kauf eines Prozessors 211
Vorbereitung der Installation 211
Einbau einer CPU im PGA-Gehäuse 213
Testen des neuen Prozessors 215
Die Kunst des Kühlens 215
Kennen Sie Ihre CPUs? 217

Jenseits von A+ 217
Übertaktung 217
Intel Atom 219

Wiederholung 220
Fragen 220
Antworten 222

Kapitel 6: RAM   223

Geschichte und Konzepte.	224
DRAM – Einführung	224
DRAM-Organisation	225
DRAM in der Praxis	226
DRAM-Module	227
Speichermodule für den Endkunden	229
Essentials	229
RAM-Typen	229
SDRAM	230
RDRAM	231
DDR-SDRAM	232
DDR2	234
DDR3	235
RAM-Varianten	236
Der Umgang mit RAM	239
Wird mehr RAM benötigt?	240
Beschaffung der richtigen Speichermodule	242
DIMMs und RIMMs installieren	244
Einbau von SO-DIMMs in Laptops	247
Practical Application	248
Fehlerbehebung beim Arbeitsspeicher	248
Speichermodule testen	250
Wiederholung	251
Fragen	251
Antworten	253

Kapitel 7: BIOS und CMOS   255

Geschichte und Konzepte	255
Wir müssen miteinander reden	255
Kommunikation mit der Tastatur	258
Essentials	260
BIOS	260
CMOS	263
Das CMOS-Setup-Programm	264
Kurzführung durch ein typisches CMOS-Setup-Programm	266
Optionales ROM und Gerätetreiber	272
Optionales ROM	273
Gerätetreiber	274

Immer wieder das BIOS!	275
Practical Application	**276**
POST (Power-On Self Test)	276
Vor und während des Grafikkartentests: Die Piepcodes	276
Fehlermeldungen als Text	277
POST-Karten	277
Der Bootprozess	278
Wartung von BIOS und CMOS	279
Verlorene CMOS-Einstellungen	279
Flash-ROM aktualisieren	281
Jenseits von A+	**282**
UEFI	282
Wiederholung	**283**
Fragen	283
Antworten	285

Kapitel 8:   Erweiterungsbus   287

Geschichte und Konzepte	**288**
Aufbau und Funktion des Erweiterungsbusses	288
Der PC-Bus	290
ISA	291
Essentials	**292**
Moderne Erweiterungsbusse	292
Fehlstarts	292
PCI	292
Systemressourcen	296
E/A-Adressen	297
IRQs (Interrupt Requests)	299
COM- und LPT-Ports	303
DMA (Direct Memory Access)	304
Speicheradressen	306
Erweiterungskarten installieren	306
Schritt 1: Wissen	307
Schritt 2: Physische Installation	307
Schritt 3: Gerätetreiber	309
Beschaffung der richtigen Treiber	309
Treiber oder Gerät?	310
Entfernen alter Treiber	311
Nicht signierte Treiber	311
Schritt 4: Überprüfen	314

Practical Application.	315
Fehlersuche bei Erweiterungskarten	315
Wiederholung	317
Fragen	317
Antworten	319

Kapitel 9: Mainboards — 321

Geschichte und Konzepte	322
Wie Mainboards funktionieren	322
Formfaktoren	322
Essentials	325
Chipsatz	329
Mainboard-Komponenten	334
Practical Application	336
Austausch und Installation eines Mainboards	336
Auswahl von Mainboard und Gehäuse	336
Installation eines Mainboards	340
Nichts als Kabel	342
Problembehebung bei Mainboards	343
Symptome	343
Techniken der Problembehebung	343
Optionen	344
Jenseits von A+	345
Shuttle-Formfaktor	345
Mini-ITX	346
Wiederholung	347
Fragen	347
Antworten	348

Kapitel 10: Netzteile — 349

Geschichte und Konzepte	350
Grundlagen der Elektrizität	350
Essentials	352
Stromversorgung des Rechners	352
Wechselspannungsversorgung	352
Versorgung mit Gleichspannung	358
Practical Application	366
Netzteile einbauen, warten und prüfen	368

Einbau	369
Kühlung	370
Wenn ein Netzteil stirbt	375
Sicherungen und Feuer	377

Jenseits von A+ — 378
Es leuchtet!	378
Modulare Netzteile	379
Spannungsschienen	379

Wiederholung — 381
Fragen	381
Antworten	382

Kapitel 11: Festplattentechnologien — 383

Geschichte und Konzepte — 384
Wie Festplatten funktionieren — 384
Plattenbasierte Festplatten	384

Essentials — 389
Solid-State Drive (SSD)	389

PATA und SATA — 390
ATA-1	391
ATA-2	393
ATA-3	398
ATA-4	399
INT13-Erweiterungen	400
ATA-5	400
ATA-6	401

Practical Application — 401
ATA-7	401

SCSI: Immer noch nicht tot — 405
SCSI-Ketten	405
SCSI-IDs	408
Terminierung	408

Datensicherheit mit RAID — 410
RAID	412
RAID implementieren	413
Hardware- vs. Software-RAID	414
Personal RAID	416
Die Zukunft gehört RAID	416

Laufwerke installieren — 416
Auswahl des Laufwerks	416
Jumper und Verkabelung bei PATA-Laufwerken	417

Verkabelung von SATA-Laufwerken	418
Anschluss von SSDs	419
SCSI-Laufwerke anschließen	420
BIOS-Unterstützung: CMOS-Einstellungen und Treiberinstallation	420
Controller konfigurieren	421
Automatische Erkennung (Autodetection)	421
Boot-Reihenfolge	423
AHCI aktivieren	423
Gerätetreiber	423
Troubleshooting bei der Festplatteninstallation	424
Jenseits von A+	**425**
Umdrehungsgeschwindigkeit	425
Hybrid-Festplatten	426
Wiederholung	**427**
Fragen	427
Antworten	428

Kapitel 12: Vorbereitung und Wartung von Festplatten — 429

Geschichte und Konzepte	**429**
Festplatten partitionieren	430
Essentials	**430**
Basisfestplatten	430
Dynamische Datenträger	435
Weitere Partitionstypen	437
Wann partitioniert werden sollte	437
Formatierung von Festplatten	439
Dateisysteme unter Windows	439
FAT	440
FAT32	447
Essentials/Practical Application	**448**
NTFS	448
Der Partitionierungs- und Formatierungsprozess	454
Bootfähige Datenträger	454
Partitionieren und Formatieren mit der Installations-CD von Windows	455
Partitionieren und Formatieren mit der Installations-DVD von Windows Vista	460
Partitionen und Laufwerksbuchstaben	465
Disk Management	465
Dynamische Datenträger	471
Bereitstellen von Laufwerken	476
Eine Partition formatieren	478

Wartung und Problembehebung bei Festplatten 479
    Wartung.. 479
    Problembehebung bei Festplatten 484
Jenseits von A+ 489
    Partitionierungswerkzeuge von Drittanbietern 489
Wiederholung 491
    Fragen 491
    Antworten 493

Kapitel 13: Wechseldatenträger   495

Geschichte und Konzepte 496
Diskettenlaufwerke 496
    Grundlagen von Diskettenlaufwerken 496
Essentials 498
    Diskettenlaufwerke installieren. 498
Flash-Speicher 502
    USB-Sticks 502
    Flash-Karten 503
Optische Laufwerke 506
    CD-Datenträger. 507
    DVD-Medien 514
    Blu-ray Disc-Media.. 518
    Optische Laufwerke installieren... 520
Practical Application 529
Fehlersuche bei Wechseldatenträgern 529
    Wartung und Pflege von Diskettenlaufwerken 529
    Fehlersuche bei optischen Laufwerken und Discs......................... 529
Jenseits von A+ 533
    Die bunten Bücher 533
    BD-J 534
Wiederholung 534
    Fragen 534
    Antworten 536

Kapitel 14: Windows installieren und aktualisieren   537

Essentials/Practical Application 537
Vorbereitung auf das Installieren/Upgraden von Windows...................... 537
    Ermitteln der Hardwareanforderungen 538
    Hardware- und Softwarekompatibilität prüfen 538

Neuinstallation oder Upgrade?	540
Sichern und Wiederherstellen der Daten bei Bedarf	542
Auswahl einer Installationsmethode	542
Partitionierung der Festplatte und Wahl des Dateisystems	543
Festlegen der Rolle des Rechners im Netzwerk	543
Spracheinstellungen und lokale Einstellungen	543
Planung der Aufgaben nach der eigentlichen Installation	543
Installation und Upgrade von Windows	543
Installation von und Upgrade auf Windows 2000 Professional	544
Installation von/Aktualisierung auf Windows XP Professional	544
Installation von und Upgrade auf Windows Vista	547
Upgrade-Aspekte	549
Neuinstallation von Windows 2000/XP	549
Neuinstallation von Windows Vista	556
Automatisierte Installation	566
Behebung von Installationsproblemen	575
Fehler im Textmodus	575
Fehler im Grafikmodus	576
Systemabstürze während der Installation	576
Aufgaben nach der Installation	577
Patches, Service Packs und Aktualisierungen	577
Treiber aktualisieren	578
Wiederherstellung von Datendateien (falls erforderlich)	578
Umzug und Ausmusterung	578
Nach der Installation: Das Zusammenspiel der Komponenten	585
Der Bootprozess bei Windows 2000/XP	585
Bootdateien in der Systempartition von Windows 2000/XP	586
Der Bootprozess von Vista/7	590
Keine Installation ist optimal	591
Wiederholung	**591**
Fragen	591
Antworten	593

Kapitel 15: Die Eingabeaufforderung — 595

Geschichte und Konzepte	**596**
Practical Application	**596**
Die Befehlszeile entschlüsseln	596
Zugriff auf die Befehlszeile	599
Die Eingabeaufforderung	600
Dateinamen und Dateiformate	601
Laufwerke und Ordner	604

Inhaltsverzeichnis

Grundlegende Befehle. 605
    Befehlsstruktur: Syntax und Schalter 606
    Der Befehl DIR. 606
    Verzeichnisse – der Befehl CD. 608
    Laufwerke wechseln 609
    Verzeichnisse erstellen 610
    Verzeichnisse löschen. 611
    Programme starten 612
Arbeiten mit Dateien. 613
    Attribute 614
    Wildcards (Platzhalterzeichen) 615
    Dateien umbenennen 617
    Dateien löschen. 617
    Dateien verschieben und kopieren. 618
    Arbeiten mit Batchdateien 620
    Und noch mehr Tools, Utilities und Befehle 626
Jenseits von A+ 628
    Benutzung der Funktionstasten 628
    Compact und Cipher 629
Wiederholung 633
    Fragen 633
    Antworten 634

Kapitel 16: Windows-Ressourcen schützen   635

Essentials/Practical Application 635
Authentifizierung über Benutzer und Gruppen 635
    Benutzerverwaltung unter Windows 2000 637
    Benutzerverwaltung unter Windows XP 641
    Benutzerverwaltung unter Windows Vista. 646
    Allgemeine Benutzerverwaltung 649
Autorisierung über NTFS-Berechtigungen. 654
    NTFS-Berechtigungen. 654
    Propagieren von Berechtigungen 656
    Techniker und Berechtigungen 658
Einen Windows-PC sicher gemeinsam nutzen. 659
    Freigaben unter Windows 2000 659
    Freigaben unter Windows XP 660
    Freigaben unter Windows Vista. 664
    Auffinden freigegebener Ordner 666
    Administrative Freigaben 667
    Datenschutz durch Verschlüsselung. 668

Jenseits von A+	671
Wiederholung	671
Fragen	671
Antworten	673

Kapitel 17: Wartung und Fehlerbehebung für Windows — 675

Essentials	675
Die Wartung von Windows	675
Patches, Updates und Service Packs	676
Temporäre Dateien und Datenträgerbereinigung	679
Wartung der Registrierung	680
Sicherheit: Spyware/Antivirus/Firewall	680
Fehlerprüfung und Defragmentierung	681
Geplante Ausführung von Wartungsarbeiten	681
Windows optimieren	687
Software installieren und entfernen	687
Installation und Optimieren von Geräten	692
Ressourcenüberwachung	698
Auf Probleme vorbereitet sein	707
Practical Application	721
Behebung von Windows-Fehlern	721
Windows bootet nicht	722
Die grafische Benutzeroberfläche (GUI) kann nicht geladen werden	726
Werkzeuge zur Fehlersuche in der grafischen Benutzerumgebung	732
Anwendungsprobleme	735
Jenseits von A+	740
Wiederholung	741
Fragen	741
Antworten	742

Kapitel 18: Eingabe/Ausgabe — 745

Essentials/Practical Application	745
Allgemeine Ein-/Ausgabeanschlüsse	745
Serielle Schnittstellen	746
USB-Schnittstellen	748
FireWire-Anschlüsse	756
Allgemeine Probleme mit Anschlüssen	758
Verbreitete Ein-/Ausgabegeräte	760
Tastaturen	760

Mäuse	763
Scanner	766
Digitalkameras	771
Webcams	773
Spezielle Ein-/Ausgabe-Geräte	776
Biometrische Geräte	776
Barcode-Lesegeräte	777
Touchscreen-Bildschirme	778
KVM-Umschalter	779
Wiederholung	**780**
Fragen	780
Antworten	782

Kapitel 19: Anzeige: Bildschirm und Grafikkarte — 783

Grafikanzeige	784
Geschichte und Konzepte	**784**
Röhrenmonitore (CRT)	784
Essentials	**785**
LCD-Bildschirme	790
Projektoren	800
Gemeinsame Merkmale	802
Energie sparen	807
Grafikkarten	807
Grafikmodi	808
Mainboard-Anbindung	812
Grafikprozessoren	814
Video-RAM	817
Anschlüsse	818
Grafikkarten installieren und konfigurieren	821
Software	822
Arbeiten mit Treibern	832
Practical Application	**833**
3-D-Grafik	833
Problembehebung beim Anzeigesystem	839
Fehlersuche bei Grafikkarten/Treibern	839
Fehlersuche bei Bildschirmen	840
Verbreitete Monitorprobleme	840
Jenseits von A+	**845**
Grafikkarte und CMOS	845
Andere Anzeigetechnologien	846

Wiederholung	847
Fragen	847
Antworten	849

Kapitel 20: Multimedia   851

Sound	851
Geschichte und Konzepte	852
Wie die Tonausgabe beim PC funktioniert	852
Essentials	856
Beschaffung der passenden Audiohardware	856
Installation von Audiokomponenten bei einem Windows-System	865
Practical Application	873
Problembehebung bei Soundkarten	873
Video-Capture	876
Hardware	876
Software	877
Problembehebung	880
TV-Tuner	886
TV-Tuner-Hardware	887
TV-Tuner-Software	888
Problembehebung bei TV-Tunern	889
Jenseits von A+	890
Benchmarks für Soundkarten	890
Wiederholung	891
Fragen	891
Antworten	892

Kapitel 21: Tragbare Rechner   893

Essentials/Practical Application	893
Tragbare Rechenknechte	893
LCD-Bildschirme	894
Ersatz für Desktop-PCs	895
Ergänzung des Desktop-PC	896
Netbooks	897
PDAs und Smartphones	898
Tablet-PCs	900
Portable Rechnertypen	904
Practical Application	905
Portable Rechner erweitern und aufrüsten	905

PC Cards 905
Spezifische Anschlüsse 909
Mehrzweckanschlüsse 909
Der modulare Laptop 912
Wartung und Pflege von Portables 917
Akkus 918
Energieverwaltung 920
Reinigung 926
Wärme 926
Den Computer schützen 926
Problembehebung bei tragbaren Computern 928
Der Laptop lässt sich nicht einschalten 928
Der Bildschirm funktioniert nicht richtig 928
WLAN lässt sich nicht nutzen 929
Die Tasten funktionieren nicht 929
Das Touchpad funktioniert nicht 929
Wiederholung 929
Fragen 929
Antworten 931

Kapitel 22: Drucker 933

Essentials 933
Druckertechnologien 933
Drucker mit Anschlag 933
Tintenstrahldrucker 935
Farbsublimationsdrucker 937
Thermodrucker 938
Laserdrucker 938
Festtinte 943
Druckersprachen 943
Druckeranschlüsse 944
Practical Application 948
Der Laser-Druckprozess 948
Der physische Aspekt des Druckprozesses 948
Die elektronischen Aspekte des Druckprozesses 951
Installation eines Druckers unter Windows 953
Einrichtung von Druckern 953
Optimierung der Druckleistung 956
Problembehebung bei Druckern 957
Allgemeine Aspekte der Fehlersuche 958
Fehlerbehebung bei Matrixdruckern 961

Problembehebung bei Tintenstrahlern 962
Problembehebung bei Laserdruckern 964
Jenseits von A+ 969
    DOT4 969
Wiederholung 969
    Fragen 969
    Antworten 971

Kapitel 23: Lokale Netzwerke   973

Geschichte und Konzepte 973
Netzwerktechnologien 973
    Topologie 974
Essentials 976
    Pakete/Rahmen und Netzwerkadapter 976
    Ethernet 978
    Fiber Optic Ethernet 985
    Koax-/BNC-Kabel 986
    Parallel/Seriell 986
    FireWire 986
    USB 987
Essentials/Practical Application 987
Netzwerkbetriebssysteme 987
    Netzwerkorganisation 987
    Netzwerkprotokolle 993
    Client-Software 994
    Server-Software 995
Installation und Konfiguration eines verkabelten Netzwerks 996
    Installation einer Netzwerkkarte 997
    Konfiguration eines Netzwerk-Clients 997
    TCP/IP konfigurieren 998
    Ressourcenfreigabe und Sicherheit 1011
Essentials 1017
Problembehebung bei Netzwerken 1017
    Prüfung der Symptome 1018
    Wann ist das Symptom aufgetreten? 1019
    Was hat sich geändert? 1019
    Prüfung der Umgebung 1020
    Reproduzieren des Problems 1020
    Isolieren des Symptoms 1020
    Unterscheiden von Hardware- und Softwareproblemen 1021

Nachforschungen	1022
Fehlerbehebung und Test	1022
Das OSI-Schichten-Modell	1023
Mikes Vier-Schichten-Modell	1024
Wiederholung	**1025**
Fragen	1025
Antworten	1027

Kapitel 24: Drahtlose Netzwerke — 1029

Geschichte und Konzepte	**1029**
Drahtlose Netzwerkkomponenten	1029
Essentials	**1031**
Software für drahtlose Netzwerke	1032
Drahtlose Netzwerkmodi	1034
Sicherheit in drahtlosen Netzwerken	1035
Aspekte der Geschwindigkeit und Reichweite	1037
Drahtlose Netzwerkstandards	1037
Drahtlose IEEE-802.11-Netzwerke	1038
Andere drahtlose Standards	1040
Practical Application	**1043**
Drahtlose Netzwerke installieren und konfigurieren	1043
Wi-Fi	1043
Bluetooth-Konfiguration	1052
Konfiguration von Mobilfunkgeräten	1053
Wi-Fi-Problembehebung	1055
Hardwareprobleme	1055
Softwareprobleme	1056
Verbindungsprobleme	1056
Konfigurationsprobleme	1057
Wiederholung	**1058**
Fragen	1058
Antworten	1059

Kapitel 25: Das Internet — 1061

Geschichte und Konzepte	**1061**
Wie das Internet funktioniert	1061
Internet-Schichten	1062
TCP/IP – die gemeinsame Sprache des Internets	1063
Internet Service Provider	1064
Verbindungskonzepte	1065

Essentials	1065
Verbindung mit dem Internet herstellen	1065
Wählverbindungen	1066
DSL (Digital Subscriber Line)	1074
Kabel	1076
LAN	1077
Drahtlos	1078
Satellit	1078
Gemeinsame Nutzung der Internetverbindung	1079
Hardware für die gemeinsame Nutzung einer Internetverbindung	1080
Internet-Softwaretools	1085
Das World Wide Web	1086
E-Mail	1092
Newsgroups	1094
FTP (File Transfer Protocol)	1095
Telnet und SSH	1097
VoIP (Voice over IP)	1097
Terminalemulation	1098
VPN (Virtuelles privates Netzwerk)	1101
PPTP-VPNs	1102
Jenseits von A+	1104
Online-Spiele	1104
Chatten	1105
File-Sharing	1106
Wiederholung	1108
Fragen	1108
Antworten	1109

Kapitel 26: Computersicherheit   1111

Die Bedrohungen analysieren	1111
Geschichte und Konzepte	1112
Unerlaubter Zugriff und Einbruch	1112
Social Engineering	1112
Zerstörte/vernichtete Daten	1113
Administrativer Zugriff	1114
Systemabstürze/Hardwarefehler	1114
Essentials/Practical Application	1114
Physischer Diebstahl	1114
Viren/Spyware	1115
Sicherheitskonzepte und -technologien	1115
Zugriffskontrolle	1116

Datenklassifizierung und Konformität	1123
Berichte	1123
Netzwerksicherheit	1127
Bösartige Software	1127
Viren: Vorbeugen und Wiederherstellen	1134
Firewall	1139
Authentifizierung und Verschlüsselung	1142
Besondere Aspekte bei drahtlosen Netzwerken	1146
Wiederholung	**1147**
Fragen	1147
Antworten	1149

Kapitel 27: Der fertige PC-Techniker — 1151

Essentials	**1151**
Wie Computer funktionieren	1151
Troubleshooting-Theorie	1159
Das Problem identifizieren	1159
Eine Theorie der wahrscheinlichsten Ursache aufstellen (das Offensichtliche hinterfragen)	1160
Die Theorie testen, um die Ursache zu bestimmen	1162
Verifikation und Prävention	1164
Dokumentation der Befunde, Handlungen und Ergebnisse	1165
Werkzeuge für den Techniker	1167
Hilfsprogramme (Utilities)	1167
Austauschkomponenten (FRU – Field Replaceable Unit)	1169
Wiederholung	**1169**
Fragen	1169
Antworten	1171

Anhang A: Zuordnung zu den Zielen von CompTIA A+ — 1173

Zielzuordnung für CompTIA A+ Essentials	1173
Zielzuordnung für CompTIA A+ Practical Application	1186

Stichwortverzeichnis — 1197

1

Der Weg zum PC-Techniker

Themen in diesem Kapitel
- ❏ Was bedeutet es, sich Wissen im Hinblick auf die Verwaltung und die Fehlersuche bei PCs anzueignen?
- ❏ Welche Bedeutung hat die CompTIA A+-Zertifizierung?
- ❏ Wie wird man ein CompTIA A+-zertifizierter Techniker?

Computer haben die Welt erobert – oder jedenfalls viele Berufe. Wohin Sie auch sehen, ob auf die Baustelle, in die Autowerkstatt oder in die Medizintechnologie: Sie sehen überall einen oder mehrere PCs (Personal Computer), die wichtige Aufgaben erledigen. Weil sich der PC innerhalb kürzester Zeit von einer absoluten Neuerfindung hin zu einem wichtigen wissenschaftlichen Werkzeug und schließlich zu einem Alltagsgegenstand entwickelt hat, besteht eine große Nachfrage nach Arbeitskräften, die PCs aufbauen, warten, überprüfen und reparieren.

Was es bedeutet, sich Wissen im Hinblick auf die Verwaltung und die Fehlersuche bei PCs anzueignen

Die Menschen, die mit Computern arbeiten – die *IT*-Arbeitskräfte (*IT* steht für *Informationstechnologie*) –, erledigen die unterschiedlichsten Aufgaben. Sie entwerfen Hardware, sie schreiben Computerprogramme, mit denen sich bestimmte Aufgaben mit dem PC erledigen lassen, und sie stellen kleine und große Gruppen aus Computern zu *Netzwerken* zusammen, über die Ressourcen gemeinsam genutzt werden können. IT-Leute haben das Internet geschaffen, eine der phänomenalsten Erfindungen des 20. Jahrhunderts. IT-Leute warten die unzähligen Computer, aus denen das Internet besteht. Computertechniker oder auch PC-Techniker bilden den Kern der IT-Arbeitskräfte. Ohne die Techniker würde nichts von allem anderen funktionieren. Die Einstellung von Arbeitskräften, die über Erfahrung beim Zusammenbau, Warten, Überprüfen und Reparieren von PCs verfügen, ist entscheidend für den Erfolg jedes modernen Unternehmens.

In der Anfangszeit der PCs mussten alle PC-Benutzer noch das Wissen eines PC-Technikers besitzen. Der PC war neu, fehleranfällig und problembehaftet. Man wollte sich nicht auf andere verlassen, die den PC reparieren konnten, wenn die unvermeidlichen Probleme auftraten. Moderne Rechner sind sehr viel robuster und haben weniger Probleme, aber es handelt sich dabei auch um sehr viel komplexere Maschinen. Die heutige IT-Branche braucht also spezialisierte Arbeitskräfte, die wissen, wie sie die Maschinen optimal zum Laufen bringen.

Jeder Beruf oder jede professionelle Tätigkeit erfordert spezielle Fähigkeiten. Meist benötigen Sie, um derartige Stellen zu bekommen oder zu behalten, Zeugnisse oder Zertifikate in der einen oder anderen Form. Als Kraftfahrzeugmechaniker erhalten Sie Ihren Meisterbrief, der Sie zur qualifizierten Ausübung dieses Berufes berechtigt, und als Steuerberater erhalten Sie Ihre entsprechende Zulassung, die Sie zur professionellen Bearbeitung von Steuerangelegenheiten berechtigt.

In fast allen Berufen gibt es Kriterien, die Sie erfüllen müssen, um Ihre Kompetenz und Eignung nachzuweisen. Indem Sie berufsspezifisch unterschiedliche Tests und Prüfungen absolvieren, können Sie potenziellen Kunden und Mitarbeitern nachweisen, dass Sie über die für Ihren Beruf erforderlichen Fähigkeiten verfügen, egal ob Sie ehrgeiziger Installateur, Lehrer, Frisör oder Rechtsanwalt sind.

Wenn Sie die Prüfungen erfolgreich bestehen, dann erhalten Sie von den durchführenden Organisationen ein Zertifikat, also ein Zeugnis, eine Mitgliedsnummer oder einen Mitgliedsausweis. Solche Befähigungsnachweise bzw. Zertifizierungen geben Kunden und Mitarbeitern das nötige Vertrauen darin, dass Sie auch wirklich können, was Sie zu können behaupten! Ohne diese Nachweise würden Sie in diesem Beruf entweder nicht arbeiten oder kaum jemanden finden, der Ihnen das notwendige Vertrauen schenkt.

Die Bedeutung der CompTIA A+-Zertifizierung

Seit der Einführung des Mikrocomputers in den späten 1970er Jahren gab es bei PC-Technikern jahrelang kein allgemein anerkanntes Verfahren, mit dem Kunden und Mitarbeitern gezeigt werden konnte, dass man sich auch wirklich gut mit den PC-Interna auskennt. Sicherlich gab es gewisse herstellerspezifische Zertifikate, aber die konnte man nur dann bekommen, wenn man zuvor in einer anerkannten Reparatur- oder Wartungswerkstatt eingestellt wurde. Herstellerspezifische Zertifikate sind zwar eine feine Sache, haben aber den Nachteil, dass keiner der Hersteller über genügend Einfluss im Markt verfügt, um das beispielsweise bei IBM absolvierte Training auch zu einer Eintrittskarte für alle anderen Stellenangebote machen zu können (und auch da gibt es wieder die Schwierigkeit, dass Sie erst den Job haben müssen, um das Zertifikat bekommen zu können!).

Bei den Netzwerk- und Softwareprodukten gibt es dagegen keine Probleme mit fehlenden Zertifikaten. Wegen der jeweiligen und wechselnden Dominanz mancher Firmen (beispielsweise Microsoft und Cisco) sind herstellerspezifische Zertifikate in diesem Bereich eine ausreichende Voraussetzung dafür, einen Job bekommen und auch behalten zu können. Beispielsweise haben die Zertifizierungen MCSE (*Microsoft Certified Systems Engineer*) von Microsoft und CCIE (*Cisco Certified Internetwork Expert*) von Cisco vielen Technikern Tür und Tor geöffnet.

Was ist aber mit den Leuten, die den ganzen Tag Drucker reparieren, Festplatten partitionieren, Gerätetreiber aktualisieren und Systeme zusammenbauen? Was ist mit den zahlreichen PC-Hobbyisten, die den Sprung wagen und für ihre Kenntnisse bezahlt werden wollen? Was ist mit all den Personen, die zwar den Unterschied zwischen einem CMOS und der Eingabeaufforderung kennen, ihre Fähigkeiten mangels Gelegenheit gegenüber der Öffentlichkeit aber bisher nicht nachweisen konnten? Und was ist mit der schlimmsten Bezeichnung überhaupt: »Derjenige, der keinen Cent mehr bekommt, aber der die Computer repariert«? Die CompTIA A+-Zertifizierung füllt diese Lücke.

Das CompTIA A+-Zertifikat

Das *CompTIA A+-Zertifikat* ist ein industrieweit und herstellerneutral entwickeltes Zertifizierungsprogramm, das von CompTIA (*Computing Technologiy Industry Association*) entwickelt und gesponsert wird. Die CompTIA A+-Zertifizierung zeigt, dass Sie über die Grundkompetenz für Servicearbeiten an Mikrocomputern verfügen. Sie erhalten dieses Zertifikat, indem Sie zwei Prüfungen absolvieren, die am PC stattfinden und auf dem Multiple-Choice-Verfahren basieren. Diese Prüfungen decken ab, was Techniker nach neun Monaten PC-Serviceerfahrung in Vollzeit wissen sollten. Ein CompTIA A+-Zertifikat erfreut sich einer breiten Anerkennung in der Computerindustrie. Bis heute haben mehr als 800.000 PC-Spezialisten ein CompTIA A+-Zertifikat erhalten und es damit zu einem der am weitesten verbreiteten IT-Zertifikate gemacht.

Wer ist die CompTIA?

Die CompTIA ist ein gemeinnütziger Industriefachverband mit Hauptsitz in Oakbrook Terrace (Illinois). Er hat mehr als 20.000 Mitglieder in 102 Ländern. Sie finden CompTIA-Niederlassungen an Standorten wie Düsseldorf, London, Amsterdam, Dubai, Johannesburg, Tokio und São Paulo.

Die CompTIA versteht sich als ein Forum für die Vernetzung und die Zusammenarbeit der Mitglieder. Sie repräsentiert ihre Mitglieder gegenüber Behörden und bietet Zertifizierungen für viele verschiedene Bereiche der Computerindustrie an. CompTIA sponsert A+-, Network+-, Security+- und andere Zertifikate. CompTIA verfolgt laufend die Entwicklungen in der IT-Industrie und prüft fortwährend die Möglichkeit neuer Zertifikate, die wegen der sich stetig ändernden Anforderungen der Mitgliederbasis erforderlich werden. Einzelheiten über andere Zertifikate, die Sie von CompTIA erhalten können, erfahren Sie über die CompTIA-Websites unter www.comptia.org und www.comptia.de.

Heute ist nahezu jedes größere Unternehmen aus dem IT-Bereich Mitglied der CompTIA. Die folgende Liste enthält einige der größten:

Adobe Systems	AMD	Best Buy	Brother International
Canon	Cisco Systems	CompUSA	Fujitsu
Gateway	Hewlett-Packard	IBM	Intel
Kyocera	McAfee	Microsoft	NCR
Novell	Panasonic	Sharp Electronics	Siemens
Symantec	Toshiba	Total Seminars, LLC (das ist meine Firma)	und viele Tausend weitere!

CompTIA bietet CompTIA A+-Zertifikate seit 1993 an. Als dieses Zertifikat debütierte, wurde es von der IT-Industrie zunächst weitgehend ignoriert. Nach diesen Anfangsschwierigkeiten ist die CompTIA A+-Zertifizierung jedoch mittlerweile zur De-facto-Voraussetzung und einer Eintrittskarte im PC-Bereich geworden. Viele Unternehmen erwarten von ihren technischen Mitarbeitern eine CompTIA A+-Zertifizierung, während das CompTIA A+-Zertifikat selbst in den USA und international weitreichende Anerkennung findet. Darüber hinaus wird das CompTIA A+-Zertifikat nun auch innerhalb vieler anderer Zertifizierungen als Zusatzqualifikation anerkannt.

Der Weg zu anderen Zertifizierungen

Die meisten großen und kleinen IT-Unternehmen betrachten die CompTIA A+-Zertifizierung als Grundvoraussetzung für eine Beschäftigung im IT-Bereich. Bei CompTIA A+ gibt es eine Reihe verschiedener Zertifizierungsoptionen, je nachdem, ob Sie sich nun z.B. stärker auf Hardware und Betriebssysteme oder auf Netzwerkverwaltung konzentrieren wollen. (Diese beiden Zielsetzungen schließen sich aber auch keineswegs gegenseitig aus.) Die folgenden drei Zertifizierungen sind jedenfalls ernsthafte Überlegungen wert:

- CompTIA Network+
- Microsoft Certified Professional
- Cisco

> **Hinweis**
>
> CompTIA A+ ist zwar eine Eintrittskarte in den IT-Bereich, aber definitiv nicht die einzige Möglichkeit, mehr über Computer zu lernen und sich sein entsprechendes Wissen zertifizieren zu lassen. Es gibt einige Zertifizierungen, mit denen Sie Ihre Computer- oder digitalen Kenntnisse beweisen und belegen können, dass Sie jene Dinge beherrschen, die man gewissermaßen über Computer wissen muss, um im 21. Jahrhundert überleben zu können. Die Certiport's IC^3-Zertifizierung prüft z.B. allgemeines Computerwissen (Word, PowerPoint und Internet-Anwendungen wie Webbrowser und E-Mail).

Kapitel 1

Die CompTIA bietet vorbereitende Prüfungen (*keine* Zertifizierungen) an, die sich eher an Anwender richten, die sich zum Techniker weiterbilden wollen. Diese sollen das Grundlagenwissen derjenigen prüfen, die im IT-Bereich Fuß fassen wollen.

CompTIA Network+

Wenn Sie die CompTIA Network+-Zertifizierungsprüfung noch nicht abgelegt haben, sollten Sie diese als Nächstes in Angriff nehmen. So wie die CompTIA A+-Zertifizierung belegt, dass Sie über gewisse Kompetenzen als PC-Techniker verfügen, belegt CompTIA Network+ Ihre Fähigkeiten als Netzwerktechniker und Ihre Kenntnisse hinsichtlich Netzwerkhardware und der Installation und Behebung von Problemen in Netzwerken. Die Network+-Zertifizierung der CompTIA ergänzt naturgemäß Microsoft- oder Cisco-Zertifizierungen. Nehmen Sie die CompTIA Network+-Zertifizierung als Nächstes in Angriff, denn sie ist offensichtlich eine gute Wahl!

Microsoft Certified Professional

Die Betriebssysteme von Microsoft sind Schaltzentrale eines Großteils aller installierten Netzwerke. Für diese Netzwerke braucht man qualifiziertes Support-Personal, damit sie optimal laufen. Die verschiedenen Microsoft-Zertifizierungen für Netzwerkprofis sind der natürliche nächste Schritt nach den CompTIA-Zertifizierungen. Damit sind unterschiedlichste Laufbahnen und Prüfungen möglich, die vom einfachen Windows-Vista-Experten bis hin zu zahlreichen MCITP-Zertifizierungen (*Microsoft Certified IT Professional*) und darüber hinaus reichen. Über Einzelheiten der Microsoft-Angebote können Sie sich über die Website www.microsoft.com/learning informieren.

Cisco Certification

Die Router der Firma Cisco sorgen überwiegend dafür, dass nicht nur das Internet, sondern auch die meisten Intranets auf der ganzen Welt funktionieren. Ein *Router* ist ein Netzwerkgerät, das den Informationsfluss über Netzwerke steuert und leitet, wie beispielsweise E-Mail-Nachrichten, Webbrowsing usw. Cisco bietet Zertifizierungen auf fünf Ebenen an, über die die Fähigkeit zum Umgang mit Cisco-Produkten belegt werden kann, wie z.B. die *CCNA-Zertifizierung* (Certified Cisco Network Associate) und zahlreiche weitere spezialisiertere Zertifizierungen. Weitere Einzelheiten erfahren Sie z.B. auf der Cisco-Website unter der Adresse www.cisco.com/web/learning/le3/learning_career_certifications_and_learning_paths_home.html.

Wie erhalte ich das CompTIA A+-Zertifikat?

Sie erhalten die CompTIA A+-Zertifizierung ganz einfach, indem Sie zwei computergestützte Multiple-Choice-Prüfungen ablegen. Für die Teilnahme an den CompTIA A+-Zertifizierungsprüfungen müssen keine Voraussetzungen erfüllt werden. Sie müssen keine vorbereitenden Kurse belegen und keine Trainingsmaterialien kaufen. Sie bezahlen allerdings eine Gebühr für die zwei Examen. Anschließend werden Sie sofort darüber in Kenntnis gesetzt, ob Sie bestanden haben oder durchgefallen sind. Wenn Sie beide Examen bestanden haben, dann sind Sie »CompTIA A+-zertifiziert«. Sie müssen keine beruflichen Erfahrungen vorweisen und keine autorisierte Schulungseinrichtung besuchen, keine jährlichen Gebühren bezahlen. Sie müssen nur die Examen bestehen – und damit sind Sie dabei! Und damit kommen wir zu den Einzelheiten.

Hinweis

Bisher hat die CompTIA eine Grundlagenprüfung und dann eine Auswahl von drei verschiedenen zweiten Prüfungen angeboten. 2009 wechselte die CompTIA zum einfacheren Format mit zwei Prüfungen.

Der grundlegende Aufbau der Prüfung

Die CompTIA hat die beiden 2009 eingeführten Prüfungen *CompTIA A+ 220-701 (Essentials)* und *CompTIA A+ 220-702 (Practical Application)* genannt. Es ist üblich, diese beiden Prüfungen als 2009-Prüfungen zu bezeichnen, um sie von den älteren CompTIA-Prüfungen abzugrenzen. Auch wenn Sie beide Prüfungen als Erstes ablegen können, empfehle ich doch, erst die *Essentials*- und dann die *Practical Application*-Prüfung zu machen. Die *Essentials*-Prüfung konzentriert sich auf Begriffe und Technologien, grundlegende Aufgaben wie das Aufrüsten des Arbeitsspeichers und den grundlegenden Support des Windows-Betriebssystems. Die *Practical Application*-Prüfung baut auf der *Essentials*-Prüfung auf und konzentriert sich auf fortgeschrittene Konfigurationsaufgaben und Troubleshooting.

Die beiden Prüfungen sind ausgesprochen praktisch orientiert und vernachlässigen weitgehend theoretische Aspekte. Alle Fragen folgen entweder dem Multiple-Choice-Schema oder fordern Sie dazu auf, den richtigen Teil einer Abbildung anzuklicken. Es folgt ein Beispiel des Fragetyps, dem Sie im Examen begegnen werden:

Ein Laserdrucker druckt nur leere Seiten. Was sollten Sie als Erstes überprüfen?

A. Druckertreiber

B. Tonerkartusche

C. Druckereinstellungen

D. Papierzufuhr

Die richtige Antwort ist B, die Tonerkartusche. Zwar gibt es auch Argumente für die anderen Antworten, jedoch sagt Ihnen der gesunde Menschenverstand (und Ihre Befähigung als PC-Techniker), erst einmal mit dem naheliegendsten Problem zu beginnen.

Bei den Prüfungen des Jahres 2009 kommt ein einheitliches Format zum Einsatz. Es wird den Teilnehmern eine Reihe von Fragen vorgelegt und die erreichte Punktzahl richtete sich nach der Anzahl der richtig beantworteten Fragen. Das »adaptive« Format früherer Jahre wird nicht mehr verwendet. Die Prüfungen bestehen aus jeweils maximal 100 Fragen.

Beachten Sie, dass CompTIA den Prüfungen jederzeit neue Fragen hinzufügen kann, um den Inhalt jeweils aktuell zu halten. Die Themen der Prüfungen werden sich zwar nicht ändern, aber es werden von Zeit zu Zeit je nach Bedarf neue Fragen hinzukommen. Bei dieser neuen Vorgehensweise wird es zunehmend wichtiger, Konzepte verstanden zu haben und über ein solides technisches Wissen aus dem PC-Bereich zu verfügen. Das Pauken bestimmter Fragen und Antworten, die in früheren Tests möglicherweise bereits vorgekommen sind, bringt dabei weniger Vorteile. Blickt man ein wenig in die Zukunft, wird kein Buch und keine Quelle im Internet alle »richtigen Antworten« bereitstellen können, da sich die Fragen laufend ändern. In dieser Hinsicht haben Sie aber Glück gehabt, denn dieses Buch bringt Ihnen nicht nur die einzelnen Maßnahmen bei, die Sie in bestimmten Fällen ergreifen können, sondern soll Ihnen auch vermitteln, *warum* Sie bestimmte Maßnahmen ergreifen. Bei neuen Problemen (oder Prüfungsfragen) können Sie dann auf die richtigen Lösungen bzw. Antworten schließen. Und dann lassen sich nicht nur die Prüfungen leichter bestehen, sondern Sie werden auch zu einem besseren PC-Techniker!

Um aktuell zu bleiben, beobachten mein Team und ich die CompTIA A+-Prüfungen ständig, stellen fest, ob neue Inhalte aufgenommen wurden, und ergänzen unsere englische Website (www.totalsem.com) mit neuen Artikeln, die sich mit Themen befassen, die unserer Meinung nach in zukünftigen Versionen der Prüfung auftauchen könnten.

Alles dreht sich um Windows

Die CompTIA A+-Prüfungen befassen sich ausschließlich mit dem Betriebssystem Microsoft Windows, wie es auf Arbeitsstationen oder am heimischen Arbeitsplatz zu finden ist. Es werden keine Linux- oder Macintosh-OS-X-Fragen gestellt. Und es werden auch keine Fragen zu Versionen wie

Windows Server oder Windows Mobile (das von Smartphones und PDAs verwendet wird) gestellt. Die Zielsetzung der beiden Prüfungen konzentriert sich eindeutig auf die folgenden Betriebssysteme:

- Windows 2000 Professional
- Windows XP Professional
- Windows XP Home
- Windows XP Media Center
- Windows Vista Home
- Windows Vista Home Premium
- Windows Vista Business
- Windows Vista Ultimate

Windows 7

Die CompTIA hat ein wirklich verflixtes Talent bei der Planung der neuen CompTIA A+-Prüfungen, wenn es um das Erscheinen neuer Windows-Versionen geht. Die letzten CompTIA A+-Prüfungen wurden 2006 etwa vier Monate vor dem Erscheinen von Windows Vista veröffentlicht. Und auch diesmal hat die CompTIA wohl wieder ein neues Betriebssystem gerade eben verpasst. Nur wenige Monate, nachdem die CompTIA die 2009-Aktualisierungen ihrer A+-Prüfungen angekündigt hatte, brachte Microsoft mit Windows 7 die nächste Windows-Version heraus.

Sofern sich die CompTIA formal selbst treu bleibt, ist es recht unwahrscheinlich, dass Ihnen Windows 7 in dieser Version der CompTIA A+-Prüfungen begegnen wird. Windows 7 noch mit aufzunehmen würde einen recht großen Aufwand bedeuten, mit dem auch die klar definierten Prüfungsziele überarbeitet werden müsster. Kümmern Sie sich also nicht weiter um Windows 7. Der Aufbau ist ohnehin mit dem von Windows Vista identisch. Selbst Microsoft hat Windows 7 als eine Art optimierte Version von Windows Vista bezeichnet. Wenn Sie Vista kennen, dann kennen Sie auch Windows 7, und die CompTIA wird Ihnen bis zur nächsten Aktualisierung und damit wohl bis etwa 2012 keine Fragen zu Windows 7 stellen.

Essentials (Exam 220–701)

Alle Fragen zur *CompTIA A+ Essentials*-Prüfung fallen in einen von sechs Bereichen. Die Anzahl der Fragen aus jedem Bereich basiert auf den in Tabelle 1.1 angegebenen Prozentzahlen.

Wissensgebiete	Prozentuale Gewichtung
1.0 Hardware	27%
2.0 Troubleshooting, Reparatur & Wartung	20%
3.0 Betriebssystem und Software	20%
4.0 Netzwerke	15%
5.0 Sicherheit	8%
6.0 Arbeitsabläufe	10%

Tabelle 1.1: Wissensgebiete und deren Gewichtung in der Essentials-Prüfung

Die Essentials-Prüfung testet Ihr Wissen über Computerkomponenten. Dabei wird erwartet, dass Sie alle im PC-Bereich gängigen Gerätetypen und deren Variationen identifizieren können. Nachfolgend eine Liste:

Diskettenlaufwerke	Grafik- und Multimediakarten
Festplatten	Netzwerk- und Modemkarten
Optische Laufwerke	Kabel und Stecker
Solid-State-Laufwerke	Kühlkörper, Lüfter und Flüssigkühlsysteme
Mainboards	Laptops und portable Geräte
Netzteile	Drucker

CPUs	Scanner
RAM	Netzwerk-Switches, Verkabelung und Wireless-Adapter
Bildschirme	Biometrische Geräte
Eingabegeräte (z.B. Tastatur, Maus und Touchscreen)	

Die Essentials-Prüfung testet Ihre Fähigkeit, die gesamte für einen PC erforderliche Standardausrüstung zu installieren, zu konfigurieren und zu warten. Sie müssen beispielsweise eine Festplatte installieren und einrichten oder Geräte unter Windows 2000/XP und Windows Vista konfigurieren können. Sie müssen verstehen, was Treiber sind. Sie müssen wissen, wie Sie sich in Windows bewegen, und die Aufgaben verstehen, die beim Aktualisieren, Aufrüsten und Installieren des Betriebssystems anfallen. Sie müssen die Standarddiagnosewerkzeuge von Windows kennen – nicht, damit Sie alles reparieren können, sondern damit Sie bei der Fehlerbehebung mit fortgeschritteneren Technikern zusammenarbeiten können.

Sie werden zu Ihrem Wissen über Computersicherheit getestet. Dabei müssen Sie auch die für die Sicherheit vorgesehene Hardware und Software identifizieren, installieren und konfigurieren können. Sie müssen Sicherheitswerkzeuge und Diagnosetechniken kennen, die für eine Fehlersuche erforderlich sind. Auch hier erwartet man nicht, dass Sie alles beherrschen, sondern nur so viel, dass Sie kompetent sind.

Schließlich legt die Essentials-Prüfung großen Wert auf Sicherheits- und Umweltaspekte, ebenso wie auf Kommunikation und Professionalität. Sie müssen wissen, wie Sie Computerabfall korrekt recyceln oder entsorgen. Sie müssen gefährliche Situationen erkennen und vermeiden. Die Prüfungen testen Ihre Fähigkeit, effektiv mit Kunden und Mitarbeitern zu kommunizieren. Sie müssen professionelles Verhalten besitzen und zeigen, dass Sie Takt, Diskretion und Respekt für andere Menschen und ihr Eigentum aufbringen.

Practical Application (Exam 220-702)

Die CompTIA A+-Prüfung 220-702 deckt die in Tabelle 1.2 aufgeführten vier Bereiche mit der angegebenen Gewichtung ab.

Wissensgebiete	Prozentuale Gewichtung
1.0 Hardware	38%
2.0 Betriebssystem	34%
3.0 Netzwerke	15%
4.0 Sicherheit	13%

Tabelle 1.2: Wissensgebiete und deren Gewichtung in der Prüfung 220-702

Die *Practical Application*-Prüfung deckt dieselbe Hardware und Software ab wie die Essentials-Prüfung, aber dabei wird sehr viel mehr Wert darauf gelegt, dass Sie in einer bestimmten Situation die geeigneten Hilfsmittel (zur Diagnose und Fehlersuche) auswählen können, und weniger darauf, dass Sie Kenntnisse der Hardware und der Dienstprogramme des Betriebssystems besitzen. Die Prüfung testet Ihr Wissen über Computerkomponenten und Programme, und ob Sie Ihren Kunden informierte Empfehlungen geben können. Sie müssen verstehen, wie die gesamte Technologie funktionieren sollte, und Sie müssen wissen, wie Sie schrittweise feststellen können, warum etwas nicht funktioniert, und wie es dann repariert werden kann.

Das erste Wissensgebiet, Hardware, stellt ein gutes Beispiel für die unterschiedlichen Schwerpunkte der Prüfungen dar. In der Essentials-Prüfung geht es um die Bezeichnungen, Einsatzzwecke und Merkmale der verschiedenen Komponenten. Die Practical Application-Prüfung taucht tiefer in die Materie ein und konfrontiert Sie mit praktischen Situationen, in denen Sie über die Vorgehensweise entscheiden müssen. Alle Lernziele im Hardware-Wissensgebiet enthalten die vier Wörter »anhand einer konkreten Situation« und fordern Sie zu bestimmten Aktionen auf. Lernziel 1.1 lautet beispielsweise:

»*Installieren, konfigurieren und warten Sie Personal Computer Komponenten anhand einer konkreten Situation*«. Lernziel 1.2 lautet: »*Finden Sie Probleme, führen Sie einen Troubleshoot durch und reparieren/ersetzen Sie Komponenten eines Personal Computer anhand einer konkreten Situation.*« Die anderen Lernziele folgen diesem Muster.

Weiterhin unterscheiden sich die beiden Prüfungen wesentlich in der Behandlung der Betriebssystem- und Software-Lernziele. Die *Essentials*-Prüfung will wissen, wie Sie Windows nutzen und ob Sie die Komponenten, Funktionen und grundlegenden Dienstprogramme des Betriebssystems kennen. Die *Practical Application*-Prüfung geht sehr viel tiefer. Sie müssen dafür genau verstehen, wie Betriebssysteme mit Hilfe der Befehlszeile verwaltet werden können. Man erwartet von Ihnen, dass Sie alle Arten von Festplattenstrukturen kennen und alle wichtigen Werkzeuge für die Festplattenverwaltung bedienen können. Darüber hinaus geht es in dieser Prüfung auch detailliert um die Wiederherstellungswerkzeuge und -techniken der Betriebssysteme, mit denen Sie die Systeme Ihrer Kunden schnell wieder betriebsbereit machen können.

> **Wichtig**
>
> Auch wenn die Practical Application-Prüfung Arbeitsabläufe nicht spezifisch erfasst, sollten Sie sich auf einige Fragen zur Ethik, zum korrekten Verhalten am Arbeitsplatz, zur Kommunikation mit Kunden und zur Informationsbeschaffung in Troubleshooting-Situationen usw. gefasst machen.

Wie legt man die Prüfungen ab?

Die eigentlichen CompTIA A+-Prüfungsverfahren werden von zwei Unternehmen verwaltet, *Prometric* und *Pearson/VUE*. Es gibt weltweit Tausende von Prüfungszentren von Prometric und Pearson/VUE. Sie können die Prüfungen in jedem dieser Prüfungszentren ablegen. Sowohl Prometric als auch Pearson/VUE bieten online eine vollständige Liste aller verfügbaren Prüfungszentren. Sie können sich das nächstgelegene Prüfungszentrum auf diesen englischen Webseiten aussuchen und Ihre Prüfungen mit Hilfe Ihres bevorzugten Webbrowsers planen:

```
www.thomsonprometric.com
www.pearsonvue.com
```

In den deutschsprachigen Ländern stehen Kunden folgende Rufnummern zur Verfügung, um sich zu den Prüfungen anzumelden und das nächstgelegene Prüfungszentrum zu finden:

	Deutschland	Österreich	Schweiz
Prometric	0800 1839708	0800 298582	0800 556966
VUE	0800 0826499	0800 292150	0800 837550

Rufnummern für andere Länder finden Sie auf den CompTIA-Webseiten unter `www.comptia.org`.

Sie müssen die Prüfung bei der Anmeldung bezahlen. Machen Sie sich darauf gefasst, dass die Abwicklung ein wenig dauern kann. Halten Sie beim Anruf neben Ihrem Personalausweis eine Kreditkarte bereit. Sowohl Prometric als auch Pearson/VUE stellen Ihnen natürlich auch Rechnungen aus, aber Sie können die Prüfung erst ablegen, wenn die Zahlung vollständig erfolgt ist.

Bei speziellen Anforderungen helfen Ihnen sowohl Prometric als auch Pearson/VUE gerne weiter, aber möglicherweise wird dadurch die Auswahl der möglichen Prüfungsorte begrenzt.

Was kostet die Prüfung?

Die Kosten für die Prüfung sind davon abhängig, ob Sie für ein Mitglied von CompTIA arbeiten oder nicht. Zum Zeitpunkt der Drucklegung dieses Buches betragen die Kosten für Mitglieder der CompTIA 149 Euro, für Nicht-Mitglieder 182 Euro für die beiden A+-Prüfungen. Die internationalen Preise variieren, aber Sie können sich auf der Website von CompTIA über die aktuellen Preise informieren. Natürlich können die Preise jederzeit ohne Benachrichtigung geändert werden, lesen Sie also am besten auf der Website von CompTIA nach, um die aktuellen Preise zu erfahren.

Wie bestehe ich die CompTIA A+-Prüfungen?

Der wichtigste Punkt, an den Sie denken müssen, besteht darin, dass die CompTIA A+-Zertifizierung von CompTIA dafür entwickelt wurde, das Wissen eines Technikers zu prüfen, der nur etwa drei bzw. sechs Monate Erfahrung hat – kein Grund also, sich allzu große Sorgen zu machen! Sie müssen das CAS-Timing zum Übertakten der DDR3-Module im CMOS nicht ändern oder den Unterschied zwischen der Intel-ICH10- und der AMD-790-Southbridge nicht erläutern können. Um Theorie brauchen Sie sich nicht so viel zu kümmern. Denken Sie also mehr an praktisches Wissen und Standards: Lesen Sie das Buch, bearbeiten Sie die Aufgaben und wiederholen Sie die Themen, die Sie noch nicht beherrschen – dann werden Sie das Examen ohne Probleme bestehen.

> **Hinweis**
>
> Diejenigen von Ihnen, die mehr über die Verwaltung von PCs und die Fehlersuche erfahren wollen, können derselben Vorgehensweise folgen wie diejenigen, die die Zertifizierung benötigen. Denken Sie praktisch und arbeiten Sie mit dem PC, während Sie die einzelnen Kapitel nachvollziehen.

Einige von Ihnen haben möglicherweise gerade erst die Schule verlassen, die Prüfungsvorbereitung ist also nichts Neues für Sie. Falls Ihre Schulzeit und Ihre Prüfungen jedoch schon länger zurückliegen oder wenn Sie denken, Sie könnten ein paar praktische Tipps gebrauchen, dann wird der nächste Abschnitt sehr hilfreich für Sie sein. Er beschreibt eine bewährte Strategie für das Ablegen und Bestehen der CompTIA A+-Prüfungen. Probieren Sie es aus. Es funktioniert.

Beurteilen Sie sich selbst!

Ganz am Anfang sollten Sie sich überlegen, welches der richtige Zeitpunkt für das Examen ist. Haben Sie schon einmal gehört, dass Diamanten unter Hitze und Druck entstehen? Das gilt auch für Sie: Wenn Sie zu viel zaudern und zögern und zu wenig Feuer entwickeln, brauchen Sie mehr Zeit, bis Sie sich an die Examen wagen. Vielleicht verschieben Sie den Termin immer wieder und absolvieren sie zu guter Letzt gar nicht. Tun Sie sich selbst den Gefallen und legen Sie fest, wie viel Zeit Sie zur Vorbereitung auf die Prüfungen benötigen, und rufen Sie dann an, um den Examenstermin festzulegen. Sobald Sie wissen, dass demnächst ein Examen ansteht, wird es Ihnen viel leichter fallen, den Fernseher abzuschalten und zu den Büchern zu greifen. Sie können den Examenstermin wenige Wochen im Voraus festlegen. Falls Sie den Termin aber erst einmal gebucht haben und die Vorbereitungen nicht in der geplanten Zeit schaffen, dann müssen Sie die Prüfung rechtzeitig verlegen, oder Sie verlieren Ihr Geld.

Überlegen Sie, wie viel Zeit Sie zur Vorbereitung benötigen

Die folgende Tabelle baut auf vielen erfolgreichen CompTIA A+-Examen und den dafür benötigten Vorbereitungszeiten auf. Sie gibt die Menge an Zeit an, die Sie einplanen müssen, um sich auf die CompTIA A+-Examen vorbereiten zu können. Denken Sie daran, dass es sich dabei um durchschnittliche Angaben handelt. Falls Ihnen das Lernen ein wenig schwer fällt oder wenn Sie nervös sind, sollten Sie vielleicht 10 Prozent zu den angegebenen Zeiten hinzuaddieren. Gehören Sie hingegen zu den Typen, die ein komplettes Semester Geometrie in einer Nacht lernen, können Sie von den Zahlen 10 Prozent abziehen!

Sie kreisen in der Tabelle einfach die Zeiten ein, die am besten zu Ihnen passen, und addieren sie, so dass Sie schließlich die Anzahl an Vorbereitungsstunden erhalten, die Sie benötigen.

Addieren Sie zu dem erhaltenen Wert die Stunden im Verhältnis zu den Monaten hinzu, die Sie an unmittelbarer praktischer Erfahrung im PC-Support vorweisen können, wie in Tabelle 1.4 beschrieben.

Technische Aufgabenstellung	Vorhandene Erfahrung			
	Keine	Einmal oder zweimal erledigt	Ab und zu erledigt	Ziemlich oft erledigt
Adapterkarte installieren	12	10	8	4
Festplatten installieren	12	10	8	2
Modems und Netzwerkkarten installieren	8	6	4	2
Einen Computer an das Internet anschließen	8	6	4	2
Drucker und Scanner installieren	4	3	2	1
RAM installieren	8	6	4	2
CPUs installieren	8	7	5	3
Drucker reparieren	6	5	4	3
Boot-Probleme beheben	8	7	7	5
Portable Computer reparieren	8	6	4	2
Komplette Systeme aufbauen	12	10	8	6
Mit der Befehlszeile arbeiten	8	8	6	4
Windows installieren/optimieren	10	8	6	4
Mit Windows 2000/XP arbeiten	6	6	4	2
Mit Windows Vista arbeiten	10	8	4	2
NTFS-Berechtigungen konfigurieren	6	4	3	2
Ein Wireless-Netzwerk konfigurieren	6	5	3	2
Eine Software-Firewall konfigurieren	6	4	2	1
Eine Soundkarte installieren	2	2	1	0
Malware entfernen	4	3	2	0
Diagnosewerkzeuge des Betriebssystems einsetzen	8	8	6	4
Voltmeter anwenden	4	3	2	1

Tabelle 1.3: Analyse der eigenen Fähigkeiten

Monate direkter, professioneller PC-Erfahrung	Ihre Vorbereitungszeit
0	plus 50 Stunden
bis zu 6	plus 30 Stunden
6 bis 12	plus 10 Stunden
über 12	plus 0 Stunden

Tabelle 1.4: Zeitaufwand für die Prüfung

Vollkommene Neulinge benötigen in der Regel etwas mehr als 200 Stunden Vorbereitungszeit. Ein erfahrener Techniker sollte eigentlich nicht mehr als 60 Stunden benötigen.

Notieren Sie sich hier Ihre errechnete Gesamtvorbereitungszeit: _____.

Eine Lernstrategie

Nachdem Sie jetzt ein Gefühl dafür bekommen haben, wie lange die Sache etwa dauern wird, wird es Zeit, sich eine Lernstrategie zu überlegen. Ich will Ihnen eine Strategie vorschlagen, die sich, unabhängig davon, ob sie von erfahrenen Technikern oder Neulingen eingesetzt wurde, bei anderen Absolventen der Zertifizierung bereits bewährt hat. Dieses Buch soll den unterschiedlichen Anforderungen beider Lerngruppen gerecht werden. Bei der ersten Gruppe handelt es sich um erfahrene Techniker, die bereits über umfassende Kenntnisse im PC-Bereich verfügen, sich aber davon überzeugen wollen, dass sie gut auf die spezifischen Themen vorbereitet sind, die in den CompTIA A+-Prüfungen behandelt werden. Bei der zweiten Gruppe handelt es sich um jene Personen mit keinen oder nur geringfügigen Erfahrungen im Computerbereich. Diesen können ausführlichere Hintergrundinformationen über die der modernen PC-Technologie zugrunde liegenden Geschichte und Konzepte helfen, sich besser an die spezifischen Themen der Prüfungen zu erinnern. Ich werde kurz von alten und neuen Technikern sprechen, wenn ich diese beiden Gruppen meine. Falls Sie nicht sicher sind, zu welcher Gruppe Sie sich zählen sollen, wählen Sie ein paar Kapitel aus und versuchen, die Fragen am Kapitelende zu beantworten. Wenn Sie weniger als 70 Prozent beantworten können, gehen Sie den Weg für »neue Techniker«.

Die meisten Kapitel habe ich in vier unterschiedliche Teile unterteilt:

- *Geschichte und Konzepte.* Dieses Wissen gehört nicht zu den CompTIA A+-Prüfungen, hilft Ihnen aber dabei, die Themen der CompTIA A+-Prüfungen besser zu verstehen.
- *Essentials.* Diese Themen fallen klar unter die Prüfungsbereiche der CompTIA A+ Essentials-Prüfung.
- *Practical Application.* Diese Themen fallen klar unter die Prüfungsbereiche der CompTIA A+ Practical Application-Prüfung.
- *Jenseits von A+.* Dies sind eher fortgeschrittene Themen, die wahrscheinlich (noch) nicht in der CompTIA A+-Prüfung vorkommen werden.

Der Anfang eines jeden beschriebenen Teils ist im Buch etwa auf die folgende Art und Weise klar hervorgehoben:

Hinweis
Die vier Teile werden nicht durchgängig in allen Kapiteln verwendet.

Der Anfang der entsprechenden Bereiche wird deutlich mit einer Überschrift wie der folgenden eingeleitet:

Geschichte und Konzepte

Falls Sie zur Gruppe der alten Techniker zählen, können Sie in den jeweiligen Kapiteln alles außer den Teilen *Essentials* und *Practical Application* überspringen. Nach dem Lesen dieser Abschnitte können Sie dann sofort zu den Fragen am Ende des Kapitels übergehen, die sich auf die Bereiche *Essentials* und *Practical Application* konzentrieren. Sollten Sie auf Probleme stoßen, arbeiten Sie den Abschnitt *Geschichte und Konzepte* in dem entsprechenden Kapitel durch. Eventuell müssen Sie noch die Abschnitte *Geschichte und Konzepte* früherer Kapitel durcharbeiten, um alle Informationen zu erhalten, die für das aktuelle Thema benötigt werden.

Nachdem Sie alle Kapitel wie beschrieben durchgearbeitet haben, können die alten Techniker direkt dazu übergehen, ihr Wissen anhand kostenloser Übungsprüfungen zu testen. Sobald Sie mehr als 90 Prozent der Fragen beantworten können, sind Sie bereit für die Prüfung. Wenn Sie ein neuer Techniker sind oder als alter Techniker alles lernen wollen, was das Buch zu bieten hat, dann lesen Sie das *ganze* Buch am besten wie einen Roman von der ersten bis zur letzten Seite durch. Springen Sie beim Lesen nicht hin und her. Viele Begriffe und Konzepte bauen aufeinander auf, so dass das Springen leicht zu Frust und Irritationen führen kann, bis Sie dann schließlich das Buch zuklappen und Ihr Lieblingsspiel starten. Nicht, dass ich etwas gegen PC-Spiele hätte, aber diese Fähigkeiten werden für die CompTIA A+-Zertifizierung *nicht* benötigt!

Ihr Ziel beim ersten Durchlesen sollte darin bestehen, die Konzepte und das »Warum« und nicht nur das »Wie« zu verstehen. Beim Lesen ist es sehr hilfreich, wenn Ihnen ein Rechner zur Verfügung steht, so dass Sie zwischendurch einen Blick in den Rechner werfen und eine Hardwarekomponente genauer betrachten oder die praktische Umsetzung eines bestimmten Konzepts prüfen können. Falls

Sie beispielsweise gerade etwas über Diskettenlaufwerke lesen, können Sie nämlich gleich einmal die Kabel untersuchen. Sehen sie genauso wie die im Buch beschriebenen aus? Oder gibt es Unterschiede? Und warum? Es ist unverzichtbar, immer genau zu wissen, *warum* Sie jeweils eine bestimmte Aktion durchführen. Beschränken Sie sich nicht einfach nur auf das »gewusst wie« einer Aktion! Das dürfte weder in der Prüfung noch bei der praktischen Arbeit als PC-Techniker funktionieren.

Wenn Sie dieses Buch im Rahmen eines PC-Kurses zum Thema und nicht begleitend zu einem Kurs lesen, der der Zertifizierungsvorbereitung dient, dann empfehle ich Ihnen dringend und auch dann, wenn Sie bereits über eine gewisse Erfahrung auf diesem Gebiet verfügen, den Weg des neuen Technikers zu wählen. Das Buch enthält eine Menge Details, die zu Stolpersteinen werden könnten, wenn Sie sich nur auf die testspezifischen Abschnitte der Kapitel konzentrieren würden. Und Sie würden Ihr Lernprogramm neben den praktischen Fähigkeiten um zusätzliches konzeptionelles und geschichtliches Wissen ergänzen.

In den CompTIA A+-Examen werden grundlegende Anwenderkenntnisse vorausgesetzt. Wenn Sie Pech haben, fallen Sie eventuell mit einer Frage wie der folgenden herein: »Welche Taste müssen Sie beim Verschieben einer Datei aus dem Ordner C:\DATEN nach D:\ mit dem Windows-Explorer gedrückt halten?« Wenn Sie diese Frage beantworten können, ohne zur Tastatur zu greifen und ein paar wahrscheinliche Lösungen auszuprobieren, dann wissen Sie bereits mehr als die meisten Techniker. Bei der praktischen Arbeit können Sie meist durchaus erst ein paar Fehlversuche starten, bevor Sie auf die richtige Lösung zurückgreifen. Für die Prüfungen müssen Sie diese Dinge aber *wissen*! Unabhängig davon, ob Sie zu den alten oder den neuen Technikern zählen, sollten Sie über die für Windows erforderlichen Anwenderkenntnisse verfügen. Dazu gehören die folgenden Themen:

- der Standarddesktop von Windows und dessen Komponenten (Startmenü, Infobereich usw.)
- die Manipulation von Fenstern (Größe ändern, verschieben usw.)
- Erstellen, Löschen, Umbenennen und Kopieren von Dateien und Ordnern
- Dateinamenerweiterungen und deren Beziehung zu Programmverknüpfungen
- Gebräuchliche Tastenkombinationen (Hotkeys)
- Windows-Anwendungen installieren, ausführen und beenden

Jeder PC-Techniker, der bereits eine Weile in der PC-Branche tätig gewesen ist, kann Ihnen eines der größten Geheimnisse der Computerbranche verraten: Es gibt nahezu nichts, was in der Computertechnologie völlig neu ist! Klar werden die Komponenten schneller, leistungsfähiger, kleiner und die Datenpfade breiter, aber die Basistechnologien, die den PC und dessen Peripheriegeräte im Grunde genommen ausmachen, haben sich seit ihrer Erfindung vor einigen Jahrzehnten nur wenig geändert. Wenn Sie das Buch erstmals durchblättern, könnten Sie versucht sein, die Abschnitte *Geschichte und Konzepte* zu überspringen. Tun Sie das besser nicht! Wenn Sie die Geschichte und die technologischen Entwicklungen verstehen, die hinter der heutigen PC-Hardware stehen, sollten Sie besser verstehen können, warum und wie Komponenten funktionieren oder auch nicht. Im Grunde genommen enthalten diese Abschnitte Kenntnisse, die Ihnen ein älterer, erfahrener PC-Techniker vermitteln könnte.

Nachdem Sie das Buch zum ersten Mal gelesen haben, sollten Sie es noch einmal lesen und diesmal kapitelweise von vorne bis hinten durcharbeiten. Wenn Sie ein alter Techniker sind, dann beginnen Sie an dieser Stelle mit Ihrer Testvorbereitung. Versuchen Sie, in einer Sitzung jeweils ein komplettes Kapitel durchzuarbeiten. Konzentrieren Sie sich dabei auf die Abschnitte *Essentials* und *Practical Application*. Markieren Sie die Sätze und Stellen, in denen wichtige Dinge behandelt werden. Schauen Sie sich die Abbildungen genau an und achten Sie dabei darauf, wie diese die behandelten Konzepte veranschaulichen.

Lernansätze

Vielleicht ist es bereits einige Zeit her, dass Sie für eine Prüfung lernen mussten. Vielleicht aber auch nicht, und Sie haben nur Ihr Bestes getan, um alle Erinnerungen an diese Erfahrung zu verdrängen! Wie dem auch sei, gewitzte Absolventen wissen, dass es bestimmte Techniken gibt, durch die das Lernen für Prüfungen effizienter und effektiver wird.

Ein Trick, den Jura- und Medizinstudenten gelernt haben, die sich Unmengen an Daten merken müssen, lautet: Aufschreiben. Wenn man sich etwas aufschreibt (nicht eintippen, sondern *schreiben*), kann man sich besser daran erinnern. Und das gilt selbst dann, wenn man sich das Geschriebene nie wieder ansieht. Machen Sie also möglichst eigene Notizen und zeichnen Sie Abbildungen nach, damit die Informationen sich besser in Ihr Gedächtnis einprägen.

Ein weiterer alter, aber bewährter Trick ist das Erstellen kleiner Karteikärtchen mit Fragen und Antworten zu Themen, die Ihnen schwierig erscheinen. Ein dritter Trick: Nehmen Sie Ihre Aufzeichnungen mit ins Bett und lesen Sie sie kurz vor dem Schlafengehen. Viele Leute stellen fest, dass sie im Schlaf wirklich lernen!

Kontaktadressen

Falls Sie Probleme, Fragen oder einfach nur einen Kommentar loswerden möchten, können Sie eine englische E-Mail an den Autor senden: michaelm@totalsem.com.

Alle anderen Informationen erhalten Sie direkt bei CompTIA über deren Website: www.comptia.de.

Wiederholung

Fragen

1. Wie lautet die Adresse der primären CompTIA-Website?
    A. www.comptia.com
    B. www.comptia.edu
    C. www.comptia.net
    D. www.comptia.org

2. Welche Zertifizierung verschafft Ihnen den Zugang zur PC-Industrie?
    A. Certified Cisco Network Associate
    B. CompTIA A+-Zertifizierung
    C. CompTIA Network+-Zertifizierung
    D. Microsoft Certified Professional

3. Wie viele Prüfungen müssen Sie bestehen, um eine CompTIA A+-Zertifizierung zu erhalten?
    A. Eine
    B. Zwei
    C. Drei
    D. Vier

4. Wie lautet das offizielle Ziffernkürzel der Prüfung *Practical Application*?
    A. 220-602
    B. 220-702
    C. 702-220
    D. 220-701

5. Welche Windows-Version ist *nicht* Gegenstand der 2009-Versionen der CompTIA A+-Prüfungen?
    A. Windows 2000
    B. Windows Mobile
    C. Windows Vista Ultimate
    D. Windows Vista Business

6. Welche Unternehmen verwalten die CompTIA A+-Zertifizierungsprüfungen? (Wählen Sie alle zutreffenden Antworten aus.)
   A. CompTIA
   B. Microsoft
   C. Pearson/VUE
   D. Prometric

7. Welche Rate sollten Sie bei den richtigen Antworten auf die praktischen Fragen mindestens anstreben?
   A. 75%
   B. 80%
   C. 90%
   D. 95%

8. Wie viele Lernstunden würde Mike einem Anfänger in Sachen PC-Reparatur zur Vorbereitung auf die CompTIA A+-Prüfungen empfehlen?
   A. Mindestens 100
   B. Mindestens 200
   C. Mindestens 300
   D. Mindestens 400

9. Worin besteht der erste Schritt auf dem Weg hin zu den bestandenen CompTIA A+-Prüfungen?
   A. Weitere Aufgabensammlungen kaufen
   B. Zwei Gutscheine kaufen
   C. Dieses Buch wie einen Roman lesen
   D. Die Prüfungstermine planen

10. Welche Zertifizierung sollten Sie nach bestandenen CompTIA A+-Prüfungen als Nächstes anstreben?
    A. CompTIA Network+
    B. CompTIA Security+
    C. Microsoft Certified Professional
    D. Certified Cisco Network Associate

Antworten

1. **D.** Die primäre Website von CompTIA ist www.comptia.org (obwohl die Adressen .com und .net Sie auch auf die Hauptseite weiterleiten).
2. **B.** Die CompTIA A+-Zertifizierung wird als Eintrittskarte in die PC-Industrie betrachtet.
3. **B.** Sie müssen zwei Prüfungen bestehen, um die CompTIA A+-Zertifizierung zu erhalten.
4. **B.** Das richtige Ziffernkürzel der Prüfung *Practical Application* lautet 220-702.
5. **B.** Windows-Mobile-Versionen werden in den CompTIA A+-Prüfungen nicht behandelt.
6. **C, D.** Pearson/VUE und Prometric verwalten die CompTIA A+-Zertifizierungsprüfungen.
7. **C.** Sie sollten keine der Prüfungen abzulegen versuchen, wenn Sie nicht mindestens 90% der praktischen Fragen richtig beantworten können.
8. **B.** Mike empfiehlt einem Neuling im PC-Reparaturbereich ein wenig mehr als 200 Lernstunden.
9. **D.** Planen Sie die Prüfungen für einen zukünftigen Zeitpunkt.
10. **A.** Auf dem typischen Weg der Zertifizierung folgt auf die CompTIA A+-Zertifizierung die CompTIA Network+-Zertifizierung. Damit beherrschen Sie bereits alle Grundlagen, bevor Sie sich auf Microsoft- oder Cisco-Produkte spezialisieren.

2

Arbeitsabläufe

Themen in diesem Kapitel
- Das richtige Erscheinungsbild und professionelles Auftreten
- Die professionelle und produktive Kommunikation mit Kunden
- Sicheres Arbeiten am PC mit den richtigen Werkzeugen

Einer der interessanten Aspekte bei der Schulung neuer Techniker betrifft die Kenntnisse, die Techniker benötigen, um einen Job zu bekommen, und die Gründe, aus denen sie ihre Jobs wieder verlieren. Meiner Ansicht nach verlieren die meisten Techniker nicht wegen mangelnder Sachkenntnis ihren Job, sondern in erster Linie deshalb, weil sie Defizite in jenen Bereichen zeigen, die die CompTIA »Arbeitsabläufe« nennt. Ich persönlich würde hier vielleicht eher von beruflichen Umgangsformen und Sicherheitsaspekten sprechen, aber letztlich läuft es auf dasselbe hinaus: Es sind nicht die Fachkenntnisse, sondern andere Mängel, für die Techniker berühmt sind.

Ich beschreibe mich selbst gern als »Computerfreak« und betrachte es als Kompliment, wenn man mich so nennt. Computerfreaks sind intelligent und nutzen gern neue Technologien. Das sind die guten Aspekte am Wesen der Computerfreaks. Andererseits würden die meisten Leute den Begriff »Freak« als Beleidigung empfinden. Freaks werden in den Medien nur selten positiv dargestellt, und ich glaube zu wissen, warum das so ist. Freaks leiden allgemein unter recht ernsten sozialen Schwächen. Diese Schwächen sind klassisch: schlechte Kleidung, Schüchternheit und schlechte Kommunikationsfähigkeit. Um Ihnen Ihr Leben und Ihre praktische Tätigkeit zu erleichtern, werden in diesem Kapitel einige der grundlegenden Alltagsfähigkeiten behandelt. Sie werden ein wenig über Kleidung, Umgangsformen und Kommunikation erfahren. Und wenn Sie die wichtigsten Grundlagen des sozialen Umgangformen kennen gelernt haben, werden wir auf einige der Gefahren (z.B. statische Elektrizität) eingehen, denen Sie in Ihrem Beruf begegnen können, und die Hilfsmittel vorstellen, mit denen Sie diesen begegnen können. Und für die Freaks, die Probleme mit der Ordnung haben oder ständig Geräte oder sich selbst beschädigen, habe ich dann noch einige Tricks, mit denen alles schön ordentlich und sicher bleibt.

Essentials

Der professionelle Techniker

Ein professioneller Techniker zeichnet sich durch Professionalität aus. Klingt zwar ein wenig abgedroschen, ist aber absolut richtig. Der Techniker glänzt mit professionellem Aussehen, folgt bestimmten ethischen Grundsätzen und besitzt gewisse Charakterzüge. Sehen wir uns diese Bereiche etwas näher an.

Das äußere Erscheinungsbild

Wir leben in einer sich ständig wandelnden und zunehmend zwangloseren Gesellschaft. Ich finde das toll, da ich mich gerne lässig kleide. Das Problem daran ist, dass unsere Gesellschaft vielleicht *zu* lässig wird. Neue Techniker verkennen manchmal, dass viele Kunden lässige Kleidung mit einer allzu lockeren Einstellung assoziieren. Sie reparieren nicht nur die Computer anderer Leute, sondern machen viel mehr. Sie retten kostbare Familienfotos. Sie halten Kleinunternehmen am Laufen. Das sind ernste Aufgaben und niemand will, dass eine unsaubere, schludrig gekleidete Person derart wichtige Aufgaben erledigt. Betrachten Sie Abbildung 2.1. Dabei handelt es sich um unseren hiesigen Zeichner (er hat noch weitere Aufgaben) Ferdinand, der sich lässig gekleidet hat, um mit seinen Kumpels ein wenig abzuhängen.

Und nun meine Frage. Wenn Sie ein kleines Unternehmen leiten würden und Ihr wichtigster Dateiserver wäre ausgefallen, wodurch 15 Beschäftigte nichts mehr tun können, wie fänden Sie es dann, wenn Ferdinand als Techniker so Ihr Büro betreten würde? Ich hoffe, dass Sie so etwas wie »nicht allzu vertrauenerweckend« antworten werden. In allen Unternehmen gibt es so etwas wie eine *Kleiderordnung* für Techniker. Abbildung 2.2 zeigt Ferdinand in einer recht typischen Bekleidung mit einem Poloshirt des Unternehmens, Khakihose und dunklen Schuhen (das müssen Sie mir schon glauben). Bitte beachten Sie auch, dass Hemd und Hose frei von Knitterfalten sind. Alle Techniker können entweder selbst bügeln oder wissen zumindest, wo sich die nächste Reinigung befindet.

Abbildung 2.1: Ferdinand in Freizeitkleidung   *Abbildung 2.2: Ferdinand in Berufskleidung*

Haben Sie beim Betrachten dieses männlichen Models bemerkt, dass seine Haare gekämmt und sein Kinn rasiert ist? Schade, dass ich Ihnen hier keine Gerüche präsentieren kann, aber wenn ich es könnte, dann würden Sie auch bemerken, dass Ferdinand in Berufskleidung auch frisch geduscht ist, ein wenig Deo benutzt hat und dass seine Zähne frisch geputzt sind.

Ich hoffe, dass die meisten Leser jetzt still schmunzeln und das für selbstverständlich halten. Ich habe aber andere Erfahrungen machen müssen. Wenn Sie es das nächste Mal mit einem Techniker zu tun haben, dann fragen Sie sich doch einmal selbst, wie viele dieser einfachen Regeln zum Erscheinungsbild und zur Hygiene er wohl verletzt haben mag. Und machen Sie es sich dann zum Ziel, nicht zu diesen ungepflegten Technikern zu zählen.

Die Charakterzüge eines Technikers

Pfadfinder folgen einem Verhaltenskodex und einem Pflichtenheft. Und selbst wenn Sie selbst nie Pfadfinder gewesen sind, kennen Sie diese Pflichten vielleicht doch: »Ein Pfadfinder ist ... zuverlässig, treu, hilfsbereit, freundlich, höflich, gütig, gehorsam, fröhlich, sparsam, tapfer, sauber und ehrfürchtig.«

Ich will hier in keiner Weise für die Pfadfinderbewegung werben, mir geht es vielmehr darum, Ihnen zu vermitteln, worum es hier geht, nämlich eine Liste ethischer Grundsätze, die Ihnen dabei helfen soll, ein besserer Techniker zu werden. Die nachfolgende Liste habe ich zwar selbst zusammengestellt, sie deckt sich aber hervorragend mit den Zielen der CompTIA A+-Zertifizierung. Widmen wir uns also den Pflichten eines Technikers: Ehrlichkeit und Integrität, Zuverlässigkeit und Verantwortungsbewusstsein, Anpassungsfähigkeit und Flexibilität und Sensibilität.

Ehrlichkeit und Integrität

Ehrlichkeit und Integrität sind zwar nicht dasselbe, liegen für einen Techniker aber doch derart nahe beieinander, dass man sie unter einem wichtigen ethischen Grundsatz zusammenfassen kann. *Ehrlichkeit* bedeutet letztlich, die Wahrheit zu sagen, während es bei der *Integrität* darum geht, das Richtige zu tun.

Es lässt sich leicht sagen, dass Sie ehrlich sein müssen, aber Sie sollten gewarnt sein, denn das ist in unserer Branche oft gar nicht so leicht. IT-Techniker haben meist mehr Bewegungsfreiheit als andere Berufseinsteiger, was zur Unehrlichkeit verleiten könnte. Zu den größten Versuchungen zählt es, Ihren Chef anzulügen. Ein neuer Techniker, der den ganzen Tag über in einem Kombi herumfährt, könnte sich dazu verleitet fühlen, hinsichtlich der Länge seiner Mittagspause oder der Dauer seiner nächsten Aufgabe zu lügen. Dass Sie offen und ehrlich mit Ihrem Chef umgehen sollten, ist aber eigentlich offensichtlich und leicht zu verstehen.

Ehrlich gegenüber Kunden zu bleiben, fällt schon viel schwerer. Verkaufen Sie den Leuten keine Waren und Dienstleistungen, die sie nicht brauchen, selbst wenn Sie am Gewinn oder Umsatz beteiligt sind. Belügen Sie Ihre Kunden bei Problemen nicht. Wenn Sie das Problem nicht umgangssprachlich und unmissverständlich erklären können, versuchen Sie nicht, sich in den technischen Jargon zu flüchten. Und wenn Sie einmal etwas nicht wissen, sollten Sie sich auch nicht scheuen, das zuzugeben. Zu viele Techniker denken scheinbar, dass es auf einen Mangel an Sachkenntnis hinweisen würde, wenn sie einmal nicht genau wissen, wo das Problem liegen könnte. Meiner bescheidenen Meinung nach kann ein Techniker seine Qualität aber gar nicht besser als über die Aussage beweisen, dass er etwas nicht weiß, aber sehr wohl weiß, wie er es herausfinden kann, und die richtigen Antworten geben kann.

> **Hinweis**
>
> Beim *technischen Jargon* (»Techno-babble«) handelt es sich um die (oft sinnlose) Verwendung von Fachausdrücken und Begriffen, mit dem Ziel, sein Gegenüber bei einem technischen Problem einzuschüchtern und zum Schweigen zu bringen.

So wie alle anderen professionellen Dienstleister müssen auch Computertechniker *Integrität* in ihrem Job zeigen. Behandeln Sie alles, was Sie erfahren, als vertraulich und wiederholen Sie es nicht vor Kollegen oder Chefs. Respektieren Sie die Privatsphäre und das Eigentum des Benutzers. Beherzigen Sie Mikes Gesetz: »Wenn es sich nicht gerade um ein Schwerverbrechen oder eine direkte physische Gefahr handelt, dann sehen Sie generell nichts«.

Es gibt eine Ausnahme von dieser Regel. Manchmal müssen Sie zahlende Kunden von firmeninternen Benutzern trennen. Ein zahlender Kunde ist jemand, der nicht für Ihr Unternehmen arbeitet und für Ihre Dienstleistungen zahlt. Ein firmeninterner Benutzer ist jemand, der für dasselbe Unternehmen wie Sie arbeitet und Ihre Dienstleistungen nicht direkt bezahlt. Es ist häufig (aber nicht immer) ihre Aufgabe, die Einhaltung firmeninterner IT-Richtlinien zu überwachen. Dazu ein gutes Beispiel. Wenn Sie sich vor Ort bei einem Kunden befinden und bemerken, dass eine Haftnotiz mit dem Kennwort eines Benutzers an dessen Bildschirm klebt, dann sagen Sie nichts. Wenn Sie firmenintern dasselbe beobachten, müssen Sie wahrscheinlich mit dem Benutzer darüber sprechen, dass es gefährlich ist, Kennwörter gut sichtbar preiszugeben.

Sie haben eine Menge Macht, wenn Sie vor dem Computer anderer Menschen sitzen. Sie können leicht private E-Mails lesen, nachsehen, welche Websites sie besucht haben, und vieles andere mehr. Mit einem Klick auf die START-Schaltfläche sehen Sie, welche fünf Programme zuletzt ausgeführt wurden, einschließlich Word und Solitär, und auch, an welchen Dokumenten zuletzt gearbeitet wurde. Lassen Sie das sein. Sie wollen es gar nicht wissen! Und wenn Sie dabei erwischt werden, dass Sie die Privatsphäre eines Kunden verletzen, verlieren Sie womöglich nicht nur Glaubwürdigkeit und Respekt, sondern vielleicht auch Ihren Job.

Kennwörter sind ein wichtiges Thema für Techniker. Wir müssen Rechner neu starten, auf Freigaben zugreifen und viele weitere Aufgaben erledigen, für die Kennwörter benötigt werden. Sie sollten es *um jeden Preis vermeiden, die Kennwörter von Benutzern in Erfahrung zu bringen* (Abbildung 2.3). Wenn Sie das für den Zugriff auf einen kritischen Rechner benötigte Kennwort kennen und dieser kompromittiert wird oder darauf Daten verschwinden, wem wird dann wohl die Schuld gegeben? Bestimmt Ihnen, also wollen Sie Kennwörter gar nicht wissen! Wenn Sie ein Kennwort nur einmal brauchen, lassen Sie es vom Benutzer für Sie eingeben. Wenn Sie es mehrfach benötigen (was üblicher ist), bitten Sie den Benutzer, es vorübergehend zu ändern.

Abbildung 2.3: Lassen Sie das!

Seltsamerweise halten viele Leute die Dinge, die sie bei ihrer Arbeit benutzen, für ihr Eigentum. Georg aus der Buchhaltung spricht bei dem Rechner, den er benutzt, immer von »meinem PC«. Und das Telefon auf dem Schreibtisch von Susi gehört nicht dem Unternehmen, sondern ist »Susis Telefon«. Unabhängig davon, ob dieses Besitzdenken logisch ist oder nicht, müssen Techniker es respektieren. Sie liegen nie falsch, wenn Sie als goldene Regel mit den Dingen anderer Menschen so umgehen, wie Sie sich von anderen Menschen wünschen, dass sie Ihre Dinge behandeln. Berühren Sie nichts – Tastatur, Drucker, Laptop, Bildschirm, Maus, Telefon, Stift, Papier oder Spielzeug –, ohne nicht vorher um Erlaubnis gefragt zu haben. Befolgen Sie diese Regel immer, auch wenn der Kunde gerade nicht zusieht!

Zuverlässigkeit und Verantwortungsbewusstsein

Zuverlässigkeit und *Verantwortungsbewusstsein* sind zwei weitere Charakterzüge, die zwar nicht dasselbe bedeuten, aber oft Hand in Hand gehen. Verantwortungsbewusste Menschen stehen zu ihren Handlungen. Bei einer zuverlässigen Person kann man sich darauf verlassen, dass sie diese Handlungen ausführt. Auch hier sorgt die Bewegungsfreiheit typischer IT-Mitarbeiter wieder dafür, dass Zuverlässigkeit und Verantwortungsbewusstsein äußerst kritische Merkmale sind.

Der wohl wichtigste Zuverlässigkeitsaspekt bei einem IT-Techniker ist dessen pünktliches Erscheinen bei seinen beruflichen Terminen. Heute leben wir zunehmend in einer Gesellschaft, in der es scheinbar normal ist, nicht zu erscheinen und darüber auch niemanden zu informieren. Man könnte schon fast vom »Zeitalter der leeren Versprechungen« reden. Wir alle haben uns wohl schon einmal vergeblich darauf verlassen, dass jemand eine bestimmte Aufgabe erledigt, oder erfahren müssen, dass bestimmte Personen einfach gar nicht erst erschienen. Termine platzen zu lassen, ist nicht nur unangenehm, sondern kann für Kunden auch eine Menge Verlust an Geld, Zeit und Produktivität bedeuten.

Wenn Ihr Arbeitgeber einen Termin für Sie vereinbart, dann erscheinen Sie. Seien Sie dort und lassen Sie nicht zu, dass einfache Probleme (z.B. Verkehrsstaus) Ihr pünktliches Erscheinen verhindern. Nehmen Sie sich ein wenig Zeit für die Vorbereitung. Informieren Sie sich über Hauptverkehrszeiten. Versuchen Sie herauszufinden, ob vorher angesetzte Termine für Probleme sorgen könnten. Es gibt das Sprichwort »Fünf Minuten vor der Zeit ist pünktlich, und pünktlich ist zu spät.« Natürlich kann es manchmal zu Ereignissen kommen, die Ihr pünktliches Erscheinen verhindern. Sollte dieser Fall eintreten, dann rufen Sie den Kunden möglichst frühzeitig und rechtzeitig an und teilen Sie ihm möglichst präzise mit, wann Sie schätzungsweise bei ihm sein können. Und eine kleine Entschuldigung kann auch nicht schaden.

Verantwortungsbewusstsein ist ein heikles Thema für IT-Mitarbeiter. Natürlich sollten Sie zu Ihren Taten stehen, aber die Latte liegt spätestens dann ziemlich hoch, wenn es um kritische Daten und teure Geräte geht. Fragen Sie immer, ob es Sicherungen gibt, bevor Sie an einem Computer arbeiten. Und wenn es keine gibt, dann sollten Sie dem Kunden die Erstellung von Sicherungen anbieten, auch wenn das für diesen zu höheren Kosten führt. Sollte der Kunde auf Sicherungen verzichten, dann müssen Sie ihm die Risiken klarmachen, denn dann muss er wissen, dass die Daten auf dem zu reparierenden System gefährdet sein könnten.

> **Hinweis**
>
> Die meisten PC-Reparaturunternehmen verwenden standardisierte Auftragsformulare, die unterschrieben werden müssen und auf denen der Name des Kunden, Rechnungsanschrift und Zahlungsmodalitäten, Datum, Umfang der Arbeiten usw. vermerkt werden müssen. Und selbst wenn Sie auf eigene Rechnung arbeiten, können Ihnen derartige Formulare eine Menge Ärger und Streitigkeiten ersparen. Sie können dazu entweder Ihre eigenen Formulare entwerfen oder im Internet nach Mustern suchen.

Anpassungsfähigkeit und Flexibilität

Bei der *Anpassungsfähigkeit* geht es darum, sich an die unterschiedlichsten Situationen anpassen zu können. *Flexibilität* oder auch *Vielseitigkeit* bedeutet – zumindest bei IT-Technikern – das Einbringen einer breiten Palette von Fähigkeiten in den PC-Reparaturvorgang. Bei allen PC-Reparaturen handelt es sich zu einem gewissen Teil um ein Ratespiel. Niemand kennt alle möglichen Probleme, die bei der Arbeit mit Computern auftreten können. Es gibt kein universell gültiges PC-Reparaturhandbuch, das Ihnen sagt, wie Sie Computer reparieren können. Gute Techniker müssen sich an beliebige technische Situationen und Umfelder anpassen können. Gute Techniker sollten beispielsweise selbst dann die meisten Peripheriegeräte reparieren können, wenn sie sich nicht auf sie spezialisiert haben. Beim weiteren Lesen des Buches werden Sie feststellen, dass sich die meisten Geräte in bestimmte Kategorien einordnen lassen und dass es bestimmte Schritte bei der Fehlerdiagnose und Reparatur gibt, die Sie beim Versuch der Reparatur zumindest ausprobieren können.

Die Anpassungsfähigkeit bezieht sich nicht nur auf technische Aspekte. Defekten PCs kann man an den seltsamsten Orten und unter den unmöglichsten Umständen begegnen. Ob ein Computer nun oben auf einer Hängebrücke oder auf einem Schreibtisch steht, spielt für einen anpassungsfähigen Techniker keine Rolle. Er kommt mit bissigen Hunden, geplatzten Wasserrohren und lärmenden Kleinkindern klar. (Im Zusammenhang mit Kindern sind aber einige wichtige Regeln zu berücksichtigen, auf die wir später in diesem Kapitel noch näher eingehen werden.)

Techniker müssen sich anpassen können. Idealerweise machen sie sich zum Fürsprecher der Anwender. Sie nehmen sich die Zeit, um die Prozesse in den Unternehmen zu verstehen, für die sie tätig werden, und versuchen technologische Lösungen für Probleme und ineffiziente Abläufe zu finden. Das bedeutet aber, dass Sie die im Unternehmen eingesetzten Computeranwendungen zumindest gut kennen und vielleicht sogar perfekt beherrschen sollten. Wenn Sie IT-Sachkenntnis beweisen und verstehen, wie Unternehmen arbeiten, dann werden Sie enorm vielseitig, gewinnen schnell an Verantwortungsbewusstsein und verdienen (hoffentlich) mehr Geld.

Zur Vielseitigkeit gehört es in bestimmten Situationen auch, verschiedene Reparaturoptionen anzubieten. Wenn es nicht nur eine einzige Möglichkeit der Reparatur gibt, sorgen Sie dafür, dass der

Kunde alle Optionen kennt. Geben Sie ihm aber auch eine Empfehlung. Teilen Sie dem Kunden mit, warum Sie diese für die beste Maßnahme halten, und informieren Sie ihn so umfassend, dass er seine eigene Entscheidung treffen kann.

Die Vielseitigkeit von Technikern beschränkt sich nicht auf IT-Kenntnisse. Schande über jene Techniker, die die Grundlagen der elektrischen Verkabelung und baulichen Gegebenheiten nicht verstanden haben. Ich befand mich bereits in vielen Situationen, in denen sich Probleme bereits dadurch beheben ließen, dass ein Schalter im Sicherungskasten umgelegt oder der Rechner aus der Nähe eines Elektromotors entfernt wurde. Nein, mit IT-Kenntnissen hat das nichts zu tun, aber vielseitige Techniker wissen, dass derartige Probleme auftreten können.

Sensibilität

Bei der *Sensibilität* (*Einfühlungsvermögen*) handelt es sich um die Fähigkeit, sich in die Gefühle und Emotionen anderer Menschen hineinzuversetzen. Sie erfordert eine gute Beobachtungsgabe, ein wenig Zeit und Nachdenken, um menschliche Gefühle einschätzen zu können, und ein Verhalten, das darauf abzielt, dass sich Ihre Klienten wohlfühlen. Ich halte nur wenige der mir bekannten Techniker für besonders sensibel. Die meisten der von der Technik besessenen Trottel (und dabei beziehe ich mich ein) sind eher egozentrisch und merken kaum, was um sie herum vorgeht. Ich will Ihnen aber dennoch ein paar Tipps geben, die ich mit den Jahren gelernt habe.

Sie sollten verstehen, dass der Kunde für Ihre Arbeitszeit und Ihre Fähigkeiten zahlt. Sie sollten auch verstehen, dass Ihre Anwesenheit unweigerlich bedeutet, dass etwas falsch läuft oder defekt ist, und dass es nur wenige Dinge gibt, über die sich Anwender mehr als über defekte Computer aufregen können. Wenn Sie »dran« sind, müssen Sie wahrscheinlich höchst aufgeregten Kunden zeigen, dass Sie ihren Problemen Ihre volle Aufmerksamkeit widmen. Dazu müssen Sie Ablenkungen vermeiden. Wenn Sie einen persönlichen Anruf erhalten, lassen Sie ihn auf Ihren Anrufbeantworter (oder Ihre Voicemail) weiterleiten. Wenn Sie berufliche Anrufe erhalten, entschuldigen Sie sich höflich, suchen Sie einen ungestörten Ort auf und halten Sie das Telefonat möglichst kurz. Sprechen Sie nie mit Ihren Kollegen, wenn Ihr Kunde Ihnen dabei zuhören kann. Reden Sie nie schlecht über Kunden. Sie können nie wissen, wann und wo Sie Ihnen das nächste Mal begegnen werden.

Und zu guter Letzt sollten Sie kulturelles Einfühlungsvermögen besitzen. Wir leben in einer Welt mit vielfältigen Rassen, Religionen, Umgangsformen und Traditionen. Wenn ein religiöser Feiertag des Kunden nicht in Ihren Terminplan passt, dann hat der Kunde Recht. Wenn der Kunde Sie auffordert, Ihre Schuhe auszuziehen, dann ziehen Sie sie aus. Wenn der Kunde von Ihnen verlangt, eine Kopfbedeckung zu tragen, dann tragen Sie eine. Und wenn Sie Zweifel haben, dann bitten Sie Ihren Kunden um Rat bzw. die notwendigen Vorgaben.

Vorsicht

Sensibilität und *Sensitivität* werden im Deutschen beide oft mit *Empfindlichkeit* übersetzt. Passen Sie mit den Begriffen auf! Empfindliche Menschen besitzen oft wenig oder gar kein Einfühlungsvermögen, was sich (wahrnehmungs)psychologisch erklären lässt. Hier geht es bei der Sensibilität um Einfühlungsvermögen und nicht darum, verletzlich zu sein oder zu erscheinen!

Kommunikation

Wenn Sie es mit Benutzern, Managern und anderen Eigentümern zu tun haben, die frustriert und aufgeregt sind, weil der Computer oder das Netzwerk nicht funktioniert und sie nicht arbeiten können, müssen Sie in Ihrem Job die Rolle eines Detektivs und Psychologen übernehmen. Man muss wissen, wie man mit aufgeregten Menschen umgeht und wie man Antworten auf Fragen erhält, die sich darum drehen, wie der Rechner in seinen aktuellen Zustand geraten ist. Sie müssen klar und effizient kommunizieren. Außerdem müssen Sie als Techniker Anstand bewahren, persönlich integer bleiben und Ihre Kunden respektieren. Dann müssen Sie verbindlich kommunizieren und sich in die Lage der

Benutzer versetzen und ihnen Informationen übermitteln können. Wirklich gute Techniker wenden jene Zeit auf, die für die Entwicklung dieser wichtigen Fähigkeiten benötigt wird.

Verbindliche Kommunikation

Häufig werden PC-Probleme durch Fehler oder Nachlässigkeit der Benutzer verursacht. Als Techniker müssen Sie Benutzer auf ihre Fehler aufmerksam machen, ohne sie dabei zu verärgern oder gar mit ihnen zu streiten. Im Rahmen der verbindlichen Kommunikation übernehmen Sie weder die Rolle des Lehrmeisters noch des Schwächlings. Bei der verbindlichen Kommunikation zeigen Sie Ihrem Gegenüber zunächst, dass Sie ihn und seine emotionalen Reaktionen verstehen und respektieren. Verwenden Sie Aussagen wie »Ich weiß, wie frustrierend es ist, Daten zu verlieren« oder »Ich weiß, wie ärgerlich es ist, wenn das Netzwerk ausfällt und man seine Arbeit nicht erledigen kann.« Mit Aussagen wie diesen können Sie Kunden beschwichtigen und ihnen vermitteln, dass Sie auf ihrer Seite stehen. Vermeiden Sie die direkte Kundenansprache, wenn sie anschuldigend wirken könnte.

Der zweite Aspekt der verbindlichen Kommunikation besteht darin, dass Sie das Problem korrekt formulieren, ohne den Benutzer dabei direkt zu beschuldigen: »Wenn eine Festplatte nicht regelmäßig defragmentiert wird, wird sie langsam« oder »Wie kann sich das Netzwerkkabel während der Mittagspause gelöst haben?« Teilen Sie dem Benutzer schließlich mit, was er tun muss, um Fehler zukünftig zu vermeiden. »Rufen Sie mich an, wenn Sie diesen Summton wieder hören« oder »Sehen Sie vor Neuinstallationen nach, ob sich das Programm auf der Liste des Unternehmens für zulässige Software befindet.« Verwenden Sie immer »Ich« und »mich« und vermeiden Sie Bewertungen. »Ich kann nicht versprechen, dass die Tastatur funktioniert, wenn sie immer so verschmutzt wird« ist sehr viel besser als »Essen Sie gefälligst keine Kekse mehr am Rechner!«

Respektvolle Kommunikation

Beim letzten Aspekt der Kommunikation mit dem Benutzer dreht es sich um den *Respekt*. Sie müssen seine Arbeit nicht erledigen, aber Sie sollten sie und die Person als wichtiges Zahnrad im Unternehmen respektieren. Sprechen Sie so mit dem Benutzer, wie er bei umgekehrten Rollen mit Ihnen sprechen sollte.

Auch dieses Verhalten folgt wieder dem Grundsatz der Gegenseitigkeit.

IT-Leute sollen generell Menschen bei deren eigentlicher Arbeit im Unternehmen unterstützen. Sie sind anwesend, um deren Bedürfnisse zu befriedigen, und zwar zur Zufriedenheit Ihrer Klienten und nicht der eigenen.

Gehen Sie nicht davon aus, dass die Welt stehen bleibt, wenn Sie zur Tür hereinkommen, und dass die Arbeit sofort unterbrochen wird, nur damit Sie in Aktion treten können. Obwohl die meisten Kunden ungeduldig sind und Sie bereits erwarten, ist das nicht immer so. Stellen Sie die magische Frage »Kann ich mit meiner Arbeit beginnen?« Geben Sie dem Benutzer Gelegenheit, seine aktuelle Aufgabe zu beenden, so dass Sie ungestört mit Ihrer anfangen können.

Gehen Sie auf den Benutzer unter Beachtung der Regeln der höflichen Kommunikation ein. Nehmen Sie sich die Zeit, ihm zuzuhören. Unterbrechen Sie ihn nicht, wenn er ein Problem beschreibt. Hören Sie nur zu und machen Sie sich Notizen. Möglicherweise hören Sie etwas, was zur Lösung des Problems beiträgt. Formulieren Sie die Probleme um und wiederholen Sie sie gegenüber dem Kunden, um zu überprüfen, ob Sie das Problem verstanden haben (»Der Rechner stürzt also täglich mindestens drei Mal ab?«). Verwenden Sie einen ruhigen und keinesfalls anschuldigenden Tonfall. Natürlich können Sie Fragen des Benutzers beantworten, sollten dabei aber nicht herablassend oder aggressiv wirken.

Bleiben Sie angesichts des Unheils immer positiv. Gehen Sie nicht in die Defensive, wenn Sie etwas nicht schnell genug herausfinden können und der Benutzer ungeduldig wird. Denken Sie daran, dass der Ärger des Kunden eigentlich nicht Ihnen gilt. Er ist einfach nur frustriert, also nehmen Sie seinen Ärger nicht persönlich. Lassen Sie ihn reden, lächeln Sie und erklären Sie ihm, dass die Fehlersuche bei Computern zuweilen einige Zeit dauern kann.

Vermeiden Sie Unterbrechungen von außen, die Sie vom Kunden und der Fehlersuche ablenken könnten. Unterbrechungen können die Fehlersuche enorm verlängern. Außerdem reagieren Kunden leicht beleidigt, wenn Sie am Telefon Kinoverabredungen treffen, statt den Rechner zu reparieren! Dafür werden Sie nicht bezahlt, deshalb sollten Sie Handys und Pager beim Kunden am besten lautlos schalten. Genau für diesen Zweck haben die Technikgötter Voicemail erfunden. Nehmen Sie keine Anrufe entgegen, sofern sie nicht wirklich extrem wichtig sind. Bei möglicherweise wichtigen Anrufen erklären Sie dem Kunden den Notfall, gehen weg und wickeln den Anruf möglichst schnell ab.

Wenn Sie erkennen, dass der Benutzer ein Problem unwissentlich oder versehentlich verursacht hat, dann sollten Sie das Problem zwar nicht verniedlichen, aber Sie sollten angesichts des Vorfalls auch nicht anklagend oder gar beleidigend werden. Wir alle machen Fehler, und diese Fehler sichern Ihnen Ihren Job! *Sie werden bezahlt, weil Menschen Fehler machen und Geräte kaputtgehen.* Es ist nicht unwahrscheinlich, dass Sie in sechs Monaten wieder zu diesem Arbeitsplatz gerufen werden und etwas anderes reparieren müssen. Wenn Sie für den Benutzer zu einem Ansprechpartner werden, dann sorgen Sie für ein besseres Arbeitsumfeld. Wenn ein Benutzerfehler zu dem Problem geführt hat, dann erklären Sie positiv und unterstützend, wie die Aufgabe korrekt erledigt wird, und lassen Sie den Benutzer den Prozess nachvollziehen, während Sie ihn dabei unterstützen können.

Antworten erhalten

Ihre Aufgabe als Techniker besteht darin, Computer zu reparieren, und am besten beginnen Sie damit, dass Sie feststellen, was funktioniert und was nicht. Sie müssen erst einmal mit dem Kunden sprechen. Lassen Sie den Kunden das Problem vollständig beschreiben und machen Sie sich dabei Notizen. Wenn der Kunde die Situation beschrieben hat, müssen Sie Fragen stellen. In dieser Phase geht es darum, *Antworten zu erhalten*.

Jeder Mensch ist zwar anders, aber die meisten Benutzer mit nicht funktionierenden Computern oder Peripheriegeräten haben Angst und gehen defensiv mit dem Problem um. Um diese anfängliche Haltung zu überwinden, müssen Sie die richtigen Fragen stellen *und* sich die Antworten anhören. Anschließend fragen Sie passend nach.

Vermeiden Sie in Ihren Fragen Schuldzuweisungen, die Ihnen günstigstenfalls nur nicht weiterhelfen (Abbildung 2.4). Die Frage »Was haben Sie gemacht?« führt meist nur zu der verwirrten oder ängstlichen Antwort »Nichts«, mit der Sie der Problemlösung keinen Schritt näher kommen. Stellen Sie zuerst Fragen zur Klärung der Situation. Sprechen Sie Ihre das Problem betreffenden Vermutungen aus, nachdem Sie die ganze Geschichte des Benutzers angehört haben.

Abbildung 2.4: Keine Schuldzuweisungen!

Stellen Sie dann konkretere Fragen, wie z.B. »Wann hat das Gerät zuletzt funktioniert?«, »Hat es je auf diese Weise gearbeitet?«, »Wurde vor Kurzem Software geändert?« oder »Gibt es neue Hardware?«

Stellen Sie offene Fragen, um das Problem näher einzukreisen (»Welche Programme liefen gerade, als sich der Rechner aufgehängt hat?«).

Wenn Sie Ihre Fragen freundlich und sachlich halten, erkennt der Benutzer, dass Sie ihm keine Schuld geben und seine Aktionen auch nicht verurteilen (Abbildung 2.5). Sie zeigen ihm, dass Sie dazu da sind, um ihm zu helfen. Wenn die anfängliche Anspannung erst einmal verflogen ist, bekommen Sie häufig mehr Informationen, wie z.B. darüber, was der Benutzer ausprobiert oder geändert hat. Diese Hinweise können zur schnelleren Lösung des Problems führen.

Abbildung 2.5: Bleiben Sie freundlich!

Denken Sie immer daran, dass Sie zwar viel oder vielleicht auch alles über Computer wissen, der Benutzer aber wahrscheinlich nicht. Das bedeutet, dass er häufig vage oder unpassende Begriffe zur Beschreibung von Komponenten oder Funktionen verwendet. Das ist halt so und Sie sollten den Benutzer daher auch nicht unnötig korrigieren. Vermeiden Sie möglichst die Verwendung von Fachjargon, von Akronymen oder Kürzeln aus dem Computerbereich. Dadurch verwirren Sie die bereits aufgeregten Benutzer unnötig und wirken herablassend. Um zu ermitteln, was der Benutzer machen wollte und was passiert ist, als das Problem auftrat, stellen Sie in freundlichem Ton und möglichst in Umgangssprache direkte, sachliche Fragen. Vermeiden Sie Fachausdrücke und bieten Sie visuelle Hilfen. Lassen Sie sich an dem defekten oder einem noch funktionierenden Gerät erklären, was passiert ist.

Sie sollten Benutzer zwar nicht mit Informationen überschwemmen, aber normalerweise wollen sie doch vage und allgemein über Ihre Aktivitäten ins Bild gesetzt werden. Scheuen Sie sich nicht, einfache Analogien oder Konzepte zu verwenden, um ihnen zu vermitteln, was jeweils geschieht. Wenn Sie die Zeit (und das Talent) haben, benutzen Sie Zeichnungen, Komponenten und andere visuelle Hilfen zur Verdeutlichung technischer Konzepte. Wenn ein Kunde technisch interessiert ist und wirklich Antworten bekommen will, vielleicht auch nur, um sich ein Bild von Ihren Kenntnissen zu machen, dann gehen Sie auf ihn ein und weisen Sie ihn auf externe Schulungsangebote hin. Oder empfehlen Sie Ihren Kunden doch ganz einfach dieses Buch!

Natürlich sollten Sie die guten Manieren beherrschen. Ansonsten sollten Sie aber nie davon ausgehen, dass Kunden freundlich oder lässig sind, nur weil Sie das sind. Selbst scheinbar lockere Benutzer erwarten von Ihnen professionelles Verhalten. Im Gegenzug sollten Sie es auch Ihren Kunden nicht erlauben, Sie in unangenehme oder sogar gefährliche oder illegale Situationen zu bringen. Führen Sie während der Arbeit keine Privatgespräche mit Kunden. Führen Sie keine Arbeiten aus, die über den Rahmen Ihres Auftrags hinausgehen, ohne vorher Rücksprache mit Ihrem Vorgesetzten genommen zu haben. (Verweisen Sie die Kunden in diesem Fall möglichst an jemanden, der ihnen helfen *kann*.) Sie sind kein Babysitter und sollten z.B. nicht freiwillig auf Kinder aufpassen, wenn der Kunde sein Büro verlässt. Und wenn der Kunde nicht richtig auf sein Kind aufpasst, sollten Sie auch diese potenziell unsichere Situation nicht tolerieren. Konzentrieren Sie sich darauf, Ihre Arbeit sicher und effizient zu erledigen, und bleiben Sie immer professionell und anständig.

Erwartungen und Nachfassaktionen

Benutzer sind oft sehr besorgt, wenn ihre Rechner und Netzwerke derart zusammenbrechen, dass sie einen Fachmann herbeirufen müssen. Es ist wahrscheinlich, dass sich noch kritische oder zumindest wichtige Daten auf dem Computer befinden. Wahrscheinlich benötigen sie auch den Rechner, um ihre Arbeit erledigen zu können. Wenn sie Geld für professionelle Unterstützung hinblättern, dann gehen sie davon aus, dass Sie ihr System wieder in genau jenen Zustand versetzen, in dem es sich vor dem Auftreten des Fehlers befand.

Hoffentlich schaffen Sie genau das. Aber Sie müssen auch auf ihre Erwartungen eingehen und sie wissen lassen, was sie erwarten können. Und Sie sollten Ihren Kunden auch nach dem Abschluss Ihrer eigentlichen Aufgabe weiter betreuen. Datensicherungen und die Unterzeichnung von Auftragsformularen (die sehr wichtig sind) haben wir bereits behandelt, aber Sie dürfen auch die Bedürfnisse der Kunden nicht vergessen. Sie wollen doch sicherlich, dass sie Sie in guter Erinnerung behalten, falls sie zukünftig erneut Unterstützung brauchen. Dabei sollten Sie an die folgenden Dinge denken.

Zeitrahmen

Wenn Sie dem Kunden eine möglichst genaue Schätzung der Reparaturdauer geben können, dann werden Sie zum Helden. Haben Sie keine Angst, mit der Schätzung bis nach der Diagnose des Rechners zu warten. Wenn Sie wirklich nicht wissen, wie lange die Problembehebung dauern wird, dann teilen Sie auch dies dem Kunden mit und sagen Sie ihm auch, was Sie noch wissen müssen, bevor Sie eine Vorhersage machen können.

Halten Sie sich an den Zeitplan. Wenn Sie schneller fertig werden, toll! Menschen mögen es, wenn etwas schneller als vorhergesagt geht. Wenn Sie den geschätzten Zeitrahmen überschreiten, nehmen Sie Kontakt mit dem Kunden auf und teilen ihm dies möglichst frühzeitig mit. Sagen Sie ihm, was passiert ist, warum der Zeitrahmen überschritten wird, und nennen Sie ihm einen neuen Zieltermin. An dieser Stelle ist es besonders wichtig, dass Sie dem Kunden alle geänderten Umstände mitteilen. Menschen haben Verständnis für Verzögerungen, da sie Teil unseres täglichen Lebens sind. Sie mögen es aber nicht, wenn man sie im Unklaren lässt, insbesondere wenn es dabei um einen wertvollen Rechner geht.

Dokumentation

Nach Abschluss Ihrer Arbeit dokumentieren Sie das Problem und erfassen dabei den Starttermin, die Lösung (mit Endtermin), die benötigten Arbeitsstunden und die ersetzten Teile. Wenn die ersetzten Komponenten dem Kunden gehören, dann händigen Sie ihm diese aus (dies gilt insbesondere für alle Speichermedien). Diese Aufzeichnungen können Preise enthalten, müssen es aber nicht.

Nachfassaktionen

Ich nenne Nachfassaktionen die verlorene Kunst: eine einfache Folgemaßnahme, bei der es sich üblicherweise einfach nur um einen Telefonanruf handelt, mit dem Sie sich davon überzeugen, dass der Kunde mit Ihrer Arbeit zufrieden ist. Damit geben Sie dem Kunden die Möglichkeit, spezielle Dinge oder Probleme anzusprechen, die möglicherweise aufgetreten sind, und sorgen für den letzten Feinschliff, der dafür sorgt, dass er sich wieder an Sie wenden wird.

Sicherheit und Werkzeuge

Am Anfang der Problemanalyse steht die effektive Kommunikation, durch die Sie Einzelheiten zum Problem erfahren und Hinweise zu den gleichzeitigen Geschehnissen erhalten. Für die weitere Fehlersuche müssen Sie jedoch den Umgang mit Computern meisterhaft beherrschen. Das beginnt damit, dass Sie sicher mit Computerkomponenten umzugehen wissen und die Werkzeuge des Technikers einsetzen können. Beginnen wir mit einigen der Ihnen möglicherweise begegnenden Probleme und dem Umgang damit.

Elektrostatische Entladungen

Wenn Sie sich beim Lesen dieses Kapitels dazu entschließen, ein PC-Gehäuse zu öffnen, wie ich Ihnen das empfohlen habe, dann müssen Sie geeignete Maßnahmen ergreifen, um den tödlichsten Feind des PC zu meiden, bei dem es sich um *elektrostatische Entladungen (ESD – ElectroStatic Discharge)* handelt. Bei elektrostatischen Entladungen handelt es sich einfach um den Übersprung statischer elektrischer Ladungen von einem Körper auf einen anderen. Haben Sie schon einmal einen Luftballon an Ihrem Hemd gerieben, damit er an Ihnen kleben bleibt? Das ist ein klassisches Beispiel für statische Elektrizität. Wenn diese statische Ladung überspringt, dann bemerken Sie möglicherweise gar nichts. An kühlen, trockenen Tagen erhalten Sie aber vielleicht beim Berühren eines Türknaufs einen derartigen Schlag, dass Sie einen dicken, blauen Funken überspringen sehen! Ich habe noch nie gehört, dass ein Mensch – abgesehen von dem unangenehmen Schock – durch elektrostatische Entladungen Schaden genommen hätte. Für Computer gilt das aber nicht. Elektrostatische Entladungen können die empfindlichen PC-Komponenten zerstören, so dass es enorm wichtig ist, dass Sie Maßnahmen ergreifen, um sie bei der Arbeit am PC zu vermeiden.

Hinweis
Von außen sind alle PCs gut gegen elektrostatische Entladungen geschützt. Solange Sie keinen Schraubendreher in die Hand nehmen und das PC-Gehäuse tatsächlich öffnen, müssen Sie sich mit ESD nicht weiter befassen.

Antistatische Hilfsmittel

Elektrostatische Entladungen treten nur dann auf, wenn zwei Objekte miteinander in Kontakt kommen, die unterschiedliche Mengen statischer Elektrizität (hier spricht man von *elektrischen Potenzialen*) speichern. Um elektrostatische Entladungen zu vermeiden, müssen Sie »nur« dafür sorgen, dass Sie selbst und die PC-Komponenten, die Sie berühren, dasselbe elektrische Potenzial haben. Das lässt sich z.B. dadurch erreichen, dass Sie sich selbst mit dem PC über ein praktisches, kleines Hilfsmittel verbinden, das *Antistatikarmband* genannt wird. Diese einfachen Hilfsmittel enthalten eine Leitung, die an der einen Seite mit einer Alligatorklammer und am anderen Ende mit einer kleinen Metallplatte verbunden sind, und werden über ein elastisches Band an Ihrem Handgelenk befestigt. Die Alligatorklammer befestigen Sie an einer blanken Metallstelle des Rechners und das Armband legen Sie sich um das Handgelenk. Abbildung 2.6 zeigt ein typisches Antistatikarmband im praktischen Einsatz.

Abbildung 2.6: Der richtige Einsatz eines Antistatikarmbands

Kapitel 2

> **Wichtig**
>
> Die statische Elektrizität und damit die Gefahr elektrostatischer Entladungen ist in trockener, kühler Umgebung deutlich höher.

Antistatikarmbänder gehören zur Standardausrüstung bei der Arbeit am PC. Aber auch andere Hilfsmittel können nützlich sein. Ein großes Problem bei der Arbeit am Rechner rührt daher, dass oft Komponenten aus dem Rechner entfernt und dann irgendwo abgelegt werden müssen. Wenn Sie eine Komponente aus einem Rechner entfernen, steht sie nicht mehr mit dem System in Verbindung und kann statische Ladungen anderer Quellen übernehmen. Um dieses Risiko zu vermeiden, setzen wir *Antistatikmatten* ein. Antistatikmatten sorgen für ein gemeinsames Potenzial. Häufig kauft man eine Kombination aus Antistatikarmband und Antistatikmatte, die miteinander verbunden werden, und die dafür sorgen, dass Sie selbst, der Rechner und alle separaten Komponenten über dasselbe elektrische Potenzial verfügen (Abbildung 2.7).

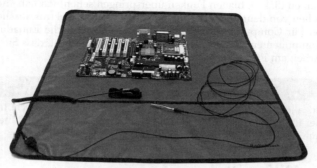

Abbildung 2.7: Antistatikarmband und Antistatikmatte

Winzige Widerstände – Bauteile, die den Elektrizitätsfluss unterbrechen oder ihm einen *Widerstand* entgegensetzen – in Antistatikarmbändern und Antistatikmatten sorgen dafür, dass keine Ladungen durch die Geräte rasen. Diese Widerstände können mit der Zeit ausfallen, weshalb es immer ratsam ist, die mit den Antistatik-Hilfsmitteln einhergehende Dokumentation zu lesen und sich darüber zu informieren, wie die winzigen Widerstände zuverlässig geprüft werden können.

Abbildung 2.8: Antistatikbeutel

Elektrische Komponenten, die sich nicht im Rechner befinden, müssen in *Antistatikbeuteln* aufbewahrt werden. Dabei handelt es sich um einen speziellen Beutel, der Ihre gesamte statische Elektrizität abschirmt, wenn Sie ihn berühren, damit darin aufbewahrte Komponenten geschützt werden (Abbildung 2.8). Fast alle PC-Komponenten werden beim Kauf in antistatischen Verpackungen geliefert.

Erfahrene Techniker werfen diese Verpackungen nicht weg, da man nie wissen kann, wann eine Komponente aus dem Rechner entfernt werden und für eine Weile im Regal aufbewahrt werden muss!

Wichtig

Packen Sie Komponenten immer *in* Antistatikbeutel und legen Sie sie *nicht nur darauf* ab.

Ich würde ja gern behaupten, dass ich nie ohne Antistatikarmband aus dem Haus gehe, aber die Realität sieht doch ein wenig anders aus. Hin und wieder gerät man in Situationen, in denen die richtigen Antistatik-Hilfsmittel fehlen. Das sollte Sie aber nicht daran hindern, an einem Rechner zu arbeiten. Sie müssen nur besondere Vorsicht walten lassen! Bevor Sie dann mit der eigentlichen Arbeit am Rechner beginnen, sollten Sie zwischendurch hin und wieder das Netzteil berühren. Wo sich das Netzteil befindet, erfahren Sie in Kapitel 3 (*Der gläserne PC*). Dadurch sorgen Sie dafür, dass das elektrische Potenzial Ihres Körpers und des Rechners auf dem gleichen Niveau bleiben. Diese Maßnahmen sind zwar weniger zuverlässig als das Tragen eines Antistatikarmbandes, aber immer noch besser als nichts!

Der letzte Aspekt bei der Vermeidung elektrostatischer Entladungen betrifft die nie enden wollende Frage, ob man den Rechner bei der Arbeit nun vom Stromnetz trennen soll oder nicht. Die Antwort ist eigentlich einfach: Wollen Sie wirklich physisch mit einem Rechner verbunden sein, der an die Wandsteckdose angeschlossen ist? Zugegeben, es ist recht unwahrscheinlich, dass Sie wirklich einen elektrischen Schlag bekommen, aber warum sollte man das Risiko eingehen?

Wichtig

Trennen Sie einen PC immer von der Stromversorgung, wenn Sie Arbeiten im Gehäuseinneren durchführen.

EMI (Elektromagnetische Interferenzen)

Wenn ein Magnetfeld elektronische Komponenten stört, dann spricht man von *elektromagnetischen Interferenzen* (*EMI*). Elektromagnetische Interferenzen (Störstrahlungen) sind längst nicht so gefährlich wie elektrostatische Entladungen, können aber einige Komponenten dauerhaft beschädigen und Daten bei bestimmten Speichergeräten löschen. Sie können elektromagnetische Interferenzen verhindern, indem Sie Magnete von Computerausrüstung fernhalten. Bestimmte Komponenten reagieren besonders empfindlich auf elektromagnetische Interferenzen. Magnete sollten Sie nicht in die Nähe der folgenden Geräte bringen:

- Diskettenlaufwerke
- Festplatten
- Flash-Laufwerke
- Röhrenbildschirme

Das größte Problem im Zusammenhang mit elektromagnetischen Interferenzen besteht darin, dass wir häufig Magnete benutzen, ohne es überhaupt zu wissen. Alle Geräte mit einem elektrischen Motor enthalten einen Magneten. Viele Telefone haben Magnete. Lautsprecher und Mikrofone enthalten Magnete. Und auch Netzteile (insbesondere die großen viereckigen für Laptops) enthalten Magnete. Sorgen Sie für ausreichende Entfernung zu den elektronischen Komponenten!

RFI (Radio Frequency Interference)

Haben Sie schon einmal seltsame Geräusche gehört, die aus Ihren Lautsprechern kamen, obwohl Sie gar keine Töne wiedergegeben haben? Haben Sie schon einmal seltsame Geräusche in Ihrem Handy gehört? Dann lag dies möglicherweise an *Funkstörungen* (*RFI – Radio Frequency Interference*). Viele Geräte strahlen Funkwellen aus:

- Mobiltelefone (Handys)
- WLAN-Netzwerkadapter

Kapitel 2

- Drahtlose Telefone
- Babyfone
- Mikrowellengeräte

Allgemein sind die von diesen Geräten ausgestrahlten Funkwellen recht schwach und zudem sind die allermeisten elektronischen Geräte abgeschirmt, um Funkstörungen zu verhindern. Einige Geräte und insbesondere Lautsprecher reagieren aber empfindlich auf Funkstörungen. RFI führt zwar nie zu Schäden, kann aber ungeheuer irritieren. Funkstörungen lassen sich am besten dadurch verhindern, dass man mit Funkwellen arbeitende Geräte möglichst weit entfernt von anderen elektronischen Geräten hält.

RFI wird besonders problematisch, wenn zwei Geräte dieselben Frequenzen benutzen. Schnurlostelefone, Babyfone und drahtlose Netzwerke nutzen manchmal dieselben Frequenzbereiche. Und dann stören sie sich zuweilen gegenseitig, was zu schlechter Signalqualität oder sogar völligen Signalausfällen führen kann. Falls möglich, sollten Sie eines der Geräte dann auf andere Frequenzen einstellen. In Kapitel 24 (*Drahtlose Netzwerke*) werden Sie erfahren, wie Sie drahtlose Netzwerke zur Vermeidung von Funkstörungen anders einstellen können.

> **Hinweis**
>
> Wenn es aus Lautsprechern oder Kopfhörern pfeift und zischt, dann muss das nicht an Funkstörungen liegen! Hier können auch (erratische) Spannungsschwankungen die Ursache sein. Das gilt insbesondere für das häufig stärkere Rauschen bei älteren Soundkarten. (Dann pfeift oder zischt es möglicherweise bereits beim Anlaufen des Motors eines optischen Laufwerks, bei Festplattenzugriffen oder gar bei Mausbewegungen.)

Körperliche Sicherheit

IT-Techniker leben in einer gefährlichen Welt. Wir laufen ständig Gefahr zu stolpern, uns Wirbel auszurenken und uns die Finger an heißen Rechnerkomponenten zu verbrennen. Nehmen wir uns also ein wenig Zeit, um uns mit diesen drei Aspekten unserer körperlichen Sicherheit zu befassen und wie wir den daraus resultierenden Gefahren begegnen können.

Wenn Sie nicht selbst für Ordnung sorgen, dann übernehmen die Hardwarekomponenten mit der Zeit die Herrschaft über Ihr Leben. Abbildung 2.9 zeigt eine Ecke in meinem Büro, in dem das herrscht, was gemeinhin *Kabelsalat* genannt wird.

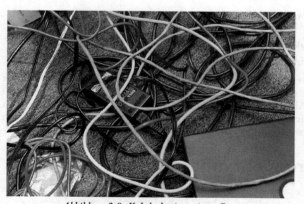

Abbildung 2.9: Kabelsalat in meinem Büro

Der Kabelsalat kann zu einer gefährlichen Falle werden. Während ich das Durcheinander bei mir zu Hause noch tolerieren kann, sind alle Kabel im Unternehmensumfeld sorgfältig hinter den Computergehäusen versteckt, hinter Wänden oder in Kabelkanälen verlegt. Wenn Sie ein Kabel sehen, das eine offensichtliche Stolperfalle darstellt, sollten Sie sich mit der verantwortlichen Person im Hause in Verbindung setzen, damit sie sich sofort darum kümmern kann. Wenn man derartige Gefahren ignoriert, können die Folgen katastrophal sein (Abbildung 2.10).

Abbildung 2.10: Dieser Rechner unternimmt eine seltsam unangenehme Reise.

Bei schweren Kisten handelt es sich um einen weiteren physischen Sicherheitsaspekt. Computer, Drucker, Monitore und damit alles, was wir verwenden, scheint in schweren Kisten angeliefert zu werden. Denken Sie daran, schwere Gegenstände nie aus dem Rücken, sondern immer aus den Beinen zu heben. Und verwenden Sie möglichst immer eine Sackkarre (Stechkarre oder auch Sackrodel) oder andere Transporthilfen. Niemand kann Ihnen so viel bezahlen, dass Sie Ihre eigene Gesundheit riskieren.

Brandwunden sind der letzte physische Sicherheitsaspekt, den ich hier beschreiben will. Die Rechnerwelt ist voll von heißen Komponenten. Es ist schwer, sich zu verbrennen, wenn Sie den Computer, Drucker oder Monitor nicht wirklich öffnen. Aber dann sollten Sie vor allem auf Komponenten mit Kühlrippen oder anderen Kühlvorrichtungen achten, wie sie in Abbildung 2.11 gezeigt werden. Wenn Sie Kühlrippen sehen, dann ist es wahrscheinlich, dass die Komponenten heiß genug werden, um sich daran verbrennen zu können. Halten Sie auch nach (meist gelben oder roten) Etiketten/Aufklebern Ausschau, die vor heißen Komponenten warnen. Und zu guter Letzt sollten Sie Ihre Hand im Zweifelsfall den Komponenten so nähern, als ob Sie die Hitze bei einem Ofen prüfen würden.

Abbildung 2.11: Hier wird vorsichtig geprüft, ob die Kühlrippen heiß sind.

Kapitel 2

Die wichtigsten Werkzeuge

Der grundlegende *Werkzeugsatz* eines Technikers besteht aus einem Kreuzschlitzschraubendreher und vielleicht einem halben Dutzend weiterer Werkzeuge, die Sie gut brauchen können. Die meisten Werkzeugsätze enthalten einen sternförmigen Torx-Schraubendreher, mehrere Schraubendreher, eine Pinzette, ein kleines Greifwerkzeug sowie eine Klemme für den Kreuzschlitz- und den Schlitzschraubendreher (Abbildung 2.12).

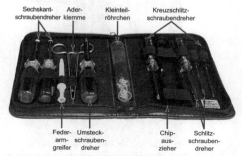

Abbildung 2.12: Typische Werkzeugtasche eines PC-Technikers

Eine Menge Techniker fügen noch einen Magnetgreifer hinzu, mit dem sich schwer erreichbare Teile fassen lassen, die ins Gehäuse gefallen sind. Viele halten außerdem eine Lupe und eine Taschenlampe für schwer lesbare Ziffern oder Zeichen auf den *Platinen* (*PCB – Printed Circuit Board*) bereit, die einen Großteil der Komponenten innerhalb der Systemeinheit ausmachen. Und ganz entgegen Ihrer möglichen Annahme brauchen Techniker nur ganz selten einen Hammer.

Wiederholung

Fragen

1. Welche der folgenden Kleidungsstücke eignen sich am besten für den Arbeitsplatz? (Wählen Sie zwei aus.)
    - **A.** Saubere, gebügelte Khakihose
    - **B.** Sauberes, faltenfreies T-Shirt
    - **C.** Sauberes, faltenfreies Polohemd
    - **D.** Saubere, gebügelte Jeans

2. Am Helpdesk erhalten Sie einen Anruf von einem verzweifelten Anwender, der sagt, dass sein Bildschirm leer bleibt. Welche Fragen könnten Sie ihm daraufhin stellen? (Wählen Sie zwei aus.)
    - **A.** Ist der Computer eingeschaltet?
    - **B.** Ist der Monitor eingeschaltet?
    - **C.** Haben Sie den Rechner neu gestartet?
    - **D.** Was haben Sie gemacht?

3. Am Helpdesk erhalten Sie einen Anruf von Susanne aus der Buchhaltung. Sie hat eine Datei verloren, von der sie weiß, dass sie sie auf der Festplatte gespeichert hat. Wie würden Sie Susanne möglichst effizient und professionell zum Öffnen des Ordners EIGENE DATEIEN bewegen?
    - **A.** Susanne, sehen Sie doch einfach unter EIGENE DATEIEN nach.
    - **B.** Susanne, viele Programme speichern Dateien im Standardordner, der oft EIGENE DATEIEN heißt. Sehen wir doch erst einmal dort nach. Klicken Sie START an und führen Sie den Maus-

zeiger über EIGENE DATEIEN. Drücken Sie dann die linke Maustaste und sagen Sie mir, was Sie nach dem Öffnen des Fensters EIGENE DATEIEN sehen.

C. Wahrscheinlich haben Sie sie nur standardmäßig in MEINE DOKUMENTE gespeichert. Warum starten Sie nicht Excel bzw. das Programm, das Sie zum Erstellen der Datei benutzt haben, erstellen ein neues Dokument und speichern es dann in MEINE DOKUMENTE?

D. Sehen Sie, Susanne, ich weiß ja, dass Sie keine Ahnung von Computern haben, aber wir kann man eine Datei verlieren? Öffnen Sie doch einfach den Ordner EIGENE DATEIEN und suchen Sie dort nach der Datei.

4. Welches Werkzeug gehört in die Werkzeugtasche eines jeden Technikers?
    A. Zange
    B. Hammer
    C. Schlitzschraubendreher
    D. Kreuzschlitzschraubendreher

5. Wann ist es angemessen, einen Benutzer anzuschreien?
    A. Wenn er denselben Bock zum zweiten Mal baut.
    B. Wenn er Sie bei der Suche nach der Problemursache unterbricht.
    C. Wenn er denselben Bock zum fünften Mal baut.
    D. Nie.

6. Bei der Suche nach einem Softwareproblem an Paulas Computer hören Sie sich ihre Problembeschreibung an, als Ihr Piepser ertönt. Es ist Ihr Chef. Was wäre jetzt die geeignete Maßnahme?
    A. Entschuldigen Sie sich, verlassen Sie das Büro und verwenden Sie ein Handy, um Ihren Chef anzurufen.
    B. Schnappen Sie sich Paulas Telefonhörer und wählen Sie die Nummer Ihres Chefs.
    C. Warten Sie, bis Paula ihre Beschreibung beendet hat, und fragen Sie sie dann, ob Sie ihr Telefon benutzen dürfen, um bei Ihrem Chef anzurufen.
    D. Warten Sie, bis Paula ihre Beschreibung beendet hat, führen Sie alle einfachen Reparaturversuche aus, und erklären Sie ihr dann, dass Sie Ihren Chef über Ihr Handy anrufen müssen.

7. Sie befinden sich am Arbeitsrechner eines Kunden, um einige Software- und Hardwareupdates zu installieren. Das dauert eine Weile und erfordert einige Rechnerneustarts. Was sollten Sie hinsichtlich des Kennworts für das Benutzerkonto machen?
    A. Bringen Sie den Kunden dazu, sich während der benötigten Zeit neben Sie zu setzen, damit er das Kennwort jeweils eingeben kann.
    B. Bitten Sie den Benutzer dazu, sein Kennwort aufzuschreiben, damit Sie es benutzen dürfen.
    C. Bitten Sie den Benutzer, sein Kennwort vorübergehend zu ändern, damit Sie es benutzen können.
    D. Rufen Sie Ihren Vorgesetzten an.

8. Welche der folgenden Nachfassaktionen empfiehlt sich nach der Problembehebung nach einem telefonischen Außenauftrag?
    A. Sie telefonieren nach ein paar Tagen mit dem Kunden und überzeugen sich davon, dass der reparierte Computer tadellos funktioniert.
    B. Sie notieren sich alle verwendeten Kennwörter, um sie für spätere Einsätze gleich griffbereit zu haben.
    C. Sie notieren sich die Namen und Daten aller besonders wichtigen Personen, denen Sie begegnet sind, um sie für spätere Einsätze parat zu haben.
    D. Sie machen nichts. Sie haben Ihre Arbeit schließlich erledigt.

9. Durch welches Hilfsmittel können Sie versehentliche statische Entladungen vermeiden und dafür sorgen, dass Sie dieselbe elektrische Ladung wie der Computer haben, an dem Sie gerade arbeiten?
   A. Antistatikspray
   B. Antistatikbeutel
   C. Antistatikarmband
   D. Kreuzschlitzschraubendreher

10. Mit welchem der folgenden Hilfsmittel/Maßnahmen lassen sich elektromagnetische Interferenzen verhindern?
    A. Antistatikbeutel
    B. Antistatikarmband
    C. Magnete von Computerkomponenten fernhalten
    D. Für ausreichenden Abstand zwischen Computer und Bildschirmen sorgen

Antworten

1. **A, C.** Khakihose und Poloshirt sind immer besser als Jeans und T-Shirt.
2. **A, B.** Klären Sie erst die einfachsten Möglichkeiten. Bei einem leeren Bildschirm prüfen Sie erst einmal, ob Rechner und Bildschirm eingeschaltet sind.
3. **B.** Beim telefonischen Lösen von Problemen begleiten Sie den Anwender am besten schrittweise mit nichttechnischen Begriffen auf dem Weg zur Lösung.
4. **D.** In der Werkzeugtasche eines Technikers sollte sich mindestens ein Kreuzschlitzschraubendreher befinden.
5. **D.** Sie sollten auf Kunden nie wütend werden und sie niemals anschreien.
6. **D.** Konzentrieren Sie sich auf die Kundin und benutzen Sie nicht deren Geräte.
7. **C.** In dieser Situation bitten Sie am besten um ein temporäres Kennwort. Sorgen Sie vor dem Weggehen dafür, dass der Anwender sein Kennwort wieder ändert.
8. **A.** Eine einfache Nachfassaktion sorgt für Wohlwollen und Vertrauen. Dabei handelt es sich um eine sehr wichtige Aktion nach dem Abschluss eines Auftrags.
9. **C.** Ein Antistatikarmband sorgt dafür, dass Sie selbst dieselbe elektrische Ladung wie der Computer haben.
10. **C.** Um elektromagnetische Interferenzen (EMI) zu vermeiden, sollten Sie keine Magnete in die Nähe von Computerausrüstung bringen.

3

Der gläserne PC

Themen in diesem Kapitel

❑ Wie der PC funktioniert
❑ Die verschiedenen Steckverbinder an einem typischen PC-System erkennen
❑ Die wichtigsten internen und externen Komponenten eines PC

Das Handwerk des PC-Technikers verlangt von Ihnen das Erlernen vieler Einzelheiten über die verschiedenen Hardwarekomponenten. Selbst die einfachsten Rechner enthalten Hunderte verschiedener Komponenten mit unterschiedlichen Eigenschaften, Formen, Formaten, Farben und Anschlüssen. Wenn Sie das Buch komplett durchgearbeitet haben, werden Sie all diese Komponenten detailliert kennen gelernt haben.

Dieses Kapitel stellt Ihnen das Innenleben eines typischen PC vor, beginnend mit einem Überblick, wie Computer funktionieren. Anschließend werden wir uns dann die externen Anschlüsse und die internen Komponenten genauer ansehen.

Im restlichen Kapitel werden Sie die verschiedenen Komponenten kennen lernen, erfahren, wie sie funktionieren und wie sie mit den anderen Komponenten zusammenarbeiten. In späteren Kapiteln werden Sie diese Einzelteile noch einmal genauer kennen lernen – so detailliert wie nötig, damit Sie Computer installieren, konfigurieren, warten und reparieren können. Selbst wenn Sie bereits Profi sind, sollten Sie dieses Kapitel nicht überspringen. Viele der hier vorgestellten Begriffe sind Ihnen sicher bekannt, aber einige werden Ihnen neu sein, deshalb sollten Sie sich die Zeit nehmen und es lesen.

Es wäre praktisch, wenn auch nicht unbedingt erforderlich, einen PC zur Hand zu haben, den Sie je nach Bedarf einmal inspizieren können. Holen Sie sich dann einen Schraubendreher, entfernen Sie das Gehäuse und betrachten Sie parallel zum Lesen des Buches die jeweils behandelten Bauteile.

Geschichte & Konzepte

Wie ein PC funktioniert

Zweifellos haben Sie schon einmal einen PC bei der Arbeit gesehen. Ein hübscher, glänzender Bildschirm zeigt ein Bild, das sich abhängig davon ändert, was die davor sitzende Person macht – indem sie etwas auf einer Tastatur eingibt oder mit der Maus anklickt. Aus kleinen Lautsprechern neben dem Bildschirm kommen Töne, und unter dem Tisch hört man einen großen Kasten leise summen. Der

PC ist ein Computer – eine Maschine, mit der Sie Arbeiten erledigen, Dokumente erstellen, Spiele spielen, Überweisungen vornehmen und die neuesten Sportergebnisse im Internet abrufen können.

Obwohl Computer natürlich Maschinen sind, handelt es sich bei ihnen auch um Programme, Befehle, die dem Computer mitteilen, was er zu tun hat. Diese Befehle bestehen aus Einsen und Nullen, die die Hardware des Computers versteht und mit denen er erstaunliche Dinge tun und beispielsweise mächtige mathematische Funktionen, Daten (bei denen es sich ebenfalls um Einsen und Nullen handelt) übertragen, Mausbewegungen erkennen und hübsche Symbole auf dem Bildschirm darstellen kann. In so einem Computer finden komplexe Interaktionen zwischen der Hardware und den Computerprogrammen statt, die von einem Ihrer Mitmenschen erstellt wurden.

Kennen Sie das Morse-Alphabet? Für diejenigen, die es nicht kennen, sind es nur Punkte und Striche, aber wenn Sie diese Punkte und Striche (in der richtigen Reihenfolge) jemanden zuschicken, der das Morse-Alphabet versteht, können Sie ihm damit Witze erzählen. Programme lassen sich mit einem Morse-Alphabet für Computer vergleichen (Abbildung 3.1). Sie verstehen diese Einsen und Nullen vielleicht nicht, aber Ihr Computer weiß, was sie bedeuten!

Abbildung 3.1: Der Computer weiß, was die Folge von Einsen und Nullen bedeutet.

Aber nicht nur für die Programme benötigt man Nullen und Einsen. Alle Daten auf dem Computer – die Webseiten, Ihre Dateien, Ihre E-Mails – werden als Nullen und Einsen gespeichert. Die Programme wissen, wie diese Nullen und Einsen in eine Form umgewandelt werden, die der Mensch versteht.

Programme gibt es in zwei Varianten. Zunächst einmal gibt es Anwendungen, Programme, mit denen Sie Ihre Arbeit erledigen können. Zu den *Anwendungsprogrammen* werden Textverarbeitungsprogramme, Webbrowser und E-Mail-Programme gezählt. Anwendungen sind jedoch auf übergeordnete Programme angewiesen, von denen sie unterstützt werden. Sie brauchen Programme, über die Sie Anwendungen starten und beenden, Daten kopieren/verschieben/löschen, mit der Hardware kommunizieren und alle möglichen anderen Dinge erledigen können. Diese übergeordneten Programme werden auch als *Betriebssystem* (OS – Operating System) bezeichnet. Das heute bekannteste Betriebssystem ist Microsoft Windows, aber es gibt auch noch andere Computerbetriebssysteme, wie z.B.

Apple Macintosh OS X (Abbildung 3.2) und das beliebte (und kostenlose) *Linux*. Computer-Profis fassen die Betriebssysteme und die Anwendungen unter dem Oberbegriff Software zusammen, um sie von der Computerhardware zu unterscheiden.

Abbildung 3.2: Macintosh-OS-X-Oberfläche

Wenn Sie Computer auf dieser allgemeinen, konzeptionellen Ebene verstehen und in den Begriffen Hardware, Betriebssystem und Programme denken, können Sie Kunden die verschiedenen Sachverhalte besser erklären. Gute Techniker haben aber sehr viel tiefere Einsichten in das komplexe Zusammenspiel zwischen der gesamten Software und den verschiedenen Hardwarekomponenten. Kurz gesagt, Techniker müssen wissen, welche Prozesse hinter den Kulissen ablaufen.

Hinweis

Da in den CompTIA A+-Zertifizierungsprüfungen nur das Betriebssystem Windows erfasst wird, werden Sie in diesem Buch nur wenig über OS X und Linux erfahren. Gute Techniker sollten aber auch zumindest grundlegende Kenntnisse dieser beiden hervorragenden Betriebssysteme besitzen.

Aus der Sicht eines CompTIA A+-Technikers sind hinsichtlich der Funktion des Computers vier Ebenen zu unterscheiden: Eingabe, Verarbeitung, Ausgabe und Speicher. Wenn Sie wissen, welche Komponenten auf welcher Ebene an einem Prozess beteiligt sind, können Sie auf der maßgebenden und entscheidenden Ebene nach Fehlern suchen.

Eingabe

Um die vier Ebenen zu verdeutlichen, wollen wir die Schritte durchlaufen, die bei der Arbeit mit dem Computer bei einer recht gängigen Aufgabe durchlaufen werden müssen: einer Steuererklärung. [Lautes Aufstöhnen.] Der Februar ist ins Land gezogen, und Millionen Menschen installieren ihre bevorzugte Steuersoftware auf ihren Computern, die ihnen dabei hilft, ihre Steuererklärung zu machen. Nachdem Sie das Steuerprogramm gestartet haben, müssen Sie den Computer als Erstes mit Daten versorgen, den wesentlichen Angaben wie etwa Name, Wohnort, Einkommen und wie viel Geld Sie bereits an das Finanzamt überwiesen haben.

Sie können die Daten über verschiedene Hardwarekomponenten eingeben. Die gebräuchlichsten sind Tastatur und Maus. Die meisten Computer reagieren einfach nicht, wenn Sie sie ansprechen – »He, du!« – und sich nicht gerade in einer Star-Trek-Episode befinden. Irgendwann wird diese Art der Eingabe wahrscheinlich möglich sein, aber vorläufig müssen wir uns mit mechanischen Eingabehilfen begnügen: einer Tastatur, über die Sie Ihre Daten eingeben. Das Betriebssystem leistet bei diesem Vorgang ebenfalls eine wichtige Hilfestellung. Wenn das Betriebssystem Eingaben über die Tastatur nicht so übersetzt, dass sie von der Hardware verstanden werden, können Sie den ganzen Tag auf eine Tastatur einhämmern, ohne damit irgendetwas zu erreichen.

> **Hinweis**
>
> Sollten Sie jetzt argumentieren, dass Computer Spracheingaben bereits seit recht langer Zeit verarbeiten können: Meiner Meinung nach funktioniert das aber (bisher noch) nicht so gut, dass Spracheingaben meine Tastatur ersetzen könnten.

Verarbeitung

Anschließend verarbeitet der Computer Ihre Daten. Er legt die Informationen in verschiedenen geeigneten »Feldern« des Steuerprogramms ab und erledigt dann die mathematischen Berechnungen für Sie. Die Verarbeitung erfolgt innerhalb des Computergehäuses und passiert fast ausschließlich auf Hardwareebene, auch wenn die Hardware dabei den vom Betriebssystem festgelegten Regeln folgt. Auch hier findet ein komplexes Zusammenspiel zwischen Hardware und Software statt.

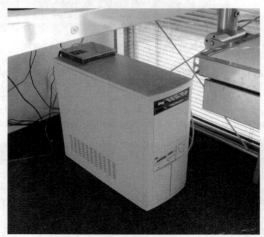

Abbildung 3.3: Irgendwo in einer solchen Kiste findet die Verarbeitung der Daten statt.

Bei der Verarbeitung handelt es sich um den eigentlich rätselhaften Teil, denn Sie können nicht sehen, was passiert. Dieses Rätsel wird in der ersten Hälfte dieses Buches gelüftet, denn gute Techniker müssen alle Phasen des Prozesses verstehen. Ich werde hier nicht auf die spezielle Hardware für die Verarbeitungsphase eingehen, weil abhängig von der Art des Prozesses unterschiedliche Komponenten verwendet werden.

Ausgabe

Es macht wenig Sinn, einfach Ihre Steuern für das Jahr zu addieren, wenn der Computer zum Schluss das Ergebnis nicht anzeigt. Und hier kommt der dritte Schritt ins Spiel – die Ausgabe. Nachdem der Computer die Daten verarbeitet hat, muss er das Ergebnis irgendwo ausgeben, damit Sie es sich ansehen können. Häufig gibt er Daten auf dem Bildschirm aus, damit Sie sie sich ansehen können. Wenn Sie den Rechner dazu auffordern, könnte er die Daten aber auch zum Drucker übertragen, damit Sie die Ausdrucke in Ihre Unterlagen aufnehmen oder Ihrem zuständigen Finanzamt als Beleg zuschicken können. Ein Hardwaregerät übernimmt zwar das eigentliche Drucken, aber das Betriebssystem steuert den Druckprozess. Auch hier arbeiten Hardware und Software wieder auf elementarer Ebene zusammen.

Abbildung 3.4: Ausgabegeräte

Speicher

Nachdem Sie Ihre Steuererklärung abgeschickt haben, wollen Sie wahrscheinlich nicht, dass Ihre Arbeit einfach wieder verschwindet. Was passiert, wenn das Finanzamt ein paar Monate später eine Frage zu Ihrer Erklärung hat? Huh! Sie brauchen dauerhafte Aufzeichnungen. Außerdem müssen Sie eine Kopie des Steuerprogramms aufbewahren. Die vierte Ebene des Prozesses bildet die Speicherung. Als Speicher werden viele verschiedene Geräte verwendet. Physisch besonders gut sichtbar sind externe Speichermedien, wie z.B. Disketten oder beschreibbare CDs (Abbildung 3.5).

Abbildung 3.5: Typisches Speichermedium (CD-R)

Die Kunst des PC-Technikers

Anhand der vier Phasen eines Prozesses (Eingabe, Verarbeitung, Ausgabe und Speichern) können Sie sich verdeutlichen, wie der PC arbeitet. Um ein erfolgreicher Techniker zu werden, müssen Sie alle beteiligten Hardware- und Softwarekomponenten *und* ihr Zusammenspiel in den verschiedenen Phasen verstehen. Sie müssen wissen, was die Komponenten tun, und damit auch, wie sie zusammenarbeiten. Am besten beginnen Sie mit einem echten Computer. Wir werden uns einen typischen Komplettrechner ansehen und dabei auch ein paar Deckel öffnen, um uns einige der darin enthaltenen Komponenten genauer anzusehen. Hoffentlich steht jetzt ein echter Computer vor Ihnen, den Sie ein wenig zerlegen können. Computer sind nie völlig gleich, deshalb werden Sie Unterschiede zwischen Ihrem und dem hier beschriebenen Rechner feststellen, und das ist völlig in Ordnung. Sie werden schnell erkennen, dass alle Computer grundsätzlich aus denselben Hauptkomponenten mit denselben Funktionen bestehen, auch wenn sie sich in Größe, Form oder Farbe unterscheiden.

Nachdem Sie dieses Buch ganz gelesen haben, werden Sie ein tiefer gehendes und detailliarteres Verständnis hinsichtlich des Zusammenspiels der Hardware und Software in dem vierstufigen Prozess besitzen. So wie große Künstler erst einmal ihr Handwerk erlernen mussten, bevor sie ihre Meisterwerke geschaffen haben, müssen auch Sie sich auf dem Weg zum Meister die Grundlagen der Kunst der Computertechniker aneignen.

Essentials

Der Komplettrechner

Manchmal hasse ich den Begriff »Personal Computer«, denn er lässt annehmen, es handele sich um ein einziges Gerät, wie es etwa bei einem Toaster der Fall ist. Ein typischer PC besteht aus mehreren Geräten, und alle (oder zumindest die meisten) Teile werden benötigt, damit er funktionieren kann. Beim wichtigsten Teil des PC handelt es sich um den Kasten, der normalerweise unter Ihrem Schreibtisch steht, und in dem alle anderen Komponenten miteinander verbunden werden, die so genannte Systemeinheit. Alle anderen Komponenten wie Drucker, Tastatur und Bildschirm werden an die *Systemeinheit* angeschlossen und in ihrer Gesamtheit als *Peripheriegeräte* bezeichnet. Abbildung 3.6 zeigt einen typischen Desktop-PC, wobei Systemeinheit und Peripheriegeräte eigenständige Komponenten sind.

Abbildung 3.6: Typischer Desktop-Computer mit Peripheriegeräten

Die meisten Computer haben Standard-Peripheriegeräte, die für die Ein- und Ausgabe benutzt werden können. Es gibt Variationen hinsichtlich Farbe und dem übrigen Schnickschnack, aber grundsätzlich besteht das Paket aus Folgendem:

- **Bildschirm** – der große Fernseher, auf dem der Rechner Daten visuell ausgibt
- **Tastatur** – Tastenfeld für Texteingaben, das einer Schreibmaschine ähnelt
- **Maus** – Zeigegerät zur Steuerung eines grafischen Zeigers auf dem Bildschirm, mit dessen Hilfe Eingaben erfolgen
- **Lautsprecher/Kopfhörer** – Lautsprecher sorgen für die Tonausgabe.
- **Drucker** – erzeugt Ausdrucke auf Papier

Ein typischer PC verfügt über all diese Peripheriegeräte, muss sie aber nicht zwingend haben. Viele PCs haben vielleicht keinen Drucker. Einige PCs haben keine Lautsprecher. Einige Computer haben nicht einmal eine Tastatur, eine Maus oder einen Bildschirm, sondern arbeiten einfach irgendwo im Verborgenen, beispielsweise in einem Flugzeug oder im Motorraum eines Autos. Andere PCs haben möglicherweise sehr viel mehr Peripheriegeräte. Man kann leicht vier oder fünf Drucker an einen einzigen PC anschließen. Außerdem gibt es Hunderte andere Arten von Peripheriegeräten, wie beispielsweise Webkameras oder Mikrofone, denen Sie ebenfalls an vielen PCs begegnen. Die einzige Beschränkung stellt die Anzahl der an einer Systemeinheit zur Verfügung stehenden Anschlüsse für Peripheriegeräte dar.

Externe Anschlüsse

Alle Peripheriegeräte sind über einen der vielen verschiedenen Anschlüsse mit der Systemeinheit verbunden. An der Rückseite einer typischen Systemeinheit (Abbildung 3.7) finden Sie zahlreiche Kabel, die von der Systemeinheit zu den verschiedenen Peripheriegeräten führen. Manchmal gibt es auch Anschlüsse an der Vorderseite. All diese Anschlüsse haben eigene Namen. Ein guter Techniker kennt sie alle. Es reicht nicht, wenn Sie nur sagen »das ist ein Druckeranschluss« oder »das ist ein kleiner Tastaturanschluss«. Sie müssen auch mit den üblichen Namenskonventionen vertraut sein, damit Sie sagen können, »das ist eine DB-25-Buchse« oder »das ist ein USB-Anschluss«.

Abbildung 3.7: Anschlüsse an der Rückseite eines PC

Stecker, Anschlüsse, Buchsen und Steckverbinder

Obwohl PCs fast 50 verschiedene Anschlussvarianten verwenden, lassen sie sich sechs Hauptkategorien zuordnen: DIN, USB, FireWire, DB, RJ und Audio. Lesen Sie den nächsten Abschnitt, um sich die Terminologie zu verdeutlichen. Anschließend können Sie sich die verschiedenen Anschlüsse bei Bedarf genauer ansehen.

Niemand scheint die Begriffe *Stecker, Anschluss, Buchse* oder *Steckverbinder* korrekt zu verwenden, deshalb wollen wir darauf ein wenig näher eingehen. Um ein Gerät mit einem anderen zu verbinden, benötigen Sie ein Kabel, das die Drähte enthält, über die die Verbindung erfolgt. An jedem Gerät sowie an jedem Ende des Verbindungskabels benötigen Sie ein Teil, das zu einem anderen Teil passt, um eine feste, sichere Verbindung herzustellen.

Kapitel 3

Ein *Stecker* ist eine Komponente mit einer Art Schutz, das in einen *Anschluss* eingesetzt werden kann. Ein Anschluss ist ein Teil, der eine Art übereinstimmendes Loch oder einen Einschub besitzt, in den der Stecker aufgenommen wird. Man steckt nie einen Anschluss in den Stecker. Es ist immer andersherum. Der Begriff *Buchse* wird als Alternative zum Anschluss verwendet, man kann einen Stecker also auch mit einer Buchse verbinden. Der Begriff *Steckverbinder* beschreibt einen Anschluss oder einen Stecker. Während Sie dieses Kapitel lesen und die verschiedenen Stecker und Anschlüsse kennen lernen, wird Ihnen das Ganze sicherlich noch etwas klarer werden (Abbildung 3.8).

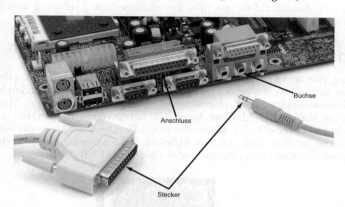

Abbildung 3.8: Stecker, Anschluss und Buchse

Hinweis

Auch Steckverbindungen haben ein *Geschlecht* (*gender*). Stecker mit Stiften sind *männlich* (*male*), Buchsen oder Kupplungen mit Löchern *weiblich* (*female*). Wundern Sie sich also nicht!

Mini-DIN-Anschlüsse

Die meisten PCs unterstützen die einer europäischen Norm entsprechenden *Mini-DIN-Anschlüsse*. Die ursprünglichen DIN-Anschlüsse wurden vor langer Zeit durch Mini-DIN ersetzt, deshalb werden Sie an Ihrem PC nur noch Mini-DIN-Anschlüsse vorfinden (Abbildung 3.9 unten). Ältere Tastaturen und Mäuse werden an Mini-DIN-Anschlüsse angeschlossen (Abbildung 3.9 oben).

Abbildung 3.9: DIN-Anschluss (oben) und Mini-DIN-Anschluss

USB-Stecker

USB (*Universal Serial Bus*) sorgt für die gebräuchlichsten und allgemeinsten Verbindungen zum PC. Es gibt USB-Versionen der unterschiedlichsten Geräte, wie etwa Mäuse, Tastaturen, Scanner, Kameras und Drucker. USB-Stecker gibt es in drei mehr oder weniger verbreiteten Varianten: *A*, *B* und *Mini-B*. Die charakteristische rechteckige Form des USB-A-Anschlusses macht ihn leicht erkennbar (Abbildung 3.10).

Abbildung 3.10: USB-A-Stecker und -Anschluss

Am Rechner selbst werden Sie nie USB-B-Anschlüsse finden. USB-B-Anschlüsse befinden sich am anderen Ende des USB-Kabels, das mit dem USB-Gerät verbunden wird (Abbildung 3.11).

Abbildung 3.11: USB-B-Stecker

Hinweis

Manchmal ist bei USB-Anschlüssen und -Steckern von *Upstream* oder *Downstream* die Rede. Diese Begriffe können zu recht amüsanten Unterhaltungen führen und auch Verwirrung stiften. Alles hängt nur davon ab, ob Sie vom Stecker oder vom Anschluss sprechen, das ist alles. Die USB-A-Stecker verlaufen upstream (also »stromaufwärts«) hin zu USB-A-Anschlüssen am Host oder am Hub. USB-A-Anschlüsse geben vom Host oder Hub aus gesehen in Downstream-Richtung (also »stromabwärts«) Daten aus. Der Stecker ist also upstream, der Anschluss ist downstream. Um das Ganze noch lustiger zu machen, führen USB-B-Stecker downstream hin zu den Geräten. USB-B-Anschlüsse sorgen für Upstream-Verbindungen vom Gerät hin zum Host oder Hub. Mein Rat? Bleiben Sie bei A oder B, dann verwirren Sie auch niemanden.

Da sich die relativ großen USB-B-Stecker weniger gut für kleine Geräte wie Kameras oder Handys eignen, wurde auch ein kleinerer *Mini-B-Stecker* definiert, der oft einfach *USB-Mini* genannt wird (Abbildung 3.12).

Abbildung 3.12: USB-Mini-B-Stecker

USB unterstützt einige Funktionen, die zu seiner riesigen Verbreitung geführt haben. Erstens können die Geräte angeschlossen oder getrennt werden, ohne den PC neu starten zu müssen (*Hot-Swapping*). Bei fast jedem anderen Anschlusstyp müssen Sie das System erst ausschalten, den Stecker anbringen oder entfernen und das System dann wieder einschalten. Durch das Hot-Swapping wird diese Vorgehensweise überflüssig.

Zweitens können viele USB-Geräte über das USB-Kabel mit Strom versorgt werden und kommen so ohne Batterien und eigenes Netzteil aus. Einige Handys oder Digitalkameras können Sie sogar über den USB-Anschluss laden (Abbildung 3.13).

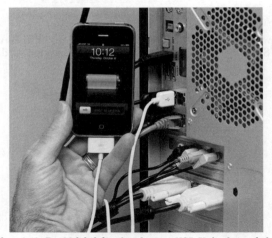

Abbildung 3.13: Ein Mobiltelefon, das über eine USB-Verbindung geladen wird

Tipp

Bei Mobiltelefonen und vielen anderen Geräten war es lange üblich, dass diese eigene, herstellerspezifische Anschlüsse verwendet haben. Einmal abgesehen von den EU-Vorschriften, die zukünftig bei etlichen Komponenten (z.B. Netzteile) die Verwendung des USB-Mini-B-Steckers vorschreiben, sollten Sie heute generell alle Geräte im Laden liegen lassen, die *nicht* über diesen Stecker mit USB-Anschlüssen verbunden werden. (Dies betrifft insbesondere Kameras, Handys und deren Netzteile.)

FireWire-Stecker

FireWire, auch als *IEEE 1394* bezeichnet, unterstützt hohe Datentransferraten, so dass es sich besonders für spezialisierte Anwendungen eignet, wie beispielsweise das Überspielen von Video von einer digitalen Videokamera auf eine Festplatte. FireWire benutzt meist einen speziellen 6-poligen Stecker (Abbildung 3.14). Es gibt aber auch eine kleinere 4-polige Version ohne Stromleitungen, der man häufig an Peripheriegeräten begegnet, und eine 9-polige Variante für Geräte mit höherem Energiebedarf und höherer Geschwindigkeit. Wie USB unterstützt auch FireWire das Hot-Swapping.

Abbildung 3.14: 6-poliger FireWire-Stecker und -Anschluss

DB-Stecker

Im Laufe der Zeit wurden *DB-Stecker* für fast alle Peripheriegeräte verwendet, die Sie sich vorstellen können, nur nicht für Tastaturen. Sie sind leicht D-förmig, so dass ein Stecker nur richtig herum in die entsprechende Buchse eingesteckt werden kann. Außerdem merkt man sich dadurch besser, wie sie heißen. Streng technisch heißen sie *D-Sub-* oder *D-Subminiatur*-Stecker, aber die meisten Techniker nennen sie DB.

Jeder DB-Stecker enthält eine Reihe kleiner Stifte, die mit den DB-Anschlüssen verbunden werden. DB-Stecker können im PC-Bereich zwischen 9 und 37 Kontakte haben, aber DB-Stecker mit mehr als 25 Stiften sind recht selten. Abbildung 3.15 zeigt ein Beispiel. DB-Stecker gehören zu den ältesten und am häufigsten benutzten Steckern am PC.

Abbildung 3.15: DB-25-Stecker und -Anschluss

Kapitel 3

> **Hinweis**
>
> Für alle Varianten und Abmessungen (*shell size*) des D-Sub-Steckers gibt es einen speziellen Namen bei seinen Herstellern. Ein zweireihiger 9-poliger Stecker ist z.B. offiziell eigentlich ein DE-9- und kein DB-9-Stecker. Das E bezieht sich auf die Bauform mit 9 Kontakten. Warum im PC-Bereich alle DA-, DB-, DC-, DD- und DE-Stecker zu DB-x wurden, weiß man nicht, aber die meisten Techniker nennen sie einfach DB-Stecker.

Noch vor gar nicht allzu langer Zeit gab es an einem typischen PC mindestens drei verschiedene DB-Stecker. In den letzten Jahren hat im PC-Bereich aber eine Abkehr von den DB-Steckern stattgefunden. Ein typisches modernes System verfügt nur über einen oder zwei solcher Anschlüsse, häufig für einen Drucker und/oder einen Bildschirm.

RJ-Anschlüsse

Den einen oder anderen *RJ-Anschluss* (*Radio Jack*) haben Sie sicherlich schon einmal gesehen, auch wenn Ihnen diese Bezeichnung bisher möglicherweise nicht bekannt war. Es handelt sich dabei um kleine Plastikstecker, die in Deutschland auch bei Telefonapparaten oder ISDN-Geräten verwendet werden. Moderne PCs verwenden nur zwei Typen von RJ-Steckern, nämlich *RJ-11* (6-polig) und *RJ-45* (8-polig). Die für analoge Telefonapparate verwendeten Stecker sind RJ-11-Stecker. Diese werden ansonsten fast ausschließlich für Modems benutzt. Der etwas breitere RJ-45-Anschluss wird für eine sehr weit verbreitete Verkabelungsart bei Netzwerken und auch für ISDN-Geräte verwendet. Nahezu alle Netzwerk-, ISDN- und DSL-Karten verfügen heute über RJ-45-Buchsen. Abbildung 3.16 zeigt einen RJ-45- (unten) und einen RJ-11-Stecker (oben).

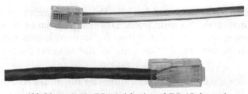

Abbildung 3.16: RJ-11 (oben) und RJ-45 (unten)

Audioanschlüsse

Lautsprecher und Mikrofone werden über Audiobuchsen an die Systemeinheit angeschlossen. Der gebräuchlichste Audiostecker ist heute der *3,5-mm-Klinkenstecker* (*Mini-Audiostecker*). Diese kleinen Stecker gibt es schon seit vielen Jahren. Sie entsprechen genau den Steckern, mit denen Sie Kopfhörer an einen iPod oder vergleichbare Geräte anschließen (Abbildung 3.17). Traditionell findet man die Audiobuchsen an der Rückseite des PC, aber bei vielen neueren Rechnern gibt es sie auch an der Vorderseite.

Abbildung 3.17: 3,5-mm-Klinkenstecker und die entsprechenden Audiobuchsen

> **Hinweis**
>
> Beachten Sie, dass es eine unendliche Vielfalt an verschiedenen Steckern gibt. Die oben genannten Steckertypen decken zwar die Mehrzahl ab, aber es gibt auch noch viele andere Stecker in der PC-Welt. Die Gerätehersteller werden nur selten zur Verwendung bestimmter Stecker gezwungen und verwenden insbesondere dann eigene Anschlussvarianten, wenn sie kein Interesse daran haben, dass ihre Geräte austauschbar mit vergleichbaren Geräten anderer Herstellern werden.

Geräte und ihre Anschlüsse

Nachdem Sie wissen, welche Stecker es gibt, wollen wir die Geräte betrachten, die es in jedem PC gibt, damit Sie lernen, welche Stecker zu welchen Geräten gehören.

> **Hinweis**
>
> Fast alle Stecker sind heute farblich codiert, um den Benutzern dabei zu helfen, das richtige Gerät mit dem richtigen Anschluss zu verbinden. Diese Farbcodierungen sind nicht zwingend erforderlich und werden nicht bei allen PCs und Geräten verwendet.

Steckkarten oder Onboard

Alle Anschlüsse hinten am PC sind – Anschlüsse. Hinter diesen Anschlüssen befinden sich die eigentlichen Komponenten, die die damit verbundenen Peripheriegeräte unterstützen. Die Geräte können in den Computer integriert sein, wie z.B. ein Tastaturanschluss. Andere können durch zusätzlich in den Rechner eingebaute Erweiterungskarten bereitgestellt werden.

Die meisten PCs haben spezielle *Erweiterungssteckplätze* innerhalb der Systemeinheit, in die weitere Geräte auf Erweiterungskarten eingebaut werden können. Abbildung 3.18 zeigt eine typische Steckkarte. Wenn Sie ein neues Gerät benötigen, das im Rechner (noch) nicht vorhanden ist, gehen Sie einfach in ein Geschäft, kaufen eine Steckkarte mit der gewünschten Komponente und setzen sie ein. In späteren Kapiteln dieses Buchs erfahren Sie genauer, wie das geht. Momentan müssen Sie nur wissen, dass Komponenten integriert sein oder über Erweiterungskarten bereitgestellt werden können.

Abbildung 3.18: Typische Steckkarte

Gehen Sie mit Erweiterungskarten vorsichtig um. Fassen Sie sie möglichst nur am Slotblech mit dem 90-Grad-Winkel an und vermeiden Sie eine Berührung der elektronischen Bauteile. Wie in Kapitel 2 (*Arbeitsabläufe*) bereits erwähnt, sollten Sie Erweiterungskarten außerhalb des Rechners immer in Antistatikbeuteln aufbewahren oder transportieren, um sie vor elektrostatischen Entladungen zu schützen.

Tastatur

Die heutigen Tastaturen haben die unterschiedlichsten Formen und Größen, aber sie werden entweder mit einem speziell dafür vorgesehenen Mini-DIN-Tastaturanschluss oder mit einem USB-Anschluss verbunden. Vielen Tastaturen liegen Adapter bei, so dass Sie beide Anschlüsse benutzen können. Die meisten Tastaturstecker und Mini-DIN-Anschlüsse sind lilafarben (Abbildung 3.19).

Abbildung 3.19: Tastaturstecker und -anschluss

Bildschirm

Ein Bildschirm wird mit dem Anschluss der Grafikkarte an der Systemeinheit verbunden. Meist handelt es sich dabei entweder um den älteren 15-poligen *VGA-Anschluss* (*Video Graphics Array*) in DB-Form oder den neueren *DVI-Anschluss* (*Digital Video Interface*). VGA-Anschlüsse sind blau, DVI-Anschlüsse üblicherweise weiß. Viele Grafikkarten besitzen beide Anschlüsse (Abbildung 3.20), manche auch zwei VGA- oder DVI-Anschlüsse. Grafikkarten mit zwei Anschlüssen unterstützen zwei Bildschirme, was wirklich sehr praktisch sein kann.

Abbildung 3.20: Grafikkarte mit drei Anschlüssen. Von links nach rechts: S-Video, DVI und VGA.

Der neueste Grafikanschluss heißt *HDMI* (*High-Definition Multimedia Interface*) (Abbildung 3.21). HDMI ist bei Grafikkarten noch recht neu, bietet aber etliche Vorteile, wie beispielsweise die Möglichkeit, Bild und Ton über ein einziges Kabel zu übertragen. Der HDMI-Anschluss wurde zwar hauptsächlich für den Heimkinobereich entwickelt, dürfte sich in den nächsten Jahren aber auch bei Grafikkarten immer mehr durchsetzen.

Abbildung 3.21: HDMI-Stecker

Sound

Soundkomponenten im Rechner erfüllen zwei Aufgaben: Erstens übernehmen sie digitale Daten, wandeln sie in Töne um und übertragen sie zu Lautsprechern. Zweitens wandeln sie Töne, die z.B. von einem Mikrofon stammen können, in digitale Daten um.

Für die Aufnahme und Wiedergabe von Audio müssen an eine Soundkarte zumindest Lautsprecher und ein Mikrofon angeschlossen werden. An allen modernen PCs gibt es mindestens zwei *3,5-mm-Klinkenbuchsen* (*Mini-Audiobuchsen*), eine für ein Mikrofon und eine für Stereolautsprecher. Bessere Karten besitzen Anschlüsse für weitere Lautsprecher (*Surround-Sound*). Abbildung 3.22 zeigt die typischen Anschlüsse einer integrierten Soundkarte mit sechs verschiedenen 3,5-mm-Klinkenbuchsen. Vier sind Lautsprecherausgänge und zwei sind Eingänge (z.B. für ein Mikrofon). Die Farbcodierung der Audioanschlüsse ist recht komplex, vorläufig sollten Sie sich aber nur die Farbe Grün merken. An die entsprechend gekennzeichnete Buchse werden Stereolautsprecher angeschlossen.

Abbildung 3.22: Typische 3,5-mm-Audioanschlüsse

Einige ältere Soundkarten besitzen auch einen 15-poligen DB-Anschluss, über den Sie elektronische Musikinstrumente oder einen Joystick anschließen können (Abbildung 3.23). Derartige Anschlüsse sind heute aber selten geworden, da die entsprechenden Funktionen meist über USB-Anschlüsse zur Verfügung gestellt werden.

Abbildung 3.23: Alter Joystick/MIDI-Anschluss

Vorsicht
Viele der alten 15-poligen DB-Anschlüsse unterstützen entweder nur Joysticks oder bieten nur beschränkte MIDI-Unterstützung!

Nachdem den Soundkarten immer mehr Audiobuchsen hinzugefügt wurden, wurde es an der Rückseite typischer Soundkarten recht eng. Um die verschiedenen Audiosignale zusammenzufassen, wurde der *S/PDIF-Anschluss* (*Sony/Philips Digital Interface*) entwickelt. S/PDIF gibt es in einer koaxialen und einer optischen Variante. Abbildung 3.24 zeigt ein Mainboard, das beide unterstützt (links die Cinch-Buchse des Koaxialanschlusses). Ein S/PDIF-Anschluss ersetzt alle Mini-Audioanschlüsse, vorausgesetzt, Ihr Surround-Lautsprechersystem besitzt ebenfalls einen S/PDIF-Anschluss.

Kapitel 3

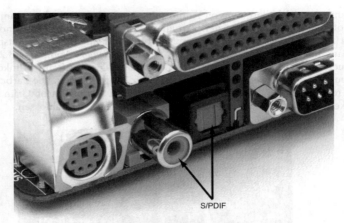

Abbildung 3.24: S/PDIF-Anschlüsse (rechts optisch)

Netzwerk

Netzwerke sind Gruppen miteinander verbundener PCs, die Daten austauschen. PCs werden fast immer über ein Kabel angeschlossen, das wie ein dickes Telefonkabel aussieht. Moderne Rechner verwenden RJ-45-Anschlüsse zur Verbindung mit einem Netzwerk. Abbildung 3.25 zeigt einen typischen RJ-45-Netzwerkstecker. Für Netzwerkanschlüsse wird keine Standardfarbe verwendet.

Abbildung 3.25: Typischer Netzwerkanschluss

Hinweis

Moderne PCs besitzen integrierte Netzwerkadapter. Jahrelang waren Netzwerkadapter aber nur auf Erweiterungskarten erhältlich, den so genannten *Netzwerkkarten* (NIC – Network Interface Card). Der Begriff hat sich derart eingebürgert, dass selbst integrierte Netzwerkadapter, bei denen es sich natürlich nicht um eigenständige Karten handelt, weiterhin NIC oder Netzwerkkarte genannt werden.

Maus

Die meisten Leute haben sich völlig an die Funktion der *Maus* gewöhnt – sie ermöglicht Ihnen, Elemente in einer grafischen Umgebung auszuwählen. Eine PC-Maus hat mindestens zwei Tasten (im Gegensatz zu der berühmten Ein-Tasten-Maus, die es für Apple-Macintosh-Computer lange gab). Eine bessere Maus besitzt ein Scrollrad und zusätzliche Tasten. Eine Maus verwendet entweder einen USB-Anschluss oder einen speziellen, hellgrünen Mini-DIN-Anschluss (Abbildung 3.26).

Abbildung 3.26: Maus mit Mini-DIN-Anschluss

Eine Variante der Maus ist der *Trackball*. Ein Trackball erfüllt dieselben Aufgaben wie eine Maus, aber statt wie eine Maus herumgeschoben zu werden, bleibt der Trackball an Ort und Stelle, und Sie rollen einen Ball mit Ihren Fingern oder dem Daumen (Abbildung 3.27).

Abbildung 3.27: Trackball

Modem

Ein *Modem* ermöglicht Ihnen, Ihren PC mit einem Telefon zu verbinden. Ein Modem ist ebenfalls ein leicht identifizierbares Gerät in PCs. Die meisten Modems haben zwei RJ-11-Buchsen. Eine davon verbindet das Modem mit der Telefonbuchse an der Wand, die andere ist für ein optionales Telefon vorgesehen, so dass Sie die Telefonleitung benutzen können, wenn das Modem nicht benutzt wird (Abbildung 3.28).

Abbildung 3.28: Internes Modem

Kapitel 3

> **Hinweis**
>
> Externe Modems wurden traditionell mit einem 9- oder 25-poligen D-Sub-Anschluss an der Systemeinheit verbunden, der so genannten *seriellen Schnittstelle*, bei der der *Anschluss* traditionell *Schnittstelle* genannt wird und die es bereits bei den ersten PCs gab (Abbildung 3.29). Heute benutzen externe Modems zwar meist USB-Anschlüsse, aber an vielen Rechnern finden Sie weiterhin serielle Anschlüsse für ältere Geräte.

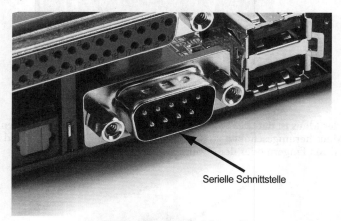

Abbildung 3.29: Serielle Schnittstelle

Drucker

Jahrelang verwendeten Drucker nur einen speziellen Anschluss, die so genannte *parallele Schnittstelle*, bei der es sich um einen 25-poligen DB-Anschluss handelt, der normalerweise pinkfarben ist (Abbildung 3.30).

Abbildung 3.30: Parallele Schnittstelle

Nach fast 20 Jahren der Vorherrschaft der parallelen Schnittstelle verwenden heute die meisten Drucker USB-Anschlüsse. Einige Modelle besitzen auch FireWire-Anschlüsse und Drucker mit Netzwerkanschlüssen oder integrierter WLAN-Schnittstelle (drahtlose Netzwerkverbindung) werden immer erschwinglicher.

Die parallele Schnittstelle fehlt daher auch immer häufiger an der Rückseite der Rechner, lässt sich aber über USB-Adapterkabel bei Bedarf auch recht leicht nachrüsten, ohne dass Sie dazu das Rechnergehäuse aufschrauben müssten.

Joystick

Joysticks waren ursprünglich nicht nur für Spiele vorgesehen (Abbildung 3.31). Als IBM den PC um einen zweireihigen, 15-poligen weiblichen DB-Anschluss für den Joystick erweiterte, stellten sie sich den Joystick aber auch als häufig genutztes Eingabegerät vor, so wie es die Maus heute ist. Abgesehen von seltenen Fällen dient ein Joystick heute aber hauptsächlich dazu, einen PC zu einer relativ teuren Spielkonsole zu machen. Aber gibt es ein besseres Gefühl, als den Joystick herumzureißen, die Feuertaste zu drücken und zu beobachten, wie feindliche Kampfjets durch gut gezielte Sidewinder-Raketen explodieren? Ich glaube nicht. Traditionelle Joystick-Anschlüsse sind orangefarben, die meisten Joysticks werden heute aber mit USB-Anschlüssen verbunden.

Abbildung 3.31: Joystick

eSATA

Immer mehr PCs sind mit *eSATA-Anschlüssen* ausgestattet (Abbildung 3.32). Dabei handelt es sich um einen speziellen Anschluss für externe Festplatten und optische Laufwerke.

Abbildung 3.32: eSATA-Anschluss

Und noch viel mehr!

Vergessen Sie nicht, dass es noch sehr viel mehr Geräte und Anschlüsse gibt! Hier wurden nur die gebräuchlichsten beschrieben, denen Sie sehr wahrscheinlich begegnen werden. Während Sie dieses Buch lesen, werden Sie auch noch einige weniger gebräuchliche Anschlüsse und deren Verwendungszweck kennen lernen.

Innerhalb der Systemeinheit

Da Sie nun wissen, welche Geräte an den PC angeschlossen werden, wollen wir die Systemeinheit öffnen, um uns die wichtigsten internen Komponenten eines typischen PC anzusehen. Ein PC setzt sich

Kapitel 3

aus mehreren Tausend Einzelkomponenten zusammen. Auch wenn niemand wirklich jedes kleine elektronische Bauteil im PC namentlich kennt, sollten gute Techniker doch die Bezeichnungen der wichtigsten internen Komponenten eines typischen PC kennen. Wir öffnen jetzt eine Systemeinheit, um diese Komponenten zu betrachten und eine Vorstellung davon zu erhalten, wofür sie zuständig sind. In späteren Kapiteln werden Sie diese Komponenten detaillierter kennen lernen.

Gehäuse

Das Gehäuse der Systemeinheit ist sowohl das interne Gerüst des PC als auch die externe Haut, die die internen Komponenten vor der Umgebung schützt. Gehäuse werden in den erstaunlichsten Formen, Abmessungen und Farben gebaut. Abbildung 3.33 zeigt die Vorder- und die Rückseite eines typischen PC-Gehäuses. Die Vorderseite des Gehäuses enthält die Tasten, über die das System ein- und ausgeschaltet wird, die LEDs, die den Systemstatus signalisieren, sowie die Abdeckungen der Schächte für Laufwerke mit Wechseldatenträgern, wie etwa Disketten, CD-ROMs oder DVDs. Das abgebildete System besitzt auch einfach zugängliche USB-, FireWire- und Audioanschlüsse an der Vorderseite für entsprechende Geräte.

Abbildung 3.33: Vorder- und Rückseite eines typischen PC-Gehäuses

An der Rückseite des Gehäuses befindet sich die Mehrzahl der Anschlüsse der Systemeinheit. Sie sehen hier auch den Netzanschluss, der sich fast immer oben am Gehäuse am Netzteil mit dessen Lüfter befindet. Beachten Sie, dass alle Onboard-Anschlüsse über einen Bereich an der Gehäuserückseite bereitgestellt werden (Abbildung 3.34), während die Anschlüsse der Erweiterungskarten in einem anderen Bereich liegen. Für die Onboard-Anschlüsse gibt es standardisierte Aussparungen am Gehäuse. Ähnliches gilt für die externen Anschlüsse der in Steckplätzen installierten Erweiterungskarten.

Abbildung 3.34: Bereich mit den Anschlüssen der Onboard-Geräte

> **Hinweis**
>
> Gehäuse und Systemeinheit sind synonyme Begriffe.

Das Öffnen des Gehäuses ist immer ... interessant. Dafür gibt es kein Standardverfahren, und ich bin mir sicher, dass die Designer der Systemeinheiten eine Art kranken Humor haben und nur darauf aus sind, immer neue, komplizierte Verschlussmechanismen zu erfinden. Meist müssen Sie die Seitenteile eines Gehäuses entfernen, indem Sie ein paar Schrauben hinten an der Systemeinheit lösen, wie es Abbildung 3.35 zeigt. Setzen Sie einfach Ihren gesunden Menschenverstand ein, dann sollte es nicht allzu viele Probleme geben. Verlieren Sie aber keine Schrauben und merken Sie sich, wo sie hingehören!

Abbildung 3.35: Eine Systemeinheit öffnen

Nachdem Sie das Gehäuse geöffnet haben, werfen Sie einen Blick hinein. Sie sehen einen Metallkäfig, der allerlei Kabel und Komponenten enthält. Um sich die Komponenten besser ansehen zu können, schieben Sie die Kabel einfach ein wenig zur Seite. Vergessen Sie dabei nicht, ein Antistatik-Armband zu tragen (und es mit dem Gehäuse zu verbinden) oder das Metallgehäuse gelegentlich zu berühren, um elektrostatische Entladungen zu vermeiden.

CPU

Die *CPU* (*Central Processing Unit*) bzw. der *Mikroprozessor* führt alle Rechenarbeiten innerhalb des PC aus. CPUs gibt es in den unterschiedlichsten Formen und Größen. Einige Beispiele finden Sie in Abbildung 3.36.

Moderne CPUs erzeugen sehr viel Wärme und benötigen einen Lüfter und einen Kühlkörper, um eine Überhitzung zu vermeiden (Abbildung 3.37). Ein Kühlkörper ist ein großes Kupfer- oder Aluminiumstück, das hilft, Hitze vom Prozessor abzuziehen. Der Lüfter bläst die warme Luft aus dem Gehäuse. Wenn Sie eine CPU austauschen müssen, können Sie die Kühlvorrichtung normalerweise entfernen. Einige CPU-Hersteller verkaufen aber auch CPUs mit permanent angebrachtem Lüfter.

Abbildung 3.36: Typische CPUs

Abbildung 3.37: CPU mit Lüfter

CPUs haben wie Autos einen Hersteller und eine Modellbezeichnung. Bei Autos spricht man beispielsweise von einem Ford Granada oder einem Toyota Camry, während es bei CPUs dann Intel Core i7 oder AMD Phenom heißt. Im Laufe der Jahre hat es nur wenige CPU-Hersteller gegeben, wie es auch nur wenige große Autohersteller gibt. Die zwei größten CPU-Hersteller für den PC sind Intel und AMD.

Abbildung 3.38: Eine CPU und der dazu passende Sockel

Obwohl es nur wenige CPU-Hersteller gegeben hat, haben diese wenigen Hersteller Hunderte verschiedener Modelle gefertigt. Einige der gängigen Modelle, die im Laufe der Jahre gebaut worden sind, tragen Namen wie z.B. Core 2, Core i7, Celeron, Athlon und Phenom.

Außerdem gibt es bei CPUs unterschiedliche Bauformen. Die Bauform (*package*) bestimmt das Aussehen des Prozessors und seine Verbindung mit dem Computer. Intel-CPUs verwenden aktuell eine Bauform, die *LGA* (*Land Grid Array*) genannt wird, während AMD bei seinen aktuellen CPUs *PGA* (*Pin Grid Array*) bevorzugt. Von allen CPU-Bauformen gibt es mehrere Variationen, die jeweils zu einem bestimmten Anschluss passen, der *Prozessorsockel* genannt wird. Derartige Sockel tragen Namen wie z.B. *Socket AM3* oder *Socket B*. Abbildung 3.38 zeigt eine CPU mit dem dazu passenden Sockel.

In Kapitel 5 (*Mikroprozessoren*) werden CPUs ausführlicher behandelt. Momentan müssen Sie nur wissen, dass alle CPUs einen Hersteller, eine Modellbezeichnung und eine bestimmte Gehäusebauform haben.

RAM

Im *RAM* (*Random Access Memory*) bzw. dem *Arbeitsspeicher* werden die vom Prozessor aktuell benötigten Programme und Daten gespeichert. Die maximale Menge an Programmen und Daten, die ein RAM-Baustein speichern kann, wird in Einheiten angegeben, die als *Byte* bezeichnet werden. Da moderne Rechner über viele Millionen oder Milliarden Byte RAM verfügen, wird die Arbeitsspeicherkapazität üblicherweise in *Megabyte* (*MB*) oder *Gigabyte* (*GB*) angegeben. Durchschnittlich verfügt ein PC heute über 1 bis 4 GB RAM. Es kann aber auch deutlich mehr oder weniger sein. RAM-Bausteine werden *Speichermodule* genannt. Ein in modernen PCs übliches Speichermodul ist das so genannte *DIMM* (*Dual Inline Memory Module*). Abbildung 3.39 zeigt beispielhaft zwei DIMMs.

Abbildung 3.39: Zwei DIMMs

Ihr PC unterstützt nur einen DIMM-Typ, den Sie kennen müssen, wenn Sie den Arbeitsspeicher bei Bedarf erweitern oder Module austauschen müssen. In Kapitel 6 (*RAM*) ist alles beschrieben, was Sie für den sicheren Umgang mit RAM wissen müssen.

Vorsicht

Einige Teile Ihres PC sind empfindlicher gegenüber elektrostatischen Entladungen als andere. CPU und RAM sind sehr empfindlich gegenüber elektrostatischen Entladungen. Wenn Sie die Metallteile an CPU oder Speichermodulen berühren und auch nur die geringste Ladung in sich tragen, können sie leicht zerstört werden.

Mainboard

Ein *Mainboard* können Sie mit dem Fahrgestell eines Autos vergleichen. Bei einem Auto ist alles direkt oder indirekt mit dem Fahrgestell verbunden. Für einen PC gilt dasselbe, denn auch hier ist alles direkt oder indirekt mit dem Mainboard verbunden. Bei einem Mainboard handelt es sich um eine dünne, flache Platine mit integrierten Schaltkreisen (PCB – Printed Circuit Board), die meist grün und etwas größer als ein A4-Blatt ist (Abbildung 3.40).

Abbildung 3.40: Ein typisches Mainboard

Ein Mainboard verfügt über verschiedene spezielle Sockel für unterschiedliche PC-Komponenten. Die CPU und das RAM beispielsweise werden direkt mit dem Mainboard verbunden. Andere Geräte, wie etwa Diskettenlaufwerke, Festplatten, CD- und DVD-Laufwerke werden über kurze Kabel mit Stiftleisten oder Anschlüssen auf dem Mainboard verbunden. Mainboards besitzen auch Onboard-Anschlüsse für externe Geräte, wie beispielsweise Mäuse, Drucker, Joysticks oder Tastaturen.

Alle Mainboards besitzen Mehrzwecksteckplätze, in die Sie Erweiterungskarten einsetzen können. Für unterschiedliche Karten gibt es unterschiedliche Erweiterungssteckplätze (Abbildung 3.41).

Abbildung 3.41: Das Einsetzen einer Erweiterungskarte in einen Steckplatz

Netzteil

Das *Netzteil* versorgt den Rechner mit Strom. Netzteile sind in Deutschland für eine Wechselspannung von etwa 230 Volt ausgelegt und wandeln diese in für den Rechner geeignete Gleichspannungen um. Die meisten Netzteile sind etwa halb so groß wie ein Schuhkarton und grau oder metallfarben (Abbildung 3.42).

Der gläserne PC

Abbildung 3.42: Netzteil mit Stromversorgungssteckern

Vom Netzteil gehen meist recht viele Anschlüsse ab. Alle Netzteile verfügen über spezielle Stecker für die Verbindung mit dem Mainboard sowie mehrere standardisierte Stecker für die Stromversorgung anderer Komponenten. Mehr dazu erfahren Sie in Kapitel 10 (*Netzteile*).

Diskettenlaufwerk

Das *Diskettenlaufwerk* ermöglicht den Zugriff auf jene Wechseldatenträger, die *Diskette* oder auch *Floppy* genannt werden. Heute werden in PCs fast nur noch 3,5-Zoll-Diskettenlaufwerke verwendet. Da Disketten nur vergleichsweise geringe Datenmengen speichern können, verschwinden sie zunehmend aus der Rechnerlandschaft.

Das Diskettenlaufwerk wird mit dem Rechner über ein *Flachbandkabel* verbunden, das wiederum an das Mainboard angeschlossen wird. Die Anbindung an das Mainboard erfolgt über den so genannten *Floppycontroller* bzw. *Diskettenlaufwerkcontroller* (Abbildung 3.43).

Abbildung 3.43: Ein an ein Mainboard angeschlossenes Diskettenlaufwerk

Festplatte

Auf *Festplatten* werden Programme und Daten gespeichert, die der Prozessor aktuell nicht benötigt. Auch wenn Festplatten und Arbeitsspeicher dieselbe Speichereinheit (MB und GB) verwenden, können auf typischen Festplatten weitaus mehr Daten als im Arbeitsspeicher abgelegt werden, nämlich normalerweise Hunderte von *Gigabyte* oder sogar einige *Terabyte*. Bei Festplatten entspricht ein Terabyte 1.024 Gigabyte.

Kapitel 3

Ein durchschnittlicher PC verfügt über mindestens ein Festplattenlaufwerk, aber die meisten PCs unterstützen auch mehrere. Spezielle PCs, die große Datenmengen speichern müssen, enthalten entsprechend viele Festplatten – in manchen Fällen zwischen 8 und 16.

Die gebräuchlichsten Festplattenlaufwerke in den modernen PCs entsprechen heute entweder dem älteren *PATA*- (*Parallel Advanced Technology Attachment*) oder dem neueren *SATA*-Standard (*Serial Advanced Technology Attachment*). PATA-Laufwerke werden über Flachbandkabel angeschlossen, die den für Diskettenlaufwerke verwendeten ähneln, während für SATA-Laufwerke ein sehr schmales Datenkabel verwendet wird. Abbildung 3.44 zeigt ein SATA-Laufwerk (links) neben einem PATA-Laufwerk (rechts). Die meisten Mainboards besitzen Anschlüsse für beide Laufwerktypen.

Abbildung 3.44: Typische Festplatten (SATA links, PATA rechts) mit ihrem Datenkabel

Hinweis

Nur sehr wenige PCs verwenden *SCSI*-Laufwerke (*Small Computer System Interface*). SCSI-Laufwerke sind ein wenig schneller, aber auch teurer, weshalb man ihnen vorwiegend nur noch in Profi-PCs begegnet, wie z.B. in Netzwerkservern oder Grafik-Workstations.

Optische Laufwerke verwenden dieselben PATA- oder SATA-Anschlüsse wie Festplatten. Abbildung 3.45 zeigt ein DVD-Laufwerk, das über ein Flachbandkabel mit einer PATA-Festplatte verbunden ist – ein häufiges Szenario in einem PC.

Abbildung 3.45: Flachbandkabel mit Festplatte und DVD-Laufwerk an einem Mainboard

Optische Laufwerke

Mit *optischen Laufwerken* kann der Rechner eine oder mehrere Arten optischer Medien lesen, zu denen CD, DVD und Blu-Ray Disc (BD) zählen (Abbildung 3.46). *CDs* speichern etwa 700 MB und es gibt sie in drei Varianten: *CD-ROM* (*Read Only Memory*: Die Daten auf den Scheiben können nur gelesen werden), CD-R (*Recordable*: Daten können einmal geschrieben werden) und CD-RW (*Rewritable*: Die darauf abgelegten Daten lassen sich immer wieder überschreiben). *DVDs* speichern sehr viel mehr Daten (in der häufigsten Variante gut 4 GB), was für Spielfilme ausreicht, und es gibt sie in noch mehr Varianten als CDs: DVD-ROM, DVD+R, DVD-R, DVD+RW und DVD-RW, um nur die gebräuchlichsten zu nennen. *Blu-ray Discs* (*BD*) sind (noch) vorwiegend als Speichermedium für HD-Videos (hochauflösende Filme) beliebt, aber es gibt auch hier Laufwerke, mit denen sich Daten auf entsprechende BD-Medien schreiben lassen. Die Medien haben dabei Speicherkapazitäten ab etwa 25 GB.

Abbildung 3.46: Ausgewählte optische Medien

Für alle diese optischen Medien benötigen Sie optische Laufwerke, um sie lesen zu können. Wenn Sie mit einer CD-RW arbeiten wollen, benötigen Sie ein CD-RW-Laufwerk. Wenn Sie eine DVD+R verwenden wollen, benötigen Sie ein DVD+R-Laufwerk. Glücklicherweise unterstützen die meisten optischen Laufwerke verschiedene Arten von Datenträgern, und einige unterstützen sogar fast alle gängigen Datenträgertypen (allerdings leider nur mehr oder weniger gut). Abbildung 3.47 zeigt typische optische Laufwerke. Beachten Sie, dass die Aufdrucke teilweise bereits darauf hinweisen, welche Datenträger von ihnen unterstützt werden. Andere Laufwerke geben Ihnen allerdings keinerlei Hinweise.

Abbildung 3.47: Optische Laufwerke

Kapitel 3

Verschaffen Sie sich einen Überblick über Ihre Komponenten

Ziel dieses Kapitels war es, Sie mit den Namen und Funktionen der verschiedenen PC-Bestandteile vertraut zu machen: Peripheriegeräte, Anschlüsse und Komponenten. Nach diesem Überblick können Sie sich jetzt in den jeweiligen Kapiteln eingehender informieren, damit Sie wirklich wissen, wie die einzelnen Komponenten funktionieren und wie sie mit dem PC-System als Ganzes zusammenarbeiten.

Wiederholung

Fragen

1. Wie werden die Befehle genannt, mit denen Sie einem Computer mitteilen, was er tun soll?
   - **A.** Daten
   - **B.** Morse-Alphabet
   - **C.** Programme
   - **D.** Ausgabe

2. Wie lautet die richtige Bezeichnung für eine kleine Platine mit RAM?
   - **A.** CRIMM
   - **B.** DIMM
   - **C.** BGA
   - **D.** LGA

3. Wo befestigen Sie ein Antistatikarmband? (Wählen Sie die beste Antwort aus.)
   - **A.** An einer Antistatikplatte am Computer
   - **B.** An einer Steckdose
   - **C.** An einem geeigneten Metallteil des Gehäuses
   - **D.** Sie verwenden kein Antistatikarmband

4. Welchen Anschluss verwenden typische Netzwerkkarten?
   - **A.** DB-9
   - **B.** Mini-DIN
   - **C.** RJ-11
   - **D.** RJ-45

5. Mit welchen nachfolgenden Anschlüssen werden moderne Tastaturen verbunden? (Wählen Sie alle zutreffenden Antworten aus.)
   - **A.** DIN
   - **B.** FireWire
   - **C.** Mini-DIN
   - **D.** USB

6. Welches Ende des USB-Kabels wird mit dem PC verbunden?
   - **A.** A
   - **B.** B
   - **C.** Mini-A
   - **D.** Mini-B

7. Mit welchem Anschluss wird ein Drucker normalerweise verbunden? (Wählen Sie zwei Antworten aus.)
   A. DB-9
   B. DB-25
   C. Mini-DIN
   D. USB

8. Was schließen Sie am dreireihigen, 15-poligen Anschluss an?
   A. Joystick
   B. Tastatur
   C. Bildschirm
   D. Maus

9. Welcher Anschluss wurde für Verbindungen zwischen PC und Fernsehgeräten entwickelt?
   A. DB-HD
   B. HDMI
   C. VESA
   D. VGA

10. Welcher Anschluss wurde für Verbindungen zwischen PC und hochwertigen Audiosystemen entwickelt?
    A. DB-HA
    B. DVI
    C. Mini-Audio
    D. S/PDIF

Antworten

1. **C**. Befehle, die dem Computer mitteilen, was er tun soll, werden unter dem Oberbegriff *Programme* zusammengefasst.
2. **B**. Moderne Computer verwenden DIMMs für den Arbeitsspeicher.
3. **C**. Verbinden Sie ein Antistatikarmband mit einem leicht zugänglichen Teil des Computers. Die Metallplatte ist der Teil des Armbands, an dem Sie das Kabel vom PC anschließen.
4. **D**. Eine typische Netzwerkkarte besitzt einen RJ-45-Anschluss.
5. **C, D**. Moderne Tastaturen werden an Mini-DIN- oder USB-Anschlüsse angeschlossen.
6. **A**. Der USB-A-Stecker wird an den PC angeschlossen.
7. **B, D**. Ein Drucker wird normalerweise mit DB-25- oder USB-Anschlüssen verbunden (einige unterstützen auch FireWire, was aber weniger üblich ist).
8. **C**. Der dreireihige, 15-polige VGA-Anschluss ist für den Bildschirm gedacht.
9. **B**. HDMI wurde für hochwertige Audio- und Videoverbindungen entwickelt.
10. **D**. S/PDIF wurde entwickelt, um hochwertige Audiokomponenten miteinander zu verbinden.

4

Windows verstehen

Themen in diesem Kapitel
- ❑ Die geschichtliche Einordnung der verschiedenen Windows-Versionen
- ❑ Die Windows-Oberfläche erklären
- ❑ Die Ordner des Betriebssystems von Windows 2000, XP und Vista identifizieren
- ❑ Die für Techniker wichtigen Hilfsprogramme von Windows beschreiben

Als Techniker müssen Sie Windows auf einer Ebene verstehen, auf die sich ein normaler Benutzer nicht vorwagen würde. Dieses Kapitel stellt Ihnen einige der leistungsfähigeren Bereiche von Windows vor, wie beispielsweise NTFS und die Registrierungsdatenbank (Registry). Techniker müssen nicht nur die Standardfunktionen von Windows beherrschen, die jeder Benutzer täglich einsetzt (Startmenü, Arbeitsplatz, Papierkorb usw.), sondern sie müssen auch hinter die benutzerfreundliche Oberfläche blicken und dort Änderungen vornehmen können.

Dieses Kapitel beginnt mit einer Vorstellung und Einordnung der vielen, heute erhältlichen, verschiedenen Windows-Varianten und verdeutlicht Ihnen beispielsweise die Unterschiede zwischen Windows XP Home und Windows Vista Ultimate. Dann befasst sich dieses Kapitel detailliert mit der Windows-Oberfläche. Der dritte Abschnitt geht genauer auf die technischen Aspekte von Windows und den Aufbau von Windows ein. Im vierten Abschnitt werden die vielen Hilfsprogramme für Techniker kurz vorgestellt, die Windows zur Verfügung stellt. Das Kapitel endet mit dem Abschnitt *Jenseits von A+*, in dem es dann um Windows-Versionen geht, die von den aktuellen CompTIA A+-Prüfungen nicht erfasst werden, wie z.B. Windows 7 und andere als die Desktop-Versionen. Los geht's!

Geschichte und Konzepte

Ein kurzer Überblick über die Geschichte von Microsoft Windows

Viele Benutzer von Microsoft Windows gehen davon aus, dass es sich dabei um *das* Betriebssystem des Computers handelt (im Unterschied zum Macintosh). Als Techniker müssen Sie aber verstehen, dass Microsoft viele verschiedene Versionen des Betriebssystems anbietet, die jeweils mit bestimmten Hilfsprogrammen, Dateistrukturen und Schnittstellen ausgestattet sind. Und Sie müssen sich in allen modernen Windows-Versionen heimisch fühlen.

Kapitel 4

Microsoft unterstützt aktuell sieben Windows-Familien, von denen drei für CompTIA A+-zertifizierte Techniker relevant sind: Windows 2000, Windows XP und Windows Vista. (Die anderen vier Familien werde ich im Abschnitt *Jenseits von A+* am Ende dieses Kapitels behandeln.) Innerhalb dieser Familien gibt es laut Microsoft mehrere Versionen. Die Versionen der drei relevanten Windows-Familien werden in Tabelle 4.1 aufgeführt.

Windows-Familie	32-Bit-Versionen	64-Bit-Versionen
Windows 2000	Windows 2000 Professional Windows 2000 Server	Keine verbreitet verfügbar
Windows XP	Windows XP Home Windows XP Professional Windows Media Center Windows XP Tablet[1]	Windows XP 64-Bit-Version Windows XP Professional x64-Edition
Windows Vista[2]	Windows Vista Home Basic Windows Vista Home Premium Windows Vista Business Windows Vista Ultimate	Windows Vista Home Basic Windows Vista Home Premium Windows Vista Business Windows Vista Ultimate

Tabelle 4.1: Die für die CompTIA A+-Prüfungen relevanten Windows-Versionen

1. Die Tablet-Version von Windows XP ist zwar für die CompTIA A+-Prüfungen nicht relevant, wird hier aber der Vollständigkeit halber aufgeführt.
2. Microsoft hat noch weitere Versionen von Windows Vista veröffentlicht. Dazu zählen die Starter Edition und Enterprise. Bei der Vista Starter Edition handelt es sich um eine abgespeckte Version des Betriebssystems, die nur in weniger entwickelten Ländern verkauft wird. Vista Enterprise ist eine Variante von Vista Business für Großkunden mit Volumenlizenzen.

Hinweis

In Europa gibt es zudem noch Windows-Versionen mit dem Zusatz N, die im Rahmen eines Kartellverfahrens gegen Microsoft verkauft werden und in denen insbesondere der Media Player fehlt.

Das Problem der Vielfalt zeigt sich dann sofort, wenn Sie an älteren Rechnern arbeiten oder mit Technikern sprechen, die bereits seit etlichen Jahren in diesem Bereich tätig sind. Dann werden Sie beispielsweise von Windows 95, Windows Me oder vielleicht sogar etwas von Windows 3.x zu hören bekommen. Was? Was sind denn das für Versionen (Abbildung 4.1)? Und wie passen sie in das Gesamtbild?

Abbildung 4.1: Eine Menge verschiedener Windows-Versionen

Dieser Abschnitt skizziert die Geschichte von Microsoft Windows und betrachtet dann die Unterschiede zwischen den vielen Versionen des wichtigsten Microsoft-Betriebssystems. Auf diese Weise können Sie bei den vielen erwähnten Varianten die für moderne Techniker wichtigsten Fakten herausfiltern.

Anfang der 1980er trat Microsoft mit *MS-DOS* (Microsoft Disk Operating System), das über eine *Befehlszeile* (auch: *Kommandozeile*) bedient wurde, erstmals im Bereich der Betriebssysteme in Erscheinung. Bei befehlszeilenorientierten Betriebssystemen kommunizieren Sie über Tastatureingaben, die mit der ⏎-Taste abgeschlossen werden, mit dem Rechner. Auf diese Weise können Sie Programme starten, Dateien speichern und alle anderen Rechnerfunktionen ausführen. Das funktioniert gut, wenn man sich die entsprechenden Befehle und zusätzlichen Eingaben merken kann. Aber bereits damals gab es bei alternativen Betriebssystemen wie Apple Macintosh grafische Benutzerschnittstellen, bei denen man durch Anklicken von kleinen Bildchen mit dem Computer interagieren konnte. Später beschritt auch Microsoft diesen Weg und entwickelte eine *grafische Benutzerschnittstelle (GUI – Graphical User Interface*; auch: *Bedienoberfläche*), bei der die Benutzer mit dem Mauszeiger auf Symbole zeigen und diese anklicken konnten.

Ältere Windows-Versionen

Microsoft Windows 1.0, die erste Windows-Version, wurde 1985 veröffentlicht und war nur wenig mehr als eine grafische Erweiterung des befehlszeilenorientierten Betriebssystems DOS. Dieser Windows-*Betriebssystemaufsatz* wurde mehrfach aktualisiert und führte schließlich zu der ersten wirklich verbreiteten Windows-Version, Windows für Workgroups 3.1 (Abbildung 4.2).

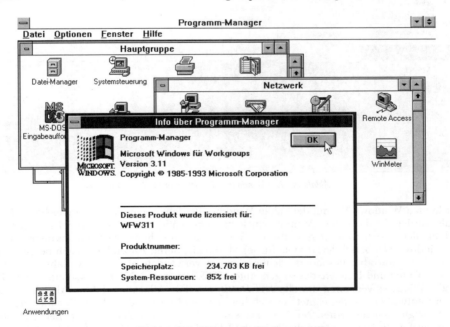

Abbildung 4.2: Windows für Workgroups 3.11

Hinweis

Microsoft veröffentlichte mehrere Versionen von Windows 3.1 unter leicht unterschiedlichen Namen. Techniker bezeichnen diese Versionen zusammenfassend als Windows 3.*x*.

1989 bot Microsoft dann mit Windows NT eine völlig eigenständige Windows-Version an. Windows NT war ein echtes grafisches Betriebssystem und deutlich leistungsfähiger als die bisherigen Windows-Versionen, die nur ein Betriebssystemaufsatz waren. Windows NT kostete aber auch mehr als die anderen Windows-Versionen und fand, abgesehen vom Serverbereich und Bereichen, in denen Benutzer höchst leistungsfähige Systeme benötigten, nur wenig Verbreitung. Windows NT durchlief mehrere Versionen, die 1996 ihren Höhepunkt in Windows NT 4.0 fanden (Abbildung 4.3).

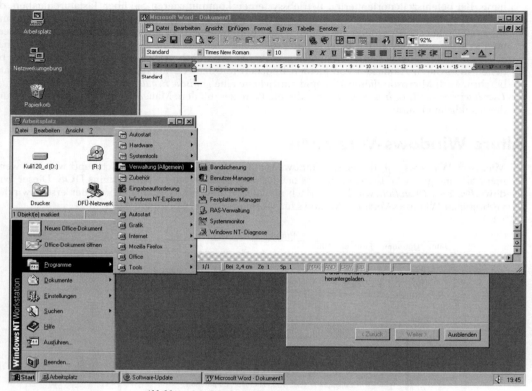

Abbildung 4.3: Windows NT 4 Workstation (mit Word 97)

Würde man Windows NT mit dem alten Windows-Betriebssystemaufsatz vergleichen, wäre das etwa so, als würden Sie die ersten Computerspiele mit den heutigen, modernen Spielen vergleichen. Technisch handelt es sich zwar um dasselbe (ein Spiel), aber damit hören die Gemeinsamkeiten auch schon auf. Windows NT besaß derart viele (neue) Merkmale, deren Aufzählung allein bereits Tage dauern würde. Eines war aber besonders wichtig, denn es verwendete ein neues Verfahren zur Verwaltung von Festplatten und Dateien, das so genannte *NTFS-Dateisystem* (NT File System). Vor NTFS benutzten alle Windows-Versionen das alte *FAT-Dateisystem* (File Allocation Table). Als FAT in den späten 1970ern entwickelt wurde, eignete es sich hervorragend für die damaligen Rechner, aber Mitte der 1980er zeigte sich sein Alter. NTFS behob eine Reihe von Problemen, zu denen insbesondere die Sicherheitsfunktionen zählten, die beim FAT-Dateisystem einfach nicht vorhanden waren. Man konnte nicht steuern, wer was mit welchen Dateien machen durfte. NTFS wurde komplett unter dem Aspekt der Sicherheit entwickelt. FAT und NTFS werden wir später in diesem Buch noch behandeln. Momentan müssen Sie sich lediglich merken, dass nur Windows NT das NTFS-Dateisystem unterstützte.

Erst ab 1995 verwarf Microsoft schrittweise das Konzept des Betriebssystemaufsatzes und veröffentlichte zunächst Windows 95, die erste eigenständige Windows-Version für normale Benutzer, die zwar in Teilen noch auf dem alten DOS-Kern aufsetzte, ansonsten aber ein ausgewachsenes Betriebssystem war (Abbildung 4.4). *Windows 95* enthielt, verglichen mit Windows 3.*x*, viele Verbesserungen und erschien in einigen aktualisierten Versionen, zu denen *Windows 98*, *Windows 98 SE* und *Windows Me* zählten. Die aktualisierten Versionen verwendeten weiterhin das FAT-Dateisystem. Über die Jahre hinweg hat Windows massive Änderungen und eine Vielzahl verbesserter Versionen durchlaufen. Abgesehen vom Namen »Windows« haben die späteren Versionen kaum noch Gemeinsamkeiten mit den früheren Versionen.

Abbildung 4.4: Windows 95 (mit Internet Explorer 5.5)

Hinweis

Wenn wir Windows 95, 98, 98 SE und Me im historischen Rückblick behandeln, dann verwenden wir für all diese Versionen die Sammelbezeichnung »Windows 9*x*«.

Moderne Windows-Versionen

Die überwiegende Mehrzahl der heute eingesetzten Rechner läuft unter einer der drei modernen Windows-Betriebssystemgenerationen, auf die sich auch die CompTIA A+-Zertifizierung konzentriert: Windows 2000, Windows XP und Windows Vista. Wie Sie aus Tabelle 4.1 am Anfang dieses Kapitels wissen, lassen sich nur über den Namen einer Windows-Familie nicht deren Varianten beschreiben. Dazu müssen Sie die Versionen so einordnen, dass die Ähnlichkeiten und Unterschiede erkennbar werden. In diesem Abschnitt werden wir die verschiedenen Versionen von Windows 2000, XP und Vista und einige weitere Windows-Versionen und deren Unterschiede eingehender betrachten.

Als Einstieg empfiehlt sich das 2001 erschienene Windows 2000. Während der 1990er und vor Windows 2000 (dem schnell Windows XP folgte) befand sich Microsoft mit Windows in einem gewissen Dilemma. Microsoft bot unter dem Namen Windows zwei völlig verschiedene Betriebssysteme für zwei verschiedene Marktsegmente an. Windows 9*x* war für den Heim- und Büroeinsatz (den SOHO-

Bereich: Klein- und Heimbüros) und das viel mächtigere Windows NT für den Unternehmenseinsatz konzipiert.

Essentials

Windows 2000

Windows 2000 war der erste Schritt, dieses Chaos zu bewältigen. Es basierte auf dem alten Windows NT (und unterstützte NTFS), besaß jetzt aber eine ausgezeichnete Oberfläche, unterstützte fast jedes Programm und war sehr viel einfacher zu bedienen als das alte Windows NT. Ursprünglich stellte Microsoft Windows 2000 als Ersatz für Windows NT vor, aber seine Stabilität und seine einfache Benutzbarkeit motivierten viele informierte Benutzer von Windows 9*x* zu einem Upgrade. Windows 2000 wurde langsam zu *der* Windows-Version, die nach und nach alle anderen Versionen ablöste.

Windows 2000 gab es in zwei Versionen: Professional und Server. Die CompTIA A+-Prüfungen behandeln zwar die Windows-Server-Versionen nicht, aber als guter Techniker sollten Sie zumindest wissen, dass es sie gibt. Wenn Sie sich den Desktop einer der Windows-Server-Versionen ansehen, dann lassen sich erst einmal kaum Unterschiede zu den normalen Windows-Versionen erkennen (Abbildung 4.5). Sie sollten sich aber nicht narren lassen. Bei Windows Server handelt es sich um die Profi-Version mit vielen zusätzlichen Programmen und Funktionen, die es bestens geeignet für einen Büro-Server machen. Windows 2000 Server ist außerdem vergleichsweise teuer und kostet für jeden Rechner mit Zugriff auf den Server etwa 150 Euro.

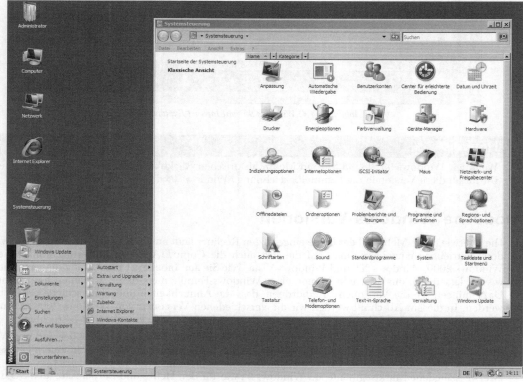

Abbildung 4.5: Windows Server 2008 mit klassischem Startmenü

Windows verstehen

> **Wichtig**
>
> Windows 2000 war die letzte Windows-Version, die als Server- und Professional-Version ausgeliefert wurde. Nach der Veröffentlichung von Windows XP stellte Microsoft die nächste Server-Version als Windows Server 2003 vor. Windows Server 2008 und das nur noch als 64-Bit-Version erhältliche Windows Server 2008 R2 heißen die beiden momentan aktuellsten Versionen von Windows Server.

Windows XP

Windows XP erschien relativ kurzfristig nach Windows 2000. Intern unterscheidet sich XP im Grunde genommen kaum von Windows 2000. Allerdings wurde die Benutzeroberfläche eingehend verbessert und es kamen etliche neue Funktionen hinzu, wie z.B. integrierte Brennfunktionen. Microsoft verabschiedete sich auch von dem schönen Windows-2000-Ansatz des »einen Betriebssystems für alle«. Und weil Microsoft drei verschiedene Benutzertypen identifiziert hat – Profis, Privatbenutzer und Medien-Junkies –, gibt es Windows XP in drei Versionen: Windows XP Professional, Windows XP Home und Windows XP Media Center.

Windows XP Professional

Windows XP Professional lässt sich als die vielseitigste und daher die umfassendste Version von Windows XP beschreiben. Windows XP Professional soll sich für Büroumgebungen mit vielen Benutzern eignen, in denen viele Daten gemeinsam genutzt werden und mehrere Benutzer abwechselnd an einzelnen Rechnern arbeiten. Windows XP Professional bietet umfassende Datensicherheitsfunktionen und ist die einzige Windows-XP-Version, mit der Sie sich bei einem von einem speziellen Windows Server gesteuerten Netzwerk anmelden können, das als *Domäne* bezeichnet wird.

Bei einer Windows-Domäne handelt es sich um eine Gruppe vernetzter Rechner, wobei das Netz von einem einzelnen Rechner kontrolliert wird, auf dem irgendeine Windows-Server-Version läuft. Benutzer in einer Domäne können sich bei einem Rechner anmelden, wobei die Anmeldung bestimmt, was sie auf allen anderen Rechnern in der Domäne machen dürfen. (In Kapitel 23, *Lokale Netzwerke*, finden Sie die Einzelheiten zu Windows-Domänen.) Abbildung 4.6 zeigt einen typischen Windows-XP-Professional-Desktop.

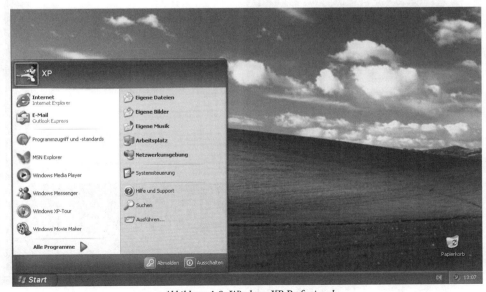

Abbildung 4.6: Windows XP Professional

Windows XP Home

Wie der Name schon sagt, ist Windows XP Home für Privatbenutzer und kleine Unternehmen vorgesehen. Am besten beschreibt man Windows XP Home, indem man die Funktionsmerkmale von Windows XP Professional auflistet, die es in Windows XP Home nicht gibt. Hier das, was Windows XP Home *nicht* unterstützt:

- **Die Fähigkeit, sich bei einer Windows-Domäne anzumelden.** Ein PC unter Windows XP Home kann sich zwar bei einem Windows-Server anmelden, aber Sie brauchen für jeden einzelnen Server einen Benutzernamen und ein Passwort. Mit einer Domäne können Sie einen Benutzernamen und ein Passwort einrichten, die für alle Computer funktionieren, die Mitglieder dieser Domäne sind.
- **Dateisystemverschlüsselung.** Bei Windows XP Professional können Sie eine Datei so verschlüsseln, dass nur Sie sie lesen können. Diese Funktion fehlt in Windows XP Home.
- **Multiprozessor-Unterstützung.** Windows XP Home unterstützt nur eine einzige CPU. Windows XP Professional unterstützt zwei eigenständige CPUs.

Hinweis

Die Prozessorunterstützung bezieht sich auf die physischen CPUs und nicht auf die Anzahl der Kerne in einem einzelnen Prozessor. Mehr über Mehrkern-CPUs erfahren Sie in Kapitel 5 (*Mikroprozessoren*).

- **Remotedesktop.** Ein PC unter Windows XP Professional kann unter Verwendung von Remotedesktop einem anderen Computer Zugriff gewähren (Abbildung 4.7). Unter Windows XP Home können Sie auf diesem Weg nicht auf ein anderes System zugreifen.

Abbildung 4.7: Vista im Remotedesktop von XP

❑ **NTFS-Zugriffssteuerung.** Das NTFS-Dateisystem bietet mächtige Werkzeuge, um die Zugriffsmöglichkeiten der Benutzer auf Dateien oder Ordner zu steuern. Mit Windows XP Home lassen sich NTFS-Berechtigungen nicht einzeln ändern. Wenn Sie sich die Eigenschaften einer Datei oder eines Ordners in Windows XP Home ansehen, erkennen Sie, dass es die Registerkarte SICHERHEIT nicht gibt. Stattdessen finden Sie hier die Registerkarte FREIGABE (Abbildung 4.8), die nur einen einzigen Ordner anzeigt, FREIGEGEBENE DOKUMENTE, der freigegeben werden kann – also ein großer Unterschied zu XP Professional!

Abbildung 4.8: Das Register FREIGABE unter Windows XP Home

❑ **Gruppenrichtlinien.** Wollen Sie Benutzer daran hindern, bestimmte Programme zu verwenden? Wollen Sie verhindern, dass sie den Bildschirmschoner wechseln? Was wollen Sie unternehmen, wenn drei fehlerhafte Anmeldungen stattfinden? Dafür gibt es Gruppenrichtlinien. Wenn Sie diese Form der Kontrolle auf Ihrem System benötigen, dann sollten Sie Windows XP Professional einsetzen, weil sie unter Windows XP Home nicht unterstützt wird. Um Gruppenrichtlinien wird es in Kapitel 26 (*Computersicherheit*) gehen.

Es gibt noch etliche weitere Unterschiede zwischen Windows XP Professional und XP Home, aber dies sind die wichtigsten, die Ihnen sehr wahrscheinlich begegnen werden. Wenn Sie Kontrolle über Ordner, Dateien, Benutzer und Netzwerke brauchen, dann benötigen Sie wirklich XP Professional.

Windows XP Media Center

Microsoft Media Center ist eine spezielle XP-Version, die das praktische Windows Media Center beinhaltet. Dabei handelt es sich um ein PVR-Programm (Personal Video Recorder), mit dem Sie Fernsehsendungen ansehen und aufzeichnen (wozu Sie eine TV-Karte brauchen) und diese neben Ihren Fotos und Musikdateien geordnet ablegen können.

Auf der Website zu Microsoft Media Center erklärt Microsoft, dass die Windows XP Microsoft Media Center Edition auf Windows XP Professional basiert. Bis auf das Programm Media Center bietet Windows XP Media Center jedoch genau dieselben Funktionen wie Windows XP Home.

Abbildung 4.9: Microsoft Media Center

Windows Vista

Auch wenn Windows 7 bereits erhältlich ist, kommt es in den aktuellen CompTIA A+-Prüfungen noch nicht vor. Sie müssen aber Vista und dessen alternative Versionen kennen, um die geeignete Version für einen bestimmten PC auswählen zu können. Es gibt mehrere verschiedene Vista-Versionen, die jeweils auf ein bestimmtes Marktsegment ausgerichtet sind. Wir werden jetzt die verschiedenen Versionen von Vista betrachten.

Windows Vista Home Basic

Vista Home Basic ist in etwa mit XP Home zu vergleichen. Microsoft hat es für Privatbenutzer vorgesehen, die keine erweiterte Multimedia-Unterstützung benötigen.

Windows Vista Home Premium

Windows Vista Home Premium ist mit Windows Vista Home Basic identisch, enthält aber ein erweitertes Windows Media Center mit Aufnahmefunktionen, die denen von Windows XP Media Center ähneln.

Windows Vista Business

Vista Business ist die grundlegende Business-Version und bietet alle Funktionsmerkmale im Hinblick auf Sicherheit, Dateifreigabe und Zugriffskontrolle, die aus Windows XP Professional bekannt sind.

Windows Vista Ultimate

Vista Ultimate kombiniert alle Funktionsmerkmale der verschiedenen Vista-Versionen und beinhaltet noch weitere Funktionen, wie etwa eine Leistungssteigerung für den Spielebereich und die Möglichkeit des DVD-Rippings (Abbildung 4.10).

Windows verstehen

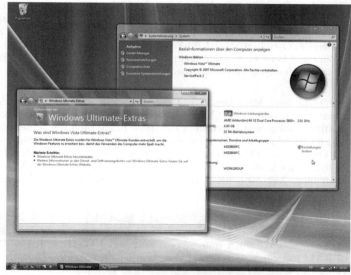

Abbildung 4.10: Windows Vista Ultimate

> **Wichtig**
>
> Welche Windows-Version gerade ausgeführt wird, können Sie feststellen, wenn Sie ARBEITSPLATZ (unter Windows 2000/XP) oder COMPUTER (unter Vista/7) mit der rechten Maustaste anklicken und im Kontextmenü EIGENSCHAFTEN wählen.

Einstieg in 64-Bit-Windows

Zwischen etwa 1986 und 2001 wurden ausschließlich 32-Bit-CPUs für PCs hergestellt. Da wir uns die ausführliche Klärung der Frage, was es denn mit diesem »32-Bit« auf sich hat, für Kapitel 5 (*Mikroprozessoren*) aufsparen wollen, hier nur die einfache Antwort: Eine 32-Bit-CPU kann nur maximal 4 Gigabyte RAM verwalten ($2^{32} = 4.294.967.296$). Seit 2001 sind aber auch 64-Bit-CPUs erhältlich, die mit mehr als 4 Gigabyte Arbeitsspeicher umgehen können. 64-Bit-CPUs sind heute sehr stark verbreitet.

> **Hinweis**
>
> CPUs und die 32- und 64-Bit-Verarbeitung werden in Kapitel 5 (*Mikroprozessoren*) umfassender behandelt.

Der Umstieg von der 32- auf die 64-Bit-Verarbeitung hat eine Reihe von Vorteilen. Der wirklich überzeugende Grund für den Umstieg ist die Unterstützung von mehr als 4 Gigabyte RAM durch 64-Bit-CPUs. Je mehr Arbeitsspeicher zur Verfügung steht, desto mehr und größere Programme kann ein System ausführen. Lange gab es für uns kaum einen Grund für mehr als 4 Gigabyte RAM. Ohne 64-Bit-CPU (und 64-Bit-Programme) konnten wir damit einfach nichts anfangen. Aber das hat sich in den letzten Jahren deutlich geändert!

> **Wichtig**
>
> Merken Sie sich für die Prüfungen, dass 32-Bit-CPUs maximal 4 GB RAM unterstützen. Theoretisch können 64-Bit-CPUs zwar bis zu 16 *Terabyte* Arbeitsspeicher verwalten, derart viel Arbeitsspeicher werden Sie im typischen PC aber noch lange nicht begegnen.

2001 erschien mit dem Intel *Itanium* die erste 64-Bit-CPU. Damals interessierten sich nur große Datenzentren und einige wenige Unternehmen, die riesige Zahlen zu verarbeiten hatten, für die 64-Bit-Datenverarbeitung. Um mit einem mit einem Itanium ausgestatteten Rechner arbeiten zu können, wurde ein Betriebssystem benötigt, das 64-Bit-Prozessoren auch unterstützen konnte. Bis dahin gab es aber nur 32-Bit-Windows-Versionen. Microsoft reagierte auf die geänderten Marktanforderungen mit der Entwicklung spezieller 64-Bit-Versionen von Windows 2000 und XP, die aber nur sehr wenig Verbreitung fanden.

2003 begann *AMD (Advanced Micro Devices)* mit der Auslieferung des beliebten *Athlon 64*-Prozessors. Diese CPU konnte im 32- oder 64-Bit-Modus arbeiten, wodurch die 64-Bit-Option für die meisten Anwender in greifbare Nähe gerückt wurde. Etwa 2004 folgte Intel mit seinen Pentium-4-CPUs, die ebenfalls 32- und 64-Bit-Modi beherrschten, dem AMD-Beispiel. Seither unterstützen fast alle von Intel oder AMD verkauften CPUs neben dem 32-Bit- auch den 64-Bit-Modus. Der Umstieg von 32 auf 64 Bit ist seither einfach, denn Sie benötigen nur noch eine Windows-Version, die den 64-Bit-Modus auch unterstützt. Microsoft bietet mittlerweile mehrere Windows-Versionen an, die 64-Bit-CPUs unterstützen.

Hinweis

Alle 32-Bit-Versionen von Windows unterstützen maximal 4 Gigabyte RAM. Wenn in Ihrem PC mehr als 4 GB RAM installiert sind, darauf aber kein 64-Bit-Windows läuft, dann können Sie den Speicher oberhalb von 4 Gigabyte auch deinstallieren. Er lässt sich ohnehin nicht nutzen!

64-Bit-Versionen von Windows XP

Die reine 64-Bit-Version von Windows heißt Windows XP 64-Bit Edition. Angesichts der Tatsache, dass sie nur auf Intel-Itanium-Prozessoren läuft, ist es eher unwahrscheinlich, dass Sie diesem Betriebssystem begegnen, es sei denn, Sie arbeiten in einer Umgebung mit leistungsfähigen Servern. Die Windows XP Professional x64 Edition ist sehr viel verbreiteter, weil sie auf allen AMD- oder Intel-Prozessoren läuft, die neben 32- auch 64-Bit-Programme unterstützen (Abbildung 4.11).

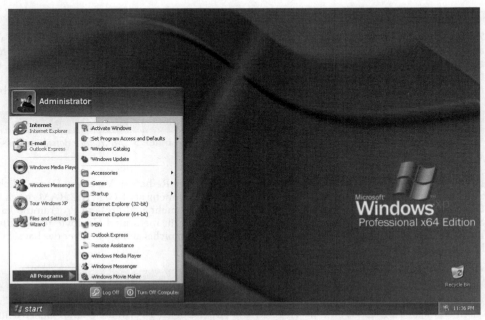

Abbildung 4.11: Windows XP Professional x64 Edition

Windows verstehen

Windows-XP-64-Bit-Versionen hatten einen gewissen Einfluss, weil es sich dabei um die ersten stabilen Windows-Versionen handelte, die die 64-Bit-Verarbeitung unterstützten, aber erst nach der Einführung von Microsoft Vista begann der langsame Übergang zur 64-Bit-Welt.

64-Bit-Versionen von Windows Vista

Alle der bereits aufgeführten Vista-Varianten sind als 32- und 64-Bit-Version erhältlich. Wenn ein Rechner mit mehr als 4 GB Arbeitsspeicher ausgestattet werden soll, dann ist es wichtig, dass eine 64-Bit-Version von Windows eingesetzt wird (Abbildung 4.12).

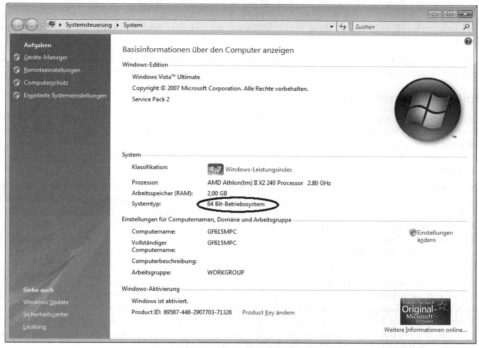

Abbildung 4.12: 64-Bit-Vista

> **Hinweis**
>
> Windows 7 wird in den aktuellen CompTIA A+-Prüfungen zwar nicht behandelt, aber Sie sollten es dennoch kennen. Auch Windows 7 ist in 32- und 64-Bit-Versionen erhältlich. Wenn Sie eine Vollversion kaufen, erhalten Sie beide Versionen, dürfen aber nur eine davon verwenden. Bei den OEM-Versionen müssen Sie sich bereits beim Kauf entscheiden, ob Sie eine 32- oder 64-Bit-Version erstehen wollen.

Der Umstieg auf 64-Bit-Windows

Techniker verwenden x-Begriffe zur Beschreibung bestimmter Rechnerarchitekturen und weisen so darauf hin, dass es innerhalb dieser eine gewisse Kompatibilität gibt. Das ist deshalb wichtig, damit Anwender darauf vertrauen können, dass die von ihnen gekauften Programme auf ihrem Rechner auch laufen. Durch den Umstieg von den 32-Bit- auf die 64-Bit-Versionen von Windows muss die Terminologie ein wenig aktualisiert werden.

x86 versus x64

Ursprünglich benutzte Intel Zahlen als Namen für ihre Prozessoren, wie z.B. 8086, 80286, 80386 usw. Um all diesen Prozessoren einen übergreifenden Namen zu geben, ersetzte die Industrie die ersten Ziffern einfach durch ein x und hing daran die verbleibenden Ziffern an. Entsprechend beschreibt *x86* die Architektur der Intel-Prozessoren für PCs. Alle 32-Bit-Versionen von Windows wurden für die x86-Architektur entwickelt.

Durch den Schritt hin zu 64-Bit-CPUs und 64-Bit-Versionen von Windows musste die Terminologie irgendwie geändert werden. Microsoft und andere griffen die x-Terminologie auf, änderten sie und nutzten sie zur Vermarktung der Nur-64-Bit-Versionen ihrer Software. Für die wurde die Bezeichnung *x64* geprägt. Kunden können dadurch ein Produkt wie *Windows XP Professional x64 Edition* betrachten und sehr schnell erkennen, dass diese Software für 64-Bit- und nicht für 32-Bit-CPUs entwickelt wurde.

Die zwei x-Begriffe x86 und x64 lassen sich nicht wirklich vergleichen, sind aber in Ordnung. Computerleute lieben den Buchstaben *X* fast ebenso wie die Automobilhersteller.

Softwarekompatibilität

Der Umstieg auf eine aktualisierte Architektur wie dem von x86 auf x64 führt bei den Anwendern zu Befürchtungen, weil ihre älteren Programme möglicherweise gar nicht mehr oder nur noch schlecht unter der neuen Architektur laufen oder Kompatibilitätsprobleme auftreten können. Techniker müssen derartige Ängste durch eine richtige Schulung der Anwender besänftigen. Daher hier das Wichtigste in aller Kürze.

Die meisten 64-Bit-Prozessoren können problemlos die 32- oder 64-Bit-Versionen von Windows ausführen. Für die 64-Bit-Versionen von Windows wird eine 64-Bit-CPU benötigt, da sie über 32-Bit-Prozessoren (x86-CPUs) nur lachen können und auf ihnen nicht laufen. Viele Unternehmen haben 64-Bit-Versionen ihrer Anwendungsprogramme entwickelt, die nur von 64-Bit-Prozessoren unter 64-Bit-Windows ausgeführt werden können. Toll, nicht wahr? Aber wie steht es um all jene 32-Bit-Anwendungen, die sich noch im täglichen Einsatz befinden? Nun wird es interessant.

Die 64-Bit-Versionen von Windows Vista unterstützen die meisten 32-Bit-Anwendungen, manchmal ohne irgendwelche Eingriffe des Anwenders, manchmal nach manueller Aktivierung einer der Windows-Kompatibilitätsoptionen. (Nur der Vollständigkeit halber soll auch erwähnt werden, dass Sie manchmal die Kompatibilitätsmodi auch nutzen müssen, um ältere Programme noch unter den 32-Bit-Versionen von Windows Vista zum Laufen zu bewegen. Dabei handelt es sich nicht nur um eine Funktion der 64-Bit-Unterstützung von 32-Bit-Anwendungen.) Wenn Anwendungen nicht starten wollen, kann Windows ältere Windows-Versionen zu emulieren versuchen.

Um ein Programm unter einer emulierten Windows-Version ausführen zu lassen, müssen Sie auf die ausführbare Hauptdatei zugreifen, die das Programm startet, wenn sie doppelt angeklickt wird. Damit, wo sich die Programmdateien unter den verschiedenen Windows-Versionen befinden, werden wir uns später in diesem Kapitel noch eingehender befassen. Hier soll ein kurzes Beispiel ausreichen. Ein Anwender hat ein bestimmtes Programm namens »XP-Widgets«, das für Windows XP Professional mit installiertem Service Pack 2 installiert wurde und unter Windows Vista nicht funktioniert. Öffnen Sie COMPUTER und dort den Programmordner C:\PROGRAM FILES\WIDGETS FOR XP bzw. C:\PROGRAMME\WIDGETS FOR XP und suchen Sie nach einer Datei, bei der als Typ Anwendung angegeben wird, wie z.B. WidgetsXP.exe (Abbildung 4.13). Klicken Sie diese mit der rechten Maustaste an und wählen Sie im Kontextmenü EIGENSCHAFTEN.

Auf der Registerkarte KOMPATIBILITÄT können Sie das Kontrollkästchen PROGRAMM IM KOMPATIBILITÄTSMODUS AUSFÜHREN FÜR aktivieren und dort dann das gewünschte Betriebssystem auswählen (Abbildung 4.14). In diesem Fall würden wir WINDOWS XP (SERVICE PACK 2) auswählen, um für die optimale Kompatibilität mit der Anwendung zu sorgen. Windows speichert die geänderte Einstellung und versucht das Programm jeweils im Kompatibilitätsmodus zu starten.

Windows verstehen

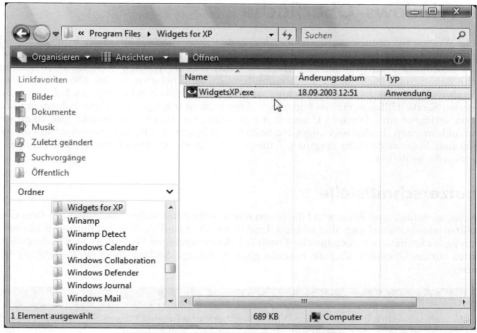

Abbildung 4.13: Die Suche nach einer ausführbaren Datei

Abbildung 4.14: Optionen des Kompatibilitätsmodus

101

Kapitel 4

Die Windows-Oberfläche

Alle Windows-Versionen verfügen über bestimmte gemeinsame Merkmale, Konfigurationsdateien, ein ähnliches Aussehen und ähnliche Bedienung. Gut daran ist, dass es in fast allen Windows-Versionen dieselben Hilfsprogramme gibt. Wenn Sie daher eine der Windows-Versionen beherrschen (grafische Benutzeroberfläche und Eingabeaufforderung), dann beherrschen Sie über weite Strecken alle Windows-Versionen. In diesem Abschnitt werden die wesentlichen Grundlagen behandelt. Sie erfahren, wo Sie die Hilfsprogramme finden, wie diese bedient werden und welche Hilfsprogramme allgemein verfügbar sind. Wenn es Unterschiede zwischen den Windows-Versionen gibt, dann werde ich darauf hinweisen. In den nachfolgenden beiden Abschnitten des Kapitels werde ich auf die Windows zugrunde liegende Struktur eingehen. Zunächst werden wir uns jedoch mit der gemeinsamen Benutzeroberfläche befassen.

Benutzerschnittstelle

Windows enthält eine Reihe von Hilfsprogrammen oder *Schnittstellen*, von denen alle Benutzer wissen sollten, wie sie darauf zugreifen können. Und wenn alle Benutzer diese Schnittstellen kennen sollten, dann gilt dies natürlich auch für alle CompTIA A+-zertifizierten Techniker! Verschaffen wir uns also einen kurzen Überblick über die typische *grafische Benutzeroberfläche* (auch *Bedienoberfläche*) von Windows.

> ### Wichtig
> Sehr wahrscheinlich kennen Sie die Windows-Oberfläche bereits. Wissen Sie aber auch, wie die einzelnen Elemente in den A+-Prüfungen der CompTIA genannt werden? Überspringen Sie diesen Abschnitt also besser nicht!

Anmeldung

Wir alle müssen uns bei einem Windows-Rechner anmelden, aber nur selten wird dieser Tatsache größere Beachtung geschenkt. Benutzername und Kennwort bestimmen, was Sie an Ihrem Rechner machen dürfen. Alle Windows-Versionen unterstützen mehrere Benutzer auf einem einzelnen Rechner, weshalb wir hier bei der Vorstellung der Windows-Benutzeroberfläche auch mit der *Anmeldung* beginnen. Abbildung 4.15 zeigt das alte, hässliche, aber höchst funktionale Anmeldungsdialogfeld von Windows 2000.

Abbildung 4.15: Das Anmeldungsdialogfeld von Windows 2000

Microsoft hat die Anmeldung unter XP verbessert und mit dem so genannten *Willkommen-Bildschirm* eine neue Art der Anmeldung eingeführt (Abbildung 4.16). Wenn Sie Windows XP Home oder Windows Media Center einsetzen, werden Sie nur diese Art der Anmeldung zu sehen bekommen. Unter Windows XP Professional gibt es den Willkommen-Bildschirm ebenfalls. Wenn Sie ein System unter Windows XP Professional benutzen, das mit einer Windows-Domäne verbunden ist, dann wird aber wieder das klassische Anmeldungsdialogfeld verwendet (Abbildung 4.17).

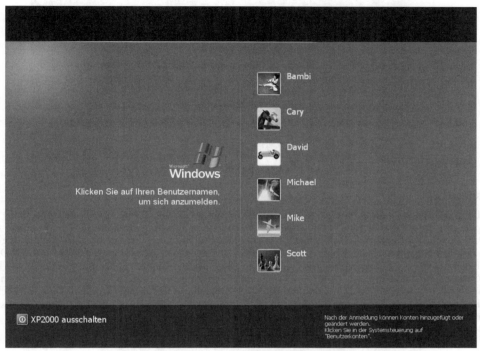

Abbildung 4.16: Der Willkommen-Bildschirm von Windows XP

Abbildung 4.17: Die Anmeldung bei einer Domäne unter Windows XP

Windows Vista hat sich vom alten Anmeldungsfenster vollständig verabschiedet. Alle Versionen von Windows Vista verwenden eine verbesserte Variante des Willkommen-Bildschirms von Windows XP (Abbildung 4.18).

Kapitel 4

Abbildung 4.18: Der Willkommen-Bildschirm von Windows Vista

Desktop

Beim Windows-*Desktop* handelt es sich um die wichtigste Schnittstelle zum Computer. Er ist immer präsent, auch wenn er sich hinter anderen laufenden Anwendungen versteckt. Die Analogie mit der Oberfläche eines Schreibtischs (Desktop) erleichtert den Zugang zum Rechner, da wir daran gewöhnt sind, am Schreibtisch zu arbeiten. Abbildung 4.19 zeigt einen aufgeräumten Windows-XP-Desktop. Beachten Sie die Symbole und die verschiedenen grafischen Elemente am unteren Rand. Sie können Ordner und Dateien zum Desktop hinzufügen (darauf ablegen) und den Hintergrund farblich anpassen und/oder mit einem Bild verschönern. Viele Benutzer nutzen diese Möglichkeiten, und ich auch! Beispielhaft zeigt Abbildung 4.20 den Desktop meines Heimsystems, auf dem Windows Vista Ultimate läuft.

Abbildung 4.19: Der Windows-XP-Desktop

Windows verstehen

Abbildung 4.20: Das Durcheinander auf Mikes Desktop

Hinweis

Bei Ihrem Desktop handelt es sich eigentlich um einen Ordner auf Ihrem Computer. Was sich in diesem Ordner befindet, wird auf dem Desktop angezeigt. Sie müssen wissen, wie Sie diesen Ordner unter den in den CompTIA A+-Prüfungen erfassten, verschiedenen Windows-Versionen erreichen. Lesen Sie weiter.

Offensichtlich unterscheidet sich der Vista-Desktop recht deutlich vom Windows-XP-Desktop. Was Sie sehen, wird Aero-Desktop genannt. Der *Aero*-Desktop besitzt einige zusätzliche und beeindruckend ästhetische Funktionen, von denen Microsoft behauptet, dass sie zu einem positiveren Erscheinungsbild und mehr Produktivität führen. Ich werde hier nicht über den Wert des Aero-Desktops diskutieren, bei dem es sich um einen wichtigen Bestandteil der Benutzerschnittstelle von Windows Vista (und Windows 7) handelt. Die meisten der Aero-Funktionen sind selbst für die CompTIA A+-Prüfungen übermäßig technischer Natur, aber letztlich führen sie zu einem eleganteren Desktop mit den beiden interessanten Funktionen Transparenz und Flip-3D. Wie der Name bereits sagt, können Sie über die *Transparenz* festlegen, wie durchsichtig die Ränder bei der Anzeige von Windows-Programmen dargestellt werden sollen (Abbildung 4.21).

Wichtig

Vista Home Basic unterstützt den Aero-Desktop nicht.

Mit *Flip-3D* können Sie sich alle offenen Fenster in einem 3D-Format anzeigen lassen und zwischen ihnen umschalten (Abbildung 4.22). Wenn Sie sich erst einmal daran gewöhnt haben, ist diese Funktion wirklich praktisch.

Kapitel 4

Abbildung 4.21: Transparenz

Abbildung 4.22: Flip-3D

Es macht Spaß, mit Flip-3D zu arbeiten. Betätigen Sie die Tastenkombination ⊞+⇆, um die Funktion zu starten. Betätigen Sie die Tasten weiter, um die Fenster zu durchlaufen. Wenn sich das gewünschte Fenster rechts im Vordergrund befindet, dann lassen Sie die Tasten los und schon wird das Fenster auf Ihrem Bildschirm aktiviert. Mit ⊞+⇧+⇆ können Sie die Liste in umgekehrter Richtung durchlaufen.

Um den Aero-Desktop benutzen zu können, muss Aero von der eingesetzten Grafikkarte unterstützt werden. Die ausführlichere Beschreibung dieses Themas hebe ich mir zwar für Kapitel 19 (*Anzeige: Grafikkarte und Bildschirm*) auf, hier sollen Sie aber schon einmal erfahren, welche Voraussetzungen laut Microsoft erfüllt sein müssen:

- Mindestens DirectX 9
- Mindestens 128 MB Grafikspeicher
- WDDM-Treiber (Windows Display Driver Model)
- Pixel-Shader Version 2.0

Windows verstehen

Nachdem Sie nun wissen, was Sie brauchen (die Einzelheiten werden wieder in Kapitel 19, *Anzeige: Grafikkarte und Bildschirm*, eingehender vorgestellt), hier die einfache Variante. Wenn Sie Vista installieren, dann prüft das Installationsprogramm, ob Ihre Grafikkarte Aero unterstützt. Wenn das der Fall ist, dann wird Aero automatisch aktiviert.

Bei einem installierten System betätigen Sie die Tastenkombination [⊞]+[↹]. Wenn Flip-3D funktioniert, dann ist auch Aero aktiviert. Andernfalls wird Aero nicht unterstützt.

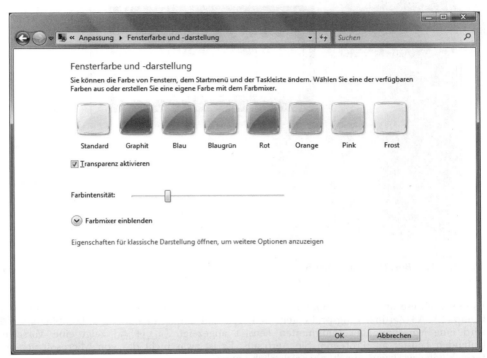

Abbildung 4.23: Hier ist Aero aktiviert!

Um Aero zu aktivieren, klicken Sie den Desktop mit der rechten Maustaste an und wählen im Kontextmenü ANPASSEN. Wählen Sie FENSTERFARBE UND -DARSTELLUNG. Wenn ein Fenster wie in Abbildung 4.23 angezeigt wird, dann ist Aero bereits aktiviert. Wenn die Schaltflächen oben rechts in der Fensterecke wie in Abbildung 4.24 aussehen, dann klicken Sie auf EIGENSCHAFTEN FÜR KLASSISCHE DARSTELLUNG ÖFFNEN, UM WEITERE OPTIONEN ANZUZEIGEN und wählen im Dialogfeld das Farbschema WINDOWS-AERO aus, um den Aero-Desktop zu aktivieren.

> **Hinweis**
>
> Wenn der Aero-Desktop nicht aktiviert werden kann, Sie diesen aber nutzen wollen, dass müssen Sie Ihr System so aufrüsten, dass es die minimalen Systemanforderungen erfüllt. Das bedeutet zumeist den Einsatz einer neuen Grafikkarte. Einzelheiten dazu finden Sie in Kapitel 19 (*Anzeige: Grafikkarte und Bildschirm*).

Beachten Sie, dass es in dem in Abbildung 4.23 dargestellten Fenster FENSTERFARBE UND -DARSTELLUNG neben dem Schieberegler FARBINTENSITÄT, über den sich die Transparenzeinstellung anpassen lässt, ein Kontrollkästchen gibt, über das sich die Transparenz komplett deaktivieren lässt.

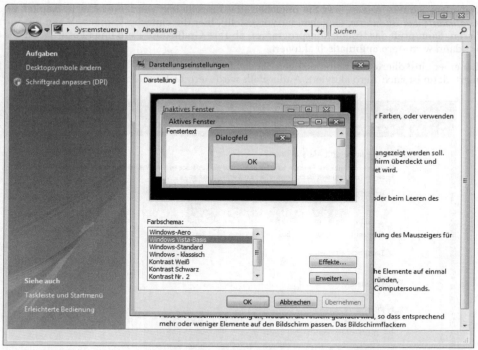

Abbildung 4.24: Beim Farbschema Vista-Basis fehlen Transparenz und Schlagschatten und die Schaltflächen der Fenster sehen ein wenig anders aus: Aero ist nicht aktiviert.

Es gibt mehrere andere Funktionen, die Sie wirklich ausprobieren sollten, auch wenn Sie für die CompTIA A+-Zertifizierungsprüfungen nicht relevant sind. Mit der Tastenkombination [⊞]+[T] wird eine Vorschau aller minimierten Fenster angezeigt. [Alt]+[↹] zeigt eine Vorschau aller laufenden Fenster an. Probieren Sie Aero aus. Es ist zwar nicht das von Microsoft versprochene Produktivitätswerkzeug, macht aber sicherlich Laune.

Taskleiste und Startmenü

Die *Taskleiste* finden Sie unten auf dem Desktop aller Windows-Versionen. Sie besteht aus maximal vier Bereichen (je nach Windows-Version und Konfiguration). Von links nach rechts handelt es sich dabei um die Schaltfläche START, den Schnellstartbereich, den Bereich mit den laufenden Programmen und den *Infobereich* (bzw. die *Systemablage*). Die Taskleiste befindet sich zwar standardmäßig unten auf dem Desktop, Sie können sie aber auch an den linken, oberen oder rechten Rand verschieben.

Eine der Hauptaufgaben der Taskleiste besteht in der Anzeige der Schaltfläche START, die wahrscheinlich bei allen Windows-Systemen am häufigsten angeklickt wird. Sie finden die Schaltfläche START ganz links in der Taskleiste. Abbildung 4.25 zeigt die START-Schaltflächen von Windows 2000, Windows XP und Windows Vista (von links nach rechts). Wenn Sie die Schaltfläche START anklicken, wird das Menü START geöffnet, in dem auf dem System installierte Anwendungen angezeigt und über das diese gestartet werden können. Klicken Sie jetzt die Schaltfläche START an, um das Menü START anzeigen zu lassen. Führen Sie dann den Mauszeiger über PROGRAMME (Windows 2000) bzw. ALLE PROGRAMME (Windows XP/Vista). Wenn das Menü angezeigt wird, führen Sie den Mauszeiger über die Option ZUBEHÖR. Suchen Sie das Programm EDITOR und klicken Sie es an (Abbildung 4.26). In einigen Windows-Versionen werden weniger häufig benutzte Menüoptionen standardmäßig versteckt, so dass Sie dann die abwärts weisenden Pfeile unten im Menü ZUBEHÖR anklicken müssen, wenn EDITOR nicht angezeigt wird. Dann sollte Editor mit in der Liste aufgeführt werden.

Windows verstehen

Abbildung 4.25: Drei unterschiedliche START-Schaltflächen von Windows

Hinweis

Da wir in diesem Kapitel viel klicken müssen, werden wir uns jetzt erst einmal kurz mit den »Allgemeinen Regeln des Klickens« befassen. Mit einigen Ausnahmen gelten diese Regeln fast immer und helfen Ihnen bei der Erledigung der Arbeit mit der Windows-Benutzeroberfläche:

- ❑ Klicken Sie Menüoptionen einmal an, um sie zu nutzen.
- ❑ Klicken Sie Symbole einmal an, um sie zu markieren.
- ❑ Klicken Sie Symbole doppelt an, um sie zu nutzen.
- ❑ Klicken Sie beliebige Elemente mit der rechten Maustaste an, um deren Kontextmenü anzeigen zu lassen. Wenn Sie dann EIGENSCHAFTEN anklicken, werden weitere Informationen zum jeweiligen Element angezeigt.

Gut! Wenn Sie EDITOR korrekt gestartet haben, dann sollten Sie ein Fenster wie in Abbildung 4.26 sehen, wobei oben in der Titelleiste des Editor-Fensters »Unbenannt« angezeigt wird. Beachten Sie, wie EDITOR unten in der Taskleiste auf dem Bildschirm angezeigt wird. Die meisten laufenden Programme werden auf diese Weise in der Taskleiste angezeigt. Schließen Sie jetzt das Programm Editor durch Anklicken der Schaltfläche mit dem »X« in der rechten oberen Ecke des Programmfensters. Wenn Sie jetzt wieder einen Blick in die Taskleiste werfen, werden Sie sehen, dass das Programm Editor dort nicht mehr angezeigt wird.

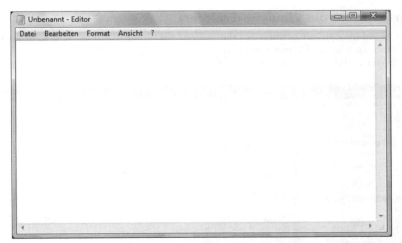

Abbildung 4.26: Der Windows-Editor (beachten Sie die Schaltflächen in der oberen rechten Fensterecke)

Werfen Sie nun einen Blick ganz nach rechts in die Taskleiste. Dieser Teil der Taskleiste wird *Infobereich* (oder wie in älteren Windows-Versionen oder den CompTIA A+-Prüfungen auch *Systemablage*) genannt. Dort wird normalerweise zumindest die aktuelle Uhrzeit angezeigt. Auf den meisten Windows-Systemen finden Sie dort auch eine Reihe weiterer kleiner Symbole. Abbildung 4.27 zeigt den Infobereich auf meinem Rechner.

Abbildung 4.27: Infobereich mit etlichen Symbolen und der Uhrzeit

Kapitel 4

> **Wichtig**
>
> Der Bereich außen rechts in der Taskleiste wird von Microsoft *Infobereich* genannt, aber in den CompTIA A+-Prüfungen kann Ihnen auch die Bezeichnung *Systemablage* begegnen.

Diese Symbole repräsentieren Programme, die im Hintergrund ausgeführt werden. Die meisten Programme werden in einem Fenster ausgeführt. Hintergrundprogramme arbeiten wie alle anderen Programme, nur dass sie einfach deshalb kein Fenster verwenden, weil es für ihre Aufgaben nicht benötigt wird. Es gibt Tausende Programme, die in der Systemablage laufen können. Netzwerkstatus, Lautstärkeregelung, Batterieanzeige (bei Laptops) und Gerätestatus von Wechselmedien sind nur ein paar Beispiele. Was jeweils im Infobereich angezeigt wird, hängt von der jeweiligen Windows-Version, der vorhandenen Hardware und den installierten Programmen ab. Einige der Symbole in Abbildung 4.27 repräsentieren mein Antivirenprogramm, Benachrichtigungsprogramme für eingehende Facebook- und Twitter-Nachrichten und mein USV-Programm.

Am linken Ende der Taskleiste neben der START-Schaltfläche finden Sie die *Schnellstartleiste* (Abbildung 4.28). Über dieses praktische Extra können Sie häufig genutzte Programme mit einem einzigen Klick starten. Auf Windows-XP-Systemen wird die Schnellstartleiste in der Taskleiste standardmäßig nicht angezeigt. Klicken Sie die Taskleiste mit der rechten Maustaste an, wählen Sie im Kontextmenü den Befehl EIGENSCHAFTEN und aktivieren Sie die Option SCHNELLSTARTLEISTE ANZEIGEN. Um den Inhalt der Schnellstartleiste zu ändern, ziehen Sie entweder Symbole in die Leiste oder aus ihr heraus.

Abbildung 4.28: Schnellstartleiste

Die vielen Gesichter des Windows-Explorers

Mit dem *Windows-Explorer* können Sie die auf den an einem Rechner angeschlossenen Laufwerken gespeicherten Dateien und Ordner manipulieren. Microsoft präsentiert Ihnen dieses Werkzeug auf verschiedene Weise, damit Sie sich besser auf die jeweils anstehenden Aufgaben konzentrieren können.

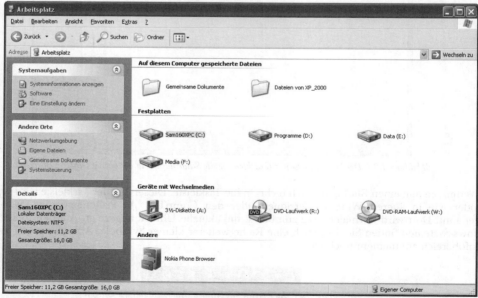

Abbildung 4.29: Der Windows-Explorer von Windows XP zeigt die installierten Laufwerke und gängige Aufgabenstellungen auf der linken Seite an.

Wenn Sie sich beispielsweise den Inhalt einer optischen Disc anzeigen lassen wollen, können Sie ARBEITSPLATZ (Windows 2000/XP) oder COMPUTER (Windows Vista/7) öffnen, wenn Sie das Symbol auf der Arbeitsfläche doppelt anklicken oder im Startmenü auswählen. Der Windows-Explorer zeigt dann die angeschlossenen Laufwerke an (Abbildung 4.29). Um sich den Inhalt eines Laufwerks oder Ordners anzeigen zu lassen, klicken Sie dessen Symbol doppelt an.

Unter Windows 2000 ist die Oberfläche des Windows-Explorers recht spartanisch, während Windows XP, wie Sie in Abbildung 4.29 sehen können, standardmäßig links im Fenster eine Reihe gängiger Aufgaben anzeigt. Windows Vista bietet ebenfalls Aufgaben an, die nun aber als Leiste unterhalb der aktuellen Positionsangabe oben im Fenster angezeigt werden (Abbildung 4.30).

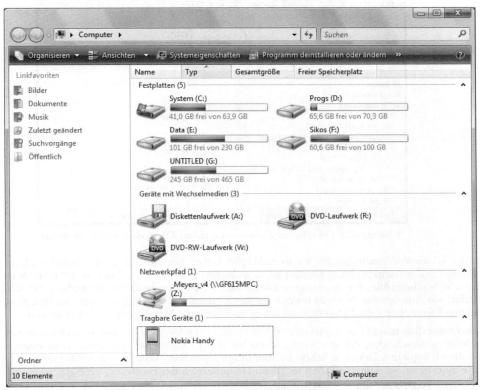

Abbildung 4.30: Der Windows-Explorer von Windows Vista zeigt die installierten Laufwerke und links die Linkfavoriten an.

Wenn Sie auf EIGENE DOKUMENTE (Windows 2000/XP) oder DOKUMENTE (Windows Vista/7) zugreifen wollen und das entsprechende Symbol auf dem Desktop doppelt anklicken oder im Startmenü auswählen, dann öffnet Windows den Windows-Explorer mit geöffnetem Benutzerordner. Da Ihr Ordner EIGENE DOKUMENTE/DOKUMENTE (standardmäßig) auf dem Festplattenlaufwerk C: gespeichert wird, zeigt der Windows-Explorer den Inhalt dieses Laufwerks und speziell Ihres Benutzerordners an.

Da sie den Windows-Explorer hier dadurch starten, dass sie ARBEITSPLATZ oder COMPUTER doppelt anklicken, und dort dadurch, dass sie EIGENE DOKUMENTE oder DOKUMENTE doppelt anklicken, und bei beiden Varianten anfangs unterschiedliche Inhalte angezeigt werden, führt bei vielen Anwendern zu der Annahme, sie hätten es mit zwei verschiedenen Werkzeugen zu tun. Das stimmt aber einfach nicht. Der Windows-Explorer ändert seine Anzeige, um bestimmten von Microsoft vordefinierten Aufgaben besser gerecht zu werden, aber letztlich handelt es sich nur um ein einziges Werkzeug, das verschiedene Dinge auf Ihrem Rechner anzeigen kann.

Und Sie können das Aussehen des Windows-Explorers auch leicht mit ein paar Klicks ändern. Die Schaltfläche ORDNER aktiviert oder deaktiviert unter Windows 2000/XP die Anzeige der *Ordnerliste* (des *Navigationsfensters*) links im Fenster (Abbildung 4.31). Dabei handelt es sich um eine Darstellung des Verzeichnisbaums, über den Sie im Windows-Explorer verschiedene Ordner oder Laufwerke markieren und damit deren Inhalt anzeigen lassen können. Unter Windows XP ersetzt die Ordnerliste die ansonsten im Fenster angezeigte Aufgabenliste. Beachten Sie, dass das Navigationsfenster unter Windows Vista standardmäßig aktiviert ist, unabhängig davon, ob Sie den Windows-Explorer über COMPUTER oder DOKUMENTE aufrufen.

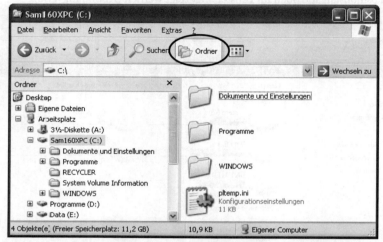

Abbildung 4.31: Der Windows-Explorer von Windows XP mit eingeschalteter Ordnerliste

Unter Windows Vista haben Sie mehrere Möglichkeiten, um die Ansicht des Windows-Explorers zu ändern. In der Aufgabenleiste können Sie den abwärts weisenden Pfeil neben ANSICHTEN anklicken, um die Symbolgröße, die angezeigten Daten und einige weitere Dinge zu ändern. Sie können bei Bedarf die Anzeige des Navigationsfensters (der Ordnerliste) abschalten, wenn Sie den abwärts weisenden Pfeil neben ORGANISIEREN anklicken und dann die Menüoption LAYOUT nutzen.

Die Ordnerliste macht das Kopieren und Verschieben von Ordnern an andere Positionen einfach. Die Schritte unterscheiden sich ein wenig, wenn Sie einen Ordner auf demselben oder einem anderen Laufwerk kopieren. Der erste Schritt ist aber immer derselbe: Wenn Sie einen Ordner in der Ordnerliste markieren, wird dessen Inhalt rechts im Hauptbereich des Fensters angezeigt.

Um eine Datei oder einen Ordner von einem in einen anderen Ordner auf *demselben* Laufwerk zu kopieren oder zu verschieben, klicken Sie diese im Hauptbereich an, halten die Maustaste gedrückt und ziehen sie über einen beliebigen Ordner im Navigationsfenster. Dabei wird unter Windows Vista/7 ein Pfeilsymbol angezeigt, unter Windows 2000/XP allerdings nicht. Wenn Sie die Maustaste loslassen, wird die Datei oder der Ordner an die neue Position verschoben. Wenn Sie eine Datei oder einen Ordner auf *demselben* Laufwerk kopieren und nicht verschieben wollen, dann betätigen Sie die Taste [Strg] beim Anklicken und Ziehen des Elements in den gewünschten Ordner. Dabei wird dann kein Pfeilsymbol, sondern ein Plussymbol angezeigt. Wenn sich der Mauszeiger über dem gewünschten Zielordner befindet, lassen Sie die Maustaste los, und die Datei oder der Ordner wird kopiert.

Um eine Datei oder einen Ordner auf ein *anderes* Laufwerk zu kopieren oder zu verschieben, klicken Sie diese im Hauptbereich des Fensters an und ziehen den Mauszeiger über einen beliebigen Ordner im Navigationsfenster. Dabei wird ein Pluszeichen angezeigt. Wenn Sie die Maustaste loslassen, erstellen Sie eine Kopie der Datei oder des Ordners an der Zielposition. Wenn Sie eine Datei oder einen Ordner auf ein *anderes* Laufwerk verschieben wollen, dann betätigen Sie beim Ziehen des Elements an die Zielposition die Taste [⇧]. Das Plussymbol wird unter Windows Vista/7 zu einem Pfeil oder wird unter Windows 2000/XP einfach ausgeblendet. Wenn Sie die Maustaste loslassen, wird die Datei oder der Ordner verschoben.

Sind Ihnen die unterschiedlichen Symbole der Dateien aufgefallen? Windows ordnet unterschiedlichen Dateitypen auf der Grundlage ihrer Erweiterungen, die drei bzw. mit dem Punkt vier Zeichen am Ende des Dateinamens, wie zum Beispiel .EXE, .TXT oder .JPG. Die ältesten Dateinamenerweiterungen, die es schon in der DOS-Zeit gab, bestehen meist aus drei Buchstaben, aber neuere Programme verwenden auch zweistellige Dateinamenerweiterungen, wie beispielsweise .JS (JavaScript) oder .AU (Audio), aber auch vierstellige, wie beispielsweise das allpräsente .HTML für Webseiten. In seltenen Fällen kann ein Dateiname auch überhaupt keine Dateinamenerweiterung haben.

Wenn Sie sich diese Symbole auf Ihrem Bildschirm genauer ansehen, denken Sie möglicherweise, »Aber ich sehe überhaupt keine Dateinamenerweiterung!« Um die Dateinamenerweiterungen zu sehen, wählen Sie unter Windows 2000/XP EXTRAS|ORDNEROPTIONEN, um das Dialogfeld ORDNEROPTIONEN zu öffnen (Abbildung 4.32). Aktivieren Sie die Registerkarte ANSICHT und deaktivieren Sie die Option ERWEITERUNGEN BEI BEKANNTEN DATEITYPEN AUSBLENDEN. Unter Vista wählen Sie ORGANISIEREN|ORDNER- UND SUCHOPTIONEN und aktivieren dann die Registerkarte ANSICHT, um zu diesem Dialogfeld zu kommen.

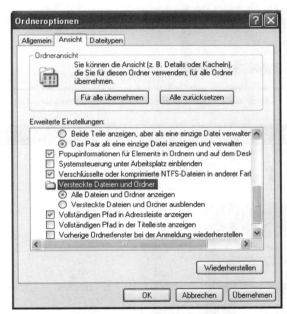

Abbildung 4.32: Dialogfeld ORDNEROPTIONEN

Es gibt noch zwei weitere sehr praktische Einstellungen auf der Registerkarte ANSICHT, aber um die daraus entstehenden Ergebnisse besser beobachten zu können, müssen Sie sich im Arbeitsplatz im C:-Laufwerk befinden, wie in Abbildung 4.33 gezeigt.

Aktivieren Sie im Dialogfeld ORDNEROPTIONEN wieder die Registerkarte ANSICHT, klicken Sie das Optionsfeld ALLE DATEIEN UND ORDNER ANZEIGEN an und deaktivieren Sie die Option GESCHÜTZTE SYSTEMDATEIEN AUSBLENDEN. Unter Vista klicken Sie die Schaltfläche FÜR ORDNER ÜBERNEHMEN, unter Windows XP die Schaltfläche FÜR ALLE ÜBERNEHMEN und unter Windows 2000 ÜBERNEHMEN (unten rechts) an. Ihr C:-Laufwerk sollte jetzt wie in Abbildung 4.34 aussehen (hier in der Windows-XP-Version). Wenn Sie jetzt wieder zu den Ordnerinhalten zurückkehren, sehen Sie die Dateinamenerweiterungen und möglicherweise auch einige zuvor verborgene Dateien.

Kapitel 4

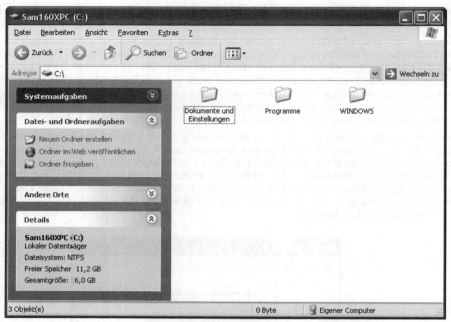

Abbildung 4.33: Standardansicht des Arbeitsplatzes unter Windows XP

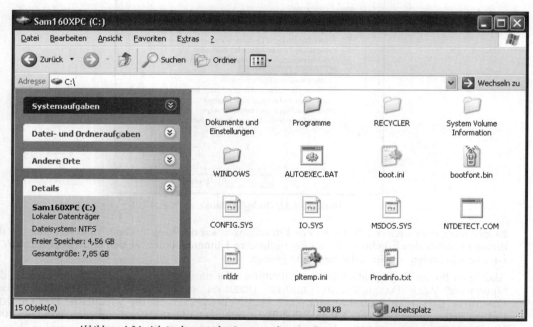

Abbildung 4.34: Arbeitsplatz mit der Anzeige verborgener Dateien und Ordner (Windows XP)

Nachdem diese Dateien sichtbar sind, sind Sie natürlich auch dafür verantwortlich, sie zu schützen. Generell gilt, je weniger Sie mit lebenswichtigen Systemdateien arbeiten, desto besser. Sie werden einige Möglichkeiten kennen lernen, praktische Dinge mit zuvor verborgenen Dateien zu erledigen, aber wenn Sie nicht wirklich wissen, was Sie tun, sollten Sie sie in jedem Fall unverändert lassen. Bevor Sie einem technisch nicht versierten Benutzer einen PC übergeben, sollten Sie diese Systemdateien wieder verbergen.

Microsoft versucht, die Benutzer bei der Organisation ihrer Dateien und Ordner durch verschiedene Benutzerordner und Unterordner zu unterstützen, auf die Sie mit dem Windows-Explorer zugreifen können. Die verschiedenen Betriebssysteme bieten hier unterschiedliche Möglichkeiten, die wir uns nun näher ansehen werden.

Meine Dokumente und meine ...

Unter allen Windows-Versionen gibt es eine spezielle Ordnerstruktur für die verschiedenen Benutzerkonten, in der Benutzer ihre persönlichen Daten ablegen können. Unter Windows 2000 und XP heißt diese Ordnerstruktur *Eigene Dokumente*. Viele Windows-Programme speichern ihre Dateien standardmäßig in Unterordnern von EIGENE DATEIEN, sofern der Benutzer nicht ausdrücklich eine andere Speicherposition festlegt.

Unter Windows XP wird das Symbol EIGENE DATEIEN standardmäßig nicht auf dem Desktop angezeigt. Sie erreichen es unter Windows XP aber leicht über das Startmenü und können es auch zum DESKTOP hinzufügen. Klicken Sie den Desktop mit der rechten Maustaste an und wählen Sie EIGENSCHAFTEN, um das Dialogfeld EIGENSCHAFTEN VON ANZEIGE anzeigen zu lassen. Aktivieren Sie die Registerkarte DESKTOP und klicken Sie dann die Schaltfläche DESKTOP ANPASSEN an, um das Dialogfeld DESKTOPELEMENTE anzeigen zu lassen (Abbildung 4.35). Auf der Registerkarte ALLGEMEIN aktivieren Sie das Kontrollkästchen EIGENE DATEIEN und/oder ARBEITSPLATZ und klicken dann OK an, um das Dialogfeld zu schließen und die gewünschten Symbole auf dem Desktop anzeigen zu lassen.

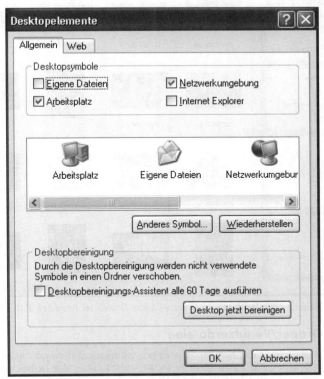

Abbildung 4.35: Das Dialogfeld DESKTOPELEMENTE unter Windows XP

Kapitel 4

> **Hinweis**
>
> Bei den meisten Windows-Hilfsprogrammen bietet Ihnen Microsoft mehrere Möglichkeiten, bestimmte Aufgaben zu erledigen. Wenn Sie den Ordner mit den eigenen Dateien und/oder ARBEITSPLATZ unter Windows XP auf dem Desktop anzeigen lassen wollen, dann klicken Sie einfach den Eintrag EIGENE DATEIEN oder ARBEITSPLATZ im Startmenü mit der rechten Maustaste an und wählen im Kontextmenü die Option AUF DEM DESKTOP ANZEIGEN.

Windows XP hat dem Ordner EIGENE DATEIEN viele untergeordnete Ordner hinzugefügt: EIGENE BILDER (worin Filmstreifen- und Miniaturbildanzeigen für die dort gespeicherten Bilder angeboten werden), EIGENE MUSIK (wo der Media Player gestartet wird, um eine beliebige Datei abzuspielen), EIGENE VIDEOS (wo wiederum der Media Player gestartet wird) und vieles andere mehr. Abbildung 4.36 zeigt den Ordner EIGENE BILDER unter Verwendung der Miniaturansicht. Viele Anwendungen sind seither auf diesen Zug aufgesprungen und legen eigene Ordner namens EIGENE IRGENDWAS im Ordner EIGENE DATEIEN an. Als ich meinen Windows-XP-Rechner in den Ruhestand geschickt habe, gab es hier beispielsweise die Ordner MEINE EBOOKS, MEINE WEBSITES, MEINE EMPFANGENEN DATEIEN, MEINE VIRTUELLEN MASCHINEN und, und, und ...!

Abbildung 4.36: Der Inhalt des Ordners EIGENE BILDER im Verzeichnis EIGENE DATEIEN

Persönlicher Ordner/Benutzerdateien

Unter Windows Vista wurde das Konzept der *Benutzerdateien* mit dem *persönlichen Ordner* auf eine neue Ebene gehoben. (Es gibt zwar einen Ordner DOKUMENTE, aber der ist buchstäblich für Dokumente wie Textdateien vorgesehen.) Wenn Sie unter Vista das Startmenü öffnen, finden Sie dort eine Schaltfläche, die den Namen des aktuell angemeldeten Benutzers trägt. Über diese erreichen Sie nicht nur all jene Ordner, die es bereits unter Windows 2000/XP gab, sondern noch eine Reihe anderer Ordner und einige weitere interessante und/oder wichtige Daten, wie Ihre Favoriten aus dem Internet Explorer und Kopien der letzten Suchvorgänge.

Wie unter Windows XP wird der persönliche Ordner auch unter Vista standardmäßig nicht auf dem Desktop angezeigt. Um diesen Ordner dort anzeigen zu lassen, klicken Sie den Desktop mit der rechten Maustaste an, wählen im Kontextmenü ANPASSEN und klicken dann im Aufgabenbereich des angezeigten Fensters den Link DESKTOPSYMBOLE ÄNDERN an. Im Dialogfeld DESKTOPSYSMBOLEINSTELLUNGEN können Sie dann das Kontrollkästchen BENUTZERDATEIEN aktivieren, um das Symbol für den persönlichen Ordner des aktuell angemeldeten Benutzers auf dem Desktop anzeigen zu lassen. Abbildung 4.37 zeigt den Inhalt eines persönlichen Ordners mit dem Dialogfeld DESKTOPSYMBOLEINSTELLUNGEN im Hintergrund.

Abbildung 4.37: Der Ordner mit den persönlichen Dateien unter Vista

Wie der Ordner unter der jeweiligen Windows-Version auch heißen mag, in jedem Fall handelt es sich bei den eigenen Dokumenten, Benutzerdateien bzw. persönlichen Dateien um einen äußerst kritischen Teil der Ordnerstruktur Ihres Rechners. Hier werden nicht nur standardmäßig Ihre meisten persönlichen (und wichtigen) Dokumente gespeichert, sondern auch die meisten Anpassungseinstellungen der einzelnen Benutzer. Einige Abschnitte weiter hinten in diesem Kapitel werden Sie noch mehr über die eigenen Dokumente bzw. persönlichen Daten erfahren.

Der Papierkorb

Wenn Sie unter Windows eine Datei löschen, wird diese normalerweise zunächst einmal nicht wirklich gelöscht. Windows bietet einen gewissen Schutz gegen das versehentliche Löschen über einen speziellen Ordner, der *Papierkorb* genannt wird. Wenn Sie eine Datei unter Windows löschen, dann wird sie eigentlich in den Papierkorb verschoben. Dort wird sie aufbewahrt, bis Sie den Papierkorb leeren oder bis die Dateien im Papierkorb eine voreingestellte Speicherkapazität belegen und die ältesten Daten aus dem Papierkorb entfernt werden.

Um auf die Eigenschaften des Papierkorbs zuzugreifen, klicken Sie den Papierkorb (auf dem Desktop oder im Explorer) mit der rechten Maustaste an und wählen im Kontextmenü EIGENSCHAFTEN. Das Dialogfeld EIGENSCHAFTEN VON PAPIERKORB sieht unter den verschiedenen Windows-Versionen zwar ein wenig unterschiedlich aus, arbeitet aber letztlich gleich. Abbildung 4.38 zeigt das Dialogfeld EIGENSCHAFTEN VON PAPIERKORB unter Windows XP. Beachten Sie, dass Sie die Menge des Speicherplatzes festlegen können, die für den Papierkorb maximal verwendet werden kann (die Vorgabe lautet 10 Prozent). Wenn Festplattenkapazität knapp wird, dann können Sie hier die Einstellungen kontrollieren und diese ändern!

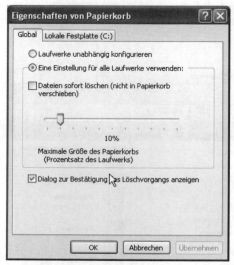

Abbildung 4.38: Das Dialogfeld EIGENSCHAFTEN VON PAPIERKORB unter Windows XP

Netzwerkumgebung/Netzwerk

Auf Systemen, die mit einem Netzwerk verbunden sind (z.B. über Netzwerkkabel oder Modem), gibt es unter Windows XP einen Ordner namens NETZWERKUMGEBUNG, der unter Vista/7 nur noch NETZWERK heißt (Abbildung 4.39). Hier werden alle aktuell (oder ehedem) verfügbaren Netzwerkverbindungen angezeigt. Mehr über die Netzwerkumgebung erfahren Sie in Kapitel 23 (*Lokale Netzwerke*).

Windows-Sidebar

Die Benutzeroberfläche von Windows Vista umfasst eine Funktion, die *Windows-Sidebar* genannt wird. Dabei handelt es sich um ein Werkzeug, das sich direkt auf dem Desktop einnistet und über das so genannte *Minianwendungen* (*Gadgets*) gestartet werden können (Abbildung 4.40). Hier können Sie beispielsweise eine Uhr oder aktuelle Wetterdaten anzeigen lassen. Zusammen mit Vista werden eine Reihe dieser Minianwendungen ausgeliefert und zudem haben sie unter den Entwicklern Liebhaber gefunden, die allerlei mehr oder weniger nützliche Hilfsprogramme für die Windows-Sidebar entwickelt haben, wie z.B. Zusatzprogramme für Twitter und World of Warcraft.

Windows verstehen

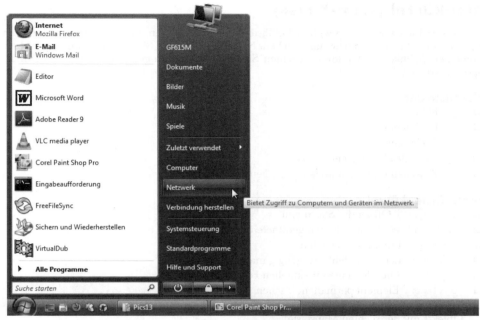

Abbildung 4.39: NETZWERK im Startmenü von Windows Vista

Abbildung 4.40: Windows-Sidebar

Hinweis
Wenn Sie den Platz auf dem Bildschirm lieber für andere Zwecke nutzen wollen, können Sie die Windows-Sidebar deaktivieren. Reaktivieren lässt sie sich dann bei Bedarf über das Applet WINDOWS-SIDEBAR in der Systemsteuerung.

Tastenkürzel (»Hot-Keys«)

Unter Windows können Sie zahlreiche Tastenkürzel verwenden, um andere Programme und Speicherorte direkt zu starten bzw. aufzusuchen. Nachfolgend finden Sie eine recht umfangreiche Liste allgemeiner Befehle für Windows. Beachten Sie, dass andere Programme diese Befehle ändern oder sperren können.

Funktionstasten
- [F1] Hilfe
- [F2] Umbenennen
- [F3] Suchmenü
- [F5] Aktuelles Fenster neu aufbauen
- [F6] Zwischen Optionen im aktuellen Fenster wechseln

Beliebte Tastenkürzel
- [Strg]+[ESC] Öffnet das Startmenü
- [Alt]+[↹] Wechselt zwischen geöffneten Programmen
- [Alt]+[F4] Programm beenden
- [Strg]+[Z] Letzten Befehl rückgängig machen
- [Strg]+[A] Alle Elemente im aktuellen Fenster auswählen
- [⇧]+[Entf] Element permanent löschen
- [⇧]+[F10] Kontextmenü für das ausgewählte Element öffnen (entspricht dem Anklicken eines Objekts mit der rechten Maustaste)
- [⇧] Umgeht die automatische Abspielfunktion für optische Datenträger (Sie halten dazu [⇧] gedrückt, während Sie den optischen Datenträger einlegen)
- [Alt]+[Leertaste] Zeigt das Systemmenü für das Hauptfenster an (aus diesem Menü können Sie das Fenster wiederherstellen, verschieben, in der Größe ändern, minimieren, maximieren oder schließen)
- [Alt]+[↵] Öffnet das Dialogfeld EIGENSCHAFTEN für das ausgewählte Objekt

Arbeiten mit Text
- [Strg]+[C] Kopieren
- [Strg]+[X] Ausschneiden
- [Strg]+[V] Einfügen
- [Strg]+[Z] Rückgängig

Tastenkürzel mit der Windows-Taste

Diese Tastenkürzel bedienen sich der speziellen Taste mit dem Windows-Logo:
- [⊞] Öffnet das Startmenü
- [⊞]+[D] Zeigt den Desktop an
- [⊞]+[E] Windows-Explorer
- [⊞]+[F] Suchen
- [⊞]+[L] Windows-Sitzung sperren
- [⊞]+[↹] Zwischen den Schaltflächen in der Taskleiste wechseln (oder unter Vista mit Aero Flip-3D nutzen)
- [⊞]+[Pause] Öffnet das Fenster SYSTEMEIGENSCHAFTEN

Windows verstehen

> **Hinweis**
>
> Ich habe in diesem Kapitel nur die grundlegendsten Teile des Windows-Desktops beschrieben. Der typische Windows-Desktop enthält noch viele andere Elemente, aber für Techniker und für die CompTIA A+-Zertifizierungsprüfungen ist das, was Sie hier über den Desktop erfahren haben, mehr als genug.

Practical Application

Ordner des Betriebssystems

Bei allen modernen Windows-Versionen sind die wesentlichen Dateien und Ordner recht ähnlich organisiert. Bei allen gibt es einen Systemordner, in dem die meisten internen Hilfsprogramme und Dateien von Windows gespeichert sind. Bei allen gibt es Ordner für Programme und Benutzerdateien. Alle verwenden Registrierungsdateien, in denen die installierten Hardwarekomponenten und deren Treiber aufgezeichnet werden. Schließlich gibt es in allen Versionen Auslagerungsdateien, die für den stabileren Betrieb der Windows-Versionen sorgen. Wenn man sich aber erst einmal mit den Details befasst, dann fallen einige doch recht große Unterschiede auf. Daher ist es sehr wichtig, dass Sie die Position und Funktion der vielen gemeinsamen Ordner und deren Inhalt gut kennen.

> **Wichtig**
>
> In den CompTIA A+-Prüfungen werden gern detaillierte Fragen zur Position bestimmter Ordner gestellt. Daher sollten Sie die folgenden Abschnitte beherrschen!

Der Systemordner

SystemRoot ist unter Windows die technische Bezeichnung für den Ordner, in dem Windows installiert wurde. Unter Windows 2000 handelt es sich dabei standardmäßig um C:\WINNT, unter Windows XP und Vista um C:\WINDOWS. Sie sollten aber auch wissen, dass das nicht immer so ist, denn während der Installation können Sie selbst bestimmen, wo Windows installiert wird.

Es kann recht praktisch sein, wenn man SystemRoot kennt. SystemRoot lässt sich als Variable verwenden und wird in vielen technischen Publikationen erwähnt. Mit ihr können Sie dafür sorgen, dass bestimmte Befehle immer funktionieren. Und auch in Windows-Konfigurationseinstellungen finden Sie diese Variable häufig mit einem voran- und nachgestellten Prozentzeichen in der Schreibweise %SystemRoot% wieder.

Dazu als Beispiel ein nützlicher Trick. Wenn Sie nicht wissen, wo die Systemdateien von Windows auf einem bestimmten System installiert wurden, dann geben Sie an der Eingabeaufforderung cd %systemroot% ein und betätigen ⏎. Nun wird der Ordner aktiviert, in dem sich die Windows-Betriebssystemdateien befinden. Elegant! In Kapitel 15 (*Die Eingabeaufforderung*) erfahren Sie Einzelheiten zur Nutzung der Eingabeaufforderung unter Windows.

Der Systemordner enthält viele Unterverzeichnisse, die hier nicht alle aufgezählt werden können. Die CompTIA will aber, dass Sie die Namen einiger dieser Unterverzeichnisse kennen und auch wissen, was sich darin befindet. Die nachfolgende Liste beschreibt diejenigen Ordner, die es unter allen Windows-Versionen gibt und die Sie kennen und deren Funktion Sie erläutern können sollten:

❏ %SystemRoot%\FONTS Hier werden alle unter Windows installierten Schriften abgelegt.

❏ %SystemRoot%\Offline Files Wenn Sie den Internet Explorer dazu auffordern, Webseiten für den Offlinebetrieb zu speichern, dann werden sie in diesem Ordner abgelegt. Der Ordner wird von Windows automatisch gelöscht, wenn der Speicherplatz auf der Festplatte zur Neige geht.

- %SystemRoot%\SYSTEM32 Hierbei handelt es sich um das *echte* Windows! Alle wirklich kritischen Programme, die zur Ausführung von Windows benötigt werden, werden hier gespeichert.
- %SystemRoot%\Temp Wenn Windows oder Anwendungen unter Windows ausgeführt werden und Windows temporäre Dateien anlegen muss, dann werden sie hier abgelegt. Windows löscht diese Dateien bei Bedarf automatisch, weshalb Sie in diesem Ordner nie wichtige Dateien ablegen sollten.

Ordner mit Programmen und Benutzerdateien

Unter Windows gibt es eine Reihe wichtiger Ordner, die der besseren Organisation von Programmen und Dokumenten dienen. Sie befinden sich im Stammverzeichnis auf derselben Ebene wie der Systemordner und natürlich tragen sie unter den verschiedenen Windows-Versionen teilweise unterschiedliche Namen. Wir nehmen hier an, dass das Laufwerk C: für die Installation von Windows benutzt wurde. Das ist meist der Fall, auch wenn es durchaus möglich ist, Windows auch in anderen Festplattenpartitionen zu installieren.

> **Hinweis**
>
> Im Windows-Explorer werden seit Vista Aliasnamen angezeigt. Wenn Sie die Eingabeaufforderung nutzen, können Sie zwar auch die deutschen Aliasnamen verwenden, es werden aber die englischen Namen angezeigt.

C:\Program Files bzw. C:\Programme (Alle Versionen)

Standardmäßig installieren die meisten Programme alle oder ihre wichtigsten Dateien in einem Unterverzeichnis des Ordners PROGRAMME. Wenn Sie ein Programm installiert haben, dann sollte es dafür hier einen eigenen Ordner geben. Die jeweiligen Unternehmen bestimmen selbst, wie sie ihre Unterverzeichnisse nennen. Wenn Sie z.B. Adobe Photoshop installieren, dann wird der Ordner ADOBE und dann darin das Unterverzeichnis ADOBE PHOTOSHOP erstellt. Wenn Sie Microsoft Silverlight installieren, wird hingegen nur ein Ordner namens MICROSOFT SILVERLIGHT erstellt, in dem sich die Programmdateien befinden. (Einige Programmierer erstellen Ordner im Stammverzeichnis des C:-Laufwerks und verwenden den PROGRAMME-Ordner gar nicht, was aber immer seltener der Fall ist.)

C:\Program Files (x86) bzw. C:\Programme (x86)

Die 64-Bit-Versionen von Windows Vista/7 erstellen zwei Verzeichnisstrukturen für Programmdateien. Die 64-Bit-Anwendungen landen im Ordner C:\Program Files, während für die 32-Bit-Anwendungen der Ordner C:\Program Files (x86) verwendet wird. Durch diese Trennung lässt sich leicht die richtige Version beliebiger gesuchter Anwendungen ausfindig machen.

Persönliche Dokumente

Wie Sie angesichts der dargestellten unterschiedlichen Bezeichnungen der Desktopsymbole für die persönlichen Dokumente vielleicht bereits erwartet haben, unterscheiden sich auch die Namen und Positionen der persönlichen Ordner unter Windows 2000/XP und Windows Vista. Windows 2000/XP erstellen die persönlichen Ordner im Ordner DOKUMENTE UND EINSTELLUNGEN, während Windows Vista für diesen Zweck den Ordner BENUTZER (USERS) verwendet. Und die Unterschiede gehen noch weiter. Zudem verwendet Vista/7 Aliasnamen, so dass Ihnen (je nach Einstellung) die deutschen und/oder die englischen Namen der Ordner begegnen können, auch wenn im Windows-Explorer normalerweise nur die deutschen Ordnernamen angezeigt werden.

C:\Dokumente und Einstellungen (2000/XP)

Hier werden alle persönlichen Einstellungen der jeweiligen Benutzer gespeichert. Für jeden Benutzer gibt es unter DOKUMENTE UND EINSTELLUNGEN ein eigenes Unterverzeichnis. In allen Benutzerordnern finden Sie eine weitere Ebene von Ordnern mit vertrauten Namen wie DESKTOP, EIGENE

DATEIEN und STARTMENÜ. Diese Ordner enthalten den eigentlichen Inhalt dieser Elemente. Sehen wir uns jene Ordner an, die Sie für die CompTIA A+-Prüfungen kennen müssen.

❏ \DOKUMENTE UND EINSTELLUNGEN\DEFAULT USER *(versteckt)*
Alle vordefinierten Einstellungen für einen Benutzer. Wenn ein Benutzer beispielsweise keinen zu verwendenden Bildschirmschoner definiert, dann verwendet Windows die Einstellungen aus diesem Ordner und zeigt bei Bedarf den hier festgelegten Bildschirmschoner an.

❏ \DOKUMENTE UND EINSTELLUNGEN\ALL USERS
Sie können Einstellungen vornehmen, die für alle Benutzer eines Computers gelten. Das ist insbesondere für Anwendungen praktisch, denn einige werden so installiert, dass sie von allen Benutzern eines Rechners verwendet werden können, während andere nur von bestimmten Benutzern verwendet werden dürfen. Dieser Ordner speichert Informationen über alle Einstellungen, die für alle Benutzer des Rechners vorgenommen wurden.

❏ \DOKUMENTE UND EINSTELLUNGEN\GEMEINSAME DOKUMENTE *(nur XP)*
Wenn Sie unter XP die einfache Dateifreigabe benutzen, dann handelt es sich hierbei um den einzigen auf dem Rechner freigegebenen Ordner.

❏ \DOKUMENTE UND EINSTELLUNGEN\<BENUTZERNAME>
In diesem Ordner werden alle für den jeweiligen Benutzer definierten Einstellungen gespeichert (Abbildung 4.41).

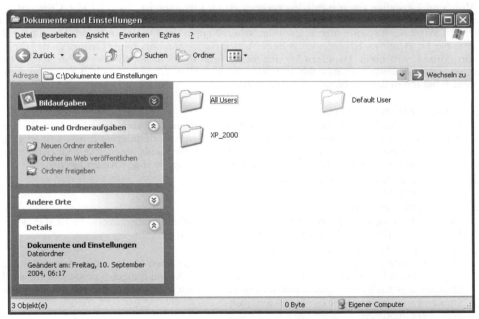

Abbildung 4.41: Typischer Inhalt des Ordners DOKUMENTE UND EINSTELLUNGEN

Wenn Sie einen der Benutzerordner öffnen, dann finden Sie dort eine Reihe weiterer Ordner auf niedrigerer Ebene. In diesen werden spezifische Informationen über den Benutzer gespeichert.

❏ \DOKUMENTE UND EINSTELLUNGEN\<BENUTZERNAME>\DESKTOP
In diesem Ordner werden die Dateien auf dem Desktop des Benutzers gespeichert. Wenn Sie ihn löschen, dann löschen Sie damit alle auf dem Desktop angezeigten Elemente.

❏ \DOKUMENTE UND EINSTELLUNGEN\<BENUTZERNAME>\EIGENE DATEIEN
Dabei handelt es sich um den Ordner EIGENE DATEIEN eines weiteren Benutzers des Rechners.

❑ \DOKUMENTE UND EINSTELLUNGEN\<BENUTZERNAME>\ANWENDUNGSDATEN *(versteckt)*
In diesem Ordner werden Daten und Einstellungen gespeichert, die von verschiedenen vom Benutzer installierten (oder verwendeten) Programmen benutzt werden.
❑ \DOKUMENTE UND EINSTELLUNGEN\<BENUTZERNAME>\STARTMENÜ
In diesem Ordner werden alle Anpassungen gespeichert, die ein Benutzer am Startmenü vorgenommen hat.

C:\Users bzw. C:\Benutzer (Vista)

Vista verwendet anstelle des alten Ordners DOKUMENTE UND EINSTELLUNGEN den Ordner BENUTZER bzw. USERS. Funktional ähnelt er zwar dem Ordner DOKUMENTE UND EINSTELLUNGEN, aber es gibt eine Reihe von Unterordnern, die Sie kennen müssen, um die CompTIA A+-Prüfungen bestehen zu können.

Wiederholen wir also das Ganze noch einmal für die Funktionen an ihrer neuen Position.

❑ \BENUTZER\DEFAULT *(versteckt)*, \BENUTZER\ALL USERS
Diese Ordner haben dieselbe Funktion wie unter 2000/XP.

Hinweis

Vista und 7 erstellen einen speziellen versteckten Ordner namens DEFAULT USER, der auf den Ordner DEFAULT verweist, um ältere Anwendungen zu unterstützen. Auf ähnliche Weise werden auch die im Windows-Explorer angezeigten deutschen Namen der Ordner realisiert. Das führt z.B. dazu, dass der im Windows-Explorer unter dem Namen BENUTZER angezeigte Ordner an der Eingabeaufforderung USERS heißt. Wundern Sie sich nicht, wenn Ihnen unter Windows Vista/7 viele derartige *Aliasnamen* bei Ordnern begegnen und/oder die deutschen Aliasnamen nicht angezeigt werden, da es sich bei ihnen um *geschützte Systemdateien* handelt.

❑ \BENUTZER\<BENUTZERNAME>
Die großen Änderungen finden Sie in den persönlichen Ordnern der jeweiligen Benutzer. Hier werden zwar weiterhin alle für einen bestimmten Benutzer definierten Einstellungen gespeichert, aber der Ordner enthält unter Vista/7 viel mehr Elemente als unter 2000/XP (Abbildung 4.42). Glücklicherweise müssen Sie für die Prüfungen nur einige wenige Ordner kennen.
❑ \BENUTZER\<BENUTZERNAME>\DESKTOP
Wie unter 2000/XP.
❑ \BENUTZER\<BENUTZERNAME>\DOKUMENTE
Dies ist der Ordner mit den Dokumenten des betreffenden Benutzers. Er ist mit dem Ordner EIGENE DATEIEN unter Windows 2000/XP vergleichbar.
❑ \BENUTZER\<BENUTZERNAME>\DOWNLOAD
Hierbei handelt es sich um den von Microsoft vorgegebenen Ordner, den Anwendungen bevorzugt für Downloads verwenden sollten. Die meisten Anwendungen verwenden diesen Ordner, manche aber auch nicht. (Meist können Sie das Verhalten der Anwendungen auch anpassen.)
❑ \BENUTZER\<BENUTZERNAME>\STARTMENÜ
Wie unter 2000/XP.

Wichtig

Hier müssen Sie genau aufpassen. Teilweise sind die Unterschiede der Ordnernamen zwischen 2000/XP und Vista/7 nur gering. Sie sollten sie aber kennen.

Alle guten Techniker sollten die Namen und Funktionen der gerade aufgeführten Ordner kennen. Als Techniker werden Sie aus verschiedenen Gründen gelegentlich manuell in diesen Ordnern wühlen. Benutzer öffnen diese Ordner nur selten direkt mit dem Windows-Explorer. Das ist gut, denn als Techniker müssen Sie wissen, wie gefährlich das sein kann. Stellen Sie sich einen Benutzer vor, der den

Ordner \BENUTZER\<BENUTZERNAME>\DESKTOP eines anderen Benutzers öffnen und dort dessen Desktopelemente löschen würde. Glücklicherweise schützt Windows diese Ordner über NTFS-Berechtigungen, weshalb es für Benutzer sehr schwer ist, mehr als nur die eigenen persönlichen Ordner und/oder Einstellungen zu löschen oder zu zerstören.

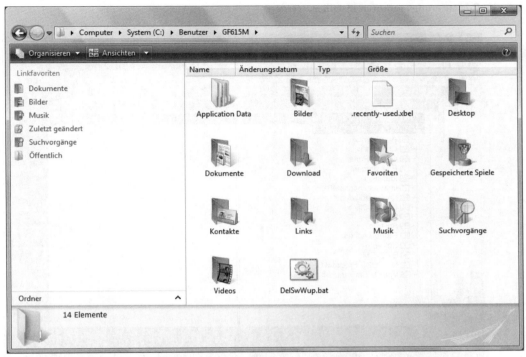

Abbildung 4.42: Typischer Inhalt eines Ordners \BENUTZER\<BENUTZERNAME>

Die Registrierung

Die *Registrierung* ist eine riesige Datenbank, in der Informationen über den Rechner gespeichert werden, wie z.B. über Hardwarekomponenten, das Netzwerk, Benutzerpräferenzen, Dateitypen und praktisch alle anderen Windows-Elemente. Bei fast allen Konfigurationsvorgängen an einem Windows-System wird die Registrierung geändert. Unter allen Windows-Versionen befinden sich die verschiedenen Registrierungsdateien (*hives*) im Ordner %SystemRoot%\System32\config. Glücklicherweise müssen Sie auf diese recht großen Dateien nur selten direkt zugreifen. Stattdessen können Sie eine Reihe relativ benutzerfreundlicher Anwendungen zur Bearbeitung der Registrierung benutzen.

Für die CompTIA A+-Zertifizierung müssen Sie sich nicht alle Aspekte der Windows-Registrierungsdatenbank merken. Sie sollten aber die Basiskomponenten der Registrierungsdatenbank verstehen und müssen wissen, wie Sie Daten in der Datenbank manuell ändern und bestimmte Einstellungen finden können.

Zugriff auf die Registrierung

Bevor Sie einen Blick in die Registrierung werfen können, sehen wir uns erst einmal an, wie Sie mit einem Registrierungs-Editor direkt darauf zugreifen können. Wenn Sie das wissen, dann können Sie die Registrierung auf Ihrem Rechner öffnen und deren Inhalt mit den Beispielen in diesem Kapitel vergleichen.

Kapitel 4

Unter Windows 2000/XP gibt es teilweise zwei Registrierungs-Editoren: REGEDT32.EXE, bei dem es sich um den alten Registrierungs-Editor aus den Zeiten von Windows NT 3.x handelt (Abbildung 4.43), der noch nicht einmal über eine Suchfunktion verfügt, und REGEDIT.EXE (Abbildung 4.44). Hinsichtlich der beiden Registrierungs-Editoren herrscht dabei ein wenig Verwirrung, weil bei den verschiedenen Installationsvarianten die Namen der Editoren teilweise vertauscht und unterschiedliche Registrierungs-Editoren installiert werden.

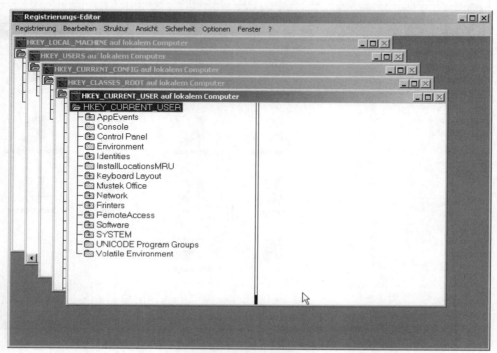

Abbildung 4.43: REGEDT32

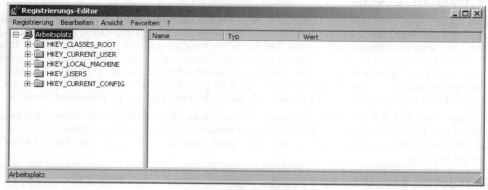

Abbildung 4.44: REGEDIT

Mit Windows XP hat Microsoft dieses Durcheinander (halbwegs) beendet. Dort (und auch unter Vista) handelt es sich bei REGEDT32.EXE nur noch um ein winziges Progrämmchen, das weiter nichts macht, als REGEDIT.EXE zu starten. Die beiden Programme können Sie jedenfalls über die Eingabeaufforderung und Eingabe des Dateinamens starten. Welchen Dateinamen Sie für den Start des Registrierungs-Editors verwenden wollen, bleibt Ihnen überlassen, seit Windows XP rufen Sie aber letztlich (direkt oder indirekt) ohnehin immer REGEDIT.EXE auf.

Der Aufbau der Registrierung

Die Registrierung ist ähnlich wie die Ordner auf der Festplatte in der Form einer Baumstruktur organisiert. Nach dem Start des Registrierungs-Editors sehen Sie fünf Hauptgruppen bzw. *Hauptschlüssel*:

- HKEY_CLASSES_ROOT
- HKEY_CURRENT_USER
- HKEY_USERS
- HKEY_LOCAL_MACHINE
- HKEY_CURRENT_CONFIG

Versuchen Sie einmal, einen dieser Hauptschlüssel zu öffnen, indem Sie das Plussymbol links neben dem Eintrag anklicken, und beachten Sie dabei, dass sich darunter weitere Unterschlüssel befinden. Ein Unterschlüssel kann weitere Unterschlüssel bzw. *Werte* haben. Abbildung 4.45 zeigt ein Beispiel eines Unterschlüssels mit Werten. Beachten Sie, dass REGEDIT wie der Windows-Explorer, der die Ordner links und die Dateien rechts anzeigt, die Schlüssel auf der linken und die Werte auf der rechten Seite anzeigt.

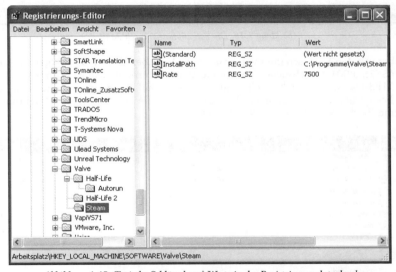

Abbildung 4.45: Typische Schlüssel und Werte in der Registrierungsdatenbank

Hinweis

In diesem Buch verwende ich für Schlüssel und Werte immer den Ausdruck *Schlüssel = Wert*.

Um die Registrierung verstehen zu können, müssen Sie zuerst die Funktion der fünf Hauptschlüssel verstehen. Alle diese Hauptschlüssel haben eine spezielle Funktion, deshalb werden wir sie nachfolgend einzeln betrachten.

HKEY_CLASSES_ROOT

Dieser Hauptschlüssel definiert die von Windows verwendeten Standard-*Klassenobjekte*. Ein Klassenobjekt ist eine benannte Funktionsgruppe, die definiert, was Sie mit dem von ihr dargestellten Objekt machen können. Beispielsweise sind viele der Funktionen, die mit Dateien auf dem System zu tun haben, über ein solches Klassenobjekt definiert. So definiert die Registrierung die beliebte MP3-Sounddatei unter Verwendung von zwei Klassenobjekten. Beim Durchsuchen der Registrierung nach der Dateinamenerweiterung .MP3 werden Sie schnell das erste Klassenobjekt finden, das die Erweiterung .MP3 mit dem Namen `Winamp.File` auf diesem Rechner verknüpft (Abbildung 4.46).

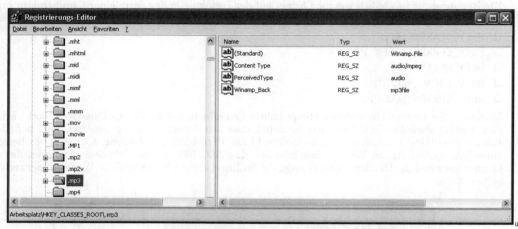

Abbildung 4.46: Die Verknüpfung von .MP3 mit Winamp

Was ist aber mit den Eigenschaften von `Winamp.File`? Eben dies ist die Aufgabe des Hauptschlüssels `HKEY_CLASSES_ROOT`. Durchsuchen Sie diesen Abschnitt erneut nach `Winamp.File` (oder was hier als Wert für MP3-Dateien angegeben wird) und achten Sie auf einen Unterschlüssel namens open. Diese Variable bestimmt die *Dateizuordnung* (Abbildung 4.47), die angibt, welches Programm Windows zum Öffnen eines bestimmten Dateityps verwendet.

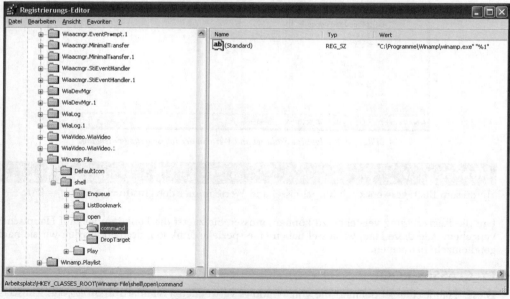

Abbildung 4.47: Winamp-Dateieinstellungen

Dieser Unterschlüssel teilt dem System alles mit, was es über ein bestimmtes Software-Element wissen muss. Unter anderem sind das Angaben zum Programm, das zum Öffnen einer Datei verwendet werden soll, zum Symboltyp bei der Darstellung der Datei und zum angezeigten Kontextmenü beim Anklicken der Datei mit der rechten Maustaste. Man kann zwar mit REGEDIT die meisten dieser Einstellungen ändern, üblicherweise nutzt man aber benutzerfreundlichere Verfahren. In Windows XP können Sie beispielsweise eine Datei mit der rechten Maustaste anklicken und im Menü den Befehl EIGENSCHAFTEN auswählen. Dann klicken Sie unter ÖFFNEN MIT die Schaltfläche ÄNDERN an (Abbildung 4.48). Anschließend können Sie nach dem zu verwendenden Programm suchen.

Abbildung 4.48: Einfache Änderung der Dateizuordnung

HKEY_CURRENT_USER und HKEY_USERS

Windows kann so konfiguriert werden, dass es mehrere Benutzer eines Rechners unterstützt und alle benutzerspezifischen Einstellungen wie Bildschirmfarben, Bildschirmschoner und Inhalt des Desktops für jeden Benutzer mit Benutzerkonto auf dem System getrennt speichert. HKEY_CURRENT_USER speichert die aktuellen Benutzereinstellungen und HKEY_USERS alle personalisierten Informationen der Benutzer eines Rechners. Sie können hier zwar Dinge wie den Bildschirmschoner ändern, aber es ist in jedem Fall besser, den Desktop mit der rechten Maustaste anzuklicken und EIGENSCHAFTEN zu wählen!

HKEY_LOCAL_MACHINE

Dieser Hauptschlüssel enthält alle Daten eines Systems, die nicht benutzerspezifisch sind. Hierzu gehören alle Geräte und Programme eines Rechners. Abbildung 4.49 zeigt beispielsweise die Beschreibung eines DVD-Laufwerks.

HKEY_CURRENT_CONFIG

Falls Werte in HKEY_LOCAL_MACHINE über mehr als nur eine Option verfügen (wie es beispielsweise bei zwei Bildschirmen der Fall ist), definiert dieser Hauptschlüssel, welche der Optionen aktuell verwendet wird. Da die meisten Leute nur über einen Monitor oder eine ähnliche Ausstattung verfügen, ist dieser Bereich meist uninteressant.

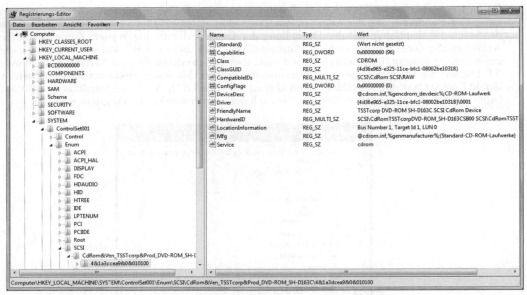

Abbildung 4.49: Registrierungsdaten eines DVD-Laufwerks

Die Auslagerungsdatei

Windows verwendet einen Teil der Festplatte als Erweiterung des Arbeitsspeichers über einen so genannten *RAM-Cache*. Ein RAM-Cache reserviert einen Bereich auf der Festplatte für eine *Auslagerungsdatei* bzw. *virtuellen Arbeitsspeicher* (*page file, swap file*). Wenn dem Betriebssystem der Arbeitsspeicher ausgeht, weil zu viele Programme geladen wurden, dann lagert es Programme aus dem Arbeitsspeicher aus, um den aktuell aktiven Programmen mehr Arbeitsspeicher zur Verfügung stellen zu können. Alle Windows-Versionen nutzen Auslagerungsdateien, weshalb wir uns nun ansehen werden, wie diese funktionieren.

Wichtig

Die empfohlene und standardmäßig eingestellte Größe der Auslagerungsdatei liegt bei der anderthalbfachen Größe des physisch im Rechner installierten Arbeitsspeichers.

Nehmen wir einmal an, dass der Rechner 4 GB Arbeitsspeicher hat. Abbildung 4.50 zeigt den Arbeitsspeicher des Systems in der Form eines Thermometers mit Unterteilungen zwischen 0 und 4 GB. Wenn weitere Programme (in der Abbildung A, B und C) geladen werden, wird mehr Arbeitsspeicher benötigt.

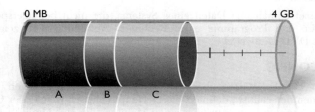

Abbildung 4.50: Ein RAM-»Thermometer« zeigt, wie mehr Programme mehr Speicher beanspruchen.

Ab einem gewissen Punkt ist nicht mehr genug RAM verfügbar, um weitere Programme laden zu können (Abbildung 4.51). Natürlich könnten Sie nun einige Programme einfach beenden, um wieder mehr Platz für ein anderes Programm zu schaffen, aber Sie können eben nicht alle Programme gleichzeitig laufen lassen. An dieser Stelle kommt der virtuelle Speicher ins Spiel.

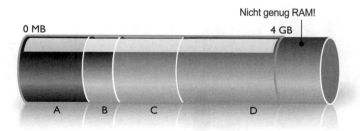

Abbildung 4.51: Nicht mehr genug RAM zum Laden des Programms D vorhanden

Windows sorgt für virtuellen Speicher, indem es eine Auslagerungsdatei anlegt, die sich irgendwo auf der Festplatte befindet. Die Auslagerungsdatei arbeitet wie ein temporärer Speicher. Windows nutzt die Auslagerungsdatei zu dem Zweck, laufende Programme zeitweise aus dem RAM entfernen zu können, damit andere Programme geladen und gestartet werden können. Sofern genug RAM für alle laufenden Programme verfügbar ist, benötigt Windows die Auslagerungsdatei nicht. Windows muss nur dann auf die Auslagerungsdatei zurückgreifen, wenn nicht genug RAM für alle laufenden Programme verfügbar ist.

Hinweis
Der virtuelle Speicher wird automatisch verwaltet und erfordert keinerlei Benutzereingriffe. Eingriffe aus technischen Gründen sind allerdings ein anderes Thema!

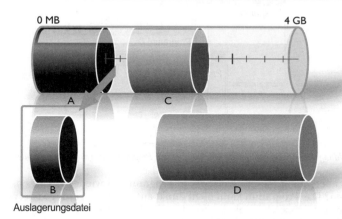

Abbildung 4.52: Programm B wird aus dem Arbeitsspeicher entfernt.

Um gestartet werden zu können, benötigt das Programm D eine gewisse Mindestmenge RAM. Dies setzt voraus, dass ein anderes Programm (oder andere Programme) aus dem Arbeitsspeicher entfernt wird, ohne jedoch tatsächlich beendet zu werden. Windows überprüft alle laufenden Programme (in diesem Fall A, B und C) und entscheidet, welches dieser Programme am wenigsten gebraucht wird. Dieses Programm wird dann aus dem RAM entfernt bzw. ausgelagert und in die Auslagerungsdatei kopiert. Im Beispiel hat Windows das Programm B ausgewählt (Abbildung 4.52). Durch Entfernen des

Programms B aus dem Arbeitsspeicher wird genug Platz zum Laden des Programms D frei (Abbildung 4.53).

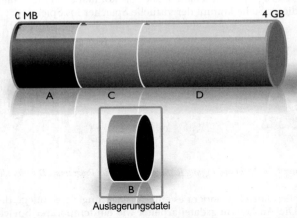

Abbildung 4.53: Programm B ist in der Auslagerungsdatei gespeichert – jetzt ist Platz für Programm D.

Sie müssen verstehen, dass diese Aktivitäten unsichtbar im Hintergrund ablaufen. Das Fenster des Programms B wird immer noch zusammen mit allen anderen laufenden Programmen auf dem Bildschirm angezeigt! Der Benutzer erfährt nicht, dass sich das Programm B nicht mehr im Speicher befindet (Abbildung 4.54).

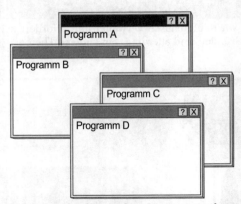

Abbildung 4.54: Sie können nicht erkennen, ob ein Programm ausgelagert wurde oder nicht!

Was passiert dann aber, wenn Sie das Fenster von Programm B wieder anklicken, um es in den Vordergrund zu bringen? Das Programm kann nicht direkt aus der Auslagerungsdatei ausgeführt, sondern muss zurück in den Arbeitsspeicher geladen werden. Als Erstes trifft Windows jetzt eine Entscheidung darüber, welches Programm aus dem RAM entfernt werden muss; dieses Mal entscheidet es sich für Programm C (Abbildung 4.55). Anschließend lädt Windows Programm B wieder in den Arbeitsspeicher (Abbildung 4.56).

Das Auslagern und das Zurückladen von Programmen kostet Zeit. Benutzer erhalten zwar keinen Hinweis darauf, dass Programme ausgelagert werden, jedoch wird der Rechner bei der Auslagerung deutlich langsamer. Die Alternative (Abbildung 4.57) ist jedoch viel weniger akzeptabel! *Auslagerungsdateien sind für den Betrieb von Windows überaus wichtig.*

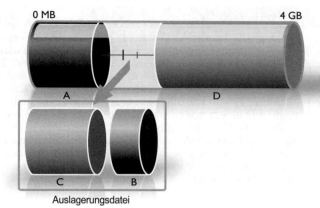

Abbildung 4.55: Programm C wird ausgelagert.

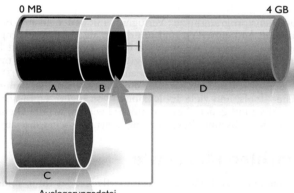

Abbildung 4.56: Das Programm B wird wieder in den Arbeitsspeicher eingelagert.

Abbildung 4.57: Die Alternative zu Auslagerungsdateien!

Windows erledigt das Auslagern automatisch. Gelegentlich treten aber Probleme auf, so dass die Größe der Auslagerungsdatei geändert oder diese gelöscht werden muss. Dann legt Windows die Auslagerungsdatei automatisch neu an. Der Name der Auslagerungsdatei lautet PAGEFILE.SYS. Man findet sie häufig im Stammverzeichnis des C:-Laufwerks, aber auch das kann geändert werden. Egal, wo sie sich befindet, handelt es sich bei der Auslagerungsdatei um eine verborgene Systemdatei, was praktisch bedeutet, dass Sie die Ordneroptionen ändern müssen, wenn Sie sie sehen wollen.

> **Hinweis**
>
> Wenn im Rechner mehrere logische Laufwerke (Volumes) oder physische Festplatten vorhanden sind, lässt sich durch die Verlagerung der Auslagerungsdatei auf ein anderes Laufwerk als C: (Vorgabe) oft eine beträchtliche Leistungssteigerung erzielen. Unter Windows 2000/XP starten Sie zu diesem Zweck das Applet SYSTEM in der SYSTEMSTEUERUNG und aktivieren dort die Registerkarte ERWEITERT (2000/XP) bzw. klicken im Aufgabenbereich die Option ERWEITERTE SYSTEMEINSTELLUNGEN (Vista/7) an. Im Bereich SYSTEMLEISTUNG bzw. LEISTUNG klicken Sie die Schaltfläche EINSTELLUNGEN an. Im Dialogfeld LEISTUNGSOPTIONEN aktivieren Sie die Registerkarte ERWEITERT und klicken dann im Bereich VIRTUELLER ARBEITSSPEICHER die Schaltfläche ÄNDERN an. Deaktivieren Sie die automatische Verwaltung der Auslagerungsdateigröße (nur Vista/7), wählen Sie ein Laufwerk in der Liste aus und geben Sie die gewünschte neue Größe an. Schalten Sie nur nicht die Auslagerungsdatei komplett ab. Auch wenn Windows (bei genügend Arbeitsspeicher) ohne virtuellen Speicher arbeiten kann, würde die Leistung doch darunter leiden.

Dienstprogramme für Techniker

Windows stellt zahlreiche Dienstprogramme zur Verfügung, mit denen Techniker u.a. das Betriebssystem konfigurieren, optimieren und einstellen und mit denen sie Hardwarekomponenten installieren können. Der Trick dabei ist, zu wissen, wo man sie findet. Dieser Abschnitt beschreibt die sechs gebräuchlichsten Orte in Windows, wo Sie Dienstprogramme finden: Klicken mit der rechten Maustaste, Systemsteuerung, Systemprogramme, Eingabeaufforderung, VERWALTUNG und die MMC (Microsoft Management Console). Beachten Sie, dass dies die Orte sind, an denen die Tools zu finden sind – nicht die eigentlichen Tools, und viele Tools können von mehreren dieser Orte aus aufgerufen werden. Lesen Sie diesen Abschnitt genau durch, damit Sie wissen, wo die Dienstprogramme zu finden sind, um deren im nächsten Abschnitt beschriebene interne Arbeitsweise zu verstehen.

Klicken mit der rechten Maustaste

Windows ist ein Betriebssystem mit grafischer Benutzeroberfläche, das Ihren Bildschirm mit Fenstern, Menüs, Symbolen, Dateilisten usw. füllt – alles Dinge, die Sie anklicken können, um Ihre Arbeiten zu erledigen. Alle Einzelkomponenten, die Sie auf Ihrem Desktop sehen, werden *Objekt* oder auch *Element* genannt. Wenn Sie in Windows ein Objekt öffnen wollen, klicken Sie es doppelt an. Wenn Sie etwas daran ändern wollen, klicken Sie es mit der rechten Maustaste an.

Abbildung 4.58: Anklicken eines Programms in der Taskleiste mit der rechten Maustaste

Durch Anklicken eines Objekts mit der rechten Maustaste wird ein kleines Menü geöffnet, das *Kontextmenü* genannt wird. Das funktioniert überall in Windows. Versuchen Sie doch einmal, Ihren Mauszeiger an eine beliebige Stelle zu schieben, wo durch Klicken mit der rechten Maustaste *kein* Menü geöffnet wird (es gibt einige Stellen, die aber nicht ganz einfach zu finden sind). Was Sie in dem kleinen Menü sehen, das mit einem Rechtsklick geöffnet wird, ist von dem jeweiligen Objekt abhängig.

Wenn Sie mit der rechten Maustaste ein Programm anklicken, das gerade ausgeführt wird und auf dem Desktop oder in der Taskleiste angezeigt wird, dann finden Sie dort Menüoptionen, die sich auf das Programmfenster beziehen, wie beispielsweise verschieben, Größe ändern usw. (Abbildung 4.58). Wenn Sie den Desktop mit der rechten Maustaste anklicken, finden Sie dort Optionen zum Ändern des Desktop-Aussehens (Abbildung 4.59). Selbst bei unterschiedlichen Dateitypen werden verschiedene Kontextmenüs angezeigt, wenn Sie sie mit der rechten Maustaste anklicken. Den Rechtsklick benutzen Techniker recht häufig.

Abbildung 4.59: Anklicken des Desktops mit der rechten Maustaste

Eine Menüoption wird bei fast jedem Rechtsklick angezeigt: EIGENSCHAFTEN. Alle Windows-Objekte haben Eigenschaften. Wenn Sie etwas mit der rechten Maustaste anklicken und das Gesuchte nicht finden, probieren Sie es mit EIGENSCHAFTEN. Abbildung 4.60 zeigt, was passiert, wenn Sie das Symbol COMPUTER (oder ARBEITSPLATZ) auf dem Desktop (oder im Startmenü) mit der rechten Maustaste anklicken – meist nicht besonders aufregend. Wenn Sie dagegen EIGENSCHAFTEN auswählen, wird das in Abbildung 4.61 dargestellte Dialogfeld angezeigt.

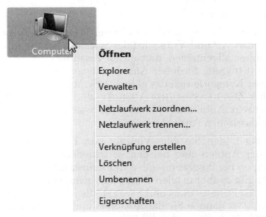

Abbildung 4.60: Anklicken des Symbols COMPUTER mit der rechten Maustaste

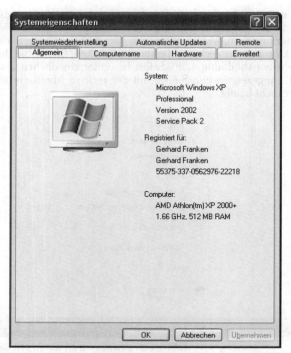

Abbildung 4.61: Das Dialogfeld SYSTEMEIGENSCHAFTEN unter Windows XP

Die Systemsteuerung

Die SYSTEMSTEUERUNG ist für die meisten Funktionen zuständig, die mit der Wartung, Aktualisierung und Konfiguration von Windows-Systemen zu tun haben. Sie zählt daher zu den wichtigsten Werkzeugen eines PC-Technikers. Wählen Sie START|EINSTELLUNGEN|SYSTEMSTEUERUNG, um die Systemsteuerung unter Windows 2000 zu öffnen. Unter Windows XP und Vista finden Sie den Eintrag SYSTEMSTEUERUNG direkt im Startmenü.

Die Systemsteuerung von Windows 2000 wird in der klassischen Ansicht mit unzähligen Symbolen angezeigt. Unter Windows XP und Vista wird die Systemsteuerung in der Kategorieansicht geöffnet, wobei alle Symbole unter allgemeinen Kategorien zusammengefasst sind, wie beispielsweise DRUCKER UND ANDERE HARDWARE. In dieser Ansicht müssen Sie einmal mehr klicken (und manchmal auch erraten, in welcher Kategorie sich das gesuchte Symbol versteckt), deshalb verwenden die meisten Techniker den Link ZUR KLASSISCHEN ANSICHT WECHSELN bzw. KLASSISCHE ANSICHT, um zur Symbolansicht zu wechseln. Abbildung 4.62 zeigt die Systemsteuerung von Windows XP in der Kategorie- (links) und der klassischen Ansicht (rechts).

In der Systemsteuerung finden Sie eine Vielzahl von Programmen, die *Applets* genannt werden. Namen und Anzahl der Applets sind bei den verschiedenen Windows-Versionen verschieden und hängen auch davon ab, ob bei Programm- oder Treiberinstallationen weitere Applets hinzugefügt wurden. Viele der Applets gibt es aber in allen Windows-Versionen, wie z.B. ANZEIGE/ANPASSUNG, SOFTWARE/PROGRAMME UND FUNKTIONEN und SYSTEM, die ich die »großen Drei« der Techniker nenne. Über ANZEIGE/ANPASSUNG können Sie das Aussehen und das Verhalten des Windows-Desktops und Einstellungen der Grafikkarte bzw. des Bildschirms ändern. Über SOFTWARE/PROGRAMME UND FUNKTIONEN können Sie Programme hinzufügen oder vom Rechner entfernen. Über das Applet SYSTEM können Sie auf wichtige Systeminformationen und Systemprogramme zugreifen, wie z.B. den Geräte-Manager, den es aber seit Vista auch direkt als Applet in der Systemsteuerung gibt.

Windows verstehen

Abbildung 4.62: Zwei Darstellungsweisen der Systemsteuerung unter Windows XP

Bei allen in der Systemsteuerung vorhandenen Symbolen handelt es sich eigentlich um eine Datei mit der Namenerweiterung .CPL. Dieses Kürzel steht für »Control PaneL«, also die englische Bezeichnung der Systemsteuerung. Wenn beim Versuch, eines der Applets in der Systemsteuerung zu starten, eine Fehlermeldung angezeigt wird, dann können Sie mit einiger Sicherheit davon ausgehen, dass die entsprechende Datei beschädigt ist. Derartige Fehler lassen sich nur mühsam beheben. Dazu müssen Sie allen CPL-Dateien eine andere Namenerweiterung geben (häufig wird .CP_ oder .CPB, wie Backup, verwendet) und diese dann einzeln wieder mit der Erweiterung .CPL versehen. Dabei müssen Sie jeweils die Systemsteuerung erneut öffnen, bis Sie die CPL-Datei gefunden haben, die den Fehler verursacht.

Wichtig

Auch die allgemein vorhandenen Applets unterscheiden sich zwischen den verschiedenen Windows-Versionen ein wenig. Die CompTIA A+-Prüfung prüft aber nicht, ob Sie diese kleinen Unterschiede kennen. Sie müssen nur wissen, welche Funktion die jeweiligen Applets haben!

Abbildung 4.63: Das Symbol des Hardware-Assistenten mit Funktionsbeschreibung

Mit den Applets der Systemsteuerung können Sie in einem Windows-System eine Menge erstaunlicher Dinge anstellen. Jedes Applet zeigt einen Text an, der seine Funktion erläutert. Beispielsweise erfahren Sie beim Applet HARDWARE unter Windows XP: »Installiert Hardware und behebt Hardwarekonflikte.« (Abbildung 4.63). Die Texte und Dialogfelder der anderen Applets sind ähnlich aussagekräftig. Abbildung 4.64 zeigt das Dialogfeld des Applets BENUTZERKONTEN unter Vista. Können Sie feststellen, welchem Zweck es dient? (Falls nicht, keine Sorge. Benutzer werden in Kapitel 16, *Windows-Ressourcen schützen*, ausführlich behandelt.) Alle in der CompTIA A+-Prüfung relevanten Applets werden detailliert im entsprechenden Kapitel vorgestellt. Momentan müssen Sie nur wissen, wo Sie die Systemsteuerung finden und warum es sie gibt.

Kapitel 4

Abbildung 4.64: Das Fenster des Applets BENUTZERKONTEN

Der Geräte-Manager

Über den *Geräte-Manager* können Sie die vorhandene Hardware und Treiber eines Windows-Rechners inspizieren und konfigurieren. Wie Sie sich wahrscheinlich bereits denken können, verbringen Techniker viel Zeit mit diesem Werkzeug! Sie werden im weiteren Verlauf dieses Buches und bei der Arbeit als PC-Techniker dem Geräte-Manager noch sehr häufig begegnen.

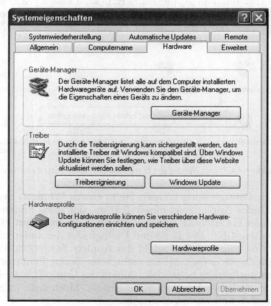

Abbildung 4.65: Die Registerkarte HARDWARE im Applet SYSTEM unter Windows XP

Es gibt viele Möglichkeiten, um den Geräte-Manager aufzurufen – und Sie sollten sie alle kennen! Bei der ersten öffnen Sie die Systemsteuerung und klicken das Symbol SYSTEM doppelt an. Daraufhin wird das Dialogfeld SYSTEMEIGENSCHAFTEN angezeigt. Unter Windows 2000/XP können Sie hier über die Registerkarte HARDWARE und die Schaltfläche GERÄTE-MANAGER auf den Geräte-Manager zugreifen. Abbildung 4.65 zeigt die Registerkarte HARDWARE im Dialogfeld SYSTEMEIGENSCHAFTEN unter Windows XP. Unter Vista/7 finden Sie links im Aufgabenbereich einen Link, der zum Geräte-Manager führt (Abbildung 4.66).

Abbildung 4.66: Das Applet SYSTEM mit dem Link GERÄTE-MANAGER im Aufgabenbereich unter Vista

Unter allen Windows-Versionen erreichen Sie das Dialogfeld SYSTEMEIGENSCHAFTEN auch, wenn Sie das Symbol COMPUTER/ARBEITSPLATZ mit der rechten Maustaste anklicken und EIGENSCHAFTEN wählen. Anschließend geht es weiter wie beim Weg über die Systemsteuerung.

Hinweis

Das Dialogfeld SYSTEMEIGENSCHAFTEN wird auch angezeigt, wenn Sie die Tastenkombination ⊞+Pause betätigen. Tastenkürzel können praktisch sein!

Bei der zweiten (und schnelleren) Methode klicken Sie das Symbol COMPUTER/ARBEITSPLATZ mit der rechten Maustaste an und wählen im Kontextmenü VERWALTEN. Daraufhin wird das Fenster COMPUTERVERWALTUNG angezeigt, in dem Sie den GERÄTE-MANAGER im linken Fensterbereich (der *Konsolenstruktur*) unter SYSTEM finden. Markieren Sie einfach dieses Element, um den Geräte-Manager zu starten (Abbildung 4.67). Sie erreichen die COMPUTERVERWALTUNG auch, wenn Sie in der Systemsteuerung das Applet VERWALTUNG öffnen und dann COMPUTERVERWALTUNG wählen.

Kapitel 4

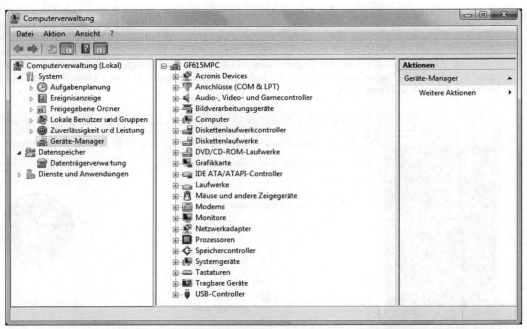

Abbildung 4.67: Der GERÄTE-MANAGER in der COMPUTERVERWALTUNG

Warum gibt es so viele Möglichkeiten, um den Geräte-Manager zu starten? Denken Sie daran, dass wir hier nur Wege aufzeigen, um Dienstprogramme zu starten, und uns nicht weiter mit den eigentlichen Dienstprogrammen befassen. Die Werkzeuge sollen Ihnen einfach überall dort zur Verfügung stehen, wo Sie sie brauchen, und es ist immer besser, mehrere und nicht nur einen Weg bereitzustellen.

Wichtig

Für die CompTIA A+-Prüfungen müssen Sie die verschiedenen Möglichkeiten zum Starten des Geräte-Managers kennen.

Der Geräte-Manager zeigt alle von Windows erkannten Geräte an, angeordnet in speziellen Gruppen, so genannten *Typen*. Alle Geräte desselben Typs sind unter derselben Typüberschrift zusammengefasst. Um die Geräte eines bestimmten Typs zu sehen, erweitern Sie die entsprechende Gruppe. Abbildung 4.67 zeigt das typische Fenster mit dem Geräte-Manager unter Windows Vista, in dem alle Geräte fehlerfrei funktionieren, was uns Techniker glücklich macht. Wenn Windows ein Problem erkennt, wird das entsprechende Gerät mit einem roten »X« oder mit einem schwarzen Ausrufezeichen in einem gelben Kreis (Abbildung 4.68) gekennzeichnet.

Hinweis

Es gibt noch ein »Problem«-Symbol, das im Geräte-Manager manchmal auftaucht, ein blaues »i«. Laut Microsoft bedeutet es, dass die automatische Konfiguration eines Geräts deaktiviert wurde.

Das rote »X« bedeutet unter Windows 2000 und XP, dass das Gerät manuell (oder von Windows) deaktiviert wurde. Wenn Sie es mit der rechten Maustaste anklicken, können Sie versuchen, es über das Kontextmenü zu aktivieren. Problematischer ist das gelbe Ausrufezeichen. Wenn es Ihnen begegnet, klicken Sie das Gerät mit der rechten Maustaste an und wählen EIGENSCHAFTEN. Lesen Sie den

Fehlercode im Feld GERÄTESTATUS und lesen Sie dann im Artikel 310123 der Microsoft Knowledge Base nach, was zu tun ist. Es gibt etwa 40 verschiedene Fehler – Sie müssen sich nicht alle merken! (Der Artikel bezieht sich zwar auf Windows XP, aber die Fehlercodes sind unter allen Windows-Versionen dieselben.)

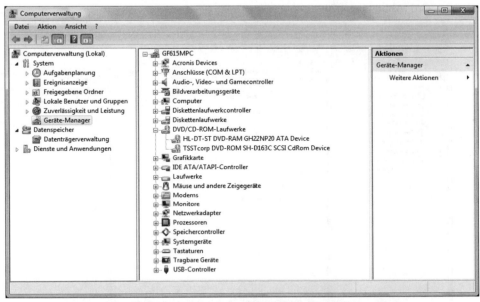

Abbildung 4.68: Geräte-Manager mit nicht funktionierenden Komponenten

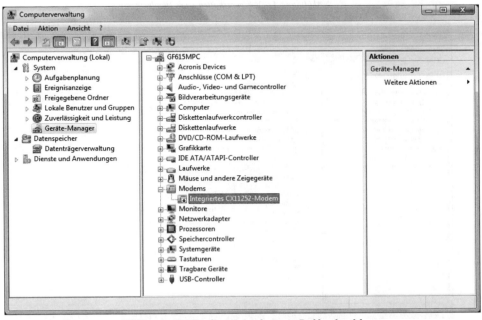

Abbildung 4.69: Hier könnte es sich um ein Problem handeln.

Kapitel 4

Vista und Windows 7 verwenden ebenfalls die bereits dargestellten Fehlersymbole, zu denen aber noch ein recht nützliches hinzugekommen ist. Wenn ein Gerät zwar funktioniert, aber manuell deaktiviert wurde, dann wird es durch einen nach unten weisenden Pfeil gekennzeichnet (Abbildung 4.69). Wie unter den anderen Windows-Versionen können Sie den Pfeil mit der rechten Maustaste anklicken und EIGENSCHAFTEN wählen. Daraufhin wird ein Dialogfeld angezeigt, in dem Ihnen das Problem erläutert wird (Abbildung 4.70).

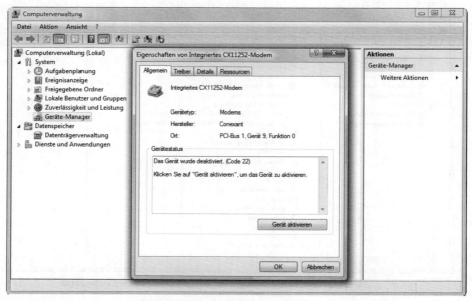

Abbildung 4.70: Eigenschaften eines Problemgeräts

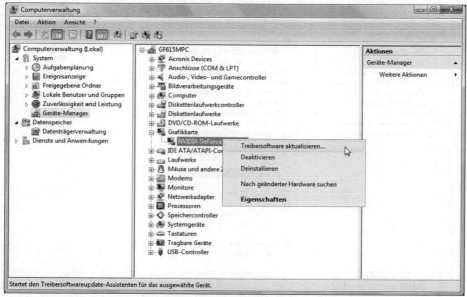

Abbildung 4.71: Auswahl von TREIBERSOFTWARE AKTUALISIEREN im Geräte-Manager unter Windows Vista

Der Geräte-Manager hilft nicht nur bei Problemen! Er ermöglicht Ihnen auch, Treiber mit einem einfachen Mausklick zu aktualisieren (vorausgesetzt, Sie haben einen alternativen Treiber auf dem Rechner gespeichert). Dazu klicken Sie ein Gerät mit der rechten Maustaste an und wählen im Kontextmenü TREIBER(SOFTWARE) AKTUALISIEREN. Abbildung 4.71 zeigt diese Option unter Windows Vista.

Sorgen Sie dafür, dass Sie wissen, wie Sie auf den Geräte-Manager zugreifen können. Sie werden ihn in den nachfolgenden Kapiteln immer wieder brauchen, weil es sich dabei um das erste Werkzeug handelt, das Sie bei vorliegenden Hardwareproblemen nutzen sollten.

Systemprogramme

Im Menü START finden Sie an einer Stelle eine Sammlung technisch orientierter Programme unter START|(ALLE) PROGRAMME|ZUBEHÖR|SYSTEMPROGRAMME. Im Menü SYSTEMPROGRAMME finden Sie häufig verwendete Hilfprogramme, wie z.B. SYSTEMINFORMATIONEN und DEFRAGMENTIERUNG (Abbildung 4.72).

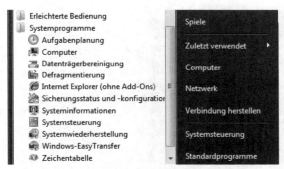

Abbildung 4.72: Das Menü SYSTEMPROGRAMME unter Windows Vista

Viele Techniker merken sich nicht, wo sie die für die Diagnose von Problemen erforderlichen Programme finden können. Nichts macht sich schlechter, als wenn Sie beim Kunden vor sich hinmurmelnd (»Ich weiß doch, dass das hier irgendwo war.«) in der Gegend herumklicken. In der CompTIA A+-Zertifizierung wird daher geprüft, ob Sie wissen, auf welchem Weg Sie die entsprechenden Hilfprogramme starten können. Einer dieser Wege führt über START|(ALLE) PROGRAMME|ZUBEHÖR|SYSTEMPROGRAMME! Windows XP enthält dieselben Werkzeuge wie Windows 2000, und noch ein paar mehr, und unter Vista gibt es noch einmal ein paar mehr. Deshalb werde ich für die hier beschriebenen Werkzeuge jeweils angeben, unter welchen Versionen es vorhanden ist.

Windows aktivieren (XP, Vista)

Mit Windows XP wurde ein Kopierschutzkonzept eingeführt, das *Aktivierung* genannt wird. Bei der Aktivierung sendet Ihr Computer Microsoft neben einem eindeutigen Code, der abhängig vom Produktschlüssel der Installations-Disc für Ihren Computer erzeugt wird, verschiedene Angaben zur Hardware, wie beispielsweise den verfügbaren Arbeitsspeicher, das Prozessormodell und andere Interna Ihres PC. Normalerweise erfolgt die Aktivierung bei der Installation, aber wenn bei der Installation keine Aktivierung vorgenommen wurde oder wenn Sie »wesentliche« Änderungen an der Hardware vornehmen, müssen Sie das Programm zur Aktivierung von Windows ausführen (Abbildung 4.73). Mit dem Dienstprogramm WINDOWS AKTIVIEREN können Sie eine Aktivierung über das Internet oder per Telefon durchführen.

Hinweis

Wenn Windows bereits aktiviert wurde, wird dieses Applet nicht mehr angezeigt.

Kapitel 4

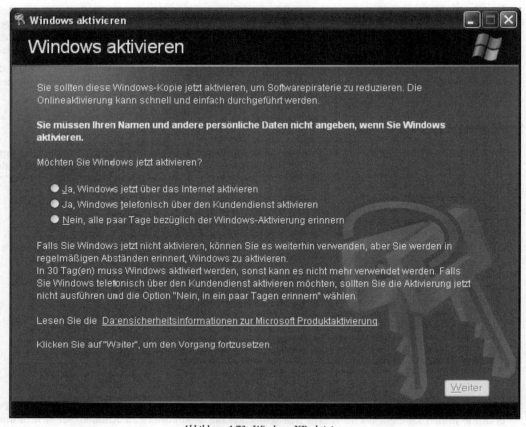

Abbildung 4.73: Windows XP aktivieren

Sicherung (2000, XP)

Mit dem Dienstprogramm SICHERUNG können Sie ausgewählte Dateien und Ordner auf Wechseldatenträgern (z.B. Bandlaufwerken) sichern. Dabei handelt es sich um eine sehr wichtige Funktion, die in den Kapiteln 16 (*Windows-Ressourcen schützen*) und 26 (*Computersicherheit*) noch eingehender beschrieben wird.

Hinweis

Wenn Sie Windows XP Home oder Windows Media Center installieren, dann wird die Sicherung nicht mitinstalliert. Sie können das Sicherungsprogramm aber über \Valueadd\MSFT\Ntbakkup\NTBackup.msi von der Installations-CD nachinstallieren.

Sicherungsstatus und -konfiguration (Vista, 7)

Windows Vista/7 enthalten kein Programm zur komfortablen Sicherung ausgewählter Dateien und Ordner. Sie können lediglich persönliche Daten mit dem Dienstprogramm SICHERUNGSSTATUS UND -KONFIGURATION oder (mit der Business-, Ultimate- oder Enterprise-Version) den kompletten PC mit SICHERN UND WIEDERHERSTELLEN sichern. Wenn Sie komfortabel einzelne Dateien und Ordner zur Sicherung auswählen wollen, dann müssen Sie dazu Programme von Drittanbietern einsetzen. Zudem können Sie mit diesem Dienstprogramm nur optische Medien, Festplatten oder Netzwerklaufwerke für die Sicherung verwenden.

Zeichentabelle (Alle Versionen)

Haben Sie schon einmal mit einem Programm gearbeitet, in dem Sie ein Sonderzeichen eingeben wollten, wie beispielsweise das Euro-Zeichen (€), die Textverarbeitung es aber nicht unterstützt hat? In so einem Fall brauchen Sie die ZEICHENTABELLE. Mit ihr können Sie beliebige Unicode-Zeichen in die Zwischenablage kopieren (Abbildung 4.74).

Abbildung 4.74: Zeichentabelle

Datenträgerbereinigung (Alle Versionen)

Die DATENTRÄGERBEREINIGUNG sucht nach nicht benötigten Dateien auf Ihrem Computer, was vor allem dann praktisch ist, wenn Ihre Festplatte voll wird und Sie Platz brauchen. Unter Windows 2000 müssen Sie die Datenträgerbereinigung manuell ausführen, während Windows XP und Vista dieses Programm immer dann automatisch starten, wenn auf der Festplatte nur noch weniger als 200 MB Speicherplatz frei ist.

Defragmentierung (Alle Versionen)

Mit der DEFRAGMENTIERUNG können Sie dafür sorgen, dass Festplatten schneller arbeiten. Mehr über dieses praktische Hilfsprogramm erfahren Sie in Kapitel 12 (*Vorbereitung und Wartung von Festplatten*). Sie können auf dieses Dienstprogramm genau so zugreifen wie auf den Geräte-Manager, denn es ist auch in der Computerverwaltung zu finden. Einfacher ist es aber, START|(ALLE) PROGRAMME|ZUBEHÖR|SYSTEMPROGRAMME zu wählen. Unter den Systemprogrammen finden Sie auch die Defragmentierung. Darüber hinaus können Sie auch im Explorer ein Laufwerk mit der rechten Maustaste anklicken, im Kontextmenü EIGENSCHAFTEN wählen und die Registerkarte EXTRAS aktivieren, auf der Sie die Schaltfläche JETZT DEFRAGMENTIEREN finden.

Übertragen von Dateien und Einstellungen (Windows XP)

Angenommen, Sie haben einen alten Computer mit allen möglichen Dateien und Einstellungen, und jetzt kaufen Sie sich einen neuen Rechner. Sie wollen alles von Ihrem alten auf Ihren neuen Computer kopieren – aber wie? Microsoft bietet Ihnen dazu den ASSISTENT ZUM ÜBERTRAGEN VON DATEIEN UND EINSTELLUNGEN (Abbildung 4.75). Dieses Dienstprogramm kopiert Ihre Desktop-Dateien und Ordner und praktischerweise auch Ihre Einstellungen aus dem Internet Explorer und Outlook Express. Programme werden dabei aber *nicht* kopiert, nicht einmal die von Microsoft, und es werden auch nur die Einstellungen des Internet Explorers und von Outlook Express kopiert. Wenn Sie wirk-

Kapitel 4

lich alles von einem alten Computer auf einen neuen kopieren wollen, brauchen Sie ein Werkzeug für das Festplatten-Imaging, wie z.B. *Norton Ghost* oder *Acronis TrueImage*.

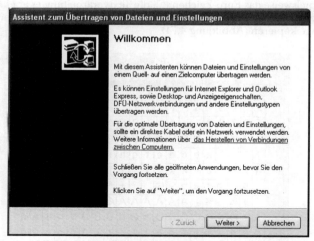

Abbildung 4.75: Übertragen von Dateien und Einstellungen

Windows-EasyTransfer (Windows Vista)

Bei WINDOWS-EASYTRANSFER handelt es sich um eine umfassend aktualisierte Version des Assistenten zum Übertragen von Dateien und Einstellungen. Das Programm erfüllt alle Aufgaben seines Vorgängers und kann zusätzlich Benutzerkonten und andere Einstellungen auf einen anderen Rechner übertragen (Abbildung 4.76).

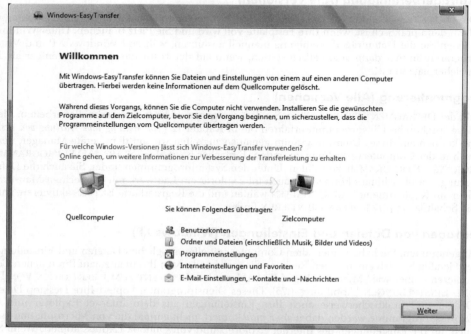

Abbildung 4.76: WINDOWS-EASYTRANSFER

Geplante Tasks/Aufgabenplanung (Alle Versionen)

Mit dem Dienstprogramm GEPLANTE TASKS bzw. AUFGABENPLANUNG können Sie beliebige Programme geplant ausführen, sie also zu jedem beliebigen Zeitpunkt starten und beenden. Der einzige Trick bei der Verwendung dieses Programms ist, dass Sie den Namen des auszuführenden Programms zusammen mit allen dafür erforderlichen Parametern (»Schaltern«) in das Eingabefeld eintragen müssen, damit es als Befehl an der Eingabeaufforderung ausgeführt werden kann. Abbildung 4.77 zeigt das Eingabefeld AUSFÜHREN für die Defragmentierung.

Abbildung 4.77: GEPLANTE TASKS unter Windows XP

Sicherheitscenter (Windows XP)

Das SICHERHEITSCENTER ist zentrale Anlaufstelle für die Konfiguration zahlreicher Sicherheitsfunktionen auf Ihrem Computer. Unter Vista wurde es wieder aus den Systemprogrammen entfernt. Die Sicherheitsfunktionen werden detailliert in den jeweiligen Kapiteln beschrieben.

Systeminformationen (Alle Versionen)

SYSTEMINFORMATIONEN ist eines der Tools, über die jeder gerne spricht (auch die CompTIA A+-Prüfungen), aber man trifft nur selten Techniker, die davon berichten, dass sie dieses Werkzeug nutzen. Über dieses Programm erhalten Sie Unmengen an Informationen über die Hardware und Software auf Ihrem PC (Abbildung 4.78). Über das Menü EXTRAS der Systeminformationen können Sie auch eine Reihe anderer Programme starten.

Systemwiederherstellung (XP, Vista)

Die SYSTEMWIEDERHERSTELLUNG ist nicht nur praktisch, sie ist auch das wichtigste Einzelwerkzeug, das Ihnen unter Windows zur Verfügung steht, wenn Sie ein System nach einem Defekt reparieren müssen. Mit der Systemwiederherstellung können Sie über die so genannten *Wiederherstellungspunkte* »Momentaufnahmen« erstellen, bei denen es sich um Kopien verschiedener wichtiger Dateien und Einstellungen handelt, und diese später wiederherstellen (Abbildung 4.79). Die Systemwiederherstellung bewahrt mehrere solche Wiederherstellungspunkte auf, die Sie alle jederzeit wiederherstellen können.

Kapitel 4

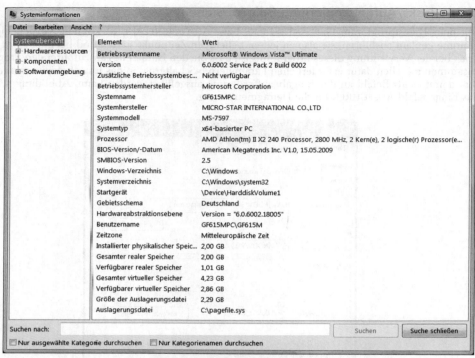

Abbildung 4.78: SYSTEMINFORMATIONEN

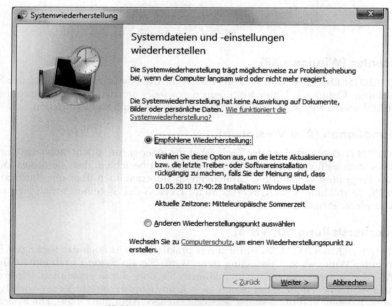

Abbildung 4.79: SYSTEMWIEDERHERSTELLUNG

Stellen Sie sich vor, Sie installieren eine neue Komponente oder irgendein Programm. Vor der eigentlichen Installation legen Sie einen Wiederherstellungspunkt an und nennen ihn »Vor der Installation«. Sie installieren die Komponente und es treten plötzlich Probleme auf. Sie starten wieder die SYSTEMWIEDERHERSTELLUNG, stellen den vorherigen Zustand über den zuvor angelegten Wiederherstellungspunkt wieder her, und schon ist das Problem wieder behoben.

Die Systemwiederherstellung ist nicht perfekt. Sie sichert nur einige wenige kritische Elemente und lässt sich nicht nutzen, wenn der Rechner nicht mehr startet. Normalerweise gehört sie aber zu den ersten Anlaufstellen, die Sie nutzen sollten, wenn einmal etwas schiefläuft. Vorausgesetzt natürlich, Sie haben einen Wiederherstellungspunkt angelegt!

Hinweis
Windows legt bei bestimmten Ereignissen automatisch Wiederherstellungspunkte an. Vista arbeitet dabei zwar sehr zuverlässig, dafür beanspruchen die Daten der Wiederherstellungspunkte aber schnell etliche Gigabyte an Speicherplatz auf der Festplatte, die bei Datensicherungen Speicherkapazität und Zeit kosten.

BitLocker (Vista Enterprise und Ultimate)
Bei BitLocker handelt es sich um ein Werkzeug zum Verschlüsseln von Dateien, Ordnern und kompletten Festplatten. Es bietet damit eine Möglichkeit, um dafür zu sorgen, dass andere Menschen Ihre Daten nicht lesen können, erschwert aber im Falle von Defekten die Datenwiederherstellung. Wenn die Sicherheit ein für Sie kritischer Aspekt ist, dann sollten Sie BitLocker nutzen.

Eingabeaufforderung

Die Windows-Eingabeaufforderung ist eine Reminiszenz an die Arbeitsweise von Microsoft-Betriebssystemen vor langer, langer Zeit, als noch Textbefehle an einer Eingabeaufforderung eingegeben wurden. Abbildung 4.80 zeigt die Eingabeaufforderung aus DOS, dem ersten auf PCs verbreitet verwendeten Betriebssystem.

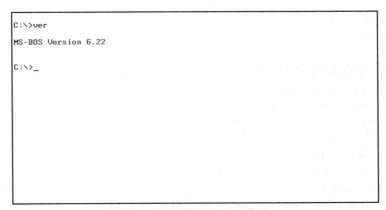

Abbildung 4.80: DOS-Eingabeaufforderung

Hinweis
Die Eingabeaufforderung stammt aus den frühen Tagen der Computer, ist aber auch in modernen Betriebssystemen noch ein wichtiges Werkzeug, wie unter anderem in Linux, Mac OS X und allen Windows-Versionen. In Kapitel 15 (*Die Eingabeaufforderung*) wird die Eingabeaufforderung ausführlich behandelt.

DOS ist tot, aber die Eingabeaufforderung gibt es weiterhin unter allen Windows-Versionen bis hin zu Windows 7. Jeder gute Techniker weiß, wie mit der Eingabeaufforderung umzugehen ist. Sie ist lebensrettend, wenn die grafische Benutzeroberfläche von Windows nicht funktioniert, und wenn man sie wirklich beherrscht, dann lässt sich mit ihr häufig schneller als mit der Maus arbeiten. Hier sollen Sie zunächst nur erfahren, wie Sie unter Windows auf die Eingabeaufforderung zugreifen können. Unter Windows XP wählen Sie START|AUSFÜHREN und geben cmd im Dialogfeld ein. Wenn Sie OK anklicken, wird die Eingabeaufforderung angezeigt. Unter Windows Vista gehen Sie im Prinzip genauso vor, nur geben Sie hier cmd direkt in das Feld SUCHE STARTEN im Startmenü ein. Abbildung 4.81 zeigt eine Eingabeaufforderung unter Windows Vista.

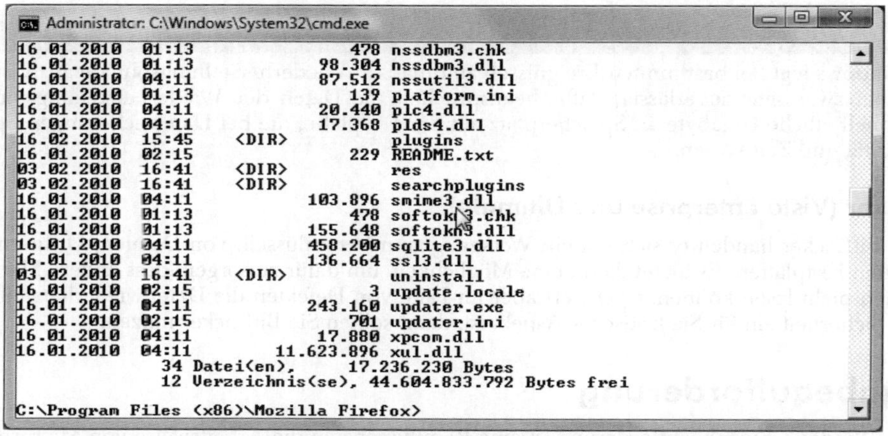

Abbildung 4.81: Eingabeaufforderung unter Windows Vista

Und da Sie sich nun schon einmal an der Eingabeaufforderung befinden, geben Sie doch einfach einmal dir ein und betätigen ⏎. Dieser Befehl zeigt alle Dateien und Ordner in einem bestimmten Verzeichnis (hier wahrscheinlich in Ihrem Benutzerordner) zusammen mit der Dateigröße und weiteren Angaben an. DIR ist nur eines der vielen nützlichen Befehlszeilenwerkzeuge, die Sie in diesem Buch kennen lernen werden.

Die MMC (Microsoft Management Console)

Eine der Beschwerden über frühere Windows-Versionen bestand darin, dass die vielen zur Verwaltung und Problembehebung benötigten Dienstprogramme über das ganze System verstreut gespeichert waren. Trotz jahrelanger intensiver Forschungen konnte Microsoft nie eine Stelle finden, an der die benötigten Dienstprogramme so arrangiert werden konnten, dass zumindest ein Teil der Support-Leute damit zufrieden waren. Dann kam Microsoft aber auf die glänzende Idee, dass das ultimative Dienstprogramm ein Programm ist, das die Support-Leute für sich selbst erstellen können! Und diese Idee führte zur Entwicklung der MMC (Microsoft Management Console).

Die *Microsoft Management Console* (MMC) ist einfach ein Rumpfprogramm unter Windows, das einzelne Dienstprogramme aufnehmen kann, die *Snap-Ins* genannt werden. Sie können die MMC starten, wenn Sie START|AUSFÜHREN bzw. nur START anklicken, MMC eintippen und ⏎ drücken. Daraufhin wird eine leere MMC angezeigt, die dem Auge nur wenig zu bieten hat (Abbildung 4.82).

Die leere Konsole wird erst nützlich, wenn man ihr Snap-Ins hinzufügt. Bei den meisten Windows-Dienstprogrammen handelt es sich um Snap-Ins. Sogar der gute alte Geräte-Manager ist ein Snap-In. Sie können beliebig viele Snap-Ins hinzufügen – und die Auswahl ist groß. Viele Unternehmen verkaufen Dienstprogramme von Drittanbietern als MMC-Snap-Ins.

Windows verstehen

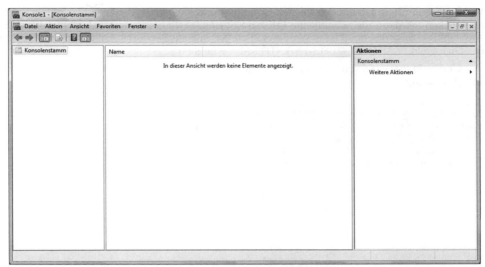

Abbildung 4.82: Leere MMC

Um beispielsweise das Snap-In für den Geräte-Manager hinzuzufügen, öffnen Sie die leere MMC und wählen DATEI (unter Windows 2000 KONSOLE), SNAP-IN HINZUFÜGEN/ENTFERNEN an. Unter Windows 2000/XP müssen Sie nun noch die Schaltfläche HINZUFÜGEN anklicken. Daraufhin wird ein Dialogfeld mit einer Liste aller verfügbaren Snap-Ins angezeigt (Abbildung 4.83).

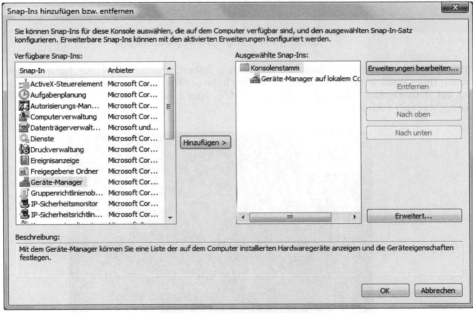

Abbildung 4.83: Verfügbare Snap-Ins

Markieren Sie GERÄTE-MANAGER und klicken Sie die Schaltfläche HINZUFÜGEN an. In einem Dialogfeld werden Sie nun aufgefordert zu wählen, für welchen Rechner das Snap-In ausgeführt werden soll.

Kapitel 4

Wählen Sie für diese Übung den lokalen Computer und klicken Sie die Schaltfläche FERTIG STELLEN an. Klicken Sie dann die Schaltfläche OK bzw. SCHLIESSEN an, um das Dialogfeld mit der Snap-In-Auswahlliste zu verlassen. (Unter Windows 2000/XP müssen Sie durch Anklicken von OK nun noch das Dialogfeld SNAP-IN HINZUFÜGEN/ENTFERNEN schließen.)

Der Geräte-Manager wird in der Konsole aufgelistet. Klicken Sie ihn an. Das sieht doch ganz vertraut aus (Abbildung 4.84).

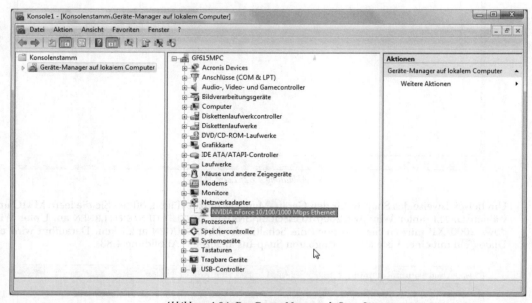

Abbildung 4.84: Der Geräte-Manager als Snap-In

Wenn Sie die gewünschten Snap-Ins hinzugefügt haben, speichern Sie die Konsole unter einem Namen Ihrer Wahl an einem beliebigen Ort. Ich habe die Konsole als GERÄTE-MANAGER gespeichert und auf dem Desktop abgelegt (Abbildung 4.85). Nun bin ich nur noch einen Doppelklick vom Geräte-Manager entfernt!

Abbildung 4.85: Der Geräte-Manager auf dem Desktop

Verwaltung

Unter Windows wurden fast alle Snap-Ins in der Systemsteuerung zu einem neuen Applet zusammengefasst, das VERWALTUNG heißt. Öffnen Sie die SYSTEMSTEUERUNG und klicken Sie dort das Symbol VERWALTUNG doppelt an (Abbildung 4.86).

Abbildung 4.86: Das Applet VERWALTUNG

Bei der VERWALTUNG handelt es sich eigentlich um einen Ordner, in dem eine Reihe vorgefertigter Konsolen abgelegt sind. Wenn Sie sich die einzelnen Konsolen ansehen, werden Sie schnell feststellen, dass in ihnen teilweise dieselben Snap-Ins enthalten sind. Aber das ist Absicht. Die wichtigsten der Konsolen in der VERWALTUNG sind COMPUTERVERWALTUNG, EREIGNISANZEIGE, ZUVERLÄSSIGKEITS- UND LEISTUNGSÜBERWACHUNG (unter Windows 2000/XP nur LEISTUNG) und DIENSTE.

> **Wichtig**
>
> Die CompTIA A+-Prüfungen interessieren sich nicht sonderlich für einige dieser Snap-Ins, weshalb ich sie hier auch nicht behandeln werde. Wenn ich sie nicht erwähne, sind sie für die Prüfung sehr wahrscheinlich auch nicht relevant!

Computerverwaltung

Das Applet COMPUTERVERWALTUNG ist der beste Gefährte des Technikers oder zumindest ein Ort, an dem Sie viel Zeit bei der Einrichtung oder Wartung von Systemen verbringen werden. Die Computerverwaltung enthält drei Hauptkategorien: *System*, *Datenspeicher* und *Dienste und Anwendungen* (Abbildung 4.87). Je nach Windows-Version finden Sie unter SYSTEM die Optionen EREIGNISANZEIGE, SYSTEMINFORMATIONEN, LEISTUNGSPROTOKOLLE UND WARNUNGEN, FREIGEGEBENE ORDNER, GERÄTE-MANAGER und LOKALE BENUTZER UND GRUPPEN. Unter DATENSPEICHER finden Sie die DATENTRÄGERVERWALTUNG.

Kapitel 4

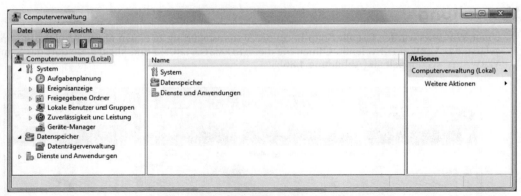

Abbildung 4.87: Das Applet COMPUTERVERWALTUNG

Ereignisanzeige

Die EREIGNISANZEIGE hilft Ihnen dabei, wenn Sie sich über Vorgänge der letzten Tage oder in der letzten Woche am Rechner informieren und z.B. feststellen wollen, wann sich wer angemeldet hat und wann Probleme mit dem Rechner aufgetreten sind (Abbildung 4.88). Die EREIGNISANZEIGE werden Sie in Kapitel 26 (*Computersicherheit*) noch ausführlicher kennen lernen.

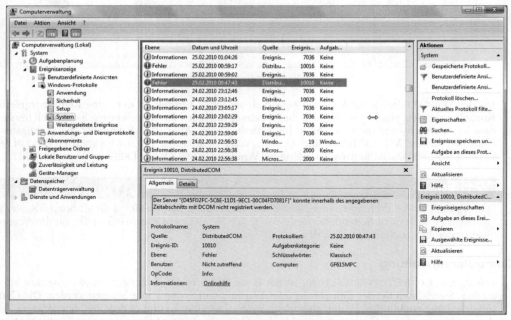

Abbildung 4.88: Ein »Systemfehler« in der Ereignisanzeige

Leistung (Windows 2000/XP)

Die Konsole LEISTUNG besteht aus zwei Snap-Ins: SYSTEMMONITOR und LEISTUNGSDATENPROTO-KOLLE UND WARNUNGEN. Diese Optionen können Sie dazu benutzen, um *Protokolldateien* (*Log-Dateien*) zu lesen, die mehr oder weniger wichtige Informationen über die Zeit hinweg aufzeichnen. Mit dem SYSTEMMONITOR lassen sich aber auch Echtzeitdaten überwachen (Abbildung 4.89).

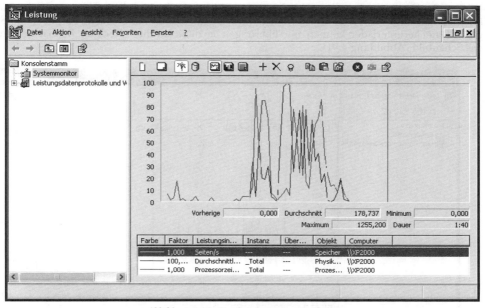

Abbildung 4.89: Der Systemmonitor in Aktion!

Nehmen wir an, dass Sie ein neues Kabelmodem installiert haben und wissen wollen, wie schnell Sie Daten aus dem Internet herunterladen können. Klicken Sie zunächst das Pluszeichen in der Werkzeugleiste im rechten Fensterbereich (HINZUFÜGEN) an und aktivieren Sie dann die Option LOKALE LEISTUNGSINDIKATOREN VERWENDEN (bzw. LEISTUNGSINDIKATOREN DES LOKALEN COMPUTERS VERWENDEN). Nun wählen Sie aus der Liste im Pulldown-Menü DATENOBJEKT den Eintrag NETZWERKSCHNITTSTELLE aus. Jetzt muss die Option LEISTUNGSINDIKATOREN WÄHLEN aktiviert sein. Wählen Sie EMPFANGENE BYTES/S und in der rechten Liste die entsprechende Netzwerkschnittstelle aus. Das Dialogfeld sollte nun wie in Abbildung 4.90 aussehen.

Abbildung 4.90: Das Dialogfeld LEISTUNGSINDIKATOREN HINZUFÜGEN

Kapitel 4

Klicken Sie HINZUFÜGEN an, um den Leistungsindikator in die Liste im vorherigen Dialogfenster zu übernehmen, und dann SCHLIESSEN. Suchen Sie anschließend eine Webseite auf, über die Sie eine große Datei herunterladen können, und übertragen Sie diese auf Ihren Rechner. Beobachten Sie dabei das Schaubild (Abbildung 4.91).

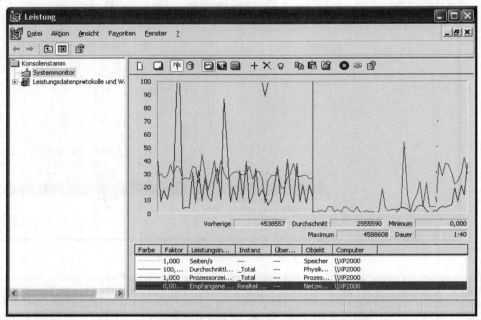

Abbildung 4.91: Systemmonitor in Aktion

Hinweis

Weitere Informationen zum Systemmonitor finden Sie in Kapitel 17 (*Wartung und Fehlerbehebung für Windows*).

Zuverlässigkeit und Leistung (Windows Vista)

Unter ZUVERLÄSSIGKEIT UND LEISTUNG finden Sie unter Windows Vista nahezu alle Optionen, die in den älteren Windows-Versionen im Applet LEISTUNG angeboten werden, auch wenn jetzt standardmäßig alles überwacht wird, weshalb hier nichts hinzugefügt werden muss. Zusätzlich finden Sie hier die ZUVERLÄSSIGKEITSÜBERWACHUNG, mit der Sie auf einen Blick feststellen können, was mit dem Rechner in der letzten Zeit angestellt wurde, welche Programme und Hardwarekomponenten installiert oder deinstalliert wurden, welche Hardware- und Softwarefehler aufgetreten sind und wie lange der Rechner allgemein eingeschaltet war (Abbildung 4.92). Eine nette erste Anlaufstelle bei der Prüfung eines Ihnen noch nicht vertrauten Vista-Rechners.

Hinweis

Mehr über die LEISTUNGSÜBERWACHUNG erfahren Sie in Kapitel 17 (*Wartung und Fehlerbehebung für Windows*).

Windows verstehen

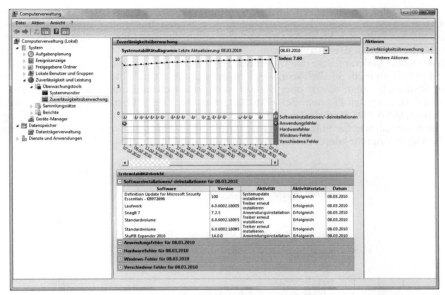

Abbildung 4.92: Die ZUVERLÄSSIGKEITSÜBERWACHUNG in der COMPUTERVERWALTUNG

Dienste

Windows führt zahlreiche separate Programme aus, so genannte *Dienste*. Am besten stellt man sich einen Dienst als etwas vor, das ausgeführt wird, aber unsichtbar ist. Windows verwendet standardmäßig etwa 100 Dienste, die die unterschiedlichsten Aufgaben übernehmen, von der Unterstützung einzelner Programme bis hin zu Netzwerkfunktionen. Das Applet DIENSTE ermöglicht Ihnen, den Status aller Dienste auf dem System einzusehen, auch der gerade nicht ausgeführten Dienste (Abbildung 4.93).

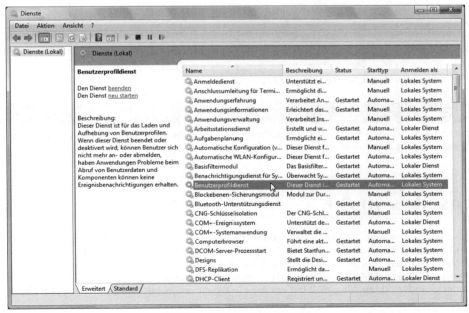

Abbildung 4.93: Das Applet DIENSTE

Kapitel 4

Um die Einstellungen zu ändern, klicken Sie einen Dienst mit der rechten Maustaste an und wählen EIGENSCHAFTEN. Ich habe dazu für Abbildung 4.94 den Bluetooth-Unterstützungsdienst gewählt. Sehen Sie das Pulldown-Menü STARTTYP? Es enthält die drei Optionen AUTOMATISCH, MANUELL und DEAKTIVIERT und zusätzlich unter Vista/7 die Option AUTOMATISCH (VERZÖGERTER START). AUTOMATISCH bedeutet, dass der Dienst beim Systemstart gestartet wird. AUTOMATISCH (VERZÖGERTER START) kann recht nützlich sein, wenn es um nicht direkt zu Windows gehörende Dienste handelt, deren Start recht lange dauert oder die ein wenig störrisch sind und direkt beim Start nicht schnell genug geladen werden können. Bei MANUELL muss der Dienst über dieses Snap-In gestartet werden und bei DEAKTIVIERT lässt sich der Dienst nicht mehr starten. Sie sollten diese Einstellungen kennen und auch wissen, wie Sie einzelne Dienste starten, beenden, anhalten und fortsetzen können. (Sehen Sie die vier entsprechenden Schaltflächen unten in Abbildung 4.94?)

Abbildung 4.94: Das Dialogfeld EIGENSCHAFTEN VON BLUETOOTH-UNTERSTÜTZUNGSDIENST

> **Wichtig**
>
> Für die CompTIA A+-Zertifizierung müssen Sie sich diese Dienste nicht alle merken, sondern nur wissen, wie ihr Startmodus geändert werden kann!

Jenseits von A+

Microsoft ändert oder optimiert bei seinem Betriebssystem-Flaggschiff Dienstprogramme von einer Version zur nächsten. Zudem werden Programme zwischen den Versionen oft an andere Stellen verschoben. Aus dem Applet LEISTUNG von Windows XP wurde beispielsweise unter Windows Vista das Applet ZUVERLÄSSIGKEITS- UND LEISTUNGSÜBERWACHUNG. Mit Windows 7 haben sich die Dinge wieder geändert, denn Microsoft hat wieder ein wenig umgebaut und für die Aspekte Sicherheit und

Zuverlässigkeit ist nun das neue Applet WARTUNGSCENTER in der Systemsteuerung zuständig. Sehen Sie sich die Unterschiede selbst an. Der halbe Spaß beim Umstieg auf ein neues Betriebssystem besteht in der Suche nach den eigenen Lieblingswerkzeugen!

In diesem Abschnitt werden einige spezielle Windows-Versionen kurz vorgestellt, die in den A+-Prüfungen der CompTIA nicht behandelt werden: Windows 7, Windows Mobile, Windows XP Tablet PC Edition und Windows Embedded.

Windows 7

Windows 7 erschien wenige Monate, nachdem die CompTIA die Prüfungen 220-701 und 220-702 angekündigt hatte, weshalb es in diesen Prüfungen nicht behandelt wird. Die Unterschiede zwischen Vista und 7 sind aber derart geringfügig und spielen sich weitgehend »unter der Motorhaube« ab, dass es ziemlich sicher ist, dass Sie sich in Windows 7 (Abbildung 4.95) gleich heimisch fühlen werden, wenn Sie Vista kennen.

Abbildung 4.95: Windows 7

Wichtig

Denken Sie daran, dass Windows 7 *nicht* in den Prüfungen CompTIA 220-701 und 220-702 behandelt wird.

Windows Mobile

Windows Mobile ist eine sehr kleine Windows-Version, die für PDAs und Mobiltelefone vorgesehen ist. Windows Mobile ist nur für OEMs (Erstausrüster) erhältlich, das heißt, wenn Sie ein Gerät kaufen, dann enthält es bereits Windows Mobile. Sie können also keinen PDA und kein Telefon kaufen und dann separat Windows Mobile erstehen.

Kapitel 4

Windows XP Tablet PC Edition

Ein Tablet-PC ist ein Laptop mit integriertem Touchscreen-Bildschirm. Ein solches Gerät soll die Verwendung der Tastatur wesentlich reduzieren, wenn nicht sogar überflüssig machen (Abbildung 4.96). In einigen Situationen sind Tablet-PCs sehr beliebt geworden. Windows XP Tablet PC Edition ist die Betriebssystemlösung für Tablet-PCs von Microsoft. Dabei handelt es sich zwar immer noch um Windows XP, es beinhaltet aber spezielle Treiber und Programme zur Unterstützung des Tablets.

Abbildung 4.96: Tablet-PC

Hinweis

Weitere Informationen über Windows XP Tablet PC Edition finden Sie in Kapitel 21 (*Tragbare Rechner*).

In Windows Vista wurden die Tablet-PC-Funktionen fest integriert, so dass es keiner speziellen Version von Vista (oder auch Windows 7) bedarf.

Windows Embedded

Auch an den ungewöhnlichsten Orten begegnet man PCs. Überall gibt es winzige PCs – in Registrierkassen und im Kampfflugzeug F-22 Raptor. Das sind jedoch keine PCs, wie Sie sie kennen. Sie haben selten Mäuse, Bildschirme, Tastaturen oder die bekannten E/A-Geräte, sind aber dennoch echte PCs, mit CPU, RAM, BIOS und Speicher.

Auch diese winzigen PCs brauchen Betriebssysteme und es gibt zahlreiche Unternehmen, die spezielle Betriebssysteme für derartige Rechner herstellen. Microsoft bietet für diese speziellen Rechner Windows Embedded an.

Wiederholung

Fragen

1. Welchen Vorteil hat es, wenn unter Windows das NTFS- und nicht das FAT32-Dateisystem verwendet wird?
   A. Sicherheit
   B. Mehrere Ordner
   C. Lange Dateinamen
   D. Geschwindigkeit

2. Unter welcher Windows-Version gibt es das Programm SICHERUNGSSTATUS UND -KONFIGURATION?
   A. Windows 2000
   B. Windows XP Media Center
   C. Windows XP Professional
   D. Windows Vista Ultimate

3. Wie verweist man richtig auf den Ordner `systemroot`?
   A. %system%
   B. &system&
   C. %systemroot%
   D. &systemroot&

4. Welcher Ordner dient als zentrale Speicherposition für Benutzerdateien?
   A. Programme
   B. Eigene Dateien
   C. Eigene Dokumente
   D. %systemroot%\Users

5. Welches Dienstprogramm unterstützt die Problembehebung bei der Hardware?
   A. Systemeigenschaften
   B. Geräte-Manager
   C. Datenträgerverwaltung
   D. Sicherheitscenter

6. Welches Windows-Dienstprogramm sichert wichtige Dateien und Einstellungen und ermöglicht Ihnen, einen früheren Zustand wiederherzustellen?
   A. Registrierung
   B. Systemwiederherstellung
   C. Systeminformation
   D. MMC

7. Wo befinden sich viele Werkzeuge für den Techniker?
   A. START|ALLE PROGRAMME|EXTRAS
   B. START|ALLE PROGRAMME|EXTRAS|SYSTEMPROGRAMME
   C. START|ALLE PROGRAMME|SYSTEMWERKZEUGE|ZUBEHÖR
   D. START|ALLE PROGRAMME|ZUBEHÖR|SYSTEMPROGRAMME

Kapitel 4

8. Welches Dienstprogramm ist in der standardmäßigen Installation von Windows XP Home nicht enthalten?
   A. Sicherung
   B. Zeichentabelle
   C. Computerverwaltung
   D. Benutzerkonten

9. Was wird im Fenster COMPUTER bzw. ARBEITSPLATZ angezeigt?
   A. Alle Laufwerke Ihres Systems
   B. Alle Applets der Systemsteuerung
   C. Installierte Programme
   D. Andere Computer im Netzwerk

10. Welcher Registrierungshauptschlüssel enthält Informationen über Dateitypen?
    A. HKEY_CLASSES_ROOT
    B. HKEY_LOCAL_MACHINE
    C. HKEY_CURRENT_CONFIG
    D. HKEY_USERS

Antworten

1. **A.** NTFS bietet Sicherheitsfunktionen, die mit FAT32 nicht zur Verfügung stehen.
2. **D.** SICHERUNGSSTATUS UND -KONFIGURATION gibt es erst ab Vista.
3. **C.** Auf *SystemRoot* verweist man über %systemroot%.
4. **B.** Die meisten XP-Benutzer legen ihre Dateien unter EIGENE DATEIEN ab.
5. **B.** Für die allgemeine Hardware-Fehlersuche verwenden Sie den Geräte-Manager.
6. **B.** Hier verwenden Sie die Systemwiederherstellung, mit der Sie das System sichern und wiederherstellen können.
7. **D.** Sie finden viele praktische Werkzeuge unter START|ALLE PROGRAMME|ZUBEHÖR|SYSTEMPROGRAMME.
8. **A.** Unter Windows XP Home wird das Sicherungsprogramm standardmäßig nicht installiert.
9. **A.** Unter COMPUTER bzw. ARBEITSPLATZ werden die Laufwerke des Systems angezeigt.
10. **A.** Die Dateiinformation finden Sie unter HKEY_CLASSES_ROOT.

5

Mikroprozessoren

Themen in diesem Kapitel
- ❏ Die wichtigsten Komponenten einer CPU identifizieren
- ❏ Die Beziehung zwischen CPUs und RAM beschreiben
- ❏ Die verschiedenen modernen CPUs erklären
- ❏ CPUs installieren und aufrüsten

In praktischer Hinsicht bedeuten die Begriffe *Mikroprozessor*, *Prozessor* und *CPU* (*Central Processing Unit*) dasselbe und beziehen sich auf den großen Chip im PC, der vielfach auch das »Gehirn« des Computers genannt wird. Aus früheren Kapiteln wissen Sie, dass die Hersteller von CPUs ähnlich wie die Hersteller in der Autoindustrie vorgehen und ihren Prozessoren Namen und Modellbezeichnungen wie etwa Intel Core i7 oder AMD Phenom II X4 geben. Aber was passiert innerhalb einer CPU, damit sie all die erstaunlichen Dinge erledigen kann, die Sie ständig von ihr verlangen?

Geschichte und Konzepte

Kernkomponenten der CPU

Computer scheinen zwar recht intelligent zu sein, jedoch würde jeder Vergleich einer CPU mit dem menschlichen Gehirn eine mehr als starke Übertreibung ihrer Fähigkeiten darstellen. Eine CPU arbeitet weniger wie ein Gehirn, sondern mehr wie eine sehr leistungsfähige Rechenmaschine. Die heutigen CPUs können Milliarden von Zahlen je Sekunde addieren, subtrahieren, multiplizieren, dividieren und im Speicher verschieben. Durch diese beträchtliche Leistungsfähigkeit wirken Mikroprozessoren recht intelligent. Tatsächlich handelt es sich aber um keine echte Intelligenz, sondern um nackte Geschwindigkeit, durch die moderne CPUs so intelligent zu sein scheinen und durch die sie Aufgaben bewältigen können, wie z.B. den Zugriff aufs Internet, die Darstellung optisch atemberaubender Spiele oder das Erzeugen von Zeichnungen.

Gute PC-Techniker müssen, um Servicearbeiten am PC durchführen zu können, die grundlegenden Funktionen einer CPU kennen. Als Erstes werden Sie daher erfahren, wie die CPU arbeitet. Dazu verwenden wir ein recht einfaches Beispiel, denn wenn Sie jemandem erklären wollen, wie ein Automotor funktioniert, würden Sie dafür doch auch ein relativ einfaches Beispiel wählen, oder? Dasselbe gilt auch für CPUs. Die für die folgenden Beispiele verwendete CPU ist die berühmte Intel 8088, der in den späten 1970er Jahren entwickelte Urahn aller modernen Mikroprozessoren. Obwohl es ihn bereits vor mehr als 30 Jahren gab, enthalten selbst die modernsten CPUs immer noch dieselben Basiskomponenten wie ihr Urahn. Erfahren Sie nun also etwas mehr über diesen geheimnisvollen Baustein!

Der Mann in der Schachtel

Stellen Sie sich die CPU zunächst als einen recht gewitzten Mann in einer Schachtel vor (Abbildung 5.1). Dieser Mann ist ein Rechengenie und beherrscht praktisch alle mathematischen Funktionen und Datenmanipulationen und kann alle Fragen *äußerst schnell* beantworten.

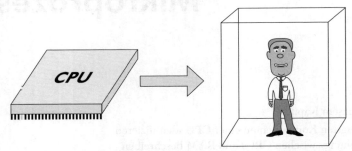

Abbildung 5.1: Stellen Sie sich die CPU wie einen Mann in einer Schachtel vor!

Sie möchten nun gern, dass Ihnen dieser Mann bei der Arbeit hilft, haben aber ein Problem, denn er kann nichts wahrnehmen, was außerhalb der Schachtel geschieht. Bevor er mit uns zusammenarbeiten kann, müssen wir daher eine Möglichkeit finden, um uns mit ihm zu unterhalten bzw. ihm Daten übermitteln zu können (Abbildung 5.2).

Abbildung 5.2: Wie können wir mit dem Mann in der Schachtel kommunizieren?

Stellen Sie sich vor, wir würden 16 Glühbirnen installieren, von denen sich acht innerhalb und acht außerhalb der Schachtel befinden. Jede Glühbirne im Innern der Schachtel ist paarweise mit einer anderen außerhalb der Schachtel verbunden. Jedes Birnenpaar ist entweder ein- oder ausgeschaltet. Wir können die acht Birnenpaare über eine Reihe von acht Schaltern außerhalb der Schachtel steuern und auch der Mann in der Schachtel kann sie über acht identische Schalter steuern. Diese Glühbirnenkommunikation nennen wir den *externen Datenbus (EDB)*.

Abbildung 5.3 zeigt den Querschnitt eines externen Datenbusses. Wenn wir oder der Mann in der Schachtel einen Schalter betätigen, leuchten *beide* Glühbirnen, und auch der Schalter auf der anderen

Seite wird gleichzeitig wie von Zauberhand bewegt. Bringen wir oder der Mann in der Schachtel einen Schalter in die Aus-Position, gehen die Birnen auf beiden Seiten aus und auch der andere Schalter wechselt entsprechend seine Position.

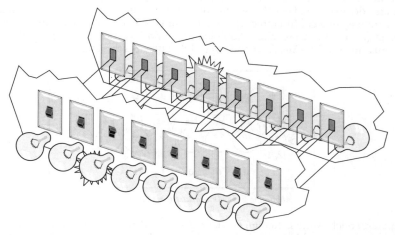

Abbildung 5.3: Querschnitt des externen Datenbusses. Beachten Sie, dass eine Glühbirne eingeschaltet ist.

Erkennen Sie, wie diese Anordnung funktioniert? Über verschiedene Lichtmuster können wir nun wechselseitig mit dem Mann in der Schachtel kommunizieren und Informationen austauschen. Damit das funktioniert, müssen aber beide Seiten *vorher vereinbart haben, was die verschiedenen Lichtmuster bedeuten sollen.* Dazu wird eine Art Codebuch benötigt, in dem die Bedeutung der verschiedenen Lichtmuster verzeichnet ist. Denken Sie immer daran, während wir unsere Analogie noch ein wenig fortsetzen.

Bevor wir uns weiteren Details zuwenden, sollten Sie sich darüber klar sein, dass es sich hier nur um eine Analogie und nicht um die Realität handelt. Es gibt zwar wirklich einen externen Datenbus, jedoch keinen mit Glühbirnen oder Schaltern. Allerdings können Sie die feinen Leitungen sehen, die zur CPU führen (Abbildung 5.4). Wenn Sie an diesen Leitungen Spannungen anlegen, machen Sie im Grunde genommen nichts anderes, als einen Schalter umzulegen. Verstehen Sie das Prinzip? Wenn eine dieser Leitungen nun unter Spannung steht und eine winzige Glühbirne angeschlossen wäre, dann würde diese leuchten. Und natürlich würde die angeschlossene Birne nicht leuchten, wenn die Leitung keine Spannung führt. Aus diesem Grund verwenden wir hier die Analogie mit Glühbirnen und Schaltern. Mit ihrer Hilfe können Sie sich all diese feinen Leitungen mit ihren unglaublich schnell wechselnden Spannungszuständen besser vorstellen.

Abbildung 5.4: Ansicht der Unterseite einer CPU

Nun können wir über einen externen Datenbus mit dem Mann in der Schachtel kommunizieren und uns ansehen, was passiert, wenn wir Spannung an die Leitungen anlegen. Damit entsteht aber ein gewisses Begriffsproblem. Wenn man über Leitungen spricht, an denen Spannung anliegt oder nicht, wäre es recht mühsam, »Ein-Aus-Aus-Aus-Ein-Ein-Aus-Aus« zu sagen. Daher sagt man nicht, dass eine der Leitungen des externen Datenbusses ein- oder ausgeschaltet ist. Vielmehr verwendet man die Zahl 1, wenn Spannung anliegt (Zustand eingeschaltet), und die Zahl 0, wenn an einer Leitung keine Spannung anliegt (Zustand ausgeschaltet; Abbildung 5.5). So lässt sich der Zustand der Birnen statt mit »Ein-Aus-Aus-Aus-Ein-Ein-Aus-Aus« auch mit »10001100« beschreiben.

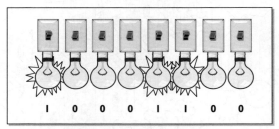

Abbildung 5.5: »1« bedeutet Ein und »0« bedeutet Aus

Im Computerbereich werden Leitungen ständig ein- und wieder ausgeschaltet. Aus diesem Grund wird das System mit den Einsen und Nullen, das auch *binäres* oder *duales Zahlensystem* genannt wird, zur Darstellung der verschiedenen Zustände verwendet. (Haben Sie etwa geglaubt, dass Computernarren Binärzahlen nur deshalb verwenden, um die übrige Menschheit zu verwirren? Ha!) Eigentlich gäbe es noch weit mehr über das binäre Zahlensystem zu sagen. Für den Anfang mag dies aber genügen. Das duale Zahlensystem wird in Kapitel 8 (*Erweiterungsbus*) noch eingehender beschrieben.

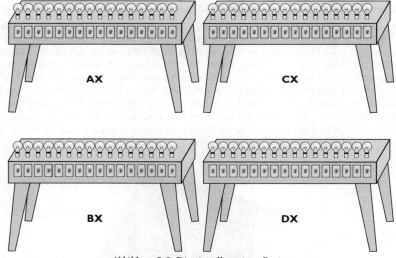

Abbildung 5.6: Die vier allgemeinen Register

Register

Der Mann in der Schachtel eignet sich recht gut, um die Funktionsweise einer CPU zu verdeutlichen. Über den externen Datenbus können wir wechselseitig mit dem Mann in der Schachtel kommunizieren und ihm auch Aufgaben stellen. Dazu benötigt er aber einen Arbeitstisch. Tatsächlich benötigt er mindestens vier Arbeitstische. Auf jedem dieser vier Tische befinden sich 16 Glühbirnen. Diese Birnen sind nicht paarweise miteinander verbunden. Es sind einfach 16 auf dem Tisch aufgereihte Glühbirnen, die jeweils über einen Schalter gesteuert und nur von dem Mann in der Schachtel bedient werden können. Durch Erzeugen von Ein/Aus-Mustern wie auf dem externen Datenbus kann der Mann in der Schachtel mathematische Aufgabenstellungen mit Hilfe der vier Birnenreihen lösen. Bei Computern nennt man diese Arbeitstische *Register* (Abbildung 5.6).

Mit den Registern kann der Mann in der Schachtel ihm gestellte Aufgaben bearbeiten. Alle CPUs enthalten zwar eine Vielzahl von Registern, hier werden wir uns aber auf jene vier Register beschränken, die am häufigsten benutzt und *Mehrzweckregister* genannt werden. Intel hat ihnen die Namen AX, BX, CX und DX gegeben.

So weit, so gut! Nun kann der Mann in der Schachtel schon fast seine Arbeit aufnehmen. Bevor wir aber den Deckel der Schachtel wieder schließen, müssen wir dem Schachtelmann noch ein weiteres Werkzeug mitgeben. Erinnern Sie sich noch an das erwähnte Codebuch? Wir werden jetzt eines erstellen, mit dessen Hilfe wir uns mit ihm verständigen können. Abbildung 5.7 zeigt das Codebuch, das wir verwenden werden und von dem es Kopien für uns und den Schachtelmann gibt.

8088: Codebuch für den externen Datenbus

Lampen	Bedeutung
10000000	Die nächste Zeile ist eine Zahl, lege sie im AX-Register ab
10010000	Die nächste Zeile ist eine Zahl, lege sie im BX-Register ab
10110000	Addiere AX und BX und lege das Ergebnis in AX ab
11000000	Lege den Wert von AX auf den externen Datenbus
00000000	Die Zahl 0
00000001	Die Zahl 1
00000010	Die Zahl 2
00000011	Die Zahl 3
00000100	Die Zahl 4
00000101	Die Zahl 5
00000110	Die Zahl 6
00000111	Die Zahl 7
00001000	Die Zahl 8
00001001	Die Zahl 9

Abbildung 5.7: Das CPU-Codebuch

In diesem Codebuch bedeutet 10000111 z.B. »*Verschiebe die Zahl 7 in das Register AX*«. Bei derartigen Befehlen handelt es sich um die *Maschinensprache* des Mikroprozessors. Bei den im obigen Codebuch aufgeführten Befehlen handelt es sich um keine echten Maschinenbefehle. Wie Sie sich wahrscheinlich bereits gedacht haben, habe ich die Dinge drastisch vereinfacht. Der berühmte Intel-8088-Prozessor verwendete aber tatsächlich ähnliche Befehle und einige hundert weitere.

Es folgen nun einige Beispiele aus der echten Maschinensprache des Intel 8088:

10111010	Bei der nächsten Codezeile handelt es sich um eine Zahl. Speichere diese Zahl im DX-Register!
01000001	Addiere 1 zur Zahl, die sich bereits im CX-Register befindet!
00111100	Vergleiche den Wert im AX-Register mit der nächsten Codezeile!

Wenn wir die Maschinenbefehle, die so genannten *Codezeilen*, einzeln am externen Datenbus anlegen, können wir dem Schachtelmann bestimmte Aufgaben stellen. Die Gesamtheit der Maschinenbefehle, die eine CPU versteht, wird deren *Befehlssatz* genannt.

Das kann unsere CPU also bisher: Der Schachtelmann kann mit der Außenwelt über den externen Datenbus kommunizieren, hat vier Register und ein Codebuch, mit dem er die am externen Datenbus anliegenden, verschiedenen Muster (Befehle in Maschinensprache) verstehen kann (Abbildung 5.8).

Abbildung 5.8: Die CPU bis hierhin

Die Taktleitung

Nun können wir also den Schachtelmann für uns arbeiten lassen. Wir können ihm Daten und Befehle über den externen Datenbus übermitteln. Woher soll er aber wissen, wann eine Aufgabenstellung beendet ist und er an die Arbeit gehen soll?

Haben Sie schon einmal eine jener alten Rechenmaschinen mit dem seitlichen großen Hebel gesehen? Um zwei Zahlen zu addieren, geben Sie die gewünschten Zahlen ein, betätigen die Plustaste und müssen nun noch den Hebel an der Seite herunterziehen, um das Ergebnis zu erhalten. Das war das Signal für das Ende der Daten- und Befehlseingabe, nach der die Berechnung erfolgen konnte.

Auch bei der CPU gibt es solche Hebel. Um wieder auf den Schachtelmann zurückzukommen, stellen Sie sich vor, dass es im Innern der Schachtel eine Klingel gibt, die von außen über einen Knopf betätigt wird. Immer, wenn die Klingel ertönt, liest der Schachtelmann die geschalteten Glühbirnen des externen Datenbusses. Natürlich gibt es in einem echten Computer keine Klingel. Dabei handelt es sich um eine spezielle Leitung, die so genannte *Taktleitung*. (Meist wird die Taktleitung mit *CLK* für engl. Clock bezeichnet.) Wenn an der Taktleitung Spannung anliegt, dann weiß die CPU, dass ein weiterer Satz Daten auf seine Verarbeitung wartet (Abbildung 5.9).

Damit die CPU einen am externen Datenbus anliegenden Befehl verarbeitet, muss eine bestimmte Mindestspannung an die Taktleitung angelegt werden. Eine einzelne Ladung der Taktleitung wird *Taktzyklus* genannt. Tatsächlich benötigt die CPU mindestens zwei Taktzyklen zur Verarbeitung eines Befehls, meist jedoch mehr. Bei der manuell bedienten Rechenmaschine müsste der Hebel mindestens zweimal gezogen werden, bevor etwas passiert. Tatsächlich gibt es Befehle, für deren Verarbeitung die CPU Hunderte von Taktzyklen benötigt (Abbildung 5.10).

Mikroprozessoren

Abbildung 5.9: Die CPU macht nichts, bis sie über die Taktleitung aktiviert wird.

Abbildung 5.10: Die CPU benötigt häufig mehr als einen Taktzyklus für eine Aufgabe.

Die maximale Anzahl Taktzyklen, mit der ein Prozessor innerhalb einer bestimmten Zeitspanne umgehen kann, wird *Taktfrequenz* genannt. Dabei handelt es sich um die maximale Arbeitsgeschwindigkeit einer CPU, die vom Prozessorhersteller festgelegt wird. Der Intel 8088 arbeitete ursprünglich mit einer Taktfrequenz von 4,77 MHz (Megahertz; Millionen Schwingungen je Sekunde) und damit an den heutigen Standards gemessen extrem langsam. Dennoch handelt es sich verglichen mit Bleistift und Papier immer noch um eine recht hohe Zahl! Moderne Prozessoren arbeiten häufig mit Taktfrequenzen jenseits der 3 GHz (3 Milliarden Schwingungen je Sekunde).

- 1 Hertz (1 Hz) = 1 Schwingung je Sekunde
- 1 Megahertz (1 MHz) = 1 Million Schwingungen je Sekunde
- 1 Gigahertz (1 GHz) = 1 Milliarde Schwingungen je Sekunde

Hinweis

Prozessorhersteller bieten exakt dasselbe Prozessormodell mit einer Reihe verschiedener Taktfrequenzen an. Da all diese Prozessoren aus demselben Fertigungsprozess stammen, stellt sich die Frage nach dem Grund der unterschiedlichen Geschwindigkeiten. Diese rühren daher, dass es zwischen allen CPUs gewisse minimale Unterschiede gibt. Aufgrund von Fertigungstoleranzen bzw. minimalen Fehlern im Silizium, aus dem die Prozessoren gefertigt werden, eignet sich ein Prozessor besser für höhere Taktfrequenzen als ein anderer. Die unterschiedlichen maximalen Taktfrequenzen der Prozessoren werden bei der Fertigung über Funktionstests ermittelt.

Sie sollten sich darüber klar sein, dass es sich bei der Taktfrequenz einer CPU um die maximale Frequenz handelt, bei der sie noch stabil arbeiten kann, und nicht die Frequenz, mit der sie arbeiten *muss*. Eine CPU eignet sich für alle Taktfrequenzen unterhalb ihres Maximalwerts. Üblicherweise wird die Taktfrequenz von den Herstellern direkt auf dem Prozessorgehäuse angegeben, aber in den letzten paar Jahren sind sie dazu übergegangen, kryptische Codes zu verwenden (Abbildung 5.11). Im weiteren Verlauf dieses Kapitel werden Sie noch verstehen, warum das so gehandhabt wird.

Abbildung 5.11: Wo steht die Taktfrequenz?

Der *Quarzbaustein* des Systems entscheidet darüber, mit welcher Systemgeschwindigkeit die CPU und der Rest des Rechners arbeiten. Bei diesem Quarzbaustein handelt es sich in der Regel um einen Quarzoszillator, der dem Schwingquarz in Armbanduhren ähnelt und auf das Mainboard aufgelötet ist (Abbildung 5.12). Er gibt mehrere Millionen Mal in der Sekunde einen elektrischen Impuls in einer bestimmten Geschwindigkeit. Dieses Signal erreicht erst einen Taktgeberchip (den *Systemtaktgeber*), der den Takt anpasst und den Quarztakt um ein großes Vielfaches auf den *Systemtakt* anhebt. (Die Hersteller der Mainboards könnten den Quarz auch direkt an den Taktgeberdraht der CPU anschließen, aber wenn man dann die CPU durch eine schnellere oder langsamere ersetzen will, müsste man auch den Quarzbaustein ersetzen!) Solange der PC eingeschaltet ist, sorgt der Quarzoszillator über den Taktgeberchip ständig für die Taktsignale auf der CLK-Leitung und damit dafür, dass das System weiterarbeitet.

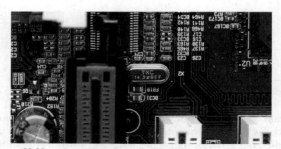

Abbildung 5.12: Einer der vielen Typen von Quarzoszillatoren

Sie können sich den Systemtaktgeber als Metronom für den Prozessor vorstellen. Während der PC eingeschaltet ist, sorgt der Quarz wiederholt dafür, dass die CLK-Leitung geladen wird, und gibt gewissermaßen den Takt für die Aktivitäten des Prozessors vor. Wenn der Systemtaktgeber einen Takt vorgibt, der langsamer als der nominelle Takt des Prozessors ist, dann funktioniert der Prozessor trotzdem tadellos, arbeitet aber nur mit der geringeren Geschwindigkeit des Systemtaktgebers. Wenn der Systemtaktgeber den Prozessor dazu zwingt, mit höherem als seinem nominellen Takt zu arbeiten, dann besteht die Gefahr, dass dieser überhitzt und seine Arbeit einstellt.

Hinweis

Experimentierfreudige Anwender übertakten Prozessoren manchmal bewusst und sorgen dafür, dass der Taktgeberchip einen höheren Multiplikator verwendet und den Takt damit auf eine höhere als die für die CPU vorgesehene Geschwindigkeit anhebt. Das soll langsamere (preiswertere) CPUs beschleunigen. Das ist aber riskant, denn es kann die CPU zerstören oder deren Lebenszeit drastisch verkürzen, was diese Leute jedoch in Kauf nehmen. Weitere Informationen finden Sie im Abschnitt *Übertaktung* später in diesem Kapitel.

Bevor Sie eine CPU in einem System installieren, müssen Sie sich davon überzeugen, dass der Quarz und der Taktgeberchip die richtige Frequenz für die jeweilige CPU bereitstellen können. Es ist noch gar nicht so lange her, dass dafür sorgfältig ein paar manuelle Einstellungen vorgenommen werden mussten. Bei modernen Systemen kommuniziert das Mainboard (anfangs mit sehr langsamer Geschwindigkeit) mit der CPU, die dem Mainboard dann die von ihr benötigte Taktgeschwindigkeit mitteilt, wodurch sich der Taktgeberchip automatisch an die CPU anpasst und der Vorgang unbemerkt im Hintergrund abläuft.

> **Hinweis**
>
> Bei einigen Mainboards können Sie die Standard- oder automatischen Einstellungen überschreiben, wenn Sie einen Jumper setzen oder die CMOS-Einstellungen ändern. Bei manchen Mainboards lässt sich die Geschwindigkeit der CPU sogar mit entsprechenden Dienstprogrammen ändern.

Zurück zum externen Datenbus

Und noch ein Praxistest. Bisher haben wir von Tischen mit Reihen von Glühbirnen gesprochen. Echte Prozessorregister benutzen natürlich keine Birnen zur Darstellung von An/1 und Aus/0. Register sind winzige Speicherbereiche im Prozessor, mikroskopisch kleine Halbleiterschaltkreise. Wenn eine dieser Schaltkreise geladen ist, dann entspricht dies einer leuchtenden Lampe. Ist der Schaltkreis nicht geladen, dann bleibt die Glühbirne aus.

Abbildung 5.13 zeigt das Diagramm eines echten 8088-Prozessors mit den Leitungen des externen Datenbusses und des Taktgebers. Die Register befinden sich im Innern der CPU und sind daher in der Grafik nicht zu sehen.

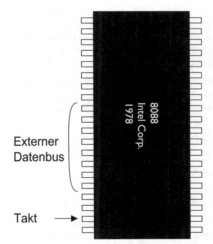

Abbildung 5.13: 8088-CPU mit den Leitungen für den externen Datenbus und den Takt

Da Sie nun alle am Vorgang beteiligten Komponenten kennen, können Sie anhand des folgenden einfachen Beispiels probieren, wie diese die CPU arbeiten lassen. In diesem Beispiel fordern Sie die CPU zur Addition von 2 + 3 auf. Dazu müssen Sie der CPU eine Reihe von Befehlen übermitteln, die dann verarbeitet werden, bis Sie schließlich das Ergebnis erhalten. Entnehmen Sie dem Codebuch in Abbildung 5.7, wie Sie die Befehle für den Schachtelmann in ihre Binärform übersetzen müssen.

Haben Sie die Aufgabe zu lösen versucht? So funktioniert es:

1. Legen Sie 10000000 am externen Datenbus (EDB) an.
2. Legen Sie 00000010 am EDB an.

3. Legen Sie 10010000 am EDB an.
4. Legen Sie 00000011 am EDB an.
5. Legen Sie 10110000 am EDB an.
6. Legen Sie 11000000 am EDB an.

Nach Abschluss von Schritt 6 lautet der am EDB anliegende Wert 00000101 und entspricht damit der Dezimalzahl 5 in Binärdarstellung.

Glückwunsch! Sie haben gerade mit den Befehlen aus dem Codebuch die Zahlen 2 und 3 addiert. Derartige Befehlsfolgen, die einem Prozessor in einer bestimmten Reihenfolge übermittelt werden und diesem als Arbeitsanleitung dienen, werden *Programm* genannt. Jeweils, wenn die Leitungen des externen Datenbusses neu gesetzt werden, handelt es sich um eine *Codezeile*. Unser Programmbeispiel verfügt daher über sechs Codezeilen.

Speicher

Mittlerweile wissen Sie, wie Programmcode vom Prozessor ausgeführt wird. Nun blicken wir für einen Augenblick noch einmal zurück und fragen uns, wie der Programmcode auf den externen Datenbus (EDB) gelangt. Das Programm selbst ist auf der Festplatte gespeichert. Theoretisch könnte man Rechner konstruieren, die Daten direkt von der Festplatte zum Prozessor übertragen. Dabei gibt es allerdings ein Problem: Die Festplatte ist zu langsam. Selbst der betagte 8088 mit seiner Taktfrequenz von 4,77 MHz kann jede Sekunde mehrere Millionen Codezeilen verarbeiten. Moderne Prozessoren schaffen mehr als eine Milliarde Zeilen je Sekunde. Festplatten sind für den Prozessor einfach zu langsam.

Computer benötigen andere Geräte, die Kopien der Programme von der Festplatte übernehmen und sie dann zeilenweise zur CPU übertragen, die schnell genug sind, um deren Anforderungen zu erfüllen. Da alle Programmzeilen nichts anderes als Binärmuster sind, würden sich dazu alle Geräte eignen, die Einsen und Nullen speichern können. Geräte, die auf die eine oder andere Weise Nullen und Einsen speichern und auf die die CPU zugreifen kann, sind allgemein als *Speicher* bekannt.

Viele Arten von Geräten können Binärmuster perfekt speichern, aus technischer Sicht zählt sogar ein Blatt Papier als Speicher, aber Computer benötigen Speicher, der mehr kann, als nur Gruppen aus acht Einsen und Nullen aufzunehmen. Betrachten Sie dazu das folgende Programmbeispiel:

1. Lege 2 im AX-Register ab.
2. Lege 5 im BX-Register ab.
3. Wenn AX größer als BX ist, führe Zeile 4 aus, andernfalls springe zu Zeile 6.
4. Addiere 1 zum Wert in AX.
5. Gehe zurück zu Zeile 1.
6. Lege den Wert von AX auf dem externen Datenbus ab.

Dieses Programm enthält eine IF-Anweisung, die auch *Sprunganweisung* genannt wird. Die CPU muss jede Zeile des Speichers direkt ansprechen können, um zum Speicher z.B. sagen zu können: »Gib mir die nächste Codezeile« oder »Gib mir Zeile 6.« Die Speicheradressierung löst noch ein anderes Problem: Der Speicher muss nicht nur Programme, sondern auch deren Ergebnisse aufnehmen können. Wenn die CPU 2 + 3 addiert und 5 erhält, muss das Ergebnis so im Speicher abgelegt werden können, dass es später von anderen Programmen gelesen werden kann, oder es muss auf der Festplatte abgelegt werden. Über die Adresse der Speicherzeile erfahren andere Programme, wo sie die Daten finden können.

Speicher und RAM

Speicher muss nicht nur Programme, sondern auch Daten aufnehmen. Die CPU muss sie vom Speichermedium lesen und darauf schreiben können. Darüber hinaus muss das System der CPU den

Sprung zu *beliebigen* Codezeilen ermöglichen, und zwar genau so einfach wie zu anderen gespeicherten Codezeilen. All dies muss zumindest annähernd in der Taktgeschwindigkeit der CPU erfolgen. Glücklicherweise gibt es diese magischen Komponenten schon seit vielen Jahren: *RAM* (*Random Access Memory*).

1	0	0	0	0	0	1	1	1
0	1	0	0	0	0	0	0	0
0	0	0	0	1	1	0	1	1
0	1	0	1	0	0	0	0	1
0	0	0	0	0	0	0	1	0
0	1	0	1	1	0	1	0	1
0	0	1	1	1	1	0	0	0
0	0	0	0	1	0	0	1	1
1	1	1	0	0	0	0	0	0
0	0	1	0	1	1	1	0	1
1	0	0	0	0	0	0	0	0
1	0	1	0	1	0	1	0	1

Abbildung 5.14: Aus der Sicht der CPU handelt es sich beim RAM um eine Tabelle.

In Kapitel 6 (*RAM*) wird das Konzept des Arbeitsspeichers ausführlich erläutert. An dieser Stelle genügt es, wenn wir uns das RAM als elektronisches Arbeitsblatt einer Tabellenkalkulation vorstellen, wie Sie es z.B. mit Microsoft Excel erstellen können (Abbildung 5.14). Jede Zelle in dieser Tabelle kann lediglich eine Eins oder eine Null speichern. Jede Zelle wird *Bit* genannt. Jede Zeile in der Tabelle ist 8 Bit breit, um dem externen Datenbus beim 8088 zu entsprechen. Jede Zeile mit jeweils 8 Bit wird *Byte* genannt. Im PC-Bereich werden Daten zwischen RAM und Prozessor in ein Byte großen Blöcken übertragen. Das RAM ist daher in Bytezeilen organisiert. Die folgenden Begriffe werden im Zusammenhang mit Bits verwendet:

- Eine einzelne Eins oder Null = 1 Bit
- 4 Bit = 1 *Nibble*
- 8 Bit = 1 *Byte*
- 16 Bit = 1 *Wort*
- 32 Bit = 1 *Doppelwort*
- 64 Bit = 1 *Quadword*

Die Anzahl der RAM-Zeilen ist von PC zu PC unterschiedlich. Zwischen 1980 und 1990 verfügte ein typischer PC nur über einige Hunderttausend Byte RAM. Die heutigen Systeme haben dagegen oft zig Millionen oder sogar Milliarden Byte RAM.

Betrachten wir nun einmal kurz die Realität. Aus elektronischer Sicht ähnelt RAM dem Arbeitsblatt eines Tabellenkalkulationsprogramms, aber das echte RAM besteht aus Gruppen von Halbleiterchips, die auf kleine Platinen gelötet sind, die in Ihren Computer eingesetzt werden (Abbildung 5.15). In Kapitel 6 (*RAM*) erfahren Sie, wie diese Chipgruppen es schaffen, wie ein Arbeitsblatt auszusehen. Hier sollten Sie sich noch keine weiteren Gedanken über echtes RAM machen und weiter an das Arbeitsblatt einer Tabellenkalkulation denken.

Kapitel 5

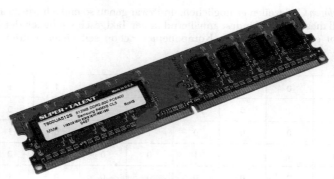

Abbildung 5.15: Typisches Speichermodul

Der Begriff *wahlfreier Zugriff* (engl. Random Access) bedeutet, dass die CPU auf alle Zeilen im RAM schnell und beliebig zugreifen kann. Auf das RAM kann nicht nur wahlfrei (direkt auf beliebige Positionen) zugegriffen werden, sondern es ist auch schnell. Durch Speicherung der Programme im RAM kann der Prozessor sehr schnell auf sie zugreifen und sie ausführen. Im RAM werden außerdem die aktuell vom Prozessor genutzten Daten gespeichert.

Computer verwenden für den Hauptspeicher des Systems *dynamisches RAM* (*DRAM*). DRAM benötigt sowohl eine konstante elektrische Ladung als auch eine regelmäßige Auffrischung der Schaltkreise, sonst gehen die Daten verloren, weshalb es hinsichtlich seines Inhalts eben dynamisch und nicht statisch ist. Die Auffrischung kann Verzögerungen verursachen, weil die CPU auf deren Abschluss warten muss. Die Hersteller moderner CPUs haben aber intelligente Verfahren entwickelt, um dies zu kompensieren, wie Sie später in diesem Kapitel noch erfahren werden, wenn es um die verschiedenen Prozessorgenerationen geht.

Verwechseln Sie das RAM nicht mit Massenspeicher wie Festplatten und Disketten, die der dauerhaften Speicherung von Programmen und Daten dienen. Der permanente Speicher wird in den Kapiteln 11 (*Festplattentechnologien*), 12 (*Vorbereitung und Wartung von Festplatten*) und 13 (*Wechseldatenträger*) eingehender beschrieben.

Adressbus

Bis jetzt besteht unser PC nur aus einem Prozessor und RAM. Was wir jetzt noch brauchen, ist eine Art Verbindung zwischen der CPU und dem RAM, die dafür sorgt, dass beide miteinander kommunizieren können. Dazu werden wir den externen Datenbus des Prozessors so erweitern, dass der Prozessor mit dem RAM und auch anderen Geräten kommunizieren kann (Abbildung 5.16).

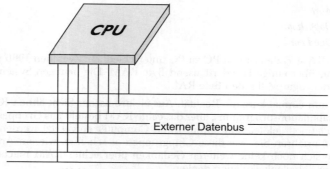

Abbildung 5.16: Der externe Datenbus wird erweitert.

Denken Sie nun einmal nach – auf welche Weise lässt sich das RAM mit dem externen Datenbus verbinden? Nur Zusammenstecken reicht ja nicht! Das RAM ist eine Tabelle mit Tausenden und Abertausenden einzelner Zeilen, während zu einem gegebenen Zeitpunkt immer nur der Inhalt einer Zeile betrachtet werden soll. Wie kann man die Sache also angehen? Wie kann das RAM so mit dem externen Datenbus verbunden werden, dass der Prozessor *jede beliebige* Zeile sehen und dabei weiterhin alle Zeilen im RAM erreichen kann? Wir brauchen irgendeinen Chip zwischen dem RAM und der CPU, der die Verbindung herstellt. Die CPU muss angeben können, welche RAM-Zeile sie benötigt, und der Chip sollte sich um die Einzelheiten kümmern und wissen, wie er genau diese Datenzeile aus dem RAM holen und auf dem externen Datenbus ablegen kann. Sie können sich denken, dass es einen derartigen Chip gibt. Er wird unterschiedlich bezeichnet, aber hier werden wir ihn jedenfalls *MCC* (*Memory Controller Chip*) nennen.

Der MCC enthält spezielle Schaltkreise, mit deren Hilfe er den Inhalt jeder RAM-Zeile übernehmen und Daten oder Befehle auf dem externen Datenbus ablegen kann. Damit kann die CPU wiederum diesem Code entsprechend agieren (Abbildung 5.17).

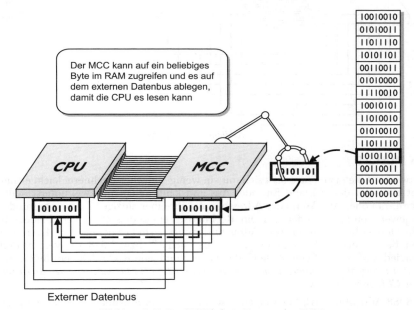

Abbildung 5.17: Der MCC holt ein Byte aus dem RAM.

Wenn der MCC seinen Platz eingenommen hat und beliebige Bytes aus dem RAM holen kann, muss die CPU dem MCC noch mitteilen können, welche Codezeile sie benötigt. Die CPU erhält daher einen zweiten Satz Leitungen, der *Adressbus* genannt wird, über den sie mit dem MCC kommunizieren kann. Unterschiedliche CPUs nutzen unterschiedlich viele Leitungen (und Sie werden gleich sehen, dass dies von größter Bedeutung ist). Beim 8088 hatte der Adressbus 20 Leitungen (Abbildung 5.18).

Durch Aktivierung und Deaktivierung der Adressbusleitungen teilt die CPU dem MCC mit, welche Zeile aus dem RAM sie gerade benötigt. Jedes einzelne Muster aus Einsen und Nullen auf diesen 20 Leitungen verweist genau auf ein Byte RAM. Damit stellen sich zwei wichtige Fragen. Erstens, wie viele verschiedene Muster aus aktivierten/deaktivierten Leitungen gibt es bei 20 Leitungen? Und zweitens, welches Muster bezieht sich auf welche RAM-Zeile?

Kapitel 5

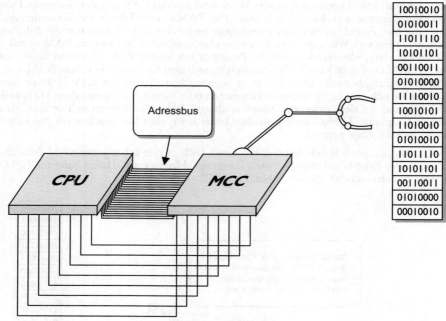

Abbildung 5.18: Adressbus

Wie viele Muster?

Die Antwort auf die erste Frage lässt sich mit ein wenig einfacher Rechnerei leicht ermitteln: Jede Leitung hat entweder den Zustand Ein oder Aus und kann daher nur zwei unterschiedliche Zustände annehmen: Ein oder Aus. Wenn der Adressbus aus nur einer einzigen Leitung bestünde, könnte diese Leitung jeweils nur auf Ein oder Aus sein. Rechnerisch ergibt dies $2^1 = 2$ verschiedene Kombinationsmöglichkeiten. Gibt es dagegen zwei Adressbusleitungen, sind es bereits $2^2 = 4$ verschiedene Kombinationen. Bei 20 verschiedenen Leitungen ergeben sich 2^{20} (bzw. 1.048.576) verschiedene Kombinationen. Da jedes Muster auf eine Zeile Code verweist und jede RAM-Zeile ein Byte enthält, *kennen Sie daher mit der Anzahl der Leitungen im Adressbus gleichzeitig die Maximalgröße des Arbeitsspeichers, die eine bestimmte CPU verwalten kann.*

Da der 8088-Adressbus aus 20 Leitungen bestand, konnte er maximal 2^{20} bzw. 1.048.576 Byte verwalten und besaß damit einen *Adressraum* von 1.048.576 Byte. Das heißt aber nicht, dass jeder Computer mit einer 8088-CPU 1.048.576 Byte RAM hatte – weit gefehlt! Der Original-IBM-PC war nur mit 64 Kilobyte ausgestattet, und das hielt man in den Anfangszeiten der Computerei in den frühen 1980ern für mehr als ausreichend.

Sie wissen nun also, dass der 8088 20 Adressleitungen und einen Adressraum von 1.048.576 Byte besaß. Das stimmt zwar, aber niemand verwendet diese Zahlen, wenn es um den Adressraum des 8088 geht. Stattdessen sagt man, dass der Adressraum des 8088 ein *Megabyte* (1 MB) groß ist.

Was ist ein »Mega«? Befassen wir uns also ein wenig mit der Terminologie. Wenn wir es mit Computern zu tun haben, dann haben wir es ständig mit der Anzahl der Muster zu tun, die über einen Satz Leitungen dargestellt werden können. Bestimmte Zweierpotenzen haben daher Bezeichnungen, die im Rechnerbereich häufig verwendet werden. Diese werden in der folgenden Aufstellung erläutert:

- 1 Kilo (K) = 2^{10} = 1.024
- 1 Kilobyte (KB) = 1.024 Byte
- 1 Mega (M) = 2^{20} = 1.048.576
- 1 Megabyte (MB) = 2^{20} = 1.048.576 Byte

- 1 Giga (G) = 2^{30} = 1.073.741.824
- 1 Gigabyte (GB) = 2^{30} = 1.073.741.824 Byte
- 1 Tera (T) = 2^{40} = 1.099.511.627.776
- 1 Terabyte (TB) = 1.099.511.627.776 Byte
- 1 K ist *nicht* gleich 1.000 (eintausend)
- 1 M ist *nicht* gleich 1.000.000 (eine Million)
- 1 G ist *nicht* gleich 1.000.000.000 (eine Milliarde)
- 1 T ist *nicht* gleich 1.000.000.000.000 (eine Billion)
- (Knapp vorbei ist auch daneben!)

Natürlich ist ein Kilo gleich 1000, wenn Sie sich im metrischen System bewegen. Es bedeutet auch 1000, wenn es um die Taktgeschwindigkeit eines Chips geht, 1 kHz ist also gleich 1000 Hz. Geht es dagegen um die Speicherkapazität, kommen die Binärzahlen ins Spiel und sorgen dafür, dass 1 KB = 1024 Byte ist. Haben Sie das verstanden? Dieselbe verwirrende Doppelbedeutung gilt für die ganze Kette: 1 MHz ist 1000000 Hz, aber 1 MB ist 1048576 Byte. 1 GHz ist 1 Milliarde Hz, aber 1 GB ist 1073741824 Byte usw.

> **Hinweis**
>
> Bits und Bytes werden unterschiedlich abgekürzt. Der *Groß*buchstabe B steht abkürzend für *Byte*, während der *Klein*buchstabe b abkürzend für *Bit* steht. Bei 4 KB handelt es sich also um vier Kilobyte, während 4 Kb für vier Kilobit steht!

Welches Muster entspricht welcher Zeile?

Die zweite Frage ist etwas schwieriger zu beantworten: »Welches Muster entspricht welcher Zeile im RAM?« Um diese Frage zu verstehen, müssen Sie zuvor ein wenig über Binärzahlen wissen. Binär gesehen existieren nur die beiden Zahlen 1 und 0, wodurch sich das Binärsystem so gut für die Darstellung der möglichen Leitungszustände Ein und Aus eignet. Versuchen Sie einmal binär zu zählen: 0, 1 ... und was kommt dann? Jedenfalls nicht 2 – Sie können nur 0 und 1 verwenden! Die nächste Zahl nach 1 ist 10! Versuchen Sie nun einmal binär bis 1000 zu zählen: 0, 1, 10, 11, 100, 101, 110, 111, 1000. Probieren Sie einmal, bis 10000 zu zählen, und seien Sie unbesorgt, denn Sie werden dafür nicht lange brauchen!

Ihre neuen binären Kenntnisse können Sie nun mit dem vorgestellten Konzept verknüpfen. Gehen Sie nun von binär wieder zur guten alten dezimalen Zählweise (zur Basis 10) zurück – nehmen Sie an, dass Sie die Zahl 365 haben, der Sie Nullen voranstellen, etwa so: 000365. Am Wert der Zahl ändert sich dadurch nichts. Zählen Sie jetzt noch einmal binär und fügen Sie auf die beschriebene Weise so viele Nullen hinzu, dass 20 Stellen entstehen:

```
00000000000000000000
00000000000000000001
00000000000000000010
00000000000000000011
00000000000000000100
00000000000000000101
00000000000000000110
00000000000000000111
00000000000000001000
```

Das wäre doch eine großartige Möglichkeit zur Darstellung der RAM-Zeilen auf dem Adressbus, oder etwa nicht? Die CPU würde das erste Byte im RAM auf dem Adressbus über 00000000000000000000 erkennen. Die letzte RAM-Zeile erhält für die CPU die Adresse 11111111111111111111. Wenn die CPU alle Adressbusleitungen ausschaltet, will sie also die erste RAM-Zeile lesen, schaltet sie dagegen alle Leitungen ein, geht es um die 1.048.576ste RAM-Zeile. Natürlich lassen sich so auch alle RAM-

Zeilen dazwischen über den Adressbus ansprechen. Über die verschiedenen Muster aus Einsen und Nullen auf dem Adressbus kann der Prozessor also auf beliebige Zeilen im Speicher zugreifen.

Essentials

Moderne Prozessoren

Moderne Prozessoren verfügen weiterhin über die wesentlichen Strukturen des Intel 8088, wie z.B. Register, Befehlssätze und natürlich die *ALU* (*Arithmetic Logic Unit*) und damit unserem Freund, dem Schachtelmann. In den Jahrzehnten des Personal Computers haben viele Hersteller versucht, die Dominanz von Intel zu durchbrechen, von denen einige sogar überlebt haben. Alle Prozessorhersteller haben mit verschiedenen Prozessorbauformen, Anschlüssen usw. experimentiert. Die erstaunliche Vielfalt moderner CPUs stellen neue Techniker vor einzigartige Herausforderungen. Welcher Prozessor eignet sich für welche Mainboards? Können für ein Mainboard Prozessoren mehrerer Hersteller verwendet werden? Handelt es sich nicht durchweg um Personal Computer, so dass die Komponenten austauschbar sind?

Dieser Abschnitt bietet einen Überblick über den modernen Prozessormarkt. Zunächst werde ich die Hersteller kurz vorstellen, damit Sie wissen, wer in diesem Bereich aktiv ist. Nachdem Sie wissen, wer die CPUs herstellt, betrachten wir die heute genutzten Prozessorgenerationen, beginnend mit dem Intel Pentium. Alle modernen Prozessoren basieren auf der Technologie, die Intel erstmals mit dem Pentium vorgestellt hat. Ich werde daher mit dem Pentium beginnen, um die Einzelheiten der gemeinsamen Technologie zu erläutern, und dann bei der Beschreibung der nachfolgenden Prozessoren auf deren zusätzliche Merkmale eingehen.

Hersteller

Als IBM 1980 Intel anbot, die CPUs für ihren neuen IBM PC zu liefern, entstand für Intel damit mehr oder weniger ein Monopol für alle PC-CPUs. Die anderen CPU-Hersteller dieser Zeit wurden immer unwichtiger: MOS Technology, Zilog, Motorola – keiner konnte direkt mit Intel konkurrieren. Mit der Zeit entstanden andere Konkurrenten, die Intel die Vorherrschaft in diesem Marktbereich streitig machen. Insbesondere das Unternehmen *AMD* (*Advanced Micro Devices*) begann, Nachbauten der Intel-CPUs herzustellen, womit ein interessanter und recht ruinöser Wettbewerb mit Intel entstand, der bis heute andauert.

Intel

Intel hat den PC-Markt mit seinen Prozessoren und Mainboard-Chipsätzen weitgehend dominiert. An fast jedem einzelnen Schritt in der Entwicklung des Personal Computers war Intel wegweisend mit technologischen Fortschritten und einer – für ein derart großes Unternehmen – erstaunlichen Flexibilität beteiligt. Intel-Prozessoren und deren Befehlssätze definieren den Personal Computer. Intel stellt aktuell gut ein halbes Dutzend Prozessormodelle für Desktop-Rechner, Laptops und Notebooks her, die die Markennamen *Celeron*, *Pentium* oder *Core* tragen. Die sehr energieeffizienten Prozessoren für portable Rechner und Smartphones heißen *Atom* und Prozessoren für die leistungsstärksten Workstations/Server wurden *Xeon* getauft.

> **Hinweis**
>
> Mittlerweile hat Intel die Verwendung eines vereinfachten Namensschemas für die Mehrzahl seiner neuen Prozessoren angekündigt, die alle den Markennamen *Core* tragen sollen. Aus den Prozessorbezeichnungen Core i3, Core i5 und Core i7 soll sich schnell darauf schließen lassen, wie deren Leistung im Vergleich mit anderen Core-Prozessoren einzuordnen ist. Der Core i7 ist z.B. leistungsfähiger als der Core i5. Dabei wird die Atom-Prozessorfamilie wahrscheinlich von der Core-Familie getrennt bleiben.

AMD

Man kann heute nicht wirklich über Prozessoren sprechen, ohne Advanced Micro Devices (AMD) zu erwähnen. AMD stellt hervorragende Prozessoren für den PC-Markt her und bleibt Intel auf dem Prozessormarkt seit etlichen Jahren recht dicht auf den Fersen. Wie Intel stellt auch AMD nicht nur Prozessoren her. Der Prozessorbereich ist aber sicherlich der Bereich, von dem öffentlich am meisten Notiz genommen wird. AMD hat Prozessoren hergestellt, die die Funktion der Intel-CPUs nachgebildet haben (Klone). Wenn Intel den im Original-IBM-PC verwendeten Prozessor erfunden hat, wie konnte AMD dann CPUs nachbauen, ohne verklagt zu werden? Das liegt daran, dass Chiphersteller Technologien gewöhnlich untereinander austauschen und entsprechende gegenseitige Lizenzvereinbarungen unterschreiben. In grauer Vorzeit haben AMD und Intel 1976 eine solche Vereinbarung unterzeichnet, die AMD das Recht zum Kopieren bestimmter Prozessortypen einräumt.

Der Ärger begann mit dem Intel 8088. Intel war bei der Herstellung von CPUs auf AMD angewiesen. Das PC-Geschäft war damals noch jung und über die Existenz mehrerer Lieferanten ließ sich bei der Prozessorauswahl das Vertrauen von IBM gewinnen. Damals war das Leben noch einfach. Nach ein paar Jahren war Intel aber enorm gewachsen und wollte nicht mehr, dass AMD Prozessoren fertigte. AMD berief sich auf die unterzeichnete Vereinbarung und stellte während der 1980er und bis in die 1990er Pin für Pin identische Prozessoren her, die genau den Intel-Prozessor-Produktlinien entsprachen (Abbildung 5.19). Damals konnte man eine Intel-CPU aus einem System ausbauen und sie problemlos durch einen AMD-Prozessor ersetzen!

Abbildung 5.19: Alte und identische Intel- und AMD-486er von Anfang der 1990er Jahre

Nach jahrelangem Rechtsstreit legten Intel und AMD diesen im Januar 1995 bei und einigten sich darauf, das Lizenzabkommen zu beenden. Aufgrund dieses Abkommens sind AMD-Chips nicht mehr mit den Sockeln und Mainboards von Intel kompatibel, auch wenn sie manchmal ähnlich aussehen. Wenn Sie heute einen AMD-Prozessor verwenden wollen, dann müssen Sie auch ein für AMD-Prozessoren entwickeltes Mainboard kaufen bzw. einsetzen. Und wenn Sie einen Intel-Prozessor verwenden wollen, dann müssen Sie auch ein dafür entwickeltes Mainboard benutzen. Sie haben daher zwei Alternativen: Intel oder AMD. Auf diese beiden Hersteller werde ich in diesem Kapitel noch näher eingehen, wenn ich die modernen Prozessoren eingehender beschreibe.

Abbildung 5.20: Der Intel 8088 mit seinem DIP-Gehäuse

Prozessorbauformen

Eines der vielen Merkmale, die die PCs so attraktiv machen, ist es, dass (fortgeschrittene) Benutzer eine CPU durch eine andere ersetzen können. Damit Prozessoren aber ausgewechselt werden können, müssen sie eine standardisierte Bauform besitzen, die zu den entsprechend standardisierten Sockeln auf dem Mainboard passt. CPUs wurden im Laufe der Jahre in einer verwirrenden Anzahl von Bau- bzw. Gehäuseformen (engl. *packages*) angeboten. Die zerbrechlichen kleinen DIP-Gehäuse des 8088 (Abbildung 5.20) wurden in den späten Neunzigern von sperrigen Prozessorplatinen (Abbildung 5.21) abgelöst, denen wiederum Prozessoren mit der heute vorherrschenden Grid-Array-Bauform folgten.

Abbildung 5.21: Ein AMD Athlon für den Slot A

Die Grid-Array-Bauform wurde seit Mitte der 1980er bevorzugt verwendet. Bei der gebräuchlichsten Variante handelt es sich um *PGA* (*Pin Grid Array*) . PGA-CPUs erkennt man an ihrer quadratischen Form mit vielen – meist Hunderten – winzigen Pins (Abbildung 5.22).

Abbildung 5.22: Beispiele für die PGA-Bauform

Gemeinsam haben Intel und AMD im Laufe der Jahre annähernd 100 Varianten der PGA-Bauform für Hunderte unterschiedlicher CPU-Modelle verwendet, mit Namen wie Staggered-PGA, Mikro-PGA, Ball Grid Array (wobei winzige Kugeln anstelle von Pins verwendet werden) oder Land Grid Array (wobei Kontaktflächen statt Pins verwendet wurden). Es gibt auch viele verschiedene Varianten von PGA-CPUs, was die Anzahl der Pins an der CPU betrifft. Diese CPUs rasten in speziellen Sockeln auf dem Mainboard ein, wobei Sockel und Pins (oder Kügelchen oder Kontaktflächen) einander genau entsprechen müssen. Um das Einsetzen und Entfernen von Prozessoren zu erleichtern, besitzen diese so genannten *ZIF*-Sockel (*Zero Insertion Force*) seitlich einen kleinen Hebel (Abbildung 5.23) oder eine Art Abdeckung, die über den Sockel passt (Abbildung 5.24) und den Prozessor festhält. ZIF-Sockel sind universell und können leicht an ihrer quadratischen Form erkannt werden.

Mikroprozessoren

Abbildung 5.23: ZIF-Sockel mit seitlichem Hebel

Abbildung 5.24: ZIF-Sockel mit Abdeckung

Hinweis

Auch wenn es viele Varianten der PGA-Bauform gibt, nennen Techniker sie meist allgemein »PGA«.

Die ersten Sockelgenerationen wurden durchnummeriert und hießen *Sockel 1* bis *Sockel 8*. Weil man sich dabei nur schwer merken konnte, wie viele Pins die einzelnen Sockeltypen besaßen, gingen die CPU-Hersteller dazu über, Sockelnamen zu vergeben, in denen sich die Anzahl der Pins widerspiegelte. Die meisten Sockel tragen heute Bezeichnungen wie *Sockel 1366* oder *Sockel 775*, was der Anzahl der Anschlüsse entspricht.

Hinweis

AMD verwendet für seine Prozessoren und Sockel ein ganz anderes Namensschema als Intel. Häufig sprechen Techniker gar nicht von Intel oder AMD, sondern verwenden nur die Sockelbezeichnung und fragen z.B.: »Ist das ein Sockel-1366-Mainboard?«

Kapitel 5

Es ist sehr wichtig, dass Sie die gängigsten CPU/Sockel-Typen kennen. Wenn Sie die verschiedenen Prozessortypen in diesem Kapitel kennen lernen, sollten Sie auch auf die von ihnen verwendeten Sockel achten.

Der Pentium: Die frühen Jahre

Seit der Entwicklung des 8088 in den späten 1970ern gab es im Prozessorbereich eine Vielzahl von Verbesserungen. Mit den Fortschritten vom 8088 bis zu den modernen CPUs sind der externe Datenbus, der Adressbus und die Register deutlich breiter und damit leistungsfähiger geworden. Weiterhin wurden die Taktfrequenzen mit den Prozessorgenerationen immer weiter gesteigert. Die 1980er brachten aufregende Entwicklungen im Bereich der Prozessortechnologie. Die 8088-CPU wurde durch eine Reihe verbesserter Prozessoren mit Namen wie 80286, 80386 und 80486 abgelöst (Abbildung 5.25). Diese Prozessorfamilien besaßen jeweils breitere Busse, arbeiteten mit zunehmend höheren Taktfrequenzen und boten weitere Verbesserungen.

Abbildung 5.25: Alte Prozessoren

1993 stellte Intel den berühmten Pentium-Prozessor vor. Auch wenn der Ur-Pentium mittlerweile nicht mehr hergestellt wird, handelt es sich bei ihm um den ersten Intel-Prozessor, der alle Kernfunktionen enthält, die die heutigen modernen CPUs definieren.

Hinweis

Viele der Merkmale, die hier dem Pentium zugeordnet werden, gab es eigentlich schon früher, aber der Pentium war die erste CPU, die *alle* diese Funktionen unterstützte.

Auch wenn er mit wesentlich höherer Taktfrequenz arbeitet, einen breiteren Adress- und Datenbus und breitere Register besitzt, behielt der Pentium die Kernfunktionen des 8088 und seiner Nachfolger bei. Zudem bot er weitere Funktionen, die es beim Original-8088 nicht gab.

Das Aufkommen der 32-Bit-Verarbeitung

Der alte 8088 hatte 16-Bit-Register, einen 8 Bit breiten externen Datenbus und einen 20 Bit breiten Adressbus. Alte Betriebssysteme (wie DOS oder frühe Windows-Versionen) waren auf den 8088 ausgelegt. Im Laufe der Jahre wurden der Adressbus und die allgemeinen Register der neueren Prozessoren auf 32 Bit verbreitert, womit sehr viel leistungsfähigere Betriebssysteme (z.B. Linux, Windows XP oder Windows Vista) den Pentium nutzen, größere Zahlen in einem Schritt verarbeiten und bis zu 2^{32} = 4.294.967.296 = 4 GB RAM adressieren konnten (Abbildung 5.26). Die Ausführung von 32-Bit-Betriebssystemen auf 32-Bit-Hardware wird *32-Bit-Verarbeitung* genannt.

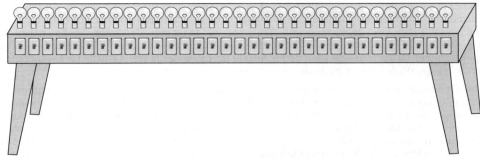

Abbildung 5.26: Ein 32-Bit-Register

AMD und Intel bauen heute 64-Bit-Prozessoren, die bis zu $2^{64} = 18.446.744.073.709.551.616$ Byte RAM adressieren können. Um den breiteren Adressbus nutzen zu können, müssen aber auch 64-Bit-Betriebssysteme eingesetzt werden. Mehr über 64-Bit-Prozessoren erfahren Sie später in diesem Kapitel.

Pipelining

Erinnern Sie sich noch an die Vorstellung, eine Kurbel mehrfach zu drehen, um ein Ergebnis von der CPU zu erhalten? Hauptsächlich liegt dies daran, dass die CPU mindestens vier *Ausführungsstufen* bzw. *Phasen* durchlaufen muss, um einen Befehl vom externen Datenbus zu übernehmen, die Berechnung auszuführen und das Ergebnis wieder auf dem externen Datenbus abzulegen:

1. **Fetch.** Daten vom externen Datenbus übernehmen.
2. **Decode.** Ermitteln, welcher Befehl ausgeführt werden soll.
3. **Execute.** Die Berechnung(en) durchführen.
4. **Write.** Die Daten wieder auf dem externen Datenbus ablegen.

Intelligente, getrennt voneinander arbeitende Schaltkreise innerhalb der CPU kümmern sich um die einzelnen Phasen. Wenn ein Befehl auf dem externen Datenbus abgelegt wurde, dann mussten bei den alten Prozessoren die einzelnen Phasen ihre Aufgabe erst einmal abschließen und das Ergebnis der CPU miteilen, bevor die nächste Phase in Angriff genommen werden konnte, so dass zur Verarbeitung eines Befehls immer mindestens vier Taktzyklen benötigt wurden. Bei jedem Taktzyklus blieben drei der vier Ausführungsstufen untätig. Heute arbeiten die Schaltkreise wie ein Förderband und man spricht von einer *Pipeline*. Durch das Pipelining kann jede Phase in jedem Taktzyklus eine Aufgabe erledigen, was viel effizienter ist. Da es in der CPU mehrere Schaltkreise gibt, die mehrere Aufgaben parallel erledigen können, erweitern wir die Analogie unseres Schachtelmanns um das Pipelining. Dadurch haben wir es nun mit mehreren Schachtel*männern* am Fließband zu tun (Abbildung 5.27)!

Abbildung 5.27: Eine einfache Pipeline

Kapitel 5

Pipelines sorgen dafür, dass alle Prozessorphasen in einem Takt beschäftigt sind, so dass der Prozessor auch ohne Erhöhung der Taktfrequenz effizienter arbeiten kann. Beachten Sie, dass die CPU vier Phasen besitzt (Fetch, Decode, Execute und Write) und wir daher eine vierstufige Pipeline haben. Keine je hergestellte CPU hatte weniger als vier Ausführungsstufen, und mit den Fortschritten beim Zwischenspeichern der Daten (*Caching*) stieg deren Anzahl im Laufe der Jahre. Aktuelle CPU-Pipelines enthalten in einigen Fällen bis zu 20 Ausführungsstufen.

Das Pipelining ist nicht perfekt. Zuweilen hat es eine Ausführungsstufe mit einem komplexen Befehl zu tun, dessen Abarbeitung mehr als einen Taktzyklus benötigt, so dass die Pipeline gezwungenermaßen angehalten wird. Diese Stopps, auch als *Pipeline-Stalls* bezeichnet, versucht die CPU möglichst zu vermeiden. Die Decode-Phase verursacht tendenziell die meisten Pipeline-Stalls – bestimmte Befehle sind zu komplex und deshalb schwieriger zu decodieren als andere. Der Pentium besaß zwei Decode-Phasen, um Pipeline-Stalls aufgrund komplexer Decodierung weniger wahrscheinlich zu machen.

Hinweis

Nach dem Pentium wurden die Pipelines immer länger und erreichten im Pentium 4 schließlich 20 Phasen. Seither verwenden Intel und AMD Pipelines mit 12 Phasen (obwohl sich dies auch wieder ändern kann).

Durch das Pipelining konnte der Pentium natürlich effizienter arbeiten, aber es gibt ein weiteres Problem – die Execute-Phase. Prozessoren bestehen aus mehreren Schaltkreisen, die für verschiedene Berechnungen im PC zuständig sind. Ein Teil beispielsweise, die *Integer-Einheit*, führt ganzzahlige Berechnungen ohne Fließkomma durch. $2 + 3 = 5$ ist ein wunderbares Beispiel für eine Integer-Berechnung. Die typische CPU verbringt mehr als 90 Prozent ihrer Arbeit mit ganzzahligen Berechnungen. Im Pentium gibt es aber auch spezielle Schaltkreise zur Verarbeitung komplexerer Zahlen, die so genannte *FPU* (*Floating Point Unit*, Fließkommaeinheit). Mit einer einzigen Pipeline arbeiteten in jeder Ausführungsstufe nur die Integer-Einheit oder die Fließkommaeinheit. Noch schlimmer war, dass Fließkommaberechnungen häufig sehr, sehr viele Taktzyklen benötigten, wodurch die CPU die Pipeline anhalten musste, bis die Fließkommaeinheit die Ausführung des komplexen Befehls abgeschlossen hatte (Abbildung 5.28).

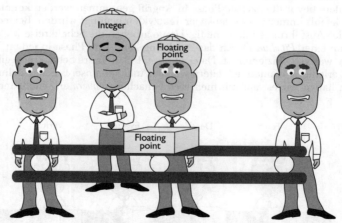

Abbildung 5.28: Gelangweilte Integer-Einheit

Hinweis

Die Integer-Einheit wird häufig auch *ALU* (*Arithmetic Logic Unit*) genannt. Beide Begriffe sind korrekt.

Um die Sache reibungsloser zu gestalten, spendierte Intel dem Pentium zwei Pipelines – eine Haupt-Pipeline »für alles« und eine Pipeline nur für Integer-Berechnungen. Auch wenn Pipeline-Stalls dadurch nicht verhindert werden können, gab es zumindest eine zweite Pipeline, die weiterarbeitete, wenn die Haupt-Pipeline angehalten war (siehe Abbildung 5.29).

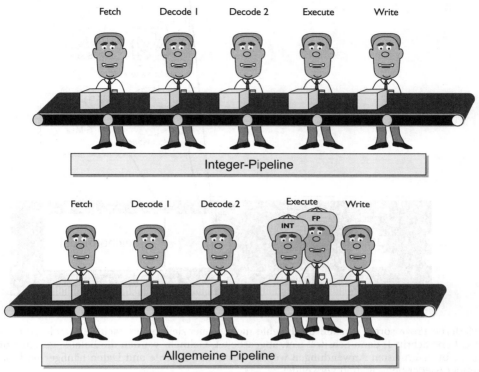

Abbildung 5.29: Die Doppel-Pipeline des Pentium

Die beiden Pipelines des alten Pentium waren so erfolgreich, dass Intel und AMD nachfolgende CPUs mit immer mehr Pipelines versahen. Die meisten Prozessoren haben heute etwa acht Pipelines, auch wenn es bei den verschiedenen Prozessoren erhebliche Unterschiede gibt.

> **Hinweis**
>
> Einer der größten Unterschiede zwischen vergleichbaren AMD- und Intel-Prozessoren sind die Pipelines. AMD bevorzugt viele kurze Pipelines, während Intel eher zu ein paar wenigen, langen Pipelines tendiert.

CPU-Cache

Wenn ein Programm, wie z.B. ein Webbrowser, gestartet wird und sein Code zur CPU übertragen wird, dann werden eigentlich viele kleine Programme gleichzeitig ausgeführt. Sobald Sie das entsprechende Symbol anklicken, beginnt Windows mit der Übertragung zahlreicher unterschiedlicher Programme zur CPU. Jedes dieser Programme kann in mehrere kleine Stücke zerlegt werden, die so genannten *Threads* und Daten. Die einzelnen Threads bestehen aus einer Reihe von Befehlen, die die Daten auf bestimmte Weise manipulieren.

Betrachten Sie Abbildung 5.30. Sie zeigt vier Programme im RAM, einen Webbrowser, Solitär, ein Bildbearbeitungsprogramm und ein E-Mail-Programm. Beachten Sie, dass die nicht alle dieselbe Größe haben. Einige Programme benötigen mehr Arbeitsspeicher als andere.

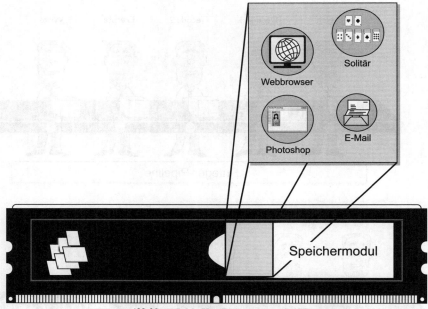

Abbildung 5.30: Vier Programme im RAM

Moderne Prozessoren arbeiten die Befehle nicht sequenziell, einen nach dem anderen ab. Es wird nicht erst Schritt 1, dann Schritt 2 usw. abgearbeitet, vielmehr werden die Befehle geeignet umarrangiert. In den meisten Anwendungen werden bestimmte Befehle und Daten häufiger und manchmal immer wieder benötigt und verwendet.

Pipelining-CPUs funktionieren fantastisch, solange die Pipelines mit Threads gefüllt sind. Weil die CPU vom vergleichsweise langsamen Arbeitsspeicher nicht unterbrechungslos mit Code versorgt werden kann, kommt es immer wieder einmal zu Pipeline-Stalls bzw. zu so genannten *Wartezyklen* (*Waitstates*). Um die Anzahl der Waitstates zu verringern, wurde der Pentium intern mit zusätzlichem, extrem schnellem Speicher ausgestattet, so genanntem *statischem RAM* (*SRAM*). In das SRAM werden vorab möglichst viele Threads geladen, und es enthält Kopien bereits ausgeführter Threads, die möglicherweise vom Prozessor erneut ausgeführt werden müssen (siehe Abbildung 5.31). Das auf diese Weise genutzte SRAM wird *Cache* genannt.

Der SRAM-Cache im Prozessor war zwar winzig und nur etwa 16 KB groß, steigerte die Leistung aber enorm. Letztlich war er derart hilfreich, dass viele Mainboard-Hersteller damit begannen, direkt auf ihren Pentium-Mainboards weiteren Cache-Speicher hinzuzufügen. Diese Caches waren mit meist 128 bis 512 KB viel größer. Wenn die CPU nach einer Codezeile suchte, sah sie zuerst in ihrem internen Cache nach. Befand sich der Code nicht dort, ging die Suche im Cache auf dem Mainboard weiter. Der Prozessor-Cache wurde *L1-Cache* genannt, weil die CPU hier zuerst nachsah. Der Cache auf dem Mainboard wurde *L2-Cache* genannt, letztlich nicht deshalb, weil er sich auf dem Mainboard befand, sondern weil es sich um den zweiten Cache handelte, in dem die CPU nachsah. Später trieben Entwickler das Cache-Konzept weiter voran und integrierten auch den L2-Cache in die CPU. Einige CPUs nutzten sogar drei Cache-Ebenen: L1, L2 und L3.

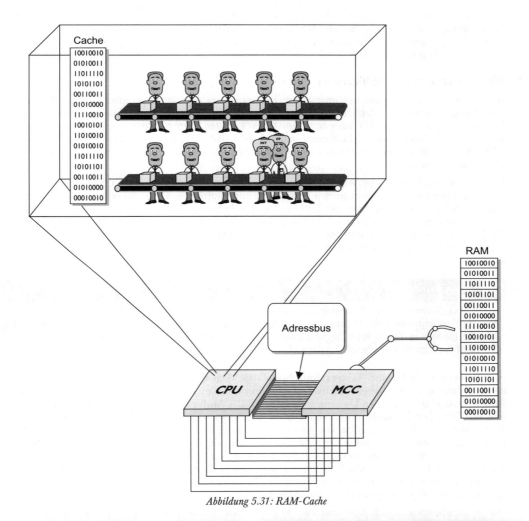
Abbildung 5.31: RAM-Cache

> **Hinweis**
>
> Man spricht auch von Level-1-, Level-2- und Level-3-Cache anstelle von L1-, L2- und L3-Cache. Beide Varianten sind korrekt.

> **Hinweis**
>
> Die Frage drängt sich auf, warum Prozessorhersteller nicht einfach größere L1-Caches eingeführt haben, statt L1- und L2-Caches onboard bereitzustellen. Die Antwort lautet, dass ein sehr kleiner L1- und ein größerer L2-Cache sehr viel effizienter sind als ein einziger schneller L1-Cache!

Der Pentium beherrschte die so genannte *Branch Prediction* (*Sprungvorhersage*), ein Verfahren, bei dem der Prozessor Programmsprünge vorherzusehen versuchte, bevor sie die CPU selbst erreichten. Ein gutes Beispiel dafür ist eine IF-Anweisung: »Wenn der Wert im AX-Register = 5, beende die Ausführung dieses Codes und springe an eine andere Speicherposition«. Ein solcher Sprung würde alle Daten im Cache nutzlos machen. Der L1-Cache im Pentium konnte Sprungbefehle erkennen. Unter Verwendung eines Zählers, der die Richtung des vorherigen Sprungs protokollierte, versuchte die CPU, die Sprungrichtung zu »erraten« und lud den entsprechenden Programmzweig vorab in den Cache. Das Verfahren mit dem Zähler war zwar nicht perfekt, lag aber öfter richtig als falsch.

Taktfrequenz und Multiplikatoren

Bei den ersten Mainboards bestimmte der Taktgeber das Arbeitstempo aller Chips auf dem Mainboard und nicht nur das der CPU. Das funktionierte eine Weile recht gut, bis klar wurde, dass CPU-Hersteller (eigentlich Intel) Prozessoren herstellen konnten, deren Taktfrequenzen weit höher als die der übrigen Chips auf dem Mainboard lagen. Intel hatte also die Wahl, entweder keine schnelleren CPUs herzustellen oder Verfahren zu entwickeln, mit denen der Prozessor schneller als der übrige Computer laufen konnte.

Um dieses Problem zu überwinden, entwickelte Intel taktvervielfachende CPUs. *Taktvervielfachende CPUs* übernehmen das ankommende Taktsignal und multiplizieren es innerhalb der CPU hoch, so dass die Schaltkreise innerhalb der CPU mit einem höheren Takt betrieben werden können. Damit die Taktvervielfachung funktioniert, müssen Daten zwischengespeichert werden (Caching). CPUs mit Caches verwenden ihre Taktzyklen überwiegend zur Durchführung von Berechnungen sowie für den Transport von Daten zwischen den Caches und nicht zur Übertragung von Daten über die externen Busse.

> ### Hinweis
> Die Vervielfachung der Taktfrequenz wurde erstmals bei Intel-80486-Prozessoren angewendet. Anfangs verdoppelten die Prozessoren durchweg exakt die Taktfrequenz, so dass von *Taktverdopplung* die Rede war. Die beiden Begriffe lassen sich alternativ verwenden, auch wenn moderne CPUs die Taktfrequenz weit mehr als verdoppeln!

Alle modernen CPUs sind Taktvervielfacher. Tatsächlich arbeiten heute alle CPUs mit zwei *Taktfrequenzen*: ihrer internen Arbeitsgeschwindigkeit und der Geschwindigkeit, mit der sie Daten über den Adressbus und den externen Datenbus übertragen. Die Multiplikatoren liegen im Bereich zwischen 2x und fast 30x! Die Multiplikatoren müssen auch nicht ganzzahlig sein. Multiplikatoren wie z.B. 6,5x sind genauso häufig anzutreffen wie ganzzahlige Multiplikatoren (z.B. 7x). Ein Pentium der letzten Generation arbeitete z.B. mit einer externen Geschwindigkeit von 66 MHz, woraus sich bei einem Multiplikator von 4,5x eine interne Geschwindigkeit von 300 MHz ergab. Der 3,06-GHz-Intel-Pentium-4 läuft mit einer externen Taktfrequenz von 133 MHz und arbeitet mit einem Multiplikator von 23x, woraus sich 3,06 GHz ergeben. Ohne die Taktvervielfachung wären moderne CPUs noch weit von ihren aktuellen Geschwindigkeiten entfernt.

Die Systembusgeschwindigkeit und der Multiplikator mussten bei Pentium-Systemen über kleine Steckbrücken (Jumper) auf dem Mainboard manuell eingestellt werden (Abbildung 5.32). Moderne Prozessoren teilen dem Mainboard über eine Funktion namens *CPUID* (CPU Identifier) ihre Kenndaten mit, so dass Systembusgeschwindigkeit und Multiplikator automatisch eingestellt werden.

Abbildung 5.32: DIP-Switch auf einem alten Mainboard

Jahrelang forderten die Benutzer immer höhere Taktgeschwindigkeiten, weil man glaubte, die Taktgeschwindigkeit sei das wichtigste Unterscheidungsmerkmal zwischen den CPUs. Ab 2003 sorgten Fortschritte im Caching, Pipelining und vielen anderen internen CPU-Bereichen dafür, dass sich die Taktgeschwindigkeit allein zunehmend schlechter für den Prozessorvergleich eignete. Die CPU-Hersteller geben ihren Prozessoren Modellnummern – nichts weiter als Marketingnamen –, um einen Prozessor vom anderen zu unterscheiden. Der Intel Core Duo T2300 beispielsweise läuft eigentlich mit 1,66 GHz (166 MHz externe Geschwindigkeit mit 10x-Multiplikator). Wenn Sie die Geschwindigkeit eines Prozessors ermitteln wollen, müssen Sie auf der Website des CPU-Herstellers nachsehen oder andere Quellen zu Rate ziehen.

CPU-Spannung

Einfach ausgedrückt handelt es sich bei einer CPU um nichts weiter als einen Haufen *Transistoren*, um winzige elektrische Schalter, die es der CPU ermöglichen, den Binärcode zu verarbeiten, aus dem die Programme bestehen. Transistoren brauchen wie alle anderen elektronischen Komponenten eine bestimmte Spannung, um fehlerfrei arbeiten zu können. Ist die Spannung zu hoch, geht der Transistor kaputt, ist sie zu niedrig, funktioniert er nicht. In den ersten zehn Jahren der PC-Geschichte wurden CPUs mit 5Nn-V-Spannung versorgt, so wie jeder andere Schaltkreis auf dem Mainboard. Um die Komplexität neuer CPU-Generationen zu steigern und deren Fähigkeiten zu verbessern, erhöhten die Entwickler einfach die Anzahl der Transistoren. Aber irgendwann wechselten sie die Strategie und versuchten, die Anzahl nun auf einen sinnvollen Wert zu beschränken.

Intel und AMD entdeckten, dass sich bei niedrigerer Spannung die Größe der Transistoren reduzieren ließ, so dass sie sich enger packen ließen. Intel entwickelte dann z.B. die ersten Pentiums, die nur 3,3 Volt benötigten. AMD reagierte darauf mit eigenen CPUs der Pentium-Klasse, die mit noch niedrigeren Spannungen auskamen.

Die Mainboard-Hersteller passten sich an die veränderte Prozessorlandschaft an und entwickelten Mainboards, die für die Prozessoren mehrere unterschiedliche Spannungen bereitstellen konnten. Da die Schaltungen auf dem Mainboard aber weiterhin durchweg mit 5-Volt-Spannung arbeiteten, bauten die Hersteller *Spannungswandler* (*VRM – Voltage Regulator Module*) in ihre Mainboards ein, die die Spannung speziell für die Prozessoren herabsetzten.

Da die besseren neuen Mainboards mehrere CPU-Spannungen unterstützten, mussten Techniker anfangs CPU-spezifische Spannungswandler einbauen. Die Hersteller besserten aber schnell nach und integrierten Spannungswandler in die Mainboards, bei denen die Techniker nur noch Jumper oder Miniaturschalter passend setzen mussten (Abbildung 5.33) und keine unterschiedlichen Spannungswandlermodule mehr einbauen mussten.

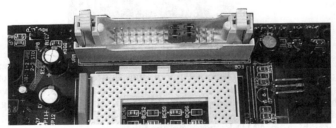

Abbildung 5.33: Spannungswandler

Bei modernen Prozessoren stellt die korrekte Spannungsversorgung Techniker vor keinerlei Probleme mehr. Neben Taktgeschwindigkeit und Multiplikator teilen moderne Prozessoren dem Mainboard auch die von ihnen benötigte Spannung automatisch mit. Die integrierten Spannungswandler kümmern sich dann um den Rest (Abbildung 5.34).

Der Funktionspalette der ersten Pentiums bildet immer noch die Grundlage aller nachfolgenden Prozessoren. Neuere Prozessoren besitzen einen 64-Bit-Datenbus, mindestens einen 32-Bit-Adressbus, mindestens 32-Bit-Register, mehrere Pipelines, L1- und L2-Cache. Alle laufen mit einem Vielfachen des Systemtakts. Und da Sie nun den Pentium kennen, können wir uns nachfolgend auch den neueren Prozessoren zuwenden.

Abbildung 5.34: Typische Spannungswandler auf einem Mainboard

Original-Pentium

Der *Pentium* ist kein neuer Chip. Es gibt ihn schon seit 1990, und die letzten Varianten des Pentium wurden 1995 produziert. Der Original-Pentium diente aber als Basis für den Pentium Pro, die wahrscheinlich bedeutendste CPU, die je hergestellt wurde, weshalb wir auch mit ihm beginnen. Im restlichen Kapitel betrachten wir alle gängigen CPUs, die seit dem Pentium entwickelt wurden, und werden uns ansehen, wie diese auf diesem mittlerweile veralteten Prozessor aufbauen (Abbildung 5.35).

Abbildung 5.35: Ein früher Pentium

AMD stellte ein Konkurrenzmodell zum Pentium her, den es *AMD K5* nannte. Der AMD K5 war zwar mit dem Pentium pinkompatibel, unterschied sich intern aber deutlich von diesem, da AMD juristischen Schritten von Intel vorbeugen wollte. Der K5 verwendete ein völlig neues Verfahren der Befehlsverarbeitung. Dem AMD K5 war zwar ein gewisser Erfolg beschieden, aber er wurde schon bald von leistungsfähigeren AMD-Prozessoren abgelöst.

Pentium Pro

1995 gab Intel die nächste CPU-Generation, den Pentium Pro, frei, der oft auch P6 genannt wird. Der Pentium Pro war ein riesiger Prozessor in einem charakteristischen, rechteckigen PGA-Gehäuse (Abbildung 5.36). Der P6 hatte dieselbe Bus- und Registerbreite wie der Pentium, aber drei neue Funktionen machten ihn leistungsfähiger als seine Vorgänger: Quad-Pipelining, dynamische Verarbeitung und ein L2-Cache direkt auf dem Chip. Diese Merkmale wurden bei allen nachfolgenden CPU-

Versionen übernommen. Viele Leute betrachten den Pentium Pro deshalb als »Mutter der modernen Mikroprozessoren«.

Abbildung 5.36: Pentium Pro

Superskalare Verarbeitung

Der P6 besaß vier Pipelines, doppelt so viele wie der Pentium. Diese Pipelines waren länger und schneller. Mit so vielen Pipelines konnte der P6 situationsunabhängig immer mindestens zwei Prozesse gleichzeitig auszuführen. Die Fähigkeit, in einem Taktzyklus mehrere Prozesse ausführen zu können, wird auch *superskalare Verarbeitung* genannt.

Out-of-Order-Processing/Spekulative Ausführung

Egal, wie gut der Cache ist, muss eine CPU manchmal Code aus dem Systemspeicher anfordern. Bei Zugriffen auf den Arbeitsspeicher muss die CPU vor der Verarbeitung der Befehle einige Taktzyklen lang warten. Manchmal kann die Wartezeit 10 oder 20 Taktzyklen betragen. Und weil der Systemspeicher aus dynamischem RAM besteht und regelmäßig aktualisiert (erneuert) werden muss, kann dies weitere Verzögerungen verursachen. Wenn der P6 warten musste, nutzte er diese Zeit, um den Code in der Pipeline nach Befehlen zu durchsuchen, die er während der Wartezyklen ausführen konnte. Befehle, die er verarbeiten konnte, weil sie nicht von Daten abhängig waren, die erst noch aus dem Arbeitsspeicher geholt werden mussten, führte er außerhalb der Reihe (»Out-of-Order«) aus. Diese Funktion wird auch als *Außer-der-Reihe-Ausführung* oder *Out-of-Order-Processing* bezeichnet. Wenn dann der Code aus dem DRAM bereitstand, hat der Prozessor die Befehle neu geordnet und die Verarbeitung fortgesetzt.

Der P6 verbesserte die Sprungvorhersage des Pentium mit Hilfe eines weit komplexeren Zählers, der Sprünge mit einer Erfolgsrate von über 90 Prozent vorhersagen konnte. Durch die Außer-der-Reihe-Ausführung und seine Sprungvorhersage konnte die CPU noch vor dem eigentlichen Sprung den vorhergesagten Sprungzweig aus dem Cache holen und außerhalb der Reihenfolge in einer Pipeline ausführen! Dies wurde *spekulative Ausführung* genannt.

On-Chip-L2-Cache

L1- und L2-Cache waren beim P6 im CPU-Gehäuse untergebracht. So konnte der L2-Cache fast so schnell wie der L1-Cache arbeiten (Abbildung 5.37). Passen Sie beim Begriff »On-Chip« auf! Nur weil sich etwas auf demselben Chip befindet, bedeutet dies nicht, dass es direkt in die CPU integriert ist. Die CPU und der L2-Cache befinden sich beim Pentium Pro zwar gemeinsam in demselben Gehäuse, sind aber physisch voneinander getrennt!

Durch die Integration des L2-Caches in den Chip entstanden einige neue Begriffe, die die Verbindungen zwischen CPU, MCC, RAM und L2-Cache beschreiben sollten. Der Adressbus und der externe

Datenbus (der CPU, MCC und RAM verband) wurden unter der Bezeichnung *Frontside-Bus* zusammengefasst, während die Verbindung zwischen CPU und L2-Cache *Backside-Bus* genannt wurde.

Abbildung 5.37: Geöffneter P6 mit separater CPU und L2-Cache (Foto mit freundlicher Genehmigung von Intel)

Abbildung 5.38 zeigt eine modernere Konfiguration, bei der die wichtigsten Busse beschriftet sind. Beachten Sie, dass es den externen Datenbus und Adressbus zwar noch gibt, dass der Chipsatz jedoch nun separate Adressbusse und externe Datenbusse enthält, von denen einer nur für die CPU und der andere für die übrigen Komponenten im PC bestimmt ist. Die Schnittstelle zwischen RAM und Chipsatz hat nie einen offiziellen Namen erhalten. In Diskussionen nennen Techniker sie meist einfach *RAM-Schnittstelle*.

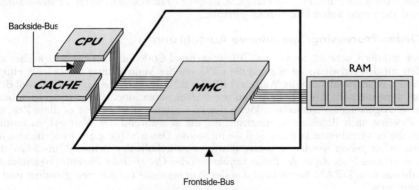

Abbildung 5.38: Frontside-Bus und Backside-Bus

Der Pentium Pro besaß ein einzigartiges PGA-Gehäuse, das in einen speziellen Sockel namens *Socket 8* passte. Dieser Sockel wurde von keiner anderen CPU verwendet. Der Pentium Pro konnte große Anteile im High-End-Servermarkt gewinnen, war wegen seiner schlechten Leistungen unter DOS und Windows 3.x und seines hohen Preises im Desktop-Bereich jedoch zumeist keine echte Alternative.

Auch wenn der Pentium Pro im Vergleich zum Pentium oder Pentium II niemals in größeren Stückzahlen verkauft worden ist, halten ihn viele Leute aus der Branche für den wichtigsten jemals gefertigten Intel-Chip. Seine Funktionspalette dient allen seither produzierten CPUs als Vorbild.

Die späteren CPUs der Pentium-Klasse

Der übliche Plan Intels im stetigen Auf und Ab der Chip-Industrie bestand darin, eine neue CPU einzuführen und gleichzeitig alle anderen bisherigen CPUs für veraltet zu erklären. Der Pentium Pro blieb von diesem Schicksal verschont, da Intel den P6 niemals für die Masse der Anwender vorgesehen hatte. Er sollte eine CPU für besonders leistungsfähige High-End-Systeme sein. Dadurch blieb der Pentium für die meisten anderen leistungshungrigen Systeme die CPU der Wahl.

Während der Pentium Pro im High-End-Bereich im Laufe der Jahre alt und grau zu werden begann, entwickelten Intel und AMD neue CPUs der Pentium-Klasse, die eine Reihe leistungsfähige Verbesserungen enthielten, von denen einige vom Pentium Pro übernommen wurden. Durch die Verbesserungen wurden die neuen Produkte eigentlich zu einer neuen Familie von CPUs (daher die Bezeichnung »spätere CPUs der Pentium-Klasse«; Abbildung 5.39). Auch wenn es zwischen diesen CPUs durchaus erhebliche Unterschiede gab, ließen sich die Verbesserungen doch drei Kategorien zuordnen: *MMX* (*Multimedia Extensions*), höhere Multiplikatoren/Taktfrequenzen und verbesserte interne Verarbeitung.

Abbildung 5.39: Ein Pentium der späteren Generation

Die späteren Pentium-Generationen waren mit den früheren Pentiums zwar pinkompatibel, wiesen jedoch zahlreiche Verbesserungen auf. Zu den wichtigsten zählten höhere Multiplikatoren und damit Taktgeschwindigkeiten und einige andere Verbesserungen, die teilweise vom P6 übernommen, teilweise aber auch nur für diese neue Pentium-Klasse entwickelt wurden.

MMX

1996 erweiterte Intel seine Pentium-Prozessoren um *MMX* (*Multimedia Extensions*). Damit reagierte Intel auf die Vielzahl an Programmen mit hohen Grafikansprüchen, die damals auf den Markt drängten. Mit MMX sollten sich große Grafiken besser verarbeiten lassen und MMX unterstützte den Umgang mit großen Datenblöcken und Vektorberechnungen (Vektoren und Matrizen sind notwendig, um z.B. Drehungen von 3-D-Objekten zu berechnen). MMX wurde von den Entwicklern der Grafikprogramme zwar nicht verbreitet genutzt, aber es leitete eine Entwicklung ein, in dessen Folge CPUs zunehmend spezielle Schaltkreise für derartige Aufgaben erhielten. Mit der Zeit begannen die Entwickler aus dem Grafikbereich, mit Intel zusammenzuarbeiten, um MMX zu verbessern und es schließlich durch bessere Lösungen zu ersetzen.

Höhere Taktfrequenzen und Multiplikatoren

Die späteren Pentiums besaßen alle stark erhöhte Multiplikatoren und waren daher schneller. Bei den meisten frühen Pentiums betrug der Multiplikator maximal 2,5x, während die späteren Prozessoren der Pentium-Klasse mit Multiplikatoren von bis zu 4,5x arbeiteten.

Pentium II

Intels nächste wichtige CPU war der Pentium II. In Wirklichkeit ist der Pentium II nur wenig mehr als ein schnellerer Pentium Pro mit MMX und einem überarbeiteten Befehlssatz. Der Pentium II wurde in charakteristischer *SEC*-Bauform (*Single Edge Cartridge*) geliefert, die mehr Platz für den L2-Cache bot, die Kühlung des Prozessors vereinfachte und mehr Platz auf dem Mainboard schuf (Abbildung 5.40). Durch aggressive Werbekampagnen und entsprechende Preisgestaltung wurde der Pentium II äußerst beliebt.

Kapitel 5

Abbildung 5.40: Pentium II

Der Pentium II erreichte die höheren Taktfrequenzen anfangs über hohe Vielfache der externen 66-MHz-Taktfrequenz. In dieser Zeit begann AMD, Prozessoren anzubieten, die für den Betrieb in 100-MHz-Mainboards entwickelt waren. Auch wenn die letzten Modelle des Pentium II auch für Mainboards mit 100 MHz geeignet waren, führte die langsame Übernahme der 100-MHz-Taktfrequenz zu Marktanteilsverlusten für Intel.

Die SEC-Bauform führte auch insofern zu Problemen, da sie nicht von anderen Herstellern kostenlos kopiert werden konnte. Andere Hersteller wurden so daran gehindert, CPUs zu fertigen, die in den speziellen Slot 1 für SEC passten. Diese Taktik zwang AMD, eigene SEC-Gehäuse zu entwickeln, die nicht mit denen von Intel kompatibel waren. Seit dem Pentium II bis heute sind die CPUs von AMD und Intel nicht mehr austauschbar. Wir leben in einer Welt, in der es für die CPUs von AMD Mainboards gibt, die speziell für AMD entwickelt wurden, und für die CPUs von Intel Mainboards, die speziell für Intel entwickelt wurden.

AMD K6

Zwischen 1997 und 2000 produzierte AMD eine Reihe von Prozessoren namens K6, die dem Pentium II gleichkamen (und ihn in den Augen vieler Leute sogar übertrafen) und AMD in einen ernsten Konkurrenzkampf mit Intel verwickelten (Abbildung 5.41). Die K6-Serie bestand aus vier Modellen: dem K6, K6-2, K6-2+ und K6-III, von denen jeder seinen Vorgänger leistungsmäßig übertraf. Die K6-Prozessoren enthielten eine Reihe von Verbesserungen, zu denen ein L1-Cache mit 64 KB, ein extrem fortschrittliches Pipelining und eine Unterstützung für 100-MHz-Mainboards (bei den späteren Modellen) gehörten. Der K6-2 wartete mit höheren Taktgeschwindigkeiten und AMDs herstellerspezifischem Befehlssatz *3DNow!* auf, der in direkter Konkurrenz mit Intels MMX stand und einen deutlich besseren Umgang mit Grafiken mit sich brachte. Der K6-III verfügte sogar über noch mehr Verbesserungen des Pipelining. Er bekam einen 256-K-L2-Cache und nutzte alle die neuen Funktionen mit einem standardisierten PGA-Gehäuse für *Sockel 7*.

Abbildung 5.41: Ein AMD K6 (mit freundlicher Genehmigung von AMD)

Pentium III

Der Pentium III verbesserte den Pentium II durch *SSE* (*Streaming SIMD Extensions*), Intels direktes Konkurrenzprodukt zu AMDs 3DNow!, eine Reihe interner Verarbeitungs- und Pipelining-Verbesserungen, volle Unterstützung für Mainboards mit 100 und 133 MHz Taktfrequenz und schnelle L2-Caches. Der Pentium III war der erste mit einer Sonderform des SEC-Gehäuses gefertigte Prozessor (Abbildung 5.42). Durch technologische Verbesserungen konnte Intel später PGA-Versionen bauen, wodurch die kurze Vorherrschaft der CPUs mit SEC-Gehäusen beendet wurde.

Abbildung 5.42: Intel Pentium III

Practical Application

Verarbeitung und Stromverbrauch

Um leistungsfähigere CPUs herstellen zu können, mussten Intel und AMD die Anzahl der mikroskopisch kleinen Transistorschaltungen in der CPU erhöhen. Je mehr Schaltkreise man hinzufügt, desto mehr Strom verbrauchen sie. Der Stromverbrauch von CPUs wird wie bei gewöhnlichen Glühbirnen in Watt gemessen. Ein höherer Stromverbrauch bedeutet auch mehr Wärme, wodurch für moderne CPUs sehr leistungsfähige Kühlmethoden eingesetzt werden müssen. Gute Techniker wissen, wie viel Watt ein Prozessor benötigt, weil sie daran erkennen, wie heiß er im PC wird. Als sehr heiß bekannte CPUs werden für allgemeine Einsatzzwecke häufig gemieden, weil sie besonders gekühlt werden müssen.

Hinweis

Wenn Sie über den Stromverbrauch der verschiedenen CPUs lesen, stellen Sie sich eine Glühbirne mit diesem Stromverbrauch in Ihrer Systemeinheit vor!

Die CPU-Hersteller hassen Hitze, aber sie wollen doch mehr Schaltkreise hinzufügen und versuchen deshalb ständig, die Schaltkreise kleiner zu machen, da sie dann weniger Leistung benötigen. CPUs werden aus Siliziumscheiben (*Wafer*) hergestellt. Der elektrische Schaltkreis wird auf die Scheiben aufgeätzt. Dazu verwendet man die so genannte Fotolithografie. Dabei handelt es sich um einen außerordentlich komplizierten Prozess. Vereinfacht gesagt, bringt man eine dünne Schicht aus Chemikalien auf die Scheibe auf. Diese Chemikalien reagieren auf UV-Licht – wenn ein Teil dieser Maske UV-Licht ausgesetzt wird, wird sie hart und widerstandsfähig. Wird sie keinem UV-Licht ausgesetzt, lässt sie sich leicht entfernen. Um Schaltkreise anzufertigen, wird deren Maske über die Scheibe gelegt, und dann werden die Maske und die Scheibe UV-Licht ausgesetzt. Die Maske wird entfernt und die Scheibe wird in Chemikalien gewaschen, so dass die Schaltkreise zurückbleiben. Um mikroskopisch kleine Schaltkreise zu erhalten, muss man Masken mit deren Muster verwenden. Beim alten 8088 wurde zur Anfertigung der Maske ein 3-Mikrometer-Prozess (ein millionstel Meter) verwendet. Die meisten modernen CPUs werden im 45-Nanometer-Prozess hergestellt und erste Chips werden bereits in 32-Nanometer-Prozessen gefertigt. Wenn dieselbe CPU mit einem kleineren Prozess hergestellt wird, wird sie üblicherweise weniger heiß.

> **Hinweis**
> Ein Nanometer ist ein milliardstel Meter.

CPU-Codenamen

Intel und AMD führen einen regelrechten Krieg und bringen in einem fast beunruhigenden Tempo neue CPUs auf den Markt, womit es kaum noch möglich ist, sie alle zu beschreiben. Glücklicherweise verwenden die CPU-Hersteller spezielle Codenamen für neue CPUs, wie z.B. *Bloomfield* oder *Deneb*, wobei diese beiden Namen für die erste Version des Core i7 bzw. den Phenom II X4 stehen. Diese Codenamen sind allgemein gebräuchlich, und ein guter Techniker sollte sie kennen. Zudem erfährt man auf diese Weise am besten, was sich im CPU-Geschäft tut.

AMD Athlon

Athlon ist der Markenname einer Reihe von AMD-Prozessoren, die sich mit den jeweils aktuellen Intel-Chips ein enges Kopf-an-Kopf-Rennen lieferten. Beim Original-Athlon, der mittlerweile *klassischer Athlon* genannt wird, handelt es sich um die erste AMD-CPU, bei dem jeder Versuch, pinkompatibel mit Intel-Prozessoren zu bleiben, aufgegeben wurde. Stattdessen entschied sich AMD für die Fertigung eigener, AMD-spezifischer Slots und Sockel. Die ersten Athlons verwendeten ein SEC-Gehäuse, das *Slot A* genannt wurde (Abbildung 5.43).

Abbildung 5.43: Klassischer Athlon

Der Athlon mit dem Codenamen *Thunderbird* kennzeichnete die Rückkehr von AMD zum PGA-Gehäuse (Abbildung 5.44). Dieser Prozessor und etliche der nachfolgenden Athlon-CPUs verwendeten den proprietären 462-Pin-Sockel *Socket A*. Der Thunderbird hatte (wie sein Vorgänger) einen interessanten *Frontside-Bus*, der die Datenrate verdoppelte, ohne die Taktgeschwindigkeit zu erhöhen (»*double-pumped*«). Athlon-Thunderbird-CPUs haben einen kleineren aber sehr viel leistungsfähigeren L2-Cache, und es gibt noch mehrere andere kleine Verbesserungen gegenüber dem klassischen Athlon.

Mikroprozessoren

Abbildung 5.44: Athlon Thunderbird (Abbildung mit freundlicher Genehmigung von AMD)

Als Nächstes veröffentlichte AMD den Athlon XP, zunächst unter dem Codenamen *Palomino*. AMD integrierte einige leistungssteigernde Funktionen in den Athlon-Kern, wie z.B. die Unterstützung des *SSE-Befehlssatzes* von Intel. Die aktualisierte Version des Palomino erhielt den Codenamen *Thoroughbred*. Sie arbeitete mit höheren externen Busgeschwindigkeiten und wurde in einem 130-nm-Prozess gefertigt, der den Stromverbrauch reduzierte. Die letzten unter dem Namen Athlon erschienenen 32-Bit-CPUs trugen die Codenamen *Barton* und *Thorton*. Beim Barton wurde der L2-Cache im Vergleich zum Thoroughbred verdoppelt und die Geschwindigkeit des externen Datenbusses noch einmal erhöht. Beim Thorton handelte es sich um eine preiswertere Variante, bei der der Cache nicht vergrößert wurde.

Ein interessanter Aspekt des Athlon XP ist AMDs Versuch, die Taktfrequenz zu ignorieren und die Prozessoren stattdessen über eine Zahlenangabe zu vermarkten, die laut AMD der vergleichbaren Leistung eines Intel Pentium 4 entsprechen soll. Der Athlon XP 1800+ beispielsweise arbeitete mit einer Taktfrequenz von 1,6 GHz, aber AMD behauptete, er wäre mindestens so schnell wie ein Pentium 4 mit 1,8 GHz – deshalb »1800+«.

AMD Duron

Duron ist ein generischer Name, der allen weniger leistungsfähigen CPUs gegeben wird, die auf dem Athlon-Prozessor basieren. Der Duron, der im Wesentlichen ein Athlon mit einem kleineren Cache ist, unterstützt wie der Athlon einen 200-MHz-Frontside-Bus und ist damit seinem damaligen Intel-Konkurrenten in diesem Segment leicht überlegen. Der Duron verwendet denselben 462-poligen Socket A wie die späteren Athlon-CPUs (Abbildung 5.45). Seit 2004 verwendet AMD den Markennamen Duron nicht mehr und ersetzte ihn durch den *Sempron*, der später in diesem Kapitel noch beschrieben wird.

Abbildung 5.45: AMD Duron (Abbildung mit freundlicher Genehmigung von AMD)

Intel Pentium 4

Während der Pentium II und III kaum mehr als Verbesserungen des Intel Pentium Pro waren, führte der *Pentium 4* einen völlig neu entworfenen Kern ein, der *NetBurst* genannt wurde. Im Mittelpunkt von NetBurst stand eine völlig neue Pipeline mit 20 Ausführungsstufen und weiteren Merkmalen, die diese riesige Pipeline unterstützten. Jede Pipeline-Phase führte weniger Operationen aus als die typischen Pipeline-Phasen in früheren Prozessoren, wodurch Intel die Taktgeschwindigkeit der Pentium-4-CPUs erhöhen konnte. Die ersten Pentium 4 mit Codenamen *Willamette* beinhalteten eine neue SSE-Version, die SSE2 genannt wurde und deren Weiterentwicklung als SSE3 in späteren Versionen zum Einsatz kam.

Der Pentium 4 besaß einen Frontside-Bus, auf dem vier Datenübertragungen pro Taktzyklus des externen Datenbusses durchgeführt wurden (*quad-pumped*). Anfangs wurde der Pentium 4 in zwei verschiedenen Gehäuseformen angeboten. Die ersten Pentium-4-Prozessoren besaßen ein 423-poliges PGA-Gehäuse. Sie wurden von einer Pentium-4-Variante mit 478-poligem PGA-Gehäuse abgelöst (Abbildung 5.46). Obwohl das neue Gehäuse mehr Pins hat, ist es doch beträchtlich kleiner als das ältere Gehäuse.

Abbildung 5.46: Zwei Pentium-4-Bauformen

Mit der Veröffentlichung des Pentium 4 mit dem Codenamen *Prescott* wechselte Intel zur *LGA*-Bauform (*Land Grid Array*) mit 775 Kontakten (Abbildung 5.47). Obwohl das LGA-775-Gehäuse mehr Pins als ein Socket-478-Gehäuse aufweist, ist es wieder einmal deutlich kleiner. Mit den Pentium-4-Prozessoren unter den Codenamen *Northwood* und *Prescott* konnte Intel mit dem so genannten Hyper-Threading interessante Fortschritte im Bereich der superskalaren Architektur verzeichnen.

Abbildung 5.47: Pentium 4 in LGA-Bauform

Hinweis

P4 Prescotts und Northwoods gab es in Versionen mit und ohne Hyper-Threading.

Beim *Hyper-Threading* kann jede einzelne Pipeline mehr als einen Thread gleichzeitig ausführen – was sehr kompliziert zu realisieren ist. Ein einziger Intel P4 mit Hyper-Threading verhält sich für das Betriebssystem wie zwei CPUs. Abbildung 5.48 zeigt den Task-Manager von Windows XP für ein System mit einem Pentium 4 mit Hyper-Threading. Beachten Sie, dass das Feld für die CPU in zwei Bereiche unterteilt ist – Windows denkt, bei dieser CPU handle es sich um zwei CPUs.

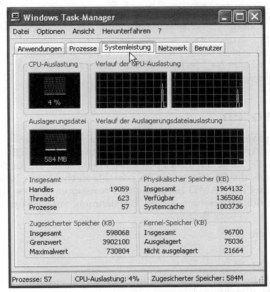

Abbildung 5.48: Registerkarte SYSTEMLEISTUNG des Windows Task-Managers für ein System mit Pentium 4 mit Hyper-Threading

Das Hyper-Threading erhöht die Effizienz einer CPU, aber es weist auch mehrere Einschränkungen auf. Erstens müssen das Betriebssystem und die Anwendung das Hyper-Threading unterstützen, um diese Funktion nutzen zu können. Und obwohl die CPU das Vorhandensein eines zweiten Prozessors simuliert, wird damit zweitens nicht die Rechenleistung verdoppelt, weil dabei die wichtigsten Verarbeitungsressourcen nicht verdoppelt wurden.

Beginnend mit den Prescotts im LGA-775-Gehäuse verabschiedete sich Intel von der Konvention, CPUs nach ihrer Taktfrequenz zu benennen, und führte ein kryptisches System dreistelliger Nummern für die Prozessormodelle ein. Alle Prescott-Prozessoren erhielten eine dreistellige Nummer, die mit einer 5 oder mit einer 6 begann. Ein 2,8-GHz-Pentium-4 heißt beispielsweise 521, und ein 3-GHz-Prozessor heißt 630.

Eine späte Version der Pentium-4-CPU wurde *Pentium 4 Extreme Edition* genannt. Diese CPUs enthielten einen großen L3-Cache und andere Architekturmerkmale, die von der Intel-Xeon-Produktreihe der Server-CPUs übernommen wurden. Die Pentium 4 Extreme Edition hatte mit 110 Watt aber auch die höchste Leistungsaufnahme, die je für eine Desktop-CPU von Intel verzeichnet wurde! Extreme-Edition-CPUs waren zwar unglaublich schnell, aber ihr hoher Preis verhinderte, dass sie sich auf dem Markt durchsetzen konnten.

Mit diesen Pentiums wurde mit etwa 4 GHz der Gipfel der Taktfrequenzen erreicht. Anschließend stoppten Intel und AMD das Rennen um die höchsten CPU-Taktfrequenzen und konzentrierten sich stattdessen auf die Parallel- und 64-Bit-Verarbeitung, die beide später in diesem Kapitel vorgestellt werden.

Entschlüsselung der Nummerncodes

Geben Sie es auf. Intel muss für seine CPU-Nummern zwar irgendein Verfahren verwenden, aber das entspricht nicht der Prozessorgeschwindigkeit. Beispielsweise erhielt eine 2,66-GHz-CPU die Bezeichnung 506, was dazu führen könnte, dass Sie die »6« und die »66« in der Geschwindigkeit in Beziehung setzen. Die nachfolgende 2,8-GHz-CPU erhielt aber die Bezeichnung 511. Versuchen Sie es selbst herauszufinden!

Unter www.intel.com/products/processor_number/ sagt Intel selbst dies zur Prozessornummer: »Die Intel-Prozessornummern basieren auf einer Reihe von Merkmalen, zu denen die Basisarchitektur des Prozessors, der Cache, der Frontside-Bus, die Taktfrequenz, die Energieaufnahme und andere Intel-Technologien gehören können. Eine Prozessornummer repräsentiert einen breiten Satz von Merkmalen, die zwar die Erfahrungen am Computer beeinflussen können, stellen aber keine Leistungsangabe dar.«

Mobile Prozessoren

Das Innere eines Laptops oder Notebooks ist vollgepackt mit Bauteilen, die heiß sind, und das ist eigentlich kein idealer Arbeitsplatz für eine CPU, die etwas auf sich hält. Seit Mitte der 1980er haben CPU-Hersteller spezielle Varianten ihrer Prozessoren hergestellt, die für den harten Einsatz im Laptop gedacht waren. Im Laufe der Jahre erschien für portable Rechner eine Reihe von CPU-Lösungen. Von praktisch allen von Intel oder AMD hergestellten Prozessoren gibt es Mobile-Varianten. Sie können die Mobile-Varianten der Prozessoren an der Bezeichnung »mobile« oder dem Buchstaben »M« im Namen erkennen. Hier ein paar Beispiele:

- Mobile Intel Pentium III
- Intel Pentium M
- Mobile AMD Athlon 64
- AMD Turion 64 (Alle Turions sind mobile Prozessoren, enthalten aber kein »Mobile« oder »M« im Namen. AMD fügt normalerweise »Mobile-Technology« als Teil der Turion-Beschreibung hinzu.)
- Intel Core Duo (Siehe Abschnitt *Intel Core* später in diesem Kapitel.)

Ein mobiler Prozessor verbraucht weniger Energie als ein vergleichbares Desktop-Modell. Das hat zweierlei Vorteile. Erstens hält die Batterie im Laptop länger. Zweitens läuft die CPU kühler, und je kühler die CPU, desto weniger Kühlkomponenten werden benötigt.

Fast jeder mobile Prozessor läuft heute mit einer geringeren Spannung als die Desktop-Variante derselben CPU. Demzufolge laufen die meisten mobilen CPUs auch mit geringeren Geschwindigkeiten – Sie müssen schon aufrüsten, wenn Sie Geschwindigkeit brauchen! Mobile CPUs bringen es normalerweise auf etwa 75 Prozent der Geschwindigkeit der Desktop-Variante derselben CPU.

Tipp

Intel verwendet den Marketingbegriff *Centrino* zur Beschreibung komplett mobiler Lösungen, zu denen mobile Prozessoren, Support-Chips und WLAN-Adapter zählen. Es gibt keine Centrino-CPU, nur Centrino-Lösungen, die irgendeine mobile CPU von Intel verwenden.

Die Reduzierung der Spannung ist zwar ein erster Schritt, aber die Herstellung einer intelligenten CPU, die weniger Energie in wenig anspruchsvollen Situationen verbraucht, reduziert den Stromverbrauch noch weiter. Dies verdeutlichte sich zuerst im klassischen *SMM* (*System Management Mode*). SMM wurde in den Zeiten des Intel-80386-Prozessors eingeführt und sorgte dafür, dass die CPU Geräte abschalten konnte, die sehr viel Energie verbrauchten, wie etwa Bildschirm oder Festplatte.

SMM war ursprünglich nur für Laptops vorgesehen, wurde mittlerweile aber durch fortgeschrittenere Energieverwaltungsfunktionen ersetzt, die nun in alle Prozessoren von Intel und AMD integriert sind.

Mit der Drosselung (*Throttling*) haben die CPU-Hersteller den Energieverbrauch noch weiter reduziert. Moderne CPUs können eigenständig ihre Arbeitsgeschwindigkeit reduzieren, wenn es nichts zu tun gibt oder wenn sie zu heiß werden. Intel spricht in diesem Zusammenhang von *SpeedStep*, AMD von *PowerNow!*

Frühe 64-Bit-CPUs

Sowohl AMD als auch Intel stellen mittlerweile 64-Bit-CPUs her. Die allgemeinen Fließkomma- und Adressregister sind bei 64-Bit-CPUs 64 Bit breit und können damit 64-Bit-Code und doppelt so viele Daten wie ein 32-Bit-Prozessor in einem einzigen Durchgang verarbeiten. Außerdem können sie sehr viel mehr Speicher adressieren.

Mit dem 32-Bit-Adressbus des Pentium und späteren CPUs ließen sich maximal 2^{32}, also 4.294.967.296 Bytes Arbeitsspeicher adressieren. Mit einem 64-Bit-Adressbus können CPUs bis zu 2^{64} Bytes RAM verwalten. Das sind 18.446.744.073.709.551.616 Bytes! Diese Zahl ist so groß, dass wir nicht mehr von Gigabyte oder Terabyte, sondern von Exabyte (2^{60}) sprechen. Ein 64-Bit-Adressbus kann 16 Exabyte RAM adressieren.

Keine 64-Bit-CPU verwendet wirklich einen 64-Bit-Adressbus. Bei allen 64-Bit-CPUs wird der Adressraum auf halbwegs sinnvolle Werte beschnitten. Der Intel Itanium besitzt beispielsweise einen 44-Bit-Adressbus und damit einen Adressraum von 2^{44} bzw. 17.592.186.044.416 Bytes. Der AMD Phenom II kann mit seinem 48-Bit-Adressbus hingegen einen Adressraum von 2^{48} bzw. 281.474.976.710.656 Byte Arbeitsspeicher verwalten.

Anfangs lieferten sich AMD und Intel ein heißes Rennen um die 64-Bit-Prozessoren. Interessanterweise verfolgten sie dabei unterschiedliche Wege. Nachfolgend betrachten wir die beiden ersten 64-Bit-CPUs, den Intel Itanium und den AMD Opteron.

Intel Itanium (Original und Itanium 2)

Intel wagte mit der Itanium-CPU den ersten Schritt in die 64-Bit-Gebiete beim PC. Mehr, um ein Konzept zu verifizieren, als um Geld zu verdienen, wirkte diese CPU als Wegbereiter für die weiteren 64-Bit-Entwicklungen im PC-Bereich. Der Itanium hat eine ungewöhnliche Bauform und verwendet ein 418-poliges *PAC* (*Pin Array Cartridge*), um seinen 2 oder 4 MB großen L3-Cache unterbringen zu können (Abbildung 5.49).

Abbildung 5.49: Intel Itanium (Abbildung mit freundlicher Genehmigung von Intel)

Kapitel 5

Beim Intel Itanium 2 handelt es sich um Intels ersten ernsthaften Vorstoß in die 64-Bit-Welt. Den Itanium 2 über Busbreite und Taktfrequenz zu beschreiben, wäre unfair. Die Leistungsfähigkeit dieses Prozessors reicht viel weiter. Riesige Pipelines, Hochgeschwindigkeits-Caches und buchstäblich Hunderte weiterer Verbesserungen machten den Itanium 2 zu einer leistungsfähigen CPU für High-End-Rechner. Für den Itanium 2 wird eine spezielle PGA-Bauform verwendet, die *OLGA (Organic Land Grid Array)* genannt wird (Abbildung 5.50).

Abbildung 5.50: Intel Itanium 2 (Abbildung mit freundlicher Genehmigung von Intel)

Intel ging mit dem Itanium und dem Itanium 2 ein großes Wagnis ein, da sie beide nicht abwärtskompatibel mit 32-Bit-Programmen sind. Anders ausgedrückt, müssen alle Betriebssysteme, alle Anwendungen und alle Gerätetreiber neu geschrieben (oder zumindest kompiliert) werden, wenn sie mit dem Itanium oder Itanium 2 genutzt werden sollen. Theoretisch könnten die Entwickler wunderbare neue Anwendungen und Geräte erstellen und dabei alle Altlasten über Bord werfen, um sie effizienter und eleganter zu machen. Für Unternehmen, die viel in 32-Bit-Anwendungen investiert haben und den Umstieg auf 64 Bit nicht vollziehen können, bot Intel weiterhin den Pentium 4 oder Pentium Xeon an. Wenn Sie 64 Bit brauchen, setzen Sie einen Itanium 2 ein. AMD folgte dem Weg von Intel nicht und stellte 64-Bit-Prozessoren her, die auch noch den 32-Bit-Modus unterstützten. Später folgte Intel bei seinen Prozessoren dann dem AMD-Vorbild.

AMD Opteron

Der AMD Opteron wurde nach dem Itanium entwickelt und sollte nicht direkt mit ihm konkurrieren. Stattdessen stellte AMD den Opteron als 64-Bit-CPU für das untere Leistungssegment vor. Lassen Sie sich davon aber nicht in die Irre führen. Zwar wurden viele der Athlon-Eigenschaften vom Opteron übernommen, aber er enthält einen E/A-Datenpfad, der *HyperTransport* genannt wird. Stellen Sie sich HyperTransport als eine sehr schnelle Verbindung vor, die für eine direkte Anbindung der anderen Teile (und anderer CPUs für das Multiprocessing) im Rechner sorgt, die mit der beeindruckenden Geschwindigkeit von mehr als 6 GB/s arbeiten kann! Der Opteron wird in einem Micro-PGA-Gehäuse ausgeliefert, das dem des Pentium 4 bemerkenswert ähnlich ist (Abbildung 5.51).

Anders als der Itanium unterstützt der Opteron sowohl 32-Bit- als auch 64-Bit-Code. AMD ließ seinen Kunden die Wahl des langsamen 64-Bit-Umstiegs, ohne neue Geräte kaufen zu müssen. Dies war der wesentliche Unterschied zwischen AMD und Intel in der Frühzeit der 64-Bit-Verarbeitung.

Intel und AMD bieten Itanium 2 und Opteron vor allem für den Server-Markt an. Als CompTIA A+-Techniker werden Sie ihnen daher wahrscheinlich kaum begegnen, wenn Sie nicht gerade für ein Unternehmen mit enormem Rechenbedarf arbeiten. Neuere CPUs der beiden Unternehmen kämpfen um das Desktop-Geschäft.

Abbildung 5.51: AMD Opteron (Abbildung mit freundlicher Genehmigung von AMD)

Athlon 64

Es ist nicht ganz fair, den Athlon 64 zu den CPUs der frühen Generation zu zählen. Der Athlon 64 war der erste für den Desktop-Bereich vorgesehene 64-Bit-Prozessor, deshalb handelt es sich in dieser Hinsicht um eine frühe 64-Bit-CPU (Abbildung 5.52). AMD stellte zwei Serien der Athlon-CPUs her: den »normalen« Athlon 64 und den Athlon FX. Die FX-Serie läuft schneller als die normalen Athlon-64-CPUs, verbraucht mehr Strom und wird an Power-User verkauft, die auch höhere Preise zu zahlen bereit sind. Innerhalb dieser beiden Serien vertreibt AMD fast 20 Unterserien der Athlon-64-CPUs unter verschiedenen Codenamen, die hier unmöglich alle aufgeführt werden können.

Abbildung 5.52: Athlon 64

Neben dem einfachen Aufstieg in die 64-Bit-Welt boten die 64-Bit-CPUs von AMD zahlreiche weitere Verbesserungen. Die faszinierendste dieser Verbesserungen ist die Integration des Speichercontrollers in die CPU, womit ein externer MCC überflüssig wird und auch das Frontside-Bus-Konzept hinfällig wird! Das RAM wird direkt mit dem Athlon 64 verbunden. Die Athlon-64-CPUs unterstützen die Grafikerweiterungen SSE und SSE2 von Intel (spätere Versionen unterstützen SSE3).

Während bei normalen Athlon-64-Prozessoren dieselben AMD-PR-Angaben (*Performance Rating*) zur Beschreibung der CPU-Leistung verwendet wurden, griff man bei den Athlon-64-FX-Prozessoren auf zweistellige Modellnummern zurück, die genauso kryptisch wie die aktuellen dreistelligen Intel-Bezeichnungen sind.

AMD Sempron

AMD produzierte verschiedene Sempron-CPUs für das untere Marktsegment. Semprons gibt es für zwei verschiedene Sockel, und sie haben weniger Cache als der Athlon 64, bieten aber ein durchaus sinnvolles Preis-Leistungs-Verhältnis.

Mehrkern-Prozessoren

CPU-Taktfrequenzen erreichten zwischen 2002 und 2003 eine praktische Grenze von etwa 4 GHz, was die CPU-Hersteller motivierte, nach neuen Wegen zu mehr Rechnerleistung zu suchen. Obwohl Intel und AMD unterschiedliche Ansichten bei 64-Bit-CPUs vertraten, entschlossen sich doch beide fast zur selben Zeit, zwei CPUs in einem einzigen Chip zu kombinieren und die *Dual-Core-Architektur* zu verwirklichen. Bei Doppelkern-CPUs gibt es nicht nur zwei Prozessorkerne im selben Chip. Eine Dual-Core-CPU besitzt zwei Ausführungseinheiten, aber diese beiden Pipeline-Sätze verwenden gemeinsame Caches (wie sie das tun, unterscheidet sich zwischen Intel und AMD) und gemeinsames RAM.

Hinweis

Wenn mehr als zwei Prozessorkerne in einem Chip untergebracht werden, spricht man von *Multicore-CPUs* oder *Mehrkern-Prozessoren*.

Multicore-CPUs können mehr als einen Thread gleichzeitig verarbeiten. Dies nennt man *Parallelverarbeitung (parallel processing)*. Durch die Parallelverarbeitung kann die CPU die Anforderungen von Anwendungen und Windows schneller erfüllen, wodurch der Rechner flüssiger reagiert und insgesamt »gefälliger« arbeitet. Wenn auch Anwendungen intern mehrere Threads unterstützen (Multithreading) und damit die Vorteile mehrere CPUs oder von CPUs mit mehreren Kernen nutzen können, dann kann die Parallelverarbeitung die Leistung derartiger Anwendungen bemerkenswert steigern.

Pentium D

Intel gewann das Wettrennen um den ersten Dual-Core-Prozessor mit seiner *Pentium D*-Prozessorreihe. Beim Pentium D brachte man einfach zwei Pentium 4 der neuesten Generation auf einem Chip unter, wobei jede CPU ihren eigenen Cache verwendet, auch wenn sie sich denselben Frontside-Bus teilen. Ein sehr interessanter Aspekt am Pentium D ist die Lizenzierung der *AMD64*-Erweiterungen, jener »Intelligenz« innerhalb der AMD-CPUs, durch die sie 64- oder 32-Bit-Code verarbeiten können. Intel nannte seine Version *EM64T*. Es gibt zwei Codenamen für Pentium-D-Prozessoren: der *Smithfield* (Modellnummern 8xx) wird in einem 90-nm-Prozess, der *Presler* (Modellnummern 9xx) im 65-nm-Prozess gefertigt. Pentium Ds verwenden das vom neueren Pentium 4 her bekannte LGA-775-Gehäuse.

Abbildung 5.53: Pentium D (Abbildung mit freundlicher Genehmigung von Intel)

Athlon Dual-Core-CPUs

Die Einführung der Dual-Core-CPUs erfolgte bei AMD mit dem Athlon 64 X2. Die X2 besitzen wirklich zwei separate Kerne, die anders als beim Intel Pentium D ihre L1-Caches gemeinsam nutzen. Den Athlon 64 X2 gab es anfangs in einer »normalen« und einer FX-Version in Gehäusen für den bekannten AMD-*Sockel 939*. Um von einem Athlon 64 auf einen Athlon 64 X2 aufrüsten zu können, musste man bei einem vorhandenen Sockel-939-Mainboard oft nur dessen BIOS aktualisieren (das *BIOS flashen*). In Kapitel 7 (*BIOS und CMOS*) wird dieser Vorgang eingehender erläutert. Sie finden aber auch auf den Websites der Mainboard-Hersteller entsprechende Anleitungen. 2006 kündigte AMD den *Socket AM2* an, der den für die Athlon-Reihe verwendeten Sockel 939 ersetzen sollte.

Intel Core

Intel stellte 2006 die *Intel Core*-CPUs vor. Darauf folgten die Core-2-Prozessoren, die erste Generation von CPUs, die die Intel-Core-Architektur verwendeten. Verwirrt? Sehen wir uns die Core- und Core-2-CPUs ein wenig genauer an.

Intel Core

Die erste Generation der Core-Prozessoren, die einfach *Core* genannt wurde, ließ Intel auf der Pentium-M-Plattform basieren. Wie der Pentium M verwenden die Core-Prozessoren nicht die NetBurst-Architektur, sondern gehen stattdessen zurück zu einer Architektur im Stil des Pentium Pro (Codename *Yonah*) mit einer 12-phasigen Pipeline. Core-CPUs gibt es in Single- (Solo) und Dual-Core-Versionen (Duo), aber sie alle verwenden dasselbe 478-polige FCPGA-Gehäuse. Core macht außerdem Schluss mit dem dreistelligen Pentium-Nummernsystem und verwendet stattdessen einen Buchstaben gefolgt von vier Ziffern, wie etwa T2300.

Intel Core 2

Mit der Core-2-Prozessorserie (Abbildung 5.54) veröffentlichte Intel eine radikal überarbeitete Prozessorarchitektur namens Core. Um ihre Effizienz zu maximieren, wurden die Core-2-Prozessoren neu entwickelt. Sie lassen ihre Pentium-D-Vorfahren hinter sich und benötigen bei vergleichbarer Leistung etwa 40 Prozent weniger Energie. Dazu hat Intel den Cache vergrößert (auf 2 oder 4 MB) und eine breite, kurze Pipeline benutzt. Die CPU kann mehrere Aktionen innerhalb eines einzigen Taktzyklus durchführen und ließ die Konkurrenz alt aussehen.

Hinweis

Die Namenskonventionen von Intel lassen zu wünschen übrig. Beachten Sie, dass die Prozessoren Core Solo und Core Duo auf der Pentium-M-Architektur basierten. Die Core-2-Prozessoren basieren auf der Core-Architektur.

Intel hat drei Core-2-Versionen für den Desktop herausgebracht, den Core 2 Solo, den Core 2 Duo und den Core 2 Quad. Intel hat zudem eine Version für Enthusiasten angeboten, die Core 2 Extreme genannt wurde und in Duo- und Quad-Versionen erhältlich war. Die Core-2-Reihe umfasst auch Mobile-Versionen. Alle Versionen verwendeten die 64-Bit-Technologie von AMD, unter der neuen Marke Intel 64, so dass sie die 64-Bit-Versionen von Windows nativ ausführen können.

AMD Phenom

Bei der Verwirklichung von Quad-Core-Prozessoren schlug AMD einen anderen Weg als Intel ein. In Intels Core 2 Quad-Produktlinie wurden zwei Dual-Core-Prozessoren mit jeweils eigenem Cache auf demselben Die vereint. Die beiden auf einem Die vereinten Chips benutzen einen gemeinsamen Frontside-Bus zur Kommunikation miteinander und mit dem Speicher.

Bei seinem ersten, *Phenom* genannten Quad-Core-Desktop-Prozessor beschloss AMD, dass die CPU-Kerne jeweils ihre eigenen L1- und L2-Caches haben sollten. Um die Kommunikation zwischen den vier Kernen zu unterstützen, sollten sie aber alle einen L3-Cache gemeinsam benutzen. Deshalb bezeichnet AMD den Phenom auch als nativen Quad-Core-Prozessor. Bei der Phenom-Produktlinie handelt es sich durchweg um 64-Bit-CPUs, und sie unterstützen die AMD64-Technologie der Athlon 64-CPUs.

Die Phenom-Prozessoren besitzen einen integrierten Speichercontroller, der DDR2-Speicher über zwei Kanäle unterstützt. Wegen des integrierten Speichercontrollers besitzen die Phenom-Prozessoren keinen traditionellen Frontside-Bus. Stattdessen benutzen sie den HyperTransport-Bus, den auch die Athlon-64/Opteron-Prozessorlinie besitzt. Phenom-Prozessoren werden von den AMD-Sockeln AM2+ und AM3 unterstützt. Die CPUs können möglicherweise auch im AM2-Sockel verwendet werden, können dann aber nicht ihre volle Leistung entfalten.

AMD nennt Phenom-Prozessoren mit vier Kernen *Phenom X4*. Es gibt auch einen *Phenom X3*, der seinem Namen entsprechend nur drei Kerne enthält. Praktisch handelt es sich beim Phenom X3 um einen Quad-Core-Prozessor, bei dem einer der Kerne wegen Fehlern abgeschaltet wurde. Entsprechend sind die Phenom-X3-Prozessoren auch deutlich preiswerter als Phenom-X4-Prozessoren.

Ähnlich wie Intel mit seinen Extreme-Edition-CPUs für Enthusiasten bietet auch AMD unter der Bezeichnung *Black Edition* besonders leistungsfähige Phenom-Exemplare an. Dabei handelt es sich aber nicht nur um besonders leistungsfähige CPU-Varianten, sondern auch um Modelle, bei denen der Taktmultiplikator entsperrt wurde, so dass sie sich sehr gut und wohldosiert übertakten lassen.

AMD Phenom II

Beim Phenom II handelt es sich um einen überarbeiteten Phenom mit einigen Verbesserungen (Abbildung 5.55). Er bietet dreifach mehr L3-Cache als der Original-Phenom, unterstützt Intels SSE4a-Befehle, höhere HyperTransport-Busgeschwindigkeiten und besitzt einen verbesserten Speichercontroller, der DDR2- oder DDR3-Speicher über zwei Kanäle unterstützen kann.

Abbildung 5.54: AMD Phenom II

Der Phenom II wird in einem 45-nm- und nicht mehr in dem 65-nm-Prozess gefertigt, der für den Original-Phenom verwendet wurde. Der Phenom II wird von den Sockeln AM3 und AM2+ unterstützt. Die CPU kann DDR3-Speicher aber nur ansprechen, wenn sie in einen AM3-Sockel eingesetzt wird.

Wie der Phenom zuvor ist auch der Phenom II als X4 in Quad-Core-Versionen und als X3 in Triple-Core-Versionen erhältlich. Anders als der Phenom gibt es den Phenom II aber auch als X2 in einer Dual-Core-Version. Und alle Phenom-II-Varianten sind auch als *Black Edition* erhältlich.

Intel Core i7

Intels *Core i7*-Prozessorfamilie basiert auf einer neuen Mikroarchitektur namens *Nehalem*, bei der es sich um den Nachfolger der Core-Mikroarchitektur handelt. Beim Core i7 handelt es sich – wie bei der AMD-Phenom-Prozessorreihe – um einen nativen Quad-Core-Prozessor, bei dem alle vier Kerne einen L3-Cache gemeinsam nutzen. Er ist der erste Intel-Prozessor mit integriertem Speichercontroller. Der Speichercontroller unterstützt DDR3-Speicher über maximal drei Kanäle.

Mit dem Core i7 (Abbildung 5.56) hält zudem das Hyperthreading wieder Einzug in die Intel-CPUs. Dabei können die einzelnen Kerne gleichzeitig zwei Threads unterstützen, so dass ein einzelner Core i7 insgesamt also bis zu acht gleichzeitige Threads unterstützt.

Abbildung 5.55: Intel Core i7

Der Prozessor enthält einen 8 MB großen L3-Cache und wurde anfangs in einem 45-nm-Prozess gefertigt. Intel entwickelte für die Core-i7-Prozessorfamilie einen neuen 1366-poligen Sockel, der *LGA 1366* genannt wurde. Beim Core i7 handelt es sich wie beim Vorgänger, dem Core-2-Quad-Core-Prozessor, um eine 64-Bit-CPU, die dem Intel-64-Standard entspricht und daher auch 32-Bit-Code ausführen kann.

Mit Nehalem hat sich Intel vom traditionellen Frontside-Bus verabschiedet und diesen durch eine Technologie ersetzt, die *QPI* (*QuickPath Interconnect*) getauft wurde. QPI ähnelt stark dem HyperTransport-Bus bei den Opteron- und Phenom-Prozessoreihen.

Abbildung 5.56: Pentium-II-Celeron

Intel Celeron

Intel hat die Marke *Celeron* für die gesamte Familie ihrer weniger leistungsfähigen CPUs verwendet. Es gibt Celerons, die auf dem Pentium II, dem Pentium III, dem Pentium 4, dem Pentium-M, dem Core und dem Core 2 Duo basieren. Die ersten Celerons wurden zwar in SEC-Bauform hergestellt, aber ohne die beim Pentium II übliche Schutzabdeckung ausgeliefert. Intel bezeichnet diese in Abbildung 5.57 dargestellte Bauform als *SEP (Single Edge Processor)*. Für die auf dem Pentium III basierenden Celerons wurden PGA-Gehäuse und der Sockel 370 verwendet (Abbildung 5.58).

Abbildung 5.57: Intel Celeron

Die auf dem Pentium 4 basierenden Celerons wurden zunächst für den Sockel 478 hergestellt, aber schließlich wurden dann LGA-775-Versionen angeboten. Mit der Zeit übernahmen diese auf dem Pentium 4 basierenden Celerons mehr und mehr der anspruchsvolleren Merkmale ihrer Desktop-Gegenstücke, wie z.B. die SSE3-Erweiterungen und die Intel-64-Adressierung.

Unter der Celeron-Marke wurden auch Prozessoren angeboten, die mit dem Sempron von AMD konkurrieren sollten. Anfangs basierten diese Chips auf Intels Yonah-Architektur, aber schon kurze Zeit später bot Intel Celerons an, die auf der Core-Mikroarchitektur basierten. Bei vielen Prozessoren der neueren Celeron-Generationen handelt es sich um Dual-Core-Modelle.

Und es gibt auch eine komplette Celeron-Produktlinie für mobile Rechner. Traditionell erhielten diese Chips Namen wie *Mobile Celeron* oder *Celeron-M*. Diese Bezeichnungen hat Intel dann aber fallen gelassen und nannte auch die Mobile-Versionen einfach nur noch Celeron.

Intel Pentium Dual-Core

2006 fand mit der Veröffentlichung des *Pentium Dual-Core* eine Wiederbelebung des Pentium-Markennamens durch Intel statt. Trotz der Namensähnlichkeit handelt es sich beim Pentium Dual-Core nicht um den Pentium D. Der Pentium Dual-Core war ursprünglich ein auf dem Yonah-Kern basierender 32-Bit-Prozessor, dem Intel aber schnell einen 64-Bit-Pentium Dual-Core folgen ließ, der auf der Core-Mikroarchitektur basierte.

Die Pentium-Dual-Core-Prozessorreihe umfasst Mobile- und Desktop-Prozessoren. Mittlerweile werden diese Prozessoren wie bei der Celeron-Marke von Intel nur noch einfach Pentium genannt. Diese Pentiums stellen für Intel ein Angebot für den Mainstream-Markt dar und sie sollen leistungsfähiger als die Celeron-, aber weniger leistungsfähig als die Core-2-Produktlinie sein.

Abbildung 5.58: Intel Pentium III Xeon

Intel-Xeon-Prozessoren

Ähnlich wie der Name Celeron eine Prozessorreihe für das untere Marktsegment beschreibt, bezieht sich der Name *Xeon* auf eine Reihe von High-End-Prozessoren, die auf den P6-, NetBurst-, Core- und Nehalem-Mikroarchitekturen basieren. Sowohl für den Pentium II Xeon als auch für den Pentium III Xeon wurden unverwechselbare SEC-Gehäuse verwendet, die in einen Steckplatz namens *Slot 2* eingesetzt wurden, der ausschließlich dem Xeon vorbehalten blieb (Abbildung 5.59). Mit dem Erscheinen des auf dem Pentium 4 basierenden Xeons griff Intel dann jedoch auf PGA-Gehäuse zurück, wie z.B. die nur für Xeons verwendete 603-polige Bauform (Abbildung 5.60).

Abbildung 5.59: Intel Pentium 4 Xeon (Abbildung mit freundlicher Genehmigung von Intel)

Xeon-Prozessoren besitzen zusätzlich große L2-Caches und insbesondere die neueren Xeons zudem auch L3-Caches. Auch wenn einige Xeon-Prozessoren nur einzeln eingesetzt werden können, wurden die meisten doch speziell für den gemeinsamen Einsatz von zwei, vier oder sogar acht CPUs in einem Gehäuse entwickelt. Nutzt man diese beiden Merkmale gleichzeitig, dann können moderne Xeon-Systeme 32-CPU-Kerne enthalten, die jeweils Hyperthreading und damit 64 Threads gleichzeitig unterstützen.

Intel und seine Partner arbeiten an der Auslieferung von Konfigurationen, die die Nutzung von noch mehr CPUs ermöglichen und damit noch leistungsfähiger sind. Xeons sind zwar teuer, aber durch ihre enorme Leistungsfähigkeit erfreuen sie sich dennoch großer Beliebtheit im Bereich der besonders leistungsfähigen Serversysteme.

Installation von Prozessoren

Die Installation oder der Austausch eines Prozessors ist bemerkenswert einfach. Man entfernt den Lüfter nebst Kühlkörper, baut den Prozessor aus, setzt eine neue CPU in den Sockel ein und befestigt darauf wieder den Kühlkörper und Lüfter. Es stellen sich aber zuvor bereits zwei wichtige Fragen. Muss die CPU überhaupt ausgetauscht werden? Welcher Prozessor kann für den Computer verwendet werden?

Warum den Prozessor austauschen?

Da der Prozessor das Gehirn des Systems darstellt, geht man fast zwangsläufig davon aus, dass der Rechner schneller wird, wenn man einen alten, langsamen Prozessor durch einen neuen, schnelleren ersetzt. Natürlich stimmt das auch, aber bevor Sie einen Prozessor austauschen, müssen Sie sich mit ein paar anderen Aspekten auseinandersetzen, wie z.B. Kosten, Kühlung und Leistung.

Kosten

Wenn Sie einen älteren Prozessor verwenden, dann ist es eher wahrscheinlich, dass keine schnellere Version des eingesetzten Prozessors mehr im Handel erhältlich ist. Dann müssen Sie beim Austausch des Prozessors gleich auch das Mainboard und oft auch die Speichermodule austauschen. Das ist zwar machbar, allerdings ist fraglich, ob sich dies nach einem Preisvergleich mit einem neuen System aus Kostensicht auch noch lohnt. Was würde ein solches Update im Vergleich zu einem neuen Komplettsystem kosten?

Kühlung

Schnellere Prozessoren werden heißer als langsame. Wenn Sie sich einen neuen Prozessor besorgen, dann benötigen Sie sehr wahrscheinlich auch einen neuen Lüfter nebst Kühlkörper, um die vom leistungsfähigeren Prozessor erzeugte Wärme abführen zu können. Weiterhin müssen Sie möglicherweise feststellen, dass die Gehäuselüfter nicht mehr ausreichen, wodurch die CPU zu heiß wird und das System abstürzt. Für eine bessere Kühlung lässt sich zwar sorgen, aber möglicherweise müssen Sie dazu ein neues Gehäuse beschaffen.

Leistung

Durch einen schnelleren Prozessor wird der Computer zwar leistungsfähiger, aber um wie viel? Die Ergebnisse sind oft enttäuschend. Im Laufe dieses Buches werden Sie viele Bereiche kennen lernen, die viel größeren Einfluss auf die Systemleistung haben können.

Abbildung 5.60: Beispiele für Mainboard-Handbücher

Ermittlung der passenden CPU

Wenn Sie alle Entscheidungen getroffen und sich für einen neuen Prozessor entschieden haben, dann können Sie entweder ein komplett neues System zusammenbauen oder einen aktuelleren Prozessor einbauen. Die allerwichtigste Informationsquelle ist das Mainboard-Handbuch (Abbildung 5.61). Dieses wichtige Handbuch sollte im Lieferumfang jedes Computers enthalten sein. Es enthält alle Details über die verwendbaren CPUs und spezielle Hinweise zu deren Einbau. Normalerweise erfahren Sie auf den ersten Seiten des Mainboard-Handbuchs, welche CPUs von Ihrem System unterstützt werden (siehe Abbildung 5.62).

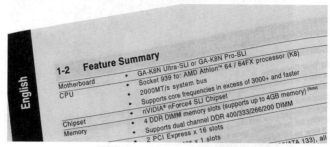

Abbildung 5.61: Unterstützte CPUs

Wenn Sie kein Mainboard-Handbuch haben, rufen Sie in dem Geschäft an, wo Sie Ihren PC gekauft haben, und fragen danach. Falls man es dort auch nicht hat, gehen Sie online auf die Suche danach – ich werde Ihnen in späteren Kapiteln zeigen, wo Sie suchen können.

Ihr erstes Interesse sollte dem Sockel gelten. Sie können keinen Athlon 64 X2 in den Socket 775 eines Pentium D einbauen – das passt einfach nicht. Falls im Mainboard-Handbuch die CPUs aufgeführt werden, die Sie einbauen können, dann können Sie sich auf Einkaufstour begeben.

Kauf eines Prozessors

Der Kauf eines Prozessors ist ein wenig problematisch, da die meisten Händler diesen nur dann zurücknehmen, wenn er definitiv defekt ist. Wenn Sie nicht aufpassen, dann haben Sie am Ende einen nutzlosen Prozessor. Damit Ihnen das nicht passiert, sollten Sie auf einige Dinge achten.

Prozessoren sind in zwei Varianten erhältlich, in einer Verkaufsversion oder als OEM-Version. Die Verkaufsversion (oft *Boxed* genannt) hat zwei Vorteile. Erstens handelt es sich um einen Originalartikel. Es gibt überraschend viele illegale Prozessoren auf dem Markt. Zweitens befindet sich im Lieferumfang ein Kühlkörper mit Lüfter, der so ausgelegt ist, dass er sich für den jeweiligen Prozessor auch wirklich eignet.

Bei den meisten Händlern können Sie einen neuen Prozessor für wenig Geld einbauen lassen. Ich nutze dieses Angebot manchmal, auch wenn der Rechner dann möglicherweise ein paar Tage lang weg ist. Und warum erledigt gerade der geschätzte Autor und Oberexperte diese Arbeiten nicht selbst? Auf diese Weise bin ich einfach nicht der Dumme, wenn Probleme auftreten! Schließlich kann ich auch den Ölwechsel beim Auto selber machen und überlasse das doch anderen!

Wenn Sie einen OEM-Prozessor kaufen, dann benötigen Sie einen passenden Lüfter. Ein paar weitere Informationen dazu finden Sie im Abschnitt *Die Kunst des Kühlens* weiter unten in diesem Kapitel.

Vorbereitung der Installation

Wenn Sie sich davon überzeugt haben, dass sich der neue Prozessor für das Mainboard eignet, dann wenden Sie sich wieder dem Mainboard-Handbuch zu und sehen nach, ob winzige Steckbrücken

Kapitel 5

(Jumper) oder Schalter für den Prozessor gesetzt werden müssen. Über diese Jumper oder Schalter wird möglicherweise die Mainboard-Geschwindigkeit, der Multiplikator oder die Spannung eingestellt. Nehmen Sie sich Zeit, lesen Sie das Mainboard-Handbuch und setzen Sie die Jumper oder Schalter richtig. Suchen Sie den Stromanschluss für den CPU-Lüfter (siehe Abbildung 5.63).

Stromanschluss für Lüfter
Abbildung 5.62: Lüfteranschluss auf einem Mainboard

Hinweis
Auf vielen modernen Mainboards gibt es gar keine oder nur noch vereinzelte Jumper und Schalter.

Die meisten CPUs verwenden irgendwelche Installationsklammern für den CPU-Lüfter. Einige dieser Klammern müssen unterhalb des Mainboards angebracht werden, das heißt, Sie müssen das Mainboard aus dem Gehäuse entfernen.

Vorsicht
Bevor Sie etwas innerhalb des Rechnergehäuses berühren, sollten Sie für einen geeigneten Schutz gegen elektrostatische Entladungen sorgen. Überzeugen Sie sich davon, dass die Stromversorgung abgeschaltet und das System vom Netz getrennt ist.

Wenn Sie eine alte CPU entfernen, müssen Sie auch den alten Lüfter entfernen. Das Entfernen von CPU-Lüftern ist meine ungeliebteste Aufgabe von allen Baumaßnahmen am PC. Viele (nicht alle) CPU-Lüfter verwenden Metallklammern an beiden Seiten des Sockels. Diese Klammern müssen Sie normalerweise aufbiegen, um sie mit einem Schlitzschraubendreher entfernen zu können (Abbildung 5.64). Dazu brauchen Sie meist mehr Kraft, als Sie vermuten würden, nehmen Sie sich also die Zeit und hebeln Sie den alten Lüfter vorsichtig heraus. Lassen Sie den Schraubenzieher dabei nicht abrutschen! Allzu leicht kann man dabei empfindliche Komponenten auf dem Mainboard beschädigen und es damit unbrauchbar machen.

Vorsicht
Wenn Sie eine CPU austauschen, sollten Sie auch den Lüfter wechseln – selbst wenn der alte Lüfter für die neue CPU ausreichend wäre. Auch Lüfter werden alt und fallen irgendwann aus!

Abbildung 5.63: Einen alten Lüfter entfernen

Einbau einer CPU im PGA-Gehäuse

Das Einsetzen und Ausbauen einer PGA-CPU ist recht simpel, *sofern Sie nicht die Pins anfassen*, weil dadurch die CPU beschädigt werden kann. Abbildung 5.65 zeigt, wie man einen Sempron in den Socket 754 einsetzt. Beachten Sie, dass die Pins an der CPU nur in eine Richtung eingesetzt werden können. Mit den Orientierungsmarkierungen sollte es eigentlich kein Problem mehr sein, die CPU richtig zu installieren. Der falsche Einbau der CPU würde jedenfalls nicht nur sehr wahrscheinlich die CPU, sondern vielleicht auch das Mainboard beschädigen!

Abbildung 5.64: Ausrichtung der CPU

Für die Installation heben Sie den Hebel an oder öffnen die Metallabdeckung, richten die CPU aus und lassen sie korrekt einrasten (Abbildung 5.66). Wenn sie nicht einrastet, überprüfen Sie die Ausrichtung und sehen nach, ob sich an der CPU verbogene Pins befinden. Wenn Sie einen leicht verbogenen Pin sehen, versuchen Sie, ihn mit einem Druckbleistift (0,9 mm) geradezubiegen. Nehmen Sie die Mine aus dem Druckbleistift, schieben Sie die Bleistiftspitze über den verbogenen Pin und begradigen Sie ihn. Seien Sie dabei sehr vorsichtig! Bricht ein CPU-Pin, ist der Prozessor ruiniert! Achten Sie auf den richtigen Sitz der CPU (es sind keine Pins mehr sichtbar), und klappen Sie dann den Hebel oder die Metallabdeckung herunter.

Abbildung 5.65: Eingesetzte CPU

Jetzt kommen wir zum Lüfter! Bevor Sie den Lüfter einbauen, müssen Sie etwas *Wärmeleitpaste* auf die CPU auftragen. Bei vielen Lüftern ist die Wärmeleitpaste bereits aufgetragen, die dann mit einer Art rechteckiger Folie bedeckt ist. Sie müssen die Folie vor der Montage des Lüfters abziehen. Wenn Sie die Wärmeleitpaste aus einer der im Handel erhältlichen kleinen »Spritzen« auftragen (siehe Abbildung 5.67), beachten Sie, dass nur sehr wenig von dieser Paste benötigt wird! Tragen Sie sie möglichst dünn, auf der gesamten Oberfläche und gleichmäßig auf. Anders als bei vielen anderen Dingen gilt hier: Weniger ist mehr!

Abbildung 5.66: Aufbringen von Wärmeleitpaste

Beim Befestigen von Kühlkörpern können selbst die erfahrensten Techniker gelegentlich nervös werden (Abbildung 5.68). Meist müssen Sie ein wenig mehr Kraft als vermutet aufwenden, um den Lüfter in die richtige Position zu bringen. Vergewissern Sie sich auch, dass der installierte Lüfter zum CPU-Gehäuse passt.

Abbildung 5.67: Installation des Lüfters

Testen des neuen Prozessors

Im nächsten Schritt schalten Sie den Rechner ein und prüfen, ob das System hochfährt. Wenn immer alles glatt laufen würde, dann wären wir jetzt fertig und würden nur noch zusehen, wie der Rechner sauber bootet. Leider passiert aber nach der Betätigung des Einschalters gar nichts. Dann können Sie Folgendes machen:

Erstens überzeugen Sie sich davon, dass das System mit Strom versorgt wird. (Im weiteren Verlauf des Buches werden wir uns noch eingehender mit verschiedenen Fragen der Stromversorgung auseinandersetzen.) Zweitens überzeugen Sie sich davon, dass die CPU richtig im Sockel sitzt. Senken Sie den Kopf und sehen Sie sich den montierten Prozessor von der Seite aus an. Können Sie die Pins des Prozessors bzw. die Kontakte noch irgendwo sehen? Sitzt die CPU plan in ihrem Sockel? Falls nicht, dann installieren Sie den Prozessor noch einmal neu. Wenn das System dann immer noch nicht bootet, prüfen Sie noch einmal alle Jumper-Einstellungen. Dabei kann man sich ganz leicht vertun.

Wenn der Rechner startet, dann kontrollieren Sie, ob der Prozessorlüfter innerhalb weniger Sekunden anspringt. Wenn er sich nicht sofort zu drehen beginnt, dann ist das in Ordnung. Spätestens nach 30 Sekunden müsste er aber anlaufen.

Die Kunst des Kühlens

Es war einmal vor langer, langer Zeit, als Prozessoren noch ganz ohne Kühlkörper auskamen. Damals wurde der Prozessor einfach in seinen Sockel eingesetzt und funktionierte. Nun gut, diese Zeiten sind längst vorbei. Wenn Sie einen modernen Prozessor installieren, dann müssen Sie für dessen Kühlung sorgen. Glücklicherweise gibt es Alternativen.

- ❑ **OEM-Lüfter.** Die Retail-Versionen von Prozessoren, die auch Boxed-Version genannt werden, enthalten einen passenden OEM-Kühlkörper mit Lüfter. OEM-CPUs werden andererseits nor-

malerweise ohne Lüfter geliefert. Verrückt, oder? Bei den OEM-Lüftern können Sie nämlich absolut sicher sein, dass sich diese auch für den jeweiligen Prozessor eignen.
- **Spezielle Lüfter.** Viele Unternehmen bieten für verschiedene Prozessoren Kühlkörper und Lüfter von Drittherstellern an. Üblicherweise sind diese den OEM-Lüftern überlegen und können die Wärme besser abführen. Diese Lüfter ziehen durch ihr tolles Aussehen oft unweigerlich die Blicke auf sich. Manche dieser Lüfter sind sogar beleuchtet, so dass sie im System wirklich beeindruckend aussehen (Abbildung 5.69).

Abbildung 5.68: Sieht dieser Lüfter nicht beeindruckend aus?

Der letzte Schrei ist die Flüssigkeitskühlung! Richtig, Sie können ein kleines System mit Kühlflüssigkeit in das Rechnergehäuse einbauen! Dabei wird eine Flüssigkeit (üblicherweise Wasser) durch einen Metallblock geleitet, der oben auf dem Prozessor aufsitzt und die Wärme absorbiert. Die Flüssigkeit wird vom Metallblock erwärmt, läuft aus dem Block heraus und in eine Kühlvorrichtung und wird dann wieder durch den Block gepumpt. Alle Flüssigkeitskühlsysteme bestehen also aus drei wesentlichen Komponenten:

- Einem hohlen Metallblock, der auf dem Prozessor aufsitzt
- Einer Pumpe, die die Flüssigkeit umwälzt
- Einer Vorrichtung, die die Flüssigkeit kühlt

Dazu kommen natürlich noch etliche Schläuche, um die Komponenten miteinander zu verbinden. Abbildung 5.70 zeigt einen typischen flüssig gekühlten PC.

Eine Reihe von Unternehmen vertreiben diese Flüssigkeitskühlsysteme. Zwar sehen diese Vorrichtungen wahrlich beeindruckend aus und können den Prozessor auch wirklich kühlen, aber wenn der Rechner nicht gerade mitten in der Sahara betrieben wird, dann sollte ein guter Lüfter mit Kühlkörper mehr als ausreichen.

Ob Sie nun ein leises oder ein lautes Kühlsystem für Ihren Computer haben, achten Sie immer darauf, dass alles sauber ist. Reinigen Sie einmal im Monat den Lüfter oder Kühler mit Hilfe einer Sprühdose mit komprimierter Luft von Staub. CPUs sind sehr empfindlich gegenüber Hitze. Ein schlecht funktionierender Lüfter kann alle möglichen Probleme verursachen, wie beispielsweise Systemabstürze, spontane Neustarts und vieles andere mehr.

Abbildung 5.69: Ein flüssig gekühlter Prozessor

Wichtig
CPUs sind *thermisch sensible* Komponenten – halten Sie die Lüfter sauber!

Kennen Sie Ihre CPUs?

In diesem Kapitel haben Sie die grundlegenden Komponenten und Funktionen der CPU im PC kennen gelernt. Ein historischer Überblick hat Ihnen ein besseres Verständnis der erstaunlichen CPU-Evolution in den mehr als 20 Jahren seit der Erfindung des PC verschafft.

Im weiteren Verlauf dieses Buches werden die in diesem Kapitel vermittelten Informationen wiederholt erwähnt werden. Nehmen Sie sich daher ausreichend Zeit, um sich bestimmte Fakten wie etwa die Größe der verschiedenen Caches, die CPU-Geschwindigkeiten und die Funktion der Taktverdopplung zu merken. Gute Techniker sollten solche Daten ohne Zuhilfenahme eines Buches ausspucken können!

Jenseits von A+

Übertaktung

Damit die CPU funktioniert, müssen die Mainboard-Geschwindigkeit, der Multiplikator und die Spannung korrekt eingestellt sein. In den meisten modernen Systemen verwendet das Mainboard die CPUID-Funktionen, um diese Optionen automatisch zu setzen. Bei einigen Mainboards können Sie diese Einstellungen jedoch auch manuell festlegen, indem Sie einen Jumper oder einen DIP-Switch umsetzen, eine CMOS-Einstellung ändern oder auch entsprechende Software einsetzen. Viele Enthusiasten ändern diese Einstellungen bewusst ab, um die Leistung zu erhöhen.

In den Zeiten der Intel-80486-CPU betrieben die Leute ihre Systeme absichtlich mit einem Takt, der über dem lag, für den die CPU ausgelegt war. Diesen Prozess bezeichnete man als *Übertaktung*, und er funktionierte. Ok, *manchmal* funktionierten die Systeme, manchmal aber auch nicht. Intel und AMD

Kapitel 5

geben für ihre Prozessoren aus gutem Grund bestimmte Taktfrequenzen an, und dabei handelt es sich um die höchste Geschwindigkeit, bei der sie garantiert funktionieren.

Bevor ich weiterschreibe, muss ich Sie warnen, dass die bewusste Übertaktung einer CPU unmittelbar die Garantie erlöschen lässt. Durch Übertaktung können CPUs zerstört werden. Die Übertaktung kann Ihr System instabil machen und häufig abstürzen lassen. Ich will die Praxis der Übertaktung weder befürworten noch verurteilen. Mein Ziel ist hier nur, Sie über diese Vorgehensweise zu informieren. Sie müssen Ihre eigene Entscheidung treffen.

Die CPU-Hersteller mögen die Übertaktung nicht. Warum sollten Sie mehr für einen schnelleren Prozessor zahlen, wenn Sie eine billigere, langsamere CPU nehmen und diese mit einer höheren Geschwindigkeit betreiben können? Um dem entgegenzutreten, raten CPU-Hersteller, insbesondere Intel, nachhaltig von dieser Vorgehensweise ab. Beispielsweise rüsten sowohl AMD als auch Intel heute alle ihre CPUs mit gesperrten Multiplikatoren und besonderer Elektronik für Übertaktungen aus, um derartige Vorgehensweisen zu verhindern.

Ich glaube nicht, dass es AMD oder Intel wirklich interessiert, was die *Endbenutzer* mit ihren CPUs machen. Sie gehören ihnen, sie tragen die Risiken. Viele Kriminelle sind jedoch darauf gekommen, dass es ein gutes Geschäft ist, Rechner mit übertakteten CPUs unter Vorspiegelung falscher Tatsachen zu verkaufen. Derart manipulierte Rechner wurden zu einem Albtraum, als sie in die Hände argloser Wiederverkäufer und Endbenutzer gerieten. Bei auftretenden Problemen fragten sie unschuldig nach Garantieleistungen, nur um feststellen zu müssen, dass der Prozessor manipuliert wurde und die Garantie damit verfallen war.

Wenn Sie genau wissen wollen, welchen Typ CPU Sie einsetzen, laden Sie sich das sehr beliebte und kostenlose Dienstprogramm *CPU-Z* unter der Adresse www.cpuid.com herunter. CPU-Z bietet Ihnen alle Informationen, die Sie jemals über Ihre CPU benötigen (Abbildung 5.71).

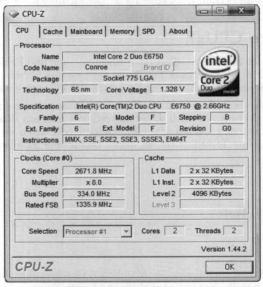

Abbildung 5.70: CPU-Z bei der Arbeit

Die meisten Leute nehmen ein paar Anpassungen vor und übertakten ihre Rechner damit erfolgreich. Erstens können Sie über Jumper, CMOS-Einstellungen oder die Software-Konfiguration den Bustakt des Systems erhöhen. Zweitens muss man häufig die Spannungsversorgung der CPU ein wenig erhöhen, um für Stabilität zu sorgen. Dazu ändern Sie einen Jumper oder eine CMOS-Einstellung.

Durch das Überschreiben der Standardwerte können Sie Ihr System völlig unbrauchbar machen, was so weit gehen kann, dass das Mainboard selbst dann nicht mehr funktioniert, wenn Sie die CPU entfernen und eine neue installieren. (Außerdem besteht ein gewisses Risiko, den Prozessor zu toasten, wobei moderne Prozessoren jedoch Schaltkreise enthalten, die sie rechtzeitig vor dem Überhitzen abschalten.) Bei den meisten Mainboards gibt es einen Jumper, der *CMOS clear* genannt wird (Abbildung 5.72), über den wieder die CMOS-Standardeinstellungen gesetzt werden können. Bevor Sie versuchen, ein modernes System zu übertakten, informieren Sie sich darüber, wo sich der CMOS-Clear-Jumper befindet und wie er genutzt wird! Hinweis: Lesen Sie im Mainboard-Handbuch nach.

Steckbrücke zur CMOS-Löschung
Abbildung 5.71: CMOS-Clear-Jumper

Allgemein müssen Sie den PC zum Löschen der CMOS-Einstellungen ausschalten. Nehmen Sie dann eine dieser winzigen Plastik-Steckbrücken (die offiziell *Shunt* genannt werden) und schließen Sie mit ihr den Kontakt zwischen den zwei Anschlüssen. Entfernen Sie dann die Steckbrücke wieder. Anschließend starten Sie den PC und rufen sofort das CMOS-Setup auf, um dort die erforderlichen Einstellungen wiederherzustellen.

Intel Atom

Die Atom-Prozessoren von Intel sind sehr energieeffizient und wurden für den Einsatz in ultramobilen PCs, mobilen Internet-Geräten, Netbooks und sparsamen Desktop-Rechnern entwickelt. Die Atom-CPU-Produktlinie umfasst 32- und 64-Bit-Modelle. Bisher gibt es allerdings 64-Bit-Modelle nur für sparsame Desktop-Rechner. Viele Atom-Prozessoren unterstützen auch Hyperthreading und es sind auch einige Dial-Core-Modelle erhältlich. Abbildung 5.73 zeigt einen Atom-Prozessor.

Abbildung 5.72: Intel-Atom-Prozessor

Atom-Prozessoren unterstützen zwar die SSE3-Befehle von Intel, aber nicht SSE4. Bisher wurden lediglich Intel-Atom-Prozessoren angeboten, die direkt mit dem Mainboard verlötet werden mussten. Atom-Prozessoren werden in einem 45-nm-Prozess gefertigt und unterstützen häufig Intels SpeedStep-Technologie, um ihren Energieverbrauch weiter zu reduzieren. Die Atom-Prozessoren werden sehr häufig in Netbooks verwendet, bei denen die Wärmeabgabe und der Energieverbrauch von vorrangiger Bedeutung sind

Wiederholung

Fragen

1. Welchen Sinn haben Register für die CPU?
   A. Die Register legen die Taktfrequenz fest.
   B. Die CPU verwendet die Register als temporären Speicherplatz für interne Befehle und Daten.
   C. Mit Registern kann die CPU das RAM adressieren.
   D. Über Register kann die CPU den Adressbus steuern.

2. Welche Funktion hat der externe Datenbus im PC?
   A. Der externe Datenbus legt die Taktfrequenz der CPU fest.
   B. Die CPU verwendet den externen Datenbus zur Adressierung des RAM.
   C. Der externe Datenbus ist ein Kanal für die Übertragung von Daten und Befehlen zwischen CPU und RAM.
   D. Die CPU verwendet den externen Datenbus zum Zugriff auf die Register.

3. Welche Funktion hat der Adressbus im PC?
   A. Der Adressbus ermöglicht der CPU die Kommunikation mit dem MMC.
   B. Der Adressbus ermöglicht dem MMC die Kommunikation mit dem RAM.
   C. Der Adressbus stellt einen Kanal für den Datenfluss und die Befehle zwischen der CPU und dem RAM car.
   D. Der Adressbus ermöglicht der CPU den Zugriff auf die Register.

4. Wie breit ist der Datenbus und wie groß ist der L1-Cache bei einer Core-2-Duo-CPU?
   A. 32-Bit-Datenbus, 32 KB L1-Cache
   B. 64-Bit-Datenbus, zwei 32 KB L1-Caches
   C. 64-Bit-Datenbus, zwei 64 KB L1-Caches
   D. 128-Bit-Datenbus, zwei 128 KB L1-Caches

5. Was sollte ein Techniker prüfen, wenn er einen Athlon-64-X2-Prozessor in ein Mainboard einsetzt? (Wählen Sie die *beste* Antwort aus.)
   A. CPU-Taktfrequenz, CPU-Taktmultiplikator
   B. CPU-Taktfrequenz, CPU-Taktmultiplikator, Mainboard-Spannung
   C. CPU-Taktfrequenz, CPU-Taktmultiplikator, Mainboard-Spannung, Systemtakt
   D. Mainboard-Spannung, Systemtakt

6. Welche Vorteile hat der Intel Core Duo gegenüber dem Pentium M?
   A. Level-1-Cache
   B. 64-Bit-Datenbus
   C. Quad-Pipelining
   D. Zwei Prozessorkerne

7. Der Intel-Core-Duo-Prozessor verfügt über zwei 32 KB große L1-Caches, während der Athlon 64 X2 einen 128 KB großen L1-Cache hat. Welche Rolle spielt der Cache für den Prozessor?
   A. Durch den Cache kann die CPU bei Pipeline-Stalls mit der Arbeit fortfahren.
   B. Durch den Cache kann die CPU während Festplatten-Refreshs mit der Arbeit fortfahren.
   C. Der Cache ermöglicht der CPU den Zugriff auf das RAM.
   D. Der Cache ermöglicht der CPU den Zugriff auf den Memory Controller des Chipsatzes.

8. Was unterscheidet den Athlon 64 vom Original-Athlon? (Wählen Sie zwei Antworten aus.)
   A. Der Athlon 64 verwendet einen externen Speichercontroller.
   B. Der Athlon 64 verwendet einen internen Speichercontroller.
   C. Der Athlon 64 benutzt einen traditionellen Frontside-Bus.
   D. Der Athlon 64 nutzt einen HyperTransport-Bus.

9. Susanne ist Hardwaretechnikerin und arbeitet für eine karitative Einrichtung. Sie hat zehn Systeme, die mit neuen Mikroprozessoren aufgerüstet werden sollen. Jedes System verfügt gegenwärtig über ein Socket-939-Mainboard mit einer Athlon-64-3200+-CPU. Damit die Kosten des Upgrades niedrig bleiben, soll Susanne die vorhandenen Mainboards möglichst weiterhin verwenden.
   ❏ *Wichtigstes Ziel:* Die Systeme mit schnelleren CPUs aufrüsten.
   ❏ *Optionale Ziele:* Die vorhandenen Mainboards weiterhin verwenden und die Anschaffung weiterer Hardware außer CPU, Lüfter und Kühlkörper vermeiden.
   ❏ *Vorgeschlagene Lösung:* Susanne bestellt zehn PPGA-Core-2-Duo-Prozessoren und zehn PPGA/Socket-939-Konverter.
   Die vorgeschlagene Lösung:
   A. Erfüllt nur die primäre Zielsetzung
   B. Erfüllt nur die primäre und eine der optionalen Zielsetzungen
   C. Erfüllt die primäre und beide optionalen Zielsetzungen
   D. Erfüllt keine der Zielsetzungen

10. Ein Spender hat der Einrichtung, in der Susanne tätig ist, fünf Socket-939-Athlon-X2-Prozessoren geschenkt. Susanne verfügt über mehrere Systeme mit Socket-939-Mainboard und installierten Athlon-64-CPUs. Susanne soll die fünf Systeme mit den neuen Prozessoren aufrüsten, aber die vorhandenen Mainboards weiterhin verwenden, um die Kosten möglichst niedrig zu halten.
    ❏ *Wichtigstes Ziel:* Die Systeme mit schnelleren CPUs aufrüsten.
    ❏ *Optionale Ziele:* Die vorhandenen Mainboards weiterhin verwenden.
    ❏ *Vorgeschlagene Lösung:* Die Athlon-64-CPUs aus den fünf Systemen ausbauen und durch die neuen Athlon-64-X2-CPUs ersetzen. Aktualisieren der Mainboards gemäß der Richtlinien der Mainboard-Hersteller.
    Die vorgeschlagene Lösung:
    A. Erfüllt nur die primäre Zielsetzung
    B. Erfüllt nur die optionalen Zielsetzungen
    C. Erfüllt die primäre und die optionalen Zielsetzungen
    D. Erfüllt keine der Zielsetzungen

Kapitel 5

Antworten

1. **B.** Die CPU verwendet die Register als temporären Speicher für interne Befehle und Daten.
2. **C.** Der externe Datenbus ist ein Kanal für die Übertragung von Daten und Befehlen zwischen CPU und RAM.
3. **A.** Der Adressbus ermöglicht der CPU die Kommunikation mit dem Speichercontroller-Chip (MMC).
4. **C.** Die Core-2-Duo-CPU verfügt über einen 64-Bit-Datenbus und zwei 64 KB große L1-Caches.
5. **C.** Ungeachtet der heute in moderne Prozessoren integrierten CPUID-Funktion sollten gute Techniker stets die Einstellungen der Mainboards für Geschwindigkeit, Taktmultiplikator und Spannung überprüfen. Insbesondere sollten sie die Prozessortaktfrequenz kennen.
6. **D.** Der Intel Core Duo hat zwei Prozessorkerne und damit einen entscheidenden Vorteil gegenüber dem Pentium M.
7. **A.** Der Cache ermöglicht der CPU die Weiterarbeit während Pipeline-Stalls.
8. **B, D.** Der Athlon 64 besitzt einen integrierten Speichercontroller und einen HyperTransport-Bus.
9. **D.** Was denkt sich Susanne eigentlich? Man kann keine Intel-Prozessoren in Mainboards für AMD-CPUs installieren! Die vorgeschlagene Lösung erfüllt keine der Zielsetzungen.
10. **C.** Das kommt dem Ganzen schon näher. Mit einer kleinen Mainboard-Aktualisierung kann Susanne die Athlon-64-X2-Prozessoren benutzen.

6
RAM

Themen in diesem Kapitel

- ❏ Die verschiedenen RAM-Bauformen identifizieren
- ❏ Die Eigenarten von DRAM erklären
- ❏ RAM korrekt auswählen und installieren
- ❏ Grundlegende Fehlersuche für RAM durchführen

Immer wenn jemand auf mich zukommt und mit seinem Computerfachwissen prahlen will, dann stelle ich ihm ein paar Fragen, um festzustellen, wie viel er wirklich weiß. Sollten wir uns also jemals persönlich begegnen, dann sollten Sie zumindest meine beiden ersten Fragen beantworten können, wenn Sie sich auf ein technisches Geplänkel mit mir einlassen wollen. Beide beziehen sich auf das RAM (Random Access Memory), den Arbeitsspeicher der CPU.

1. »Wie viel Arbeitsspeicher hat Ihr Rechner?«
2. »Was ist Arbeitsspeicher und warum kommt kein PC ohne ihn aus?«

Können Sie eine dieser beiden Fragen beantworten? Falls nicht, braucht Sie das aber auch nicht sonderlich zu stören, denn in diesem Kapitel werden Sie die Antworten erfahren. Wiederholen wir noch einmal, was wir bisher über RAM wissen.

Wichtig

In den Prüfungsbereichen der CompTIA A+-Zertifizierung wird der Begriff *Speicher* zur Beschreibung des Kurzzeitspeichers verwendet, den der PC nutzt, um das Betriebssystem zu laden und Anwendungen auszuführen. In der Branche ist der Begriff *RAM (Random Access Memory)* für diesen Speicher, den es in jedem PC gibt, gebräuchlicher. Beim primären Arbeitsspeicher des Systems handelt es sich eigentlich um *DRAM (Dynamic Random Access Memory)*. In diesem Buch werden über weite Strecken die Begriffe RAM und DRAM bevorzugt verwendet.

Wenn Programme und Daten nicht benötigt werden, liegen sie im Massenspeicher, bei dem es sich zwar meist um Festplatten, manchmal aber auch um USB-Laufwerke, optische Datenträger (CD/DVD) oder andere Gerät handelt, die Daten auch dann speichern können, wenn der Rechner ausgeschaltet ist. Wenn Sie in Windows auf ein Symbol klicken, um ein Programm zu laden, wird es aus dem Massenspeicher in das RAM kopiert und dann ausgeführt.

Kapitel 6

Abbildung 6.1: Programme werden zwar auf Massenspeichermedien gelagert, aber zur Ausführung ins RAM geladen.

In Kapitel 5 (*Mikroprozessoren*) haben Sie erfahren, dass die CPU *DRAM* (*Dynamic Random Access Memory*) als Arbeitsspeicher in allen PCs verwendet. So wie die CPUs haben sich auch DRAM-Bausteine im Laufe der Jahre in zahlreichen Schritten weiterentwickelt, so dass immer bessere DRAM-Technologien mit Namen wie SDRAM, RDRAM und DDR RAM entstanden. Dieses Kapitel erklärt zunächst die Funktionsweise von DRAM. Anschließend werden die in den letzten Jahren verwendeten, verschiedenen DRAM-Typen und deren Vorteile beschrieben. Im dritten Abschnitt (*Die Arbeit mit dem RAM*) finden Sie detaillierte Informationen zur Auswahl der richtigen RAM-Bausteine und deren Installation. Das Kapitel endet mit der Beschreibung der Fehlersuche bei RAM-Problemen.

Geschichte und Konzepte

DRAM – Einführung

Wie in Kapitel 5 (*Mikroprozessoren*) bereits beschrieben, verhält sich DRAM ähnlich wie das elektronische Arbeitsblatt einer Tabellenkalkulation, mit nummerierten Zeilen, die Zellen enthalten, wobei jede Zelle eine Eins oder eine Null enthalten kann. Jetzt sehen wir uns genauer an, was physisch passiert. Bei jeder Zelle des Arbeitsblatts handelt es sich um ein spezielles Halbleiterelement, das einen Wert (1 oder 0) enthalten kann und aus mikroskopisch kleinen Kondensatoren und Transistoren besteht. DRAM-Hersteller integrieren diese winzigen Halbleiter in Chips, die eine bestimmte Anzahl von Bits speichern können. Die Bits sind in den Chips in Zeilen und Spalten und damit in rechteckiger Form angeordnet.

Jeder Chip kann nur begrenzt viele Codezeilen aufnehmen. Stellen Sie sich eine Codezeile als eine Zeile des elektronischen Arbeitsblatts vor. Beispielsweise könnte ein Chip eine Million, ein anderer über eine Milliarde Zeilen speichern. Darüber hinaus gibt es bei allen Chips eine Begrenzung hinsichtlich der Breite der Codezeilen, die er speichern kann. Beispielsweise könnte ein Chip 8 Bit breite Daten, ein anderer 16 Bit breite Daten speichern. Techniker geben die Kapazität von Chips in Bits und nicht in Bytes an, also *x8* bzw. *x16*. So wie Sie ein Arbeitsblatt über die Anzahl an Zeilen und Spalten beschreiben können, beschreiben auch Speicherhersteller ihre RAM-Chips. Bei einem einzelnen DRAM-Chip, der 1.048.576 Zeilen und 8 Spalten speichern kann, würde es sich z.B. um einen 1M-x8-Chip handeln, wobei »M« wie bei Megabyte (2^{20} Byte) als Abkürzung für »Mega« steht. Es ist schwierig, wenn nicht unmöglich, die Kapazität eines DRAM-Chips nur durch dessen Betrachtung festzustellen, denn nur die DRAM-Hersteller kennen die genaue Bedeutung der winzigen Ziffern auf den Chips, auch wenn man sie häufig recht leicht erraten kann (siehe Abbildung 6.2).

Abbildung 6.2: Was könnten diese Ziffern bedeuten?

DRAM-Organisation

DRAM ist seit Mitte der 1970er wegen seines günstigen Preises, seiner hohen Geschwindigkeit und seiner Fähigkeit, viele Daten auf relativ kleinem Raum zu speichern, zum Standard-RAM in allen Computern und nicht nur im PC geworden. DRAM begegnen Sie heute fast überall, z.B. in Autos und selbst in Backautomaten.

DRAM im PC muss genau definierten Anforderungen genügen. Der Original-8088 hatte einen 8-Bit-Frontside-Bus. Alle zum 8088-Prozessor übertragenen Befehle wurden in separate 8-Bit-Blöcke aufgeteilt. Sie brauchen daher RAM, das Daten in 8-Bit-Blöcken speichern kann. Immer wenn also die CPU eine Codezeile anforderte, konnte der Speichercontroller einen 8-Bit-Block auf den Datenbus schreiben. Damit wurde der Datenfluss in die CPU (und aus dieser heraus) optimiert.

Auch wenn heutige DRAM-Chips breiter als 1 Bit sein können, waren anfangs alle DRAM-Chips nur 1 Bit breit. Dies bedeutet, dass die Kapazitäten bei 1 Bit Breite immer z.B. 64Kx1 oder 256Kx1 betrugen. Wie kommt man dann aber mit 1 Bit breiten DRAMs zu 8 Bit breitem Speicher? Die Antwort ist recht einfach: Man nehme acht 1 Bit breite Chips und organisiere sie elektronisch über den Speichercontroller so, dass sie 8 Bit breit sind. Dazu setzt man zunächst acht 1 Bit breite Chips in eine Reihe auf dem Mainboard ein und dann schaltet man diese Reihe DRAM-Chips über den MMC (Memory Controller Chip), der dies unterstützen muss, so zusammen, dass sich Byte-breiter Speicher ergibt (Abbildung 6.3). Damit sehen acht 1 Bit breite DRAM-Chips für die CPU wie ein einzelner 8 Bit breiter DRAM-Chip aus.

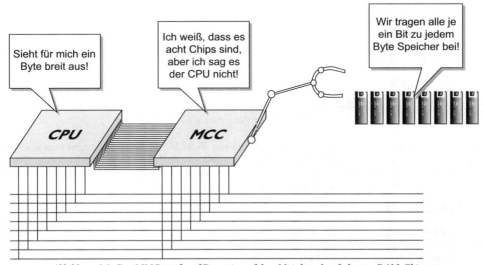

Abbildung 6.3: Der MMC greift auf Daten in auf dem Mainboard aufgelöteten RAM-Chips zu.

Kapitel 6

DRAM in der Praxis

Bevor ich nun den nächsten Schritt erläutere, muss ein kritischer Aspekt klar sein. Als Sie im vorherigen Kapitel die Maschinensprache des 8088 kennen gelernt haben, handelte es sich bei allen Beispielen aus dem Codebuch um 1-Byte-Befehle. Abbildung 6.4 zeigt noch einmal das Codebuch. Sehen Sie, dass alle Befehle 1 Byte lang sind?

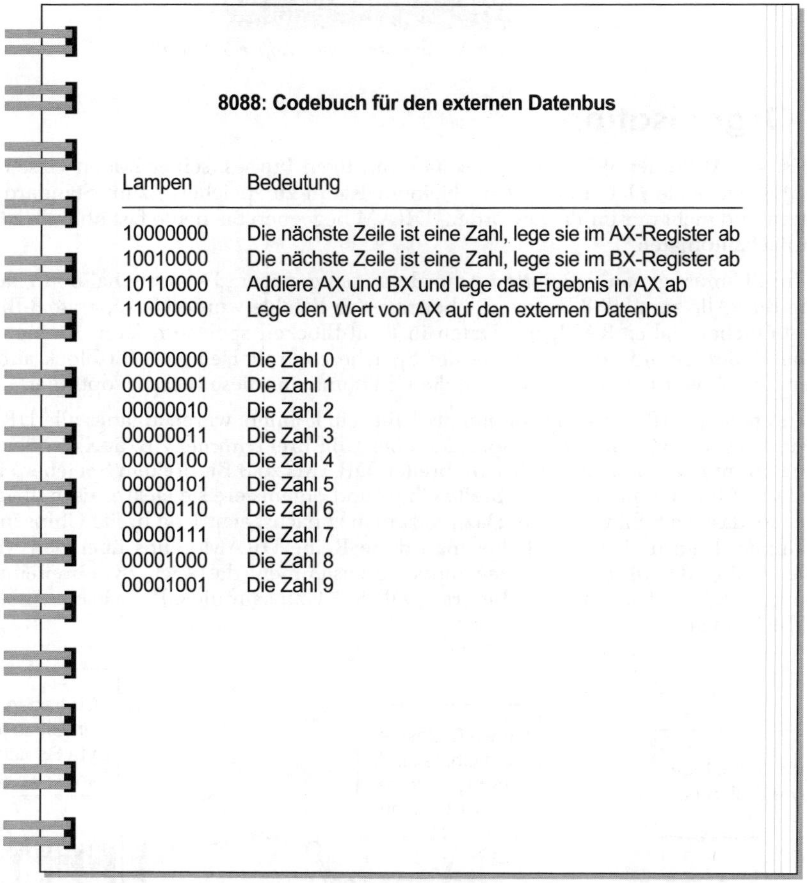

8088: Codebuch für den externen Datenbus

Lampen	Bedeutung
10000000	Die nächste Zeile ist eine Zahl, lege sie im AX-Register ab
10010000	Die nächste Zeile ist eine Zahl, lege sie im BX-Register ab
10110000	Addiere AX und BX und lege das Ergebnis in AX ab
11000000	Lege den Wert von AX auf den externen Datenbus
00000000	Die Zahl 0
00000001	Die Zahl 1
00000010	Die Zahl 2
00000011	Die Zahl 3
00000100	Die Zahl 4
00000101	Die Zahl 5
00000110	Die Zahl 6
00000111	Die Zahl 7
00001000	Die Zahl 8
00001001	Die Zahl 9

Abbildung 6.4: Noch einmal das Codebuch

Die Realität sieht ein wenig anders aus. Die meisten Befehle der 8088-Maschinensprache umfassen zwar wirklich ein Byte, für ein paar komplexere Befehle werden aber zwei Byte benötigt. Der nachfolgende Befehl sorgt z.B. dafür, dass die CPU 163 Byte im RAM-Arbeitsblatt »nach oben schiebt« und den Befehl ausführt, der sich dort befindet. Cool, oder?

```
1110100110100011
```

Das Problem dabei ist, dass der Befehl 2 Byte und nicht nur 1 Byte umfasst! Wie kommt der 8088 denn damit klar? Er übernimmt einfach nur jeweils ein Byte. Die Übernahme des Befehls dauert dann zwar doppelt so lange, da der MMC zwei Mal Daten aus dem Arbeitsspeicher holen muss, aber es funktioniert.

Wenn aber einige der Befehle mehr als 1 Byte umfassen, warum hat dann Intel den 8088 nicht mit einem 16-Bit-Frontside-Bus ausgestattet? Wäre das nicht besser? Genau das hat Intel auch gemacht! Intel hat den 8086-Prozessor entwickelt. Der 8086 ist eigentlich älter als der 8088 und war mit diesem, abgesehen von einem kleinen Detail, absolut identisch, denn er hatte einen 16-Bit-Frontside-Bus. Wenn Intel und IBM gewollt hätten, dann hätten sie den 8086 anstelle des 8088 und 2 Byte breiten RAM anstelle von 1 Byte breitem RAM verwenden können. Natürlich hätten sie einen Speichercontroller-Chip (MCC) entwickeln müssen, der mit derartigem RAM umgehen kann (Abbildung 6.5).

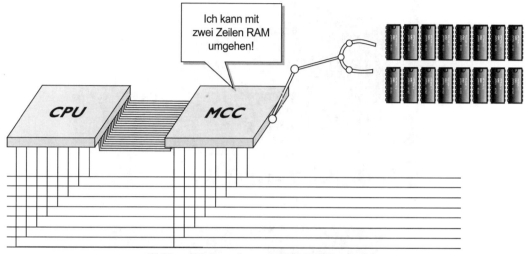

Abbildung 6.5: Der aufgemotzte 8086-MCC bei der Arbeit

Warum setzte IBM nicht den 8086 anstelle des 8088 ein? Aus zwei Gründen. Erstens waren damals Speichercontroller und Speicherbausteine, die mit 2 Bytes gleichzeitig umgehen konnten, noch kaum erschwinglich. Sicherlich gab es bereits entsprechende Chips, aber diese waren teuer und IBM konnte sich wahrscheinlich nicht vorstellen, dass jemand 12.000 Dollar (bzw. damals ca. 25.000 DM) für einen Personal Computer auszugeben bereit gewesen wäre. Also kaufte IBM den Intel 8088 und nicht den Intel 8086 und sprach den Arbeitsspeicher byteweise an. Wie Sie sich aber sicherlich vorstellen können, blieb das nicht lange so!

DRAM-Module

Mit zunehmender Größe des CPU-Datenbusses wuchs auch der Bedarf nach RAM, das breit genug war, um den Bus zu füllen. Die Intel-80386-CPU beispielsweise hatte einen 32-Bit-Datenbus und brauchte deshalb 32 Bit breites DRAM. Stellen Sie sich vor, Sie müssten 32 jeweils 1 Bit breite DRAM-Chips auf einem Mainboard unterbringen. Was für eine Platzverschwendung! Abbildung 6.6 zeigt ein Beispiel für Amok laufendes RAM auf dem Mainboard.

Die DRAM-Hersteller reagierten, indem sie breitere DRAM-Chips bauten, wie etwa x4, x8 und x16, und jeweils mehrere davon auf kleinen Platinen bzw. Speichermodulen anordneten. Abbildung 6.7 zeigt eins der ersten Module mit 8 DRAM-Chips, die *SIMM (Single Inline Memory Module)* genannt wurden. Um einem modernen System RAM hinzuzufügen, muss man die für das jeweilige Mainboard passenden Module auswählen. Im Mainboard-Handbuch finden Sie genauere Informationen darüber, welche Module verwendet werden können und wie viel RAM Sie installieren können.

Kapitel 6

Abbildung 6.6: Hier belegen die RAM-Chips eine Menge Platz auf einem Mainboard!

Abbildung 6.7: Ein 72-poliges SIMM

Hinweis

Häufig finden Sie im Internet bei den technischen Daten auch Angaben zu kompatiblen Speichermodulen. Diese sind häufig aktueller als die im Handbuch des Mainboards, weil hier gegebenenfalls auch nachträgliche BIOS-Aktualisierungen mit berücksichtigt werden können.

Moderne CPUs sind sehr viel intelligenter als der alte Intel 8088. Ihre Maschinensprachen enthalten Befehle, die bis zu 64 Bit (8 Byte) breit sind. Außerdem haben sie einen mindestens 64 Bit breiten Frontside-Bus, über den mehr als nur 8 Bit gleichzeitig übertragen werden können. Sie wollen kein läppisches 8-Bit-RAM! Um die Datenübertragung von und zu der CPU zu optimieren, liefern moderne Speichercontroller mindestens 64 Bit Daten an, wenn die CPU Daten aus dem RAM anfordert.

Hinweis

Einige MCCs arbeiten mit 128 Bit Breite.

Moderne DRAM-Module gibt es in 32 und 64 Bit breiten Formfaktoren und mit unterschiedlich vielen Chips. Viele Techniker beschreiben diese Speichermodule über ihre Breite, wie also *x32* und *x64*. Beachten Sie, dass sich diese Zahlen nicht auf die Breite der einzelnen DRAM-Chips auf dem Modul beziehen. Wenn Sie etwas von *irgendwelchem* Speicher lesen oder hören, achten Sie einfach darauf, ob von der DRAM- oder der Modulbreite die Rede ist. Wenn die CPU bestimmte Datenbytes benötigt, dann fordert sie diese über den Adressbus an. Die CPU kennt weder die physische Position, an der diese Daten gespeichert sind, noch die physische RAM-Organisation (z.B. wie viele DRAM-Chips zusammenarbeiten, um die 64 Bit breiten Speicherzeilen zu bilden). Dafür ist der MMC zuständig, der den Arbeitsspeicher verwaltet und der CPU die jeweils angeforderten Bytes übergibt (Abbildung 6.8).

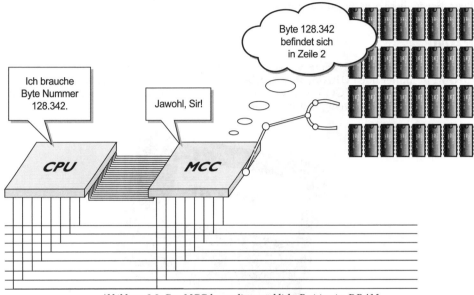

Abbildung 6.8: Der MCC kennt die tatsächliche Position im DRAM.

Speichermodule für den Endkunden

Wenn moderne DRAM-Module sehr viel breiter als ein Byte sind, warum verwenden die Leute dann immer noch das Wort »Byte«, um auszudrücken, wie viel DRAM sie haben? Konvention. Gewohnheit. Statt eine Bezeichnung zu verwenden, die den elektronischen Aufbau von RAM beschreibt, wird üblicherweise die Gesamtspeicherkapazität des Moduls in Byte angegeben. Beispielsweise könnte Otto sagen, er habe ein 1-GB-Speichermodul auf seinem Mainboard, während Sabine zwei 512-MB-Module hat. Beide Systeme besitzen insgesamt ein Gigabyte Arbeitsspeicher. Und genau das interessiert die Kunden, weil ihre Systeme schneller und stabiler laufen, wenn sie genügend Arbeitsspeicher besitzen. Ist zu wenig Arbeitsspeicher vorhanden, dann laufen die Systeme nicht optimal. Als Techniker müssen Sie natürlich mehr wissen, um die richtigen Module für die unterschiedlichsten Computer auswählen zu können.

Essentials

RAM-Typen

Die Entwicklung neuer, breiterer und schnellerer CPUs und MCCs motivierte die DRAM-Hersteller, neue DRAM-Technologien zu erfinden, die bei einem einzigen Zugriff genügend Daten bereitstellen, um den Datenfluss von und zur CPU zu optimieren.

Kapitel 6

> **Wichtig**
>
> Altes RAM – wirklich altes RAM – wurde auch als FPM-RAM (*Fast Page Mode*) bezeichnet. Dieses altertümliche RAM basierte auf einer völlig anderen Technologie, die nicht mit dem Systemtakt verknüpft war. Wenn Sie je etwas über FPM-RAM hören, dann befindet es sich mit Sicherheit in einem mehr als zehn Jahre alten System. Seien Sie vorsichtig! CompTIA verwendet gerne einmal ältere Begriffe wie diese, um Sie auf die Probe zu stellen!

SDRAM

Die meisten modernen Systeme verwenden irgendeine Art von synchronem DRAM (SDRAM). SDRAM ist immer noch DRAM, aber es arbeitet synchron mit dem Systemtakt, so wie die CPU und der MCC, so dass der MCC weiß, wann Daten aus dem SDRAM übernommen werden können. Dadurch wird möglichst wenig Zeit vergeudet.

Abbildung 6.9: 144-Pin-Mikro-DIMM (Foto mit freundlicher Genehmigung von Micron Technology, Inc.)

SDRAM gab es erstmals 1996 auf Modulen, die *DIMM* (*Dual Inline Memory Module*) genannt wurden. Die frühen SDRAM-DIMMs gab es mit unterschiedlich vielen Kontakten. Die gebräuchlichsten Varianten der Desktop-Rechner hatten 168 Pins. Die Laptop-DIMMS hatten 68, 144 (Abbildung 6.9) oder beim Mikro-DIMM 172 Kontakte, es gab sie aber auch als SO-DIMM (Small Outline DIMM) mit 72, 144 oder 200 Kontakten (Abbildung 6.10). Mit Ausnahme der 32 Bit breiten 72-Pin-SO-DIMMs arbeiteten all diese DIMM-Varianten mit 64 Bit Datenbreite, was dem 64-Bit-Datenbus aller CPUs seit dem Pentium entspricht.

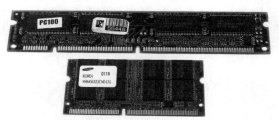

Abbildung 6.10: Ein 168-Pin-DIMM über einem 144-Pin-SO-DIMM

Um SDRAM nutzen zu können, musste man einen PC haben, der SDRAM unterstützte. Wenn Sie beispielsweise ein System mit Steckplätzen für 168-Pin-DIMMs hatten, verwendete Ihr System SDRAM. Ein DIMM in einem dieser DIMM-Steckplätze konnte den 64-Bit-Bus auslasten, deshalb nannte man die einzelnen Steckplätze *Speicherbank* oder auch nur *Bank*. Man konnte einen, zwei oder mehrere Module installieren, und das System funktionierte. Beachten Sie, dass man bei Laptops, die mit 72-Pin-SO-DIMMs arbeiteten, die RAM-Module immer paarweise installieren musste, um eine Bank zu füllen, weil die einzelnen Module nur die halbe Busbreite boten. (In diesem Fall gehören zu einer Bank jeweils zwei Modulsteckplätze!)

SDRAM war mit dem Systemtakt verknüpft, so dass seine Taktgeschwindigkeit der des Frontside-Busses entsprach. In frühen SDRAM-Systemen gab es allgemein fünf Taktgeschwindigkeiten: 66, 75, 83, 100 und 133 MHz. Der Speichertakt musste gleich dem oder höher als der Systemtakt sein, sonst lief der Rechner instabil oder gar nicht mehr. Den Taktgeschwindigkeiten wurde, basierend auf einem von Intel vorangetriebenen Standard, ein »PC« vorangestellt. Für die SDRAM-Geschwindigkeiten ergab sich daraus also PC66 bis PC133. Für einen Pentium-III-Rechner mit einem Frontside-Bustakt von 100 MHz musste man SDRAM-DIMMS kaufen, die für diesen geeignet waren, also z.B. PC100 oder PC133.

RDRAM

Als Intel den Pentium 4 entwickelte, wusste man, dass herkömmliche SDRAM-Bausteine für den mit vierfachem Systemtakt (quad-pumped) arbeitenden 400-MHz-Frontside-Bus einfach nicht schnell genug waren. Intel verkündete daher, dass es SDRAM durch eine sehr schnelle, neue Speichervariante ersetzen wollte, die von der Firma Rambus entwickelt worden war und *Rambus DRAM* oder einfach *RDRAM* genannt wurde (Abbildung 6.11). Das als nächster großer Sprung der DRAM-Technologie angepriesene RDRAM unterstützte Geschwindigkeiten bis maximal 800 MHz und bot Intel reichlich Spielraum zur Verbesserung des Pentium 4.

Abbildung 6.11: RDRAM

Hinweis

Die 400-MHz-Geschwindigkeit des Frontside-Busses wurde nicht über einen höheren Systemtakt erreicht, sondern dadurch, dass die CPU und der MCC in einem Taktzyklus zwei oder vier Mal 64 Bit Daten übertragen konnten, was letztlich einer effektiven Verdopplung oder Vervierfachung der Taktgeschwindigkeit des Systembusses entsprach.

RDRAM wurde von der Industrie jahrelang mit Spannung erwartet. Die Unterstützung ließ dann aber zu wünschen übrig, da sich die Entwicklung stark verzögerte und der Preis schließlich weit über dem von SDRAM lag. RDRAM wurde schließlich nur widerwillig unterstützt, auch wenn nahezu alle PC-Hersteller eine Zeit lang Systeme mit RDRAM angeboten haben. Aus technischer Sicht besitzt RDRAM fast dieselben Merkmale wie SDRAM. Ein RDRAM-Speichermodul wird *RIMM* genannt. Dabei haben die Zeichen keine wirkliche Bedeutung, sondern reimen sich einfach nur mit SIMM und DIMM. (Oft wird Rambus Inline Memory Module als Bedeutung von RIMM angegeben.)

RIMMs sind in zwei Varianten erhältlich, 184-polige für Desktop-Rechner und 168-polige SO-RIMMs für Laptops. RIMMs sind anders als DIMMs codiert, damit sie nicht trotz identischer Abmessungen versehentlich in DIMM-Steckplätze eingesetzt werden können (und umgekehrt). Bei RDRAM gab es ebenfalls Geschwindigkeitsangaben: 600 MHz, 700 MHz, 800 MHz oder 1066 MHz. RDRAM nutzte eine interessante *Zweikanal-Architektur* (*Dual Channel*). Jedes RIMM war 64 Bit breit, aber der Rambus MCC wechselte zwischen zwei Modulen hin und her, um die Geschwindigkeit des Datentransfers zu steigern. RIMMs mussten paarweise installiert werden, um die Zweikanal-Architektur nutzen zu können.

Bei RDRAM-Mainboards mussten zudem alle RIMM-Steckplätze gefüllt werden. In nicht benutzte Steckplätze mussten passive Module eingesetzt werden, so genannte *CRIMMs* (*Continuity RIMM*) oder *Blindmodule*, damit das RDRAM-System korrekt abgeschlossen wurde. Abbildung 6.12 zeigt ein solches CRIMM.

Abbildung 6.12: CRIMM

RDRAM bot zwar für schnelle Personal Computer enormes Potenzial, scheiterte aber an drei Hürden, die ihm schließlich zum Schicksal wurden. Erstens befand sich die Technologie komplett im Besitz der Firma Rambus. Wenn man entsprechende Speicherbausteine herstellen wollte, dann waren Lizenzgebühren zu entrichten. Und das führte direkt zum zweiten Problem, dem Preis. RDRAM ist deutlich teurer als SDRAM. Und drittens beschränkte sich der Einsatz der Technologie vollständig auf Rambus und Intel, weshalb sich RDRAM nur für Pentium-4-Systeme mit Intel-MCC-Chips eignete. AMD blieb außen vor. Die übrige Industrie musste also eine andere schnelle RAM-Lösung entwickeln.

DDR-SDRAM

AMD und viele andere bedeutende System- und Speicherhersteller unterstützten und förderten *DDR-SDRAM* (*Double Data Rate SDRAM*). Grundsätzlich kopierte DDR-SDRAM Rambus. Dabei wird, wie der Name schon sagt, der Durchsatz des SDRAM einfach dadurch verdoppelt, dass je Taktzyklus zwei Verarbeitungsschritte erfolgen. Das passte hervorragend zum double-pumped Frontside-Bus beim Athlon und den nachfolgenden AMD-Prozessoren. DDR-SDRAM war zwar nicht so schnell wie RDRAM, aber dieser Aspekt war angesichts relativ niedriger Geschwindigkeiten des Frontside-Busses ohnehin ein fragwürdiger Aspekt. DDR-SDRAM war aber nur wenig teurer als das herkömmliche SDRAM.

Hinweis

Die meisten Techniker lassen den SDRAM-Teil von DDR-SDRAM einfach ganz oder teilweise weg, wenn sie sich miteinander unterhalten. Man spricht vom Speicher als DDR, DDR-RAM und der interessanten Mischform DDRAM.

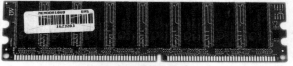

Abbildung 6.13: DDR-SDRAM

DDR-SDRAM wird für Desktop-Rechner in Form 184-poliger DIMMs angeboten, deren physische Abmessungen zwar denen der normalen 168-poligen SDRAM-DIMMs entsprechen, die aber nicht pinkompatibel sind (Abbildung 6.13). Die Steckplätze der beiden RAM-Typen sehen zwar ähnlich aus, besitzen aber unterschiedliche Führungsnasen und Aussparungen, damit die beiden Typen nicht versehentlich verwechselt und in den falschen Steckplatz eingesetzt werden können. Bei Laptops werden für DDR-SDRAM entweder 200-polige SO-DIMMs oder 172-polige Micro-DIMMs verwendet (Abbildung 6.14).

Hinweis

RAM-Hersteller benutzen den Begriff *SDR-SDRAM* (*Single Data Rate SDRAM*) für das ursprüngliche SDRAM, um es von DDR-SDRAM zu unterscheiden.

Abbildung 6.14: 172-poliger DDR-SDRAM-Micro-DIMM (Abbildung mit freundlicher Genehmigung von Kingston/Joint Harvest)

Bei DDR-Modulen werden recht interessante Namenskonventionen verwendet, die eigentlich von den Leuten bei Rambus stammen, und die auf der maximalen Datenrate des RAMs in Bytes pro Sekunde basieren. Um die zu ermitteln, nehmen Sie die MHz-Geschwindigkeit und multiplizieren sie mit 8 Bytes (der Breite aller DDR-SDRAM-Sticks). 400 MHz multipliziert mit 8 ergibt 3200 Megabyte pro Sekunde. Dann setzen Sie noch die Abkürzung »PC« davor und erhalten die neue Bezeichnung PC3200. Viele Techniker verwenden auch die für die einzelnen DDR-Chips verwendete Namenskonvention. Beispielsweise bezieht sich DDR400 auf einen DDR-SDRAM-Chip mit 400 MHz, der mit einem Takt von 200 MHz läuft.

Auch wenn die Bezeichnung DDRxxx eigentlich nur für einzelne DDR-Chips vorgesehen ist und der Begriff PCxxxx für DDR-Module, wird es durch diese Tradition der zwei Namen für die RAM-Geschwindigkeiten etwas schwierig, weil die beiden Bezeichnungen austauschbar sind. Tabelle 6.1 führt alle DDR-Geschwindigkeiten auf, auch wenn sie teilweise nicht wirklich gebräuchlich sind.

Taktrate	DDR-Bezeichnung	PC-Bezeichnung
100 MHz	DDR200	PC1600
133 MHz	DDR266	PC2100
166 MHz	DDR333	PC2700
200 MHz	DDR400	PC3200
217 MHz	DDR433	PC3500
233 MHz	DDR466	PC3700
250 MHz	DDR500	PC4000
275 MHz	DDR550	PC4400
300 MHz	DDR600	PC4800

Tabelle 6.1: DDR-Geschwindigkeiten

Angeführt von AMD, VIA und anderen Herstellern übernahm die PC-Industrie DDR-SDRAM als Arbeitsspeicherstandard. Intel gab nach und stellte im Sommer 2003 die Produktion von Mainboards und Speichercontrollern für RDRAM ein.

Auf eines kann man sich bei PC-Technologien verlassen – jede gute Idee, die kopiert werden kann, wird auch kopiert. Eines der besten Konzepte von Rambus war die Zweikanal-Architektur (»Dual Channel«), bei der zwei RDRAM-Module kombiniert für eine höhere Datenrate sorgen. Die Hersteller haben Mainboards mit MCCs entwickelt, die die Zweikanal-Architektur der DDR-SDRAMs unterstützen. Zweikanal-DDR-Mainboards verwenden reguläre DDR-Module, auch wenn die Hersteller RAM häufig paarweise aufeinander abgestimmt verkaufen und sie Dual-Channel-RAM nennen.

Dual-Channel-RAM verhält sich insofern genau wie RDRAM, dass Sie zwei identische DDR-Module benötigen, die paarweise in die Steckplätze eingesetzt werden müssen. Anders als bei RDRAM gibt es bei Dual-Channel-DDR aber keine Blindmodule, weshalb nicht benutzte Speichersteckplätze leer bleiben können. Die Dual-Channel-DDR-Technologie ist sehr flexibel, hat aber auch einige und bei verschiedenen Systemen unterschiedliche Eigentümlichkeiten. Einige Mainboards haben drei DDR-SDRAM-Steckplätze, aber der Zweikanalbetrieb funktioniert nur, wenn DDR-SDRAM-Module paarweise verwendet werden. Auf anderen Mainboards gibt es vier Steckplätze (jeweils zwei in einer Farbe), die für den Zweikanalbetrieb jeweils paarweise genutzt werden müssen. Wenn Sie einen dritten Steckplatz nutzen, dann erkennt das System zwar die gesamte Speicherkapazität der eingebauten Module, schaltet die Zweikanalfunktion aber ab, ohne weiter darauf hinzuweisen.

Abbildung 6.15: Ein Mainboard mit vier RAM-Steckplätzen. Die jeweils gleichfarbigen Steckplätze müssen mit gleichartigen Modulen bevölkert werden, wenn das Mainboard den Zweikanalmodus nutzen soll.

Hinweis

Bei der paarweisen Verwendung von Speichermodulen ist es wichtig, dass gleichartige Module verwendet werden. Üblicherweise werden dabei identische Fabrikate verwendet, auch wenn dies nicht unbedingt nötig ist.

DDR2

Die schnellsten DDR-RAM-Varianten laufen mit der PC4800-Datenrate und damit mit einer Datenrate von 4,8 Gigabyte pro Sekunde (GBps)! Man sollte meinen, dass das für die meisten Anwender ausreichend wäre, und das war es auch lange. Aber das ständige Wettrennen um mehr Leistung sorgte auch hier dafür, dass selbst diese Geschwindigkeit schon bald wieder als zu niedrig empfunden wurde. Daher entwickelte die RAM-Industrie mit DDR2 den ersten DDR-Nachfolger. Bei DDR2 handelt es sich um DDR-RAM mit einigen Verbesserungen hinsichtlich der elektrischen Eigenschaften, so dass es noch schneller als DDR ist und dabei weniger Energie verbraucht. Die größte Geschwindigkeitssteigerung bei DDR2 resultiert aus der Taktverdopplung der E/A-Schaltkreise auf dem Chip. Damit wird der Kernspeicher, der die Daten aufnimmt, zwar nicht schneller, aber durch die beschleunigte Ein-/Ausgabe und zusätzlichen schnellen Pufferspeicher (vergleichbar mit einem Cache) ist DDR2 deutlich schneller als DDR. Für DDR2 werden 240-polige DIMMs verwendet, die nicht mit DDR kompatibel sind (Abbildung 6.16). Und auch die 200-poligen DDR2-SO-DIMMs sind mit den DDR-SO-DIMMs nicht kompatibel. Es gibt Mainboards, die sowohl Einkanal- als auch Zweikanal-DDR2 unterstützen.

RAM

Abbildung 6.16: 240-poliges DDR2-DIMM

Wichtig

DDR2-Speichermodule passen nicht in DDR-Steckplätze und sind mit diesen auch elektronisch nicht kompatibel.

Tabelle 6.2 führt einige der gängigen DDR2-Geschwindigkeiten auf.

Kernspeichertakt	DDR-E/A-Geschwindigkeit	DDR2-Angabe	PC-Angabe
100 MHz	200 MHz	DDR2-400	PC2-3200
133 MHz	266 MHz	DDR2-533	PC2-4200
166 MHz	333 MHz	DDR2-667	PC2-5300
200 MHz	400 MHz	DDR2-800	PC2-6400
250 MHz	500 MHz	DDR2-1000	PC2-8000

Tabelle 6.2: DDR2-Geschwindigkeiten

DDR3

DDR2 war einige Jahre lang der Standard. Mittlerweile gibt es aber einen noch neueren Standard. *DDR3* sorgt noch einmal für mehr Geschwindigkeit, besitzt eine effizientere Architektur, verbraucht etwa 30 Prozent weniger Energie als DDR2-RAM und wird dadurch für Systemhersteller zu einer überzeugenden Alternative. Wie bei den Vorgängern werden auch für DDR3 240-polige DIMMs verwendet, die aber wieder anders codiert sind, damit Benutzer allenfalls mit roher Gewalt (und einem Hammer) die falschen Speichermodule in ihre Systeme einbauen können (Abbildung 6.17). DDR3-SO-DIMMs für portable Rechner haben 204 Kontakte und passen auch nicht in die älteren DDR2-Steckplätze.

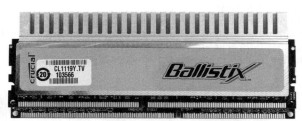

Abbildung 6.17: DDR2-DIMM auf einem DDR3-DIMM

Bei DDR3 wird der Puffer des DDR2-Speichers von vier auf acht Bit erweitert, was für eine riesige Steigerung der Bandbreite im Vergleich mit älterem RAM sorgt. Und nicht nur das, einige DDR3-Module besitzen eine so genannte *XMP*-Funktion (*eXtended Memory Profile*), mit deren Hilfe Power-User ihren Arbeitsspeicher leicht übertakten und in Geschwindigkeitsregionen befördern können, die selbst einen Sebastian Vettel nervös machen können. Die Speicherchips auf DDR3-Modulen sind zudem dichter gepackt, was wahrscheinlich dazu führen wird, dass es irgendwann wohl DDR3-Module mit 16 GB Speicherkapazität geben wird.

Einige Chipsätze für DDR3 unterstützen auch einen Dreikanalbetrieb (*triple-channel memory*), der dem älteren Zweikanalbetrieb des Speichers ähnelt, an dem aber drei und nicht mehr zwei RAM-Module beteiligt sind. Es werden also drei gleichartige Speichermodule und ein Mainboard benötigt, das diese Funktion unterstützt. Wenn Sie sich ein solches Mainboard (und den Speicher) leisten können, lässt sich die Systemleistung über den Dreikanalbetrieb noch einmal erheblich steigern.

Wie es mittlerweile zur Tradition geworden ist, werden in Tabelle 6.3 die verbreiteten DDR3-Geschwindigkeiten aufgeführt. Beachten Sie, dass die DDR3-E/A-Geschwindigkeiten jeweils dem vierfachen Kernspeichertakt entsprechen, während sie bei DDR2 nur doppelt so hoch waren. Diese Geschwindigkeitssteigerung lässt sich auf den größeren Puffer zurückführen, durch den DDR3 mit jedem Taktzyklus doppelt so viele Daten wie DDR2 übernehmen kann.

Kernspeichertakt	DDR-E/A-Geschwindigkeit	DDR3-Angabe	PC-Angabe
100 MHz	400 MHz	DDR3-800	PC3-6400
133 MHz	533 MHz	DDR3-1066	PC3-8500
166 MHz	667 MHz	DDR3-1333	PC3-10667
200 MHz	800 MHz	DDR3-1600	PC3-12800

Tabelle 6.3: DDR3-Geschwindigkeiten

Hinweis

Verwechseln Sie DDR3 nicht mit GDDR3. GDDR3 wird nur in Grafikkarten verwendet. In Kapitel 19 (*Anzeige: Bildschirm und Grafikkarte*) erfahren Sie mehr über die verschiedenen Speichertypen auf Grafikkarten.

RAM-Varianten

Innerhalb jeder RAM-Klasse gibt es Variationen in Hinblick auf Bauform, Geschwindigkeit, Qualität und die Verarbeitung mehr oder weniger fehlerhafter Daten. Systeme aus dem Profibereich benötigen häufig auch besseres RAM, deshalb sollten Techniker diese Varianten kennen.

Doppelseitig bestückte DIMMs

Beginnend mit den alten FPM-SIMMs bis hin zum 240-poligen DDR3-SDRAM waren alle Arten von RAM-Modulen in zwei Varianten erhältlich: *einseitig* und *beidseitig bestückt*. Wie bereits aus der Bezeichnung hervorgeht, befinden sich bei den einseitig bestückten Modulen die Chips nur auf einer Seite der Platine, während sie bei den beidseitig bestückten Modulen auf beiden Seiten der Platine aufgelötet sind (Abbildung 6.18). Die meisten RAM-Module sind zwar nur einseitig bestückt, aber es befinden sich auch eine Menge doppelseitig bestückter Module im Einsatz.

Abbildung 6.18: Doppelseitig bestücktes DDR-SDRAM

Bei den doppelseitig bestückten Modulen handelt es sich im Grunde genommen um zwei RAM-Module, die auf eine Platine gelötet werden. Daran wäre eigentlich auch nichts auszusetzen, wenn es nicht einige Mainboards gäbe, die mit den beidseitig bestückten Modulen entweder überhaupt nicht klarkommen oder diese nur einzeln oder in bestimmten Steckplätzen akzeptieren.

Latenz

Wenn Sie erst vor Kurzem RAM gekauft haben, sind Ihnen vielleicht Begriffe wie »CL2« oder »geringe Latenz« aufgefallen, als Sie versucht haben, das richtige RAM auszuwählen. Womöglich gab es zwei anderweitig völlig identische RAM-Sticks, die einen Preisunterschied von 20 Prozent aufwiesen, und einen Verkäufer, der Ihnen zuriet, das teurere zu kaufen, weil es »schneller« ist, obwohl für beide Sticks DDR3200 angegeben war (Abbildung 6.19).

Abbildung 6.19: Warum ist das eine teurer als das andere?

RAM reagiert unterschiedlich schnell auf elektrische Signale. Wenn beispielsweise der Speichercontroller beginnt, eine Codezeile aus dem Speicher zu holen, kommt es zu einer leichten Verzögerung. Man kann es sich so vorstellen, als müsste das RAM erst einmal vom Sofa aufstehen. Nachdem das RAM die angeforderte Speicherzeile übertragen hat, gibt es eine kleine Verzögerung, bevor der Speichercontroller die nächste Zeile anfordern kann – das RAM hat sich wieder gesetzt. Die Verzögerungen aufgrund von Reaktionszeiten des RAMs werden auch *Latenz* genannt. RAM mit einer geringeren Latenz – wie beispielsweise CL2 – ist schneller als RAM mit einer höheren Latenz – wie beispielsweise CL3 –, weil es schneller antwortet. Die CL-Werte beziehen sich dabei auf die Anzahl der Taktzyklen, die bis zur Reaktion verstreichen. Bei CL2 benötigt der Speicher zwei Taktzyklen, bis er die angeforderten Daten abliefern kann, bei CL3 drei Taktzyklen.

> **Hinweis**
>
> Die Latenzwerte geben an, wie viele Systemtakte es dauert, bis das RAM reagiert. Wenn Sie beispielsweise den Systemtakt von 166 MHz auf 200 MHz beschleunigen, könnte derselbe RAM-Stick einen zusätzlichen Takt benötigen, bevor er reagiert. Wenn Sie das RAM aus einem älteren System in ein neueres System einbauen, erhalten Sie möglicherweise einen scheinbar toten Computer, auch wenn das RAM in den DIMM-Steckplatz passt. Bei vielen Mainboards lässt sich das RAM-Timing manuell einstellen. Wenn das möglich ist, versuchen Sie, die Latenz anzuheben, um dem langsameren RAM Zeit zum Antworten zu geben. Weitere Informationen, wie Sie diese Anpassungen vornehmen (und sie im Fehlerfall wieder zurücksetzen!), finden Sie in Kapitel 7 (*BIOS und CMOS*).

Aus technischer Sicht kann man sagen, man benötigt einfach den richtigen Speicher für das jeweilige System. Wenn Sie ein Modul mit hoher Latenz in ein auf geringe Latenz ausgerichtetes Mainboard einsetzen, dann wird der Rechner instabil oder funktioniert gar nicht mehr. Lesen Sie im Handbuch für das Mainboard nach und beschaffen Sie sich die schnellsten, vom Mainboard unterstützten Module. Dann sollte alles in Ordnung sein.

> **Hinweis**
>
> *CAS* steht für *Column Array Strobe*, einen der Drähte (neben dem *RAS – Row Array Strobe*) im RAM, der den Speichercontroller dabei unterstützt, ein bestimmtes Speicherbit zu finden. Jeder dieser Drähte benötigt Strom zum Aufladen, bevor er seine Aufgabe erledigen kann. Dies ist einer der Aspekte von Latenz.

Parität und ECC

Angesichts der hohen Geschwindigkeiten und phänomenalen Datenmengen, die von typischen DRAM-Chips transportiert werden, können sie gelegentlich auch falsche Daten an den Speichercontroller weitergeben. Das bedeutet nicht unbedingt, dass das RAM defekt ist. Es könnte ein gelegentlicher Schluckauf sein, der durch irgendein unbekanntes Ereignis verursacht wurde, das einen fehlerfreien DRAM-Chip veranlasst zu glauben, ein Bit sei Null, während es in Wirklichkeit Eins ist. Größtenteils bemerkt man es nicht einmal, wenn dieser seltene Fall eintritt. In einigen Umgebungen sind jedoch auch diese seltenen Ereignisse nicht tolerabel. Einem Bank-Server beispielsweise, der in der Sekunde Tausende von Online-Transaktionen verarbeitet, darf nicht der kleinste Fehler unterlaufen. Diese wichtigen Computer brauchen ein robusteres RAM, das absolut fehlerfrei funktioniert.

Der erste Typ des fehlertoleranten RAMs wurde *Parity-RAM* oder *RAM mit Parität* genannt (Abbildung 6.20). Beim Parity-RAM wurde ein Datenbit (ein Paritätsbit) zusätzlich gespeichert, das der MCC zur Prüfung der Fehlerfreiheit der Daten verwenden konnte. Die Paritätsprüfung war nicht perfekt, denn damit ließen sich keineswegs alle Fehler erkennen, und zudem konnte der MMC erkannte Fehler auch nicht korrigieren. Jahrelang war die Paritätsprüfung das einzige Verfahren zum Aufspüren von Speicherfehlern.

Abbildung 6.20: Altes Modul mit Paritätschip

Die heutigen PCs, die auf RAM-Fehler achten müssen, verwenden so genanntes *ECC-RAM* (*Error Correction Code*). ECC ist ein wesentlicher Fortschritt gegenüber der Fehlerprüfung von DRAM. Erstens erkennt ECC jedes fehlerhafte Bit. Zweitens korrigiert ECC diese Fehler in Echtzeit. Die Überprüfung und Korrektur haben jedoch ihren Preis, denn ECC-RAM ist immer langsamer als RAM ohne Fehlerkorrekturschaltung.

> **Hinweis**
>
> Einige Speicherhersteller bezeichnen diese Technologie als *Error Checking and Correction* (ECC). Lassen Sie sich vom Namen nicht aufs Glatteis führen, denn es handelt sich um dasselbe Verfahren, nur um einen anderen Marketingdialekt für den Fehlerkorrekturcode.

ECC-DRAM gibt es in jeder DIMM-Bauform und kann zu den seltsamsten Chipbezeichnungen führen. Es gibt z.B. 240-polige DDR2- oder DDR3-Module in 72-Bit-Varianten und 200-polige Module im 72-Bit-SO-DIMM-Format. Die zusätzlichen 8 Bits jenseits der für die eigentlichen Daten benötigten 64 Bits werden für ECC verwendet.

Sie könnten versucht sein, zu sagen, »So, jetzt probiere ich dieses ECC-RAM aus!« Tun Sie es nicht. Um ECC-RAM nutzen zu können, muss es auch vom MMC auf dem Mainboard unterstützt werden. Nur teure Mainboards für Profisysteme nutzen ECC. Und weil ECC nur in Sonderfällen benutzt wird, ist es wenig verbreitet. Es gibt Techniker mit jahrelanger Erfahrung, die noch nie ECC-RAM gesehen haben.

Gepuffertes DRAM/Register-DRAM

Ein durchschnittliches PC-Mainboard unterstützt nicht mehr als vier DRAM-Module, weil mehr als vier Speichersteckplätze bei den Mainboard-Entwicklern für ernsthafte Kopfschmerzen hinsichtlich der Stromversorgung sorgen würden. Einige Systeme benötigen jedoch sehr viel RAM und damit auch mehr Steckplätze für DRAM-Module auf dem Mainboard, oft sechs oder acht. Um die elektrischen Probleme zu umgehen, gibt es bei speziellen DRAM-Modulen einen zusätzlichen Pufferchip, der als Vermittler zwischen dem DRAM und dem MCC dient. Diese speziellen DRAMs werden *gepufferte DRAMs* oder *Register-DRAM* genannt (Abbildung 6.21).

Abbildung 6.21: Gepuffertes RAM

Wie bei ECC brauchen Sie auch für diesen DRAM-Typ ein Mainboard mit einem Speichercontroller, der mit dieser Art von Speicher umgehen kann. Auf derartigen Mainboards gibt es sicherlich auch viele RAM-Steckplätze. Gepuffertes RAM/Register-RAM ist sehr selten (wenn auch vielleicht nicht ganz so selten wie ECC-RAM), und in einem normalen Desktop-System werden Sie ihm nie begegnen.

Der Umgang mit RAM

Wenn mich jemand fragt, welche einzelne Hardware-Anschaffung am meisten hinsichtlich der Leistungssteigerung eines Rechners bringt, dann sage ich immer dasselbe: »Erweitern Sie den Arbeitsspeicher.« RAM-Erweiterungen können die Gesamtleistung des Systems, die Verarbeitungsgeschwindigkeit und die Systemstabilität verbessern, sofern Sie dabei keine Fehler machen. Wenn Sie an dieser Stelle etwas vermasseln, dann kann das zu erheblichen Systeminstabilitäten und Abstürzen führen, die Neustarts erforderlich machen. Alle Techniker müssen wissen, wie sie den Arbeitsspeicher eines Rechners bei den verschiedenen RAM-Varianten erweitern können.

Kapitel 6

Damit eine Erweiterung des Arbeitsspeichers auch den gewünschten Erfolg hat, müssen Sie zunächst ermitteln, ob Arbeitsspeichermangel überhaupt die Ursache des Problems ist. Dann müssen Sie den für das System geeigneten Arbeitsspeicher auswählen (Bauform, Kapazität usw.). Und schließlich müssen Sie den Speicher noch ordnungsgemäß installieren. Bewahren Sie Speichermodule immer in antistatischer Verpackung auf, wenn sie nicht verwendet werden, und beachten Sie die Maßnahmen zur Vermeidung elektrostatischer Entladungen. Wie viele andere PC-Komponenten ist auch RAM *sehr* anfällig, was elektrostatische Entladungen und andere Misshandlungen betrifft (Abbildung 6.22)!

Abbildung 6.22: Dies sollten Sie auf keinen Fall tun! Es ist gefährlich, die Kontakte zu berühren.

Wird mehr RAM benötigt?

Zwei Symptome weisen darauf hin, dass mehr Arbeitsspeicher benötigt wird: allgemein langsame Reaktion des Systems und übermäßig häufige Festplattenzugriffe. Wenn der Start von Programmen ewig dauert und die Programme nur im Schneckentempo bzw. viel langsamer als gewünscht laufen, dann könnte mangelnder Arbeitsspeicher die Ursache sein. Eine Freundin mit einem neuen System und Windows Vista beschwerte sich bei mir darüber, dass der Rechner anfangs richtig schnell war, dass er jetzt aber die gewünschten Arbeiten, wie z.B. die Bildretusche mit Adobe Photoshop und das Erstellen von Layouts für ein Print-Magazin, zu langsam verrichten würde. Es stellte sich heraus, dass ihr System nur 1 GB RAM hatte. Das reicht zwar für Vista, ist aber für die zu erledigenden Aufgaben deutlich zu wenig. Der Arbeitsspeicher war ständig komplett ausgelastet, so dass das System unerträglich langsam wurde. Ich ersetzte ihren Stick durch zwei 2-GB-Sticks und plötzlich hatte sie wieder das Kraftpaket, das sie sich gewünscht hatte.

Übermäßige Festplattenaktivitäten beim Wechsel zwischen Programmen weisen auf Arbeitsspeichermangel hin. Alle Windows-Rechner können bei knapp werdendem Arbeitsspeicher Teile der Festplatte als solchen nutzen. Wie Sie sich vielleicht noch aus Kapitel 4 (*Windows verstehen*) erinnern können, wird dieser Teil der Festplatte *Auslagerungsdatei* (*Swap File* oder *Page File*) genannt. Der Rechner lagert automatisch einige Programme auf die Festplatte aus, wenn der echte Arbeitsspeicher ausgelastet ist. Wenn Sie nur auf den Bildschirm achten, werden Sie von diesem Vorgang kaum etwas merken, da die Auslagerung der Daten im Hintergrund stattfindet. Sie können aber beobachten, dass die Festplatten-LED wild blinkt, wenn Windows ständig Programme zwischen Arbeitsspeicher und Auslagerungsdatei verschieben muss (*disk thrashing*). Windows verwendet die Auslagerungsdatei zwar laufend, aber dauernde und übermäßige Festplattenzugriffe weisen auf Arbeitsspeichermangel hin.

Übermäßige Festplattenzugriffe können Sie aber bereits durch die einfache Beobachtung der Festplatten-LED oder auch mit Hilfe verschiedener Programme von Drittanbietern erkennen. Mir gefällt insbesondere *FreeMeter* (www.tiler.com/freemeter). Dieses Programm gibt es bereits seit einigen Jahren. Es eignet sich für alle Windows-Versionen und lässt sich einfach einsetzen (Abbildung 6.23). Beachten Sie in der Abbildung, dass die Auslagerungsdatei (*Page File*) teilweise genutzt wird. Das ist völlig normal.

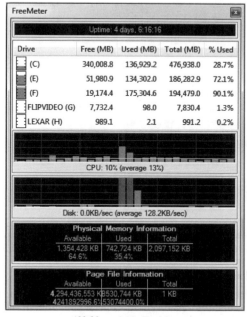

Abbildung 6.23: FreeMeter

Empfehlungen für die Arbeitsspeicherkapazität

Microsoft gibt bei den verschiedenen Windows-Versionen für die minimale Speicherkapazität sehr niedrige Werte vor, um möglichst viele Anwender zum Update bzw. Umstieg zu bewegen. Das ist auch gut so. Ein Rechner mit Windows XP Professional und 128 MB RAM arbeitet zuverlässig. Sie sollten aber keine ernsthaften Anforderungen an das System stellen und z.B. Doom III spielen wollen! Und Sie sollten sich auch nicht wundern, wenn der Arbeitsspeicher bei den angegebenen Minimalanforderungen bereits nach ein paar Updates zu knapp wird. Letzteres ist auch der Hauptgrund dafür, warum die Empfehlungen für dasselbe Betriebssystem mit der Zeit immer höher werden. Die erste Vista-Version ließ sich mit 512 MB noch halbwegs benutzen. Nach der Installation von ein paar Programmen und des Service Packs 2 wird dann aber schnell bereits mehr als 1 GB benötigt, ohne dass auch nur ein einziges Programm wirklich benutzt wird. Es folgen einige Empfehlungen hinsichtlich der Arbeitsspeicherausstattung verschiedener Systeme.

Betriebssystem	Sinnvolles Minimum	Solide Leistung	Power User
Windows 2000	128 MB	256 MB	512 MB
Windows XP	256 MB	1 GB	2 GB
Windows Vista	2 GB	4 GB	8 GB (64-Bit-Vista)

Kapitel 6

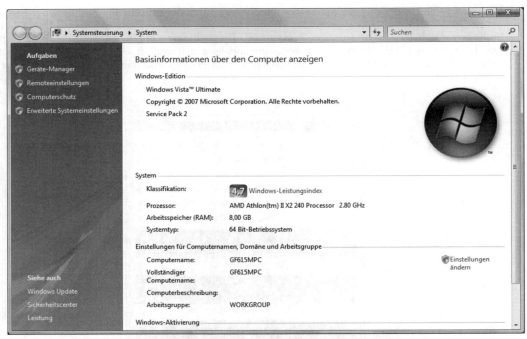

Abbildung 6.24: Dieses System verfügt über recht viel Arbeitsspeicher.

Ermittlung der aktuellen Arbeitsspeicherkapazität

Vor dem Kauf von Speichermodulen müssen Sie zunächst einmal wissen, wie viel Arbeitsspeicher sich bereits in einem Rechner befindet. Alle Windows-Versionen ähneln sich hier. Wenn Sie wissen wollen, mit wie viel Arbeitsspeicher ein Rechner ausgestattet ist, wählen Sie einfach im Kontextmenü von ARBEITSPLATZ/COMPUTER die Option EIGENSCHAFTEN (Abbildung 6.24). Mit den neueren Windows-Tastaturen können Sie dieses Dialogfeld auch direkt über ein Tastenkürzel aufrufen und die Windows-Taste zusammen mit [Pause] betätigen. Darüber hinaus gibt es noch die praktische Registerkarte SYSTEMLEISTUNG (Windows 2000/XP) bzw. LEISTUNG (Vista) im Task-Manager (Abbildung 6.25).

Beschaffung der richtigen Speichermodule

Für die perfekte Aufrüstung des Arbeitsspeichers bestimmen Sie die zu installierende optimale Speichermenge und beschaffen dann die zum Mainboard passenden Speichermodule. Die ersten beiden Schritte zur Erreichung dieses Ziels bestehen im Öffnen des Rechnergehäuses und einem Blick in das Mainboard-Handbuch. Öffnen Sie das Gehäuse und sehen Sie nach, wie viele RAM-Module dort bereits installiert sind und wie viele Speichersteckplätze noch frei sind. Werfen Sie dann einen Blick in das Mainboard-Handbuch, um festzustellen, welche Speicherkapazität vom System maximal unterstützt wird und welche Speichertechnologie sich für das System eignet. Sie können in einem System, das nur DDR-SDRAM unterstützt, keine DDR2-Module verwenden und letztlich ist es wenig sinnvoll, in ein System, das maximal 2 GB Arbeitsspeicher unterstützt, zwei 2-GB-DIMMs einzubauen! Abbildung 6.26 zeigt die Grenzen der Arbeitsspeicherkapazität für mein ASUS-Mainboard.

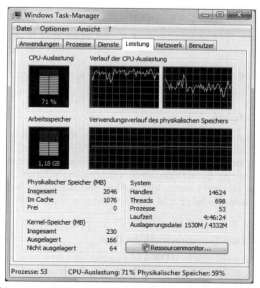

Abbildung 6.25: Die Registerkarte LEISTUNG *im Task-Manager von Vista*

Crosshair specifications summary

CPU	Support AMD® Socket AM2 Athlon 64 X2 / Athlon 64 FX / Athlon 64 / Sempron AMD Cool 'n' Quiet™ Technology AMD64 architecture enables simultaneous 32-bit and 64-bit computing AMD Live!™ Ready
Chipset	NVIDIA nForce® 590 SLI™ MCP NVIDIA LinkBoost™ Technology
System bus	2000 / 1600 MT/s
Memory	Dual channel memory architecture 4 x DIMM, max. 8GB, DDR2-800/667/533, ECC and non-ECC, un-buffered memory
Expansion slots	2 x PCI Express x16 slot with NVIDIA® SLI™ technology support, at full x16, x16 speed 1 x PCI Express x4 3 x PCI 2.2
Scalable Link Interface (SLI™)	Support two identical NVIDIA SLI-Ready graphics cards (both at x16 mode) ASUS two-slot thermal design ASUS PEG Link
High Definition Audio	SupremeFX Audio Card featuring ADI 1988B 8-channel High Definition Audio CODEC Support Jack-Sensing, Enumeration, Multi-streaming and Jack-Retasking 8 channel audio ports Coaxial, Optical S/PDIF out on back I/O port * ASUS Array Mic * Noise Filter
Storage	NVIDIA nForce® 590 SLI™ MCP supports: * 1 x Ultra DMA 133 / 100 / 66 / 33 * 6 x Serial ATA 3.0Gb/s with NCQ * NVIDIA MediaShield™ RAID supports RAID 0, 1, 0+1, 5 and JBOD span cross Serial ATA drives Silicon Image® 3132 SATA controller supports: * 2 x External Serial ATA 3.0Gb/s port on back I/O (SATA On-the-Go) * Support RAID 0, 1, JBOD, RAID 0+1(10) and 5 through multiplier

(continued on the next page)

Abbildung 6.26: Das Mainboard-Handbuch gibt an, wie viel RAM ein Mainboard verwalten kann.

> **Hinweis**
>
> Das Freeware-Programm *CPU-Z* teilt Ihnen mit, wie viele Speichersteckplätze es auf Ihrem Mainboard gibt, wie viele verwendet werden und welche Art von Speicher sich darin befindet. Höchst praktisch! CPU-Z kann nicht nur die Latenz der Speichermodule ermitteln, sondern diese auch noch für unterschiedliche Mainboard-Geschwindigkeiten angeben. Probieren Sie das Programm doch einfach einmal aus.

Mischen auf eigene Gefahr!

Alle Mainboards unterstützen Module unterschiedlicher Kapazität. Wenn Sie drei Steckplätze haben, können Sie ein 512-MB-Modul in einem und ein 1-GB-Modul in einem anderen installieren und werden damit sehr wahrscheinlich Erfolg haben. Um für maximale Systemstabilität zu sorgen, sollten Sie jedoch möglichst einheitliche Speichermodule verwenden. Wählen Sie Speichermodule aus, deren technische Daten, Kapazität und Geschwindigkeit übereinstimmen. Selbst auf Mainboards, die Steckplätze für völlig unterschiedliche RAM-Typen besitzen, empfehle ich den Einsatz einheitlicher Module.

Mischen unterschiedlicher Geschwindigkeiten

Angesichts so vieler unterschiedlicher DRAM-Geschwindigkeiten kommen Sie möglicherweise hier und da in die Versuchung, DRAM-Typen unterschiedlicher Geschwindigkeiten in ein und demselben System gemischt einzusetzen. Meist funktioniert das auch, sofern die Module nur durchweg schnell genug sind. Sie sind jedenfalls auf der sicheren Seite, wenn Sie diese einfache Regel befolgen: Verwenden Sie immer die im Mainboard-Handbuch angegebene DRAM-Geschwindigkeit und stellen Sie sicher, dass alle einzelnen Module diese Geschwindigkeit auch tatsächlich unterstützen. Das Mischen verschiedener DRAM-Geschwindigkeiten kann schlimmstenfalls alle paar Minuten oder gar Sekunden zu Systemabstürzen und damit möglicherweise auch zu Datenverlust führen. Der Einsatz unterschiedlich schneller Module kann funktionieren. Sie sollten aber Ihre Buchhaltung oder Ihre Steuererklärung nicht gerade an einem solchen System erledigen und das System erst einmal ein paar Tage lang wirklich sorgfältig testen, bis Sie zuverlässig wissen, dass es stabil arbeitet, bevor Sie ernsthaft daran zu arbeiten beginnen. Kaputtmachen können Sie während der Experimentierphase nichts – außer vielleicht ein paar Daten.

Genug gewarnt! Moderne Mainboards bieten hinsichtlich des Mischens von RAM-Geschwindigkeiten eine gewisse Flexibilität. Erstens können Sie Module verwenden, deren Geschwindigkeit über den Vorgaben des Mainboards liegt. Falls das System z.B. PC3200 DDR2-SDRAM benötigt, können Sie normalerweise auch PC4200 DDR2-SDRAM verwenden, ohne dass Probleme auftreten. Schnellere Module allein machen das System allerdings nicht schneller – versprechen Sie sich davon also keine Leistungssteigerung!

Zweitens lassen sich – wie bereits erwähnt – meist Module einer Geschwindigkeit in einer Bank und Module einer anderen Geschwindigkeit in einer anderen Bank einbauen, sofern beide Geschwindigkeiten mindestens den Vorgaben des Mainboards entsprechen. Versuchen Sie aber keinesfalls bei einem Mainboard, das mit Zweikanal-DDR arbeitet, DRAM-Module unterschiedlicher Geschwindigkeit in dieselbe Bank einzubauen. Zuweilen funktioniert es zwar, ist aber viel zu riskant. Ich jedenfalls vermeide derartige Experimente!

DIMMs und RIMMs installieren

Die Installation von DRAM ist so einfach, dass es sich dabei um eine der wenigen Arbeiten handelt, die ich sogar Nicht-Technikern empfehle. Zuerst legen Sie ein Antistatikarmband an oder berühren Metall am Netzteil, um sich zu erden und elektrostatische Entladungen zu verhindern. Anschließend klappen Sie die Seitenhalterungen an den RAM-Steckplätzen von ihrer aufrechten Position aus nach unten. Nehmen Sie ein RAM-Modul, ohne dabei dessen Kontakte zu berühren! Richten Sie dann das Modul so aus, dass die Position seiner Aussparungen mit den Nasen im Speichersteckplatz übereinstimmen, und drücken Sie das Modul dann senkrecht und entschlossen in den Sockel, bis es festsitzt (Abbildung 6.27). Achten Sie darauf, dass die Platine richtig einrastet. Sie werden bemerken, dass die beiden Seitenhalterungen nach innen in die Aussparungen der Module greifen und ebenfalls einrasten, wenn die Speichermodule richtig sitzen.

Abbildung 6.27: Ein Speichermodul installieren

SPD (Serial Presence Detect)

Wenn Sie die richtigen Speichermodule für das System ausgewählt haben, dann sollte Ihr Mainboard installierte DIMMs oder RIMMs erkennen und sich automatisch passend konfigurieren. RAM-Hersteller haben moderne Speichermodule mit einem nützlichen Chip versehen, dem so genannten *SPD-Chip* (*Serial Presence Detect*) (Abbildung 6.28). Im SPD-Chip sind alle Informationen über ein DRAM-Modul gespeichert, wie neben anderen technischen Daten z.B. auch Kapazität, Geschwindigkeit und Art (ECC-, Register-DRAM oder nicht).

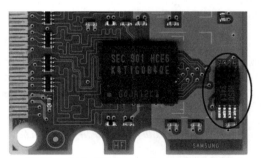

Abbildung 6.28: SPD-Chip auf einem Speichermodul

Wenn ein PC bootet, fragt er den SPD-Chip ab, so dass der MCC weiß, wie viel RAM sich auf dem Modul befindet, wie schnell es ist, und alles Mögliche andere. Der SPD kann von jedem Programm abgefragt werden. Abbildung 6.29 zeigt, wie das Programm CPU-Z die Informationen aus dem SPD darstellt.

Alle neuen Systeme verlassen sich auf den SPD-Chip, um die RAM-Timings für ein System beim Booten genau einzustellen. Wenn Sie ein Speichermodul mit fehlerhaftem SPD-Chip einsetzen, erhalten Sie eine POST-Fehlermeldung, und das System bootet nicht. Defekte SPD-Chips lassen sich nicht reparieren. Sie müssen ein neues Speichermodul kaufen.

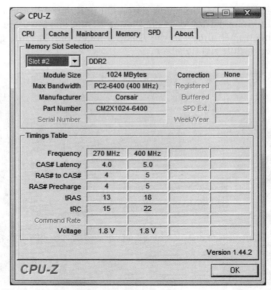

Abbildung 6.29: CPU-Z mit Informationen zu einem Speichermodul

Hochzählen des Arbeitsspeichers

Nach der Installation des neuen Speichers schalten Sie den PC ein und beobachten den Bootprozess genau. Wenn der Speicher korrekt installiert wurde, zeigt der PC den neuen Wert an (siehe Abbildungen 6.30 und 6.31). Bleibt der RAM-Wert wie zuvor, haben Sie das Modul möglicherweise in einem Steckplatz eingesetzt, den das Mainboard nicht verwenden will (wenn beispielsweise erst bestimmte Steckplätze verwendet werden müssen), oder das Modul wurde nicht korrekt installiert. Wenn der Computer nicht bootet und der Bildschirm leer bleibt, dann wurden die Speichermodule möglicherweise nicht korrekt installiert. Meist genügt ein Blick, um das Problem zu erkennen. Setzen Sie das Modul dann korrekt ein und probieren Sie es noch einmal.

```
Award Modular BIOS v6.00PG, An Energy Star Ally
Copyright (C) 1984-2005, Award Software, Inc.

GA-K8NP F13

Processor : AMD Athlon(tm) 64 Processor 3200+
<CPUID:0000F4A Patch ID:003A>
Memory Testing : 1048576K OK
CPU clock frequency : 200 Mhz

Detecting IDE drives ...
```

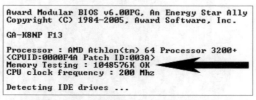

Abbildung 6.30: Und wo ist der übrige Speicher?

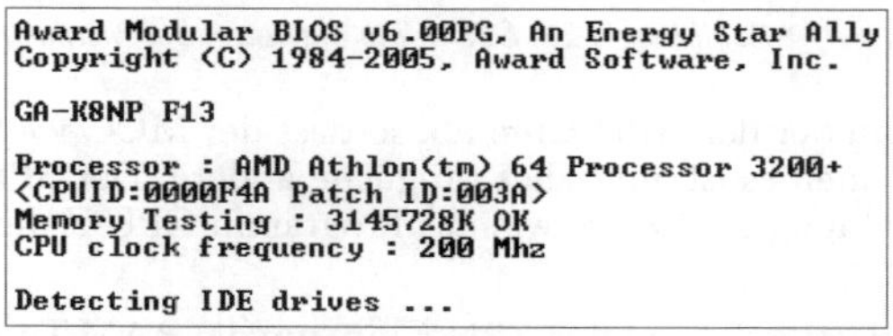

```
Award Modular BIOS v6.00PG, An Energy Star Ally
Copyright (C) 1984-2005, Award Software, Inc.

GA-K8NP F13

Processor : AMD Athlon(tm) 64 Processor 3200+
<CPUID:0000F4A Patch ID:003A>
Memory Testing : 3145728K OK
CPU clock frequency : 200 Mhz

Detecting IDE drives ...
```

Abbildung 6.31: Speicherkapazität nach dem korrekten Einbau der Module

Die Angaben nach dem Hochzählen des Speichers sind ein wenig verwirrend, weil hier Megabytes und Gigabytes und nicht Millionen und Milliarden verwendet werden. Hier einige Beispiele, wie unterschiedliche Systeme 256 MB RAM darstellen:

- 268435456 (genau 256 x 1 MB)
- 256 M (einige PCs versuchen, es Ihnen leicht zu machen)
- 262,144 (Angabe in KB)

Sie sollten wissen, wie viel Speicher Sie einzubauen versuchen, und Ihren gesunden Menschenverstand nutzen. Wenn Sie 512 MB haben und ein weiteres 512-MB-Modul installieren, dann müssen Sie eine Angabe erhalten, die nach einem Gigabyte aussieht. Wenn nach der Installation des zweiten Moduls 524582912 angezeigt werden, dann handelt es sich um 512 MB und nicht um ein 1 GB!

> **Tipp**
>
> Wenn ich mich beim Einbau von Speichermodulen an die Vorgaben des Mainboard-Handbuchs gehalten habe, hat das bei mir immer geklappt ... mit einer allerdings häufiger auftretenden Ausnahme. Neuere Speichermodule in etwas älteren Rechnern, die nicht erkannt werden, sind nur selten defekt! Gar nicht selten muss aber erst einmal das BIOS aktualisiert werden, weil das mit der Organisation der moderneren Module nichts anzufangen weiß. Wenn Sie nicht einfach auf andere Speichermodule zurückgreifen können, dann ist das jedenfalls einen Versuch wert.

Einbau von SO-DIMMs in Laptops

Vor nicht allzu langer Zeit waren Speichererweiterungen bei Laptops entweder nahezu unmöglich oder man musste dazu das Gerät zum Hersteller schicken. Lange benutzten alle Laptop-Hersteller eigene Speichermodule, die schwierig zu installieren und überaus teuer waren. Mit der Verbreitung der SO-DIMMs wurde dieses Problem praktisch beseitigt. Bei allen Laptops sind die SO-DIMMs heute relativ leicht zugänglich, so dass der Austausch oder die Erweiterung der Speichermodule einfach ist.

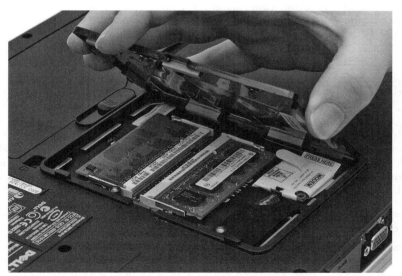

Abbildung 6.32: Über eine Klappe am Laptop ist der Speicher erreichbar.

Um an die Module zu gelangen, müssen Sie meist eine Abdeckung oder die Tastatur abheben. Die genaue Vorgehensweise hängt vom jeweiligen Hersteller des Laptops ab. Abbildung 6.32 zeigt eine typische Klappe, die die Speichersteckplätze eines Laptops verschließt. Sie können die Abdeckung wegschieben, um an die SO-DIMMs zu kommen. SO-DIMMs werden normalerweise wie die alten

SIMMs eingesetzt – Sie bringen die Kontaktleiste in Position und drücken das SO-DIMM dann in den Sockel hinein, bis die Haltevorrichtung einrastet (Abbildung 6.33).

Abbildung 6.33: Einsetzen eines SO-DIMMs

Bevor Sie irgendwelche Arbeiten am Laptop vornehmen, schalten Sie das System aus, trennen es von der Steckdose und entfernen die Batterien. Verwenden Sie ein Antistatikarmband, weil Laptops auf antistatische Entladungen noch sehr viel stärker als Desktop-PCs reagieren.

Practical Application

Fehlerbehebung beim Arbeitsspeicher

Speicherfehler zeigen sich in modernen Systemen auf verschiedene Art und Weise. Dabei kann es sich um Paritätsfehler, ECC-Fehlermeldungen, Systemabstürze, Seitenfehler und andere Fehlermeldungen unter Windows handeln. Diese Fehler können auf defektes RAM hinweisen, haben aber häufig auch andere Ursachen, die mit dem Arbeitsspeicher absolut nichts zu tun haben. Dies gilt insbesondere für unregelmäßig und scheinbar zufällig auftretende Probleme. Techniker stehen damit vor der Herausforderung, diese Fehler zu erkennen und feststellen zu müssen, welche Systemkomponenten den Speicherfehler verursachen.

Sie können zwei völlig unterschiedliche Arten von Paritätsfehlern erhalten, nämlich echte und unechte. Echte Paritätsfehler sind einfach nur Fehler, die der MCC in den Paritäts- oder ECC-Chips entdeckt hat (sofern es solche gibt). Das Betriebssystem meldet dann ein Problem und zeigt eine Fehlermeldung der Form »Parity error at xxxx:xxxxxxxx« an, wobei xxxx:xxxxxxxx ein hexadezimaler Wert ist (eine Zeichenkette aus Ziffern und Zahlen, wie etwa A5F2:004EEAB9). Wenn eine derartige Fehlermeldung angezeigt wird, dann notieren Sie sich den angezeigten Wert. Echte Paritäts-/ECC-Fehler verweisen jeweils auf dieselbe Speicherposition und deuten fast immer darauf hin, dass ein RAM-Modul defekt ist.

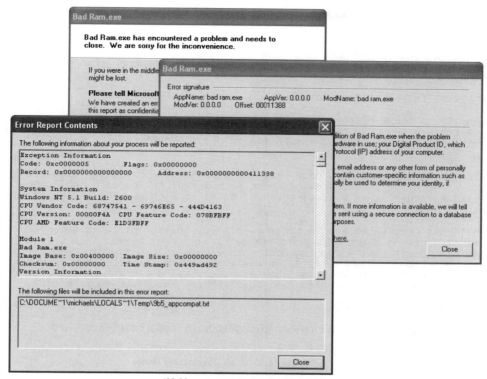

Abbildung 6.34: Windows-Fehlermeldung

Phantom-Paritätsfehler zeigen sich bei Systemen, die keinen Paritäts- oder ECC-Speicher besitzen. Wenn Windows Paritätsfehler mit unterschiedlichen Adressen anzeigt, dann liegt sehr wahrscheinlich kein Speicherproblem vor. Derartige Phantomfehler können die unterschiedlichsten Ursachen wie z.B. Softwarefehler, Hitze, Staub, Sonnenflimmern oder Schwankungen der Erdanziehungskraft haben.

Manche Systemabstürze und Seitenfehler (die häufig gemeinsam auftreten) unter Windows scheinen auf Speicherprobleme hinzuweisen. Ein Systemabsturz liegt dann vor, wenn der Computer nicht mehr funktioniert. Ein Seitenfehler ist ein schwächerer Fehler, der durch Speicherprobleme entstehen kann, aber nicht unbedingt auf Probleme mit dem System-RAM hinweist. Gewisse Seitenfehler sehen aber nur wie Speicherfehler aus, da Windows in solchen Fällen schreckliche Fehlermeldungen mit hexadezimalen Ziffernfolgen wie z.B. »KRNL386 verursachte einen Seitenfehler unter der Speicheradresse 03F2:25A003BC« anzeigt. Nur weil die Fehlermeldung auf eine Speicheradresse verweist, muss es sich aber noch lange nicht um ein Speicherproblem handeln. Notieren Sie sich die Speicheradresse. Sollte sie in späteren Fehlermeldungen erneut auftauchen, ist sehr wahrscheinlich ein Speichermodul defekt. Zeigt Windows dagegen unterschiedliche Speicheradressen an, dann sollten Sie den Schuldigen an anderer Stelle vermuten.

Vereinzelt kann es im PC immer zu katastrophalen Ereignissen kommen, wenn irgendein kleines Elektron den roten Panikschalter betätigt und das Betriebssystem bestimmte Funktionen sperren muss, um Daten zu schützen. Dieser Panikschalter im PC wird *NMI* (*Non-Maskable Interrupt* – Nicht maskierbarer Interrupt) genannt. Dabei handelt es sich einfach um eine Unterbrechung, die von der CPU nicht ignoriert werden kann. Dem Anwender präsentiert sich ein NMI in Form des von Technikern so geschätzten blauen Bildschirms (Bluescreen of Death – BSoD), auf dem eine scheußliche, furchtbar klingende und buchstäblich erschreckende Fehlermeldung im Textmodus angezeigt wird (Abbildung 6.35).

```
Es wurde ein Problem festgestellt. Windows wurde heruntergefahren, damit der
Computer nicht beschädigt wird.

PROCESS1_INITIALIZATION_FAILED

Wenn Sie diese Fehlermeldung zum ersten Mal angezeigt bekommen,
sollten Sie den Computer neu starten. Wenn diese Meldung
weiterhin angezeigt wird, müssen Sie folgenden Schritten
folgen:

Stellen Sie sicher, dass neue Hardware oder Software richtig installiert
ist. Fragen Sie Ihren Hardware- oder Softwarehersteller nach möglicher-
weise erforderlichen Windows-Updates, falls es sich um eine Neuinstallation
handelt.

Falls das Problem weiterhin bestehen bleibt, sollten Sie alle neu
installierte Hardware oder Software deinstallieren. Deaktivieren
Sie BIOS-Optionen wie Caching oder Shadowing. Starten Sie den Computer
neu, drücken Sie die F8-TASTE, um die erweiterten Startoptionen zu wählen,
und wählen Sie dann den abgesicherten Modus, falls Sie zum Löschen oder
Deaktivieren von Komponenten den abgesicherten Modus verwenden müssen.

Technische Information:

*** STOP: 0x0000006B (0xC0000018,0x00000005,0x00000000,0x00000000)
```

Abbildung 6.35: BSoD (Bluescreen of Death)

Sicherlich können defekte Speicherbausteine und Paritätsfehler für Bluescreens sorgen. Beim Schuldigen handelt es sich aber oft um Fehler in Programmen oder Codekonflikte. Der Bluescreen sieht unter den verschiedenen Betriebssystemen unterschiedlich aus und es wären ausführliche Erläuterungen erforderlich, um alle denkbaren Variationen zu beschreiben, für die hier einfach kein Platz ist. Daher will ich mich an dieser Stelle auf die Aussage beschränken, dass der Arbeitsspeicher die Ursache des Problems sein kann, das zur Anzeige des hübschen blauen Bildschirms geführt hat.

Periodisch auftretende Speicherfehler können schließlich die verschiedensten Ursachen wie beispielsweise ein defektes Netzteil, Störungen der Stromversorgung, zu schwache Lüfter, Anwendungsfehler, Hardwarefehler, Inkompatibilitäten usw. haben. Fehler dieser Art zeigen sich in der Form von Abstürzen, allgemeinen Schutzfehlern, Seitenfehlern und Paritätsfehlern, verweisen aber höchst selten auf dieselbe Adresse und treten üblicherweise bei verschiedenen Anwendungen auf. Prüfen Sie bei periodisch auftretenden Fehlern, die nicht bestimmten Anwendungen zugeordnet werden können, immer zunächst das Netzteil.

Hinweis

Ein *allgemeiner Schutzfehler* (GPF – General Protection Fault) ist ein Fehler, der zum Absturz einer Anwendung führen kann. Häufig werden sie aber durch Programme verursacht, die sich gegenseitig auf die Füße treten. Kapitel 17 (*Wartung und Fehlerbehebung für Windows*) beschäftigt sich eingehender mit GPFs und anderen Windows-Fehlern.

Speichermodule testen

Sobald Sie ein mögliches Speicherproblem diagnostiziert haben, verfügen Sie über eine Reihe von Testmöglichkeiten. Erstens bieten verschiedene Unternehmen RAM-Testgeräte an, die für den gelegentlichen Einsatz aber zu teuer sind (1500 Euro und mehr). Zweitens können Sie nach der Methode »Austauschen und Beten« verfahren. Öffnen Sie dazu das Systemgehäuse und ersetzen Sie jeweils ein Modul durch ein anderes, von dem Sie wissen, dass es ordnungsgemäß funktioniert (vielleicht haben Sie noch eines herumliegen?). Diese Methode ist zwar recht zeitaufwendig, funktioniert aber zuverlässig. Bei den aktuellen Preisen würde jedenfalls der Austausch des kompletten Rechnersystems weniger als ein spezielles RAM-Testgerät kosten.

Drittens könnten Sie auch *Speichertestprogramme* ausführen. Da die Testprogramme in den zu prüfenden Speicher geladen werden müssen, besteht immer eine geringe Wahrscheinlichkeit, dass allein durch das Ausführen der Testsoftware Fehler verursacht werden. Es gibt einige sehr gute kostenlose Testprogramme. Mein Favorit ist das ehrwürdige *Memtest86*, das von Herrn Chris Brady geschrieben wurde (www.memtest86.com). Memtest86 überprüft Ihren Arbeitsspeicher eingehend und meldet gegebenenfalls fehlerhaften Speicher (Abbildung 6.36).

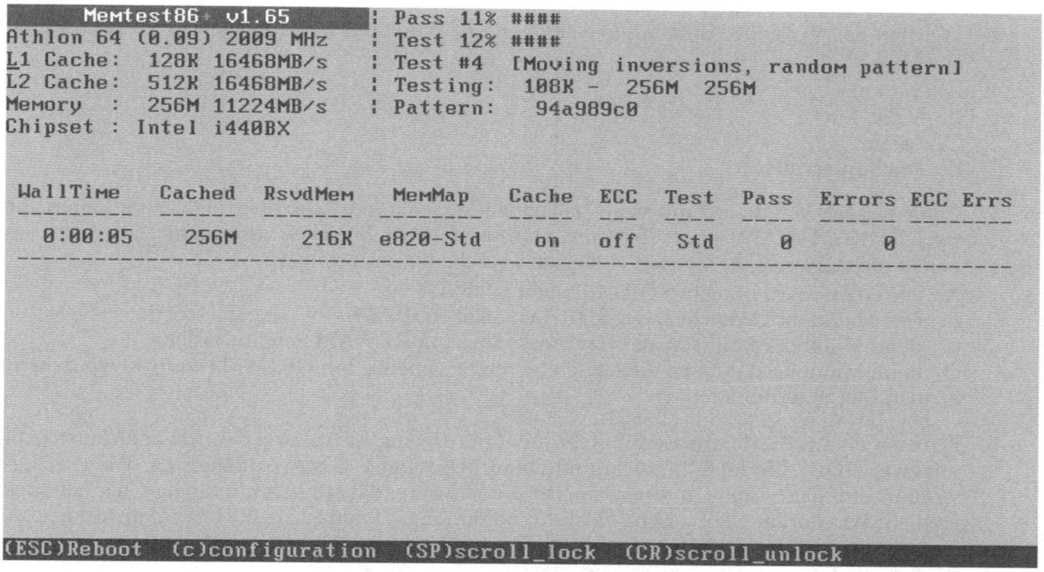

```
       Memtest86+ v1.65       | Pass  11%  ####
Athlon 64 (0.09) 2009 MHz     | Test  12%  ####
L1 Cache:    128K  16468MB/s  | Test  #4   [Moving inversions, random pattern]
L2 Cache:    512K  16468MB/s  | Testing:  108K  -   256M   256M
Memory  :    256M  11224MB/s  | Pattern:  94a989c0
Chipset :    Intel i440BX


WallTime   Cached   RsvdMem   MemMap    Cache   ECC   Test   Pass   Errors   ECC Errs
-------    ------   -------   ------    -----   ---   ----   ----   ------   --------
 0:00:05    256M     216K     e820-Std   on     off   Std     0        0














(ESC)Reboot   (c)configuration   (SP)scroll_lock   (CR)scroll_unlock
```

Abbildung 6.36: Memtest86 bei der Arbeit

Wiederholung

Fragen

1. Georg baut ein zweites, 240-poliges DIMM mit 1 GB Kapazität in seinen PC ein, womit er die Arbeitsspeicherkapazität auf insgesamt 2 GB erhöhen will. Der PC enthält einen Intel Core 2 Duo mit 3 GHz und hat drei 240-polige DIMM-Steckplätze auf dem Mainboard. Wenn Georg den PC einschaltet, zeigt der RAM-Zähler jedoch nur 1 GB RAM an. Welches Problem ist am wahrscheinlichsten?
    - **A.** Georg hat das RAM nicht korrekt eingebaut.
    - **B.** Georg hat DDR-SDRAM in einen DDR2-Steckplatz eingebaut.
    - **C.** Die CPU weiß mit 1 GB RAM nichts anzufangen.
    - **D.** Das Mainboard kann jeweils nur einen RAM-Steckplatz verwenden.

Kapitel 6

2. Alex will 512 MB PC100-SDRAM in einen alten, aber immer noch funktionierenden Desktop-Computer einbauen. Das System besitzt ein 100-MHz-Mainboard und momentan 256 MB Nicht-ECC-SDRAM. Was sollte Alex vor der Installation noch wissen?
   A. Welche RAM-Geschwindigkeit benötigt er?
   B. Welchen RAM-Typ benötigt er?
   C. Wie viele Pins hat das RAM?
   D. Kann das System mit so viel Arbeitsspeicher umgehen?

3. Was ist der wichtigste Grund dafür, dass DDR2-RAM schneller als DDR-RAM ist?
   A. Die Kerngeschwindigkeit der RAM-Chips ist schneller.
   B. Die E/A-Geschwindigkeit des RAMs ist schneller.
   C. DDR ist Single-Channel-, DDR2 ist Dual-Channel-RAM.
   D. DDR-RAM verwendet 184-polige, DDR2 240-polige DIMMs.

4. Welchen Begriff benutzt man für die verzögerte Reaktion des Arbeitsspeichers auf Anforderungen des MCCs?
   A. Varianz
   B. MCC-Lücke
   C. Latenz
   D. Fetch-Intervall

5. Claus hat ein Mainboard mit vier Speichersteckplätzen, das scheinbar nicht funktioniert. Er hat zwei RDRAM-RIMMs installiert, um insgesamt 1 GB Speicher zu erhalten, aber das System bootet nicht. Was ist die wahrscheinlichste Ursache für das Problem?
   A. Das Mainboard braucht SDRAM, nicht RDRAM.
   B. Das Mainboard braucht DDR-SDRAM, nicht RDRAM.
   C. Beim Mainboard müssen alle vier Steckplätze mit RDRAM gefüllt werden.
   D. Beim Mainboard müssen die beiden leeren Steckplätze mit CRIMMs bestückt werden, um den Bus zu terminieren.

6. Felix hat ein neues Mainboard für einen AMD-Prozessor. Er hat zwei der drei Speichersteckplätze mit zwei DDR2-Modulen bestückt und damit insgesamt 2 GB Arbeitsspeicher. Wenn er CPU-Z ausführt, um das System zu testen, meldet die Software, dass es sich um Single-Channel-Speicher handelt. Was könnte die Ursache für das Problem sein? (Wählen Sie die beste Antwort aus.)
   A. Sein Mainboard unterstützt nur Single-Channel-Speicher.
   B. Sein Mainboard unterstützt nur für DDR-RAM, nicht für DDR2 Dual-Channel-Speicher.
   C. Er muss einen dritten RAM-Stick installieren, um den Dual-Channel-Speicher zu aktivieren.
   D. Er muss einen der installierten Sticks in einen anderen Steckplatz stecken, um den Dual-Channel-Speicher zu aktivieren.

7. Mainboards, die mehr als vier Speichermodule unterstützen, benötigen möglicherweise:
   A. Gepuffertes RAM
   B. ECC-RAM
   C. Dual-Channel-RAM
   D. DDR2-RAM

8. Wie ermitteln Sie am besten die maximale Gesamtspeicherkapazität und den RAM-Typ, der von Ihrem System benötigt wird?
   A. Sie lesen im Mainboard-Handbuch nach.
   B. Sie öffnen das Gehäuse und sehen sich die Speichermodule an.
   C. Sie sehen im Geräte-Manager nach.
   D. Sie probieren es mit dem Applet SYSTEM in der Systemsteuerung.

9. Sebastian hat ein drittes, funktionierendes Speichermodul in seinen Rechner eingebaut, der nun insgesamt 3 GB RAM hat. Nach ein paar Tagen treten plötzlich zufällige Systemabstürze und Neustarts auf, insbesondere bei speicherintensiven Aufgaben und Spielen. Welche Ursache hat das Problem am wahrscheinlichsten?
   A. Sebastian hat DDR-RAM in ein DDR2-System installiert.
   B. Sebastian hat DDR2-RAM in ein DDR3-System installiert.
   C. Sebastian hat Speichermodule installiert, deren Geschwindigkeit oder Eigenschaften nicht den Systemanforderungen entsprechen.
   D. Sebastian hat ein Speichermodul installiert, das schneller als der bisherige Arbeitsspeicher des Systems ist.

10. Leonie hat ein zweites DDR2-Speichermodul in ihrem Core-2-Duo-System installiert, womit das System insgesamt 2 GB Arbeitsspeicher hat. Nach kurzer Zeit treten jedoch Blue Screens of Death auf. Worin könnte die Ursache liegen?
    A. Sie hat fehlerhafte Speichermodule eingebaut.
    B. Das Mainboard kann nur 1 GB RAM verwalten.
    C. Das Mainboard benötigt Dual-Channel-RAM.
    D. Es gibt kein Problem. Windows macht das anfangs immer, aber nach ein paar Abstürzen wird es besser.

Antworten

1. **A.** Wahrscheinlich sitzt das Speichermodul nicht richtig.
2. **D.** Alex muss prüfen, ob das System so viel RAM verwalten kann.
3. **B.** Die E/A-Geschwindigkeit von DDR2-RAM ist schneller als DDR-RAM (obwohl die Latenz höher ist).
4. **C.** Latenz ist der Begriff für die verzögerte Reaktion des Speichers auf Anforderungen des MCCs.
5. **D.** Bei RDRAM-basierten Mainboards müssen leere Steckplätze mit Blindmodulen gefüllt werden, um den Speicherbus zu terminieren.
6. **D.** Möglicherweise müssen die Speichermodule beim verwendeten Mainboard in bestimmten Steckplätzen installiert werden, damit der Dual-Channel-Betrieb funktioniert. Dann sollte Felix eines der installierten Module in einen anderen Steckplatz einbauen, um den Dual-Channel-Betrieb zu aktivieren. (Außerdem sollte er im Handbuch für das Mainboard nachlesen, welches die richtigen Steckplätze sind.)
7. **A.** Mainboards, die mehr als vier Speichermodule unterstützen, benötigen möglicherweise gepuffertes RAM.
8. **A.** Am besten ermittelt man die Gesamtspeicherkapazität und die für ein System zu verwendende Art der Speichermodule mit Hilfe des Mainboard-Handbuchs.
9. **C.** Sehr wahrscheinlich hat Sebastian Speicher installiert, dessen Geschwindigkeit und Eigenschaften nicht mit den bereits installierten Modulen übereinstimmen.
10. **A.** Wenn ein System fehlerfrei lief, nach der Installation neuer Komponenten aber Probleme auftreten, ist es sehr wahrscheinlich, dass eine der neuen Komponenten fehlerhaft ist.

7

BIOS und CMOS

Themen in diesem Kapitel

❏ Die Funktion des BIOS erklären
❏ Zwischen verschiedenen Optionen des CMOS-Setup-Programms unterscheiden
❏ Optionales ROM und Gerätetreiber beschreiben
❏ Fehlersuche beim POST (Power-On Self Test)
❏ Die richtige Wartung von BIOS und CMOS

In Kapitel 5 (*Mikroprozessoren*) haben Sie gesehen, wie der Adressbus und externe Datenbus den Arbeitsspeicher über den MCC (Memory Controller Chip) so mit der CPU verbinden, dass Programme ausgeführt und Daten übertragen werden können. Sofern die Komponenten an den geeigneten Stellen mit Strom versorgt werden, haben wir damit bereits einen einfachen Computer. Allerdings würden Sie sich mit diesem Gerät wohl zu Tode langweilen, da es keine Möglichkeit gibt, ihn praktisch zu nutzen! Ein PC braucht Geräte wie Tastatur und Maus, um Eingaben entgegennehmen zu können, und Ausgabegeräte wie Bildschirm und Soundkarte, um den Benutzer über den aktuellen Status der laufenden Programme zu informieren. Und es werden auch Geräte benötigt, mit denen Daten dauerhaft auch nach dem Abschalten des Rechners gespeichert werden können, wie z.B. Festplatten und optische Laufwerke.

Geschichte und Konzepte

Wir müssen miteinander reden

Es ist sinnlos, einfach verschiedene Komponenten in einen Computer einzubauen, wenn die CPU nicht mit ihnen kommunizieren kann. Damit die CPU mit einem Gerät kommunizieren kann, benötigt man zuerst irgendeine Art der Verbindung – einen Kommunikationsbus, der es der CPU ermöglicht, Befehle an die Geräte zu senden und von diesen entgegenzunehmen. Um diese Verbindung herzustellen, geben wir dem MCC ein paar weitere Aufgaben und die nötige Leistungsfähigkeit, damit er nicht nur als Verbindung zwischen der CPU und dem RAM, sondern auch der zwischen der CPU und den anderen Geräten im PC dient. Der MCC ist nicht mehr nur der Speichercontroller. Wir wollen ihn jetzt *Northbridge* nennen, weil er als primäre Brücke zwischen der CPU und dem restlichen Computer dient (Abbildung 7.1).

Kapitel 7

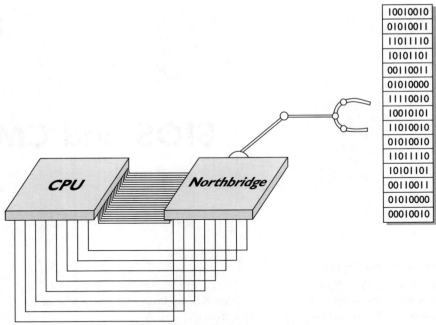

Abbildung 7.1: Der Weg über die Northbridge

Ihr PC steckt voller Komponenten, weshalb sich die PC-Industrie dazu entschloss, einen Teil der Verbindungsarbeit an einen zweiten Chip zudelegieren, die so genannte *Southbridge*. Die Northbridge bedient nur die Hochgeschwindigkeitsschnittstellen, wie z.B. die zur Grafikkarte oder dem RAM. Die Southbridge ist hauptsächlich für die langsameren Komponenten zuständig, wie z.B. USB- oder Festplatten-Controller. Chip-Hersteller haben verschiedene Modelle paarweise aufeinander abgestimmter Northbridge- und Southbridge-Chips entwickelt. Sie erwerben also nicht eine Northbridge von einem und eine Southbridge von einem anderen Hersteller – die Chips werden paarweise verkauft. Wir nennen diese Kombination aus Northbridge und Southbridge *Chipsatz*.

> **Hinweis**
>
> Chipsatz-Hersteller verwenden die Begriffe »Northbridge« und »Southbridge« nur noch selten, weil die meisten modernen Chipsätze aus nur zwei oder drei Chips mit grundsätzlich ähnlichen Funktionen bestehen. Techniker verwenden die beiden Begriffe jedoch weiterhin.

Der Chipsatz erweitert den Datenbus zu den Komponenten im PC. Die CPU verwendet den Datenbus, um Daten von allen PC-Komponenten zu übernehmen und dorthin zu transportieren. Zwischen CPU, Chipsatz, RAM und anderen Komponenten im PC werden laufend Daten übertragen (Abbildung 7.2).

Die primäre Verwendung für den Adressbus besteht, wie Sie wissen, darin, dass die CPU den Chipsatz beauftragt, Daten aus dem Speicher zu holen oder dort abzulegen, und dass sie ihm dabei mitteilt, auf welchen Speicherbereich er zugreifen soll. So wie der externe Datenbus erweitert auch der Chipsatz den Adressbus auf alle Geräte (Abbildung 7.3). Auf diese Weise kann die CPU den Adressbus nutzen, um Befehle an Komponenten zu senden, so wie sie dem Chipsatz Befehle gibt. Wie das genau geht, erfahren Sie in Kapitel 8 (*Erweiterungsbus*). Hier geht es nur um die grundlegenden Konzepte.

BIOS und CMOS

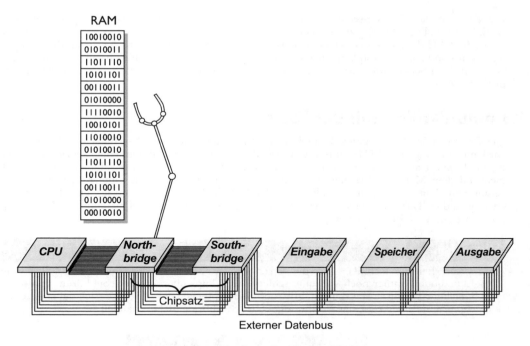

Abbildung 7.2: Der Chipsatz erweitert den Datenbus.

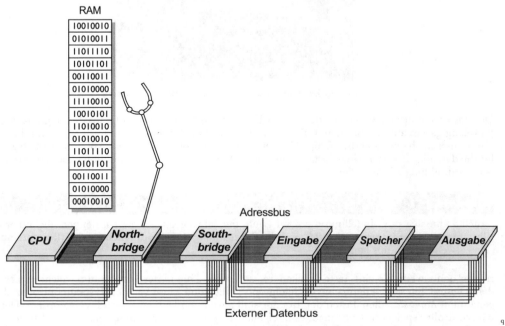

Abbildung 7.3: Alle Komponenten im Computer sind mit dem Adressbus verbunden.

Kapitel 7

Das Konzept, dass der Adressbus von der CPU zur Kommunikation mit den Komponenten genutzt wird, ist nicht allzu schwierig zu verstehen, aber woher weiß sie, was sie diesen *mitteilen* muss? Woher kennt die CPU die ganzen verschiedenen Muster von Einsen und Nullen, die sie auf den Adressbus legen muss, um z.B. der Festplatte mitzuteilen, dass diese eine Datei übertragen soll? Um die Vorgänge anschaulich zu beantworten, werden wir die Zusammenarbeit zwischen Tastatur und CPU eingehender betrachten.

Kommunikation mit der Tastatur

Die Tastatur stellt ein sehr gutes Beispiel für die Zusammenarbeit zwischen Bussen und Programmen zur Unterstützung der CPU bei ihren Aufgaben dar. Die Tastatur wird über einen speziellen Chip mit dem externen Datenbus verbunden, der *Tastaturcontroller* genannt wird. Sie sollten diesen Chip aber nicht auf dem Mainboard suchen, da er mittlerweile in die Southbridge integriert wurde. An der Zusammenarbeit des Tastaturcontrollers mit der CPU hat sich aber in den letzten 20 Jahren kaum etwas geändert. Daher eignet sich dieses Beispiel hervorragend zur Demonstration der Kommunikation zwischen der CPU und einer Komponente.

Hinweis

Häufig sprechen die Techniker über die verschiedenen Funktionen des Chipsatzes so, als würden diese Funktionen immer noch von unterschiedlichen Chips übernommen. Sie hören sie also z.B. von Speicher-, Tastatur-, Maus- und USB-Controllern sprechen, auch wenn es sich dabei durchweg einfach nur um Schaltkreise der Northbridge- oder Southbridge-Chips handelt.

Abbildung 7.4: Tastaturcontroller auf einem Pentium-Mainboard

Der Tastaturcontroller war einer der letzten Einzelchips, die mit in den Chipsatz integriert wurden. Jahrelang gab es auf den meisten Mainboards (bis hin zum Pentium III und frühen Athlon-Prozessoren) immer noch eigenständige Chips, die den Tastaturcontroller enthielten. Abbildung 7.4 zeigt einen für die damalige Zeit typischen Tastaturcontroller. Dessen elektronische Funktion lässt sich vereinfacht wie in Abbildung 7.5 darstellen.

Hinweis

Auch wenn sich die Modellnummern im Laufe der Jahre geändert haben, nennen Techniker den Tastaturcontroller immer noch *8042*, wie die Bezeichnung des ursprünglich für den Tastaturcontroller verwendeten Chips lautete.

Immer dann, wenn Sie eine Taste drücken, registriert ein Chip in der Tastatur, um welche es sich handelt. Dieser Chip sendet dann eine Codefolge aus Nullen und Einsen an den Tastaturcontroller, den so genannten *Scancode*. Allen Tasten der Tastatur sind jeweils eindeutige Scancodes zugeordnet. Der Tastaturcontroller speichert die Scancodes in eigenen Registern. Überrascht es Sie, dass selbst der einfache Tastaturcontroller und nicht nur die CPU Register besitzt? Das ist bei vielen Chips und nicht nur CPUs der Fall (Abbildung 7.6)!

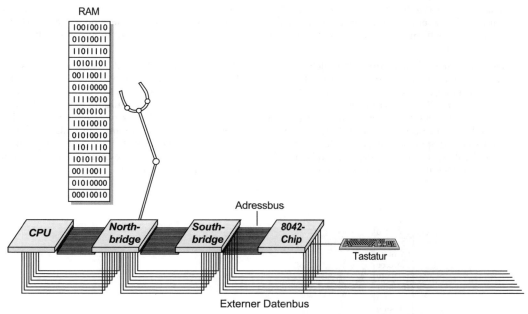

Abbildung 7.5: Vereinfachte Darstellung der Funktion des Tastaturcontrollers

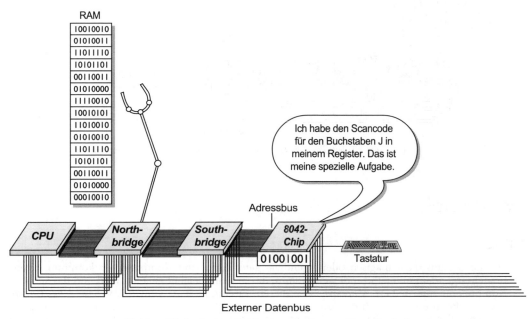

Abbildung 7.6: Im Register des Tastaturcontrollers gespeicherte Scancodes

Wie kommt nun die CPU an die Scancodes im Tastaturcontroller (vgl. Abbildung 7.7)? Da wir gerade dabei sind, wie kann die CPU der Tastatur den Befehl zur Änderung der Tastenwiederholrate (*type-*

Kapitel 7

matic rate; die Wiederholungsrate einer gedrückt gehaltenen Taste) oder zum An- oder Abschalten der Num-LED geben, um nur ein paar Beispiele für Aufgaben anzuführen, die eine Tastatur erledigen muss? Letztlich muss der Tastaturcontroller nicht nur auf einen, sondern auf mehrere Befehle reagieren können.

Der Tastaturcontroller nimmt Befehle auf die gleiche Weise wie der in Kapitel 5 vorgestellte Mikroprozessor entgegen. Können Sie sich noch daran erinnern, wie wir die Zahlen 2 und 3 mit dem 8088 addiert haben? Sie mussten bestimmte Befehle aus dem Codebuch des 8088 benutzen, um den Prozessor zur Addition aufzufordern und dafür zu sorgen, dass er die Lösung auf dem externen Datenbus abgelegt hat. Der Tastaturcontroller verfügt über ein eigenes Codebuch, das zwar viel einfacher als das der CPU, aber von der Konzeption her mit diesem vergleichbar ist. Um den innerhalb des Tastaturcontrollers gespeicherten Scancode zu ermitteln, muss die CPU den Befehl (oder die entsprechende Befehlsfolge) kennen, die den Tastaturcontroller dazu auffordert, den Scancode des Zeichens auf dem externen Datenbus abzulegen, damit er von der CPU gelesen werden kann.

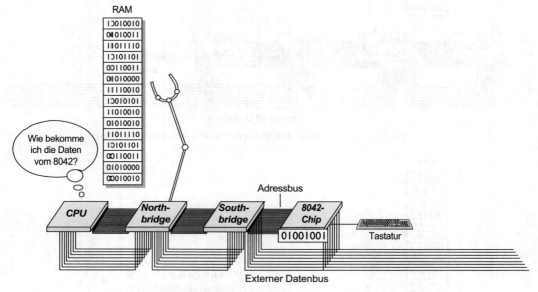

Abbildung 7.7: Wie kann die CPU mit dem Tastaturcontroller kommunizieren?

Essentials

BIOS

Die CPU kann nicht magisch oder irgendwie automatisch mit Komponenten kommunizieren. Sie braucht irgendein unterstützendes Programm, das in den Speicher geladen wird und das sie über die Komponente informiert. Man spricht in diesem Zusammenhang vom *BIOS* (*Basic Input/Output System*). Die Programme, die für die Kommunikation der CPU mit Komponenten zuständig sind, werden Services oder auch Gerätetreiber genannt, wie Sie später in diesem Kapitel noch erfahren werden. Dies betrifft übrigens nicht nur die Tastatur. Letztlich brauchen alle Komponenten im Computer ein BIOS. Aber wir wollen uns hier einstweilen auf die Tastatur beschränken.

BIOS und CMOS

Wie das BIOS in den Rechner kommt

Wenn er das Codebuch der Tastatur kennt, dann kann ein begabter Programmierer das BIOS für eine Tastatur schreiben, denn Tastaturen sind relativ einfache Geräte. Damit stellt sich die Frage: Wo sollen die unterstützenden Programme gespeichert werden? Antwort: Sie könnten in das Betriebssystem integriert werden. Es ist praktisch, Programme im Betriebssystem unterzubringen, die mit der Rechnerhardware kommunizieren. Alle Betriebssysteme enthalten Code, der mit einer Tastatur, Maus und vielen anderen Hardwarekomponenten im Rechner kommunizieren kann.

Das ist schön und gut, wenn das Betriebssystem erst einmal läuft, aber wie steht es mit den brandneuen Komponenten, die Sie in einen neuen PC einbauen wollen? Wenn ein neues System aufgebaut wird, dann gibt es noch kein Betriebssystem! Die CPU muss auf das BIOS der wichtigsten Rechnerkomponenten zugreifen können, um mit ihnen kommunizieren zu können: nicht nur auf das der Tastatur, sondern auch auf das des Bildschirms, der Festplatten, der optischen Laufwerke, der USB-Anschlüsse und des RAMs. Der BIOS-Code kann also nicht auf einer Festplatte oder CD-ROM abgelegt werden, denn die wichtigen Komponenten müssen für den Zugriff der CPU jederzeit zur Verfügung stehen, noch bevor ein Massenspeichergerät oder ein Betriebssystem installiert wird.

Am besten werden die unterstützenden Programme deshalb im Mainboard gespeichert. Damit ist zwar dieses Problem gelöst, dafür entsteht aber ein anderes: Welches Speichermedium kann auf dem Mainboard verwendet werden? DRAM funktioniert nicht, weil die darin enthaltenen Daten jeweils beim Ausschalten des Rechners gelöscht werden. Es wird permanenter Programmspeicher benötigt, der unabhängig von anderen Peripheriegeräten funktioniert. Und dieser Speicher muss sich auf dem Mainboard befinden.

ROM

Mainboards speichern die den Tastaturcontroller unterstützenden Programme (neben anderen Programmen) in einem speziellen Bauteil, das *ROM* (*Read-Only Memory*) genannt wird. ROM-Chips speichern Programme bzw. Services genau wie RAM und damit wie ein 8 Bit breites Arbeitsblatt einer Tabellenkalkulation. ROM unterscheidet sich aber in zweierlei Hinsicht deutlich von RAM. Erstens ist der Speicher der ROM-Chips *nichtflüchtig*, so dass die hier gespeicherten Daten selbst dann nicht gelöscht werden, wenn der Computer abgeschaltet wird. Zweitens können ROM-Chips nur gelesen werden, so dass die dort gespeicherten Programme später nicht mehr geändert werden können. Moderne Mainboards verwenden einen ROM-Typ, der auch *Flash-ROM* genannt wird und der sich vom herkömmlichen ROM darin unterscheidet, dass Sie den Inhalt mit einem speziellen Verfahren aktualisieren und ändern können, das auch »ROM-Flashing« genannt wird. Abbildung 7.8 zeigt einen typischen Flash-ROM-Chip auf einem Mainboard. Wenn die CPU mit dem Tastaturcontroller kommunizieren will, dann greift sie über den Flash-ROM-Chip auf die dafür benötigten Programme zu.

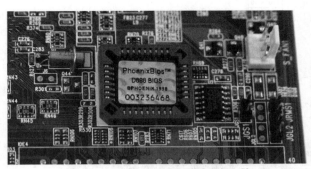

Abbildung 7.8: Ein typischer Flash-ROM-Chip

Auf allen Mainboards gibt es Flash-ROM, den so genannten *System-ROM-Chip*, der Code enthält, mit dessen Hilfe die CPU mit den Basiskomponenten des Rechners kommunizieren kann (Abbildung 7.9). Wie bereits erwähnt, enthält das System-ROM mehr als nur das BIOS des Tastaturcontrollers. Es speichert auch Programme für die Kommunikation mit den Diskettenlaufwerken, Festplatten, optischen Laufwerken, Grafikkarten, USB-Anschlüssen und anderen Basiskomponenten auf dem Mainboard.

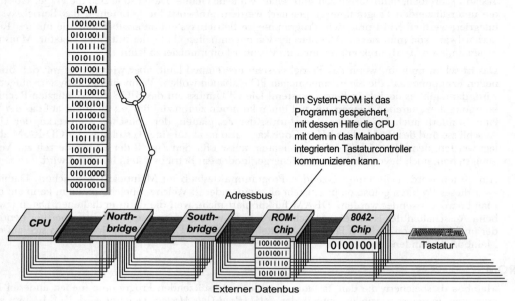

Abbildung 7.9: Arbeitsweise des Flash-ROM-Chips

Um mit all diesen Hardwarekomponenten kommunizieren zu können, werden Hunderte kleiner Services (mit jeweils 2 bis 30 Codezeilen) benötigt. Diese im System-ROM-Chip des Mainboards untergebrachten Programme werden in ihrer Gesamtheit auch *System-BIOS* genannt (Abbildung 7.10). Techniker sprechen bei den in den unterschiedlichsten ROM-Chips gespeicherten Programmen von *Firmware*.

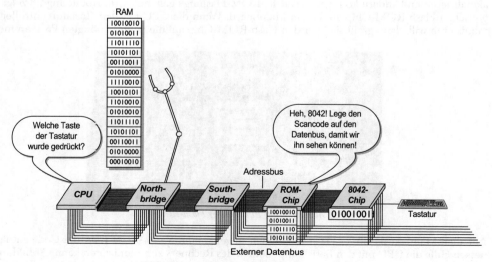

Abbildung 7.10: CPU, die einen BIOS-Service ausführt

BIOS und CMOS

> **Wichtig**
>
> In ROM-Chips – egal ob Flash oder anderes ROM – gespeicherte Programme werden, im Gegensatz zu den auf löschbaren Datenträgern gespeicherten Programmen, die als *Software* bezeichnet werden, auch *Firmware* genannt.

Die System-ROM-Chips moderner PCs speichern bis zu 2 MB an Programmen, während nur 65536 Bytes (64 KB) als Speicher für das System-BIOS verwendet werden. Dies sorgt für Abwärtskompatibilität mit älteren Systemen. Der übrige ROM-Speicher wird für andere Aufgaben genutzt.

System-BIOS-Unterstützung

Jedes System-BIOS muss zwei Arten von Hardware unterstützen. Erstens unterstützt das System-BIOS Hardwarekomponenten, die sich nie ändern, wie z.B. die Tastatur. (Sie können zwar die Tastatur austauschen, aber nicht den in die Southbridge eingebauten Tastaturcontroller.) Ein weiteres Beispiel für Hardwarekomponenten, an denen sich nie etwas ändert, ist der PC-Lautsprecher (der winzige Lautsprecher, der manchmal Pieptöne ausgibt, nicht die Lautsprecher, über die Musik ausgegeben wird). Der System-ROM-Chip speichert das BIOS für diese und andere Komponenten, die sich nie ändern.

Zweitens unterstützt das System-BIOS all jene Hardwarekomponenten, die sich immer wieder einmal ändern können. Dies sind unter anderem RAM (der Speicher kann erweitert werden), Festplatten (Sie können sie durch größere Laufwerke ersetzen oder eine zweite Festplatte einbauen) oder Diskettenlaufwerke (Sie können zusätzliche Diskettenlaufwerke einbauen). Im System-ROM-Chip ist zwar das BIOS für diese Geräte gespeichert, aber das System braucht noch einen anderen Ort, an dem es Detailinformationen über bestimmte Hardwarekomponenten ablegen kann. Auf diese Weise kann ein System zwischen Festplatten wie einer Western Digital Caviar Black mit 1,5 TB und einer Seagate Barracuda mit 60 GB unterscheiden und doch beide Festplatten direkt unterstützen.

CMOS

Ein separater Speicher-Chip, der so genannte *CMOS-Chip (Complementary Metal-Oxide Semiconductor)* speichert Informationen, die spezielle Geräteparameter beschreiben. Im CMOS werden keine Programme, sondern nur Daten gespeichert, die vom BIOS gelesen werden und die die zur Kommunikation mit veränderlicher Hardware benötigten Programme ergänzen. Das CMOS fungiert außerdem als Uhr und bewahrt die aktuelle Uhrzeit und das Datum auf.

Vor vielen Jahren handelte es sich beim CMOS um einen eigenständigen Chip auf dem Mainboard (siehe Abbildung 7.11). Heute befindet sich das CMOS fast immer in der Southbridge.

Abbildung 7.11: Ein alter CMOS-Chip

Auch wenn CMOS-Chips üblicherweise ca. 64 KB Daten speichern, benötigt ein PC davon nur sehr wenig (etwa 128 Byte), um alle erforderlichen Informationen zu veränderlichen Hardwarekomponenten zu speichern. Lassen Sie sich von der geringen Größe aber nicht ablenken. Die im CMOS gespeicherten Informationen sind für die Funktionsfähigkeit des Rechners absolut erforderlich!

Wenn die über eine bestimmte Hardwarekomponente (oder über seine anspruchsvolleren Eigenschaften) im CMOS gespeicherten Daten nicht mit den Spezifikationen der tatsächlich vorhandenen Hardware übereinstimmen, dann kann der Rechner nicht auf diese Hardwarekomponente (oder deren anspruchsvollere Funktionen) zugreifen. Es ist unbedingt erforderlich, dass die entsprechenden Informationen zutreffend sind. Wenn eine der bereits genannten Hardwarekomponenten geändert wird, dann muss das CMOS aktualisiert werden, damit es diese Änderungen widerspiegelt. Sie müssen daher wissen, wie Sie die im CMOS-Chip gespeicherten Daten ändern können.

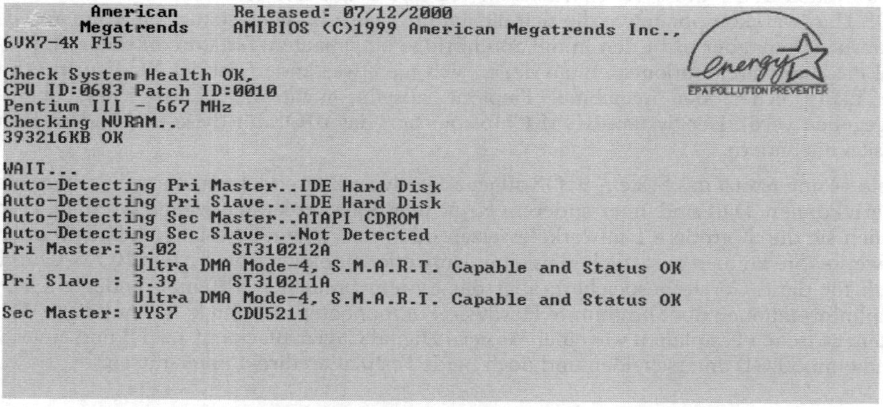

```
       American        Released: 07/12/2000
      Megatrends       AMIBIOS (C)1999 American Megatrends Inc.,
6VX7-4X F15

Check System Health OK.
CPU ID:0683 Patch ID:0010
Pentium III - 667 MHz
Checking NVRAM..
393216KB OK

WAIT...
Auto-Detecting Pri Master..IDE Hard Disk
Auto-Detecting Pri Slave...IDE Hard Disk
Auto-Detecting Sec Master..ATAPI CDROM
Auto-Detecting Sec Slave...Not Detected
Pri Master: 3.02        ST310212A
            Ultra DMA Mode-4, S.M.A.R.T. Capable and Status OK
Pri Slave : 3.39        ST310211A
            Ultra DMA Mode-4, S.M.A.R.T. Capable and Status OK
Sec Master: YYS7        CDU5211
```

Abbildung 7.12: Von einem AMIBIOS beim Rechnerstart ausgegebene Daten

Das CMOS-Setup-Programm

Nahezu alle PCs verfügen über ein Programm im System-ROM, das *CMOS-Setup* oder *System-Setup* genannt wird. Mit diesem Programm können Daten im CMOS-Chip gelesen und geändert werden. Wenn Sie den Computer starten, werden zunächst immer dessen BIOS-Daten angezeigt. Das könnte z.B. wie in Abbildung 7.12 oder vielleicht wie in Abbildung 7.13 aussehen.

Hinweis

Die Begriffe *CMOS-Setup*, *CMOS* und *System-Setup* werden heute austauschbar genutzt. Man hört manchmal auch den Begriff *BIOS-Setup-Dienstprogramm*. Die meisten Techniker sprechen einfach vom CMOS.

1. Der System-ROM-Chip speichert das System-BIOS und damit die Programme, die von der CPU benötigt werden, um mit den Hardwarekomponenten kommunizieren zu können.

2. Der System-ROM-Chip enthält auch das Programm für den Zugriff auf die im CMOS-Chip gespeicherten Daten, um auch veränderliche Hardwarekomponenten unterstützen zu können. Dieses Programm wird CMOS-Setup- oder System-Setup-Programm genannt.

3. Das CMOS enthält eine kleine Menge an Daten, die die vom System-BIOS unterstützten veränderlichen Hardwarekomponenten beschreiben. Das CMOS befindet sich heute im Southbridge-Chip des Chipsatzes.

Wer oder was ist AMIBIOS und wer oder was ist Phoenix Technologies? Das sind die Markennamen von BIOS-Unternehmen. Sie schreiben BIOS-Programme und verkaufen sie an Rechnerhersteller.

BIOS und CMOS

Mainboard-Hersteller schreiben heute höchst selten selbst ein eigenes BIOS. Stattdessen kaufen sie ihr BIOS bei auf die BIOS-Herstellung spezialisierten Drittanbietern ein, wie z.B. bei *Award Software* und *Phoenix Technologies*. Auch wenn mehrere Unternehmen BIOS schreiben, beherrschen doch zwei große 99 Prozent des BIOS-Markts: *AMI* (*American Megatrends Incorporated*) und *Phoenix Technologies*. Vor einigen Jahren hat Phoenix die Firma Award Software übernommen und vertreibt weiterhin eine eigenständige Produktlinie unter diesem Markennamen. Diesen drei Namen werden Sie in diesem Bereich also zumeist begegnen.

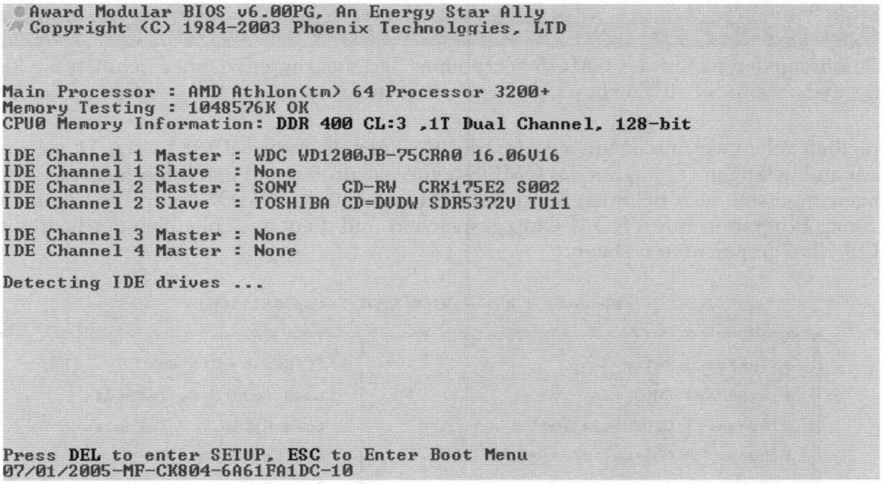

```
Award Modular BIOS v6.00PG, An Energy Star Ally
Copyright (C) 1984-2003 Phoenix Technologies, LTD


Main Processor  : AMD Athlon(tm) 64 Processor 3200+
Memory Testing  : 1048576K OK
CPU0 Memory Information: DDR 400 CL:3 ,1T Dual Channel, 128-bit

IDE Channel 1 Master : WDC WD1200JB-75CRA0 16.06V16
IDE Channel 1 Slave  : None
IDE Channel 2 Master : SONY     CD-RW    CRX175E2 S002
IDE Channel 2 Slave  : TOSHIBA CD-DVDW SDR5372V TU11

IDE Channel 3 Master : None
IDE Channel 4 Master : None

Detecting IDE drives ...




Press DEL to enter SETUP, ESC to Enter Boot Menu
07/01/2005-MF-CK804-6A61FA1DC-10
```

Abbildung 7.13: Von einem Award/Phoenix-BIOS beim Rechnerstart ausgegebene Daten

Das CMOS-Setup-Programm rufen Sie immer beim Booten des Rechners auf. Aber wie geht das beim jeweiligen Rechner? AMI, Award und Phoenix verwenden unterschiedliche Tastenkombinationen für den Aufruf des CMOS-Setups. Üblicherweise teilen Ihnen die BIOS-Hersteller die entsprechende Tastenkombination auf dem Startbildschirm mit. Unten in Abbildung 7.13 finden Sie z.B. den Hinweis »Press DEL to enter SETUP«. Vergessen Sie aber nicht, dass es sich dabei nur um ein mögliches Beispiel handelt! Mainboard-Hersteller können die für den Aufruf des CMOS-Setups verwendeten Tastenkombinationen jederzeit ändern. Meist lässt sich der Rechner auch so einrichten, dass die Meldung nicht angezeigt wird, um allzu neugierigen Leuten beim Aufruf des CMOS-Setups Steine in den Weg zu legen. Wenn also keine Meldung für den Setup-Aufruf auf dem Bildschirm angezeigt wird, sollten Sie warten, bis das Hochzählen des Speichers abgeschlossen ist, und dann die Tastenkombinationen `Entf`, `ESC`, `F1`, `F2`, `Strg`+`Alt`+`ESC`, `Strg`+`Alt`+`Einfg`, `Strg`+`Alt`+`↵` oder `Strg`+`S` ausprobieren. Vielleicht benötigen Sie ja mehrere Versuche, aber meist sollte sich die richtige Tastenkombination darunter befinden! Falls nicht, werfen Sie einen Blick in das Handbuch des Mainboards oder suchen die Website des Herstellers auf und suchen dort nach den benötigten Angaben.

> **Hinweis**
>
> Wenn Sie die Taste `Rollen` betätigen, wird der Rechnerstart unterbrochen und die Bildschirmanzeige damit »eingefroren«. Dann haben Sie Zeit, sich die benötigten Daten vom Bildschirm abzuschreiben.

Kurzführung durch ein typisches CMOS-Setup-Programm

Jeder BIOS-Hersteller hat zwar sein eigenes CMOS-Setup-Programm, aber Sie sollten sich durch die meist nur geringfügigen Unterschiede nicht verwirren lassen. Im Grunde enthalten alle dieselben Einstellungen, so dass Sie nur ein wenig darin herumstöbern müssen. Damit Sie keinen Schaden anrichten, sollten Sie vorgenommene Änderungen vorläufig nicht speichern, es sei denn, Sie wissen, dass die geänderten Einstellungen korrekt sind.

> **Vorsicht**
>
> Sie können jederzeit auf das CMOS-Setup eines Systems zugreifen, aber nehmen Sie keine Änderungen vor, wenn Sie sich nicht wirklich gut damit auskennen!

Beispielhaft gehen wir nun davon aus, dass der Rechner ein Award-BIOS besitzt. Dann booten Sie das System und betätigen `Entf`, um das CMOS-Setup aufzurufen und den Bildschirm aus Abbildung 7.14 anzeigen zu lassen. Jetzt befinden Sie sich im Hauptmenü des CMOS-Setup-Programms von Award! Das Setup-Programm ist im ROM-Chip gespeichert und dient ausschließlich der Bearbeitung der im CMOS-Chip gespeicherten Daten.

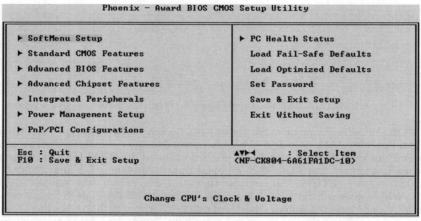

Abbildung 7.14: Typischer Hauptbildschirm im CMOS-Setup von Award

Wenn Sie nun STANDARD CMOS FEATURES wählen, wird der entsprechende Bildschirm angezeigt (Abbildung 7.15). Hier können Sie die Einstellungen von Diskettenlaufwerken, Festplatten und Datum/Uhrzeit ändern. Wie das geht, erfahren Sie in späteren Kapiteln. Momentan sollen Sie sich nur ein wenig mit dem CMOS-Setup vertraut machen und lernen, wie Sie es bei Ihrem Rechner aufrufen können. Ändern Sie also vorläufig nichts! Sollten Sie einen Rechner benutzen, den Sie neu starten dürfen, versuchen Sie jetzt, dessen CMOS-Setup aufzurufen. Ähnelt es dem aus den Beispielen? Falls nicht, können Sie dann den Bildschirm finden, über den die Einstellungen für Disketten- und Festplattenlaufwerke geändert werden können? Sie können mir ruhig glauben, den gibt es in jedem CMOS-Setup! Abbildung 7.16 zeigt beispielsweise einen Bildschirm mit den gleichen Funktionen für ein System mit Phoenix-BIOS. Beachten Sie, dass Phoenix diesen Bildschirm MAIN nennt.

Das erste BIOS war kaum mehr als ein einfaches CMOS-Setup. Heutzutage sind alle Computer mit zahlreichen zusätzlichen CMOS-Einstellungen ausgestattet, die beispielsweise die Speicherverwaltung, die Kennwort- und Bootoptionen, die Diagnose- und Fehlerbehandlung und die Energieverwaltung steuern. Die folgenden Abschnitte werden Ihnen einen kurzen Überblick über typische Einstellungen des Award-CMOS-Setup-Programms geben. Denken Sie daran, dass das CMOS-Setup Ihres Rechners zumindest etwas anders als das hier vorgestellte aussehen wird; es sei denn, Sie haben dasselbe BIOS. Das dürfte aber unwahrscheinlich sein!

BIOS und CMOS

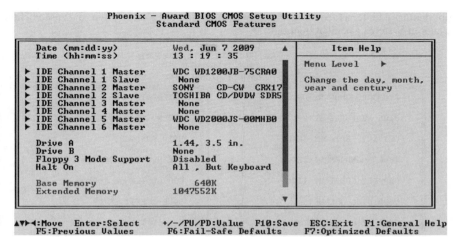

Abbildung 7.15: Der Bildschirm STANDARD CMOS FEATURES in einem Phoenix-BIOS-Setup

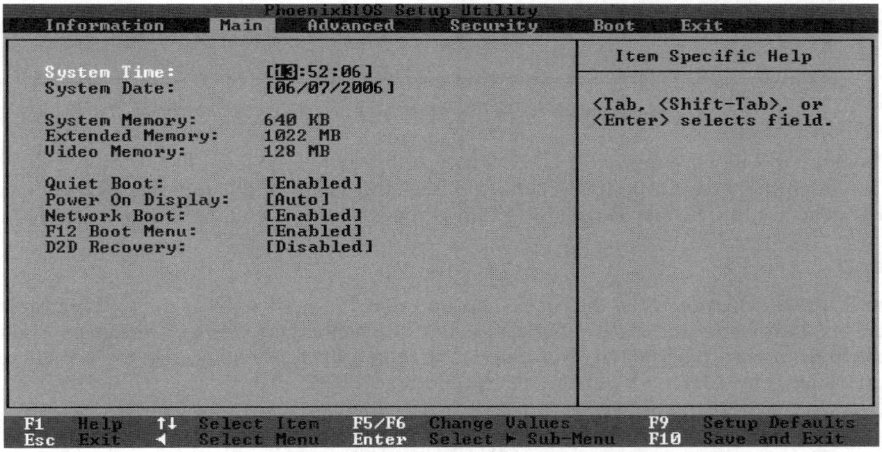

Abbildung 7.16: Der Hauptbildschirm eines Phoenix-BIOS-Setups

Hinweis

Viele noch unerfahrene Techniker werden anfangs von der Vielzahl der Optionen im CMOS-Setup »erschlagen« und meinen, sie müssten jede einzelne Option verstehen, um den Rechner richtig konfigurieren zu können. Entspannen Sie sich! Bei jedem neuen Mainboard gibt es wieder einige völlig neue Einstellungen, die selbst den erfahrensten Techniker vor Rätsel stellen können. Wenn ich in diesem Buch nicht auf gewisse CMOS-Einstellungen eingehe, dann sind diese wahrscheinlich auch nicht wichtig; und zwar weder für die CompTIA A+-Prüfung noch für den echten Techniker!

Phoenix konnte den PC-Markt mit seinem Award Modular BIOS im BIOS-Bereich nahezu für sich monopolisieren. Mainboard-Hersteller kaufen ein Basis-BIOS, das auf einen bestimmten Chipsatz ausgelegt ist, und können Optionen (Phoenix spricht von Modulen) je nach Bedarf hinzufügen oder entfernen. Dadurch können scheinbar identische CMOS-Setup-Programme extrem unterschiedlich ausfallen. Optionen, die bei einem Rechner angezeigt werden, fehlen bei einem anderen. Vergleichen Sie das ältere Award-BIOS aus Abbildung 7.17 einmal mit der moderneren Variante in Abbildung 7.14.

Kapitel 7

Es gibt deutliche Unterschiede – was auch richtig ist –, da das ältere System die zusätzlichen Optionen des neueren Systems gar nicht benötigt!

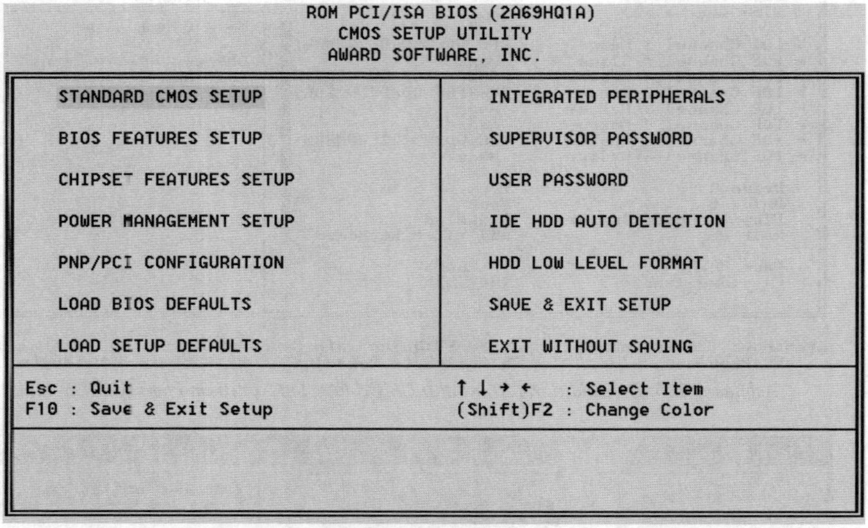

```
              ROM PCI/ISA BIOS (2A69HQ1A)
                  CMOS SETUP UTILITY
                  AWARD SOFTWARE, INC.

   STANDARD CMOS SETUP           INTEGRATED PERIPHERALS

   BIOS FEATURES SETUP           SUPERVISOR PASSWORD

   CHIPSET FEATURES SETUP        USER PASSWORD

   POWER MANAGEMENT SETUP        IDE HDD AUTO DETECTION

   PNP/PCI CONFIGURATION         HDD LOW LEVEL FORMAT

   LOAD BIOS DEFAULTS            SAVE & EXIT SETUP

   LOAD SETUP DEFAULTS           EXIT WITHOUT SAVING

   Esc : Quit                    ↑ ↓ → ←    : Select Item
   F10 : Save & Exit Setup       (Shift)F2  : Change Color
```

Abbildung 7.17: Ein Bildschirm aus einem älteren Award-Setup

Ich beginne die Beschreibung des CMOS-Setups mit dem SoftMenu, dem ein paar der Bildschirme mit fortgeschritteneren Optionen folgen. Anschließend stelle ich die anderen verbreitet vorhandenen Bildschirme vor, die z.B. für Peripheriegeräte und die Stromversorgung zuständig sind.

SoftMenu

Über SOFTMENU können Sie die Spannung und den Multiplikator für die CPU einstellen, falls Sie deren Standardwerte ändern wollen. Über diese Einstellungen verfügen meistens Mainboards mit Möglichkeiten zum Übertakten. Normalerweise lautet die Einstellung, die Sie zumeist unverändert lassen sollten, hier AUTO oder DEFAULT (Abbildung 7.18).

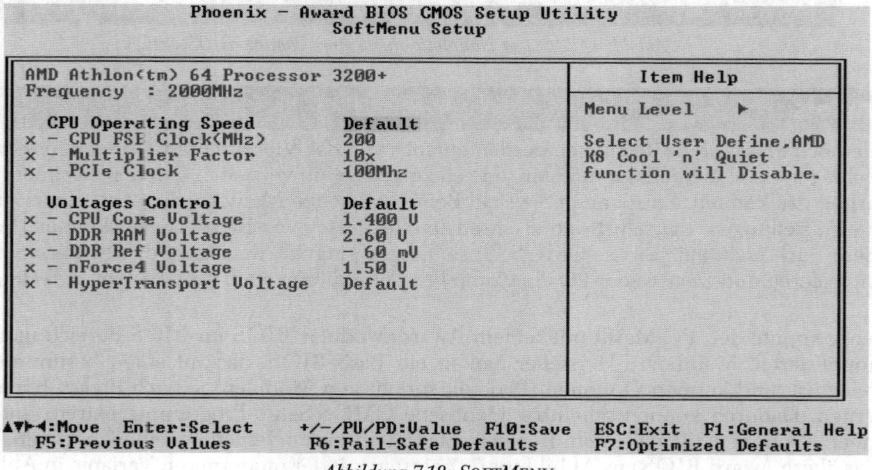

```
              Phoenix - Award BIOS CMOS Setup Utility
                          SoftMenu Setup

 AMD Athlon(tm) 64 Processor 3200+              Item Help
 Frequency  : 2000MHz
                                           Menu Level    ▶
    CPU Operating Speed       Default
 x  - CPU FSB Clock(MHz)      200           Select User Define,AMD
 x  - Multiplier Factor       10x           K8 Cool 'n' Quiet
 x  - PCIe Clock              100Mhz        function will Disable.

    Voltages Control          Default
 x  - CPU Core Voltage        1.400 V
 x  - DDR RAM Voltage         2.60 V
 x  - DDR Ref Voltage         - 60 mV
 x  - nForce4 Voltage         1.50 V
 x  - HyperTransport Voltage  Default




 ▲▼►◄:Move  Enter:Select   +/-/PU/PD:Value  F10:Save   ESC:Exit  F1:General Help
        F5:Previous Values        F6:Fail-Safe Defaults    F7:Optimized Defaults
```

Abbildung 7.18: SOFTMENU

Advanced BIOS Features

ADVANCED BIOS FEATURES ist eine Art Sammelbecken für alle nur denkbaren Einstellungen, die im Standard-Menü nicht vorkommen, aber auch nicht den anderen Menüs zugeordnet werden können. Dieser Bildschirm kann je nach System unterschiedlich aussehen. Meist lassen sich hier die Bootoptionen einstellen (Abbildung 7.19).

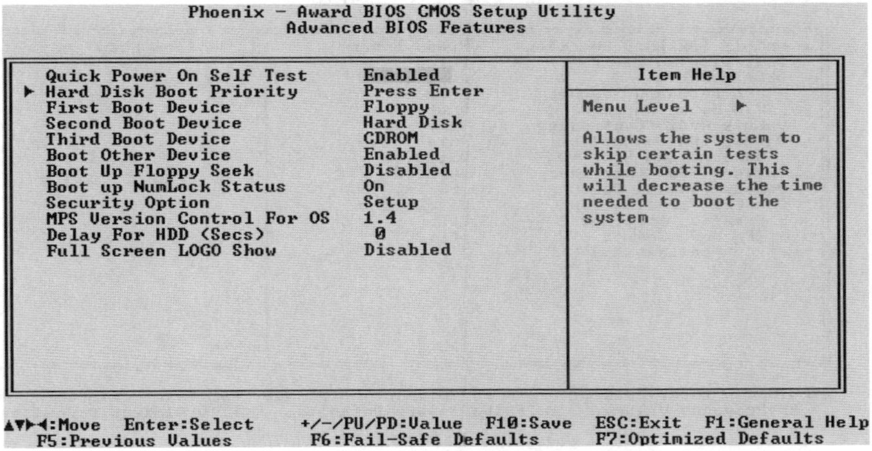

Abbildung 7.19: ADVANCED BIOS FEATURES

Chassis Intrusion Detection

Viele Mainboards unterstützen mit der *Chassis Intrusion Detection* eine Art Einbruchsicherung für das Rechnergehäuse (*chassis*). Kompatible Gehäuse verfügen über einen Schalter, der immer dann ausgelöst wird, wenn das Gehäuse geöffnet wird. Wenn diese Funktion auch vom Mainboard unterstützt wird und für die richtige Verbindung zwischen dem Mainboard und dem Schalter am Gehäuse gesorgt wird, dann zeichnet das CMOS auf, ob das Gehäuse geöffnet wurde, und zeigt beim anschließenden Rechnerstart eine entsprechende Meldung auf dem Bildschirm an. Wie abgefahren ist das denn?

Advanced Chipset Features

Dieser Bildschirm löst bei vielen Leuten Schrecken aus, weil er sich auf Chipsatzfunktionen der untersten Ebene bezieht. Meiden Sie diesen Bildschirm besser, es sei denn, ein erfahrener Techniker (etwa jemand vom technischen Support des Mainboard-Herstellers) fordert Sie auf, hier Einstellungen vorzunehmen (Abbildung 7.20).

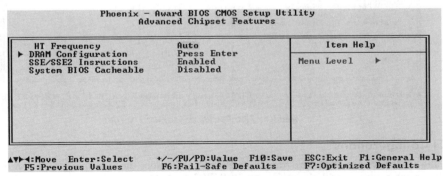

Abbildung 7.20: ADVANCED CHIPSET FEATURES

Integrated Peripherals

Diesen Bildschirm werden Sie sicher öfter benutzen. Hier konfigurieren und aktivieren bzw. deaktivieren Sie die auf dem Mainboard befindlichen Schnittstellen, wie z.B. die integrierte Soundkarte (Abbildung 7.21).

```
              Phoenix - Award BIOS CMOS Setup Utility
                       Integrated Peripherals

 ▶ OnChip IDE/RAID Function    Press Enter         Item Help
   Init Display First          PCIe
   OnChip USB                  V1.1+2.0         Menu Level    ▶
   - USB Keyboard Support      Enabled
   - USB Mouse Support         Enabled
   OnChip Audio Controller     Auto
   OnChip LAN Controller       Auto
   - Onboard LAN Boot ROM      Disabled
   Onboard FDD Controller      Enabled
   Onboard Serial Port         3F8/IRQ4
   Onboard Parallel Port       Disabled
 x - Parallel Port Mode        SPP
 x - EPP Mode Select           EPP1.7
 x - Ecp Mode Use DMA          3




▲▼►◄:Move  Enter:Select   +/-/PU/PD:Value  F10:Save  ESC:Exit  F1:General Help
   F5:Previous Values         F6:Fail-Safe Defaults     F7:Optimized Defaults
```

Abbildung 7.21: INTEGRATED PERIPHERALS

Power Management Setup

Wie der Name schon sagt, nehmen Sie in diesem Bildschirm die Einstellungen für die Energieverwaltung des Systems vor. Sie arbeiten mit den Windows-Funktionen zur Energieverwaltung zusammen (oder manchmal auch gegen sie an ...) und steuern, wie und wann Geräte zur Energieersparnis ab- und wieder eingeschaltet werden (Abbildung 7.22).

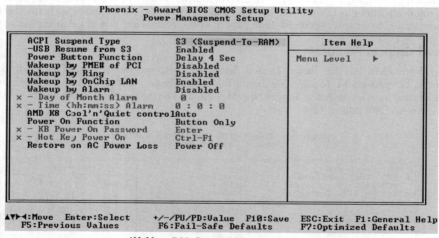

Abbildung 7.22: POWER MANAGEMENT SETUP

PnP/PCI Configurations

Fast alle CMOS-Setup-Dienstprogramme enthalten Optionen, die zumeist gar nicht mehr benötigt werden, aber niemand will sie entfernen. PNP/PCI CONFIGURATIONS ist ein gutes Beispiel dafür.

Plug&Play (PnP) bedeutet, dass Geräte nach ihrem Anschluss an den Rechner automatisch funktionieren. Bei PCI handelt es sich um eine Steckplatzvariante. Bei modernen Rechnern und Komponenten werden Sie sich wahrscheinlich nie mit diesem Bildschirm (Abbildung 7.23) befassen müssen.

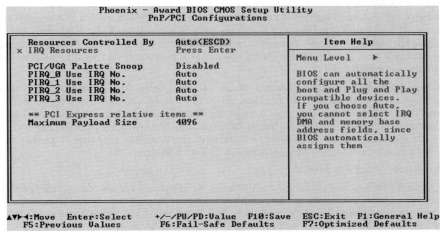

Abbildung 7.23: PnP/PCI Configurations

Und die übrigen CMOS-Einstellungen ...

Alle anderen Optionen im Hauptmenü des Award-CMOS haben keine eigenen Bildschirme, sondern nur kleine Dialogfelder, die üblicherweise mit Meldungen der Art »Are you sure?« angezeigt werden. *Load Fail-Safe/Optimized Defaults* hilft uns dabei, dass wir uns nicht alle diese seltsamen Einstellungen merken müssen, mit denen wir ohnehin nie zu tun haben werden. Diese Option sorgt dafür, dass bei schweren Problemen, bei denen der Rechner abstürzt oder ähnlich drastisch reagiert und die Sie über andere Optionen nicht in den Griff bekommen, die grundlegenden Einstellungen wiederhergestellt werden. *Optimized* versetzt das CMOS in einen Zustand, der beim System für den bestmöglichen Kompromiss zwischen Geschwindigkeit und Stabilität sorgt. Diese Option wird meist dann genutzt, wenn man an der einen oder anderen CMOS-Einstellung ein wenig zu stark gedreht hat und ein funktionsfähiger Zustand wiederhergestellt werden soll!

Bei vielen CMOS-Setup-Programmen können Sie dort ein Kennwort festlegen, das bei jedem Start des Systems eingegeben werden muss. Verwechseln Sie dies nicht mit dem Anmeldekennwort unter Windows. Das CMOS-Kennwort wird beim Start des Rechners und lange vor dem Laden von Windows angezeigt. Abbildung 7.24 zeigt eine typische Aufforderung zur Eingabe des CMOS-Kennworts.

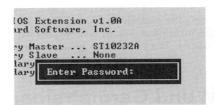

Abbildung 7.24: Aufforderung zur Eingabe eines CMOS-Kennworts

Manche CMOS-Setups bieten zwei Kennwörter an, nämlich eines zum Booten und ein anderes für den Zugriff auf das CMOS-Setup-Programm. Dieses zusätzliche Kennwort ist ein Segen, wenn Rechner z.B. in Schulen stehen und unbedarfte Anwender gerne Unsinn anstellen (wie z.B. im CMOS), den Sie dann auszubaden hätten!

DriveLock-Kennwort

Bei einigen Mainboards können Sie über das CMOS-Setup-Programm die Funktionen des ATA-Sicherheitsmodus (*ATA Security Mode Feature Set*) kontrollieren, die häufig auch *DriveLock* genannt werden. Der ATA-Sicherheitsmodus schützt Festplatten vor unerwünschten Zugriffen, wenn diese verloren gehen oder gestohlen werden. Er arbeitet mit zwei Kennwörtern, einem Master- und einem Benutzerkennwort und kennt mit *High* und *Maximum* zwei Sicherheitsmodi. Im High-Security-Modus kann nach Eingabe des Master- oder des Benutzerkennworts auf die Daten der Festplatte zugegriffen werden. Darüber hinaus kann nach der Eingabe des Masterkennworts das Benutzerkennwort im CMOS-Setup zurückgesetzt werden.

Im Maximum-Sicherheitsmodus kann man nur mit dem Benutzerkennwort auf die Daten auf einer Festplatte zugreifen. In diesem Modus kann man zwar mit dem Masterkennwort ebenfalls das Benutzerkennwort zurücksetzen, allerdings werden die Daten auf dem Laufwerk dann zerstört. Beachten Sie, dass das Laufwerk beim Einsatz beider Modi unbrauchbar wird, wenn beide Kennwörter verloren gehen. Da die Kennwörter in den Steuerschaltkreisen der Festplatte gespeichert werden, lassen sie sich auch nicht durch das Löschen des Rechner-CMOS zurücksetzen.

TPM (Trusted Platform Module)

TPM (Trusted Platform Module) fungiert als sicherer Kryptoprozessor und damit handelt es sich sozusagen um eine Hardwareplattform zur Beschleunigung kryptographischer Funktionen und die sichere Speicherung der zugehörigen Informationen. Die TPM-Spezifikation wird von der *Trusted Computing Group* veröffentlicht, bei der es sich um eine Organisation handelt, zu dessen Mitgliedern namhafte Firmen wie Intel, Microsoft, AMD, IBM, Lenovo, Dell und Hewlett-Packard zählen.

Bei dem TPM-Modul kann es sich um eine kleine Platine, die in das Mainboard eingesetzt wird, oder um Funktionen handeln, die direkt in den Chipsatz integriert wurden. Das CMOS-Setup-Programm enthält üblicherweise Einstellungen, über die sich TPM aktivieren oder deaktivieren lässt.

Auch wenn sich die TPM-Funktionen für vielfältige kryptographische Aufgabenstellungen nutzen lassen, werden sie vorwiegend zur Verschlüsselung von Festplattendaten genutzt. Die in Windows Vista enthaltene BitLocker-Laufwerkverschlüsselung lässt sich mit einem TPM z.B. beschleunigen und sicherer gestalten, weil das zur Verschlüsselung verwendete Kennwort in der unzugänglichen TPM-Hardware und nicht auf einem externen Speicherstick abgelegt wird. Zu den weiteren möglichen Einsatzgebieten von TPMs zählen mit *DRM (Digital Rights Management)* die digitale Rechteverwaltung, die Zugriffssteuerung für Netzwerke, die Überwachung der Ausführung von Anwendungen und der Kennwortschutz.

CMOS-Setup verlassen und Einstellungen speichern

Natürlich können Sie bei allen CMOS-Setups Einstellungen speichern oder das Programm ohne Speichern verlassen. Die letztere Option ist nützlich, falls Sie ein wenig im BIOS herumspielen möchten, ohne dabei Schaden anzurichten. Nutzen Sie sie!

Das CMOS-Setup-Programm würde alle Erfordernisse eines modernen Systems im Hinblick auf das BIOS erfüllen, wenn die Hersteller einfach damit aufhören würden, neue Komponenten zu entwickeln. Das wird aber natürlich nicht passieren, deshalb wollen wir jetzt jene Komponenten betrachten, die selbst ein BIOS haben müssen, das anderweitig geladen werden muss.

Optionales ROM und Gerätetreiber

Jede Hardwarekomponente in Ihrem Computer benötigt irgendein Programm, das der CPU mitteilt, wie sie mit ihr kommunizieren kann. Als IBM vor über 25 Jahren den PC entwickelt hat, konnte es natürlich unmöglich alle für alle nur erdenklichen Hardwarekomponenten erforderlichen BIOS-Routinen in den System-ROM-Chip einprogrammieren. Wie soll das auch gehen? Die meisten der heute verwendeten Komponenten gab es damals noch gar nicht! Als die Programmierer das erste BIOS schrieben, gab es z.B. keine Netzwerkkarten, Mäuse oder Soundkarten. Die damaligen PC-Entwickler bei IBM wussten, dass sie nicht wissen konnten, welche neuen Hardwarekomponenten irgendwann einmal entwickelt werden würden, und sahen daher einige Möglichkeiten vor, die BIOS-Routinen um eigene Programme zu erweitern. Es gibt zwei Möglichkeiten, eigene BIOS-Routinen mitzubringen: Optionales ROM und Gerätetreiber. In den folgenden Abschnitten werden wir diese beiden Alternativen eingehender betrachten.

Optionales ROM

Die erste Methode, eigenes BIOS zur Verfügung zu stellen, besteht darin, das BIOS in die Hardwarekomponente selbst zu integrieren. Sehen Sie sich die Steckkarte in Abbildung 7.25 an. Es handelt sich dabei um einen Serial-ATA-RAID-Festplatten-Controller – also eine Karte, mit deren Hilfe Sie weitere Festplatten in einen PC integrieren können. Der Chip in der Mitte mit den seitlichen Anschlusskontakten ist ein Flash-ROM, das das BIOS der Karte enthält. Das System-BIOS weiß nicht, wie es mit dieser Karte kommunizieren kann, aber das macht nichts, weil die Karte ihr eigenes BIOS mitbringt, einen so genannten *optionalen ROM-Chip (Option ROM)*.

Abbildung 7.25: Optionales ROM auf einer Erweiterungskarte

Hinweis
Nicht alle optionalen ROMs sind Flash-ROMs!

Ein Zusatz-BIOS in einem optionalen ROM meldet sich beim Booten meist mit bestimmten Informationen und signalisiert dadurch seine Existenz. Abbildung 7.26 zeigt ein typisches Beispiel für die Meldung eines optionalen ROMs.

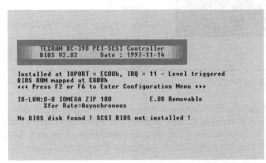

Abbildung 7.26: Meldung eines optionalen ROMs beim Booten

Kapitel 7

In den Anfangszeiten des PC gab es alle möglichen Arten von Komponenten mit zusätzlichem ROM. Das optionale ROM wurde inzwischen aber weitgehend durch flexiblere Verfahren abgelöst, wie z.B. die im nächsten Abschnitt vorgestellten Gerätetreiber. Eine wichtige Ausnahme stellen dabei Grafikkarten dar. Alle heute hergestellten Grafikkarten besitzen ihr eigenes BIOS. Optionales ROM funktioniert tadellos, lässt sich aber nur schwer aktualisieren. Aus diesem Grund verwenden die meisten Hardwarekomponenten im PC Software für das eigene BIOS.

Gerätetreiber

Bei einem *Gerätetreiber* handelt es sich um nichts anderes als um auf Datenträgern gespeicherte Dateien, die alle Befehle enthalten, die für die Kommunikation mit der jeweiligen Komponente benötigt werden, für die der Treiber geschrieben wurde. Alle Betriebssysteme kennen Verfahren, um Gerätetreiber beim Booten des Systems in den Arbeitsspeicher zu laden. Welche Gerätetreiber installiert werden müssen, entnimmt das Betriebssystem bestimmten Dateien, die Listen der vom System beim Booten benötigten Gerätetreiber enthalten. Alle Betriebssysteme können derartige Listen am Anfang des Bootprozesses auswerten und die darin aufgeführten Dateien in den Arbeitsspeicher laden. Die CPU kann dann nachfolgend mit der vom Gerätetreiber jeweils unterstützten Hardware kommunizieren.

Gerätetreiber werden beim Kauf zusammen mit dem Gerät ausgeliefert. Wenn Sie beispielsweise eine Soundkarte kaufen, liegt dieser eine CD-ROM mit den benötigten Gerätetreibern (und meist einer Reihe zusätzlicher Programme) bei. Allgemein werden diese Datenträger *Installations-CD* genannt. Größtenteils installieren Sie eine neue Komponente, starten den Computer und warten darauf, dass Sie von Windows dazu aufgefordert werden, die Installations-Disc einzulegen (Abbildung 7.27).

Abbildung 7.27: Windows fordert zum Einlegen der Installations-CD auf.

Es gibt Situationen, in denen Sie Gerätetreiber manuell hinzufügen oder entfernen müssen. Windows verwendet eine spezielle Datenbank, die *Registry* (*Registrierungsdatenbank*), in der alle wichtigen Daten des Systems abgelegt sind, einschließlich der Gerätetreiber. Um auf diese Treiber zuzugreifen, sollten Sie nicht direkt auf die Registry zugreifen, sondern dazu den allseits bekannten Geräte-Manager verwenden (Abbildung 7.28).

BIOS und CMOS

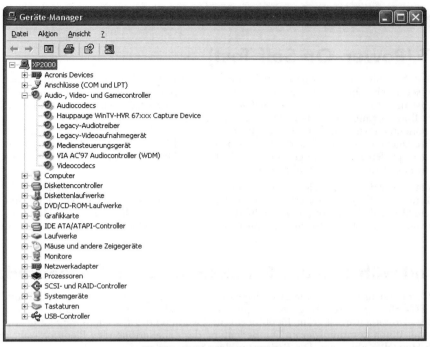

Abbildung 7.28: Der Geräte-Manager

Mit dem Geräte-Manager können Sie die für die einzelnen Komponenten verwendeten Treiber manuell ändern oder entfernen. Sie greifen auf den Geräte-Manager zu, indem Sie in der Systemsteuerung auf den Eintrag SYSTEM klicken. Anschließend klicken Sie auf der Registerkarte HARDWARE die Schaltfläche GERÄTE-MANAGER an. Bei der Beschreibung der unterschiedlichen Hardwarekomponenten im restlichen Buch werden Sie dem Geräte-Manager noch öfter begegnen.

Hinweis

Sie erreichen den Geräte-Manager auch, wenn Sie ARBEITSPLATZ bzw. COMPUTER mit der rechten Maustaste anklicken und dann im Kontextmenü VERWALTEN wählen. Im Dialogfeld COMPUTER-VERWALTUNG klicken Sie dann den Eintrag GERÄTE-MANAGER an.

Immer wieder das BIOS!

Mittlerweile wissen Sie, dass alle Hardwarekomponenten im System auf Programme angewiesen sind, die der CPU den erforderlichen Code zur Kommunikation mit ihnen zur Verfügung stellen. Der Code kann sich im System-ROM auf dem Mainboard, im ROM auf der Komponente oder auch in einer Datei auf der Festplatte befinden, die beim Booten in den Arbeitsspeicher geladen wird. BIOS gibt es an vielen Stellen im System, und Sie werden sich gelegentlich immer wieder einmal damit befassen müssen.

Practical Application

POST (Power-On Self Test)

Das BIOS ist nicht das einzige Programm im System-ROM. Wenn der Computer eingeschaltet oder ein Reset durchgeführt wird, startet er ein spezielles Programm, das ebenfalls im ROM-Chip gespeichert ist und das *POST* (*Power-On Self Test*) (*Einschalt-Selbsttest*) genannt wird. Der POST prüft bei jedem Bootvorgang das System. Er fordert im Rahmen dieses Tests über einen Standardbefehl alle Komponenten dazu auf, sich selbst zu prüfen. Daraufhin führen alle angesprochenen PC-Komponenten ihre eigenen, internen Diagnoseroutinen aus. Der POST selbst teilt den Komponenten nicht mit, was diese prüfen sollen. Wie gut oder ausführlich die Diagnoseroutinen sind, bleibt den Entwicklern der jeweiligen Komponenten überlassen.

Betrachten wir den POST ein wenig genauer. Manche Geräte, wie beispielsweise der Tastaturcontroller führen ihre Diagnoseroutinen aus und stellen eine Fehlfunktion fest. Was kann der POST dann machen? Eigentlich nur eins, nämlich ihn dem Benutzer des Rechners melden! Und wie macht er das? Dazu hat er zwei Möglichkeiten, nämlich über Pieptöne oder über Textmeldungen auf dem Bildschirm.

Vor und während des Grafikkartentests: Die Piepcodes

Der Computer testet zuerst die grundlegenden Systemkomponenten bis hin zur Grafikkarte. In den alten PCs hörte man eine Folge von Pieptönen – auch als *Beep-Codes* bezeichnet –, wenn irgendetwas nicht in Ordnung war. Über die Pieptöne vor und während des Tests der Grafikkarte konnte der Computer mit Ihnen kommunizieren. Die Bedeutung der dabei ertönenden Pieptöne war vom jeweiligen BIOS-Hersteller abhängig. Die Bedeutung der Pieptöne des Mainboards wurde dabei üblicherweise in dessen Handbuch beschrieben.

Bei den meisten modernen PCs gibt es nur noch wenige Pieptöne, die sich insbesondere auf defekte oder nicht richtig sitzende Grafikkarten, Speicherchips und/oder das Netzteil beziehen. Ein langer Ton gefolgt von drei kurzen Tönen weist dabei typischerweise auf eine defekte oder nicht richtig sitzende Grafikkarte hin.

> **Vorsicht**
>
> Es gibt online zwar viele Informationen über Pieptöne, aber sie sind meist hoffnungslos veraltet!

Auf den meisten anderen PCs hört man drei weitere Piepfolgen (obwohl es sich dabei nicht um offizielle Beep-Codes handelt). Nach einem erfolgreichen POST erzeugt der PC einen oder zwei kurze Pieptöne, die Sie einfach darüber informieren sollen, dass alles funktioniert. Die meisten Systeme machen einen befremdlichen Lärm, wenn RAM fehlt oder schwer beschädigt ist. Anders als traditionelle Beep-Codes wird dieser Code wiederholt, bis Sie das System ausschalten. Bei Defekten des Netzteils passiert bei modernen Rechnern nach dem Einschalten entweder gar nichts oder der Rechner piept irgendwie seltsam und schaltet sich automatisch ab.

Darüber hinaus kann Ihr Lautsprecher Pieptöne ausgeben, die nicht zum POST oder überhaupt zum Booten gehören. Einer der gebräuchlicheren ist eine Folge von Pieptönen, nachdem das System eine Zeit lang gelaufen ist. Dabei handelt es sich meist um ein Signal, das darauf hinweisen soll, dass die CPU zu heiß geworden ist.

> **Hinweis**
>
> Einige neuere Mainboards können sogar mit Ihnen sprechen, wenn beim POST Probleme auftreten. Um diese Funktion zu nutzen, brauchen Sie nur Lautsprecher oder Kopfhörer an die Onboard-Soundkarte anzuschließen.

Fehlermeldungen als Text

Nach erfolgreichem Test der Grafikkarte werden alle POST-Fehlermeldungen auf dem Bildschirm angezeigt. Wenn Textfehlermeldungen angezeigt werden, dann sind diese meist (aber nicht immer) selbsterklärend, zumindest sofern Sie die englische Sprache nicht stört (Abbildung 7.29). Textfehlermeldungen sind viel aussagekräftiger, da Sie diese nur lesen müssen, um zu erfahren, welche Komponenten defekt sind.

```
PhoenixBIOS 4.0 release 6.0
Copyright 1985-2000 Phoenix Technologies Ltd.
All Rights Reserved


CPU = Pentium III 500MHz
640K System RAM Passed
47M Extended RAM Passed
USB upper limit segment address:   EEFE
Mouse initialized

HDD Controller Failure
Press <F1> to resume
```

Abbildung 7.29: Eine Textfehlermeldung

POST-Karten

Pieptöne, numerische Codes und Textfehlercodes können hilfreich sein, aber manchmal auch in die Irre führen. Schlimmer noch: Es gibt manche defekte Geräte, die den POST unterbrechen und die Maschine in eine Endlosschleife laufen lassen. Der PC scheint dadurch komplett »tot« zu sein, piepst nicht einmal und zeigt auch nichts auf dem Bildschirm an. In diesem Fall benötigen Sie Hilfsmittel zur Überwachung des POST und zur Anzeige der Fehlerursache. Solche Geräte sind unter der Bezeichnung *POST-Karten* bekannt.

POST-Karten sind einfache Steckkarten, die in einen Erweiterungssteckplatz des Systems installiert werden. Alle POST-Karten verfügen über eine kleine zweistellige LED-Anzeige, die über das vom POST gerade getestete Gerät informiert (Abbildung 7.30). Aus der der POST-Karte beiliegenden Dokumentation können Sie die Bedeutung der Codes entnehmen. Sie finden diese Informationen aber auch auf den Webseiten der BIOS-Hersteller. POST-Karten gibt es für alle möglichen Rechnertypen. Sie arbeiten mit jedem BIOS zusammen, sofern Sie den genauen Typ des BIOS kennen und den angezeigten Zifferncode richtig zu deuten verstehen.

Abbildung 7.30: POST-Karte bei der Arbeit

POST-Karten werden normalerweise dann eingesetzt, wenn die üblichen POST-Fehlermeldungen ausbleiben. Wenn ein Computer einen Piepser von sich gibt oder einen Textfehlercode anzeigt, der keinen Sinn ergibt, oder wenn sich ein Rechner ständig aufhängt, kann ein defektes Gerät den POST blockieren. Die POST-Karte zeigt auf dem Ziffernd isplay an, wo der POST hängt und der Rechner abstürzt, da der Fehler auf der Anzeige der POST-Karte stehen bleibt.

POST-Karten werden von vielen Unternehmen angeboten und kosten unterschiedlich viel – Sie sollten darauf achten, dass Sie so wenig Geld wie möglich für eine solche Karte ausgeben. Die teureren Karten enthalten eigentlich nur überflüssigen Schnickschnack, den Sie gar nicht brauchen, wie z.B. Diagnosesoftware und Voltmeter.

Die Verwendung einer POST-Karte ist einfach. Sie schalten den PC ab, installieren die POST-Karte in einen freien Steckplatz und schalten den PC wieder ein. Auf dem POST-Display wird dann fortlaufend und in schnellem Wechsel in hexadezimaler Zifferndarstellung der Fortgang des POST angezeigt. Erhalten Sie einen Wert »00« oder »FF«, heißt das, dass der POST erfolgreich ausgeführt wurde. Jetzt können Sie sich daran machen, das Betriebssystem zu prüfen. Wenn ein Gerät dagegen den POST blockiert, dann zeigt die POST-Karte einen Fehlercode an, der auf die problematische Komponente hinweist! Gute Techniker merken sich häufig ein Dutzend oder mehr verschiedene POST-Codes, da dies viel schneller geht, als die Codes jeweils im Handbuch nachzuschlagen.

Sie wissen nun also, dass es Piepcodes, Textfehlercodes und POST-Fehlercodes gibt. Was fangen Sie jetzt aber mit diesem Wissen an? Das Wichtigste, an das Sie sich immer erinnern sollten, besteht darin, dass POST-Fehler den Computer nicht reparieren. Sie teilen Ihnen nur mit, was Sie prüfen müssen. Anschließend müssen Sie sich dann selbst um die defekte oder falsch konfigurierte Komponente kümmern. Wenn Sie beispielsweise eine POST-Karte verwenden, die bei der Initialisierung des Diskettenlaufwerks hängen bleibt, sollten Sie besser wissen, wie Sie das Diskettenlaufwerk prüfen können!

Manchmal ist auch der Fehlercode selbst verwirrend. Wo sollen Sie beispielsweise nachschauen, wenn Sie einen Piepcode erhalten, der bei einem älteren System auf den Fehler »Lese/Schreibfehler beim CMOS-Shutdown-Register« verweist? Achten Sie immer genau auf die Fehlermeldung! Wenn Sie z.B. einen Fehler »8042-Gate-A20-Fehler« bekommen, wissen Sie bereits, dass »8042« mit der Tastatur zu tun hat. Also könnten Sie schnell einmal nachschauen, ob die Tastatur richtig angeschlossen ist. Abgesehen von diesem doch recht speziellen Beispiel gibt es eine gute allgemeine Regel: Wenn Sie nicht wissen, was der Fehler bedeutet, oder die defekte Komponente nicht repariert werden kann, dann tauschen Sie das Mainboard aus. Natürlich werden Sie hier und da über Ausnahmen von dieser Regel stolpern, aber meistens hat diese Regel doch Bestand.

Der Bootprozess

Bei allen Personal Computern muss es einen Vorgang geben, der Ihnen die Betriebsaufnahme ermöglicht. Wenn der Rechner erst einmal mit Strom versorgt wird, dann sorgen Hardware, Firmware und Software in enger Zusammenarbeit dafür, dass sich der PC selbst startet bzw. bootet.

Das erste elektrische Bauteil, das beim Einschalten des Computers »aufgeweckt« werden muss, ist die CPU selbst. Sobald das Netzteil die richtige Spannung liefert, liest die CPU eine spezielle Leitung namens *Power Good*. Sobald an dieser Leitung eine gewisse Spannung anliegt, weiß die CPU, dass das System über genügend Energie zum Start des Bootvorgangs verfügt. Alle Intel- und geklonten CPUs verfügen über eine eingebaute Speicheradresse, die in dem Moment über den Adressbus übertragen wird, in dem die CPU über die Leitung Power Good aufgeweckt wurde. Diese spezielle Adresse ist bei allen CPUs vom ältesten 8086er bis hin zum neuesten Mikroprozessor dieselbe, und sie verweist auf die erste Zeile des POST-Programms im System-ROM! Auf diese Weise startet das System den POST.

Nach Beendigung des POST muss der Computer noch über Mittel und Wege verfügen, die Programme auf der Festplatte ausfindig zu machen, um das Betriebssystem laden zu können. Der POST übergibt daher die Kontrolle an die letzte BIOS-Funktion, den *Bootstrap-Loader*. Dieser besteht aus kaum mehr als einigen Dutzend Zeilen BIOS-Code, die an das Ende des POST-Programms angehängt sind. Seine Aufgabe besteht in der Suche nach dem Betriebssystem. Der Bootstrap-Loader liest

CMOS-Information, um festzustellen, wo er zuerst nach einem Betriebssystem suchen soll. Das CMOS-Setup Ihres PC bietet eine Option, die Sie konfigurieren, um dem Bootstrap-Loader mitzuteilen, auf welchen Geräten er nach einem Betriebssystem suchen soll und in welcher Reihenfolge er diese durchsuchen soll (Abbildung 7.31).

```
▶ Hard Disk Boot Priority      Press Enter
  First Boot Device            Floppy
  Second Boot Device           Hard Disk
  Third Boot Device            CDROM
  Boot Other Device            Enabled
```

Abbildung 7.31: Die Boot-Reihenfolge im CMOS-Setup

Fast alle Speichergeräte – Disketten, Festplatten, CDs, DVDs und sogar USB-Sticks – können für das Booten eines Betriebssystems vorbereitet werden. Dazu wird ein spezieller Speicherbereich darauf angelegt, der Boot-Sektor genannt wird. (Wie das funktioniert, erfahren Sie in späteren Kapiteln.) Wenn das Gerät bootfähig ist, enthält sein Boot-Sektor ein spezielles Programm, das dem System mitteilt, wo sich das Betriebssystem befindet. Ein Gerät mit funktionalem Betriebssystem wird *bootfähiger Datenträger* oder *Systemdatenträger* genannt. Wenn der Bootstrap-Loader einen funktionierenden Boot-Sektor findet, übergibt er die Kontrolle an das Betriebssystem und entfernt sich selbst aus dem Speicher. Findet er keinen Boot-Sektor, fährt er mit dem nächsten Gerät in der im CMOS-Setup angegebenen Boot-Reihenfolge fort. Die Boot-Reihenfolge ist für Techniker wichtig, weil sie durch sie spezielle bootfähige Geräte einbauen können, von denen sie Dienstprogramme zur Rechnerwartung ausführen können, ohne dabei auf das primäre Betriebssystem angewiesen zu sein.

Wartung von BIOS und CMOS

Mit dem Thema BIOS und CMOS werden Sie sich nicht allzu häufig befassen müssen. Das eigentliche BIOS ist unsichtbar. Der einzige Hinweis auf seine Existenz ist der POST. Das CMOS-Setup macht sich hingegen beim Starten deutlich bemerkbar. Das CMOS-Setup funktioniert heute meist problemlos, ohne dass man sich je weiter darum kümmern müsste. Ambitionierte Techniker rufen aber gelegentlich das CMOS-Setup auf und nehmen dort Änderungen vor, und sei es auch nur, um das heute meist vorhandene schöne Startlogo ein- oder auszublenden, mit dem sich die für neugierige Augen weniger geeigneten Meldungen des Rechners bei seinem Start verbergen lassen. Und hier treten dann meistens die Probleme auf.

Wenn Sie sich im CMOS-Setup zu schaffen machen, nehmen Sie immer nur so viele Änderungen auf einmal vor, wie Sie sich merken können. Notieren Sie sich die ursprünglichen Einstellungen. Auf diese Weise können Sie gegebenenfalls alles wieder rückgängig machen. Ändern Sie keine Einstellungen, von denen Sie nicht genau wissen, was sie bewirken! Man kann Computer sogar ernsthaft beschädigen, wenn man mit CMOS-Einstellungen spielt, die man nicht versteht.

Verlorene CMOS-Einstellungen

Das CMOS braucht immer ein wenig Spannung, um seine Daten nicht zu vergessen. Auf den Mainboards befindet sich deshalb eine Batterie, heute meist eine Knopfzelle, die das CMOS mit der erforderlichen Spannung versorgt, während der Computer ausgeschaltet ist (Abbildung 7.32). Diese Batterie sorgt auch dafür, dass die Systemuhr weiterläuft, wenn der PC ausgeschaltet ist.

> **Tipp**
>
> Die Knopfzelle trägt die Bezeichnung *CR 2032* (20 Millimeter Durchmesser, 3,2 Millimeter hoch, 3 Volt) und kostet weniger als einen Euro, wenn Sie sie nicht gerade in der Apotheke kaufen.

Kapitel 7

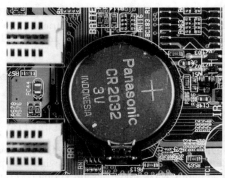

Abbildung 7.32: Eine CMOS-Batterie

Wenn die Batterie leer ist, gehen alle CMOS-Daten verloren. Wenn die Daten des CMOS-Chips versehentlich gelöscht werden, bootet der PC möglicherweise nicht mehr, oder Sie erhalten beim Booten übel klingende Fehlermeldungen. Jeder nach dem Jahr 2002 hergestellte PC bootet mit den Werkseinstellungen, wenn das CMOS gelöscht wurde, wodurch die Wahrscheinlichkeit, dass er überhaupt nicht bootet, heute eher gering ist. Fehlermeldungen werden beim Booten aber weiterhin angezeigt. Nachfolgend einige Beispiele für Fehler, die auf verlorene CMOS-Daten hinweisen:

- CMOS configuration mismatch
- CMOS date/time not set
- No boot device available
- CMOS battery state low

Und nachfolgend einige der häufigsten Ursachen für den Verlust von CMOS-Daten:

- Entfernen und Einsetzen von Steckkarten
- Berührung des Mainboards
- Etwas ist auf das Mainboard gefallen
- Schmutz auf dem Mainboard
- Defekte Netzteile
- Stromspitzen
- Aus ihren Steckplätzen gerutschte Chips (»Chip Creep«)

Die meisten dieser Probleme sind selbsterklärend. »Chip Creep« dagegen ist möglicherweise neu für Sie. Während ein Rechner läuft, erwärmen sich die darin enthaltenen Komponenten. Wird er ausgeschaltet, kühlen sie wieder ab. Diese Temperaturschwankungen sorgen dafür, dass sich die Chips in ihren Fassungen ausdehnen und wieder zusammenziehen. Auch wenn die Chip-Hersteller dies berücksichtigen, kann es in Extremfällen passieren, dass diese thermischen Schwankungen dafür sorgen, dass Chips aus ihren Fassungen rutschen und Fehler verursachen. Früher traten derartige Probleme häufiger auf. Heute gibt es aber Fassungen und Halterungen, die alle Chips meist recht zuverlässig an Ort und Stelle halten.

Wenn Sie es mit einem derartigen Fehler zu tun bekommen oder wenn die Systemuhr bei jedem Systemstart auf den 1. Januar 2001 zurückgesetzt wird, dann ist die Batterie auf dem Mainboard schwach geworden und muss gewechselt werden. Dazu schieben Sie die Batteriehalterung mit einem Schraubendreher vorsichtig zurück. Die Batterie sollte nun herausspringen und sich einfach entnehmen lassen. Bevor Sie die neue Batterie einsetzen, überprüfen Sie sicherheitshalber, ob der Batterietyp mit dem der alten Batterie übereinstimmt. Damit die CMOS-Einstellungen während des Batteriewechsels erhalten bleiben, lassen Sie den PC einfach an die Steckdose angeschlossen. Die 5-Volt-Stromverorgung der modernen Mainboards sorgt für ausreichend Strom, um das CMOS zu versorgen und die Daten zu erhalten. Natürlich müssen Sie äußerst vorsichtig sein, damit es zu keinen elektrostatischen Entladungen kommt, während Sie die Batterie eines laufenden Systems wechseln!

BIOS und CMOS

> **Hinweis**
>
> Alle nehmen irgendwann Änderungen im CMOS vor, die sie lieber wieder rückgängig machen würden, aber manchmal ist das einfach nicht mehr möglich. Ein gutes Beispiel dafür wäre, wenn jemand das CMOS-Passwort geändert hat, es dann aber vergessen hat. Wenn Sie je auf ein System mit unbekanntem CMOS-Passwort treffen, müssen Sie das CMOS löschen und alle Einstellungen zurücksetzen! Auf allen Mainboards gibt es Kontakte zum CMOS-Löschen, die mit einer *Steckbrücke* (auch *Jumper* oder *Shunt* genannt) geschlossen werden können. Wo sich diese bei Ihrem Mainboard befinden, können Sie dem Mainboard-Handbuch entnehmen.

Flash-ROM aktualisieren

Der Inhalt von Flash-ROM-Chips lässt sich aktualisieren. Wenn Sie das System-BIOS aktualisieren müssen, damit neue Technologien unterstützt werden, führen Sie einfach zusammen mit einer Aktualisierungsdatei ein kleines Befehlszeilenprogramm aus, und schon haben Sie ein neues, aktualisiertes BIOS! Die BIOS-Hersteller verwenden leicht unterschiedliche Verfahren zur BIOS-Aktualisierung (dem *Flashen des BIOS*), aber meist müssen Sie den Rechner über eine Diskette starten und dann das entsprechende Update-Programm von der A:\>-Eingabeaufforderung aus ausführen. Das Beispiel zeigt, wie einfach das sein kann:

```
A:\> aw athxpt2.bin
```

Etliche Mainboard-Hersteller bieten mittlerweile auch Programme für Windows-basierte Flash-ROM-Updates an, die im Internet nach Aktualisierungen suchen und sie für die Aktualisierung herunterladen (Abbildung 7.33). Mit den meisten dieser Programme können Sie auch die aktuelle BIOS-Version sichern, um bei auftretenden Problemen wieder zu dieser zurückkehren zu können. Ohne eine solche Sicherung könnten Sie ansonsten das Mainboard wegschmeißen, wenn beim Flash-BIOS-Update Fehler auftreten. Legen Sie also immer eine Sicherung an!

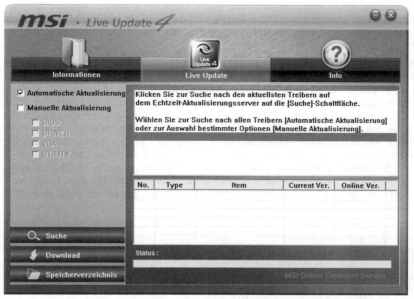

Abbildung 7.33: Programm zur CMOS-Aktualisierung eines MSI-Mainboards

Da auch die Rechnerhersteller wissen, dass bei vielen Rechnern heute kein Diskettenlaufwerk mehr vorhanden ist, müssen Sie zum Flashen des BIOS immer häufiger bootfähige CDs brennen. Bei anderen Mainboards können (oder müssen) Sie beim Flashen des BIOS auf USB-Speichersticks zurückgreifen. In beiden Fällen können Sie die Aktualisierungsdateien herunterladen, sie gemäß Anleitung auf dem jeweiligen Speichermedium ablegen und müssen den Rechner dann nur noch neu booten, damit das zur Aktualisierung der Firmware benötigte Programm gestartet wird. Wirklich nett!

> **Tipp**
>
> In den Werkzeugkasten eines jeden Technikers gehören neben ein paar leeren Disketten auch ein paar leere CDs und DVDs und der eine oder andere USB-Speicherstick, auf denen sich Daten für Updates speichern lassen. Nicht zu vergessen natürlich ein kleines Freeware-Brennprogramm, das auch ohne Installation genutzt werden kann, wie z.B. *AmoK CD/DVD Burning* (www.amok.am/de/freeware/amok_cd-dvd_burning).

Letztlich sollten Sie das BIOS nicht aktualisieren, wenn es keinen wirklich guten Grund dafür gibt. Wie heißt es so schön: Never change a running system!

Jenseits von A+

UEFI

In modernen Systemen hat die Bedeutung der klassischen BIOS-Aufgaben, Starten des Rechners, Test der Hardware, Laden von Treibern für wichtige Hardwarekomponenten und das Laden des Betriebssystems, deutlich abgenommen. Klar startet das BIOS weiterhin den PC und führt den POST aus, aber Treiber? Wenn das Betriebssystem geladen wird, dann werden die meisten oder sogar alle BIOS-Treiber durch vom Betriebssystem geladene Treiber ersetzt. Und die gesamte Bootsequenz eines PC ist in den letzten Jahrzehnten irgendwie organisch gewachsen. Selbst wenn es sein volles Potenzial entfaltet, bleibt das BIOS weiterhin auf eine 16-Bit-Umgebung beschränkt, die nur etwa 1 MB RAM unterstützen kann. In den alten DOS-Zeiten war das ja noch in Ordnung, aber heute kaum mehr. Irgendwann wird es Zeit, sich von dem ganzen Zeug zu verabschieden und die Startsequenz beim PC völlig neu zu schreiben.

Intel und Hewlett-Packard haben die traditionellen Beschränkungen durch das 16-Bit-BIOS bei modernen Systemen erkannt und eine neue Firmware-Schnittstelle entwickelt, die *EFI* (*Extensible Firmware Interface*) genannt wird. Bei EFI handelt es sich um einen BIOS-Ersatz, der erstmals 2000 mit dem Markteintritt der Original-Itanium-Systeme zum Einsatz kam. Mit ihm war es nicht mehr erforderlich, dass die Firmware im 16-Bit-Modus ausgeführt werden musste, womit auch die 1-MB-Adressbarriere des Speichers vor dem Booten entfiel. EFI umfasste eine Menge weiterer neuer Verbesserungen. Einige der erwähnenswerteren neuen Funktionen sind ein neues Adressierungsverfahren für Festplatten, das *GPT* (*GUID Partition Table*) genannt wird und mit Partitionen umgehen kann, die größer als 2 TB sind; die Einführung einer Pre-Boot-Umgebung, über die EFI-Dienstprogramme ausgeführt werden können; ein neues, erweitertes Gerätetreibermodell, bei dem Firmware-Treiber von der Systempartition geladen werden können; und der Einbezug eines eigenen Bootmanagers, der eine Vielzahl von Betriebssystemen laden kann.

2005 traf sich ein aus Firmen wie Microsoft, Intel, AMI, Phoenix Technologies, AMD, Hewlett-Packard und Apple bestehendes Firmenkonsortium, um das *UEFI*-Forum (*Unified Extensible Firmware Interface*) zu begründen. Das UEFI-Forum entwickelte den UEFI-Standard, der auf den ursprünglichen EFI-Spezifikationen basiert und sie ersetzt. UEFI-Firmware wird nun von Unternehmen wie AMI, Phoenix Technologies und Insyde Software produziert und von den jüngsten Betriebssystemen von Microsoft und Apple unterstützt. Die meisten UEFI-Systeme können auch Betriebssysteme laden, die ein traditionelles BIOS erfordern. Dazu wird das so genannte *CSM* (*Compatibility Support Module*) vor dem Laden des alten Betriebssystems gestartet.

Wiederholung

Fragen

1. Welche Funktion hat das BIOS (*Basic Input/Output System*) für den Computer (wählen Sie die beste Antwort aus)?
   A. Das BIOS sorgt für die physische Schnittstelle verschiedener Komponenten, wie z.B. der USB- und FireWire-Anschlüsse.
   B. Das BIOS enthält Programme, die der CPU die Kommunikation mit anderen Hardwarekomponenten erlauben.
   C. Das BIOS stellt den Speicherraum für Anwendungen zur Verfügung, die von der Festplatte geladen werden.
   D. Das BIOS stellt den Speicherraum für Anwendungen zur Verfügung, die in das System-RAM geladen werden.

2. Wie lautet die richtige Boot-Reihenfolge beim PC?
   A. CPU, POST, Power Good, Boot-Loader, Betriebssystem
   B. POST, Power Good, CPU, Boot-Loader, Betriebssystem
   C. Power Good, Boot-Loader, CPU, POST, Betriebssystem
   D. CPU, Power Good, POST, Boot-Loader, Betriebssystem

3. Johanna hat beschlossen, den Retro-Trend mitzumachen und ein zweites Diskettenlaufwerk in ihren Computer einzubauen. Sie glaubt, sie hat es korrekt eingebaut, aber es wird in Windows nicht angezeigt. Mit Hilfe welcher der folgenden Maßnahmen kann Johanna am wahrscheinlichsten herausfinden, was zu tun ist, um das Problem zu lösen?
   A. Neustart des Computers und zweimaliges Drücken der F-Taste auf der Tastatur. Damit wird dem Computer signalisiert, dass er über zwei Diskettenlaufwerke verfügt.
   B. Neustart des Systems und auf die Anweisung achten, wie sie in das CMOS-Setup gelangt (z.B. könnte eine Meldung ausgegeben werden, die `Entf`-Taste zu drücken). Danach folgt sie der Anweisung, um das CMOS-Setup aufzurufen.
   C. Sie drückt in Windows zweimal die `Entf`-Taste, um das CMOS-Setup aufzurufen.
   D. Sie wählt unter Windows START|AUSFÜHREN und tippt floppy ein. Dann klickt sie auf OK, um den Assistenten zur Einrichtung von Diskettenlaufwerken zu starten.

4. Heini hat sich eine neue TV-Karte für seinen Computer gekauft. Beim Auspacken stellt er jedoch fest, dass es keine Treiber-CD gibt, sondern nur eine Anwendungs-CD für die Installation der TV-Software. Nach Installation der Karte und der Software funktioniert alles reibungslos. Welche Erklärung ist am wahrscheinlichsten?
   A. Die Komponente benötigt kein BIOS und deshalb auch keine Treiber-CD.
   B. Die Komponente hat ein optionales ROM, das vom BIOS geladen wird, und benötigt deshalb keine Treiber-CD.
   C. Windows unterstützt TV-Karten standardmäßig, deshalb braucht man keine Treiber-CD.
   D. Der Hersteller hat einen Fehler gemacht und hat nicht alles geliefert, was man für das Gerät benötigt.

5. Was beschreibt die Beziehung zwischen Hardware und BIOS am besten?
   A. Alle Hardwarekomponenten benötigen ein BIOS.
   B. Alle an das Mainboard über Flachbandkabel angeschlossene Hardwarekomponenten benötigen ein BIOS.
   C. Alle in das Mainboard integrierte Komponenten benötigen ein BIOS.
   D. Einige Hardwarekomponenten benötigen ein BIOS.

Kapitel 7

6. Nach einem plötzlichen Stromausfall wurde der PC von Timo neu gestartet, aber auf dem Bildschirm wird nichts angezeigt. Der PC piept nur noch, immer und immer wieder. Welche Ursache ist am wahrscheinlichsten?
   A. Der Stromausfall hat das RAM gegrillt.
   B. Der Stromausfall hat die Grafikkarte getoastet.
   C. Der Stromausfall hat die Festplatte geröstet.
   D. Der Stromausfall hat die CPU zerstört.

7. Dieter stellt fest, dass ein verärgerter früherer Angestellter bei seiner Kündigung den Computer sabotieren wollte und im CMOS ein Passwort eingerichtet hat, so dass der Computer nicht mehr bootet. Wie kann Dieter das Problem lösen?
   A. Dieter sollte den Computer booten und dabei die linke ⇧ -Taste gedrückt halten. Dadurch werden die CMOS-Daten gelöscht.
   B. Dieter sollte verschiedene Kombinationen des Namens des früheren Angestellten ausprobieren. Die meisten Leute verwenden ihren Namen oder ihre Initialen als CMOS-Passwörter.
   C. Dieter sollte den Jumper für das Löschen des CMOS auf dem Mainboard suchen. Anschließend kann er den Kontakt mit einem Jumper schließen und den Computer neu starten, um die CMOS-Daten zu löschen.
   D. Dieter muss sich ein neues Mainboard zulegen. Wenn er das CMOS-Passwort nicht kennt, kann er nichts machen.

8. Richard aus der Verkaufsabteilung hat an seinem CMOS herumgefummelt und verschiedene Änderungen vorgenommen, mit denen er seinen PC optimieren wollte. Der funktioniert jetzt aber nicht mehr richtig. Er kann booten, kommt aber nur noch ins CMOS-Setup, Windows startet nicht mehr. Mit welcher Auskunft eines Technikers kann er sein System am ehesten wieder zum Laufen bringen?
   A. Starten Sie den Computer etwa dreimal neu. Auf diese Weise wird das CMOS gelöscht und der Computer läuft wieder.
   B. Öffnen Sie den Computer und suchen Sie den Jumper für das Löschen des CMOS. Entfernen Sie irgendwo auf dem Mainboard eine Steckbrücke und schließen Sie mit ihr den Kontakt zum Löschen des CMOS. Booten Sie neu und setzen Sie die Steckbrücke dann wieder dort auf, wo Sie sie entfernt haben. Booten Sie neu. Jetzt sollte alles wieder funktionieren.
   C. Rufen Sie das CMOS-Setup auf und suchen Sie die Option zum Laden eines Plug&Play-Betriebssystems. Stellen Sie sicher, dass sie aktiviert ist. Speichern Sie die Einstellungen und verlassen Sie das CMOS. Starten Sie Windows wie üblich. Jetzt sollte wieder alles funktionieren.
   D. Rufen Sie das CMOS-Setup auf und suchen Sie die Option zum Laden der OPTIMIZED DEFAULT-Einstellungen. Speichern Sie die Einstellungen und verlassen Sie das CMOS. Starten Sie Windows wie üblich. Jetzt sollte alles wieder funktionieren.

9. Tina bootet ein älteres Pentium-III-System, über das sich mehrere Benutzer im Büro beschwert haben. Das System startet und beginnt mit dem POST, bricht diesen aber ab. Der Bildschirm zeigt die Meldung »CMOS configuration mismatch« an. Was ist die wahrscheinlichste Ursache für diesen Fehler?
   A. Schwache CMOS-Batterie
   B. Defekte CPU
   C. Defektes RAM
   D. Beschädigtes System-BIOS

10. Wo speichert Windows Vista Angaben zu Gerätetreibern?
    A. COMPUTER
    B. HARDWARE
    C. Registrierungsdatenbank
    D. TREIBER UND EINSTELLUNGEN

Antworten

1. **B.** Das BIOS stellt die Programme bereit, mit deren Hilfe die CPU mit anderen Hardwarekomponenten kommunizieren kann.
2. **D.** Die korrekte Boot-Reihenfolge lautet: CPU, Power Good, POST, Boot-Loader, Betriebssystem.
3. **B.** Johanna sollte den Computer neu starten und auf Anweisungen achten, wie sie in das CMOS-Setup gelangt (z.B. könnte eine Meldung sie dazu auffordern, [Entf] zu drücken). Anschließend sollte sie der Anweisung folgen, um in das CMOS-Setup zu gelangen.
4. **B.** Da das Gerät funktioniert, besitzt es sehr wahrscheinlich ein optionales ROM.
5. **A.** Alle Hardwarekomponenten benötigen ein BIOS!
6. **A.** Das wiederholte Piepen und der nicht funktionierende PC weisen auf ein Problem mit dem RAM hin.
7. **C.** Dieter sollte den Jumper für das Löschen des CMOS auf dem Mainboard suchen. Anschließend sollte er den Kontakt schließen und den Computer neu starten, um die CMOS-Daten zu löschen.
8. **D.** Geben Sie Richard bloß keinen Schraubenzieher! Er soll die OPTIMIZED DEFAULT-Einstellungen laden, das sollte funktionieren.
9. **A.** Wahrscheinlich ist die CMOS-Batterie zu schwach.
10. **C.** Windows speichert Angaben zu Gerätetreibern in der Registry.

8

Erweiterungsbus

Themen in diesem Kapitel
- ❏ Den Aufbau und die Funktion des Erweiterungsbusses erkennen
- ❏ Den modernen Erweiterungsbus beschreiben
- ❏ Klassische Systemressourcen erklären
- ❏ Erweiterungskarten korrekt installieren
- ❏ Fehlersuche bei Problemen mit Erweiterungskarten

Steckplätze für Erweiterungskarten sind seit jeher Bestandteil des PC. IBM hat den PC damals auch in Hinblick auf zukünftige Entwicklungen entworfen. Der Original-IBM-PC hatte bereits Steckplätze, die in das Mainboard integriert waren, um *Erweiterungskarten* aufzunehmen und damit neue Funktionen für den PC zur Verfügung zu stellen. Die Steckplätze und die damit einhergehenden Leitungen und unterstützenden Chips beim ersten und den modernsten und leistungsfähigsten PCs wird *Erweiterungsbus* genannt.

Diese Erweiterungsfähigkeit scheint heute ganz normal zu sein, aber denken Sie an die drei großen Hürden, die ein potenzieller Entwickler von Erweiterungskarten überwinden musste, wenn seine Karte in einem Steckplatz korrekt funktionieren sollte. Erstens musste jede Erweiterungskarte für die Steckplätze geeignet sein – dazu bedurfte es eines Industriestandards. Dann musste die Karte irgendwie mit der CPU kommunizieren können, um von ihr Befehle erhalten und ihr Daten übermitteln zu können. Zuletzt musste das Betriebssystem Anwendern Möglichkeiten zur Steuerung der Komponenten bieten, damit sie deren Funktionen auch nutzen konnten. Die drei Hürden, die es zu überwinden galt, waren also:

- ❏ Physische Anschlüsse
- ❏ Kommunikation
- ❏ Treiber

In diesem Kapitel wird der Erweiterungsbus ausführlich erläutert. Dabei beginnen wir fast ganz am Anfang der Entwicklungsgeschichte des Personal Computers, nicht weil die PC-Geschichte an sich derart spannend ist, sondern weil viele Aspekte der Arbeitsweise des alten IBM-PC selbst für die aktuellsten Systeme weiterhin gelten. Die Installation läuft heute immer noch ähnlich wie 1987 ab, so dass für den Anschluss, die Kommunikation und für Treiber für das Betriebssystem gesorgt werden muss. Wenn man sich ein wenig Zeit nimmt, um sich erst mit den alten Technologien zu befassen, dann erleichtert das wesentlich das Verständnis und die Umsetzung aktueller Technologien, Begriffe und Vorgehensweisen.

Geschichte und Konzepte

Aufbau und Funktion des Erweiterungsbusses

Wie Sie gelernt haben, stehen alle Komponenten im PC (RAM, Tastatur, Netzwerkkarte, Soundkarte, auf das Mainboard gelötete oder in Sockel eingesetzte Bauteile) in Verbindung mit dem externen Datenbus und dem Adressbus. Die Steckplätze bilden da keine Ausnahme. Sie sind mit dem übrigen PC über den Chipsatz verbunden. *Wo genau* diese Verbindung hergestellt wird, ist bei den jeweiligen Chipsätzen und Systemen unterschiedlich. Bei manchen Systemen ist der Erweiterungsbus mit der Southbridge (Abbildung 8.1), bei anderen mit der Northbridge verbunden (Abbildung 8.2). Schließlich verfügen viele Systeme über mehrere Arten von Erweiterungsbussen, so dass die einen Steckplätze an die Northbridge und die anderen an die Southbridge (Abbildung 8.3) angeschlossen sind.

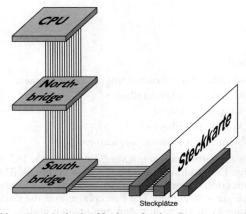

Abbildung 8.1: Mit der Southbridge verbundene Erweiterungssteckplätze

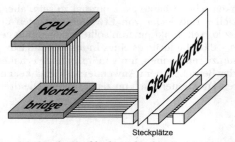

Abbildung 8.2: Mit der Northbridge verbundene Erweiterungssteckplätze

Der Chipsatz sorgt für die Erweiterung des Adress- und Datenbusses bis zu den Erweiterungssteckplätzen und damit zu den Erweiterungskarten in diesen Steckplätzen. Wenn Sie also eine Controllerkarte für Festplatten in einen Erweiterungssteckplatz einsetzen, dann arbeitet diese abgesehen von ihrer Geschwindigkeit so, als wäre sie direkt in das Mainboard integriert. Aus Kapitel 5 (*Mikroprozessoren*) wissen Sie, dass der Systemtaktgeber (der Quarz) die CPU antreibt. Der Systemquarz übernimmt eine kritische Aufgabe im PC und fungiert als Feldwebel, der den Ton angibt und die Geschwindigkeit für die Aktivitäten im Rechner vorgibt. Alle auf das Mainboard gelöteten Komponenten arbeiten mit der Geschwindigkeit des Systemquarzes. Ein 133-MHz-Mainboard verfügt z.B. zumindest über einen 133-MHz-Northbridge-Chip und einen 133-MHz-Southbridge-Chip, die alle von einem 133-MHz-Quarz angetrieben werden (Abbildung 8.4).

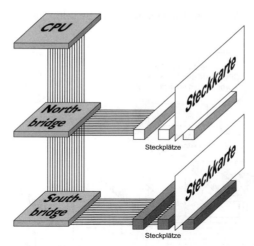

Abbildung 8.3: Mit der Southbridge und der Northbridge verbundene Erweiterungssteckplätze

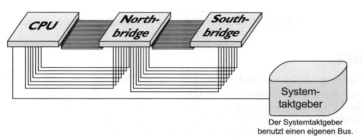

Abbildung 8.4: Der Systemtaktgeber gibt die Geschwindigkeit vor.

Quarzkristalle treiben nicht nur die CPU an. Nahezu alle Chips im Rechner verfügen über eine CLK-Leitung (*Taktleitung*) und müssen vom Taktgeber gesteuert werden, was auch für die Chips auf Erweiterungskarten gilt. Angenommen, Sie kaufen eine Komponente, die nicht zusammen mit dem Rechner geliefert wurde, wie z.B. eine Soundkarte. Die Chips auf der Soundkarte müssen über ein CLK-Signal von einem Taktgeber angetrieben werden. Wenn Sie den Systemquarz für die Steuerung der Soundkarte nutzen würden, müssten die Soundkarten-Hersteller Soundkarten für alle möglichen Mainboard-Geschwindigkeiten produzieren. Sie müssten eine 100-MHz-Soundkarte für ein 100-MHz-System oder eine 133-MHz-Soundkarte für ein 133-MHz-System kaufen.

Das wäre lächerlich, und das wusste IBM bei der Entwicklung des Personal Computers auch. IBM musste daher dem externen Datenbus eine Erweiterung hinzufügen, die mit einer *eigenen einheitlichen Geschwindigkeit* betrieben werden konnte. Über diesen Teil des externen Datenbusses konnte man dann neue Geräte in den PC integrieren. IBM erreichte dieses Ziel, indem es diesen Teil, der mit den Erweiterungssteckplätzen in Verbindung steht, mit einem anderen Quarzbaustein betrieb (Abbildung 8.5).

Die Erweiterungssteckplätze laufen sehr viel langsamer als der direkt mit der CPU verbundene *Frontside-Bus*. Der Chipsatz verbindet die beiden Busse und gleicht die unterschiedlichen Geschwindigkeiten über Waitstates (Wartezyklen) und spezielle Pufferspeicherbereiche aus. Auf diese Weise können alle Erweiterungssteckplätze unabhängig von der Geschwindigkeit der CPU oder des Mainboards mit einheitlicher Geschwindigkeit betrieben werden. Im Original-IBM-PC betrug diese Geschwindigkeit 14,31818 MHz / 2 bzw. etwa 7,16 MHz. Die neuesten Erweiterungsbusse laufen sehr viel schneller, aber merken Sie sich diese alte Geschwindigkeit von etwa 7 MHz. Wenn Sie mehr über Erweiterungs-

Kapitel 8

steckplätze erfahren, werden Sie feststellen, dass man sie selbst auf den modernsten Systemen immer noch braucht.

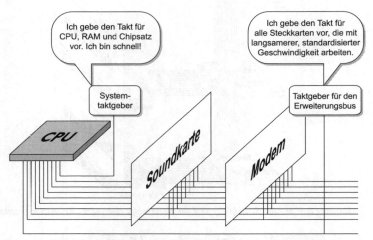

Abbildung 8.5: Funktion des System- und des Erweiterungsbusquarzes

Der PC-Bus

Im IBM-PC der ersten Generation befand sich ein 8088-Prozessor, der mit 4,77 MHz betrieben wurde und einen externen 8-Bit-Datenbus besaß. Die Erweiterungssteckplätze beim ersten IBM-PC besaßen nur eine 8-Bit-Verbindung zum externen Datenbus. IBM wollte, dass der Bus mindestens mit der Geschwindigkeit der CPU betrieben wurde, was bei 4,77 MHz selbst damals problemlos realisierbar war. IBM legte sich dann auf 7 MHz fest, was zur damaligen Zeit sogar schneller als die CPU war! (Dies war das einzige Mal in der Geschichte der PCs, dass der Erweiterungsbus schneller als die CPU war.) Dieser Erweiterungsbus wurde *PC-Bus* oder *XT-Bus* genannt, und die alten Steckplätze sahen wie in Abbildung 8.6 aus.

Abbildung 8.6: 8-Bit-PC/XT-Steckplätze

Erweiterungsbus

IBM hat sicherlich nicht das Konzept des Erweiterungsbusses erfunden, denn eine ganze Reihe älterer Rechner und unter anderem auch Mainframes besaßen bereits Erweiterungssteckplätze. IBM hatte aber etwas getan, was noch niemand sonst getan hatte. Mitbewerber durften den PC-Bus ohne Zahlung von Lizenzgebühren oder Abgaben kopieren. IBM versetzte Drittanbieter darüber hinaus in die Lage, Karten herzustellen, die an den PC-Bus angeschlossen werden konnten. Denken Sie daran, dass IBM selbst den PC-Bus erfunden hatte. Der PC-Bus war und ist bis heute ein von IBM patentiertes Produkt. Dadurch, dass jeder die Technologie des PC-Erweiterungsbusses kopieren konnte, schuf IBM einen Industriestandard und gleichzeitig den Markt für PC-Klone. Unternehmen wie Compaq, Dell und Gateway hätten nie existiert, wenn IBM Dritten nicht erlaubt hätte, ihre Technologien kostenlos zu kopieren. Ohne diese Unterstützung durch IBM wären Firmen wie Logitech, Creative und 3Com niemals zu den Unternehmen geworden, die sie heute sind. Wer weiß, ob dieses Buch und die CompTIA A+-Prüfung nicht sogar auf Apple-Computern basieren würden, wenn IBM damals den PC-Bus nicht als Marktstandard eingeführt hätte!

PC-Bus

Breite: 8 Bit
Geschwindigkeit: 7 MHz
Manuelle Konfiguration

ISA

Als Intel den 286er erfand, wollte IBM einen neuen Erweiterungsbus schaffen, der die Vorteile des externen 16-Bit-Datenbusses des 286er zu nutzen verstand, ohne seine Abwärtskompatibilität zu älteren 8-Bit-Karten zu verlieren. Erreicht wurde dieses Ziel einfach durch eine Gruppe neuer Anschlüsse am Ende des PC-Busses, die einen neuen 16-Bit-Bus ergaben (Abbildung 8.7). Dieser Bus wurde von vielen Technikern nach dem ersten System, das diese Anschlüsse nutzte, (dem IBM AT (Advanced Technology) auf Basis des 286er) *AT-Bus* genannt. Der AT-Bus lief mit annähernd derselben Geschwindigkeit (ca. 7 MHz) wie der ältere PC-Bus.

Abbildung 8.7: 16-Bit-ISA- bzw. AT-Bus-Steckplätze

Auch wenn IBM Drittanbietern das Kopieren der PC- und AT-Busarchitektur erlaubte, veröffentlichte es doch nie die vollständige Spezifikation für diese beiden Erweiterungsbusse. In den frühen 1980er Jahren taten sich eine Reihe von Klonherstellern zusammen und erstellten auf der Grundlage ihres gemeinsamen Wissens über den PC/XT- und AT-Bus Standards, die allgemein *ISA-Bus-Standards* genannt wurden. Damit wurde als Bezeichnung dieser Erweiterungssteckplätze der ersten Generation der Begriff *ISA* (*Industry Standard Architecture*) geprägt.

Der ISA-Bus ermöglichte den Herstellern, die erste der drei Hürden für die erfolgreiche Entwicklung von Erweiterungskarten zu überwinden, nämlich den Anschluss. Wenn ein Unternehmen eine neue Adapterkarte für den PC bauen wollte, musste es einfach nur den Spezifikationen des ISA-Standards folgen.

ISA-Bus
Breite: 16 Bit
Geschwindigkeit: 7 MHz
Manuelle Konfiguration

Essentials

Moderne Erweiterungsbusse

Der ISA-Erweiterungsbus war für seine Zeit hervorragend und auf neuestem technologischen Stand. Er war in den ersten zehn Jahren der PCs *der* Erweiterungsbus in jedem PC. Dennoch litt ISA unter drei wesentlichen Einschränkungen, die Ende der 1980er zu ernsthaften Engpässen führten. Erstens war der ISA-Bus langsam, weil er nur mit etwa 7 MHz lief. Zweitens war der ISA-Bus mit seinen nur 16 Bit Breite schmal und konnte deshalb die 32 und 64 Bit breiten externen Datenbusse modernerer Prozessoren nicht mehr unterstützen. Drittens mussten ISA-Karten manuell konfiguriert werden, wodurch die Installation zu einem zeitaufwendigen Albtraum wurde, bei dem proprietäre Konfigurationsprogramme ausgeführt und winzige Jumper korrekt gesetzt werden mussten, um die einzelnen Karten zum Laufen zu bringen.

Den Herstellern blieb nichts anderes übrig, als einen besseren Bus zu entwickeln, der die vielen Probleme im Zusammenhang mit ISA behob. Es wurde ein Bus benötigt, der die damalige 33-MHz-Geschwindigkeit des Mainboards und den 32 Bit breiten Datenbus der 386- und 486-Systeme nutzen konnte. Erwünscht war dabei auch ein selbstkonfigurierender Bus, der die aufwendige manuelle Ressourcenkonfiguration überflüssig machte. Schließlich sollte der neue Bus auch noch abwärtskompatibel sein, damit die Endbenutzer ihre häufig beträchtlichen Investitionen in Erweiterungskarten nicht gleich abschreiben mussten.

Fehlstarts

Ende der 1980er Jahre erschienen mehrere neue Erweiterungsbusse auf dem Markt, die diese Unzulänglichkeiten beheben sollten. Insbesondere drei davon – *MCA* (*Micro Channel Architecture*) von IBM, der offene *EISA*-Standard (*Extended ISA*) und der *VL-Bus* (*VESA Local Bus*) der *Video Electronics Standards Association* – genossen zwischen Ende der 1980er bis Mitte der 1990er einige Jahre lang eine gewisse Beliebtheit. Obwohl alle diese alternativen Busse tadellos funktionierten, hatten sie Nachteile, durch die sie zum suboptimalen ISA-Ersatz wurden. IBM verlangte für MCA eine hohe Lizenzgebühr, EISA war teuer in der Herstellung, und der VL-Bus funktionierte nur in Kombination mit dem ISA-Bus. 1993 sehnte sich die PC-Welt verzweifelt nach einem großen Hersteller, der einen schnellen, breiten, einfach zu konfigurierenden und preiswerten neuen Erweiterungsbus entwickeln würde. Intel hatte den Bedarf erkannt und betrat mit seinem heute berühmten PCI-Bus die Bühne.

PCI

Anfang der 1990er führte Intel den PCI-Bus (*Peripheral Component Interconnect*) ein (Abbildung 8.8) und veränderte den PC-Erweiterungsbus damit nachhaltig. Intel traf mit PCI viele kleine intelligente Entscheidungen, nicht zuletzt die, dass PCI als Public Domain veröffentlicht und damit für andere Hersteller äußerst attraktiv wurde. PCI sorgte für eine breitere, schnellere und flexiblere Alternative zu den bisherigen Erweiterungsbussen. Die außergewöhnliche Technologie des neuen Busses bewirkte in Verbindung mit seiner Lizenzfreiheit schnell, dass die Hersteller ISA und die anderen Alternativen fallen ließen und PCI übernahmen.

Abbildung 8.8: Steckplätze für den PCI-Erweiterungsbus

Mit seinen neuen Fähigkeiten mischte PCI die PC-Welt regelrecht auf. Der Original-PCI-Bus war 32 Bit breit und lief mit 33 MHz, was schon ausgezeichnet war, aber diese Funktionen erwartete man und sie waren nicht weltbewegend. PCI war deshalb so interessant, weil er zusätzlich neben anderen Erweiterungsbussen genutzt werden konnte. Als PCI auf den Markt kam, konnte man Mainboards mit PCI- und ISA-Steckplätzen kaufen. Das war wichtig, weil die Benutzer auf diese Weise ihre alten ISA-Karten weiter verwenden und langsam auf PCI umsteigen konnten. Genauso beeindruckend war, dass PCI-Geräte selbstkonfigurierend waren (und immer noch sind), eine Funktion, die zu dem als *Plug&Play* bezeichneten Industriestandard führte. Und schließlich bot PCI eine leistungsfähige Burst-Mode-Funktion, die sehr effiziente Datenübertragungen ermöglichte.

Hinweis
Vor PCI waren mehrere unterschiedliche Erweiterungssteckplätze auf einem Mainboard selten. Heute ist es nicht nur üblich – es wird erwartet!

PCI-Bus

Breite: 32 Bit

Geschwindigkeit: 33 MHz

Selbstkonfigurierend

Tipp
Es gab eine 64-Bit-Version des Original-PCI-Standards, die jedoch sehr selten war.

Der Original-PCI-Erweiterungsbus wurde über zehn Jahre in PCs verlötet. Erst vor einigen Jahren wurde der alte PCI durch fortschrittlichere PCI-Varianten ersetzt. Obwohl diese neuen PCI-Erweiterungsbusse schneller als Original-PCI sind, handelt es sich bei ihnen nur um verbesserte PCI-Varianten und nicht um völlig neue Erweiterungsbusse. Original-PCI wird aber wahrscheinlich langsam aussterben. Die neuen PCI-Varianten beherrschen aber weiterhin die Mainboards.

Kapitel 8

AGP

Einer der wichtigsten Gründe für den Abtritt von ISA waren die Grafikkarten. Als mit dem Erfolg von Windows auch grafische Benutzeroberflächen auf dem PC verbreiteten Einzug hielten, war der ISA-Bus dafür einfach zu langsam, und die Grafiken sahen schlimm aus. Durch PCI wurde die grafische Darstellung zwar bereits deutlich besser, aber Intel dachte weiter. Kurz nach der Einführung des PCI-Busses präsentierte Intel eine spezielle, nur für Grafikkarten vorgesehene PCI-Variante, die *AGP* (*Accelerated Graphics Port*) genannt wurde. Bei einem AGP-Steckplatz handelt es sich um einen PCI-Steckplatz mit einer Direktverbindung zur Northbridge. AGP-Steckplätze sind nur für Grafikkarten vorgesehen – versuchen Sie nicht, Soundkarten oder Modems dort einzubauen. Weitere Informationen über diese faszinierende Technologie finden Sie in Kapitel 19 (*Anzeige: Bildschirm und Grafikkarte*). Abbildung 8.9 zeigt einen typischen AGP-Steckplatz.

Abbildung 8.9: AGP-Steckplatz

Hinweis

Der AGP-Steckplatz ist fast immer braun und daran leicht zu erkennen.

PCI-X

PCI-X (PCI eXtended), das in Systemen wie dem Macintosh G5 bereits verwendet wird, stellt einen enormen Fortschritt gegenüber dem aktuellen PCI-Bus dar, der gleichzeitig für Hardware und Software vollständig abwärtskompatibel ist. Bei PCI-X handelt es sich um einen 64 Bit breiten Bus (Abbildung 8.10), dessen Steckplätze auch für normale PCI-Karten genutzt werden können. Der eigentliche Vorteil von PCI-X besteht in der wesentlich höheren Geschwindigkeit. Der PCI-X-2.0-Standard unterstützt vier Geschwindigkeitsstufen (in MHz angegeben): PCI-X 66, PXI-X 133, PCI-X 266 und PCI-X 533.

Abbildung 8.10: PCI-X-Steckplatz

Die offensichtlichen Kandidaten für PCI-X sind Workstations und Server in Unternehmen, weil diese schnell und abwärtskompatibel sein müssen. Große Hersteller, insbesondere aus dem professionellen Marktsegment, sind bereits auf den Zug aufgesprungen. PCI-X wird beispielsweise von Server-Produkten der Firmen HP, Dell und Intel unterstützt. Ein kurzer Überblick über das Online-Angebot zeigt, dass es bereits eine Menge Komponenten für PCI-X gibt: Gigabit-NICs, Glasfaserkarten, Grafikkarten und vieles andere mehr.

Mini-PCI

Dank des speziellen *Mini-PCI*-Formats hat PCI es sogar in die Laptops geschafft (Abbildung 8.11). Sie finden Mini-PCI in fast jedem modernen Laptop. Mini-PCI benötigt wenig Strom und die Karten liegen flach, was bei Laptop-Steckplätzen wichtig ist! Weitere Informationen über Mini-PCI finden Sie in Kapitel 21 (*Tragbare Computer*).

Abbildung 8.11: Winzige Karte in einem Mini-PCI-Steckplatz. Sehen Sie die Kontakte unten am Bildrand?

PCI Express

PCI Express (*PCIe*) ist der neueste, schnellste und beliebteste Erweiterungsbus, der heute im Einsatz ist. Wie der Name schon sagt, ist PCI Express zwar immer noch PCI, ersetzt die gemeinsam genutzten parallelen Kommunikationsverbindungen über den Bus aber durch serielle Punkt-zu-Punkt-Verbindungen. Betrachten Sie einen einzigen 32-Bit-Datenblock, der von einer Komponente zur CPU übertragen werden soll. Bei der seriellen Kommunikation überträgt nur ein Kabel diese 32 Bit. Sie denken vielleicht, 32 Bit sind besser als eines, richtig? Nun, erstens nutzt PCIe den Bus nicht gemeinsam. Jedes PCIe-Gerät hat seine eigene Direktverbindung (eine Punkt-zu-Punkt-Verbindung) zur Northbridge, muss also nicht auf andere Geräte warten. Bei wirklich schnellen Datentransfers (ab etwa einem Gigabit pro Sekunde) wird es zweitens schwierig, alle 32 Datenbits wirklich gleichzeitig zur anderen Komponente zu befördern, weil einige Bits dort möglicherweise (aufgrund geringfügig unterschiedlicher *Signallaufzeiten*) ein wenig früher als andere ankommen. Dadurch müssten die ankommenden Daten aber in Höchstgeschwindigkeit geprüft werden, ob auch alle Bits im richtigen Format eingetroffen sind. Bei seriellen Daten kann dieses Problem nicht auftreten, weil die Bits in einem einzigen Datenstrom nacheinander eintreffen. Bei wirklich schnellen Datentransfers sind einzelne Punkt-zu-Punkt-Verbindungen schneller als Parallelverbindung mit mehreren Leitungen.

Und PCIe ist wirklich schnell! PCIe-Verbindungen verwenden eine Leitung zum Senden und eine für den Empfang. Diese Leitungspaare zwischen PCIe-Controller und den einzelnen Komponenten werden *Lane* genannt. Die Lanes arbeiten mit 2,5 Gbps bzw. bei PCIe 2.0 mit 5,0 Gbps. Und was noch besser ist: Jede Punkt-zu-Punkt-Verbindung kann 1, 2, 4, 8, 16 oder 32 Lanes nutzen und so eine maximale Bandbreite von 320 Gbps erreichen. Die effektive Transferrate verringert sich aufgrund des *Codierungsverfahrens* (die Art, wie die Daten aufgeteilt und wieder zusammengefügt werden) zwar noch ein wenig, aber die Datenrate kann im Full-Duplex-Betrieb maximal beeindruckende 16 Gbps bei einer x16-Verbindung erreichen.

Bei den verbreitetsten PCIe-Steckplätzen handelt es sich um die Variante mit 16 Lanes (x16), die zumeist für Grafikkarten verwendet und in Abbildung 8.12 dargestellt wird. Auf den ersten PCIe-Mainboards befanden sich zumeist ein einzelner PCIe-x16-Steckplatz und mehrere der üblichen PCI-Steckplätze. (Erinnern Sie sich noch daran, dass PCI mit anderen Steckplätzen und damit auch mit anderen PCI-Varianten kombiniert werden kann?) Übrigens gibt es PCIe-Steckplätze auch in einer Variante mit kleinem Formfaktor für Mobilrechner, der *PCI Express Mini Card* genannt wird.

> **Hinweis**
>
> Wenn Sie über Lanes sprechen, wie z.B. x1 oder x8, dann wird das Multiplikationszeichen als »by« und nicht als »x« ausgesprochen. Richtig heißt es also »by 1« und »by 8«. Natürlich werden die beiden Sprechweisen aber zumindest noch einige Zeit parallel existieren.

Die Bandbreite eines x16-Steckplatzes liegt selbst für Grafikkarten weit höher als benötigt, weshalb es auf den meisten PCIe-Mainboards auch Steckplätze mit weniger Lanes gibt. Momentan sind x1 (Abbildung 8.13) und x4 gebräuchliche Varianten von PCIe-Steckplätzen. Allerdings ist PCIe ein immer noch recht junger Standard, so dass sich das mit der Zeit noch ändern dürfte.

Abbildung 8.12: PCIe-x16-Steckplatz (schwarz) und PCI-Steckplätze (weiß)

Abbildung 8.13: PCIe-x1-Steckplätze

Systemressourcen

Alle Geräte in Ihrem Computer, auch die Erweiterungskarten, müssen mit der CPU kommunizieren. Leider vereinfacht bereits der Begriff *Kommunikation* die Dinge zu sehr, weil die Kommunikation zwischen der CPU und den Komponenten nicht wirklich mit menschlicher Kommunikation vergleichbar ist. Im PC hat nur die CPU das Sagen und »spricht« über BIOS- oder Treiber-Befehle und die Geräte reagieren nur auf deren Anweisungen. Die Kommunikation lässt sich auf vier Aspekte zurückführen, die auch als *Systemressourcen* bezeichnet werden. Bei den Systemressourcen handelt es sich um: I/O-Adressen (oder E/A-Adressen), IRQs, DMA-Kanäle und Speicheradressen.

Nicht alle Komponenten nutzen alle vier Arten von Systemressourcen. Alle benutzen E/A-Adressen und die meisten auch IRQs, aber nur wenige verwenden DMA-Kanäle oder Speicheradressen. Bei den Systemressourcen handelt es sich um nichts Neues, denn es gibt sie bereits seit dem ersten IBM-PC und damit seit mehr als 25 Jahren.

Die Systemressourcen neuer Geräte müssen konfiguriert werden. Die Konfiguration erfolgt heute mehr oder weniger automatisch (Plug&Play), aber früher handelte es sich um einen manchmal mühseligen manuellen Prozess. Auch wenn Systemressourcen heute automatisch zugeordnet werden, können Sie ihnen auch in modernen PCs noch an einigen Stellen begegnen. Dann sollten Sie wissen, was E/A-Adressen, IRQs, DMAs und Speicher sind, um bei Bedarf Änderungen vornehmen zu können. Wir werden die einzelnen Systemressourcen detailliert durchgehen, damit Sie wissen, worum es sich dabei handelt und wie sie funktionieren.

E/A-Adressen

Die CPU gibt der Komponente einen Befehl und verwendet dabei ein Muster aus Nullen und Einsen, das *E/A-Adresse* genannt wird. Alle Komponenten reagieren auf mindestens vier E/A-Adressen, so dass die CPU jeder Komponente mindestens vier verschiedene Befehle geben kann. Der Kommunikationsprozess über E/A-Adressen wird *E/A-Adressierung* (*I/O addressing*) genannt und funktioniert wie folgt.

> **Hinweis**
>
> Auch wenn selbst Windows seit Langem die Bezeichnung »E/A-Adressen« benutzt, werden *I/O* (Input/Output) und *E/A* (Eingabe/Ausgabe) weiterhin parallel und gleichbedeutend verwendet.

Der Chipsatz erweitert den Adressbus bis hin zu den Erweiterungssteckplätzen, wodurch zwei interessante Dinge geschehen. Erstens können Sie RAM auf einer Karte unterbringen, das von der CPU dann wie normaler Arbeitsspeicher angesprochen werden kann. Grafikkarten besitzen z.B. eigenen Arbeitsspeicher. Die CPU kann direkt in den Speicher der Grafikkarte schreiben und so den Bildschirminhalt aufbauen. Zweitens kann die CPU den Adressbus dazu verwenden, um mit den Komponenten im Computer über deren I/O-Adressen zu kommunizieren.

Normalerweise funktioniert der Adressbus beim Erweiterungsbus genau wie der Adressbus beim Frontside-Bus, unterschiedliche Muster aus Einsen und Nullen verweisen auf unterschiedliche Speicherpositionen. Wenn die CPU jedoch eine I/O-Adresse übertragen will, dann versetzt sie den Erweiterungsbus in den so genannten *I/O-Modus*. Wenn der Adressbus in den I/O-Modus wechselt, suchen alle an den Bus angeschlossenen Komponenten darauf nach für sie bestimmten Binärmustern.

In der guten alten Intel-8088-Zeit benutzte die CPU eine zusätzliche so genannte *IO/MEM*-Leitung (*Input/Output or Memory*), um Komponenten darüber zu informieren, dass sie den Adressbus zur Angabe einer Speicheradresse oder zur Kommunikation mit einer bestimmten Komponente benutzte (Abbildung 8.14). In modernen CPUs gibt es keine IO/MEM-Leitung, weil sich die Vorgehensweise geändert hat und komplexer geworden ist, auch wenn sich das Konzept als solches überhaupt nicht geändert hat! Die CPU sendet den Komponenten Befehle und überträgt dazu Muster aus Einsen und Nullen über den Adressbus.

Zwei Geräte dürfen nicht dieselbe I/O-Adresse benutzen, weil dies das gesamte Konzept zunichtemachen würde. Damit nicht zwei Geräte dieselbe E/A-Adresse benutzen, werden entweder alle E/A-Adressen standardisiert und fest vorgegeben (alle Festplatten-Controller verwenden z.B. auf allen PCs immer dieselben E/A-Adressen) oder sie werden beim Booten vom Betriebssystem festgelegt. Im GERÄTE-MANAGER werden die E/A-Adressen aller Geräte in Ihrem Computer aufgelistet. Wählen Sie dort die Menüoption ANSICHT und dann RESSOURCEN NACH TYP. Klicken Sie auf das Pluszeichen links neben der Option EIN/AUSGABE (EA), um sich eine Liste aller E/A-Adressen anzeigen zu lassen (Abbildung 8.15).

Kapitel 8

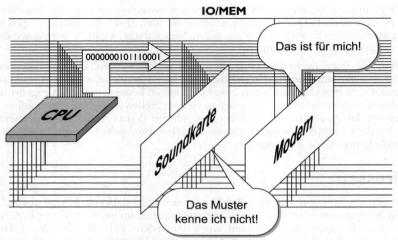

Abbildung 8.14: Eine E/A-Adresse wird übertragen.

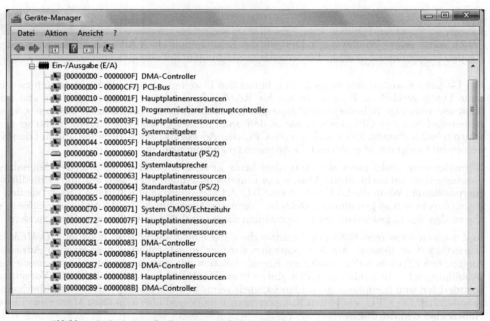

Abbildung 8.15: Anzeige der Ressourcen nach Typ, wobei hier die E/A-Adressen angezeigt werden

Aber was bedeuten all diese Ziffern und Zahlen? Der Adressbus ist immer 32 Bit breit (auch wenn Sie einen 64-Bit-Prozesssor haben, gibt die Northbridge nur die ersten 32 Bit an die Erweiterungssteckplätze weiter). Statt also die reinen Einsen und Nullen anzuzeigen, zeigt Ihnen der Geräte-Manager die E/A-Adressen *hexadezimal* an. Sie kennen das Hexadezimal-Format nicht? Keine Sorge, dabei handelt es sich nur um eine abkürzende Schreibweise für diese langen Ketten aus Einsen und Nullen, der Binärziffern, die Sie bereits kennen. Ein Hexadezimalzeichen repräsentiert vier Binärzeichen dar. Und das sieht so aus:

```
0000 = 0
0001 = 1
0010 = 2
0011 = 3
0100 = 4
0101 = 5
0110 = 6
0111 = 7
1000 = 8
1001 = 9
1010 = A
1011 = B
1100 = C
1101 = D
1110 = E
1111 = F
```

Betrachten wir eine zufällige Kette aus Einsen und Nullen:

```
00000000000000000000000111110000
```

Um sie in das Hexadezimal-Format umzuwandeln, müssen wir sie in Vierergruppen unterteilen:

```
0000 0000 0000 0000 0000 0001 1111 0000
```

Anschließend benutzen Sie zur Umwandlung die oben dargestellte Zuordnung:

```
0 0 0 0 0 1 F 0
```

Zusammengesetzt erhalten Sie den Hexadezimal-Wert:

```
000001F0
```

Jetzt wissen Sie, was die Werte im Geräte-Manager bedeuten. Blättern Sie nach unten, bis zum Eintrag `[0000001F0-000001F7] Primärer IDE-Kanal`. Beachten Sie, dass dort zwei E/A-Adressen aufgeführt werden. Sie entsprechen dem gesamten E/A-Adressbereich dieser Komponente. Je komplexer die Komponenten sind, desto mehr E/A-Adressen verwenden sie. Für Adressbereiche wird meist nur der erste Wert des Bereichs angegeben, der auch *E/A-Basisadresse* genannt wird.

Hinweis

Alle E/A-Adressen verwenden nur die letzten 16 Bit (sie beginnen alle mit 0000). Sechzehn Bit machen $2^{16} = 65.536$ E/A-Adressbereiche – genug selbst für die modernsten PCs. Sollten irgendwann mehr E/A-Adressen benötigt werden, ist das aktuelle E/A-Adressierungssystem darauf vorbereitet!

Und hier noch ein paar wichtige Dinge, die Sie sich im Zusammenhang mit E/A-Adressen merken sollten. Erstens besitzen alle Komponenten im PC eine E/A-Adresse. Ohne sie könnte die CPU der Komponente keine Befehle übermitteln. Zweitens werden E/A-Adressen automatisch konfiguriert. Sie müssen die Komponenten nur anschließen, damit sie funktionieren. Drittens sollten nie zwei Geräte dieselben E/A-Adressen verwenden. Dafür sorgt das System bei der Konfiguration aber automatisch.

IRQs (Interrupt Requests)

Die CPU kann jetzt also über den standardisierten Erweiterungsbus und E/A-Adressen mit allen Komponenten im Computer kommunizieren. Nach wie vor gilt es aber, eine dritte und letzte Hürde zu überwinden: Die E/A-Adressierung ermöglicht zwar die beidseitige Kommunikation, die CPU muss diese aber irgendwie einleiten können. Wie kann z.B. eine Maus der CPU mitteilen, dass sie bewegt wurde? Wie teilt die Tastatur der CPU mit, dass jemand gerade die Taste »J« gedrückt hat? Der PC muss die CPU irgendwie dazu auffordern können, ihre momentane Arbeit einzustellen und die Kommunikation mit einem bestimmten Gerät aufzunehmen (Abbildung 8.16). Dieses Verfahren wird *Unterbrechung* (*Interrupt*) genannt.

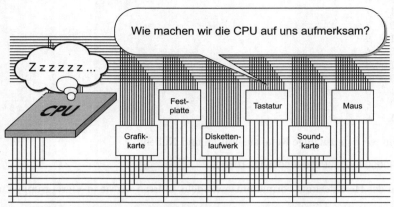

Abbildung 8.16: Wie können Komponenten die CPU auf sich aufmerksam machen?

Jede CPU im PC-Bereich besitzt eine *INT-Leitung* (für INTerrupt), die in Abbildung 8.17 zu sehen ist. Wenn an dieser Leitung Spannung anliegt, stoppt die CPU ihre momentane Tätigkeit und wendet sich der Komponente zu, die für die Unterbrechung gesorgt hat. Nehmen Sie einmal an, dass Sie einen PC mit nur einem Peripheriegerät haben, nämlich einer Tastatur, die direkt an die INT-Leitung angeschlossen ist. Der Benutzer drückt die Taste J und die Tastatur legt an der INT-Leitung Spannung an. Die CPU führt den Internet-Browser (oder irgendein anderes Programm) nicht mehr weiter aus, sondern startet die erforderliche BIOS-Routine zur Abfrage der Tastatur.

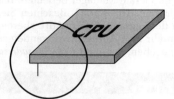

Abbildung 8.17: Die INT-Leitung

Solange es nur ein Peripheriegerät im Rechner gibt, ist dies ja gut und schön. Aber wie Sie wissen, gibt es im PC zahlreiche Komponenten, die fast alle irgendwann die CPU unterbrechen müssen. Der PC braucht daher eine Art Verkehrspolizist, einen Chip, der als Mittler zwischen den Komponenten und der INT-Leitung der CPU fungiert. Dieser »Verkehrspolizist«, der auch *IOAPIC* (*I/O Advanced Programmable Interrupt Controller*) genannt wird, verwendet spezielle Interrupt-Leitungen, die zu allen an den Erweiterungsbus angeschlossenen Komponenten führen (Abbildung 8.18).

Hinweis

Die IOAPIC-Funktionen werden normalerweise in die Southbridge integriert. Viele Entwickler sparen sich das »IO« und sprechen einfach von *APICs*.

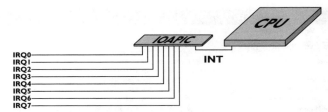

Abbildung 8.18: Acht Interrupt-Leitungen (IRQs) führen vom Erweiterungsbus zum IOAPIC.

Wenn ein Gerät die Aufmerksamkeit der CPU benötigt, legt es an den Interrupt-Leitungen ein bestimmtes, für diese Komponente spezifisches Muster aus Einsen und Nullen an. Der IOAPIC unterbricht dann die CPU. Die CPU fragt beim IOAPIC nach, welche Komponente für die Unterbrechung gesorgt hat, und beginnt dann, über den Adressbus mit ihr zu kommunizieren (Abbildung 8.19).

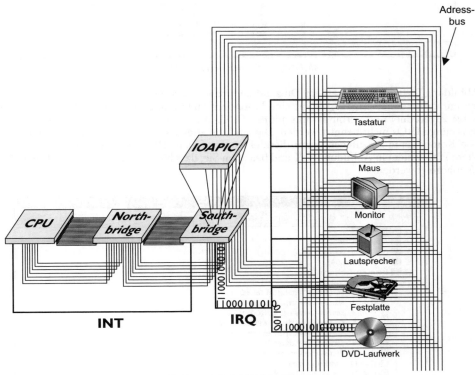

Abbildung 8.19: IOAPIC bei der Arbeit

Bei diesen eindeutigen Mustern aus Einsen und Nullen handelt es sich um *Interruptanforderungen* bzw. die so genannten *IRQs* (*Interrupt Requests*). Bevor es IOAPICS gab, führten tatsächlich Leitungen zu der vorherigen Generation der Verkehrspolizisten, den so genannten *PICs*. Es lässt sich ganz leicht feststellen, ob ein System einen PIC oder einen IOAPIC hat. Starten Sie den Geräte-Manager, wählen Sie ANSICHT|RESSOURCEN NACH TYP und erweitern Sie dann den Zweig INTERRUPTANFORDERUNG (IRQ).

Kapitel 8

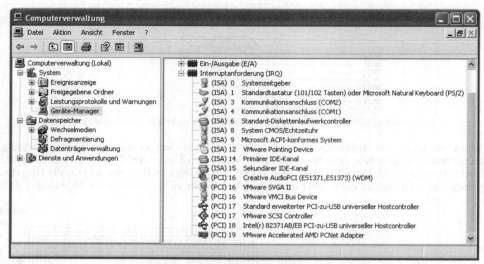

Abbildung 8.20: IRQs in einem IOAPIC-System

Abbildung 8.20 zeigt mehr als ein Dutzend benutzter IRQs zwischen 0 und 19, woran ein IOAPIC-System zu erkennen ist. IRQ 9 hat eine besondere Funktion, denn dieser IRQ ist dem Controller selbst zugeordnet und verbindet ihn mit der CPU. Wenn Sie genauer hinsehen, erkennen Sie auch, dass einige IRQs nicht benutzt werden. Das sind die »freien« IRQs. Wenn Sie dem System eine weitere Komponente hinzufügen, kann diese einen der freien IRQs benutzen. Betrachten Sie nun das ältere PIC-System in Abbildung 8.21 und beachten Sie, dass hier nur IRQs im Bereich zwischen 0 und 15 angezeigt werden.

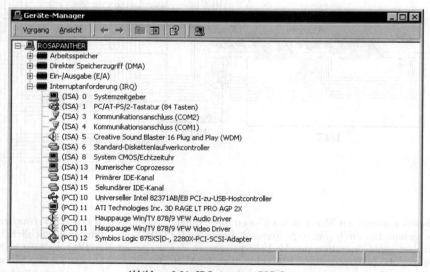

Abbildung 8.21: IRQs in einem PIC-System

Moderne Systeme, auf denen Windows Vista oder Windows 7 laufen, können Komponenten über *virtuelle IRQs* unterstützen. Ein kurzer Blick in die IRQ-Liste im Geräte-Manager von Vista zeigt eine ellenlange IRQ-Liste an, die von 0 bis 190 reicht (Abbildung 8.22). Bei einigen Systemen werden sogar negative IRQs angezeigt, wie z.B. –2 oder –4. Wenn Sie es erst mit einem Rechner unter Windows Vista oder Windows 7 zu tun haben, dann können Sie IRQs so ziemlich vergessen. Das Betriebssystem kümmert sich automatisch um alles.

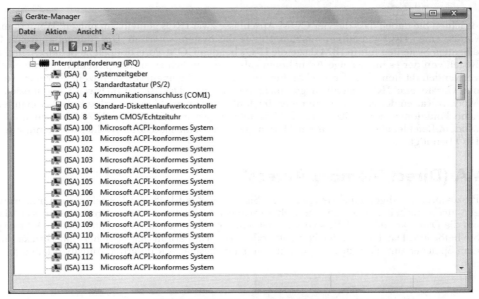

Abbildung 8.22: IRQs unter Windows Vista

Doch nun müssen wir noch einmal einen Blick zurückwerfen und uns mit den letzten gravierenden Überresten aus der »schlechten alten Zeit« des PC befassen: COM- und LPT-Anschlüsse.

COM- und LPT-Ports

Als der PC erfunden wurde, mussten die E/A-Adressen und IRQs für alle Komponenten manuell konfiguriert werden. Und dazu musste man bei den verschiedenen Geräten unterschiedlich vorgehen: Man setzte Jumper, verdrehte Rädchen oder musste seltsame Konfigurationsprogramme starten. Einfach war es nie. IBM versuchte, die Konfiguration dadurch zu erleichtern, dass vorgegebene Kombinationen von E/A-Adressen und IRQs für die seriellen und parallelen Anschlüsse verwendet wurden, weil diese beim Original-PC am häufigsten benutzt wurden. Diese voreingestellten Kombinationen wurden bei den seriellen Anschlüssen *COM-* und bei den parallelen Anschlüssen *LPT-Ports* genannt. In Tabelle 8.1 werden die damals vorgegebenen Kombinationen von E/A-Adressen und IRQs aufgeführt.

Port	E/A-Basisadresse	IRQ
COM1	03F8	4
COM2	02F8	3
COM3	03E8	4
COM4	02E8	3
LPT1	0378	7
LPT2	0278	5

Tabelle 8.1: COM- und LPT-Zuordnungen

Kapitel 8

> **Tipp**
> Die Begriffe »COM« für serielle und »LPT« für parallele Anschlüsse leiten sich von »Kommunikation« bzw. »Line Printer« (Drucker) ab.

Beachten Sie dabei, dass die vier COM-Anschlüsse zwei IRQs gemeinsam nutzen. Wenn damals zwei Geräte einen IRQ gemeinsam nutzten, stürzte das System sofort ab. Der Mangel an freien IRQs in den alten Systemen führte IBM dazu, die IRQs bei den COM-Ports doppelt zu benutzen, und zu einer Regel, von der es nur wenige Ausnahmen gab, dass nämlich zwei Komponenten nicht dieselbe IRQ verwenden durften. Zwei Geräte konnten zwar eine IRQ gemeinsam benutzen, aber nur, wenn eines der Geräte den IRQ eigentlich gar nicht benutzt hat. Das ist beispielsweise bei speziellen Fax/Modem-Karten der Fall, an die nur eine Telefonleitung angeschlossen wird, die aber zwei unterschiedliche Funktionen unterstützt. Die CPU benötigte getrennte Sätze von E/A-Adressen für Fax- und Modem-Befehle, aber da es nur ein Modem gab, das beide Aufgaben erfüllte, wurde nur ein einziger IRQ benötigt.

DMA (Direct Memory Access)

Prozessoren erledigen eine Menge Arbeit. Sie führen das BIOS, das Betriebssystem und Anwendungen aus, verarbeiten Interrupts und überwachen I/O-Adressen. Prozessoren müssen sich aber auch um die Daten kümmern. CPUs verschieben ständig Daten von Komponenten in den Arbeitsspeicher. Sie befördern Dateien von der Festplatte oder von Scannern in den Speicher und Druckaufträge aus dem Speicher zum Laserdrucker, um nur ein paar Beispiele für derartige Aufgabenstellungen zu nennen.

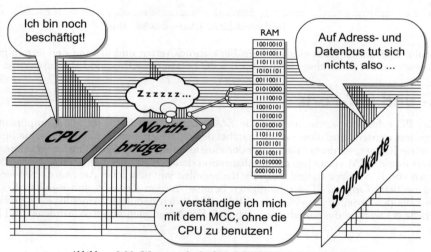

Abbildung 8.23: Warum nicht direkt mit dem Chipsatz kommunizieren?

Natürlich müssen die Daten bewegt werden. Andererseits muss die CPU ihre Zeit nicht unbedingt mit derart einfachen Aufgaben verplempern und hätte auch Besseres zu tun. Darüber hinaus muss das System mit all seinem Cache-Speicher und anderen Support-Technologien auch heute noch tatenlos auf den Prozessor warten, wenn dieser z.B. mit irgendwelchen langwierigen internen Berechnungen beschäftigt ist. Angesichts dieser Tatsachen stellt sich die Frage, warum die Komponenten nicht direkt und unter Umgehung der CPU auf den Arbeitsspeicher zugreifen können sollen (Abbildung 8.23). Der Zugriff auf den Arbeitsspeicher ohne Mitwirken der CPU wird *DMA* (*Direct Memory Access*) genannt.

DMA wird verbreitet genutzt und eignet sich z.B. für die Erzeugung von Hintergrundmusik in Spielen und die Übertragung von Daten von Disketten und Festplatten in den Arbeitsspeicher (Abbildung 8.24).

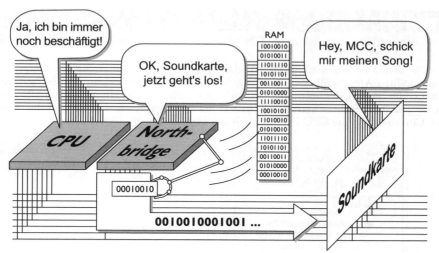

Abbildung 8.24: DMA im Einsatz

Das alles hört sich gut an, aber das hier beschriebene DMA-Konzept hat einen Haken, denn es gibt nur einen einzigen Erweiterungsbus. Was geschieht, wenn mehrere Komponenten gleichzeitig DMA-Zugriffe nutzen wollen? Wie lässt sich dafür sorgen, dass diese Komponenten nicht den externen Datenbus blockieren? Und was passiert, wenn die CPU den Datenbus plötzlich braucht? Wie lassen sich die DMA-Zugriffe einer Komponente stoppen, damit die CPU bevorrechtigt auf den Bus zugreifen kann? Um dieses Problem zu lösen, setzte IBM einen weiteren Verkehrspolizisten ein.

Der *DMA-Controller*, den in Ehren ergraute Techniker häufig auch nach dem früher dafür verwendeten Chip *8237* nennen, überwacht alle DMA-Funktionen. DMA ähnelt der IRQ-Verwaltung dahingehend, dass der DMA-Controller den Komponenten Nummern bzw. so genannte *DMA-Kanäle* zuordnet, um ihnen die Anforderung von DMA-Zugriffen zu erlauben. Darüber hinaus sorgt der DMA-Controller dafür, dass Daten von den Peripheriegeräten in den Arbeitsspeicher und zurück übertragen werden. Um diese notwendigen einfachen Arbeiten muss sich die CPU damit nicht mehr kümmern, so dass sie sich produktiveren Aufgaben widmen kann.

Wenn die CPU mit internen Berechnungen beschäftigt ist und den externen Datenbus nicht benutzt, kann der DMA-Chip Daten über den externen Datenbus übertragen. Das ist deshalb völlig problemlos möglich, weil die CPU den externen Datenbus nur während eines geringen Teils (bei modernen CPUs nur etwa fünf Prozent) ihrer Zeit nutzt.

Damit habe ich die »klassischen« DMA-Transfers beschrieben. Diese boten zuerst und für lange Zeit als Einzige die Möglichkeit des direkten Speicherzugriffs. Die klassischen DMA-Zugriffe sterben aus, weil sie sehr langsam sind und nur 16-Bit-Datentransfers unterstützen, was angesichts viel breiterer Busse zu unsinniger Zeitverschwendung führt. Bei den meisten Systemen nutzen nur noch Diskettenlaufwerke den klassischen DMA-Transfer.

Alle Systeme unterstützen zwar weiterhin klassische DMA-Transfers, aber die meisten Komponenten, die heute DMA-Transfers nutzen, umgehen den DMA-Controller. Diese Komponenten arbeiten als so genannte Bus-Master. *Bus-Master-Geräte* enthalten Schaltungen, mit deren Hilfe sie beobachten können, ob andere Komponenten auf den externen Datenbus zugreifen. Sie erkennen potenzielle Konflikte und vermeiden sie selbstständig. Bus-Mastering ist bei Festplatten höchst verbreitet. Alle modernen Festplatten nutzen das Bus-Mastering. Die entsprechenden Fähigkeiten verstecken sich hinter

Kapitel 8

Bezeichnungen wie *Ultra DMA* und laufen weitestgehend völlig automatisch und unsichtbar ab. Weitere Informationen über das Bus-Mastering bei Festplatten finden Sie in Kapitel 11 (*Festplattentechnologien*).

> **Hinweis**
>
> Bus-Mastering-Geräte umgehen den DMA-Controller und kommen daher ohne DMA-Kanäle aus.

Wenn Sie wissen wollen, wie die DMA-Kanäle genutzt werden, starten Sie wieder den Geräte-Manager und wählen ANSICHT|RESSOURCEN NACH TYP. Erweiterrn Sie dann den Zweig DIREKTER SPEICHERZUGRIFF (DMA), der bei modernen Rechnern ähnlich leer wie in Abbildung 8.25 sein dürfte. Bei dem dargestellten System werden im System nur für Diskettenlaufwerke und die Anbindung des DMA-Controllers an die CPU DMA-Kanäle benutzt.

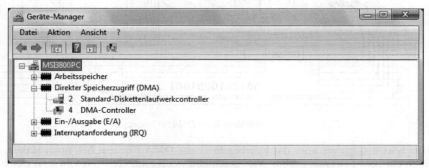

Abbildung 8.25: DMA-Belegung im Geräte-Manager

Bemerkenswert an DMA ist noch, dass weder PCI noch PCIe DMA unterstützen. Es gibt also keine Komponenten für diese Erweiterungsbusse, die DMA nutzen. Festplatten, Diskettenlaufwerk und andere Komponenten, die DMA nutzen, müssen daher direkt an das Mainboard angeschlossen werden. Natürlich gibt es Steckkarten für Festplatten und Diskettenlaufwerke, aber die nutzen DMA nicht.

Speicheradressen

Einige Erweiterungskarten nutzen Speicheradressen. Dafür gibt es zwei mögliche Gründe. Erstens kann es auf der Karte Speicher geben, den die CPU adressieren können muss. Zweitens besitzen einige wenige Karten Onboard-ROM, so genanntes Karten- oder optionales ROM, das in Kapitel 5 (*Mikroprozessoren*) vorgestellt wurde. In beiden Fällen müssen für das RAM oder ROM Adressen im Hauptspeicher des Systems reserviert werden, damit die CPU darauf zugreifen kann. Die entsprechende Vorgehensweise wird *Speicheradressierung* (*memory addressing*) genannt. Welche Speicheradressen welchen Erweiterungskarten zugeordnet sind, können Sie feststellen, wenn Sie sich im Geräte-Manager die RESSOURCEN NACH TYP anzeigen lassen und den Zweig ARBEITSSPEICHER erweitern.

Wichtig für Techniker ist dabei, dass die Speicheradressierung so wie die Vergabe von E/A-Adressen, IRQs und DMA-Kanälen heute vollautomatisch funktioniert und daher unproblematisch ist.

Erweiterungskarten installieren

Zu den Brot-und-Butter-Aufgaben von Technikern zählt die erfolgreiche Installation von Erweiterungskarten, die in mindestens vier Schritten erfolgt. Zunächst einmal müssen Sie wissen, ob die Karte vom System und dem verwendeten Betriebssystem unterstützt wird. Dann müssen Sie die Karte richtig in einen Erweiterungssteckplatz einsetzen, ohne die Karte selbst oder das Mainboard dabei zu beschädigen. Dann müssen Sie die *richtigen* Treiber für das *jeweilige* Betriebssystem installieren. Im vierten und letzten Schritt sollten Sie dann immer prüfen, ob die Karte auch wirklich korrekt funktioniert, bevor Sie sich vom Rechner entfernen.

> **Hinweis**
>
> Einige Hersteller bestehen bei der Installation von Komponenten auf einer Reihenfolge, die von der hier aufgeführten traditionellen abweicht. Bei der häufigsten Variante müssen Sie erst die Treiber und Hilfsprogramme installieren, *bevor* Sie die Erweiterungskarte in den Steckplatz einsetzen. Und manchmal führt es zu stundenlangem Frust, wenn Sie dann von den Vorgaben des Herstellers abweichen und die Karte deinstallieren und Treiber neu installieren müssen, wobei manchmal einige Treiber und Programme manuell vom System entfernt werden müssen. Und das Fazit? Lesen Sie erst die den jeweiligen Steckkarten beiliegenden Anleitungen! Ausführlichere Beispiele problematischer Komponenten finden Sie in den nachfolgenden Kapiteln.

Schritt 1: Wissen

Versuchen Sie bereits vor dem Kauf, möglichst viel über die einzubauende Komponente zu erfahren! Funktioniert sie im jeweiligen Rechner unter dem eingesetzten Betriebssystem? Gibt es Treiber für dieses Betriebssystem? Wenn Sie Windows benutzen, dann lautet die Antwort auf diese Fragen fast immer »Ja«. Wenn Sie aber ein älteres Betriebssystem, wie z.B. Windows 98 oder mittlerweile auch Windows 2000 oder ein weniger gebräuchliches Betriebssystem wie Linux einsetzen, dann werden diese Fragen kritisch. Ein Großteil der älteren, vor dem Erscheinen von XP gebauten Hardwarekomponenten funktioniert unter Windows XP oder Vista schlichtweg gar nicht. Lesen Sie deren Dokumentation und überzeugen Sie sich über die Website der Hersteller davon, dass Sie auch die richtigen Treiber haben. Prüfen Sie dabei auch, ob Ihnen die neuesten Treiber vorliegen, denn für viele Geräte gibt es recht häufig neue Treiberversionen.

Für Windows-Systeme ist die *Hardwarekompatibilitätsliste (HCL – Hardware Compatibility List)* die beste Informationsquelle, die auch als *Windows Compatibility Center, Windows Logo'd Product List* oder *Windows-Katalog* bekannt ist. Momentan finden Sie Links für die verschiedenen Windows-Versionen unter der Adresse www.microsoft.com/whdc/hcl/default.mspx. Dort können Sie dann nachsehen, ob Ihr Produkt aufgeführt wird. Da aber alle Windows-zertifizierten Komponenten stolz darauf hinweisen, dass sie unter Windows funktionieren, nutzen die meisten Leute zu diesem Zweck einfach die entsprechende Geräteverpackung (Abbildung 8.26).

Abbildung 8.26: Funktioniert unter Windows XP, Vista und 7

Microsoft hält die Produktlisten für alle unterstützten Betriebssysteme bereit. Die Listen für Windows 7, Vista und Windows XP werden zurzeit weiter gewartet, aber auch für ältere Betriebssysteme finden Sie auf der angegebenen Website noch die mittlerweile mehr oder weniger hilfreichen Links.

Schritt 2: Physische Installation

Um eine Erweiterungskarte erfolgreich zu installieren, müssen Sie Maßnahmen ergreifen, die eine Beschädigung der Karte und/oder des Mainboards ausschließen. Sie müssen also wissen, wie Sie mit Steckkarten umgehen, wie *elektrostatische Entladungen (ESD)* vermieden werden können, und müssen mit weiteren Aspekten der Elektrizität vertraut sein. Zudem müssen Sie die Steckkarte korrekt und sicher in einen verfügbaren Erweiterungssteckplatz einsetzen.

Kapitel 8

Im Idealfall befindet sich die Karte an einem von zwei Orten: im Computer oder in einer antistatischen Verpackung. Beim Einsetzen oder Ausbauen einer Karte sollten Sie sie vorsichtig an den Kanten anfassen. Berühren Sie nicht die Kontaktleisten und auch nicht die Bauteile auf der Platine (Abbildung 8.27).

Abbildung 8.27: An diesen Stellen dürfen Sie Steckkarten berühren.

Verwenden Sie möglichst ein Antistatikarmband und verbinden Sie es, wie in Kapitel 2 (*Arbeitsabläufe*) dargestellt, mit dem PC. Wenn Sie kein Antistatikarmband haben, dann können Sie das Verfahren benutzen, das Techniker häufig nutzen, um ESD zu vermeiden, und das Netzteil bzw. eine blanke (nicht lackierte) Stelle des Rechnergehäuses berühren, nachdem Sie die Erweiterungskarte aus ihrer antistatischen Verpackung entfernt haben. Damit sorgen Sie dafür, dass Sie, die Karte und der PC dieselbe elektrische Ladung besitzen, und minimieren so die Gefahr elektrostatischer Entladungen.

Bei modernen Systemen fließt immer ein wenig Strom auf dem Mainboard, sofern der Rechner an die Wandsteckdose angeschlossen ist. In Kapitel 10 (*Netzteile*) werden die Stromversorgung und der Umgang mit Elektrizität ausführlich behandelt, weshalb hier eine Kurzversion genügen soll. *Trennen Sie den Rechner immer von der Stromversorgung, bevor Sie Erweiterungskarten einsetzen!* Wenn Sie dies versäumen, können die Karte und/oder das Mainboard beschädigt werden. Und das ist das Risiko nicht wert!

Setzen Sie Karten niemals in einem extremen Winkel ein und entfernen Sie sie auch nicht auf diese Weise. Steckkarten können dadurch beschädigt werden. Ein kleiner Winkel ist dagegen in Ordnung und zum Ausbau der Karte sogar erforderlich. Schrauben Sie die Karte immer gut im Gehäuse fest, damit sie sich nicht lockern und eventuell Kurzschlüsse mit anderen Karten verursachen kann. Viele Karten werden über ihre Schraubverbindungen zudem zusätzlich über das Gehäuse geerdet (Abbildung 8.28).

Viele Techniker meinen, dass man die Kontaktleisten von Karten, die nicht richtig funktionieren, reinigen sollte. Das ist nach der Installation der Karte jedoch meist nicht erforderlich und kann bei unsachgemäßer Ausführung sogar zu Beschädigungen führen. Eine Reinigung sollten Sie nur dann durchführen, wenn die Karte längere Zeit gelagert wurde und die Kontakte offensichtlich verschmutzt sind. Verwenden Sie dazu *niemals einen Radiergummi*, denn dabei können Rückstände zwischen Steckkontakt und Sockel geraten, die den Kontakt verhindern und für den Ausfall der Karte sorgen können. Benutzen Sie einen Kontaktreiniger, der zwar die Kontakte zuverlässig reinigt, aber keine Rückstände hinterlässt. Derartige Reiniger sollten bei jedem Elektronikfachhändler erhältlich sein.

Wenn das Mainboard korrekt eingebaut wurde, dann schließt eine vollständig eingesetzte Erweiterungskarte plan mit der Rückseite des PC-Gehäuses ab, ohne dass zwischen dem Slotblech der Karte und dem Schraubloch am Gehäuse eine Lücke bleibt. Wenn die Karte richtig sitzt, dann sollten die Kontaktleisten im Steckplatz nicht mehr sichtbar sein. Abbildung 8.29 zeigt eine korrekt sitzende Erweiterungskarte, die sauber im Steckplatz sitzt.

Abbildung 8.28: Schrauben Sie Steckkarten immer gut fest.

Abbildung 8.29: Korrekt sitzende Erweiterungskarte. Beachten Sie, wie dicht das Slotblech mit dem Gehäuse abschließt, und den geraden Sitz der Steckkarte.

Schritt 3: Gerätetreiber

Wie Sie aus Kapitel 7 (*BIOS und CMOS*) wissen, benötigen alle Komponenten, unabhängig davon, ob sie in das Mainboard integriert sind oder anderweitig hinzugefügt wurden, ein BIOS. Bei fast allen Erweiterungskarten wird dieses BIOS in Form von Gerätetreibern zur Verfügung gestellt, die von einer vom Hersteller mitgelieferten CD auf den Rechner übertragen werden.

Die Installation von Gerätetreibern ist recht einfach. Natürlich sollten Sie die zur Komponente und zum Betriebssystem passenden Treiber installieren. Das ist zwar eigentlich offensichtlich, aber wundern Sie sich nicht, wenn hier Fehler gemacht werden. Bei der Aktualisierung von Treibern müssen Sie zudem möglicherweise erst die alten Treiber deinstallieren, bevor Sie die neuen installieren können. Und wenn Probleme auftreten, dann müssen Sie schließlich die gerade erst geladenen Treiber wieder deinstallieren oder unter Windows XP oder Vista die zuletzt installierten (und hoffentlich stabileren) Treiber wiederherstellen.

Beschaffung der richtigen Treiber

Damit der bestmögliche Treiber für die Komponente verwendet wird, sollten Sie immer die Website des Herstellers bzw. Anbieters aufsuchen. Die mit der Komponente gelieferten Treiber mögen zwar funktionieren, aber es ist recht wahrscheinlich, dass es neuere und/oder bessere Treiber auf der Website gibt. Wie können Sie aber wissen, ob die Treiber auf der Website neuer sind? Werfen Sie dazu einfach zunächst einen Blick auf die Treiber-CD, da dort manchmal die Version aufgedruckt ist. Wenn das nicht der Fall ist, dann müssen Sie die CD in ein Laufwerk einlegen und sich darauf ein wenig umsehen. Oft zeigt das bei aktivierter Autoplay-Funktion automatisch gestartete Programm die Ver-

Kapitel 8

sionsnummer an. Wenn beides nicht der Fall ist, dann sollten Sie auf dem Datenträger nach Readme-Dateien suchen (Abbildung 8.30).

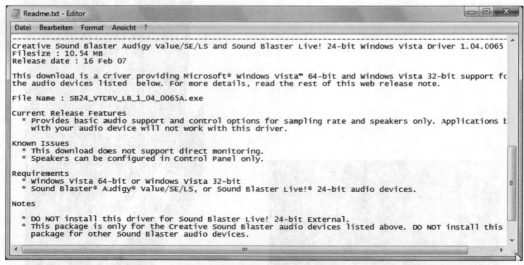

Abbildung 8.30: Auszug aus einer Readme-Datei, in der die Treiberversion angegeben wird

Treiber oder Gerät?

Fast immer sollten Sie den Gerätetreiber nach dem Gerät installieren. Wenn das Gerät noch nicht installiert ist, kann es bei der Treiberinstallation auch nicht erkannt werden und es kommt zu Fehlern. Die einzigen Ausnahmen zu dieser Regel sind USB- und FireWire-Geräte – hier müssen meist erst die Treiber installiert werden!

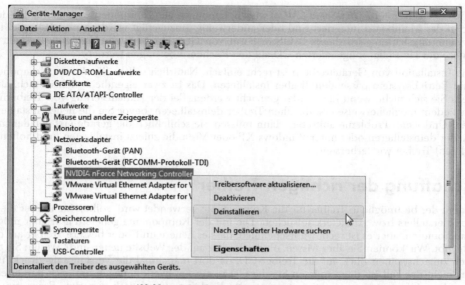

Abbildung 8.31: Deinstallation einer Komponente

Hinweis

Dabei handelt es sich typischerweise um Komponenten, für die Windows bereits generische Treiber mitbringt. Um zu verhindern, dass die allgemeinen Windows-Treiber installiert werden, die das Gerät nicht im vollen Umfang unterstützen, müssen Sie eben erst die Treiber aktualisieren und dann erst die Komponente installieren.

Entfernen alter Treiber

Bei einigen Karten, wie z.B. Grafikkarten unterschiedlicher Hersteller, müssen erst die alten Treiber entfernt werden, bevor die neue Komponente installiert werden kann. Dazu müssen Sie erst den Treiber im Geräte-Manager ausfindig machen. Klicken Sie mit der rechten Maustaste auf den Gerätetreiber, der entfernt werden soll, und wählen Sie im Kontextmenü DEINSTALLIEREN (Abbildung 8.31). Für viele Komponenten, insbesondere solche, die zusammen mit vielen Anwendungen installiert werden, gibt es auch im Applet SOFTWARE (Windows 2000/XP) bzw. PROGRAMME UND FUNKTIONEN (Vista) der SYSTEMSTEUERUNG eine Option, über die sie deinstalliert werden können (Abbildung 8.32).

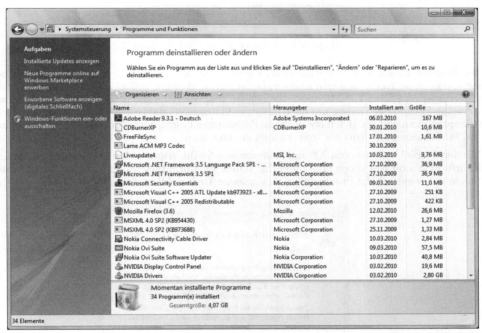

Abbildung 8.32: Ändern/Entfernen von Programmen über das Applet PROGRAMME UND FUNKTIONEN unter Windows Vista

Nicht signierte Treiber

Microsoft will wirklich, dass Ihr Rechner tadellos funktioniert, und bietet für Hardwarehersteller ein hervorragendes und strenges Testprogramm an, das *Microsoft Windows Logo*-Programm. Entwickler testen ihre Komponenten erst mit Software und schicken sie dann für weitere Tests ins *WHQL* (*Windows Hardware Quality Labs*). Hardwarekomponenten und Treiber, die diese Labortests und Preliminarien überstehen, dürfen das Logo *Designed for Windows* tragen. Zur Bestätigung, dass sie von Microsoft geprüft und für gut befunden wurden, werden die Treiber digital signiert.

Kapitel 8

Nicht alle Treiber-Hersteller nehmen das (nicht ganz kostenlose) Windows-Zertifizierungsprogramm in Anspruch. Wenn Windows einen solchen Treiber erkennt, zeigt es einen Furcht erregenden Warnbildschirm an (Abbildung 8.33), der auf die Installation eines *nicht signierten* Treiber aufmerksam macht.

Abbildung 8.33: Hinweis auf einen nicht signierten Treiber

Die Tatsache, dass sich ein Unternehmen weigert, die Windows-Zertifizierung vorzunehmen, bedeutet nicht, dass seine Treiber schlecht sind – es bedeutet nur, dass ein Treiber nicht die umfangreichen Zertifizierungsprozeduren von Microsoft durchlaufen hat. Wenn mir das passiert, überprüfe ich normalerweise die Version der Treiber, um mich davon zu überzeugen, dass ich keine veralteten installiere, und riskiere es dann einfach. (Ich hatte noch nie Probleme mit nicht signierten Treibern, die nicht auch mit den für Windows zertifizierten Treibern aufgetreten wären.)

Mit den 64-Bit-Versionen von XP und insbesondere 64-Bit-Vista wurden die Regeln noch einmal verschärft. Microsoft will Ihnen eine möglichst stabile Plattform bieten und unterbindet bei diesen Versionen daher einfach die Installation nicht signierter Treiber. Microsoft muss alle Treiber genehmigen.

Abbildung 8.34: 64-Bit-Windows unterbindet die Installation nicht signierter Treiber.

Den neuen Treiber installieren

Es gibt zwei Möglichkeiten, neue Treiber zu installieren: Direkt unter Verwendung der Installations-CD oder mit Hilfe des Assistenten zum Hinzufügen neuer Hardware in der Systemsteuerung. Die meisten erfahrenen Techniker bevorzugen die Variante mit der Installations-CD. Die meisten Geräte werden zusammen mit speziellen Programmen ausgeliefert. Meinem Mainboard lagen zahlreiche praktische Anwendungen zur Überwachung der Temperatur und zum Übertakten bei. Der Assistent zum Hinzufügen neuer Hardware installiert nur die Treiber. Einige Techniker halten das garantiert für einen Segen, weil sie von dem ganzen zusätzlich mit den Geräten angebotenen Schnickschnack gar nichts wissen wollen. Auf den meisten Installations-CDs finden Sie aber Menüs, über die Sie detailliert festlegen können, was installiert werden soll (Abbildung 8.35).

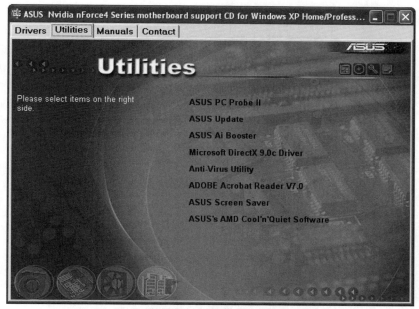

Abbildung 8.35: Installationsmenü für die Treiber eines Mainboards

Der andere Grund, die Installations-CDs anstelle des Assistenten zum Installieren neuer Hardware zu verwenden, besteht darin, dass viele Erweiterungskarten mehrere Komponenten, die jeweils eigene Treiber benötigen, in einem Gerät vereinen. Soundkarten besitzen häufiger MIDI-Anschlüsse, und Grafikkarten enthalten integrierte TV-Tuner. Der Assistent zum Hinzufügen neuer Hardware installiert zwar alle Komponenten, aber die Installations-CD liefert Ihnen meist mehr Informationen. Nutzen Sie besser erst die Programme auf den Installationsdatenträgern und heben Sie sich den Hardware-Assistenten für die im nächsten Abschnitt beschriebenen Problemfälle auf.

Hinweis

Um Treiber auf einem Windows-Rechner installieren zu können, benötigen Sie die entsprechenden Rechte. Dabei geht es nicht darum, dass Sie jemanden fragen müssten, ob Sie Geräte und Treiber installieren dürfen. *Rechte* werden unter Windows vergeben, um Benutzern bestimmte Aktionen zu erlauben, wie z.B. das Hinzufügen von Druckern oder das Installieren von Programmen, oder sie eben davon abhalten zu können. Um Treiber installieren zu können, benötigen Sie *administrative Rechte*. In Kapitel 16 (*Windows-Ressourcen schützen*) erfahren Sie mehr zu diesem Thema, weshalb ich hier nicht weiter darauf eingehen muss.

Kapitel 8

Vorherigen Treiber verwenden (Driver Rollback)

Windows XP und Vista enthalten eine Funktion, die englisch *Driver Rollback* genannt wird und mit der Sie nach der Installation oder Aktualisierung eines Treibers wieder zu zuletzt verwendeten Version zurückkehren können. Wenn Sie gerne gefährlich leben und z.B. Beta-Treiber für eine Grafikkarte installieren und das System anschließend fürchterlich instabil wird, dann können Sie wieder zu den Treibern zurückkehren, die zuvor funktioniert haben. (Natürlich habe ich diese Funktion nie in Anspruch nehmen müssen!) Um auf diese Funktion zuzugreifen, starten Sie einfach den Geräte-Manager und lassen sich die Eigenschaften der betreffenden Komponente anzeigen. Abbildung 8.36 zeigt die Registerkarte TREIBER und die für die beschriebene Funktion zuständige Schaltfläche VORHERIGER TREIBER.

Abbildung 8.36: Zuvor installierten Treiber wieder für eine Komponente verwenden

> **Hinweis**
>
> Viele PC-Freaks versuchen, auch noch das letzte Quäntchen Leistung aus dem Rechner herauszuholen, ähnlich wie Auto-Enthusiasten Motoren tunen, um ein paar PS mehr aus ihnen herauszukitzeln. Die Hersteller von Erweiterungskarten mögen diese Enthusiasten, die noch nicht ganz fertige Treiber (*Beta-Treiber*) kostenlos testen. Beta-Treiber arbeiten meist durchaus zuverlässig, können aber hier und da auch für überraschende Systeminstabilitäten sorgen, was nie gut sein kann! Wenn Sie Beta-Treiber einsetzen wollen oder müssen, dann sollten Sie wissen, wie Sie sie deinstallieren oder wieder zur vorherigen Treiberversion zurückkehren können!

Schritt 4: Überprüfen

Im letzten Schritt werden das Ergebnis der Installation und die fehlerfreie Funktion der Komponenten überprüft. Direkt nach der Installation sollten Sie den Geräte-Manager starten und prüfen, ob Windows die Komponente erkannt hat (Abbildung 8.37). Wenn der Geräte-Manager anzeigt, dass die Komponente fehlerfrei funktioniert, benutzen Sie sie und überprüfen Sie, ob sie ihre Aufgaben auch wirklich erfüllt. Wurde ein Drucker installiert, dann drucken Sie z.B. etwas aus, und mit einem Scanner scannen Sie etwas ein. Wenn das funktioniert, dann sind Sie fertig!

Abbildung 8.37: Der Geräte-Manager zeigt an, dass das Gerät korrekt funktioniert.

Practical Application

Fehlersuche bei Erweiterungskarten

Korrekt installierte Erweiterungskarten bereiten – im Gegensatz zur Installation selbst – selten Probleme. Sehr wahrscheinlich müssen Sie sich bei der Installation von Erweiterungskarten irgendwann auf Fehlersuche begeben, meist dann, wenn Sie es selbst vermasselt haben.

Die ersten Anzeichen einer fehlerhaft installierten Karte zeigen sich normalerweise sofort, wenn sie ihre Aufgaben erfüllen soll, dies aber nicht tut. Dann sollten Sie, nach erfolgter Prüfung im Geräte-Manager, erst einmal versuchen, die Komponente noch einmal neu zu installieren.

Andere Kapitel in diesem Buch befassen sich mit der Fehlersuche bei speziellen Hardwarekomponenten, wie z.B. bei Grafikkarten (Kapitel 19) und Soundkarten (Kapitel 20). Nutzen Sie diesen Abschnitt als allgemeine Anleitung, um besser entscheiden zu können, worauf Sie achten und wie Sie mit Problemen umgehen sollten.

Der Geräte-Manager ist unter Windows die erste Anlaufstelle bei der Diagnose und Problembehebung. Wenn nach der Installation einer neuen Komponente etwas nicht funktioniert, können Sie im Geräte-Manager viele nützliche Hinweise finden.

Gelegentlich werden neue Komponenten im Geräte-Manager noch nicht einmal angezeigt. Dann prüfen Sie, ob die Komponente physisch korrekt installiert wurde und mit Strom versorgt wird. Prüfen Sie dann, ob Windows das Gerät nun erkennt. Wenn das Gerät im Geräte-Manager immer noch nicht angezeigt wird, liegt eines von zwei Problemen vor: Entweder ist das Gerät physisch defekt und muss

Kapitel 8

ersetzt werden, oder es handelt sich nicht um eine externe, sondern um eine Onboard-Komponente, die im CMOS-Setup deaktiviert wurde.

Nur selten werden Komponenten vom Geräte-Manager gar nicht erkannt. Viel häufiger werden Komponenten erkannt und Hinweise auf bestehende Probleme angezeigt. Dann finden Sie im Geräte-Manager Fehlersymbole wie ein schwarzes »!«, ein rotes »X« oder ein blaues »I«.

❏ Das schwarze »!« im gelben Dreieck (Abbildung 8.38) weist auf eine Komponente hin, die fehlt bzw. von Windows nicht erkannt wurde, oder darauf, dass Treiberprobleme vorliegen. Manchmal funktionieren Komponenten selbst dann, wenn dieser Fehler gemeldet wird.

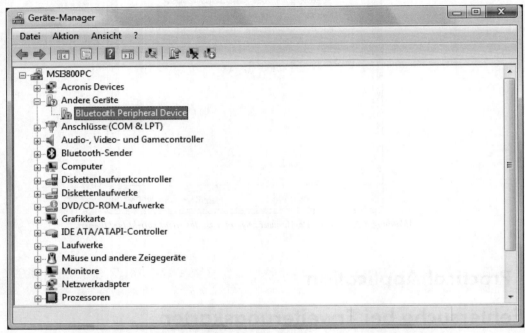

Abbildung 8.38: Das Ausrufezeichen im Dreieck weist auf Probleme mit der Komponente hin.

❏ Ein rotes »X« weist auf eine deaktivierte Komponente hin. Meist handelt es sich dabei um manuell deaktivierte oder defekte Geräte. Geräte mit einem solchen Fehler funktionieren nicht.

❏ Ein blaues »i« in einem weißen Kreis weist auf Komponenten hin, deren Systemressourcen manuell konfiguriert wurden. Auf ACPI-Systemen kann es zu diesem Fehler nicht kommen. Dieses Symbol dient nur Informationszwecken und weist nicht auf fehlerhaft funktionierende Komponenten hin.

Das Ausrufezeichen ist das weitaus häufigste Fehlersymbol und meist recht einfach zu beseitigen. Zunächst überprüfen Sie noch einmal die Geräteanschlüsse. Dann versuchen Sie, die Treiber über die Schaltfläche TREIBER AKTUALISIEREN erneut zu installieren. Klicken Sie dazu die Komponente mit der rechten Maustaste an und wählen Sie im Kontextmenü EIGENSCHAFTEN. Im Dialogfeld aktivieren Sie dann die Registerkarte TREIBER. Dort klicken Sie die Schaltfläche TREIBER AKTUALISIEREN an (Abbildung 8.39).

Erweiterungsbus

Abbildung 8.39: Treibersoftware aktualisieren

Ein rotes »X« sorgt bei den meisten Technikern für Entsetzen. Wenn es bei Ihnen auftritt, prüfen Sie zunächst, ob das Gerät nicht deaktiviert ist. Klicken Sie das Gerät mit der rechten Maustaste an und wählen Sie AKTIVIEREN. Wenn das nicht funktioniert (was häufig der Fall ist), versuchen Sie, wieder den zuletzt verwendeten Treiber zu installieren (falls Sie den Treiber aktualisiert haben) oder zu deinstallieren (falls es sich um eine Neuinstallation handelt). Fahren Sie das System herunter und prüfen Sie, ob die Komponente korrekt installiert ist. Anschließend wiederholen Sie die gesamte Treiberinstallation und achten dabei darauf, möglichst aktuelle Treiber zu verwenden. Wenn keins dieser Verfahren funktioniert, geben Sie die Karte zurück, denn sie ist sehr wahrscheinlich defekt.

Wenn Sie Fehler im Geräte-Manager genauer untersuchen, dann finden Sie dort Fehlercodes bei Geräten, die nicht korrekt funktionieren. Windows kennt etwa 20 verschiedene Fehlercodes, bei Reparaturen greift man aber immer auf die oben beschriebenen Maßnahmen zurück. Wenn Sie sich wirklich frustrieren wollen, probieren Sie doch einmal den integrierten Problemlöser von Windows aus. Dort beginnen fast alle Ratschläge gleich, nämlich mit der Neuinstallation der Gerätetreiber.

Wiederholung

Fragen

1. Welche der folgenden Aussagen über den Erweiterungsbus ist zutreffend?
   - **A.** Der Erweiterungsbus läuft mit der Geschwindigkeit des Systemtakts.
   - **B.** Der Taktgeber des Erweiterungsbusses legt dessen Geschwindigkeit fest.
   - **C.** Die CPU kommuniziert über den Erweiterungsbus mit dem RAM.
   - **D.** »Frontside-Bus« ist eine andere Bezeichnung für den Erweiterungsbus.

Kapitel 8

2. Welche der folgenden Aussagen beschreibt das hexadezimale Zahlensystem am besten?
   A. Es handelt sich um ein binäres Zahlensystem, das nur zwei Ziffern verwendet, 0 und 1.
   B. Es ist ein anderer Name für das dezimale Zahlensystem und verwendet die zehn Ziffern von 0 bis 9.
   C. Es handelt sich um ein achtstelliges Zahlensystem, wofür die Buchstaben A bis H verwendet werden.
   D. Es handelt sich um ein sechzehnstelliges Zahlensystem zur übersichtlicheren Darstellung von Binärzahlen, das die Ziffern von 0 bis 9 und die Buchstaben A bis F verwendet.

3. AGP steht für _____ und ist eine Erweiterung des _____-Busses.
   A. Accelerated Graphics Port, PCI
   B. Alternative Graphics Port, PCI
   C. Accelerated Graphics Port, ISA
   D. Alternative Graphics Port, ISA

4. Welche der folgenden Komponenten arbeitet wahrscheinlich immer noch mit DMA-Zugriffen?
   A. USB-Speicherstick
   B. Diskettenlaufwerk
   C. Festplatte
   D. CD-ROM-Laufwerk

5. Was bedeutet ein rotes »X« neben einer Komponente im Geräte-Manager?
   A. Es wurde ein kompatibler Treiber installiert, der möglicherweise nicht alle Funktionen der Komponente unterstützt.
   B. Die Komponente ist nicht vorhanden oder kann von Windows nicht erkannt werden.
   C. Die Systemressourcen wurden manuell zugewiesen.
   D. Das Gerät wurde deaktiviert, weil es beschädigt ist oder einen Systemressourcenkonflikt verursacht.

6. Was sollten Sie tun, wenn Sie eine Erweiterungskarte einbauen?
   A. Sicherstellen, dass der Computer an eine Steckdose angeschlossen ist
   B. Die Karte nur an den Verbindungskontakten anfassen
   C. Die Karte mit Druck, aber ohne übermäßigen Krafteinsatz in den Steckplatz einrasten lassen
   D. Vermeiden, dass das Abschlussblech das PC-Gehäuse berührt

7. Wie kommuniziert die CPU mit einem Gerät?
   A. Es benutzt die E/A-Adressen des Geräts über den Adressbus.
   B. Es benutzt die IRQ-Adressen des Geräts über den Datenbus.
   C. Es verwendet den COM-Anschluss des Geräts über den Adressbus.
   D. Es verwendet die DMA-Adresse des Geräts über den Adressbus.

8. Was benötigt ein Gerät, um die Kommunikation mit der CPU zu initiieren?
   A. IO/MEM-Leitung
   B. Bus-Mastering
   C. DMA
   D. IRQ

9. Welche PCI-Variante wurde speziell für Laptops entwickelt?
   A. PCI-X
   B. PCIe
   C. Mini-PCI
   D. AGP

10. Welcher der folgenden Bustypen arbeitet mit serieller und nicht mit paralleler Datenübertragung?
    A. AGP
    B. PCI
    C. PCIe
    D. PCI-X

Antworten

1. **B.** Ein separater Taktgeber sorgt dafür, dass der Erweiterungsbus mit einer anderen Geschwindigkeit als der Frontside-Bus arbeiten kann.
2. **D.** Das hexadezimale Zahlensystem stellt binäre Werte unter Verwendung der Zeichen 0–9 und A–F dar.
3. **A.** Bei AGP (Accelerated Graphics Port) handelt es sich um einen speziellen PCI-Steckplatz für Grafikkarten.
4. **B.** Bei den meisten modernen PCs arbeitet nur noch das Diskettenlaufwerk (falls ein solches installiert ist) mit klassischen DMA-Transfers.
5. **B.** Das gefürchtete rote »X« kann auf einen fehlerhaften Anschluss, fehlerhafte Treiber oder sogar defekte Karten hinweisen.
6. **C.** Nachdem Sie die Karte nur an den Kanten und die Steckplatzverbindungen gar nicht berührt haben, sollten Sie sie in einem nicht an die Stromversorgung angeschlossenen System in einen freien Steckplatz einsetzen und dabei fest und gleichmäßig drücken, bis das Slotblech die Gehäuserückwand berührt.
7. **A.** Die CPU benutzt die E/A-Adressen eines Geräts über den Adressbus, um mit ihm zu kommunizieren.
8. **D.** Ein Gerät benutzt seinen IRQ, um die CPU auf sich aufmerksam zu machen und die Kommunikation einzuleiten.
9. **C.** Das Mini-PCI-Format spart Platz und Strom, wodurch es zum idealen Kartentyp für Laptops wird.
10. **C.** PCI Express arbeitet mit serieller und nicht mit paralleler Datenübertragung.

9

Mainboards

Themen in diesem Kapitel
- Die Funktionsweise von Mainboards erklären
- Die verschiedenen Mainboard-Typen erkennen
- Chipsatz-Varianten erklären
- Mainboards aufrüsten und installieren
- Fehlersuche bei Problemen mit dem Mainboard

Das *Mainboard* bildet die Basis des Personal Computers. Alle Hardwarekomponenten von der CPU bis hin zur einfachsten Erweiterungskarte sind direkt oder indirekt mit dem Mainboard verbunden. Das Mainboard enthält alle Leitungen – so genannte *Leiterbahnen* –, die die verschiedenen Busse des Systems darstellen. Es enthält die meisten der von Peripheriegeräten verwendeten Anschlüsse und verteilt den Strom vom Netzteil (Abbildung 9.1). Ohne Mainboard hätten Sie buchstäblich keinen PC.

Abbildung 9.1: Sichtbare Leiterbahnen unterhalb des CPU-Sockels auf einem Mainboard

Geschichte und Konzepte

Wie Mainboards funktionieren

Drei variable und voneinander abhängige Merkmale definieren moderne Mainboards: Formfaktor, Chipsatz und Komponenten. Der *Formfaktor* bestimmt die physischen Abmessungen des Mainboards sowie die allgemeine Anordnung von Komponenten und Anschlüssen. Der *Chipsatz* bestimmt, welcher Prozessortyp und welche Art von Speichermodulen verwendet werden können, und zum Teil auch, welche integrierten Komponenten (auch Erweiterungssteckplätze) von einem Mainboard unterstützt werden. Und schließlich bestimmen die *integrierten Komponenten* die Funktionalität des Systems.

Jeder gute Techniker sollte Kunden eine Empfehlung hinsichtlich des Mainboards einfach anhand der Spezifikationen geben können. Da das Mainboard die Funktion, Erweiterbarkeit und Stabilität des gesamten Rechners bestimmt, ist es wichtig, dass Sie über Mainboards Bescheid wissen!

Formfaktoren

Formfaktoren sind von der Industrie standardisierte Formvorgaben und Layouts, durch die Mainboards, Gehäuse und Netzteile zusammenpassen und miteinander kombinierbar werden. Ein einzelner Formfaktor gilt für alle drei Komponenten. Beispielsweise haben alle Mainboards eine rechteckige oder quadratische Form, variieren aber im Hinblick auf Gesamtgröße und Layout der eingebauten Komponenten (Abbildung 9.2). Sie müssen ein Mainboard in ein passendes Gehäuse einbauen, damit Anschlüsse und Gehäuseaussparungen an der Rückseite zueinander passen.

Abbildung 9.2: Typisches Mainboard

Die Anschlüsse von Netzteil und Mainboard müssen zueinander passen, wobei unterschiedliche Formfaktoren verschiedene Anschlussvarianten definieren. Der Formfaktor bezieht sich auf Gehäuse, Mainboard und Netzteil, die drei Rechnerkomponenten, die die Luftzirkulation im PC maßgeblich beeinflussen. Letztlich ist der Formfaktor damit auch für die Lüftung des Gehäuses entscheidend.

Um das Mainboard aufrüsten oder Kunden zuverlässige Empfehlungen geben zu können, müssen die Techniker die Formfaktoren kennen. Die PC-Industrie hat im Laufe der Jahre mehrere Formfaktoren definiert (und wieder verworfen), die z.B. AT, ATX und BTX genannt wurden. Wir beginnen mit AT und damit mit dem Urahn aller PC-Formfaktoren.

AT-Formfaktor

Der *AT-Formfaktor* (Abbildung 9.3), den IBM Anfang der 1980er Jahre erfand, war bis Mitte der 1990er Jahre bei Mainboards vorherrschend. Heute ist AT veraltet.

Abbildung 9.3: AT-Mainboard

Beim AT-Mainboard gab es einige Größenvariationen, sie waren aber durchweg vergleichsweise groß (Abbildung 9.4). Das Original-AT-Mainboard war riesig, gut 30 cm breit und etwa 33 cm lang. Die PC-Technologie war noch neu und die verschiedenen Chips, die man für den Betrieb der verschiedenen PC-Komponenten benötigte, wie etwa die Tastatur, nahmen noch viel Platz in Anspruch.

Abbildung 9.4: AT-Mainboard (unten) und Baby AT-Mainboard (oben)

Hinweis

Alle AT-Mainboards hatten einen zweigeteilten Netzteilanschluss, der *P8/P9* genannt wurde. Sie können den weißen P8/P9-Anschluss in den Abbildungen 9.3 und 9.4 in der Nähe des Tastaturanschlusses sehen.

Das größte Problem bei AT-Mainboards war, dass es keine externen Anschlüsse gab. Als die PCs erfunden wurden, wurden an einen durchschnittlichen PC nur ein Bildschirm und eine Tastatur angeschlossen. Und entsprechend war der AT aufgebaut: Der einzige spezielle Anschluss auf einem AT-Mainboard war der Tastaturanschluss (Abbildung 9.5).

Abbildung 9.5: Tastaturanschluss auf der Rückseite eines AT-Mainboards

Mit den Jahren hat die Anzahl der Geräte, die hinten am PC angeschlossen werden können, enorm zugenommen. Am durchschnittlichen PC gibt es heute eine Tastatur, eine Maus, einen Drucker, Lautsprecher, einen Bildschirm, und wenn Sie ein System wie ich einsetzen, vier bis sechs USB-Geräte, die jeweils angeschlossen sind. Diese zusätzlichen Komponenten machten einen neuen Formfaktor erforderlich, der mehr Geräteanschlüsse bot. Viele Versuche wurden unternommen, um einen neuen Standard-Formfaktor zu schaffen. Alle diese neuen Formfaktoren hatten zumindest spezielle Anschlüsse für die Maus und den Drucker, und manche hatten sogar Anschlüsse für Bildschirme, Sound und Telefonleitungen.

Eine sehr erfolgreiche Variante des AT-Formfaktors war der Slimline-Formfaktor. Der erste *Slimline*-Formfaktor wurde *LPX* genannt (wobei das Kürzel laut einigen Quellen die Bedeutung *Low Profile Extended* haben soll, was sich aber nicht wirklich belegen lässt). Er wurde vom *NLX*-Formfaktor abgelöst. (NLX steht übrigens offenbar für nichts. Es ist nur ein nettes Kürzel.) Die LPX- und NLX-Formfaktoren erfüllten mit ihrem mittig platzierten Riser-Steckplatz, in den eine spezielle *Riser-Karte* eingesetzt werden konnte (Abbildung 9.6), die Anforderungen des Slimline-Markts. Die Erweiterungskarten passten dann waagerecht in die Riser-Karte. Durch die Nutzung der Riser-Karten in den Steckplätzen auf dem Mainboard konnten die Hersteller PCs bauen, die nur wenig mehr als zehn Zentimeter hoch (oder senkrecht aufgestellt: breit) waren.

Abbildung 9.6: Riser-Karte im Steckplatz eines älteren Mainboards

Das größte Problem mit Formfaktoren wie LPX und NLX war ihre mangelnde Flexibilität. Natürlich gab es keine Probleme mit speziellen Verbindungen für Geräte wie etwa Mäuse oder Drucker, aber

Mainboards

die neuen Formfaktoren besaßen auch Anschlüsse für Komponenten wie Bildschirm und Sound, die damals bereits nach kurzer Zeit veraltet waren. Und sobald sich ein neuer Video- oder Soundstandard durchgesetzt hatte, musste man damit gleich das ganze Mainboard austauschen.

Essentials

ATX-Formfaktor

Die andauernde Forderung nach einem neuen Formfaktor mit mehr Standardanschlüssen, der gleichzeitig flexibel genug war, um auch möglichem technologischem Wandel gerecht werden zu können, führte 1995 zur Entwicklung des *ATX-Formfaktors* (Abbildung 9.7). ATX konnte sich anfangs kaum durchsetzen, überflügelte dann aber etwa 1998 AT und wurde zum heute verbreitetsten Formfaktor.

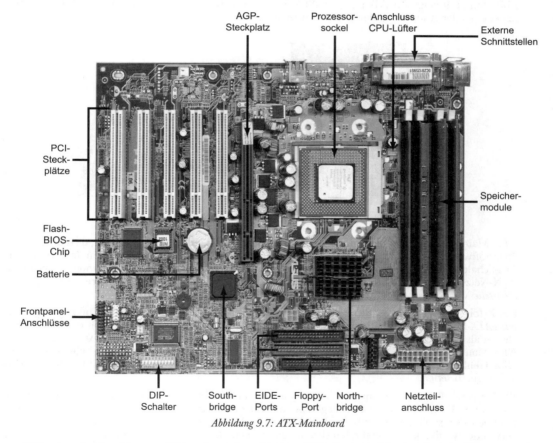

Abbildung 9.7: ATX-Mainboard

ATX unterscheidet sich von AT insofern, als es keinen AT-Tastaturanschluss mehr gibt. Dieser wurde durch einen Anschlussbereich ersetzt, der Platz für alle erforderlichen Schnittstellen bietet. Beachten Sie in Abbildung 9.8 die Mini-DIN-Anschlüsse (PS/2-Anschlüsse) für Tastatur und Maus, mit denen die allermeisten ATX-Mainboards lange standardmäßig ausgerüstet waren, und an die Sie sich aus Kapitel 3 (*Der gläserne PC*) noch erinnern können, oder?

Abbildung 9.8: ATX-Anschlussbereich

Der ATX-Formfaktor bietet im Vergleich zum AT-Format zahlreiche Verbesserungen. Beispielsweise sorgt die Platzierung des Netzteils für eine bessere Luftzirkulation im Gehäuseinneren. Die CPU und die Speichermodule sind so angeordnet, dass sie besser zugänglich sind. Weitere Verbesserungen sorgen ebenfalls für Leistungssteigerungen, wie z.B. die Platzierung des Arbeitsspeichers und der CPU näher an der Northbridge als bei AT-Platinen. Je kürzer die Leitungen, desto leichter lassen sich diese abschirmen, damit sie mit dem doppelten oder vierfachen Mainboard-Takt betrieben werden können. Abbildung 9.9 zeigt ein AT- und ein ATX-Mainboard. Beachten Sie dabei die drastischen Unterschiede bei der Anordnung der internen Anschlüsse.

Abbildung 9.9: AT- (links) und ATX-Mainboard (rechts) im Vergleich

ATX-Mainboards unterstützen eine Funktion, die *Softpower* genannt wird. Das heißt, dass der Rechner über Software ein- und ausgeschaltet werden kann. Physisch äußert sich Softpower in der Art des Ein/Aus-Schalters. Anstelle der dicken Leitung, die in AT-Systemen verwendet wird, handelt es sich beim ATX-Netzschalter lediglich um ein paar dünne Drähte, die zum Mainboard führen. In Kapitel 10 (*Netzteile*) werden wir uns ausführlicher mit diesem Thema befassen.

Der Erfolg von ATX erstreckte sich auf zwei Formfaktor-Untertypen für spezielle Einsatzgebiete. Das *microATX*-Mainboard (Abbildung 9.10) ist nur etwa 24,5 x 24,5 cm groß und damit etwa 30 Prozent kleiner als ein Standard-ATX-Mainboard, bietet aber weiterhin die Standard-ATX-Anschlüsse. Micro-ATX-Mainboards lassen sich in herkömmliche ATX-Gehäuse, aber auch in die viel kleineren micro-ATX-Gehäuse einbauen. MicroATX wird manchmal auch mit dem griechischen Symbol für Mikro als µATX geschrieben.

1999 entwickelte Intel eine microATX-Variante, die *FlexATX* genannt wurde. Die minimalen Abmessungen von FlexATX-Mainboards liegen bei nur ca. 24 x 19 cm, so dass es sich hier um die kleinsten Mainboards des ATX-Standards handelt. Auch wenn für FlexATX ein standardmäßiges ATX-Netzteil verwendet werden könnte, befinden sich in den meisten FlexATX-Systemen doch spezielle FlexATX-Netzteile. Dieses sehr kleine Netzteil passt in flache FlexATX-Gehäuse.

> **Hinweis**
>
> Viele Techniker und Websites sprechen von »Mini-ATX«, wenn es um Mainboards mit kleineren Abmessungen als denen normaler ATX-Platinen geht. In den Spezifikationen dieser kleineren Platinen werden die Bezeichnungen *microATX* oder *FlexATX* verwendet.

Mainboards

Abbildung 9.10: Ein microATX-Mainboard

Vergessen Sie nicht, dass für die jeweiligen Formfaktoren jeweils eigene Gehäuse benötigt werden. AT-Mainboards passen nur in AT-Gehäuse, während NLX-Mainboards nur in NLX-Gehäuse und ATX-Boards nur in ein ATX-Gehäuse passen. Sie können den Formfaktor des Mainboards nicht wechseln, ohne auch ein neues Gehäuse zu kaufen (Abbildung 9.11). Die Ausnahme zu dieser Regel ist, dass Gehäuse des größeren ATX-Formfaktors beliebige Mainboards mit kleinerem Formfaktor aufnehmen können.

Abbildung 9.11: Das wird nicht passen!

BTX-Formfaktor

Trotz der von ATX unterstützten Belüftung erzeugen schnellere CPUs und leistungsfähige Grafikkarten enorm viel Abwärme, weshalb die PC-Industrie sich veranlasst sah, den »coolsten« neuen Formfaktor zu entwickeln, der heute eingesetzt wird, den *BTX-Formfaktor* (Balanced Technology eXtended) (Abbildung 9.12). BTX definiert drei Untertypen: Standard-BTX, microBTX und picoBTX, die ATX, microATX bzw. FlexATX ersetzen sollten.

Abbildung 9.12: MicroBTX-Mainboard

Auf den ersten Blick sieht BTX wie ATX aus, beachten Sie jedoch, dass die E/A-Anschlüsse und die Erweiterungssteckplätze die Seiten getauscht haben. Ein BTX-Mainboard kann nicht in ein ATX-Gehäuse eingebaut werden. Bei BTX ändert sich nichts an der Stromversorgung, weshalb es keine speziellen BTX-Netzteile gibt.

Hinweis

Viele Hersteller verkaufen von ihnen so bezeichnete »BTX-Netzteile«. Dabei handelt es sich nur um Marketing-Spielereien. Weitere Informationen finden Sie in Kapitel 10 (*Netzteile*).

Der BTX-Standard ist rundherum darauf ausgelegt, die Kühlung zu verbessern. BTX-Gehäuse lassen kühle Luft von der Vorderseite einströmen und warme Luft an der Hinterseite ausströmen. Die CPUs wurden auf dem Mainboard so nach vorne verschoben, dass sie die kühle Luft erhalten, die vorne in das Gehäuse gelangt. BTX definiert einen speziellen Kühlkörper und einen Lüftersatz, auch als *thermische Einheit* bezeichnet. Die Lüfter der thermischen Einheit blasen die heiße Luft von der CPU direkt hinten aus dem Gehäuse hinaus. Darin unterscheiden sie sich vom ATX-Verfahren, bei dem nur Luft in das Gehäuse geblasen wird.

Der BTX-Standard sorgt für eine deutlich bessere Kühlung als ATX, aber die PC-Industrie lässt sich mit derart einschneidenden Änderungen wie einem Wechsel des Formfaktors Zeit. Daher hat BTX bisher noch keine große Verbreitung in der Branche gefunden, und BTX-Mainboards, -Gehäuse und thermische Einheiten sind immer noch recht selten. BTX wird entweder großen Erfolg haben oder in der Bedeutungslosigkeit versinken. Was passiert, muss sich jedenfalls erst noch zeigen.

Proprietäre Formfaktoren

Einige bedeutende PC-Hersteller, wie z.B. Dell und Sony, fertigen Mainboards, die nur in firmeneigenen Gehäusen eingesetzt werden können. Diese *proprietären* Mainboards ermöglichen den Unternehmen die Fertigung von Systemen, die sich vom sonst Üblichen abheben und keineswegs zufällig dafür sorgen, dass man beim Service und bei Erweiterungen auf autorisierte Händler angewiesen ist. Einige der Merkmale proprietärer Platinen sind Riser-Steckkarten, die denen beim NLX-Formfaktor ähneln, so dass Teile der Schaltungen, die sich sonst auf dem Mainboard befinden, auf einer zweiten Platine untergebracht werden, die mit dem Mainboard über besondere Kabel verbunden ist und über proprietäre Anschlüsse für die Stromversorgung verfügt. Proprietäre Mainboards können Techniker in den Wahnsinn treiben, weil Ersatzteile meist deutlich teurer und deutlich schwerer erhältlich sind.

Chipsatz

Jedes Mainboard hat einen Chipsatz. Der Chipsatz definiert das Mainboard auf vielerlei Art und Weise. Er bestimmt z.B. den verwendbaren Prozessortyp, Art und Kapazität der Speichermodule und die vom Mainboard unterstützten internen und externen Komponenten. Wie Sie in den bisherigen Kapiteln bereits erfahren haben, dienen die Chips des Chipsatzes als elektronische Schnittstellen, über die CPU, Arbeitsspeicher und Ein-/Ausgabekomponenten zusammenarbeiten können. Chipsätze bieten unterschiedliche Funktionen, unterschiedliche Leistung und arbeiten unterschiedlich stabil, wodurch sie erheblich zum Kauf oder zur Empfehlung eines bestimmten Mainboards beitragen können. Gute Techniker kennen die jeweils eingesetzten Chipsätze!

Da der Chipsatz die Kommunikation zwischen der CPU und anderen Systemkomponenten regelt, befinden sich die Chips, aus denen er besteht, relativ zentral auf dem Mainboard (Abbildung 9.13). Die meisten modernen Chipsätze bestehen aus zwei primären Chips (Northbridge und Southbridge).

Abbildung 9.13: Northbridge (unter dem Lüfter) und Southbridge (unten rechts, Aufschrift VIA)

Wie bereits in früheren Kapiteln erwähnt wurde, unterstützt der Northbridge-Chip auf Intel-basierten Mainboards die CPU bei der Zusammenarbeit mit dem Arbeitsspeicher. Auf neueren AMD- und Intel-basierten Mainboards arbeitet die Northbridge jedoch nicht direkt mit dem Arbeitsspeicher, sondern mit der Grafikkarte zusammen. Die CPU hat hier die Rolle des Speichercontrollers mit übernommen. Aktuelle Northbridge-Chips sind recht beschäftigt und werden daher ziemlich heiß, so dass sie eigene Kühlkörper und Lüfter besitzen.

Die Southbridge ist für einige der Erweiterungskomponenten und Massenspeicherkomponenten zuständig, wie beispielsweise Festplatten. Die meisten Southbridge-Chips benötigen keine zusätzliche Kühlung, so dass der Chip freiliegt oder nur mit einem Kühlkörper passiv gekühlt wird. Auf diese Weise kann man auf der Southbridge leicht den Namen des Chipsatzherstellers ablesen, wie z.B. Intel.

Viele Mainboards unterstützen sehr alte Technologien, wie etwa Diskettenlaufwerke, Infrarotverbindungen, parallele Schnittstellen und Modems. Obwohl die Unterstützung dieser alten Geräte einst zu den Aufgaben der Southbridge gehörte, unterstützen moderne Chipsätze diese Geräte kaum noch direkt. Die Mainboard-Hersteller fügen einen dritten Chip hinzu, den *Super-I/O-Chip*, der diese Aufgaben übernimmt. Abbildung 9.14 zeigt einen typischen Super-I/O-Chip.

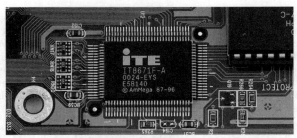

Abbildung 9.14: Super-I/O-Chip auf einem ASUS-Mainboard

Hinweis

Super-I/O-Chips arbeiten mit Chipsätzen zusammen, sind aber nicht Teil des Chipsatzes. Die Mainboard-Hersteller kaufen sie separat.

Der Chip mit dem System-ROM sorgt für einen Teil des Chipsatz-BIOS, allerdings nur auf grundlegender, allgemeiner Ebene. Der Chipsatz benötigt zusätzliche Unterstützung für seine weiteren Funktionen. Wie kommen aber die Erweiterungskomponenten an ihr BIOS? Dafür sorgen natürlich Softwaretreiber und dasselbe gilt auch für moderne Chipsätze. Sie müssen die passenden Treiber für das jeweils installierte Betriebssystem laden, um alle Funktionen moderner Chipsätze nutzen zu können. Ohne Softwaretreiber können Sie keinen voll funktionsfähigen, stabil arbeitenden PC einrichten. Allen Mainboards liegt bei der Auslieferung eine CD mit Treibern, Support-Programmen und meist einigen zusätzlichen Dreingaben, wie z.B. einem Antivirenprogramm, bei (Abbildung 9.15).

Abbildung 9.15: Treiber-CD für ein ASRock-Mainboard

Es gibt nur eine begrenzte Anzahl an Chipsatz-Herstellern. Auch wenn einige andere Unternehmen weiterhin Chipsätze produzieren, wie z.B. AMD über seine Marke ATI, sind Intel und nVidia heute die in diesem Bereich dominanten Hersteller. Mainboard-Hersteller integrieren die Chipsätze in ihre Mainboards, die funktional auf die Fähigkeiten des Chipsatzes abgestimmt sind. Chipsatz-Unternehmen haben alle paar Jahre Erfolg, um dann wieder abzutauchen. Manchmal hat man zwar den Eindruck, dass ein Unternehmen die Führungsposition für eine Weile übernimmt, aber nur, bis es wieder von einem anderen abgelöst wird.

Hinweis

In einem durchschnittlichen Jahr produzieren alle Chipsatz-Hersteller zusammen etwa hundert neue Chipsatz-Modelle für den PC-Markt.

Mainboards

Chipsatz-Hersteller verwenden nicht immer die Begriffe Northbridge und Southbridge. Bei AMD-basierten Mainboards werden die Begriffe eher verwendet, bei Intel-basierten Mainboards werden die Begriffe *MCH (Memory Controller Hub)* für die Northbridge und *ICH (I/O Controller Hub)* für die Southbridge bevorzugt. Mit dem Erscheinen des X58-Express-Chipsatzes hat Intel die Begriffe weiter verfeinert und nennt die Northbridge nun einfach *IOH (I/O Hub)*, da sich der Speichercontroller innerhalb der CPU befindet. Manchmal bezeichnet Intel die Southbridge auch als *Legacy I/O Controller Hub* und bringt damit zum Ausdruck, dass die Schaltkreise eigentlich veraltete E/A-Komponenten bedienen. Unabhängig vom offiziellen Namen sind jedoch Northbridge und Southbridge die allgemein üblichen Namen. Abbildung 9.16 zeigt einen Überblick mit typischen Chipsatz-Aufgaben für einen VIA-K8T900-Chipsatz.

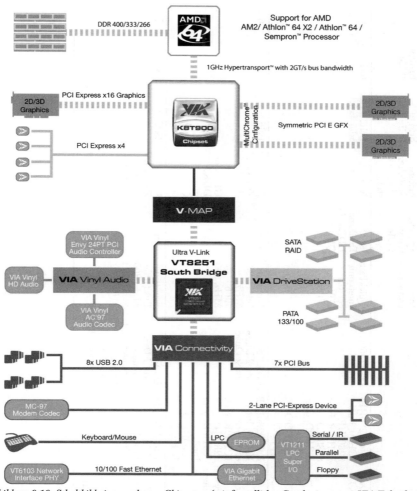

Abbildung 9.16: Schaltbild eines modernen Chipsatzes (mit freundlicher Genehmigung von VIA Technologies)

Hier eine umfassende Liste von Chipsätzen abzudrucken, die nicht bereits beim Erscheinen des Buches veraltet wäre, ist praktisch unmöglich. Tabelle 9.1 soll Ihnen aber immerhin einen Eindruck davon geben, worauf Sie bei der Suche nach einem geeigneten Mainboard achten sollten, das Sie empfehlen oder kaufen wollen.

Mainboards

Chipsatz	North-bridge	Southbridge	CPU	CPU Inter-connect	CPU-Speicher-schnittstelle	North-bridge-Speicher-schnittstelle	North-bridge PCIe	South-bridge PCIe	SATA	RAID	USB	Inte-grierte Grafik-karte
Intel X58 Express	Intel 82X58 Express I/O Hub (IOH)	Intel 8280IJIB ICH10, Intel 8280IJIR ICH10R, Intel 8280IJD ICH10D, oder Intel 8280IJDO ICH10D	LGA1366: Core i7	QuickPath Interconnect (6,4 GT/s, 4,8 GT/s)	Ja, Dreikanal-DDR3 (24 GB max)	Nein	1x16, 2x16 oder 4x8	6x1	6	Ja; 0,1,5,1 0	12 Hi-Speed	Nein
Intel Q45 Express	Intel 82Q45 Graphics and Memory Controller Hub (GMCH)	Intel 8280IJIB ICH10, Intel 8280IJIR ICH10R, Intel 8280IJD ICH10D, oder Intel 8280IJDO ICH10D	LGA775: Core2 Duo, Core2 Quad	Frontside-Bus (1333 MHz, 1066 MHz, 800 MHz)	Nein	Ja, Zweikanal-DDR2 (max. 16 GB) oder DDR3 (max. 8 GB)	1x16	6x1	6	Ja; 0,1,5,1 0	12 Hi-Speed	Ja
Intel Q965 Express	Intel 82Q965 Graphics and Memory Controller Hub (GMCH)	Intel 82801HB ICH8 oder Intel 82801HR ICH8R	LGA775: Core2 Duo, Pentium D, Pentium 4 mit Hyper-threading-Unterstützung	Frontside-Bus (1066 MHz, 800 MHz, 533 MHz)	Nein	Ja, Zweikanal-DDR2 (max. 8 GB)	1x16	6x1	6	Ja; 0,1,5,1 0	10 Hi-Speed	Ja

Tabelle 9.1: Chipsatz-Vergleichstabelle

Chipsatz	North-bridge	Southbridge	CPU	CPU Inter-connect	CPU-Speicher-schnitt-stelle	North-bridge-Speicher-schnitt-stelle	North-bridge PCIe	South-bridge PCIe	SATA	RAID	USB	Inte-grierte Grafik-karte
nVidia nForce 980a SLI	nVidia nForce 980a SLI	N/A[1]	AM3, AM2+, AM2: Phenom X4, Phenom X3, Phenom II X4, Phenom II X3, Athlon X2, Athlon	HyperTransport 3.0 (5,2 GT/s, 2 GT/s, 1,6 GT/s)	Ja, Zweikanal-DDR3 (max. 16 GB)	Nein	3x16, 2x16, 1x16, 2x8, oder 4x8 + 4x1	N/A[1]	6	Ja: 0, 1, 0+1, 5	12 Hi-Speed	Nein
nVidia GeForce 9400 mGPU	nVidia GeForce 9400 mGPU	N/A[1]	LGA775: Pentium D, Core 2 Quad, Core 2 Extreme, Core 2 Duo, Celeron D	Frontside-Bus (1333 MHz, 1066 MHz, 800 MHz)	Nein	Ja, Zweikanal-DDR2 (max. 16 GB) oder DDR3 (max. 8 GB)	1x16 + 4x1	N/A[1]	6	Ja: 0, 1, 0+1, 5	12 Hi-Speed	Ja
AMD 770	AMD 770	AMD SB600 oder AMD SB700	AM2, AM2+: Phenom X4, Phenom X3, Athlon FX, Athlon X2, Athlon, Sempron	HyperTransport 3.0 (5,2 GT/s, 2 GT/s, 1,6 GT/s)	Ja, Zweikanal-DDR2 (max. 8 GB)	Nein	1x16	6x1	6	Ja: 0, 1, 10	12 Hi-Speed	Nein
AMD 790GX	AMD 790GX	AMD SB750	AM2+: Phenom X4, Phenom X3, Athlon FX, Athlon X2, Athlon, Sempron	HyperTransport 3.0 (5,2 GT/s, 2 GT/s)	Ja, Zweikanal-DDR2 (max. 16 GB)	Nein	1x16 oder 2x16	6x1	6	Ja: 0, 1, 5, 10	12 Hi-Speed	Ja

Tabelle 9.1: Chipsatz-Vergleichstabelle (Forts.)

[1]. nVidia unterscheidet bei seinen Chipsätzen nicht zwischen Northbridge und Southbridge.

Warum sollten gute Techniker die wichtigsten Chipsätze im Detail kennen? Der Chipsatz definiert fast jede Mainboard-Funktion, bis hin zur CPU selbst. Techniker lieben es, über Chipsätze zu sprechen, und erwarten, dass Kollegen die Unterschiede zwischen den verschiedenen Chipsätzen ebenfalls kennen. Außerdem sollten Sie Mainboards empfehlen können, die die Anforderungen Ihrer Kunden erfüllen.

Mainboard-Komponenten

Die Verbindungen und der Funktionsumfang eines Mainboards unterscheiden sich manchmal von denen des Chipsatzes, den das Mainboard verwendet. Diese Diskrepanz entsteht aus mehreren Gründen. Erstens unterstützt ein Chipsatz möglicherweise bis zu acht USB-Anschlüsse, aber um Kosten zu sparen, baut der Hersteller nur vier Anschlüsse ein. Zweitens können Mainboard-Hersteller zusätzliche Funktionen bereitstellen, die vom Chipsatz nicht unterstützt werden, und zusätzliche Chips einbauen. Ein gängiges Beispiel bilden Mainboards mit FireWire-Unterstützung. Weitere häufiger anzutreffende, zusätzliche Komponenten sind integrierte Soundchips, Festplatten-RAID-Controller und AMR- oder CNR-Steckplätze für Modems, Netzwerkkarten und anderes.

USB/FireWire

Die meisten Chipsätze unterstützen USB und viele Mainboards enthalten auch eine FireWire-Schnittstelle, aber nur selten begegnet man zwei Mainboards mit gleicher Anzahl von Anschlüssen. Mein Mainboard beispielsweise unterstützt acht USB-Anschlüsse und zwei FireWire-Anschlüsse, aber auf der Rückseite des Mainboards befinden sich nur vier USB- und ein FireWire-Anschluss. Wo bleiben die übrigen? Dafür gibt es auf dem Mainboard spezielle Anschlüsse, vier für USB und einen für FireWire. Dem Mainboard liegen Slotbleche für diese Anschlüsse bei (Abbildung 9.17). Für die Slotbleche lässt sich ein freier Slot an der Rückseite des Gehäuses benutzen.

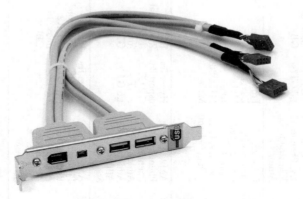

Abbildung 9.17: Slotblech mit USB/FireWire-Anschlüssen

Da die Pinbelegung der Anschlüsse an diesen Slotblechen standardisiert sind, gibt es bei vielen Gehäusen auch USB/FireWire-Ports an der Frontseite des Gehäuses. Bei USB- oder FireWire-Geräten, die Sie häufig an den Rechner anschließen und wieder von diesem trennen wollen oder müssen (z.B. Speichersticks oder Digitalkameras), ist dies höchst praktisch. Es sind auch Einschübe für 3,5-Zoll-Einbauschächte erhältlich, über die Sie USB- und/oder FireWire-Ports nach vorn legen können. Abbildung 9.18 zeigt einen passiven Einschub für diesen Zweck. Und es gibt auch Einschübe, die über das Netzteil zusätzlich mit Strom versorgt werden und nicht nur die auf dem Mainboard vorgesehene Anzahl von Ports bereitstellen können, sondern z.B. einen USB-Hub enthalten. Auch das ist wieder höchst praktisch, wenn Sie viele USB-Komponenten gleichzeitig an den Rechner anschließen wollen.

Mainboards

Abbildung 9.18: Passiver Einschub für einen Laufwerkschacht mit USB/FireWire-Ports

Sound

In sehr viele Mainboards werden heute Soundchips integriert. Diese Soundchips boten lange selbst verglichen mit einfachen Soundkarten nur eine eher bescheidene Qualität, aber der Onboard-Sound ist preiswert und es wird dafür kein Steckplatz benötigt. Die Anschlüsse entsprechen denen bei Soundkarten. Weitere Informationen finden Sie in Kapitel 20 (*Multimedia*).

RAID

RAID ist die Abkürzung für *Redundant Array of Independent* (ursprünglich: inexpensive) *Disks* und bei Mainboards recht häufig anzutreffen. Es gibt viele verschiedene RAID-Typen, aber das RAID auf den Mainboards unterstützt normalerweise nur die *Spiegelung* (*Mirroring*) oder das *Striping*. Beim *Mirroring* nehmen zwei Festplatten dieselben Daten auf, was der Datensicherheit dient, da die Daten bei einer defekten Festplatte immer noch unbeschädigt auf der anderen liegen. Beim *Striping* verhalten sich zwei Festplatten wie ein einziges Laufwerk und die Daten werden abwechselnd auf sie geschrieben, wodurch sich die Geschwindigkeit des Massenspeichers steigern lässt. RAID ist ein sehr interessantes, aber auch komplexes Thema, auf das wir ich Kapitel 11 (*Festplattentechnologien*) noch näher eingehen werde.

AMR/CNR

Die *FCC* (*U.S. Federal Communications Commission*) muss für jedes elektronische Gerät ein Zertifikat ausstellen, dass es keine unerwünschten elektronischen Signale aussendet. Das Verfahren ist recht teuer und daher hat Intel Ende der 1990er Jahre mit *AMR* (*Audio Modem Riser*) einen besonderen Steckplatz entwickelt (Abbildung 9.19). Ein AMR-Steckplatz kann spezielle AMR-Komponenten (Modems, Soundkarten und Netzwerkkarten) aufnehmen. Eine AMR-Komponente wird von der FCC zertifiziert und kann dann auf beliebig vielen Mainboards eingesetzt werden, ohne dass sie den FCC-Zertifizierungsprozess erneut durchlaufen muss. AMR wurde schnell vom fortschrittlicheren *CNR*-Steckplatz (*Communications and Networking Riser*) abgelöst. Anfang des neuen Jahrtausends gab es auf vielen Mainboards derartige Steckplätze, die aber schnell an Popularität verloren haben, weil die meisten Mainboard-Hersteller Netzwerk- und Soundkarten einfach direkt in ihre Mainboards integriert haben.

Abbildung 9.19: AMR-Steckplatz

> **Hinweis**
>
> Auf den Mainboards gab es zwar verbreitet AMR- und CNR-Steckplätze, entsprechende Steckkarten waren aber zumindest in Europa kaum erhältlich.

Practical Application

Austausch und Installation eines Mainboards

Viele Techniker werden bei der Frage nach dem Einbau oder Austausch des Mainboards erstaunlich zurückhaltend. Einen Grund dafür gibt es nicht, denn der Einbau eines Mainboards ist eine normale und recht häufige Aufgabe bei der Wartung von Rechnern. Mainboards sind heute vergleichsweise preiswert und lassen sich recht einfach austauschen, auch wenn diese Aufgabe wegen der Vielzahl der Bauteile ihre Tücken hat und ein wenig mühsam sein kann. Dieser Abschnitt beschreibt die Installation bzw. den Ausbau eines Mainboards und zeigt einige Tricks, die Ihnen diese wichtige Aufgabe erleichtern können.

Auswahl von Mainboard und Gehäuse

Die Auswahl von Mainboard und Gehäuse kann sowohl unerfahrene als auch erfahrene Techniker vor gewisse Herausforderungen stellen. Als Erstes müssen Sie bestimmen, welchen Typ von Mainboard Sie benötigen, und damit, ob AMD- oder Intel-Prozessoren verwendet werden sollen. Dann müssen Sie sich für einen Formfaktor entscheiden, wobei hier die Art des gewünschten Gehäuses mit in die Entscheidung einfließt. Drittens müssen Sie die vom Mainboard angebotenen Funktionen berücksichtigen und sich überlegen, wie schwer dessen Konfiguration sein wird. Um hier eine fundierte Entscheidung treffen zu können, müssen Sie das Mainboard-Handbuch lesen! Schließlich müssen Sie dann ein Gehäuse auswählen, das hinsichtlich Platzangebot, Budget und Formfaktor die Anforderungen erfüllt. Sehen wir uns also die einzelnen Schritte ein wenig genauer an.

> **Wichtig**
>
> Jeder CompTIA A+-Techniker sollte ein für einen Kunden passendes Mainboard aussuchen und einbauen können.

Zunächst stellen Sie fest, welches Mainboard benötigt wird. Welcher Prozessor soll verwendet werden? Unterstützt das Mainboard diesen Prozessor? Da meist Prozessor und Mainboard gleichzeitig gekauft werden, lassen Sie sich vom Verkäufer garantieren, dass Prozessor und Mainboard zusammenarbeiten. Wenn Sie es sich leisten können, dann kaufen Sie ein Mainboard, das auch noch Prozessoren mit deutlich höheren Taktfrequenzen als der des gekauften Prozessors unterstützt, damit Sie später (zu einem deutlich günstigeren Preis) auf einen leistungsfähigeren Prozessor aufrüsten können. Wie viel Arbeitsspeicher soll installiert werden? Stehen weitere RAM-Steckplätze für zukünftige Erweiterungen zur Verfügung?

Heute können Sie zwischen einer Reihe hervorragender Mainboard-Anbieter wählen, wie z.B. ASUS, BIOSTAR, DFI, Gigabyte, Intel, MSI und Shuttle. Vielleicht bietet Ihr Händler aber auch weniger bekannte, aber trotzdem erstklassige empfehlenswerte Marken an, von denen Sie eine ausprobieren können.

Zweitens sollte der Formfaktor des Mainboards zu Ihrem Gehäuse passen. Versuchen Sie nicht, ein normales ATX-Mainboard in ein microATX-Gehäuse einzubauen!

Drittens gibt es zu allen Mainboards ein technisches Handbuch, das so genannte Mainboard-Handbuch (Abbildung 9.20). Dieses Buch müssen Sie unbedingt haben, denn es ist die einzige Informationsquelle für alle kritischen Details im Zusammenhang mit dem Mainboard. Wenn Sie beispielsweise die CPU- oder RAM-Timings im CMOS falsch eingestellt haben und Ihr PC nicht mehr reagiert, wo finden Sie den Jumper zum Löschen des CMOS? Wo wird der Lautsprecher angeschlossen? Auch wenn Sie diese Arbeiten vielleicht nicht selber ausführen, sollten Sie beim Kauf immer auf dem Mainboard-Handbuch bestehen, denn irgendwann werden Sie es benötigen!

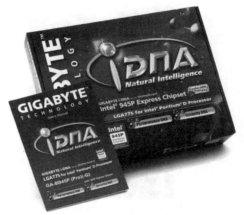

Abbildung 9.20: Karton und Handbuch eines Mainboards

Hinweis

Wenn Ihnen bei einem Mainboard das Handbuch fehlt, dann erhalten Sie es meist im PDF-Format (Adobe Acrobat) online auf der Website des Herstellers. In einem solchen Fall wäre es auch nicht schlecht, wenn Sie es dann ausdrucken und zusammen mit dem Mainboard aufbewahren würden. Ich klebe häufig eine Kopie des Handbuchs (als Ausdruck oder auf CD gebrannt) in das Gehäuse, in das ich das Mainboard installiert habe. Dabei müssen Sie nur darauf achten, dass Sie keine Lüftungsschlitze verschließen!

Wählen Sie viertens das Gehäuse sorgfältig aus. Gehäuse werden in sechs Basisvarianten angeboten: Slimline, Desktop, Mini-Tower, Midi-Tower, Tower, Big-Tower und Cube. Slimline- und Desktop-Gehäuse werden normalerweise auf dem Schreibtisch unter den Monitor gestellt. Die verschiedenen Tower-Varianten beanspruchen in der Nähe des Schreibtischs ein wenig Platz auf dem Fußboden. Heute werden vorwiegend Mini- und Midi-Tower verwendet. Überzeugen Sie sich davon, dass das Gehäuse zum Mainboard passt. Viele micro- und FlexATX-Gehäuse sind einfach zu klein für normale ATX-Mainboards. Für Cube-Gehäuse benötigen Sie im Allgemeinen ein besonderes Mainboard, deshalb sollten Sie darauf achten, beide Teile gleichzeitig zu kaufen. Eine kurze Prüfung vor dem Kauf kann Ihnen hier viel Lauferei ersparen.

Hinweis

Die Hersteller haben eine Reihe weiterer Formfaktoren und dazu passender Gehäuse entwickelt, wie z.B. insbesondere für den Apple iMac und die richtig kleinen Nettops. Beim integrierten Design des Apple iMacs befindet sich der Rechner mit im Bildschirmgehäuse und beansprucht daher extrem wenig Platz. In Nettops werden – wie in kleinen Laptops – besonders kleine Bauteile verwendet und in mehr oder weniger interessant aussehenden Gehäusen untergebracht. Diese Gehäuseformen sind einfach deshalb nicht mit den sechs Standardtypen vergleichbar, weil Sie sich nicht einfach auf Einkaufstour begeben und sich aus Komponenten den eigenen Wunschrechner zusammenstellen können. Möglicherweise müssen Sie aber derartige Rechner betreuen und warten. Dann finden Sie entsprechende Tipps in Kapitel 21 (*Tragbare Rechner*).

Kapitel 9

Gehäuse werden in zahlreichen unterschiedlichen Varianten angeboten, zwei Dinge weisen aber auf bessere Gehäuse hin. Bei dem einen handelt es sich um eine abnehmbare Frontplatte (Abbildung 9.21). (Bei vielen preiswerteren Gehäusen ist die Frontplatte über Blechschrauben fest mit dem Metall verbunden.) Durch die abnehmbare Frontplatte werden manche Montagearbeiten deutlich vereinfacht.

Abbildung 9.21: Abnehmbare Frontplatte

Eine weitere Option ist eine separate Mainboard-Befestigungsplatte. Natürlich muss das Mainboard irgendwie im Gehäuse befestigt werden. Bei besseren Gehäusen wird das Mainboard erst auf eine Trägerplatte (Abbildung 9.22) montiert. Dann können Sie es in einem getrennten Arbeitsschritt außerhalb des Gehäuses auf die Platte montieren, damit Sie zum Anziehen von Schrauben nicht umständlich mit den Armen ins Gehäuse langen müssen.

Abbildung 9.22: Trägerplatte für das Mainboard

Die dritte Variante, nämlich Frontpanel-Anschlüsse für USB, FireWire und Kopfhörer, kann die Nutzung des Rechners deutlich erleichtern. Bessere Gehäuse besitzen derartige Anschlüsse, aber es sind auch Add-on-Komponenten erhältlich, die in die immer seltener benötigten Schächte der Diskettenlaufwerke passen, über die sich an der Vorderseite des Rechners Anschlüsse bereitstellen lassen. Abbildung 9.23 zeigt ein Gehäuse mit beiden Anschlussvarianten an der Vorderseite.

Abbildung 9.23: Gehäuse mit Frontpanel-Anschlüssen und zusätzlichem Speicherkartenleser in einem Einbauschacht

Hinweis

Für mein Empfinden haben die Frontpanel-Anschlüsse meist den Nachteil, dass sich hier – neben USB- und vielleicht noch dem ein oder anderen FireWire-Anschluss – üblicherweise nur Buchsen für Kopfhörer und Mikrofon oder ein Headset befinden, während moderne 7.1-Soundchips eigentlich viel mehr zu bieten haben.

Netzteile werden häufig zusammen mit dem Gehäuse angeboten. Hüten Sie sich vor Gehäuse-Supersonderangeboten, weil diese häufig auf billige oder fehlende Netzteile hinweisen. Außerdem müssen Sie darauf achten, dass das Netzteil ausreichend Leistung bietet. Diese Aspekte werden in Kapitel 10 (*Netzteile*) eingehender beleuchtet.

Empfehlungen geben

Familie, Freunde und potenzielle Kunden holen oft den Rat von Technikern ein, wenn sie ihre Rechner aufrüsten wollen. Dann müssen Sie nicht nur alte Empfehlungen wiederholen, sondern einen Rat geben, der den Ansprüchen und dem Budget des Aufrüstwilligen gerecht wird. Um dabei erfolgreich zu sein, müssen Sie die Erwartungen einschätzen und die richtigen Fragen stellen.

1. Versuchen Sie herauszufinden, warum der Rechner aktualisiert werden soll. Machen Sie sich dabei Notizen! Häufiger soll sich der neue Rechner für ein neues Spiel eignen oder neue Technologien unterstützen. Aber welche Leistung wird mindestens für die Action-Spiele von morgen benötigt? Welche Komponenten lassen Multimedia zum Erlebnis werden? Muss das Mainboard FireWire und Hi-Speed-USB unterstützen, um sich für digitale Videoaufnahmen und bessere Drucker zu eignen?

2. Welche Komponenten des aktuell vorhandenen Systems will der Aufrüstwillige weiterhin benutzen? Wird das Mainboard ausgetauscht, dann kann schnell der Aufbau eines komplett neuen Systems erforderlich werden. Welchen Formfaktor unterstützt das alte Gehäuse? Handelt es sich um ein microATX-Gehäuse, dann lassen sich nur microATX- oder noch kleinere FlexATX-Mainboards verwenden. Wenn ein normales ATX-Mainboard verwendet werden soll, dann wird ein neues Gehäuse benötigt. Besitzt das neue Mainboard denselben Prozessorsockel wie das alte? Falls nicht, ist auch ein neuer Prozessor fällig. Wie viel Arbeitsspeicher wird benötigt? Wenn der alte Rechner noch DDR-SDRAM benutzt, das neue Mainboard aber DDR2-SDRAM verwendet, dann muss auch der Speicher ersetzt werden. Dann sollten Sie aber besser auch wissen, wie viele Kanäle die neue Speicherschnittstelle unterstützt, da die Leistung besser ist, wenn alle Kanäle benutzt werden.

   Was ist, wenn sich auf dem alten Mainboard eine schnelle AGP-Grafikkarte befand, die vom neuen nicht mehr unterstützt wird, Sie aber auch nicht gleich noch eine schnelle PCI-Express-Grafikkarte kaufen wollen? Dann wäre vielleicht ein Mainboard mit integrierter Grafikkarte besser. Und auf dem Mainboard gibt es dann ja immer noch einen PCI-Express-x16-Steckplatz, in den später noch eine schnellere, anspruchsvollere Grafikkarte eingesetzt werden kann.

3. Wenn Sie erst einmal wissen, warum der Rechner aufgerüstet werden soll und wie er ausgestattet ist, dann gilt es, aktuelle Informationen zu beschaffen! Jetzt haben Sie eine gute Entschuldigung, wieder einmal den Computerhändler aufzusuchen und sich dort über aktuelle Mainboards und die ganzen anderen tollen Komponenten zu informieren. Vergessen Sie dabei nicht, Prospekte mitzunehmen und/oder sich die Preise zu notieren! Nach dem Besuch beim Händler sollten Sie die für eine ehrliche, fundierte Empfehlung an den Aufrüstwilligen erforderlichen Informationen besitzen und ihm über die zu erwartenden Kosten Auskunft geben können. Wenn Sie sich späteren Ärger ersparen wollen, dann sollten Sie dabei ehrlich bleiben und dem Kunden nicht nur das sagen, was er hören will.

Installation eines Mainboards

Wenn Sie ein Mainboard auswechseln müssen, bauen Sie als Erstes das alte Mainboard aus. Entfernen Sie zu diesem Zweck erst einmal alle Steckkarten. Entfernen Sie außerdem alles, was den Ausbau oder die Installation des Mainboards behindern könnte, wie z.B. Festplatten oder Diskettenlaufwerke. Achten Sie auf die Schrauben – am besten drehen Sie die Schrauben nach dem Ausbau der Komponenten vorübergehend wieder in die Schraublöcher ein, bis Sie sie erneut zum Einbau benötigen. Manchmal muss man vorübergehend auch das Netzteil ausbauen, um an das Mainboard heranzukommen. Notieren Sie sich die Position der kleinen Stecker für den Lautsprecher, den Ein/Aus-Schalter und die Reset-Taste für den Fall, dass Sie sie wieder anschließen müssen.

Wichtig

Die CompTIA A+ Essentials-Prüfung überprüft, ob Sie ein Mainboard einbauen können, lesen Sie also diesen Abschnitt gut durch!

Lösen Sie die Schrauben des Mainboards. *Das Mainboard lässt sich oft nicht einfach herausheben*, da es mit kleinen *Abstandhaltern* aus Kunststoff im Gehäuse befestigt ist, die seitlich in Aussparungen im Gehäuse geschoben werden und dort einrasten (Abbildung 9.24). In die Distanzbolzen aus Metall (*Standouts*) werden Schrauben gedreht, die das Mainboard in Position halten. Wenn die CPU oder Speichermodule entfernt wurden, dann sorgen Sie vor der Installation des neuen Mainboards dafür, dass sie wieder eingebaut werden.

Vorsicht

Vermeiden Sie hier elektrostatische Entladungen (ESD)! Denken Sie daran, dass Prozessoren und RAM-Module durch elektrostatische Entladungen leicht zerstört werden können. Und auch das Mainboard kann dadurch leicht beschädigt werden. Tragen Sie Ihr Antistatikarmband!

Mainboards

Abbildung 9.24: Distanzbolzen im Gehäuse vor dem Einbau des Mainboards

Viele Techniker installieren den Prozessor, seinen Lüfter und den Arbeitsspeicher auf dem Mainboard, bevor sie dieses in das Gehäuse einbauen. Dadurch erleichtern Sie sich – speziell bei einem neuen System – die Arbeit. Erstens wollen Sie wissen, dass Prozessor und Speichermodule mit dem Mainboard zusammenarbeiten, da sich ansonsten kein stabiles System einrichten lässt. Zweitens lässt sich auf diese Weise das Durchbiegen des Mainboards verhindern. Einige Gehäuse stützen das Mainboard nur unzureichend, so dass es z.B. beim Einsetzen der Speicherbausteine durchgebogen wird, wodurch Leiterbahnen brechen könnten. Drittens ist das Anbringen des Lüfters häufig extrem schwierig, wenn sich das Mainboard bereits im Gehäuse befindet, und wird viel einfacher, wenn die Platine auf einer Tischplatte liegt. Und schließlich lassen sich die winzigen auf der Platine aufgedruckten Beschriftungen ohne die vom Gehäuse geworfenen Schatten viel besser lesen, wenn Jumper oder Schalter gesetzt werden müssen. Natürlich müssen Sie dabei darauf achten, dass Sie die Jumper und Schalter für den jeweiligen Prozessor entsprechend den Angaben im Mainboard-Handbuch setzen.

Wenn Sie den Prozessor, seinen Lüfter und die Speichermodule usw. eingebaut haben, können Sie das Mainboard in das Gehäuse setzen. Beim Einbau des neuen Mainboards sollten Sie nicht unbedingt davon ausgehen, dass die Schrauben und Abstandhalter an derselben Stelle wieder eingebaut werden. Folgen Sie hinsichtlich der Schrauben und Abstandhalter stattdessen der Regel: Wenn es passt, dann passt es! An dieser Stelle sollten Sie nicht allzu ängstlich sein, denn der Einbau eines Mainboards kann manchmal ein etwas energischeres Vorgehen erfordern! Hier müssen Sie ein wenig drücken, dort ein wenig wackeln, und wenn Sie Pech haben, können Sie sich dabei auch ein wenig Haut abschürfen.

Vorsicht

Achten Sie beim Austausch des Mainboards auf die Position der Distanzstücke. Wenn Sie einen Distanzbolzen aus Metall an einer Stelle des Mainboards zu entfernen vergessen, an der es keine entsprechende Bohrung gibt und das Mainboard dann mit Strom versorgen, dann riskieren Sie Kurzschlüsse.

Sobald Sie das Mainboard in das Gehäuse eingebaut und CPU und RAM korrekt installiert sind, sollten Sie die Stromversorgung herstellen und anfangen zu testen. Eine POST-Karte kann hier sinnvoll sein, da der Systemtest zur Verifizierung des Bootvorgangs vorerst noch ohne Lautsprecher, Grafikkarte, Monitor und Tastatur auskommen muss. Besitzen Sie eine POST-Karte, starten Sie das System und überzeugen sich davon, dass der POST ausgeführt wird. Die Karte zeigt dann eine Reihe von POST-Zahlencodes an, die an einer bestimmten Stelle stoppen. Falls Sie keine POST-Karte haben, schließen Sie Tastatur, Grafikkarte und Monitor an. Booten Sie das System und schauen Sie, ob die BIOS-Informationen auf dem Bildschirm angezeigt werden. Wenn ja, gibt es wahrscheinlich keine Probleme. Wenn nicht, schauen Sie im Mainboard-Handbuch nach, wo Sie einen Fehler gemacht haben.

Kapitel 9

Nichts als Kabel

Der letzte und oft frustrierendste Teil der Mainboard-Installation ist der Anschluss der LED-Anzeigen, der Schalter und der zum Frontpanel des Gehäuses führenden Kabel. Dazu gehören normalerweise die folgenden Anschlüsse:

- Softpower
- Reset-Taste
- Lautsprecher
- Festplatten-LED
- Strom-LED
- USB
- FireWire
- Sound

Alle diese Kabel verfügen über spezielle Anschlusspins auf dem Mainboard. Erfahrene Techniker brauchen meist nur das Mainboard kurz zu betrachten, um die Position dieser Pins zu ermitteln (Abbildung 9.25).

Beim Anschluss dieser Kabel sollten Sie einige Regeln befolgen: Die erste Regel lautet: »LED-Lämpchen sind keine Glühbirnen – sie besitzen einen positiven und negativen Pol.« Falls sie nicht funktionieren, sollten Sie daher die Anschlüsse vertauschen und sehen, ob sie nun leuchten. Die zweite Regel lautet: »Wenn Sie mal im Unklaren sind, raten Sie einfach!« Falsche Verbindungen haben hier keine Beschädigung des Rechners zur Folge. Das falsch angeschlossene Bauteil funktioniert dann nur nicht. Hinweise für den korrekten Anschluss finden Sie im Mainboard-Handbuch. Die dritte und letzte Regel lautet: »Außer *Softpower* wird bei ATX-Systemen kein weiterer Anschluss benötigt, um den Rechner in Betrieb nehmen zu können!« Viele Techniker ignorieren die Anschlüsse daher manchmal auch. Außer beim eigenen Rechner halte ich diese Lösung aber für wenig empfehlenswert!

Es gibt keine einfachen und festen Regeln zum Identifizieren der Funktion der einzelnen Kabel. Häufig befinden sich auf den kleinen Anschlusssteckern aufgedruckte Hinweise (Abbildung 9.26). Falls nicht, müssen Sie den Verlauf der Leitungen zum Gehäuse (z.B. zu den LEDs) einzeln verfolgen. Da die Drähte farblich gekennzeichnet sind, sollte Sie aber auch das vor keine unüberwindbaren Probleme stellen.

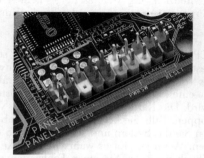

Abbildung 9.25: Die Funktion der Anschlusspins wird hier auf dem Mainboard angegeben.

Abbildung 9.26: Ein Beispiel für die Leitungen zum Gehäuse

Problembehebung bei Mainboards

Mainboards fallen gelegentlich aus. Das geschieht zwar nicht gerade häufig, aber Mainboards und deren Komponenten können aus vielen Gründen ausfallen: Alter, Staub, Katzenhaare oder kleine Fertigungsfehler, die mit der Zeit und den durch die Leiterbahnen geleiteten Spannungen zu Defekten führen. Mainboards können aber auch Schaden nehmen, wenn einmal zu viel Erweiterungskarten eingebaut werden, sei es nun durch elektrostatische Entladungen oder dadurch, dass beim Einsetzen von Steckkarten oder Speichermodulen das Mainboard zu stark gebogen wird. Das Mainboard ist eine schwer arbeitende, häufig viel zu wenig beachtete PC-Komponente! Leider kann die Fehlersuche bei Mainboard-Problemen schnell schwierig und zeitaufwendig werden. Schließen wir dieses Kapitel mit einer Betrachtung der Symptome ausfallender Mainboards, Techniken der Problembehebung und der verfügbaren Optionen bei auftretenden Mainboard-Problemen ab.

Symptome

Mainboard-Fehler lassen sich drei Kategorien zuordnen: Totalausfall, Ausfall einzelner integrierter Komponenten und »Spuk«. Beim *Totalausfall* bootet der Rechner einfach nicht mehr. Diese Art von Problemen tritt vergleichsweise häufig bei nahezu neuen Systemen (aufgrund unerkannter Fertigungsfehler) oder bei Systemen auf, die einer elektrostatischen Entladung ausgesetzt waren. Die Fehler bei neuen Systemen (so genannte *Burn-in-Fehler*) sind hier wiederum relativ selten und treten üblicherweise innerhalb der ersten 30 Tage der Benutzung auf. Wenn Sie dann das Mainboard ersetzen, sollte damit das Problem behoben sein. Wenn Sie dem Mainboard versehentlich beim Einsetzen einer Steckkarte oder dem Anschluss von Kabeln eine ordentliche elektrostatische Ladung verpassen, dann haben Sie guten Grund, sich zu ärgern. Vielleicht gewöhnen Sie es sich dann aber endlich ab, ohne Antistatikarmband zu arbeiten!

Integrierte Komponenten fallen ebenfalls recht selten aus. Derartige Fehler werden aber gelegentlich durch Wackelkontakte zwischen einer Komponente und dem Mainboard verursacht oder treten periodisch auf. Wenn eine Festplatte z.B. an einen fehlerhaften Controller auf dem Mainboard angeschlossen ist, dann wird sie zwar möglicherweise vom CMOS automatisch erkannt, Windows kann aber nicht darauf zugreifen. Ein serieller Controller kann lange tadellos funktioniert haben, bis z.B. Überspannungen bei einem Unwetter für das Ende des daran angeschlossenen externen Modems (und des seriellen Controllers) gesorgt haben.

Am schwierigsten von den drei Symptomarten lassen sich jene diagnostizieren, bei denen es im System scheinbar spukt. Komponenten funktionieren hier und da nicht, der PC führt scheinbar grundlos von selbst einen Neustart durch. Mitten während der Arbeit wird plötzlich ein blauer Bildschirm angezeigt und das gerade, kurz bevor Sie den Schurken erschlagen und die holde Maid retten konnten. Was kann derartige Symptome verursachen? Wenn Sie jetzt alle der nachfolgenden Ursachen genannt hätten, dann lägen Sie richtig:

- Fehlerhafte Komponenten
- Fehlerhafte Gerätetreiber
- Fehlerhafte Anwendungsprogramme
- Einzelne beschädigte Betriebssystemdateien
- Inkompatible Komponenten/Treiber/Anwendungsprogramme
- Probleme des Netzteils

Nun ja, Sie haben schon verstanden ...

Ein Albtraum, wenn es um die Problembehebung geht! Wie Techniker hier Durchblick bewahren und welche Techniken zur Problembehebung sie dabei anwenden, sollen Sie nun erfahren.

Techniken der Problembehebung

Wenn es um ein potenziell defektes Mainboard geht, dann sind Zeit, Geduld und Organisationstalent gefragt. Einige Probleme lassen sich sicherlich schneller erkennen als andere. Wenn die Festplatte wie im letzten Beispiel nicht wie erwartet funktioniert, dann prüfen Sie die Einstellungen am Laufwerk. Probieren Sie ein anderes Laufwerk aus. Probieren Sie dasselbe Laufwerk an einem anderen Mainboard aus, um sich davon zu überzeugen, dass es fehlerfrei funktioniert. Wie bei allen anderen Techniken zur Problembehebung führen Sie auch beim Mainboard Tests aus, um das Problem zu isolieren und mögliche Ursachen zu eliminieren.

Diese drei Schritte der Systemprüfung, des Austauschens und der Prüfung, ob Komponenten fehlerfrei funktionieren, eignet sich für einfachere und komplexe Mainboard-Probleme. Sie können diese Technik sogar für Probleme einsetzen, bei denen es im System zu spuken scheint und die Ursache überall liegen könnte, aber dann sollten Sie alle Aktionen ausführlich *dokumentieren*. Machen Sie sich Notizen zu den einzelnen, getesteten Komponenten, damit Sie die Tests nicht unnötig wiederholen oder nutzlos Zeit verschwenden. Darüber hinaus lassen sich so vielleicht gewisse Fehlermuster erkennen. Wenn Sie einen Systemabsturz dadurch reproduzieren können, dass Sie bestimmte Maßnahmen in einer bestimmten Reihenfolge ausführen, dann führt Sie das häufig zur Wurzel des Problems. Das Testen von Mainboards kostet bereits ohne überflüssige, ineffiziente Anstrengungen genug Zeit!

Optionen

Wenn Sie festgestellt haben, dass das Mainboard die Probleme verursacht, dann haben Sie mehrere Optionen zur Behebung der drei Fehlervarianten. Handelt es sich um größere Schäden, dann müssen Sie das Mainboard austauschen. Auch wenn Teile noch funktionieren, sollten Sie das Problem nicht leichtfertig handhaben. Das Mainboard sollte die Stabilität des Systems in keiner Weise beeinträchtigen. Auch wenn es nur ansatzweise Fehler oder Probleme zeigt, sollten Sie es loswerden!

Wenn eine der integrierten Komponenten ausfällt, dann können Sie diese häufig durch eine Zusatzkarte mit denselben oder umfassenderen Funktionen ersetzen. Adaptec stellt z.B. Steckkarten her, mit denen sich die integrierten SATA-Anschlüsse auf dem Mainboard ersetzen lassen (Abbildung 9.27).

Abbildung 9.27: SATA-Controller der Firma Adaptec für den PCIe-Steckplatz

Vorsicht

Wenn sich Komponenten aufgrund elektrostatischer Entladungen oder Spannungsspitzen verabschiedet haben, dann ist es sehr wahrscheinlich besser, wenn Sie das Mainboard ersetzen. Unsichtbare Schäden könnten später erbarmungslos zuschlagen und die Stabilität des Systems beeinträchtigen.

Wenn die Komponenten aus technischen Gründen und nicht aufgrund physischer Beschädigungen ausfallen, dann können Sie versuchen, das Mainboard-BIOS zu aktualisieren. Aus Kapitel 7 (*BIOS und CMOS*) wissen Sie, dass alle Mainboards über Programme verfügen, durch die der Prozessor mit den in das Mainboard integrierten Komponenten kommunizieren kann. Diese BIOS-Programme lassen sich bei modernen Mainboards recht leicht aktualisieren (flashen). Dazu müssen Sie nur ein Programm ausführen, das das neue BIOS in den Flash-ROM-Chip schreibt. In Kapitel 7 (*BIOS und CMOS*) erfahren Sie, wie Sie bei der BIOS-Aktualisierung vorgehen müssen.

> **Hinweis**
>
> Durch das Flashen des Mainboard-BIOS lassen sich manchmal eine ganze Reihe von Problemen beheben, die sich negativ auf die Systemstabilität auswirken. Zudem wird die in das Mainboard integrierte Technologie oft besser unterstützt. Für bessere Systemhardware kann eine BIOS-Aktualisierung allerdings nicht sorgen. Wenn AMD z.B. einen neuen, verbesserten Prozessor vorstellt, der mit niedrigerer Spannung auskommt, die vom Mainboard nicht unterstützt wird, dann lässt sich dieser Prozessor nicht verwenden, selbst wenn er in den auf dem Mainboard vorhandenen Sockel passt. Sie können das BIOS so oft aktualisieren, wie Sie wollen, die Hardware auf dem Mainboard bleibt dieselbe.

Sollte es sich schließlich um ein Problem handeln, bei dem es im System scheinbar spukt und das mit dem Mainboard im Zusammenhang steht, dann gibt es ein paar Optionen zur Behebung des Problems. Sie können das BIOS in einem verzweifelten Versuch, den Fehler zu beheben, neu programmieren (flashen). Manchmal lassen sich Probleme dadurch beheben. Jedenfalls ist diese Option preiswerter als die anderen. Alternativ können Sie das Mainboard ersetzen.

Jenseits von A+

Shuttle-Formfaktor

Anfang des Jahrtausends begann Shuttle, eine sehr interessante Reihe kleiner würfelförmiger PCs zu bauen, die so genannten XPCs, die über Nacht zur Sensation wurden und auch heute noch beliebt sind (Abbildung 9.28). Diese Würfel verwenden einen winzigen proprietären Mainboard-Formfaktor, den *Shuttle Form Factor*. Das Mainboard wird in ein proprietäres Gehäuse eingebaut und über ein proprietäres Netzteil mit Strom versorgt. Ursprünglich wurden diese Systeme als *Barebones* verkauft, das heißt, sie bestanden nur aus Mainboard, Gehäuse und Netzteil. CPU, RAM, Grafikkarte, Tastatur, Maus und Bildschirm mussten ergänzt werden. Heute fertigt Shuttle eine ganze Produktlinie.

Abbildung 9.28: Shuttle XPC (Abbildung mit freundlicher Genehmigung der Shuttle Computer Group)

Kapitel 9

> **Hinweis**
>
> Viele Unternehmen folgten dem Shuttle-Vorbild und bauten Würfel oder würfelförmige kleine Gehäuse. Man spricht zwar häufiger von *SFF* (*Small Form Factor*), aber es gibt keinen industrieweiten Standard. In einigen SFF-Gehäusen lassen sich microATX- oder FlexATX-Mainboards verwenden.

Mini-ITX

Wenn es wirklich klein sein soll, probieren Sie doch einmal *Mini-ITX* aus (Abbildung 9.29). Mini-ITX wurde 2001 von VIA Technologies entwickelt und ist maximal 17 x 17 Zentimeter groß! In den meisten Mini-ITX-Systemen arbeiten stromsparende Prozessoren wie der Intel Atom oder der VIA C7. Viele der neueren Mini-ITX-Mainboards für Computerbegeisterte unterstützen aber auch leistungsfähigere Prozessoren wie den Intel Core2 Duo oder den AMD Phenom.

Abbildung 9.29: Mini-ITX-Mainboard

> **Hinweis**
>
> Achten Sie bei modernen Mainboards auf all die schönen Farben! Um die Aufmerksamkeit der Kunden auf sich zu lenken, stellen viele Mainboard-Hersteller knallbunte Mainboard-Komponenten her. Es gibt aber keine allgemein verbindlichen Standards für die Farben der Anschlüsse auf einem Mainboard.

Wiederholung

Fragen

1. Welcher der folgenden Formfaktoren wird bei modernen PCs vorwiegend verwendet?
   A. AT
   B. ATX
   C. BTX
   D. CTX

2. Welcher der folgenden Formfaktoren bietet die beste Kühlung?
   A. AT
   B. ATX
   C. BTX
   D. CTX

3. Über welchen Chip kann die CPU bei älteren Intel-Mainboards mit dem RAM kommunizieren?
   A. Memorybridge
   B. Northbridge
   C. Southbridge
   D. Super I/O

4. Peter hat sich ein neues Mainboard gekauft, das mit 8 USB-Anschlüssen wirbt. Als er das Mainboard auspackt, stellt er fest, dass es nur vier USB-Anschlüsse hat. Was könnte hier los sein?
   A. Die weiteren vier USB-Anschlüsse werden mit einem Frontpanel oder einem Slotblech verbunden.
   B. Für die weiteren vier USB-Anschlüsse braucht man eine zusätzliche Steckkarte.
   C. Der FireWire-Anschluss hat einen Splitter, der daraus vier USB-Anschlüsse macht.
   D. Der Mainboard-Chipsatz unterstützt acht USB-Anschlüsse, aber der Hersteller hat nur vier Anschlüsse eingebaut.

5. Martin hat ein neues Mainboard gekauft, das sein altes ATX-Mainboard ersetzen soll. Als er den Laden verlässt, ruft ihm der Verkäufer hinterher: »Und achten Sie auf Ihre Distanzstücke!« Was könnte er damit gemeint haben?
   A. Distanzstücke sind die Anschlüsse am Mainboard für die Tasten an der Vorderseite, wie beispielsweise Netzschalter und Reset-Taste.
   B. Distanzstücke sind die Metallkanten an einigen Gehäusen, die nicht abgerundet sind.
   C. Distanzstücke sind die Metallbolzen, über die das Mainboard im Gehäuse befestigt wird.
   D. Distanzstücke sind Slotbleche, über die ein Mainboard mehr als vier USB-Anschlüsse unterstützen kann.

6. Anna hat ein neues System gekauft, das mitten in einer wichtigen Präsentation einen Blue Screen of Death angezeigt hat. Danach bootete das System überhaupt nicht mehr, nicht einmal ins CMOS. Nach ausführlicher Fehlersuche stellt sie fest, dass das Mainboard defekt ist, und tauscht es aus. Jetzt läuft das System ausgezeichnet. Was war die wahrscheinlichste Ursache des Problems?
   A. Burn-in-Fehler
   B. Elektrostatische Entladung
   C. Komponentenausfall
   D. Netzteilfehler

7. Sigi hat einen sehr fehlerhaften Rechner, der ständig abstürzt und spontan neu startet. Er verdächtigt das Mainboard. Wie kann er es testen?
   A. Er überprüft die Einstellungen und probiert bekanntermaßen fehlerfreie Komponenten aus.
   B. Er ermittelt, welche Komponenten korrekt funktionieren, und dokumentiert seine Tests.
   C. Er tauscht als Erstes das Mainboard aus, um zu prüfen, ob das Problem damit verschwindet.
   D. Er überprüft die Einstellungen, ermittelt, welche Komponenten korrekt funktionieren, tauscht Komponenten aus und dokumentiert seine Tests.

8. Je nach dem Alter des Mainboards ist der Northbridge-Chip entweder für die Kommunikation mit dem RAM oder mit welcher Komponente zuständig?
   A. Festplatte
   B. Speichercontroller
   C. Integrierter Netzwerkadapter
   D. Grafikkarte

9. Als Julia stolz ihr neues Mainboard vorführt, kratzt sich der betagte Techniker den Bart und fragt: »Und was für einen ICH hat es?« Wonach fragt er wohl?
   A. Dem AMR-Steckplatz
   B. Dem CNR-Steckplatz
   C. Der Northbridge
   D. Der Southbridge

10. Welche Unternehmen dominieren den Markt bei Chipsätzen? (Wählen Sie zwei aus.)
    A. ATI
    B. Intel
    C. nVidia
    D. SiS

Antworten

1. **B.** Fast alle modernen Mainboards entsprechen dem ATX-Formfaktor.
2. **C.** Obwohl BTX-Mainboards in diesem Bereich nicht sehr verbreitet sind, bieten sie eine bessere Kühlung als ATX-Systeme.
3. **B.** Über die Northbridge kann die CPU mit dem RAM kommunizieren.
4. **A.** Die zusätzlichen vier USB-Anschlüsse werden sehr wahrscheinlich mit dem Frontpanel des Gehäuses verbunden oder über ein Slotblech zur Verfügung gestellt.
5. **C.** Distanzstücke sind die Metallbolzen, über die das Mainboard im Gehäuse befestigt wird.
6. **A.** Obwohl alle Antworten plausibel sind, lautet die beste Antwort hier, dass beim System ein Burn-in-Fehler aufgetreten ist.
7. **D.** Sigi muss die Einstellungen prüfen, feststellen, welche Komponenten korrekt funktionieren, Komponenten austauschen und alle Tests dokumentieren.
8. **D.** Bei älteren Mainboards sorgt die Northbridge für die Verbindung mit dem RAM. Da der Speichercontroller in neuere CPUs integriert wurde, ist die Northbridge nun für die Kommunikation mit der Grafikkarte zuständig.
9. **D.** Intel nennt die Southbridge-Chips bei vielen Chipsätzen ICH (I/O Controller Hub).
10. **B, C.** Intel und nVidia stellen die allermeisten der in modernen PCs verwendeten Chipsätze her.

10

Netzteile

Themen in diesem Kapitel
- ❏ Die Grundlagen der Elektrizität erklären
- ❏ Details der Stromversorgung des PC beschreiben
- ❏ Netzteile einbauen, warten und prüfen

Für die Stromversorgung eines Rechners sorgt üblicherweise ein einziges Kästchen, das *Netzteil* (*PSU – Power Supply Unit*), das mit der Wandsteckdose verbunden wird und den Strom so umwandelt, dass er sich für den Betrieb des Mainboards und der anderen internen Komponenten eignet. Abbildung 10.1 zeigt ein typisches Netzteil in einem Gehäuse. Die von ihm ausgehenden Leitungen werden mit dem Mainboard und anderen Peripheriegeräten verbunden.

Abbildung 10.1: Ein typisches, im Rechnergehäuse montiertes Netzteil

Oberflächlich betrachtet scheint dies recht einfach zu sein. Die verschiedenen Aspekte im Zusammenhang mit Netzteilen sind für Techniker aber von kritischer Bedeutung. Probleme der Stromversorgung können zu Systeminstabilität, Abstürzen und Datenverlust führen, durchweg Folgen, die es zu vermeiden gilt! Gute Techniker wissen daher eine ganze Menge über die Stromversorgung des Rechners und kennen die Grundlagen der Elektrizität und die vielen Netzteilvarianten. Zudem müssen sie Probleme der Stromversorgung erkennen können und geeignete Lösungen implementieren können. Viel zu viele Techniker neigen dazu, zu sagen, »schließen Sie es einfach an«, und wissen zum Leidwesen ihrer Kunden nicht, wie sie mit Problemen der Stromversorgung umgehen müssen.

Wichtig

Einige Fragen in den CompTIA A+-Zertifizierungsprüfungen könnten sich auf Netzteile beziehen, die auch *PSU* (*Power Supply Unit*) genannt werden. Ein Netzteil fällt außerdem in die Kategorie der typischen Ersatzteile (*FRU*, *Field Replaceable Unit*), die ein Techniker bei sich haben sollte, ebenso wie Speichermodule und eine Festplatte.

Geschichte und Konzepte

Grundlagen der Elektrizität

Mit Elektrizität ist grundsätzlich einfach ein Fluss negativ geladener Teilchen, der *Elektronen*, durch Materie gemeint. Der Fluss der Elektronen wird von den verschiedenen Materialien unterschiedlich stark unterstützt. Dieser Elektronenfluss ist vergleichbar mit Wasser, das durch Rohre fließt. Am besten stellen Sie sich bei der Betrachtung der Elektrizität also vor, wie Wasser durch Rohre fließt! Also unterhalten wir uns einen Moment lang über Wasser.

Wasser kommt aus dem Boden, aus Brunnen, aus Quellen, fließt in Flüssen usw. In modernen Städten leiten Versorgungsunternehmen aufbereitetes Grund- oder Flusswasser über Rohrleitungen in die Haushalte. Oder weshalb bezahlen Sie Ihre Wasserrechnung? Sicherlich bezahlen Sie für das »verbrauchte« Wasser, aber auch dafür, dass Wasser mehr oder weniger konstant fließt, wenn Sie am Hahn drehen. Das Wasser steht in den Rohrleitungen unter Druck und wartet nur darauf, dass Sie den Hahn aufdrehen.

Im Grunde genommen funktioniert die Elektrizität ähnlich wie Wasser. Elektronen aus der »Erde« werden vom Elektrizitätswerk unter Druck über Leitungen in die Haushalte geliefert. Wie das Wasser befindet sich auch die Elektrizität in den Leitungen und wartet nur darauf, dass Sie einen Stecker in die Wandsteckdose stecken. Anschließend fließt der Strom mehr oder weniger konstant. Sie verbinden eine Lampe mit der Wandsteckdose, betätigen den Schalter, der Strom fließt und schon haben Sie Licht. Sie zahlen für die Verlässlichkeit, den elektrischen »Druck« und den verbrauchten Strom.

Der Druck der Elektronen in der Leitung wird *Spannung* genannt und in der Einheit *Volt (V)* angegeben. Die Menge der Elektronen, die über einen bestimmten Punkt der Leitung übertragen werden, wird *Stromstärke* genannt und in *Ampere (A)* angegeben. Die Stromstärke und Spannung, die von einem bestimmten Gerät benötigt wird, damit es funktionieren kann, wird *Wattleistung* oder auch *elektrische Leistung* genannt und in *Watt* (W) angegeben. Die Beziehung zwischen den drei Größen lässt sich durch eine einfache Gleichung ausdrücken: V x A = W. Mit der Wattleistung werden wir uns weiter unten in diesem Kapitel noch sehr viel ausführlicher befassen.

Leitungen aller Art, seien sie nun aus Kupfer, Zinn, Gold oder Platin, bieten dem Fluss der Elektronen einen gewissen Widerstand, ähnlich wie dies auch für den Reibungswiderstand in Wasserleitungen gilt, der den Wasserfluss behindert. Der sich dem Elektronenfluss bietende elektrische *Widerstand* wird in *Ohm* (Ω) angegeben.

- Druck = Spannung (V)
- Flussmenge = Ampere (A)

Netzteile

- Arbeit/Leistung = Watt (W)
- Widerstand = Ohm (Ω)

Leitungen mit einem bestimmten Durchmesser können jeweils nur eine gewisse Menge Elektrizität verkraften. Wenn zu viel Elektrizität geleitet werden soll, dann bricht (bzw. schmilzt) die Leitung, ähnlich wie dies auch bei überlasteten Wasserleitungen der Fall ist. Alle Leitungen eignen sich für gewisse maximale Stromstärken, wie z.B. 20 A. Wenn Sie 30 Ampere durch eine 20-Ampere-Leitung schicken, dann schmilzt die Leitung und die frei werdenden Elektronen suchen einen Weg zurück zur Erde (Masse). Das ist gar nicht gut, insbesondere, wenn dieser Weg zurück zur Erde durch Sie hindurchführt!

Sicherungsautomaten und Masseleitungen sorgen für den grundlegenden Schutz vor unbeabsichtigtem Überlauf. Ein Sicherungsautomat ist ein wärmeempfindlicher elektrischer Schalter, der auf eine bestimmte Stromstärke ausgelegt ist. Ist der durch den Sicherungsautomaten fließende Strom zu stark, erkennt die interne Schaltung die zunehmende Wärme und öffnet sich automatisch, wodurch der Stromfluss unterbrochen wird, bevor die Schaltung überhitzt und zerstört wird. Setzen Sie den Sicherungsautomaten zurück, um den Schaltkreis wieder herzustellen, und der Strom fließt wieder durch die Leitungen. Eine *Masseleitung (Erdung)* sorgt für einen Weg des geringsten Widerstands für die Elektronen, so dass diese bei unbeabsichtigtem Überlauf in die Erde abgeführt werden können.

Vor vielen Jahren wurden in Netzteilen Sicherungen statt Sicherungsautomaten verwendet. Sicherungen sind kleine Bauteile, in denen sich ein Draht befindet, der nur eine bestimmte Stromstärke aushält. Ist der durch die Sicherung fließende Strom zu stark, bricht der Draht. Leider bedeutet das, dass die Sicherungen jedes Mal ausgetauscht werden mussten, wenn der Draht unterbrochen war, weshalb der Einsatz von Sicherungsautomaten sehr viel sinnvoller ist. Auch wenn man heute in den elektrischen Stromkreisen von Häusern keine Sicherungen mehr verwendet, findet man sie noch bei vielen elektrischen Geräten, wie z.B. im Netzteil eines PC, um es selbst intern zu schützen.

Wichtig

Steckdosen müssen geerdet sein, um sich für den Anschluss eines Rechners zu eignen!

Strom gibt es in zwei Varianten. Beim *Gleichstrom (DC – Direct Current)* fließen die Elektronen in einem geschlossenen Schaltkreis in einer Richtung, während die Elektronen beim *Wechselstrom (AC – Alternating Current)* im Schaltkreis abwechselnd in die eine oder andere Richtung fließen (siehe Abbildung 10.2). Die meisten elektronischen Geräte verwenden Gleichstrom, aber alle Energieversorgungsunternehmen liefern Wechselstrom, weil Wechselstrom über große Distanzen effizienter transportiert werden kann als Gleichstrom.

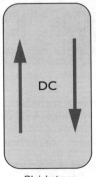

Gleichstrom:
Konstante Spannung
in einer Richtung

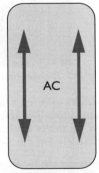

Wechselstrom:
Richtungsänderung
der Spannung

Abbildung 10.2: Der unterschiedliche Fluss der Elektronen bei Gleich- und Wechselstrom

Essentials

Stromversorgung des Rechners

Der PC benötigt Gleichstrom, während die Energieunternehmen nur Wechselstrom liefern. Die Spannung muss also irgendwie gewandelt werden, damit der Rechner funktionieren kann. Das Netzteil in einem Computer wandelt die Wechselspannung in niedrige Gleichspannung um. Zunächst muss der PC daher ausreichend und gleichmäßig mit Wechselstrom versorgt werden. Dann muss das Netzteil die Wechselspannung in geeignete Gleichspannung mit passender Stromstärke für das Mainboard und die Peripheriegeräte umwandeln. Damit arbeitet es als *Spannungswandler* bzw. *Transformator*. Und schließlich gilt es, die Abwärme als Nebenprodukt der Elektrizität zu verwalten. Befassen wir uns also eingehender mit der Stromversorgung des PC.

Wechselspannungsversorgung

Alle PC-Netzteile müssen mit einer Wandsteckdose verbunden und mit gleichmäßiger Spannung versorgt werden sowie einen gewissen Schutz bei gelegentlichen Schwankungen der Versorgungsspannung bieten. Das Netzteil wird über ein Netzkabel mit *Kaltgerätestecker* (*IEC-320-Anschluss*) und die Wandsteckdose mit dem Stromkabel verbunden. Die Versorgungsspannung liegt in den meisten europäischen Ländern zwischen 220 und 240 Volt (Wechselspannung), während sie vorwiegend in den USA zwischen 110 und 120 Volt liegt. Manchmal verfügen Netzteile über einen kleinen Schalter an der Rückseite, über den sie an die jeweilige Versorgungsspannung angepasst werden können. Abbildung 10.3 zeigt die Rückseite eines Netzteils. Beachten Sie die drei Elemente, bei denen es sich (von oben nach unten) um den Netzschalter, den 115/230-Spannungswahlschalter und die Buchse für den Kaltgerätestecker handelt.

Abbildung 10.3: Rückseite eines Netzteils mit typischen Schaltern und Stromanschluss

Bei modernen Netzteilen gibt es meist keinen Spannungsumschalter, da sich diese automatisch selbst auf die jeweilige Spannung einstellen können (Autoswitching). Und da ATX-Mainboards auch dann noch Strom verbrauchen, wenn der Rechner eigentlich abgeschaltet ist, zählt auch der Netzschalter zu den Merkmalen eines Netzteils, auf die Sie achten können bzw. sollten.

Vorsicht

Wenn der Schalter zur Anpassung an die Netzspannung an der Rückseite eines Netzteils versehentlich falsch eingestellt wird, können die Folgen für den Rechner fatal sein!

> Wenn die Netzspannung ca. 115 Volt beträgt (wie z.B. in den USA) und Sie den Schalter (bei abgeschaltetem Rechner) auf 230 Volt einstellen, dann versucht der Rechner wahrscheinlich zwar zu booten, dürfte dabei aber nicht weit kommen. Damit können Sie zwar Kollegen ärgern, echte Schäden stehen aber kaum zu befürchten. Wenn die Netzspannung allerdings (wie in Deutschland und den meisten europäischen Ländern) ca. 230 Volt beträgt und Sie den Rechner mit der Schalterstellung 115 Volt starten, dann dürfte das Netzteil schnell in Rauch aufgehen. Achten Sie also auf diesen Schalter, sofern er vorhanden ist!

Bevor Sie überhaupt Geräte mit Wechselspannung über die Steckdose mit Strom versorgen, sollten Sie als Erstes deren Spannung mit einem *Multimeter* oder einem anderen Gerät prüfen, das sich speziell für diesen Zweck eignet. Versäumen Sie die Prüfung der Spannungsversorgung, kann dies zum Funktionsausfall oder zur Beschädigung von Geräten, aber auch zu für Menschen gefährlichen Stromschlägen führen. Der IEC-320-Stecker hat drei Löcher: spannungsführend, neutral und Erde. Diese Namen beschreiben die Funktion der Leitungen, die hinter der Abdeckung damit verbunden sind. Die spannungsführende Leitung führt elektrische Spannung, ähnlich wie ein Rohr, das Wasser bereitstellt. Die neutrale Leitung führt keine Spannung, sondern verhält sich mehr wie ein Wasserabfluss, wodurch der Kreislauf vervollständigt wird, indem Elektrizität an die lokale Stromquelle zurückgeleitet wird, normalerweise in einen Schaltkasten. Die Neutralleitung ermöglicht es beispielsweise, dass überschüssige Elektrizität sicher zur Erde zurückgelangt. Bei der Spannungsversorgung prüfen Sie drei Dinge: die Versorgung des spannungsführenden Leiters mit etwa 230 V, die korrekte Erdung des neutralen Leiters (0 V) und die korrekte Erdung des Schutzleiters (wiederum 0 V). Abbildung 10.4 zeigt die an einer Steckdose anliegenden Spannungen.

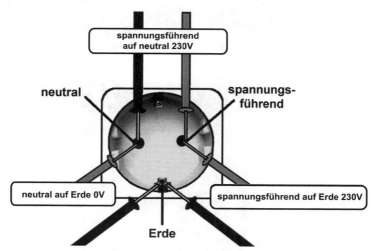

Abbildung 10.4: Spannungspegel an einer Wandsteckdose

Mit einem *Multimeter* (auch DMM – Digital MultiMeter – oder Volt-Ohm-Meter genannt) können Sie eine Reihe verschiedener Eigenschaften der Elektrizität messen. Ein Multimeter verfügt über zwei Prüfspitzen, eine analoge oder digitale Anzeige und einen Wählschalter, über den Sie die Art der durchzuführenden Messung einstellen. Abbildung 10.5 zeigt die verschiedenen Bestandteile eines Multimeters.

Beachten Sie, dass bei einigen Multimetern Symbole anstelle von Beschriftungen zur Beschreibung der Einstellungen für Gleich- und Wechselspannung verwendet werden. Das »V« mit der durchgehenden Linie oben und der gestrichelten unten in Abbildung 10.6 symbolisiert so z.B. Gleichspannung (DC). Das Symbol »V~« steht für Wechselspannung (AC).

Kapitel 10

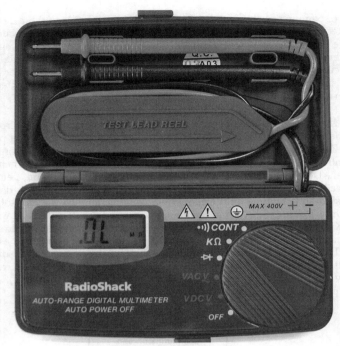

Abbildung 10.5: Ein digitales Multimeter

Abbildung 10.6: Multimeter, bei dem Gleich- und Wechselspannung durch Symbole dargestellt werden

Multimeter ermöglichen immer mindestens vier verschiedene elektrische Messungen: Durchgangsprüfung, Widerstand, Wechselspannung (VAC) und Gleichspannung (VDC). Bei der *Durchgangsprüfung* wird getestet, ob Elektronen von einem Ende einer Leitung zum anderen fließen können. Wenn das der Fall ist, dann leitet ein Draht, andernfalls nicht. Diese Einstellung können Sie dazu verwenden, um Kabelbrüche oder defekte Komponenten zu erkennen. Falls Ihr Multimeter keine Durchgangsprüfung bietet (was bei vielen billigeren Multimetern der Fall ist), können Sie stattdessen auch den Leitungswiderstand messen. Eine defekte Leitung oder Sicherung zeigt einen unendlichen Widerstand, während der Widerstand intakter Leitungen oder Sicherungen nahe null liegt. Beim Testen von Wechsel- und Gleichspannungen überprüfen Sie, ob die gemessenen Spannungen den jeweiligen Sollwerten entsprechen.

Wechselstrom mit einem Multimeter prüfen

Alle kompetenten Techniker wissen, wie ein Multimeter eingesetzt wird! Führen Sie zunächst zur Messung von Wechselspannungen mit dem Multimeter die nachfolgenden Schritte durch:

1. Stellen Sie den Wählschalter auf Wechselspannung (AC; normalerweise rot markiert) ein. Falls es mehrere Auswahlmöglichkeiten geben sollte, stellen Sie einen Skalenbereich oberhalb von 230 Volt ein. Sollte das Multimeter automatisch einen eigenen Bereich auswählen, dann wird keine weitere Einstellung außer AC benötigt.
2. Verbinden Sie das schwarze Messkabel mit der Steckverbindung am Multimeter mit dem Minuszeichen (–). Diesen Schritt können Sie übergehen, falls die schwarze Prüfspitze fest angeschlossen ist.
3. Verbinden Sie das rote Kabel mit der Steckverbindung des Multimeters mit dem Pluszeichen (+) und dem Hinweis V. Diesen Schritt können Sie übergehen, falls die rote Prüfspitze fest angeschlossen ist.

Wenn Sie das Multimeter für die Messung von Wechselspannung eingestellt haben, dann können Sie die verschiedenen Kontakte an einem Wechselspannungsanschluss prüfen. Berühren Sie aber nicht das Metall der Prüfspitzen, wenn Sie diese in die Steckdose einführen! Führen Sie die folgenden Schritte aus:

1. Legen Sie eine Prüfspitze am spannungsführenden und die andere am neutralen Leiter an. Sie müssten daraufhin ca. 230 Volt Wechselspannung ablesen können.
2. Legen Sie eine Prüfspitze am spannungsführenden Leiter und die andere an Erde an. Sie müssten daraufhin ca. 230 Volt Wechselspannung ablesen können.
3. Legen Sie eine Prüfspitze am neutralen Leiter und die andere an Erde an. Sie müssten daraufhin ca. 0 Volt Wechselspannung ablesen können.

Falls Sie andere Messwerte erhalten, sollten Sie einen Elektriker holen!

> **Hinweis**
>
> Viele Geräte im Computerbereich benutzen Steckernetzteile und keine internen Netzteile. Aber auch wenn sich das Steckernetzteil außerhalb des Geräts befindet, wandelt es ebenfalls Wechselstrom in Gleichstrom um. Anders als Rechnernetzteile lassen sich Steckernetzteile aber nicht beliebig untereinander austauschen. Und das gilt auch dann nicht, wenn die Stecker am Ende der von den Steckernetzteilen wegführenden Kabel identisch sind. Anders ausgedrückt können Sie nicht einfach das Steckernetzteil des Laptops eines Bekannten mit dem eigenen Laptop verbinden und erwarten, dass der anschließend funktioniert. Bevor Sie ein Steckernetzteil oder ein anderes externes Netzteil mit einem Gerät verbinden, müssen Sie drei technische Eigenschaften prüfen. Dabei handelt es sich um die abgegebene Spannung, die Stromstärke und die Polarität. Wenn die Werte nicht passen, dann verwenden Sie das Netzteil nicht!

Spezielle Geräte zur Messung von Wechselspannung

Es gibt eine ganze Reihe von Geräten, mit denen nur Wechselspannung bzw. Steckdosen überprüft werden können. Mit derartigen Geräten können Sie alle Spannungen einer Steckdose überprüfen, wenn Sie sie nur in die Steckdose einsetzen. Prüfen Sie alle vom Computersystem verwendeten Steckdosen: Netzteil, externe Geräte und Monitor. Die speziellen Geräte sind zwar praktisch, aber lange nicht so genau wie Multimeter. Oft werden gegebenenfalls vorhandene Fehler über LEDs angezeigt.

Schützen Sie den PC vor Spannungsschwankungen

Wenn alle Energieversorgungsunternehmen für eine gleichmäßige Stromversorgung ohne Abfälle und Spitzen sorgen könnten bzw. würden, dann wären die nächsten beiden Abschnitte dieses Kapitels überflüssig. Egal, wie sauber die Wechselstromversorgung für ein Multimeter jedoch erscheinen mag, ist es leider so, dass die vom Stromversorgungsunternehmen kommende Spannung häufig große Schwankungen in beide Richtungen aufweist. Diese *Spannungsabfälle* und *Spannungsspitzen* wirken sich normalerweise nicht negativ auf Lampen oder Kühlschränke aus, können aber dafür sorgen, dass Ihr PC abstürzt oder nicht mehr läuft, und sie können einen PC oder ein Peripheriegerät sogar zerstören. Es gibt zwei Geräte, die sich um Spannungsabfälle und -spitzen kümmern: Überspannungsschutz und unterbrechungsfreie Stromversorgungen.

Überspannungsschutz

Spannungsspitzen sind sehr viel gefährlicher als Spannungsabfälle. Selbst ein großer Spannungsabfall schaltet Ihren PC nur aus oder sorgt für einen Absturz und anschließenden Neustart. Eine Spannungsspitze kann Ihren Computer beschädigen, und eine große Spannungsspitze kann Komponenten zerstören. Weil Spannungsspitzen so gefährlich sind, sollte jeder PC mit einem *Überspannungsschutz* ausgerüstet werden, der überhöhte Spannungen unterdrückt und damit den PC schützt. Gute Netzteile sorgen bereits für einen recht guten Überspannungsschutz und kommen mit den kleineren und relativ häufigen Spannungsspitzen zurecht. Dadurch kann das Netzteil jedoch beschädigt werden und irgendwann ausfallen. Um Ihr Netzteil und das System zuverlässig vor Überspannungen zu schützen, sollte zwischen Netzteil und Wandsteckdose ein Überspannungsschutz geschaltet werden (Abbildung 10.7).

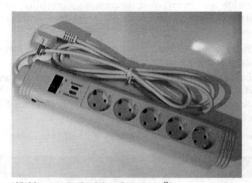

Abbildung 10.7: Steckdosenleiste mit Überspannungsschutz

Viele Leute geben zwar viel Geld für ihre Rechner aus, sparen aber beim Überspannungsschutz. Lassen Sie sich im Fachhandel beraten, wie Sie Ihre wertvollen PC-Komponenten am besten vor Überspannungen schützen können. Prüfen Sie, für wie viel Joule die Überspannungseinrichtung ausgelegt ist. *Joule* ist eine Maßeinheit für die elektrische Energie und beschreibt die zulässige Menge an Energie, die ein Überspannungsschutz bis zum Totalausfall vertragen kann. Empfohlen wird oftmals eine Mindestbelastbarkeit von 800 Joule, wobei der Schutz umso größer ist, je mehr Joule verkraftet werden! Für meinen Überspannungsschutz wird eine Belastbarkeit von 1750 Joule angegeben.

Vorsicht

Auch der beste Überspannungsschutz ist den ultimativen Ladungen eines Blitzeinschlags nicht gewachsen. Wenn ein elektrisches System mit der Steckdose verbunden ist und von einem derartigen Schlag getroffen wird, dann können Sie sich von ihm verabschieden. Während eines Unwetters empfiehlt es sich daher *immer*, elektronische Geräte möglichst von der Steckdose zu trennen.

Und da wir gerade beim Schutz des Systems sind, vergessen Sie nicht, dass auch bei Telefonleitungen und Kabelverbindungen Spannungsspitzen auftreten können. Wenn Sie ein Modem, DSL oder ein Kabelmodem einsetzen, sollten Sie einen Überspannungsschutz benutzen, der diese Anschlussarten schützt. Viele Hersteller kombinieren daher den Überspannungsschutz für die Stromleitungen mit dem für Telefonleitungen.

Netzteile

Kein Überspannungsschutz hält ewig. Achten Sie darauf, dass es am Überspannungsschutz einen Test/Reset-Schalter gibt, der Ihnen mitteilt, ob das Gerät womöglich nur noch als Verlängerungskabel arbeitet – wie die Profis es gerne ausdrücken. Wenn Ihr System beschädigt wird, obwohl Sie einen Überspannungsschutz haben, wenden Sie sich an den Hersteller. Viele Unternehmen bieten Versicherungen und Entschädigungen an, wenn Ihr System aufgrund von Spannungsspitzen ausfällt, die Sie aber nur erhalten, wenn Sie sich streng an die Richtlinien halten.

Wenn Sie einen wirklich guten Überspannungsschutz benötigen, müssen Sie für die *Stromregelung (Power Conditioning)* sorgen. Ihre Stromleitungen nehmen alle möglichen seltsamen Signale auf, die dort nichts zu suchen haben, wie beispielsweise elektromagnetische Störungen (EMI – Elektromagnetische Interferenzen) oder Funkfrequenzstörungen (RFI – Radio Frequency Interference). Größtenteils ist dieses Leitungsrauschen so minimal, dass man sich nicht darum kümmern muss, aber bestimmte Ereignisse (z.B. Blitze) erzeugen genügend Leitungsrauschen, um unangenehm für Ihren PC zu werden (Tastaturabstürze, zerstörte Daten). Jeder bessere Überspannungsschutz kann den Strom auch konditionieren und (in Grenzen) elektromagnetische Störungen oder Funkfrequenzstörungen herausfiltern.

USV (Unterbrechungsfreie Stromversorgung)

Eine *USV (Unterbrechungsfreie Stromversorgung)* bzw. *UPS (Uninterruptible Power Supply)* schützt Ihren Rechner (und, was noch wichtiger ist, Ihre Daten) im Falle von Spannungsabfällen oder Ausfällen der Stromversorgung. Abbildung 10.8 zeigt eine typische USV. Eine USV besteht im Wesentlichen aus einer starken Batterie, die unabhängig vom Zustand der über die Wandsteckdose gelieferten Netzspannung immer Wechselspannung an den PC abgibt.

Abbildung 10.8: Unterbrechungsfreie Stromversorgung

Hinweis

Es gibt zwei USV-Hauptvarianten. Bei der *Online-USV* werden die Geräte andauernd über die Batterie der USV mit Strom versorgt, während sie bei der *Standby-USV* nur dann von der USV versorgt werden, wenn die Spannung unter einen bestimmten Mindestwert sinkt. Eine weitere Variante wird *Line-Interactive-USV* genannt. Sie ähnelt zwar der Standby-USV, besitzt aber spezielle Schaltkreise, die moderate Spannungsschwankungen ausgleichen kann, ohne dass sie gleich auf die Batterieversorgung umschalten müsste.

In den Datenblättern aller unterbrechungsfreien Stromversorgungen finden Sie Angaben in Watt (der Strom, den sie bei einem Stromausfall zur Verfügung stellen) und Volt-Ampere (VA). Bei der letzteren Angabe handelt es sich um die Strommenge, die eine USV liefern kann, wenn die Geräte ihren Strom komplett über sie beziehen. Ihre USV sorgt für den perfekten Wechselstrom mit einer schön gleichmäßigen Schwingung von 50 Hertz (Hz). Netzteile, Bildschirme und andere Geräte benötigen jedoch vielleicht nicht den ganzen Strom, den eine USV bereitstellt, so dass sie ineffizient arbeitet. Wenn Ihre Geräte zu jedem Zeitpunkt den gesamten von der USV angebotenen Strom verbrauchen würden, wäre VA gleich Watt.

Kapitel 10

Wenn die USV-Hersteller im Voraus wüssten, welche Geräte Sie an ihre USVs anschließen wollen, könnten sie Ihnen die genaue Wattzahl angeben, aber unterschiedliche Geräte arbeiten unterschiedlich effizient, wodurch die USV-Hersteller angeben müssen, was USVs anbieten können (in VA), und nicht das, was Ihre Geräte verbrauchen (in Watt). Beim angegebenen Watt-Wert handelt es sich um eine Schätzung, die nie so hoch wie die VA-Angabe ist.

Weil sich die Effizienz aller an die USV angeschlossenen Geräte nie genau messen lässt, halten Sie sich an die Watt-Angabe. Sie addieren die Gesamtleistung der einzelnen Komponente im PC und kaufen eine USV mit höherer Leistung. Sie werden eine Menge Zeit aufwenden und ein wenig Denkarbeit leisten müssen, um genau zu ermitteln, wie viel Leistung Ihr Computer, Bildschirm, die Laufwerke usw. benötigen, um die richtige USV für Ihr System zu kaufen. Aber damit sind Sie noch nicht fertig! Sie wissen, dass die USV eine Batterie mit begrenzter Leistung ist, deshalb müssen Sie herausfinden, wie lange die USV Strom bereitstellen soll, wenn bei Ihnen der Strom ausfällt.

Schneller und besser können Sie feststellen, welche USV Sie brauchen, wenn Sie eine der Websites der großen Hersteller von Überspannungsschutz oder USVs besuchen und deren praktische Leistungsrechner benutzen. Dort erfahren Sie gleichzeitig auch mehr über die aktuellen Fortschritte in diesem Bereich.

> **Hinweis**
>
> Bei dem wohl weltweit bekanntesten USV-Hersteller handelt es sich um *APC (American Power Conversion)*. Die deutschen Webseiten dieses Unternehmens erreichen Sie über www.www.apc.com/de.

Alle USVs beinhalten Überspannungsschutz und Stromregelung. Informieren Sie sich auch über die Kosten für Austauschbatterien, die teilweise recht teuer sein können. Außerdem sollten Sie versuchen, eine intelligente USV mit USB- oder seriellem Anschluss zu kaufen. Diesen praktischen USVs liegen Überwachungs- und Wartungsprogramme bei (Abbildung 10.9), die Auskunft über den Systemstatus und den verfügbaren Batteriestrom geben können, wichtige Ereignisse protokollieren und weitere praktische Funktionen bereitstellen.

Abbildung 10.9: Software für APC PowerChute

Versorgung mit Gleichspannung

Wenn Sie sich davon überzeugt haben, dass die Wechselspannungsversorgung in Ordnung ist, dann kommt das Netzteil an die Reihe, das die hohe Wechselspannung für die empfindlichen internen

Rechnerkomponenten in verschieden hohe Gleichspannungen umwandelt (insbesondere 5,0, 12,0 und 3,3 Volt). Netzteile gibt es zwar in den unterschiedlichsten Formen und Größen, bei Weitem am gebräuchlichsten sind aber Desktop-Netzteile mit den Standardabmessungen 150x140x86 mm (Abbildung 10.10).

Abbildung 10.10: Desktop-Netzteil

Die 12,0-Volt-Spannung wird im Rechner für den Antrieb der Motoren von Festplatten oder CD/DVD-Laufwerken verwendet, während die 5,0- und 3,3-Volt-Spannungen für die Schaltkreise auf den verschiedenen Platinen genutzt werden. Die Hersteller können die verschiedenen Spannungen allerdings beliebig nutzen und damit auch von der ansonsten üblichen Verwendung abweichen. Netzteile sind mit Standardanschlüssen für das Mainboard und die internen Komponenten ausgestattet.

Stromversorgung des Mainboards

Moderne Mainboards verwenden einen 20- oder 24-poligen *P1-Stromanschluss*. Einige Mainboards benötigen möglicherweise spezielle 4-, 6- oder 8-polige Stecker für eine zusätzliche Stromversorgung (Abbildung 10.11). Ich komme später in diesem Kapitel bei der Beschreibung der Formfaktor-Standards noch auf diese Stecker zurück.

Abbildung 10.11: Stecker für die Stromversorgung des Mainboards

Anschluss der Peripheriegeräte: Molex, Mini-Molex und SATA

Im PC benötigen viele Komponenten Strom, wie z.B. Lüfter, Festplatten, Disketten, optische Laufwerke, ZIP-Laufwerke (für Retro-Fans) und Lüfter. Das typische PC-Netzteil verfügt über bis zu drei verschiedene Steckervarianten für den Anschluss von Peripheriegeräten: Molex, Mini(-Molex) und SATA.

Molex-Anschlüsse

Der häufigste Steckertyp wird *Molex* genannt. Der Molex-Stecker wird für Geräte verwendet, die Spannungen von 12 und 5 Volt benötigen (Abbildung 10.12). Der Molex-Stecker hat zwei Abschrägungen, die die korrekte Steckerorientierung erleichtern. Beim Anschluss des Molex-Steckers muss dieser mit kräftigem Druck in die Buchse gedrückt werden und mit roher Gewalt lassen sich die Stecker auch verkehrt herum einsetzen. Da das nicht gut wäre, sollten Sie immer erst einmal prüfen, ob der Stecker richtig herum eingesetzt wird!

Abbildung 10.12: Molex-Stecker

Mini-Anschlüsse

Alle Netzteile verfügen über einen zweiten Anschlusstyp, der *Mini-(Molex-)Anschluss* genannt wird (Abbildung 10.13), der Peripheriegeräte ebenfalls mit 5 und 12 Volt Spannung versorgt. In modernen Systemen verwenden allerdings nur Laufwerke diesen Stecker. Die Hersteller von Diskettenlaufwerken haben den Mini-Stecker standardmäßig für 3,5-Zoll-Laufwerke übernommen. Häufig werden diese Mini-Anschlüsse deshalb auch *Floppy-Stromstecker* genannt.

Abbildung 10.13: Mini-(Molex-)Stecker

Seien Sie beim Aufstecken eines Mini-Steckers besonders vorsichtig! Während Molex-Stecker nur schwer falsch herum in ihre Sockel gesteckt werden können, ist das beim Mini-Stecker recht leicht möglich. Das Diskettenlaufwerk würde dadurch mit an Sicherheit grenzender Wahrscheinlichkeit beschädigt werden. Abbildung 10.14 zeigt einen korrekt angeschlossenen Mini-Stecker, wobei die kleinen Kanten des Steckers an der Führung des Anschlusses überstehen.

Abbildung 10.14: Richtige Ausrichtung eines Mini-Steckers

Netzteile

> **Vorsicht**
>
> Wie bei allen Stromanschlüssen führt auch beim Mini-Stecker die falsche Polung sehr wahrscheinlich zur Beschädigung der entsprechenden Komponente. Überzeugen Sie sich also besser zweimal, bevor Sie den Stecker anschließen!

SATA-Stromanschlüsse

SATA-Laufwerke (SATA) benötigen einen speziellen 15-poligen SATA-Stromstecker (Abbildung 10.15). Durch die zusätzlichen Pins unterstützen sie die Hot-Swapping-Funktion von SATA-Laufwerken und Geräten, die mit Spannungen von 3,3, 5,0 und/oder 12,0 Volt arbeiten. SATA-Stromstecker sind L-förmig, wodurch es fast unmöglich ist, sie falsch an SATA-Laufwerken anzuschließen. Bisher werden die SATA-Stromstecker vorwiegend für SATA-Festplatten und SATA-DVD-Laufwerke verwendet. Weitere Informationen über SATA-Laufwerke finden Sie in Kapitel 11 (*Festplattentechnologien*).

Abbildung 10.15: SATA-Stromstecker

> **Hinweis**
>
> SATA sieht auch einen Slimline-Anschluss mit sechs und einen Mikro-Anschluss mit neun Kontakten für die Stromversorgung vor.

Splitter und Adapter

Manchmal gibt es möglicherweise nicht genug Stromstecker für alle Geräte im PC. Für solche Fälle gibt es *Splitter* (*Y-Kabel*), die für zusätzliche Anschlüsse sorgen (Abbildung 10.16). Möglicherweise brauchen Sie auch einen SATA-Stecker, haben aber nur noch einen Molex-Stecker frei. Da die Spannungen der Leitungen bei beiden Varianten gleich sind, lässt sich dieses Problem leicht mit einfachen Adaptern beheben.

Abbildung 10.16: Molex-Y-Kabel (Splitter)

> **Hinweis**
>
> Es ist normal und üblich, dass es ungenutzte Stromstecker im PC-Gehäuse gibt.

Gleichspannungen prüfen

Häufig müssen Techniker bei der Suche nach Problemursachen die vom Netzteil abgegebenen Gleichspannungen nachmessen. Selbst wenn die Stromversorgung über die Steckdose in Ordnung ist, kann ein defektes Netzteil bei der Umwandlung der Wechselspannung in die vom Mainboard und den Peripheriegeräten benötigten Gleichspannungen versagen. Greifen Sie sich also Ihr zuverlässiges Multimeter und probieren Sie es an einem eingeschalteten PC bei entferntem Seitenteil aus. Beachten Sie, dass in diesem Fall das System laufen und daher der P1-Stecker (und möglicherweise weitere Stromstecker) an das Mainboard angeschlossen sein muss. (Windows muss dazu natürlich nicht laufen!)

1. Stellen Sie den Messbereich des Multimeters auf Gleichspannung und z.B. auf 20 Volt ein, sofern dies erforderlich ist. Überzeugen Sie sich davon, dass die Kabel der Prüfspitzen korrekt mit dem Multimeter verbunden sind (Rot mit Plus, Schwarz mit Masse). Bei der Prüfung von Gleichspannungen spielt es eine Rolle, welche Leitung Sie mit welcher Prüfspitze berühren. Die rote Prüfspitze wird mit spannungsführenden Leitungen in allen Farben verbunden, während die schwarze Prüfspitze *immer* mit Masse verbunden wird.
2. Verbinden Sie die rote Prüfspitze mit dem Anschluss der roten Leitung an einem freien Molex-Stecker und verbinden Sie die schwarze Prüfspitze mit einer der beiden schwarzen Leitungen des Steckers. Der gemessene Wert sollte bei ca. 5 Volt liegen. Welchen Wert können Sie ablesen?
3. Verbinden Sie nun die rote Prüfspitze mit der gelben Leitung am Stecker. Welche Spannung zeigt das Multimeter an?
4. Die Messung am P1-Stecker ist ein wenig komplizierter. Sie führen dabei die rote und die schwarze Prüfspitze so von oben in den P1-Stecker ein, dass sie an den Leitungen entlang nach unten gleitet, bis sie schließlich Kontakt bekommt. Dabei können Sie die schwarze Prüfspitze mit einer der schwarzen Leitungen des Molex-Steckers verbunden lassen. Messen Sie mit der roten Prüfspitze der Reihe nach alle Anschlüsse mit farbigen Leitungen am P1-Stecker durch. Welche Spannungen messen Sie?

ATX

Die Original-ATX-Netzteile hatten zwei charakteristische physische Merkmale: den Mainboard-Stromstecker und *Softpower*. Der Strom für das Mainboard kam aus einem einzigen Kabel mit einem 20-poligen P1-Mainboard-Stromstecker. ATX-Netzteile hatten außerdem mindestens zwei weitere Kabel, an denen sich jeweils mindestens zwei Molex- oder Mini-Molex-Stecker für die Stromversorgung von Peripheriegeräten befanden.

Wenn ATX-Systeme an die Steckdose angeschlossen sind, versorgen sie das Mainboard mit 5 Volt. Sie sind immer eingeschaltet, auch wenn der Rechner ausgeschaltet ist. Der Netzschalter, den Sie zum Einschalten des Rechners betätigen, ist kein echter Netzschalter, wie der Lichtschalter im Badezimmer. Der Netzschalter an einem ATX-System teilt dem Computer lediglich mit, dass er gedrückt wurde. Das BIOS oder das Betriebssystem übernimmt dann und sorgt dafür, dass der PC ein- oder ausgeschaltet wird. Dies wird auch *Softpower* genannt.

Die Verwendung von Softpower statt eines physischen Schalters hat mehrere wichtige Vorteile. Softpower verhindert, dass ein Benutzer ein System ausschaltet, bevor das Betriebssystem heruntergefahren ist. Durch sie kann der PC Energiesparmodi nutzen, die das System auf Standby schalten und wieder aktivieren, wenn der Benutzer eine Taste drückt, die Maus bewegt oder eine E-Mail erhält. Mehr über den Standby-Modus erfahren Sie in Kapitel 21 (*Tragbare Rechner*).

Die wichtigsten Einstellungen der Softpower-Funktion bei ATX-Systemen finden Sie im CMOS-Setup. Rufen Sie das CMOS-Setup auf und suchen Sie nach dem Bereich ENERGIEVERWALTUNG (Power Management). Abbildung 10.17 zeigt die POWER ON FUNCTION. Sie bestimmt die Arbeitsweise des Netzschalters. Sie können festlegen, dass der Rechner über diesen Schalter ausgeschaltet wird, oder Sie können ihn auf die übliche *Ausschaltverzögerung* von 4 Sekunden setzen.

```
         Phoenix - Award BIOS CMOS Setup Utility
                   Power Management Setup
  ┌─────────────────────────────────────────────┬──────────────────────┐
  │ ACPI Suspend Typr         S3 (Suspend-To-RAM)│      Item Help       │
  │  - USB Resume from S3     Enabled            │                      │
  │ Power Button Function     Delay 4 Sec        │ Menu Level      ▶    │
  │ Wake by PME# of PCI       Disabled           │                      │
  │ Wakeup by Ring            Disabled           │                      │
  │ Wakeup by OnChip LAN      Enabled            │                      │
  │ Wakeup by Alarm           Disabled           │                      │
  │ x - Day of Month Alarm        0              │                      │
  │ x - Time (hh:mm:ss) Alarm   0 : 0 : 0        │                      │
  │ AMD K8 Cool'n'Quite control Auto             │                      │
  │ Power On Function         Button Only        │                      │
  │ x - KB Power On Password  Enter              │                      │
  │ x - Hot Key Power On      Ctrl-F1            │                      │
  │ Restore on AC Power Loss  Power Off          │                      │
  │                                              │                      │
  │                                              │                      │
  │                                              │                      │
  ├─────────────────────────────────────────────┴──────────────────────┤
  │ ▲▼▶◀:Move   Enter:Select    +/-/PU/PD:Value  F10:Save  ESC:Exit  F1:General Help │
  │          F5:Previous Values       F6:Fail-Safe Defaults  F7:Optimized Defaults   │
  └────────────────────────────────────────────────────────────────────┘
```

Abbildung 10.17: Softpower-Einstellung im CMOS

Mehr als ein Jahrzehnt lang erledigte ATX die Aufgabe der Stromversorgung tadellos, aber mit der Zeit wurden immer leistungsfähigere CPUs, mehrere CPUs, Grafikkarten und andere Komponenten entwickelt, die mehr Strom benötigten, als die ursprünglichen ATX-Netzteile liefern konnten. Deshalb wurde die Stromversorgung im ATX-Standard mehrfach überarbeitet und mit *ATX12V 1.3*, *EPS12V*, mehreren Spannungsschienen, *ATX12V 2.0*, anderen Formfaktoren und *Active PFC* weiterentwickelt.

ATX12V 1.3

Die erste weit verbreitete Aktualisierung des ATX-Standards, *ATX12V 1.3*, wurde 2003 veröffentlicht. Sie brachte einen 4-poligen Mainboard-Stromstecker mit sich, der inoffiziell aber allgemein als P4 bezeichnet wird und über den zur Unterstützung des 20-poligen P1-Mainboard-Stromsteckers zusätzlich 12-Volt-Spannung bereitgestellt wird. Alle Netzteile mit einem P4-Stecker werden als ATX12V-Netzteil bezeichnet. Der Begriff »ATX« wurde aus dem ATX-Stromstandard entfernt, genau genommen gibt es also keine ATX-Netzteile. Alle Netzteile – vorausgesetzt, sie haben einen P4-Stecker – entsprechen ATX12V oder einem der neueren Standards.

ATX12V 1.3 führte außerdem einen zusätzlichen 6-poligen Stecker ein, der gemeinhin *AUX-Stecker* genannt wird und der das Mainboard zusätzlich mit 3,3- und 5,0-Volt-Spannung versorgt (Abbildung 10.18). Dieser Stecker basierte auf dem Stromstecker der AT-Mainboards, dem Vorgänger von ATX.

Abbildung 10.18: AUX-Stromstecker (P14)

Mit diesen beiden zusätzlichen Stromsteckern entstanden für die Industrie einige unangenehme Probleme. Insbesondere waren Mainboards mit AMD-CPUs meist auf den AUX-Stecker angewiesen, während Mainboards mit Intel-CPUs mit dem P4 auskamen. Um Kosten zu sparen, wurden viele

Netzteile angeboten, die nur einen P4- oder einen AUX-Stecker besaßen. Einige Mainboard-Hersteller benutzten die entsprechenden Anschlüsse dann gar nicht mehr und griffen lieber auf einen der herkömmlichen Molex-Stecker zurück, damit man nicht gleich auch sein älteres Netzteil austauschen musste, wenn man ein neues Mainboard erwarb (Abbildung 10.19).

Abbildung 10.19: Molex-Anschluss auf einem Mainboard

Das größte Problem von ATX12V war seine schwache Formulierung. Es gab zwar zahlreiche Empfehlungen, aber nur wenige verbindliche Anforderungen, so dass Netzteilhersteller eine Menge Alternativen hatten (wie z.B. die wahlweise Ausstattung mit AUX- und/oder P4-Stecker). Dieser Mangel wurde erst in späteren Versionen des Standards behoben.

EPS12V

Server-Mainboards brauchen sehr viel Strom, und manchmal bot ATX12V 1.3 einfach zu wenig Leistung. Wichtige Vertreter der Industrie schlossen sich unter dem Namen *SSI* (*Server System Infrastructure*) zusammen und entwickelten unter dem Namen *EPS12V* ein Netzteil und ein Mainboard, die nicht dem ATX-Standard entsprachen. Ein EPS12V-Netzteil besaß einen 24-poligen Hauptstecker für das Mainboard, der zwar dem 20-poligen ATX-Stecker ähnelte, aber mehr Strom lieferte und damit für den stabilen Betrieb des Mainboards sorgen konnte. Außerdem besaß es einen AUX-Stecker, einen ATX12V-P4-Stecker und einen einzigartigen 8-poligen Stecker. EPS12V-Netzteile verfügen nicht nur über eine Menge Stecker, sondern sind auch nicht mit ATX12V-Netzteilen kompatibel.

EPS12V wurde zwar außerhalb des Serverbereichs kaum genutzt, führte aber etliche Funktionen ein, die schließlich zu Bestandteilen des ATX12V-Standards wurden. Die wohl wichtigste Neuerung waren dabei die so genannten *Spannungsschienen*.

Spannungsschienen

Im Allgemeinen stammt der gesamte Strom für den PC aus einem einzigen Transformator, der den Wechselstrom aus einer Steckdose aufnimmt und ihn in Gleichstrom umwandelt, der in drei primäre Gleichstromspannungsschienen aufgeteilt wird: 12,0, 5,0 und 3,3 Volt. Einzelne Leitungen führen von jeder dieser Spannungsschienen zu den verschiedenen Steckern. Der 12-Volt-Anschluss am P4-Stecker bezieht seinen Strom also von derselben Schiene wie der 12-Volt-Anschluss am Hauptstecker, über den das Mainboard mit Strom versorgt wird. Das funktioniert, solange der gemeinsame Bedarf der Anschlüsse auf einer gemeinsamen Schiene deren Gesamtkapazität nicht überschreitet. Um dieses Problem zu umgehen, wurde die 12-Volt-Versorgung bei EPS12V in drei einzelne 12-Volt-Schienen aufgeteilt, die jeweils eine separate Stromquelle darstellen.

ATX12V 2.0

Mit ATX12V 2.0 wurden viele der guten EPS12V-Ansätze und insbesondere der 24-polige Stecker in den ATX-Standard übernommen. Der hier definierte 24-polige Mainboard-Stromstecker ist aber abwärtskompatibel zum älteren 20-poligen Stecker, so dass man kein neues Mainboard kaufen muss, wenn man ein ATX12V-2.0-Netzteil einsetzen will. ATX12V 2.0 schreibt für alle Netzteile mit mehr als 230 Watt Leistung zwei 12-Volt-Schienen vor. Darüber hinaus entfiel mit ATX12V 2.0 der AUX-Stecker, während SATA-Stecker nun vorgeschrieben waren.

Abbildung 10.20: 20- und 24-polige Stecker

Theoretisch funktioniert ein 20-poliger Mainboard-Stromstecker zwar an einem Mainboard mit 24-poligem Anschluss, allerdings kann das auch riskant werden, denn der 20-polige Stecker kann das System möglicherweise nicht ausreichend mit Strom versorgen. Um Probleme zu vermeiden, sollten Sie möglichst ein zu Ihrem Mainboard passendes Netzteil verwenden. Bei vielen ATX12V-2.0-Netzteilen gibt es Adapter, die den 24-poligen in einen 20-poligen Stecker umwandeln. Das ist praktisch, wenn Sie »saubere« Verbindungen herstellen wollen, weil sich ganz in der Nähe der 20-poligen Stecker häufig Kondensatoren befinden, die das Einstecken eines 24-poligen Steckers be- oder verhindern können. Häufig wird für die 24-poligen Stecker auch eine Bauart verwendet, bei der die zusätzlichen vier Pins aufgeschoben sind und damit auch entfernt werden können. Obwohl sie ähnlich aussehen, können die Stecker mit den zusätzlichen vier Pins keinen P4-Stecker ersetzen. Sie sind nicht kompatibel!

Abbildung 10.21: Wandlungsfähiger Mainboard-Stromstecker

Auf vielen modernen ATX-Mainboards gibt es einen 8-poligen CPU-Stromanschluss, der dem aus dem EPS12V-Standard ähnelt und stromfressende High-End-Prozessoren mit zusätzlichem Strom versorgen soll. Dieser Anschluss wird unterschiedlich genannt, wie z.B. *EPS12V*, *EATX12V* oder auch *ATX12V 2x4*. Die eine Hälfte des Steckers ist dabei pinkompatibel mit dem P4-Stromanschluss, während die andere mit einer Schutzkappe versehen werden kann. Aus dem Mainboard-Handbuch sollten Sie jedenfalls erfahren können, ob alle acht Pins benötigt werden. Um abwärtskompatibel zu bleiben, gibt es bei einigen Netzteilen 8-polige Stromstecker, die sich in zwei 4-polige aufteilen lassen. Bei einem der beiden Stecker handelt es sich dann um einen P4-Stecker.

Ein weiterer erwähnenswerter Stecker ist der zusätzliche 6-polige PCIe-Stromstecker (PCI Express), der in Abbildung 10.22 gezeigt wird. Einige Mainboards besitzen einen zusätzlichen Molex-Anschluss für PCIe, und vereinzelt finden Sie Molex-Anschlüsse auch auf Steckkarten. Leistungsfähigere Grafikkarten besitzen häufig speziell dafür vorgesehene 6- oder 8-polige PCIe-Stromanschlüsse. Dabei sollte der 8-polige PCIe-Anschluss nicht mit dem inkompatiblen EPS12V-Anschluss verwechselt werden. Einige PCIe-Steckkarten mit dem 8-poligen Anschluss lassen stattdessen auch die Verwendung der 6-poligen PCIe-Stromstecker zu, können dann aber möglicherweise nicht ihre volle Leistung entfalten. Häufig begegnen Sie auch 8-poligen PCIe-Stromkabeln, bei denen sich zwei der Pins leicht entfernen lassen, so dass sie letztlich auch mit Komponenten kompatibel sind, die die 6-poligen Anschlüsse verwenden.

Abbildung 10.22: 6-poliger PCI-Express-Stromstecker

Practical Application

Nischenmarkt Netzteil-Formfaktoren

Die Nachfrage nach kleineren und leiseren PCs und zum Teil auch die Einführung des BTX-Formfaktors haben zur Entwicklung verschiedener Netzteil-Formfaktoren in einem Nischenmarkt geführt. Sie alle verwenden zwar die standardisierten ATX-Stecker, unterscheiden sich aber hinsichtlich Form und Größe von ATX-Netzteilen.

Hinweis

Häufig werden die Netzteile aus diesem Nischenmarkt zusammen mit Computergehäusen (und oft auch Mainboards) verkauft. Komponenten mit diesen Formfaktoren sind einzeln meist nur schwer erhältlich.

Einige der verbreiteteren speziellen Netzteilvarianten sind:

- **TFX12V** Ein kleiner Netzteil-Formfaktor, der für flache ATX-Systeme optimiert ist
- **SFX12V** Ein kleiner Netzteil-Formfaktor, der für Systeme mit FlexATX-Mainboards optimiert ist (Abbildung 10.23)
- **CFX12V** Ein L-förmiges Netzteil, das für Micro-BTX-Systeme optimiert ist
- **LFX12V** Ein kleiner Netzteil-Formfaktor, der für flache BTX-Systeme optimiert ist

Wichtig

In den A+-Prüfungen der CompTIA wird Ihr Wissen über Netzteile intensiv geprüft. Sie müssen wissen, welches Netzteil zu einem bestimmten System passt und für welche Einsatzgebiete es sich eignet.

Netzteile

Abbildung 10.23: SFX-Netzteil

Aktive Leistungsfaktorkorrektur (Active PCF)

Stellen Sie sich den Wechselstrom vom Stromversorger wie Wasser in einem Rohr vor, das 50-mal in der Sekunde gleichmäßig vor und zurück schwappt. Ein PC-Netzteil, das diesen Wechselstrom einfach in Gleichstrom umwandelt, lässt sich mit jemandem vergleichen, der mit einem Strohhalm am Ende des Rohrs saugt. Wasser bekommt er nur dann zu trinken, wenn das Wasser am Anfang oder Ende eines Zyklus seinen vollen Druck entfaltet. Gleichzeitig entsteht eine Art Rückdruck und damit kommt es zu kleineren Störwellen, die auch *Oberschwingungen* genannt werden. Diese Oberwellen sorgen für den hörbaren Brummton, den manche elektrischen Geräte erzeugen. Mit der Zeit können diese Störwellen elektrische Bauteile beschädigen und beim Netzteil oder anderen elektrischen Komponenten im Stromkreis zu ernsthaften Problemen führen. Wenn Sie ein paar Tausend PCs mit Netzteil an einem Ort aufstellen, können derartige Oberschwingungen sogar die Anlagen des Stromversorgers beschädigen!

Gute Netzteile verfügen über zusätzliche Schaltungen zur *aktiven Leistungsfaktorkorrektur* (*Active PFC – Active Power Factor Correction*), die den Transformationsprozess so glätten und konditionieren, dass er effizienter wird und weniger Störungen entstehen. Jedenfalls sollten Sie kein Netzteil ohne aktive Leistungsfaktorkorrektur kaufen. Normalerweise finden Sie entsprechende Angaben auf der Verpackung des Netzteils (Abbildung 10.24).

Abbildung 10.24: Netzteil mit Active PFC

Die Wattleistung

Alle Komponenten im PC benötigen eine gewisse *Wattleistung*, um funktionieren zu können. Eine typische Festplatte benötigt bei einem Zugriff z.B. ca. 15 Watt, während Athlon-64-X2-CPUs bei voller Auslastung enorme 110 Watt benötigen (bei durchschnittlicher Nutzung immer noch 70 Watt). Das Netzteil muss zumindest für die von allen Komponenten insgesamt benötigte Leistung sorgen.

> **Wichtig**
>
> In den CompTIA A+-Zertifizierungsprüfungen müssen Sie nicht die von bestimmten Systemen benötigte exakte Wattleistung berechnen können. Wenn Sie aber einen PC für einen Kunden zusammenstellen, sollten Sie sie kennen!

Wenn das Netzteil die von einem System benötigte Leistung nicht bringen kann, dann arbeitet der entsprechende PC nicht korrekt bzw. unzuverlässig. Da die meisten Komponenten im PC beim ersten Einschalten am meisten Leistung benötigen, führen zu schwache Netzteile meist zu großen Briefbeschwerern, die wie ein PC aussehen. Das kann zu recht abstrusen Situationen führen. So können Sie z.B. bei einem Kunden eine neue Festplatte anschließen, den Rechner einschalten und feststellen, dass nichts mehr passiert und der Rechner tot zu sein scheint. (Vielleicht haben Sie aber auch Glück und das Mainboard quittiert die fehlende Leistung immerhin mit einem panischen Lautsprecher-Gepiepse.) Autsch! Sie können leicht feststellen, ob das Problem durch fehlende Netzteilleistung verursacht wird. Trennen Sie das neu eingebaute Laufwerk von der Stromversorgung und schalten Sie das System wieder ein. Startet es nun wieder, können Sie das Netzteil verdächtigen. Derartige Probleme lassen sich letztlich nur durch den Einbau stärkerer Netzteile beheben. (Alternativ können Sie natürlich auch auf den Einbau der neuen Festplatte verzichten, was aber nur selten erwünscht sein dürfte, oder andere nicht benötigte Komponenten ausbauen.)

Kein Netzteil kann 100 Prozent des Wechselstroms vom Stromversorger in Gleichstrom umwandeln. Alle Netzteile versorgen das System also mit weniger Strom als der im Datenblatt angegebenen Wattleistung. Die ATX12V-2.0-Standards fordern, dass die Netzteileffizienz bei mindestens 70 Prozent liegt, aber es gibt auch Netzteile mit einer Effizienz von über 80 Prozent. Daran erkennen Sie, wie viel Watt das System beim tatsächlichen Einsatz an den PC weitergibt. Darüber hinaus bedeutet die zusätzliche Effizienz, dass das Netzteil weniger Strom verbraucht und Ihnen Geld sparen hilft.

Ein heute häufiges Argument lautet, dass durch den Kauf viel zu starker Netzteile für ein System Strom vergeudet wird. Das stimmt aber nicht. Ein Netzteil stellt nur den vom System wirklich benötigten Strom bereit. Wenn Sie ein 1000-Watt-Netzteil (das gibt es!) in ein System einbauen, das nur 250 Watt benötigt, liefert das starke Netzteil dem System auch nur diese 250 Watt. Der Kauf eines effizienten Netzteils mit hoher Wattleistung bringt Ihnen also zwei Vorteile: Erstens hält das Netzteil länger, wenn es nicht immer unter Volllast läuft, und zweitens stehen Ihnen genügend Reserven für den Einbau weiterer Komponenten zur Verfügung.

Generell empfehle ich bei neuen Systemen mindestens den Einbau eines 500-Watt-Netzteils. Derartige Netzteile sind recht gebräuchlich und bieten auch noch genug Leistungsreserven für zukünftige Erweiterungen.

Halten Sie die Netzteilleistung nicht zu knapp. Die Leistungsabgabe von Netzteilen sinkt durch den Verschleiß ihrer internen Komponenten mit der Zeit. Wenn Sie ein System aufbauen, das nur ein paar Watt weniger braucht, als das Netzteil anfangs liefern kann, dann werden Sie spätestens ein Jahr später Probleme bekommen. Tun Sie sich selbst und Ihren Kunden den Gefallen und verwenden Sie Netzteile, die immer etwas mehr Leistung als nötig liefern.

Netzteile einbauen, warten und prüfen

Bei der Installation, Wartung und Prüfung von Netzteilen muss man zwar weniger rechnen als bei der Auswahl des richtigen Netzteils für ein bestimmtes System, aber dennoch sollte jeder Techniker diese

Aufgabe beherrschen. Der Einbau dauert nicht lange, die Wartung ist fast genauso einfach, aber die Fehlersuche kann zu Kopfschmerzen führen. Lesen Sie dazu die nächsten Abschnitte.

Abbildung 10.25: Befestigungsschrauben des Netzteils

Einbau

Das typische Netzteil ist mit Hilfe von vier der bei Computern üblichen Schrauben hinten im PC-Gehäuse befestigt (Abbildung 10.25). Wenn Sie die vier Schrauben entfernen, können Sie das Netzteil einfach entnehmen (Abbildung 10.26). Setzen Sie ein neues Netzteil ein, das in das Gehäuse passt, und befestigen Sie es wieder mit den vier Schrauben.

Abbildung 10.26: Entfernen des Netzteils aus der Systemeinheit

Der Umgang mit ATX-Netzteilen erfordert eine besondere Vorgehensweise. Sie wissen, dass ein ATX-Netzteil *nie ausgeschaltet ist.* So lang dieses Netzteil an eine Steckdose angeschlossen ist, versorgt es das Mainboard laufend mit einer Spannung von 5 Volt. Trennen Sie ein ATX-System immer von der Stromversorgung, wenn Sie Arbeiten darin vornehmen wollen. Jahrelang haben Techniker darüber gestritten, ob man den Rechner bei der Arbeit besser an der Stromversorgung hängen lässt oder nicht. Seit ATX ist diese Frage geklärt. Viele ATX-Netzteile haben an ihrer Rückseite einen echten Netzschalter (Abbildung 10.27). Wenn Sie dafür sorgen wollen, dass das Mainboard wirklich nicht mehr mit Strom versorgt wird, dann benutzen Sie diesen Schalter.

Abbildung 10.27: Netzschalter bei einem ATX-System

Wenn Sie an einem ATX-System arbeiten und das Gehäuse nicht verwenden oder die Leitungen des Netzschalters noch nicht mit dem Mainboard verbunden haben, kann die Benutzung des Netzschalters unpraktisch sein, da es einen solchen dann gar nicht gibt. Sie können sich aber mit einem Trick behelfen. Schließen Sie dann einfach die beiden Kontakte für das Ein- und Ausschalten des Systems mit einem Autoschlüssel oder einem Schraubenzieher kurz (Abbildung 10.28).

Abbildung 10.28: Kurzschließen der Softpower-Jumper

Nach dem Kauf eines neuen Netzteils müssen Sie zunächst prüfen, ob es funktioniert. Verbinden Sie die Stromstecker mit dem Mainboard, bevor Sie das System starten. Werden Grafikkarten mit eigenen Stromanschlüssen verwendet, schließen Sie diese ebenfalls an. Andere Stecker, wie z.B. für Festplatten, können noch bis nach dem ersten Teststart warten. Wenn Sie sehr ungeduldig sind, können Sie natürlich auch einfach alles sofort anschließen!

Kühlung

Wärme und Computer sind nicht gerade die besten Freunde. Beim Aufbauen oder Zusammenstellen eines Computers muss daher für ausreichende Kühlung gesorgt werden. Elektrizität erzeugt Wärme.

Computer sind Elektrogeräte und erzeugen bei ihrer Arbeit Wärme. Werden die Komponenten aber zu warm, dann können sie schweren Schaden nehmen.

Der Netzteillüfter (Abbildung 10.29) sorgt für die grundlegende Kühlung des Rechners. Er kühlt nicht nur die Spannungsregulatoren im Netzteil selbst, sondern sorgt auch für die gleichmäßige Luftzirkulation im Innern des Rechnergehäuses. Wenn er einmal ausfallen sollte, kann dies schnell zu erheblichen Problemen und defekten Komponenten führen. Wenn Sie einen Rechner einschalten, der zwar ordnungsgemäß bootet, aber ungewöhnlich leise zu sein scheint, dann sollten Sie nachsehen, ob der Netzteillüfter noch funktioniert. Sollte er defekt sein, schalten Sie den Rechner sofort ab und ersetzen Sie das Netzteil!

Abbildung 10.29: Der Lüfter eines Netzteils

Einige Netzteile enthalten einen Sensor, der den Luftstrom reguliert. Wird das System warm, dreht sich der Netzteillüfter schneller. Der dreipolige Anschluss für den Sensor wird direkt mit dem Mainboard verbunden (Abbildung 10.30).

Abbildung 10.30: Anschluss für den dreipoligen Stecker des Netzteilsensors

Gehäuselüfter (Abbildung 10.31) sind große, quadratische Lüfter, die in bzw. an Aussparungen des Gehäuses oder direkt am Gehäuse montiert werden und für zusätzliche Kühlung der wesentlichen Komponenten sorgen. Viele Gehäuse enthalten einen Gehäuselüfter, und moderne Computer sollten unbedingt einen oder zwei davon haben.

Die wichtigste Frage, die sich im Zusammenhang mit Gehäuselüftern stellt, ist die nach deren Anschluss. Die meisten Gehäuselüfter haben herkömmliche Molex-Stecker, die leicht angeschlossen werden können. Andere Lüfter besitzen aber spezielle 3-polige Stromstecker, die mit entsprechenden

Anschlüssen auf dem Mainboard verbunden werden müssen. Es sind aber auch Adapter erhältlich, mit denen sich diese beiden Anschlussvarianten ineinander überführen lassen.

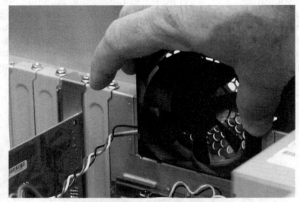

Abbildung 10.31: Ein Gehäuselüfter

Die gute Luftzirkulation

Computer sind geschlossene Systeme und Computergehäuse unterstützen die Lüfter bei ihrer Arbeit: Alle Komponenten befinden sich im Innern des Gehäuses. Und auch wenn viele Techniker ihr System lieber mit abgenommenem Seitenteil betreiben, damit die Komponenten besser zugänglich bleiben, machen sie sich damit doch selbst etwas vor. Warum? Im geschlossenen Gehäuse sorgen die Lüfter dafür, dass die Luft zirkuliert. Im Luftzug werden die internen Komponenten besser gekühlt. Bei abgenommenem Seitenteil ist aber die Luftzirkulation im System beeinträchtigt, so dass es weit weniger effizient gekühlt wird.

Abbildung 10.32: Slotbleche

Wenn Sie für eine gute Luftzirkulation im Rechnergehäuse sorgen wollen, dann sollten Sie nicht vergessen, dass warme Luft nach oben steigt und sich damit im Gehäuse letztlich über der kalten Luft befindet. Sie können dieses Prinzip bei der Kühlung des Rechners zum eigenen Vorteil nutzen.

Netzteile

Bei der typischen Anordnung von Lüftern in einem Rechnergehäuse befindet sich ein Lüfter, der kalte Luft von außen in das Gehäuse und über die Komponenten bläst, unten an der Vorderseite des Gehäuses. Ziemlich weit oben und an der Rückseite des Gehäuses (normalerweise in der Nähe des Netzteils) befinden sich Lüfter, die (warme) Luft aus dem Gehäuse nach außen blasen. Denken Sie beim Einbau von Gehäuselüftern daran, dass sie wahlweise so installiert werden können, dass sie Luft in das Gehäuse oder aus diesem heraus befördern.

Weiterhin wichtig für die richtige Luftzirkulation im Gehäuse ist, dass alle leeren Erweiterungssteckplätze mit *Slotblechen* verschlossen werden (Abbildung 10.32). Damit die Luft im Gehäuse möglichst gut zirkulieren kann, sollte sie nicht an allzu vielen Stellen entweichen können. Slotbleche unterstützen nicht nur die gleichmäßige Luftzirkulation, sondern sorgen auch dafür, dass Staub und Rauch nicht in das Gehäuse gelangen.

Wichtig
Fehlende Slotbleche können dazu führen, dass der Rechner überhitzt!

Reduzierung des Lüfterlärms

Lüfter verursachen Lärm. Beim Versuch, für eine ausreichende Kühlung zu sorgen, bauen viele Techniker mehrere Hochgeschwindigkeitslüfter in ein Gehäuse ein, so dass sich der PC wie ein Flugzeugmotor anhört. Sie können den Lüfterlärm reduzieren, indem Sie Lüfter mit manuell einstellbarer Geschwindigkeit kaufen, größere Lüfter oder besonders »leise« Lüfter. Bei vielen Mainboards lässt sich die Lüftergeschwindigkeit über Software steuern.

Manuell einstellbare Lüfter haben einen kleinen Drehknopf, mit dem Sie sie schneller oder langsamer drehen lassen können (Abbildung 10.33). Mit derartigen Lüftern lässt sich der Lärm zwar reduzieren, aber Sie laufen dann Gefahr, den Lüfter zu weit abzubremsen und damit das Gehäuseinnere zu heiß werden zu lassen. Eine bessere Lösung sind leisere Lüfter.

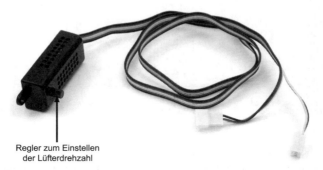

Regler zum Einstellen der Lüfterdrehzahl

Abbildung 10.33: Komponente zur manuellen Anpassung der Lüftergeschwindigkeit

Größere Lüfter drehen sich langsamer, so dass sie bei ausreichender Luftzirkulation leiser laufen. Die Lüfterabmessungen werden in Millimetern (mm) oder Zentimetern (cm) angegeben. Traditionell wurden auch in Netzteilen 80-mm-Lüfter verwendet. Heute gibt es aber auch 100- und 120-mm-Lüfter (oder noch größere) in Netzteilen und für den Einbau in das Rechnergehäuse.

Viele Unternehmen stellen hochwertigere, leisere Lüfter her. Die Lüfter haben bessere Lager als die Standardlüfter, deshalb kosten sie etwas mehr, aber sie sind ihren Preis definitiv wert. Die Lüfter haben häufig Bezeichnungen wie beispielsweise »leise« oder »silence«. Wenn Sie auf einen PC treffen, der sich anhört, als würde er jeden Moment abheben, versuchen Sie, die Gehäuselüfter durch einen leisen Lüfter von *Papst*, *Cooler Master* oder *XILENCE* auszutauschen. Entscheiden Sie sich anhand der Dezibel-Angabe für ein Modell. Je niedriger, desto besser.

Hinweis

Flüssigkeitsgelagerte Lüfter (*Hydro Bearing*) sind nicht nur leise, sondern verschleißen auch langsamer. Lüfter mit *Gleit-* (*Sleeve Bearing*) oder *Kugellagern* (*Ball Bearing*) würde ich vor diesem Hintergrund nicht mehr verwenden.

Weil sich die Temperatur innerhalb eines PC abhängig von seiner Belastung ändert, wird bei der besten Lösung ein guter Lüftersatz mit Temperatursensoren verwendet, die die Lüfter automatisch beschleunigen oder abbremsen. Ein gerade untätiger PC benötigt nur halb so viel Strom wie ein PC, auf dem ein grafikintensives Computerspiel läuft, und wird deshalb auch weniger warm. Fast alle modernen Systeme unterstützen drei Lüfter, die mit drei 3-poligen Lüfteranschlüssen auf dem Mainboard verbunden werden können. Der CPU-Lüfter verwendet einen dieser Stecker, aber die beiden anderen sind für Gehäuse- oder Netzteillüfter vorgesehen.

Über die meisten CMOS-Setups lassen sich die an das Mainboard angeschlossenen Lüfter rudimentär überwachen. Abbildung 10.34 zeigt die typischen CMOS-Einstellungen für die Lüfter. Beachten Sie, dass sich die Lüfter hier nicht ein- oder ausschalten lassen. Sie können hier nur Werte für die Temperatur angeben, bei denen ein Alarm ausgelöst oder das System automatisch abgeschaltet werden soll.

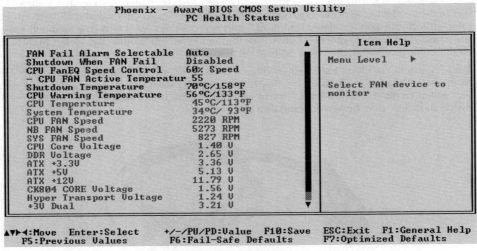

Abbildung 10.34: CMOS-Optionen für die Lüfter

Am besten steuern Sie Lüfter über Programme. Einigen Mainboards liegt Software zur Systemüberwachung bei, mit der Sie die Temperaturen einstellen können, bei denen die Lüfter anlaufen bzw. anhalten sollen. Wenn Ihrem Mainboard kein solches Programm beilag und auf der Website des Herstellers auch kein solches zum Download angeboten wird, dann können Sie das beliebte Freeware-Dienstprogramm *SpeedFan* von Alfredo Milani Comparetti ausprobieren (Abbildung 10.35), das die Spannungen, Lüftergeschwindigkeiten und Temperaturen in Computern mit installierten Hardwareüberwachungschips beobachtet. SpeedFan kann auch bei Festplatten, die diese Funktion unterstützen, auf die S.M.A.R.T.-Informationen (siehe Kapitel 11, *Festplattentechnologien*) zugreifen und die Festplattentemperatur anzeigen. Sie finden SpeedFan unter www.almico.com/speedfan.php.

Vorsicht

SpeedFan ist ein leistungsfähiges Werkzeug, das weit mehr als nur die Lüftersteuerung unterstützt. Ändern Sie aber nichts an Einstellungen, die Sie nicht verstehen!

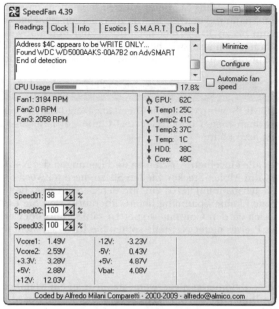

Abbildung 10.35: SpeedFan

Auch wenn Sie sich nicht weiter mit den Lüftern befassen wollen, sollten Sie den Temperaturalarm im CMOS immer aktivieren. Wenn das System zu heiß wird, werden Sie dann gewarnt. Nur wenn rechtzeitig ein Alarm ausgelöst wird, können Sie erkennen, dass ein Lüfter nicht mehr funktioniert!

Wenn ein Netzteil stirbt

Netzteile fallen entweder plötzlich oder langsam und mit der Zeit aus. Wenn sie plötzlich ausfallen, dann startet der Rechner nicht mehr und der Lüfter im Netzteil dreht sich nicht mehr. Überzeugen Sie sich dann aber erst einmal davon, dass das Netzteil auch wirklich mit Strom versorgt wird, bevor Sie irgendwelche anderen Maßnahmen ergreifen! Wenn lediglich die Wandsteckdose defekt, ein Verlängerungskabel nicht eingesteckt ist oder der Stecker am Netzteil nicht richtig sitzt, dann können Sie sich damit viel Zeit und Ärger sparen. Sofern das Netzteil ordnungsgemäß mit Strom versorgt wird, prüfen Sie am besten mit einem Multimeter die vom Netzteil abgegebenen Spannungen (Abbildung 10.36).

Abbildung 10.36: Prüfung einer 5-Volt-Leitung

Machen Sie sich keine Sorgen, falls Sie beim Messen feststellen, dass das Netzteil etwas mehr oder weniger der nominalen Spannung liefert. Die von den meisten PC-Netzteilen gelieferten Spannungen dürfen vom Sollwert um bis zu 10 Prozent nach oben oder unten abweichen. Die gemessene Spannung einer 12-Volt-Leitung kann also zwischen 10,5 und 12,9 Volt liegen, ohne die zulässigen Toleranzen zu überschreiten. Für die 5- und 3,3-Volt-Leitungen gelten ähnliche Toleranzen.

> **Hinweis**
>
> Oft werden auch im CMOS-Setup die Spannungen angezeigt. Zudem gibt es Dienstprogramme, die entsprechende Funktionen bieten und Ihnen das Öffnen des Rechnergehäuses und den Einsatz eines Multimeters ersparen können.

Überprüfen Sie immer alle einzelnen Anschlüsse und Leitungen des Netzteils, also sowohl den P1- als auch alle Molex- und Mini-Molex-Stecker. Stellen Sie zu diesem Zweck das Voltmeter auf einen Messbereich von 20 Volt Gleichspannung (DC) ein, um den Bereich zwischen -20 und +20 Volt messen zu können. Falls das Netzteil keine Spannung liefert, überantworten Sie es dem Sondermüll, und zwar auch dann, wenn Sie sich zu den Computerexperten zählen und/oder einen Lötkolben zu benutzen wissen. Angesichts des Preises neuer Netzteile sollten Sie Ihre Zeit nicht mit derartigen Bastelarbeiten verschwenden!

Kein Mainboard

Moderne PC-Netzteile funktionieren nicht, wenn sie nicht an ein Mainboard angeschlossen sind. Was machen Sie also, wenn Ihnen für den Test kein zuverlässiges Mainboard zur Verfügung steht? Erstens können Sie einen ATX-Tester verwenden. Derartige Geräte werden von vielen Unternehmen hergestellt. Suchen Sie nach einem Modell, das 20- und 24-polige Mainboard-Stecker sowie alle anderen Stecker auf Ihrem Mainboard unterstützt. Abbildung 10.37 zeigt einen Netzteil-Tester.

Abbildung 10.37: ATX-Netzteil-Tester

Schalter

Defekte Schalter stellen gelegentlich die Ursache für ausfallende Netzteile dar. Der Netzschalter verbirgt sich hinter dem Ein/Aus-Schalter, den es bei allen Rechnern gibt. In der Regel ist er an der Frontabdeckung oder vorn am Gehäuse im Innern des Rechners befestigt und daher nicht gerade leicht zugänglich. Schließen Sie, wie bereits beschrieben, versuchsweise die Softpower-Jumper kurz. Verwenden Sie dazu einen Schlüssel oder einen Schraubendreher.

Wenn Netzteile langsam sterben

Dieses Kapitel wäre sicher kürzer ausgefallen, wenn Netzteile grundsätzlich plötzlich ausfallen würden. Leider werden aber weitaus mehr PC-Probleme von langsam sterbenden Netzteilen verursacht. Dann baut ein elektronisches Bauteil im Netzteil langsam ab. Fehlfunktionen dieser Art treten *immer* unregelmäßig auf und sorgen für eines der am schwierigsten zu diagnostizierenden Probleme im Bereich der PC-Reparatur. Das Geheimnis beim Identifizieren des Netzteils als Schuldigem liegt bei den »unregelmäßigen Abständen«. Bei unregelmäßig auftretenden Problemen sollte Ihre erste Vermutung in Richtung eines defekten Netzteils gehen. Es folgen einige weitere spezielle Symptome:

- »Wenn ich morgens meinen PC starte, bootet er zwar, hängt sich dann aber auf. Wenn ich dann ein- oder zweimal Strg-Alt-Entf drücke, bootet er wieder normal.«
- »Manchmal wird beim Start meines Rechners einen Fehlercode angezeigt, der nach dem nächsten Start wieder verschwunden ist. Gelegentlich werden auch unterschiedliche Fehlermeldungen angezeigt.«
- »Mein Computer läuft etwa eine Stunde lang völlig normal. Dann hängt er sich auf, manchmal ein- oder zweimal in der Stunde.«

Manchmal gibt es arge Probleme und zeitweise dann wieder gar keine. Eben das ist ein Hinweis auf einen nötigen Austausch des Netzteils. Und kümmern Sie sich in diesem Fall nicht um das Voltmeter, denn Sie werden nur Spannungen innerhalb des Toleranzbereichs messen. Die unregelmäßig auftretenden Fehler werden von kurzzeitigen Spannungsschwankungen verursacht, die sich mit einem Voltmeter nicht messen lassen. Falls Sie sich nicht sicher sind, sollten Sie besser das Netzteil auswechseln. Netzteile sind im PC neben dem Diskettenlaufwerk und bei intensiver Nutzung häufig schwächelnder optischer Laufwerke mit am häufigsten von Problemen betroffen. Für Testzwecke und den möglichen Austausch halte ich immer Netzteile auf Lager.

Sicherungen und Feuer

Im Innern aller Netzteile befindet sich eine einfache Sicherung. Wenn ein Netzteil einfach klickt und seine Arbeit einstellt, dann könnten Sie der Versuchung unterliegen, das Netzteil zu öffnen, um die Sicherung zu prüfen. Das ist keinesfalls ratsam. Zunächst einmal können Kondensatoren in den meisten Netzteilen Ladungen sehr hoher Spannung auch über einen längeren Zeitraum hinweg halten und Ihnen reichlich schmerzhafte elektrische Schläge verpassen. Und zweitens brennen Sicherungen nur selten grundlos (quasi aus Altersschwäche) durch. Wenn ein Netzteil nicht mehr richtig funktioniert, dann kann man sich nur wüschen, dass seine Sicherung durchknallt. Die Alternative wäre jedenfalls weit unangenehmer.

Unterschätzt man die elektrische Energie, führt dies irgendwann beinahe unweigerlich zur größten denkbaren Katastrophe, nämlich dem Ausbruch eines Feuers. Glauben Sie nicht, dass Ihnen das nicht passieren könnte! *Feuerlöscher* dürfen in keiner PC-Werkstatt fehlen! Sie müssen aber dafür sorgen, dass der richtige vorhanden ist. Es gibt vier primäre Brandklassen und die Hersteller haben alle Feuerlöscher diesen vier *Brandklassen* zugeordnet:

- *Klasse A:* Gewöhnliche feste Materialien, wie z.B. Holz, Papier, Kohle oder Textilien
- *Klasse B:* Brennbare Flüssigkeiten, wie z.B. Benzin, Lösungsmittel oder Lacke
- *Klasse C:* Brände von Gasen, wie z.B. Erdgas oder Flüssiggas, aber auch betriebsbereiter elektronischer Geräte, da bei deren Brand ebenfalls brennbare Gase freigesetzt werden können
- *Klasse D:* Brände von Metallen, wie z.B. Leichtmetallen

Für den Haushalt sind Feuerlöscher der Brandklassen A, B und C geeignet, wobei Pulverlöscher mindestens 6 kg Inhalt haben sollten. Bei Klasse D handelt es sich um Feuerlöscher für den industriellen oder Katastropheneinsatz.

Natürlich sollten Sie für den PC nur einen Feuerlöscher der Klasse C verwenden, sofern er einmal Feuer fangen sollte. Für welche Brandklassen sich ein Feuerlöscher eignet, wird jeweils auf deren Etikett angegeben. Viele Feuerlöscher eignen sich für mehrere Brandklassen und die verbreitetsten Feuerlöscher eignen sich tatsächlich für die Brandklassen A, B *und* C und damit für alle gängigen Feuer.

> **Hinweis**
>
> Sie sollten die Gebrauchsanweisung des Feuerlöschers vor seinem Einsatz lesen! Feuerlöscher entleeren sich schnell und sollten daher stoßweise betätigt werden. Zudem sollte ihre Funktionsbereitschaft regelmäßig geprüft werden.

Jenseits von A+

Netzteile leisten wesentliche Dienste für den PC, erzeugen aus Wechselspannung Gleichspannung und kühlen das System. Aber auch diese elementare Rolle hält gewisse Personen nicht davon ab, es zu ihrem Spielzeug zu machen. Zudem stellen Server und leistungsfähige Workstations etwas andere Anforderungen als eher typische Systeme, so dass natürlich mehr Leistung benötigt wird. Gehen wir also ein wenig über die A+-Prüfungsinhalte hinaus und befassen uns mit diesen Aspekten.

Es leuchtet!

Enthusiasten modifizieren ihre Rechner bereits seit Jahren, schneiden zusätzliche Löcher in Gehäuse, fügen Lüfter hinzu, um ihre Rechner übertakten zu können, und bauen leuchtende Neon- und Kathodenröhren an. Das Netzteil ist dabei ein wenig in Vergessenheit geraten, aber das ist nun vorbei. Bei einem kurzen Besuch eines guten Computerhändlers werden Sie schnell Netzteile finden, die leuchten, hübsch bunt sind oder mit anderweitigen Extras zu glänzen wissen. Abbildung 8.37 zeigt ein durchsichtiges Netzteil.

Abbildung 10.38: Ein durchsichtiges, blau leuchtendes Netzteil

Weiterhin sind flüsterleise Netzteile mit Temperatursensoren und einem oder mehreren starken Lüftern erhältlich, die nur dann schneller drehen, wenn es die im Rechner vorhandene Temperatur erforderlich macht. Derartige Netzteile eignen sich naturgemäß besonders für Rechner, die als Unterhaltungscenter dienen, da sie zwar alle Funktionen bieten, aber überflüssigen Lärm vermeiden.

Modulare Netzteile

Es wird immer beliebter, PCs zusammenzustellen, die sowohl innen als auch außen gut aussehen. Nicht genutzte Stromkabel, die im Rechner herumhängen, sorgen für ein weniger schönes Bild. Für die Modebewussten wurden modulare Netzteile entwickelt (Abbildung 10.39).

Abbildung 10.39: Modulares Netzteil

Diese Netzteile mit ihren Kabelmodulen sind wirklich elegant: Sie schließen nur die Leitungen an, die vom System benötigt werden. Andererseits beschweren sich einige Techniker darüber, dass durch die Stecker der Kabelmodule zusätzliche Widerstände entstehen, durch die das Netzteil weniger effizient arbeitet. Entscheiden Sie selbst, ob Ihnen gutes Aussehen wichtiger als die etwas schlechtere Effizienz ist.

Spannungsschienen

Wenn Sie leistungsfähigere CPUs und Grafikkarten einsetzen, kann es bei den einzelnen Spannungsschienen zu Problemen kommen. ATX12V-Netzteile arbeiten mit mehreren Spannungsschienen, die jeweils nur einen bestimmten maximalen Strom liefern, der in Ampere (A) angegeben wird. Dabei sind die 12-V-Schienen problematisch. Laut ATX12V-Standard muss jede 12-V-Schiene bis zu 18 A liefern können, was zwar zumeist mehr als genug ist, aber nicht ausreicht, wenn Sie in einem Rechner eine leistungsfähige CPU und eine oder mehrere PCIe-Grafikkarten einsetzen. Wenn Sie ein derart leistungsfähiges System benutzen, sollten Sie online die genauen technischen Daten Ihres Netzteils nachlesen. Abbildung 10.40 zeigt ein Beispiel für die technischen Daten eines Netzteils. Viele Netzteil-Hersteller veröffentlichen allerdings keine detaillierten technischen Daten. Sie sollten sie meiden!

NeoHE 550

FEATURES	
Switches	ATX Logic on-off Additional power rocker switch
Maximum Power	550W
Transient Response	+12V, +5Vand +3.3V independent output circuitry provides stable power and tighter cross regulation (+/- 3%)
P. G. Signal	100-500ms
Over Voltage Protection recycle AC to reset	+5V trip point < +6.5V +3.3V trip point < +4.1V +12V trip point < +14.3V
Special Connectors	ATX12V/EPS12V Compatible 4 + 4 pin +12V Molex Peripheral Floppy SATA PCI Express
Leakage Current	<3.5mA @ 115VAC

OUTPUT							
Output Voltage	+3.3V	+5V	+12V1	+12V2	+12V3	-12V	+5Vsb
Max. Load	24A	20A	18A	18A	18A	0.8A	2.5A
Min. Load	0.5A	0.3A	1A	1A	1A	0A	0A
Regulation	3%	3%	3%	3%	3%	6%	3%
Ripple & Noise(mV)	50	50	120	120	120	120	50
Available Power	79.2W	100W		504W		9.6W	12.5W
Total Power	550W continuous output @ 50C ambient temperature						

Abbildung 10.40: Beispiel für die technischen Daten eines Netzteils

Suchen Sie nach Netzteilen mit etwa 16 bis 18 A pro Schiene. Dabei handelt es sich um Netzteile mit mehr als 400 Watt. Bei einer stromhungrigen CPU und ein oder zwei PCIe-Grafikkarten wird es darunter aber nicht gehen.

Benutzen Sie Netzteile mit einer angegebenen Betriebstemperatur von 25° C, also etwa Zimmertemperatur. Ein Netzteil, das bei 25 Grad Celsius 500 Watt leistet, liefert bei höheren Temperaturen sehr viel weniger, und im Rechner ist es meist mindestens 15 Grad wärmer als außen. Leider vergessen viele Netzteil-Hersteller diese Tatsache – auch diejenigen, die gute Netzteile bauen.

Wiederholung

Fragen

1. Welche Spannung sollte ein Multimeter bei der Prüfung einer Steckdose zwischen der spannungsführenden Leitung und der Erde in Deutschland anzeigen?
   A. 230 V
   B. 120 V
   C. 0 V
   D. -120 V

2. Mit welchen Spannungen versorgt der ATX12V-P1-Anschluss das Mainboard?
   A. 3,3 V, 5 V
   B. 3,3 V, 12 V
   C. 5 V, 12 V
   D. 3,3 V, 5 V, 12 V

3. Welche Art von Steckern wird bei Diskettenlaufwerken typischerweise für die Stromversorgung genutzt?
   A. Molex
   B. Mini-Molex
   C. Sub-Mini
   D. Mikro

4. Joachim hat ein neues Netzteil bestellt, war aber überrascht, als es ankam, weil es einen zusätzlichen 4-poligen Stecker hatte. Um was für einen Stecker handelt es sich?
   A. P2-Stecker zum Anschließen zusätzlicher Komponenten
   B. P3-Stecker zum Anschließen von Gehäuselüftern
   C. P4-Stecker zum Anschließen an moderne Mainboards
   D. Aux-Stecker zum Anschließen an ein zweites Netzteil

5. Was sollten Sie beim Testen von Gleichstromsteckern beachten?
   A. Bei der Gleichspannung muss die Polarität beachtet werden. Die rote Prüfspitze sollte immer mit der spannungsführenden Leitung und die schwarze mit der Masseleitung verbunden werden.
   B. Bei der Gleichspannung muss die Polarität beachtet werden. Die rote Prüfspitze sollte immer mit der Masseleitung und die schwarze mit der spannungsführenden Leitung verbunden werden.
   C. Gleichspannung hat keine Polarität, so dass Sie die rote Leitung entweder mit einer spannungsführenden Leitung oder einer Masseleitung verbinden können.
   D. Gleichspannung hat keine Polarität, so dass Sie die schwarze Leitung mit einer spannungsführenden oder einer neutralen Leitung, aber nicht mit einer Masseleitung verbinden dürfen.

6. Welche Spannungen sollten die beiden spannungsführenden Leitungen an einem Molex-Stecker liefern?
   A. Rot = 3,3 V; Gelb = 5 V
   B. Rot = 5 V; Gelb = 12 V
   C. Rot = 12 V; Gelb = 5 V
   D. Rot = 5 V; Gelb = 3,3 V

7. Warum ist es sinnvoll, die Slotbleche am Rechner immer anzubringen?
   A. Um für eine optimale Luftzirkulation im Gehäuse zu sorgen
   B. Sie halten Staub und Rauch aus Ihrem Gehäuse fern.
   C. Sowohl A als auch B ist korrekt.
   D. Fangfrage! Es macht überhaupt nichts, wenn der Steckplatz offen bleibt.

8. Ein PC-Netzteil stellt Gleichstrom in welcher Standardkonfiguration bereit?
   A. Zwei primäre Spannungsschienen, 12 Volt und 5 Volt, und einen Zusatzstecker mit 3,3 Volt
   B. Drei primäre Spannungsschienen für je 12-Volt-, 5-Volt- und 3,3-Volt-Stecker
   C. Eine primäre Spannungsschiene für je 12-Volt-, 5-Volt- und 3,3-Volt-Stecker
   D. Eine Spannungsschiene mit einem 12-Volt-Stecker für das Mainboard, eine zweite mit einem 12-Volt-Stecker für die CPU und eine dritte für die 5-Volt- und 3,3-Volt-Stecker

9. Welche Funktion von ATX-Systemen hindert Benutzer daran, das System abzuschalten, bevor das Betriebssystem heruntergefahren wurde?
   A. Mainboard-Stromstecker
   B. CMOS-Setup
   C. Standby-Modus
   D. Softpower

10. Wie viele Kontakte hat ein SATA-Stromstecker?
    A. 6
    B. 9
    C. 12
    D. 15

Antworten

1. **A.** Das Multimeter sollte bei einer korrekt verdrahteten deutschen Steckdose etwa 230 V zwischen dem spannungsführenden Leiter und der Erde anzeigen.
2. **D.** Der P1-Stecker eines ATX12V-Netzteils versorgt das Mainboard mit 3,3, 5 und 12 Volt.
3. **B.** Diskettenlaufwerke verwenden normalerweise einen Mini-(Molex-)Stecker.
4. **C.** Der P4-Stecker wird an das Mainboard angeschlossen, um schnellere Prozessoren zu unterstützen.
5. **A.** Bei der Gleichspannung gilt es, die Polarität zu beachten. Die rote Leitung sollte immer mit der spannungsführenden Leitung und die schwarze Leitung mit der Masse (Erde) verbunden werden.
6. **B.** Die roten Leitungen eines Molex-Steckers sollten 5, die gelben 12 Volt Spannung führen.
7. **C.** Sowohl A als auch B sind korrekt. Wenn Sie die Steckplätze abdecken, sorgen Sie für die optimale Luftzirkulation im Gehäuse, und Sie halten Staub und Rauch von den empfindlichen internen Komponenten ab.
8. **B.** Bei der Standardkonfiguration von PC-Netzteilen gibt es drei primäre Spannungsschienen, für je 12-Volt-, 5-Volt- und 3,3-Volt-Stecker.
9. **D.** Die Softpower-Funktion von ATX-Systemen verhindert, dass der Benutzer ein System ausschaltet, bevor das Betriebssystem heruntergefahren wurde.
10. **D.** SATA-Stromstecker sind 15-polig.

11

Festplattentechnologien

Themen in diesem Kapitel
- Erklären, wie Festplatten funktionieren
- PATA- und SATA-Festplattenschnittstellen erkennen und erklären
- SCSI-Festplattenschnittstellen erkennen und erklären
- Beschreiben, wie Daten mit Hilfe von RAID geschützt werden
- Festplatten installieren
- CMOS konfigurieren und Treiber installieren
- Fehlersuche bei der Festplatteninstallation

Festplatten gehören wohl zu jenen PC-Komponenten, die am häufigsten im Mittelpunkt des Interesses stehen (bzw. die meisten Probleme bereiten!). Dafür gibt es einen guten Grund: Wenn Festplatten ausfallen, droht Datenverlust! Und wenn Daten verschwinden, müssen Sie wohl oder übel entweder Ihre Arbeit noch einmal machen oder die Daten über eine Sicherung wiederherstellen. Es ist gut, sich um die Datensicherheit Gedanken zu machen, denn es sind Daten wie Gehaltsabrechnungen und E-Mails, die für Unternehmen oder Büros lebenswichtig sind. Die Datensicherheit ist derart wichtig, dass selbst »blutige Anfänger« mit Begriffen wie *IDE*, *PATA*, *SATA* und *Controller* konfrontiert werden, selbst dann, wenn sie mit diesen Begriffen eigentlich noch gar nichts anzufangen wissen!

Das Ziel dieses Kapitels besteht darin, Ihnen das Wissen zu vermitteln, das Sie für den Umgang mit Festplatten benötigen. Wir beginnen mit dem internen Entwurf und der Organisation der Festplatte. Anschließend lernen Sie die verschiedenen, heute eingesetzten Festplattentypen kennen (PATA, SATA, SSD und SCSI), wie sie mit dem PC zusammenarbeiten und wie sie in einem System korrekt installiert werden. Das Kapitel beschreibt, wie mehrere Festplatten mit Hilfe von RAID-Funktionen zusammenarbeiten können, um die Datensicherheit und/oder die Geschwindigkeit zu erhöhen.

Hinweis

In Kapitel 12 (*Vorbereitung und Wartung von Festplatten*) wird das Thema Festplatten fortgesetzt. Hier kommt das Betriebssystem mit ins Spiel und Sie erfahren, wie Sie Laufwerke für die Datenspeicherung vorbereiten und wie Sie Festplatten unter den verschiedenen Windows-Versionen warten und austauschen können.

Geschichte und Konzepte
Wie Festplatten funktionieren

Beim Bau von Festplatten kommen heute zwei verschiedene Technologien zum Einsatz. Die verbreitete Variante arbeitet mit beweglichen Teilen, die neuere und teurere ohne. Wir werden nun beide Varianten näher betrachten.

Plattenbasierte Festplatten

Herkömmliche *Festplattenlaufwerke* (*HDDs – Hard Disk Drives*) bestehen aus einzelnen Scheiben bzw. *Platten* und besitzen Schreib/Leseköpfe, die sich an einem mechanischen Positionierungsarm befinden, der von einem Servomotor gesteuert wird. Die gesamte Konstruktion befindet sich in einem versiegelten Gehäuse, das das Eindringen von verschmutzter Luft aus der Umgebung verhindert (siehe Abbildung 11.1).

Abbildung 11.1: Das Innere eines Festplattenlaufwerks

Die Aluminiumplatten besitzen eine Magnetschicht. Jede Platte wird von zwei winzigen Schreib/Leseköpfen bedient, von denen sich einer ober- und der andere unterhalb der Platte befindet (Abbildung 11.2).

Die Beschichtung der Platten ist unvorstellbar glatt. Das muss so sein, damit die Schreib/Leseköpfe auf einem Luftkissen über die Plattenoberfläche »fliegen« können. Die Platten drehen sich dabei mit einer Geschwindigkeit zwischen 3.500 und 10.000 U/min. Der Abstand zwischen den Köpfen und den Platten bzw. die »Flughöhe« ist geringer als die Dicke eines Fingerabdrucks! Je näher die Schreib/Leseköpfe der Plattenoberfläche kommen, umso dichter können die Daten auf der Oberfläche gepackt werden. Diese extrem geringen Toleranzen setzen voraus, dass die Platten niemals der Umgebungsluft ausgesetzt werden, denn schon ein winziges Staubpartikelchen wäre für einen Schreib/Lesekopf wie ein Berg, der plötzlich im Wege steht, und würde schweren Schaden anrichten. Damit die Luft im Gehäuseinnern des Festplattenlaufwerks rein bleibt, verfügen alle Festplattenlaufwerke über eine mit einem winzigen, hochwirksamen Filter abgedeckte Gehäuseöffnung, die für den Druckausgleich zwischen außen und innen sorgt.

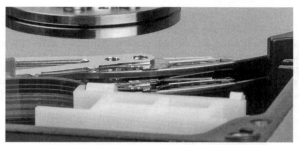

Abbildung 11.2: Der obere und untere Schreib/Lesekopf mit dem Arm

Datencodierung

Festplattenlaufwerke speichern die Daten in binärer Form auf der Platte. Allerdings wäre es nun eine allzu grobe Vereinfachung, wenn man sich eine binär auf der Platte gespeicherte 1 als einen magnetisierten und eine binäre 0 als einen nicht magnetisierten Fleck vorstellen würde. Festplatten speichern die Daten vielmehr in winzigen Magnetfeldern, die Sie sich wie winzige Magnete vorstellen können, die in der einen oder anderen Richtung auf der Platte orientiert sind. Jedes dieser winzigen magnetischen Felder wird »Fluss« (engl. *Flux*) genannt und kann durch einen Prozess, der als *Flusswechsel* bekannt ist, in seiner Ausrichtung umgekehrt werden. Wenn ein Schreib/Lesekopf über einen Bereich fliegt, in dem ein Flusswechsel stattgefunden hat, dann fließt in den Köpfen ein niedriger elektrischer Strom.

Moderne Festplattenlaufwerke verwenden ein sehr viel komplexeres und effizienteres Verfahren zur Interpretation von Flusswechseln. Moderne Festplattenlaufwerke lesen keine einzelnen Flusswechsel, sondern so genannte *Runs (Lauffelder)*, bei denen es sich um Flusswechselgruppen handelt. Ab etwa 1991 verwendeten Festplatten eine Datencodierung, die *RLL (Run Length Limited)* genannt wurde. Beim Einsatz von RLL lässt sich jede beliebige Kombination aus Einsen und Nullen über eine vorgegebene Kombination aus etwas 15 verschiedenen Lauffeldern speichern. Das Festplattenlaufwerk sucht nach diesen Lauffeldern und liest sie gruppenweise, wodurch die Daten schneller und dichter gepackt werden können.

Moderne Festplatten verwenden ein enorm weiterentwickeltes Verfahren der RLL-Codierung, die *PRML (Partial Response Maximum Likelihood)* genannt wird. Als immer mehr Datenflüsse auf Festplatten gepackt wurden, kam es zu Wechselwirkungen zwischen den einzelnen Flüssen, durch die die Laufwerke deren Anfang und das Ende immer schlechter erkennen konnten. Beim PRML-Verfahren werden leistungsfähige, clevere Schaltungen verwendet, die jeden Flusswechsel analysieren und »erraten«, welche Art von Flusswechsel gerade gelesen wurde. Dadurch ließ sich die maximale Lauflänge bei PRML-Laufwerken auf bis zu etwa 16 bis 20 Datenflüsse steigern, was weit mehr als die sieben Datenflüsse bei RLL-Laufwerken ist. Durch größere Lauflängen können Festplattenlaufwerke auch komplizierte Lauffeldkombinationen nutzen und phänomenal große Datenmengen speichern. Wenn sie dem System vom Festplattenlaufwerk übergeben wird, könnte z.B. ein aus nur 12 Datenflüssen bestehendes Lauffeld auf einer Festplatte eine Zeichenkette von 30 oder 40 Nullen und Einsen darstellen.

Der von den einzelnen magnetischen Datenflüssen auf einer Festplatte benötigte Platz hat sich im Laufe der Jahre wesentlich verringert, wodurch sehr viel höhere Kapazitäten entstanden sind. Wenn Datenflüsse kleiner werden, überlagern sie einander auf seltsame Weise. Ich muss sagen *seltsame Weise*, denn wenn ich erklären müsste, was auf dieser subatomaren Ebene passiert (ich habe ja gesagt, dass die Datenflüsse klein sind!), müssten Sie ein Semester Quantenmechanik studieren. Wir sagen einfach, dass das flache Ablegen von Datenflüssen auf der Platte seine Grenzen erreicht hat. Um diesem Problem zu begegnen, begannen die Hersteller von Festplattenlaufwerken vor Kurzem, Datenflüsse vertikal (auf und ab) statt horizontal (vor und zurück) zu speichern, wodurch sie Festplattenlaufwerke mit Kapazitäten von mehr als einem Terabyte (1.024 Gigabyte) Kapazität bauen konnten. Die Hersteller sprechen bei diesem vertikalen Speicherverfahren von *senkrechter Aufzeichnung* und *Perpendicular Recording*.

Ungeachtet dieser recht detaillierten Beschreibung der Datencodierung werden es normale PC-Techniker nie mit der Datencodierung zu tun bekommen. Etwas zu wissen, was man nicht wissen muss, hilft aber manchmal genau so viel, wie etwas zu wissen, was man wissen muss. Glücklicherweise kümmert sich das Festplattenlaufwerk selbst um die für das System völlig unsichtbare Datencodierung. Sie werden sich zwar nie mit der Datencodierung befassen müssen, aber in Gesprächen mit anderen PC-Technikern können Sie Eindruck schinden, wenn Sie wissen, was RLL und PRML bedeuten!

Positionierung der Arme

Die Schreib/Leseköpfe am Ende des *Positionierungsarms* (*Actuator*) werden über die Platte bewegt. In der gesamten Geschichte der Festplatte haben die Hersteller zu diesem Zweck nur zwei Technologien eingesetzt, nämlich *Schrittmotor* und *Linearmotor*. Die ersten Festplattenlaufwerke besaßen Schrittmotoren, heute werden nur noch Linearmotoren verwendet.

Bei *Schrittmotoren* (Stepper-Motoren) wird der Arm mit den Schreib/Leseköpfen in festen Abständen bzw. Schritten über die Plattenoberfläche bewegt. Dieses Verfahren weist aber einige Beschränkungen auf. Die aus Motor und Positionierungsarm bestehende Schnittstelle erlaubt aus Gründen der Präzision und der exakten Wiederholbarkeit der Bewegungen nur geringe Toleranzen, aber die Genauigkeit der Positionierung nahm mit der Zeit immer mehr ab. Durch physischen Verschleiß kam es zu Fehlern in der Datenübertragung. Darüber hinaus leiden Laufwerke mit Schrittmotoren unter der durch Wärme und die unterschiedliche Ausdehnung verschiedener Materialien verursachten Ungenauigkeiten. Ebenso wie sich das Ventilspiel beim Automotor je nach Betriebstemperatur ändert, so ändert sich auch die Präzision der Positionierung im laufenden Betrieb des Rechners mit den unterschiedlichen Temperaturen der Festplattenbauteile. Auch wenn diese Abweichungen nur gering sind, sorgten sie doch für Probleme. Wurden z.B. Daten auf kalte Laufwerke geschrieben, dann ließen sie sich bei normaler Betriebstemperatur des Laufwerks möglicherweise nur noch schlecht lesen. Darüber hinaus konnten die Schreib/Leseköpfe die Plattenoberfläche sehr leicht beschädigen, sofern sie im angeschalteten Zustand nicht »geparkt« (das heißt, in einen Oberflächenbereich ohne Daten gefahren) wurden. Die Techniker mussten daher vor jedem Laufwerktransport spezielle Park-Programme für den Schrittmotor ausführen.

> **Hinweis**
>
> Diskettenlaufwerke verwenden immer noch Schrittmotoren.

Heute werden die Positionierungsarme bei Festplattenlaufwerken von Linearmotoren bewegt. Der Linearmotor (Linearmotor mit Spule, engl. *Voice Coil Motor*) arbeitet mit einem Dauermagneten, der eine Spule am Positionierungsarm umgibt. Beim Fließen eines elektrischen Stroms erzeugt die Spule ein Magnetfeld, das den Positionierungsarm bewegt. Die Richtung der Bewegung hängt dabei von der Polarität des elektrischen Stromflusses in der Spule ab. Da die Spule und der Positionierungsarm sich niemals direkt berühren, kann die Präzision der Positionierung nicht durch mechanischen Verschleiß beeinträchtigt werden. Linearmotoren parken außerdem die Köpfe automatisch beim Abschalten des Laufwerks, wodurch die alten Park-Programme für Schrittmotoren veraltet und überflüssig geworden sind.

Da Festplattenlaufwerke mit Linearmotor nicht mit diskreten Schritten arbeiten, lässt sich das Ausmaß der Bewegung der Köpfe über die Platte nicht genau vorherbestimmen. Damit die Köpfe bei Linearmotoren möglichst präzise den richtigen Bereich anfahren, wird eine Plattenoberfläche für Navigationszwecke reserviert. Im Wesentlichen wird hier die genaue Position der Daten auf dem Laufwerk abgebildet. Der Linearmotor fährt dabei mit den Schreib/Leseköpfen zunächst ungefähr die richtige Position auf der Platte an. Anschließend wird dann die »Landkarte« auf der Navigationsplatte für Feineinstellungen und erforderliche Anpassungen bei der Ansteuerung der richtigen Position genutzt.

Nachdem Sie nun grundlegend darüber informiert sind, wie ein Laufwerk die Daten physisch speichert, wollen wir uns ansehen, wie die Daten auf einem Festplattenlaufwerk angeordnet sind, damit wir das Laufwerk nutzen können.

Die Geometrie

Haben Sie schon einmal eine Bandkassette gesehen? Beim Betrachten des braunen Kunststoffbandes weist nichts darauf hin, ob auf dem Band Töne gespeichert sind. Allerdings wissen Sie genau, dass sich auf diesem Band, sofern es nicht leer ist, tatsächlich *etwas* befindet. Die Musik ist auf dem Band in der Form magnetischer Spuren aufgezeichnet. Man kann daher sagen, dass es sich bei der Art und Weise der physischen Aufzeichnung der magnetischen Informationen um die »Geometrie« des Bandes handelt.

Die *Geometrie* bestimmt auch, wo das Festplattenlaufwerk die Daten speichert. Wie bei der Bandkassette können Sie auch bei einem geöffneten Festplattenlaufwerk dessen Geometrie nicht erkennen. Sie können sich aber sicher sein, dass es eine solche gibt! Jedes Festplattenmodell verwendet eine andere Geometrie. Die Geometrie eines bestimmten Festplattenlaufwerks wird über eine Reihe von Zahlen beschrieben, die sich auf drei spezielle Werte beziehen: Köpfe, Zylinder und Sektoren pro Spur.

Köpfe

Mit der Anzahl der *Köpfe* eines bestimmten Festplattenlaufwerks ist selbstverständlich die Anzahl der Schreib/Leseköpfe gemeint, die vom Laufwerk zum Schreiben und Lesen von Daten verwendet werden. Jede Platte braucht zwei Köpfe, wenn sie beidseitig beschrieben werden soll. Wenn ein Festplattenlaufwerk beispielsweise vier Platten hat, werden also acht Köpfe benötigt (Abbildung 11.3).

Abbildung 11.3: Zwei Köpfe je Platte

Gemäß dieser Beschreibung könnten Sie natürlich glauben, dass Festplatten immer eine gerade Anzahl von Köpfen besitzen, aber das wäre falsch! Die meisten Festplattenlaufwerke reservieren einen weiteren oder sogar zwei Köpfe für besondere Zwecke. Ein Festplattenlaufwerk kann daher eine gerade oder auch ungerade Anzahl von Köpfen haben.

Zylinder

Einen *Zylinder* stellen Sie sich am besten wie eine Konservendose vor. Nehmen Sie die Konservendose, entfernen Sie beide Deckel, spülen Sie sie gründlich und entfernen Sie das Etikett. Was Sie dann haben, ist ein geometrischer Körper namens *Zylinder*. Stellen Sie sich weiterhin vor, dass Sie diese ehemalige Suppenkonserve an einem Ende so schärfen können, dass sie auch das härteste Metall durchschneiden kann. Diese Ex-Konservendose nehmen Sie nun und drücken sie so durch die Festplatten des Laufwerks hindurch, dass sie die Ober- und Unterseite der Platten durchschneidet. Die Kreise, die die Konservendose in die Platte geschnitten hat, stellen Bereiche zum Speichern von Daten dar und werden *Spuren* (*tracks*) genannt.

Jede Plattenoberfläche enthält Zehntausende Spuren, die interessanterweise selbst kein direkter Bestandteil der Festplattengeometrie sind. Von Interesse sind lediglich die Gruppen von Spuren desselben Durchmessers auf den verschiedenen Platten. Bei jeder Gruppe von Spuren mit demselben Durchmesser auf allen Platten handelt es sich um einen so genannten *Zylinder* (Abbildung 11.4). Sie sehen, dass es mehr als nur einen Zylinder gibt; mehr, als Sie Suppenkonserven zum Durchdrücken finden würden! Ein typisches Festplattenlaufwerk verfügt in der Tat über Tausende von Zylindern.

Alle Spuren desselben Durchmessers werden Zylinder genannt.

Abbildung 11.4: Ein Zylinder

Sektoren je Spur

Stellen Sie sich nun einmal vor, dass Sie das Festplattenlaufwerk wie einen Geburtstagskuchen anschneiden und dabei alle Spuren in Zehntausende von Tortenstücken schneiden. Jedes dieser Tortenstücke wird *Sektor* genannt und kann 512 Datenbyte speichern.

Der Sektor stellt die »kleinste unteilbare Einheit« aller Festplattenlaufwerke dar – kleiner als ein Sektor können Sie Daten nicht mehr aufteilen. Obwohl Sektoren eine wichtige Sache sind, ist die Anzahl der Sektoren wiederum kein geometrisches Merkmal. Der geometrische Wert lautet »Sektoren pro Spur« und gibt die Anzahl der Tortenstücke bei einem Festplattenlaufwerk und damit die Anzahl Sektoren pro Spur an (Abbildung 11.5).

Sechs Sektoren pro Spur

Abbildung 11.5: Sektoren pro Spur

Die »Großen Drei«

Zylinder, Köpfe und Sektoren pro Spur definieren zusammen die Geometrie eines Festplattenlaufwerks. Meist wird auf diese drei kritischen Werte in der Kurzform *CHS* (Cylinder/Heads/Sector) verwiesen. Die Bedeutung dieser Werte liegt in der Tatsache, dass das PC-BIOS die Geometrie des Festplattenlaufwerks kennen muss, um mit dem Laufwerk kommunizieren zu können. Früher mussten diese Werte vom Techniker manuell im CMOS-Setup eingetragen werden. Heute sind die CHS-Informationen elektronisch im Festplattenlaufwerk selbst gespeichert und werden vom BIOS automatisch abgefragt und ermittelt. Mehr darüber finden Sie weiter unten in diesem Kapitel im Abschnitt »Automatische Erkennung (Autodetection)« auf Seite 421.

Zwei andere Werte, Schreibkompensation und Landezone, haben heute keine Bedeutung mehr. Manchmal werden die Begriffe zwar immer noch erwähnt und einige CMOS-Setups kennen sie auch immer noch, aber letztlich handelt es sich hier nur um ein weiteres Beispiel für technologische Reliquien. In den folgenden Abschnitten werden wir uns kurz mit diesen Überbleibseln aus längst vergangenen Zeiten befassen, damit Sie beim Zugriff auf das CMOS nicht völlig ratlos dastehen.

Schreibkompensation

Die alten Festplattenlaufwerke hatten große Probleme mit der Tatsache, dass die Sektoren zum Zentrum der Platte hin viel kleiner als die außen liegenden Sektoren waren. Um dieses Problem zu umgehen, schrieb ein altes Laufwerk ab einem bestimmten Zylinder die Daten etwas abseits von ihrer eigentlichen Position. Ab diesem Zylinder griff dann die so genannte *Schreibkompensation*. Der PC musste wissen, ab welchem Zylinder er entsprechend vorgehen musste. Bei moderneren Festplatten treten diese Probleme nicht mehr auf, so dass die Einstellung für die Schreibkompensation mittlerweile überholt ist.

Landezone

Bei den alten Festplatten mit Schrittmotor gab der Wert für die Landezone einen nicht genutzten Zylinder an, der als »Parkplatz« für die Schreib/Leseköpfe diente. Bei den alten Laufwerken mit Schrittmotor mussten die Schreib/Leseköpfe vor dem Transport geparkt werden, um Beschädigungen zu verhindern. Die heutigen Laufwerke mit Linearmotoren parken ihre Köpfe automatisch, wenn kein Datenzugriff mehr stattfindet, und fahren sie automatisch in die Landezone zurück. Das BIOS muss daher auch nichts mehr von Landezonen wissen.

Essentials

Solid-State Drive (SSD)

Das Starten eines Rechners dauert, weil herkömmliche Festplatten erst einmal hochdrehen und die Schreib/Leseköpfe die Daten vom Laufwerk lesen müssen. Dann müssen das Betriebssystem und die Treiber noch in den Arbeitsspeicher geladen werden. Für alle beweglichen Metallteile der auf Platten basierenden Laufwerke wird eine Menge Energie benötigt. Sie produzieren eine Menge Wärme, benötigen einiges an Platz, verschleißen mit der Zeit und brauchen eine Menge Nanosekunden zur Erledigung ihrer Aufgaben. Bei *Halbleiterlaufwerken*, die meist *Solid-State Drive (SSD)* oder auch *Solid-State-Laufwerk* genannt werden, entfallen die meisten dieser Probleme.

Technisch gesehen handelt es sich bei der Solid-State-Technologie und den entsprechenden Geräten um eine Kombination aus Halbleitern, Transistoren und *Magnetblasenspeicher (Bubble Memory)*, aus denen elektrische Komponenten ohne bewegliche Teile erstellt werden. Das sind einige seltsame Begriffe, die ich nun näher erläutern werde.

Einfach ausgedrückt verwenden SSDs (Abbildung 11.6) Speicherchips anstelle dieser verflixten mechanischen Bauteile, die bei herkömmlichen Festplatten verwendet werden, zum Speichern der Daten. Die Halbleitertechnik gibt es bereits seit vielen Jahren. Ursprünglich wurde sie entwickelt, um Röhrentechnologien in Halbleitertechnologien zu überführen, wie dies beispielsweise auch beim Wechsel von der Kathodenstrahlröhre (*CRT – Cathode Ray Tube*) zur LCD-Technologie (*LCD – Liquid Crystal Displays*) bei Bildschirmen der Fall ist. (Mehr über Bildschirmtechnologien erfahren Sie in Kapitel 19, *Anzeige: Bildschirm und Grafikkarte*.)

> **Hinweis**
>
> Mit der zunehmenden Verbreitung der SSD-Technologie wird das Kürzel *HDD* (*Hard Disk Drive*) häufiger als zuvor für die herkömmlichen Festplattenlaufwerke mit ihren rotierenden Scheiben verwendet. Heute gibt es also zwei unterschiedliche Laufwerktechnologien: SSD und HDD.

Kapitel 11

Abbildung 11.6: Ein Solid-State-Laufwerk (Abbildung mit freundlicher Genehmigung von Corsair)

Solid-State-Geräte verwenden Ströme und negative/positive Elektronenladungen zur Erledigung ihrer Aufgabe. Auch wenn Mr. Spock die physikalischen Grundlagen dieser Technologie vielleicht »faszinierend« finden würde, ist es für Sie wichtiger, dass Sie die folgenden Dinge über Solid-State-Laufwerke und die entsprechenden Geräte und Technologien wissen:

- ❑ Die Solid-State-Technologie wird verbreitet für Desktop- und Laptop-Festplattenlaufwerke, Speicherkarten, Kameras, USB-Sticks und andere kleine elektronische Geräte verwendet.
- ❑ Typische SSD-Formfaktoren sind 1,8, 2,5 und 3,5 Zoll.
- ❑ Bei SSDs kann es sich bei Desktop-Systemen um PATA-, SATA-, eSATA-, SCSI- oder USB-Laufwerke handeln. Bei einigen tragbaren Rechnern werden auch Mini-PCI-Express-Varianten verwendet.
- ❑ SSDs, die mit SDRAM-Cache arbeiten, sind flüchtige Speicher und vergessen beim Ausschalten die gespeicherten Daten. Andere verwenden nichtflüchtigen Flash-Speicher (z.B. NAND) und speichern die Daten auch nach dem Abschalten oder dem Trennen vom Rechner (oder anderen Geräten). (Mehr über die Flash-Speichertechnologie erfahren Sie in Kapitel 13, *Wechseldatenträger*.)
- ❑ SSDs sind teurer als herkömmliche Festplattenlaufwerke. Bei preiswerteren SSDs werden typischerweise weniger zuverlässige MLC-Speichertechnologien (*Multi-Level Cell*) anstelle der effizienteren SLC-Technologie (*Single-Level Cell*) verwendet, um Kosten zu sparen.

PATA und SATA

Im Laufe der Jahre gab es viele Schnittstellen für Festplattenlaufwerke, die unter Bezeichnungen wie etwa *ST-506* oder *ESDI* bekannt waren. Fragen Sie sich hier nicht weiter, was diese Abkürzungen bedeuten, denn weder die CompTIA A+-Prüfung noch die PC-Welt interessieren sich heute noch für »prähistorische« Schnittstellen! Etwa 1990 erschien eine neue Schnittstellentechnik namens *ATA* (*Advanced Technology Attachment*), die heute praktisch den gesamten Markt dominiert. ATA-Festplatten werden häufig auch *IDE*-Laufwerke (*Integrated Drive Electronics*) genannt. Bei Festplatten ist heute nur noch ein einziger anderer Schnittstellentyp von Bedeutung, der allerdings deutlich weniger verbreitet ist, nämlich die *SCSI*-Schnittstelle (*Small Computer System Interface*).

Festplattentechnologien

> **Hinweis**
>
> Der Begriff *IDE* (*Integrated Drive Electronics*) bezieht sich auf jedes Festplattenlaufwerk mit eingebautem Controller. Technisch gesehen handelt es sich bei allen Festplatten um IDE-Laufwerke, obwohl wir den Begriff IDE nur im Zusammenhang mit ATA-Laufwerken verwenden.

ATA-Laufwerke gibt es in zwei grundlegenden Varianten. Das ältere *PATA* (*Parallel ATA*) überträgt die Daten parallel über ein Kabel mit 40 oder 80 Leitungen. PATA-Laufwerke waren in der Industrie mehr als zehn Jahre lang vorherrschend, wurden mittlerweile aber weitgehend von bzw. und *SATA*-Laufwerken (*Serial ATA*) verdrängt, die die Daten seriell übertragen und nur eine Leitung für den Datentransfer verwenden. Der Wechsel von PATA auf SATA ist nur eine von vielen Änderungen, die im Laufe der Jahre bei ATA stattgefunden haben. Um diese Änderungen darzulegen, werden wir die zahlreichen ATA-Standards betrachten, die es in den letzten Jahren gegeben hat.

> **Hinweis**
>
> Moderne externe Laufwerke werden über einen FireWire-, Hi-Speed-USB-2.0- oder eSATA-Anschluss mit dem Rechner verbunden. Alle drei Schnittstellen bieten hohe Datenübertragungsraten und unterstützen das Hotswapping, weshalb sie sich ideal für den Transport großer Dateien (z.B. digitale Videoclips) eignen. Unabhängig von der externen Schnittstelle befinden sich im Gehäuse aber die in diesem Kapitel beschriebenen normalen PATA- oder SATA-Laufwerke.

ATA-1

Als IBM in den frühen 1980er Jahren den IBM-PC AT mit dem 80286 vorstellte, führte es zugleich auch die erste BIOS-Unterstützung für Festplattenlaufwerke im PC ein. Das BIOS unterstützte maximal zwei physische Laufwerke, von denen jedes maximal 504 MB Kapazität haben konnte – weit mehr als die damaligen Laufwerke mit 5 oder 10 MB Kapazität. Durch die integrierte Unterstützung von Festplatten wurde der PC zwar leistungsfähiger, sie konnte aber nichts daran ändern, dass Installation, Konfiguration und Fehlersuche bei Festplattenlaufwerken bestenfalls als »schwierig« galten.

Um diese Probleme zu beseitigen, entwickelten Western Digital und Compaq eine neue Festplattenschnittstelle, deren Spezifikation sie dem US-amerikanischen Standardisierungsinstitut *ANSI* (*American National Standards Institut*) übergaben. Dieses wiederum veröffentlichte im März 1989 die Spezifikation der Schnittstelle *ATA* (*AT Attachment*). Die ATA-Schnittstelle gab ein Kabel und einen eingebauten Controller auf dem eigentlichen Laufwerk vor. Wichtig war vor allem, dass der ATA-Standard das vorhandene AT-BIOS auf einem PC nutzte, das heißt, man musste das alte System-BIOS nicht austauschen, damit das Laufwerk funktionierte – ein sehr wichtiger Aspekt hinsichtlich der Kompatibilität, der sich später jedoch als problematisch für ATA-Laufwerke erweisen sollte. Der offizielle Name für den Standard, ATA, schaffte es lange nicht in die allgemeine Umgangssprache, und dann auch nur, um PATA- von SATA-Laufwerken unterscheiden zu können.

> **Hinweis**
>
> Das direkt für den ATA-Standard verantwortliche ANSI-Unterkomitee heißt *Technical Committee T13*. Wenn Sie wissen wollen, wie es mit ATA weitergeht, suchen Sie die T13-Website auf: www.t13.org.

Frühe physische ATA-Verbindungen

Die ersten ATA-Laufwerke wurden über ein *40-poliges Flachbandkabel* mit dem Computer verbunden, das an das Laufwerk und den Festplattencontroller angeschlossen wurde. Das Kabel ist an einer Seite farbig gekennzeichnet, um die Leitung 1 zu markieren, die mit Pin 1 am Controller verbunden werden muss. Abbildung 11.7 zeigt die Anschlussseite eines älteren ATA-Laufwerks mit den Anschlüssen für das Flachband- und das Stromkabel.

Kapitel 11

Abbildung 11.7: Rückseite eines IDE-Laufwerks mit 40-poligem Anschluss (links), Jumpern (Mitte) und Stromanschluss (rechts)

Der Controller ist der unterstützende Schaltkreis, der als Vermittler zwischen dem Festplattenlaufwerk und dem externen Datenbus fungiert. Elektronisch gestaltet sich das Ganze wie in Abbildung 11.8.

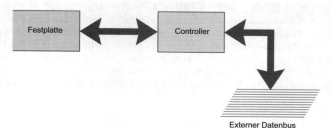

Abbildung 11.8: Beziehung zwischen Laufwerk, Controller und Bus

Halt! Wenn ATA-Laufwerke IDE-Laufwerke sind, dann haben sie doch bereits einen eingebauten Controller. Warum haben sie also einen Stecker für einen *Controller* auf dem Mainboard? Das ist ein gutes Beispiel für einen Begriff, der nicht korrekt benutzt wird, den aber jeder (einschließlich der Hersteller von Mainboards und Festplattenlaufwerken) auf diese Weise benutzt. Das, was wir als den ATA-Controller bezeichnen, ist eigentlich nichts weiter als eine Schnittstelle, die eine Verbindung zum übrigen PC-System herstellt. Und obwohl sich der *eigentliche* Controller auf der Festplatte befindet, wird der 40-polige Anschluss auf dem Mainboard als Controller bezeichnet. In der ATA-Welt gibt es viele irreführende Bezeichnungen!

Abbildung 11.9: Eine typische PATA-Festplatte mit Anweisungen (oben) für das Setzen des Jumpers (unten)

Der ATA-1-Standard gab vor, dass nicht mehr als zwei Laufwerke an einen IDE-Stecker auf einem einzigen Flachbandkabel angeschlossen werden dürfen. Weil bis zu zwei Laufwerke über ein einziges

Kabel an einen Stecker angeschlossen werden können, müssen sich die Laufwerke am Kabel identifizieren lassen. Der ATA-Standard nennt die beiden verschiedenen Laufwerke »Master« und »Slave«. Mit Hilfe winziger Jumper am Laufwerk legen Sie fest, welches als Master und welches als Slave fungiert (Abbildung 11.9).

Bei den Controllern auf dem Mainboard handelt es sich um zwei 40-polige (männliche) Stiftleistenanschlüsse (Abbildung 11.10).

Abbildung 11.10: IDE-Anschlüsse auf einem Mainboard

Hinweis

Wenn sich zwei IDE-Anschlüsse wie in Abbildung 11.10 auf einem Mainboard befinden, dann lassen sich maximal vier PATA-Laufwerke daran anschließen. Auf modernen Mainboards befindet sich meist nur ein solcher Anschluss für maximal zwei PATA-Laufwerke.

PIO- und DMA-Modi

Wenn Sie einen Festplattenstandard definieren, müssen Sie auch festlegen, wie und mit welcher Geschwindigkeit die Daten bewegt werden. ATA-1 definierte dafür zwei verschiedene Methoden. Die erste verwendet die *PIO*-Adressierung (*Programmed I/O*), die zweite mit den so genannten *DMA*-Modi (*Direct Memory Access*) direkte Speicherzugriffe.

Bei PIO handelt es sich um das traditionelle I/O-Adressierungsverfahren, bei dem die CPU bei der Datenübertragung über das BIOS direkt mit der Festplatte kommuniziert. Anfänglich wurden drei verschiedene so genannte *PIO-Modi* definiert:

- PIO-Modus 0: 3,3 MBps (Megabyte pro Sekunde)
- PIO-Modus 1: 5,2 MBps
- PIO-Modus 2: 8,3 MBps

Die *DMA-Modi* definierten ein Verfahren, bei dem die Festplatte über die alten DMA-Befehle direkt mit dem RAM kommunizieren kann (*Single Word DMA*). Da die altmodischen DMA-Transfers langsam waren, galt dies auch für die drei darauf basierenden Single-Word-DMA-Modi des ATA-Standards:

- Single-Word-DMA-Modus 0: 2,1 MBps
- Single-Word-DMA-Modus 1: 4,2 MBps
- Single-Word-DMA-Modus 2: 8,3 MBps

Beim Rechnerstart fragte das BIOS die Festplatte ab, um die unterstützten Modi zu ermitteln, und stellte dann automatisch den schnellsten Modus ein.

ATA-2

In den 1990er Jahren führte eine Reihe von Verbesserungen mit *ATA-2* zu einem neuen ATA-Standard. Vielfach werden die neuen Funktionen als *EIDE* (*Enhanced IDE*) bezeichnet. EIDE war eigentlich nur ein Marketingbegriff von Western Digital, der es aber in die Umgangssprache geschafft hat und der auch heute noch (allerdings zunehmend selten) verwendet wird. Die einfachen IDE-Laufwerke verschwanden sehr schnell und bereits 1995 beherrschten EIDE-Laufwerke die PC-Welt. Abbildung 11.11 zeigt ein typisches EIDE-Laufwerk.

Abbildung 11.11: EIDE-Laufwerk

Hinweis

Die Begriffe *ATA*, *IDE* und *EIDE* werden austauschbar verwendet.

ATA-2 war der wichtigste ATA-Standard, weil er leistungsfähige neue Funktionen enthielt, wie beispielsweise höhere Kapazitäten, Unterstützung von anderen Speichergeräten als Festplatten, Unterstützung von zwei weiteren ATA-Geräten bis zu maximal vier Geräten und einen wesentlich verbesserten Durchsatz.

Mehr Kapazität mit LBA

IBM entwickelte das AT-BIOS und dessen Festplattenunterstützung lange vor der Erfindung von IDE-Laufwerken, und alle Systeme besaßen dieses BIOS. Die IDE-Entwickler sorgten dafür, dass die neuen Laufwerke über die Befehle des AT-BIOS betrieben werden konnten. Dadurch konnten mit denselben CMOS- und BIOS-Routinen auch viel höher entwickelte Laufwerke angesprochen werden. Und das Mainboard oder der Festplatten-Controller waren nicht gleich veraltet, wenn ein neues Festplattenlaufwerk installiert werden musste.

Hinweis

Festplattenhersteller geben Festplattenkapazitäten in Millionen und Milliarden Bytes und nicht in Megabyte und Gigabyte an!

Leider ließen die BIOS-Routinen des ursprünglichen AT-Befehlssatzes nur Festplattenkapazitäten von maximal 528 Millionen Byte (504 MB – Sie wissen, 1 Mega = 1.048.576, und nicht 1.000.000) zu. Ein Laufwerk konnte maximal 1.024 Zylinder, 16 Köpfe und 63 Sektoren pro Spur besitzen:

```
1024 Zylinder x 16 Köpfe x 63 Sektoren/Spur x 512 Byte/Sektor = 504 MB
```

Jahrelang war das kein Problem. Als sich die Kapazität von Festplatten aber der 504-MB-Grenze zu nähern begann, wurde klar, dass man eine Möglichkeit zur Überwindung dieser Grenze finden musste. Der ATA-2-Standard definierte mit *LBA (Logical Block Adressing)* ein Verfahren zur Überwindung dieser Grenze. Bei LBA »belügt« das Festplattenlaufwerk den PC hinsichtlich seiner wahren Geometrie. Tatsächlich handelt es sich aber nur um eine fortgeschrittene Variante der *Sektorübersetzung*. Befassen wir uns also zunächst mit der Sektorübersetzung, bevor wir uns wieder LBA zuwenden.

Sektorübersetzung

Lange bevor Festplatten die 504-MB-Grenze erreichten, verursachten den Festplattenherstellern bereits die Beschränkungen auf 1024 Zylinder, 16 Köpfe und 63 Sektoren pro Spur Kopfschmerzen. Das größte Problem waren die Köpfe – vergessen Sie nicht, dass für je zwei Köpfe auch immer eine neue physische Platte fällig war, die in das Laufwerksgehäuse gequetscht werden musste. Wenn man ein Laufwerk mit der maximalen Anzahl von 16 Köpfen bauen wollte, brauchte man dafür acht physische Platten, und niemand wollte so viele Platten haben! Das Laufwerk wurde dadurch viel zu hoch, brauchte mehr Energie für den Antrieb der Platten und das Ganze war wegen der vielen Bauteile zu teuer (Abbildung 11.12).

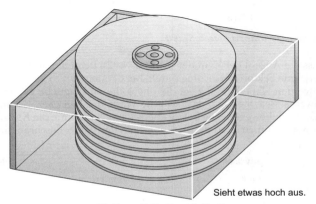

Abbildung 11.12: Zu viele Köpfe

Die Hersteller konnten aber recht problemlos Laufwerke mit weniger Köpfen und mehr Zylindern fertigen, wobei aber wieder die Beschränkungen auf 1024 Zylinder/16 Köpfe und 63 Sektoren hinderlich waren. Darüber hinaus wurde durch die herkömmliche Sektoranordnung zu viel nutzbarer Festplattenplatz verschwendet. Die Sektoren sind in der Nähe der Mitte der Platte beispielsweise viel kürzer als am Rand. Die Sektoren am Rand brauchten überhaupt nicht so lang zu sein, aber bei der traditionellen Geometrie hatten die Hersteller keine andere Wahl. Sie hätten aber viel mehr Daten auf einer Festplatte speichern können, wenn in den äußeren Spuren des Laufwerks mehr Sektoren pro Spur zur Verfügung gestanden hätten (Abbildung 11.13).

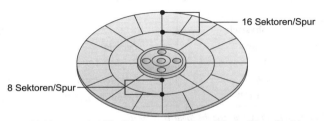

Abbildung 11.13: Mehr Sektoren pro Spur im äußeren Plattenbereich

Die ATA-Spezifikation sah zwei Geometrien vor. Die *physische Geometrie* definierte das eigentliche Layout der CHS-Werte im Innern des Laufwerks, während die *logische Geometrie* die Werte beschrieb, die das Laufwerk dem CMOS meldete. Anders ausgedrückt: Das IDE-Laufwerk »belog« das CMOS, um die künstlichen Beschränkungen des BIOS umgehen zu können. Bei der Übertragung der Daten zum und vom Laufwerk sorgten die integrierten Schaltungen dafür, dass die logische Geometrie in die eigentliche, physische Geometrie übersetzt wurde. Diese Funktion wurde und wird bis heute *Sektorübersetzung* genannt.

Sehen Sie sich nun einmal einige hypothetische Beispiele dazu an. Stellen Sie sich erstens vor, dass Seagate gerade ein neues, sehr preisgünstiges und sehr schnelles Festplattenlaufwerk namens ST108 herausgebracht hat. Um das ST108-Modell auch preiswert anbieten und schnell machen zu können, musste Seagate jedoch die in Tabelle 11.1 angegebene, recht merkwürdige Geometrie verwenden.

	ST108 physisch		BIOS-Grenzen
Zylinder	2048	Zylinder	1024
Köpfe	2	Köpfe	16
Sektoren/Spur	52	Sektoren/Spur	63
Gesamtkapazität	108 MB		

Tabelle 11.1: Die Laufwerkgeometrie der Seagate ST108

Beachten Sie, dass die Anzahl der Zylinder mehr als 1.024 beträgt. Um dieses Problem zu lösen, führt das IDE-Laufwerk eine Sektorübersetzung durch, bei der dem BIOS andere als die echten Geometriedaten mitgeteilt werden. Tabelle 11.2 zeigt die physische und logische Geometrie des sagenumwobenen ST108-Laufwerks. Beachten Sie, dass sich die Werte der logischen Geometrie nun innerhalb der gültigen BIOS-Grenzen bewegen. Die Sektorübersetzung ändert nie die Kapazität des Laufwerks, sondern lediglich dessen Geometrie, so dass sie innerhalb der BIOS-Beschränkungen bleibt.

	physisch		logisch
Zylinder	2048	Zylinder	512
Köpfe	2	Köpfe	8
Sektoren/Spur	52	Sektoren/Spur	52
Gesamtkapazität	108 MB	Gesamtkapazität	108 MB

Tabelle 11.2: Physische und logische Geometrie der Seagate ST108

Zurück zu LBA

Schauen Sie sich nun an, wie die erweiterte Sektorübersetzung mit LBA Festplatten mit mehr als 504 MB Kapazität unterstützt. Dieses Mal geht es um das ältere Modell Western Digital WD2160 mit einer Kapazität von 2,1 GB. Dieses Laufwerk wird nicht mehr hergestellt, aber mit seinen kleineren CHS-Werten lässt sich LBA besser verstehen. Tabelle 11.3 enthält seine physische und logische Geometrie.

	physisch		logisch
Zylinder	16384	Zylinder	1024
Köpfe	4	Köpfe	64
Sektoren/Spur	63	Sektoren/Spur	63
Gesamtkapazität	2,1 GB	Gesamtkapazität	2,1 GB

Tabelle 11.3: Physische und logische Geometrie des Modells WD2160

Beachten Sie, dass hier die Anzahl der Köpfe auch mit Sektorübersetzung größer als die erlaubten 16 ist! Und genau hier greift der »Zauber«! Das Modell WD2160 beherrscht LBA. Nehmen Sie jetzt einmal an, dass auch das BIOS LBA beherrscht, und erfahren Sie, was nun passiert. Beim Booten des Computers fragt das BIOS die Festplatten, ob sie LBA unterstützen. Wenn das der Fall ist, verständigen sich BIOS und die Laufwerke darüber, wie sie miteinander kommunizieren. Sie erreichen dieses Ziel ohne Konflikt mit den Befehlen des originalen AT-BIOS, indem sie sich unbenutzter Befehle bedienen, mit deren Hilfe sie bis zu 256 Köpfe benutzen können. LBA unterstützt Festplattenlaufwerke mit einer Kapazität von maximal 8,4 GB (1.024 x 256 x 63 x 512 Byte). In den 1990er Jahren waren 8,4 GB hundertmal mehr als die damals verwendeten Laufwerke. Keine Sorge, spätere ATA-Standards bringen das BIOS dazu, die heute eingesetzten riesigen Laufwerke zu unterstützen!

Nicht mehr nur Festplatten: ATAPI

ATA-2 erweiterte die ATA-Spezifikation um *ATAPI (Advanced Technology Attachment Packet Interface)*. Mit dieser Erweiterung konnten auch andere Geräte als Festplatten, wie z.B. CD/DVD- und Bandlaufwerke über den ATA-Controller an den PC angeschlossen werden. ATAPI-Laufwerke verwenden dieselbe 40-polige Schnittstelle wie ATA-Festplatten und folgen denselben Regeln bei den Jumper-Einstellungen (Master, Slave oder Cable Select). Abbildung 11.14 zeigt ein an ein Mainboard angeschlossenes ATAPI-CD-RW-Laufwerk. Der wesentliche Unterschied zwischen Festplattenlaufwerken und allen anderen an den ATA-Controller angeschlossenen Laufwerkstypen besteht in der Unterstützung der Laufwerke durch das BIOS. Festplatten werden über das System-BIOS, andere Laufwerke werden über vom Betriebssystem geladene Software-Treiber unterstützt.

Abbildung 11.14: Ein über ein standardmäßiges 40-poliges Flachbandkabel an ein Mainboard angeschlossenes ATAPI-CD-RW-Laufwerk

Hinweis
Seit der Einführung von ATAPI werden die ATA-Standards häufig auch ATA/ATAPI und nicht nur ATA genannt.

Weitere Laufwerke mit ATA-2

Mit ATA-2 kam die Unterstützung eines zweiten Controllers hinzu, so dass nicht mehr nur zwei, sondern vier Laufwerke unterstützt wurden. Die beiden Controller besitzen dieselben Merkmale und Fähigkeiten. Abbildung 11.15 zeigt eine Nahaufnahme eines typischen Mainboards mit einem primären und einem sekundären Controller, deren Anschlüsse auf dem Mainboard mit *IDE1* bzw. *IDE2* beschriftet sind.

Kapitel 11

Abbildung 11.15: Primärer und sekundärer Controller auf einem Mainboard

Höhere Geschwindigkeit

ATA-2 definierte zwei neue PIO-Modi und mit *Multi-Word-DMA* auch einige neue DMA-Modi, die den alten DMA-Modus erheblich aufwerteten. Aus technischer Sicht handelte es sich bei Multi-Word-DMA immer noch um das alte DMA, es arbeitete aber sehr viel effizienter und war damit deutlich schneller.

- PIO-Modus 3: 11,1 MBps
- PIO-Modus 4: 16,6 MBps
- Multi-Word-DMA-Modus 0: 4,2 MBps
- Multi-Word-DMA-Modus 1: 13,3 MBps
- Multi-Word-DMA-Modus 2: 16,6 MBps

ATA-3

ATA-3 kam bald nach ATA-2 und brachte mit *S.M.A.R.T.* (*Self-Monitoring Analysis and Reporting Technologies*) eine neue Funktion und eines der wenigen Kürzel im PC-Bereich mit sich, bei dem hinter die einzelnen Buchstaben Punkte gesetzt werden. S.M.A.R.T. hilft dadurch, Ausfälle von Festplattenlaufwerken vorherzusagen, dass es die mechanischen Komponenten des Laufwerks überwacht.

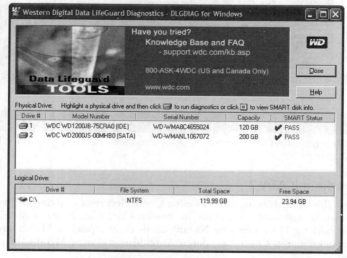

Abbildung 11.16: Data Lifeguard

Festplattentechnologien

S.M.A.R.T. ist ein toller Ansatz, der in spezialisierten Server-Systemen verbreitet genutzt wird, ist aber kompliziert, keineswegs perfekt und nur schwer zu verstehen. Deshalb können auch nur recht wenige Programme die S.M.A.R.T.-Daten von Festplattenlaufwerken auslesen. Die beste Quelle für derartige Programme sind die Festplattenhersteller selbst. Sie bieten durchweg ein paar kostenlose Diagnosewerkzeuge (die normalerweise auch nur für ihre Festplatten funktionieren) an, mit denen sich S.M.A.R.T.-Prüfungen und verschiedene andere Tests durchführen lassen. Abbildung 11.16 zeigt das Hilfsprogramm *Data Lifeguard* von Western Digital bei der Arbeit. Beachten Sie, dass es nur darüber informiert, ob das Laufwerk den Test bestanden hat oder nicht. Abbildung 11.17 zeigt einige der vom Laufwerk gesammelten S.M.A.R.T.-Informationen an.

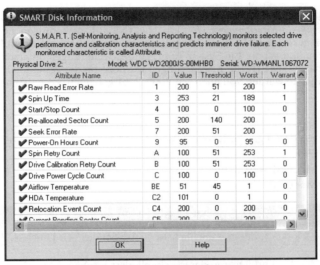

Abbildung 11.17: S.M.A.R.T.-Informationen

Auch wenn Sie die wirklichen S.M.A.R.T.-Daten sehen, sind diese weitgehend nutzlos und kaum zu entschlüsseln. Am besten trauen Sie der Aussage des Herstellers und führen die von ihm bereitgestellte Software aus.

ATA-4

Wer schon einmal eine große, auf Festplatte gespeicherte Datenbankdatei geöffnet hat, wird zustimmen, dass schnellere Festplatten besser sind. ATA-4 hat mit *Ultra DMA* neue DMA-Modi eingeführt, die seither vorrangig für die Kommunikation zwischen Festplatte und PC verwendet werden. Ultra DMA nutzt das DMA-Bus-Mastering, um sehr viel höhere Geschwindigkeiten zu erzielen, als sie mit PIO- oder den älteren DMA-Transfers möglich gewesen wären. ATA-4 definiert drei Ultra-DMA-Modi:

❏ Ultra-DMA-Modus 0: 16,7 MBps
❏ Ultra-DMA-Modus 1: 25,0 MBps
❏ Ultra-DMA-Modus 2: 33,3 MBps

Hinweis

Der Ultra-DMA-Modus 2, der gebräuchlichste aller DMA-Modi von ATA-4, wird auch *ATA/33* genannt.

INT13-Erweiterungen

Eine interessante Information für Sie: Der ursprüngliche ATA-1-Standard unterstützte Festplatten mit maximal 137 GB Kapazität! Nicht der ATA-Standard war für die 504-MB-Obergrenze verantwortlich, sondern die Tatsache, dass er auf das alte AT-BIOS zurückgriff, das nur 504 MB unterstützen konnte. LBA war eine Notlösung, bei der das Festplattenlaufwerk das BIOS anlügen musste, um Kapazitäten bis zu 8,4 GB unterstützen zu können. Aber irgendwann stießen die Festplattenlaufwerke an die LBA-Obergrenze, und es musste wieder etwas getan werden. Die T13-Leute sagten: »Das ist nicht *unser* Problem! Es ist das Problem des alten BIOS. Die BIOS-Hersteller müssen das BIOS korrigieren!« Und das taten sie.

1994 veröffentlichte *Phoenix Technologies* (der BIOS-Hersteller) einen neuen BIOS-Befehlssatz, die so genannten *Interrupt-13-Erweiterungen* (*INT13*). Die INT13-Erweiterungen überwanden die 8,4-GB-Obergrenze, indem sie die CHS-Werte völlig ignorierten und stattdessen dem LBA einen Strom adressierbarer Sektoren übergaben. Ein System mit INT13-Erweiterungen unterstützt Laufwerke mit maximal 137 GB Kapazität. Die INT13-Erweiterungen wurden von der gesamten PC-Industrie sehr schnell übernommen, und sie werden von allen seit 2000/2001 gebauten Systemen unterstützt.

ATA-5

Ultra DMA war ein derart großer Erfolg, dass in der ATA-5-Spezifikation zwei schnellere Ultra-DMA-Modi definiert wurden:

- Ultra-DMA-Modus 3: 44,4 MBps
- Ultra-DMA-Modus 4: 66,6 MBps

> **Hinweis**
> Der Ultra-DMA-Modus 4, der gebräuchlichste ATA-5-Modus, wird auch *ATA/66* genannt.

Die Ultra-DMA-Modi 4 und 5 waren derart schnell, dass im ATA-5-Standard ein neuer Flachbandkabeltyp für die höheren Geschwindigkeiten definiert werden musste. Am *80-poligen Kabel* befinden sich zwar weiterhin 40-polige Stecker, es enthielt aber zusätzliche 40 Leitungen, die der Abschirmung dienen und durch die das Kabel höhere Daten besser mit höherer Geschwindigkeit übertragen kann. Auch am Kabel mit 80 Leitungen ist Pin 1 farblich gekennzeichnet, um die Ausrichtung des Kabels am Controller und an der Festplatte zu erleichtern. In den früheren ATA-Versionen wurde nicht definiert, wo die verschiedenen Laufwerke an das Flachbandkabel angeschlossen werden sollten. Im ATA-5-Standard wurde aber sehr genau festgelegt, wo der Controller, das Master- und das Slave-Laufwerk angeschlossen werden mussten und wie die Anschlüsse farblich gekennzeichnet werden sollten. Betrachten Sie das ATA/66-Flachbandkabel in Abbildung 11.18. Der Stecker links ist blau (was Sie auf dem Schwarzweißfoto nicht wirklich sehen können) und muss mit dem Mainboard verbunden werden. Der Stecker in der Mitte ist grau und für das Slave-Laufwerk vorgesehen. Der Stecker rechts ist schwarz und für das Master-Laufwerk gedacht. Alle ATA/66-Controlleranschlüsse sind blau, damit Sie wissen, dass es sich um einen ATA/66-Controller handelt.

Abbildung 11.18: ATA/66-Kabel

ATA-6

Die Festplattenkapazitäten sind mit dem beginnenden 21. Jahrhundert exorbitant gestiegen und die vermeintlich unmöglich zu sprengende 137-GB-Obergrenze der INT13-Erweiterungen wurde schneller geknackt, als es gemeinhin für möglich gehalten wurde. Als die Laufwerke die 120-GB-Marke erreichten, übernahm das T13-Komitee einen Vorschlag von Maxtor (einem der großen Festplattenhersteller) namens *Big Drive*, der die Obergrenze auf über 144 Petabyte (etwa 144.000.000 GB) anhob. T13 gab dem neuen Standard dankenswerterweise auch gleich einen weniger dummen Namen und nannte ihn ATA-6. Bei Big Drive handelte es sich im Grunde genommen einfach nur um ein 48-Bit-Adressierungsverfahren, das das ältere 24-Bit-LBA und die INT13-Erweiterungen ersetzte. Darüber hinaus definierte der Standard einen erweiterten Blockmodus, mit dem die Laufwerke bis zu 65.536 Sektoren in einem Rutsch übertragen konnten, was deutlich mehr als die bescheidenen 256 Sektoren bei den älteren Laufwerkstechnologien war.

Mit ATA-6 wurde zudem der Ultra-DMA-Modus 5 eingeführt, der die Transferrate auf 100 MBps anhob. Der Ultra-DMA-Modus 5 wird zumeist ATA/100 genannt und setzt dieselben 80-adrigen Kabel wie ATA/66 voraus.

Practical Application

ATA-7

ATA-7 bescherte der ATA-Welt zwei neue Entwicklungen, eine evolutionäre und eine revolutionäre. Die evolutionäre Innovation war der letzte parallele Ultra-DMA-Modus, die revolutionäre war mit *SATA (Serial ATA)* eine neue Form von ATA.

> **Wichtig**
>
> Sie müssen das komplette Kapitel für die Essentials-Prüfung beherrschen und sollten den Rest ungeachtet der Überschrift *Practical Application* keinesfalls überspringen.

ATA/133

ATA-7 führte den schnellsten und vielleicht am wenigsten verbreiteten Ultra-DMA-Modus 6 (ATA/133) ein. Ungeachtet der höheren Geschwindigkeit von 133 MBps hielt die gleichzeitige Veröffentlichung von SATA viele Festplattenhersteller von der Umsetzung dieses Standards ab, zumal die ATA/100 für die bis dahin entwickelten Festplatten eigentlich immer ausreichend war. ATA/133 verwendet dieselben Kabel wie Ultra DMA 66 und 100.

Während nicht mehr allzu viele ATA/133-Festplattenlaufwerke angeboten werden, sind noch viele ATA/133-Controller erhältlich. Oft sind die Controller-Anschlüsse am Festplattenlaufwerk rot gefärbt, auch wenn dies nicht vom ATA-7-Standard vorgegeben wird.

Serial ATA

Das eigentlich Wichtige am ATA-7-Standard ist SATA. Trotz seiner Langlebigkeit als vorrangige Massenspeicherschnittstelle beim PC war PATA nicht frei von Problemen. Erstens behindern die Flachbandkabel die Luftzirkulation und lassen sich zuweilen schlecht anbringen. Zweitens dürfen die Kabel höchstens 45 Zentimeter lang sein. Drittens lassen sich PATA-Laufwerke nicht im laufenden Betrieb wechseln (Hot-Swapping). Sie müssen das System erst vollständig herunterfahren, bevor Sie ein Laufwerk installieren oder austauschen können. Und schließlich hat die Technologie hinsichtlich der Datenrate ihre Grenzen erreicht.

SATA beseitigt diese Probleme. SATA arbeitet mit Punkt-zu-Punkt-Verbindungen zwischen den SATA-Geräten (Festplatten, optische Laufwerke usw.) und dem SATA-Controller, der auch *HBA* (*Host Bus Adapter*) genannt wird. Auf den ersten Blick sehen SATA-Geräte genau wie PATA-Standardgeräte aus. Die Anschlüsse für Daten- und Stromkabel unterscheiden sich aber wesentlich (Abbildung 11.19).

Abbildung 11.19: Kabel und Stecker einer SATA-Festplatte

Da SATA-Geräte die Daten seriell und nicht parallel übertragen, kommt die SATA-Schnittstelle mit weit weniger physischen Leitungen aus (sieben anstelle der für PATA typischen 80 Leitungen), so dass viel dünnere Kabel verwendet werden können. Das mag zwar unbedeutend erscheinen, aber das dünnere Kabel sorgt für eine bessere Luftzirkulation im PC-Gehäuse und lässt sich leichter verlegen, was die Kühlung verbessert.

Zudem darf das Kabel bei SATA-Geräten mehr als doppelt so lang wie bei IDE-Geräten sein (ein Meter anstelle von 45 cm). Auch das scheint zunächst nicht besonders aufregend zu sein, sofern Sie nicht gerade eine PATA-Festplatte im obersten Schacht eines Big-Tower-Gehäuses einbauen wollen und sich der Anschluss des Controllers auf dem Mainboard ganz unten im Gehäuse befindet!

SATA hat das ganze Master/Slave-Konzept abgeschafft. Jedes Laufwerk wird mit einem eigenen Anschluss verbunden und es werden keine Laufwerke mehr hintereinander geschaltet. Darüber hinaus gibt es keine Beschränkung hinsichtlich der Anzahl der Laufwerke. Viele Mainboards unterstützen bereits bis zu acht SATA-Laufwerke, und wenn Sie mehr brauchen, dann setzen Sie eine Steckkarte mit SATA-HBA in den Rechner ein und schließen Ihre Laufwerke daran an!

Das Beste ist jedoch der Datendurchsatz. Wie der Name schon sagt, übertragen SATA-Laufwerke die Daten seriell und nicht mehr parallel, wie es bei PATA-Laufwerken der Fall war. Man sollte zwar glauben, dass serielle Geräte eigentlich nicht schneller als parallele Geräte sein können, aber das ist falsch. Einzelne Datenströme wie bei SATA-Geräten lassen sich sehr viel schneller übertragen als mehrere parallele Datenströme (wie bei parallelen IDE-Geräten) und zwar theoretisch bis zu 30-mal schneller. SATA-Laufwerke gibt es in zwei gängigen Varianten (1,5 Gbps und 3 Gbps) mit einem maximalen Durchsatz von 150 bzw. 300 MBps.

Leser, die sich mit den Zahlen auskennen, haben vielleicht die Diskrepanz zwischen den Namen und den Durchsätzen der beiden SATA-Varianten bemerkt. Schließlich ergibt sich aus den 1,5 Gbps mit 192 MBps eine deutlich höhere als die angegebene Geschwindigkeit von »nur« 150 MBps. Dasselbe gilt für die 3 Gbps/300 MBps-Variante. Die bei SATA-Laufwerken verwendete Datencodierung sorgt für etwa 20 Prozent Overhead beim Laufwerk, womit 80 Prozent für die reine Bandbreite übrig bleiben. Die 3-Gbps-Variante hat für allerlei Probleme gesorgt, weil das für die Spezifikationen verantwortliche Komitee SATA-II-Komitee genannt wurde und diese Bezeichnung für Marketingzwecke aufgegriffen wurde. Deshalb ist meist auch von SATA-II- und SATA-I-Laufwerken und nicht von 3-Gbps- und 1,5-Gbps-Laufwerken die Rede. Das SATA-Komitee trägt heute den Namen SATA-IO.

Festplattentechnologien

SATA ist zu den aktuellen PATA-Standards abwärtskompatibel und ermöglicht den Anschluss paralleler ATA-Geräte (z.B. Festplatten und optische Laufwerke) an einen SATA-Controller bei Einsatz einer zusätzlichen Komponente, die *SATA-Bridge* genannt wird. Dabei handelt es sich um eine winzige Platine, die direkt mit dem 40-poligen Anschluss eines PATA-Laufwerks verbunden wird. Wie Sie in Abbildung 11.20 sehen, muss der Controller-Chip der SATA-Bridge separat mit Strom versorgt werden, während das PATA-Laufwerk wie üblich über einen Molex-Stecker mit Strom versorgt wird. Wenn Sie das System booten, wird das PATA-Laufwerk im System als SATA-Laufwerk erkannt.

Abbildung 11.20: SATA-Bridge

Hinweis

IDE/SATA (PATA/SATA) und SATA/IDE (SATA/PATA) lassen sich mit kleinen Konverter- bzw. Brücken-Platinen mit den jeweils anderen Anschlüssen verbinden, die momentan weniger als 15 Euro kosten.

Der problemlose Umgang mit SATA hat es zur ersten Wahl als Massenspeicher bei Desktop-Systemen gemacht, und der Erfolg zeigt sich bereits darin, dass mehr als 90 Prozent aller heute verkauften Festplatten SATA-Laufwerke sind.

Wichtig

Mittlerweile sind bereits einige Mainboards erhältlich, die den SATA-3.0-Standard und Datenraten von bis zu 6 Gbps (600 MBps) unterstützen. Möglicherweise sind inzwischen auch SATA-3.0-Laufwerke erhältlich, aber vorläufig dürfte Ihnen diese Technologie in den CompTIA A+-Prüfungen noch nicht begegnen.

AHCI

Windows Vista und aktuellere Betriebssysteme unterstützen mit *AHCI (Advanced Host Controller Interface)* ein effizienteres Verfahren im Zusammenspiel mit SATA-HBAs. Bei Verwendung von AHCI werden einige der anspruchsvolleren SATA-Funktionen verfügbar, wie z.B. Hot-Swapping und native Befehlswarteschlangen (*command queuing*).

Wenn Sie ein SATA-Laufwerk an einen Windows-Rechner anschließen, bei dem AHCI nicht aktiviert ist, dann wird das Laufwerk nicht automatisch angezeigt. Sie müssen erst den Hardware-Assistenten in der Systemsteuerung starten, damit das Laufwerk angezeigt wird. AHCI sorgt dafür, dass das Laufwerk im Rechner angezeigt wird, wie man es von Hot-Swap-Geräten erwarten sollte.

Bei *NCQ (Native Command Queuing)* bzw. der *nativen Befehlswarteschlange* handelt es sich um eine Optimierungsfunktion von SATA-Laufwerken, die die Lese- und Schreibgeschwindigkeit steigert.

AHCI wird auf der CMOS-Ebene implementiert (siehe »BIOS-Unterstützung: CMOS-Einstellungen und Treiberinstallation« auf Seite 420 weiter hinten in diesem Kapitel) und muss generell vor der Installation des Betriebssystems aktiviert werden. Wenn Sie es erst nach der Installation aktivieren, dann führt das unter Vista zur Anzeige des berüchtigten blauen Bildschirms. Nett.

> **Hinweis**
>
> Wenn Sie AHCI nach bereits erfolgter Vista-Installation aktivieren wollen, müssen Sie sich aber auch keine Sorgen machen! Microsoft hat ein Verfahren entwickelt (http://support.microsoft.com/kb/922976) mit dem Sie AHCI auch dann binnen kürzester Zeit nutzen können. Bevor Sie sich aber darauf stürzen, sollten Sie wissen, dass Sie dabei die Registrierungsdatenbank bearbeiten müssen. Denken Sie daran, vorher Sicherungen zu erstellen!

eSATA

Wie der Name bereits besagt, erweitert *eSATA (External SATA)* den SATA-Bus auf externe Geräte. Die eSATA-Laufwerke verwenden ähnliche Stecker wie internes SATA, die jedoch anders codiert sind, damit Sie sie nicht verwechseln können. Abbildung 11.21 zeigt eSATA-Stecker an der Rückseite eines Mainboards. eSATA verwendet abgeschirmte Kabel von bis zu zwei Meter Länge außerhalb des PC und unterstützt Hot-Swapping. eSATA sorgt für eine Verlängerung des SATA-Busses bei voller Geschwindigkeit und bleibt so nicht auf die vergleichsweise mageren 50 oder 60 MBps von FireWire oder USB beschränkt.

Abbildung 11.21: eSATA-Anschluss (Mitte; links sehen Sie einen FireWire-Anschluss)

Wenn es bei einem Desktop-System keine externen eSATA-Anschlüsse gibt oder wenn Sie mehr SATA-Geräte extern anschließen wollen, dann können Sie eine eSATA-PCI-Steckkarte oder ein Slotblech installieren, das interne SATA- in externe eSATA-Anschlüsse umwandelt. Ähnlich lassen sich auch Laptops für die Verwendung externer SATA-Geräte aufrüsten, wenn Sie z.B. eSATA-ExpressCard benutzen (Abbildung 11.22). Es sind auch Adapter erhältlich, die USB- in eSATA-Anschlüsse umwandeln, wobei Sie dann allerdings mit den wesentlich niedrigeren USB-Datentransferraten leben müssen. Bei der Installation von PCI-Steckkarten, PC Cards oder ExpressCards für eSATA-Geräte sind dieselben Regeln und Vorsichtsmaßnahmen wie bei allen anderen Aufrüstungen zu berücksichtigen.

Abbildung 11.22: eSATA-ExpressCard

> **Hinweis**
>
> Mehr über PC Cards und ExpressCards, mit denen sich tragbare Rechner erweitern lassen, finden Sie in Kapitel 21 (*Tragbare Rechner*).

SCSI: Immer noch nicht tot

Viele spezialisierte Server-Maschinen und Profi-Systeme verwenden die *SCSI*-Schnittstelle (*Small Computer System Interface*) für verschiedene wichtige Hardwarekomponenten und Peripheriegeräte, von Festplatten über Drucker bis hin zu hochwertigen Bandlaufwerken zur Datensicherung. SCSI unterscheidet sich von ATA dahingehend, dass SCSI-Geräte in einer Kette (*SCSI-chain*) hintereinander geschaltet werden. Jedes Gerät der Kette erhält eine eindeutige SCSI-ID, damit es sich von den anderen unterscheidet. Die beiden Enden der SCSI-Kette müssen dann noch abgeschlossen (terminiert) werden. Wir werden SCSI, SCSI-Ketten, SCSI-IDs und Terminierung und deren Funktionsweise jetzt eingehender betrachten.

SCSI ist eine alte Technologie aus den späten 1970ern, die aber laufend aktualisiert wurde. SCSI war immer ein wenig schneller als ATA (obwohl die Lücke ständig kleiner wurde) und vor SATA war SCSI die einzige Option bei RAID-Lösungen. (Mehr dazu erfahren Sie im Abschnitt *RAID* später in diesem Kapitel.) SCSI wird zwar immer seltener genutzt, sollte hier aber dennoch erwähnt werden.

SCSI-Ketten

SCSI arbeitet mit einer *SCSI-Kette*, SCSI-Geräten, die über einen Hostadapter zusammenarbeiten. Der Hostadapter stellt die Schnittstelle zwischen der SCSI-Kette und dem PC bereit. Abbildung 11.23 zeigt einen typischen PCI-Hostadapter. Viele Techniker bezeichnen den Host-Adapter als *SCSI-Controller*, deshalb sollten Sie beide Begriffe kennen.

Abbildung 11.23: SCSI-Hostadapter

SCSI-Geräte können in zwei Gruppen unterteilt werden: intern und extern. Interne SCSI-Geräte werden innerhalb des PC angeschlossen und über den internen Anschluss des Hostadapters mit diesem verbunden. Abbildung 11.24 zeigt ein internes SCSI-Gerät, ein CD-ROM-Laufwerk. Externe Geräte werden an den externen Anschluss des Hostadapters angeschlossen. Abbildung 11.25 zeigt ein Beispiel für ein externes SCSI-Gerät.

Abbildung 11.24: Internes SCSI-CD-ROM-Laufwerk

Abbildung 11.25: Rückseite eines externen SCSI-Geräts

Interne SCSI-Geräte werden über ein 68-poliges Flachbandkabel an den Hostadapter angeschlossen (Abbildung 11.26). Dieses flache, flexible Kabel verhält sich genau wie ein PATA-Kabel. Viele externe Geräte werden über einen 50-poligen HD-Stecker (*High Density*) an den Hostadapter angeschlossen. Abbildung 11.27 zeigt den externen Anschluss an einem Hostadapter. Hochwertigere SCSI-Geräte verwenden einen 68-poligen HD-Anschluss (*High Density*).

Abbildung 11.26: Typisches 68-poliges Bandkabel

Abbildung 11.27: 50-poliger HD-Anschluss an einem SCSI-Hostadapter

Mehrere interne Geräte können verbunden werden, indem einfach ein Kabel mit genügend Anschlüssen verwendet wird. Abbildung 11.26 zeigt beispielsweise ein Kabel, an das bis zu vier SCSI-Geräte angeschlossen werden können, wobei der Hostadapter mitgezählt wird.

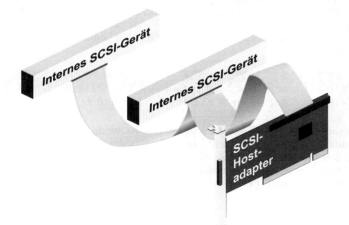

Abbildung 11.28: Interne SCSI-Kette mit zwei Geräten

Vorausgesetzt, der SCSI-Hostadapter hat einen standardmäßigen externen Anschluss (einige Controller haben überhaupt keine externen Anschlüsse), erfolgt der Anschluss eines externen SCSI-Geräts einfach, indem das Gerät über ein Kabel mit dem Controller verbunden wird. Die externen SCSI-Stecker sind D-förmig, damit Sie sie nicht verdreht werden können. Als zusätzlichen Bonus besitzen einige SCSI-Geräte zwei Anschlüsse, einen für den Anschluss an den Hostadapter und einen zweiten für den Anschluss eines zweiten SCSI-Geräts. Wenn Geräte direkt miteinander verbunden werden, spricht man auch von *Daisy-Chaining* (in Reihe schalten). Sie können bis zu 15 Geräte verketten und an einen Hostadapter anschließen. SCSI-Ketten können intern, extern oder auch an beiden Anschlussseiten des Hostadapters verwendet werden (Abbildung 11.29).

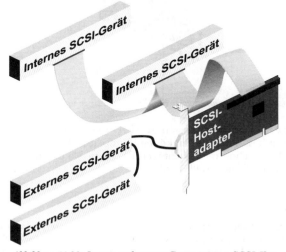

Abbildung 11.29: Interne und externe Geräte in einer SCSI-Kette

SCSI-IDs

Wenn Sie mehrere Geräte an dieselbe SCSI-Kette anschließen wollen, muss der Hostadapter Geräte voneinander unterscheiden können. Dazu verwendet SCSI eindeutige IDs, die so genannten *SCSI-IDs*. Dabei handelt es sich um Zahlen zwischen 0 und 15. SCSI-IDs sind vergleichbar mit vielen anderen PC-Hardware-Einstellungen, weil ein SCSI-Gerät theoretisch jede beliebige SCSI-ID haben kann, solange die ID noch nicht von einem anderen Gerät benutzt wird, das an denselben Hostadapter angeschlossen ist.

> **Hinweis**
>
> Alte SCSI-Geräte unterstützen nur SCSI-IDs zwischen 0 und 7.

Bei der Einstellung von SCSI-IDs sollten bestimmte Konventionen eingehalten werden. Meist wird für den Hostadapter eine ID zwischen 7 und 15 gewählt, aber Sie können auch andere benutzen. Beachten Sie, dass es keine Reihenfolge für die Verwendung von SCSI-IDs gibt. Die Beschränkungen bei den IDs gelten nur innerhalb der einzelnen Kette. Zwei Geräte können also dieselbe ID haben, wenn sie sich in unterschiedlichen Ketten befinden (Abbildung 11.30).

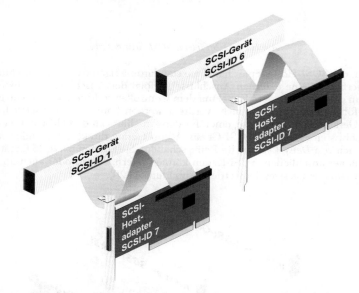

Abbildung 11.30: Dieselben IDs verursachen keine Konflikte, wenn sie in unterschiedlichen SCSI-Ketten verwendet werden.

Bei allen SCSI-Geräten können Sie dessen SCSI-ID irgendwie einstellen. Wie das geht, müssen Sie für das jeweilige Gerät bestimmen. Dazu können Jumper, DIP-Schalter oder kleine Drehschalter verwendet werden. Es kann schon interessant werden, wenn Sie bei neuen SCSI-Geräten herausfinden müssen, wie deren SCSI-ID eingestellt wird.

Terminierung

Wenn ein Signal über eine Leitung übertragen wird, wird dieses teilweise am Ende der Leitung wieder zurückgeworfen (reflektiert). Dieses Echo kann zu elektronischem Chaos führen. Um dieses Problem zu vermeiden, werden SCSI-Ketten terminiert (abgeschlossen). Bei der *Terminierung* wird am Ende der Leitung einfach ein Bauteil angebracht, das das Echo unterdrückt. Dabei handelt es sich üblicherweise um Pulldown-Widerstände (auch: *Endwiderstände* genannt), die auf unterschiedliche Weise angebracht

Festplattentechnologien

werden. Die meisten Geräte innerhalb des PC werden bereits intern geeignet terminiert. Bei anderen Geräten, einschließlich SCSI-Ketten und einigen Netzwerkkabeln, müssen Sie bei der Installation selbst für die Terminierung sorgen.

Bei SCSI gilt die Regel, dass Sie *nur* die Enden der SCSI-Ketten terminieren müssen, was normalerweise heißt, dass die beiden Geräte, die sich an den Kabelenden befinden, terminiert werden müssen. Terminieren Sie *keine* Geräte, die sich nicht am Ende des Kabels befinden. Abbildung 11.31 zeigt einige Beispiele für terminierte SCSI-Geräte.

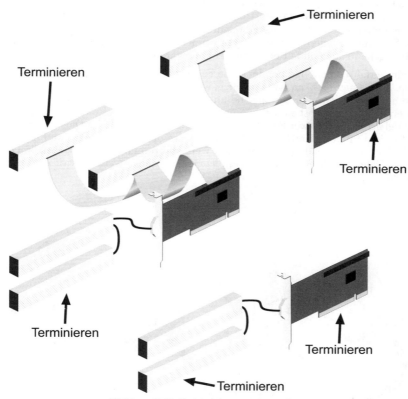

Abbildung 11.31: Position der terminierten Geräte

Weil sich jedes SCSI-Gerät am Ende einer SCSI-Kette befinden kann, bauen etliche Hersteller SCSI-Geräte, die sich selbst terminieren können. Diese erkennen, wenn sie sich am Ende der SCSI-Kette befinden, und terminieren sich automatisch selbst. Die meisten Geräte müssen Sie jedoch mit Hilfe von Jumpern oder Schaltern terminieren (Abbildung 11.32).

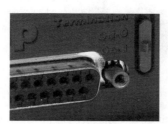

Abbildung 11.32: Der Schalter für die Terminierung eines SCSI-Geräts

Datensicherheit mit RAID

Wenn Sie erfahrene Techniker nach dem teuersten Teil eines PC fragen, dann werden Ihnen alle antworten: die Daten. Für ein paar Hunderter können Sie jede PC-Komponente austauschen, wenn Sie aber kritische Daten verlieren, dann könnte bei kleinen Unternehmen damit deren Ende besiegelt sein.

Die Daten sind enorm wichtig und ohne Daten bräuchten Sie auch keinen Computer. Datenverluste können schlimme Folgen haben. Daher brauchen wir Verfahren, um Datenverluste vermeiden zu können. Natürlich können Sie Daten sichern, aber wenn eine Festplatte ausfällt, dann müssen Sie den Rechner herunterfahren, eine neue Festplatte installieren, das Betriebssystem neu installieren und dann die Sicherung wiederherstellen. Daran ist nichts falsch, sofern Sie sich die Ausfallzeiten leisten und vorübergehend auch ohne Rechner auskommen können.

Es wird ein Verfahren benötigt, bei dem eine Festplatte ausfallen kann, ohne dass dabei Daten verloren gehen. Das ist natürlich nur dann möglich, wenn Sie sich nicht mehr nur auf eine einzige Festplatte verlassen und zwei oder mehr zur Speicherung der Daten verwenden. Klingt zwar gut, aber wie lässt sich dies erreichen? Zunächst einmal können Sie natürlich einen Festplattencontroller installieren, der die Daten gleichzeitig auf zwei Festplatten schreibt (Abbildung 11.33). Dabei sind die Daten auf beiden Laufwerken immer identisch. Ein Laufwerk wäre dabei das primäre und eines das gespiegelte Laufwerk, das erst dann wirklich genutzt wird, wenn das primäre Laufwerk ausfällt. Dieses Verfahren, bei dem die Daten gleichzeitig auf zwei Festplatten geschrieben werden, wird *Disk Mirroring* bzw. *Festplattenspiegelung* genannt.

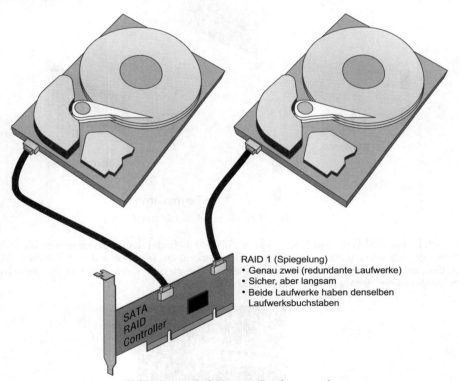

Abbildung 11.33: Disk Mirroring/Festplattenspiegelung

Noch ein wenig mehr Sicherheit bieten Systeme mit zwei getrennten Controllern für die Laufwerke. Wenn zwei Laufwerke an getrennte Controller angeschlossen werden, dann arbeitet das System auch dann noch weiter, wenn der Controller des primären Laufwerks ausfällt. Diese anspruchsvolle Variante der Spiegelung wird *Disk Duplexing* genannt (Abbildung 11.34). Disk Duplexing ist zudem viel schneller als Drive Mirroring, da nicht mehr ein Controller die Daten doppelt schreiben muss.

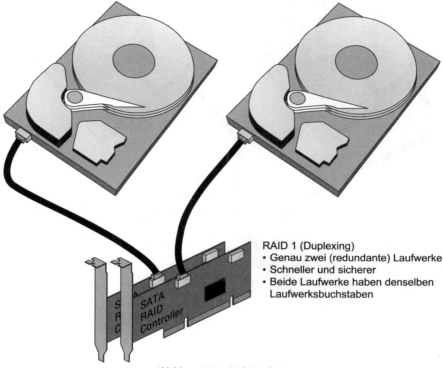

Abbildung 11.34: Disk Duplexing

Auch wenn Duplexing schneller als Mirroring ist, sind beide doch langsamer als die klassische Lösung mit einer Festplatte an einem Controller. Sie können auch mehrere Laufwerke verwenden, um Ihre Festplattenzugriffsgeschwindigkeit zu erhöhen. Bei *Disk Striping* (ohne Parität) werden die Daten über mehrere (mindestens zwei) Laufwerke verteilt. Disk Striping allein sorgt also für keinerlei Redundanz. Wenn Sie z.B. eine kleine Microsoft-Word-Datei speichern, dann wird die Datei in mehrere Teile aufgeteilt, wobei die eine Hälfte auf dem einen und die andere auf dem anderen Laufwerk gespeichert wird (Abbildung 11.35).

Der einzige Vorteil von Disk Striping ist dessen Geschwindigkeit, da Daten schneller geschrieben werden können, wenn dafür abwechselnd (und über weite Strecken physisch parallel) mehrere Laufwerke benutzt werden können. Wenn aber auch nur eines der Laufwerke ausfällt, dann gehen damit *alle* Daten verloren. Disk Striping bringt aus dieser Sicht keine Vorteile, da die Gefahr des Datenverlustes erhöht wird, um die Geschwindigkeit des Schreibens und Lesens der Daten zu steigern.

Disk Striping mit Parität schützt im Unterschied dazu die Daten. Dabei werden zusätzliche Informationen erzeugt (*Paritätsdaten*), die beim Ausfall eines Laufwerks dazu benutzt werden können, um die Daten zu rekonstruieren. Für Disk Striping mit Parität werden mindestens drei Laufwerke benötigt, oft werden aber auch mehr verwendet. Disk Striping mit Parität kombiniert die Vorteile von Disk Mirroring und einfachem Disk Striping. Es schützt die Daten und ist recht schnell. Die Mehrzahl der Netzwerkserver arbeitet mit einer Variante von Disk Striping mit Parität.

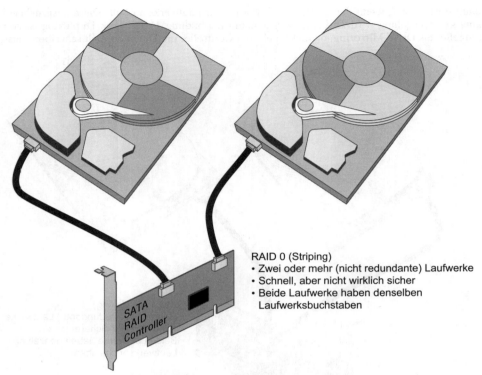

Abbildung 11.35: Disk Striping/Stripeset-Datenträger

RAID

Ein paar gescheite Leute in Berkeley haben in den 1980er Jahren zahlreiche Techniken für den Einsatz mehrerer Laufwerke entwickelt, um Daten zu schützen und die Geschwindigkeiten zu erhöhen – auch als *RAID* (*Random Array of Inexpensive Disks* oder *Redundant Array of Independent Disks*) bezeichnet. Sie entwarfen sieben RAID-Ebenen, die von 0 bis 6 durchnummeriert wurden.

> **Hinweis**
>
> Bei einem *Array* handelt es sich im RAID-Kontext um einen aus zwei oder mehr Festplatten bestehenden Verbund.

- **RAID 0 (Striping bzw. Stripeset-Datenträger).** Hier werden mindestens zwei Laufwerke benötigt. Daten werden *nicht* redundant gespeichert, sondern lediglich abwechselnd in so genannten »stripes« auf mehrere Festplatten verteilt. Wenn eines der Laufwerke ausfällt, gehen alle Daten verloren.
- **RAID 1 (Disk Mirroring/Duplexing; Gespiegelte Datenträger).** Hier werden mindestens zwei Festplatten benötigt. Das Spiegeln funktioniert aber auch mit einer beliebigen geraden Anzahl von Festplatten. RAID 1 bietet die beste Datensicherheit, kostet aber eine Menge Speicherplatz, da die Daten doppelt gespeichert (dupliziert) werden. Es werden also zwei 500-GB-Laufwerke benötigt, um 500 GB Daten speichern zu können.
- **RAID 2 (Disk Striping mit mehreren Paritätslaufwerken).** Ein etwas seltsamer RAID-Ansatz, der praktisch nie verwirklicht wurde und den Sie getrost ignorieren können.

❏ **RAID 3 und 4 (Disk Striping mit dedizierter Parität).** RAID 3 und 4 kombinieren dedizierte Datenlaufwerke mit dedizierten Paritätslaufwerken. Die Unterschiede zwischen den beiden Versionen sind nur geringfügig. Anders als bei RAID 2 wurden diese Versionen vereinzelt praktisch implementiert, aber schon bald durch RAID 5 ersetzt.

❏ **RAID 5 (Disk Striping mit verteilter Parität).** Anstelle Laufwerke eigens für Daten oder Paritätsdaten abzustellen, werden diese bei RAID 5 gleichmäßig über alle Laufwerke verteilt. Das ist das schnellste Verfahren zur Erzeugung von Datenredundanz. Bei RAID 5 handelt es sich um die bei Weitem verbreitetste RAID-Implementation. Es werden mindestens drei Laufwerke benötigt. Die Menge der redundanten RAID-5-Daten bleibt auf die Kapazität eines Laufwerks beschränkt. Wenn Sie z.B. drei 250-GB-Laufwerke verwenden, dann beträgt deren Gesamtspeicherkapazität 500 GB. Wenn Sie vier 250-GB-Laufwerke einsetzen, dann beträgt die Gesamtspeicherkapazität 750 GB.

❏ **RAID 6 (Disk Striping mit zusätzlicher Parität).** Wenn Sie in einem RAID-5-Array eine Festplatte verlieren, sind Ihre Daten sehr gefährdet, bis Sie die fehlerhafte Festplatte ersetzen und das Array neu aufbauen. RAID 6 entspricht RAID 5, allerdings mit zusätzlicher Paritätsinformation. RAID 6 benötigt mindestens fünf Laufwerke, aber es entstehen keine Probleme, wenn zwei Laufwerke gleichzeitig ausfallen. RAID 6 wird immer beliebter für alle Anwender, die bereit sind, größere Arrays einzusetzen.

Hinweis

Kein Techniker, der etwas auf sich hält, wird sagen, dass er Disk-Striping mit Parität implementieren will. Benutzen Sie die RAID-Kürzel. Sagen Sie einfach, dass Sie RAID 5 implementieren wollen. Das ist präziser und klingt für die Leute in der Buchhaltung viel beeindruckender!

Nachdem diese ersten RAID-Level definiert waren, entwickelten einige Hersteller weitere Möglichkeiten zur Kombination verschiedener RAID-Varianten. So lassen sich z.B. zwei Paare von Stripeset-Datenträgern spiegeln. Daraus ergäbe sich so etwas wie »RAID 0+1«. Oder Sie könnten auch zwei Paare gespiegelter Laufwerke nehmen und diese dann zu Stripeset-Datenträgern kombinieren. Dann hätten Sie »RAID 1+0«, das häufig auch RAID 10 genannt wird. Kombinationen der verschiedenen einzelnen RAID-Varianten werden *multiple RAID-Lösungen* genannt.

Hinweis

Es gibt einen Begriff für Speichersysteme, die ihre Festplatten nicht gemäß RAID anordnen, sondern mehrere voneinander unabhängige Festplatten verwenden: *JBOD, Just a Bunch of Disks* (oder Drives).

RAID implementieren

Die RAID-Level beschreiben verschiedene Verfahren, die für Datenredundanz sorgen und/oder den Datendurchsatz beim Ansprechen der Festplatten erhöhen. Die RAID-Level sagen nicht, *wie* diese Verfahren implementiert werden. Es gibt buchstäblich Tausende verschiedene Verfahren zur Einrichtung von RAID. Welche Verfahren verwendet werden, hängt weitgehend vom einzusetzenden RAID-Level, dem verwendeten Betriebssystem und der Dicke der Geldbörse ab.

Der sinnvolle Einsatz von RAID beginnt offensichtlich damit, dass mindestens drei Festplatten irgendwie zu einem RAID-Array gekoppelt werden. Jahrelang ließ sich mehr als RAID 0 oder 1 nur mit der guten alten SCSI-Technologie verwirklichen. Da sich mit SCSI mehrere Geräte in einer Kette an einen einzelnen Controller anschließen lassen, bietet sich sein Einsatz naturgemäß für RAID an. SCSI-Laufwerke bilden zwar hervorragende RAID-Arrays, aber durch den hohen Preis von SCSI-Laufwerken und RAID-fähigen Hostadaptern blieb RAID auf die kritischsten Systeme beschränkt, bei denen es sich üblicherweise um große Dateiserver handelt.

In den letzten Jahren wurde ATA im RAID-Bereich durch technologische Entwicklungen zu einer attraktiven Alternative zu SCSI-Festplatten. Spezielle ATA-RAID-Controller unterstützen ATA-RAID-Arrays mit bis zu 15 Laufwerken. Das dürfte selbst für die komplexesten RAID-Anforderungen ausreichen. Zudem garantiert das von SATA unterstützte Hot-Swapping praktisch die Verbreitung von SATA im unteren Segment des RAID-Geschäfts. Angesichts des Preises und der Leistung von SATA dürften die Tage von SCSI wahrscheinlich gezählt sein.

Wenn mehrere Festplatten vorhanden sind, dann lautet die nächste Frage, ob das RAID-Array über Hardware oder Software gesteuert werden soll. Sehen wir uns diese beiden Optionen also genauer an.

Hardware- vs. Software-RAID

Alle RAID-Implementationen stützen sich entweder auf Hardware- oder Softwareverfahren. Software wird häufig dann eingesetzt, wenn der Preis wichtiger als die Leistung ist. Hardware wird dann eingesetzt, wenn Geschwindigkeit und Datenredundanz gefragt sind. Für Software-RAID werden keine speziellen Controller benötigt. Sie können entweder normale ATA-Controller oder SCSI-Hostadapter einsetzen, um ein Software-RAID-Array zu implementieren. Aber Sie benötigen »clevere« Software. Die bekannteste Software-Implementation von RAID ist die in Windows Server 2000/2003/2008 integrierte RAID-Software. Mit der Datenträgerverwaltung können Sie Laufwerke für RAID 0, 1 oder 5 konfigurieren und sie unterstützt PATA, SATA und/oder SCSI. Die Datenträgerverwaltung in Windows 2000 Professional, Windows XP und Windows Vista unterstützt dagegen nur RAID 0 (Abbildung 11.36).

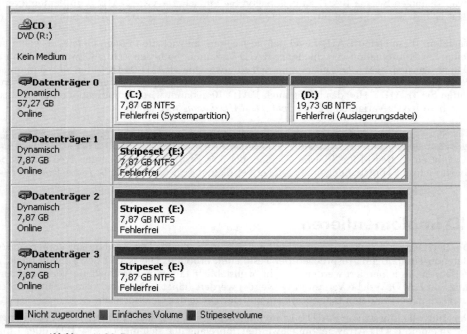

Abbildung 11.36: Datenträgerverwaltung in Windows XP Professional mit Stripesetvolumen

Hinweis

Sie können die Datenträgerverwaltung in Windows 2000/XP Professional und Vista einsetzen, um RAID-1- und RAID-5-Arrays zu erstellen, aber Sie können die Datenträgerverwaltung nur entfernt auf einer Server-Version von Windows nutzen (Server 2000/2003/2008).

Festplattentechnologien

Mit anderen Worten, die Funktion ist vorhanden, aber Microsoft hat das Betriebssystem beschränkt. Wenn Sie Software-RAID unter Windows 2000, XP (Home oder Professional) oder Vista/7 verwenden wollen, brauchen Sie ein Drittanbieter-Werkzeug, um es einzurichten.

Nicht nur die Windows-Datenträgerverwaltung unterstützt Software-RAID. Es gibt eine Reihe Softwarelösungen von Drittanbietern, die auch unter anderen Betriebssystemen eingesetzt werden können.

Software-RAID bedeutet, dass das Betriebssystem für alle RAID-Funktionen zuständig ist. Es eignet sich zwar für kleine RAID-Lösungen, führt aber zu gewissen Belastungen des Betriebssystems und beeinträchtigt die Systemleistung. Wenn Sie RAID *ernsthaft* nutzen wollen, damit nicht einmal die Benutzer merken sollen, dass Probleme aufgetreten sind, dann bietet nur Hardware-RAID die entsprechende Lösung.

Hardware-RAID ist auf einen intelligenten Controller angewiesen (ein SCSI-Hostadapter oder ein ATA-Controller), der für alle RAID-Funktionen zuständig ist (Abbildung 11.37). Im Unterschied zu normalen PATA/SATA-Controllern oder SCSI-Hostadaptern besitzen diese Controller eigene Prozessoren und eigenen Speicher, um anstelle des Betriebssystems alle Aufgaben im Zusammenhang mit der RAID-Implementierung bewältigen zu können.

Abbildung 11.37: Ein SATA-RAID-Controller

Bei den meisten der praktisch eingesetzten RAID-Lösungen handelt es sich um Hardwarelösungen. Es gibt eine ganze Reihe verschiedener RAID-Hardwarelösungen, die fast ausnahmslos *Hot-Swapping* unterstützen, damit einzelne defekte Laufwerke auch während des laufenden Betriebs des Rechners ausgetauscht werden können. Hot-Swapping wird von RAID-Hardwarelösungen meist unterstützt.

RAID-Hardwarelösungen sind für das Betriebssystem unsichtbar. Hardware-RAID wird in Abhängigkeit von den jeweils beteiligten Chips unterschiedlich konfiguriert. Bei den meisten RAID-Systemen enthält das Flash-ROM ein spezielles Konfigurationsprogramm, das Sie nach dem Abarbeiten der CMOS-Programme, aber vor dem Laden des Betriebssystems aufrufen können. Abbildung 11.38 zeigt ein typisches Firmware-Programm, das zur Konfiguration einer RAID-Hardwarelösung verwendet wird.

```
FastBuild (tm) Utility (c) 2004-2005 Promise Technology, Inc.
================[ View Drives Assignments ]================

   Channel:ID      Drive Model          Capacity (MB)   Assignment
        1:Mas  HDT722525DLA380              250059
               Extent 1                     249992      LD   1-1
        2:Mas  HDT722525DLA380              250059
               Extent 2                     249992      LD   1-2
        3:Mas  HDT722525DLA380              250059
               Extent 3                     249992      LD   1-3
        4:Mas  HDT722525DLA380              250059
               Extent 4                     249992      LD   1-4



==========================[ Keys Available ]==========================
 [↑] Up    [↓] Down    [ESC] Exit
```

Abbildung 11.38: RAID-Konfigurationsprogramm

Personal RAID

Aufgrund der in den letzten Jahren gefallenen Preise von ATA-RAID-Controllerchips hat die Zahl der in preiswertere Mainboards integrierten ATA-basierten RAID-Hardwarelösungen explosionsartig zugenommen. Diese im Mainboard integrierten ATA-RAID-Lösungen nahmen zwar bereits mit PATA zu, sind aber seit der Verfügbarkeit von in das Mainboard integrierten SATA-Lösungen extrem verbreitet.

Diese Personal-RAID-Mainboards mögen zwar recht verbreitet sein, werden aber nur selten wirklich genutzt, zumal es sich bei den angebotenen RAID-Lösungen üblicherweise nur um RAID 0 oder RAID 1 handelt. Wenn Sie RAID nutzen wollen, dann sollten Sie ein paar Euro zusätzlich ausgeben und sich einen RAID-5-fähigen Controller besorgen.

> **Hinweis**
>
> RAID-Controller unterstützen nicht nur interne Laufwerke. Einige Modelle können mehrere eSATA-Laufwerke verwalten, die unter Verwendung einer der verschiedenen RAID-Ebenen konfiguriert wurden. Wenn Sie wollen, können Sie ein RAID-Array sowohl mit internen als auch mit externen SATA-Laufwerken erstellen.

Die Zukunft gehört RAID

RAID gibt es zwar seit bereits gut 20 Jahren, blieb aber lange auf große Systeme und dicke Brieftaschen beschränkt. In dieser Zeit sind aber einige Faktoren zusammengekommen, durch die RAID sowohl bei großen Servern, aber auch bei Desktop-Systemen zunehmend Verbreitung findet. Stellen Sie sich doch nur einmal eine Welt vor, in der äußerst preiswerte RAID-Lösungen dafür sorgen, dass keine kritischen Datenverluste (durch Hardwarefehler) mehr auftreten können. Wenn ich nur daran denke, bekomme ich schon eine Gänsehaut!

Laufwerke installieren

Die Installation eines Laufwerks ist relativ einfach, wenn Sie sich die Zeit nehmen und das richtige Laufwerk für Ihr System haben, das Laufwerk korrekt konfigurieren und einige schnelle Tests durchführen, die zeigen, ob es korrekt läuft. Weil es für PATA, SATA und SCSI unterschiedliche Verkabelungsanforderungen gibt, werden wir sie einzeln betrachten.

Auswahl des Laufwerks

Als Erstes müssen Sie entscheiden, wo Sie das Laufwerk anschließen wollen. Suchen Sie nach einem freien ATA-Anschluss. Handelt es sich um PATA oder SATA? Ist es ein spezieller RAID-Controller? Viele Mainboards mit eingebauten RAID-Controllern haben eine CMOS-Einstellung, über die Sie RAID aktivieren und deaktivieren können (Abbildung 11.39).

Zweitens müssen Sie prüfen, ob genügend Platz für das Laufwerk im Gehäuse ist. Wo wollen Sie es einbauen? Haben Sie einen freien Stromanschluss? Reichen die Daten- und Stromkabel bis zum Laufwerk? Es ist immer sinnvoll, zuerst zu testen, ob alles passt.

Machen Sie sich keine Gedanken über PIO-Modi und DMA – ein neues Laufwerk unterstützt alle Wünsche Ihres Controllers.

Festplattentechnologien

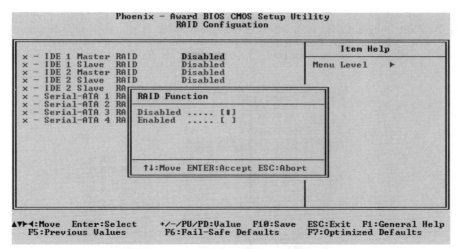

Abbildung 11.39: RAID-Einstellungen im CMOS-Setup

Jumper und Verkabelung bei PATA-Laufwerken

Wenn Sie nur ein Festplattenlaufwerk haben, setzen Sie die Jumper des Laufwerks auf Master oder Standalone. Falls Sie zwei Laufwerke haben, setzen Sie eines auf Master, das andere auf Slave. Abbildung 11.40 zeigt eine Nahaufnahme eines PATA-Festplattenlaufwerks mit den Jumpern.

Abbildung 11.40: Master/Slave-Jumper einer Festplatte

Zunächst einmal müssen Sie vielleicht feststellen, dass die Jumper nicht mit *Master* und *Slave* beschriftet sind. Woher wissen Sie also, dass Sie sie richtig gesetzt haben? Am einfachsten sehen Sie auf dem Laufwerk selbst nach. Auf den meisten Laufwerksgehäusen befinden sich Skizzen, in denen erklärt wird, wie die Jumper korrekt gesetzt werden müssen. Abbildung 11.41 zeigt den Aufkleber auf einem Laufwerk, der Ihnen mitteilt, wie das Laufwerk als Master oder als Slave eingerichtet werden muss.

Festplatten können auch noch andere Jumper haben, die Sie bei der Installation nicht unbedingt benötigen. Häufig gibt es Jumper für die Diagnose beim Hersteller oder für spezielle Einstellungen in anderen Geräten, die Festplatten verwenden. Sie können sie ignorieren. Sie haben keine Bedeutung für die PC-Welt. Darüber hinaus haben viele Laufwerke eine dritte Einstellung, die verwendet wird, wenn nur ein Laufwerk an einen Controller angeschlossen wird. Häufig wird für Master und Einzellaufwerk dieselbe Einstellung auf dem Festplattenlaufwerk verwendet, es gibt aber auch Festplattenlaufwerke mit separaten Einstellungen. Beachten Sie, dass die verschiedenen Hersteller unterschiedliche Namen für das Einzellaufwerk verwenden. Einige bezeichnen es als Single, andere als 1 Drive oder Standalone.

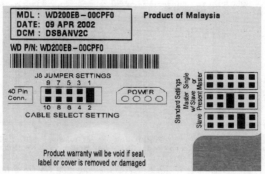

Abbildung 11.41: Aufkleber auf einem Laufwerk mit den Master/Slave-Einstellungen

Viele modernere PATA-Festplattenlaufwerke verwenden eine Jumper-Einstellung namens *Cable Select*, statt Master oder Slave. Wie der Name schon sagt, bestimmt dann die Position am Kabel, welches Laufwerk der Master und welches der Slave ist: Master am Ende, Slave in der Mitte. Damit diese Einstellung bei zwei Laufwerken korrekt funktioniert, müssen beide Laufwerke auf *Cable Select* eingestellt werden, und das eigentliche Kabel muss ein spezielles *Cable-Select*-Kabel sein. Wenn Sie ein Flachbandkabel mit einem kleinen Loch durch eine Leitung sehen, handelt es sich um ein *Cable-Select*-Kabel.

Hinweis

Die meisten der ATA/66/100/133-Kabel unterstützen *Cable Select* – probieren Sie es einfach aus!

Wenn Sie keinen Aufkleber auf dem Laufwerk finden, der Ihnen verrät, wie die Jumper zu setzen sind, gibt es verschiedene Möglichkeiten. Erstens, lesen Sie auf der Website des Laufwerksherstellers nach. Alle Laufwerkhersteller veröffentlichen die Jumper-Einstellungen ihrer Laufwerke im Internet. Es kann jedoch ein wenig dauern, bis Sie die gewünschten Angaben gefunden haben. Zweitens, rufen Sie den Laufwerkhersteller an. Anders als die Hersteller vieler anderer PC-Komponenten existieren die Laufwerkhersteller in der Regel bereits seit langer Zeit und bieten guten technischen Support.

Festplattenkabel haben einen farbigen Streifen, der dem *Pin 1* am Stecker entspricht. Sie müssen dafür sorgen, dass Pin 1 am Controller und Pin 1 am Laufwerk dieselbe Ader verwenden. Wenn Sie das Laufwerk nicht korrekt anschließen, kann der PC das Laufwerk auch nicht korrekt erkennen. Wenn Sie die Master/Slave-Jumper nicht richtig setzen oder das Laufwerk falsch verkabeln, geht nichts kaputt – es funktioniert nur nicht.

Und schließlich müssen Sie einen Molex-Stecker vom Netzteil mit dem Laufwerk verbinden. Alle modernen PTA-Laufwerke verwenden Molex-Stecker.

Verkabelung von SATA-Laufwerken

Die Installation von SATA-Festplattenlaufwerken ist noch einfacher als die Installation von IDE-Laufwerken, weil es keine Master-, Slave- oder Cable-Select-Einstellungen gibt, mit denen Sie etwas falsch machen könnten. Es gibt keinerlei Jumper-Einstellungen, weil SATA nur ein einziges Laufwerk pro Controller-Kanal unterstützt. Sie schließen einfach die Stromversorgung an und verbinden das Datenkabel wie in Abbildung 11.42. Dann erkennt das Betriebssystem das Laufwerk automatisch, und Sie können es sofort benutzen! Die Codierung der Anschlüsse am SATA-Controller und des Stromkabels verhindern, dass Sie sie falsch anschließen.

Abbildung 11.42: Korrekt angeschlossene Kabel an einem SATA-Laufwerk

Das größte Problem bei SATA-Laufwerken ist, dass viele Mainboards vier oder mehr entsprechende Anschlüsse besitzen. Natürlich ist die Verkabelung ganz einfach, aber was machen Sie, wenn Sie den Computer starten wollen, und das System die richtige Festplatte zum Booten zu finden versucht? Hier kommt das CMOS ins Spiel.

Anschluss von SSDs

Sie installieren ein SSD- wie ein PATA- oder SATA-Laufwerk. Wie bei den älteren Festplattenvarianten funktionieren sie korrekt, wenn sie richtig angeschlossen wurden, oder eben gar nicht, wenn sie falsch angeschlossen wurden. Wenn SSDs fehlerhaft arbeiten, dann müssen sie in neun von zehn Fällen ersetzt werden.

Bei tragbaren Computern ist die Wahrscheinlichkeit heute am größten, dass Sie SSDs begegnen. SSDs sind teuer und bieten deutlich weniger Speicherkapazität als herkömmliche Festplatten. Weil sie aber viel weniger Strom verbrauchen, empfiehlt sich ihr Einsatz in tragbaren Rechnern, bei denen die Batterielaufzeit von übergeordneter Bedeutung ist. Sie können SSDs häufig verwenden, um vorhandene herkömmliche Festplatten mit ihren Scheiben in Laptops zu ersetzen.

Denken Sie vor dem Installieren oder Ersetzen einer vorhandenen HDD durch eine SSD an die folgenden Dinge:

❏ Verwendet das System gegenwärtig eine PATA- oder SATA-Schnittstelle? Sie müssen dafür sorgen, dass das Solid-State-Laufwerk mit dem Rechner richtig kommunizieren kann.

❏ Haben Sie die passenden Treiber und geeignete Firmware für die SSD? Das ist insbesondere wichtig, wenn Windows XP eingesetzt werden soll. Bei Windows Vista ist es hingegen wahrscheinlich, dass aktuelle Treiber verfügbar sind, mit denen die SSD installiert werden kann. Wie üblich, sollten Sie auch hier genau auf die Herstellerangaben achten, bevor Sie überhaupt etwas unternehmen.

❏ Sie haben alle wichtigen Daten gesichert? Gut! Dann können Sie das System abschalten, die Batterie abklemmen oder entfernen und von den wunderbaren Vorteilen der SSD-Technologie profitieren.

> **Hinweis**
>
> Die Installation von Solid-State-Wechseldatenträgern wie USB-Sticks und Flash-Memory-Karten (z.B. SD-Karten) wird in Kapitel 13 (*Wechseldatenträger*) behandelt.

SSDs beseitigen viele der Schwachpunkte herkömmlicher HDDs. Bei der Solid-State-Technologie gibt es keine beweglichen Metallteile mehr, sie verbraucht weniger Energie und benötigt weniger Platz. Mit ihr können Sie nahezu ohne jede Verzögerung auf die prächtigen, von Ihnen erstellten Power-Point-Vorträge zugreifen. Computerfreaks würden wohl sagen, dass keine oder gar keine Latenzen beim Zugriff auf fragmentierte Daten auf Solid-State-Geräten auftreten.

> **Wichtig**
>
> SSDs sind zuverlässiger und teurer als herkömmliche Festplattenlaufwerke. Sie verbrauchen insgesamt weniger Energie, lassen sich mit kleinerem Formfaktor herstellen, arbeiten praktisch lautlos und verwenden zum Speichern und Lesen der Daten entweder die NAND- (nichtflüchtigen Flash-Speicher) oder SDRAM-Technologie (flüchtige RAM-Laufwerke). Sie können Daten viel schneller als typische HDDs lesen. Die Schreibzugriffe sind andererseits aber häufig langsamer.

Defragmentieren Sie SSDs *nicht*! Weil SSDs auf Daten zugreifen können, ohne diese dazu erst auf der Oberfläche einer physischen Scheibe finden zu müssen, gibt es nie einen Grund für die Defragmentierung. Bleibt noch zu sagen, dass SSDs nur eine beschränkte (allerdings große) Anzahl von Schreib-/Lesevorgängen zulassen, bevor sie zu teuren Briefbeschwerern werden, und die Defragmentierung würde sie reichlich verschlingen.

SCSI-Laufwerke anschließen

Beim Anschließen von SCSI-Laufwerken müssen Sie immer drei Dinge beachten. Sie müssen einen Controller verwenden, der sich für Ihr Laufwerk eignet. Sie müssen eindeutige SCSI-IDs am Controller und am Laufwerk einstellen. Und Sie müssen das Flachbandkabel und den Stromstecker korrekt anschließen.

Ein PATA-Kabel können Sie problemlos verkehrt herum einsetzen, dann passiert überhaupt nichts, außer dass das Laufwerk nicht funktioniert. Wenn Sie jedoch ein SCSI-Kabel verkehrt herum einstecken, können Sie das Laufwerk ernsthaft beschädigen. Wie bei PATA-Kabeln muss Pin 1 auf dem SCSI-Datenkabel mit Pin 1 sowohl am Laufwerk als auch am Hostadapter verbunden werden.

BIOS-Unterstützung: CMOS-Einstellungen und Treiberinstallation

Alle Komponenten in Ihrem PC sind auf BIOS-Unterstützung angewiesen, und das gilt auch für Festplatten-Controller. Mainboards unterstützen die ATA-Festplatten-Controller über das System-BIOS, aber häufig müssen Sie für die jeweils installierten Festplatten CMOS-Einstellungen vornehmen. SCSI-Laufwerke benötigen Software-Treiber oder Firmware auf dem Hostadapter.

In der guten alten Zeit musste man das CMOS-Setup aufrufen und die CHS-Daten bei der Installation eines neuen ATA-Laufwerks manuell eintragen, damit das Laufwerk auch korrekt vom System erkannt wurde. Dieser Prozess findet auch heute noch statt, wurde aber weitgehend automatisiert. Bei der Installation eines neuen Festplattenlaufwerks gibt es im CMOS aber immer noch viel zu tun.

Die CMOS-Einstellungen für Festplattenlaufwerke variieren bei den verschiedenen Mainboards recht stark. Die folgenden Erläuterungen bieten einen allgemeinen Überblick über die gängigen Einstellungen, aber um wirklich alle verfügbaren Optionen zu kennen, müssen Sie das Handbuch des jeweiligen Mainboards lesen.

Controller konfigurieren

Bei der Konfiguration von Controllern sollten Sie sich als Erstes davon überzeugen, dass sie aktiviert sind. Man kann im CMOS sehr leicht Controller deaktivieren und bei vielen Mainboards sind die sekundären ATA-Controller standardmäßig ausgeschaltet. Gehen Sie Ihre CMOS-Einstellungen durch, um die Optionen für das Aktivieren/Deaktivieren der Controller zu finden (eine typische Einstellung finden Sie in Abbildung 11.43). Hier sollten Sie auch prüfen, ob Ihre Onboard-RAID-Controller sowohl mit RAID- als auch mit anderen Einstellungen funktionieren.

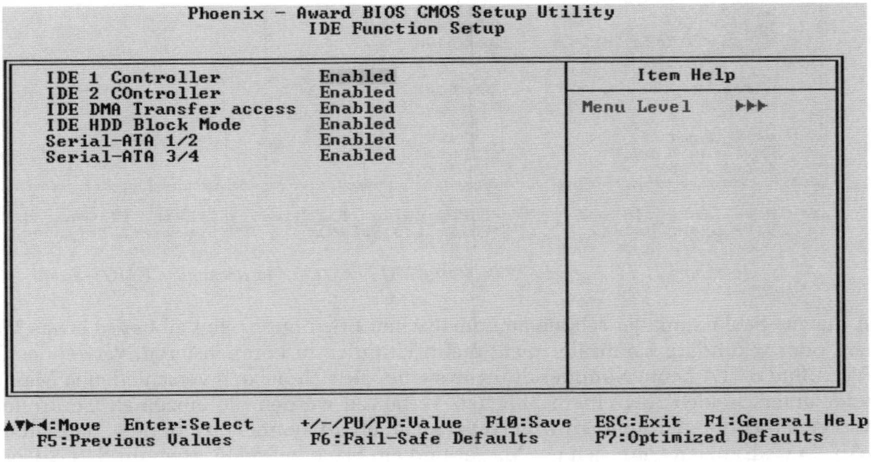

```
                Phoenix - Award BIOS CMOS Setup Utility
                         IDE Function Setup

    IDE 1 Controller          Enabled              Item Help
    IDE 2 COntroller          Enabled
    IDE DMA Transfer access   Enabled         Menu Level    ▶▶▶
    IDE HDD Block Mode        Enabled
    Serial-ATA 1/2            Enabled
    Serial-ATA 3/4            Enabled




▲▼▶◀:Move   Enter:Select    +/-/PU/PD:Value  F10:Save   ESC:Exit  F1:General Help
       F5:Previous Values    F6:Fail-Safe Defaults      F7:Optimized Defaults
```

Abbildung 11.43: Typische Controller-Einstellungen im CMOS-Setup

Automatische Erkennung (Autodetection)

Wenn die Controller aktiviert sind und das Laufwerk korrekt angeschlossen ist, sollte das Laufwerk automatisch erkannt werden und im CMOS-Setup angezeigt werden (*Autodetection*). Die automatische Erkennung ist zwar leistungsfähig und praktisch, wird aber höchst unterschiedlich realisiert, insbesondere wenn es darum geht, welche Festplatte beim Starten des Rechners zum Booten verwendet wird.

Eines Ihrer Festplattenlaufwerke enthält das zum Booten des Computers benötigte Betriebssystem, und das System muss wissen, wo es nach diesem Betriebssystem suchen soll. Vom traditionellen BIOS wurden maximal vier ATA-Laufwerke an einem *primären* und einem *sekundären Controller* unterstützt. Das BIOS suchte beim Booten des Systems standardmäßig das Master-Laufwerk am primären Controller. Wurde nur ein Controller genutzt, bediente man sich des primären Controllers. Der sekundäre Controller wurde für optische Laufwerke oder andere nicht bootfähige Laufwerke verwendet.

Ältere CMOS-Setups machten dies klar und einfach (Abbildung 11.44). Beim Booten erkannte das CMOS die Laufwerke automatisch und zeigte sie an. In einigen noch älteren CMOS-Setups gibt es eine spezielle AUTODETECT-Menüoption, die Sie ausführen müssen, um die Laufwerke in dieser Maske anzeigen zu lassen. Es gibt Einträge für maximal vier Laufwerke, die aber natürlich nicht wirklich alle benutzt werden mussten.

Die Autodetection-Maske konnte Hinweise darauf geben, ob ein PATA-Laufwerk korrekt installiert worden war. Wenn Sie eine Festplatte am primären Controller als Master installiert hatten, die Jumper aber versehentlich auf Slave gesetzt waren, wurde das Laufwerk hier entweder gar nicht erkannt oder als Slave angezeigt. Wenn Sie zwei Laufwerke hatten und beide auf Master gesetzt haben, wurde eines der Laufwerke (und manchmal auch beide) nicht angezeigt, woran sich erkennen ließ, dass bei der physischen Installation etwas schiefgelaufen war. Wenn Sie vergessen hatten, das Flachbandkabel oder den Stromstecker anzuschließen, konnten die Laufwerke naturgemäß nicht automatisch erkannt werden.

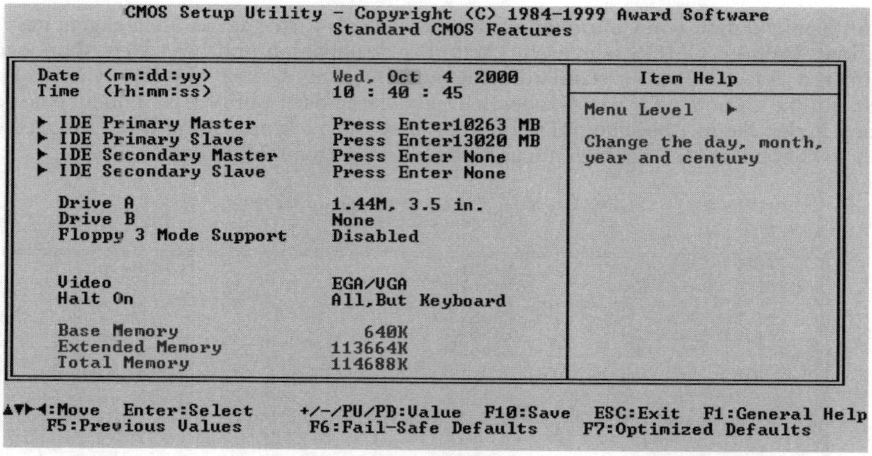

```
           CMOS Setup Utility - Copyright (C) 1984-1999 Award Software
                             Standard CMOS Features

    Date  (mm:dd:yy)           Wed, Oct  4  2000        Item Help
    Time  (hh:mm:ss)           10 : 40 : 45
                                                     Menu Level   ▶
  ▶ IDE Primary Master         Press Enter10263 MB
  ▶ IDE Primary Slave          Press Enter13020 MB   Change the day, month,
  ▶ IDE Secondary Master       Press Enter None     year and century
  ▶ IDE Secondary Slave        Press Enter None

    Drive A                    1.44M, 3.5 in.
    Drive B                    None
    Floppy 3 Mode Support      Disabled

    Video                      EGA/VGA
    Halt On                    All,But Keyboard

    Base Memory                    640K
    Extended Memory             113664K
    Total Memory                114688K


  ▲▼▶◀:Move  Enter:Select   +/-/PU/PD:Value  F10:Save   ESC:Exit   F1:General Help
         F5:Previous Values          F6:Fail-Safe Defaults   F7:Optimized Defaults
```

Abbildung 11.44: Die Seite STANDARD CMOS FEATURES in einem alten CMOS-Setup

SATA machte Schluss mit der schönen automatischen Erkennung. Nun gibt es so etwas Master, Slave, primäre oder sekundäre Controller nicht mehr. Um dies zu kompensieren, verwenden Mainboards mit PATA und SATA heute Nummerierungssysteme, die sich bei den verschiedenen Mainboards voneinander unterscheiden! Bei einem üblichen Verfahren werden die einzelnen Controller CHANNEL (*Kanäle*) genannt. Standardmäßig wird erst versucht, über Channel 1 zu booten, dann über Channel 2 usw. An PATA-Kanälen kann sich ein Master und ein Slave befinden, aber am SATA-Channel gibt es immer nur einen Master, weil sie nur jeweils ein Laufwerk unterstützen. Statt Laufwerksnamen sehen Sie also Nummern. Betrachten Sie dazu auch Abbildung 11.45.

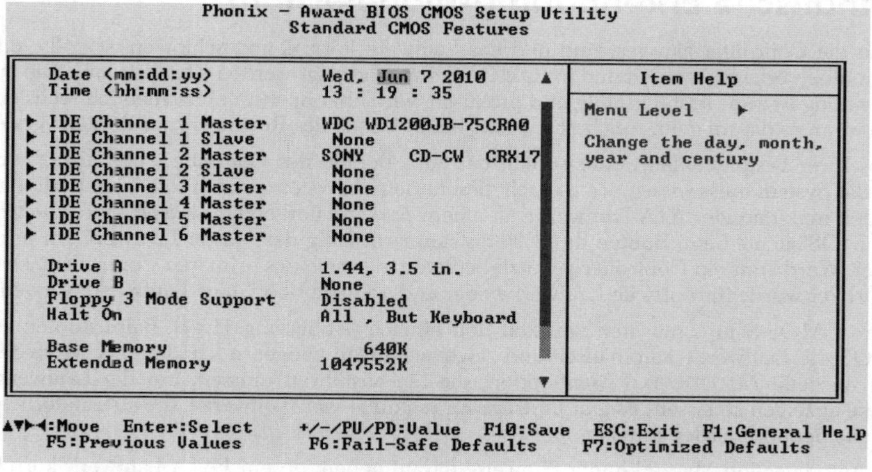

```
                 Phonix - Award BIOS CMOS Setup Utility
                          Standard CMOS Features

    Date (mm:dd:yy)           Wed, Jun 7 2010            Item Help
    Time (hh:mm:ss)           13 : 19 : 35
                                                     Menu Level   ▶
  ▶ IDE Channel 1 Master      WDC WD1200JB-75CRA0
  ▶ IDE Channel 1 Slave       None                   Change the day, month,
  ▶ IDE Channel 2 Master      SONY    CD-CW  CRX17   year and century
  ▶ IDE Channel 2 Slave       None
  ▶ IDE Channel 3 Master      None
  ▶ IDE Channel 4 Master      None
  ▶ IDE Channel 5 Master      None
  ▶ IDE Channel 6 Master      None

    Drive A                   1.44, 3.5 in.
    Drive B                   None
    Floppy 3 Mode Support     Disabled
    Halt On                   All , But Keyboard

    Base Memory                   640K
    Extended Memory           1047552K


  ▲▼▶◀:Move  Enter:Select   +/-/PU/PD:Value  F10:Save   ESC:Exit   F1:General Help
         F5:Previous Values          F6:Fail-Safe Defaults   F7:Optimized Defaults
```

Abbildung 11.45: Die Seite STANDARD CMOS FEATURES in einem neueren CMOS-Setup

Nicht schlecht! Anschlüsse für jede Menge Festplattenlaufwerke! Dieses Mainboard unterstützt neben den traditionellen vier PATA-Laufwerken auch vier SATA-Laufwerke. Jedem Controller ist eine Nummer zugewiesen – beachten Sie, dass es bei Channel 1 und 2 Master/Slave-Einträge gibt, an denen sich erkennen lässt, dass es sich dabei um die PATA-Laufwerke handelt. Bei Channel 3 bis 6 handelt es sich um die SATA-Anschlüsse, auch wenn hier jeweils MASTER angezeigt wird. (SATA ist immer noch relativ neu, weshalb hier noch häufiger eigentlich falsche Bezeichnungen im CMOS-Setup auftauchen.)

Boot-Reihenfolge

Wenn Sie Ihren Computer starten wollen, braucht er ein Betriebssystem, das er booten kann. Während sich bei den PCs unserer Ahnen (aus den 1980er und frühen 1990er Jahren) das Betriebssystem zwingend auf dem Master-Laufwerk am primären Controller befinden musste, können Sie bei den meisten seit 1995 verwendeten BIOS-Routinen das Betriebssystem auf einem beliebigen der vier Laufwerke speichern und dem System dann über das CMOS-Setup mitteilen, von welcher Festplatte aus gebootet werden soll. Darüber hinaus kann es sein, dass Sie den Rechner in bestimmten Situationen über ein optisches Laufwerk, einen USB-Datenträger oder eine Diskette booten müssen. Deshalb können Sie im CMOS-Setup eine *Boot-Reihenfolge* festlegen.

Abbildung 11.46 zeigt einen typischen Bildschirm für die Festlegung der Boot-Reihenfolge. Es gibt hier eine erste, eine zweite und eine dritte Boot-Option. Viele Benutzer wollen zuerst von einem optischen Laufwerk und dann von einer Festplatte booten. Auf diese Weise können sie bei Systemproblemen zum Starten des Rechners eine bootfähige optische Disc einlegen. Natürlich können Sie auch festlegen, dass als Erstes von der Festplatte gebootet wird, und die Einstellungen im CMOS-Setup entsprechend ändern. Aber das bleibt ganz Ihnen überlassen.

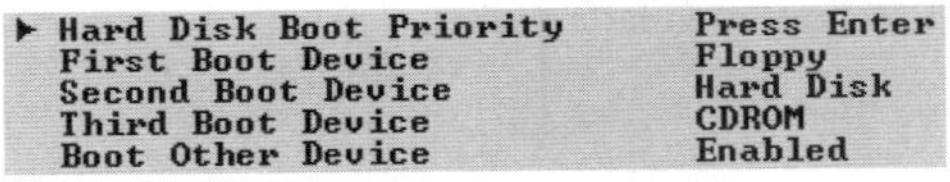

Abbildung 11.46: Boot-Reihenfolge

Wenn die Fehlermeldung »*Invalid Boot Disk*« angezeigt wird, dann hat das System versucht, von einem nicht bootfähigen Datenträger zu starten. Entfernen Sie dann alle Geräte aus der Bootreihenfolge, die sich vor dem Gerät befinden, das Sie zum Booten benutzen wollen.

AHCI aktivieren

Bei Mainboards mit AHCI-Unterstützung aktivieren Sie diese über das CMOS-Setup. Generell stehen Ihnen drei Optionen zur Auswahl: IDE OR COMPATIBILITY MODE, AHCI oder RAID. Den Kompatibilitätsmodus verwenden Sie bei der Installation älterer Betriebssysteme wie Windows XP. Wenn Sie AHCI oder RAID verwenden, dann aktivieren Sie die AHCI-Option für den HBA.

Gerätetreiber

Geräte, die nicht über die Routinen des System-BIOS unterstützt werden, sind natürlich auf andere Quellen für ihr BIOS angewiesen. Für ATAPI-Geräte und viele SATA-Controller sind das bevorzugt Software-Gerätetreiber, aber beide Technologien haben Macken, die Sie kennen sollten.

ATAPI-Geräte und BIOS

ATAPI-Laufwerke werden an einen ATA-Controller auf dem Mainboard angeschlossen und folgen bei der Verkabelung und den Jumper-Einstellungen denselben Regeln wie PATA-Festplatten. Alle aktuellen CMOS-Setup-Programme *scheinen* ATAPI-Laufwerke für optische Discs automatisch zu erkennen. Wenn Sie beispielsweise nach der Installation eines CD-ROM-Laufwerks als Master am sekundären IDE-Controller das CMOS-Setup aufrufen, dann wird das Laufwerk korrekt angezeigt (Abbildung 11.47).

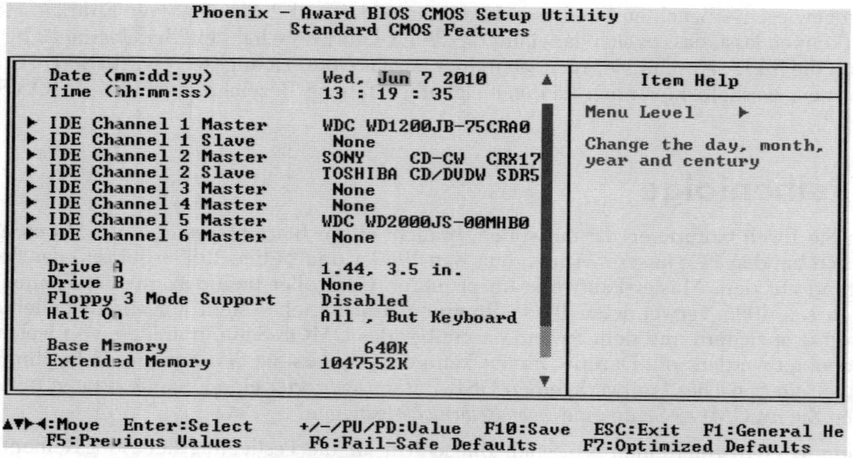

```
            Phoenix - Award BIOS CMOS Setup Utility
                    Standard CMOS Features

    Date (mm:dd:yy)           Wed, Jun 7 2010          Item Help
    Time (hh:mm:ss)           13 : 19 : 35
                                                    Menu Level  ▶
    ▶ IDE Channel 1 Master    WDC WD1200JB-75CRA0
    ▶ IDE Channel 1 Slave     None                  Change the day, month,
    ▶ IDE Channel 2 Master    SONY    CD-CW  CRX17  year and century
    ▶ IDE Channel 2 Slave     TOSHIBA CD/DUDW SDR5
    ▶ IDE Channel 3 Master    None
    ▶ IDE Channel 4 Master    None
    ▶ IDE Channel 5 Master    WDC WD2000JS-00MHB0
    ▶ IDE Channel 6 Master    None

      Drive A                 1.44, 3.5 in.
      Drive B                 None
      Floppy 3 Mode Support   Disabled
      Halt On                 All , But Keyboard

      Base Memory                     640K
      Extended Memory             1047552K

  ▲▼◀:Move   Enter:Select    +/-/PU/PD:Value   F10:Save   ESC:Exit   F1:General He
  F5:Previous Values         F6:Fail-Safe Defaults        F7:Optimized Defaults
```

Abbildung 11.47: CMOS-Bildschirm mit einem erkannten CD-ROM-Laufwerk

Die Anzeige installierter optischer Laufwerke im CMOS-Setup hat zwei Gründe. Erstens teilt sie dem Techniker mit, dass die Verbindung zum ATAPI-Laufwerk funktioniert. Zweitens zeigt sie an, dass der Rechner beispielsweise mit einer Windows-XP-CD über das optische Laufwerk gebootet werden kann. Dabei wird aber keine echte BIOS-Unterstützung für das Laufwerk bereitgestellt. Die stellt erst ein Treiber bereit, der beim Booten geladen wird.

Troubleshooting bei der Festplatteninstallation

Der beste Freund des Technikers bei der Problembehebung einer Festplatteninstallation ist die automatische Erkennung im CMOS-Setup. Wenn ein Laufwerk nicht funktioniert, dann lautet die größte Frage, speziell bei der Installation: »Habe ich es korrekt angeschlossen?« Bei automatischer Erkennung fällt die Antwort leicht, denn wenn dabei eines oder mehrere Laufwerke nicht erkannt werden, dann stimmt mit der Hardwarekonfiguration etwas nicht. Entweder ist das Laufwerk physisch defekt oder, was wahrscheinlicher ist, Sie haben vergessen, das Stromkabel anzuschließen, das Datenkabel verkehrt herum aufgesteckt oder andere Aspekte übersehen bzw. nicht richtig konfiguriert.

Vier Dinge sind erforderlich, damit ein installiertes Laufwerk vom System erkannt wird: Jumper (nur PATA), Datenkabel, Stromversorgung und ein CMOS-Setup, das das Laufwerk erkennt. Wenn einer dieser Schritte vergessen wird oder nicht korrekt ausgeführt wurde, dann existiert das Laufwerk für den Rechner einfach nicht! Um Probleme der Festplatteninstallation zu beheben, gehen Sie einfach die Schritte noch einmal durch und versuchen herauszufinden, was nicht stimmt.

Je nachdem, wo das Laufwerk installiert werden soll, stellen Sie es zunächst auf Master, Slave, Single oder Cable Select ein. Wenn sich das Laufwerk allein am Kabel befindet, dann konfigurieren Sie es als Master oder Single. Bei zwei gemeinsam an einem Datenkabel angeschlossenen Laufwerken muss eines als Master und das andere als Slave konfiguriert werden. Alternativ können Sie bei Verwendung eines geeigneten Kabels beide Laufwerke auf Cable Select einstellen, was aber eher selten gemacht wird.

Zweitens muss das Datenkabel sowohl an das Laufwerk als auch an den Controller angeschlossen sein, wobei jeweils Pin 1 mit Pin 1 verbunden sein muss. Manchmal lässt sich das Datenkabel recht leicht verkehrt herum anschließen, insbesondere wenn die Kabel oder die Anschlüsse nicht codiert sind und dann auch noch ein entsprechendes Rundkabel verwendet wird. Beim Rundkabel kann die Leitung 1 naturgemäß schlecht durch einen deutlich sichtbaren roten Streifen markiert werden! Achten Sie also auf den korrekten Anschluss der Kabel.

Drittens muss das Festplattenlaufwerk mit Strom versorgt werden. Die meisten Festplatten verwenden einen standardmäßigen Molex-Anschluss. Wenn Sie die Laufgeräusche der Festplatte nicht hören, dann prüfen Sie, ob ein Molex-Stecker vom Netzteil zur Festplatte führt. (Es ist gar nicht einmal so selten, dass versehentlich der brachliegende Anschluss eines nicht mehr vorhandenen Lüfters zur Festplatte führt!)

Viertens muss das BIOS für den Controller und das Laufwerk bereitgestellt werden. Das kann ein wenig problematisch sein, da sich in einem typischen CMOS-Setup-Programm eine Menge Festplattenoptionen an unterschiedlichen Stellen befinden können. Zudem müssen möglicherweise RAID-Einstellungen vorgenommen und zusätzliche oder erweiterte Controllerfunktionen über Softwaretreiber aktiviert werden.

Wenn Sie die physischen Verbindungen geprüft haben, dann wenden Sie sich den entsprechenden CMOS-Einstellungen zu. Ist der Controller aktiviert? Wurde die Speichertechnologie (LBA, INT13, ATA/ATAPI-6 usw.) richtig eingerichtet? Unterstützt das Mainboard den neu installierten Festplattentyp überhaupt? Falls nicht, dann haben Sie eine Reihe verschiedener Optionen. Sie können das BIOS aktualisieren (flashen), sofern ein entsprechendes Update beim Hersteller verfügbar ist, oder einen Festplattencontroller besorgen, der in einen Erweiterungssteckplatz eingesetzt wird.

Schließlich müssen Sie bei nicht integrierten Festplattencontrollern, wie z.B. jenen, die mit vielen SATA-Laufwerken einhergehen, dafür sorgen, dass die richtigen Treiber für den Controller installiert sind. Treiberprobleme können immer dann auftreten, wenn neue, sehr große Laufwerke installiert werden sollen oder allgemein technologische Neuerungen berücksichtigt werden müssen. Suchen Sie immer die Website des Herstellers auf und sehen Sie dort nach, ob neue Treiber verfügbar sind.

Jenseits von A+

Umdrehungsgeschwindigkeit

Festplattenlaufwerke laufen mit einer Umdrehungsgeschwindigkeit, die in *Umdrehungen pro Minute* (U/min) angegeben wird. Alte Laufwerke rotierten standardmäßig mit 3.600 U/min, während einige der aktuellen Festplattenmodelle mit 10.000 Touren drehen. Je höher die Umdrehungsgeschwindigkeit, desto schneller kann der Controller Daten schreiben und lesen. Die heute üblichen Geschwindigkeiten liegen bei 4.500, 5.400, 7.200 und 10.000 U/min.

Schnellere Laufwerke bieten normalerweise mehr Leistung, können aber auch Wärmeprobleme im Rechner verursachen. Dies gilt insbesondere für kleine Gehäuse (z.B. Minitower) oder bei mehreren Laufwerken in einem Gehäuse. Zwei Laufwerke mit 5.400 U/min laufen in einem Gehäuse möglicherweise friedlich und lange problemlos. Wenn Sie aber eine Festplatte mit 10.000 U/min in dasselbe Gehäuse einbauen, kann es im System bereits an allen Ecken und Enden krachen!

Diese Heißsporne bekommen Sie in den Griff, wenn Sie zusätzliche Lüfter in Einbauschächte einsetzen oder ein voluminöseres Gehäuse verwenden. Die meisten Anhänger derartiger Laufwerke ergreifen schließlich beide Maßnahmen. Lüfter für Einbauschächte werden vor diesem Schacht angebracht und blasen Luft über das Laufwerk. Sie kosten etwa zwischen 10 und 100 Euro und können die Temperatur der Laufwerke drastisch senken. Abbildung 11.48 zeigt einen vor einem Einbauschacht montierten Lüfter.

Die Luftzirkulation im Gehäuse kann für die Systemstabilität von entscheidender Bedeutung sein, speziell wenn Sie neue Laufwerke installieren, die die Umgebungstemperatur steigern. Heiße Systeme werden unzuverlässig und stürzen zu den seltsamsten Zeitpunkten ab. Viele Dinge können die Luftzirkulation behindern, wie z.B. unordentlich verlegte Flachbandkabel, zu viele in einem winzigen Gehäuse gedrängt untergebrachte Laufwerke, Lüfter, die von Staub oder Tierhaaren behindert werden, usw.

Kapitel 11

Abbildung 11.48: Einbauschacht mit davor montiertem Lüfter

Techniker müssen sich dieser Gefahren beim Hinzufügen einer neuen Festplatte in einem alten System bewusst sein. Machen Sie es sich zur Gewohnheit, Flachbandkabel möglichst zu befestigen, Lüfter an der Gehäusevorderseite einzubauen, wenn die Systeme gelegentlich und unvermittelt abstürzen, und achten Sie darauf, dass die Lüfter auch wirklich laufen. Und wenn schließlich ein Kunde ein neues Laufwerk haben will, sein System aber in einem winzigen Minitower steckt, der nur über den Lüfter des Netzteils gekühlt wird (abgesehen vom Prozessorlüfter), dann empfehlen Sie ihm höflich, aber bestimmt eines der langsameren Laufwerke!

Hybrid-Festplatten

Windows Vista unterstützt *Hybrid-Festplatten* (*HHD – Hybrid Hard Disk*), die Flash-Speicher und rotierende Scheiben in schnellen und zuverlässigen Speicherlösungen kombinieren und mit *ReadyBoost* und *Superfetch* für schnelleren Zwischenspeicher (Cache) und einen schnelleren Rechnerstart sorgen können. Samsung bietet z.B. Laufwerke mit 128- und 256-MB-Flash-Cache an, mit denen sich die Startzeit des Rechners halbieren lässt. Und da sich die Scheiben der Hybrid-Festplatten nicht die ganze Zeit über drehen müssen, halten die Akkus bei tragbaren Rechnern etwa 20 bis 30 Minuten länger. Die längere Laufzeit der Akkus bei nur geringfügig höherem Preis ohne höheres Gewicht machen Hybrid-Festplatten zu einer tollen Alternative für tragbare Rechner.

Wiederholung

Fragen

1. Johns System verfügt über die INT13-Erweiterungen. Welche maximale Festplattenkapazität wird unterstützt?
   A. 504 GB
   B. 137 GB
   C. 10 GB
   D. 8,4 GB

2. Wie viele PATA-Festplattenlaufwerke können in einem System mit zwei PATA-Controllern vorhanden sein?
   A. 1
   B. 2
   C. 3
   D. 4

3. Wie unterscheiden Sie zwei PATA-Festplattenlaufwerke am selben Kabel?
   A. Beim Flachbandkabel sind sieben Leitungen »verdreht«, über die die Laufwerke identifiziert werden.
   B. Durch Setzen von Jumpern am jeweiligen Laufwerk, die Master und Slave festlegen.
   C. Der PATA-Controller bestimmt die Hierarchie.
   D. Beide Laufwerke gelten als gleichberechtigt.

4. Was passiert, wenn Sie ein einzelnes PATA-Festplattenlaufwerk falsch anschließen?
   A. Sie könnten das Laufwerk beschädigen.
   B. Die Daten werden gelöscht, aber die Festplatte nimmt keinen Schaden.
   C. Das System kann nicht mit der Festplatte kommunizieren.
   D. Gar nichts. Das Kabel spielt keine Rolle, weil es die sieben »verdrehten« Leitungen nicht gibt.

5. John muss ein altes ATA/100-Festplattenlaufwerk installieren, um dessen Daten vor dem Recyceln zu retten. Leider findet er kein Kabel mit 80 Adern in seiner Kabelsammlung. Was geschieht, wenn er das ATA/100-Laufwerk über ein EIDE-Kabel mit 40 Adern anschließt?
   A. Die Festplatte funktioniert zwar, aber nicht mit ATA/100-Geschwindigkeit.
   B. Er könnte das Mainboard beschädigen.
   C. Weil das Kabel nicht kompatibel ist, kann er das Laufwerk nicht installieren.
   D. Er kann den ATA-Modus nicht nutzen.

6. Wie lang darf ein Kabel für ein internes SATA-Gerät maximal sein?
   A. 2 Meter
   B. 30 Zentimeter
   C. 45 Zentimeter
   D. Ein Meter

7. Was ist Bestandteil des ATA-7-Standards?
   A. Rote Controller-Anschlüsse auf dem Mainboard
   B. SATA
   C. ATA/100
   D. 1 Meter maximale Kabellänge

8. Wie viele SATA-Laufwerke können Sie maximal an ein System anschließen?
   A. Ein Master- und ein Slave-Laufwerk
   B. Zwei, ohne Master/Slave-Unterscheidung
   C. Acht
   D. Es gibt keine Obergrenze außer den Beschränkungen durch Ihr Mainboard.

9. Simon will sein altes PATA-Festplattenlaufwerk an den SATA-Controller in seinem neuen Computer anschließen. Was braucht er dafür?
   A. Eine SATA-Bridge, die mit dem Stecker am PATA-Laufwerk verbunden wird
   B. Einen PATA-Konverter, der an die SATA-Bridge am Controller angeschlossen wird
   C. Nichts. Er schließt einfach das PATA-Laufwerk direkt an den SATA-Controller an.
   D. Das ist nicht möglich. Der SATA-Controller ist nicht abwärtskompatibel mit PATA-Laufwerken.

10. Wie werden mehrere SCSI-Laufwerke genannt, die über einen Hostadapter zusammenarbeiten?
    A. SCSI-Controller
    B. SCSI-Kette
    C. RAID
    D. Verkabeltes SCSI

Antworten

1. **B.** Ein System mit INT13-Erweiterungen kann maximal Festplatten mit 137 GB Kapazität unterstützen.
2. **D.** Jeder Controller unterstützt zwei Laufwerke.
3. **B.** Zur Unterscheidung von zwei PATA-Laufwerken werden Jumper und die Master/Slave-Einstellungen verwendet.
4. **C.** Es wird nichts beschädigt und es geht nichts verloren – das Laufwerk funktioniert einfach nicht.
5. **A.** Ein ATA/100-Laufwerk funktioniert problemlos mit einem 40-poligen Kabel, allerdings nicht mit ATA/100-Geschwindigkeit.
6. **D.** Kabel dürfen bei internen SATA-Geräten maximal einen Meter lang sein.
7. **B.** SATA ist Teil des ATA-7-Standards.
8. **D.** Es gibt keine Obergrenze für die Anzahl der SATA-Laufwerke, die Sie an ein System anschließen können, außer der durch die Anzahl der Anschlüsse an Ihrem Mainboard/Ihrer Host-Karte vorgegebenen.
9. **A.** Simon braucht eine SATA-Bridge, die mit dem Anschluss am PATA-Laufwerk verbunden wird, um sein altes PATA-Festplattenlaufwerk am SATA-Controller anschließen zu können.
10. **B.** Mehrere SCSI-Geräte, die über einen Hostadapter zusammenarbeiten, werden als SCSI-Kette bezeichnet.

12

Vorbereitung und Wartung von Festplatten

Themen in diesem Kapitel
- Die unter Windows verfügbaren Partitionen erklären
- Formatierungsoptionen beschreiben
- Festplatten partitionieren und formatieren
- Festplattenlaufwerke warten und reparieren

Aus der Sicht des Rechners handelt es sich bei einer erfolgreich installierten Festplatte nur um einen riesigen Haufen Sektoren. Das CMOS erkennt das Laufwerk automatisch, es wird angezeigt und das BIOS weiß, wie es mit dem Laufwerk kommunizieren kann. Soweit es das Betriebssystem betrifft, ist das Laufwerk aber nicht lesbar. Das Betriebssystem muss diesen riesigen Haufen von Sektoren verwalten können, damit Ordner und Dateien erstellt werden können. Und genau darum geht es in diesem Kapitel.

Geschichte und Konzepte

Wenn das Festplattenlaufwerk erfolgreich installiert ist, müssen Sie noch zwei weitere Schritte ausführen, um die Laufwerkgeometrie und die integrierten Schaltungen so zu übersetzen, dass das Laufwerk vom Rechner genutzt werden kann: Partitionieren und Formatieren. Beim *Partitionieren* wird das physische Festplattenlaufwerk elektronisch in Gruppen von Zylindern aufgeteilt, die *Partitionen* (oder *Volumes*) genannt werden. Eine physische Festplatte muss mindestens in eine Partition »aufgeteilt« werden, kann aber bei Bedarf auch in mehrere Partitionen aufgeteilt werden. Unter Windows wird jeder dieser Partitionen typischerweise ein Laufwerksbuchstabe, wie z.B. C: oder D: zugeordnet. Nach der Partitionierung müssen Sie das Laufwerk *formatieren*. Dieser Schritt installiert ein *Dateisystem* auf dem Laufwerk, das die einzelnen Partitionen so organisiert, dass das Betriebssystem darauf Dateien und Ordner speichern kann. Es gibt mehrere verschiedene Dateisysteme, die unter Windows verwendet werden können. Diese werde ich nach der Partitionierung beschreiben.

Die Partitionierung und Formatierung eines Laufwerks ist einer der wenigen Prozesse, die bei der PC-Montage auf der Software-Seite stattfinden, und bei dem Sie mehrere relativ komplizierte manuelle Schritte durchführen müssen. Die CompTIA A+-Zertifizierungsprüfungen testen Ihr Wissen, was diese Prozesse machen, um ein Laufwerk zum Laufen zu bringen, und ebenso die Schritte, die für die Partitionierung und Formatierung von Festplatten in Windows 2000/XP und Vista erforderlich sind.

Dieses Kapitel setzt die Betrachtungen zur Festplatteninstallation fort und erläutert die Partitionierung und die Formatierung. Anschließend wird der Prozess der Partitionierung und Formatierung von Festplatten konkret betrachtet. Das Kapitel endet mit einer Beschreibung der Festplattenwartung und Aspekten der Fehlersuche.

Festplatten partitionieren

Partitionen bieten eine enorme Flexibilität für die Organisation der Festplatten. Mit Partitionen können Sie Laufwerke so einrichten, dass sie genau Ihren persönlichen Anforderungen entsprechen. Beispielsweise habe ich meine 1,5-TB-Festplatte in eine 250-GB-Partition unterteilt, auf der Windows Vista und all meine Programme untergebracht sind, in eine zweite 250-GB-Partition für Windows 7 und eine 1-TB-Partition, auf der ich alle meine persönlichen Daten speichere. Dies ist eine Frage der persönlichen Vorlieben – in meinem Fall werden dadurch Datensicherungen einfacher, weil die Daten innerhalb einer Partition untergebracht sind, und diese Partition unabhängig von den Programmen gesichert werden kann.

Durch die Partitionierung kann eine einzige Festplatte mehrere Betriebssysteme aufnehmen. Ein Betriebssystem könnte innerhalb von einer Partition untergebracht werden, ein zweites Betriebssystem innerhalb einer anderen Partition. Natürlich benutzen die meisten Leute nur ein Betriebssystem, aber wenn Sie sowohl Windows als auch Linux booten wollen, dann wird dies mit Partitionen möglich.

Essentials

Windows 2000/XP und Vista unterstützen zwei unterschiedliche Partitionierungsmethoden: das ältere, aber universellere *MBR-Partitionierungsschema* (*MBR – Master Boot Record*) und das neuere (aber Microsoft-eigene) *Partitionierungsschema mit dynamischem Speicher*. Microsoft bezeichnet eine Festplatte, die das MBR-Partitionierungsschema verwendet, als *Basisfestplatte* und ein Laufwerk, das das Partitionsschema mit dynamischem Speicher verwendet, als *dynamischen Datenträger*. Ein einzelnes Windows-System mit zwei Festplatten kann eines der Laufwerke als Basisfestplatte, das andere als dynamischen Datenträger verwenden, und das System funktioniert perfekt. Was das bedeutet? Sie werden zwei völlig unterschiedliche Arten der Partitionierung kennen lernen! Und weil die Basisfestplatten sehr viel älter sind, wollen wir mit ihnen beginnen.

Basisfestplatten

Bei der Partitionierung in Basisfestplatten werden zwei sehr kleine Datenstrukturen auf einem Laufwerk angelegt, der *Master Boot Record* (*MRB*) und eine Partitionstabelle. Sie werden im ersten Sektor der Festplatte gespeichert – im so genannten *Boot-Sektor*. Der MRB ist nichts weiter als ein kurzer Codeabschnitt, der die Kontrolle über den Boot-Prozess vom System-BIOS übernimmt. Wenn der Computer über eine Festplatte gebootet wird, sucht das BIOS automatisch nach dem MBR-Code im Boot-Sektor. Der MBR hat nur eine Aufgabe: in der Partitionstabelle nach einer Partition mit gültigem Betriebssystem zu suchen (Abbildung 12.1).

Hinweis

Auf einer Basisfestplatte gibt es nur einen MBR und eine Partitionstabelle.

Alle Partitionstabellen auf Basisfestplatten unterstützen maximal vier Partitionen. Die Partitionstabelle unterstützt zwei Partitionstypen, primäre und erweiterte Partitionen. *Primäre Partitionen* sollen bootfähige Betriebssysteme unterstützen. *Erweiterte Partitionen* sind nicht bootffähig. Eine einzige Basisfestplatte kann bis zu drei primäre Partitionen und eine erweiterte Partition haben. Wird keine erweiterte Partition verwendet, können vier primäre Partitionen angelegt werden.

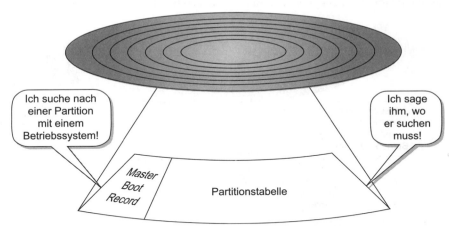

Abbildung 12.1: Funktion des Master Boot Record und der Partitionstabelle

Jede Partition benötigt eine eindeutige Kennung, um als einzelne Partition identifiziert werden zu können. Die Microsoft-Betriebssysteme (DOS und Windows) weisen den primären Partitionen traditionell einen Laufwerksbuchstaben von C: bis Z: zu. Erweiterte Partitionen erhalten keinen Laufwerksbuchstaben.

Wenn Sie eine erweiterte Partition erstellt haben, müssen Sie *logische Laufwerke* innerhalb dieser erweiterten Partition anlegen. Ein logisches Laufwerk erhält traditionell einen Laufwerksbuchstaben von D: bis Z:. (Der Laufwerksbuchstabe C: ist immer für die erste primäre Partition auf einem Windows-PC reserviert.)

Windows-2000/XP- und Windows-XP/7-Partitionen sind nicht auf Laufwerksbuchstaben beschränkt. Mit Ausnahme der Partition, die die Boot-Dateien für Windows enthält (die immer C: ist), können allen anderen primären Partitionen oder logischen Laufwerken entweder ein Laufwerksbuchstabe oder ein Ordner in einer primären Partition zugewiesen werden. Wie das funktioniert, erfahren Sie später in diesem Kapitel.

Wenn eine primäre Partition bootfähig ist, warum unterstützt dann die Partitionstabelle einer Basisfestplatte bis zu vier primäre Partitionen? Erinnern Sie sich noch, dass sich durch die Partitionierung mehrere Betriebssysteme verwenden lassen? Und genau deshalb funktioniert das. Sie können bis zu vier verschiedene Betriebssysteme installieren, jewails in einer eigenen primären Partition, und beim Starten des Computers nach Bedarf eines dieser Betriebssysteme booten.

Für jede Primärpartition auf einem einzelnen Laufwerk wird in der Partitionstabelle eine spezielle Einstellung gespeichert. Diese Einstellung hält fest, ob eine Primärpartition aktiviert oder deaktiviert ist. Beim Booten nutzt der MBR diese Einstellung in der Partitionstabelle, um festzustellen, welche Primärpartition aktiviert ist. Von dieser wird dann ein Betriebssystem geladen. Da jewails nur ein Betriebssystem gestartet werden kann, kann auch nur jeweils eine Partition aktiv sein (Abbildung 12.2). Diese Beschränkung bezieht sich allerdings auf einzelne Laufwerke. Es kann durchaus aktive Partitionen auf mehreren physischen Festplatten geben. Dann bestimmen die CMOS-Einstellungen, welches Laufwerk das Systemlaufwerk ist, über das der Rechner gebootet wird.

Der Boot-Sektor am Anfang des Festplattenlaufwerks ist nicht der einzige besondere Sektor auf einem Festplattenlaufwerk. Der erste Sektor des ersten Zylinders jeder Partition enthält ebenfalls einen speziellen Sektor, den so genannten *Volume-Boot-Sektor*. Während der »Haupt«-Boot-Sektor die Partitionen definiert, speichert der Volume-Boot-Sektor wichtige Informationen zu seiner Partition, wie beispielsweise die Position der Boot-Dateien für das Betriebssystem. Abbildung 12.3 zeigt ein Festplattenlaufwerk mit zwei Partitionen. Der Volume-Boot-Sektor der ersten Partition enthält Informationen über die Größe der Partition und den Code, der auf die Boot-Dateien innerhalb dieser Partition verweist. Der zweite Volume-Boot-Sektor enthält Informationen über die Größe der Partition.

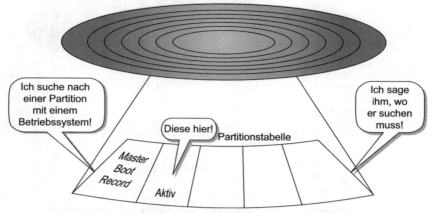

Abbildung 12.2: Master Boot Record sucht nach einer aktiven Partition.

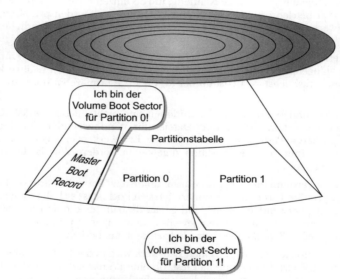

Abbildung 12.3: Volume-Boot-Sektor

Hinweis

Jede Partition auf einem Festplattenlaufwerk hat einen Volume-Boot-Sektor.

Primäre Partitionen

Wenn Sie ein Betriebssystem von einer Festplatte booten wollen, muss diese Festplatte eine Primärpartition haben. Der MBR sucht in der Partitionstabelle nach der aktiven Primärpartition (Abbildung

12.4). Unter Windows wird der Primärpartition der Laufwerksbuchstabe C: zugewiesen, der nicht geändert werden kann.

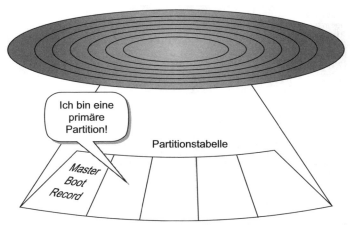

Abbildung 12.4: Der MBR sucht in der Partitionstabelle nach einer Primärpartition.

Hinweis

Verwechseln Sie nicht die primäre Partition mit dem primären Controller. Wie Sie aus Kapitel 11 (*Festplattentechnologien*) wissen, handelt es sich beim primären Controller um den ersten PATA-Laufwerkcontroller auf einem Mainboard.

Auch wenn Festplatten bis zu vier Primärpartitionen unterstützen, werden Ihnen derart eingerichtete Festplatten im Windows-Bereich kaum begegnen. Windows unterstützt bis zu vier primäre Partitionen auf einem Laufwerk, aber wie viele Leute (außer den eifrigen CompTIA A+-Anwärtern wie Sie und ich) wollen schon mehrere Betriebssysteme booten? Wir verwenden verschiedene Begriffe für diese Funktion, wobei *Dual-Boot* und *Multiboot* die gebräuchlichsten sind. Das System bei mir zuhause beispielsweise verwendet vier primäre Partitionen, die jeweils ein Betriebssystem enthalten: Ubuntu Linux, Windows 2000, Windows XP und Windows Vista. Mit anderen Worten, ich habe mein Laufwerk in vier Teile zerlegt und auf jedem davon ein anderes Betriebssystem installiert.

Um den Start mehrerer verschiedener Betriebssysteme zu ermöglichen, wird meist der kostenlose Linux-Boot-Manager namens *GRUB (Grand Unified Boot Manager)* verwendet, teilweise werden zu diesem Zweck aber auch andere Programme von Drittanbietern eingesetzt, wie z.B. der *System Commander* von VCOM. Windows enthält zwar seit Windows 2000 ähnliche Werkzeuge für diese Aufgabe, die aber weniger komfortabel als GRUB sind. Wenn mein Computer bootet, übernimmt GRUB die Kontrolle vom MBR und fragt, welches Betriebssystem gebootet werden soll (Abbildung 12.5). Ich wähle das gewünschte Betriebssystem aus und es wird geladen. Beim System in der Abbildung werden mehr als vier Betriebssysteme angezeigt. Die Beschränkung auf vier primäre Partitionen pro Festplatte wird hier dadurch überwunden, dass es zwei Festplatten im System gibt.

Nur sehr wenige Systeme verwenden mehr als eine primäre Partition. Sie können jahrelang mit PCs arbeiten, ohne dass Ihnen ein System mit mehr als einer primären Partition begegnet. Die CompTIA A+-Zertifizierungsprüfungen erwarten nicht, dass Sie beschreiben können, wie ein System mit mehreren primären Partitionen eingerichtet wird, aber Sie müssen wissen, dass es auf einer Festplatte mehr als eine Primärpartition geben *kann*. Im restlichen Buch wird vorausgesetzt, dass nur eine primäre Partition verwendet wird.

Kapitel 12

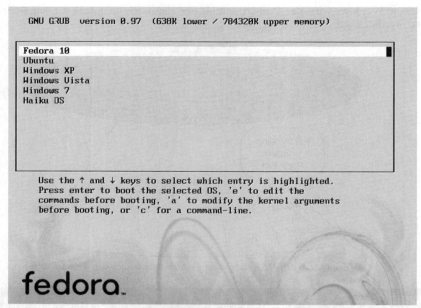

Abbildung 12.5: GRUB-Menü zur Auswahl des zu startenden Betriebssystems

Hinweis

Wenn die Fehlermeldung »No Fixed Disks Present« (Keine Festplatten vorhanden) angezeigt wird, können Sie fast sicher sein, dass das CMOS nicht nach dem Laufwerk sucht. Booten Sie neu, starten Sie das CMOS-Setup und korrigieren Sie die Einstellungen für das Laufwerk.

Aktive Partition

Wenn Sie eine Primärpartition anlegen und auf dieser ein Betriebssystem ablegen wollen, müssen Sie diese Partition aktivieren. Das müssen Sie auch dann tun, wenn Sie nur eine einzige Primärpartition verwenden. Glücklicherweise geschieht dies bei der Windows-Installation automatisch. Überlegen Sie Folgendes: Wann die Schritte zur Aktivierung einer Partition durchlaufen? Bei der Installation eines Betriebssystems auf dieser Partition! Wenn Sie also Windows auf einem neuen System installieren, aktiviert das Installationsprogramm automatisch die erste primäre Partition. Darauf wird zwar nicht hingewiesen, aber die Partition doch automatisch aktiviert.

Wenn Sie also Ihre rechte Hand heben und schwören, nur Microsoft Windows zu verwenden und nur jeweils eine einzige primäre Partition auf all Ihren Festplatten zu verwenden, dann ist es recht wahrscheinlich, dass Sie nie eine Partition manuell aktivieren müssen. Da Sie aber verrückt genug sind, um sich eingehender mit PCs befassen zu wollen, werden Sie wahrscheinlich schon bald weitere Betriebssysteme auf Ihrem PC installieren wollen, wie beispielsweise Linux (und das ist in Ordnung – alle Techniker probieren es irgendwann aus). Und schon befinden Sie sich im Bereich der Bootmanager-Programme (oder alternativ der virtuellen Maschinen). Sie können auch Werkzeuge nutzen, mit denen die aktive Partition manuell geändert werden kann. Wie das geht, ist weitgehend von der jeweiligen Situation abhängig und sprengt den Rahmen der CompTIA A+-Prüfung deutlich, Sie sollten aber dennoch wissen, weshalb Sie eine Partition möglicherweise manuell aktivieren müssen.

Wenn das Auswahlmenü eines Boot-Managers beim Rechnerstart angezeigt wird, dann werden Sie eigentlich nur gefragt, welche Primärpartition aktiviert werden soll.

Erweiterte Partition

Um zu verstehen, wofür man erweiterte Partitionen benötigt, wollen wir einen kurzen Blick in die PC-Geschichte werfen. Die ersten Versionen des alten DOS-Betriebssystems unterstützten nur Primärpartitionen mit maximal 32 MB Kapazität. Weil die Festplatten irgendwann größer als 32 MB wurden, musste Microsoft eine Möglichkeit finden, um sie zu unterstützen. Statt DOS so abzuwandeln, dass es auch größere Festplatten verwalten konnte, wurde das Konzept der erweiterten Partition entwickelt. Hatte man dann eine Festplatte mit mehr als 32 MB Kapazität, konnte man eine Primärpartition mit 32 MB anlegen, und das restliche Laufwerk als erweiterte Partition verwenden. Im Laufe der Jahre wurden DOS und Windows zwar aktualisiert, damit sie auch größere Festplatten unterstützen konnten, aber das Konzept der erweiterten Partition blieb uns erhalten.

Der Nutzen einer erweiterten Partition liegt in deren Umgang mit Laufwerksbuchstaben. Beim Erstellen einer Primärpartition erhält diese einen Laufwerksbuchstaben und das war's! Einer erweiterten Partition wird hingegen nicht automatisch ein Laufwerksbuchstabe zugeordnet. Sie müssen die erweiterte Partition vielmehr in einem weiteren Schritt in ein oder mehrere »logische Laufwerke« unterteilen. Eine erweiterte Partition kann beliebig viele logische Laufwerke enthalten. Standardmäßig weist Windows jedem logischen Laufwerk in einer erweiterten Partition einen Laufwerksbuchstaben zu, und die meisten Windows-Benutzer verwenden Laufwerksbuchstaben. Wenn Sie wollen, können Sie den Laufwerksbuchstaben jedoch auch als Ordner auf einem mit einem Laufwerksbuchstaben versehenen Laufwerk einrichten. Sie können die Größe logischer Laufwerke beliebig festlegen. Weitere Informationen über die Einrichtung von Laufwerken finden Sie später in diesem Kapitel – hier sollten Sie nur das Konzept verstehen, dass eine Partition mit einem Laufwerksbuchstaben oder als Ordner eingerichtet werden kann.

Wichtig
Primäre Partitionen und logische Laufwerke auf Basisfestplatten werden auch *Basis-Volumes* genannt.

Die Nutzung erweiterter Partitionen ist völlig optional. Sie müssen auf einer Festplatte keine erweiterte Partition anlegen. Wenn Sie den Rechner aber nicht über eine erweiterte Partition booten können und auf Festplatten keine erweiterte Partition benötigt wird, wozu sollte man dann überhaupt eine solche einrichten? Erstens, die meisten Systeme verwenden keine erweiterten Partitionen. Sie verwenden nur eine einzige Festplatte, und auf diesem Laufwerk wird nur eine einzige große Primärpartition eingerichtet, was ja auch nicht falsch ist. Einige Benutzer verwenden aber lieber eine erweiterte Partition mit einem oder mehreren logischen Laufwerken, um Daten voneinander zu trennen. Beispielsweise lege ich all meine Videodateien auf meinem logischen Laufwerk G: ab.

Statt Laufwerksbuchstaben zuzuweisen, können Sie logische Laufwerke auch als Ordner auf einem vorhandenen Laufwerk einbinden. Es ist ganz einfach, ein logisches Laufwerk einzurichten und es als C:\STORAGE zu bezeichnen. Wenn der Ordner C:\STORAGE voll ist, könnten Sie eine weitere Festplatte einbauen, diese zu einer einzigen erweiterten Partition mit einem logischen Laufwerk machen, das alte C:\STORAGE-Laufwerk entfernen und das neue riesige Laufwerk als C:\STORAGE einrichten. Das ist so, als würden Sie Ihr C:-Laufwerk vergrößern, ohne es auszutauschen.

Dynamische Datenträger

Mit Windows 2000 hat Microsoft mit den so genannten *dynamischen Datenträgern* eine völlig neue Art der Partitionierung eingeführt. In diesem Zusammenhang wird anstelle des Begriffs *Partition* die Bezeichnung *Volume* verwendet. Bei dynamischen Datenträgern gibt es nichts mit primären und erweiterten Partitionen Vergleichbares. Ein *Volume* ist aus technischer Sicht zwar immer noch eine Partition, bietet aber Möglichkeiten, die über die regulärer Partitionen hinausgehen, wie z.B. *Spanning* (übergreifende Datenträger). Ein *übergreifender Datenträger* erstreckt sich über mehrere Laufwerke. Windows unterstützt unter einem einzigen Volume das Spanning für bis zu 32 Laufwerke. Unter Windows 2000 Professional, Windows XP Professional und Windows Vista Business und Ultimate unterstützen dynamische Datenträger außerdem RAID 0. Windows Server unterstützt seit der Version 2000 RAID 0, 1 und 5.

> **Hinweis**
>
> Windows XP Home und Windows Media Center unterstützen keine dynamischen Datenträger. Dasselbe gilt für alle Vista-Versionen mit Ausnahme von Business und Ultimate.

Dynamische Datenträger verwenden einen MBR und eine Partitionstabelle, aber diese älteren Strukturen werden nur aus Gründen der Abwärtskompatibilität beibehalten. Alle Informationen über dynamische Datenträger werden auf einer verborgenen Partition abgelegt, die das letzte Megabyte der Festplatte einnimmt. Jede Partition in einer Partitionstabelle enthält einen 2 Byte großen Wert, der die Partition beschreibt. Angenommen, eine erweiterte Partition erhält die Nummer 05. Windows verwendet eine neue Nummer (42) für das erste Volume auf einem dynamischen Datenträger. Wenn Windows 2000/XP oder Vista die Partitionstabelle eines dynamischen Datenträgers lesen, sehen sie die Nummer 42 und springen dann sofort zu der verborgenen, 1 MB großen Partition, wobei sie die alte Partitionstabelle ignorieren. Durch die Unterstützung eines MBR und einer Partitionstabelle verhindert Windows auch, dass andere Partitionierungsprogramme Probleme mit dynamischen Datenträgern bekommen. Wenn ein Partitionierungsprogramm verwendet wird, sieht es einfach die gesamte Festplatte als entweder unformatierte primäre Partition oder als nicht lesbare Partition.

> **Hinweis**
>
> Bei dynamischen Datenträgern muss man unbedingt wissen, dass diese Technologie *proprietär* ist. Microsoft hat kein Interesse daran, jedem genau mitzuteilen, wie dynamische Datenträger funktionieren. Nur relativ neue Microsoft-Betriebssysteme (ab Windows 2000) können als dynamische Festplatte konfigurierte Laufwerke lesen.

Es gibt fünf Arten von Volumes bei dynamischen Datenträgern: einfach, übergreifend, Stripeset, gespiegelt und RAID 5. Die meisten Benutzer bleiben bei einfachen Volumes.

Einfache Volumes verhalten sich ähnlich wie primäre Partitionen. Wenn Sie eine Festplatte haben, und die eine Hälfte davon C:, die andere D: sein soll, legen Sie zwei Volumes auf einer dynamischen Festplatte an. Das ist alles – Sie brauchen nicht mehr zwischen primären und erweiterten Partitionen zu wählen. Bei der Verwendung von Basisfestplatten waren Sie auf vier primäre Partitionen beschränkt. Um für eine Basisfestplatte mehr als vier Laufwerke anzulegen, mussten Sie zuerst eine erweiterte Partition anlegen und dann innerhalb der erweiterten Partition logische Laufwerke einrichten. Dynamische Datenträger vereinfachen den Prozess, indem sie alle Partitionen als Volumes behandeln, so dass Sie so viele davon einrichten können, wie Sie brauchen.

Übergreifende Volumes verwenden nicht zugewiesenen Speicherplatz auf mehreren Laufwerken, um ein einziges Volume zu bilden. Übergreifende Volumes sind etwas riskant – wenn eines der beteiligten Laufwerke ausfällt, ist das gesamte Volume dauerhaft verloren.

Stripeset-Volumes sind RAID-0-Volumes. Sie können zwei beliebige nicht zugewiesene Speicherbereiche auf zwei separaten Festplatten nehmen und mit ihnen ein Stripeset-Volume bilden. Aber auch hier verlieren Sie alle Daten, wenn eines der Laufwerke ausfällt.

Gespiegelte Volumes sind RAID-1-Volumes. Sie können zwei beliebige nicht zugewiesene Bereiche auf zwei separaten Festplatten nehmen und sie spiegeln. Fällt eines der beiden gespiegelten Laufwerke aus, läuft das andere weiter.

RAID-5-Volumes sind, wie der Name schon sagt, für RAID-5-Arrays vorgesehen. Ein RAID-5-Volume benötigt drei oder mehr dynamische Datenträger mit gleich großen, nicht zugewiesenen Speicherbereichen.

Weitere Partitionstypen

Neben den von Windows unterstützten Partitionstypen gibt es noch einige andere. Zu den gebräuchlichsten gehört die *verborgene Partition*. Eine verborgene Partition ist eigentlich eine primäre Partition, die vor Ihrem Betriebssystem verborgen ist. Nur spezielle BIOS-Programme können auf eine verborgene Partition zugreifen. Verborgene Partitionen werden von einigen PC-Herstellern zum Speichern einer Sicherungskopie eines installierten Betriebssystems verwendet. Auf diese können Sie zurückgreifen, um ein System wiederherzustellen, das versehentlich zerstört wurde, was z.B. passieren kann, wenn ein Partitionierungsprogramm fehlerhaft eingesetzt wird.

Eine *Swap-Partition* (*Auslagerungspartition*) ist eine weitere spezielle Partition, die man jedoch nur auf Linux- und BSD-Systemen findet. Eine Swap-Partition ist eine ganze Partition, die sich wie RAM verhält, wenn Ihr System mehr Arbeitsspeicher benötigt, als installiert ist. Die Aufgabe der Swap-Partition entspricht damit der der Auslagerungsdateien unter Windows. Die meisten Betriebssystemexperten glauben, dass Swap-Partitionen etwas schneller als Auslagerungsdateien sind. Mehr über Auslagerungsdateien und Swap-Partitionen erfahren Sie in Kapitel 17 (*Wartung und Fehlerbehebung für Windows*).

> **Hinweis**
>
> Bei früheren Windows-Versionen (3.x und 9x/Me) wurde die Auslagerungs- oder Page-Datei auch *Swap-Datei* genannt. Die meisten Techniker verwenden diese Begriffe und auch den des virtuellen Arbeitsspeichers heute gleichbedeutend.

Wann partitioniert werden sollte

Die Partitionierung ist keine alltägliche Aufgabe. Die beiden gebräuchlichsten Situationen, in denen Sie Festplatten wahrscheinlich partitionieren müssen, sind die Installation eines Betriebssystems auf einem neuen System und die zusätzliche Installation eines zweiten Festplattenlaufwerks. Wenn Sie ein neues Betriebssystem installieren, werden Sie bei der Installation irgendwann gefragt, wie das Laufwerk partitioniert werden soll. Wenn Sie zu einem vorhandenen System eine neue Festplatte hinzufügen, enthalten alle Betriebssysteme integrierte Werkzeuge, mit denen sie partitioniert werden kann.

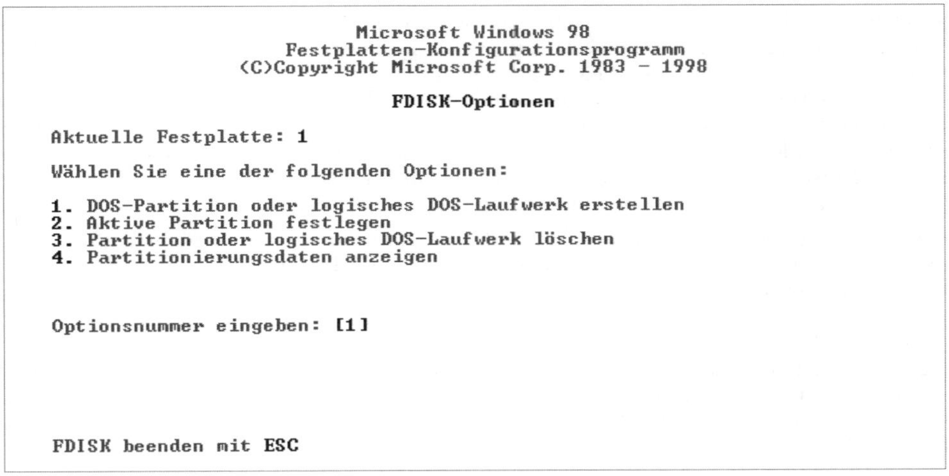

```
                    Microsoft Windows 98
                 Festplatten-Konfigurationsprogramm
              (C)Copyright Microsoft Corp. 1983 - 1998

                         FDISK-Optionen

   Aktuelle Festplatte: 1

   Wählen Sie eine der folgenden Optionen:

   1. DOS-Partition oder logisches DOS-Laufwerk erstellen
   2. Aktive Partition festlegen
   3. Partition oder logisches DOS-Laufwerk löschen
   4. Partitionierungsdaten anzeigen


   Optionsnummer eingeben: [1]




   FDISK beenden mit ESC
```

Abbildung 12.6: FDISK

Alle Windows-Versionen enthalten mehr oder weniger unterschiedliche Werkzeuge für die Partitionierung von Festplatten. Über 20 Jahre lang, während der Ära von DOS und des frühen Windows (bis

Kapitel 12

Windows Me), benutzte man zum Partitionieren von Laufwerken ein Befehlszeilenprogramm namens FDISK (Abbildung 12.6). Windows 2000/XP und Windows Vista verwenden mit der DATENTRÄGER-VERWALTUNG ein grafisches Partitionierungsprogramm (Abbildung 12.7).

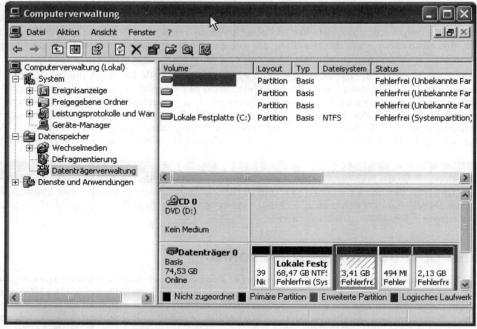

Abbildung 12.7: Die DATENTRÄGERVERWALTUNG in der COMPUTERVERWALTUNG unter Windows XP

Linux verwendet verschiedene andere Werkzeuge für die Partitionierung. Das älteste heißt FDISK, genau wie die DOS/Windows-Version. Das ist aber die einzige Gemeinsamkeit, weil das Linux-FDISK einen ganz anderen Befehlssatz verwendet. Auch wenn in jeder Linux-Version FDISK enthalten ist, wird es selten verwendet, weil es sehr viel bessere Werkzeuge für die Partitionierung gibt. Eines der neuen entsprechenden Werkzeuge unter Linux heißt *GParted*. GParted ähnelt mit seiner grafischen Oberfläche der Datenträgerverwaltung und ist relativ einfach anzuwenden (Abbildung 12.8). GParted ist ein leistungsfähiges Partitionsverwaltungsprogramm, das auch mit Windows-Partitionen umzugehen weiß, und lässt sich mit GParted Live auch direkt von CD oder USB-Stick starten, ohne dass Linux auf einem Rechner installiert sein muss.

Wenn eine Partition erst einmal angelegt worden ist, dann lässt sie sich traditionell nicht mehr ändern, um beispielsweise deren Größe anzupassen, sofern sie nicht komplett gelöscht wird. Vielleicht wollen Sie aber eine Festplatte mit einer einzigen Primärpartition lieber so partitionieren, dass die eine Hälfte für eine primäre, die andere aber für eine erweiterte Partition verwendet wird. Vor Windows 2000 ließ sich dies nicht ohne vorheriges Löschen bewerkstelligen. Deshalb gab es etliche Werkzeuge von Drittanbietern, allen voran das berühmte (Norton) *PartitionMagic* von Symantec (früher von PowerQuest), mit denen Techniker die Größe von Partitionen ändern konnten, ohne die darin enthaltenen Daten zu verlieren. Unter Windows 2000 und XP können Sie eine Partition zwar verlustfrei vergrößern, aber nicht verkleinern.

Unter Vista können Sie die Partitionsgrößen beliebig und verlustfrei ändern. Das ist zwar zweifellos praktisch, geht aber nur für freie Bereiche und wird daher oft durch vorhandene Systemdateien (z.B. MBR) beschränkt, die nicht verschoben werden können. Manchmal lässt sich das Problem dadurch umgehen, dass man Funktionen wie den Ruhezustand und die Systemwiederherstellung (vorübergehend) deaktiviert, aber auch das funktioniert nicht immer, weshalb man auch heute noch häufig auf Programme von Drittanbietern zurückgreifen muss.

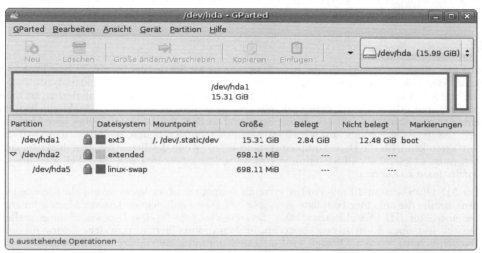

Abbildung 12.8: GParted in Aktion

> **Hinweis**
>
> In diesem Kapitel wird die Partitionierung vor der Formatierung beschrieben, weil Sie diese Aufgaben als PC-Techniker auch in dieser Reihenfolge ausführen müssen. Mehr über die Besonderheiten der einzelnen Dateisysteme – wie etwa FAT32 und NTFS – erfahren Sie im nächsten Abschnitt zur Formatierung. Vorläufig müssen Sie nur wissen, dass es mehrere verschiedene Verfahren für die Ablage von Dateien auf Festplatten gibt, und dass Sie sich bei der Festplatteneinrichtung für ein Dateisystem entscheiden müssen.

Formatierung von Festplatten

Nach der Partitionierung der Festplatte müssen Sie mit der Formatierung noch einen weiteren Schritt ausführen, damit die Festplatte vom Betriebssystem verwenden kann. Durch die *Formatierung* wird ein Dateisystem erzeugt, das mit der Kartei in der Bibliothek vergleichbar ist, und es wird ein *Haupt-* oder *Stammverzeichnis* für das Dateisystem angelegt. Alle einzurichtenden Partitionen und Datenträger müssen formatiert werden, damit Daten so auf ihnen gespeichert werden können, dass sie sich leicht wiederfinden lassen. Die verschiedenen modernen Windows-Versionen können unterschiedliche Dateisysteme verwenden, die wir nun eingehender betrachten werden. Ausgehend vom *Haupt-* oder *Stammverzeichnis* legt das Betriebssystem Dateien und Ordner an.

Dateisysteme unter Windows

Alle Windows-Versionen enthalten ein Formatierungsprogramm, mit dem Sie eines der unterstützten Dateisysteme auf einem logischen Laufwerk oder einem Volume erstellen können. Die heute verbreiteten Windows-Versionen unterstützen verschiedene Microsoft-Dateisysteme, FAT16, FAT32 und NTFS.

Das einfachste Dateisystem für Festplatten wird FAT oder FAT16 genannt und eignet sich bereits gut zur Darstellung der Arbeitsweise aller Dateisysteme, weshalb wir mit ihm beginnen werden. Komplexere Dateisysteme beheben viele der dem FAT-Dateisystem innewohnenden Probleme und bieten zudem zusätzliche Funktionen.

FAT

Die grundlegende Speichereinheit einer Festplatte ist der Sektor, der bis zu 512 Byte Daten speichern kann. Wenn ein Betriebssystem eine Datei in einem Sektor speichert, die kleiner als 512 Byte ist, wird der restliche Platz im Sektor verschwendet. Diese Platzverschwendung ist tolerierbar, da die meisten Dateien weit größer als 512 Byte sind. Was geschieht aber im Einzelnen, sobald ein Betriebssystem eine Datei speichert, die größer als 512 Byte ist? Das Betriebssystem muss über eine Methode verfügen, mit der es in einen Sektor schreiben, einen unbenutzten finden, wiederum schreiben und damit fortfahren kann, bis die Datei komplett gespeichert ist. Wenn das Betriebssystem die Datei gespeichert hat, muss es anschließend weiterhin wissen, in welchen Sektoren sich diese befindet, um sie später wieder lesen zu können.

Die MS-DOS-Version 2.1 unterstützte erstmals Festplatten unter Verwendung einer speziellen Datenstruktur, die die auf einer Festplatte gespeicherten Daten aufzeichnen konnte. Microsoft nannte diese Datenstruktur *FAT (File Allocation Table)* (*Dateizuordnungstabelle*). Die Dateizuordnungstabelle können Sie sich wie einen Karteikasten vorstellen, in dem protokolliert wird, welche Sektoren von welchen Dateien benutzt werden. Offiziell wird die Dateizuordnungstabelle zwar als *Datenstruktur* bezeichnet, man kann sie sich aber besser als zweispaltige Tabelle vorstellen.

Die linke Spalte der Tabelle (siehe Abbildung 12.9) enthält eine Sektornummer, und zwar zwischen 0000 und FFFF (natürlich in Hex!). Es gibt also 65.536 Sektoren (64 K).

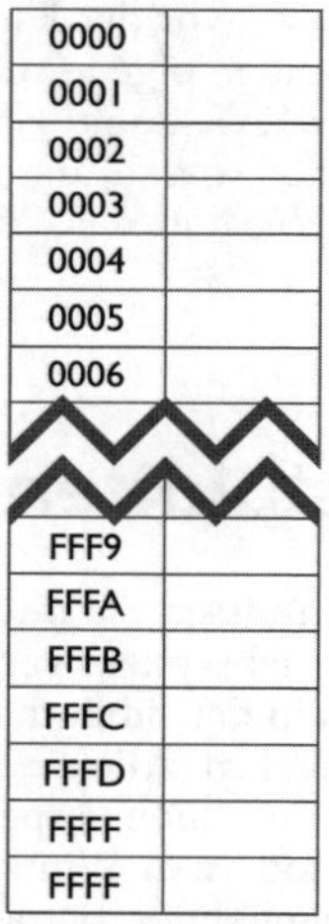

| 0000 |
| 0001 |
| 0002 |
| 0003 |
| 0004 |
| 0005 |
| 0006 |
| ~~~~ |
| FFF9 |
| FFFA |
| FFFB |
| FFFC |
| FFFD |
| FFFF |
| FFFF |

Abbildung 12.9: 16-Bit-FAT

Beachten Sie nun, dass jeder Wert in der linken Spalte 16 Bits enthält (vier Hex-Ziffern stellen 16 Bits dar – erinnern Sie sich?). Diese Art der FAT wird *16-Bit-FAT* oder kurz *FAT16* genannt. Nicht nur Festplatten haben FATs. Einige USB-Sticks verwenden ebenfalls FAT16. Und auch Disketten verwenden Dateizuordnungstabellen, für die aber aufgrund der geringeren Kapazität nur 12-Bit-Einträge verwendet werden.

Die rechte Spalte der FAT enthält Daten über den Sektorstatus. Alle Festplatten, sogar die brandneuen, die frisch aus der Fabrik kommen, enthalten fehlerhafte Sektoren, die wegen Fehlern bei der Fertigung der Festplatte keine Daten mehr speichern können. Das Betriebssystem muss diese defekten

Vorbereitung und Wartung von Festplatten

Sektoren lokalisieren, als unbrauchbar markieren und anschließend dauerhaft verhindern, dass an diese Stellen Dateien geschrieben werden. Eine der Funktionen der so genannten Highlevel-Formatierung besteht in dieser »Zuordnung« defekter Sektoren. Nachdem das Formatierungsprogramm die FAT erstellt hat, überprüft es die gesamte Partition und versucht, jeden Sektor sequenziell zu beschreiben und zu lesen. Wenn es einen defekten Sektor findet, markiert es diesen in der FAT mit einem speziellen Code (FFF7), der anzeigt, dass dieser Sektor nicht verwendet werden kann. Auch brauchbare Sektoren werden bei der Formatierung gekennzeichnet, und zwar mit dem Code 0000.

Hinweis

Es gibt auch eine so genannte *Lowlevel-Formatierung*, die aber für Techniker weniger interessant ist, da sie üblicherweise im Werk durchgeführt wird. Dies gilt insbesondere für alle ab 2001 hergestellten modernen Festplatten. (Bei auftretenden Problemen kann es aber durchaus notwendig oder sinnvoll sein, Festplatten mit den entsprechenden Programmen der Hersteller einer Lowlevel-Formatierung zu unterziehen.)

Die Aufzeichnung der Sektoren in der FAT führt jedoch zu einem Problem. Mit FAT16 lassen sich maximal 64 K (2^{16}) Sektoren adressieren, was die Kapazität einer Festplattenpartition auf 64 K x 512 Byte pro Sektor und damit auf 32 MB begrenzt. Als Microsoft FAT16 entwickelte, stellte diese Grenze noch kein Problem dar, denn die meisten Festplatten besaßen nur Kapazitäten zwischen 5 und 10 MB. Als die Festplattenkapazitäten jedoch wuchsen, mussten sie mit FDISK in mehrere Partitionen aufgeteilt werden. Eine 40-MB-Festplatte ließ sich so in zwei Partitionen aufteilen, die jeweils kleiner als 32 MB waren. Aber die Festplatten wurden immer größer! Microsoft erkannte, dass die Grenze von 32 MB fallen musste. Für größere Kapazitäten wurde eine FAT16-Weiterentwicklung nötig, die gleichzeitig mit dem alten FAT16-Format kompatibel blieb. Das führte schließlich zur Entwicklung einer umfassenden Erweiterung des FAT16-Dateisystems, das *Clustering* genannt wird und das die Formatierung von Partitionen erlaubte, die größer als 32 MB waren (vgl. Abbildung 12.10). Diese neuartige FAT16 erschien vor langer Zeit in den Zeiten der DOS-Version 4.

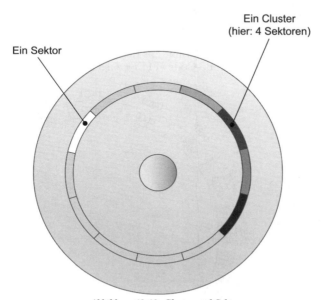

Abbildung 12.10: Cluster und Sektoren

Mit *Clustern* ist einfach nur eine Gruppe benachbarter Sektoren gemeint, die in der FAT als Einheit behandelt werden. Diese Einheiten werden *Dateizuordnungseinheiten* (*File Allocation Units* bzw. *Cluster* genannt. Über die einzelnen Einträge in der *FAT (File Allocation Table – Dateizuordnungstabelle)* werden Cluster und nicht Sektoren angesprochen. Anders als bei den Sektoren ist die Clustergröße nicht fest vorgegeben. Das verbesserte FAT16-Dateisystem unterstützte immer noch nur Cluster, die maximal 64 KB groß werden konnten, so dass das Formatierungsprogramm die Anzahl der Sektoren pro Cluster entsprechend der Kapazität der Partition festlegen musste. Je größer die Partition, desto größer die Anzahl der Sektoren je Cluster. So blieben die Zuordnungseinheiten vollständig kompatibel zu den 64-KB-Einträgen der alten 16-Bit-FAT. Das neue FAT16-Dateisystem konnte nun Partitionen mit bis zu 2 GB Kapazität unterstützen. (Das alte 16-Bit-FAT-Dateisystem ist bereits so alt, dass es eigentlich überhaupt keinen Namen dafür gibt! Wenn man von FAT16 spricht, ist eigentlich immer das neue FAT16-Dateisystem mit Unterstützung von Clustern gemeint.) Tabelle 12.1 enthält die Anzahl der Sektoren je Cluster bei Verwendung des FAT16-Dateisystems.

Wenn FDISK eine Partition dieser Größe anlegt:	Erhalten Sie so viele Sektoren/Cluster:
16 bis 127,9 MB	4
128 bis 255,9 MB	8
256 bis 511,9 MB	16
512 bis 1023,9 MB	32
1024 bis 2048 MB	64

Tabelle 12.1: FAT16-Clustergrößen

FAT16 in Aktion

Nehmen Sie einmal an, dass Sie Windows mit FAT16 nutzen. Wenn eine Anwendung wie etwa Microsoft Word das Betriebssystem zum Speichern einer Datei auffordert, sucht Windows ab dem Anfang der FAT nach dem ersten freien Cluster-Eintrag (0000) und beginnt dort mit dem Schreiben. Wenn die Datei komplett in diesen Cluster passt, trägt Windows in das Statusfeld des Clusters in der FAT den Code »FFFF« (letzter Cluster) ein. Dieser dient der Markierung des Dateiendes (EOF – End Of File). Anschließend sucht Windows dann den Ordner auf, in dem die Datei gespeichert ist, und schreibt dort den Dateinamen und die Nummer des Clusters in die Ordnerliste. Falls die Datei mehr als einen Cluster beansprucht, sucht Windows nach dem nächsten freien Cluster und trägt dessen Nummer ins Statusfeld ein. Dieser Vorgang wird wiederholt, bis die Datei komplett gespeichert ist. Beim letzten Cluster wird im Statusfeld der Dateiende-Code »FFFF« eingetragen.

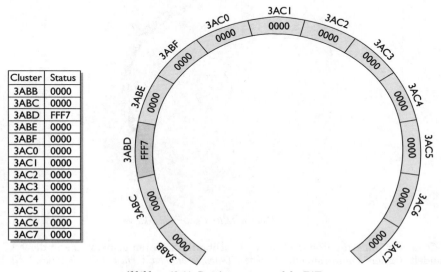

Abbildung 12.11: Der Ausgangszustand der FAT

Das folgende Beispiel soll diese Vorgehensweise verdeutlichen. Nehmen Sie an, dass Sie in einen Bereich in der FAT zwischen 3ABB bis 3AC7 schreiben, und nehmen Sie weiter an, dass Sie die Datei MOM.TXT speichern möchten. Die FAT sieht vor dem Speichern dieser Datei wie in Abbildung 12.11 aus.

Windows findet den ersten freien Cluster 3ABB und speichert in ihm Daten. Da der Inhalt von MOM.TXT nur teilweise in diesen Cluster passt, sucht Windows in der FAT nach einem weiteren freien Cluster. Bevor es in den gefundenen Cluster 3ABC schreibt, wird im Statusfeld von 3ABB der Wert 3ABC eingetragen (vgl. Abbildung 12.12).

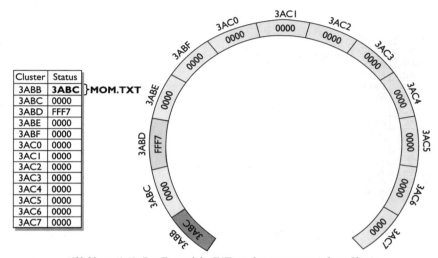

Abbildung 12.12: Der Zustand der FAT mit dem ersten verwendeten Cluster

Auch nach dem Schreiben zweier Cluster werden weitere Cluster für die Datei MOM.TXT benötigt, so dass Windows weitere freie Cluster aufspüren muss. Der Cluster 3ABD wurde als defekt (FFF7) markiert und wird daher übergangen. Windows findet daraufhin den Cluster 3ABE (vgl. Abbildung 12.13).

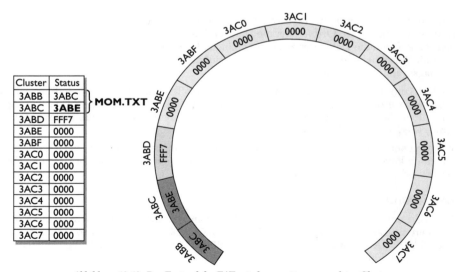

Abbildung 12.13: Der Zustand der FAT mit dem zweiten verwendeten Cluster

443

Kapitel 12

Bevor Windows Daten in den Cluster 3ABE schreibt, trägt es in das Statusfeld von 3ABC den Wert 3ABE ein. Windows benötigt nicht den ganzen Cluster 3ABE, da die Datei MOM.TXT nun komplett gespeichert werden konnte. Daher trägt Windows in das Feld 3ABE den Wert FFFF ein, der das Dateiende markiert (vgl. Abbildung 12.14).

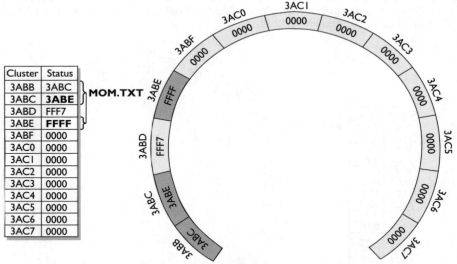

Abbildung 12.14: Der Zustand der FAT mit dem letzten verwendeten Cluster

Nach dem Schreiben der Cluster sucht Windows nach dem Ordner für die Datei. (Auch Ordner werden in Clustern gespeichert. Sie belegen jedoch andere Gruppen von Clustern an einer anderer Position auf der Festplatte.) Im Ordner zeichnet Windows den Dateinamen, Größe, das Datum, die Uhrzeit und den Start-Cluster wie folgt auf:

```
MOM.TXT  19234  05-19-09  2:04p  3ABB
```

Wenn nun ein Programm auf diese Datei zugreifen will, wird der beschriebene Prozess umgekehrt. Windows sucht nach dem Ordner, der die Datei enthält, und ermittelt den Start-Cluster. Anschließend kopiert es so lange die Daten der zusammenhängenden Cluster, bis es auf das Zeichen für das Dateiende stößt. Anschließend übergibt Windows die auf diese Weise zusammengesetzte Datei der Anwendung, die sie angefordert hat.

Ohne Dateizuordnungstabelle kann Windows Dateien offensichtlich nicht wiederfinden. Beim FAT16-Dateisystem werden automatisch zwei Kopien der FAT erstellt, damit eine Sicherheitskopie vorhanden ist, über die die ursprüngliche FAT im Falle einer Beschädigung (die leider recht häufig vorkommt!) wiederhergestellt werden kann.

Auch wenn keine Fehler in der Dateizuordnungstabelle auftreten, werden Dateien im Laufe der Zeit durch einen Prozess unzusammenhängend über Festplatten verstreut, ein Vorgang, der *Fragmentierung* genannt wird.

Fragmentierung

Nehmen Sie nun in Fortsetzung des letzten Beispiels an, dass zwei weitere Dateien mit Microsoft Word gespeichert werden: IRSROB.DOC und IBMHELP.DOC. IRSROB.DOC beansprucht die nächsten drei Cluster 3ABF, 3AC0 und 3AC1, während IBMHELP.DOC zwei Cluster belegt, nämlich 3AC2 und 3AC3 (vgl. Abbildung 12.15).

Vorbereitung und Wartung von Festplatten

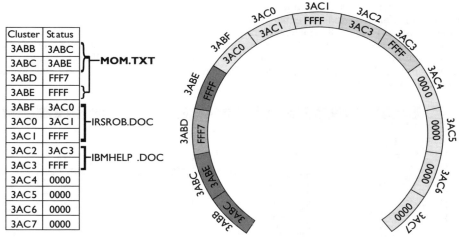

Abbildung 12.15: Drei gespeicherte Dateien

Als Nächstes wird MOM.TXT gelöscht. Beim Löschen einer Datei entfernt Windows nicht die Cluster-Einträge für MOM.TXT, sondern lediglich die Daten im Ordner, indem es den ersten Buchstaben des Dateinamens MOM.TXT durch den griechischen Buchstaben Sigma (σ) ersetzt. Soweit es das Betriebssystem betrifft, ist die Datei damit »verschwunden«. Sie wird im Windows-Explorer nicht mehr angezeigt, obwohl ihre Daten momentan eigentlich noch auf der Festplatte vorhanden sind (vgl. Abbildung 12.16).

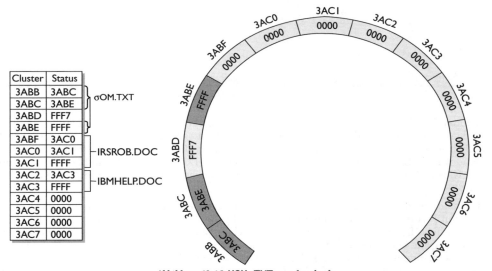

Abbildung 12.16: MOM.TXT *wurde gelöscht.*

Beachten Sie, dass Windows unter normalen Umständen Dateien nicht wirklich löscht, wenn Sie die [Entf]-Taste drücken. Stattdessen verschiebt Windows die Dateien in ein spezielles verborgenes Verzeichnis, auf das Sie über den Papierkorb Zugriff haben. Die eigentlichen Dateien werden nicht gelöscht, bis Sie den Papierkorb leeren. (Sie können den Papierkorb gegebenenfalls auch umgehen, indem Sie eine Datei markieren und die [⇧]-Taste gedrückt halten, während Sie [Entf] drücken.)

445

Da also alle Daten von MOM.TXT noch intakt sind, könnten Sie nun spezielle Programme verwenden, die das Sigma-Zeichen wieder in einen anderen Buchstaben zurückverwandeln und das Dokument so wieder verfügbar machen. Es gibt zahlreiche Werkzeuge von Drittanbietern, die das Löschen rückgängig machen können. Abbildung 12.17 zeigt ein solches Programm bei der Arbeit. Beachten Sie, dass Sie ein Werkzeug zum Rückgängigmachen des Löschens möglichst schnell nach dem Löschen ausführen müssen. Der Platz, der Ihrer gelöschten Datei zugewiesen war, kann schon bald mit einer neuen Datei überschrieben werden.

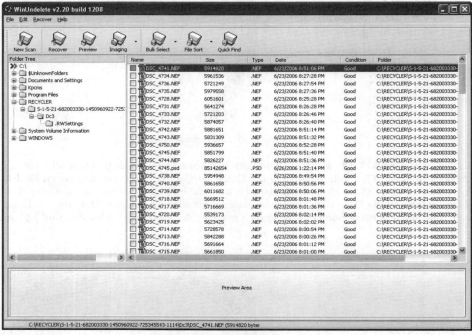

Abbildung 12.17: WinUndelete bei der Arbeit

Nehmen Sie einmal an, dass Sie als Nächstes den Papierkorb leeren. Jetzt speichern Sie in demselben Ordner, in dem sich bereits MOM.TXT befand, eine Datei namens TAXREC.XLS, die eine große Tabelle enthält und sechs Cluster beansprucht. Beim Schreiben dieser Datei auf die Festplatte überschreibt Windows den Speicherplatz, der ursprünglich von MOM.TXT belegt wurde, und benutzt noch drei weitere Cluster. Die nächsten drei verfügbaren Cluster sind jetzt 3AC4, 3AC5 und 3AC6 (vgl. Abbildung 12.18).

Beachten Sie, dass TAXREC.XLS nun in zwei Teile aufgeteilt und damit »fragmentiert« ist. Auf Systemen mit FAT16 ist die Fragmentierung gang und gäbe. Das System kann zwar leicht eine nur kleine, in zwei Teile fragmentierte Datei ausfindig machen, jedoch kann übermäßige Fragmentierung Festplattenzugriffe beim Lesen und Schreiben deutlich verlangsamen. Im Beispiel wurde die Datei nur in zwei fragmentierte Teile zerlegt, praktisch können Dateien aber aus Hunderten von Fragmenten bestehen, so dass Schreib/Leseköpfe der Festplatte beim Lesen der Datei über die gesamte Festplatte bewegt werden müssen. Wenn Dateien nicht fragmentiert sind, können sie deshalb deutlich schneller von der Festplatte gelesen werden.

Alle modernen Windows-Versionen enthalten ein Defragmentierungsprogramm, das fragmentierte Dateien neu anordnet und in benachbarten, zusammenhängenden Bereichen ablegt (Abbildung 12.19). Die *Defragmentierung* hat entscheidenden Einfluss auf die Arbeitsgeschwindigkeit einer Festplatte, weshalb der Einsatz der entsprechenden Programme zum Pflichtprogramm gehört. Im

Vorbereitung und Wartung von Festplatten

Abschnitt *Wartung und Problembehebung bei Festplatten* in diesem Kapitel erfahren Sie mehr über den Einsatz der verschiedenen Windows-Defragmentierungsprogramme.

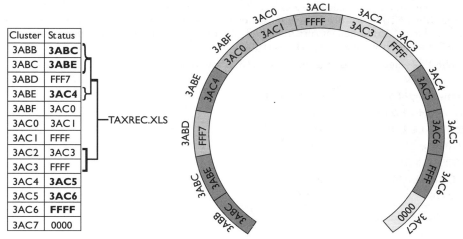

Abbildung 12.18: Die fragmentierte Datei TAXREC.XLS

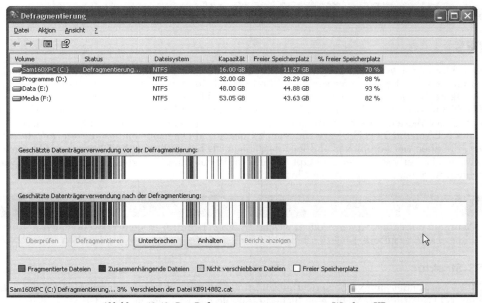

Abbildung 12.19: Das Defragmentierungsprogramm von Windows XP

FAT32

Als Microsoft Windows 95 OSR2 (OEM Service Release 2) vorstellte, enthielt dies auch ein neues Dateisystemformat namens *FAT32*, das eine Reihe bedeutender Verbesserungen mit sich brachte. FAT32 unterstützte erstens Partitionen bis zu 2 Terabyte (mehr als 2 Billionen Byte). Zweitens verwendete es, wie sein Name schon impliziert, zur Beschreibung jedes Clusters 32 Bits, wodurch Cluster nun auf eine sinnvollere Größe verkleinert werden konnten. Die große Anzahl der FAT-Einträge bei FAT32 ermöglichte sehr kleine Cluster, so dass die alte Regel »Halte Partitionen möglichst klein« über Nacht weitgehend hinfällig wurde. Ein 2 GB großer Datenträger mit FAT16 würde 32 KB große Cluster verwenden, während derselbe 2 GB große Datenträger mit FAT32 4 KB große Cluster verwenden würde. Mit FAT32 wird der Festplattenspeicher viel effizienter genutzt, ohne dass es notwendig ist, mehrere kleine Partitionen einzurichten. FAT32-Partitionen müssen jedoch immer noch genau so häufig defragmentiert werden wie FAT16-Partitionen.

Tabelle 12.2 zeigt die Clustergrößen bei FAT32-Partitionen.

Laufwerksgröße	Clustergröße
512 MB oder 1023 MB	4 KB
1024 MB bis 2 GB	4 KB
2 GB bis 8 GB	4 KB
8 GB bis 16 GB	8 KB
16 GB bis 32 GB	16 KB
> 32 GB	32 KB

Tabelle 12.2: FAT32-Clustergrößen

Essentials/Practical Application

NTFS

Das Format der Wahl unter Windows ist heute *NTFS* (*NT File System*). NTFS wurde vor langer Zeit zusammen mit der ersten Version von Windows NT veröffentlicht, daher auch der Name. Im Laufe der Jahre wurden zahlreiche Verbesserungen an NTFS vorgenommen. Windows 2000 verwendet NTFS 3.0, Windows XP und Vista NTFS 3.1. Diese beiden NTFS-Versionen werden oft aber entsprechend der Betriebssystemversion auch NTFS 5.0/5.1 genannt. (Windows 2000 war inoffiziell Windows NT Version 5.) NTFS verwendet auch Cluster und Dateizuordnungstabellen (*File Allocation Tables*), die aber viel komplexer und leistungsfähiger als bei FAT oder FAT32 sind. NTFS bietet sechs wesentliche Verbesserungen und Optimierungen: Redundanz, Sicherheit, Komprimierung, Verschlüsselung, Kontingente und variable Clustergrößen.

Hinweis

Wenn Sie unbedingt wissen wollen, welche NTFS-Version Ihr System verwendet, dann können Sie an der Eingabeaufforderung den Befehl `fsutil fsinfo ntfsinfo c:` eingeben.

NTFS-Struktur

NTFS verwendet eine verbesserte Dateizuordnungstabelle, die so genannte *MFT* (*Master File Table*). Eine NTFS-Partition bewahrt eine Sicherungskopie der wichtigsten Teile der MFT in der Mitte der Festplatte auf, womit die Wahrscheinlichkeit reduziert wird, dass ernsthafte Festplattenfehler sowohl die MFT als auch die MFT-Kopie löschen. Immer, wenn Sie eine NTFS-Partition defragmentieren, sehen Sie einen kleinen, nicht löschbaren Bereich irgendwo mitten auf dem Laufwerk, bei dem es sich um die Sicherung der MFT handelt (Abbildung 12.20). (Diese ist allerdings bei großen Festplatten oft derart winzig, dass sie kaum mehr sichtbar ist.)

Vorbereitung und Wartung von Festplatten

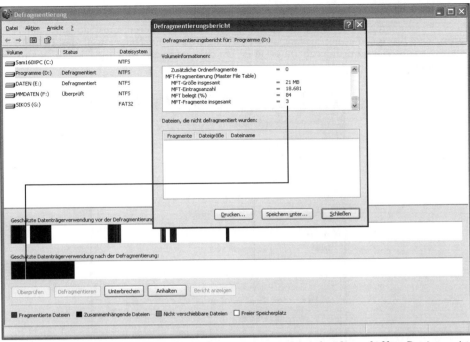

Abbildung 12.20: Eine NTFS-MFT wird im Defragmentierungsprogramm als nicht verschiebbare Datei angezeigt.

Wichtig

Beide CompTIA A+-Prüfungen enthalten Fragen zu NTFS, seinem Einsatz, den Vorteilen vor FAT32 und den von diesen aufgezeichneten Daten. Sie werden in beiden Prüfungen auch Fragen zu den Werkzeugen wie der Datenträgerverwaltung finden. Überspringen Sie also keine Abschnitte in diesem Kapitel!

Sicherheit

NTFS betrachtet einzelne Dateien und Ordner als Objekte und sorgt über die so genannte *Zugriffskontrolliste* bzw. *ACL (Access Control List)* für die Sicherheit dieser Objekte. Weitere Kapitel werden genauer darauf eingehen. Hier soll ein kurzes Beispiel das grundlegende Konzept verdeutlichen.

Angenommen, Karl, der IT-Mann, richtet einen PC unter Windows XP als Workstation für drei Benutzer ein, Fritz, Franz und Ferdinand. Karl meldet sich unter seinem Benutzernamen und Kennwort (falls es Sie interessiert, karlk und f3f2f1f0) an und beginnt mit der Arbeit an seinem Projekt. Der Projektordner ist auf dem Laufwerk C: als C:\Projekte\KarlSuperGeheim gespeichert. Wenn Karl seine Arbeit speichert und nach Hause geht, ändert er die Berechtigungen für seinen Ordner, um allen anderen den Zugriff zu verweigern. Wenn sich der neugierige Fritz am PC anmeldet, nachdem Karl nach Hause gegangen ist, kann er nicht auf den Inhalt des Ordners C:\KarlSuperGeheim zugreifen, obwohl er den Eintrag im Explorer sieht. Ohne die ACL von NTFS könnte Karl seine Dateien und Ordner überhaupt nicht schützen.

Hinweis

Die genaue Funktionsweise von NTFS wurde von Microsoft nie veröffentlicht.

Komprimierung

Mit NTFS können Sie einzelne Dateien und Ordner komprimieren, um Platz auf einer Festplatte zu sparen. Die Komprimierung verlangsamt den Zugriff auf die Daten, weil das Betriebssystem die Dateien jeweils dekomprimieren muss, aber bei Speicherplatzproblemen bleibt einem manchmal keine andere Alternative.

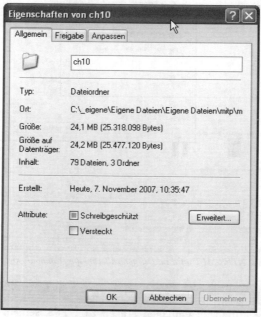

Abbildung 12.21: Ordnereigenschaften

EFS (Encrypting File System) – Verschlüsselung

Einer der großen Vorteile von NTFS ist die Dateiverschlüsselung, die schwarze Kunst, Dateien für all diejenigen unlesbar zu machen, die nicht den richtigen Schlüssel besitzen. Sie können eine einzelne Datei, einen Ordner oder einen ganzen Ordner mit Dateien verschlüsseln. Microsoft bezeichnet das Verschlüsselungswerkzeug in NTFS als *EFS (Encrypting File System)*, aber es handelt sich dabei nur um einen Aspekt von NTFS, nicht um ein eigenständiges Dateisystem. Um eine Datei oder einen Ordner zu verschlüsseln, klicken Sie sie im ARBEITSPLATZ mit der rechten Maustaste an und wählen EIGENSCHAFTEN, um das gleichnamige Dialogfeld zu öffnen (Abbildung 12.21). Klicken Sie die Schaltfläche ERWEITERT an, um das Dialogfeld ERWEITERTE ATTRIBUTE zu öffnen. Wie Sie in Abbildung 12.22 sehen, lässt sich Verschlüsselung (und Komprimierung) einfach über ein Kontrollkästchen aktivieren. Klicken Sie das Kontrollkästchen neben INHALT VERSCHLÜSSELN, UM DATEN ZU SCHÜTZEN und dann die Schaltfläche OK an, um Ihre Daten vor neugierigen Augen zu schützen!

Vorbereitung und Wartung von Festplatten

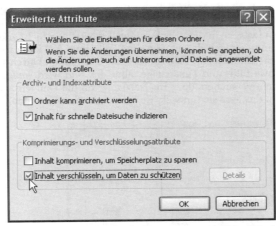

Abbildung 12.22: Optionen für die Komprimierung und Verschlüsselung

Wichtig
Windows XP Home und Windows XP Media Center unterstützen EFS nicht.

Abbildung 12.23: Verschlüsselte Dateien

Die Verschlüsselung verbirgt die Dateien nicht. Sie macht sie einfach unlesbar für andere Benutzer. Abbildung 12.23 zeigt einige verschlüsselte Bilddateien. Beachten Sie, dass neben der blassgrünen Farbe der Dateinamen (was Sie in dieser Schwarzweißdarstellung nicht erkennen können) die Dateien aussehen, als könnte man einfach darauf zugreifen. Windows XP kann jedoch keine Miniaturansicht anzeigen, obwohl es die Bilddatei (JPEG) problemlos lesen kann. Durch Doppelklicken auf die Datei öffnet sich die Windows Bild- und Faxanzeige, aber das Bild wird weiterhin nicht angezeigt (Abbildung 12.24). Sie können versuchen, über Ihr Netzwerk auf die Dateien zuzugreifen – dann macht die Verschlüsselung genau das, was sie tun soll: Sie blockiert unerwünschten Zugriff auf sensible Daten.

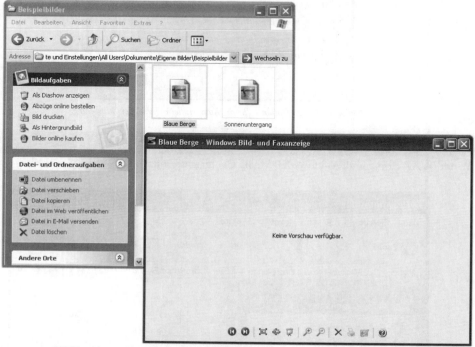

Abbildung 12.24: Durch die Dateiverschlüsselung blockierte Windows Bild- und Faxanzeige

Beachten Sie, dass die Verschlüsselung unabhängig von der durch die ACL unterstützten NTFS-Dateisicherheit ist – um auf verschlüsselte Dateien zuzugreifen, brauchen Sie sowohl die Zugriffsberechtigung für die Dateien entsprechend der ACL als auch die Schlüssel für die Verschlüsselung (die in Ihrem Benutzerprofil abgelegt sind). Die Schlüsselverwaltung werden wir in Kapitel 16 (*Windows-Ressourcen schützen*) noch weit ausführlicher behandeln.

Hinweis

Die Verschlüsselung schützt gegen andere Benutzer, aber nur, wenn Sie sich abmelden. Es scheint offensichtlich, aber es gibt unzählige Benutzer, die so wenig über die Verschlüsselung wissen, dass sie denken, der PC wisse, wer gerade die Tastatur bedient! Alle Schutzmaßnahmen und die gesamte Sicherheit basieren auf den Benutzerkonten. Wenn sich jemand über ein anderes Konto auf Ihrem Computer anmeldet, sind die verschlüsselten Dateien für ihn unlesbar. Mehr über Benutzerkonten, Berechtigungen und mehr erfahren Sie in späteren Kapiteln.

Festplatten-Kontingente

NTFS unterstützt Festplatten-Kontingente, so dass Administratoren Obergrenzen für den für einzelne Benutzer verfügbaren Platz auf einem Laufwerk vorgeben können. Um Kontingente einzurichten, müssen Sie sich als Administrator anmelden. Klicken Sie mit der rechten Maustaste den Festplattennamen an und wählen Sie EIGENSCHAFTEN. Im Dialogfeld EIGENSCHAFTEN VON LAUFWERK nehmen Sie auf der Registerkarte KONTINGENT geeignete Einstellungen vor. Abbildung 12.25 zeigt die für eine Festplatte konfigurierten Kontingente. Auf Einzelbenutzersystemen findet man solche Einstellungen selten, aber auf Mehrbenutzersystemen verhindern sie, dass ein Benutzer den gesamten Festplattenspeicher für sich beansprucht.

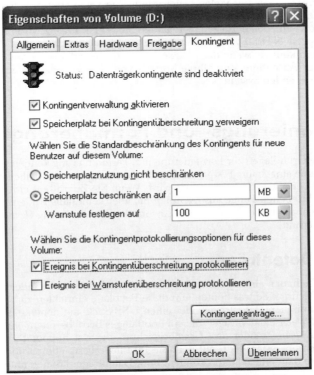

Abbildung 12.25: Festplatten-Kontingente unter Windows XP

Clustergrößen

Anders als bei FAT16 oder FAT32 können Sie die Clustergrößen unter NTFS anpassen, was Sie jedoch selten tun werden. Tabelle 10.3 zeigt die Standard-Clustergrößen für NTFS.

Laufwerkkapazität	Clustergröße	Anzahl der Sektoren
512 MB oder weniger	512 Bytes	1
513 MB bis 1.024 MB (1 GB)	1.024 Byte (1 KB)	2
1.025 MB bis 2.048 MB (2 GB)	2.048 Byte (2 KB)	4
2.049 MB und größer	4.096 Byte (4 KB)	8

Tabelle 12.3: NTFS-Clustergrößen

Standardmäßig unterstützt NTFS Partitionen mit bis zu etwa 16 Terabyte Kapazität bei dynamischen Datenträgern (2 Terabyte bei Basisfestplatten). Durch die Anpassung der Clustergrößen können Sie NTFS dazu bringen, Partitionen mit bis zu 16 Exabyte oder 18.446.744.073.709.551.616 Byte zu unterstützen! Damit könnten Sie in den nächsten 100 Jahren wahrscheinlich alle möglichen Festplattenkapazitäten abdecken.

Wichtig
NTFS unterstützt standardmäßig Partitionen mit bis zu 16 TB Kapazität.

Woher wissen Sie, welches der vielen Dateisysteme Sie verwenden sollen? Bei internen Festplatten sollten Sie das System mit den meisten Funktionen einsetzen, das Ihr Betriebssystem unterstützt. Wenn Sie Windows ab 2000 einsetzen, verwenden Sie NTFS. FAT32 wird häufig für externe Festplatten verwendet, weil NTFS-Funktionen wie die Zugriffskontrollliste und die Verschlüsselung den Zugriff erschweren können, wenn das Laufwerk für unterschiedliche Systeme eingesetzt wird. Dies ist jedoch die einzige Ausnahme, und all die Vorteile von NTFS machen es zur besten Wahl auf einem auf Windows basierenden System.

Der Partitionierungs- und Formatierungsprozess

Nachdem Sie die Grundlagen zur Formatierung und Partitionierung kennen gelernt haben, wollen wir betrachten, wie eine eingebaute Festplatte unter Verwendung unterschiedlicher Werkzeuge für die Partitionierung und Formatierung eingerichtet wird. Wenn Sie Zugriff auf ein System haben, probieren Sie die hier beschriebenen Dinge aus. Nehmen Sie aber keinesfalls Änderungen an einem Laufwerk vor, mit dem Sie noch arbeiten wollen, weil sowohl die Partitionierung als auch die Formatierung zerstörende Prozesse sind!

Bootfähige Datenträger

Angenommen, Sie haben einen ganz neuen PC. Auf der Festplatte befindet sich kein Betriebssystem, deshalb müssen Sie irgendetwas booten, um diese Festplatte einrichten zu können. Sie brauchen eine Diskette, einen optischen Datenträger oder einen USB-Stick, auf denen ein bootfähiges Betriebssystem installiert ist. Wechseldatenträger, die ein bootfähiges Betriebssystem enthalten, werden im Allgemeinen als *Boot-Datenträger* oder *Boot-Gerät* bezeichnet. Ihr System bootet vom Boot-Datenträger, der dann eine Art Betriebssystem lädt, mit dem Sie Ihre neue Festplatte partitionieren, formatieren und ein Betriebssystem darauf installieren können. Boot-Datenträger können unterschiedlichster Herkunft sein. Alle Installations-Discs von Windows und Linux sind bootfähig. Sie können eigene bootfähige Datenträger erstellen, und die meisten Techniker tun dies auch, weil Boot-Datenträger häufig auch praktische Werkzeuge für bestimmte Aufgaben enthalten sollen.

Hinweis
Lassen Sie sich von den Begriffen nicht verwirren, wenn von Boot-Medien, Boot-Volumes, Boot-Partitionen, Boot-Laufwerken oder Boot-Datenträgern die Rede ist. Volumes sind spezielle Partitionen auf Datenträgern und wenn es auf einem Datenträger nur eine Partition (ein Volume) gibt, dann werden die Begriffe austauschbar.

In Kapitel 13 (*Wechseldatenträger*) werden ein paar Programme vorgestellt, mit denen Sie Boot-Datenträger für unterschiedliche Aufgaben erstellen können. Wenn Sie wollen, können Sie ja kurz ins nächste Kapitel springen, einen oder zwei bootfähige Datenträger anlegen und dann wieder hierher zurückkehren.

Partitionieren und Formatieren mit der Installations-CD von Windows

Wenn Sie von einer Windows-Installations-CD booten und das Installationsprogramm eine noch nicht partitionierte Festplatte erkennt, führt es Sie durch die Schritte zur Partitionierung (und Formatierung) der Festplatte. In Kapitel 14 (*Windows installieren und aktualisieren*) wird der gesamte Installationsprozess beschrieben. Hier greifen wir daher ein wenig vor und beginnen direkt mit der Partitionierung. Die Vorgehensweise wird anhand von zwei Beispielen erklärt, zunächst mit einer, dann mit zwei Partitionen. In diesem Beispiel wird die Installations-CD von Windows XP verwendet, aber machen Sie sich keine Gedanken, denn dieser Teil der Installation läuft unter Windows 2000 nahezu identisch ab und Vista wird dann im nächsten Abschnitt ausführlich behandelt.

Eine einzige Partition

Bei der häufigsten Partitionierungsvariante wird auf einer neuen, leeren Festplatte ein einziges, bootfähiges C:-Laufwerk angelegt. Dazu müssen Sie aus dem gesamten Laufwerk eine primäre Partition machen und diese aktivieren. Wir betrachten die Vorgehensweise bei der Partitionierung und Formatierung am Beispiel einer einzelnen, völlig neuen Festplatte mit 40 GB Kapazität.

Abbildung 12.26: Installations-CD von Windows XP

Die Installation von Windows beginnt mit dem Start des Rechners über eine Installations-CD wie der in Abbildung 12.26. Das Installationsprogramm startet automatisch von der CD. Es lädt zunächst die benötigten Dateien und zeigt Ihnen dann den in Abbildung 12.27 dargestellten Bildschirm, der gewissermaßen darauf hinweist, dass die Partitionierung ansteht!

Kapitel 12

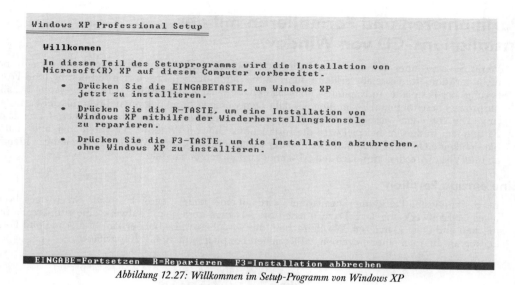

Abbildung 12.27: Willkommen im Setup-Programm von Windows XP

Drücken Sie die ⏎-Taste, um mit der Windows-Neuinstallation zu beginnen, und akzeptieren Sie die Lizenzvereinbarung. Sie sehen den Hauptbildschirm für die Partitionierung (Abbildung 12.28). Der markierte Eintrag UNPARTITIONIERTER BEREICH repräsentiert das Laufwerk.

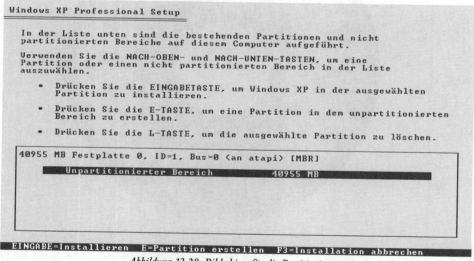

Abbildung 12.28: Bildschirm für die Partitionierung

Das Windows-Installationsprogramm ist recht intelligent. Wenn Sie jetzt die ⏎-Taste drücken, wird die Festplatte als eine primäre Partition partitioniert und aktiviert, und Windows wird installiert – aber macht das wirklich Spaß? Drücken Sie stattdessen E, um eine Partition anzulegen. Das Installationsprogramm fragt Sie, wie groß die Partition sein soll (Abbildung 12.29). Sie können der Partition eine beliebige Größe zuweisen, indem Sie eine Zahl eingeben, von mindestens 8 MB bis hin zur gesamten Festplattengröße (in diesem Fall 40947 MB). Hier wollen wir die ganze Festplatte zu einem einzigen C:-Laufwerk machen, deshalb drücken Sie die ⏎-Taste.

Vorbereitung und Wartung von Festplatten

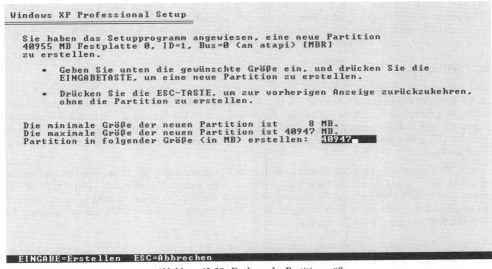

Abbildung 12.29: Festlegen der Partitionsgröße

Fertig! Sie haben das Laufwerk partitioniert! Jetzt fragt Windows Sie, wie Sie dieses Laufwerk formatieren wollen (Abbildung 12.30). Sie fragen sich vielleicht, wo Sie den Unterschied zwischen Basisfestplatte und dynamischer Festplatte eingeben können. Und wie teilen Sie Windows mit, dass Sie eine primäre Partition und keine erweiterte Partition anlegen wollen? Wo aktivieren Sie das Ganze?

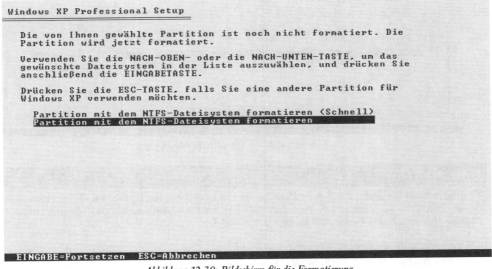

Abbildung 12.30: Bildschirm für die Formatierung

Das Windows-Installationsprogramm geht von mehreren Annahmen aus, wie beispielsweise, dass die erste Partition immer eine primäre Partition ist und aktiviert wird. Das Installationsprogramm macht außerdem alle Festplatten zu Basisfestplatten. Sie können sie später in dynamische Datenträger umwandeln (falls Sie das überhaupt wollen).

Kapitel 12

Wählen Sie als Format NTFS. Hier ist es egal, welche Option – schnell oder komplett – Sie auswählen. (Die schnelle Formatierung ist schneller, wie der Name schon sagt, aber die komplette Formatierung ist sorgfältiger und damit sicherer.) Nachdem Windows das Laufwerk formatiert hat, wird die Installation fortgesetzt, wobei die neue Windows-Installation auf das C:-Laufwerk kopiert wird.

Zwei Partitionen

Das hat doch Spaß gemacht! So viel Spaß, dass wir gleich noch eine zweite Neuinstallation von Windows vornehmen, diesmal mit einer etwas komplexeren Partitionierung. Sie haben immer noch die 40 GB große Festplatte, aber Sie wollen das Laufwerk in drei Laufwerksbuchstaben mit Kapazitäten zwischen 12 und 15 GB unterteilen. Das bedeutet, Sie legen eine 12 GB große primäre Partition an, dann eine 28 GB große erweiterte Partition und unterteilen diese erweiterte Partition dann in zwei logische Laufwerke von je 14 GB.

Wenn Sie sich wieder im Hauptbildschirm für die Partitionierung der Windows-Installation befinden, drücken Sie [E], um eine neue Partition anzulegen, jetzt ändern Sie aber den Wert 40947 in 12000, um eine etwa 12 GB große Partition zu erstellen. Wenn Sie die [↵]-Taste drücken, sieht der Partitionierungsbildschirm aus wie in Abbildung 12.31. Auch wenn Ihnen das Installationsprogramm dies nicht mitteilt, legt es eine Primärpartition an.

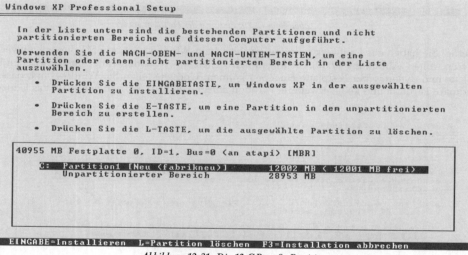

Abbildung 12.31: Die 12 GB große Partition

Hinweis

Windows passt die Zahl, die Sie als Partitionsgröße eingeben, fast immer an. Beispielsweise könnte es aus 12000 die 12002 machen, eine Zahl, die bei der Umwandlung ins Binärsystem sinnvoller ist. Machen Sie sich keine Gedanken darüber!

Beachten Sie, dass zwei Drittel des Laufwerks immer noch unpartitioniert sind. Gehen Sie mit dem Auswahlbalken zu der entsprechenden Option und drücken Sie [E], um die nächste Partition anzulegen. Geben Sie diesmal 14473 als Partitionsgröße ein und drücken Sie die [↵]-Taste. Sie sehen den in Abbildung 12.32 dargestellten Bildschirm.

Vorbereitung und Wartung von Festplatten

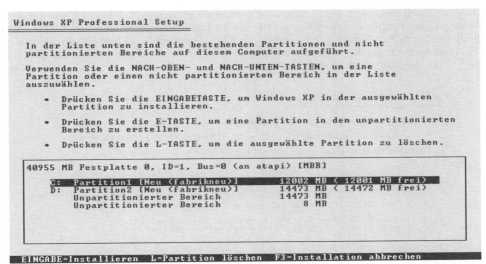

Abbildung 12.32: Die zweite Partition wird erstellt.

Legen Sie Ihre letzte Partition genau wie die beiden anderen an, dann sehen Sie das fast vollständig partitionierte Laufwerk (Abbildung 12.33). (Beachten Sie, dass das Beispiel in einer Hinsicht nicht realistisch ist, denn normalerweise würden Sie keinen Festplattenspeicher verschwenden.)

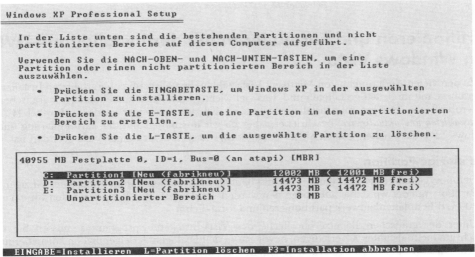

Abbildung 12.33: Vollständig partitioniertes Laufwerk

Auch wenn die Windows-Installation anzeigt, dass Sie drei Partitionen angelegt haben, haben Sie eigentlich nur zwei erstellt: die primäre Partition, C:, und dann zwei logische Laufwerke (D: und E:) innerhalb einer erweiterten Partition. Auch hier wollen wir den nächsten Schritt, die Formatierung, auf einen späteren Abschnitt im Kapitel verschieben.

Sie haben drei Laufwerksbuchstaben erzeugt. Beachten Sie, dass Sie während der Installation nur das Laufwerk für Windows partitionieren müssen und die übrige Festplatte durchaus auch unpartitioniert lassen können.

Mit dem Installationsprogramm können Sie Partitionen ähnlich einfach löschen, wie Sie sie anlegen. Wenn Sie eine Festplatte verwenden, auf der bereits Partitionen vorhanden sind, können Sie einfach die zu löschende Partition auswählen und [L] drücken. Dann wird ein Dialog angezeigt, in dem Ihnen Windows noch einmal die Gelegenheit gibt, es sich anders zu überlegen (Abbildung 12.34). Drücken Sie [B], um die Partition zu löschen.

```
Windows XP Professional Setup

    Sie haben das Setupprogramm angewiesen, die Partition
    E:   Partition3 [Neu (fabrikneu)]       14473 MB ( 14472 MB frei)
    auf 40955 MB Festplatte 0, ID=1, Bus=0 (an atapi) [MBR]
    zu löschen.

        •  Drücken Sie die B-TASTE, um das Löschen dieser Partition
           zu bestätigen.

           VORSICHT: Alle Daten in dieser Partition werden gelöscht.

        •  Drücken Sie die ESC-TASTE, um zur vorherigen Anzeige
           zurückzukehren, ohne die Partition zu löschen.




  B=Bestätigen    ESC=Abbrechen
```

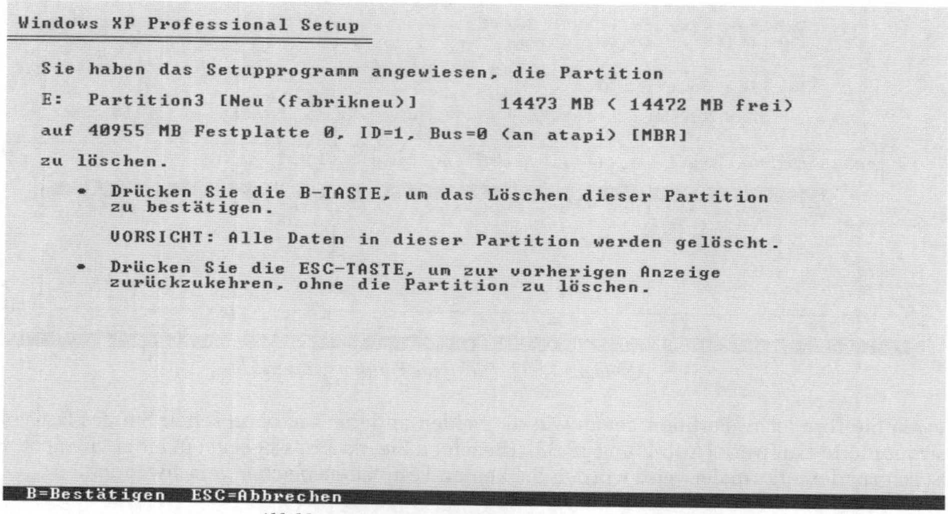

Abbildung 12.34: Option zum Löschen einer Partition

Partitionieren und Formatieren mit der Installations-DVD von Windows Vista

Zu den vielen Änderungen von Microsoft Vista zählen die vollständig überarbeiteten Installationsprogramme mit ihrer nett gestalteten und, was viel wichtiger ist, leicht zu bedienenden grafischen Benutzeroberfläche. Der gesamte Installationsprozess wird zwar auch hier wieder in Kapitel 14 (*Windows installieren und aktualisieren*) beschrieben, aber da wir uns bereits mit der Partitionierung unter Windows XP befasst haben, sollten Sie jetzt zumindest wissen, was sich unter Vista geändert hat.

Eine einzige Partition

Definitiv geändert hat sich unter Vista die häufigste Installationsvariante mit einer einzigen aktiven Partition, mit der wir daher auch beginnen werden. Im dargestellten Beispiel werden wir ein einzelnes 200-GB-Festplattenlaufwerk partitionieren und formatieren.

Unter der grafischen Benutzeroberfläche des Vista-Installationsprogramms müssen Sie ein paar Schritte mehr als unter XP erledigen, bevor Sie zu den Dialogen der eigentlichen Formatierung gelangen. Diese wollen wir möglichst kurz abhandeln, um schnell zu den eigentlich interessanten Stellen vorzudringen. Wenn Sie den Rechner über die Installations-DVD starten, werden Sie von einem Bildschirm begrüßt, auf dem Sie zur Auswahl der Sprache und weiterer regionaler Einstellungen aufgefordert werden (Abbildung 12.35). Sofern Sie eine deutsche Vista-Version einsetzen und nicht in der deutschsprachigen Schweiz leben, sollten Sie die vorgegebenen Einstellungen beibehalten können. Kontrollieren Sie sie aber in jedem Fall noch einmal und ändern Sie sie bei Bedarf.

Auf der nächsten Bildschirmseite wird dann die Schaltfläche JETZT INSTALLIEREN angezeigt, die Sie anklicken müssen, um die Installation fortzusetzen. Danach werden Sie vom Installationsprogramm zur Eingabe des *Produktschlüssels* (*Product Key*) aufgefordert (Abbildung 12.36). Den müssen Sie an dieser Stelle *nicht* eingeben. Sie können das Eingabefeld auch einfach leer lassen und durch Anklicken

Vorbereitung und Wartung von Festplatten

von WEITER (und Wegklicken des Nachfragedialogfelds durch Anklicken der Schaltfläche NEIN) zur nächsten Seite wechseln.

Abbildung 12.35: Sprach-, Währungs- und Tastatureinstellungen bei der Vista-Installation

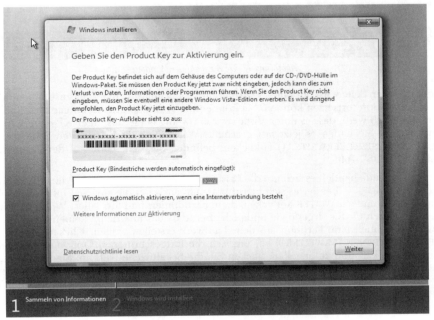

Abbildung 12.36: Die Seite zur Eingabe des Product Keys

Auf der nächsten Seite werden Sie dann gefragt, welche Vista-Version Sie installieren wollen (Abbildung 12.37). Die Installations-DVD aller Vista-Editionen enthält alle für die verschiedenen Versionen des Betriebssystems erforderlichen Programme. Letztlich bestimmt nur Ihr Produktschlüssel, welche Version Sie installieren können. Aus diesem Grund wird diese Seite auch nicht angezeigt, wenn Sie den Produktschlüssel bei der ersten Aufforderung eingeben. Markieren Sie (in diesem Beispiel) die Option WINDOWS VISTA ULTIMATE und wechseln Sie zur nächsten Seite.

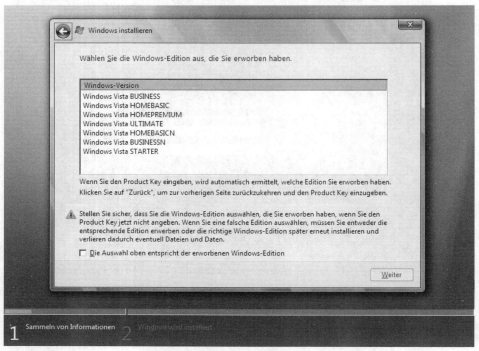

Abbildung 12.37: Auswahl der Windows-Edition

Auf der nächsten Seite wird nur eine Lizenzvereinbarung angezeigt, der Sie zustimmen müssen, bevor Sie die Installation fortsetzen können. Sie können die Formatierung schon gar nicht mehr erwarten? Keine Sorge. Ich weiß, dass es unter Vista zwar ein wenig länger als unter XP dauert, bis Sie dorthin gelangen, aber Sie haben es jetzt fast geschafft. Wenn Sie auf der nächsten Seite die Schaltfläche BENUTZERDEFINIERT (ERWEITERT) anklicken, befinden Sie sich schon auf der Partitionierungsseite (Abbildung 12.38). Toll!

Bei Ihrer Festplatte handelt es sich um die Leiste mit dem Text NICHT ZUGEWIESENER SPEICHERPLATZ AUF DATENTRÄGER 0, bei der es sich hier momentan auch um die einzige Option handelt. Wenn Sie an dieser Stelle einfach WEITER anklicken, dann partitioniert und formatiert Windows Vista das Laufwerk automatisch für Sie. Irgendwie finde ich aber, dass das überhaupt keinen Spaß macht, weshalb wir wieder manuell eine Partition auf dem Laufwerk erstellen wollen. Klicken Sie die Schaltfläche LAUFWERKOPTIONEN (ERWEITERT) an, um sich die fortgeschrittenen Optionen anzeigen zu lassen. Um eine neue Partition zu erstellen, klicken Sie die Schaltfläche NEU an. Sie könnten auch einfach ÜBERNEHMEN anklicken und eine 200-GB-Partition erstellen, aber um eine der praktischen neuen Funktionen von Vista zu demonstrieren, geben Sie als Größe 100000 ein und klicken erst danach ÜBERNEHMEN an (Abbildung 12.39).

Vorbereitung und Wartung von Festplatten

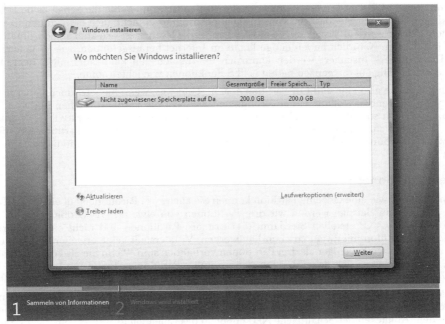

Abbildung 12.38: Die Partitionierungsseite von Vista

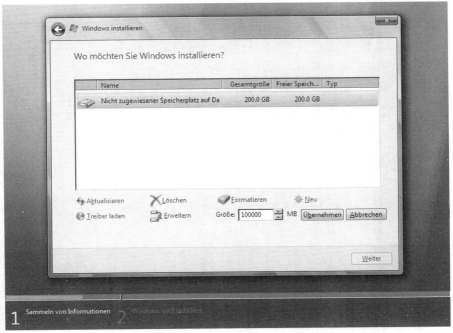

Abbildung 12.39: Festlegen der Partitionsgröße

Kapitel 12

Wenn die 100-GB-Partiton erst einmal erstellt worden ist, können Sie die Schaltfläche FORMATIEREN anklicken. Beachten Sie, dass Sie vom Installationsprogramm nicht nach dem zu benutzenden Dateisystem gefragt werden. Vista kann zwar FAT-Laufwerke lesen, lässt sich aber standardmäßig nicht darauf installieren. Natürlich haben einige Leute im Internet herausgefunden, wie Vista auch auf einem FAT32-Laufwerk installiert werden kann, ich für meinen Teil kann aber nicht begreifen, warum jemand freiwillig auf die ganzen netten NTFS-Funktionen verzichten sollte.

Nun haben Sie also eine 100-GB-Partition erstellt. Und was, wenn Sie jetzt doch lieber eine 200-GB-Partition verwenden wollen? Unter XP mussten Sie dazu die Partition löschen und von vorn beginnen, aber nicht so unter Vista. Hier können Sie einfach die Schaltfläche ERWEITERN anklicken und den übrigen nicht zugeordneten Speicherbereich zur gerade formatierten Partition hinzufügen. Über ERWEITERN können Sie leicht unpartitionierte Bereiche an das bereits partitionierte Laufwerk anhängen.

Mehrere Partitionen

Ähnlich leicht wie eine einzelne Partition können Sie auch zwei Partitionen auf einem Laufwerk erstellen. In unserem Beispiel werden wir drei Partitionen von etwa 66 GB Größe erstellen. Anders als unter Windows XP erstellen Sie damit drei primäre Partitionen und nicht eine primäre und eine erweiterte Partition mit zwei logischen Laufwerken. Vista erstellt keine erweiterten Partitionen, wenn auf einem Laufwerk weniger als drei Partitionen vorhanden sind. Wenn Sie also drei Partitionen erstellen, dann handelt es sich dabei durchweg um primäre Partitionen. Erst wenn bereits drei Partitionen vorhanden sind, wird als vierte ein logisches Laufwerk in einer erweiterten Partition erstellt.

In unserem Beispiel sollen Sie aber keine vier Partitionen erstellen, so dass Sie sich darum nicht weiter zu kümmern brauchen. Wir beginnen wieder mit einem 200-GB-Laufwerk. Diesmal geben Sie aber nach dem Anklicken der Schaltfläche NEU 66666 in das Eingabefeld GRÖSSE ein, bevor Sie die Schaltfläche ÜBERNEHMEN anklicken. Damit erstellen Sie eine primäre Partition mit ungefähr 66 GB Kapazität (Abbildung 12.40).

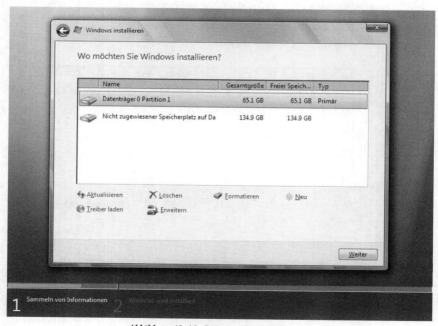

Abbildung 12.40: Die erste 66-GB-Partition

Wenn Sie dieselben Schritte wiederholen, um die nächsten beiden Partitionen zu erstellen, sind Sie bereits fertig. Das war doch wirklich einfach, oder?

Partitionen und Laufwerksbuchstaben

Nun haben Sie also eine oder vielleicht auch mehrere Festplatten, die alle partitioniert sind, und Windows auf einer davon installiert. Aber woher kommen die Laufwerksbuchstaben? Bei älteren Systemen wurden die Laufwerksbuchstaben nach recht komplizierten Regeln zugewiesen, die etwas mit Master- und Slave-Laufwerken zu tun hatten. Bei modernen Systemen ist dies aber viel einfacher geworden.

Der primären aktiven Partition wird immer C: zugeordnet und das können Sie auch nicht ändern. Den übrigen Laufwerken wird aber jeweils der nächste verfügbare Buchstabe zugewiesen, wobei Festplatten Vorrang vor optischen Laufwerken haben. Wenn es zwei Festplatten und ein optisches Laufwerk im Rechner gibt, dann erhalten die Festplattenlaufwerke die Buchstaben C: und D: und das optische Laufwerk E: zugewiesen. Wenn Sie später allerdings eine weitere Festplatte installieren oder extern anschließen, dann erhält diese den Laufwerksbuchstaben F: zugewiesen. Neu installierte Laufwerke übernehmen keine Buchstaben von zuvor bereits installierten Laufwerken.

Abgesehen von der Systempartition können Sie die den Laufwerken zugewiesenen Buchstaben ändern. Wie das geht, wird im nächsten Abschnitt erläutert.

Disk Management

Das eigentliche Werkzeug für die Partitionierung und Formatierung ist die Datenträgerverwaltung. Über die Datenträgerverwaltung können Sie im Zusammenhang mit der Vorbereitung von Festplatten anfallende Arbeiten mit einem praktischen Werkzeug erledigen. Die Datenträgerverwaltung erreichen Sie, wenn Sie in der Systemsteuerung das Applet VERWALTUNG doppelt anklicken und dann die COMPUTERVERWALTUNG starten. Sie können auch START|AUSFÜHREN wählen, diskmgmt.msc eingeben und ↵ drücken. Die Datenträgerverwaltung finden Sie in Windows 2000/XP und Vista/7 (Abbildung 12.41).

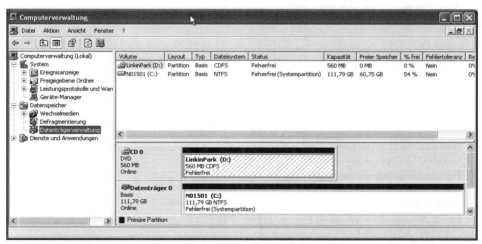

Abbildung 12.41: Die Datenträgerverwaltung unter Windows XP

Die Datenträgerverwaltung lässt sich nur aus Windows heraus nutzen, lässt sich also nicht von einem Boot-Datenträger aus starten. Wenn Sie Windows von einer Installations-CD aus installieren, müssen

Sie also die in das Installationsprogramm integrierte spezielle Software zur Partitionierung/Formatierung verwenden, die Sie bereits kennen gelernt haben.

Einer der interessantesten Aspekte der Datenträgerverwaltung ist die Festplatteninitialisierung. Auf jeder Festplatte in einem Windows-System werden spezielle Daten geschrieben. Diese Initialisierungsdaten umfassen Kennungen, die das Laufwerk einem System zuordnen, und Daten, die die Funktion der Festplatte im System beschreiben. Wenn die Festplatte zu einem RAID-Array gehört, werden die RAID-Informationen bei der Initialisierung gespeichert. Wenn sie Teil eines übergreifenden Datenträgers ist, wird das ebenfalls dort festgehalten. Alle neuen Laufwerke müssen initialisiert werden, bevor sie benutzt werden können. Wenn Sie eine zusätzliche Festplatte in einem Windows-System installieren und die Datenträgerverwaltung starten, erkennt das System die neue Festplatte und startet den Assistenten für die Initialisierung der Festplatte. Falls Sie den Assistenten nicht ausführen, wird das Laufwerk als unbekannt aufgelistet (Abbildung 12.42).

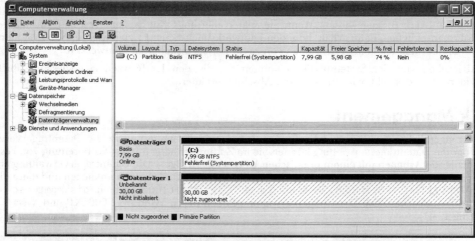

Abbildung 12.42: Unbekanntes Laufwerk in der Datenträgerverwaltung

Um eine Festplatte zu initialisieren, klicken Sie das Festplattensymbol mit der rechten Maustaste an und wählen im Kontextmenü INITIALISIEREN. Nach der Initialisierung der Festplatte wird deren Status angezeigt, was bei der Fehlersuche recht praktisch werden kann.

In der Datenträgerverwaltung wird der Status aller Datenträger des Systems aufgeführt. Hoffentlich sehen Sie bei allen aufgeführten Laufwerken den Hinweis »Fehlerfrei«, der anzeigt, dass sie in Ordnung sind und reibungslos funktionieren. Die beiden Zustände »Nicht zugeordnet« und »Aktiv« kennen Sie auch bereits. Für die Prüfungen sollten Sie aber auch die folgenden noch kennen:

- **Unbekannt.** Dieser Status wird z.B. angezeigt, wenn Sie einen dynamischen Datenträger in einen anderen Computer einbauen.
- **Formatiere.** Wie Sie sich denken können, wird dieser Status beim Formatieren eines Datenträgers angezeigt.
- **Fehler.** Beten Sie, dass Sie diesen Status nie zu sehen bekommen, denn er bedeutet, dass die Festplatte definitiv beschädigt ist oder fehlerhafte Daten enthält und dass es wahrscheinlich zu Datenverlusten gekommen ist.
- **Online.** Wird angezeigt, wenn eine Festplatte fehlerfrei funktioniert und mit dem Rechner kommuniziert.
- **Offline.** Die Festplatte ist entweder defekt oder hat Probleme, mit dem Rechner zu kommunizieren.

Vorbereitung und Wartung von Festplatten

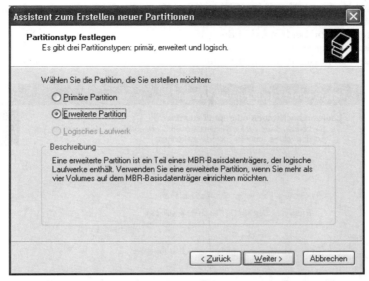

Abbildung 12.43: Der ASSISTENT ZUM ERSTELLEN NEUER PARTITIONEN

Ein neu installiertes Laufwerk wird immer als Basisfestplatte eingerichtet. Es ist nicht verkehrt, Basisfestplatten zu verwenden, aber Sie werden dann auf einige praktische Funktionen verzichten müssen. Um Partitionen zu erstellen, klicken Sie mit der rechten Maustaste den nicht zugeordneten Teil des Laufwerks an und wählen im Kontextmenü NEUE PARTITION. Die Datenträgerverwaltung führt den Assistenten zum Erstellen neuer Partitionen aus, mit dem Sie eine primäre oder eine erweiterte Partition anlegen können (Abbildung 12.43). Anschließend wird ein Dialogfeld angezeigt, in dem Sie die gewünschte Partitionsgröße angeben können (Abbildung 12.44).

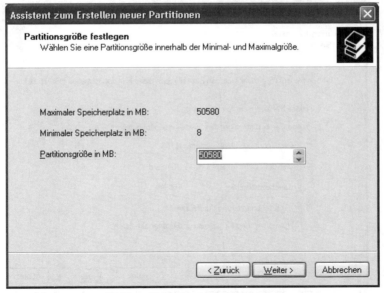

Abbildung 12.44: Angabe der Partitionsgröße

467

Kapitel 12

Wenn Sie eine primäre Partition anlegen wollen, fragt Sie der Assistent, ob Sie der Partition einen Laufwerksbuchstaben zuweisen wollen, sie als Ordner auf einer vorhandenen Partition bereitstellen wollen oder nichts von beidem (Abbildung 12.45). (Wenn Sie eine erweiterte Partition anlegen wollen, wird eine Bestätigung angezeigt, nach der Sie unmittelbar wieder zur Datenträgerverwaltung zurückkehren.) In fast allen Fällen soll einer Primärpartition ein Laufwerksbuchstabe zugewiesen werden.

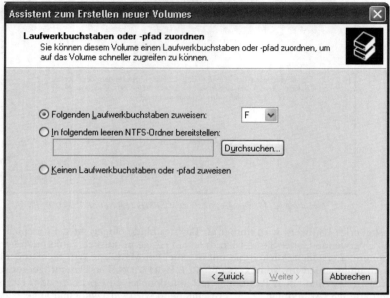

Abbildung 12.45: Einer primären Partition einen Laufwerksbuchstaben zuweisen

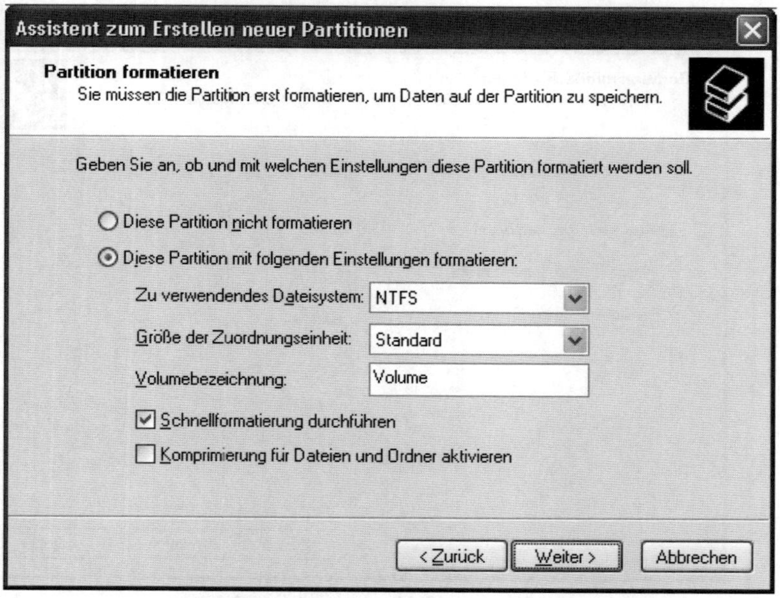

Abbildung 12.46: Auswahl eines Dateisystems

Das letzte Dialogfeld beim Erstellen der neuen Partition fragt Sie nach dem Format, das für sie verwendet werden soll (Abbildung 12.46). Wenn Ihre Partition 4 GB groß oder kleiner ist, können Sie sie als FAT, FAT32 oder NTFS formatieren. Ist Ihre Partition größer als 4 GB, aber kleiner als 32 GB, können Sie FAT32 oder NTFS verwenden. Bei Partitionen, die größer als 32 GB sind, unterstützt die Datenträgerverwaltung nur noch NTFS. Zwar unterstützt FAT32 auch Partitionen bis zu 2 TB, Microsoft fordert aber die Verwendung von NTFS für größere Partitionen und hat daher diese künstliche Obergrenze eingeführt. Angesichts der heutigen Festplattenkapazitäten gibt es aber auch keinen Grund, NTFS nicht zu verwenden.

Hinweis

Windows 2000/XP und Vista/7 können FAT32-Partitionen mit mehr als 32 GB Kapazität lesen und schreiben. Mit den Windows-Bordmitteln lassen sich derartige Partitionen nur nicht anlegen! Wenn Ihnen Laufwerke mit FAT32-Partitionen begegnen, die größer als 32 GB sind, dann lässt sich mit diesen problemlos unter Windows 2000/XP und Vista/7 arbeiten. (Derartige Partitionen werden z.B. recht häufig von Festplattenrecordern für externe Datenträger verwendet.)

In diesem Dialogfeld müssen Sie mehrere Aufgaben erledigen. Sie können eine Datenträgerbezeichnung festlegen. Außerdem können Sie die Clustergröße (Größe der Zuordnungseinheiten) festlegen, wofür es allerdings normalerweise keinen Grund gibt, so dass Sie die Standardwerte besser beibehalten sollten. Sie können aber natürlich das Formatieren beschleunigen, wenn Sie das Kontrollkästchen SCHNELLE FORMATIERUNG aktivieren. Damit wird Ihr Laufwerk formatiert, ohne dass die Cluster einzeln überprüft werden. Das ist schnell und etwas riskant, aber neue Festplatten kommen so gut wie immer fehlerfrei aus dem Werk – Sie müssen also selbst entscheiden, ob Sie das tun wollen oder nicht.

Wenn Sie schließlich NTFS auswählen, können Sie die Datei- und Ordnerkomprimierung aktivieren. Wenn Sie diese Option verwenden, können Sie jede Datei und jeden Ordner innerhalb der Partition mit der rechten Maustaste anklicken und sie komprimieren. Wählen Sie dazu im Kontextmenü EIGENSCHAFTEN und klicken Sie anschließend die Schaltfläche ERWEITERT an, um zu den entsprechenden Optionen zu gelangen (Abbildung 12.47). Die Komprimierung ist zwar praktisch, um ein wenig Platz auf einer recht vollen Festplatte zu schaffen, sie verlangsamt aber auch Dateizugriffe und sollte daher nur bei Bedarf wirklich genutzt werden.

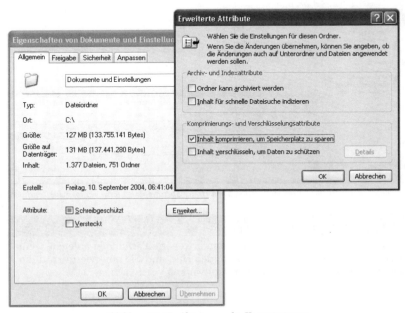

Abbildung 12.47: Aktivierung der Komprimierung

Kapitel 12

Nach Abschluss der Formatierung des Laufwerks gelangen Sie zurück zur Datenträgerverwaltung und sehen eine veränderte Festplattenlandschaft. Wenn Sie eine primäre Partition angelegt haben, sehen Sie Ihren neuen Laufwerksbuchstaben. Wenn Sie eine erweiterte Partition angelegt haben, sieht das Ganze etwas anders aus. Abbildung 12.48 zeigt die erweiterte Partition als freien Speicherplatz, weil sie noch kein logisches Laufwerk enthält. Außerdem können Sie Abbildung 12.49 leicht entnehmen, dass Sie zum Anlegen logischer Laufwerke einfach nur eine erweiterte Partition mit der rechten Maustaste anklicken und den Befehl NEUES LOGISCHES LAUFWERK wählen müssen. Die Datenträgerverwaltung startet wieder den Assistenten zum Erstellen einer neuen Partition, jetzt mit der Option, ein logisches Laufwerk anzulegen.

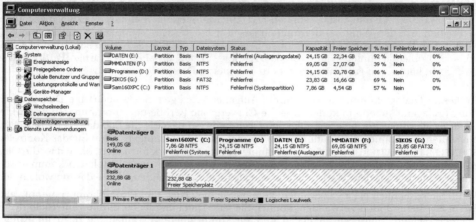

Abbildung 12.48: Erweiterte Partition ohne logische Laufwerke

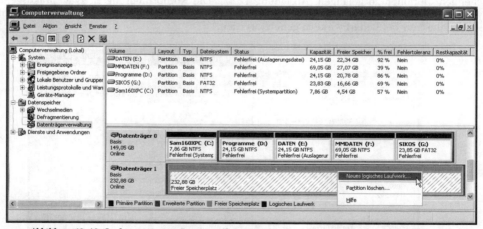

Abbildung 12.49: In der erweiterten Partition (freier Speicherplatz) wird ein logisches Laufwerk angelegt

Hinweis

Unter Windows Vista/7 können Sie nur dann erweiterte Partitionen anlegen, wenn bereits drei Primärpartitionen auf einem Laufwerk vorhanden sind und Sie eine vierte Partition anlegen wollen. Microsoft will damit die Einrichtung von Laufwerken vereinfachen.

Wenn Sie ein logisches Laufwerk anlegen, bietet Ihnen der Assistent zum Erstellen einer neuen Partition dieselben Optionen wie bei Primärpartitionen für deren Formatierung mit einem der drei Dateisysteme (Abbildung 12.50). Ein weiteres Bestätigungsdialogfeld wird angezeigt, und anschließend wird das neu erstellte Laufwerk in der Datenträgerverwaltung angezeigt.

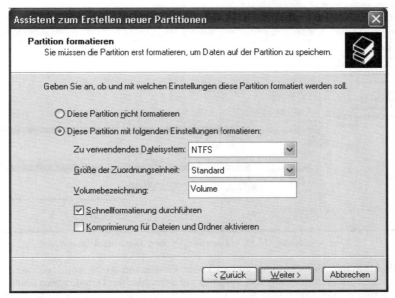

Abbildung 12.50: Der Assistent für die Erstellung der neuen Partition bietet Formatierungsoptionen an.

Ein interessanter Aspekt von Windows ist die winzige (etwa 8 MB große) seltsame nicht zugeordnete Partition, die für das C:-Laufwerk angezeigt wird. Sie wird vom Windows-Installationsprogramm angelegt, wenn Sie Windows zum ersten Mal auf einem neuen System installieren, um Platz zu reservieren, falls Windows das C:-Laufwerk in einen dynamischen Datenträger umwandeln muss. Sie stört nicht und ist sehr klein, deshalb können Sie sie einfach beibehalten. Wenn Sie darauf einen Datenträger anlegen und formatieren wollen, können Sie auch das tun.

Dynamische Datenträger

Dynamische Datenträger werden in der Datenträgerverwaltung aus Basisfestplatten erstellt. Nachdem Sie ein Laufwerk von einer Basisfestplatte in einen dynamischen Datenträger umgewandelt haben, gibt es keine primären und erweiterten Partitionen mehr. Dynamische Datenträger werden in Volumes statt in Partitionen unterteilt.

Wichtig

Wenn Sie den dynamischen Datenträger aus einem Rechner in einen anderen einbauen, dann wird er in der Datenträgerverwaltung als unbekanntes Laufwerk angezeigt. Sie können Fremdlaufwerke aber in ein neues System importieren, wenn Sie deren Symbol anklicken und im Kontextmenü die entsprechende Option anklicken.

Um eine Basisfestplatte in einen dynamischen Datenträger umzuwandeln, klicken Sie einfach das Festplattensymbol mit der rechten Maustaste an und wählen IN DYNAMISCHEN DATENTRÄGER UMWANDELN (Abbildung 12.51). Das geht schnell und gefahrlos, aber nicht in der umgekehrten Richtung. Um einen dynamischen Datenträger in eine Basisfestplatte umzuwandeln, müssen sie zuerst alle Partitionen von der Festplatte löschen.

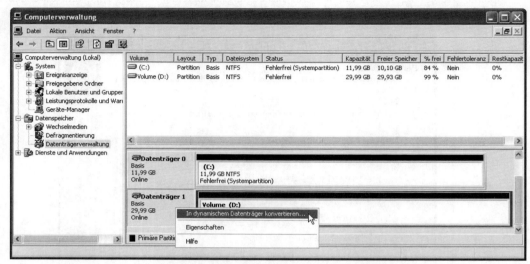

Abbildung 12.51: Umwandlung in einen dynamischen Datenträger

Nach Abschluss der Umwandlung gibt es keine Partitionen mehr, sondern nur noch Datenträger (Volumes). Sie können fünf Arten von Volumes auf dynamischen Datenträgern anlegen: einfach, übergreifend, Stripeset, gespiegelt und RAID 5, auch wenn unter Windows 2000/XP Professional oder Vista Business/Ultimate vorwiegend die ersten drei verwendet werden. Als Nächstes lernen Sie, wie die drei gebräuchlichsten Datenträgertypen implementiert werden. Im letzten Schritt weisen Sie einen Laufwerksbuchstaben zu oder stellen den Datenträger als Ordner bereit.

Wichtig

Die Home-Versionen von Windows XP und Vista/7 unterstützen keine dynamischen Datenträger.

Einfache Volumes

Ein einfaches Volume verhält sich genau wie eine primäre Partition. Wenn Sie in einem System nur einen dynamischen Datenträger haben, kann es nur ein einfaches Volume haben. Beachten Sie hier unbedingt, dass sich ein einfaches Volume zwar genau wie eine traditionelle primäre Partition verhält, aber doch etwas völlig anderes ist. Wenn Sie in einer Windows-Version vor Windows 2000 eine Festplatte installieren, die als dynamischer Datenträger mit einfachem Volume partitioniert ist, wird keine nutzbare Partition angezeigt.

Klicken Sie in der Datenträgerverwaltung nicht zugeordneten Speicherplatz auf dem dynamischen Datenträger mit der rechten Maustaste an und wählen Sie NEUES VOLUME (Abbildung 12.52), um den Assistenten zum Erstellen eines neuen Volumes auszuführen. Es werden Ihnen dann nur noch mehrere Dialogfelder angezeigt, in denen Sie nach Größe und Art des zu verwendenden Dateisystems gefragt werden. Abbildung 12.53 zeigt die Datenträgerverwaltung mit drei einfachen Volumes.

Vorbereitung und Wartung von Festplatten

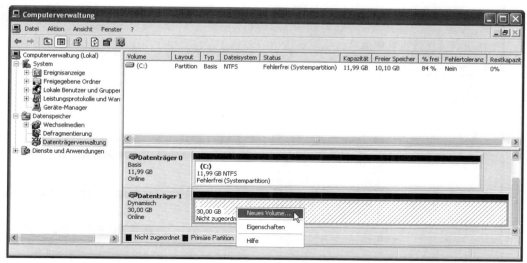

Abbildung 12.52: Den Assistenten zum Erstellen neuer Volumes aufrufen

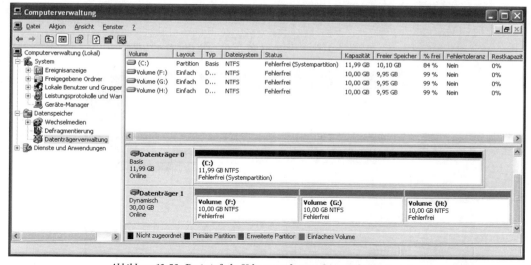

Abbildung 12.53: Drei einfache Volumes auf einem dynamischen Datenträger

Übergreifende Volumes

Bei dynamischen Datenträgern können Sie die Größe eines einfachen Volumes auf den gesamten nicht zugeordneten Speicherplatz eines dynamischen Datenträgers erweitern. Sie können den Datenträger auch über einen anderen dynamischen Datenträger (und damit eine andere Festplatte) erweitern und so *übergreifende Volumes* erstellen. Um das zu vergrößernde Volume zu erweitern oder übergreifend zu machen, klicken Sie es einfach mit der rechten Maustaste an und wählen im Kontextmenü VOLUME ERWEITERN (Abbildung 12.54). Der Assistent zum Erstellen von Volumes wird angezeigt und fragt Sie nach der Position des freien Speicherplatzes auf einem dynamischen Datenträger und nach der Gesamtgröße des erweiterten Volumes (Abbildung 12.55). Bei mehreren vorhandenen Laufwerken können Sie das Volume auch auf eines der anderen Laufwerke ausweiten.

Kapitel 12

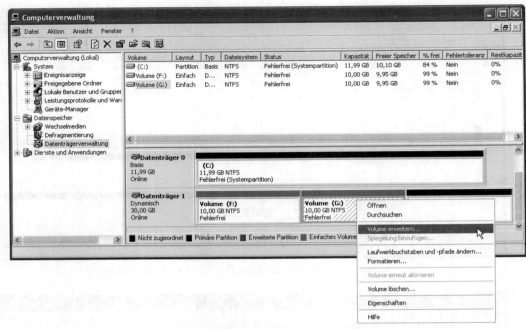

Abbildung 12.54: Auswahl der Option VOLUME ERWEITERN

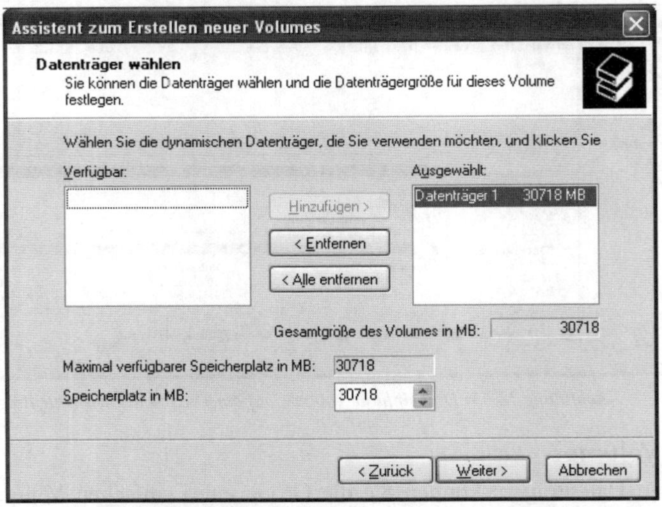

Abbildung 12.55: Der ASSISTENT ZUM ERSTELLEN NEUER VOLUMES

Dynamische Datenträger sind Gold wert, weil sich mit ihnen Volumes erweitern und übergreifend definieren lassen. Wenn Sie auf einem Volume keinen Platz mehr haben, bauen Sie einfach eine neue physische Festplatte in das System ein und erweitern das Volume auf das neue Laufwerk. Auf diese Weise bleiben die Laufwerksbuchstaben konsistent und unverändert, so dass Ihre Programme nicht durcheinander kommen, und trotzdem können Sie die Festplattenkapazitäten bei Bedarf jederzeit erweitern.

Vorbereitung und Wartung von Festplatten

> **Vorsicht**
>
> Nach der Umwandlung in einen dynamischen Datenträger gehen alle Daten verloren, wenn Sie ihn wieder in eine Basisfestplatte umwandeln wollen. Vor einer solchen Umwandlung müssen Sie unbedingt alle Daten sichern!

Sie können jedes einfache Volume auf einem dynamischen Datenträger erweitern oder übergreifend machen, nicht nur das »am Ende« in der Datenträgerverwaltungs-Konsole. Sie wählen einfach das zu erweiternde Volume aus und geben an, wie weit es vergrößert werden soll. Abbildung 12.56 zeigt ein einfaches 2 GB großes Volume namens *Erweitert*, das um zusätzliche 7,81 GB von der Festplatte erweitert wurde, wobei der sich anschließende 4 GB große Abschnitt übersprungen wurde. Damit ist ein 9,81 GB großes Volume entstanden. Windows hat kein Problem damit, Bereiche auf einem Datenträger zu überspringen.

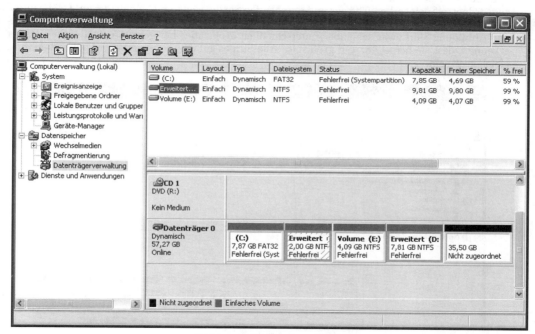

Abbildung 12.56: Erweitertes Volume

> **Hinweis**
>
> Unter Windows Vista/7 lassen sich Partitionen auch ohne die Verwendung von dynamischen Datenträgern vergrößern und verkleinern. Primärpartitionen mit freiem Speicher lassen sich verkleinern (allerdings wegen der Position möglicherweise vorhandener nicht verschiebbarer Bereiche wie dem MBR nicht immer um die gesamte freie Kapazität) und Sie können Partitionen auch vergrößern, wenn sich dahinter noch nicht partitionierte Bereiche anschließen. Dynamische Datenträger haben aber auch unter Vista/7 noch ihre Vorteile, da sich Partitionen nicht über freie Kapazitäten auf anderen Festplatten erweitern lassen und da sich die unpartitionierten Bereiche direkt hinter den zu erweiternden Partitionen befinden müssen.

Stripeset-Volumes

Wenn in einem PC zwei oder mehr dynamische Datenträger verwendet werden, können Sie sie über die Datenträgerverwaltung zu einem *Stripeset*-Volume kombinieren. Ein Stripeset-Volume verteilt die Blöcke einer Datei über mehrere Festplatten. Bei Verwendung von zwei oder mehr Laufwerken in einer als Stripeset bezeichneten Gruppe werden die Daten zuerst in eine bestimmte Anzahl an Clustern auf einem Laufwerk, dann auf dem nächsten Laufwerk usw. geschrieben. Damit erhöht sich der Datendurchsatz, weil das System nicht mehr so lange warten muss, um von einem Laufwerk zu lesen oder darauf schreiben zu können. Der Nachteil beim Striping ist, dass alle Daten in einem Stripeset verloren gehen, wenn eines der Laufwerke im Stripeset ausfällt.

Um ein Stripeset-Volume zu erstellen, klicken Sie den freien Speicherplatz auf dem Laufwerk mit der rechten Maustaste an, wählen NEUES VOLUME und dann STRIPESET. Der Assistent fragt Sie nach den anderen Laufwerken, die Sie dem Stripeset hinzufügen wollen. Sie müssen zwei nicht zugeordnete Speicherbereiche auf anderen dynamischen Datenträgern auswählen. Wählen Sie die anderen nicht zugeordneten Speicherbereiche aus und durchlaufen Sie die weiteren Dialogfelder zur Größe und Formatierung, bis ein neuer Stripeset-Datenträger angelegt ist (Abbildung 12.57). Die beiden Stripes in der Abbildung sind zwar scheinbar unterschiedlich groß, aber bei genauerem Hinsehen lässt sich erkennen, dass sie beide 7,87 GB groß sind. Alle Stripes auf den verschiedenen Laufwerken müssen gleich groß sein.

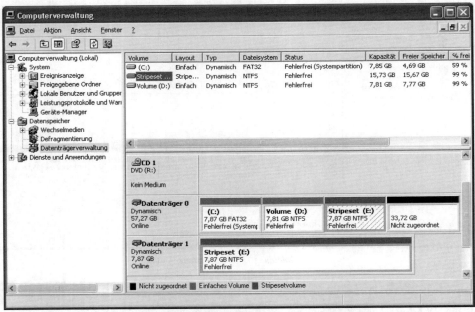

Abbildung 12.57: Zwei Datenträger mit einem Stripeset-Volume

Bereitstellen von Laufwerken

Das einzige Laufwerk, bei dem sich die Möglichkeiten dynamischer Datenträger nicht in vollem Umfang nutzen lassen, ist das Laufwerk, auf dem sich das Betriebssystem befindet, also die Partition C:. Dieses Laufwerk lässt sich zwar auch umwandeln, aber das mit dem Erweitern oder dem übergreifenden Volume funktioniert dann immer noch nicht. Was nützt es dann aber, wenn man die Kapazität eines Volumes vergrößern kann, wenn man diese Funktionen nicht dazu benutzen kann, um die Kapazität eines sich langsam füllenden C:-Laufwerks zu erweitern? Wenn sich dieses Laufwerk nicht vergrößern lässt, dann kann man die vorhandene Festplatte doch nur durch eine größere ersetzen, oder etwa nicht?

Überhaupt nicht! Ich habe bereits die Möglichkeit beschrieben, ein Laufwerk als Ordner statt als Laufwerksbuchstabe bereitzustellen, und hier müssen Sie ansetzen. Ein *Volume-Bereitstellungspunkt* (oder einfach *Bereitstellungspunkt*) ist ein Ort in der Ordnerstruktur eines vorhandenen Volumes, den Sie auf ein Volume oder eine Partition verweisen lassen können. Das bereitgestellte Volume verhält sich dann genau wie ein Ordner, aber alle Dateien, die in diesem Abschnitt der Ordnerstruktur abgelegt werden, gelangen auf das bereitgestellte Volume Datenträger. Nach der Partitionierung und Formatierung des Laufwerks brauchen Sie keinen Laufwerksbuchstaben zuzuweisen. Stattdessen stellen Sie das Volume in einem Ordner auf dem C:-Laufwerk bereit, wodurch es zu einem ganz normalen Ordner wird (Abbildung 12.58). Sie können Programme in diesem Ordner so wie im Ordner Programme ablegen. Sie können in ihm Datendateien oder gesicherte Systemdateien ablegen. Funktional erweitert die neue Festplatte also einfach die Kapazität des C:-Laufwerks, ohne dass Sie oder Ihr Kunde sich jemals mit mehreren Laufwerksbuchstaben herumschlagen müssen.

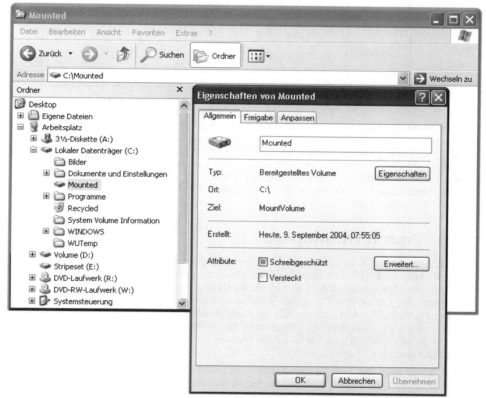

Abbildung 12.58: Ein Volume, das als Ordner auf dem Laufwerk C: *bereitgestellt wird*

Um einen Bereitstellungspunkt zu erstellen, klicken Sie einen nicht zugeordneten Bereich einer dynamischen Festplatte mit der rechten Maustaste an und wählen NEUES VOLUME. Der ASSISTENT ZUM ERSTELLEN NEUER VOLUMES wird gestartet. Im zweiten Dialogfeld können Sie einen Bereitstellungspunkt anstelle eines Laufwerksbuchstabens zuweisen (Abbildung 12.59). Wählen Sie einen leeren Ordner auf einem NTFS-formatierten Laufwerk aus, oder legen Sie einen neuen Ordner an, und schon kann es losgehen.

Kapitel 12

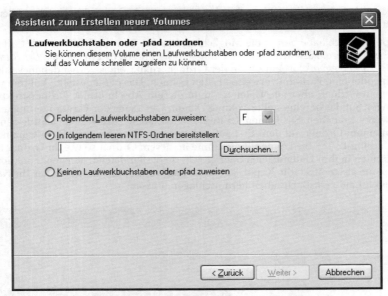

Abbildung 12.59: Ein bereitgestellter Datenträger soll erstellt werden

Mit den Bereitstellungspunkten hat Microsoft die Möglichkeiten zum Umgang mit Festplatten einschneidend verändert. Sie müssen nicht mehr unzählige Laufwerksbuchstaben hinzufügen, die sich um die für optische Laufwerke zugewiesenen Buchstaben streiten. Sie müssen Kunden nicht mehr mit mehreren Laufwerksbuchstaben verwirren, wenn diese einfach ein bisschen mehr Platz brauchen. Sie können kleinere Festplatten wiederverwenden und sie funktional in moderne Rechner integrieren. Mit der Datenträgerverwaltung in Windows 2000/XP und Vista/7 hat Microsoft das wirklich geschafft.

Eine Partition formatieren

Über ARBEITSPLATZ/COMPUTER können Sie jede Windows-Partition bzw. jedes Windows-Volume formatieren. Dazu klicken Sie einfach den Laufwerksnamen mit der rechten Maustaste an und wählen FORMATIEREN (Abbildung 12.60). Sie sehen ein Dialogfeld, in dem Sie nach dem zu verwendenden Dateisystem, der Clustergröße und der Volumebezeichnung gefragt werden. Die Option zur Schnellformatierung weist Windows an, die Cluster nicht zu überprüfen. Das ist praktisch, wenn Sie es eilig haben – und wissen, dass der Datenträger zuverlässig funktioniert. Über eine weitere Option können Sie es Benutzern ermöglichen, Ordner oder Dateien zu komprimieren. Das funktioniert problemlos, verlangsamt aber den Dateizugriff.

Bei der Einrichtung von Festplatten benutzt man heute unter Windows 2000/XP und Vista/7 bevorzugt die DATENTRÄGERVERWALTUNG, um sie zu formatieren. Wenn Sie ein neues Volume auf einem dynamischen Datenträger oder eine neue Partition auf einer Basisfestplatte erstellen, fragt Sie der Assistent zum Erstellen eines neuen Volumes auch, wie formatiert werden soll. Sofern Sie nicht gerade zu diesen seltsamen Menschen gehören, die sich ein Dual-Boot-System mit Windows XP oder Windows Vista und irgendeiner alten Windows-Version einrichten wollen, dann sollten Sie immer NTFS verwenden.

Alle Installations-Discs von Betriebssystemen können Laufwerke auch partitionieren und formatieren. Windows fordert Sie auf, das Laufwerk zu partitionieren und zu formatieren. Wenn Sie einfach den Anleitungen in den verschiedenen Dialogen folgen, sollte eigentlich nichts schiefgehen.

Vorbereitung und Wartung von Festplatten

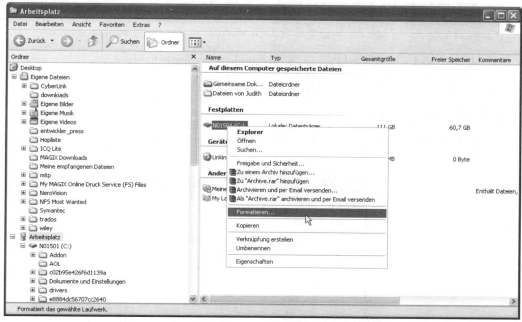

Abbildung 12.60: Formatieren einer Partition/eines Volumes über ARBEITSPLATZ/COMPUTER

Wartung und Problembehebung bei Festplatten

Festplatten sind komplexe mechanische und elektronische Geräte. Da die Festplatten einige Tausend Mal je Minute rotieren, entstehen auch Wärme und Vibrationen. All diese Faktoren sorgen dafür, dass Festplatten vergleichsweise recht fehleranfällig sind. In diesem Abschnitt werden Sie die grundlegenden Wartungsmaßnahmen kennen lernen, mit denen sich dafür sorgen lässt, dass Festplatten in gutem Zustand bleiben, und erfahren, was Sie tun können, wenn Festplatten tatsächlich komplett ausfallen und möglicherweise repariert werden müssen.

Wartung

Die Festplattenwartung umfasst zwei verschiedene Funktionen: das gelegentliche Durchsuchen der Festplatte nach defekten Clustern (Zuordnungseinheiten) und die Organisation des Laufwerks bzw. der Daten darauf, damit leicht und schnell darauf zugegriffen werden kann.

Datenträgerüberprüfung

Manchmal gehen einzelne Cluster auf Festplatten kaputt. Sie können nichts dagegen tun, deshalb ist es wichtig, dass Sie Festplatten regelmäßig nach defekten Clustern durchsuchen. Meist wird in diesem Zusammenhang von der *Datenträgerüberprüfung* gesprochen, zuweilen fallen aber auch noch die Namen der beiden älteren Microsoft-Programme *ScanDisk* und *CHKDSK* (*Check Disk*). Egal, welchen Namen das Programm auch trägt, es erledigt immer dieselbe Aufgabe: Wenn es fehlerhafte Cluster findet, kennzeichnet es sie, damit das System keine Daten mehr dort abzulegen versucht.

Kapitel 12

> **Wichtig**
>
> CompTIA A+ verwendet den Begriff CHKDSK anstelle von Datenträgerüberprüfung.

Die meisten Werkzeuge für die Datenträgerüberprüfung machen sehr viel mehr, als nur nach fehlerhaften Clustern zu suchen. Sie durchlaufen alle Dateinamen auf dem Laufwerk, suchen nach ungültigen Namen und versuchen, diese zu korrigieren. Sie suchen nach Clustern, denen keine Dateinamen zugeordnet sind (*verlorenen Ketten*), und löschen sie. Von Zeit zu Zeit gehen die Verknüpfungen zwischen über- und untergeordneten Ordnern verloren, deshalb überprüft ein gutes Werkzeug für die Fehlersuche alle über- und untergeordneten Ordner. Bei einem Ordner wie etwa C:\TEST\DATA stellen sie sicher, dass der Ordner DATA korrekt seinem übergeordneten Ordner C:\TEST zugeordnet ist, und dass C:\TEST korrekt seinem untergeordneten Ordner zugeordnet ist, C:\TEST\DATA.

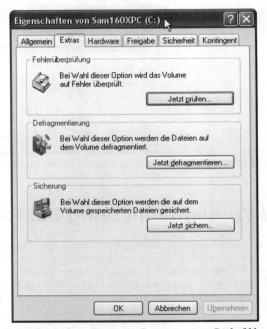

Abbildung 12.61: Die Registerkarte EXTRAS im EIGENSCHAFTEN-Dialogfeld von Windows XP

Um unter Windows 2000/XP oder Vista/7 auf die Datenträgerüberprüfung zuzugreifen, öffnen Sie ARBEITSPLATZ/COMPUTER, klicken das zu überprüfende Laufwerk mit der rechten Maustaste an und wählen im Kontextmenü EIGENSCHAFTEN, um das entsprechende Dialogfeld für das Laufwerk zu öffnen. Aktivieren Sie die Registerkarte EXTRAS bzw. TOOLS und klicken Sie die Schaltfläche JETZT PRÜFEN (Abbildung 12.61) an, um das Dialogfeld der Datenträgerüberprüfung anzeigen zu lassen, in dem sich zwei Optionen befinden (Abbildung 12.62). Markieren Sie das Kontrollkästchen DATEISYSTEMFEHLER AUTOMATISCH KORRIGIEREN, aber behalten Sie sich die Option FEHLERHAFTE SEKTOREN SUCHEN/WIEDERHERSTELLEN für Situationen vor, in denen Sie wirklich Probleme vermuten, weil sie bei der Überprüfung größerer Festplatten recht viel Zeit in Anspruch nehmen kann.

Nachdem Sie wissen, wie Sie Datenträger überprüfen lassen können, lautet Ihre nächste Frage wahrscheinlich, wie oft Sie sie prüfen lassen sollten. Ein sinnvoller Wartungsplan sieht eine wöchentliche Ausführung vor. Die Überprüfung geht schnell (es sei denn, Sie verwenden die Option FEHLERHAFTE SEKTOREN SUCHEN/WIEDERHERSTELLEN), und sie ist wirklich bestens geeignet, Ihr System in Topform zu halten.

Vorbereitung und Wartung von Festplatten

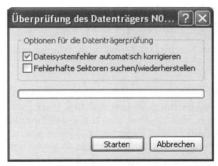

Abbildung 12.62: Das Dialogfeld zur Datenträgerüberprüfung

Defragmentation

Durch fragmentierte (unzusammenhängend gespeicherte) Cluster kann sich die zum Laden von Dateien benötigte Zeit gravierend erhöhen. Sie sollten die Defragmentierung Ihrer Laufwerke zum Teil der monatlich stattfindenden Wartungsarbeiten machen. Das Defragmentierungswerkzeug erreichen Sie unter Windows 2000/XP und Vista/7 auf demselben Weg wie die Datenträgerüberprüfung. Sie öffnen ARBEITSPLATZ/COMPUTER, klicken dort ein Laufwerk mit der rechten Maustaste an und wählen im Kontextmenü EIGENSCHAFTEN. Auf der Registerkarte EXTRAS bzw. TOOLS klicken Sie dann allerdings die Schaltfläche JETZT DEFRAGMENTIEREN an, um das entsprechende Programm zu starten (Abbildung 12.63).

Abbildung 12.63: Die DEFRAGMENTIERUNG unter Windows XP

Die Defragmentierung zu beobachten, ist genau einmal interessant. Danach sollten Sie sie jeweils nachts ausführen lassen. Sie sollten Ihre Laufwerke etwa einmal im Monat defragmentieren, aber Sie

Kapitel 12

können das natürlich auch wöchentlich machen. Und wenn Sie sie jede Nacht ausführen lassen, dauert sie auch nur noch ein paar Minuten. Je mehr Zeit zwischen zwei Defragmentierungsvorgängen liegt, desto länger dauert es. Wenn Sie Ihre Festplatten nicht defragmentieren lassen, dann wird das System mit der Zeit langsamer. Wenn Sie die Datenträgerüberprüfung nicht durchführen, verlieren Sie möglicherweise Daten.

Datenträgerbereinigung

Wussten Sie, dass sich auf durchschnittlichen Festplatten Unmengen an Datenmüll ansammeln? Nein, dabei meine ich nicht Daten, die Sie absichtlich auf der Festplatte sammeln, wie z.B. die 23.000 E-Mails, die Sie nicht aus dem E-Mail-Programm löschen wollen. Ich meine hier vielmehr all die Dateien, von denen Sie gar nicht merken, dass Windows sie aufbewahrt. Dazu ein paar Beispiele:

❏ *Dateien im Papierkorb*. Wenn Sie eine Datei löschen, dann wird sie nicht wirklich von der Festplatte entfernt. Sie wird normalerweise vielmehr im PAPIERKORB abgelegt, damit Sie sie wiederherstellen können, sofern Sie sie nur versehentlich gelöscht haben. Sehen Sie einmal nach, was sich bei Ihrem Rechner so alles im Papierkorb befindet (Abbildung 12.64). Häufig sammelt sich hier ein Haufen Müll an!

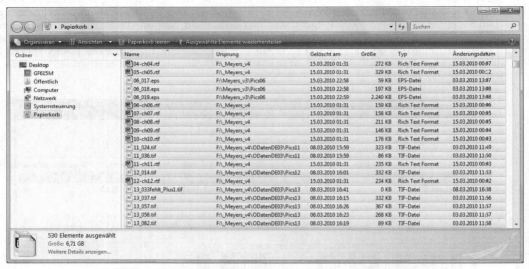

Abbildung 12.64: Anzeige des Inhalts des Papierkorbs unter Windows Vista

❏ *Temporäre Internetdateien*. Wenn Sie eine Webseite aufsuchen, dann speichert Windows Kopien der Bilder und anderer Elemente auf der lokalen Festplatte, damit die Seite schneller geladen werden kann, wenn Sie erneut darauf zugreifen. Sie können sich diese Dateien anzeigen lassen, wenn Sie das Applet INTERNETOPTIONEN in der SYSTEMSTEUERUNG starten. Abbildung 12.65 zeigt ein Beispiel für temporäre Internetdateien.

❏ *Übertragene Programmdateien*. Auf dem Rechner werden Kopien aller heruntergeladenen Java- oder ActiveX-Applets gespeichert. Auch diese Dateien werden angezeigt, wenn Sie im Applet INTERNETOPTIONEN im Register ALLGEMEIN die Schaltfläche EINSTELLUNGEN und anschließend OBJEKTE ANZEIGEN anklicken. Meist handelt es sich dabei aber nur um ein paar winzige Dateien.

❏ *Temporäre Dateien*. Viele Anwendungen erstellen temporäre Dateien, die normalerweise gelöscht werden, wenn die Anwendung beendet wird. Aus dem einen oder anderen Grund werden diese temporären Dateien manchmal nicht gelöscht. Die Position dieser Dateien variiert zwar mit den verschiedenen Windows-Versionen, aber sie befinden sich immer in einem Ordner mit dem Namen TEMP.

Vorbereitung und Wartung von Festplatten

Abbildung 12.65: Ein Ordner mit temporären Internetdateien unter Windows XP

Alle Festplatten füllen sich mit der Zeit schließlich mit Unmengen überflüssigem Müll. Alle Windows-Versionen arbeiten deutlich unzuverlässiger, wenn der Platz auf der Festplatte zur Neige geht. Glücklicherweise gibt es in allen Windows-Versionen ein Programm namens DATENTRÄGERBEREINIGUNG (Abbildung 12.63). Die DATENTRÄGERBEREINIGUNG erreichen Sie unter allen Windows-Versionen über START|(ALLE) PROGRAMME|ZUBEHÖR|SYSTEMPROGRAMME.

Abbildung 12.66: Die Registerkarte DATENTRÄGER BEREINIGEN unter Windows XP

Die DATENTRÄGERBEREINIGUNG löscht die gerade beschriebenen Dateien und je nach Rechnerkonfiguration noch einige weitere. Führen Sie die Datenträgerbereinigung mindestens einmal im Monat aus, um überflüssige Dateien von der Festplatte zu löschen.

Problembehebung bei Festplatten

Es gibt kaum schlimmere Probleme als Festplattenfehler. In diesem Abschnitt werden wir uns mit einigen der häufiger im Zusammenhang mit Festplatten auftretenden Fehler und deren Behebung befassen. Die verschiedenen Probleme lassen sich grob drei Kategorien zuordnen: Installation, beschädigte Daten und sterbende Festplattenlaufwerke.

Installationsfehler

Die Installation eines Festplattenlaufwerks und seine Vorbereitung auf das Speichern von Daten erfordert vier verschiedene Schritte: Anschließen, CMOS-Einstellungen, Partitionieren und Formatieren. Wenn Sie bei einem dieser Schritte Fehler machen sollten, wird das Laufwerk nicht funktionieren. Gut bei diesen Schritten ist aber, dass Sie bei einem Fehler zum betreffenden Schritt zurückgehen und ihn wiederholen können. Da wir uns im Abschnitt zur Problembehebung in Kapitel 11 (*Festplattentechnologien*) bereits mit dem physischen Einbau und dem CMOS befasst haben, können wir uns in diesem Abschnitt auf die beiden letzteren Aspekte beschränken.

Partitionierung

Partitionierungsfehler fallen generell in zwei Gruppen: Entweder ist überhaupt keine Partition angelegt worden oder die Partition hat die falsche Größe bzw. den falschen Typ. Sie erkennen den ersten Fehlertyp sofort, wenn Sie nach der Installation eines Laufwerks ARBEITSPLATZ/COMPUTER öffnen. Wenn Sie die Partitionierung vergessen haben, wird das Laufwerk hier nicht einmal angezeigt, sondern nur in der Datenträgerverwaltung! Wenn Sie die Partition zu klein gemacht haben, wird das schmerzhaft deutlich, wenn Sie beginnen, Dateien darauf zu speichern.

Fehler bei der Partitionierung können Sie beheben, wenn Sie die Datenträgerverwaltung starten und die Partitionierung noch einmal korrekt wiederholen. Wenn Sie auf dem falsch dimensionierten Laufwerk bereits Dateien abgelegt haben, vergessen Sie nicht, diese zu sichern, bevor Sie die Partitionierung wiederholen!

Formatierung

Auf unformatierten Festplatten lassen sich keine Daten speichern. Wenn Sie auf ein Laufwerk zugreifen wollen, das nicht formatiert ist, erhalten Sie unter Windows den Fehler »Laufwerk nicht bereit«. Beim Zugriff über die Eingabeaufforderung C:\ bekommen Sie außerdem den berühmten Fehler »Unzulässiges Medium«. Dann müssen Sie die Festplatte nur neu formatieren, sofern dies bis dahin nicht geschehen ist. Aber auch beschädigte Dateien können diesen Fehler verursachen. Wenn das Laufwerk bereits formatiert war, lesen Sie in den Abschnitten über beschädigte Daten weiter hinten in diesem Kapitel weiter.

Meist nimmt das Formatieren recht viel Zeit in Anspruch und ist recht langweilig. Manchmal gibt das Laufwerk aber auch schreckliche Geräusche von sich und es werden Fehlermeldungen wie in Abbildung 12.67 angezeigt.

```
A:\>format C: /s

ACHTUNG: Alle Daten auf der Festplatte
in Laufwerk C: werden gelöscht!
Formatierung durchführen (J/N)?j

Formatierung 8.056 MB

Versuch, Zuordnungseinheit 37.925 wiederherzustellen
```

Abbildung 12.67: Die Fehlermeldung »Versuch, Zuordnungseinheit Nr. X wiederherzustellen«

FORMAT verwendet den Begriff *Zuordnungseinheit* für Cluster. Das Programm hat einen defekten Cluster entdeckt, den es nun zu reparieren versucht. Früher waren solche Fehler bedeutungslos, weil die damaligen Festplatten grundsätzlich und fertigungsbedingt Fehler aufwiesen. Heute stimmt das nicht mehr. Die modernen EIDE-Festplatten halten im Hintergrund immer eine Vielzahl zusätzlicher Sektoren bereit, die bei Bedarf automatisch anstelle von defekten Sektoren eingeblendet werden können. Wenn eine Festplatte viele Fehlermeldungen der Art »Versuch, Zuordnungseinheit Nr. X wiederherzustellen« generiert, können Sie sicher sein, dass sie bald ihren Geist aufgeben wird. Besorgen Sie sich die Diagnosewerkzeuge des Festplattenherstellers, um die Festplatte intensiver zu prüfen. Fehlerhafte Sektoren werden von S.M.A.R.T. gemeldet.

Bewahren Sie klaren Kopf!

Denken Sie bei den erwähnten Fehlern daran, dass es in diesem Kapitel immer um neu installierte Festplattenlaufwerke geht. Installationsfehler zeigen sich nicht auf einem System, das seit drei Wochen ordnungsgemäß läuft, sondern dann, wenn Sie ein gerade erst installiertes Laufwerk benutzen wollen. Wenn eine neu installierte Festplatte nicht funktioniert, sollten Sie daher klaren Kopf bewahren! Spielen Sie den kompletten Installationsvorgang noch einmal durch. Wird die Festplatte vom CMOS-Setup automatisch erkannt? Wenn nein, überprüfen Sie alle Kabel, die Einstellungen für Master/Slave und die Stromversorgung. Wenn sie jetzt erkannt wird, denken Sie daran, dass sie vielleicht noch partitioniert und formatiert werden muss. Vielleicht muss eine Partition noch aktiviert werden? All dies sind Fragen des gesunden Menschenverstands, die Ihnen wie selbstverständlich einfallen werden, wenn Sie ruhig bleiben und klaren Kopf bewahren. Auch wenn Sie schon Tausende Festplatten installiert haben, können Ihnen immer noch einfache Fehler unterlaufen. Ein falsch herum angeschlossenes Kabel, fehlende Stromversorgung oder falsche CMOS-Einstellungen kommen immer wieder einmal vor. Spielen Sie die Installation dann noch einmal komplett durch. Es hilft wirklich!

Beschädigte Daten

Auf allen Festplatten treten hin und wieder Datenfehler in einzelnen Sektoren auf. Derartige Fehler können Hunderte von Ursachen haben, wie z.B. Stromausfall, versehentliches Abschalten des Systems, beschädigte Installationsmedien. Meist zeigen sich die entsprechenden Fehler im laufenden Betrieb von Windows. Abbildung 12.68 zeigt ein klassisches Beispiel für diesen Fehlertyp.

Abbildung 12.68: Fehlermeldung wegen beschädigter Daten

Unter Umständen erhalten Sie auch andere Windows-Fehlermeldungen wie diese:

- »Die folgende Datei fehlt oder ist beschädigt«
- »Die Dateiangaben sind falsch oder unvollständig«
- »Datei kann nicht geladen werden«

Wenn wichtige Bootdateien zerstört sind, erhalten Sie beim Booten Textfehlermeldungen, wie die folgenden:

- »COMMAND.COM konnte nicht geladen werden«
- »Fehler beim Laden des Betriebssystems«
- »Ungültige BOOT.INI«
- »NTLDR fehlt oder ist beschädigt«

Bei älteren Programmen wird unter Umständen eine Eingabeaufforderung mit dieser Fehlermeldung angezeigt:

Kapitel 12

```
Sektor beim Lesen von Laufwerk C: nicht gefunden.
Abbrechen, Wiederholen, Fehler?
```

Die erste Maßnahme bei all diesen Problemen besteht in der Ausführung der Datenträgerprüfung. Dann wird der Datenträger untersucht, defekte Bereiche werden markiert und die Daten können hoffentlich in fehlerfreie Cluster verschoben werden.

Extract/Expand (Windows 2000/XP)

Wenn die Datenträgerüberprüfung kritische Dateien (die zum Starten von Windows benötigt werden) nicht verschieben kann, dann ließen sich diese vor Windows Vista oft noch über die Befehlszeile aus Windows-Kabinettdateien extrahieren und wiederherstellen. Die Dateien der meisten Windows-Programme sind in einem komprimierten Format namens CAB (eine Kurzform für »cabinet file«) gespeichert. Eine CAB-Datei kann viele Dateien enthalten, und auf den Installations-Discs befinden sich normalerweise viele dieser CAB-Dateien (vgl. Abbildung 12.69).

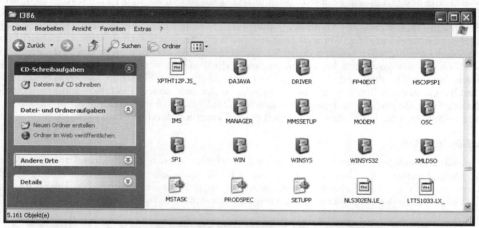

Abbildung 12.69: CAB-Dateien

Um eine einzelne beschädigte Datei aus einer CAB-Datei wiederherzustellen, müssen Sie erstens wissen, wo die CAB-Datei mit der benötigten Datei gespeichert ist, und zweitens, wie Sie an die Datei herankommen, um sie an ihre ursprüngliche Position kopieren zu können. Microsoft liefert das Programm EXPAND mit aus, mit dem Sie eine neue Kopie fehlender oder beschädigter Dateien aus CAB-Dateien von der Installations-CD auf einen anderen Datenträger kopieren können. Beachten Sie, dass die CAB-Dateien durchnummeriert sind, was das eigentlich Geheimnisvolle an diesen Dateien ist.

In den meisten Fällen sind alle CAB-Dateien eines Programms in einem einzelnen Ordner untergebracht (vgl. Abbildung 12.69). Nehmen Sie z.B. an, dass Sie die Datei OLEPRO32.DLL benötigen. Sie kennen die Funktion dieser Datei nicht, sondern wissen nur, dass Windows sie nicht findet, so dass sie wiederhergestellt werden muss. Wechseln Sie nun zur Eingabeaufforderung und lassen Sie mit der folgenden Variante des Befehls EXPAND alle CAB-Dateien auf der Installations-CD (Laufwerk E: im Beispiel) durchsuchen:

```
EXPAND e:\I386\*.CAB -F:OLEPRO32.DLL
```

EXPAND durchsucht nun alle CAB-Dateien und findet die Datei. Wenn Sie mehr über **EXPAND** wissen wollen, können Sie die Windows-Hilfe aufrufen oder an der Eingabeaufforderung EXPAND /? eingeben.

Hinweis

Kapitel 15 (*Die Eingabeaufforderung*) befasst sich ausführlich mit der Nutzung der Befehlszeile.

Zerstörte Daten in defekten Sektoren

Wenn derselbe Fehler auch nach der im letzten Abschnitt beschriebenen Datenträgerprüfung wiederholt auftaucht, gibt es auf der Festplatte wahrscheinlich defekte Sektoren.

Nahezu alle Festplatten verfügen heute über eine eingebaute *Fehlerkorrektur* (*Error Correction Code* bzw. *ECC*), die die Festplatte laufend überwacht und damit nach defekten Sektoren Ausschau hält. Falls die Fehlerkorrektur einen defekten Sektor findet, markiert sie ihn in der internen Fehlertabelle des Laufwerks als defekt. Verwechseln Sie diese Fehlertabelle nicht mit der FAT, die bei der Formatierung erstellt wird. Die interne Fehlertabelle der Festplatte wurde im Werk in bestimmten reservierten Bereichen angelegt und ist für das Betriebssystem völlig unsichtbar. Falls die Fehlerkorrektur einen defekten Sektor findet, wird beim Leseversuch durch den Rechner eine Fehlermeldung angezeigt, die auf den Defekt hinweist. Ein solches Problem kann oft von Datenträgerprüfprogrammen behoben werden.

Manchmal nimmt die Fehlerkorrektur irrtümlich an, dass ein defekter Sektor eigentlich intakt ist. Dann wird die interne Fehlertabelle natürlich nicht aktualisiert. Dann benötigen Sie ein Programm, das den Sektor in der internen Tabelle der Festplatte als defekt markiert. Für diesen Zweck hat sich das äußerst leistungsstarke Programm *SpinRite* von Gibson Research (www.grc.com) bewährt. SpinRite markiert Sektoren viel genauer als die Fehlerkorrektur selbst als defekt oder intakt und lässt dabei Daten unberührt. Daher brauchen Sie bei der Ausführung von SpinRite nicht zu befürchten, dass Daten verloren gehen können. Wenn SpinRite einen defekten Sektor findet, wendet es leistungsfähige Algorithmen an, die normalerweise die Daten zumindest der weniger stark beschädigten Sektoren retten können (Abbildung 12.70).

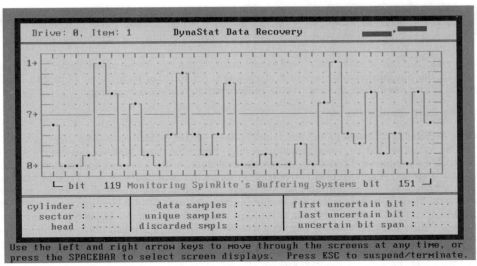

Abbildung 12.70: SpinRite

Ohne SpinRite müssen Sie die vom Festplattenhersteller zur Verfügung gestellten Test- und Lowlevel-Formatierungsprogramme verwenden, die Sie meist im Internet auf den Seiten des entsprechenden Festplattenherstellers finden können sollten. Diese Programme arbeiten ähnlich wie SpinRite – sie unterziehen die Festplatte einem strengen Test nach defekten Sektoren und tragen sie gegebenenfalls in die interne Fehlertabelle ein. Leider werden dabei aber auch alle auf der Festplatte enthaltenen Daten gelöscht. Zumindest ist die Festplatte hinterher aber wieder funktionstüchtig, auch wenn dazu eine Neupartitionierung, Neuformatierung und Wiederherstellung aller Daten erforderlich ist!

Sterbende Festplatten

Physische Festplattenprobleme sind zwar recht selten, haben aber verheerende Folgen, wenn sie auftreten. Wenn eine Festplatte wirklich physisch beschädigt ist, dann können normale Servicetechniker nichts mehr retten. Glücklicherweise halten moderne Festplatten eine Menge aus, ohne gleich auszufallen. Die Todesanzeichen einer Festplatte sind meist recht offensichtlich: Entweder funktioniert das Laufwerk zwar noch, macht aber eine Menge Lärm, oder es verschwindet scheinbar bzw. wird vom Rechner nicht mehr erkannt.

Alle Festplatten machen »Lärm«. Das Summen der rotierenden Festplatten und gelegentliche leicht kratzende Geräusche bei der Positionierung der Schreib/Leseköpfe beim Zugriff auf die Sektoren sind normal. Wenn das Laufwerk aber Geräusche wie die folgenden von sich gibt, dann könnte es langsam den Geist aufgeben:

- ❏ Laufende, kreischende Geräusche hoher Frequenz
- ❏ Mehrmaliges Klicken, kurze Pause und dann wieder mehrmaliges Klicken
- ❏ Andauernde mahlende oder rumpelnde Geräusche

Hinweis

Bei externen Laufwerken kann das Klicken auch einfach nur auf mangelnde Stromversorgung hinweisen. Bei externen USB-Festplatten ohne eigene Stromversorgung kommt dies häufiger vor. Kürzere Kabel oder Y-Kabel können hier oft für Abhilfe sorgen.

Sichern Sie dann die kritischen Daten und ersetzen Sie das Laufwerk. Windows enthält eine Reihe von Hilfsprogrammen für die Datensicherung.

Hinweis

Denken Sie an die Garantie der Laufwerke und beachten Sie die Garantiebestimmungen!

Wenn ein Laufwerk ausfällt, dann wird es nicht mehr angezeigt. Wenn es sich dabei um das Laufwerk handelt, das das Betriebssystem enthält, dann startet der Rechner nicht mehr. Wenn Sie den Rechner neu zu starten versuchen, dann wird eine Fehlermeldung wie diese angezeigt:

```
No Boot Device Present
```

Wenn es sich um ein zweites Laufwerk handelt, dann wird es einfach unter ARBEITSPLATZ/COMPUTER bzw. im Windows-Explorer nicht mehr angezeigt. Rufen Sie dann zunächst das BIOS-Setup auf und prüfen Sie dort, ob die Einstellungen korrekt sind und ob das Laufwerk automatisch erkannt wird. Wird es angezeigt, dann liegt kein physisches Problem mit dem Laufwerk vor. Wird es *nicht* angezeigt, dann schalten Sie das System ab und entfernen das Datenkabel, lassen aber das Stromkabel angeschlossen. Starten Sie das System neu und hören Sie, ob das Laufwerk Geräusche von sich gibt. Wenn der Motor des Laufwerks hochdreht, dann wird das Laufwerk zumindest mit Strom versorgt. In den meisten Fällen weist dies darauf hin, dass das Laufwerk wahrscheinlich noch in Ordnung ist. Dann wenden Sie sich anderen Problemen, wie z.B. nicht richtig angeschlossenem Datenkabel oder falsch gesetzten Jumpern zu. Wenn der Motor nicht dreht, dann probieren Sie einen anderen Stromstecker aus. Wenn das Laufwerk anschließend immer noch nicht dreht und Sie die Jumper und das Datenkabel mehrfach überprüft haben, dann gibt es wahrscheinlich Probleme mit der integrierten Laufwerkselektronik, so dass das Laufwerk tot ist.

Hinweis

Wenn eine Festplatte ausfällt, auf der sich absolut kritische Daten befinden, die nicht anderweitig restauriert werden können, dann können Sie sich an Unternehmen wenden, die sich auf derartige Problemfälle spezialisiert haben. Allerdings wird dies recht teuer, denn unter ca. 1.000 Euro geht hier normalerweise gar nichts. Wenn Sie auf die Daten aber angewiesen sind, dann stellen derartige Unternehmen die letzte und einzige Hoffnung dar. Suchen Sie im Web nach »Datenrettung« oder versuchen Sie Ihr Glück in den Gelben Seiten.

Jenseits von A+

Moderne Festplatten haben zahlreiche andere Funktionen, die man kennen sollte, die aber angehende Techniker nicht unbedingt brauchen. Einige der interessanteren sind die Umdrehungsgeschwindigkeit und Festplattenwerkzeuge von Drittanbietern. Wenn Sie den brennenden Wunsch verspüren, wirklich jedes Detail über Festplatten in Erfahrung zu bringen, gibt es wirklich ausgezeichnete Quellen im Internet.

Partitionierungswerkzeuge von Drittanbietern

Die Datenträgerverwaltung ist ein gutes Werkzeug, in einigen Situationen jedoch nicht ausreichend. Einige wirklich hervorragende Werkzeuge von Drittanbietern auf dem Markt bieten Ihnen unglaubliche Flexibilität und Leistungsfähigkeit, um Ihren Festplattenspeicher ganz nach Ihren jeweiligen Bedürfnissen anzuordnen und umzustellen. Sie alle besitzen interessante und einzigartige Funktionen, aber im Allgemeinen ermöglichen sie Ihnen, Partitionen auf einer Festplatte zu erstellen, zu ändern oder zu löschen, *ohne* dort abgelegten Programme oder Daten zu zerstören. Klasse! Diese Programme kommen in den CompTIA A+-Prüfungen nicht vor, aber alle PC-Techniker verwenden mindestens eines von ihnen, deshalb will ich hier drei der bekanntesten Beispiele vorstellen: (Norton) *PartitionMagic* von Symantec, Avanquest *Partition Commander* Professional und das Open-Source-Werkzeug *GParted* von Linux.

Das wahrscheinlich bekannteste Partitionierungswerkzeug eines Drittanbieters ist *PartitionMagic*, das aber laut Symantec nicht mehr weiterentwickelt wird und daher ein wenig veraltet ist. Es unterstützt die älteren Windows-Versionen, kann aber im Zusammenhang mit Windows Vista/7 Probleme bereiten. Mit PartitionMagic können Sie Partitionen erstellen, deren Größe ändern, sie aufteilen, zusammenführen, löschen, das Löschen rückgängig machen und sie umwandeln, ohne dabei Daten zu zerstören. Außerdem können Sie Dateien und Ordner unterstützter Partitionen anzeigen, sie kopieren oder verschieben, NTFS-Partitionen (auch die Systempartition) erweitern, NTFS-Sektorengrößen ändern und neue Partitionen für mehrere Betriebssysteme hinzufügen und das alles unter Verwendung eines einfachen Assistenten.

Avanquest bietet zahlreiche ähnliche Produkte an, unter anderem den sehr praktischen Partition Commander Professional. Anders als PartitionMagic unterstützt er alle Windows-Versionen und ermöglicht Ihnen, Partitionen zu ändern, ohne dabei Daten zu zerstören. Zu den interessanten Funktionen gehört die Möglichkeit, dynamische Datenträger nicht zerstörend in eine Basisfestplatte umzuwandeln (was mit Windows-Bordmitteln nicht möglich ist), die Defragmentierung der MFT auf einer NTFS-Partition und das Verschieben nicht genutzten Speicherplatzes von einer Partition in eine andere auf demselben physischen Laufwerk, wobei die Größe der Partitionen abhängig vom verschobenen Speicherplatz automatisch angepasst wird. Abbildung 12.71 zeigt das Dialogfeld des Partition Commanders zum Verschieben nicht genutzten Speicherplatzes zwischen den Partitionen.

Das einzige Problem beim Partition Commander besteht darin, dass er Geld kostet. (PartitionMagic wird mittlerweile nicht mehr vertrieben.) Es ist natürlich nicht verkehrt, für ein gutes Produkt zu bezahlen, aber wenn Sie etwas finden, das die Aufgaben kostenlos erledigt, können Sie es zumindest ausprobieren. In diesem Fall probieren Sie es mit dem *Gnome Partition Editor*, auch als *GParted* bekannt. Sie finden ihn unter http://gparted.sourceforge.net/.

GParted ist ein unglaublich leistungsfähiger Partitionierungseditor und kann fast alles, was die kostenpflichtigen Editoren auch können, ist aber kostenlos. Ich verwende ihn laufend und bin begeistert. Wenn Sie sich Abbildung 12.72 genauer ansehen, erkennen Sie, dass er seltsame Namen für die Partitionen verwendet, wie etwa HDA1 oder HDB3. Dabei handelt es sich um Linux-Konventionen, die alle in der GParted-Hilfe ausreichend dokumentiert sind. Probieren Sie GParted aus, Sie werden es lieben.

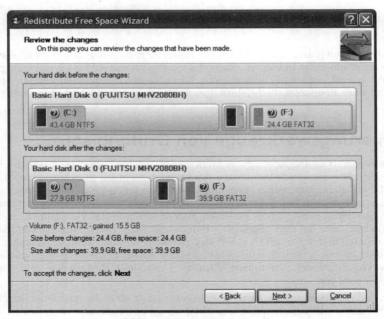

Abbildung 12.71: Partition Commander

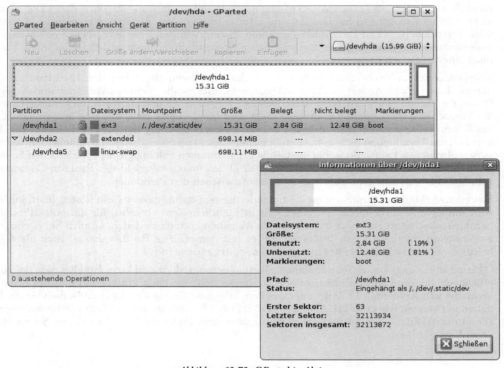

Abbildung 12.72: GParted in Aktion

Der einzige Nachteil von GParted ist, dass es sich dabei um ein Linux-Programm handelt. Weil es keine Windows-Version gibt, müssen Sie es unter Linux ausführen. Aber auch das ist kein Problem, denn mit *GParted Live* bieten die Entwickler auch eine Version an, die direkt von CD oder USB-Stick gestartet werden kann. Für die CD-Version müssen Sie sich nur die ISO-Datei herunterladen und sie auf CD brennen.

Eine Live-CD ist ein komplettes Betriebssystem auf einer CD. Es ist jedoch keine Installations-CD wie Ihre Windows-Installations-CD. Das Betriebssystem ist auf der CD bereits installiert. Sie booten von der Live-CD und das Betriebssystem wird in den Arbeitsspeicher geladen, so wie das Betriebssystem von Ihrer Festplatte beim Booten in den Arbeitsspeicher geladen wird. Beim Booten der Live-CD erkennt diese Ihre Hardware und lädt die richtigen Treiber in das RAM, so dass alles funktioniert. Sie erhalten alles, was Sie von einem Betriebssystem erwarten, mit einer großen Ausnahme: Die Live-CD verändert nichts an Ihrer Festplatte. Natürlich können Sie Programme damit ausführen (wie etwa GParted), die mit Ihrer Festplatte arbeiten, weshalb Live-CDs so beliebt bei PC-Technikern sind, weil sie genutzt werden können, sich in ein launisches System einzuklinken und Programme darauf auszuführen.

Der wahre Held könnte auch *UBCD* (The Ultimate Boot CD) verwenden, einen riesigen Berg praktischer Freeware-Programme, die vom frustrierten Techniker Ben Burrows zusammengetragen wurden, der einmal keine Boot-CD fand, als er sie dringend benötigte. Seine Website finden Sie unter www.ultimatebootcd.com. Die UBCD enthält mehr als 100 unterschiedliche Werkzeuge, die alle auf einer einzigen Live-CD untergebracht sind. Sie enthält Lowlevel-Diagnosewerkzeuge für alle Festplattenhersteller, vier oder fünf verschiedene Partitionierungswerkzeuge, Programme zum Auslesen der S.M.A.R.T.-Informationen, Programme zum Löschen der Festplatte sowie Cloning-Werkzeuge für Festplatten (praktisch, wenn Sie eine Festplatte durch eine größere Festplatte ersetzen wollen). Die Programme sind allerdings nur schlecht dokumentiert, und für viele der Werkzeuge benötigen Sie Erfahrungen, die über den Rahmen der CompTIA A+-Prüfungen hinausgehen. Ich kann Ihnen aber sagen, dass ich eine Kopie dieser CD besitze und sie auch nutze.

Wiederholung

Fragen

1. Welche der folgenden Dateisysteme können Windows 2000/XP und Vista/7 nutzen?
   A. FAT16, FAT32, NTFS
   B. FAT16, FAT32, FAT64, NTFS
   C. FAT16, FAT32
   D. FAT16, NTFS

2. Wie lassen sich die vier möglichen Einträge in einer Dateizuordnungstabelle korrekt beschreiben?
   A. Dateiname, Datum, Zeit, Größe
   B. Nummer des Anfangssektors, Nummer des Endsektors, Anzahl der benutzten Sektoren, Anzahl der verfügbaren Sektoren
   C. Eine Dateiendekennung, eine Kennung für fehlerhafte Sektoren, Code, der anzeigt, dass der Sektor verfügbar ist, die Nummer des Sektors, in dem der nächste Teil der Datei abgelegt ist
   D. Dateiname, Ordnerposition, Nummer des Anfangsclusters, Nummer des Endclusters

3. Welches Programm stellt Microsoft in Windows 2000/XP und Vista/7 zur Partitionierung und Formatierung eines Laufwerks bereit?
   A. Formatierung
   B. Datenträgerverwaltung
   C. Datenträgeradministrator
   D. System Commander

4. Was verwendet NTFS, um für die Sicherheit einzelner Dateien und Ordner zu sorgen?
   A. Dynamische Festplatten
   B. ECC
   C. Zugriffskontrollliste
   D. MFT

5. Adam will ein neues einfaches Volume in nicht zugeordneten Bereichen auf seiner Festplatte anlegen, aber wenn er in der Datenträgerverwaltung den Speicherbereich mit der rechten Maustaste anklickt, kann er nur eine neue Partition anlegen. Was ist das Problem?
   A. Das Laufwerk hat defekte Sektoren.
   B. Das Laufwerk ist eine Basisfestplatte, keine dynamische Festplatte.
   C. Das Laufwerk hat weniger als 32 GB nicht zugeordneten Speicherplatz.
   D. Das Laufwerk ist als Slave gejumpert.

6. Pauline will ihre Festplatte auf Fehler überprüfen. Welches Werkzeug soll sie dafür verwenden?
   A. FDISK
   B. Format
   C. Datenträgerverwaltung
   D. Fehlerüberprüfung

7. Was verwenden Sie, um Ihre Dateien für andere Benutzer unlesbar zu machen?
   A. Clustering
   B. Komprimierung
   C. Festplatten-Kontingente
   D. Verschlüsselung

8. Wie lässt sich die Kapazität eines NTFS-Laufwerks effizient erweitern?
   A. Sie legen eine erweiterte Partition an, um die Kapazität zu erweitern.
   B. Sie installieren ein zweites Laufwerk und stellen es als Ordner auf dem ursprünglichen kleineren NTFS-Laufwerk bereit.
   C. Sie wandeln das Laufwerk in einen dynamischen Datenträger um und spiegeln es.
   D. Sie formatieren die Festplatte mit der Schnellformatierungsoption.

9. Welche Datenträgerkonfiguration verwendet die Parität für die Fehlertoleranz?
   A. RAID 5
   B. Gespiegelte Datenträger
   C. Übergreifendes Volume
   D. Stripeset-Volume

10. Sie zerstören mit an Sicherheit grenzender Wahrscheinlichkeit Ihre Festplatte, wenn Sie Folgendes umdrehen:
    A. Stromversorgungskabel
    B. Datenkabel
    C. Jumper
    D. Pins

Antworten

1. **A.** Windows 2000/XP und Vista/7 können FAT16, FAT32 und NTFS nutzen.
2. **C.** Die vier möglichen Einträge in eine Dateizuordnungstabelle sind eine Dateiendekennung, eine Kennung für fehlerhafte Sektoren, Code, der anzeigt, dass der Sektor verfügbar ist, die Nummer des Sektors, in dem der nächste Teil der Datei abgelegt ist.
3. **B.** Unter Windows 2000/XP und Vista/7 wird die Datenträgerverwaltung zum Partitionieren und Formatieren von Laufwerken genutzt.
4. **C.** Da NTFS einzelne Dateien und Ordner als Objekte betrachtet, kann es über eine Zugriffskontrollliste (ACL – Access Control List) für deren Sicherheit sorgen.
5. **B.** Das Laufwerk ist eine Basisfestplatte und kein dynamischer Datenträger. Auf Basisfestplatten werden Partitionen, auf dynamischen Datenträgern Volumes angelegt.
6. **D.** Die Fehlerüberprüfung wird verwendet, um ein Laufwerk auf Fehler zu überprüfen.
7. **D.** Um Ihre Dateien unlesbar für andere zu machen, verwenden Sie die Verschlüsselung.
8. **B.** Sie können die Kapazität eines NTFS-Laufwerks effizient erweitern, wenn Sie ein zweites Laufwerk installieren und es auf dem ursprünglichen kleineren NTFS-Laufwerk als Ordner bereitstellen.
9. **A.** RAID 5 verwendet die Parität für die Fehlertoleranz.
10. **A.** Sie zerstören Ihre Festplatte mit großer Wahrscheinlichkeit, wenn Sie das Stromversorgungskabel umdrehen.

13

Wechseldatenträger

Themen in diesem Kapitel
- ❑ Diskettenlaufwerke erklären und installieren
- ❑ Unterschiede zwischen Flash-Laufwerken und anderen winzigen Laufwerken aufzeigen
- ❑ Optischen Datenträger erklären und installieren
- ❑ Fehlersuche für Laufwerke mit Wechseldatenträgern

Die Bezeichnungen *Wechseldatenträger* und *Wechselmedien* beziehen sich auf beliebige Massenspeicher, die Sie in einem System benutzen, daraus physisch entnehmen und in einem anderen System benutzen können. Wechseldatenträger werden seit der Einführung von PCs im Jahre 1980 mit diesen zusammen benutzt. Damals gab es natürlich nur einen Wechseldatenträger, die Diskette, aber die Möglichkeit, Programme und Daten schnell von einer Maschine auf eine andere zu transportieren, wurde schnell zu einem der wichtigsten Vorteile des PC. Im Laufe der Jahre wurden Wechseldatenträger mit größeren Kapazitäten eingeführt. Einige Technologien – CDs, DVDs, BD-Discs und Speichersticks beispielsweise – sind sehr gebräuchlich geworden. Andere Technologien (von denen Sie möglicherweise noch nie gehört haben), wie beispielsweise das Iomega-Zip-Laufwerk, waren eine Zeit lang recht verbreitet, verschwanden dann aber wieder. Im Laufe der PC-Geschichte gab es eine Menge verschiedener Wechseldatenträger-Technologien, die zwar laut angepriesen wurden und teuer waren, sich aber nie wirklich durchsetzen konnten.

Heute sind Computer vernetzt und Wechseldatenträger werden nur noch vergleichsweise selten für den Transport von Programmen und Daten verwendet. Es gibt aber derart viele andere Verwendungszwecke dafür, dass sie weiterhin verbreitet sind. Wechseldatenträger sind das perfekte Medium zur Verteilung von Software, Datenarchivierung und Datensicherung. Abbildung 13.1 zeigt meinen Softwarewerkzeugkasten. Als PC-Techniker müssen Sie wahrscheinlich nicht nur auf Kundensystemen Software von Wechseldatenträgern installieren, sondern Sie werden sie auch bei der Fehlersuche und Wartung zum Speichern von Software verwenden, um mit deren Hilfe alle möglichen Arbeiten am PC durchführen zu können (erinnern Sie sich noch an die Live-CDs aus Kapitel 12?).

Dieses Kapitel behandelt die heute gebräuchlichsten Wechseldatenträger. Der Übersicht halber unterteilen wir die Wechseldatenträger in die folgenden Gruppen:

- ❑ **Disketten:** die traditionelle Diskette
- ❑ **Flash-Speicher:** von USB-Sticks bis hin zu Flash-Speicherkarten
- ❑ **Optische Datenträger:** alle glänzenden Scheiben, von der CD-ROM über die DVD bis hin zur BD (Blu-ray-Disc)
- ❑ **Externe Laufwerke:** Alle Festplatten oder optischen Laufwerke, die extern über Kabel an PCs angeschlossen werden

Kapitel 13

Abbildung 13.1: Werkzeugkasten des Autors

Der obigen Beschreibung nach können zwei weitere Technologien ebenfalls als Wechseldatenträger bezeichnet werden. PC-Karten sind eine für Laptops vorgesehene Technologie, die in Kapitel 21 (*Tragbare Rechner*) beschrieben wird, während Bandsicherungen dem Bereich der Datensicherung zugeordnet werden, um den es in Kapitel 17 (*Wartung und Fehlerbehebung für Windows*) geht.

Geschichte und Konzepte

Diskettenlaufwerke

Die gute alte Diskette! Diese kleinen Scheiben, auf denen sich nur 1,44 MB Daten speichern ließen, waren seit dem Beginn der PC-Ära mit dabei. Jahrzehntelang versuchte die PC-Industrie immer wieder, die Diskette durch Wechseldatenträger mit höherer Kapazität zu ersetzen, um dann schließlich doch immer wieder zu ihr zurückzukehren. Die Technologie der Diskettenlaufwerke war fest verwurzelt: Mainboard-Hersteller konnten sie leicht hinzufügen, jedes BIOS unterstützte sie, und sie waren fast immer das erste Boot-Gerät. Weil Techniker mit der Diskette ein System booten konnten, wurde sie von ihnen heiß geliebt.

Erst in den letzten Jahren gab es dann aufgrund einer Industrieinitiative mit dem Ziel, den PC von Altlasten zu befreien *(Legacy-free computing)*, Systeme ohne Diskettenlaufwerke. Diese Initiative wurde seit 2001 von Microsoft und Intel gefördert, die alte Technologien im PC loswerden wollten, wie etwa PS/2-Anschlüsse, serielle Anschlüsse, parallele Anschüsse – und Diskettenlaufwerke. (Interessant ist, wie lang es gedauert hat, bis die PC-Hersteller dies übernommen haben.) Das ehrwürdige Diskettenlaufwerk wird also vermutlich bald aus den PCs verschwinden. Bis dahin werden die Disketten, ein Überbleibsel aus den dunklen Zeiten der PC-Welt, weiterhin eine lebenswichtige Technologie darstellen, die Sie unbedingt kennen müssen.

Grundlagen von Diskettenlaufwerken

Wenn Sie eine *Diskette* in ein *Diskettenlaufwerk* einlegen, dann wird der Schutzschieber geöffnet und das magnetische Medium innerhalb der Plastikhülle freigelegt. Eine motorgesteuerte Spindel greift die Diskette in der Mitte des Laufwerks und lässt sie rotieren. Dann werden im Laufwerk Schreib/Leseköpfe vor- und zurückbewegt, die die Spuren der Diskette bei Bedarf lesen oder schreiben. Die aktuellen Disketten sind 3,5 Zoll (8,9 Zentimeter) groß und können 1,44 MB Daten speichern (Abbildung 13.2). Für den Zugriff auf die Daten verwenden Sie ein *3,5-Zoll-Diskettenlaufwerk*.

Abbildung 13.2: Diskettenlaufwerk und Diskette

Immer wenn das System auf eine Diskette in seinem Laufwerk zugreift, leuchtet die LED an der Vorderseite des Laufwerks auf. Wenn die LED leuchtet, sollten Sie niemals versuchen, die Diskette aus dem Laufwerk zu entfernen! Das Licht weist darauf hin, dass die Schreib/Leseköpfe auf die Diskette zugreifen, wodurch Daten beschädigt werden können, wenn das Medium entfernt wird. Wenn die LED nicht leuchtet, können Sie den Druckschalter an der Vorderseite des Laufwerks betätigen, um die Diskette auszuwerfen.

Hinweis

Der Begriff »Floppy« (engl. für schlaff, schlotterig) kommt übrigens daher, dass frühe Disketten wirklich so waren! Sie ließen sich leicht biegen. Später wurden Disketten starrer und robuster. Der Begriff ist jedoch geblieben – Disketten nennt man immer noch Floppys.

Die ersten Diskettenlaufwerke für den PC kamen im 5,25-Zoll-Format daher. Dieser Wert sollte eigentlich nur das Laufwerk selbst beschreiben (Abbildung 11.3), aber viele Anwender bezeichneten auch die Disketten für diese Laufwerke als 5,25-Zoll-Disketten! In den 1970ern und frühen 1980er Jahren gab es vor der Verbreitung des PC Computer mit Diskettenlaufwerken im Format 8 Zoll. Glücklicherweise wurden diese beim PC jedoch kaum mehr verwendet. Falls Sie einmal eine Diskette oder ein Laufwerk im 8-Zoll-Format in Händen halten sollten, sollten Sie sie aufbewahren – vielleicht bringen sie Ihnen bei Sammlern noch einmal viel Geld ein!

Abbildung 13.3: Eine 5,25-Zoll-Diskette und das zugehörige Laufwerk

Die 3,5-Zoll-Diskettenlaufwerke tauchten um 1986 herum auf und wurden innerhalb nur weniger Jahre zum vorherrschenden Format in diesem Bereich. Heute haben CD- und DVD-Brenner und USB-Speichersticks die Diskette weitgehend ersetzt. Wenn Sie an diesen Dingen wirklich Interesse haben, dann sind übrigens bis heute via Internet so ziemlich alle jemals erhältlichen Diskettenvarianten und Laufwerkformate erhältlich! Und Sie können immer noch problemlos Rechner mit vorinstallierten Diskettenlaufwerken bestellen.

Essentials

Diskettenlaufwerke installieren

Alle Windows-Systeme reservieren die Laufwerksbuchstaben A: und B: für Diskettenlaufwerke. Andere Buchstaben als A: oder B: können Sie für Diskettenlaufwerke nicht verwenden. Sie können einem Diskettenlaufwerk immer nur entweder den einen oder anderen Buchstaben zuweisen. In Kürze werden Sie erfahren, wie Sie ein Diskettenlaufwerk für A: oder B: konfigurieren. Es ist allerdings üblich, einem einzigen Diskettenlaufwerk immer den Buchstaben A: zuzuordnen. Ein zweites Laufwerk erhält dann den Namen B:.

Diskettenlaufwerke werden mit dem PC über ein *34-poliges Flachbandkabel* verbunden. Falls am Kabel Anschlüsse für zwei Laufwerke vorhanden sind, sind sieben Leitungen davon »verdreht«, was der elektronischen Unterscheidung zwischen A: und B: dient. Da die Mehrheit der PC-Anwender nur ein Diskettenlaufwerk besitzen, haben viele Systemhersteller den Verdreher nebst dem zweiten Stecker weggelassen, um mit dem einfacheren Kabel einige Cent zu sparen (Abbildung 13.4).

Abbildung 13.4: Kabel für ein einziges Diskettenlaufwerk

Standardmäßig versuchen alle PCs (zumindest jene, die noch Diskettenlaufwerke besitzen), beim Start des Rechners zunächst das Laufwerk A: und dann das Laufwerk C: zu lesen, und suchen darauf nach einem Betriebssystem. Erst danach wird nach anderen möglichen Startmedien gesucht. Dadurch können Techniker eine Diskette in einen durch eine ausgefallene Festplatte defekten Rechner einlegen und Programme von ihr starten. Aber auch Hacker können so bootfähige Disketten in Server-Laufwerke einlegen und ihren üblen Machenschaften nachgehen. Sie können dieses Verhalten des Rechners aber auch ändern, da die meisten Rechner über spezielle CMOS-Einstellungen verfügen, über die die vorgegebene Bootreihenfolge so geändert werden kann, dass nicht erst Laufwerk A: und dann Laufwerk C: gelesen wird. Wie das geht, werden Sie schon bald erfahren.

Flachbandkabel anschließen

Sehen Sie sich das Diskettenkabel in Abbildung 13.5 an und achten Sie auf die linke Seite des Steckers. Dieser Stecker, der identisch mit dem anderen Stecker am selben Kabel ist, wird über die Pfostenleiste des Diskettencontrollers mit dem Mainboard verbunden, wie Abbildung 13.5 zeigt. Beachten Sie, wie deutlich Pin 1 bei dem Mainboard in der Abbildung markiert ist. Das ist keineswegs immer der Fall. Sorgen Sie dafür, dass die farbige Markierung des Kabels mit Pin 1 übereinstimmt.

Abbildung 13.5: Ein Diskettenkabel wird an den Controller angeschlossen. Pin 1 ist links gekennzeichnet.

Es folgen einige Tipps zur richtigen Ausrichtung der Kabel, die übrigens für alle Flachbandkabel und nicht nur für Diskettenkabel gelten. Stecker an Flachbandkabeln besitzen in der Mitte meist eine Nase. Wenn eine solche Nase am Stecker und *eine* entsprechende Aussparung an der Pfostenleiste des Controlleranschlusses vorhanden sind, dann ist die Aufgabe einfach (Abbildung 13.6).

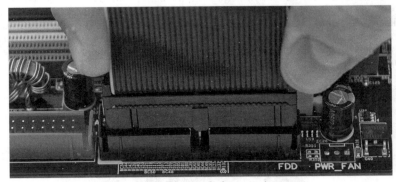

Abbildung 13.6: Pfostensteckerleiste mit Aussparung

Leider haben nicht alle Stecker oder Anschlüsse solche Nasen bzw. Aussparungen. Suchen Sie dann nach den entsprechenden Angaben im Mainboard-Handbuch. Dort finden Sie immer eine Abbildung des Mainboards, der Sie die korrekte Ausrichtung des Steckers entnehmen können. Sehen Sie sich die anderen Flachbandkabel auf dem Mainboard an. Bei fast allen Mainboards werden alle Stecker einheitlich ausgerichtet. Und wenn auch das nicht hilft, dann raten Sie einfach! Mit einem falsch herum eingesteckten Kabel können Sie nichts beschädigen. Nach dem Booten funktioniert das Diskettenlaufwerk dann nur nicht! Also kein Grund zur Beunruhigung. Schalten Sie den Rechner einfach aus und probieren Sie es erneut!

Wenn Sie das Flachbandkabel mit dem Diskettencontroller verbunden haben, müssen Sie es nur noch am Diskettenlaufwerk anschließen. Auch hier müssen Sie wieder aufpassen! Denn auch hier müssen Pin 1 an Stecker und Laufwerk miteinander übereinstimmen, so dass die vorgestellten Regeln weiterhin gelten. Bevor Sie jedoch das Kabel am Laufwerk anschließen, müssen Sie möglicherweise erst wissen, welchen der Stecker am Kabel Sie verwenden müssen. Hier gibt es einen großen Unterschied! Bei zwei Steckern am Kabel bestimmt der Stecker, über den Sie das Diskettenlaufwerk anschließen, nämlich auch den Laufwerksbuchstaben.

Wichtig

Die CompTIA A+Prüfungen haben sich in der Vergangenheit sehr auf die Pins der Kabel konzentriert. Sie sollten daher die Anzahl der Leitungen (34) und die Ausrichtung der Pins (Pin 1 an Pin 1) gut kennen.

Wenn das Diskettenlaufwerk am Stecker am Kabelende angeschlossen ist, wird es zum A:-Laufwerk, ist es am mittleren Stecker angeschlossen, wird es zum B:-Laufwerk (Abbildung 13.7). Falls Sie nur ein Diskettenlaufwerk anschließen wollen, installieren Sie es immer an der Position für das A:-Laufwerk!

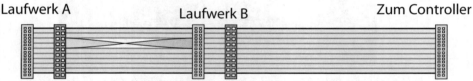

Abbildung 13.7: Die Position des Steckers auf dem Kabel bestimmt den Laufwerksbuchstaben

Stromversorgung

Wie alle anderen PC-Komponenten benötigen auch Diskettenlaufwerke einen Stromanschluss. Moderne 3,5-Zoll-Laufwerke verwenden den kleinen *Mini-Molex-Stecker*. Seien Sie vorsichtig damit! Der Ministecker lässt sich leicht falsch herum anschließen, womit das Diskettenlaufwerk zerstört wird, was Sie sofort am Geruch erkennen. Abbildung 13.8 zeigt eine Ansicht eines korrekt installierten Ministeckers von unten – beachten Sie die Auskerbungen, die die korrekte Ausrichtung zeigen. Das Problem stellt der für die Stecker und Anschlüsse verwendete Kunststoff dar. Der Anschluss lässt sich so leicht verbiegen, dass Sie keineswegs kräftig gebaut sein müssen, um den Stecker falsch herum einzustecken oder nur drei der vier Pins zu erwischen.

Abbildung 13.8: Korrekt angeschlossener Mini-Molex-Stecker

Damit haben Sie ein Diskettenlaufwerk installiert! Nach dem Einbau müssen Sie noch die Einstellungen im CMOS vornehmen.

Vorsicht

Ein falsch angeschlossener Stromstecker zerstört unweigerlich das betreffende Gerät. Mit der Ausnahme der Mini-Molex-Stecker sind die meisten Stromstecker jedoch so gestaltet, dass sie sich kaum versehentlich falsch herum anschließen lassen.

CMOS-Setup

Nach dem Einbau des Diskettenlaufwerks müssen Sie im nächsten Schritt ein paar CMOS-Einstellungen vornehmen, die zum Laufwerk passen müssen. Suchen Sie dazu im CMOS-Setup nach »Standard CMOS Features« oder Ähnlichem. Meist ist im CMOS-Setup das Laufwerk A: standardmäßig auf 3,5 Zoll und 1,44 MB eingestellt, dann ist das Diskettenlaufwerk bereits konfiguriert. Überzeugen Sie sich einfach davon, ob diese Einstellung bei Ihnen im CMOS-Setup vorhanden ist. Dann brauchen Sie nichts zu ändern. Abbildung 13.9 zeigt die typische CMOS-Einstellung für ein einzelnes Diskettenlaufwerk. Sollten Sie ausnahmsweise doch einmal andere Einstellungen als die typischen 3.5 INCH/ 1.44 MB für das Laufwerk A: vornehmen müssen, dann wählen Sie einfach das Laufwerk (A: oder B:) und die passende Kapazität aus.

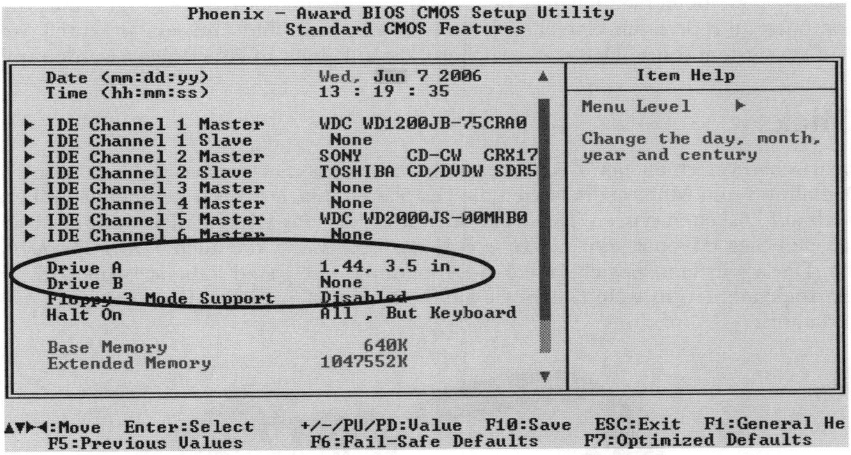

Abbildung 13.9: CMOS-Einstellung für ein Standard-Diskettenlaufwerk

Durch Deaktivieren der Option BOOT UP FLOPPY SEEK weisen Sie den PC an, während des POST nicht nach dem Diskettenlaufwerk zu suchen, was eigentlich nur den Bootvorgang ein wenig beschleunigt (Abbildung 13.10).

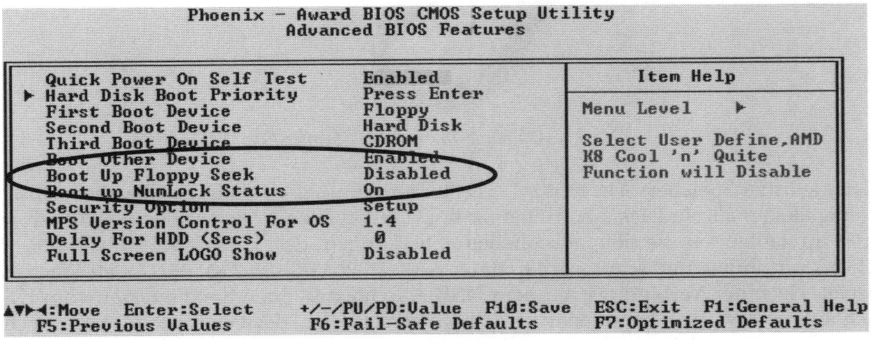

Abbildung 13.10: Die CMOS-Einstellung BOOT UP FLOPPY SEEK

Viele CMOS-Setups enthalten eine Option namens FLOPPY 3 MODE SUPPORT (Unterstützung Modus 3). Abbildung 13.9 zeigt ein Beispiel für ein CMOS mit dieser Option. Ein Mode-3-Floppy besitzt ein spezielles 1,2-MB-Format und wird vorwiegend in Japan verwendet. Wenn Sie also nicht gerade in Japan leben und solche Disketten verwenden, können Sie diese Option getrost ignorieren.

Flash-Speicher

Derselbe Flash-Speicher, der die CMOS-Technologie beim System-BIOS ersetzt hat, hat in Form von Wechselmassenspeicher einen weiteren Einsatzbereich im PC gefunden. Flash-Speicher gibt es in zwei verschiedenen Varianten, USB-Sticks und Speicherkarten. *USB-Sticks* sind kleine Flash-Geräte mit einem USB-Anschluss. *Speicherkarte* steht als Oberbegriff für all diese winzigen Kärtchen, die in Kameras, PDAs und anderen Geräten eingesetzt werden. Beide Varianten können unter Windows als Laufwerk genutzt werden, dienen aber meist anderen Aufgaben. USB-Sticks haben fast alle anderen wiederbeschreibbaren Wechselmedien ersetzt, wenn es darum geht, Dateien zu übertragen oder Kopien wichtiger Programme aufzubewahren. Meine Sticks (zwei davon habe ich immer bei mir!) enthalten Sicherungskopien meiner aktuellen Arbeit, wichtige Fotos und unzählige Programme, die ich brauche, um Computer zu reparieren. Speicherkarten sind sehr klein und sind sehr praktisch, wenn es darum geht, auf geringstem Raum Daten zu speichern, die auf einen PC übertragen werden sollen.

USB-Sticks

Daten zwischen verschiedenen Rechnern zu übertragen, ist meist mühsam. Und das gilt mehr denn je, seit Digitalfotos und Multimediadateien die Festplatten mit riesigen Datenmengen füllen, die unmöglich noch auf Disketten passen. Der letzte Anwärter, der das Diskettenlaufwerk ersetzen soll, könnte letztlich den Sieg davontragen: *USB-Flash-Memory-Laufwerke*, die auch »*USB-Speichersticks*« genannt werden. Diese winzigen Speichermedien (Abbildung 13.11) sind äußerst beliebt. Ein 8 GB großer Speicherstick, auf den so viele Daten wie auf 5.600 normale 3,5-Zoll-Disketten passen, ist für wenige Euro erhältlich.

Abbildung 13.11: USB-Speichersticks

Bei den kleinsten Speichersticks ist der USB-Stecker bereits größer als der Speicher selbst, andere sind ein wenig kleiner als ein Päckchen Kaugummi. Diese Laufwerke lassen sich unter Windows 2000/XP/Vista/7 im laufenden Betrieb anschließen. Sie können das Laufwerk einfach mit einem USB-Anschluss verbinden, und schon wird es unter ARBEITSPLATZ bzw. COMPUTER als Wechseldatenträger angezeigt. Nach der Verbindung mit dem USB-Anschluss können Sie die Daten vom USB-Laufwerk einfach auf die Festplatte kopieren oder dorthin verschieben, das Gerät wieder vom Rechner trennen und mitnehmen. Sie können Dateien direkt vom Laufwerk lesen, schreiben und löschen. Als USB-

Gerät kommen sie sogar ohne externe Stromversorgung aus. Da der Flash-Speicher nur aus elektronischen Bauteilen besteht, ist er unempfindlich gegenüber Erschütterungen und soll Daten etwa zehn Jahre lang aufbewahren können. Ein großer Fortschritt im Vergleich zu Disketten ist zudem die plattformübergreifende Kompatibilität. Sie können Daten zwischen Mac-, Windows- und Linux-Rechnern übertragen.

Neuere Rechner lassen sich meist sogar vom Speicherstick aus booten. Mit einem bootfähigen Speicherstick können Sie sowohl bootfähige Disketten als auch bootfähige CDs und DVDs durch die schnelleren Flash-Laufwerke ersetzen. Es ist etwas kompliziert, einen Speicherstick bootfähig zu machen, deshalb haben die meisten Hersteller der klassischen bootfähigen CDs mit Dienstprogrammen USB-Versionen entwickelt, die vorhandene Speichersticks erkennen und ein Betriebssystem mit den gewünschten Dienstprogrammen darauf speichern können. Zumeist handelt es sich dabei um einfache Versionen Linux-basierter Live-CDs. Momentan kann man in Hinsicht auf Dienstprogramme für den USB-Stick kaum Empfehlungen geben, da diese Programmkategorie noch relativ neu ist und es beinahe täglich neue Angebote und Aktualisierungen gibt. Wenn Sie sich für diese neue Technologie interessieren, dann können Sie sich aber einmal *GParted LiveUSB* ansehen, das Sie unter `http://gparted.sourceforge.net` finden, wenn Sie den Link LIVE CD/USB/PXE anklicken.

Flash-Karten

Flash-Karten erlauben die Speicherung von Daten auf kleinstem Raum. Alle Digitalkameras und viele PDAs, Handys und Routenplaner haben Steckplätze für Speicherkarten. Speicherkarten gibt es in zahlreichen unterschiedlichen und inkompatiblen Formaten, deren gebräuchlichste Sie kennen sollten.

CompactFlash

Bei *CompactFlash* (*CF*) handelt es sich um die älteste, komplexeste und physisch größte aller Flash-Speicherkarten (Abbildung 13.12). CF-Karten sind etwa 2,5 cm breit und verwenden als Anschluss einen vereinfachten PCMCIA-Bus (weitere Informationen finden Sie in Kapitel 21, *Tragbare Rechner*). CF-Karten gibt es in zwei Größen: CF I (3,3 mm dick) und CF II (5 mm dick). CF-II-Karten sind zu dick für CF-I-Steckplätze.

Abbildung 13.12: CF-Karte

Clevere Hersteller haben den CF-Formfaktor wiederverwendet, um das Microdrive zu entwickeln (Abbildung 13.13). *Microdrives* (Mikrolaufwerke) sind echte Festplatten mit Scheiben und Schreib-/Leseköpfen, die in den winzigen CF-Formfaktor passen. Microdrives sind langsamer und benötigen mehr Strom als Flash-Laufwerke, kosten aber weniger als vergleichbare CF-Speicherkarten. Für den Benutzer lassen sich CF-Speicherkarten und Microdrives äußerlich nicht voneinander unterscheiden, und sie verhalten sich auch gleich, wobei Microdrives aber aufgrund des höheren Stromverbrauchs für einige Geräte nicht geeignet sind. Microdrives wurden mittlerweile hinsichtlich Größe, Geschwindigkeit und Preis von ihren Flash-Verwandten überholt und werden immer schwerer erhältlich.

Abbildung 13.13: Microdrive

SmartMedia

SmartMedia wurde als Konkurrent zu CF-Karten entwickelt und war bei Digitalkameras einige Jahre sehr verbreitet (Abbildung 13.14). Nach der Einführung von SD-Datenträgern wurde SmartMedia aber schnell unbeliebt und wird in neuen Geräten nicht mehr als Datenträger verwendet.

Abbildung 13.14: SmartMedia

SD-Karten (Secure Digital)

Bei den *SD-Karten (Secure Digital)* handelt es sich um die heute gebräuchlichsten Flash-Datenträger. Die Medien in Größe kleiner Briefmarken gibt es in vielen Geräten mit Flash-Datenträger. Es gibt zwei Arten von SD-Karten: die ursprünglichen SD- und die moderneren SDIO-Karten. SD-Karten speichern nur Daten, während sich SDIO-Karten (»IO« bezieht sich auf Input/Output anstelle von nur Speichern) auch für GPS-Geräte und Kameras eignen. Wenn Sie eine SDIO-Karte verwenden wollen, brauchen Sie einen SDIO-Steckplatz. Es gibt keine Möglichkeit, einen SD-Steckplatz von einem SDIO-Steckplatz zu unterscheiden, achten Sie also *genau* auf die technischen Gerätedaten!

Die kleinen SD-Karten gibt es in den drei Formaten *SD*, *MiniSD (Mini Secure Digital)* und *MicroSD (Micro Secure Digital)*. Sie sind äußerst beliebt in Handys, Routenplanern und ähnlichen Geräten. Abbildung 13.15 zeigt die drei SD-Kartentypen.

Abbildung 13.15: SD-, MiniSD- und MicroSD-Karten

> **Hinweis**
>
> SD-Karten haben sich aus einer älteren, langsameren Flash-Speichertechnologie entwickelt, *MMC* (*MultiMediaCard*). Wenn Sie irgendwo eine MMC-Karte haben, können Sie diese auch in fast jedem SD-Kartensteckplatz verwenden. SD-Karten sind etwas dicker als MMC-Karten, umgekehrt ist das also nicht möglich.

SD-Karten gibt es mit drei Speicherkapazitäten. *Standard-SD*-Karten speichern zwischen 4 MB und 4 GB, *SDHC*-Karten (*Secure Digital High Capacity*) speichern zwischen 4 und 32 GB und die Speicherkapazität von *SDXC-Karten* (*Secure Digital Extended Capacity*) liegt zwischen 32 GB und 2 TB. Die älteren Lesegeräte für SD-Karten können keine SDHC- oder SDXC-Karten lesen, die neueren Standards sind aber abwärtskompatibel.

Memory Stick

Sony verwendet gerne proprietäre Formate, und ihr Memory-Stick-Flash-Speicher macht da keine Ausnahme. Wenn Sie irgendein Gerät von Sony besitzen und Flash-Speicher verwenden, brauchen Sie wahrscheinlich einen Memory Stick (Abbildung 13.16). Es gibt mehrere Memory-Stick-Formate, unter anderem Standard, Pro, Duo, Pro Duo und Micro.

Abbildung 13.16: Memory Stick

xD Picture Card

Die proprietären *xD Picture Cards* (*Extreme Digital Picture Cards*) sind etwa halb so groß wie SD-Karten (Abbildung 13.17). Sie werden fast ausschließlich in Digitalkameras der Firmen Olympus und Fujifilm verwendet, auch wenn Olympus (der Entwickler der xD-Technologie) USB-Adapter baut, mit denen sich xD Picture Cards wie jedes andere USB-Flash-Memory-Laufwerk verwenden lassen. xD Picture Cards gibt es in drei Varianten: Original, Standard (Typ M) und Hi-Speed (Typ H). Die Standardkarten sind langsamer als die Originalkarten, die nur für kurze Zeit erhältlich waren. Die Hi-Speed-Karten sind zwei- bis dreimal schneller als die anderen und erlauben auch die Aufnahme von Bewegtbildern (vorausgesetzt natürlich, die Kamera ist dazu in der Lage).

Abbildung 13.17: xD-Karte

Kartenleser

Egal, welchen Typ Flash-Speicher Sie auch einsetzen, Ihr PC benötigt immer einen Kartenleser, um direkt auf die Daten der Karte zugreifen zu können. Mittlerweile sind zahlreiche günstige USB-Kartenleser erhältlich (Abbildung 13.18). Einige PCs, insbesondere jene, die als Heimkino fungieren sollen, haben eingebaute Kartenleser – praktisch, wenn jemand seine SD-Karte herauszieht und sagt: »Wollen wir uns nicht schnell die Bilder ansehen, die ich gerade aufgenommen habe?« Natürlich könnten Sie die Kamera auch über das oft proprietäre USB-Kabel an den Computer anschließen, wenn dieses greifbar ist, und die Bilder auf diesem Weg auslesen. Aber dann brauchen Sie vielleicht auch noch Ersatzbatterien! Wäre ein Kartenleser nicht die elegantere Lösung?

Abbildung 13.18: USB-Kartenleser

Egal, welchen Art von Flash-Speicher Sie auch verwenden, sollten Sie wissen, dass er sich genau wie eine Festplatte verhält. Sie können Speicherkarten also formatieren und Dateien kopieren, verschieben und umbenennen.

Hinweis

Für Mini- und Micro-SD-Karten gibt es kleine Adapter, die sie zu USB-Sticks werden lassen. Höchst praktisch!

Optische Laufwerke

CD-, DVD- und Blu-ray-Datenträger und -Laufwerke gibt es in den unterschiedlichsten Varianten und Formen. Sie ermöglichen Ihnen, Daten zu sichern, Musik aufzuzeichnen, ein eigenes Video aufzuzeichnen und vieles andere mehr. Der Begriff *optischer Datenträger* ist ein Oberbegriff für alle diese glänzenden Scheiben mit einem Durchmesser von 12 cm, die sich um Ihren PC herum sammeln. Für die entsprechenden Laufwerke wird entsprechend die Bezeichnung *optische Laufwerke* verwendet. In diesem Abschnitt werden optische Datenträger behandet, wobei abschließend die Installation optischer Laufwerke detailliert beschrieben wird.

CD steht für *Compact Disc*, einen Datenträger, der ursprünglich vor über 20 Jahren als Ersatz für die Vinylschallplatte entwickelt wurde. Die CD ist heute das vorherrschende Medium, wenn es um das langfristige Speichern von Musik und Daten geht. Die *DVD* (*Digital Versatile Disc*) verdrängte zuerst im Bereich der Kaufvideos die VHS-Kassette und wurde dann – aufgrund ihrer höheren Kapazität – auch zu einem beliebten Speichermedium für Sicherungskopien. Die *Blu-ray Disc* (*BD*) machte schnell der HD-DVD (High-Definition DVD) den Garaus und könnte auch im Bereich der hochauflösenden Filme und der Datenspeicherung zum Nachfolger der DVD werden.

Abgesehen von den drei Oberbegriffen bezieht sich der Begriff des optischen Datenträgers auf zahlreiche Formatvarianten, wie z.B. CD-ROM, CD-R, CD-RW, DVD, DVD+RW, HD-DVD, BD-R, BD-RE usw. All diese Technologien werden in diesem Kapitel eingehender beschrieben – hier sollten Sie nur wissen, dass es zwar viele verschiedene Formate für optische Datenträger gibt, dass es sich dabei physisch aber durchweg um diese kleinen, glänzenden Scheiben handelt.

CD-Datenträger

Am besten lassen sich optische Datenträger verstehen, wenn wir erst einmal die vielen heute existierenden, verschiedenen Technologien vergessen und mit der guten alten CD (Compact Disc) in das Thema einsteigen. Alles Nachfolgende ist für die CompTIA A+-Prüfungen wichtig. Wir beginnen also mit der Funktionsweise von CDs.

Wie CDs funktionieren

CDs – die Scheiben, die Sie im Musikladen kaufen und die in den Softwarekartons enthalten sind – speichern Daten über mikroskopisch kleine Vertiefungen (»Pits«). Die CD-Hersteller brennen diese Vertiefungen mit einem hochleistungsfähigen Laser in eine Glasmaster-CD ein. Nachdem der Herstellung des Masters erzeugen teure Maschinen Kunststoffkopien unter Verwendung eines höchst präzisen Spritzgussverfahrens. Die Kopien erhalten eine reflektierende Metallbeschichtung und anschließend eine Schutzlackierung. Bei CDs werden die Daten nur auf einer Seite der Scheibe gespeichert. CDs werden im Gegensatz zu Vinylschallplatten nicht gewendet. Die Daten befinden sich »oben« auf der CD-ROM, dort wo sich das Label bzw. der Aufdruck befindet (siehe Abbildung 13.19).

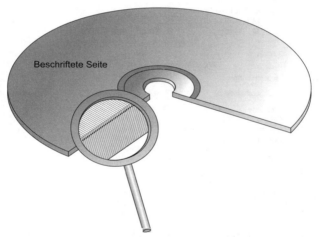

Abbildung 13.19: Hier befinden sich die Daten bei einer CD

Viele Leute meinen, CDs werden unlesbar, wenn deren Unterseite verkratzt ist. Das stimmt nicht. Wenn die glänzende Unterseite einer CD verkratzt ist, dann lassen sich diese Kratzer (wenn sie nicht zu tief sind) einfach wegpolieren, und schon wird die CD wieder lesbar. Etliche Firmen bieten preiswerte Sets zum Polieren von CDs an. Es sind die Kratzer an der *Oberfläche* der CD, die sie unbrauchbar machen. Es sind die Kratzer auf der *Oberseite* der Discs, durch die CD-ROMs völlig zerstört werden. Beschriften Sie die Oberseite nie mit etwas anderem als weichen, permanenten Filzstiften und sorgen Sie dafür, dass Sie die Oberseite nicht verkratzen!

CD-Player (wie der in Ihrem Auto oder PC) verwenden einen Laser und Spiegel zum Auslesen der Daten von der CD. Die metallische Beschichtung der CD bildet eine hochreflektive Oberfläche. Die *Pits* sorgen für Unterbrechungen in der reflektierenden Oberfläche, während die übrigen Bereiche, die so genannten *Lands*, voll reflektieren. Der Laser liest das von den Pits und Lands erzeugte

Kapitel 13

Reflexionsmuster aus, das dann vom CD-Laufwerk in binäre Einsen und Nullen umgewandelt wird. Die Pits sind auf der CD-ROM sehr dicht gepackt, so dass sich große Datenmengen speichern lassen. Eine 650-MB-CD kann so z.B. 5,2 Mrd. Bits bzw. 650 Mio. Datenbytes speichern.

CD-Formate

Die ersten CDs wurden für die Musikwiedergabe entwickelt. Die Musikdaten wurden in einem speziellen Format abgelegt, das als *CDDA (CD-Digital Audio)* oder oft auch einfach als *CD-Audio* bezeichnet wird. CD-Audio unterteilt die Daten der CD in *Tracks* (Titel) variabler Länge, wobei auf Musik-CDs jedem Lied ein eigener Track zugeordnet wird. CD-Audio eignet sich zwar hervorragend zum Speichern von Tondaten, aber furchtbar schlecht für das Speichern von Daten, da keine Fehlerprüfung stattfindet und dafür geeignete Verzeichnisstrukturen fehlen. Aus diesem Grund entwickelten kluge Köpfe ein Verfahren, um Daten auf CDs zu speichern, das *CD-ROM* genannt wird. Das CD-ROM-Format unterteilt die CD in feste Sektoren, die jeweils 2.353 Byte Daten enthalten.

Die meisten CD-ROM-Laufwerke unterstützen auch zahlreiche ältere, weniger bekannte Formate. Auch wenn Ihnen viele dieser Formate wahrscheinlich nicht mehr begegnen dürften (z.B. CD+G), finden Sie sie doch auf der Verpackung neuer Laufwerke aufgelistet oder lassen sich mit einem Hilfsprogramm wie *Nero Info Tool* ermitteln (Abbildung 13.20). Lassen Sie sich von diesen seltsam anmutenden Formaten nicht verwirren, die meisten werden heute gar nicht mehr verwendet. Alle CD-ROM-Laufwerke können diese Formate aber lesen, sofern auf dem Rechner nur die dafür benötigten Programme installiert sind.

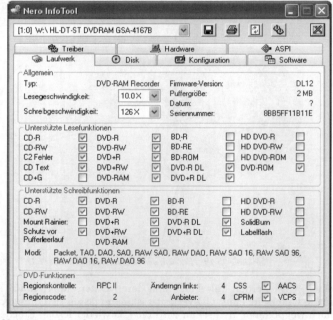

Abbildung 13.20: Die seltsamen Formate, die von einem DVD-Laufwerk unterstützt werden

Das CD-ROM-Format lässt sich mit einer Partition auf Festplatten vergleichen. Dabei werden zwar Sektoren (und andere Informationen) definiert, aber das Format lässt es dennoch nicht zu, dass sich ein CD-ROM-Datenträger wie eine Festplatte mit Dateistruktur, Verzeichnissen usw. verhält. Damit sich eine CD-ROM wie eine Festplatte verhalten kann, muss es eine weitere Ebene der Formatierung geben, die das darauf verwendete Dateisystem definiert.

Auf den ersten Blick werden Sie vielleicht denken, »Warum verwenden CD-ROMS nicht einfach ein FAT- oder ein NTFS-Format wie Festplatten?« Natürlich könnten sie das! Es gibt kein physikalisches Gesetz, das es verhindern könnte, dass für die CD-ROM ein beliebiges Dateisystem verwendet wird. Die CD-Hersteller wollten aber nicht, dass die CD-ROM ein Dateiformat von Microsoft oder Apple oder irgendeines anderen Herstellers verwendet. Darüber hinaus sollten nicht nur PCs CDs lesen können. Deshalb wurde ein eigenes Dateisystem für CD-ROMs entwickelt, nämlich *ISO-9660*. Dieses Format wird manchmal auch allgemeiner *CDFS (CD File System)* genannt. Die allermeisten CD-ROMs verwenden heute dieses Format.

Mit den Jahren haben Erweiterungen von ISO-9660 bestimmte Beschränkungen aufgehoben, wie z.B. die der in Datei- und Verzeichnisnamen verwendbaren Zeichen, die Dateinamenlänge und die Verzeichnistiefe. Sie sollten die folgenden ISO-9660-Erweiterungen unbedingt kennen:

- **Joliet** Die ISO-9660-Erweiterung von Microsoft. Macintosh und Linux unterstützen mit Joliet formatierte Datenträger ebenfalls.
- **Rock Ridge** Ein offener Standard für die Unterstützung des Unix-Dateisystems auf Discs, das außerhalb des Unix-Bereichs nur selten verwendet wird.
- **El Torito** Zusätzliche Unterstützung bootfähiger CDs. Alle bootfähigen CDs verwenden den El-Torito-Standard, der vom BIOS aller modernen PCs unterstützt wird.
- **Apple Extensions** Zusätzliche Unterstützung von Apple für sein HFS-Dateisystem. Windows-Systeme können entsprechende CDs nicht ohne zusätzliche Hilfsprogramme lesen.

Beachten Sie unbedingt, dass es sich bei all diesen Dateisystemen um Erweiterungen handelt, die ISO-9660 nicht ersetzen. Daher kann eine CD/DVD neben den üblichen ISO-9660-Strukturen auch die Erweiterungen enthalten. CD-Datenträger mit ISO-9660 und Joliet sind z.B. verbreitet. Wenn Sie die CD in ein Gerät einlegen, das Joliet nicht unterstützt, kann es immer noch die ISO-9660-Daten lesen.

Tipp

Ein Freeware-Programm, das die verschiedenen Verzeichnisstrukturen getrennt anzeigt und auswerten kann, ist *ISOBuster* (www.smart-projects.net).

CD-ROM-Geschwindigkeiten

Die ersten CD-ROM-Laufwerke konnten Daten mit ca. 150.000 Byte/s (150 KB/s) verarbeiten und arbeiteten damit mit der Geschwindigkeit des ursprünglichen CD-Audio-Formats. Obwohl diese Geschwindigkeit für Musik völlig ausreicht, erkannte die CD-ROM-Industrie schnell, dass die Installation von Programmen oder die Übertragung von Daten von einer CD-ROM mit 150 KBps extrem langsam war. Seit dem Erscheinen der ersten CD-ROM-Laufwerke gibt es das Bestreben, sie schneller zu machen, um den Datendurchsatz zu verbessern. Jede Geschwindigkeitssteigerung wird in Vielfachen der ursprünglichen 150-KBps-Laufwerke angegeben, wobei der Multiplikator für die Geschwindigkeit im Verhältnis zu den ersten Laufwerken (1x) steht. Es folgt eine Liste der verbreiteten CD-ROM-Geschwindigkeiten, wobei Geräte mit den aufgeführten frühen Geschwindigkeiten heute nicht mehr hergestellt werden:

1x	150 KBps	10x	1500 KBps	40x	6000 KBps
2x	300 KBps	12x	1800 KBps	48x	7200 KBps
3x	450 KBps	16x	2400 KBps	52x	7800 KBps
4x	600 KBps	24x	3600 KBps	60x	9000 KBps
6x	900 KBps	32x	4800 KBps	72x	10800 KBps
8x	1200 KBps	36x	5400 KBps		

Beachten Sie dabei, dass es sich bei derartigen Geschwindigkeitsangaben um Maximalwerte handelt, die im Praxisbetrieb nur selten erreicht werden. Sie können aber darauf vertrauen, dass ein 32x-Laufwerk Daten schneller als ein 8x-Laufwerk liest. Mit steigendem Multiplikator spielen jedoch derart viele andere Faktoren eine Rolle, dass sich z.B. kaum noch Unterschiede zwischen 48x- und 52x-Laufwerken feststellen lassen. Aber auch die schnellsten CD-ROM-Laufwerke sind heute derart preiswert, dass wir sie dennoch kaufen – zumindest die Programminstallation geht schneller!

CD-R

Für die Herstellung von CD-ROMs sind eine spezielle, teure Ausrüstung und beträchtliche Kenntnisse erforderlich, so dass die CD-ROM-Produktion einer relativ kleinen Zahl von Herstellern vorbehalten bleibt. Seit den Tagen der ersten Marktvorstellung der CD-ROM gab es jedoch eine riesige Nachfrage nach Möglichkeiten für den normalen PC-Anwender, eigene CD-ROMs zu »brennen«.

Mitte der 1990er stellte die CD-Industrie den *CD-R*-Standard (*CD Recordable*) vor, der preiswerte CD-R-Laufwerke möglich machte, die häufig *CD-Brenner* oder auch *CD-Writer* genannt werden, mit denen Daten auf spezielle CD-R-Discs geschrieben werden konnten. Alle CD-ROM-Laufwerke können die auf CD-R gespeicherten Daten lesen und alle CD-R-Laufwerke können gewöhnliche CD-ROMs lesen. CD-R-Discs gibt es heute im Wesentlichen in zwei Varianten. Auf 74-Minuten-Discs lassen sich ca. 650 MB und auf 80-Minuten-Discs ca. 700 MB speichern (Abbildung 13.21). CD-R-Brenner müssen speziell für das 80-Minuten-CD-R-Format entwickelt worden sein, um dieses Format unterstützen zu können, was bei neuen CD-R-Laufwerken aber durchweg der Fall sein sollte.

Abbildung 13.21: Ein CD-R-Datenträger mit der Angabe seiner Kapazität

> **Hinweis**
>
> Einige (vorwiegend ältere) Musik-CD-Player können keine CD-Rs lesen.

Die Funktionsweise der CD-R-Discs ähnelt der herkömmlicher CD-ROMs, auch wenn die bei ihrer Herstellung eingesetzten Chemikalien bei vielen CD-R-Discs für mehr Farbenpracht sorgen. Bei CD-ROM-Discs ist die Aufzeichnungsseite im Gegensatz dazu immer eintönig silberfarben. CD-R-Laufwerke nutzen zur Datenaufzeichnung spezielle organische Farbstoffe (dyes), die in die Disc eingebettet sind. Diese Farbstoffe sind bei der CD-R auch für die verschiedenartigen Färbungen der Unterseite verantwortlich. CD-R-Brenner verfügen über einen zweiten »Brenn-Laser«, der ca. mit der zehnfachen Energie des Lese-Lasers arbeitet. Er erhitzt den organischen Farbstoff so, dass sich die Reflexion der Oberfläche ändert und damit funktional den Pits der CD-ROM entspricht.

Wenn ein CD-R-Laufwerk die Daten erst einmal auf eine CD-R gebrannt hat, lassen sich die Daten nicht mehr löschen oder ändern, wenn man einmal von der Zerstörung der CD-R selbst absieht. Bei den ersten CD-R-Laufwerken musste die komplette Disc in einer Sitzung gebrannt werden, wodurch der komplette nicht genutzte Bereich auf der CD-R generell verschwendet wurde. Derartige Laufwerke werden *Single-session-Laufwerke* genannt. Bei allen modernen Laufwerken lassen sich so lange weitere Daten auf die CD-R schreiben, bis die Disc voll ist. Hierbei handelt es sich um *Multisession-Laufwerke*. Multisession-Laufwerke können beschriebene CD-Rs, bei denen nicht die komplette Kapazität genutzt wird, auch »abschließen«, so dass keine weiteren Daten mehr auf die entsprechende Disc geschrieben werden können.

Bei CD-R-Laufwerken spielen zwei Geschwindigkeiten eine Rolle: die Aufzeichnungs- und die Lesegeschwindigkeit. Beide Geschwindigkeiten werden in Vielfachen der 150 KB/s der ursprünglichen CD-ROM-Laufwerke angegeben. Die Aufzeichnungsgeschwindigkeit, die immer als Erstes angegeben wird, ist immer kleiner oder allenfalls gleich der Lesegeschwindigkeit. Entsprechend brennt ein CD-R-Laufwerk mit der Angabe 8x/24x Daten mit maximal 8x- und liest sie mit maximal 24x-Geschwindigkeit.

CD-RW

Ungeachtet ihrer Nützlichkeit sind reine CD-R-Laufwerke praktisch vom Markt verschwunden. Beachten Sie, dass ich nicht gesagt habe, dass CD-R-*Discs* verschwunden sind! Heute werden mehr CD-Rs als jemals zuvor gebrannt. CD-R-Laufwerke konnten CD-R-Discs brennen und CD-ROMs lesen. Aber es erschien ein neuer Laufwerktyp mit der Bezeichnung *CD-RW* (*CD-ReWritable*), der die älteren CD-R-Laufwerke abgelöst hat. CD-RW-Laufwerke können ebenfalls herkömmliche CD-ROMs lesen und CD-Rs schreiben. Darüber hinaus lassen sich spezielle CD-Medien, die so genannten CD-RWs mit diesen Geräten brennen und anschließend wieder löschen.

Mit der CD-RW-Technologie können Sie nicht nur Discs brennen, sondern auch Daten *überschreiben*, die sich bereits auf CD-RW-Discs befinden. Diese Möglichkeit werden Sie sicherlich nicht bei allen Discs nutzen. Ich verwende CD-R-Discs z.B., wenn ich ein Buch fertiggestellt habe, und brenne die Originaltexte und Abbildungen auf eine oder mehrere CD-Rs, um sie dauerhaft zu archivieren. Wenn ich aber die Begleit-CD für ein Buch erstelle, lasse ich später vielleicht eines der Programme doch wieder weg. Das lässt sich mit der CD-R nicht machen. Durch das CD-RW-Format (*CD ReWritable*) wird das Medium CD letztlich im Grunde genommen zu einer 650- oder 700-MB-Diskette. Auch hier unterscheiden sich CD-RW-Discs äußerlich nicht von CD-ROM-Discs, wenn man einmal von der etwas anderen Färbung der Unterseite absieht. Abbildung 13.22 zeigt alle drei CD-Formate.

Abbildung 13.22: CD-ROM-, CD-R- und CD-RW-Discs

Vorsicht

Sie können CD-RWs nur begrenzt oft überschreiben. Die Angaben hierzu variieren zwar, aber Sie können von maximal etwa 1000 Schreibzyklen ausgehen. Praktisch können es aber auch deutlich weniger sein.

Bei der CD-RW wird eine polykristalline Substanz mit einem Laser erhitzt, die nach dem Abkühlen langsam einen amorphen (nichtkristallinen) Zustand annimmt. Die kristallinen Bereiche reflektieren, während das bei den amorphen Bereichen nicht der Fall ist. Da sowohl CD-R- als auch CD-RW-Laufwerke einen starken Laser erfordern, war die Herstellung von Laufwerken, die sowohl CD-Rs als auch CD-RWs brennen konnten, relativ einfach, so dass herkömmliche CD-R-Laufwerke fast von einem

Tag auf den anderen vom Markt verschwanden. Warum sollte man auch noch ein CD-R-Laufwerk kaufen, wenn CD-RW-Laufwerke bei vergleichbarem Preis sowohl CD-R als auch CD-RW-Discs beschreiben konnten?

Bei CD-RW-Laufwerken werden drei Multiplikatoren angegeben. Der erste steht für die CD-R-Schreibgeschwindigkeit, der zweite für die CD-RW-Schreibgeschwindigkeit und der dritte für die Lesegeschwindigkeit. Bei den Geschwindigkeiten für das Schreiben, Wiederbeschreiben und Lesen gab es teilweise erhebliche Unterschiede zwischen den verschiedenen CD-RW-Laufwerken, so dass es sich bei den folgenden Angaben lediglich um ein paar repräsentative Beispiele handelt: 8x4x32, 12x10x32 und 48x24x48.

Eines der Ziele bei der Einführung von CD-RWs war es, CD-RWs wie Festplatten agieren zu lassen, damit man einfach eine Datei auf die CD-RW (oder CD-R) ziehen und genau so einfach wieder davon wegziehen konnte. Dieses Ziel war aus zwei Gründen schwierig zu erreichen. Erstens wurde die Echtzeitumwandlung durch die verschiedenen Dateiformate riskant. Zweitens speichern CD-RWs Daten nicht genau wie Festplatten und würden schnell verschleißen, wenn Daten auf dieselbe Weise darauf kopiert werden.

Zwei Entwicklungen, *UDF* und *Packet-Writing* erlauben uns heute, CD-RWs wie Festplatten zu behandeln – mit ein paar Tücken. Das nicht mehr ganz neue CD-Format ist *UDF (Universal Data Format)*. UDF ersetzt ISO-9660 und all seine verschiedenen Erweiterungen, was zu einem einzigen Format führte, das von allen Laufwerken und Betriebssystemen gelesen werden kann. UDF wurde für den DVD-Bereich übernommen (alle Film-DVDs verwenden dieses Format) und wird wahrscheinlich in nächster Zukunft auch für die CD als Standardformat übernommen. UDF kommt mit sehr großen Dateien zurecht und eignet sich hervorragend für alle wiederbeschreibbaren CD-Datenträger.

UDF gibt es schon relativ lange, aber vor Windows Vista konnte keine Windows-Version Daten auf UDF-formatierte Medien schreiben. Sie konnten die Datenträger zwar lesen, aber wenn man unter Windows darauf schreiben wollte, musste man eines der UDF-Hilfsprogramme von Drittanbietern verwenden, wie beispielsweise DirectCD von Roxio oder InCD von Nero. UDF unterstützt auch eine Funktion, die als *Mount Rainier* bezeichnet wird, besser als *Packet Writing* bekannt, die mit UDF zusammenarbeitet, mit der einzelne Dateien wie bei Festplatten hin- und herkopiert werden können. Mit UDF und Packet Writing lassen sich CDs so leicht wie Festplatten nutzen.

Windows und CD-Medien

Praktisch alle optischen Laufwerke sind ATAPI-kompatibel. Sie können die Laufwerke also einfach an den Controller auf dem Mainboard anschließen und dann nutzen, ohne zusätzliche Treiber installieren zu müssen. Wenn man dabei keine Fehler gemacht hat, wird es unter Windows angezeigt (Abbildung 13.23).

> **Hinweis**
>
> Mehr über die Installation und ATAPI erfahren Sie später in diesem Kapitel.

Windows zeigt optische Laufwerke unter ARBEITSPLATZ/COMPUTER an und verwendet dabei das für CD-Datenträger typische Symbol. Außerdem wird ihnen ein Laufwerksbuchstabe zugeordnet. Wenn Sie jedoch Daten auf einem CD-R-Datenträger ablegen wollen, brauchen Sie eine spezielle *Brennsoftware*, um die Daten auf den Datenträger zu schreiben. Windows XP unterstützt das Brennen direkt. Hier können Sie einfach eine CD-R in Ihr Laufwerk einlegen, das Laufwerk unter ARBEITSPLATZ öffnen, die gewünschten Dateien auf den Datenträger ziehen und DATEIEN AUF CD SCHREIBEN anklicken. Mit dem Windows Media Player können Sie seit der Version 9 ebenfalls Musik- und Daten-CDs direkt mit den Bordmitteln von Windows XP erstellen. Mit Windows Vista lassen sich Musik und Daten direkt auf Disc brennen. Dazu legen Sie einfach eine CD-R in Ihr Laufwerk ein, und schon zeigt Ihnen das Betriebssystem die Optionen zum Brennen einer Audio-CD mit dem Windows Media Player oder das Brennen der Dateien auf die Disc mit Windows an. (Dazu muss die automatische Wiedergabe so eingestellt ist, dass sie leere CDs erkennt.)

Wenn Sie ein neues CD-R-Laufwerk erwerben, liegen diesem meist auch irgendwelche Brennprogramme bei, weshalb Sie selten selbst eine solche kaufen müssen, es sei denn, Sie bevorzugen ein ganz bestimmtes Programm. Abbildung 13.24 zeigt das Startmenü eines bekannten Brennprogramms, Nero Express, das ich gerne verwende.

Abbildung 13.23: Optische Laufwerke unter Windows

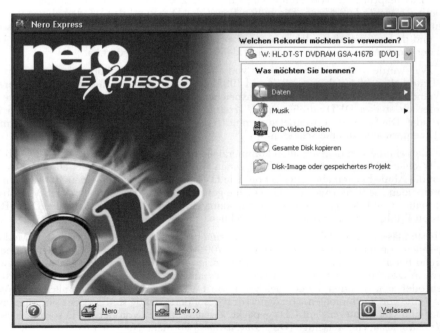

Abbildung 13.24: Das Brennprogramm Nero Express

Wenn ich ein neues Programm auf CD kaufe, lege ich als Erstes eine Sicherungskopie an. Anschließend bewahre ich das Original sicher auf. So kann ich bei Beschädigungen des Datenträgers schnell eine neue Kopie des Originals erstellen. Ich kann den Datenträger einfach kopieren, weil mein System, so wie viele andere, ein reines Leselaufwerk und einen Brenner besitzt. Ich kann eine CD in das CD-ROM-Laufwerk einlegen und eine CD-R oder CD-RW in das CD-RW-Laufwerk. Anschließend führe ich ein spezielles Kopierprogramm aus, um schnell eine exakte Kopie zu erstellen. CD-RW-Laufwerke eignen sich auch gut für andere, umfangreichere Sicherungen, die nicht nur im Schrank landen, sondern bei denen wir täglich/wöchentlich Daten sichern (oder sichern sollten!). CD-Rs für derartige Sicherungen zu verwenden, wäre Verschwendung. Wenn ein Datenträger voll ist, würde man ihn bei der nächsten Sicherung wegwerfen. Ein Satz von CD-RWs lässt sich aber wiederholt zum Anlegen von Sicherungskopien verwenden.

Music-CD

Nicht nur Computer können CDs brennen. Viele Unternehmen bieten CD-Brenner an, die sich an die Stereoanlage anschließen lassen. Diese Geräte gibt es zwar in einer Vielzahl von Varianten, meist handelt es sich aber um eine Kombination aus einem CD-Player und einem CD-Rekorder. Diese Rekorder verwenden keine herkömmlichen CD-R- oder CD-RW-Discs. Stattdessen müssen für diese Rekorder (aus rechtlichen Gründen) die technisch etwas anders gestalteten so genannten *Music-CD-Rs* benutzt werden. Die Hersteller von Music-CD-Rs zahlen für jede CD eine kleine Abgabe, die auf den Preis umgeschlagen wird. Sie können zwar Musik auf einer, aber nicht *von* einer Music-CD-R aufnehmen, wodurch unerlaubte Vervielfältigungen unterbunden werden sollen. Wenn Sie sich dazu entschließen, einen dieser Brenner zu kaufen, müssen Sie darauf achten, dass Sie für ihn die speziellen Music-CD-Rs kaufen. Die Music-CD-R wurde gezielt für derartige Geräte entwickelt und eignet sich nur schlecht (wenn überhaupt) für die Nutzung mit einem PC.

DVD-Medien

Jahrelang hat die Videoindustrie versucht, ein CD-Medium zu schaffen, das das Videoband ersetzen sollte. Das ursprünglich von Philips eingeführte 12-Zoll-Laserdisc-Format konnte in den 1980ern/1990ern ein wenig Fuß fassen. Die hohen Preise der Discs und der Wiedergabegeräte führten aber zusammen mit einigen Marketing-Faktoren dazu, dass der Laserdisc nie echter Erfolg beschieden war. Hier und da befinden sich solche Geräte aber noch im Einsatz, spätestens dann, wenn jemand während der Hochzeiten der Laserdisc in eine kleine Sammlung investiert hat.

Die DVD wurde in den frühen 1990ern von einem großen Firmenkonsortium aus dem Elektronik- und Unterhaltungsbereich entwickelt und 1995 als *Digital Video Disc* auf den Markt gebracht. Durch die Wandlung der DVD zu einem Datenspeichermedium wurde schon bald eine Namensänderung erforderlich, so dass DVD nun für *Digital Versatile Disc* steht. Es werden aber weiterhin beide Begriffe verwendet. Die Branche verwendet zudem noch die Bezeichnung *DVD-Video*, um das Filmformat von den Datenformaten zu unterscheiden.

Sieht man einmal von dem auf allen kommerziellen DVDs aufgedruckten DVD-Logo ab (Abbildung 13.25), sehen DVD-Discs äußerlich (fast) genau wie alle anderen Compact-Disc-Medien aus. Damit enden die Ähnlichkeiten aber auch schon. Die DVD ist mittlerweile zu einem der sich am schnellsten verbreitenden Medienformate der Geschichte geworden und sie konnte das VHS-Videoband mittlerweile nahezu vollständig ersetzen. Zudem kann eine der DVD-Varianten, die DVD-RAM, einen gewissen Erfolg als Speichermedium verzeichnen.

Am besten lässt sich die DVD über ihre *Kapazität* beschreiben. Alle bisherigen CD-Medien konnten (abgesehen von einigen Exoten) maximal ca. 700 MB Daten oder ca. 80 Minuten Video speichern, während bereits die DVD-Variante mit der niedrigsten Kapazität 4,37 GB Daten oder zwei Stunden Video im Standardformat fasst. Auf DVD-Discs mit der höchsten Kapazität lassen sich ca. 16 GB Daten oder acht Stunden Video speichern! Die DVD erreicht diese erstaunlichen Kapazitäten mit einer Reihe von Technologien, von denen drei besonders wichtig sind. Erstens sind die Pits auf DVDs kleiner und viel dichter als auf CDs gepackt. Zweitens gibt es von der DVD sowohl einseitige (SS – *Single-Sided*) als auch zweiseitige (DS – *Double-Sided*) Formate. Natürlich passen auf DS-Discs doppelt so viele Daten wie auf SS-Discs, diese müssen aber auch gewendet werden, wenn die zweite Seite gelesen werden soll. Drittens gibt es von den DVD-Discs einlagige (SL – *Single-Layer*) und zweilagige (DL – *Dual-Layer*) Formate. DL-Discs arbeiten mit zwei Pit-Schichten je Seite, wobei die zweite Schicht einen etwas schlechteren Reflexionswert hat. Tabelle 13.1 führt die Kapazität der verschiedenen DVD-Discs auf.

Abbildung 13.25: Eine typische DVD-Video

DVD-Variante	Kapazität
DVD-5 (12 cm, SS/SL)	4,37 GB Daten, ca. 2 Stunden Video
DVD-9 (12 cm, SS/DL)	7,95 GB Daten, ca. 4 Stunden Video
DVD-10 (12 cm, DS/SL)	8,74 GB Daten, ca. 4,5 Stunden Video
DVD-18 (12 cm, DS/DL)	15,90 GB Daten, ca. 8 Stunden Video

Tabelle 13.1: Kapazitäten der verschiedenen DVD-Varianten

Hinweis

Lassen Sie sich von unterschiedlichen Video-Laufzeitangaben für DVDs nicht irritieren. Die Angaben sind vom jeweils verwendeten Videoformat abhängig. Mit modernen Kompressionsverfahren (z.B. MPEG-4) passt bei vergleichbarer Bildqualität noch viel mehr auf diese Silberlinge, als in Tabelle 13.1 angegeben!

DVD-Video

Das Beste an der DVD-Video ist, dass auf einer Seite ca. zwei Stunden Video (im Standardformat) gespeichert werden können. Sie legen eine DVD-Video-Disc ein und können sich den kompletten Film anschauen, ohne sie wenden zu müssen. DVD-Video unterstützt neben dem herkömmlichen TV-Format (4:3-Seitenverhältnis) auch das modernere 16:9-Format. Dabei bleibt das zu verwendende Format dem DVD-Hersteller überlassen. Teilweise werden DVD-Filme auf zweiseitigen Medien vertrieben, wobei die Filme auf der einen Seite im 4:3- und auf der anderen im 16:9-Seitenformat vorliegen.

DVD-Video verwendet den *MPEG-2*-Standard für Video- und Audiokoprimierung, um die magischen zwei Stunden Video pro Seite zu erzielen. Bei *MPEG* (*Moving Picture Experts Group*) handelt es sich um eine Reihe von Komprimierungsstandards sowohl für Audio- als auch für Videodaten. Der MPEG-2-Standard bietet Auflösungen von bis zu 1280x720 bei 50 bzw. 60 Halbbildern/s (je nach Fernsehstandard: PAL bzw. NTSC) und Audio in CD-Qualität. Und damit will ich erst einmal kurz die MPEG-Standards vorstellen, bevor ich mich wieder den DVDs zuwende.

MPEG-Standards

Die Wiedergabe von Audio und Video auf dem PC stellt die Entwickler vor interessante Herausforderungen. Wie sollen die Bilder eines Films übernommen, in für die CPU verständliche Einsen und Nullen umgewandelt, diese Bits verarbeitet und das hochqualitative Video und der Ton dann zum Bildschirm und zu den Lautsprechern übertragen werden, damit sich die Rechnerbenutzer daran erfreuen können? Wie viele Daten sind für die Anzeige eines Zwei-Minuten-Clips von einem durch die Stadt rasenden Auto nötig, wenn dabei alle Details der Läden, Menschen, Reifen, Straßenschäden usw. sichtbar sein sollen? Und wie soll die dafür erforderliche, offenbar riesige Datenmenge *gespeichert* werden?

Um diese Aufgaben zu bewältigen, hat die *MPEG* (*Moving Pictures Experts Group*) verschiedene Codierungsstandards veröffentlicht, zu denen MPEG-1, MPEG-2 und MPEG-4 zählen. Diese Standards verwenden unterschiedliche *Kompressionsverfahren*, die das Datenvolumen in verarbeitbaren Grenzen halten. Die Standards verwenden außerdem unterschiedliche Verfahren zur Verarbeitung von Bewegungen (*Bewegungskompensierung* bzw. *Motion Compensation*). Die Einzelheiten der Standards spielen zwar im Rahmen der Produktion von Filmen und anderen Video- und Audioinhalten eine große Rolle, sollen hier aber nicht ausführlicher behandelt werden, als es für PC-Techniker nötig ist.

MPEG-1 ist der Standard, auf dem neben anderen Technologien auch Video und MP3 basieren. Die üblichen Varianten dieses Standards benutzen eine Auflösung von 352x288 bei 25 Einzelbildern (PAL) bzw. 352x240 bei 30 Einzelbildern pro Sekunde (NTSC). Bei guter Codierung der Daten entspricht die Videoqualität knapp der eines konventionellen VHS-Videos.

Ein sehr bekannter Bestandteil der MPEG-1-Spezifikation ist eher aus dem Audio- als dem Videobereich bekannt. Dabei handelt es sich um MPEG-1 Layer 3, ein Audioformat, das auch einfach *MP3* genannt wird. Es dominiert die Audiowelt. Mit MP3 werden Audiodaten zwar stark komprimiert, aber der dabei verwendete Algorithmus ist derart gut, dass sich das Ergebnis (bei entsprechender Kompressionsrate) fast wie das Original anhört.

MPEG-2 bietet neben Audio in CD-Qualität (unter anderem) Auflösungen von 720x576 (wird für DVB-T verwendet) und 1280x720, wodurch es sich auch für anspruchsvollere TV-Standards und Flachbildschirme und (eingeschränkt) sogar für HDTV eignet. Bei MPEG-2 handelt es sich um den Standard für DVD-Video, mit dem sich zwei Stunden Video auf ein paar Gigabyte Daten komprimieren lassen. Für die Codierung von Videos in das MPEG-2-Format benötigt man zwar Computer mit einer gewissen Leistung, aber selbst mittelmäßige Rechner können die entsprechenden Videos dekomprimieren und abspielen.

Der *MPEG-4*-Standard basiert auf MPEG-1, MPEG-2 und der QuickTime-Technologie von Apple. MPEG-4-Grafik- und -videodateien verwenden die so genannte *Wavelet*-Kompression, um Dateien zu erzeugen, die kompakter als JPEG- und QuickTime-Dateien sind. Diese überlegene Komprimierung macht MPEG-4 beliebt für die Bereitstellung von Videos und Bildern über das Internet. Die insbesondere hinsichtlich der Videocodierung effizienteren MPEG-4-Standards werden für Blu-ray-Discs, DVB-S2 und DVB-T2 (hochauflösende digitale Fernsehübertragungen – das so genannte HDTV) verwendet. Erwähnt werden sollte auch, dass MPEG-4 mit *IPMP* (*Intellectual Property Management and Protection*) ein Verfahren zur Verwaltung digitaler Rechte bereitstellt.

Bei MPEG-7 handelt es sich um keinen Kompressionsstandard für Video- oder Audiodaten, sondern um einen ergänzenden Standard, der der schnellen und effizienten Suche nach Multimedia-Inhalten dient.

Schließlich soll noch MPEG-21 erwähnt werden. Dieser Standard befasst sich mit der Codierung und der digitalen Rechteverwaltung. MPEG-21 soll digitale Materialien vor unrechtmäßiger Weitergabe schützen und stützt sich dabei auf spezielle Verfahren, wie z.B. *REL* (*Rights Expression Language*) und *Rights Data Dictionary*.

DVD-ROM

DVD-ROM ist das DVD-Äquivalent des Standard-CD-ROM-Datenformats, nur dass sich hier fast 16 GB speichern lassen. Nahezu alle DVD-ROM-Laufwerke unterstützen neben DVD-Video auch die meisten CD-ROM-Formate. Jedenfalls gilt dies für die meisten für den PC verkauften DVD-Laufwerke.

Recordable DVD

Die IT-Industrie hat nicht weniger als *sechs* verschiedene Standards beschreibbarer DVD-Medien entwickelt: *DVD-R* für den allgemeinen Einsatz, *DVD-R* für Authoring, *DVD-RW*, *DVD+R*, *DVD+RW* und *DVD-RAM*. Die Discs der beiden DVD-R-Standards und die DVD+R-Discs funktionieren wie CD-Rs. Sie können Daten darauf schreiben, die später nicht mehr gelöscht oder geändert werden können. DVD-RW-, DVD+RW- und DVD-RAM-Discs können, wie CD-RW-Discs, gelesen, wiederholt beschrieben und gelöscht werden.

Die meisten DVD-Laufwerke können alle Formate lesen, mit Ausnahme von DVD-RAM. DVD-RAM ist das einzige DVD-Format, das eine Cartridge verwendet, deshalb braucht man dafür ein spezielles Laufwerk (Abbildung 13.26). DVD-RAM wird zwar noch verwendet, verschwindet aber zunehmend.

Abbildung 13.26: DVD-RAM-Datenträger

Auch wenn es kaum Unterschiede – wenn überhaupt – hinsichtlich der Qualität der verschiedenen Standards gibt, hat der »Krieg der Formate« Jahre gedauert. Sony und Philips beispielsweise haben die »+«-Serie gefördert, während sich andere Hersteller auf die »-«-Serie konzentriert haben. Schlimmer noch! Alle vor 2003 hergestellten DVD-Brenner konnten nur ihr eigenes Format (DVD-Minus, DVD-Plus *oder* DVD-RAM) und kein anderes ausgeben. Man konnte mal eben 300 Euro für ein brandneues DVD+RW-Laufwerk ausgeben, nur um feststellen zu müssen, dass man mit den DVD-RWs von Bekannten oder Kollegen nichts anfangen konnte! Oft konnte das Laufwerk die Discs des konkurrierenden Formats nicht einmal *lesen*!

Die Situation gestaltet sich heute zwar besser, da die heute üblichen DVD+/RW-Laufwerke zumindest prinzipiell alle DVD-Formate lesen (einmal abgesehen von der DVD-RAM). Wenn Sie aber eine DVD mit Bildern oder Filmen vom Familienausflug brennen wollen, um sie über den an Ihren Fernseher angeschlossenen DVD-Player wiederzugeben, dann sollten Sie doch besser einen Blick in dessen Dokumentation werfen, um sich davon zu überzeugen, dass er das zu verwendende Format auch lesen kann, denn nicht alle DVD-Player lesen auch wirklich alle Formate.

Vorsicht

Die Kompatibilität der nur lesbaren Formate ist heute deutlich besser als die der wiederbeschreibbaren Medien. Dies liegt aber eher an der miesen Brennqualität, die sich dann ergibt, wenn ein Brenner oder die Brennprogramme die Rohlinge partout mit der höchstmöglichen Geschwindigkeit schreiben will. Dann lassen sich die wiederbeschreibbaren Scheiben häufig bereits nach wenigen Wochen kaum oder gar nicht mehr lesen! (Die Ergebnisse scheinen bei dem etwas neueren DVD+RW-Format und neueren Laufwerken meist etwas besser zu sein.)

Blu-ray Disc-Media

Die Blu-ray-Disc wird als nächste Generation in der Entwicklung der Speichertechnik der optischen Disc nach der CD und DVD betrachtet. Aufgrund der nahezu perfekten Audio- und Videoqualität, der breiten Akzeptanz durch die führenden Unternehmen im Computer-, Elektronik-, Spiele- und Musikbereich, durch Einzelhandel und Film-Gesellschaften und die hohe Speicherkapazität von bis zu 25 GB (einschichtige Disc) bzw. 50 GB (doppelschichtige Disc) wird erwartet, dass CD- und DVD-Medien durch die Blu-ray-Disc schließlich obsolet werden.

Abbildung 13.27: Standard-Blu-ray-Disc

Blu-ray-Discs gibt es im Standard- und Miniformat. In dem von der CD-R und DVD-RW her gewohnten Standardformat wird sie für Filme und Computer verwendet (Abbildung 13.27). Das kleinere Miniformat bietet natürlich weniger Speicherkapazität. Sie könnten in hochwertigen Kameras Verwendung finden. In Tabelle 13.2 werden die Einzelheiten der beiden Formate aufgeführt.

Typ	Durchmesser	Kapazität (einschichtig)	Kapazität (doppelschichtig)
Standard-Disc	12 cm	25 GB	50 GB
Mini-Disc	8 cm	7,8 GB	15,6 GB

Tabelle 13.2: Gegenüberstellung von Blu-ray-Discs im Standard- und Miniformat

Hinweis

Es gibt zwar auch Mini-CDs, diese wurden aber lange kaum verwendet. Erst in jüngerer Zeit werden Mini-CDs häufig benutzt, um Hardwarekomponenten Software bzw. Treiber beizulegen.

Im Unterschied zur DVD scheinen bei der Blu-ray keine zweischichtigen Discs geplant zu sein. Es würde mich aber nicht überraschen, wenn ein solches Format in den nächsten Jahren noch definiert werden würde.

Hinweis

Es gab einen vergleichsweise kurzen Kampf im Bereich der hochauflösenden Digitalformate zwischen der Blu-ray-Disc und einem konkurrierenden Standard, der HD-DVD. Wichtige Inhaltsanbieter und Entwickler tendierten aber zur Blu-ray-Disc und nachdem Toshiba, das vorrangig für die HD-DVD verantwortliche Unternehmen, Anfang 2008 das Handtuch geworfen hat, wurde die weitere Entwicklung und Unterstützung der HD-DVD schnell aufgegeben.

Abgesehen von der Speicherkapazität bietet die Technologie der Blu-ray-Disc einige Vorteile gegenüber der DVD. Bei der Blu-ray-Disc wird zunächst einmal ein blau-violetter Laser (daher das Blu im Namen) mit einer Wellenlänge von 405 nm verwendet. (Bei der DVD wird rotes Laserlicht mit einer Wellenlänge von 650 nm verwendet.) Mit der kürzeren Wellenlänge lässt sich präziser arbeiten, wodurch der Platz während der Produktion besser genutzt und das Produktionsergebnis letztlich besser definiert ist. Dann eignet sich die Blu-ray-Disc auch noch für Filme mit hohen Auflösungen (HD-Video), die weit über die Möglichkeiten der DVD hinausgehen. Und schließlich unterstützen Blu-ray-Discs viel mehr Video-Kompressionsverfahren und bieten den Herstellern mehr Optionen beim Erstellen der Disc-Inhalte.

BD-ROM

Bei der *BD-ROM* (nur lesbar) handelt es sich um die Entsprechung zum DVD-ROM-Standardformat, nur dass auf die entsprechenden Scheiben viel mehr Daten passen, die für eine höhere Audio- und Videoqualität ausreichen. Die allermeisten BD-ROM-Laufwerke sind voll abwärtskompatibel und unterstützen neben DVD-Video auch die meisten CD-ROM-Formate. Wenn Sie sich Filme auf Ihrem HDTV-Fernseher in bestmöglicher Qualität ansehen wollen, dann sollten Sie sich einen Blu-ray-Player anschaffen und Blu-ray-Discs anstelle von DVDs verwenden. Bei den heutigen Rechnern sind standardmäßig meist keine Blu-ray-Laufwerke installiert. Sie können aber meist Systeme mit Blu-ray-Laufwerken bestellen oder einfach selbst ein solches Laufwerk installieren. Abbildung 13.28 zeigt ein Blu-ray-Laufwerk.

Abbildung 13.28: Ein Blu-ray-/DVD-/CD-Kombilaufwerk

Hinweis

Wenn Sie eine PlayStation®3 besitzen, dann besitzen Sie bereits einen Blu-ray-Player, denn dieses Spielsystem verwendet dieses optische Laufwerkformat.

BD-R und BD-RE

Bei Blu-ray-Discs gibt es zwei beschreibbare Formate, die *BD-R* (für »recordable«) und *BD-RE* (für »rewritable«) genannt werden. Eine *BD-R* lässt sich ein einziges Mal beschreiben. Eine *BD-RE* lässt sich mehrfach beschreiben und löschen. Auch von BD-R und BD-RE sind Mini-Blu-ray-Discs erhältlich.

Blu-ray-Brenner

Momentan sind Blu-ray-Brenner noch recht teuer und für den Normalverbraucher unerschwinglich. Schließlich werden sie aber so gängig sein, wie es heute bei der CD-RW und der DVD-RW bereits der

Fall ist. Blu-ray-Brenner und andere Blu-ray-Laufwerke lassen sich intern oder extern an ein System anschließen. Der Anschluss erfolgt extern üblicherweise über schnelle USB-2.0-, FireWire- oder eSATA-Verbindungen oder intern über PATA-, SATA-, SCSI- oder USB-Verbindungen. Betriebssysteme wie Windows 2000, XP, Vista und Windows 7 unterstützen bereits Blu-ray-Brenner und die zugehörigen Programme. Welche Software Sie zum Brennen verwenden, bleibt allerdings Ihnen überlassen. Wie immer sollten Sie jedoch die Angaben des Herstellers befolgen, um möglichst gute Ergebnisse zu erzielen. Die meisten Blu-ray-Brenner mit Multiformat-Unterstützung bieten die folgenden Merkmale:

- **Medienunterstützung:** BD-R, BD-RE, DVD-ROM, DVD-RAM, DVD-Video, DVD+/-R DL, DVD+/-R, DVD+/-RW, CD-DA, CD-ROM, CD-R und CD-RW.
- **Maximale Schreibgeschwindigkeit:** 2x BD-R, 4x DVD+/-R DL, 8x DVD+/-R und 24x CD-R
- **Maximale RW-Schreibgeschwindigkeit:** 2x BD-RE, 8x DVD+RW, 6x DVD-RW, 5x DVD-RAM und 16x CD-RW
- **Maximale Lesegeschwindigkeit:** 2x BD-ROM, 8x DVD-ROM und 32x CD-ROM
- **Kompatibilität:** Die meisten Blu-ray-Laufwerke sind abwärtskompatibel und können daher CDs und DVDs lesen und wiedergeben. CD- und DVD-Laufwerke können Blu-ray-Discs aber natürlich nicht lesen.

Abbildung 13.29: CD-RW-, DVD- und BD-Laufwerke

Optische Laufwerke installieren

Aus drei Metern Abstand sehen alle optischen Laufwerke absolut gleich aus. Abbildung 13.29 zeigt ein CD-RW-, ein DVD- und ein BD-R-Laufwerk. Können Sie sie unterscheiden? Falls Sie noch rätseln: Das CD-RW-Laufwerk befindet sich unten, das DVD-Laufwerk in der Mitte und das BD-R-Laufwerk oben. Wenn Sie die Laufwerke näher betrachten, geben sie meist über einen keinen Aufdruck an der Vorderseite oder einen Aufkleber auf ihrem Gehäuse Auskunft über ihre Funktion (Abbildung 13.30).

Wechseldatenträger

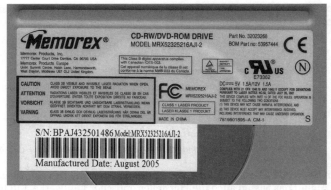

Abbildung 13.30: Aufkleber auf einem optischen Laufwerk, der über Modell und Geschwindigkeit Auskunft gibt

Anschlüsse

Die meisten internen optischen Laufwerke verwenden PATA- oder SATA-Anschlüsse und unterstützen den ATAPI-Standard. (Andere Anschlüsse wie etwa SCSI oder USB sind möglich, kommen aber weniger häufig vor.) Für externe optische Laufwerke werden meist USB-, FireWire- oder eSATA-Anschlüsse verwendet. ATAPI behandelt optische Laufwerke genau wie ATA-Laufwerke. Optische PATA-Laufwerke besitzen die üblichen 40-poligen IDE-Pfostenstecker und Master/Slave-Jumper. Für optische SATA-Laufwerke werden die üblichen SATA- oder eSATA-Kabel verwendet. Sie installieren die Laufwerke genau wie ATA-Festplatten. Abbildung 13.31 zeigt eine typische DVD-Installation, bei der das DVD-Laufwerk als Slave mit einer als Master konfigurierten Festplatte am primären IDE-Controller des Systems zusammenarbeitet.

Abbildung 13.31: Typische DVD-Installation

Für ATAPI-Laufwerke müssen Sie bei der Installation keine Änderungen im CMOS-Setup vornehmen. Als ATAPI-Laufwerke eingeführt wurden, riefen viele Techniker, die an die Festplatteninstallation gewöhnt waren, bei den Herstellern an, um sie zu fragen, welche Einstellungen für die Laufwerke im CMOS-Setup vorgenommen werden müssten. Um die Zahl der Anrufe zu reduzieren, fügten BIOS-Hersteller im CMOS-Setup häufig eine CD-ROM-Option ein, nur um den Technikern eine Anlaufstelle zu geben. Sie finden diese Option in vielen älteren CMOS-Setup-Programmen. Die Einstellung bewirkt eigentlich gar nichts. Sie verhindert nur, dass die Benutzer den Hersteller mit Anrufen bombardieren. Moderne Mainboards zeigen das Modell angeschlossener optischer Laufwerke an, damit sich Techniker auch sicher sein können, dass das Laufwerk korrekt konfiguriert und installiert wurde (Abbildung 13.32).

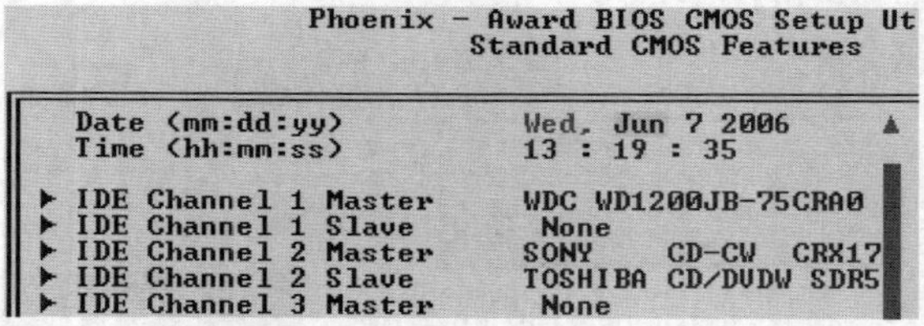

```
               Phoenix - Award BIOS CMOS Setup Ut
                    Standard CMOS Features

     Date (mm:dd:yy)            Wed, Jun  7 2006
     Time (hh:mm:ss)            13 : 19 : 35
   ▶ IDE Channel 1 Master       WDC WD1200JB-75CRA0
   ▶ IDE Channel 1 Slave        None
   ▶ IDE Channel 2 Master       SONY     CD-CW  CRX17
   ▶ IDE Channel 2 Slave        TOSHIBA CD/DVDW SDR5
   ▶ IDE Channel 3 Master       None
```

Abbildung 13.32: Zwei automatisch erkannte optische Laufwerke im BIOS-Setup

Die allermeisten neuen PCs besitzen einen, zwei oder drei externe Erweiterungsbusse, USB, FireWire und/oder eSATA, und das wissen auch die Hersteller optischer Laufwerke. Oft bieten sie externe Varianten ihrer optischen Laufwerke an, und zwar sowohl Lesegeräte als auch Brenner. Als externe Erweiterungsoption bevorzuge ich FireWire, einfach weil es sich dabei um den Standard für die meisten digitalen Videokameras handelt und er bei großen Dateien mit seiner Datentransferrate von dauerhaft 400 Mbps üblicherweise schneller als Hi-Speed-USB mit seiner Spitzengeschwindigkeit von 480 Mbps ist.

Der einzige Vorteil der USB-Variante besteht darin, dass USB insbesondere bei tragbaren Computern immer noch verbreiteter als FireWire ist. Einige wenige superleichte Laptops besitzen nicht einmal eingebaute optische Laufwerke. Um ein Betriebssystem darauf installieren zu können, ist man auf ein externes Laufwerk angewiesen! Aber auch, wenn Sie sich nicht für eine einzelne Erweiterungsvariante entscheiden können, werden Sie gleich bei mehreren Herstellern fündig.

CD- oder DVD-Laufwerke werden nicht mit eSATA-Schnittstelle angeboten, weil sie von deren hoher Geschwindigkeit keinen Vorteil haben. Die Hersteller von Blu-ray-Laufwerken haben hingegen etliche Laufwerke mit eSATA- und Hi-Speed-USB-Anschlüssen entwickelt. Wenn Sie die Wahl haben, dann haben Sie keine Wahl. Dann sollten Sie sich immer für eSATA entscheiden.

Geräte-Manager

Wenn Sie ein neues optisches Laufwerk in ein vorhandenes System einbauen, dann lautet die erste zu stellende Frage: »Erkennt Windows mein neues Laufwerk?« Das können Sie feststellen, wenn Sie das Symbol ARBEITSPLATZ bzw. COMPUTER anklicken und dann prüfen, ob das Laufwerk dort angezeigt wird (Abbildung 13.33). Wenn Sie mehr wissen wollen, dann rufen Sie den GERÄTE-MANAGER auf.

Der GERÄTE-MANAGER führt die meisten Informationen zum optischen Laufwerk auf. Auf der Registerkarte ALLGEMEIN finden Sie den aktuellen Status des Laufwerks und erfahren damit im Grunde genommen, ob das Gerät ordnungsgemäß arbeitet oder nicht. Diese Angabe ist allerdings deutlich weniger aussagekräftig als das direkte Ausprobieren des Gerätes. Die anderen Registerkarten, wie z.B. TREIBER, enthalten weitere Informationen über das Laufwerk.

Automatische Wiedergabe (Autoplay)

Eine weitere erwähnenswerte Einstellung ist die automatische Wiedergabe, die bei Windows 2000/XP/Vista häufig auch *Autoplay* genannt wird. Diese Einstellung bestimmt, ob Windows vorhandene optische Medien beim Einlegen in das Laufwerk automatisch erkennen soll.

Windows 2000, Windows XP und Windows Vista verwenden unterschiedliche Verfahren im Umgang mit AUTOPLAY. Wird unter Windows 2000 eine Audio-CD eingelegt, dann wird automatisch der erste Titel wiedergegeben. Bei Daten-Discs sucht Windows in deren Stammverzeichnis nach einer speziellen Textdatei namens AUTORUN.INF.

Auch wenn diese Option praktisch ist, sorgt sie doch manchmal für Irritationen und ist zuweilen unproduktiv. Windows 2000 enthält keine einfache Option zum Abschalten der Autoplay-Funktion.

Sie können sie nur über die Registrierungsdatenbank abschalten. Verwenden Sie z.B. REGEDIT und greifen Sie direkt auf diesen Unterschlüssel zu:

`HKEY_LOCAL_MACHINE\SYSTEM\CurrentControlSet\Services\Cdrom`

Ändern Sie dort Autorun von 0x1 in 0x0.

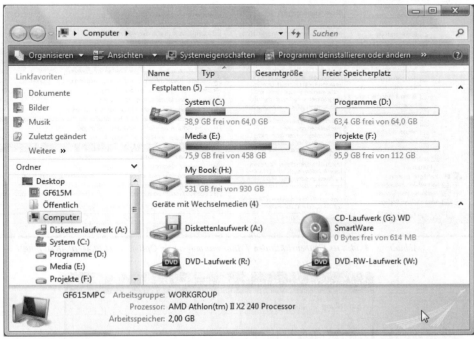

Abbildung 13.33: Zwei DVD-Laufwerke (und ein virtuelles CD-Laufwerk) mit ihren Laufwerksbuchstaben unter COMPUTER

Die meisten Techniker verwenden das Snap-In GRUPPENRICHTLINIE, um diese Änderung vorzunehmen, da sie hier das Verhalten des Systems bei mehreren optischen Laufwerken besser steuern können. Über Gruppenrichtlinien können Sie z.B. Autoplay für einen Brenner deaktivieren und es für das andere optische Laufwerk aktiviert lassen. Das Snap-In GRUPPENRICHTLINIE ist ein mächtiges Werkzeug, dessen Möglichkeiten weit über A+ hinausgehen, weshalb Sie aufpassen sollten, was Sie machen. Um das Snap-In zu starten, wählen Sie START|AUSFÜHREN und geben gpedit.msc im Dialogfeld AUSFÜHREN ein. Klicken Sie OK an, um die Konsole zu starten. Um Autoplay zu deaktivieren, wählen Sie links in der Baumstruktur RICHTLINIEN FÜR LOKALER COMPUTER|COMPUTERKONFIGURATION|ADMINISTRATIVE VORLAGEN. Wenn Sie nun die Option SYSTEM markieren, finden Sie im rechten Fensterbereich der Konsole in der Spalte EINSTELLUNG die Option AUTOPLAY DEAKTIVIEREN (Abbildung 13.34).

Klicken Sie AUTOPLAY DEAKTIVIEREN doppelt an, um das EIGENSCHAFTEN-Dialogfeld zu öffnen. Beachten Sie in Abbildung 13.34, dass zwar standardmäßig die Option NICHT KONFIGURIERT aktiviert ist, dass Sie hier aber Autoplay aktivieren oder deaktivieren können. Die Bezeichnungen sind hier ein wenig verwirrend, also müssen Sie wissen, was Sie tun. Wenn Sie AKTIVIERT wählen, dann sorgen Sie dafür, dass ein optisches Laufwerk Discs *nicht* automatisch startet. DEAKTIVIERT sorgt dafür, dass weder Sie selbst noch andere Benutzer verhindern können, dass optische Medien automatisch wiedergegeben werden. Haben Sie den Unterschied verstanden?

Kapitel 13

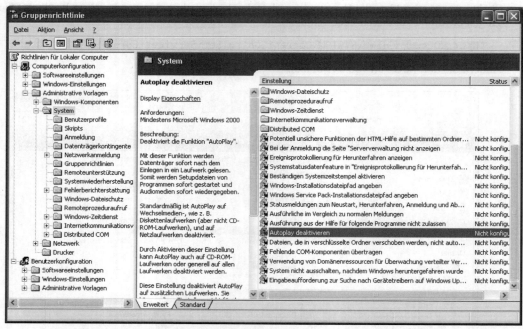

Abbildung 13.34: Der Gruppenrichtlinien-Editor mit markierter Option AUTOPLAY DEAKTIVIEREN

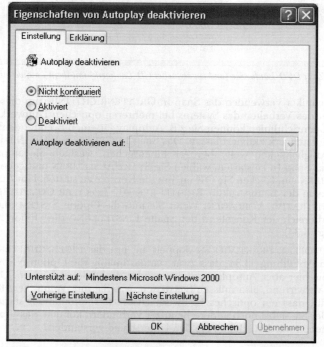

Abbildung 13.35: Das Dialogfeld EIGENSCHAFTEN VON AUTOPLAY DEAKTIVIEREN

Windows XP verwendet ein anspruchsvolleres Verfahren bei der Autoplay-Funktion. Standardmäßig werden Sie beim Einlegen eines optischen Mediums, auf dem sich keine AUTORUN.INF befindet, von XP gefragt, welche Aktion durchgeführt werden soll (Abbildung 13.36). Sie können das Standardverhalten einfach dadurch ändern, dass Sie auf die Eigenschaften eines bestimmten Laufwerks über ARBEITSPLATZ zugreifen und dort das Register AUTOPLAY aktivieren. Abbildung 13.37 zeigt einige der Optionen für einen typischen Windows-XP-Rechner.

Abbildung 13.36: Windows XP fragt den Anwender nach der durchzuführenden Aktion.

Abbildung 13.37: Das Register AUTOPLAY für ein DVD-RW-Laufwerk

Unter Windows Vista arbeitet Autoplay deutlich zuverlässiger und bietet zudem viel mehr Optionen als unter Windows 2000 oder Windows XP. So können Sie z.B. wahlweise Autoplay für alle Medien und Geräte deaktivieren. (Standardmäßig ist Autoplay für alle Medien und Geräte aktiviert.) Viel interessanter ist aber, dass Sie spezifische Aktionen aktivieren können, die dann ausgeführt werden, wenn

Kapitel 13

Windows erkennt, dass digitale Medien eingelegt oder Geräte erkannt werden. Bei einer Audio-CD können Sie z.B. festlegen, dass der Windows Media Player gestartet werden soll. Wird eine Spielfilm-DVD erkannt, dann können Sie festlegen, dass Autoplay diese mit PowerDVD oder einem anderen Programm wiedergibt. Die Autoplay-Optionen erreichen Sie unter Windows Vista über SYSTEMSTEUERUNG|(HARDWARE UND SOUND|)AUTOMATISCHE WIEDERGABE.

Schließlich soll noch erwähnt werden, dass Sie unter Windows 2000, XP und Vista den Laufwerksbuchstaben eines optischen Laufwerks ebenso wie bei Festplatten ändern können. Diese Option erreichen Sie über die DATENTRÄGERVERWALTUNG (Abbildung 13.38).

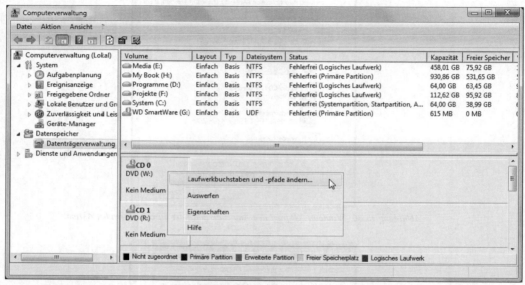

Abbildung 13.38: Die Option LAUFWERKBUCHSTABEN UND -PFADE ÄNDERN in der DATENTRÄGERVERWALTUNG

Anwendungsprogramme

Für die normale Installation eines optischen Laufwerks sind keine weiteren Programme oder Treiber erforderlich. Es wird installiert und anschließend von Windows erkannt, und das war's auch schon. Brenner können ihre Fähigkeiten aber nur dann voll entfalten, wenn zusätzliche Programme installiert sind. DVD- und Blu-ray-Laufwerke benötigen Software, wenn darauf gespeicherte Filme wiedergegeben oder DVDs gebrannt werden sollen. Zu den beliebtesten Brennprogrammen für CDs und DVDs zählen Nero Burning ROM (www.nero.com) und WinOnCD von Roxio (www.roxio.com, international Easy Media Creator genannt). CyberLink PowerDVD und Corel WinDVD streiten sich bei der Wiedergabe von Blu-ray-Discs um die Krone. Wenn Sie nach einem kostenlosen Brennprogramm suchen, dann können Sie z.B. *CDBurnerXP* (http://cdburnerxp.se) ausprobieren, das in Abbildung 13.39 dargestellt wird. Mit XP wurden in Windows Funktionen zum Brennen von CDs integriert. Hier können Sie einfach Dateien über ein optisches Laufwerk ziehen und dort fallen lassen, um sie dann auf einen anderen Rechner zu übertragen. Die so mit einem XP-Rechner gebrannten Medien werden von den meisten anderen optischen Laufwerken gelesen.

Der in Windows kostenlos enthaltene Windows Media Player eignet sich hervorragend zum Betrachten von DVD-Videos, aber beim Brennen derartiger DVDs sind Sie meist auf Werkzeuge von Drittanbietern angewiesen, auch wenn in Windows Vista mit *Windows Movie Maker* und *Windows DVD Maker* Programme enthalten sind, die in diesem Bereich ein paar grundlegende Möglichkeiten abdecken. Mit den bereits erwähnten Programmen von Nero und Roxio lassen sich neben den CD-R- und CD-RW-Formaten auch alle DVD-Aufzeichnungsstandards nutzen, die von Ihrem Laufwerk unterstützt werden.

Wechseldatenträger

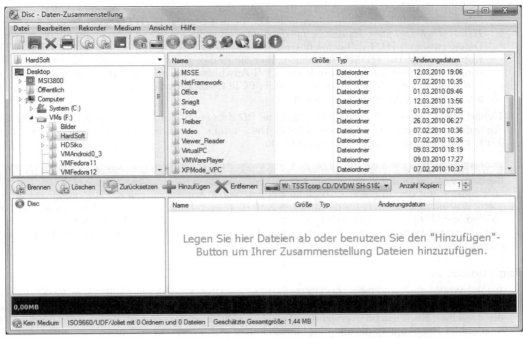

Abbildung 13.39: Typisches Brennprogramm eines Drittanbieters (CDBurnerXP)

Sie wollten schon immer eine exakte Kopie einer CD oder DVD erstellen, um Ihr Original an einem sicheren Ort verwahren zu können? Genau diesem Zweck dienen die so genannten *ISO-Dateien*. Dabei handelt es sich um die in einer Datei gespeicherte vollständige Kopie (*ISO-Abbild* oder *ISO-Image* genannt) einer CD oder DVD. Wie Sie sich vorstellen können, handelt es sich dabei um recht große Dateien, die aber für Techniker sehr wichtig sind. Techniker verwenden ISO-Images beispielsweise, um einander Kopien bootfähiger CDs mit Dienstprogrammen zuzusenden. Wenn Sie z.B. ein Partitionierungsprogramm für die Festplatte benötigen, dann können Sie die Webseite von *GParted Live* (http://gparted.sourceforge.net/livecd.php) aufsuchen und sich dort das ISO-Image der CD herunterladen. Dann benutzen Sie das Brennprogramm eines Drittanbieters (erst Windows 7 unterstützt das Brennen von ISO-Dateien) und brennen das ISO-Image auf eine CD-R. Bringen Sie in Erfahrung, wie sich mit den von Ihnen verwendeten Programmen ISO-Images auf CD/DVD brennen lassen, denn Sie werden diese Funktion immer wieder brauchen.

Spezielle Aspekte bei Blu-ray-Laufwerken

Physisch sind die Installation, der Einbau und die Wartung optischer Laufwerke zwar recht einfach, aber bei der Installation von Blu-ray-Laufwerken müssen Sie einige Dinge besonders berücksichtigen. Wenn Sie Ihr Blu-ray-Laufwerk z.B. in erster Linie zur Datenspeicherung nutzen wollen, dann sind die Systemanforderungen minimal. Wenn Sie aber Blu-ray-Discs hauptsächlich dazu benutzen wollen, um sich Kinofilme in HD-Auflösung (720p, 1080i oder 1080p) anzusehen, dann sind die Anforderungen recht heftig. Es folgt eine Liste der empfohlenen Minimalkonfigurationen:

- **Prozessor:** Mindestens ein Pentium 4, Pentium D, ein Zwei- oder Mehrkernprozessor, ein AMD Athlon 64 X2 oder ein Phenom-Mehrkernprozessor.
- **Arbeitsspeicher:** Mindestens 1 GB RAM für Windows XP, 2 GB RAM für Windows Vista.
- **Grafikkarte:** Sie benötigen eine HDCP-kompatible (mit DVI- oder HDMI-Ausgang) Grafikkarte und die zugehörigen Treiber. Das sind eine Menge Abkürzungen in einem Satz! Es folgt die Erklärung. Bei *HDCP* (*High-Bandwidth Digital Content Protection*) handelt es sich um einen von Intel ent-

wickelten Standard, der im Auftrag der MPAA (Motion Picture Association of America) für den Schutz von Urheberrechten sorgen soll. Die beiden Standards *DVI* (*Digital Video Interface*) und *HDMI* (*High-Definition Multimedia Interface*) sorgen für die schnelle Übertragung unkomprimierter Daten zwischen HDTV (hochauflösenden Fernsehern), Computern und anderen DVI/HDMI-Komponenten. Die HDMI-Anschlüsse, über die Audio- *und* Videodaten übertragen werden können, ersetzen nach und nach die älteren DVI-Anschlüsse, die nur Videodaten transportieren. ATI und nVidia bieten Blu-ray-Disc-kompatible PCIe-Grafikkarten an, die leistungsfähig genug sind, um dieser Aufgabe gewachsen zu sein.

CyberLink bietet ein tolles Programm namens *BD Advisor* an, das Ihnen mitteilt, ob Ihr System die Anforderungen zum Abspielen von Blu-ray-Discs erfüllt. Sie finden es unter http://www.cyberlink.com/prog/bd-support/diagnosis.do.

Wichtig

Sie müssen mit den in diesem Abschnitt beschriebenen Anforderungen der Blu-ray-Discs vertraut sein. Das gilt insbesondere für die strengen Anforderungen hinsichtlich der Unterstützung von HD-Video und HD-Audio. Machen Sie sich auch darauf gefasst, dass die CompTIA von Ihnen erwartet, dass Sie gewisse Kenntnisse über die Regionalcodes der DVD/BD besitzen. Achten Sie also auch darauf.

Regionalcodes

Bei der Produktion von Filmen für DVDs und Blu-ray-Discs können diese mit einem *Regionalcode* versehen und so codiert werden, dass die Filme nur auf Abspielgeräten wiedergegeben werden können, die denselben Regionalcode verwenden. Dabei handelt es sich um eine Maßnahme zur Eindämmung unerlaubter Raubkopien, die allerdings ihr Ziel nicht wirklich erreichen konnte.

Lässt sich eine DVD oder Blu-ray-Disc, die mit dem Regionalcode für Somalia versehen ist, auf einem für Deutschland hergestellten System abspielen? Natürlich geht das. Dazu müssen Sie nur den Regionalcode bei Ihrem DVD- oder Blu-ray-Player auf den Regionalcode von Somalia (für die Neugierigen: 5 bzw. B) umstellen. Sie können den Regionalcode Ihres Players aber nur maximal vier Mal ändern. Danach bleibt es bei dem zuletzt eingestellten Regionalcode. Heute werden die meisten optischen Discs ohne Regionalcode produziert, so dass sie sich überall wiedergeben lassen. Viele Geräte für optische Discs werden standardmäßig so eingestellt, dass sie nur Discs wiedergeben können, die für die Region codiert wurden, in der sie hergestellt oder verkauft wurden. Unter allen Windows-Versionen können Sie bei den Hardwareeigenschaften des optischen Laufwerks leicht prüfen, welcher Regionalcode dafür aktuell eingestellt ist, und ihn dort auch ändern. Als Techniker oder begeisterter Heimanwender sollten Sie daher mit den folgenden Regionalcodes der optischen Geräte und Medien vertraut sein.

DVD-Regionalcodes:

- **Region 0:** Alle Regionen
- **Region 1:** USA, Kanada
- **Region 2:** Europa, Japan, Mittlerer Osten, Südafrika, Grönland
- **Region 3:** Südkorea, Taiwan, Hongkong, Südostasien
- **Region 4:** Australien, Neuseeland, Zentral- und Südamerika
- **Region 5:** Osteuropa, Russland, Indien, Afrika
- **Region 6:** China
- **Region 7:** Reserviert für spezielle und zukünftige Zwecke
- **Region 8:** Reserviert für Kreuzfahrtschiffe und Flugzeuge

Blu-ray-Regionalcodes:

- **A:** Ostasien (außer China und Mongolei), Südostasien, Amerika und abhängige Gebiete

- **B:** Afrika, Südwestasien, Europa (außer Russland), Ozeanien und abhängige Gebiete
- **C:** Zentralasien, Ostasien (nur China und Mongolei), Südasien, Zentraleurasien (mit Russland) und abhängige Gebiete

Practical Application

Fehlersuche bei Wechseldatenträgern

Diskettenlaufwerke, Flash-Speicher und optische Laufwerke sind relativ robuste Geräte, die selten eine Fehlersuche aufgrund eines Hardwaredefekts erforderlich machen. Die meisten Probleme mit Wechseldatenträgern entstehen aus mangelndem Wissen, fehlerhafter Installation, Fehlern bei der Bedienung der Geräte und der zugehörigen Programme. Wenn Flash-Speicher wirklich defekt ist, lässt er sich nicht mehr reparieren, sondern nur noch austauschen. Also können wir uns nachfolgend auf die Fehlersuche bei Diskettenlaufwerken und optischen Laufwerken beschränken.

Wartung und Pflege von Diskettenlaufwerken

Kaum ein Bauteil fällt häufiger aus als das Diskettenlaufwerk, was nicht überraschen dürfte, da Diskettenlaufwerke viel stärker als alle anderen Komponenten (außer der Tastatur) Umwelteinflüssen ausgesetzt sind. Nur eine schmale Klappe (bzw. bei 5,25-Zoll-Laufwerken noch nicht einmal eine solche) schirmen die Schreib/Leseköpfe des Laufwerks vor Staub und Schmutz ab. Diskettenlaufwerke leiden auch oft unter mechanischen Schäden, häufig werden sie versehentlich dadurch beschädigt, dass Disketten falsch herum eingelegt werden oder Büroklammern oder andere Objekte hineinfallen. Das Leben eines Diskettenlaufwerks ist ganz schön hart!

Angesichts dieser Gefahren besteht die wichtigste Wartungsmaßnahme für ein Diskettenlaufwerk in der Reinigung. Sorgen Sie vor allem dafür, dass das Laufwerk sauber bleibt! Zu diesem Zweck können Sie in einem gut sortierten Elektronikzubehörgeschäft *Reinigungs-Kits* kaufen. Sie können aber auch Baumwolllappen und Reinigungsalkohol dazu verwenden, um Schmutz aus Diskettenlaufwerken zu entfernen.

Wenn die Reinigung des Laufwerks nicht hilft, dann tauschen Sie das verdächtige Laufwerk gegen ein anderes aus, um zu sehen, ob es wirklich defekt ist. Wenn Ihr Diskettenlaufwerk keine Disketten mehr lesen kann, dann sollten Sie es austauschen.

Fehlersuche bei optischen Laufwerken und Discs

Optische Laufwerke sind extrem zuverlässige und robuste PC-Komponenten. Manchmal werden aber auch die zuverlässigsten und robustesten Geräte zu einem nutzlosen Haufen Plastik und Metall und zur Quelle der Frustration. Dieser Abschnitt befasst sich mit einigen gängigen Problemen im Zusammenhang mit optischen Laufwerken, deren Installation, dem Brennen und Firmware-Aktualisierungen und deren Behebung.

Installationsprobleme

Das größte Problem bei optischen Laufwerken stellen gerade bei Neuinstallationen die Kabelanschlüsse dar. Zunächst sollten Sie also vermuten, dass das Laufwerk irgendwie nicht korrekt installiert wurde. Häufiger vergisst man einfach das Stromkabel, steckt ein Kabel verkehrt herum auf oder konfiguriert Jumper/Schalter falsch. Sie müssen zwar wissen, um welchen Typ von Laufwerk es sich handelt, der Test physischer Kabelverbindungen gestaltet sich aber immer gleich: Man wirft einen Blick in das BIOS-Setup oder achtet auf dessen Meldungen beim Rechnerstart, um zu prüfen, ob das optische Laufwerk vom System erkannt wird.

Das Verfahren der Erkennung von optischen Laufwerken durch das BIOS ist systemabhängig. Die meisten BIOS-Hersteller haben intelligente BIOS-Programme entwickelt, die die installierten optischen Laufwerke erkennen können. Abbildung 13.40 zeigt die Meldung eines modernen Award-BIOS beim Rechnerstart, die auf ein erkanntes DVD-Laufwerk hinweist.

```
Award Modular BIOS v6.00PG, An Energy Star Ally
Copyright (C) 1984-2003 Phonix Technologies, LTD


Main Processor    : AMD Athlon(tm) 64 Processor 3200+
Memory Testing    : 1048576K OK
CPU0 Memory Information: DDR 400 CL:3 ,1T Dual Channel, 128-bit

IDE Channel 1 Master : WDC WD1200JB-75CRA0 16.06V16
IDE Channel 1 Slave  : None
IDE Channel 2 Master : TOSHIBA CD=DVDW SDR5372V TU11
IDE Channel 2 Slave  : None
```

Abbildung 13.40: Das BIOS hat beim Rechnerstart ein optisches Laufwerk erkannt.

Wenn das BIOS das Laufwerk erkannt hat, dann sollte Windows das Laufwerk finden und unter ARBEITSPLATZ bzw. COMPUTER anzeigen. Sollte das nicht der Fall sein, können Sie noch einen Blick in den Geräte-Manager werfen. Wird das optische Laufwerk hier angezeigt, haben Sie es möglicherweise mit einem Treiberproblem zu tun. Klicken Sie das Laufwerk doppelt an, um das EIGENSCHAFTEN-Dialogfeld aufzurufen. Klicken Sie dann auf der Registerkarte TREIBER die Schaltfläche TREIBERDETAILS an. Wenn dort mehr als ein Treiber (üblicherweise cdrom.sys) in der Liste auftaucht, dann hat ein anderes Programm einen möglicherweise inkompatiblen so genannten *Filtertreiber* installiert, der für die Fehlfunktion verantwortlich ist. Wenn Sie sich den Namen dieses Treibers notieren, können Sie ihn über die Registrierungsdatenbank versuchsweise deaktivieren. Sie finden ihn in diesem Zweig:

```
HKEY_LOCAL_MACHINE\SYSTEM\CurrentControlSet\Control\Class\
{4D36E965-E325-11CE-BFC1-08002BE10318}
```

Dort finden sich dann die Einträge `UpperFilters` und/oder `LowerFilters`, unter denen Sie den bei den Treiberdetails notierten Namen wiederfinden sollten. Um den Filter zu deaktivieren, genügt es nun, den Namen des betreffenden Eintrags z.B. in `Lower_Filters` abzuändern, den Registrierungs-Editor zu beenden und den Rechner neu zu starten.

Wenn das Laufwerk zwar erkannt wird, es aber eine CD oder DVD oder Blu-ray-Disc nicht lesen kann, dann sollten Sie es erst einmal mit einer gepressten Disc versuchen. Bei gebrannten Discs treten häufiger Kompatibilitätsprobleme auf. Übel verkratzte Medien kann zudem kein optisches Laufwerk mehr lesen.

Tipp

Wenn eine CD nicht gelesen werden kann, dann müssen Sie eine CD ausprobieren, wenn eine DVD Probleme bereitet, dann müssen Sie es mit einer DVD versuchen. Defekte Laufwerke können häufig zwar noch den einen Standard lesen, scheitern aber an dem anderen.

Tipp

Wenn sich auf einer vermeintlich defekten Disc wichtige Daten befinden, dann probieren Sie aus, ob sie von anderen Laufwerken erkannt wird und gelesen werden kann. Dabei stellte sich bei mir häufiger der gewünschte Erfolg erst mit dem achten oder neunten und manchmal nur beim ältesten Laufwerk ein (mit dem die Disc definitiv *nicht* gebrannt wurde!).

Wenn das Laufwerk die Disc immer noch nicht erkennen will, können Sie eine Reinigung des Laufwerks in Betracht ziehen. Die meisten modernen optischen Laufwerke verfügen zwar über integrierte Reinigungsmechanismen, aber von Zeit zu Zeit wird doch ein kommerzielles Reinigungskit benötigt (Abbildung 13.41).

Abbildung 13.41: Reinigungskit für CD/DVD-Laufwerke

Optische Laufwerke muss man im Unterschied zu den Discs selbst nicht gerade oft reinigen. Auch wenn eine Reihe Reinigungskits für diesen Zweck erhältlich sind, reicht es meist bereits aus, wenn Sie die Discs einfach mit einem feuchten, weichen Lappen abwischen. Gelegentlich kann man auch milde Reinigungsmittel zusetzen. (Isopropylalkohol greift den verwendeten Kunststoff z.B. nicht an!) Wischen Sie immer von der Mitte der Disc nach außen und reinigen Sie die Discs nie in kreisförmigen Bewegungen!

Einem verbreiteten Märchen zufolge sollen sich optische Discs gut im Geschirrspüler reinigen lassen. Das scheint zwar lachhaft zu sein, aber die Mär hat sich derart verbreitet, dass ihr eine ernsthafte Antwort gebührt. Das Märchen ist aus zwei Gründen *falsch*: Erst einmal wird das Wasser in Geschirrspülern zu heiß und kann dazu führen, dass sich die Disc verbiegt, und zweitens wird die Disc durch den Wasserdruck herumgewirbelt, kollidiert mit anderen Gegenständen und wird dadurch verkratzt. Lassen Sie derartigen Unfug einfach bleiben!

Beim letzten Problem mit optischen Laufwerken, im Laufwerk festhängenden Discs, handelt es sich um einen Anwenderfehler und nicht um einen Fehler der Laufwerke. Ich weiß schon gar nicht mehr, wie oft ich ein optisches Laufwerk aus einem System ausgebaut habe, um es zu ersetzen, nur um zu entdecken, dass ich eine wichtige Disc im Laufwerk vergessen hatte. Glücklicherweise gibt es an den meisten optischen Laufwerken ein kleines Loch an der Vorderseite, meist direkt unter der Schublade, in das man einen Draht einführen kann (eine gerade gebogene Büroklammer ist hierfür besonders geeignet), mit dem man einen internen Hebel betätigt, über den sich die Disc auswerfen lässt. Probieren Sie es aus!

Brennprobleme

Das unglaubliche Wachstum der CD-R/CD-RW-Industrie und der DVD-Industrie hat zu einer ganzen Reihe von Inkompatibilitäten zwischen Discs und Laufwerken geführt. Einige dieser Inkompatibilitäten lassen sich auf Probleme »ignoranter Anwender« zurückführen. Diese versuchen einfach, Dinge mit den Discs zu machen, für die sie nicht entwickelt wurden. Aber selbst wenn Anwender die Handbücher lesen und die erforderlichen Schritte korrekt ausführen, kann es zu echten Problemen kommen, von denen viele durch ein paar einfache Tests behoben werden können.

Was kann ich überhaupt machen?

Die meisten Fehler werden beim Kauf selbst gemacht, wenn jemand ein Gerät kauft, ohne dessen Fähigkeiten wirklich verstanden zu haben. Gehen Sie nicht einfach davon aus, dass das Gerät bestimmte Eigenschaften besitzt oder gar alles kann! Ich habe es mir z.B. zur Gewohnheit gemacht, mir alle verfügbaren technischen Dokumente beim Hersteller zu beschaffen, *bevor* ich z.B. ein optisches Laufwerk kaufe, um mich genau über dessen Fähigkeiten zu informieren. Und ich überzeuge mich zudem davon, dass das Laufwerk einen guten Ruf besitzt. Um ein paar verschiedene Meinungen einzuholen, können Sie z.B. einfach eine Suchmaschine im Internet starten und nach dem Begriff »Test« in Kombination mit dem Modell oder dem Namen des Laufwerks suchen.

Datenträgerprobleme

Die für die Standards der optischen Discs verantwortlichen Komitees haben die zur Herstellung der Discs zu verwendenden Materialien nicht vorgeschrieben. Daraus resultieren teilweise erhebliche Qualitätsunterschiede zwischen den Discs verschiedener Hersteller und Quellen (die Medien werden in verschiedenen Ländern produziert). Wie bereits erwähnt, werden zur Herstellung von CD-Rs organische Farbstoffe verwendet. Techniker unterhalten sich manchmal darüber, welche Farbe sie bei den Rohlingen bevorzugen. Hören Sie einfach weg, denn die Farbe allein besagt noch gar nichts. Wenn Sie ein neues Laufwerk benutzen, dann probieren Sie besser ein paar Disc-Marken aus und prüfen, welche sich für Ihr Laufwerk am besten eignen. Wenn Sie CDs aus einem bestimmten Grund brennen und z.B. Musik aufzeichnen, dann können Sie auch Leute in Online-Gruppen mit vergleichbaren Interessen um deren Rat und Meinung bitten. Meist freuen sich diese darüber, wenn sie ihre hart erworbenen Kenntnisse weitergeben können.

Allgemein können zwei Aspekte die Medienqualität beeinflussen: die Brenngeschwindigkeit und die verwendeten Farbstoffe. Die meisten Disc-Hersteller garantieren, dass ihre Discs bis zu einer bestimmten Maximalgeschwindigkeit einsetzbar sind. Disc-Hersteller fahren häufig zwei Produktlinien: eine Qualitätsmarke, die sich garantiert für eine bestimmte Geschwindigkeit eignet, und eine allgemeine Linie, die gewisse Risiken birgt. Im Allgemeinen kaufe ich beide. Ich verwende zwar vorwiegend preiswerte Discs, habe aber immer fünf oder zehn Discs guter Qualität in meinem Vorrat, falls doch einmal Probleme auftreten sollten. Aber auch dies hängt wieder weitgehend vom jeweiligen Nutzungszweck ab. Für die Datensicherung können Sie z.B. preiswerte Medien verwenden, während sich für Musikaufnahmen eher die besseren Medien und eine herabgesetzte Brenngeschwindigkeit empfehlen.

Alle erwähnten Aspekte gelten naturgemäß nicht nur für CD-Rs und CD-RWs, sondern auch für DVDs und Blu-ray-Discs und die entsprechenden Laufwerke. Hinzu kommen hier noch Inkompatibilitäten zwischen den verschiedenen Standards, die eine ganze Menge Unheil stiften. Machen Sie Ihre Hausaufgaben, bevor Sie einem Kunden den Kauf eines bestimmten optischen Laufwerks empfehlen.

Buffer Underrun

Alle Brenner verfügen über einen eigenen Pufferspeicher, der meist einfach nur *Buffer* genannt wird. In diesem Puffer werden die aufzuzeichnenden und ankommenden Daten gespeichert. Beim *Buffer Underrun* (*Pufferleerlauf*) kann das Quellgerät die Daten nicht so schnell anliefern, wie sie der Brenner schreiben könnte. Wenn dem Brenner die Daten ausgehen, werden »Bierdeckel« (coaster) bzw. »verbrannte« und daher nutzlose CDs/DVDs/BDs erzeugt. Buffer Underruns treten besonders häufig beim direkten Kopieren von CDs oder DVDs auf. Viele Faktoren tragen zum Buffer Underrun bei, von denen jedoch zwei von besonderer Bedeutung sind. Der erste ist die Puffergröße. Achten Sie darauf, dass Sie CD-RW-Laufwerke mit großem Puffer kaufen (2 MB sollten es mindestens sein). Anders als beim System-RAM lässt sich der Puffer optischer Laufwerke nachträglich nicht mehr erweitern. Beim zweiten Faktor handelt es sich um das Multitasking. Bei den meisten Systemen (bzw. Brennprogrammen) können bzw. sollten Sie während des Brennens sicherheitshalber besser auf die Arbeit mit anderen Programmen verzichten.

Eine Möglichkeit, die Gefahr des Buffer Underruns weiter zu verringern, ist die Erstellung von ISO-Image-Dateien. Anders als einige optische Laufwerke sollten Festplatten geschwindigkeitsmäßig durchweg mit einem Brenner mithalten können, wodurch die Wahrscheinlichkeit des Buffer Underruns und die damit verbundene Vergrößerung Ihrer Bierdeckelsammlung merklich reduziert wird. Darüber hinaus lässt sich häufig nicht nur die Gefahr des Pufferleerlaufs verringern, sondern auch die Brennqualität dadurch (oft deutlich!) steigern, dass Sie die Schreibgeschwindigkeit beim Brennen herabsetzen.

Nahezu alle aktuellen Brenner arbeiten mit der von Sanyo entwickelten BurnProof-Technologie, die das Problem des Buffer Underruns beseitigt. Wenn dem Puffer die Daten ausgehen, können diese Laufwerke den Brennvorgang abbrechen und ihn punktgenau fortsetzen, wenn sich wieder Daten im Puffer befinden. Ich mag diese Laufwerke, weil ich jetzt im Hintergrund brennen und mit anderen Programmen arbeiten kann, ohne Buffer Underruns befürchten zu müssen. Wenn Sie ein neues optisches Laufwerk kaufen (vielleicht ja aus zweiter Hand), sollten Sie unbedingt darauf achten, dass es die BurnProof-Technologie unterstützt. Für die BurnProof-Technologie gibt es bei anderen Herstellern andere Namen, wie z.B. *JustLink*.

Wichtig

Die meisten Probleme im Zusammenhang mit CD-, DVD- und Blu-ray-Laufwerken sind eine direkte Folge falsch installierter oder aktualisierter Gerätetreiber, getrennter Kabelverbindungen oder inkompatibler oder einfach schlechter Medien. Denken Sie auch daran, dass Blu-ray-Laufwerke mit Regionalcodes arbeiten, die häufig falsch eingestellt sind. Für Blu-ray-Laufwerke existieren sehr spezifische Hardware- und Treiberspezifikationen, die erfüllt sein müssen, wenn ihr problemloser Betrieb gewährleistet sein soll. Die CompTIA wird diese Aspekte insbesondere in der Prüfung 220-702 abfragen, daher sollten Sie die entsprechenden Informationen gut verstanden haben.

Firmware-Aktualisierung

Fast alle Laufwerke für CD/DVD-Medien besitzen einen aktualisierbaren Flash-ROM-Chip. Wenn das Laufwerk einen bestimmten Medientyp nicht lesen kann oder andere Schreib-/Leseprobleme nicht nur vereinzelt auftreten, sollten Sie auf der Website des Herstellers nachsehen, ob dort ein Firmware-Update verfügbar ist. Für fast alle optischen Laufwerke gibt es im Zeitraum ihrer Herstellung ein oder zwei veröffentlichte Firmware-Updates.

Hinweis

Nach dem Aktualisieren der Firmware eines internen optischen Laufwerks kann es erforderlich werden, Windows neu zu aktivieren. Das Laufwerk mit seiner aktualisierten Firmware wird wie der Einbau einer neuen Hardwarekomponente eingestuft.

Jenseits von A+

Die bunten Bücher

Die »bunten Bücher« werden im Bereich der CD häufiger erwähnt. Es gibt sie, diese Bücher! Bei ihnen handelt es sich um von der Industrie entwickelte Standards, die verschiedene Medien beschreiben. Zum Beispiel beschreibt das »Red Book« (das rote Buch) das Format der ursprünglichen Audio-CD. Wenn Sie viel Geld übrig haben (so etwa 3.000 Euro), dann können Sie diese Bücher erwerben und feststellen, dass die Umschlagfarben wirklich den Bezeichnungen der verschiedenen Standards entsprechen. Fachleute aus dem Supportbereich verwenden diese Begriffe häufiger. Sie fragen nicht »Liest Ihr CD-ROM-Laufwerk CD-RWs?«, sondern »Entspricht Ihr CD-ROM-Laufwerk dem Orange Book?« In technischen Spezifikationen werden diese Begriffe ebenfalls verwendet. Mir persönlich gefällt die Art und Weise nicht, wie viele Leute auf die Farben der Bücher Bezug nehmen, aber die Begriffe werden doch so häufig verwendet, dass Sie sich zumindest die Bedeutung dreier Buchfarben merken sollten: Rot (red), Gelb (yellow) und Orange. Tabelle 13.3 enthält eine vollständige Liste der verschiedenfarbigen Bücher mit CD-Standards.

Anwendung	Buch
Audio-CD	Red Book (rot)
Daten-CD	Yellow Book (gelb)
CD-I	Green Book (grün)
Beschreibbare CD	Orange Book (orange)
Video-CD	White Book (weiß)
CD Extra	Blue Book (blau)

Tabelle 13.3: Die bunten Bücher der CD-Standards

BD-J

Bei *BD-J* (*Blu-ray Disc Java*) handelt es sich um ein auf *Java ME* (*Java Platform, Micro Edition*) basierendes System zur Entwicklung von Anwendungen, das Inhaltsanbietern die Entwicklung interaktiver Filme, Spiele und Inhalte auf Blu-ray-Discs ermöglicht. Die meisten wirklich aktuellen Mobilgeräte, Smartcards und andere Helferlein verwenden *Java-Programmierschnittstellen* bzw. *Java-APIs* (Application Programming Interfaces) um Anforderungen von Geräten, Programmen oder des Betriebssystems zu unterstützen. BD-J-APIs werden bei Blu-ray-Laufwerken für ähnliche Zwecke genutzt. Sie ermöglichen die detaillierte Gestaltung interaktiver Elemente, wie z.B. von aufwendigen Menüs, Download-Spielen und anderen Inhalten und bestimmter Wiedergabeoptionen. Wenn Sie mit Ihrer PlayStation®3 z.B. Online-Spiele und HDTV nutzen, dann nutzen Sie BD-J wahrscheinlich viel intensiver, als Sie wissen.

Wiederholung

Fragen

1. Was müssen Sie tun, um ein Diskettenlaufwerk als A:-Laufwerk zu installieren?
    A. Den Mini-Stecker anbringen
    B. Es am letzten Stecker des Flachbandkabels anschließen
    C. Es am mittleren Stecker des Flachbandkabels anschließen
    D. Den Molex-Stecker anbringen

2. Was machen Sie als Erstes, wenn die Diskette, die Sie in der letzten Woche noch verwendet haben, heute in Ihrem Diskettenlaufwerk nicht mehr funktioniert?
    A. Sie probieren eine andere Diskette in dem Laufwerk oder die Diskette in einem anderen Laufwerk aus.
    B. Sie öffnen den Computer und überprüfen das Flachbandkabel.
    C. Sie tauschen das Diskettenlaufwerk aus.
    D. Sie überprüfen die CMOS-Einstellungen.

3. Welcher Begriff beschreibt die Möglichkeit, Dateien auf eine CD-R zu kopieren und später zusätzliche Dateien darauf zu brennen?
   A. MultiBurn
   B. Multisession
   C. MultiDrive
   D. Multibuffer

4. Welche Art Flash-Speicherkarte ist heute am gebräuchlichsten?
   A. CompactFlash
   B. Memory Stick
   C. Secure Digital
   D. SmartMedia

5. Welche Art Gerät muss in Ihr System eingebaut werden, damit Sie auf Daten auf einer Flash-Speicherkarte zugreifen können?
   A. Scanner
   B. Kartenleser
   C. Diskettenlaufwerk
   D. Zip-Laufwerk

6. Was kann ein bootfähiger Datenträger sein? (Wählen Sie die beste Antwort.)
   A. CD-R-Datenträger
   B. Diskette
   C. USB-Stick
   D. Alle genannten

7. Nach welcher Datei sucht die Autoplay-Funktion von Windows, wenn eine CD eingelegt wird?
   A. AUTOPLAY.INF
   B. AUTORUN.INF
   C. AUTORUN.INI
   D. AUTORUN.EXE

8. In welcher Art von Datei können Sie die Kopie einer kompletten CD oder DVD ablegen?
   A. ISO
   B. ISO-9660
   C. INF
   D. CD-DA

9. Ein CD-RW-Laufwerk hat eine Geschwindigkeitsangabe von 12x10x32. Worauf beziehen sich die drei Zahlen?
   A. Schreiben, Überschreiben, Lesen
   B. Lesen, Schreiben, Überschreiben
   C. Überschreiben, Lesen, Schreiben
   D. Schreiben, Lesen, Überschreiben

10. Welcher Standard deckt die DVD-ROM-Technologie ab?
    A. MPEG-1
    B. MPEG-2
    C. MPEG-3
    D. MPEG-4

Antworten

1. **B.** Sie schließen das Diskettenlaufwerk am Ende des Flachbandkabels an, um es zum A:-Laufwerk zu machen.
2. **A.** Wenn die Diskette im Laufwerk nicht gelesen wird, probieren Sie als Erstes eine andere Diskette aus.
3. **B.** Der Begriff *Multisession* beschreibt die Fähigkeit, Dateien auf eine CD-R zu brennen und später zusätzliche Dateien darauf zu brennen.
4. **C.** Secure-Digital-Karten beherrschen momentan den Markt.
5. **B.** Sie brauchen einen Kartenleser, um Flash-Speicherkarten lesen zu können.
6. **D.** Sie können bootfähige Datenträger aus optischen Datenträgern, Disketten und Flash-Speichergeräten machen.
7. **B.** Wenn Sie eine CD einlegen, dann sucht Windows standardmäßig nach der Datei AUTORUN.INF.
8. **A.** Sie können eine vollständige CD oder DVD als ISO-Abbild speichern.
9. **A.** Die drei für CD-RW-Laufwerke aufgelisteten Geschwindigkeiten stehen für Schreiben, Überschreiben und Lesen.
10. **B.** Der MPEG-2-Standard deckt die DVD-ROM-Technologie ab (unter anderem).

14

Windows installieren und aktualisieren

Themen in diesem Kapitel
- ❏ Aufgaben vor der Installation
- ❏ Windows 2000, Windows XP und Windows Vista installieren und aktualisieren
- ❏ Installationsprobleme beheben
- ❏ Aufgaben nach der Installation
- ❏ Die während der Installation erstellten Datenstrukturen

Ein *Betriebssystem* (*OS – Operating System*) sorgt für die grundlegende Verbindung zwischen der Rechnerhardware und dem Benutzer. Ohne Betriebssystem wäre selbst die leistungsfähigste PC-Hardware der Welt nicht mehr als ein großer, meist beigefarbener Briefbeschwerer aus Plastik, Kupfer, Silizium, Zinn und Gold. Das Betriebssystem sorgt für die Schnittstelle zwischen Mensch und Maschine und ermöglicht die Nutzung der überaus leistungsfähigen Elektronik des Personal Computers zur Erstellung erstaunlicher Bilder, zum Spielen, zum Erstellen von Dokumenten, der Analyse von Geschäftsvorgängen, medizinischer Wunder usw.

Dieses Kapitel führt Sie durch den Prozess der Installation und des Upgrades von Windows. Dabei beginnen wir mit den Aufgaben vor der eigentlichen Installation und Schritten, die vorausschauende Techniker nicht überspringen. Der zweite Abschnitt macht den Großteil des Kapitels aus, in dem Sie erfahren werden, wie Windows 2000/XP und Vista installiert und aktualisiert werden können. Da nicht alle Installationen reibungslos ablaufen, widmet sich der dritte Abschnitt der Behebung von Problemen im Zusammenhang mit der Installation. Der vierte Abschnitt befasst sich dann mit Aufgaben, die typischerweise nach der eigentlichen Installation anstehen. Das Kapitel schließt mit einer Untersuchung der während der Installation erstellten Strukturen, wie z.B. der Speicherposition der Dateien der verschiedenen Betriebssysteme, und widmet sich der Frage, wie diese zusammenarbeiten und für eine reibungslos startende neue Windows-Installation sorgen.

Essentials/Practical Application

Vorbereitung auf das Installieren/Upgraden von Windows

Wie bei Filmen gibt es bei der Installation eines Betriebssystems einen Vorspann, den Film selbst und einen Nachspann. Im Vorspann bereiten wir uns auf die Installation vor, dann folgt die eigentliche

Installation und dann sind noch ein paar abschließende Arbeiten zu erledigen. Wenn Sie die Installation gut vorbereiten, dann geht sie leicht von der Hand und die abschließenden Arbeiten nach der Installation reduzieren sich auf ein Minimum.

> **Vorsicht**
>
> Die CompTIA A+-Prüfungen enthalten zwar keine direkten Fragen zu Grundlagen der Installation, Sie müssen diese und die damit verbundene Problembehebung aber verstehen, um verschiedene Fragen beantworten zu können, die in beiden Prüfungen gestellt werden.

Lassen Sie sich von der Menge der vorbereitenden Aufgaben nicht entmutigen. Meist lassen sie sich relativ schnell erledigen. Wenn Sie diese Arbeiten aber vorher nicht erledigen, dann könnten Sie dies später bitter bereuen, wenn die Dinge mitten in der Installation aus dem Ruder zu laufen beginnen. Der Rechner wird zwar nicht gerade explodieren, könnte sich aber so aufhängen, dass kein Betriebssystem mehr gestartet werden kann. Behalten wir diesen Gedanken im Hinterkopf und wenden uns den Aufgaben zu, die Sie erledigen sollten, *bevor* Sie die Setup-CD ins CD-ROM-Laufwerk einlegen.

1. Feststellung der Hardwareanforderungen
2. Prüfung der Hardware- und Softwarekompatibilität
3. Entscheidung für eine Aktualisierung oder Neuinstallation
4. Gegebenenfalls Sicherung und Wiederherstellung vorhandener Daten
5. Auswahl einer Installationsmethode
6. Partitionierung der Festplatte und Auswahl eines Dateisystems
7. Bestimmung der Rolle des Rechners im Netzwerk
8. Spracheinstellungen und lokale Einstellungen
9. Planung der Aufgaben nach der eigentlichen Installation

Ermitteln der Hardwareanforderungen

Über die Hardwareanforderungen stellen Sie fest, ob sich ein Computersystem für ein bestimmtes Betriebssystem eignet. Prozessor, Arbeitsspeicher, freie Festplattenkapazität, Grafikkarte und andere Speichermedien müssen ausreichend leistungsfähig bzw. vorhanden sein, um das Betriebssystem installieren und ausführen zu können. Meist werden Minimalanforderungen und/oder Empfehlungen angegeben. Zwar können Sie ein Betriebssystem auf einem Rechner installieren, der die von Microsoft veröffentlichten Minimalanforderungen erfüllt, aber diese reichen kaum aus, um halbwegs vernünftig mit dem Rechner arbeiten zu können, auch wenn Microsoft bei den letzten Windows-Versionen deutlich realistischere Konfigurationen empfohlen hat. Sie finden die entsprechenden Angaben auf den Produktpackungen und/oder auf der Microsoft-Website (www.microsoft.de). Weiter hinten in diesem Kapitel finden Sie auch meine Minimalempfehlungen für Windows 2000, Windows XP und Windows Vista.

Hardware- und Softwarekompatibilität prüfen

Erfüllt das System die Anforderungen, müssen Sie feststellen, in welchem Ausmaß Windows das jeweilige Modell der Hardwarekomponente und die einzusetzenden Anwendungen unterstützt. Darüber können Sie sich über das Internet bei Microsoft oder dem Hersteller der Produkte informieren.

Wenn Sie Windows XP oder Vista installieren, dann prüft der Setup-Assistent automatisch die Hardware und Software und meldet alle festgestellten potenziellen Konflikte. Warten Sie aber nicht so lange, sondern machen Sie *vorher* Ihre Hausaufgaben!

Microsoft testet wirklich jede Hardware, die in einem System unter Windows eingesetzt werden könnte – die Informationen dazu finden Sie in der *Windows-Logo-Produktliste*, die früher *Hardwarekompatibilitätsliste* (HCL – *Hardware Compatibility List*) genannt wurde (Abbildung 14.1). Hierbei handelt es

Windows installieren und aktualisieren

sich um die definitive Autorität, die entscheidet, ob Ihre Komponente mit dem Betriebssystem kompatibel ist. Alle hier aufgeführten Komponenten wurden umfassend getestet, ob sie unter Windows 2000 und XP funktionieren, weshalb sie laut Microsoft garantiert für Ihre Installation funktionieren. Die URL für die Windows-Logo-Produktliste lautet www.microsoft.com/whdc/hcl/default.mspx. Leider wartet Microsoft die Kompatibilitätslisten für ältere Betriebssysteme und insbesondere Windows 2000 nicht mehr. Produkte, die mit Windows XP kompatibel sind, sind zwar meist auch mit Windows 2000 kompatibel, gelegentlich kann es dann aber doch passieren, dass für Windows 2000 keine funktionierenden Treiber verfügbar sind.

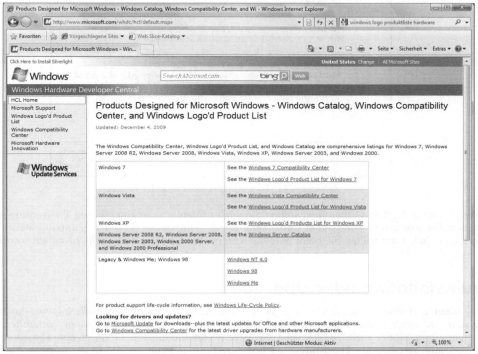

Abbildung 14.1: Windows-Logo-Produktliste

Hinweis

Gelegentlich wird die HCL oder Windows-Logo-Produktliste auch als *Windows-Katalog* bezeichnet. Dabei handelte es sich um eine Liste der unterstützten Hardware, die Microsoft auf der Windows-Installations-CD abgelegt hat. Die Windows-Logo-Produktliste ist für moderne Techniker die beste Informationsquelle, und Sie sollten sie allen gedruckten Ressourcen vorziehen.

Wenn Sie ein Gerät installieren, das nicht von Microsoft getestet wurde, wird ein recht unangenehmer Bildschirm angezeigt (Abbildung 14.2). Das bedeutet nicht, dass die Komponente nicht funktioniert, sondern nur, dass sie nicht getestet wurde. Nicht alle Komponentenhersteller durchlaufen den aufwendigen Prozess, die Zulassung von Microsoft zu erhalten, damit ihre Komponente in der Windows-Logo-Produktliste aufgeführt wird. Wenn das Gerät nicht älter als fünf Jahre ist, können Sie es im Allgemeinen installieren. Wenn es nicht funktioniert, können Sie es immer noch deinstallieren.

Aber auch wenn die entsprechende Hardwarekomponente nicht in der Liste enthalten ist, brauchen Sie nicht gleich zu verzweifeln. Schauen Sie nach, ob Disketten oder CDs vorhanden sind, auf denen sich geeignete Treiber befinden. Suchen Sie die Website des Herstellers auf, ob dort kompatible Trei-

Kapitel 14

ber angeboten werden. Und selbst wenn eine Hardwarekomponente in der HCL aufgeführt wird, empfiehlt es sich immer, auch der Website des Herstellers einen Besuch abzustatten, um dort nach (aktuelleren) Treibern zu suchen.

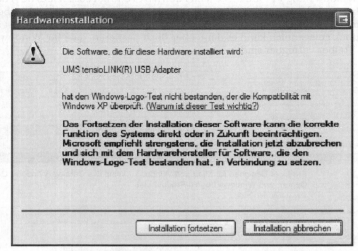

Abbildung 14.2: Nicht geprüftes Gerät unter Windows XP

Wenn Sie ein Update vorbereiten, sollten Sie auch prüfen, ob die eingesetzten Programme mit dem neuen Betriebssystem kompatibel sind. Wenn für die eingesetzte Software Kompatibilitätsprobleme bekannt sind, dann sollten Sie beim jeweiligen Hersteller Updates finden, die installiert werden müssen.

Neuinstallation oder Upgrade?

Sie können Windows auf verschiedene Weise installieren. Bei einer *Neuinstallation* wird das Betriebssystem auf einer leeren Festplatte installiert, auf der noch kein Betriebssystem vorhanden ist. Bei einem *Upgrade* (oder auch Update) wird eine bereits vorhandene Version durch eine aktuellere ersetzt, wobei alle bestehenden Hardware- und Software-Einstellungen übernommen werden. Sie können auch mehrere Windows-Versionen auf einem Rechner installieren, wenn Sie eine *Multiboot-Installation* durchführen. Auch wenn es andere Verfahren gibt, benötigen Sie für die Installation üblicherweise irgendeine optische Disc. Sehen wir uns die verschiedenen Optionen genauer an.

Wichtig

CompTIA prüft, ob Sie wissen, wie Sie ein Upgrade eines Windows-9x- oder Windows-NT-Systems auf Windows 2000 oder Windows XP vornehmen können. Sie brauchen für die Prüfungen ansonsten zwar nichts über Windows 9x oder NT zu wissen, aber Sie müssen wissen, wie das Upgrade vorgenommen werden kann.

Neuinstallation

Eine *Neuinstallation* beginnt üblicherweise mit einer völlig leeren Festplatte. Der Vorteil einer Neuinstallation besteht darin, dass Probleme des alten Betriebssystems nicht auf das neue übertragen werden. Der Nachteil besteht darin, dass Sie alle Anwendungen neu installieren und den Desktop und alle Anwendungen entsprechend den Vorlieben des Benutzers neu konfigurieren müssen. Für die Neuinstallation stellen Sie das CMOS so ein, dass es erst von einer optischen Disc und dann erst von der

Festplatte bootet. Anschließend starten Sie Windows über die Installations-Disc. Dabei können Sie die Festplatte erst partitionieren und formatieren und dann Windows installieren.

Upgrade-Installation

Bei einem *Upgrade* wird das neue Betriebssystem in denselben Ordnern wie das alte bzw. in der Sprache der Techniker *über* das alte installiert. Das neue Betriebssystem ersetzt das alte, es bleiben aber alle gespeicherten Daten erhalten und alle bisherigen Einstellungen werden übernommen. Dazu zählen Schriftarten, Desktopfarben, Hintergrund, Hardware- und Softwareeinstellungen. Sie müssen Ihre Lieblingsprogramme also nicht neu installieren!

> **Tipp**
>
> Vor dem Upgrade eines Betriebssystems müssen Sie alle laufenden Anwendungen und insbesondere Antivirenprogramme schließen!

Um mit dem Windows-Upgrade zu beginnen, müssen Sie die entsprechenden Programme von der optischen Disc starten. Dazu legen Sie üblicherweise eine Windows-Installations-Disc ein, während Ihr altes Betriebssystem läuft, und starten das Installationsprogramm. Anschließend führen Sie das Upgrade durch und wählen für die Installation des neuen Betriebssystems den Ordner aus, in dem sich bereits eine alte Windows-Installation befindet (dabei handelt es sich um die Vorgabe). Sie werden gefragt, ob es sich um ein Upgrade oder um eine Neuinstallation handelt. Wenn Sie die Neuinstallation auswählen, wird das vorhandene Betriebssystem vor der Installation entfernt.

Wenn das Installationsprogramm von Windows 2000/XP aus irgendeinem Grund nicht automatisch gestartet wird, öffnen Sie ARBEITSPLATZ und suchen auf der Installations-Disc nach der Datei WINNT32.EXE. Dieses Programm startet das Upgrade auf Windows 2000 oder XP. Unter Windows Vista lassen Sie sich den Inhalt der Disc im Windows-Explorer anzeigen und starten die Datei SETUP.EXE, die sich im Stammverzeichnis der Disc befindet, um die Upgrade-Installation von Vista einzuleiten.

Multiboot-Installation

Bei einer dritten Option, die Sie kennen sollten, handelt es sich um die *Dual-Boot-* oder *Multiboot-*Installation. Windows 2000 und Windows XP lassen sich auch in einem anderen Ordner als dem der vorhandenen Windows-Kopie installieren. Beim Rechnerstart werden Sie dann jeweils in einem Menü gefragt, welche Windows-Version Sie booten wollen. Für diese Multiboot-Variante müssen Sie die aktive Partition mit einem Dateisystem formatieren, das von allen installierten Betriebssystemen unterstützt wird. Da Windows *9x* heute nicht mehr relevant ist (und auf vielen modernen Rechnern auch gar nicht mehr funktioniert), gibt es keinen Grund mehr, NTFS nicht zu verwenden. Bei Windows Vista können Sie den Installationsordner aber nicht angeben, so dass Sie bei einer Multiboot-Installation von beispielsweise Vista und XP die beiden Betriebssysteme zwingend in getrennten Partitionen installieren müssen.

> **Hinweis**
>
> Wenn Sie einen Rechner für Multiboot konfigurieren, müssen Sie zwei grundlegende Regeln berücksichtigen: Erstens muss die Systempartition mit einem Dateisystem formatiert sein, das von allen installierten Betriebssystemen unterstützt wird, und zweitens müssen Sie typischerweise immer erst die älteren und dann die neueren Betriebssysteme installieren.

Weitere Installationsverfahren

Insbesondere wenn viele Rechner identisch konfiguriert werden müssen, werden in mittleren bis größeren Unternehmen häufig anspruchsvollere Installationsverfahren eingesetzt. Oft werden dabei die Quelldateien in einem freigegebenen Ordner auf einem Netzwerkserver abgelegt. Wenn Techniker dann ein neues Betriebssystem installieren, muss der Rechner nur noch gestartet und mit dem entsprechenden Netzwerkordner verbunden werden, um die Installation von dort aus starten zu können. Für dieses Verfahren gibt es viele Varianten und es lässt sich über spezielle Skripts automatisieren, die die gewünschten Optionen und Komponenten auswählen. Über diese Skripts lassen sich nach abgeschlossener Installation des Betriebssystems auch benötigte Anwendungen installieren. Dabei sind nach dem Start der Installation keine weiteren Benutzereingriffe mehr erforderlich.

> **Tipp**
>
> Das Erstellen der Skripts für die Installation von Betriebssystem und Anwendungen ist in vielen Unternehmen eine Vollzeitaufgabe. Viele entsprechende Hilfsmittel sind sowohl von Microsoft als auch von Drittanbietern erhältlich.

Eine weitere Möglichkeit zur wiederholten Installation standardisierter Konfigurationen bieten so genannte *Image-Dateien*, die ein Abbild kompletter Festplatten enthalten, in denen sich das Betriebssystem und meist auch vorinstallierte Versionen aller benötigten Anwendungsprogramme befinden. Diese Images können auf optischen Discs gespeichert werden. Dann muss der Techniker nur noch spezielle Programme starten, mit denen die Image-Datei auf die lokale Festplatte übertragen wird. Die Image-Dateien können natürlich auch auf speziellen Netzwerkservern abgelegt werden. Dann muss der Techniker eine Verbindung mit dem entsprechenden Server herstellen und bestimmte Programme starten, die den Inhalt der Image-Dateien auf den lokalen Rechner kopieren. Beispiele für derartige Programme sind *Norton Ghost* (von Symantec), *Clonezilla* und *True Image* (von Acronis).

Mit Windows 2000 Server hat Microsoft erstmals die *Remoteinstallationsdienste* (*RIS – Remote Installation Services*) integriert, mit deren Hilfe Skriptinstallationen oder Installationen mit Image-Dateien durchgeführt werden können.

Sichern und Wiederherstellen der Daten bei Bedarf

Unabhängig davon, ob Sie das Betriebssystem neu installieren oder aktualisieren, können Benutzerdaten vorhanden sein, die gegebenenfalls erst einmal gesichert werden müssen. Sollten Fehler bei der Installation auftreten, können Daten auf der Festplatte beschädigt werden. Sie müssen herausfinden, ob der Anwender seine Datendateien sichert. Sie müssen wissen, wo der Benutzer seine Datendateien ablegt. Wenn die Daten auf der lokalen Festplatte gespeichert werden, dann müssen sie vor der Installation oder dem Wechsel auf den neuen Rechner gesichert werden. Wenn alle Daten bereits auf einem Netzwerklaufwerk oder optischen Discs gesichert worden sind, dann haben Sie Glück gehabt, da sich die Daten nicht auf der lokalen Festplatte befinden und vor Beschädigungen geschützt sind.

Wenn der Benutzer seine Daten lokal sichert und eine Netzwerkverbindung besteht, dann nutzen Sie (zumindest vorübergehend) diese Möglichkeit zur Datensicherung und verwenden einen Ordner im Netzwerk, bis das Upgrade oder die Installation abgeschlossen wurde. Wenn diese Option nicht nutzbar ist, aber ein Brenner für optische Medien installiert ist, dann kopieren Sie die Daten auf CDs oder DVDs. Sie können dazu auch externe Festplatten verwenden, die jeder Techniker bereithalten sollte. In jedem Fall müssen Sie nach der erfolgten Installation alle gegebenenfalls beschädigten oder zerstörten Daten wieder auf die lokale Festplatte zurückkopieren.

Wenn ein Benutzer von seinem alten auf ein neues System umziehen soll, dann können Sie zu Beginn der Installation den ASSISTENT ZUM ÜBERTRAGEN VON DATEIEN UND EINSTELLUNGEN (Windows XP) oder WINDOWS-EASYTRANSFER (Windows Vista) nutzen. Diesen Prozess beenden Sie nach Abschluss der Installation. Um die Vorgehensweise nicht doppelt zu beschreiben, werde ich sie im Abschnitt *Aufgaben nach der Installation* weiter hinten in diesem Kapitel beschreiben.

Auswahl einer Installationsmethode

Nachdem Sie alle wichtigen Daten gesichert haben, müssen Sie eine Installationsmethode auswählen. Es gibt zwei grundlegende Auswahlmöglichkeiten: Sie legen eine Disc in das Laufwerk ein oder Sie installieren über ein Netzwerk. Die letztgenannte Methode gehört zu dem Themenkreis der

CompTIA A+-Prüfungen für Netzwerktechniker oder Netzwerkadministratoren, deshalb gehen wir hier davon aus, dass Sie das Betriebssystem von Disc installieren.

Partitionierung der Festplatte und Wahl des Dateisystems

Bei einer Neuinstallation müssen Sie vorher entscheiden, wie die Festplatte partitioniert werden soll, wie viele und wie große Partitionen sie enthalten und welches Dateisystem jeweils verwendet werden soll. Dabei legen Sie eigentlich erst das oder die zu verwendenden Dateisysteme und dann die jeweilige Kapazität der Volumes bzw. Laufwerke fest.

Früher war diese Entscheidung viel schwieriger, da die älteren Betriebssysteme mit den neueren Dateisystemen nichts anzufangen wussten. Da heute aber alle halbwegs modernen Windows-Versionen NTFS unterstützen, sollten Sie dieses auch verwenden. Gründe für die Partitionierung Ihrer Festplatte gibt es zwar viele, bei der Wahl des Dateisystems haben Sie heute aber eigentlich (bei den modernen Windows-Betriebssystemen) nur eine einzige Option.

Festlegen der Rolle des Rechners im Netzwerk

Diese Frage stellt sich bei der Windows-Installation in der einen oder anderen Form. Ein Windows-Rechner kann eine oder mehrere spezielle Rollen im Netzwerk übernehmen. Er kann *eigenständig* und damit ohne Netzwerkanbindung arbeiten. Alle Windows-Versionen können auf eigenständigen Rechnern installiert werden, und das ist auch die einzige Rolle, die ein Rechner unter Windows XP Home im Netzwerk übernehmen kann. Unter allen anderen modernen Windows-Versionen kann der Rechner einer Arbeitsgruppe oder einer Domäne (oder unter Windows 7 einer Heimnetzgruppe) angehören. Mehr über Arbeitsgruppen und Domänen erfahren Sie in Kapitel 23 (*Lokale Netzwerke*).

Spracheinstellungen und lokale Einstellungen

Diese Einstellungen sind insbesondere für Windows-Betriebssysteme wichtig, da sie das Format von Datum und Uhrzeit, mathematischen Trennzeichen und Währungssymbolen für die verschiedenen Standorte bestimmen.

Planung der Aufgaben nach der eigentlichen Installation

Nach der Installation von Windows sollten Sie aktuelle Service Packs oder Updates installieren. Möglicherweise müssen auch aktualisierte Treiber installiert und Einstellungen neu konfiguriert werden, wie z.B. nicht funktionierende Netzwerkeinstellungen. Weiterhin müssen Anwendungen neu installiert werden (Textverarbeitung, Tabellenkalkulation, Datenbank, E-Mail, Spiele usw.), die der Benutzer des Rechners benötigt. Schließlich dürfen Sie auch nicht vergessen, die vor der Installation bzw. vor dem Update gesicherten Daten wiederherzustellen.

Installation und Upgrade von Windows

Im Grunde genommen scheint die Installation eines Betriebssystems recht einfach zu sein und nur aus einer Reihe mehr oder weniger standardisierter Schritte zu bestehen. Sie schalten den Rechner ein, legen eine Disc mit dem Betriebssystem ins optische Laufwerk und folgen den Anleitungen der Installationsprogramme bis zum Abschluss der Installation. Zwischendurch müssen Sie den *Lizenzbedingungen* (*EULA – End User License Agreement*) zustimmen und den Product Key eingeben, der sich zumeist auf der Hülle der Installations-Disc befindet. Es gibt aber feine Unterschiede zwischen der Installation von Windows 2000 und dem Upgrade auf Windows Vista, die alle CompTIA A+-zertifizierten Techniker kennen müssen, weshalb wir uns in diesem Abschnitt ein wenig ausführlicher mit dem Installationsprozess befassen werden.

Installation von und Upgrade auf Windows 2000 Professional

Oberflächlich betrachtet scheint die Installation von Windows 2000 Professional recht einfach zu sein. Man legt eine CD-ROM ein, ruft das Setup-Programm auf und schon geht's los! Aber diese vereinfachende Betrachtungsweise hat im Praxistest keinen Bestand mehr.

Hardwareanforderungen

Die Minimalanforderungen entsprechen dem, was laut Microsoft für eine Installation von Windows 2000 Professional unbedingt benötigt wird. Sie müssen jedoch die Zahlenangaben mindestens verdoppeln, wenn Sie mit der Leistung Ihres Systems zufrieden sein wollen!

Tabelle 14.1 enthält realistischere Anforderungen für ein Computersystem mit Windows 2000 Professional.

Komponente	Minimum für einen Rechner unter Windows 2000 Professional	Empfohlenes Minimum für einen Rechner unter Windows 2000 Professional
Prozessor	Intel Pentium 133 MHz	Intel Pentium II 350 MHz
Arbeitsspeicher	64 MB	128 MB
Festplatte	2 GB mit 650 MB freier Kapazität	6,4 GB mit 2 GB freier Kapazität
Netzwerk	–	Moderne Netzwerkkarte
Grafikkarte	Grafikkarte und Monitor mit VGA-Auflösung	Grafikkarte und Monitor mit SVGA-Auflösung und 16-Bit-Farbtiefe (High Color)
Optisches Laufwerk	Wenn Sie kein optisches Laufwerk haben, müssen Sie ein Diskettenlaufwerk verwenden oder über ein Netzwerk installieren	Wenn Sie kein optisches Laufwerk haben, müssen Sie ein Diskettenlaufwerk verwenden oder über ein Netzwerk installieren

Tabelle 14.1: Hardwareanforderungen von Windows 2000 Professional

Wenn Ihr Testsystem die empfohlene Konfiguration übertrifft, umso besser! Prozessoren können nie zu schnell und Festplatten nie zu groß sein.

Installation von/Aktualisierung auf Windows XP Professional

Auf eine Windows-XP-Installation bereiten Sie sich wie bei Windows 2000 vor. Windows XP weist aber einige Unterschiede auf, weshalb es getrennt betrachtet werden soll.

Upgrade-Möglichkeiten

Sie können die folgenden Windows-Versionen auf Windows XP Professional aktualisieren:

- ❏ Windows 98 (alle Versionen)
- ❏ Windows Me
- ❏ Windows NT 4.0 Workstation (ab Service Pack 5)
- ❏ Windows 2000 Professional (mit Service Packs)
- ❏ Windows XP Home Edition

Hardwareanforderungen von Windows XP

Die Hardwareanforderungen von Windows XP sind deutlich höher als bei den älteren Windows-Versionen, werden aber selbst von den preiswertesten modernen Rechnern mühelos erfüllt.

Windows installieren und aktualisieren

Microsoft XP läuft zwar auf einer Vielzahl unterschiedlicher Rechner, Sie sollten sich aber zumindest davon überzeugen, dass die in der folgenden Tabelle aufgeführten minimalen Hardwareanforderungen erfüllt werden. In Tabelle 14.2 finden Sie auch meine Minimalempfehlungen für ein System, auf dem typische Büroanwendungen ausgeführt werden.

Komponente	Minimum für einen Rechner unter Windows XP	Empfohlen für einen Rechner unter Windows XP
Prozessor	Intel oder AMD ab 233 MHz	Intel oder AMD ab 300 MHz
Arbeitsspeicher	64 MB RAM (bei eingeschränkter Funktionalität)	mindestens 512 MB RAM
Festplatte	1,5 GB verfügbare Festplattenkapazität	4 GB verfügbare Festplattenkapazität
Netzwerk	–	Moderne Netzwerkkarte
Anzeige	Grafikkarte mit mindestens 800x600-Auflösung	Grafikkarte mit DirectX-Unterstützung und mindestens 1.024x768-Auflösung
Optisches Laufwerk	Beliebiges CD- oder DVD-Laufwerk	Beliebiges CD- oder DVD-Laufwerk

Tabelle 14.2: Hardwareanforderungen von Windows XP

Hardware- und Softwarekompatibilität

Vor der Installation von Windows XP Professional müssen Sie in jedem Fall die Hardware- und Softwarekompatibilität prüfen. Wenn Sie einen Rechner kaufen, auf dem Windows XP bereits vorinstalliert ist, dann entfällt dieser Schritt natürlich, aber Sie müssen dann immer noch prüfen, ob die zusätzlich einzusetzenden Anwendungsprogramme mit dem neuen Rechner bzw. Betriebssystem kompatibel sind. Glücklicherweise gibt es mit dem Updateratgeber auf der Windows-XP-Disc ein Werkzeug, mit dem Sie feststellen können, ob Ihre Hardware kompatibel ist.

Updateratgeber

Windows XP läuft zwar auf nahezu allen heute eingesetzten Computern, aber sollten Sie einmal im Zweifel sein, ob sich ein älterer Rechner für Windows XP eignet, brauchen Sie sich auch keine Sorgen zu machen! Der *Updateratgeber* befindet sich auf der Installations-Disc von Windows XP und wird als erster Prozess ausgeführt. Er untersucht die installierte Hardware und Software (bei einem Upgrade) und liefert eine Liste der möglicherweise und bekanntermaßen unter Windows XP problematischen Geräte und Programme. Sie sollten die Vorschläge und Hinweise in dieser Liste unbedingt befolgen bzw. beachten!

Hinweis

Mal heißt er Up*date*ratgeber, mal Up*grade*ratgeber. Früher wurden die Begriffe weitgehend gleichbedeutend verwendet. Heute gibt es die automatischen Updates und die größeren Upgrades mit typischerweise erweitertem Funktionsumfang. Ein weiteres Unterscheidungsmerkmal besteht darin, dass Updates üblicherweise kostenlos sind, während Upgrades bezahlt werden müssen.

Der Updateratgeber kann unabhängig von einer Windows-XP-Installation genutzt werden. Sie können ihn von der Windows-XP-Disc starten. Er wurde lange auch auf der Website von Microsoft angeboten, hier finden Sie aber mittlerweile nur noch Updateratgeber für neuere Windows-Versionen. Wahrscheinlich werden Sie ihn also von der XP-Disc starten müssen. Gehen Sie dazu wie folgt vor:

1. Legen Sie die Windows-XP-Installations-Disc ein. Wenn Autorun aktiviert ist, dann wird der Willkommensbildschirm von Windows XP angezeigt. Sollte das nicht der Fall sein, wählen Sie START|AUSFÜHREN und klicken nach Eingabe des folgenden Befehls OK an:

   d:\SETUP.EXE

   (Dabei ist *d* der Laufwerksbuchstabe des optischen Laufwerks.)

2. Auf der Willkommensseite wählen Sie SYSTEMKOMPATIBILITÄT PRÜFEN, um den Updateratgeber zu starten. Auf der nächsten Seite wählen Sie SYSTEM AUTOMATISCH ÜBERPRÜFEN.
3. Im Dialogfeld UPDATERATGEBER wählen Sie die erste Option, wenn eine Internetverbindung besteht. Falls nicht, dann aktivieren Sie die Option DIESEN SCHRITT ÜBERSPRINGEN UND DIE INSTALLATION FORTSETZEN und fahren mit Schritt 6 fort. (Keine Angst, hier wird nicht wirklich etwas installiert.)
4. Klicken Sie WEITER an. Der Updateratgeber zeigt an, welche Aufgaben das dynamische Update ausführt und startet Setup dann neu.
5. Nach dem erneuten Start von Setup befinden Sie sich wieder auf derselben Seite im Updateratgeber. Wählen Sie diesmal DIESEN SCHRITT ÜBERSPRINGEN UND DIE INSTALLATION FORTSETZEN und klicken Sie WEITER an. Anschließend wird ein Dialogfeld mit den Ergebnissen der Prüfung angezeigt. Wenn Sie SPEICHERN UNTER anklicken und einen Speicherort auswählen, können Sie die Informationen in einer Datei speichern.
6. Lesen Sie die vom Updateratgeber angezeigten Ergebnisse. Wenn ein Problem festgestellt wurde, dann klicken Sie die Schaltfläche DETAILS an, um sich ausführlichere Anweisungen anzeigen zu lassen, die Sie anschließend befolgen sollten. Wenn Sie alle notwendigen Anweisungen aufgezeichnet haben, klicken Sie FERTIG STELLEN an.

Start von Windows-XP-Setup

Die Windows-XP-Discs sind bootfähig und Microsoft liefert keine Programme mehr mit, mit denen bootfähige Setup-Disketten erstellt werden können. Das sollte aber kein Problem sein, da die in den letzten Jahren hergestellten Rechner über das optische Laufwerk gestartet werden können. Dazu muss nur eine Einstellung im System-BIOS entsprechend gesetzt sein. Die *Bootreihenfolge* (*boot order*) lässt sich über das BIOS-Setup-Programm festlegen.

Es ist unwahrscheinlich, dass Sie Ihren Testrechner nicht über sein optisches Laufwerk starten können. Sollte das aber doch der Fall sein, dann können Sie sechs (ja!) Windows-XP-Setup-Bootdisketten erstellen, wenn Sie ein besonderes Programm verwenden, das von der Microsoft-Website heruntergeladen werden kann. Beachten Sie, dass Microsoft separate Bootdisketten-Programme für XP Home und XP Pro anbietet.

Registrierung und Aktivierung

Während der Installation werden Sie dazu aufgefordert, das Produkt zu registrieren und zu aktivieren. Aktivierung und Registrierung sind voneinander unabhängig. Über die *Registrierung* informieren Sie Microsoft über den offiziellen Besitzer des Produkts und geben Kontaktdaten an, wie z.B. Name, Adresse, Unternehmen, Telefonnummer, E-Mail-Adresse usw. Die Registrierung erfolgt weiterhin freiwillig. Die *Aktivierung* dient der Verhinderung von Raubkopien, mit der Microsoft dafür sorgen will, dass einzelne Windows-XP-Lizenzen wirklich nur auf einem einzigen Rechner eingesetzt werden. Formal handelt es sich dabei um die *Microsoft-Produktaktivierung* (*MPA*).

Aktivierung innerhalb von 30 Tagen

Sie müssen Windows XP zwar aktivieren, können diesen Schritt bei der Installation aber überspringen. Sie haben zur Aktivierung des Produkts 30 Tage Zeit. Während dieser Zeit arbeitet Windows XP normal. Wenn Sie Windows XP nicht aktivieren, dann wird es danach deaktiviert. Das ist aber kein Problem, da Windows XP häufig mit einer Sprechblase im Infobereich der Taskleiste auf die erforderliche Aktivierung hinweist. Diese Meldung informiert auch über die noch verbleibende Zeitspanne.

Aktivierungsverfahren

Die Produktaktivierung läuft wie folgt ab. Wenn Sie sich zur Aktivierung entschließen, dann wird die bei der Installation eingegebene Produkt-ID zusammen mit einem 50-stelligen Wert übermittelt. Diese Installations-ID wird über die Produkt-ID und die vorhandenen wesentlichen Hardwarekomponenten erzeugt. Sie müssen Microsoft diesen Code übermitteln. Dazu können Sie eine Internetverbindung oder ein Telefon benutzen. Microsoft gibt Ihnen dann einen 42-stelligen Produktaktivierungscode. Wenn Sie das Produkt online aktivieren, dann wird der Aktivierungscode automatisch übernommen, so dass Sie ihn nicht manuell eingeben müssen. Wenn Sie das Produkt telefonisch aktivieren, dann müssen Sie die Installations-ID einem Microsoft-Repräsentanten vorlesen und den 42-stelligen Aktivierungscode umständlich manuell im entsprechenden Dialogfeld eintragen.

Im Rahmen der Aktivierung werden keine persönlichen Daten übertragen. Abbildung 14.3 zeigt das Dialogfeld, das nach dem Start des Aktivierungsvorgangs (z.B. durch Anklicken der Erinnerungsmeldung) angezeigt wird.

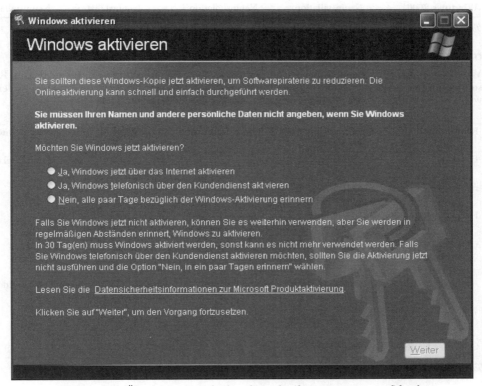

Abbildung 14.3: Über eine Internetverbindung dauert die Aktivierung nur wenige Sekunden.

Installation von und Upgrade auf Windows Vista

Die Vorbereitung auf die Installation von Windows Vista unterscheidet sich nicht wirklich von der von Windows 2000/XP. Natürlich gibt es aber auch hier wieder einige Dinge, die Sie vor der Installation von oder dem Upgrade auf Windows Vista auf Ihrem System berücksichtigen müssen.

Upgrade-Optionen

Windows Vista ist bei Upgrades der verschiedenen Editionen recht kleinlich. Sie können zwar von beliebigen Windows-XP-Versionen auf Vista upgraden, vielfach müssen Sie das Vista-Betriebssystem dann aber neu installieren. Beachten Sie, dass Sie nicht von Windows 2000 auf Vista upgraden können. In diesem Fall ist immer eine Neuinstallation fällig. Die Vista-Upgrade-Optionen sind derart kompliziert, dass sie sich eigentlich nur mit Hilfe einer Tabelle erläutern lassen, in der die vorhandenen und die zu installierenden Betriebssysteme gegenübergestellt werden. Glücklicherweise hat Microsoft eine solche Tabelle erstellt (Tabelle 14.3).

	Vista Home Basic	Vista Home Premium	Vista Business	Vista Ultimate
XP Professional	Neuinstallation	Neuinstallation	Upgrade	Upgrade
XP Home	Upgrade	Upgrade	Upgrade	Upgrade
XP Media Center	Neuinstallation	Upgrade	Neuinstallation	Upgrade
XP Tablet PC	Neuinstallation	Neuinstallation	Upgrade	Upgrade
XP Professional x64	Neuinstallation	Neuinstallation	Neuinstallation	Neuinstallation
Windows 2000	Neuinstallation	Neuinstallation	Neuinstallation	Neuinstallation

Tabelle 14.3: Das Vista-Labyrinth der Upgrade-Optionen

Hardwareanforderungen

Windows Vista erfordert deutlich leistungsfähigere Rechner als Windows 2000/XP. Der Rechner sollte mindestens die von Microsoft empfohlenen minimalen Hardwareanforderungen erfüllen, auch wenn er mit meinen Empfehlungen deutlich flüssiger arbeitet (Tabelle 14.4).

Komponente	Minimum für einen Rechner unter Windows Vista	Empfohlen für einen Rechner unter Windows Vista
Prozessor	32- (x86) oder 64-Bit-CPU (x64) ab 1 GHz Taktfrequenz	Beliebige Dual-Core-CPU von Intel oder AMD
Arbeitsspeicher	512 MB RAM für Vista Basic, 1 GB für alle anderen Editionen	mindestens 2 GB RAM
Festplatte	20-GB-Festplatte mit mindestens 15 GB verfügbarer Kapazität für Vista Basic, 40-GB-Festplatte für alle anderen Editionen	mindestens 100-GB-Festplatte
Netzwerk	Moderne Netzwerkkarte mit Internetzugang	Moderne Netzwerkkarte mit Internetzugang
Anzeige	DirectX-9-Unterstützung und 32 MB Grafikspeicher für Vista Basic, 128 MB Grafikspeicher, Pixel-Shader 2.0, WDDM-Treiber, 32-Bit-Farbtiefe für alle anderen Editionen	DirectX-10-Unterstützung und mindestens 512 MB Grafikspeicher
Optisches Laufwerk	Beliebiges DVD-Laufwerk	Beliebiges DVD-Laufwerk

Tabelle 14.4: Hardwareanforderungen von Windows Vista

Wenn Sie sich nicht sicher sind, ob sich Ihr Rechner für Vista eignet, dann können Sie den Upgrade-ratgeber für Windows Vista von www.microsoft.com/windows/windows-vista/get/upgrade-advisor.aspx herunterladen, der Ihnen mitteilen wird, ob er die minimalen Anforderungen von Microsoft erfüllt.

> **Wichtig**
>
> In den CompTIA-Prüfungen werden wahrscheinlich die minimalen Installationsanforderungen für Windows Vista Home Basic, Home Premium, Business oder Ultimate abgefragt. Sie sollten sie daher gut kennen!

Hardware- und Softwarekompatibilität

Windows Vista unterscheidet sich an vielen Stellen grundlegend und in seinen Interna von Windows XP, was für allerlei Probleme mit Programmen und Geräten sorgen kann, die für Windows XP entwickelt wurden. Als Vista erschien, haben Sie wahrscheinlich vielfach über Hardware- und Softwarekompatibilitäten murrende Benutzer gehört. Einfach ausgedrückt, funktionieren viele der alten Programme und Geräte unter Windows Vista nicht mehr, was sicherlich eine schlechte Nachricht für jene Benutzer ist, die lieber mit älteren Programmversionen wie Microsoft Word 97 arbeiten.

Glücklicherweise stellt Microsoft im *Windows Vista-Kompatibilitätscenter* Software und Hardware zusammen, die unter Vista funktionieren. Die meisten seit der Veröffentlichung von Vista im Jahre 2007 erschienenen Programme und Geräte sollten zwar unter Vista funktionieren, aber es ist bestimmt kein Fehler, wenn Sie sich bei für Sie absolut unverzichtbaren Programmen erst einmal auf dieser Seite darüber informieren, ob diese auch unter Vista laufen.

Hinweis

Die Softwareinkompatibilitäten unter Vista wurden für viele Unternehmenskunden und Privatanwender zu einem derart großen Problem, dass sie gar nicht erst Vista eingesetzt haben oder wieder zu Windows XP zurückgekehrt sind. Aus diesem Grund bietet Microsoft auch für die hochwertigeren Editionen von Windows 7 den *Windows XP Mode* an, den Sie kostenlos aus dem Internet herunterladen können und mit dem Sie die meisten Windows-XP-Programme ungeachtet des anderen Betriebssystems weiterhin ausführen können. Privatanwendern sei an dieser Stelle aber noch gesagt, dass der Windows XP Mode für die vorrangig von Inkompatibilitäten betroffenen Audio- und Videoprogramme auch keine Lösung darstellt, weil er vergleichsweise langsam ist und anspruchsvollere Grafikfunktionen nur unzureichend unterstützt.

Upgrade-Aspekte

Offensichtlich ist es sinnvoll, ein paar zusätzliche Schritte vorzunehmen, bevor man die Installations-CD einlegt. Wenn Sie vorhaben, ein Upgrade statt einer Neuinstallation vorzunehmen, führen Sie zuvor die folgenden Schritte aus:

1. Suchen Sie die Website mit der Windows-Logo-Produktliste oder das Vista-Kompatibilitätscenter auf oder erstellen Sie einen Kompatibilitätsbericht mit den Updateratgebern der jeweiligen Windows-Versionen. Diese Dienstprogramme erzeugen eine detaillierte Liste möglicherweise problematischer Geräte und Programme. Sie können das Dienstprogramm unter 2000/XP wie folgt ausführen: Legen Sie die Windows-Installations-Disc ein und wechseln Sie unter Ihrem aktuellen Betriebssystem zur Eingabeaufforderung. Dort führen Sie das Programm WINNT32.EXE mit aktiviertem Schalter CHECKUPGRADEONLY aus. Die Befehlszeile sieht dann so aus:

   d:\i386\winnt32/checkupgradeonly (d: steht für das optische Laufwerk).

2. Halten Sie eine aktuelle Sicherungskopie Ihrer Daten und Konfigurationsdateien bereit.
3. Nehmen Sie einen »Frühjahrsputz« auf Ihrem System vor, indem Sie nicht benutzte oder unnötige Programme deinstallieren und alte Dateien löschen.
4. Überprüfen und defragmentieren Sie Ihre Festplatte.
5. Dekomprimieren Sie alle Dateien, Ordner und Partitionen.
6. Nehmen Sie eine Virenprüfung vor und entfernen oder deaktivieren Sie dann alle Virensuchprogramme.
7. Deaktivieren Sie die Virenprüfung im CMOS-Setup des Systems.
8. Beachten Sie, dass Sie schlimmstenfalls von vorn beginnen und eine Neuinstallation vornehmen müssen. Aus diesem Grund ist Schritt 2 außerordentlich wichtig! Sichern Sie Ihre Daten!

Neuinstallation von Windows 2000/XP

Die Schritte sind bei der Neuinstallation von Windows 2000 Professional und Windows XP fast identisch. Der einzige Unterschied besteht in der Reihenfolge von zwei Schritten und in bestimmten Bildschirmdarstellungen, deshalb werde ich hier beide Installationen gleichzeitig beschreiben.

Kapitel 14

> **Hinweis**
> Hier werden nicht alle Bildschirme des Installationsprozesses gezeigt.

Eine Neuinstallation beginnt damit, dass Ihr System vom optischen Laufwerk bootet, in dem die Windows-Installations-Disc liegt. Sie starten Ihren PC. Vorausgesetzt, Sie haben die richtige Boot-Reihenfolge eingestellt, bootet das Installationsprogramm (Abbildung 14.4). Beachten Sie, dass Sie aufgefordert werden, [F6] zu drücken, um einen SCSI- oder RAID-Treiber von einem Drittanbieter zu installieren. Das ist nur dann nötig, wenn Sie Windows auf einem ungewöhnlichen Laufwerk installieren wollen, für das Windows keinen Treiber bereitstellt. Machen Sie sich keine Gedanken – Windows besitzt unzählige Treiber für fast alle je hergestellten Festplatten, und bei den seltenen Gelegenheiten, bei denen Sie Treiber von Drittanbietern brauchen, werden Ihnen die Verkäufer des SCSI- oder RAID-Arrays das rechtzeitig mitteilen.

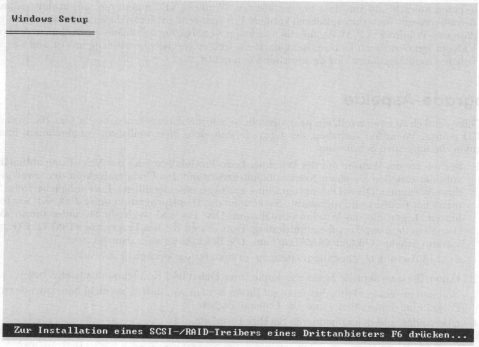

Abbildung 14.4: Textbildschirm des Windows-Setups

Nachdem das System mehrere Dateien kopiert hat, sehen Sie den Begrüßungsbildschirm (Abbildung 14.5). Dies ist ein sehr wichtiger Bildschirm! Wie Sie in späteren Kapiteln häufig sehen werden, verwenden die Techniker die Installations-Disc von Windows häufig als Reparaturwerkzeug, und auf diesem Bildschirm können Sie wählen, ob Sie Windows installieren oder eine bestehende Installation reparieren wollen. Da Sie eine Neuinstallation durchführen wollen, drücken Sie einfach [↵].

Windows installieren und aktualisieren

```
Windows XP Professional Setup

    Willkommen

    In diesem Teil des Setupprogramms wird die Installation von
    Microsoft(R) XP auf diesen Computer vorbereitet.

        • Drücken Sie die EINGABETASTE, um Windows XP
          jetzt zu installieren.

        • Drücken Sie die R-TASTE, um eine Installation von
          Windows XP mithilfe der Wiederherstellungskonsole
          zu reparieren.

        • Drücken Sie die F3-TASTE, um die Installation abzubrechen,
          ohne Windows XP zu installieren.




    EINGABE=Fortsetzen   R=Reparieren   F3=Installation abbrechen
```
Abbildung 14.5: Begrüßungsbildschirm

Jetzt werden Sie aufgefordert, die *Endbenutzerlizenz* zu lesen und zu akzeptieren (EULA – End User License Agreement). Niemand hat sie je gelesen. Sie würden ohnehin nur Magenschmerzen bekommen, wenn Sie lesen würden, was Sie da akzeptieren. Drücken Sie deshalb [F8] und wechseln Sie zum nächsten Bildschirm, um mit der Partitionierung der Festplatte zu beginnen (Abbildung 14.6).

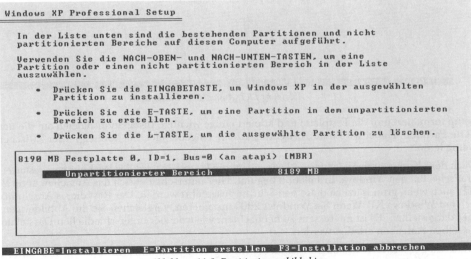
Abbildung 14.6: Partitionierungsbildschirm

Wenn Ihre Festplatte unpartitioniert ist, werden Sie zum Anlegen einer neuen Partition aufgefordert. Folgen Sie den Anweisungen. Meist werden Sie eine einzige Partition anlegen. Sie können aber natürlich auch so viele Partitionen anlegen, wie Sie wollen. Wenn Sie eine Festplatte benutzen, die irgendwann schon einmal partitioniert wurde (oder wenn Sie Fehler bei der Partitionierung gemacht haben), können Sie Partitionen auch löschen. Beachten sie, dass es keine Option gibt, eine primäre oder eine erweiterte Partition anzulegen. Dieses Werkzeug legt die erste Partition als primäre Partition und alle weiteren als Laufwerke in einer erweiterten Partition an.

> **Hinweis**
>
> Viele Techniker (wenigstens diejenigen mit großen Festplatten, also größer 500 GB) partitionieren nur die Hälfte ihrer Festplatte für Windows. Auf diese Weise lässt sich später ein alternatives Betriebssystem (üblicherweise Linux) leichter installieren.

Nachdem Sie die Partition(en) angelegt haben, wählen Sie die Partition aus, auf der Sie XP installieren wollen (was eher trivial ist, wenn Sie nur eine Partition haben). Anschließend entscheiden Sie, welches Dateisystemformat für die neue Partition verwendet werden soll. Wenn Sie keinen guten Grund haben, der für FAT oder FAT32 spricht, formatieren Sie die Partition mit NTFS (Abbildung 14.7).

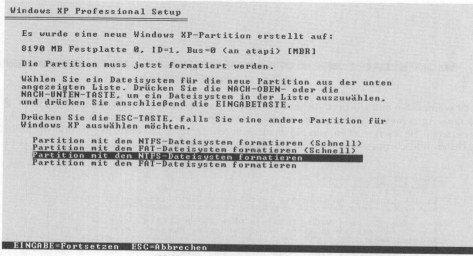

Abbildung 14.7: Auswahl des Dateisystems

Setup formatiert nun die Festplatte und kopiert einige wichtige Installationsdateien auf die neu formatierte Partition. Dabei wird eine Fortschrittsanzeige eingeblendet. Sie können in der Zwischenzeit ein wenig lesen.

Nach dem Kopieren der wichtigsten Dateien auf die Festplatte wird der Rechner neu gestartet und der grafische Teil der Windows-Installation beginnt. Hier unterscheidet sich das Aussehen unter 2000 und XP, auch wenn grundsätzlich dieselben Schritte ausgeführt werden. Der Rest dieses Abschnitts bezieht sich auf Windows XP. Wenn Sie Windows 2000 installieren, vergleichen Sie die Abbildungen mit den hier dargestellten. Es ist interessant zu beobachten, wie trotz der unterschiedlichen Darstellung genau dieselben Aufgaben erledigt werden.

Während der weiteren Installation sehen Sie einen generischen Bildschirm wie in Abbildung 14.8. Auf der linken Seite sind noch nicht durchgeführte Aufgaben weiß, abgeschlossene Aufgaben grün markiert. Die aktuelle Aufgabe wird rot markiert. Und während der gesamten Installation werden Sie sehr viel Werbung sehen.

Die folgenden Bildschirme stellen Ihnen Fragen zu den unterschiedlichsten Dingen, die ein Computerspezialist wissen sollte. Bei der Personalisierung des Rechners geht es um Länder und Spracheinstellungen für den Computer, Ihren Namen und Ihr Unternehmen und die Eingabe eines gültigen Produktschlüssels für Windows XP (Abbildung 14.9). Geben Sie den Produktschlüssel exakt ein, sonst können Sie die Installation nicht fortsetzen.

Windows installieren und aktualisieren

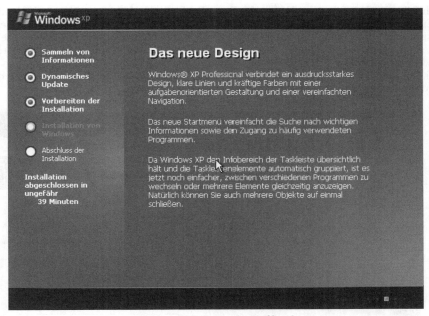

Abbildung 14.8: Beginn des Grafikmodus

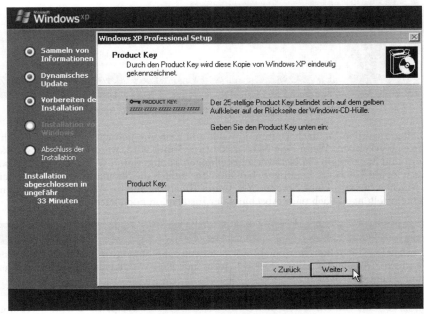

Abbildung 14.9: Eingabe des Produktschlüssels

Hinweis

Verlieren Sie auf keinen Fall Ihren Produktschlüssel! Schreiben Sie ihn auf und übertragen Sie ihn zumindest auf die Installations-CD.

Kapitel 14

Anschließend geben Sie einen Namen für Ihren Rechner ein, der ihn im Netzwerk identifiziert. Einigen Sie sich mit Ihrem Systemadministrator auf einen geeigneten Namen. Falls Sie keinen Systemadministrator haben, wählen Sie einstweilen einen einfachen Namen aus, wie beispielsweise *MeinPC*. Sie können ihn später jederzeit ändern, wenn Sie beispielsweise den Abschnitt über Netzwerke in diesem Buch lesen. Außerdem müssen Sie ein Passwort für das Administratorkonto anlegen (Abbildung 14.10), mit dem sich alle Aufgaben am Computer erledigen lassen. Techniker benötigen dieses Konto später, um Änderungen oder Reparaturen vornehmen zu können.

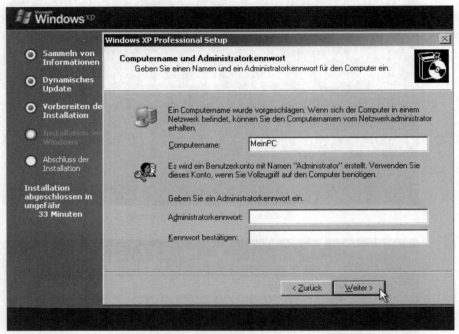

Abbildung 14.10: Computername und Administratorkennwort

Anschließend werden Sie nach Datum, Uhrzeit und Zeitzone gefragt. Windows versucht, eine Netzwerkkarte zu erkennen. Wenn eine Netzwerkkarte erkannt wird, werden die Netzwerkkomponenten installiert, und Sie können die Netzwerkeinstellungen konfigurieren. Wenn Sie keine besonderen Einstellungen für Ihr Netzwerk benötigen, behalten Sie einfach die Standardeinstellungen bei (Abbildung 14.11). Machen Sie sich keine Sorgen: XP nimmt Ihnen die meiste Arbeit ab. Außerdem lassen sich Netzwerkeinstellungen auch nach Abschluss der Installation noch leicht ändern.

Hinweis

Selbst erfahrene Techniker verwenden normalerweise die Standardeinstellungen für das Netzwerk! Während der Installation sollten Sie sich nicht mit Netzwerkdetails auseinandersetzen, wenn es nicht unbedingt erforderlich ist!

Jetzt kopiert die Installation viele Dateien von der CD auf Ihre Festplatte. Da die Werbung für Sie eher langweilig sein dürfte, können Sie wieder ein wenig lesen (Abbildung 14.12).

Windows installieren und aktualisieren

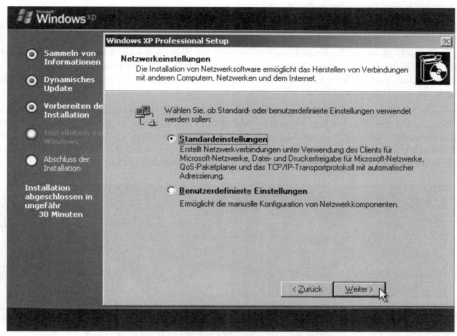

Abbildung 14.11: Auswahl der Standardeinstellungen für das Netzwerk

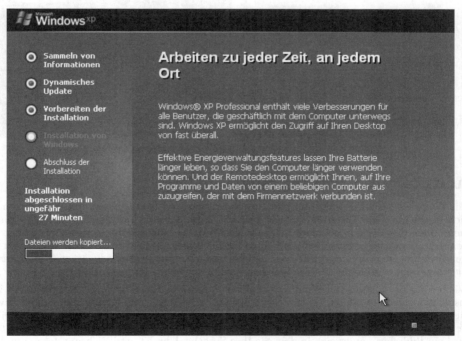

Abbildung 14.12: Der Kopiermarathon

Kapitel 14

Nachdem die für die endgültige Konfiguration benötigten Dateien kopiert wurden, wird XP neu gestartet. Während dieses Neustarts ermittelt XP die Bildschirmauflösung und wendet geeignete Einstellungen an. Dieser Neustart kann mehrere Minuten dauern, haben Sie also Geduld.

Nach abgeschlossenem Neustart können Sie sich als Administrator anmelden. Unten rechts in der Taskleiste werden verschiedene Meldungen eingeblendet – eine der häufigsten Meldungen betrifft die Bildschirmauflösung. Klicken Sie die Meldung an und lassen Sie Windows XP die Bildschirmeinstellungen automatisch vornehmen.

Die letzte Meldung der Installation erinnert Sie daran, dass Ihnen noch 30 Tage für die Aktivierung bleiben. Aktivieren Sie das Betriebssystem sofort über das Internet oder per Telefon. Das geht schnell und schmerzlos. Wenn Sie keine Aktivierung durchführen wollen, klicken Sie im Benachrichtigungsfeld einfach die Schaltfläche SCHLIESSEN an. Damit haben Sie Windows XP erfolgreich installiert, und Sie sehen einen Desktop mit dem üblichen Hintergrund »Grüne Idylle« (Abbildung 14.13).

Abbildung 14.13: Windows-XP-Desktop mit dem Hintergrund »Grüne Idylle«

Neuinstallation von Windows Vista

Mit Windows Vista hat Microsoft den Installationsvorgang deutlich geändert. Sie müssen Ihre Zeit nicht mehr mit dem Anstarren langweiliger ASCII-Bildschirme verbringen und auch keine Befehle mehr über die Tastatur eingeben, da das Vista-Installationsprogramm eine vollständige grafische Benutzeroberfläche besitzt, über die Festplatten leicht partitioniert und das Betriebssystem installiert werden kann. Der Vorgang wurde zwar bereits kurz in Kapitel 12 (*Vorbereitung und Wartung von Festplatten*) vorgestellt, wird in diesem Kapitel aber detaillierter behandelt.

Wie bei der Installation von Windows 2000/XP müssen Sie Ihren Rechner über irgendein Windows-Installationsmedium booten. Auch wenn Sie Vista von einem USB-Laufwerk, über ein Netzwerk oder mehrere CDs (die Sie bei Microsoft bestellen müssen) installieren können, wird es sich dabei üblicherweise um eine DVD handeln. Wenn nach dem Booten das Installationsprogramm gestartet wurde, wird ein Bildschirm angezeigt, in dem Sie Ihre Sprache, Uhrzeit- und Währungsformat und Tastatureinstellungen festlegen können (Abbildung 14.14).

Windows installieren und aktualisieren

Abbildung 14.14: Regionale Einstellungen im Setup von Windows Vista

Der nächste Bildschirm ähnelt dann dahingehend dem Begrüßungsbildschirm von Windows 2000/XP, dass Techniker hier die Reparaturprogramme der Installations-Disc starten können (Abbildung 14.15). Wie das vollständig überarbeitete Installationsprogramm unterscheiden sich auch die Reparaturoptionen deutlich von denen der bisherigen Microsoft-Betriebssysteme. Mehr über diese Werkzeuge erfahren Sie in Kapitel 17 (*Wartung und Fehlerbehebung für Windows*). An dieser Stelle müssen Sie nur wissen, dass Sie sie durch Anklicken von COMPUTERREPARATUROPTIONEN starten können. Da es in diesem Kapitel nur um die Installation von Windows geht, klicken Sie JETZT INSTALLIEREN an.

Abbildung 14.15: Der Begrüßungsbildschirm des Setups von Windows Vista

557

Der nächste Bildschirm macht die geänderte Abfolge bei der Vista-Installation deutlich. Wenn Sie Vista installieren, geben Sie den Produktschlüssel gleich am Anfang ein (Abbildung 14.16). Unter Windows 2000/XP kommt diese Eingabe erst viel später. Und es gibt einen sehr interessanten Grund für diese Änderung.

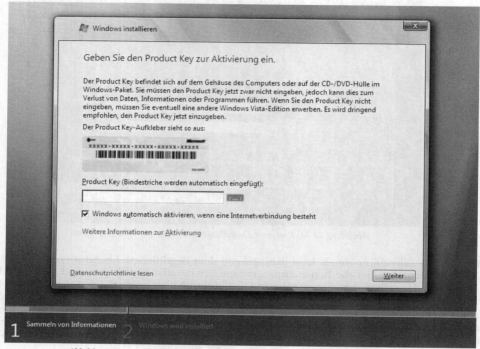

Abbildung 14.16: Der Bildschirm zur Eingabe des Product Keys unter Windows Vista

Microsoft hat im Zusammenhang mit dem Vertrieb der verschiedenen Editionen des Betriebssystems deutliche Veränderungen vorgenommen. Es gibt nun keine unterschiedlichen Discs für die verschiedenen Vista-Editionen mehr, vielmehr enthalten alle Vista-Installations-Discs alle Programme aller erhältlichen Editionen. Unter Windows 2000/XP haben Sie dem Installationsprogramm über den Produktschlüssel kaum mehr mitgeteilt, als dass Sie das Betriebssystem legal erworben haben. Unter Vista bestätigt der Product Key nicht nur den legalen Erwerb, sondern teilt dem Installationsprogramm auch mit, welche Edition Sie erworben haben. Wenn Sie einmal darüber nachdenken, enthalten die scheinbar zufällig erzeugten Zahlen und Buchstaben hier also einiges an Informationen.

Wenn Sie das Feld zur Eingabe des Produktschlüssels leer lassen und die Schaltfläche WEITER anklicken, dann wird Ihnen (nach einer zusätzlichen Nachfrage) ein Dialogfeld angezeigt, in dem Sie gefragt werden, welche Vista-Version Sie installieren wollen (Abbildung 14.17). Sie sollten aber nicht glauben, dass Sie damit eine Möglichkeit gefunden haben, über die Sie Vista installieren können, ohne dafür bezahlt zu haben. Auf diesem Weg installieren Sie einfach nur eine 30-Tage-Testversion des Betriebssystems. Nach 30 Tagen können Sie nicht mehr bis zum Desktop durchstarten, ohne einen gültigen Produktschlüssel eingegeben zu haben, der zu der installierten Vista-Edition passt.

Nach der Eingabe des Produktschlüssels (oder der Auswahl der zu installierenden Vista-Editon) werden Microsofts neu überarbeitete *Lizenzbedingungen* (*EULA – End User License Agreement*) angezeigt (Abbildung 14.18). Diese können Sie einfach akzeptieren, sofern Sie sich nicht gerade dafür interessieren, was sich seit dem Erscheinen von Windows XP im für Sie wohl eher langweiligen juristischen Bereich getan hat.

Windows installieren und aktualisieren

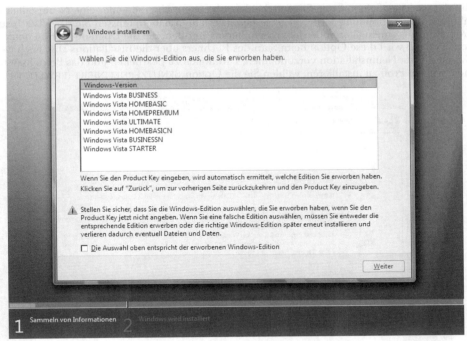

Abbildung 14.17: Auswahl der zu installierenden Vista-Edition

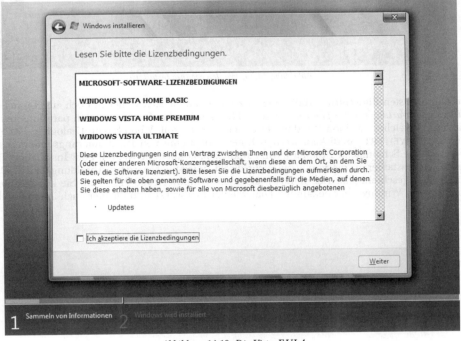

Abbildung 14.18: Die Vista-EULA

Auf der nächsten Seite müssen Sie entscheiden, ob Sie ein Upgrade oder eine Neuinstallation durchführen wollen (Abbildung 14.19). Wie Sie bereits erfahren haben, müssen Sie das Vista-Installationsprogramm aus einem älteren Betriebssystem heraus aufrufen, um die Upgrade-Option nutzen zu können. Deshalb wird diese Option beim Start des Rechners über die Installations-Disc auch deaktiviert. Um eine Vista-Neuinstallation vorzunehmen, Partitionen zu bearbeiten und das Betriebssystem allgemein wie ein Profi zu installieren, wählen Sie die Option BENUTZERDEFINIERT (ERWEITERT).

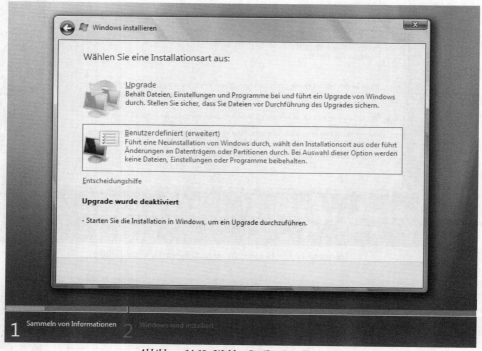

Abbildung 14.19: Wählen Sie Ihre Installationsart

An den nächsten Bildschirm (Abbildung 14.20) können Sie sich vielleicht noch aus Kapitel 12 (*Vorbereitung und Wartung von Festplatten*) erinnern. Hier können Sie Ihre Festplatten partitionieren und auswählen, in welcher Partition Windows installiert werden soll. Wenn Sie im Dialogfeld LAUFWERKOPTIONEN (ERWEITERT) anklicken, werden Ihnen eine Reihe von Partitionierungsoptionen angezeigt. Wenn Sie die Schaltfläche TREIBER LADEN anklicken, können Sie während der Installation Treiber für Festplatten installieren, die von Vista nicht direkt unterstützt werden (Abbildung 14.21). Das Laden der Treiber geschieht jetzt viel intuitiver als unter Windows 2000/XP, denn Sie können nun einfach über die von Windows her bekannten Dialogfelder Laufwerke und Ordner nach ihnen durchsuchen.

Windows installieren und aktualisieren

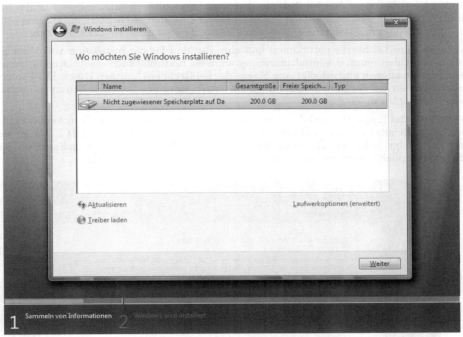

Abbildung 14.20: Der Partitionierungsbildschirm

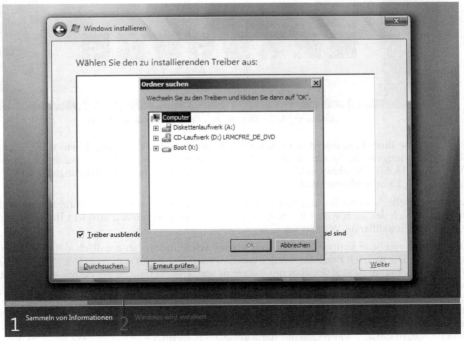

Abbildung 14.21: Die Suche nach Treibern

Natürlich werden Sie wahrscheinlich nie Treiber für ein Laufwerk laden müssen. Und sollte es doch einmal notwendig sein, dann sollten Ihrem Laufwerk eine Treiber-Disc und die entsprechende Dokumentation beiliegen, aus der Sie entnehmen können, dass Sie diese Treiber laden müssen.

Wenn Sie Ihre Laufwerke partitioniert und eine Partition für die Installation von Vista ausgewählt haben, dann übernimmt das Installationsprogramm die Kontrolle und kopiert Dateien, expandiert sie, installiert Funktionen und erledigt eine Menge der bei Rechnern üblichen Dinge. Das kann eine Weile dauern. Diesen Teil der Installation können Sie nutzen, um einen Bissen zu sich zu nehmen oder *Krieg und Frieden* zu lesen.

Wenn Vista das Entpacken und die eigene Installation abgeschlossen hat, dann fordert es Sie zur Eingabe eines Benutzernamens und zur Auswahl eines Bildes auf (Abbildung 14.22). Hier werden Sie auch dazu aufgefordert, ein Kennwort für das Konto des Hauptbenutzers anzulegen, was sich sicherlich auch empfiehlt, wenn mehrere Personen den Rechner benutzen werden.

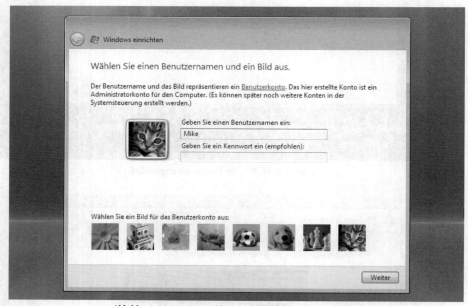

Abbildung 14.22: Auswahl eines Bildes für das Benutzerkonto

Nach Eingabe Ihres Benutzernamens und Ihres Kennworts und der Auswahl eines Ihnen zusagenden Bildchens gelangen Sie zu einem Bildschirm, auf dem Sie einen *Computernamen* eingeben können (Abbildung 14.23). Windows schlägt dabei den Benutzernamen mit angehängtem »-PC« vor, was zumeist auch keine schlechte Wahl sein dürfte.

An dieser Stelle können Sie auch den Desktophintergrund ändern, den Windows nach dem Start anzeigt. Da sich der auch später leicht ändern lässt, wählen Sie einfach aus, was Ihnen gefällt, und klicken Sie die Schaltfläche WEITER an.

Auf der nächsten Seite können Sie festlegen, ob und wie Windows automatisch aktualisiert wird (Abbildung 14.24). Die meisten Benutzer werden mit EMPFOHLENE EINSTELLUNGEN VERWENDEN die oberste Option bevorzugen, da es sich dabei um das reibungsloseste Verfahren der Aktualisierung handelt. Die mittlere Option (NUR WICHTIGE UPDATES INSTALLIEREN) installiert nur die wichtigsten und kritischen Sicherheitsupdates und überlässt dem Benutzer die weiteren Updates. Das ist nützlich, wenn Rechner für Unternehmen eingerichtet werden, da es in diesen vielfach IT-Abteilungen gibt, die Updates erst einmal prüfen, bevor sie sie auf den Rechnern der Angestellten verteilen. Die letzte Option (SPÄTER ERNEUT NACHFRAGEN) sollten Sie nur dann auswählen, wenn Sie sich selbst wöchentlich mit der Suche nach Updates befassen wollen, da diese dann gar nicht mehr automatisch installiert werden.

Windows installieren und aktualisieren

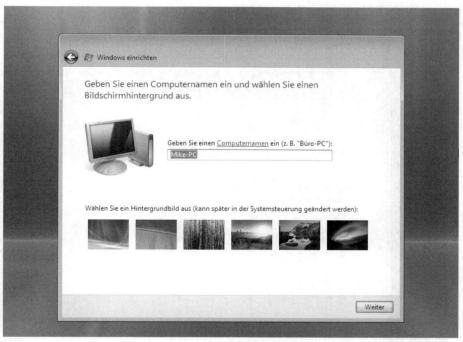

Abbildung 14.23: Eingabe eines Computernamens

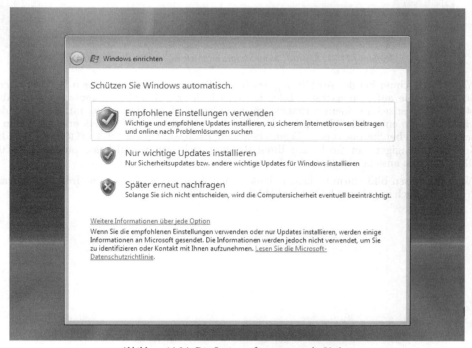

Abbildung 14.24: Die Optionen für automatische Updates

563

Danach wird ein Bildschirm mit Zeit- und Datumseinstellungen angezeigt. Hier können Sie dafür sorgen, dass das Betriebssystem weiß, welche Stunde geschlagen hat (Abbildung 14.25). Dieser Bildschirm dürfte weitgehend selbsterklärend sein. Stellen Sie also die richtige Zeitzone, das richtige Datum und die korrekte Uhrzeit ein und wechseln Sie dann zum nächsten Bildschirm.

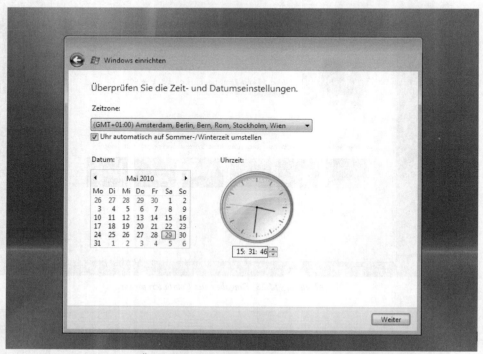

Abbildung 14.25: Ärgerlich, wenn Sie hier nicht wissen, was die Stunde geschlagen hat!

Wenn der Rechner bei der Ausführung des Installationsprogramms mit einem Netzwerk verbunden ist, werden Sie auf dem nächsten Bildschirm nach dessen aktuellem Standort gefragt (Abbildung 14.26). Wenn er sich in einem vertrauenswürdigen Netzwerk (zu Hause oder im Büro) befindet, dann wählen Sie die entsprechende Option. Der Rechner wird dann im Netzwerk erkannt. Wenn Sie sich beispielsweise bei Starbucks oder Tchibo befinden, dann wählen Sie ÖFFENTLICHER ORT, damit die Koffein-Abhängigen um Sie herum Ihren Rechner nicht sehen und keine potenziell gefährlichen Dinge mit ihm anstellen können.

Wenn Sie diesen Bildschirm verlassen, dankt Ihnen Windows noch für seine Installation, was für ein Programm doch ungeheuer höflich ist (Abbildung 14.27).

Windows installieren und aktualisieren

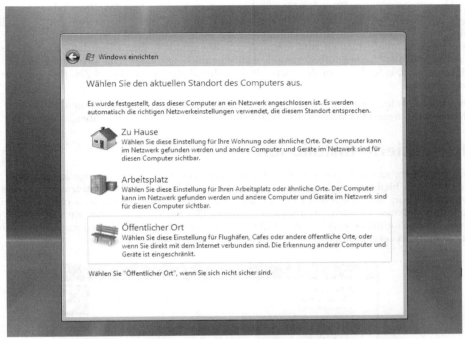

Abbildung 14.26: Teilen Sie Windows mit, welche Art von Netzwerk Sie nutzen.

Abbildung 14.27: Danke, Microsoft, das wäre aber nicht nötig gewesen!

Glauben Sie nicht, dass Sie es wirklich schon geschafft hätten, denn Windows führt nun noch einige Tests auf Ihrem Rechner aus, um den *Leistungsindex* zu berechnen. Theoretisch teilt Ihnen dieser mit, wie flüssig Programme auf Ihrem Computer ausgeführt werden. Auf der Verpackung von Spielen finden Sie manchmal Angaben zum minimalen Leistungsindex, aber selbst dann bleiben die altmodischen minimalen Systemanforderungen wahrscheinlich wichtiger. Die Ermittlung dauert 5 bis 20 Minuten, so dass Sie kurz vor dem Abschluss der Installation noch einmal Zeit für eine dieser Kaffeepausen haben.

Wenn der Leistungsindex ermittelt wurde, dann startet Vista und Ihnen bleiben 30 Tage für die Aktivierung Ihres neuen Betriebssystems (wenn Sie das nicht gleich erledigt haben).

Automatisierte Installation

Wie Sie sehen, sitzen Sie bei der Installation möglicherweise ziemlich lange herum. Statt vor dem Computer zu bleiben, um Fragen zu beantworten und Produktschlüssel einzugeben, wäre es doch praktisch, wenn Sie einfach den Rechner starten und den Installationsprozess ohne weitere Eingriffe durchführen lassen könnten. Insbesondere wenn 30 PCs morgen früh fertig sein sollen, wäre das doch verlockend. Glücklicherweise bietet Windows zwei praktische Möglichkeiten zur Automatisierung des Installationsprozesses: skriptgesteuerte Installation und Festplatten-Cloning.

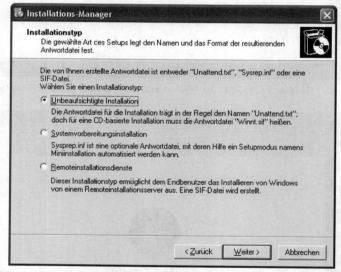

Abbildung 14.28: Der Installations-Manager kann drei Arten von Antwortdateien erstellen.

Skriptgeführte Installation von Windows 2000/XP mit dem Installations-Manager

Zur Automatisierung von Windows 2000/XP-Installationen stellt Microsoft den *Installations-Manager* bereit, mit dem Sie Textdateien anlegen können, die *Antwortdateien* genannt werden und alle Eingaben für die während einer Installation zu beantwortenden Fragen enthält. Der Installations-Manager befindet sich nicht immer im Windows-Lieferumfang, aber Sie können ihn über das *Microsoft Download Center* (www.microsoft.com/downloads) als Teil der Windows-XP-Service-Pack-2-Bereitstellungstools herunterladen. Der Installations-Manager erlaubt die Erstellung drei verschiedener Arten von Antwortdateien: UNBEAUFSICHTIGTE INSTALLATION, SYSTEMVORBEREITUNGSINSTALLATION und REMOTEINSTALLATIONSDIENSTE (Abbildung 14.28). Die aktuelle Version des Tools erzeugt Antwortdateien für Windows XP Home Edition, Windows XP Professional und verschiedene Windows-Server-2003-Editionen (Abbildung 14.29).

Windows installieren und aktualisieren

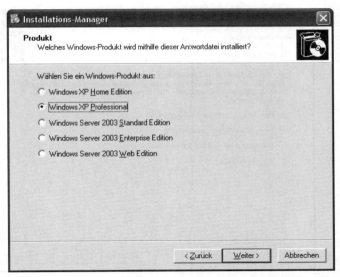

Abbildung 14.29: Der Installations-Manager kann Antwortdateien für mehrere Windows-Versionen erstellen.

Der Installations-Manager kann eine Antwortdatei erstellen, um den Prozess vollständig zu automatisieren, oder er kann verwendet werden, um Standardoptionen einzustellen. Fast immer will man eine Antwortdatei erstellen, die den gesamten Prozess automatisiert (Abbildung 14.30).

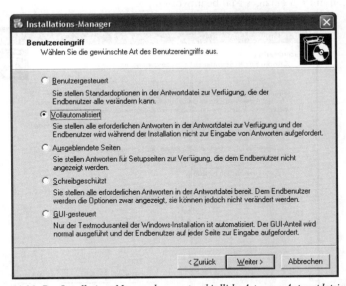

Abbildung 14.30: Der Installations-Manager kann unterschiedliche Arten von Antwortdateien erstellen.

Wenn Sie eine skriptgesteuerte Installation durchführen, müssen Sie festlegen, wie die eigentlichen Installationsdateien für den Rechner bereitgestellt werden. Sie können Ihren neuen Computer zwar immer von einer Installations-Disc booten, aber Sie sparen sich eine Menge Arbeit mit dem Wechseln der Datenträger, wenn Sie die Installationsdateien einfach in einem freigegebenen Netzwerkordner ablegen und Ihr Betriebssystem über das Netzwerk installieren (Abbildung 14.31).

567

Kapitel 14

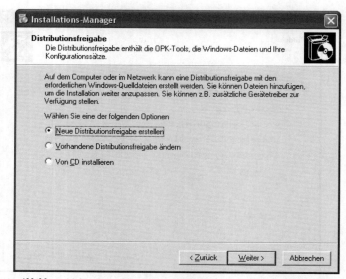

Abbildung 14.31: Auswahl, wo die Installationsdateien abgelegt werden sollen

Wenn Sie den Installations-Manager ausführen, müssen Sie allerlei Fragen beantworten. Wie immer müssen Sie den Lizenzbedingungen zustimmen (Abbildung 14.32), und Sie müssen den Produktschlüssel angeben (Abbildung 14.33), aber wenn Sie diese Schritte in einem Skript festhalten, müssen Sie diese Fragen nur ein einziges Mal beantworten.

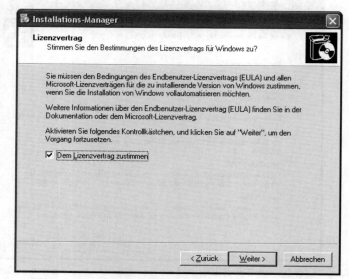

Abbildung 14.32: Vergessen Sie nicht, den Lizenzbedingungen zuzustimmen!

Windows installieren und aktualisieren

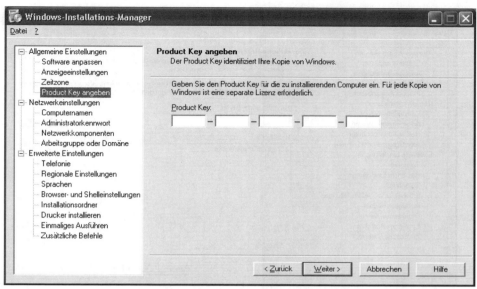

Abbildung 14.33: Geben Sie den Produktschlüssel ein.

Jetzt kommen wir zum angenehmen Teil – der Anpassung Ihrer Installation. Mit Hilfe der grafischen Benutzeroberfläche können Sie entscheiden, welche Konfigurationsoptionen Sie benutzen wollen – Bildschirmauflösungen, Netzwerkoptionen, Browsereinstellungen, Ländereinstellungen usw. Sie können die Installation sogar so erweitern, dass zusätzliche Programme installiert werden, wie etwa Microsoft Office oder Adobe Reader, indem nach der Windows-Installation automatisch zusätzliche Befehle ausgeführt werden (Abbildung 14.34). Und Sie können auch dafür sorgen, dass bestimmte Programme nur ein einziges Mal ausgeführt werden (Abbildung 14.35).

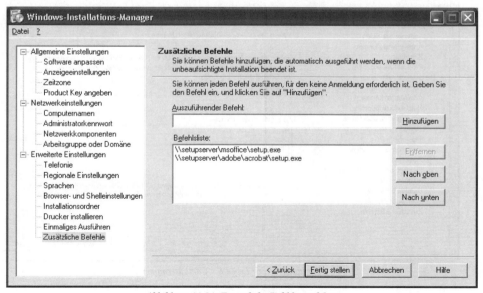

Abbildung 14.34: Zusätzliche Befehle ausführen

Kapitel 14

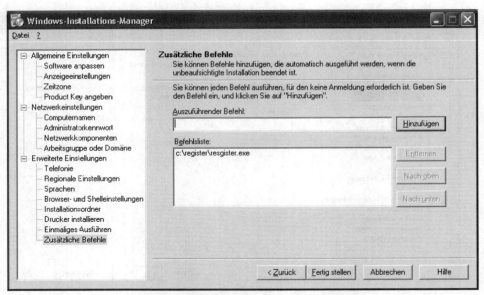

Abbildung 14.35: Ein Programm ein einziges Mal ausführen

Beachten Sie, dass Computernamen in einem Netzwerk eindeutig sein müssen. Wenn Sie dieselben Antwortdateien für mehrere Maschinen innerhalb desselben Netzwerks verwenden wollen, müssen Sie sicherstellen, dass jede davon einen eindeutigen Namen erhält. Dazu können Sie entweder eine Namensliste angeben oder Sie können das Installationsprogramm zufällige Namen generieren lassen (Abbildung 14.36).

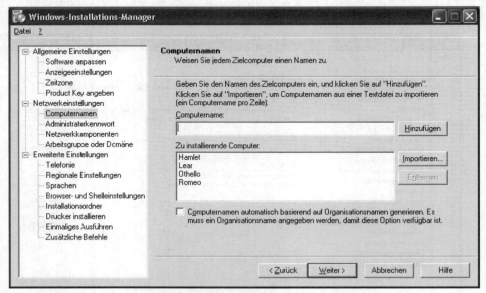

Abbildung 14.36: Legen Sie Computernamen fest.

Nachdem Sie fertig sind, fordert der Installations-Manager Sie auf, Ihre Antworten in einer Textdatei zu speichern. Die Datei hat etwa den folgenden Inhalt:

```
;SetupMgrTag
[Data]
    AutoPartition=1
    MsDosInitiated="0"
    UnattendedInstall="Yes"

[Unattended]
    UnattendMode=FullUnattended
    OemSkipEula=Yes
    OemPreinstall=No
    TargetPath=\WINDOWS

[GuiUnattended]
    AdminPassword=414c11f760b0064 ... [out to 64 characters]
    EncryptedAdminPassword=Yes
    OEMSkipRegional=1
    TimeZone=85
    OemSkipWelcome=1
    AutoLogon=Yes
    AutoLogonCount=1

[UserData]
    ProductKey=FFFFF-FFFFF-FFFFF-FFFFF-FFFFF
    FullName="Scott"
    OrgName="Total Seminars"
    ComputerName=*

[Identification]
    JoinDomain=TOTAL
    DomainAdmin=admin09
    DomainAdminPassword=my-password
```

In dieser Art geht die Liste noch ein paar hundert Zeilen weiter, wobei dies noch eine relativ einfache Antwortdatei ist. Wenn Sie einen Benutzernamen und ein Passwort eines Domänenadministrators angeben, um neue PCs automatisch Ihrer Domäne hinzuzufügen, werden diese in der Antwortdatei unverschlüsselt angezeigt:

```
[Identification]
    JoinDomain=TOTAL
    DomainAdmin=admin09
    DomainAdminPassword=my-password
```

In diesem Fall müssen Sie Ihre Installationsdateien sehr gut schützen.

Nachdem Sie Ihre Antwortdatei angelegt haben, können Sie Ihre Installation mit dem folgenden Befehl starten und dann in Ruhe eine Tasse Kaffee trinken:

```
D:\i386\winnt32 /s:%SetupFiles% /unattend:%AnswerFile%
```

Setzen Sie für `%SetupFiles%` den Speicherort Ihrer Installationsdateien ein – entweder einen lokalen Pfad (`D:\i386`, wenn Sie von einer CD installieren) oder einen Netzwerkpfad. Wenn Sie einen Netzwerkpfad verwenden, vergessen Sie nicht, eine Netzwerk-Bootdiskette anzulegen, damit das Installationsprogramm auf die Dateien zugreifen kann. Für %AnswerFile% setzen Sie den Namen der Textdatei ein, die Sie mit dem Installations-Manager angelegt haben (normalerweise unattend.txt).

Natürlich müssen Sie nicht den Installations-Manager verwenden, um eine Antwortdatei zu erstellen. Sie können auch einfach Ihre bevorzugte Textverarbeitung starten und die Antwortdatei manuell erstellen. Die meisten Techniker finden es jedoch sehr viel einfacher, das bereitgestellte Tool zu verwenden, statt sich mit der recht geheimnisvollen Syntax der Antwortdatei herumzuschlagen.

Hinweis

Falls Sie Hilfe dabei brauchen, eine Netzwerk-Bootdiskette oder -CD zu erstellen, lesen Sie unter www.netbootdisk.com/bootcd.htm nach.

Automatisierung der Vista-Installation mit dem Windows AIK

Seit Windows Vista ist nicht nur der Installations-Manager Geschichte, sondern auch alle Methoden der Automatisierung von Installationen, die nicht äußerst kompliziert und einschüchternd sind. Microsoft hat den Installations-Manager durch das *Windows Vista AIK* (*Automated Installation Kit*) ersetzt. Dabei handelt es sich um eine Reihe zwar mächtiger Tools, die aber irgendwie wie ein Faust'scher Handel wirken, da die Leistungsfähigkeit stark zu Lasten der Anwendbarkeit geht (Abbildung 14.37).

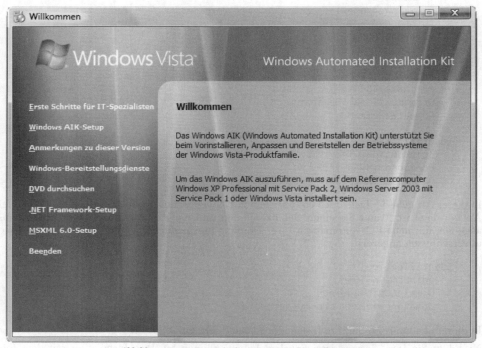

Abbildung 14.37: Das Windows Automated Installation Kit

Um eine schrittweise Anleitung für das Schreiben einer Antwortdatei mit dem AIK zu verfassen, wäre fast ein eigenes Kapitel erforderlich. Und da das Windows AIK in den CompTIA A+-Prüfungen überhaupt nicht vorkommt, werde ich hier auch nicht groß auf Einzelheiten eingehen. Dennoch will ich den Prozess aber kurz beschreiben.

Die Grundidee hinter dem AIK besteht darin, dass Techniker eine Antwortdatei mit einem Werkzeug namens *Windows System Image Monitor* erstellen können, die dann dazu verwendet wird, um eine *Mas-*

ter-Installationsdatei zu erzeugen, die auf DVD gebrannt werden kann. Bei den Vista-Antwortdateien handelt es sich nicht mehr um einfache Textdokumente, sondern um XML-Dateien, deren Erstellung viel schwerer als bisher ist. Die Tage sind vorbei, in denen man einfach einen Assistenten ausführen und ein paar Optionen geeignet anpassen konnte. Diese Methode wurde durch eine ersetzt, bei der Sie Komponenten (die jene Dinge repräsentieren, die Ihre automatisierte Installation erledigen soll, wie z.B. das Anlegen einer Partition, die Eingabe eines bestimmten Produktschlüssels usw.) aus einer riesigen, häufig verwirrenden Liste auswählen müssen, deren Einstellungen Sie dann ändern können (Abbildung 14.38).

Abbildung 14.38: Die Liste der Komponenten im Image Monitor

Wenn Sie alle relevanten Komponenten ausgewählt und modifiziert haben, müssen Sie Ihre Antwortdatei entweder auf einer Diskette oder einem USB-Stick speichern, die Sie dann beim neuen Computer, auf dem Vista installiert werden soll, einlegen oder anschließen. Wenn Sie einen Rechner über die Vista-Installations-Disc starten, werden alle Wechselmedien nach Antwortdateien durchsucht. Wird eine gefunden, wird sie zur automatisierten Installation genutzt. Wenn Sie Vista nur auf diesem einen

Rechner installieren, sind Sie fertig. Wenn Sie es aber auf mehreren Computern installieren wollen, werden Sie wahrscheinlich ein Disc-Image erstellen wollen, das auf Ihrer Master-Installationsdatei basiert.

Um eine solche Abbilddatei zu erstellen, müssen Sie mit *Windows PE* und *ImageX* einige weitere AIK-Werkzeuge einsetzen, um die Installation festzuhalten und ein Disc-Image davon zu erzeugen. Wenn Ihnen der übrige Prozess ein wenig kompliziert zu sein scheint, dann ähnelt dieser Teil dem Lösen eines Zauberwürfels mit den Zähnen, während Sie gleichzeitig oben auf einem Fahnenmast Ihr Gleichgewicht zu halten versuchen und mit Bällen jonglieren. Daher soll es hier ausreichen, wenn ich Ihnen sage, dass dem Windows AIK eine Dokumentation beiliegt, aus der Sie erfahren, wie Sie vorgehen müssen. Mit ein wenig Geduld können Sie es dann schaffen.

Wenn Sie eine Image-Datei von Ihrer Master-Installationsdatei erstellt haben, können Sie sie zur Einrichtung neuer Rechner auf Discs brennen oder über das Netzwerk freigeben. Alles in allem handelt es sich jedenfalls um einen höchst komplizierten Prozess, nach dessen Abschluss die Installation von Windows Vista aber zu einem Kinderspiel wird.

Hinweis

Sie können Zeit sparen, wenn Sie die letzten Patches durch *Slipstreaming* mit in Ihre Installationsdateien integrieren. Das ging für Windows 2000/XP recht einfach und funktioniert auch bei der Installations-Disc von Windows Vista. Wie das konkret geht, erfahren Sie am besten, wenn Sie sich durch eine Internet-Suche über den aktuellen Stand der Dinge informieren und z.B. »Slipstream Vista SP2« als Suchbegriff eingeben.

Skriptgesteuerte Installationen sind sehr praktisch, aber sie funktionieren nicht unbedingt in jeder Situation. Das Erstellen einer vollständig skriptgesteuerten Installation, einschließlich der Installation aller zusätzlich benötigten Treiber, Softwareupdates und Programme, kann zeitaufwendig werden, denn Sie müssen häufig Dinge ausprobieren, die nicht gleich beim ersten Mal funktionieren. Wäre es nicht zumindest manchmal einfacher, sich einen PC zu nehmen, ihn manuell so wie gewünscht zu installieren und dann automatisch exakte Kopien dieser Installation auf andere Rechner zu übertragen? Genau darum geht es beim Klonen von Festplatten.

Festplatten klonen

Beim *Festplatten-Cloning* wird einfach eine vollständige Kopie des Inhalts der Festplatte eines bereits installierten PC erstellt, die alle Daten, Software und Konfigurationsdateien umfasst. Diese Kopie wird dann auf beliebig viele Computer übertragen, womit letztlich »Klone« des ursprünglichen Computers angelegt werden. In der guten alten Zeit war es ganz einfach, einen Klon anzulegen. Man schloss einfach zwei Festplatten an und kopierte die Dateien von der ersten auf die zweite, wozu man beispielsweise das altehrwürdige XCOPY verwenden konnte (sofern die Festplatte mit FAT oder FAT32 formatiert war). Heute verwendet man normalerweise komplexere Programme, wie z.B. *Norton Ghost* oder *Acronis TrueImage*, mit denen Sie Image-Dateien erstellen können, die eine Kopie der gesamten Festplatte enthalten und die lokal oder über das Netzwerk kopiert werden können.

Hinweis

Norton Ghost ist nicht das einzige Programm, mit dem Image-Dateien von Festplatten angelegt werden können, aber es wird so häufig verwendet, dass Techniker manchmal auch von »geghosteten Laufwerken« sprechen.

Systemvorbereitungsprogramm (Sysprep)

Manchmal lassen sich Windows-Rechner völlig problemlos clonen. Was machen Sie aber, wenn Sie dasselbe Image auf mehrere Computer mit durchweg leicht unterschiedlicher Hardware übertragen wollen? Was tun Sie, wenn der Kunde die letzten Schritte der Windows-Installation durchführen muss (Benutzerkonto anlegen, Lizenzvereinbarung akzeptieren usw.)? Dann müssen Sie die skriptgesteuerte

Windows installieren und aktualisieren

Installation mit dem Cloning kombinieren. Dazu verwenden Sie das *Systemvorbereitungsprogramm* SYSPREP, mit dem Sie Teile einer Windows-Installation rückgängig machen können.

Nach der Installation von Windows und etwaiger zusätzlicher Software (Microsoft Office, Adobe Acrobat, Yahoo Instant Messenger usw.) führen Sie SYSPREP aus (Abbildung 14.39) und erzeugen dann mit einem beliebigen Cloning-Programm ein Festplatten-Image. Wenn ein neues System, das von einem Image geclont wurde, zum ersten Mal bootet, wird eine Kurzversion des Installationsprogramms ausgeführt, ein Art Mini-Setup, mit dem sich die letzten Installationsschritte erledigen lassen: Treiber für die Hardware installieren, die Lizenzvereinbarung bestätigen, Benutzerkonten anlegen usw. Optional können Sie den Installations-Manager zum Erstellen einer Antwortdatei verwenden, mit der Sie das Mini-Setup so anpassen können, wie Sie es auch bei einer normalen skriptgesteuerten Installation machen würden.

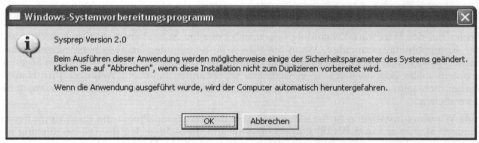

Abbildung 14.39: Sysprep, das Tool für die Systemvorbereitung

Behebung von Installationsproblemen

Der Begriff »Installationsproblem« ist eigentlich irreführend, denn der Installationsprozess selbst schlägt fast nie fehl. Normalerweise gibt es andere Gründe während der Installation, die zu deren Abbruch führen. Schauen Sie sich im Folgenden einige typische Installationsfehler und deren Behebung an.

Fehler im Textmodus

Falls Sie wirklich Probleme bei der Windows-Installation bekommen, dann besser hier! Es ist immer besser, wenn Fehler ganz am Anfang und nicht erst mitten in der Installation oder kurz vor deren Ende auftreten. Fehler im Textmodus treten meist bei Neuinstallationen auf und weisen normalerweise auf eines der nachfolgend dargestellten Probleme hin.

Beim Booten vom Startdatenträger wird kein Bootgerät gefunden

Entweder ist in diesem Fall der Datenträger im Startlaufwerk defekt oder das Startlaufwerk wurde im CMOS-Setup nicht richtig festgelegt.

Das Windows-Setup benötigt xxxx verfügbare Festplattenkapazität

Sie haben vergessen, das Laufwerk C: zu formatieren oder der Datenträger ist zu voll/zu klein.

Das optische Laufwerk ist nicht bereit

Wahrscheinlich müssen Sie dem optischen Laufwerk nur etwas Zeit geben, um reagieren zu können. Drücken Sie einige Male W für Wiederholen (oder R für Retry). Vielleicht ist auch die Installations-Disc beschädigt oder das optische Laufwerk ist zu langsam für das System.

Blauer Bildschirm nach dem Neustart oder beim Verlassen des Textmodus

Dieser Fehler bedeutet möglicherweise, dass Sie Ihre Hausaufgaben nicht gemacht und die Hardwarekompatibilität und insbesondere das BIOS nicht vorab geprüft haben. Mehr über diese Fehler erfahren Sie in Kapitel 17 (*Wartung und Fehlerbehebung für Windows*). Wenn aber entsprechende Fehler bei der Installation auftreten, dann sollten Sie in der Microsoft-Wissensdatenbank nach der entsprechenden Fehlermeldung suchen.

Fehler im Grafikmodus

Sobald der Textmodus verlassen wird und in den grafischen Teil gewechselt wird, können zahlreiche neue Probleme auftreten.

Fehler der Hardware-Erkennung

Fehler bei der Hardware-Erkennung lassen sich bei allen Setup-Versionen durch vorherige Prüfung der Kompatibilität vermeiden. Wenn Sie diesen vorbereitenden Schritt übersprungen haben, dann haben Sie vielleicht Glück und es sind nur unkritische Komponenten betroffen. Dann können Sie das Problem später oder vielleicht in zusätzlichen Überstunden beheben. Wenn Sie Ihre Hausaufgaben vorher nicht gemacht haben, dann müssen Sie nach der Windows-Installation nach kompatiblen Treibern suchen.

Jede Windows-Installation ist darauf angewiesen, dass das Setup-Programm den Computertyp (insbesondere Mainboard und BIOS) korrekt erkennt und die richtige Hardwareunterstützung installiert. Microsoft hat Windows so entwickelt, dass es unterschiedliche Hardwareplattformen unterstützt, und verwendet als Unterbau speziell auf Hardware zugeschnittene Software, die *Hardwareabstraktionsebene* (*HAL – Hardware Abtraction Layer*) genannt wird.

CAB-Dateien können nicht gelesen werden

Dies ist wahrscheinlich der häufigste aller Installationsfehler. CAB-Dateien (CAB wie in Cabinet) sind speziell komprimierte Dateien, deren Erweiterung .CAB lautet und die Microsoft beim Vertrieb von Windows benutzt, um Platz zu sparen. Wenn diese Dateien nicht gelesen werden können, dann überprüfen Sie zunächst, ob die Disc verkratzt ist. Versuchen Sie, alle Dateien aus dem Quellverzeichnis auf der Disc (\i386) in ein Verzeichnis auf der Festplatte zu kopieren, und starten Sie dann das entsprechende Setup-Programm (WINNT32.EXE) von dort aus erneut. Wenn gar keine Dateien auf der Installations-Disc gelesen werden können, dann ist möglicherweise das optische Laufwerk defekt.

Systemabstürze während der Installation

Systemabstürze sind eines der schwierigsten Probleme, die während einer Installation auftreten können, weil sie einem keinen Hinweis auf die Problemursache geben. Nachfolgend einige Dinge, die Sie prüfen können, wenn ein System während der Installation abstürzt.

Sichere Wiederherstellung, Reparaturinstallation

Die meisten Systemabstürze treten auf, wenn das Windows-Setup die Hardware zu erkennen versucht. Wenn sich ein System während der Installation aufhängt, schalten Sie den PC ab, das heißt, Sie ziehen buchstäblich den Netzstecker. Betätigen Sie *nicht* den Reset-Schalter! Ziehen Sie den Stecker! Schalten Sie das System dann wieder ein. Booten Sie in das Setup und führen Sie das Setup-Programm erneut aus. Windows erkennt die unvollständige Installation und startet entweder den Installationsprozess neu (*Smart Recovery*) oder fordert Sie auf, eine *Reparaturinstallation* durchzuführen. Beide Varianten berücksichtigen den Installationsfortschritt und führen die Installation fort.

Optisches Laufwerk und Festplattenlaufwerk

Auch optische Discs, optische Laufwerke oder Festplattenlaufwerke können Systemabstürze verursachen. Prüfen Sie, ob die Discs verkratzt oder verunreinigt sind, und säubern oder ersetzen Sie sie.

Legen Sie eine Disc in das Laufwerk ein, von der Sie wissen, dass sie in Ordnung ist. Wenn derselbe Fehler erneut auftritt, müssen Sie das Laufwerk möglicherweise ersetzen.

> **Hinweis**
> Wenn die Elektronik von Festplatten defekt ist, dann können verschiedene Fehler an unterschiedlichsten Stellen auftreten. Das Verhalten des Rechners ähnelt dann dem bei defekten Speichermodulen.

Protokolldateien

Windows erzeugt eine Reihe spezieller Textdateien, die *Protokolldateien* genannt werden und in denen der Fortschritt der Installation aufgezeichnet wird. Windows erstellt zwar eine Reihe verschiedener Protokolldateien für unterschiedliche Zwecke, von diesen sind für uns aber nur die folgenden zwei von besonderem Interesse:

- SETUPLOG.TXT zeichnet den gesamten Installationsprozess auf und protokolliert den Erfolg oder Fehlschlag beim Kopieren von Dateien, Aktualisierungen der Registrierung, Neustarts usw.
- SETUPAPI.LOG verfolgt, welche Hardwarekomponenten installiert werden. Diese Protokolldatei ist nicht ganz einfach zu lesen, weil sie Plug&Play-Code verwendet, aber Sie können erkennen, welches Gerät zuletzt vor dem Windows-Absturz installiert wurde.

Windows speichert diese Protokolldateien im Verzeichnis WINNT oder Windows (dort, wo das Betriebssystem installiert ist). Da die Betriebssysteme leistungsfähigere Wiederherstellungsoptionen bereitstellen, ist es ehrlich gesagt ziemlich unwahrscheinlich, dass Sie eine solche Log-Datei jemals lesen und anhand der darin enthaltenen Informationen etwas reparieren werden! Die Protokolldateien sind aber praktisch, wenn Sie Microsoft oder einen Hardwarehersteller anrufen, denn dort gibt es Leute, die den Inhalt dieser Dateien wirklich verstehen! Versuchen Sie nicht, für die CompTIA A+-Prüfung oder die tägliche Arbeit etwas aus diesen Protokolldateien zu lernen, denn es lohnt sich nicht. Sie sollten lediglich die Namen der Dateien und ihren Speicherort kennen. Die Details können Sie den wahren Freaks überlassen!

Aufgaben nach der Installation

Das reicht zwar für einen Arbeitstag, aber noch sind einige Dinge zu erledigen. Das Betriebssystem selbst muss noch aktualisiert, Patches und Service Packs müssen installiert werden, Treiber müssen aktualisiert werden, Datendateien des Benutzers müssen wiederhergestellt werden und möglicherweise sind Installationsprobleme zu beheben.

Patches, Service Packs und Aktualisierungen

Jemand hat einmal von einem Flugzeug gesagt, dass es sich dabei um Millionen von Einzelteilen handelt, die in geschlossener Formation durch die Luft fliegen. Diese Analogie lässt sich auch recht gut auf Betriebssysteme übertragen. Wie beim Flugzeug wurden auch die Einzelteile (der Programmcode) des Betriebssystems von unterschiedlichen Personen und teilweise sogar extern entwickelt und hergestellt. Auch wenn alle Komponenten sorgfältig einzeln und das Betriebssystem insgesamt sorgfältig getestet wurden, lassen sich nicht alle möglichen parallelen Ereignisse testen. Manchmal sind Komponenten einfach defekt. Programme zur Behebung derartiger Probleme werden *Patch* genannt.

Früher hat Microsoft Patches für einzelne Probleme veröffentlicht. Zudem wurden diese gesammelt, bis sie eine Art »kritischer Masse« erreicht hatten und dann zu einem so genannten *Service Pack* zusammengefasst. Das ist auch weiterhin der Fall. Werden Patches und Service Packs kombiniert, dann werden diese auch *Update* genannt. Patches, Service Packs und Updates werden auf der Microsoft-Website und/oder auf optischer Disc zur Verfügung gestellt. Viele Unternehmen stellen verfügbare Updates, die frei weitergegeben werden dürfen, auch auf ihren Netzwerkservern zur Verfügung. Sofort nach der Installation von Windows sollten Sie die letzten Updates auf dem Rechner installieren. Mehr darüber erfahren Sie in Kapitel 17 (*Wartung und Fehlerbehebung für Windows*).

Treiber aktualisieren

Selbst wenn Sie all Ihre Hausaufgaben gemacht haben, können Sie sich später dazu entschließen, anstelle der mit Windows gelieferten Standardtreiber aktuellere Treiber zu benutzen. Diese Strategie ist tatsächlich zu empfehlen, da die Installation eine ohnehin komplexe Aufgabe ist, die Sie sich dadurch erleichtern können, dass zunächst ältere und erprobte Treiber verwendet werden. Die aktuellen Treiber sind möglicherweise noch keine Woche alt. Wenn Sie diese erst nach Abschluss der Windows-Installation auf den Rechner übertragen, dann können Sie immer noch zu einem immerhin geeigneten Treiber zurückkehren, wenn sich herausstellt, dass der neue Treiber fehlerhaft ist. In den Kapiteln 17 (*Wartung und Fehlerbehebung für Windows*) und 18 (*Eingabe/Ausgabe*) werden Sie mehr über die Arbeit mit Treibern erfahren und wie Sie zuvor bereits installierte Treiber reaktivieren können.

Wiederherstellung von Datendateien (falls erforderlich)

Können Sie sich noch daran erinnern, dass Sie die Datendateien vor der Installation gesichert haben? Nicht? Dann sehen Sie noch einmal nach, denn jetzt ist es an der Zeit, diese wiederherzustellen. Wie Sie dabei vorgehen müssen, hängt vorwiegend von dem bei der Sicherung verwendeten Verfahren ab. Wenn Sie Programme von Drittanbietern verwendet haben, dann müssen Sie diese erst einmal installieren. Wenn Sie das Sicherungsprogramm von Windows 2000/XP verwendet haben, dann haben Sie Glück, zumindest sofern es installiert wurde (was nur bei der Home Edition von XP nicht der Fall ist). Wenn Sie die Daten einfach nur auf optische Discs oder freigegebene Ordner im Netzwerk kopiert haben, dann kopieren Sie die Daten einfach zurück auf die lokale Festplatte. Gutes Gelingen!

Umzug und Ausmusterung

Die Zeiten ändern sich und auch der Computermarkt befindet sich in ständigem Wandel. Irgendwann müssen Sie alte Systeme ausmustern. Das bedeutet, Sie müssen die Daten und Benutzer auf ein neues System übertragen (*Migration*), oder zumindest auf eine neue Festplatte, und dann das alte System sicher entsorgen. Microsoft stellt für diesen Zweck einige Werkzeuge zur Verfügung, und da Sie diese für die A+-Prüfungen (und den nächsten neuen Rechner) kennen müssen, werde ich sie nachfolgend vorstellen.

Assistent zum Übertragen von Dateien und Einstellungen

In Kapitel 4 (*Windows verstehen*) haben Sie den *Assistent zum Übertragen von Dateien und Einstellungen* bereits kurz kennen gelernt. Für die CompTIA A+-Prüfungen müssen Sie ihn aber nicht nur oberflächlich kennen. Beim Umzug auf ein neues System würden Sie den ASSISTENT ZUM ÜBERTRAGEN VON DATEIEN UND EINSTELLUNGEN auf dem neueren Rechner ausführen (dabei gehe ich davon aus, dass der neuere Rechner unter Windows XP läuft, denn die Vista-Migrationsoptionen werde ich später noch behandeln). Anschließend werden die Dateien mit dem Assistenten von dem älteren System übernommen. Sie starten ÜBERTRAGEN VON DATEIEN UND EINSTELLUNGEN unter Windows XP über ALLE PROGRAMME|ZUBEHÖR|SYSTEMPROGRAMME. Nach dem Start präsentiert Ihnen der Assistent das in Abbildung 14.40 dargestellte Dialogfeld.

Wenn Sie auf der ersten Seite des Assistenten die Schaltfläche WEITER anklicken, dann werden Sie gefragt, ob Sie gerade den neuen oder den alten Computer benutzen (Abbildung 14.41).

Windows installieren und aktualisieren

Abbildung 14.40: Der ASSISTENT ZUM ÜBERTRAGEN VON DATEIEN UND EINSTELLUNGEN mit seiner Willkommensseite

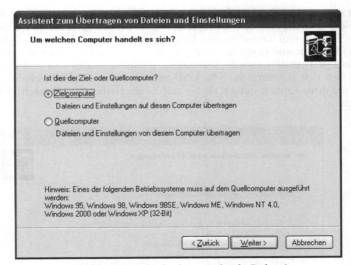

Abbildung 14.41: Ist das der neue oder alte Rechner?

Beachten Sie, dass auf dem alten eine beliebige Windows-Version bis zurück zu Windows 95 laufen kann. Älteren Versionen des Windows-Betriebssystems liegt der Assistent zum Übertragen von Dateien und Einstellungen nicht bei, so dass Sie beim Umstieg von diesen älteren Versionen entweder den Assistenten über die XP-Disc installieren oder eine Assistent-Diskette erstellen können, über die Sie diese Aufgabe erledigen können. Sie können eine derartige Diskette erstellen, wenn Sie die Option ZIELCOMPUTER markieren und WEITER anklicken (Abbildung 14.42).

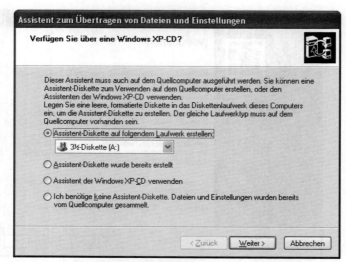

Abbildung 14.42: Erstellen einer Assistent-Diskette

Wenn Sie erst einmal eine Assistent-Diskette erstellt (oder den Assistenten über die XP-CD installiert haben), dann kommen Sie zu einem Dialogfeld, in dem Sie gefragt werden, wo die von Ihnen zusammengestellten Dateien und Einstellungen (Elemente) gesucht werden sollen (Abbildung 14.43). Die ersten beiden Optionen sind heute ein wenig veraltet, da sie sich auf eine mittlerweile im Rechnerbereich kaum noch verwendete serielle Verbindung (*Nullmodemkabel*) bzw. auf eine Diskette beziehen (diese Option lässt sich allerdings auch für USB-Sticks verwenden). Wahrscheinlich werden Sie daher beim Umzug die dritte Option nutzen, da Sie mit ihr im Heimnetzwerk nach Ihrem älteren Rechner suchen können.

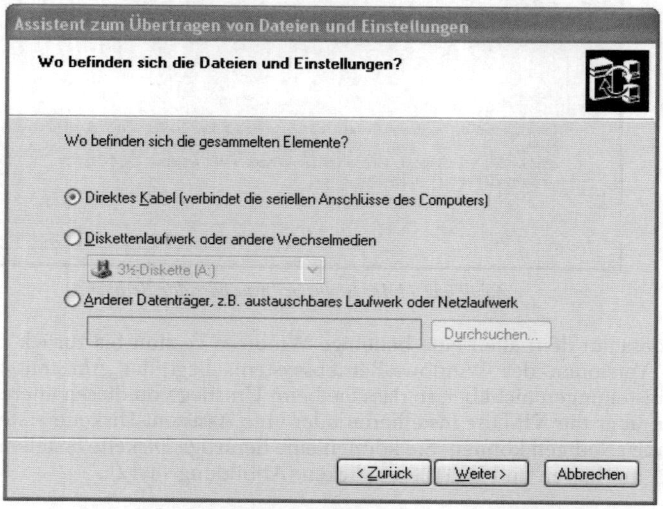

Abbildung 14.43: Wo befinden sich die Dateien und Einstellungen?

Um tatsächlich festzulegen, welche Dateien und Einstellungen übertragen werden sollen, müssen Sie zwischenzeitlich den Assistenten auf Ihrem alten Computer ausführen. Wenn Sie von einem anderen

Windows installieren und aktualisieren

Windows-XP-Rechner umziehen, dann müssen Sie dem Assistenten mitteilen, wo er ausgeführt wird. Ansonsten fahren Sie zum folgenden Schritt fort, in dem Sie gefragt werden, wie die Dateien übertragen werden sollen (Abbildung 14.44). Die beste Option ist dabei zwar die Übertragung über das Heim- oder Firmennetzwerk, aber Sie können die Dateien auch auf einem USB-Stick oder in einem Ordner auf Ihrem Rechner speichern, was aber offensichtlich erst einmal nichts zum Datentransfer beiträgt.

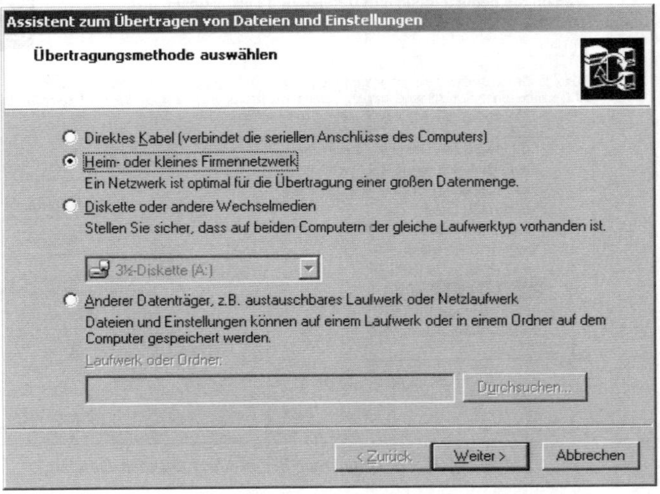

Abbildung 14.44: Wie sollen die Dateien übertragen werden?

Wenn Sie WEITER anklicken, zeigt der Assistent eine Vorgabeliste mit zu speichernden Ordnern und Einstellungen an. Als gewiefter PC-Techniker werden Sie die Einstellungen der zu übertragenden Ordner aber wahrscheinlich anpassen. Dazu können Sie das Kontrollkästchen mit dem recht langen Namen AUSWÄHLEN EINER BENUTZERDEFINIERTEN LISTE VON DATEIEN UND EINSTELLUNGEN BEIM KLICKEN AUF WEITER ZULASSEN aktivieren (Abbildung 14.45).

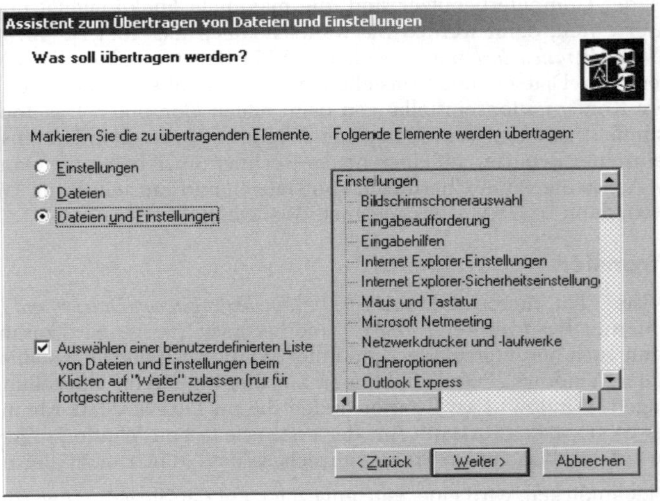

Abbildung 14.45: Die zu übertragenden Dateien und Einstellungen

Wenn Sie dieses Kontrollkästchen aktiviert haben, können Sie auf der folgenden Seite zusätzliche Einstellungen vornehmen und weitere zu sichernde Ordner, Dateien und sogar Dateitypen mit aufnehmen, wodurch es recht leicht wird, beispielsweise einfach alle .MP3-Dateien auf Ihrem Computer zu sichern (Abbildung 14.46). Praktisch, oder?

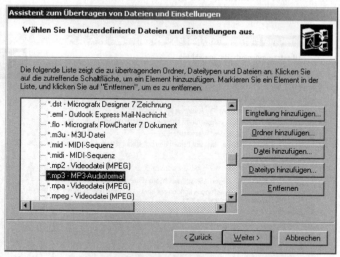

Abbildung 14.46: Anpassung der zu übertragenden Dateien

Wenn Sie in diesem Dialogfeld WEITER anklicken, beginnt der Assistent mit der eigentlichen Übertragung der Daten, die ziemlich lange dauern kann, wenn Sie umfangreiche Daten ausgewählt haben. Hier haben Sie wieder einmal Zeit, um z.B. die kompletten Werke Plinius des Älteren zu lesen oder sich, was vielleicht sinnvoller ist, da die Übertragung der Daten wahrscheinlich sehr lange dauern wird, alle bisherigen Kapitel dieses Buches im Wortlaut einzuprägen.

Migration des Benutzerstatus (User State Migration Tool)

Wenn Sie einer der Computerbenutzer sind, die maximale Funktionalität und Leistung von ihrem Betriebssystem erwarten, dann werden Sie wahrscheinlich das Tool zur *Migration des Benutzerstatus* (*USMT – User State Migration Tool*) nutzen wollen. USMT bietet dieselben Funktionen wie der Assistent zum Übertragen von Dateien und Einstellungen und darüber hinaus viel mehr Kontrolle über anspruchsvollere Konfigurationseinstellungen beim neuen Computer. Das Tool wird vorwiegend im Unternehmensumfeld genutzt, weil es in einer Windows-Server-Domäne ausgeführt werden muss. Wenn nur ein einzelner Benutzer auf einen neuen Rechner umziehen muss, dann verwenden Sie sinnvollerweise den Assistenten zum Übertragen von Dateien und Einstellungen. Wenn mehrere Benutzer umziehen müssen, dann ist USMT das geeignete Werkzeug.

Windows-EasyTransfer

Mit Windows Vista/7 hat Microsoft den *Assistent zum Übertragen von Dateien und Einstellungen* überarbeitet und nennt ihn nun *Windows-EasyTransfer*. Windows-EasyTransfer wird zusammen mit Vista/7 ausgeliefert und kann auch heruntergeladen und unter Windows 2000/XP installiert werden. Von einem Rechner, der unter Windows 2000 läuft, können Sie allerdings keine Einstellungen, sondern lediglich Dateien übertragen. Windows-EasyTransfer finden Sie im PROGRAMME-Menü unterhalb von ZUBEHÖR im Ordner SYSTEMPROGRAMME. Auf der ersten Seite von Windows-EasyTransfer erhalten Sie einfach ein paar Informationen zum Prozess an sich, so dass es hier nicht viel zu tun gibt.

Wenn Sie WEITER anklicken, wird eine Seite angezeigt, auf der Sie gefragt werden, ob Sie einen neuen Transfer starten oder einen bereits gestarteten fortsetzen wollen (Abbildung 14.47). Wenn Sie Ihren alten Rechner bereits für die Dateiübertragung eingerichtet haben, dann wählen Sie die zweite Option, ansonsten die erste.

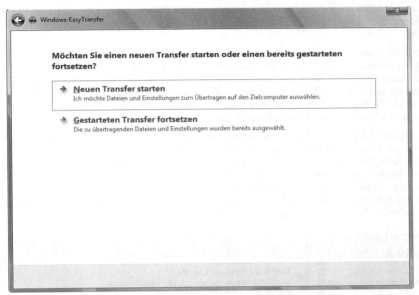

Abbildung 14.47: Neuen Transfer starten oder Transfer fortsetzen?

Wenn Sie NEUER TRANSFER STARTEN wählen, dann ähnelt der Prozess stark der Vorgehensweise beim Assistenten zum Übertragen von Dateien und Einstellungen: Sie geben an, ob Sie sich am neuen oder alten Rechner befinden, und führen dann im Grunde genommen dieselben Schritte wie früher aus. Natürlich gibt es ein paar Unterschiede, so wurde z.B. die Netzwerksicherheit durch Verwendung eines *Übertragungsschlüssels* (*Transfer Key*) verbessert, der Ihre Dateien vor Fremdzugriffen im Netzwerk schützt, es gibt eine Option zur Verwendung eines speziellen EasyTransfer-Kabels bei der Übertragung von Dateien über USB-Anschlüsse und die Reihenfolge einiger Seiten hat sich ein wenig geändert. Wenn Sie aber den Prozess beim Assistenten zum Übertragen von Dateien und Einstellungen verstanden haben, dann sollte Ihnen auch die Nutzung von Windows-EasyTransfer keine größeren Probleme bereiten.

Umzugspraktiken

Wenn es um Umzüge und Ausmusterung im Hinblick auf die Sicherheit geht, müssen Sie eine wichtige Frage beantworten: Was machen Sie mit dem alten System oder der Festplatte?

Man findet auf fast allen Laufwerken sensible Daten, außer vielleicht, wenn sie brandneu sind, und seien es einfache E-Mail-Nachrichten oder persönliche Aufzeichnungen, die bei einer Aufdeckung Peinlichkeiten verursachen könnten. Insbesondere im Arbeitsumfeld speichern die meisten Computer viele sensible Daten. Sie können nicht einfach C: formatieren und das Laufwerk dann weggeben.

Befolgen Sie beim Umzug oder bei der Ausmusterung eines Computers drei Grundsätze. Erstens, ziehen Sie mit den Benutzern und Daten in eine sichere Umgebung um. Solange Sie nicht alle Kennwörter korrekt zugewiesen und die Sicherheit des neuen Systems getestet haben, können Sie es nicht als sicher betrachten. Zweitens sollten Sie alle Datenreste von den Festplatten entfernen, die Sie lagern oder kostenlos abgeben wollen. Drittens sollten Sie alte Geräte korrekt entsorgen und keinesfalls in den Hausmüll werfen! PC-Recycler demontieren die Hardware und zerlegen Systemeinheiten, Tastaturen, Drucker und sogar Bildschirme so in ihre Bestandteile Kunststoff, Metall und Glas, dass diese wiederverwertet werden können.

Besonders leicht kann jemand sensible Daten zerstören oder darauf zugreifen, wenn er sich einfach an einen unbeaufsichtigten Rechner heranschleicht. Und wirklich einfach wird es, während gerade Daten auf ein neues, noch ungeschütztes System kopiert werden. Lassen Sie die Kopie nicht laufen, wenn Sie gerade zum Mittagessen gehen, sondern überwachen Sie sie ununterbrochen und entfernen Sie alle Restdaten, die sich möglicherweise noch auf Massenspeichergeräten und insbesondere Festplatten befinden.

Sie denken vermutlich, dass es ganz einfach sei, Daten loszuwerden – man verliert sie bisweilen ja auch ganz einfach versehentlich. Bei magnetischen Datenträgern wie Festplatten und Flash-Speicher ist das jedoch nicht der Fall. Es ist sehr aufwendig, Daten vollständig von Festplatten zu entfernen. Mit Partitionieren und Formatieren funktioniert das nicht. Daten werden nicht unbedingt überschrieben, selbst wenn Nullen in alle Cluster geschrieben werden, verbleiben möglicherweise immer noch jede Menge sensible und wiederherstellbare Daten auf dem Laufwerk.

Wenn Sie die Festplatte nicht gerade schreddern oder pulverisieren, ist es fast unmöglich, sie zu 100 Prozent unwiederherstellbar zu machen. Wenn Sie Ihren Computer als Spende abgeben wollen, reicht es aber möglicherweise, wenn Sie eines der besseren Löschprogramme verwenden, wie beispielsweise *Window Washer* von Webroot (Abbildung 14.48). Mit Window Washer können Sie den Webverlauf, Ihre letzten Aktivitäten unter Windows (etwa die zuletzt ausgeführten Programme) und selbst Ihre E-Mail-Nachrichten permanent löschen. Darüber hinaus können Sie eine bootfähige Diskette erstellen, mit der Sie Laufwerke komplett löschen können.

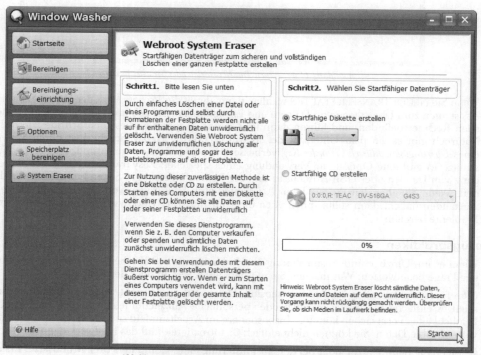

Abbildung 14.48: Die Sicherheitssoftware Window Washer

Recycling

Recycling ist wichtig und hier können Sie als Computerbenutzer relativ leicht Ihr Umweltbewusstsein zeigen. Das Recycling von Produkten wie Papier, Tonerkartuschen oder Tintenpatronen sorgt nicht nur für weniger überfüllte Mülldeponien, sondern auch dafür, dass die giftigeren Inhaltsstoffe sicher und korrekt entsorgt werden. Die sichere Entsorgung von Hardware mit gefährlichen Materialien, wie etwa Bildschirmen, schützt uns Menschen und die Umwelt.

Wer je versucht hat, einen Computer zu verkaufen, der älter als drei Jahre ist, hat die Lektion gelernt – sie sind nichts oder nicht mehr viel wert. Man ist dann wirklich versucht, diesen alten Computer einfach in den Müll zu werfen, aber das sollten Sie keinesfalls tun!

Erstens enthalten viele Computerkomponenten (z.B. Bildschirme) gefährliche Materialien, die die Umwelt verschmutzen. Glücklicherweise haben sich mittlerweile unzählige Unternehmen auf das Computer-Recycling spezialisiert und nehmen Ihnen Ihre alten Rechner gerne ab. Wenn Sie genügend alte Computer haben, werden Sie vielleicht sogar abgeholt. Wenn Sie kein Recycling-Unternehmen kennen, fragen Sie bei der städtischen Abfallentsorgung nach, wo man Ihnen mitteilen kann, wie Sie Ihr System am besten loswerden.

Noch besser ist es, wenn Sie Ihren alten Computer spenden. Viele Unternehmen suchen ständig nach Computern, die sie in Stand setzen und an Schulen oder andere Organisationen weitergeben können. Beachten Sie jedoch, dass der Computer in diesem Fall nicht zu alt sein sollte, denn nicht einmal Schulen wollen Computer, die älter als fünf oder sechs Jahre sind.

Nach der Installation: Das Zusammenspiel der Komponenten

Aus den bisherigen Kapiteln wissen Sie, wo sich die verschiedenen, automatisch angelegten benutzerspezifischen Ordner befinden. Beim Windows-Desktop handelt es sich beispielsweise einfach um einen Ordner, der sich zumeist im jeweiligen Benutzerordner auf Laufwerk C: befindet. Und auch bei EIGENE DATEIEN/DOKUMENTE handelt es sich eigentlich nur um einen weiteren Ordner.

Während der Installation werden eine Reihe Windows-spezifischer Dateien und Ordner erstellt, die das Betriebssystem benötigt, um auf einem Rechner laufen zu können. Einige dieser Dateien und Ordner befinden sich direkt im Stammverzeichnis auf Laufwerk C:, andere befinden sich an anderen Stellen im Dateisystem. Die Position dieser Dateien und Ordner können Sie sich besonders leicht merken, wenn Sie wissen, wie wichtig sie für das Betriebssystem sind und welche Rolle sie beim Rechnerstart spielen. Windows 2000/XP greifen während des Bootprozesses weitgehend auf dieselben Dateien zu. Da sich die Dinge bei Windows Vista ein wenig geändert haben, werde ich es anschließend getrennt behandeln.

Der Bootprozess bei Windows 2000/XP

Windows 2000 und XP unterscheiden zwischen den Dateien, die das Betriebssystem starten (*Systemdateien*) und den restlichen Betriebssystemdateien (diese befinden sich normalerweise in den Ordnern \WINDOWS oder \WINNT). Zu den Systemdateien zählen drei zwingend erforderliche Dateien, die Sie sich merken sollten: NTLDR, BOOT.INI und NTDETECT.COM. Wenn Sie eine SCSI-Festplatte verwenden, gibt es noch eine vierte Datei namens NTBOOTDD.SYS. NTLDR (sprich »*NT-Loader*«) leitet den Bootprozess ein.

Aus den bisherigen Kapiteln wissen Sie, dass eine aktive, primäre Partition erforderlich ist, um ein Laufwerk bootfähig machen zu können. Sehen wir uns diesen Vorgang bei einem Rechner mit zwei als C: und D: partitionierten Laufwerken an.

Der Prozessor nimmt seine Arbeit auf und startet das System-BIOS. Dieses führt eine Routine aus, die nach einem gültigen Betriebssystem im Bootsektor der primären Festplatte sucht (Master). Die *MFT (Master File Table)* befindet sich im Bootsektor der C:-Partition. Sie verweist auf die Position der Systemdateien von Windows 2000/XP, die sich ebenfalls auf Laufwerk C: befinden, da es sich bei diesem um das bootfähige Laufwerk handelt. Windows bezeichnet die primäre, aktive Partition als *Systempartition* oder *System-Volume* (bei dynamischen Datenträgern).

Die *Bootdateien* von Windows 2000/XP bestehen aus NTOSKRNL.EXE (dem Windows-Kernel), der Datei \WINNT\SYSTEM32\CONFIG\SYSTEM (die für das Laden der Gerätetreiber zuständig ist) und den Gerätetreibern. Obwohl diese Dateien den Kern von Windows 2000/XP bilden, können sie das System nicht booten bzw. starten. Dazu benötigen sie die Systemdateien NTLDR, NTDETECT.COM und BOOT.INI.

Die Systemdateien starten den PC und teilen der CPU abschließend mit, wo sie nach den Bootdateien suchen soll. Die CPU kommuniziert anschließend mit NTOSKRNL, und die grafische Benutzeroberfläche wird geladen. Das Betriebssystem läuft nun und Sie können mit ihm arbeiten.

Das Dumme daran ist, dass Microsoft dafür gesorgt hat, dass die Betriebssystemdateien auch auf andere Laufwerke verschoben werden können. *Die Betriebssystemdateien von Windows können sich auf jeder beliebigen Partition oder jedem beliebigen Volume des Rechners befinden.* Der Ordner \WINDOWS könnte sich beispielsweise auch auf Laufwerk D: und nicht auf C: befinden. Das Laufwerk mit den Dateien des Betriebssystemkerns wird *Bootpartition* genannt. Das kann zu leichten Verwirrungen führen, wenn Sie sagen, dass sich die Systemdateien auf dem C:-Laufwerk, Windows aber auf dem D:-Laufwerk befindet, aber genau so ist es. Bei den allermeisten Windows-2000/XP-Systemen befinden sich die Systempartition und die Bootpartition jedoch beide auf derselben großen C:-Partition.

Damit haben Sie einen Überblick über den Bootprozess, und wir können die Aufgaben und Funktion der einzelnen daran beteiligten Dateien genauer betrachten.

Bootdateien in der Systempartition von Windows 2000/XP

Bei Windows 2000/XP müssen sich die folgenden drei Systemdateien im Stammverzeichnis der Systempartition befinden:

- NTLDR (der »NT-Loader«)
- BOOT.INI
- NTDETECT.COM

Um sich diese Dateien anzeigen zu lassen, wechseln Sie im ARBEITSPLATZ zum C:-Laufwerk. Anschließend wählen Sie EXTRAS|ORDNEROPTIONEN. Aktivieren Sie die Option VERSTECKTE DATEIEN UND ORDNER ANZEIGEN, deaktivieren Sie GESCHÜTZTE SYSTEMDATEIEN AUSBLENDEN (EMPFOHLEN) und klicken Sie OK an. Wenn Sie nun zum Ordner im Arbeitsplatz zurückkehren, werden den einige wichtige Dateien angezeigt, die Windows normalerweise vor Ihnen verbirgt. Sie sollten darauf achten, dass Sie sie nicht versehentlich verschieben, löschen oder auf andere Weise ändern (Abbildung 14.49).

NTLDR (NT-Loader)

Wenn das System hochgefahren wird, startet der *MBR* (*Master Boot Record*) oder die *MFT* (*Master File Table*) auf der Festplatte das Programm NTLDR. Das startet dann entweder Windows 2000/XP oder ein anderes Betriebssystem. Um vorhandene Betriebssysteme finden zu können, liest NTLDR die Konfigurationsdatei BOOT.INI. Dazu lädt NTLDR sein eigenes minimales Dateisystem, mit dessen Hilfe es die Datei BOOT.INI von der Systempartition lesen kann.

Die Datei BOOT.INI

Die Datei BOOT.INI ist eine Textdatei, in der die für NTLDR verfügbaren Betriebssysteme aufgeführt sind und die NTLDR mitteilt, wo sich die Bootpartition (mit dem jeweiligen Betriebssystem) der verschiedenen Betriebssysteme befindet. Die Datei BOOT.INI enthält Abschnitte mit entsprechenden Überschriften in eckigen Klammern. Eine einfache BOOT.INI für Windows XP sieht so aus:

```
[boot loader]
timeout=30
default=multi(0)disk(0)rdisk(0)partition\WINDOWS [operating systems]
multi(0)disk(0)rdisk(0)partition\WINDOWS="Microsoft Windows XP Professional" /fastdetect
```

Windows installieren und aktualisieren

Eine etwas komplexere BOOT.INI könnte so aussehen:

```
[boot loader]
timeout=30
default=multi(0)disk(0)rdisk(0)partition\WINDOWS
[operating systems]
multi(0)disk(0)rdisk(0)partition\WINDOWS="Microsoft Windows XP Professional" /fastdetect
multi(0)disk(0)rdisk(0)partition\WINNT="Microsoft Windows 2000 Professional" /fastdetect
```

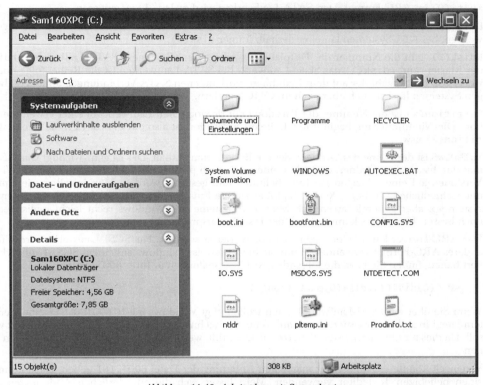

Abbildung 14.49: Arbeitsplatz mit Systemdateien

Und Abbildung 14.50 zeigt ein Beispiel für ein Bootmenü, wie es sich mit derartigen Einträgen in der BOOT.INI erzeugen lässt.

```
Wählen Sie das zu startende Betriebssystem:


     Microsoft Windows 2000 Professional
     Microsoft Windows 2000-Wiederherstellungskonsole
     MS-DOS

 Verwenden Sie ↑ und ↓, um einen Eintrag zu markieren.
 Drücken Sie anschließend die EINGABETASTE.
 Sekunden, bis die markierte Auswahl automatisch gestartet wird:   18
```

Abbildung 14.50: Der Bootloader mit der Wiederherstellungskonsole unter Windows 2000

Dieses verrückte `multi(0)disk(0)rdisk(0)partition(1)` ist ein Beispiel für das *ARC-Namenssystem* (*Advanced RISC Computing*). Dieses System soll dafür sorgen, dass Ihr PC zum Booten von Windows eine beliebige Festplatte und auch Wechseldatenträger verwenden kann. Wir betrachten die einzelnen ARC-Einstellungen kurz, damit Sie verstehen, wie das funktioniert.

`Multi(x)` ist die Nummer des Adapters, wobei die Zählung immer mit 0 beginnt. Der Adapter wird durch die Einstellung der Bootreihenfolge im CMOS bestimmt. Wenn Sie beispielsweise einen einzigen PATA-Controller und einen SATA-Controller haben und das System so eingestellt wird, dass es zuerst über den PATA-Controller bootet, erhält jedes Laufwerk auf diesem Controller den Wert `multi(0)` im ARC-Format. Den SATA-Laufwerken wird `multi(1)` zugewiesen.

`Disc(x)` wird nur für SCSI-Laufwerke verwendet, aber der Wert muss im ARC-Format angegeben werden, bei ATA-Systemen lautet er deshalb immer `disk(0)`.

`Rdisk(x)` gibt die Nummer der Festplatte am Adapter an. Bei einem PATA-Laufwerk ist `rdisk(0)` das Master- und `rdisk(1)` das Slave-Laufwerk. Bei SATA-Laufwerken ist die Reihenfolge normalerweise von der Anzahl der auf dem Mainboard vorhandenen SATA-Verbindungen abhängig. Bei einigen Systemen lässt sie sich aber auch im CMOS ändern.

`Partition(x)` ist die Nummer der Partition oder des logischen Laufwerks in einer erweiterten Partition. Die Nummerierung beginnt mit 1, die erste Partition ist also `partition(1)`, die zweite ist `partition(2)` usw.

`\WINDOWS` ist der Name des Ordners, der die Bootdateien enthält. Das ist ganz wichtig! Das ARC-Format durchsucht den Ordner, deshalb können sich auch problemlos mehrere verschiedene Windows-Versionen auf einer einzigen Partition befinden und gestartet werden. Man installiert sie einfach in unterschiedlichen Ordnern. Natürlich gibt es andere Einschränkungen, wie beispielsweise den Dateisystemtyp, aber generell lassen sich Multiboot-Systeme mit Windows recht leicht realisieren. Und noch besser: Um all das kümmert sich der Installationsprozess.

Das ARC-Format kann jedoch sehr viel komplizierter werden. Für SCSI-Laufwerke wird ein etwas anderes ARC-Format verwendet. Wenn Sie beispielsweise Windows auf einem SCSI-Laufwerk installiert haben, finden Sie etwa die folgenden ARC-Einstellungen in Ihrer `BOOT.INI`:

```
scsi(0)disk(1)rdisk(0)partition(1)
```

Wenn Sie über ein SCSI-Laufwerk booten wollen, fügt Windows mit `NTBOOTDD.SYS` eine vierte Systemdatei hinzu. Diese existiert nur dann, wenn der Rechner über ein SCSI-Laufwerk gestartet werden soll. Da dies für die allermeisten Benutzer nicht zutrifft, werden Sie dieser Datei auch nur selten begegnen.

Vereinzelt könnte es Anlässe zur manuellen Änderung der Datei `BOOT.INI` geben. Dazu können Sie einen beliebigen Texteditor verwenden. Meist lassen sich die erforderlichen Änderungen an der `BOOT.INI` aber über das Dialogfeld EIGENSCHAFTEN VON SYSTEM vornehmen. Rufen Sie unter Windows 2000/XP das Applet SYSTEM in der SYSTEMSTEUERUNG auf. Klicken Sie das Register ERWEITERT und dann die Schaltfläche STARTEN UND WIEDERHERSTELLEN (bzw. im Bereich STARTEN UND WIEDERHERSTELLEN die Schaltfläche EINSTELLUNGEN) an. Oben im Dialogfeld finden Sie die Optionen für die Datei `BOOT.INI` (Abbildung 14.51).

Die `BOOT.INI` enthält hinter den ARC-Formaten einige interessante Parameter, bei denen es sich um spezielle Anweisungen für den Start des Betriebssystems handelt. Manchmal fügt Windows sie automatisch ein, manchmal werden sie zur Fehlersuche manuell hinzugefügt. Hier einige der gebräuchlichsten:

- ❏ `/BOOTLOG`: Weist Windows an, ein Protokoll des Bootprozesses anzulegen und in der Datei `NTBTLOG.TXT` abzulegen.
- ❏ `/CMDCONS`: Weist Windows an, die Wiederherstellungskonsole zu starten. Mehr dazu erfahren Sie in Kapitel 15 (*Die Eingabeaufforderung*).
- ❏ `/LASTKNOWNGOOD`: Weist Windows an, mit den letzten bekanntermaßen fehlerfreien Dateien zu starten.

Windows installieren und aktualisieren

- /NOEXECUTE: Neuere CPUs unterstützen den *Datenausführungsschutz* (*DEP – Data Execute Protection*), damit sich falsch verhaltende Programme keine Systemabstürze verursachen können. Die Vorgabe lautet bei Windows-Systemen /NOEXECUTE=OPTIN.

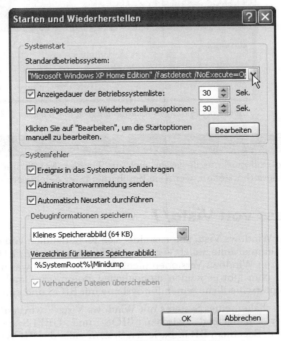

Abbildung 14.51: BOOT.INI*-Optionen*

NTDETECT.COM

Wenn NTLDR erkennt, dass Windows 2000/XP gestartet werden soll, wird das System in den geschützten Modus hochgefahren und anschließend NTDETECT.COM aufgerufen. Dieses Programm ist für die Erkennung der im System installierten Hardware zuständig. NTLDR verweist dann auf die BOOT.INI-Datei, die angibt, wo sich die Windows-Bootdateien befinden.

Kritische Bootdateien

Wenn man alle kritischen Bootdateien von Windows 2000/XP aufzählen würde, käme dies der Aufzählung aller Muskeln des menschlichen Körpers gleich. Eine vollständige Nennung wäre zwar möglich, würde aber sehr lange dauern und wäre ohne echten Nutzen. Einige der *wichtigsten* Dateien sollen hier aber immerhin kurz erwähnt werden.

Nach der Erkennung der Geräte lädt NTLDR die Dateien NTOSKRNL.EXE und HAL.DLL, einen Teil der Registrierung und einige elementare Gerätetreiber. Danach übergibt es die Kontrolle der Datei NTOSKRNL.EXE, die den Rest der Registrierung lädt, alle Gerätetreiber initialisiert und das Programm WINLOGON.EXE startet, das das berühmte Anmeldedialogfeld von Windows 2000/XP anzeigt (Abbildung 14.52).

Nehmen Sie sich ein wenig Zeit, um sich die Namen der wichtigsten Bootdateien zu merken und sich den Bootprozess unter Windows 2000/XP einzuprägen. Wenn Sie wissen, welche Dateien am Bootprozess beteiligt sind und in welcher Reihenfolge sie geladen werden, lassen sich die meisten Bootfehler leicht beheben.

Abbildung 14.52: Das Anmeldedialogfeld von Windows XP

Wichtig

Über die Wiederherstellungskonsole lassen sich die Dateien NTLDR und NTDETECT.COM von der Windows-XP-CD wiederherstellen, wenn sie beschädigt oder defekt sein sollten.

Der Bootprozess von Vista/7

Der Bootprozess von Windows Vista unterscheidet sich recht deutlich von dem bei älteren Windows-Versionen. Zunächst einmal unterstützt Vista das BIOS und das *UEFI* (*Unified Extensible Firmware Interface*), was bei älteren Windows-Versionen nicht der Fall war und was das Ganze gleich ein wenig komplizierter macht. Nun gibt es keinen einheitlichen Bootprozess mehr unter Windows Vista/7, sondern zwei leicht unterschiedliche: einen für Systeme mit BIOS und einen für Systeme mit UEFI.

Direkt nach dem Einschalten eines Systems mit Windows Vista/7 wird entweder das BIOS oder das UEFI gestartet. Der Unterschied zwischen BIOS- und UEFI-Systemen besteht darin, was anschließend geschieht. Bei einem BIOS-basierten System sucht das BIOS in der festgelegten Bootreihenfolge auf den Partitionen nach einem *MBR* (*Master Boot Record*). Der MBR enthält einen kleinen Teil des Dateisystem-Bootcodes, der die Partitionstabelle des Systems nach der Systempartition durchsucht und dann deren Bootsektor lädt. Der Bootsektor wiederum enthält Code, der eigentlich nur den Bootprozess an eine Datei namens BOOTMGR (den *Bootmanager*) übergibt. Auf einem UEFI-System wird hingegen weder der MBR noch der Dateisystem-Bootcode ausgeführt. Das UEFI lädt BOOTMGR einfach direkt.

Hinweis

Wenn Sie Vista lange genug benutzen, dann wird Ihnen vielleicht eine Fehlermeldung begegnen, die besagt, dass Windows nicht booten kann, weil BOOTMGR fehlt. Diese Meldung wird angezeigt, wenn der Bootsektorcode BOOTMGR nicht finden kann. Die Ursache können beschädigte Systemdateien, verpfuschte Installationen oder Viren sein.

Wenn Sie jemals an einem Dual-Boot-System gearbeitet haben, auf dem Vista installiert war, dann ist Ihnen BOOTMGR wahrscheinlich bereits ein wenig vertraut, denn zu seinen Aufgaben zählt die Anzeige des Bildschirms mit der Frage »Welches Betriebssystem wollen Sie laden?« und das anschließende Laden des entsprechenden Betriebssystems. Wenn der Bootmanager gestartet wird, liest er die *Boot-Konfigurationsdaten* (*BCD – Boot Configuration Data*), die neben Informationen über die verschiedenen auf dem System installierten Betriebssysteme Angaben darüber enthält, wie diese tatsächlich geladen werden können (Bootstrap). Wenn ein Betriebssystem ausgewählt wurde (oder sofort, wenn nur eines vorhanden ist), lädt BOOTMGR ein Programm namens WINLOAD.EXE, das Ihr System auf das Laden des Betriebssystemkerns selbst vorbereitet. Das ähnelt ein wenig dem Hausputz vor dem Besuch von Tante Erna. Dabei lädt BOOTMGR die Hardware-Abstraktionsschicht, die Systemregistrierung und die Treiber für die Bootgeräte in den Arbeitsspeicher, bevor das Betriebssystem selbst die Kontrolle übernimmt.

Windows installieren und aktualisieren

> **Hinweis**
>
> BOOTMGR ist auch dafür verantwortlich, Windows wieder aus seinem Ruhezustand aufzuwecken. Wenn Ihr Rechner also nicht wieder aufwacht, geben Sie BOOTMGR die Schuld!

Sobald der *Betriebssystemprozess* (NTOSKRNL.EXE) übernimmt, lädt er alle verschiedenen Prozesse und Komponenten des Windows-Betriebssystems. Dann wird das Vista/7-Logo angezeigt und Sie können sich glücklich schätzen und mit der Arbeit am Rechner beginnen und sich mit den ganzen komplizierten elektronischen Vorgängen befassen, die gerade im Rechner stattgefunden haben.

> **Hinweis**
>
> Anders als bei Windows 2000/XP müssen sich die Boot- und Systemdateien unter Vista/7 in derselben Partition befinden.

Keine Installation ist optimal

Auch nach scheinbar fehlerloser Installation können insbesondere bei Upgrades anschließend Probleme auftreten. Unter Umständen müssen Sie Anwendungen neu installieren oder neue Betriebssystemfunktionen konfigurieren, die es vorher noch nicht gab. Falls das Upgrade letztlich zum völligen Fehlschlag wird, können Sie immer noch zum vorherigen Betriebssystem zurückkehren. Wenn Sie es mit einem OEM-Rechner (der z.B. von Dell oder HP und nicht von Ihnen zusammengestellt wurde) zu tun haben, dann gibt es auf der Festplatte des Rechners wahrscheinlich eine spezielle Recovery-Partition oder Recovery-Discs, über die Sie das System wieder in seinen Auslieferungszustand zurückversetzen können. Üblicherweise starten Sie diese Systemwiederherstellung durch Betätigung einer speziellen Funktionstaste (meist F10 oder F11) beim Rechnerstart. Folgen Sie dann einfach den weiteren Anweisungen.

> **Wichtig**
>
> Die *Bootkonfigurationsdaten* (*BCD – Boot Configuration Data*) ersetzen seit Vista die bei den älteren Windows-Versionen verwendete Datei BOOT.INI und lassen sich mit dem Befehlszeilenprogramm BCDEDIT.EXE ändern.

Die in diesem Kapitel vorgestellten Vorgehensweisen sehen nach einer Menge Arbeit aus. Wäre es nicht viel einfacher, nur die Installations-Disc zu nehmen und eine Windows-Kopie zu installieren und Chips dabei Chips sein zu lassen? Einfacher wäre es möglicherweise schon, aber dabei könnte auch ein Haufen schiefgehen. Nicht nur, dass Sie die beschriebene Vorgehensweise für die CompTIA A+-Zertifizierung beherrschen müssen, Sie können sich mit ihr auch viel Ärger ersparen, wenn Sie erst einmal als PC-Techniker arbeiten und die neueste Windows-Version auf dem neuen Rechner Ihres Chefs installieren sollen!

Wiederholung

Fragen

1. Was ist ein Vorteil, wenn Sie das NTFS- anstelle des FAT32-Dateisystems unter Windows 2000 nutzen?
   A. Sicherheit
   B. Unterstützung von DOS-Programmen

C. Lange Dateinamen
D. Netzwerkunterstützung

2. Die Installation von Windows XP ist bei Richard fehlgeschlagen. Welche Datei sollte er überprüfen, um festzustellen, welche Dateien nicht kopiert werden konnten?
   A. INSTALL.LOG
   B. SETUP.LOG
   C. SETUP.TXT
   D. SETUPLOG.TXT

3. Was passiert mit Ihrem Computer, wenn Sie die Aktivierung von Windows XP oder Vista/7 nicht durchführen?
   A. Nichts. Die Aktivierung ist optional.
   B. Der Computer funktioniert 30 Tage lang problemlos, anschließend wird Windows deaktiviert.
   C. Microsoft weiß nicht, wie es Sie erreichen soll, um Ihnen Upgrade-Informationen bereitzustellen.
   D. Sie müssen Windows über Diskette starten.

4. Was sollten Sie tun, wenn Windows während der Installation abstürzt?
   A. Sie drücken [Strg]+[Alt]+[Entf], um den Installationsprozess neu zu starten.
   B. Sie drücken den Reset-Schalter, um den Installationsprozess neu zu starten.
   C. Sie drücken [ESC], um den Installationsprozess abzubrechen.
   D. Sie ziehen den Netzstecker und starten den Installationsprozess neu.

5. Von welchem der folgenden Betriebssysteme können Sie ein direktes Upgrade auf Windows XP Professional durchführen?
   A. Windows 98
   B. Windows 2000 Professional
   C. Windows XP Home Edition
   D. Alle genannten

6. Welche beiden Tools sind auf der CD von Windows XP enthalten, um die Hardware- und Softwarekompatibilität zu überprüfen?
   A. HCL und HAL
   B. HCL und Windows-Katalog
   C. Windows-Katalog und Updateratgeber
   D. Updateratgeber und HCL

7. Welcher Begriff beschreibt eine Zusammenstellung vieler Aktualisierungen und Korrekturen?
   A. Hotfix
   B. Hotpack
   C. Service Pack
   D. Service Release

8. Was macht der BOOTMGR während der Installation von Windows Vista?
   A. Er lädt Gerätetreiber und Dateien, die in der Registrierungsdatenbank aufgeführt werden, um den Start des Betriebssystems vorzubereiten.
   B. Er sammelt Informationen über die auf einem System installierten Betriebssysteme, ermöglicht dem Benutzer die Auswahl unter ihnen und lädt dann WINLOADER.EXE.
   C. Er verwaltet die Bootreihenfolge eines Systems.
   D. Dabei handelt es sich um den Namen des Betriebssystemprozesses.

9. Welchen Installationstyp sollten Sie verwenden, wenn Sie Probleme mit Windows Me haben und jetzt Windows XP installieren wollen?
   A. Neuinstallation
   B. Upgrade-Installation
   C. Netzwerkinstallation
   D. Image-Installation

10. Sie haben gerade Ninas PC durch einen neuen, leistungsstärkeren ersetzt. Welche Werkzeuge sollten Sie nach der Installation ausführen, damit der Umzug auf das System für sie möglichst reibungslos abläuft?
    A. Windows-Aktivierung
    B. Reparaturinstallation
    C. Assistent zum Übertragen von Dateien und Einstellungen
    D. User State Migration Tool

Antworten

1. **A.** Sicherheit ist ein Vorteil, wenn Sie unter Windows 2000 NTFS und nicht FAT32 als Dateisystem nutzen.
2. **D.** Richard sollte die Datei SETUPLOG.TXT prüfen.
3. **B.** Wenn Sie die Aktivierung von Windows XP oder Vista/7 nicht durchführen, funktioniert der Computer 30 Tage lang problemlos, anschließend wird Windows deaktiviert.
4. **D.** Wenn Windows während der Installation abstürzt, sollten Sie den Netzstecker ziehen und den Installationsprozess neu starten.
5. **D.** Sie können von allen genannten Windows-Versionen direkt auf Windows XP Professional upgraden.
6. **C.** Die CD von Windows XP enthält den Windows-Katalog und den Updateratgeber zum Überprüfen der Hardware- und Softwarekompatibilität.
7. **C.** Ein Service Pack ist eine Zusammenstellung vieler Updates und Patches.
8. **B.** BOOTMGR hat viele Funktionen, aber seine Hauptaufgabe besteht darin, über die Bootkonfigurationsdateien (BCD) zu ermitteln, welches Betriebssystem gestartet werden soll, und die Kontrolle über den Bootprozess dann WINLOADER.EXE zu übergeben.
9. **A.** Bei Problemen mit einem Betriebssystem ist immer eine Neuinstallation zu empfehlen, damit diese nicht mit in das neue Betriebssystem übernommen werden.
10. **C.** Führen Sie den ASSISTENT ZUM ÜBERTRAGEN VON DATEIEN UND EINSTELLUNGEN aus, um all ihre persönlichen Dateien und vertrauten Einstellungen (Desktopgestaltung usw.) auf den neuen Rechner zu übertragen.

15

Die Eingabeaufforderung

Themen in diesem Kapitel
- Die Arbeitsweise der Eingabeaufforderung beschreiben
- Grundlegende Befehle von der Eingabeaufforderung aus ausführen
- Dateien und Ordner von der Eingabeaufforderung aus bearbeiten

Wenn ich eine Klasse neuer Techniker unterrichte und wir zu der Stelle kommen, an der an der Eingabeaufforderung gearbeitet werden soll, dann höre ich unweigerlich immer wieder ein Aufstöhnen und werde mit Fragen und Beschwerden förmlich bombardiert. »Warum sollen wir diesen alten Kram lernen?« »Wir arbeiten mit Windows Vista Professional und nicht mit Windows 3.1!« »Ist das eine Art geheimnisvoller Ritus zum Quälen von IT-Klassen?«

Für Techniker, die die Schnittstelle beherrschen, ist die Befehlszeile ein mächtiges, schnelles und elegantes Werkzeug für die Arbeit am PC. Den Umgang mit der Schnittstelle und deren Arbeitsweise zu erlernen, ist für alle Techniker, die über den Anfängerstatus hinauskommen wollen, nicht nur nützlich, sondern unverzichtbar. Sie können bei Weitem nicht alle Rechner betreuen, ohne die Befehlszeile zu beherrschen! Und für die CompTIA A+-Zertifizierung müssen Sie etliche Befehle kennen, mit denen Sie über die Eingabeaufforderung vom Umbenennen von Dateien bis hin zur Wiederherstellung von Systemdateien alle Aufgaben erledigen können.

Wenn Sie neben Windows auch an anderen Betriebssystemen interessiert sind, wie beispielsweise Linux, werden Sie feststellen, dass ein Großteil aller wichtigen Arbeiten von der Eingabeaufforderung aus erledigt wird. Selbst das *Apple Mac OS*, das jahrelang ein reines grafisches Betriebssystem war, unterstützt jetzt eine Eingabeaufforderung. Warum ist die Eingabeaufforderung so beliebt? Das hat drei Gründe: Erstens, wenn Sie wissen, was Sie tun, können Sie die meisten Aufgaben sehr viel schneller erledigen, indem Sie einen Textbefehl eingeben, als wenn Sie sich durch eine GUI klicken müssten. Zweitens, eine Eingabeaufforderung benötigt nicht viel Unterstützung vom Betriebssystem, deshalb ist sie die Methode der Wahl, wenn Sie keine vollständige GUI für Ihr Betriebssystem brauchen oder wollen (oder erhalten können, wie es bei Linux der Fall ist). Drittens, Textbefehle benötigen beim Senden über das Netzwerk an ein anderes System sehr wenig Bandbreite.

Sind Sie also überzeugt vom Konzept der Eingabeaufforderung? Gut! Dieses Kapitel stellt Ihnen die Eingabeaufforderung unter Windows vor, erklärt, wie sie funktioniert und was hinter den Kulissen passiert. Sie lernen die Konzepte und die wichtigsten Befehle kennen und werden dann mit Dateien und Ordnern auf Ihren Laufwerken arbeiten. Das Kapitel endet mit einem kurzen Abschnitt über Verschlüsselung und Dateikomprimierung im Abschnitt *Jenseits von A+*. Um sich den Stoff aus diesem Kapitel anzueignen, probieren Sie am besten jeden der vorgestellten Befehle aus. Wenn Sie bereits Erfahrung mit der Eingabeaufforderung haben, sollten Ihnen diese Befehle vertraut vorkommen.

Wenn Ihnen die Eingabeaufforderung völlig neu ist, schlucken Sie einfach die bittere Pille und folgen mir vertrauensvoll in die Matrix.

Geschichte und Konzepte

Betriebssysteme gab es schon lange vor der Erfindung des Personal Computers. Für vorzeitliche, riesige Computersysteme, die *Großrechner* (*Mainframe*) oder *Minicomputer* genannt wurden, gab es bereits höchst leistungsfähige Betriebssysteme. Erst Ende der 70er Jahre suchte IBM ein Betriebssystem für einen neuen *Mikrocomputer*, der sich noch in der Entwicklung befand und IBM Personal Computer genannt wurde (besser bekannt unter dem Namen »PC«!). Nach einem Rückschlag mit einem Unternehmen namens Digital Research wandte sich IBM an eine winzige Firma, die gerade eine schnell recht beliebt gewordene Programmiersprache namens BASIC erfunden hatte, und fragte bei dessen Geschäftsleitung nach, ob diese ein Betriebssystem für den IBM-PC schreiben könne. Obwohl das Unternehmen noch nie ein Betriebssystem geschrieben hatte, sagte es sofort selbstbewusst zu. Diese Firma und ihren Chef kennt heute jeder: Es handelte sich um Microsoft und Bill Gates!

Nachdem Bill Gates seinen Vertrag mit den Repräsentanten von IBM unter Dach und Fach hatte, begann er sofort, nach einem Betriebssystem für den 8086-Prozessor von Intel zu suchen. Er fand ein noch sehr primitives Betriebssystem namens *QDOS* (*Quick-and-Dirty Operating System*), das von einem Ein-Mann-Unternehmen entwickelt worden war, und kaufte es ihm für ein paar tausend Dollar ab. Nach einigen geringfügigen Änderungen veröffentlichte Microsoft es unter dem Namen *MS-DOS* (Microsoft-Disk Operating System) und gab ihm die Versionsnummer 1.1. MS-DOS 1.1 ist zwar nach heutigen Maßstäben primitiv, beherrschte aber bereits alle für ein Betriebssystem erforderlichen Funktionen. Im Laufe der Jahre durchlief MS-DOS mehrere Versionen, bis 1994 schließlich die letzte Microsoft-Version MS-DOS 6.22 erschien. Microsoft lizenzierte MS-DOS für PC-Hersteller, die ihm damit eigene Erweiterungen hinzufügen und das Programm umbenennen durften. IBM nannte seine Version PC-DOS.

DOS benutzt eine Befehlzeilenschnittstelle. Sie geben einen Befehl an der Eingabeaufforderung ein und DOS reagiert auf diesen Befehl. Als Microsoft Windows 95 und Windows NT vorstellte, glaubten zwar viele Anwender und Techniker, dass damit das Ende der DOS-Schnittstelle eingeläutet worden wäre, aber es stellte sich schon bald heraus, dass Techniker nicht nur weiterhin die Befehlszeile genutzt haben, sondern dass sie bei der Diagnose und Behebung von Problemen sogar auf diese angewiesen waren! Mit Windows 2000 sah es mal wieder so aus, als ob die Befehlszeile sterben würde, aber letztlich stellte sich nur einmal mehr heraus, dass dies nicht der Fall war.

Schließlich würdigte Microsoft die Bedeutung der Befehlszeilenschnittstelle und erweiterte ihre Möglichkeiten unter Windows XP und dann erneut unter Windows Vista. Die Befehlszeile bietet unter Windows XP und Vista Befehle und bei verschiedenen Befehlen Optionen, die weit über alles in Microsoft-Betriebssystemen bisher Gebotene hinausgehen. Beginnen wir mit einigen wesentlichen Konzepten der Befehlszeile und wenden wir uns dann den spezielleren Befehlen zu.

Practical Application

Die Befehlszeile entschlüsseln

Wie arbeitet eine Befehlszeilenschnittstelle also? Das ist so ähnlich wie bei einem Chat oder einer direkten Unterhaltung über den Windows Messenger mit dem Rechner. Der Rechner teilt Ihnen mit, dass er zum Empfang von Befehlen bereit ist, indem er eine bestimmte Zeichenfolge anzeigt, die *Eingabeaufforderung* (*Prompt*) genannt wird.

Die Eingabeaufforderung

```
Computer: Willst Du spielen?
Mike: _
```

Sie geben einen Befehl ein und betätigen ⏎, um diesen abzusenden.

```
Mike: Was für ein Spiel?
Computer: _
```

Der Rechner nimmt Bedenkzeit und führt den Befehl aus. Wenn er damit fertig ist, dann zeigt er zusammen mit einigen Angaben zu seiner Tätigkeit eine neue Eingabeaufforderung an.

```
Computer: Ein wirklich lustiges Spiel ...
Mike: _
```

Wenn wieder eine neue Eingabeaufforderung angezeigt wird, bedeutet dies, dass der Rechner auf den nächsten Befehl wartet. Sie geben dem Rechner zwar auch über die grafische Benutzeroberfläche von Windows Befehle, aber auf eine andere Art, indem Sie nämlich Schaltflächen und Menüoptionen mit der Maus anklicken, anstatt sie über die Tastatur einzutippen. Das Ergebnis ist im Grunde genommen dasselbe: Sie teilen dem Rechner mit, was er tun soll, und dieser reagiert darauf.

Wenn Sie an der Eingabeaufforderung einen Befehl eingeben, dann sorgen Sie dafür, dass der Rechner darauf reagiert. Wenn Sie z.B. feststellen wollen, welche Dateien sich in einem bestimmten Ordner befinden, dann geben Sie an der Eingabeaufforderung einen Befehl ein (der DIR heißt und über den Sie gleich mehr erfahren werden). Der Rechner reagiert auf diesen Befehl und zeigt die entsprechenden Dateien an (Abbildung 15.1).

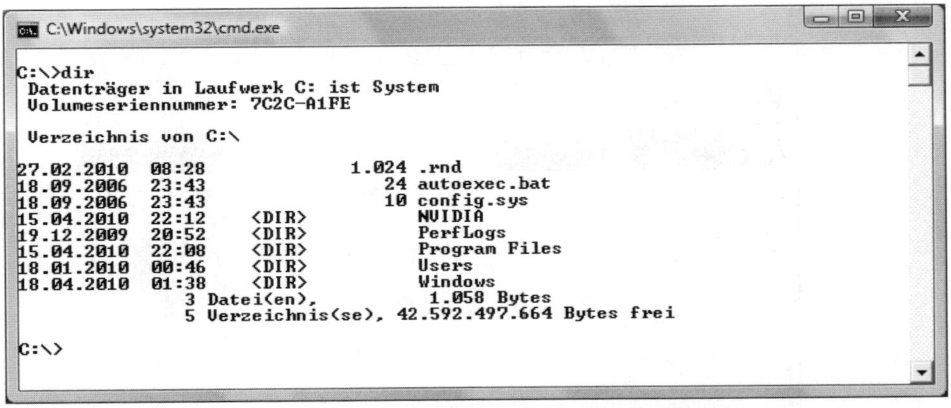

Abbildung 15.1: Das Verzeichnis C:\ *über die Eingabeaufforderung*

Unter der grafischen Benutzeroberfläche würden Sie dazu COMPUTER bzw. ARBEITSPLATZ starten und das Symbol des Laufwerks C: anklicken. Das Ergebnis könnte z.B. wie in Abbildung 15.2 aussehen. Das ähnelt auf den ersten Blick nicht der Eingabeaufforderung. Aber bereits durch Wahl einer anderen Ansicht (Abbildung 15.3) können Sie dafür sorgen, dass die Ergebnisse ein bisschen der Befehlszeilenversion ähneln, wenn auch sehr viel ansehnlicher (Abbildung 15.4). Entscheidend ist, dass die verfügbaren Informationen, unabhängig von der verwendeten Schnittstelle, im Wesentlichen dieselben sind.

Kapitel 15

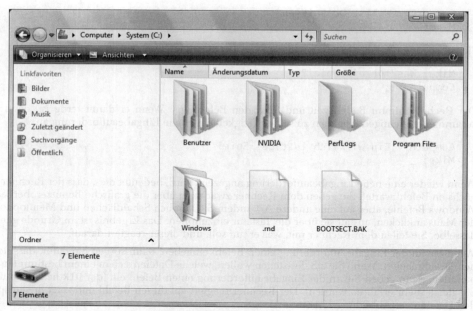

Abbildung 15.2: Inhalt des C: *-Laufwerks im* COMPUTER *– Ansicht* GROSSE SYMBOLE

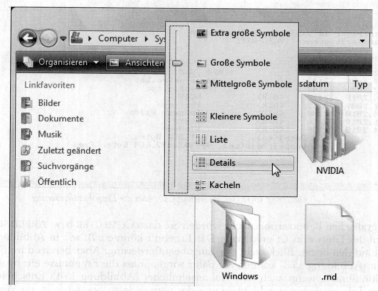

Abbildung 15.3: Auswahl der Details-Ansicht im COMPUTER

Die Eingabeaufforderung

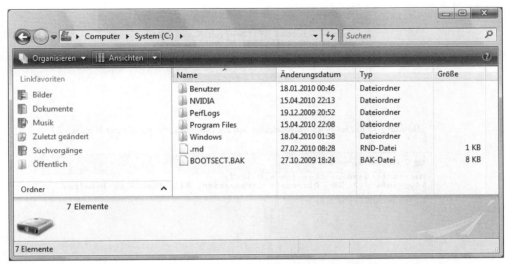

Abbildung 15.4: Inhalt des C:*-Laufwerks im* COMPUTER *– Details-Ansicht*

Zugriff auf die Befehlszeile

Bevor Sie die Befehlszeilenschnittstelle verwenden können, müssen Sie diese erst einmal starten. Dazu stehen Ihnen, je nach eingesetzter Windows-Version, mehrere Verfahren zur Verfügung. Einige Varianten sind einfacher als andere, aber Sie sollten mindestens eine kennen, da Sie ansonsten die Startblöcke nicht verlassen können!

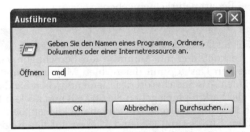

Abbildung 15.5: Start des Befehlsinterpreters CMD (der Eingabeaufforderung) über das Dialogfeld AUSFÜHREN

Unter Windows 2000/XP bietet das Dialogfeld AUSFÜHREN eine einfache Möglichkeit des Zugriffs auf die Befehlszeilenschnittstelle. Klicken Sie dazu die Schaltfläche START an und wählen Sie AUSFÜHREN. Unter Windows 2000 und Windows XP tippen Sie CMD ein und drücken ⏎ (Abbildung 15.5). Wenn Sie Vista verwenden, dann erreichen Sie die Befehlszeilenschnittstelle mit denselben weiteren Schritten über das Suchfeld des Startmenüs. Nun wird ein Fenster mit standardmäßig schwarzem Hintergrund und weißem Text angezeigt. Dabei handelt es sich um die Befehlszeilenschnittstelle. Unter Windows 2000/XP und Vista wird sie EINGABEAUFFORDERUNG genannt. Wenn Sie diese Verknüpfungen anklicken, dann wird wie beim Dialogfeld AUSFÜHREN ein Fenster mit einer Befehlszeilenschnittstelle geöffnet (Abbildung 15.6). Um das Fenster mit der Befehlszeilenschnittstelle zu schließen, können Sie entweder das Schließen-Feld oben rechts im Fenster anklicken oder einfach EXIT an der Eingabeaufforderung eintippen und ⏎ drücken.

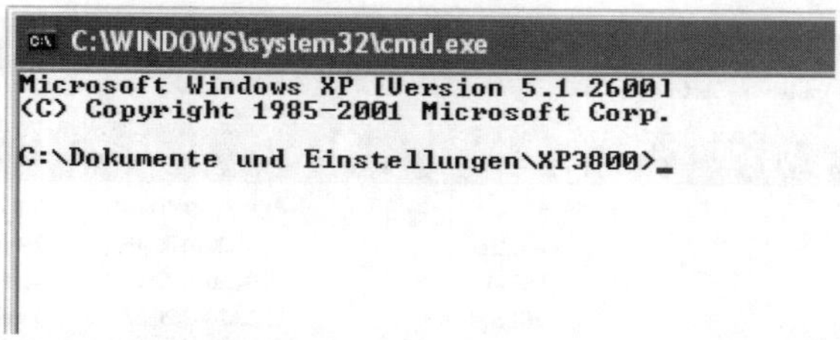

Kapitel 15

Abbildung 15.6: Das Befehlseingabefenster mit der Eingabeaufforderung unter Windows XP

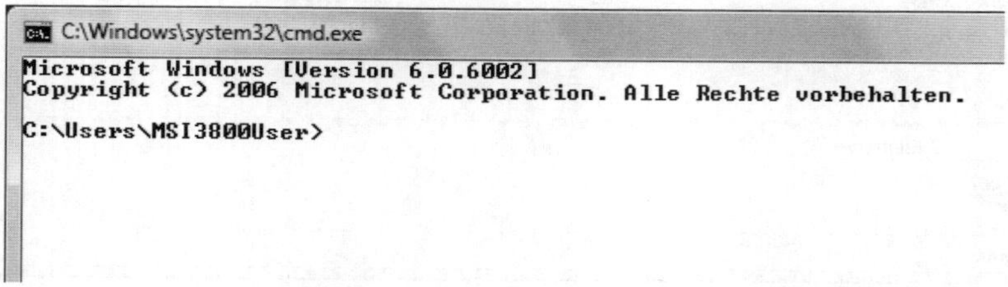

Abbildung 15.7: Das Fenster mit der Eingabeaufforderung unter Windows Vista

Wenn Sie unter Windows Vista einen Befehl eingeben, für den besondere Berechtigungen oder Administrator-Berechtigungen erforderlich sind, dann wird ein Dialogfeld der Benutzerkontensteuerung mit der Meldung »Zur Fortsetzung des Vorgangs ist Ihre Zustimmung erforderlich« angezeigt. Mehr über die Benutzerkontensteuerung erfahren Sie im nächsten Kapitel (*Windows-Ressourcen schützen*). Sie können Befehle auch »manuell« mit Administrator-Berechtigungen ausführen, wenn Sie die Verknüpfung zu einer Eingabeaufforderung mit der rechten Maustaste anklicken und im Kontextmenü ALS ADMINISTRATOR AUSFÜHREN wählen. Wenn Sie nach dem Administrator-Kennwort gefragt werden sollten, müssen Sie es bei Bedarf natürlich eingeben.

Hinweis

Sie können auch eine Verknüpfung mit Administrator-Berechtigungen zur Vista-Eingabeaufforderung anlegen, wenn Sie den Desktop mit der rechten Maustaste anklicken und im Kontextmenü NEU|VERKNÜPFUNG wählen. Als Speicherort des Elements geben Sie dann CMD ein und klicken WEITER an. Als Namen für die Verknüpfung geben Sie CMD ein und klicken FERTIG STELLEN an. Die Verknüpfung wird auf dem Desktop angezeigt. Anschließend klicken Sie die Verknüpfung mit der rechten Maustaste an, wählen EIGENSCHAFTEN und klicken auf der Registerkarte VERKNÜPFUNG die Schaltfläche ERWEITERT an. Im Dialogfeld ERWEITERTE EIGENSCHAFTEN aktivieren Sie nun das Kontrollkästchen ALS ADMINISTRATOR AUSFÜHREN und klicken jeweils OK an, um die angezeigten Dialogfelder zu schließen. Damit haben Sie eine Verknüpfung zur Eingabeaufforderung von Windows Vista angelegt, die immer mit Administrator-Berechtigungen ausgeführt wird.

Die Eingabeaufforderung

Bei der Verwendung der Eingabeaufforderung ist immer ein bestimmtes Verzeichnis *aktiv*, das in der Eingabeaufforderung angezeigt wird. Dies ist deshalb von Bedeutung, weil sich alle eingegebenen Befehle auf die Dateien des gerade aktiven Verzeichnisses beziehen. Wenn Sie z.B. eine Eingabeaufforderung wie die folgende sehen, können Sie daran erkennen, dass das Stammverzeichnis des Laufwerks C: aktiv ist:

```
C:\>
```

Wenn Sie eine Eingabeaufforderung wie in Abbildung 15.8 sehen, dann wissen Sie, dass das Verzeichnis C:\Diplom\APLUS\ auf dem Laufwerk C: aktiv ist. Der Trick besteht daher darin, erst einmal das Laufwerk und das Verzeichnis zu aktivieren, von dem aus gearbeitet werden soll.

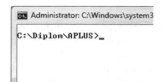

Abbildung 15.8: Hier verweist die Eingabeaufforderung auf das aktive Verzeichnis C:\Diplom\APLUS.

Hinweis

Sie können beim Booten die Tasten [F5] oder [F8] gedrückt halten, um auf das Menü ERWEITERTE OPTIONEN von Windows 2000/XP oder Windows Vista zuzugreifen. Es bietet die Option, im sicheren Modus mit der Eingabeaufforderung zu booten. Dabei wird die GUI in den sicheren Modus geladen und dann mit einer Befehlszeilenoberfläche für den schnellen Zugriff auf eine Eingabeaufforderung überlagert. Damit ersparen Sie sich den Schritt, START|AUSFÜHREN zu wählen und CMD einzugeben. Dabei handelt es sich nicht um die alte, nur mit der Eingabeaufforderung ausgestattete Oberfläche!

Dateinamen und Dateiformate

Windows betrachtet jedes Programm und jedes einzelne Datum als individuelle *Datei*. Dies gilt sowohl für die grafische Benutzeroberfläche als auch für die Eingabeaufforderung. Jede Datei besitzt einen Namen, der zusammen mit der Datei auf dem Laufwerk gespeichert wird. Windows hat diesen Ansatz von älteren Betriebssystemen (insbesondere DOS) übernommen, weshalb eine kurze Beschreibung der alten DOS-Dateinamen dabei hilft, die Arbeitsweise von Windows-Dateinamen zu verstehen. Die Namen bestehen aus zwei Teilen, nämlich dem eigentlichen *Dateinamen* und der *Erweiterung*. Unter »reinem« DOS kann der Dateiname maximal acht Zeichen lang sein, während die optionale Erweiterung bis zu drei Zeichen lang sein darf, so dass Ihnen auf älteren Systemen häufig seltsam benannte Dateien begegnen. Die optionale Erweiterung konnte unter reinem DOS maximal drei Zeichen lang sein und diese Einschränkung wird auch heute von den meisten Computerprogrammen und Benutzern eingehalten, obwohl sie für moderne Rechner eigentlich gar nicht mehr gilt. Weder im Dateinamen noch in der Erweiterung dürfen Leerzeichen oder die Zeichen / \ [ ] | ÷ + = ; , * ? verwendet werden. Der Dateiname und die Erweiterung sind durch einen Punkt (*dot*) voneinander getrennt. Bei derartigen Dateinamen spricht man vom *8.3-Dateinamenstandard*.

Es folgen einige Beispiele für gültige DOS-Dateinamen:

FRED.EXE	SYSTEM.INI	FILE1.DOC
DRIVER3.SYS	JANET	CODE33.H

Und die folgenden Beispiele sind als DOS-Dateinamen unzulässig:

4CHAREXT.EXEC	WAYTOOLONG.FIL	BAD÷CHAR.BAT	.NO

Ich erwähne die DOS-Beschränkungen aus dem wichtigen Grund der *Abwärtskompatibilität*. Alle Windows-Versionen ab 9*x* kennen die Einschränkungen der 8.3-Dateinamen nicht mehr. Bei diesen Betriebssystemen können Dateinamen bis zu 255 Zeichen lang sein (wobei jedoch immer noch die dreistellige Dateinamenerweiterung verwendet wird). Dazu verwenden sie einen Trick namens *LFN*

(*Long File Names*, Lange Dateinamen). Windows-Systeme, die LFN verwenden, blieben vollständig abwärtskompatibel, indem sie automatisch zwei Namen für alle Dateien vergaben, einen 8.3-Dateinamen und einen langen Dateinamen. Moderne Windows-Systeme unter NTFS arbeiten fast genau wie LFNs.

Egal, ob Sie ein altes DOS-System oder die neueste Version von Windows Vista einsetzen, die Dateinamenerweiterungen sind immer sehr wichtig, weil die Erweiterung dem Computer mitteilt, welche Funktion die Datei hat. Die Erweiterungen EXE (für »Executable« bzw. Programmdatei) oder COM (für »command«) stehen dabei für Programmdateien. Alles andere außer einem Programm ist eine Datendatei, die zu einem bestimmten Programm gehört. Verschiedene Programme nutzen auch unterschiedliche Datendateitypen. Die Erweiterung weist üblicherweise darauf hin, zu welchem Programm die jeweilige Datendatei gehört. Beispielsweise verwendet Microsoft Word Dateien mit der Erweiterung .DOC (.DOCX ab Word 2007), während WordPerfect .WPD (WordPerfect-Document) und PowerPoint .PPT als Erweiterung benutzen. Die Erweiterungen von Bilddateien verweisen hingegen häufig auf das Format, das zur Speicherung der Datei verwendet wurde, wie z.B. .GIF (CompuServe Graphics Interchange Format) oder .JPG (Joint Photographic Experts Group).

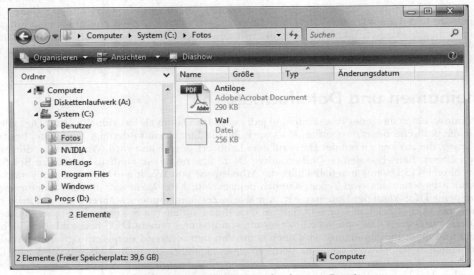

Abbildung 15.9: Welchen Dateityp hat die untere Datei?

Durch Änderung der Namenerweiterung einer Datendatei wird zwar deren Inhalt nicht geändert, aber ohne die richtige Erweiterung weiß Windows nicht, welchem Programm es die Datendatei zuordnen soll. Dies sehen Sie deutlich im Arbeitsplatz. Abbildung 15.9 zeigt einen Ordner mit zwei Dateien. Die obere Datei zeigt das Adobe-Acrobat-Symbol, das für das Programm steht, mit dem Windows diese Datei öffnet. Die untere Datei zeigt ein allgemeines Symbol, weil ich die Dateinamenerweiterung gelöscht habe. Die grafische Benutzeroberfläche von Windows zeigt standardmäßig keine Dateinamenerweiterungen an. Abbildung 15.10 zeigt den Inhalt desselben Ordners an der Befehlszeile.

Natürlich wurden alle Dateien auf der Festplatte im Binärformat gespeichert, obschon jedes Programm die binären Daten auf seine eigene Art und Weise liest und schreibt. Der charakteristische und eindeutige Aufbau einer binären Datei wird *Dateiformat* genannt. Programme können die Dateien anderer Programme nicht verarbeiten, wenn sie das verwendete Dateiformat nicht in das von ihnen selbst verwendete Format umwandeln können. In den frühen Tagen von DOS war kaum ein Programm dazu in der Lage, derartige Konvertierungen durchzuführen. Die Anwender wollten aber untereinander Daten austauschen und wünschten sich eine Art gemeinsames Dateiformat, das von

Die Eingabeaufforderung

allen Programmen verstanden wurde. Diesem Zweck diente ein spezielles, äußerst einfaches Format namens *ASCII* (*American Standard Code for Information Interchange*).

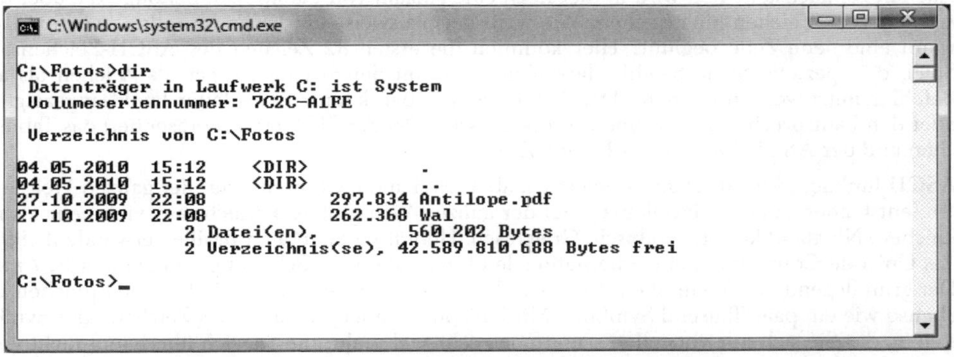

```
C:\Windows\system32\cmd.exe

C:\Fotos>dir
 Datenträger in Laufwerk C: ist System
 Volumeseriennummer: 7C2C-A1FE

 Verzeichnis von C:\Fotos

04.05.2010  15:12    <DIR>          .
04.05.2010  15:12    <DIR>          ..
27.10.2009  22:08           297.834 Antilope.pdf
27.10.2009  22:08           262.368 Wal
               2 Datei(en),        560.202 Bytes
               2 Verzeichnis(se), 42.589.810.688 Bytes frei

C:\Fotos>_
```

Abbildung 15.10: Eine Datei hat keine Dateinamenerweiterung.

Der erweiterte ASCII-Standard definiert 256 8-Bit-Zeichen, die alle Buchstaben des Alphabets in Groß- und Kleinschreibung, Ziffern, Satzzeichen, viele Zeichen anderer Sprachen (z.B. die französischen und deutschen Sonderzeichen), Linien und Blöcke zum Zeichnen auf dem Bildschirm und eine Reihe von Steuerzeichen für Druckerbefehle wie CR/LF (Wagenrücklauf/Zeilenvorschub), Klingel und EOF (End of File) umfassen (Abbildung 15.11). ASCII-Dateien, die oft einfach nur (reine) Textdateien genannt werden, speichern alle Daten im ASCII-Format. Der ASCII-Standard eignet sich jedoch für mehr als nur Dateien. Beispielsweise übermittelt die Tastatur den ASCII-Code der betätigten Taste zum PC. Sogar der Bildschirm gibt unter DOS die Zeichen im ASCII-Format aus.

Abbildung 15.11: Der erweiterte ASCII-Zeichensatz

ASCII war das erste universelle Dateiformat. Nahezu alle Programmkategorien (Textverarbeitung, Tabellenkalkulation, Datenbank und Präsentation) können Textdateien lesen und schreiben. Textdateien unterliegen jedoch erheblichen Einschränkungen, denn es lassen sich wichtige Informationen wie Umrisse, Farben, Ränder oder Textauszeichnungen (fett, unterstrichen, Schriftarten usw.) *nicht* speichern. Obwohl Textdateien universell verwendbar sind, sind Sie bei deren Einsatz immer auch auf die 256 Zeichen des ASCII-Zeichensatzes beschränkt.

Auch bei einfachstem Text wird immer noch eine Anzahl von Funktionen benötigt, die über die reine Ausgabe von Zeichen hinausgehen. Wie weiß beispielsweise ein Programm, das eine Textdatei liest, wann eine neue Zeile beginnt? Hier kommen die ersten 32 Zeichen des ASCII-Zeichensatzes ins Spiel, die spezielle Steuerbefehle darstellen (und von denen einige sogar als Zeichen als auch als Befehl genutzt werden können). Der ASCII-Wert 7 (bel) kann z.B. als fetter Punkt angezeigt werden oder den Lautsprecher des Rechners ertönen lassen. Der ASCII-Wert 9 repräsentiert das Tabulatorzeichen und der ASCII-Wert 27 das Escape-Zeichen.

ASCII funktionierte jahrelang problemlos, aber als sich die Computer auf der ganzen Welt verbreiteten, entstanden langsam Probleme – auf der ganzen Welt gibt es nämlich sehr viel mehr als nur 256 Zeichen. Niemand konnte Arabisch, Griechisch, Hebräisch oder auch Braille verwenden! 1991 führte das Unicode-Consortium, eine internationale Organisation zur Schaffung von Standards, *Unicode* ein. Der grundlegende Unicode ist ein 16-Bit-Code, der alle Zeichen aus den üblichsten Sprachen abdeckt, ebenso wie ein paar Tausend Symbole. Mit Unicode können Sie fast jedes Zeichen oder Symbol darstellen, das Sie sich nur vorstellen – und noch sehr viel mehr, die Sie sich überhaupt nicht vorstellen können. Die ersten 128 Unicode-Zeichen entsprechen den ASCII-Zeichen, womit für eine gewisse Abwärtskompatibilität gesorgt ist.

Viele E-Mail-Programme unterstützen Unicode-Zeichen, ebenso wie Nachrichten-Boards im Internet, wie beispielsweise meine Techniker-Foren. Sie können Unicode-Zeichen verwenden, um Ihre Texte zu vervollständigen, oder einfach nur, um die Namen bestimmter Personen richtig zu schreiben – Martin *Acuña* –, wenn Sie diese persönlich ansprechen wollen. Probieren Sie es aus:

1. Öffnen Sie ein Textverarbeitungsprogramm, wie etwa den Editor, unter der grafischen Benutzeroberfläche von Windows.
2. Halten Sie die `Alt`-Taste auf Ihrer Tastatur gedrückt und betätigen Sie die Zifferntasten (entsprechend Abbildung 15.11) im Nummernblock der Tastatur, um Sonderzeichen darzustellen. Wenn Sie beispielsweise `F5`+164 drücken, erhalten Sie ñ, während Sie mit `Alt`+168 ein umgekehrtes Fragezeichen erzeugen (¿).
3. Wenn Sie einen Internetzugang haben, können Sie die Techniker-Foren (www.totalsem.com) aufsuchen und sich dort umsehen. Sie können mir natürlich auch ein Posting mit Unicode schicken.

Laufwerke und Ordner

Bei der Arbeit an der Befehlszeile müssen Sie bestimmte Laufwerke und Ordner aktivieren können, in denen sich die Dateien oder Programme befinden, mit denen Sie arbeiten wollen. Insbesondere wenn Sie unter Windows 2000/XP oder Vista arbeiten, kann dies ein wenig aufwendiger werden, als es zunächst den Anschein hat.

Beim Booten weist Windows allen Festplattenpartitionen, Disketten- und anderen Laufwerken Laufwerksbuchstaben zu. Das erste Diskettenlaufwerk wird A: genannt, während das zweite, sofern eines installiert ist, den Buchstaben B: erhält. Festplattenlaufwerken werden Buchstaben beginnend mit C: bis maximal Z: zugeordnet. Optischen Laufwerken wird standardmäßig der nächste nach dem letzten Festplattenlaufwerk freie Laufwerksbuchstabe zugeordnet. Unter Windows 2000/XP und Vista lässt sich die standardmäßige Zuordnung der Laufwerksbuchstaben aber manuell ändern, wodurch die Laufwerksbuchstaben letztlich beliebig durcheinandergebracht werden können. Unter Windows 2000/XP und Vista können Sie sogar komplette Festplatten als Volume in ein anderes Laufwerk einhängen.

Windows verwendet unabhängig von den Laufwerksnamen zur Organisation der Inhalte von Laufwerken einen *hierarchischen Ordnerbaum*. Alle Dateien werden in Gruppen zusammengefasst, die *Ordner* genannt werden. Techniker verwenden häufig den Begriff *Verzeichnis* anstelle von *Ordner*, meinen damit aber dasselbe und verwenden nur die Bezeichnung, die zu DOS-Zeiten allgemein üblich war. Alle Dateien, die sich nicht in einem Ordner *innerhalb* der Baumstruktur befinden, befinden sich in der Wurzel (root) des Verzeichnisbaums, dem *Stamm-* bzw. *Hauptverzeichnis*. Innerhalb von Verzeichnissen kann es wiederum weitere Verzeichnisse geben. Ordner innerhalb anderer Ordner werden *Unterverzeichnis* oder auch *Unterordner* genannt. Ein Ordner kann viele Unterverzeichnisse haben. In verschiedenen Ordnern können Dateien mit demselben Namen existieren, jedoch kann es keine zwei Dateien in ein und demselben Ordner mit demselben Namen geben. Genauso dürfen zwei Unterverzeichnisse nicht denselben Namen haben, sofern sie sich im selben Ordner befinden.

Hinweis

Es hilft, wenn Sie sich die Ordnerstruktur als einen auf dem Kopf stehenden Baum vorstellen, weil sich in der Fachsprache die Wurzel bzw. das Stammverzeichnis »über« den Ordnern befindet, in das es aufgeteilt ist, und sich die Unterordner »unter« dem Stammverzeichnis »über« den darin enthaltenen Unterordnern befinden. Beispielsweise sagt man, dass die Datei im Ordner Adobe unter Programme zu finden ist.

Ein Laufwerk sprechen Sie über dessen Laufwerksbuchstaben und einen nachgestellten Doppelpunkt an. Die Festplatte lässt sich z.B. mit C: ansprechen. Das Stammverzeichnis der Festplatte sprechen Sie mit dem Backslash (»\«) nach dem C: an (C:\). Ein bestimmtes Verzeichnis sprechen Sie an, indem Sie dessen Namen hinzufügen, beispielsweise C:\TEST für das Verzeichnis TEST im Stammverzeichnis auf dem Festplattenlaufwerk C:. Unterverzeichnisse eines Verzeichnisses werden durch Hinzufügen eines Backslashes und ihres Namens angesprochen. Wenn das Verzeichnis TEST ein Unterverzeichnis namens SYSTEM enthält, wird dieses folgendermaßen angegeben: C:\TEST\SYSTEM. Mit dieser Art der Namensgebung lassen sich Speicherposition und Name beliebiger Dateien vollständig beschreiben. Wenn das Verzeichnis C:\TEST\SYSTEM eine Datei namens TEST2.TXT enthält, lautet deren vollständiger Name C:\TEST\SYSTEM\TEST2.TXT.

Die genaue Speicherposition einer Datei wird *Pfadname* genannt. Der Pfadname für TEST2.TXT lautet C:\TEXT\SYSTEM. Weitere Beispiele für mögliche Pfadnamen sind:

```
C:\PROGRAM FILES
C:\WINNT\system32\1025
F:\FRUSCH3\CLEAR
A:\REPORTS
D:\
```

Nachfolgend einige Dinge, die Sie sich zu Datei- und Ordnernamen (unter reinem DOS) merken sollten:

- Ordner- und Dateinamen können Leerzeichen enthalten.
- Nur die folgenden elf Zeichen sind nicht erlaubt: * " / \ [ ] : ; | = ,
- Dateien müssen nicht zwingend Dateinamenerweiterungen haben, aber ohne Erweiterung erkennt Windows den Dateityp nicht.
- Ordnernamen können Erweiterungen haben – aber sie werden nicht allgemein benutzt.

Hinweis

Unter den neueren Windows-Versionen wurden die Regeln hinsichtlich der zulässigen Zeichen innerhalb von Dateinamen noch einmal ein wenig gelockert. Mittlerweile lassen sich auch die eckigen Klammern und das Komma in Dateinamen verwenden.

Grundlegende Befehle

Nun ist es an der Zeit, die Eingabeaufforderung zu benutzen. Zuvor aber ein warnender Hinweis: Leider reagiert die Benutzerschnittstelle ein wenig pingelig – ein falscher Befehl kann dazu führen, dass wichtige Daten ohne Vorwarnung verloren gehen. Überprüfen Sie den eingegebenen Befehl also lieber doppelt, bevor Sie ⏎ betätigen. In diesem Abschnitt werden Sie erst den Aufbau von Befehlen kennen lernen und sich dann mit vier Befehlen befassen, die es in allen Versionen der Microsoft-Befehlszeilenschnittstelle gibt: DIR, CD, MD und RD.

Befehlsstruktur: Syntax und Schalter

Alle Befehle an der Windows-Eingabeaufforderung besitzen einen ähnlichen Aufbau und werden auf dieselbe Weise ausgeführt. Sie geben den Namen des Befehls ein, dem Quelle und/oder Ziel des Befehls und anzuwendende Befehlsmodifikationen folgen. Die Modifikationen werden dadurch aktiviert, dass zusätzliche Zeichen am Ende der Befehlszeile angefügt werden, die *Schalter* oder *Optionen* genannt werden und denen abhängig vom jeweiligen Befehl das Ziel folgen kann. Die richtige Schreibweise eines Befehls wird als *Syntax* bezeichnet. Sie müssen bei der Eingabe der Befehle aber äußerst genau aufpassen und können nicht das Zeichen »\« verwenden, wenn ein »/« erforderlich ist. Die Befehlszeile ist in dieser Hinsicht absolut unflexibel, Sie müssen also die korrekte Syntax für jeden Befehl kennen.

```
[Befehl] [Ziel (falls vorhanden)] [Schalter]
```

oder

```
[Befehl] [Schalter] [Ziel (falls vorhanden)]
```

Woher wissen Sie, welche Schalter unterstützt werden? Woher wissen Sie, ob die Schalter vor oder nach dem Ziel stehen sollen? Wenn Sie die Syntax und die Schalter für einen bestimmten Befehl erfahren wollen, geben Sie den Befehl gefolgt von /? ein, um Hilfe zu erhalten.

Der Befehl DIR

Der DIR-Befehl zeigt den Inhalt des jeweils aktuellen Verzeichnisses an. DIR ist wohl der Befehl, der an der Eingabeaufforderung am häufigsten benutzt wird. Wenn Sie unter Windows ein Fenster mit einer Eingabeaufforderung öffnen, dann ist Ihr Benutzerordner aktiv. Das können Sie daran erkennen, dass die Eingabeaufforderung unter Windows 2000/XP z.B. C:\Dokumente und Einstellungen\Benutzername> lautet. Geben Sie DIR ein und drücken Sie ⏎. (Sie müssen alle Befehle an der Eingabeaufforderung mit ⏎ abschließen, um diese auszuführen.) Nun sollte die Ausgabe Abbildung 15.12 ähneln.

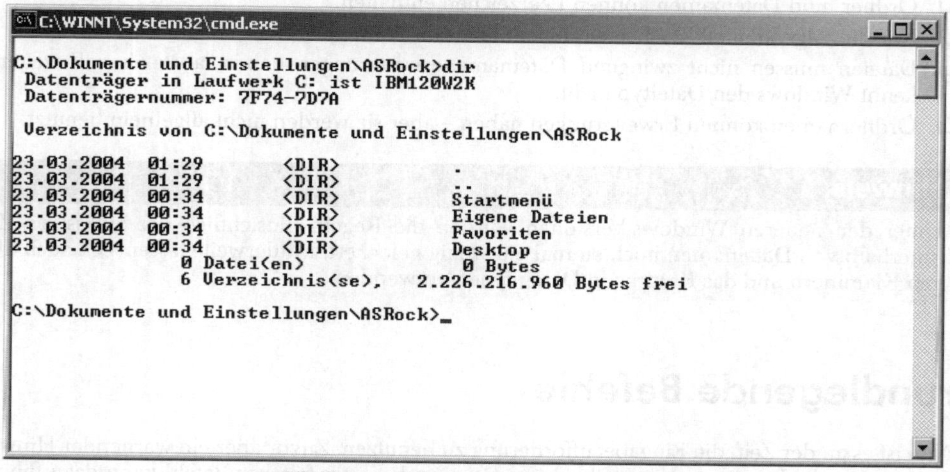

```
C:\WINNT\System32\cmd.exe

C:\Dokumente und Einstellungen\ASRock>dir
 Datenträger in Laufwerk C: ist IBM120W2K
 Datenträgernummer: 7F74-7D7A

 Verzeichnis von C:\Dokumente und Einstellungen\ASRock

23.03.2004  01:29    <DIR>          .
23.03.2004  01:29    <DIR>          ..
23.03.2004  00:34    <DIR>          Startmenü
23.03.2004  00:34    <DIR>          Eigene Dateien
23.03.2004  00:34    <DIR>          Favoriten
23.03.2004  00:34    <DIR>          Desktop
               0 Datei(en)              0 Bytes
               6 Verzeichnis(se)  2.226.216.960 Bytes frei

C:\Dokumente und Einstellungen\ASRock>_
```

Abbildung 15.12: DIR *in einem Benutzerordner*

Die Eingabeaufforderung

> **Hinweis**
>
> Einige Befehle erzeugen übrigens dieselben Ergebnisse, egal ob Sie Leerzeichen eingeben oder nicht. DIR/P und DIR /P beispielsweise erzeugen dieselbe Ausgabe. Andere Befehle dagegen *benötigen* die Leerzeichen zwischen dem Befehl und den Schaltern. Ganz allgemein sollten Sie sich angewöhnen, Leerzeichen zwischen Ihrem Befehl und den Schaltern anzugeben, dann bekommen Sie keine Probleme.

Falls Sie diesen Befehl wirklich am Rechner eingeben, denken Sie bitte daran, dass verschiedene PCs auch verschiedene Dateien enthalten, so dass die Anzeige bei Ihnen sicherlich von Abbildung 15.12 abweichen wird. Wenn viel Text zu schnell auf dem Bildschirm abrollt, können Sie den Befehl DIR/P (page) oder DIR/W (wide – 5 Spalten) eingeben. Drücken Sie danach wieder ⏎. Der Befehl DIR/P ist unerhört wichtig, wenn Sie in einem umfangreichen Verzeichnis nach einer bestimmten Datei suchen.

> **Hinweis**
>
> Zusätzlich hinter einem Text eingetippter Text nach einem Befehl, wie z.B. /P oder /W, wird *Schalter* genannt. Nahezu alle Schalter können miteinander kombiniert eingesetzt werden und Befehle entsprechend modifizieren. Probieren Sie doch einmal den Befehl DIR /W /P aus! (Im Test funktionierte /W übrigens unter Vista nicht wie erwartet und gab nur die Dateinamen aus, ohne sie in mehreren Spalten anzuordnen.)

Bei Eingabe des einfachen DIR-Befehls erhalten Sie Einträge, die etwa so aussehen:

```
09.04.2010  17:51              63.664 bambi.jpg
```

Alle diese Einträge beziehen sich auf Dateien. Der DIR-Befehl führt das Erstellungsdatum, die Erstellungszeit, die Dateigröße in Byte, den Dateinamen und die Dateinamenerweiterung auf. Einträge der folgenden Form sind Ordner:

```
12.31.2009  22:18    <DIR>          WINDOWS
```

Der DIR-Befehl gibt das Erstellungsdatum, die Erstellungszeit, <DIR> als Kennzeichner für den Ordner und den Ordnernamen aus. Falls Sie je eine Auflistung mit <JUNCTION> statt <DIR> sehen, handelt es sich um eine Festplattenpartition, die als Ordner und nicht als Laufwerksbuchstabe eingehängt wurde:

```
08.06.2009  14:28    <JUNCTION>     Anderes Laufwerk
```

Jetzt geben Sie den Befehl DIR /W ein. Beachten Sie, dass DIR /W nur die Dateinamen in fünf Spalten anzeigt. Anschließend geben Sie DIR /? ein, um die Ausgabe von Abbildung 15.12 zu erhalten, in der alle vom Befehl unterstützten Schalter aufgeführt werden.

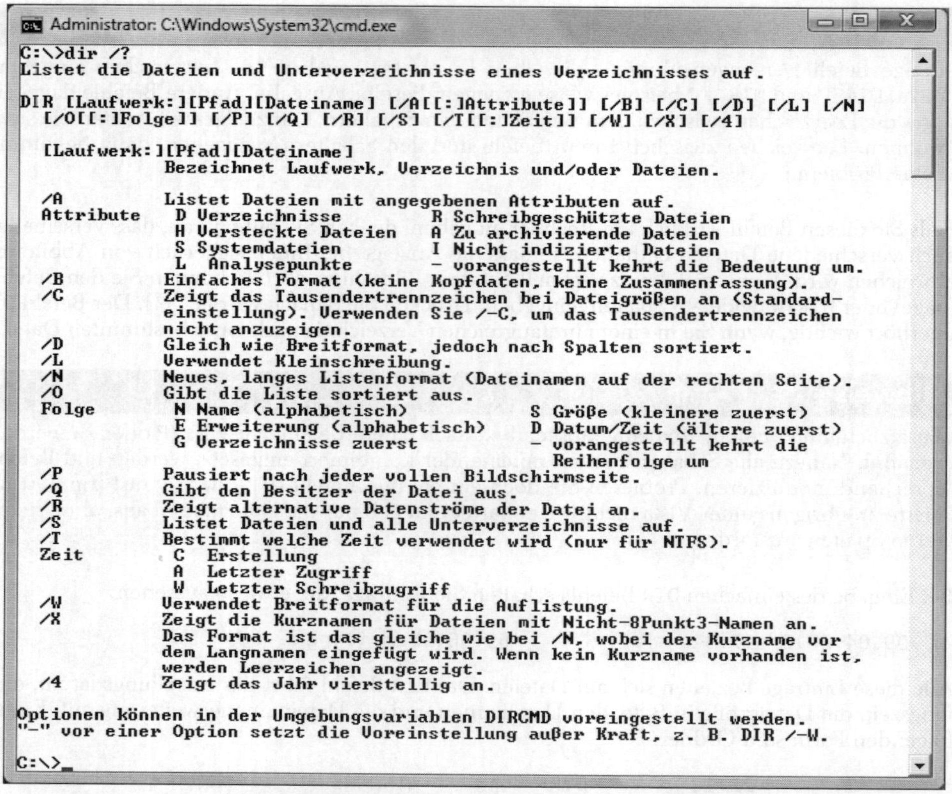

```
C:\>dir /?
Listet die Dateien und Unterverzeichnisse eines Verzeichnisses auf.

DIR [Laufwerk:][Pfad][Dateiname] [/A[[:]Attribute]] [/B] [/C] [/D] [/L] [/N]
    [/O[[:]Folge]] [/P] [/Q] [/R] [/S] [/T[[:]Zeit]] [/W] [/X] [/4]

  [Laufwerk:][Pfad][Dateiname]
              Bezeichnet Laufwerk, Verzeichnis und/oder Dateien.

  /A          Listet Dateien mit angegebenen Attributen auf.
  Attribute   D Verzeichnisse         R Schreibgeschützte Dateien
              H Versteckte Dateien    A Zu archivierende Dateien
              S Systemdateien         I Nicht indizierte Dateien
              L Analysepunkte         - vorangestellt kehrt die Bedeutung um.
  /B          Einfaches Format (keine Kopfdaten, keine Zusammenfassung).
  /C          Zeigt das Tausendertrennzeichen bei Dateigrößen an (Standard-
              einstellung). Verwenden Sie /-C, um das Tausendertrennzeichen
              nicht anzuzeigen.
  /D          Gleich wie Breitformat, jedoch nach Spalten sortiert.
  /L          Verwendet Kleinschreibung.
  /N          Neues, langes Listenformat (Dateinamen auf der rechten Seite).
  /O          Gibt die Liste sortiert aus.
  Folge       N Name (alphabetisch)         S Größe (kleinere zuerst)
              E Erweiterung (alphabetisch)  D Datum/Zeit (ältere zuerst)
              G Verzeichnisse zuerst        - vorangestellt kehrt die
                                              Reihenfolge um
  /P          Pausiert nach jeder vollen Bildschirmseite.
  /Q          Gibt den Besitzer der Datei aus.
  /R          Zeigt alternative Datenströme der Datei an.
  /S          Listet Dateien und alle Unterverzeichnisse auf.
  /T          Bestimmt welche Zeit verwendet wird (nur für NTFS).
  Zeit        C Erstellung
              A Letzter Zugriff
              W Letzter Schreibzugriff
  /W          Verwendet Breitformat für die Auflistung.
  /X          Zeigt die Kurznamen für Dateien mit Nicht-8Punkt3-Namen an.
              Das Format ist das gleiche wie bei /N, wobei der Kurzname vor
              dem Langnamen eingefügt wird. Wenn kein Kurzname vorhanden ist,
              werden Leerzeichen angezeigt.
  /4          Zeigt das Jahr vierstellig an.

Optionen können in der Umgebungsvariablen DIRCMD voreingestellt werden.
"-" vor einer Option setzt die Voreinstellung außer Kraft, z. B. DIR /-W.

C:\>_
```

Abbildung 15.13: Mit DIR /? angezeigte Schalter dieses Befehls

Durch Eingabe eines Befehls mit dem Zusatz /? wird der Hilfebildschirm mit Erläuterungen zum jeweiligen Befehl angezeigt. Diese Hilfebildschirme sehen zwar manchmal etwas verwirrend aus, sind aber nützlich, wenn Sie mit einem Befehl nicht vertraut sind oder wenn Sie nicht genau wissen, welche Möglichkeiten der Befehl noch bietet. Auch wenn ich fast alle Befehle verinnerlicht habe, nutze ich diese Hilfebildschirme weiterhin, was ich auch Ihnen nur raten kann. Falls Sie wirklich nicht weiterwissen, können Sie in der Eingabeaufforderung HELP eingeben. Damit wird eine Liste der unterstützten Befehle ausgegeben. Nachdem Sie den gewünschten Befehl gefunden haben, geben Sie HELP und den Namen dieses Befehls ein. Wenn Sie beispielsweise HELP DIR eingeben, dann sieht die Ausgabe ebenfalls wie in Abbildung 15.13 dargestellt aus.

Verzeichnisse – der Befehl CD

Mit dem Befehl CD (bzw. CHDIR) können Sie an der Eingabeaufforderung ein anderes Verzeichnis aktivieren. Sie verwenden den Befehl, indem Sie CD\ gefolgt vom Namen des zu aktivierenden Verzeichnisses eingeben. Um z.B. zum Verzeichnis C:\OBIWAN zu wechseln, geben Sie CD\OBIWAN ein und drücken ⏎. Wenn es das entsprechende Verzeichnis gibt, dann wird das Verzeichnis gewechselt und es wird C:\OBIWAN> als Eingabeaufforderung angezeigt. Falls es das Verzeichnis OBIWAN nicht gibt, oder falls Sie sich vertippt und versehentlich OBIWAM eingegeben haben sollten, dann wird eine Fehlermeldung angezeigt, die auf ein ungültiges Verzeichnis hinweist (»Das System kann den angegebenen Pfad nicht finden«). Prüfen Sie dann Ihre Eingabe und geben Sie den Befehl erneut ein.

Hinweis

Betrachten Sie einmal Fehler allgemein, nicht nur Fehler an der Eingabeaufforderung (wie »Ungültiges Verzeichnis«), sondern alle Fehler und damit auch Windows-Fehler. Viele neue Computerbenutzer erstarren in Ehrfurcht, wenn sie eine Fehlermeldung zu sehen bekommen. Sie sollten Fehlermeldungen nicht fürchten. Sie sind gut! Lernen Sie, sie zu schätzen. Sie können Sie retten. Ernsthaft, stellen Sie sich nur einmal vor, wie verwirrend es wäre, wenn der Computer Ihnen nicht mitteilen würde, was falsch gelaufen ist. Fehlermeldungen teilen Ihnen mit, was Sie falsch gemacht haben, damit Sie es korrigieren können. Sie können Ihrem PC absolut nicht schaden, wenn Sie die Befehle DIR oder CD falsch eintippen. Nutzen Sie dieses Wissen und experimentieren Sie. Machen Sie absichtlich Fehler, um sich mit Fehlermeldungen vertraut zu machen. Haben Sie Spaß und lernen Sie aus Ihren Fehlern!

Zur Rückkehr zum Stammverzeichnis geben Sie nur CD\ ein und drücken ⏎. Den CD-Befehl verwenden Sie, um ein beliebiges Verzeichnis zu aktivieren. Wenn Sie z.B. CD\FRED\BACKUP\TEST eingeben, ändert sich auch die Eingabeaufforderung und zeigt C:\FRED\BACKUP\TEST> an, allerdings natürlich nur dann, wenn dieses Verzeichnis wirklich existiert.

Wenn sich die Eingabeaufforderung geändert hat, geben Sie erneut DIR ein. Nun sollte eine Liste mit anderen Datei- und Verzeichnisnamen angezeigt werden. Da alle Verzeichnisse jeweils andere Dateien und Unterverzeichnisse enthalten, zeigt der Befehl DIR nach Aktivierung eines anderen Verzeichnisses naturgemäß auch andere Daten an.

Anstelle des ersten Backslashes können Sie im CD-Befehl ein Leerzeichen verwenden, um eine kürzere Befehlsvariante zu benutzen. Wechseln Sie z.B. durch Eingabe von CD\ in das Stammverzeichnis C:\ und geben Sie anschließend nur noch CD WINDOWS ein. Sie gelangen nun direkt ohne Angabe des Backslashes in das Verzeichnis C:\WINDOWS. Auf diese Weise können Sie mit dem Befehl CD jeweils eine Verzeichnisebene nach unten wechseln:

```
C:\>CD FRED
C:\FRED\>CD BACKUP
C:\FRED\BACKUP>CD TEST
```

Oder Sie überspringen mehrere Verzeichnisebenen wie folgt in einem Schritt:

```
C:\>CD FRED\BACKUP\TEST
C:\FRED\BACKUP\TEST>
```

Ein abschließender Trick: Wenn Sie eine Verzeichnisebene nach oben wechseln wollen, dann können Sie dazu CD mit zwei anschließenden Punkten eingeben. So können Sie z.B. vom Verzeichnis C:\FRED\BACKUP in das Verzeichnis C:\FRED wechseln, wenn Sie einfach CD.. eintippen:

```
C:\FRED\BACKUP>CD..
C:\FRED>
```

Nehmen Sie sich ein wenig Zeit, um mit dem Befehl CD in die verschiedenen Verzeichnisse und Unterverzeichnisse auf Ihrem PC zu wechseln und sich mit DIR die Inhalte anzeigen zu lassen. Mit DIR können Sie ein bestimmtes Verzeichnis suchen und mit CD dann in dieses Verzeichnis wechseln. Denken Sie daran, dass Sie die Eingabe von CD\ immer zum Stammverzeichnis zurückbringt.

Laufwerke wechseln

Der Befehl CD kann nicht zum Wechseln von Laufwerken verwendet werden. Um an der Eingabeaufforderung das Laufwerk zu wechseln, brauchen Sie nur den Laufwerksbuchstaben und einen Doppelpunkt einzutippen. Falls z.B. das Verzeichnis C:\Sierra aktiv ist und Sie wollen sich über den Inhalt des USB-Sticks (E:) informieren, dann geben Sie nur E: ein. Auf dem Bildschirm sieht dies so aus:

Kapitel 15

```
C:\Sierra>E:
E:\>
```

Zur Rückkehr zum Laufwerk C: geben Sie nur C: ein:

```
E:\>C:
C:\Sierra>
```

Beachten Sie, dass Sie in dasselbe Verzeichnis zurückkehren, das Sie zuvor verlassen haben. Versuchen Sie nun einmal, einen Laufwerksbuchstaben einzutippen, der im System nicht existiert. Dann erhalten Sie diese Fehlermeldung:

```
Das System kann das angegebene Laufwerk nicht finden.
```

Legen Sie einmal eine Diskette ein und nutzen Sie den Befehl CD in Verbindung mit DIR auf diesem Laufwerk. Machen Sie dasselbe mit einer optischen Disc. Geben Sie DIR ein und lassen Sie sich den Inhalt der Diskette oder Disc anzeigen. Wechseln Sie mit CD in die verschiedenen Verzeichnisse auf der Diskette oder Disc. Wechseln Sie danach wieder zurück zum Laufwerk C:.

Mit den Befehlen CD, DIR und dem Laufwerksbuchstaben können Sie auf jeden beliebigen Ordner und jedes Speichergerät des Systems zugreifen. Mit Hilfe dieser Befehle können Sie sich auf einfache Weise innerhalb des Systems bewegen.

Verzeichnisse erstellen

Bis hierhin haben Sie erfahren, wie Sie über die Eingabeaufforderung im System navigieren können. Nun sollten Sie damit beginnen, ein neues Verzeichnis zu erstellen.

Zum Erstellen eines Verzeichnisses verwenden Sie den Befehl MD (oder MKDIR) (make directory). Zum Erstellen des Verzeichnisses DAMPF im Stammverzeichnis des Laufwerks C: wechseln Sie zuvor mit CD\ ins Stammverzeichnis. Es wird diese Eingabeaufforderung angezeigt:

```
C:\>
```

Nun verweist die Eingabeaufforderung auf das Stammverzeichnis und Sie geben Folgendes ein:

```
C:\>MD DAMPF
```

Nach der Betätigung von ⏎ führt Windows den Befehl aus. Da keine Informationen zu diesem Befehl ausgegeben werden, müssen Sie sich durch Eingabe von DIR davon überzeugen, dass das neue Verzeichnis tatsächlich angelegt worden ist. Beachten Sie, dass das Verzeichnis DAMPF in diesem Beispiel nicht als letztes angezeigt wird, wie Sie vielleicht angenommen haben:

```
C:\>dir
 Datenträger in Laufwerk C: ist System
 Volumeseriennummer: 036D-250E

 Verzeichnis von C:\

04.05.2010  17:48    <DIR>          DAMPF
03.04.2010  18:39         3.948.672 database
15.03.2010  22:29    <DIR>          FOrdner
26.03.2010  04:22             4.342 LU4.log
18.04.2010  03:02    <DIR>          NVIDIA
27.01.2010  01:55    <DIR>          PerfLogs
31.03.2010  16:55    <DIR>          Program Files
18.04.2010  02:57    <DIR>          Program Files (x86)
```

```
04.02.2010  11:45    <DIR>          Users
19.04.2010  18:27    <DIR>          Windows
              2 Datei(en),      3.953.014 Bytes
              8 Verzeichnis(se), 37.314.453.504 Bytes frei
```

Und was ist mit Groß- und Kleinschreibung? Windows unterstützt zwar beides, interpretiert aber alle Befehle so, als ob sie nur Großbuchstaben verwendet hätten. Benutzen Sie nun den Befehl MD, um einen Ordner namens dampf anzulegen (beachten Sie die Kleinschreibung) und sehen Sie, was passiert. Dasselbe passiert auch unter der grafischen Benutzeroberfläche von Windows. Wechseln Sie zum Desktop und versuchen Sie, zwei Ordner mit den Namen DAMPF und dampf anzulegen und sehen Sie, was Windows davon hält.

Zum Erstellen des Unterverzeichnisses DATEIEN im Verzeichnis DAMPF wechseln Sie zunächst mit dem Befehl CD\ in das Verzeichnis DAMPF:

```
CD \DAMPF
```

Anschließend erstellen Sie mit dem Befehl MD das Verzeichnis DATEIEN:

```
MD DATEIEN
```

Sorgen Sie dafür, dass die Eingabeaufforderung immer auf das Verzeichnis verweist, in dem Sie mit dem Befehl MD das neue Unterverzeichnis anlegen wollen. Geben Sie nach dem Befehl DIR ein, um sich davon zu überzeugen, dass das neue Unterverzeichnis DATEIEN tatsächlich angelegt worden ist. Wiederholen Sie die Schritte und legen Sie zum Üben noch das Verzeichnis SPIELE an. Mit DIR überprüfen Sie wieder das Ergebnis.

Verzeichnisse löschen

Das Vorgehen beim Löschen von Verzeichnissen entspricht dem beim Erstellen. Wechseln Sie als Erstes in das Verzeichnis mit dem Unterverzeichnis, das Sie löschen möchten. Geben Sie dann den Befehl RD (bzw. RMDIR) (remove directory) ein. Löschen Sie z.B. das Unterverzeichnis DATEIEN im Verzeichnis C:\DAMPF. Wechseln Sie dazu zunächst in das Verzeichnis, in dem sich DATEIEN befindet (C:\DAMPF), indem Sie den Befehl CD \DAMPF eingeben. Tippen Sie dann RD DATEIEN ein. Wenn Sie keine Rückmeldung erhalten, konnte der Befehl wahrscheinlich richtig ausgeführt werden! Geben Sie DIR ein, um zu sehen, ob das Verzeichnis DATEIEN gelöscht wurde.

Der Befehl RD allein kann keine Verzeichnisse löschen, die noch Dateien oder Unterverzeichnisse enthalten. Wenn Sie ein solches Verzeichnis löschen wollen, müssen Sie zuerst mit dem Befehl DEL (delete) alle Dateien und mit RD alle Unterverzeichnisse darin löschen. Sie können zu diesem Zweck aber auch den Befehl RD mit nachgestelltem Schalter /S verwenden. RD /S löscht Verzeichnisse und alle darin enthaltenen Dateien und Unterverzeichnisse. Der Befehl ist zwar praktisch, aber auch gefährlich, weil unter Umständen mehr als gewünscht gelöscht wird. Folgen Sie beim Löschen daher immer dem Grundsatz: »Zweimal hinschauen, einmal löschen!«

Löschen Sie als Nächstes die Verzeichnisse DAMPF und SPIELE mit RD /S. Da sich das Verzeichnis DAMPF im Stammverzeichnis befindet, wechseln Sie durch Eingabe von CD\ zuerst in das Stammverzeichnis. Nun führen Sie den Befehl RD /S aus: RD /S C:\DAMPF. In einem seltenen Anfall von Mitleid reagiert Windows darauf so:

```
C:\>rd dampf /s
Möchten Sie "dampf" löschen (J/N)?
```

Betätigen Sie [J], damit das Verzeichnis C:\DAMPF und seine Unterverzeichnisse gelöscht werden.

Programme starten

Zum Start eines Programms über die Eingabeaufforderung wechseln Sie in das Verzeichnis, in dem sich das Programm befindet, geben dann dessen Namen ein und drücken ⏎. Gehen Sie in den Ordner C:\WINNT\System32 oder C:\WINDOWS\System32 – der genaue Name dieses Ordners ist vom jeweiligen System abhängig. Geben Sie DIR /P ein, um sich die Dateien seitenweise anzeigen zu lassen. Darunter müsste sich u.a. eine Datei namens MEM.EXE befinden (Abbildung 15.14).

```
C:\Windows\system32\cmd.exe - dir /p
11.04.2009  00:32            438.744 mcupdate_GenuineIntel.dll
19.01.2008  00:34             53.760 Mcx2Svc.dll
19.01.2008  00:34            129.024 McxDriv.dll
19.01.2008  00:34            205.312 mdminst.dll
02.11.2006  11:45             88.064 MdRes.exe
19.01.2008  00:33            128.512 MdSched.exe
11.04.2009  00:28            356.864 MediaMetadataHandler.dll
02.11.2006  09:09             39.274 mem.exe    ←
10.06.2009  13:41          2.868.224 mf.dll
02.11.2006  11:46             41.984 mf3216.dll
02.11.2006  11:46            924.944 mfc40.dll
02.11.2006  11:46            924.944 mfc40u.dll
11.04.2009  00:28          1.135.104 mfc42.dll
11.04.2009  00:28          1.160.704 mfc42u.dll
09.12.2008  18:22          1.060.864 MFC71.dll
09.12.2008  18:22             40.960 MFC71CHS.DLL
09.12.2008  18:22             45.056 MFC71CHT.DLL
09.12.2008  18:22             65.536 MFC71DEU.DLL
09.12.2008  18:22             57.344 MFC71ENU.DLL
09.12.2008  18:22             61.440 MFC71ESP.DLL
09.12.2008  18:22             61.440 MFC71FRA.DLL
09.12.2008  18:22             61.440 MFC71ITA.DLL
09.12.2008  18:22             49.152 MFC71JPN.DLL
09.12.2008  18:22             49.152 MFC71KOR.DLL
Drücken Sie eine beliebige Taste . . .
```

Abbildung 15.14: MEM.EXE im Ordner System32

Hinweis

Die 64-Bit-Versionen von Windows unterstützen keine 16-Bit-Befehle mehr. Dazu zählt auch MEM.EXE. Um einen einfachen Befehl mit Ausgabe an der Eingabeaufforderung auszuprobieren, können Sie z.B. WHOAMI verwenden, das einfach den Namen des aktuellen Benutzers ausgibt.

Wie bereits erwähnt, handelt es sich bei allen Dateien mit der Endung EXE und COM um Programmdateien. MEM.EXE ist also ein Programm. Zum Start von MEM.EXE tippen Sie dessen Namen MEM ein und betätigen ⏎ (Abbildung 15.15). Beachten Sie, dass Sie dazu die Erweiterung .EXE nicht eingeben müssen. Damit haben Sie Ihr erstes Programm über die Eingabeaufforderung gestartet!

```
C:\Windows\system32\cmd.exe

C:\Windows\System32>mem

      655360 bytes total conventional memory
      655360 bytes available to MS-DOS
      582480 largest executable program size

     1048576 bytes total contiguous extended memory
           0 bytes available contiguous extended memory
      941056 bytes available XMS memory
             MS-DOS resident in High Memory Area

C:\Windows\System32>
```

Abbildung 15.15: Der Befehl MEM unter Windows Vista (32-Bit)

> **Hinweis**
>
> Windows beinhaltet zahlreiche Befehlszeilenwerkzeuge für spezielle Aufgaben, wie beispielsweise das Starten und Beenden von Diensten, die Anzeige von Computern in einem Netzwerk, die Umwandlung von Festplattendateisystemen und vieles andere mehr. Dieses Buch beschreibt die aufgabenspezifischen Werkzeuge in den Kapiteln, die den einzelnen Aufgaben zuzuordnen sind. Beispielsweise enthält Kapitel 23 (*Lokale Netzwerke*) eine detaillierte Beschreibung des vielseitigen und leistungsfähigen NET-Befehls. Weitere Informationen über CONVERT finden Sie in Kapitel 26 (*Computersicherheit*). Ich konnte jedoch nicht widerstehen, zwei der interessanteren Werkzeuge, COMPACT und CIPHER im Abschnitt *Jenseits von A+* in diesem Kapitel zu beschreiben.

Arbeiten mit Dateien

Dieser Abschnitt befasst sich mit den grundlegenden Funktionen zur Bearbeitung von Dateien. Sie erfahren, wie Sie Dateien anzeigen, kopieren, verschieben, umbenennen und löschen können. Die Beispiele dieses Abschnitts basieren teilweise auf dem Stammverzeichnis C:\ mit folgenden Dateien und Verzeichnissen:

```
C:\>dir
 Datenträger in Laufwerk C: ist System
 Volumeseriennummer: 036D-250E

 Verzeichnis von C:\

05.05.2010  15:37             4.342 AILog.txt
05.05.2010  15:40             4.433 aoedoppl.txt
05.05.2010  15:40             8.866 aoeWVlog.txt
03.04.2010  18:39         3.948.672 database
05.05.2010  15:43    <DIR>          Docs
26.03.2010  04:22             4.342 LU4.log
18.04.2010  03:02    <DIR>          NVIDIA
27.01.2010  01:55    <DIR>          PerfLogs
05.05.2010  15:46    <DIR>          Pictures
31.03.2010  16:55    <DIR>          Program Files
18.04.2010  02:57    <DIR>          Program Files (x86)
04.02.2010  11:45    <DIR>          Users
19.04.2010  18:27    <DIR>          Windows
               5 Datei(en),     3.970.655 Bytes
               8 Verzeichnis(se), 37.230.673.920 Bytes frei
```

Da Sie wahrscheinlich keinen Rechner mit diesen Dateien und Verzeichnissen haben, sollten Sie die Beispiele auf dem eigenen Rechner nachvollziehen. Mit anderen Worten: Arbeiten Sie mit den Ordnern und Dateien, die sich aktuell auf Ihrem System befinden.

> **Hinweis**
>
> Wenn Sie die nachfolgenden Beispiele nachvollziehen wollen, dann müssen Sie insbesondere unter Vista mit Administrator-Berechtigungen arbeiten, da Sie ansonsten keinen Zugriff auf das Stammverzeichnis haben.

Kapitel 15

Attribute

In Kapitel 14 haben Sie über ARBEITSPLATZ Änderungen an den Ordneroptionen vorgenommen, um DTLDR, NTDETECT.COM und andere Dateien zu sehen. Dies waren Dateien mit speziellen Attributen.

Alle Dateien besitzen mindestens vier spezielle Werte bzw. *Attribute*, die festlegen, wie Programme (z.B. ARBEITSPLATZ unter Windows XP oder COMPUTER unter Vista) die Datei in bestimmten Situationen behandeln. Das erste Attribut heißt *Versteckt* – die betreffende Datei wird vom Befehl DIR normalerweise nicht angezeigt. Das nächste Attribut ist das Attribut *Schreibgeschützt* – eine schreibgeschützte Datei kann weder verändert noch gelöscht werden. Das dritte Attribut lautet *System* und wird für Systemdateien wie NTLDR und BOOT.INI verwendet. Praktisch leistet es kaum mehr, als dass die entsprechenden Dateien leichter erkannt werden können. Das vierte Attribut ist *Archiv*, mit dessen Hilfe Sicherungsprogramme Dateien erkennen können, die seit der letzten Sicherung geändert wurden.

ATTRIB.EXE ist ein externes Befehlszeilenprogramm, mit dem Sie Dateiattribute anzeigen und ändern können. Um sich die Attribute einer Datei anzeigen zu lassen, geben Sie den Befehl ATTRIB gefolgt vom Namen der Datei ein. Die Attribute der Datei AILog.txt können Sie z.B. anzeigen lassen, wenn Sie ATTRIB AILOG.TXT eingeben. Das Ergebnis sollte so (oder so ähnlich) aussehen:

```
A            I    C:\AILog.txt
```

Der Buchstabe A steht für »Archiv«, das einzige gesetzte Attribut von AILog.txt. (Das Attribut I wird unter Vista/7 für Dateien verwendet, deren Inhalt nicht indiziert wurde.)

Wechseln Sie nun in das Verzeichnis C:\ und geben Sie nur ATTRIB ein. Dafür könnte z.B. Folgendes angezeigt werden:

```
C:\>attrib
A            I    C:\AILog.txt
A            I    C:\aoedoppl.txt
A            I    C:\aoeWVlog.txt
A    SHR     I    C:\bootmgr
A    S R     I    C:\BOOTSECT.BAK
A            I    C:\database
A            I    C:\LU4.log
A    SH           C:\pagefile.sys
```

R steht für *Read-Only* (Schreibgeschützt), H für *Versteckt* (Hidden) und S für *System*. Hier sehen Sie einige neue Dateien! Machen Sie sich keine Gedanken, wenn Sie mehrere Dateien sehen, die sich von den hier aufgelisteten unterscheiden. Es gibt keine völlig identischen C:\-Verzeichnisse. Größtenteils werden Sie mehr Dateien als die hier gezeigten sehen. Beachten Sie, dass für wichtige Dateien, wie etwa NTLDR und NTDETECT.COM, die Attribute S, H und R gesetzt sind. Auf diese Weise schützt Microsoft sie vor einem versehentlichen Löschen.

Mit ATTRIB können Dateiattribute auch geändert werden. Um die Attribute einer Datei zu ändern, stellen Sie dem Buchstaben für das Attribut ein Pluszeichen (+) oder ein Minuszeichen (–) voran und geben anschließend den Namen der Datei an, deren Attribute geändert werden sollen. Mit dem Pluszeichen setzen und mit dem Minuszeichen löschen Sie ein Attribut. Um z.B. bei AILog.txt das Attribut Schreibgeschützt (R) zu setzen, geben Sie ein:

```
ATTRIB +R AILOG.TXT
```

Zum Löschen des Archivattributs geben Sie ein:

```
ATTRIB -A AILOG.TXT
```

Mehrere Attribute können Sie in ein und demselben Befehl setzen bzw. *müssen* Sie mit einem einzigen Befehl löschen. Die Datei BOOTSECT.BAK im Beispiel müssten Sie z.B. so löschen:

```
ATTRIB -S -R BOOTSECT.BAK
```

Sie können ATTRIB auch automatisch auf alle gleichen Dateien in Unterverzeichnissen anwenden, wenn Sie am Ende des Befehls den Schalter /s angeben. Wenn Sie beispielsweise sehr viele MP3-Dateien in Ihrem Ordner Eigene Musik haben, die Sie verbergen wollen, die aber in vielen verschiedenen Unterordnern abgelegt sind, können Sie sie mit Hilfe von ATTRIB alle unter Verwendung eines einzigen Befehls ändern. Wechseln Sie in den Ordner Eigene Musik und geben Sie dann Folgendes ein:

```
ATTRIB +H *.MP3 /S
```

Sobald Sie ⏎ drücken, werden alle Ihre Musikdateien in Eigene Musik und allen darin vorhandenen Unterordnern zu verborgenen Dateien.

Es ist wichtig zu wissen, dass sich alle Änderungen über die Befehlszeile auch auf die Dateien unter der grafischen Oberfläche auswirken. Führen Sie daher einmal die folgenden Schritte aus:

1. Starten Sie unter Windows XP ARBEITSPLATZ und legen Sie im Stammverzeichnis Ihres C:-Laufwerks einen Ordner namens TEST an.
2. Kopieren Sie einige Dateien in diesen Ordner und klicken Sie dann einen mit der rechten Maustaste an, um sich dessen Eigenschaften anzusehen.
3. Öffnen Sie ein Befehlszeilenfenster und navigieren Sie zum Ordner C:\TEST. Geben Sie DIR ein, um sich davon zu überzeugen, dass der Inhalt dem entspricht, der unter ARBEITSPLATZ angezeigt wird.
4. Ändern Sie über die Befehlszeile die Attribute einer oder mehrerer Dateien. Verbergen Sie z.B. eine Datei und versehen Sie eine andere mit einem Schreibschutz.
5. Wechseln Sie nun zurück zum ARBEITSPLATZ und lassen Sie sich die Attribute der Dateien anzeigen. Hat sich etwas geändert?

Wildcards (Platzhalterzeichen)

Stellen Sie sich einmal vor, dass in einem Verzeichnis 273 Dateien gespeichert sind. Einige dieser Dateien verfügen über die Erweiterung .DOC. Sie suchen aber nur nach Dateien mit der Erweiterung .DOC. Wäre es nun nicht praktisch, wenn Sie den Befehl DIR so eingeben könnten, dass nur Dateien mit der Erweiterung DOC angezeigt werden? Das geht, wenn Sie mit *Platzhalterzeichen* (Wildcards) arbeiten!

Wildcards sind zwei spezielle Zeichen, nämlich der Stern (*) und das Fragezeichen (?), die überall dort als Ersatz für den Namen oder Teile des Namens verwendet werden können, wo Befehle auf mehrere Dateien gleichzeitig angewendet werden sollen. Wildcards lassen sich in den meisten Befehlen an der Eingabeaufforderung nutzen, die mit Dateinamen arbeiten. Ein gutes Beispiel dafür ist der Befehl DIR. Bei der Ausführung des Befehls DIR in der Normalform werden alle Dateien und Ordner eines bestimmten Verzeichnisses angezeigt. Sie können aber auch die Suche durch Hinzufügen eines bestimmten Dateinamens eingrenzen. Wenn Sie z.B. DIR AILOG.TXT eingeben und das Stammverzeichnis C:\ aktiv ist, dann kann das Ergebnis so aussehen:

```
C:\>dir ailog.txt
 Datenträger in Laufwerk C: ist System
 Volumeseriennummer: 036D-250E

 Verzeichnis von C:\

05.05.2010  15:37            4.342 AILog.txt
               1 Datei(en),          4.342 Bytes
               0 Verzeichnis(se), 37.229.711.360 Bytes frei
```

Wenn Sie nur prüfen wollen, ob eine bestimmte Datei an einem bestimmten Ort existiert, ist dies recht praktisch. Nehmen Sie nun an, dass Sie alle Dateien mit der Erweiterung .TXT anzeigen lassen wollen. Dann müssen Sie die Wildcard * einsetzen, und zwar so: DIR *.TXT. Ersetzen Sie den unbekannten Teil des Dateinamens durch den Stern (*). Das Ergebnis von DIR *.TXT kann so aussehen:

```
C:\>dir *.txt
 Datenträger in Laufwerk C: ist System
 Volumeseriennummer: 036D-250E

 Verzeichnis von C:\

05.05.2010  15:37            4.342 AILog.txt
05.05.2010  15:40            4.433 aoedoppl.txt
05.05.2010  15:40            8.866 aoeWVlog.txt
               3 Datei(en),         17.641 Bytes
               0 Verzeichnis(se), 37.229.711.360 Bytes frei
```

Wildcards können auch als Ersatz für Teile des Dateinamens verwendet werden. Der folgende DIR-Befehl zeigt alle Dateien an, die mit dem Buchstaben A beginnen:

```
C:\>dir A*.*
 Datenträger in Laufwerk C: ist System
 Volumeseriennummer: 036D-250E

 Verzeichnis von C:\

05.05.2010  15:37            4.342 AILog.txt
05.05.2010  15:40            4.433 aoedoppl.txt
05.05.2010  15:40            8.866 aoeWVlog.txt
               3 Datei(en),         17.641 Bytes
               0 Verzeichnis(se), 37.229.711.360 Bytes frei
```

Während der Stern stellvertretend für alle nachfolgenden Zeichen im Dateinamen oder der Erweiterung steht, so dass z.B. die Befehle DIR und DIR *.* identisch sind, ersetzt das Wildcard-Zeichen ? einzelne Zeichen. Es ist z.B. dann praktisch, wenn Sie nach Dateinamen mit einer bestimmten Anzahl von Zeichen suchen. Geben Sie z.B. Folgendes ein, um alle Dateien zu finden, deren Dateinamen maximal fünf Zeichen lang sind, mit A beginnen und die Erweiterung .TXT besitzen:

```
DIR A????.TXT
```

Das Ergebnis für unser Beispiel sähe dann so aus:

```
 Datenträger in Laufwerk C: ist System
 Volumeseriennummer: 036D-250E

 Verzeichnis von C:\

05.05.2010  15:37            4.342 AILog.txt
               1 Datei(en),          4.342 Bytes
               0 Verzeichnis(se), 37.228.998.656 Bytes frei
```

Bisher haben Sie Wildcards lediglich in Verbindung mit dem DIR-Befehl kennen gelernt. Fast alle Befehle akzeptieren aber Wildcards. Befassen wir uns nun mit den Befehlen REN und DEL in Verbindung mit Wildcards!

Dateien umbenennen

Zum Umbenennen von Dateien können Sie den Befehl REN (oder RENAME) benutzen, dessen Verwendung recht einfach ist. Um die Datei IMG033.JPG in PARK.JPG umzubenennen, tippen Sie Folgendes ein und schließen Sie die Eingabe mit ⏎ ab:

```
REN IMG033.JPG PARK.JPG
```

Das ist zwar schön und gut, aber was geschieht bei komplexeren, sprechenden Dateinamen wie Sonniger Tag im Park.jpg? Geben Sie dazu doch versuchsweise einfach Folgendes ein:

```
REN IMG033.JPG Sonniger Tag im Park.JPG
```

Daraufhin wird eine Fehlermeldung (Abbildung 15.16) angezeigt. Und selbst der bewährte Aufruf der integrierten Hilfestellung über REN /? gibt hier keine Antwort.

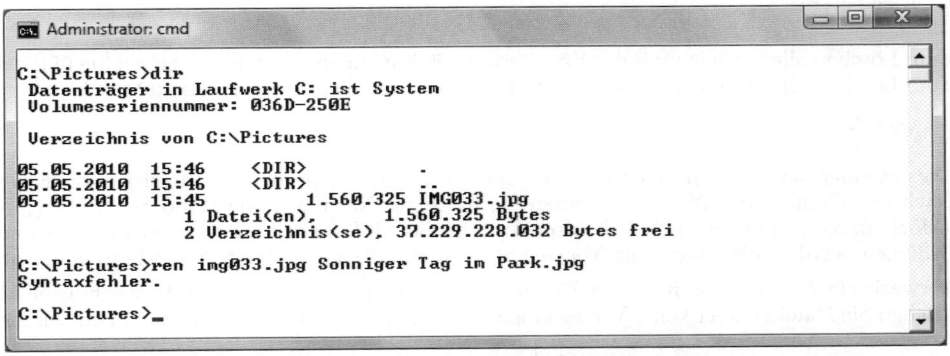

Abbildung 15.16: Das Umbenennen funktioniert so nicht!

Sie können kompliziertere Namen aber durchaus verwenden, wenn Sie diese in Anführungszeichen einschließen. Abbildung 15.17 zeigt den Befehl, der eben nicht funktioniert hat, der aber nun mit Anführungszeichen an den richtigen Stellen sehr wohl funktioniert.

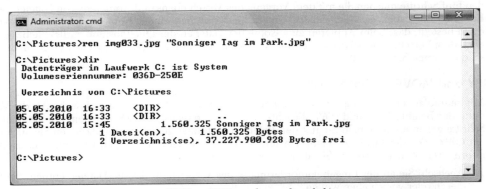

Abbildung 15.17: ... aber so geht es doch!

Dateien löschen

Zum Löschen von Dateien verwenden Sie die Befehle DEL oder ERASE. DEL und ERASE sind identische Befehle, die wahlweise verwendet werden können. Das Löschen von Dateien ist einfach (vielleicht allzu einfach!). Windows-Benutzer kennen den Komfort des Papierkorbs, aus dem sie gelöschte Dateien wieder hervorholen können, ein Luxus, auf den Sie an der Eingabeaufforderung aber verzichten müssen. Hier gibt es keine mit dem Papierkorb vergleichbare Funktion. Wenn eine Datei gelöscht wurde, lässt sie sich nur noch mit speziellen Hilfsprogrammen wie z.B. *Norton Unerase* wiederherstellen. Auch hier sollten Sie Befehle doppelt prüfen, bevor Sie sie ausführen lassen.

Zum Löschen einer einzelnen Datei geben Sie den Befehl `DEL` gefolgt vom Dateinamen ein. Zum Löschen der Datei `AILOG.TXT` tippen Sie daher Folgendes ein:

```
DEL AILOG.TXT
```

Die Datei wird gelöscht, auch wenn keine Rückmeldung auf dem Bildschirm angezeigt wird. Verwenden Sie `DIR`, um sich davon zu überzeugen, dass die Datei tatsächlich gelöscht wurde.

Wie bei `DIR` können Sie auch bei `DEL` Wildcards zum Löschen mehrerer Dateien einsetzen. Um z.B. alle Dateien mit der Erweiterung `.TXT` in einem Verzeichnis zu löschen, geben Sie Folgendes ein:

```
DEL *.TXT
```

Zum Löschen aller Dateien mit der Erweiterung `.BAK` in einem Verzeichnis geben Sie `DEL *.BAK` ein. Zum Löschen aller Dateien in einem Verzeichnis nehmen Sie `*.*` (Stern-Punkt-Stern):

```
DEL *.*
```

Dies ist einer der wenigen Befehle an der Eingabeaufforderung, die eine Rückfrage zur Folge haben. Nach der Eingabe von `DEL *.*` werden Sie mit einer Nachfrage wie »Sind Sie sicher (J/N)« oder »Möchten Sie ... löschen (J/N)?« konfrontiert, die Sie mit J(a) oder N(ein) beantworten. Wenn Sie `J` betätigen, werden alle Dateien im Verzeichnis gelöscht. Passen Sie bei `*.*` also besonders auf!

Verwechseln Sie das Löschen von Dateien nicht mit dem Löschen von Verzeichnissen. Mit `DEL` löschen Sie Dateien, aber keine Verzeichnisse. Zum Löschen von Verzeichnissen benutzen Sie RD.

Dateien verschieben und kopieren

Als PC-Techniker müssen Sie Dateien über die Eingabeaufforderung verschieben und kopieren können. Angesichts der Vielzahl der Optionen ist der Befehl `COPY` selbst schon schwierig zu erlernen, insbesondere dann, wenn Sie daran gewöhnt sind, Symbole unter Windows zu verschieben. Die folgenden fünf Schritte machen Sie mit dem Vorgang des Verschiebens und Kopierens von Dateien vertraut. Beachten Sie dabei, dass der einzige Unterschied zwischen einem Kopier- und Verschiebevorgang darin besteht, dass beim Kopieren eine Kopie der Datei an der Quellposition zurückbleibt, während nach dem Verschieben (`MOVE`) immer nur eine Datei vorhanden ist. Wenn Sie `COPY` erst einmal beherrschen, kennen Sie auch `MOVE`.

COPY und MOVE in fünf Schritten

Mit dem folgenden Vorgang, der aus fünf Schritten besteht, erlernen Sie auf einfache Art die Verwendung der Befehle `COPY` und `MOVE`. Beachten Sie dabei, dass es viele verschiedene Variationen dieser Schritte geben kann. Sobald Sie mit den Befehlen vertrauter geworden sind, können Sie auch einmal ein `COPY /?` oder `MOVE /?` eintippen und sich über die leistungsfähigen Optionen dieser Befehle informieren. Zunächst sollten Sie aber dieser schrittweisen Vorgehensweise folgen:

1. Wechseln Sie an der Eingabeaufforderung in das Verzeichnis, das die Dateien enthält, die Sie kopieren oder verschieben wollen.
2. Geben Sie `COPY` oder `MOVE` gefolgt von einem Leerzeichen ein.
3. Geben Sie den/die Dateinamen zum Kopieren bzw. Verschieben (mit oder ohne Wildcards) und ein Leerzeichen ein.
4. Geben Sie den *Pfadnamen* der neuen Speicherposition der Dateien ein.
5. Betätigen Sie ⏎.

Schauen Sie sich einmal das folgende Beispiel an, in dem die Datei README.TXT im Verzeichnis C:\DAMPF benutzt wird. Diese Datei sollen Sie nun auf einen USB-Stick (E:) kopieren:

1. Geben Sie CD\DAMPF ein, um das Verzeichnis DAMPF zu aktivieren.
   C:\>CD\DAMPF

2. Geben Sie COPY gefolgt von einem Leerzeichen ein.
   C:\DAMPF>COPY _

3. Geben Sie README.TXT und ein Leerzeichen ein.
   C:\DAMPF>COPY README.TXT _

4. Geben Sie E:\ ein.
   C:\DAMPF>COPY README.TXT E:\

5. Betätigen Sie ⏎.

Der Befehl führt zur folgenden Ausgabe auf dem Bildschirm:

```
C:\DAMPF>COPY README.TXT E:\
1 Datei(en) kopiert.
```

Wenn Sie das Laufwerk E: aktivieren und DIR eingeben, finden Sie dort die Datei README.TXT. Probieren Sie ein weiteres Beispiel aus. Nehmen Sie an, im Verzeichnis C:\DOCS befinden sich 100 Dateien, von denen 30 die Erweiterung .DOC besitzen. Nehmen Sie weiter an, dass Sie diese Dateien ins Verzeichnis C:\DAMPF verschieben wollen. Führen Sie dazu folgende Schritte aus:

1. Geben Sie CD\DOCS ein, um in das Verzeichnis DOCS zu wechseln.
   C:\>CD\DOCS

2. Geben Sie MOVE gefolgt von einem Leerzeichen ein.
   C:\DOCS>MOVE _

3. Geben Sie *.DOC und ein Leerzeichen ein.
   C:\DOCS>MOVE *.DOC _

4. Geben Sie C:\DAMPF ein.
   C:\DOCS>MOVE *.DOC C:\DAMPF_

5. Drücken Sie ⏎.
   ```
   C:\DOCS>MOVE *.DOC C:\DAMPF
   30 Datei(en) kopiert.
   ```

Die Leistungsfähigkeit der Befehle COPY und MOVE kann bei falschem Einsatz eine Menge Schaden anrichten. Mit COPY und MOVE können Sie eine Datei nicht nur an eine neue Position verschieben, sondern gleichzeitig auch deren Namen ändern. Nehmen Sie einmal an, dass Sie eine Datei namens AUTOEXC.BAT vom Ordner C:\ auf die Diskette kopieren und ihr den neuen Dateinamen AUTO1.BAT geben wollen. Beide Dinge erledigen Sie mit dem folgenden Befehl:

```
COPY C:\AUTOEXEC.BAT A:\AUTO1.BAT
```

Im nächsten Beispiel werden Sie alle Dateien mit der Erweiterung .DOC aus dem Verzeichnis C:\DOCS in das Verzeichnis C:\BACK verschieben und die Erweiterung von .DOC in .SAV ändern. Hier der entsprechende Befehl:

```
MOVE C:\DOCS\*.DOC C:\BACK\*.SAV
```

Der Befehl bedeutet: »Verschiebe alle Dateien mit der Erweiterung .DOC aus dem Verzeichnis C:\DOCS in das Verzeichnis C:\BACK und ändere deren Erweiterung in .SAV«. Die ganze Sache ist zwar recht praktisch, aber auch gefährlich!

Bei einem kleinen Tippfehler wie etwa dem folgenden (anstelle des Doppelpunkts nach dem zweiten C ein Semikolon)

```
MOVE C:\DOCS\*.DOC C;\BACK\*.SAV
```

interpretiert die Eingabeaufforderung das Semikolon nach dem C als Ende des Befehls und ignoriert alles, was danach folgt. Aus der Sicht des Betriebssystems haben Sie Folgendes eingegeben:

```
MOVE C:\DOCS\*.DOC C
```

Dieser Befehl bedeutet leider: »Nimm alle Dateien mit der Erweiterung .DOC im Verzeichnis C:\DOCS und kopiere sie in dasselbe Verzeichnis, aber in eine einzige Datei mit dem Namen C! Wenn Sie diesen Befehl eintippen, wird möglicherweise nur ein winziger Hinweis darauf angezeigt, dass etwas schief gelaufen sein könnte:

```
MOVE C:\DOCS\*.DOC C
1 Datei(en) kopiert.
```

Haben Sie den Hinweis 1 Datei(en) kopiert. bemerkt? Nach dem Befehl DIR werden Sie im Verzeichnis nur noch eine einzige Datei namens C anstelle von 30 Dateien mit der Erweiterung .DOC vorfinden! Alle DOC-Dateien sind weg und lassen sich nicht mehr wiederherstellen. (Windows Vista zeigt sich hier geschwätziger und führt zusätzlich die Namen der kopierten Dateien auf.)

XCOPY

COPY lässt sich nur jeweils für ein Verzeichnis einsetzen, mit MOVE können Sie auch komplette Verzeichnisse umbenennen und/oder verschieben. Das Kopieren von ganzen Verzeichnissen (mit Unterverzeichnissen) auf einem Laufwerk lässt sich mit dem Befehl XCOPY erledigen. (Beachten Sie, dass es keinen Befehl namens XMOVE gibt.)

XCOPY arbeitet ähnlich wie COPY, besitzt aber zusätzliche Schalter, die XCOPY im Hinblick auf die Arbeit mit mehreren Verzeichnissen besonders leistungsfähig machen. Der Befehl funktioniert folgendermaßen: Nehmen Sie einmal an, dass es auf dem C:-Laufwerk ein Verzeichnis namens \DATA gibt. Das Verzeichnis \DATA enthält die drei Unterverzeichnisse \JAN, \FEB und \MAR. Alle diese Verzeichnisse einschließlich des Verzeichnisses \DATA enthalten etwa 50 Dateien. Falls Sie alle diese Dateien mit einem einzigen Befehl auf das Laufwerk D: kopieren wollen, geben Sie den folgenden Befehl ein:

```
XCOPY C:\DATA D:\DATA /S
```

Da XCOPY mit Verzeichnissen arbeitet, brauchen Sie die Dateinamen nicht wie bei DIR anzugeben, auch wenn XCOPY Dateinamen und Wildcards akzeptiert. Der meistverwendete Schalter /S (subdirectories) weist XCOPY an, alle nicht leeren Unterverzeichnisse ebenfalls zu kopieren. Beim Schalter /E (empty) werden auch leere Unterverzeichnisse mitkopiert. XCOPY ist das Werkzeug der Wahl, wenn Verzeichnisbäume kopiert werden sollen.

Die Leistungsfähigkeit der Befehle DEL, COPY/MOVE und XCOPY machen sie für PC-Techniker unverzichtbar. Sie kann aber auch zur Katastrophe führen! Seien Sie also vorsichtig und prüfen Sie Befehle vor ihrer Ausführung besser dreifach!

Arbeiten mit Batchdateien

Batchdateien sind nichts anderes als Textdateien, in denen eine Reihe von Befehlen, jeweils in eigenen Zeilen, gespeichert ist. Batchdateien unterscheiden sich von anderen Textdateien nur durch die Erweiterung .BAT. Sehen Sie sich Abbildung 15.18 an. Beachten Sie dabei das eindeutige Symbol der Batchdatei im Unterschied zum Symbol der Textdatei mit der Erweiterung .TXT.

Die Eingabeaufforderung

Readme   Batch

Abbildung 15.18: Symbole für Textdateien (links) und Batchdateien (rechts)

Batchdateien können Sie mit einem beliebigen Texteditor erstellen, so dass oft der gute alte Editor benutzt wird. Da es sich hier aber um ein Kapitel über die Befehlszeile handelt, werden wir hier das uralte, aber immer noch wichtige Programm EDIT benutzen, das allen 32-Bit-Versionen von Windows-Versionen beiliegt, und mit ihm Batchdateien erstellen und bearbeiten.

Hinweis

Da die 64-Bit-Versionen von Windows keine 16-Bit-Programme mehr unterstützen, gibt es hier den alten Editor EDIT nicht mehr. Zudem liegt der 32-Bit-Version von Vista nur eine englische EDIT-Version bei, die hier auch beschrieben wird, während zusammen mit Windows 2000/XP noch die deutsche Version ausgeliefert wurde.

Vorsicht

Anstelle von EDIT können Sie prinzipiell zwar EDITOR (NOTEPAD.EXE) verwenden, müssen dabei aber aufpassen. EDIT arbeitet nämlich mit dem ASCII-Zeichensatz, während NOTEPAD den ANSI-Zeichensatz (oder Unicode oder UTF-8) benutzt. *Umlaute und Sonderzeichen* sollten Sie bei der Arbeit mit dem ANSI-Zeichensatz besser *nicht verwenden*. Und mit Unicode oder UTF-8 weiß die Eingabeaufforderung eher gar nichts anzufangen! Da jubelt der betagte Techniker, der seit Jahren immer wieder die Strophe aufsagt (und sich selbst weitgehend daran hält), dass man auch heute Umlaute und Sonderzeichen besser nicht verwenden *sollte*, weil sie immer noch zu Problemen führen *können*. Aus diesen Gründen sollte sich unter den Werkzeugen eines Technikers auch das eine oder andere Programm befinden, mit dem sich ASCII-Dateien problem- und gefahrlos bearbeiten lassen.

EDIT

Wechseln Sie an einem beliebigen *32-Bit*-Windows-System zur Eingabeaufforderung und benutzen Sie den Befehl CD\, um das Stammverzeichnis zu aktivieren (wechseln Sie bei Bedarf mit C: das Laufwerk). Nun geben Sie an der Eingabeaufforderung EDIT ein, um das Programm zu starten (Abbildung 15.19). (Auf 64-Bit-Systemen können Sie NOTEPAD verwenden, um das Beispiel nachzuvollziehen.)

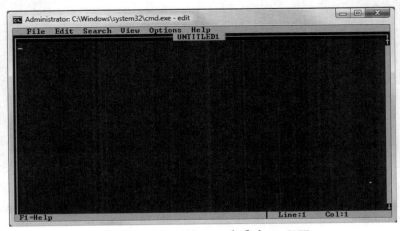

Abbildung 15.19: Die Benutzeroberfläche von EDIT

Nach dem Start von EDIT geben Sie die beiden in Abbildung 15.20 dargestellten Befehle ein. Achten Sie darauf, dass sie exakt den in der Abbildung dargestellten Zeilen entsprechen.

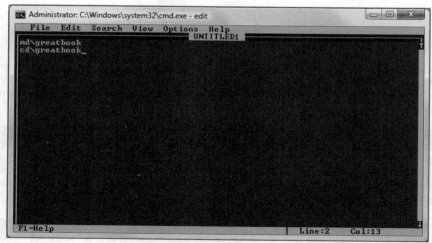

Abbildung 15.20: EDIT mit zwei Befehlen

Gut! Damit haben Sie bereits Ihre erste Batchdatei erstellt! Nun müssen Sie sie nur noch speichern. Der Name spielt zwar keine Rolle, aber wir werden sie hier FIRST.BAT nennen. Die Namenserweiterung .BAT muss aber natürlich verwendet werden. Wenn Sie [Alt] gedrückt halten, wird das Menü aktiviert. Mit [F] bzw. bei der deutschen EDIT-Version mit [D] öffnen Sie das Menü FILE bzw. DATEI. Wenn Sie nun noch [S] (SAVE bzw. SPEICHERN) betätigen, müssen Sie nur noch, wie in Abbildung 15.21 dargestellt, den Dateinamen first.bat eingeben. Wenn Sie [↵] betätigen, wird die Datei gespeichert.

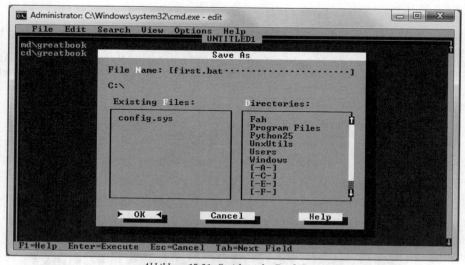

Abbildung 15.21: Speichern der Batch-Datei

Nach dem Speichern der Datei verlassen Sie EDIT durch Drücken der Tastenkombination [Alt]+[F] und Drücken von [X] (EXIT) bzw. durch [Alt]+[D] und Drücken von [B] (BEENDEN). Nun befinden

Sie sich wieder an der Eingabeaufforderung. Starten Sie das Programm durch Eingabe von first und Betätigung von ⏎. Das Ergebnis sollte Abbildung 15.22 ähneln.

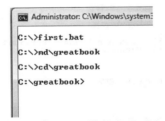

Abbildung 15.22: Ausführen der Batchdatei

Die Batchdatei hat einen Ordner angelegt und diesen aktiviert. Führen Sie die erste Batchdatei nicht erneut aus, da Sie damit jetzt ein Unterverzeichnis im aktuellen Ordner erstellen würden!

Nun kehren wir wieder in das Stammverzeichnis des Laufwerks C: zurück, um die Datei first.bat zu bearbeiten. Geben Sie diesmal EDIT first.bat ein und betätigen Sie ⏎. Die Batchdatei wird angezeigt und kann bearbeitet werden. Ändern Sie die Batchdatei nun so, dass sie wie in Abbildung 15.23 aussieht. Verwenden Sie dabei die Pfeiltasten, um die Schreibmarke zu bewegen, und Entf, um einzelne Zeichen zu löschen.

Hinweis

Die meisten der in Editor, Word usw. verwendeten Tastenkürzel lassen sich auch in EDIT benutzen. Wenn Sie die entsprechenden Tastenkürzel kennen, funktionieren sie großteils auch in EDIT. Was aber unter Vista in EDIT wahrscheinlich nicht mehr funktioniert, ist die deutsche Tastaturbelegung. Den Bindestrich können Sie ja noch oben rechts auf der Tastatur im Ziffernblock eingeben. Den Doppelpunkt erreichen Sie bei der englischen Tastaturbelegung über ⇧+Ö.

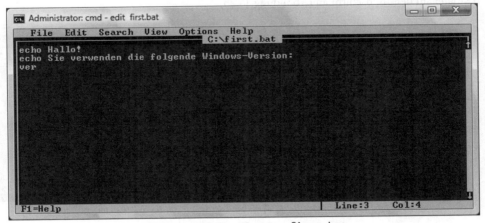

Abbildung 15.23: Neue Version von first.bat

Der Befehl VER zeigt die aktuelle Windows-Version auf dem Bildschirm an. Der Befehl ECHO sorgt für die Ausgabe des nachfolgenden Textes auf dem Bildschirm. Wenn Sie die Batchdatei speichern und anschließend ausführen, sollte das Ergebnis Abbildung 15.24 ähneln.

Kapitel 15

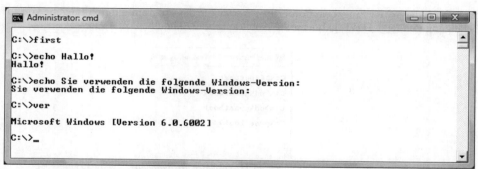

Abbildung 15.24: Ausführung von VER zur Anzeige der aktuellen Windows-Version

Na, das sieht ja nicht gerade schön aus. Bearbeiten Sie die Datei first.bat also noch einmal und fügen Sie die folgende Zeile als erste Zeile ganz am Anfang ein:

    @echo off

Tipp

Bei englischer Tastenbelegung können Sie das Zeichen @ über die Tastenkombination [Alt]+[6]+[4] erzeugen, wobei Sie für die Ziffern den numerischen Tastaturblock benutzen müssen. Weitere derartige Codes können Sie bei Bedarf übrigens Abbildung 15.11 entnehmen.

Führen Sie dann first.bat wieder aus. Das Ergebnis sollte deutlich besser aussehen! Der Befehl @ECHO OFF sorgt dafür, dass die Befehle selbst nicht mehr angezeigt werden und nur noch das Ergebnis zu sehen ist.

Manchmal will man eine Batchdatei einfach nur anzeigen. Der Befehl TYPE zeigt den Inhalt einer Textdatei auf dem Bildschirm an (Abbildung 15.25).

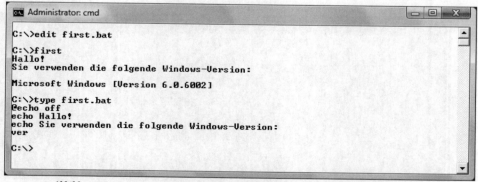

Abbildung 15.25: Mit dem Befehl TYPE kann der Inhalt von Batchdateien angezeigt werden.

Vorsicht

Benutzen Sie den Befehl TYPE nur für Textdateien, denn ansonsten sind die Ergebnisse nicht vorhersehbar.

Einer der irritierenden Aspekte an Batchdateien ist der, dass sie manchmal nicht funktionieren, sofern sie nicht aus dem Verzeichnis heraus gestartet werden, in dem sie gespeichert sind. Das liegt an den so

Die Eingabeaufforderung

genannten *Pfadeinstellungen*. Wenn Sie die Eingabeaufforderung starten, lädt Windows jeweils eine Reihe von Standardeinstellungen. Diese Einstellungen können Sie sich anzeigen lassen, wenn Sie den Befehl SET ausführen. Abbildung 15.26 zeigt die Ausgabe des SET-Befehls.

```
C:\>set
ALLUSERSPROFILE=C:\ProgramData
APPDATA=C:\Users\MSI3800User\AppData\Roaming
CommonProgramFiles=C:\Program Files\Common Files
COMPUTERNAME=MSI3800PC
ComSpec=C:\Windows\system32\cmd.exe
FP_NO_HOST_CHECK=NO
HOMEDRIVE=C:
HOMEPATH=\Users\MSI3800User
LOCALAPPDATA=C:\Users\MSI3800User\AppData\Local
LOGONSERVER=\\MSI3800PC
NUMBER_OF_PROCESSORS=2
OS=Windows_NT
Path=C:\Windows\system32;C:\Windows;C:\Windows\System32\Wbem;C:\Windows\System32
\WindowsPowerShell\v1.0\
PATHEXT=.COM;.EXE;.BAT;.CMD;.VBS;.VBE;.JS;.JSE;.WSF;.WSH;.MSC
PROCESSOR_ARCHITECTURE=x86
PROCESSOR_IDENTIFIER=x86 Family 15 Model 75 Stepping 2, AuthenticAMD
PROCESSOR_LEVEL=15
PROCESSOR_REVISION=4b02
ProgramData=C:\ProgramData
ProgramFiles=C:\Program Files
PROMPT=$P$G
PUBLIC=C:\Users\Public
SystemDrive=C:
SystemRoot=C:\Windows
TEMP=C:\Users\MSI380~1\AppData\Local\Temp
TMP=C:\Users\MSI380~1\AppData\Local\Temp
USERDOMAIN=MSI3800PC
USERNAME=MSI3800
USERPROFILE=C:\Users\MSI3800User
windir=C:\Windows

C:\>
```

Abbildung 15.26: Mit SET lassen sich Einstellungen von Umgebungsvariablen anzeigen.

Sie müssen zwar nicht alles verstehen, was SET anzeigt, aber die mit Path= beginnende Zeile ist doch wichtig. Diese Zeile teilt Windows mit, wo es nach Programmen (oder Batchdateien) suchen soll, wenn sich diese nicht im aktuellen Verzeichnis befinden. Wenn Sie z.B. einen Ordner namens C:\batch erstellen und hier alle Batchdateien speichern, dann können Sie den Befehl PATH an der Eingabeaufforderung ausführen, um sich den aktuell gesetzten Pfad anzeigen zu lassen (Abbildung 15.27).

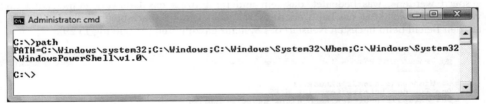

Abbildung 15.27: PATH zeigt den aktuell gesetzten Zugriffspfad an.

Nun können Sie den Befehl PATH erneut angeben und diesmal %PATH%;C:\batch anfügen (Abbildung 15.28). Bei dem Teil %PATH% handelt es sich um eine Variable, die den aktuell gesetzten Pfadeinstellungen entspricht. Damit, dass ich diese Variable vor meinen Batch-Ordner stelle, teile ich dem Befehl PATH mit, dass die bisherigen Einstellungen erhalten bleiben sollen und nur c:\batch hinzugefügt werden soll. Nun können Sie alle Ihre Batchdateien in diesem Ordner ablegen, so dass sie immer funktionieren sollten.

Kapitel 15

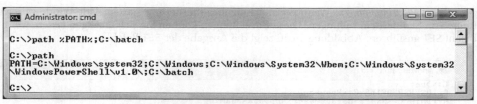

Abbildung 15.28: Einen Ordner zum Zugriffspfad hinzufügen

Hinweis

Unter Windows 2000/XP können Sie die Datei BOOT.INI mit dem EDIT bearbeiten. Achten Sie jedoch darauf, dass Sie zuvor mit ATTRIB die Attribute SYSTEM und HIDDEN (Versteckt) deaktivieren. Unter Windows Vista/7 werden in den *Boot-Konfigurationsdaten* (*BCD – Boot Configuration Data*) Parameter und Objekte gespeichert, die den Systemstart steuern. Um in den Boot-Konfigurationsdaten gespeicherte Objekte zu ändern, zu löschen und zu bearbeiten, verwenden Sie hier das Befehlszeilenprogramm BCDEDIT.EXE.

Und noch mehr Tools, Utilities und Befehle

Als tüchtiger IT-Techniker im Außeneinsatz müssen Sie mit einer Menge von Befehlszeilenprogrammen und anderen wichtigen Dienstprogrammen vertraut sein. Die Prüfung 220-702 der CompTIA konzentriert sich nur auf einige dieser Programme. Und obwohl viele bereits in vorherigen Kapiteln detailliert vorgestellt wurden, ist es äußerst wichtig, dass Sie CHKDSK, FORMAT und SFC verstehen und praktisch einsetzen können.

CHKDSK (/F /R)

Der Befehl CHKDSK *(Checkdisk)* durchsucht Festplatten und Volumes und kann Fehler und Probleme beheben, die er darauf erkennt. Sie können das Dienstprogramm CHKDSK von der Befehlszeile aus mit den Schaltern /F und /R ausführen. Der Schalter /F versucht, Fehler auf den Volumes zu beheben, während der Schalter /R defekte Sektoren ausfindig zu machen und diese zu reparieren versucht. Um erfolgreich ausgeführt zu werden, benötigt CHKDSK direkten Zugriff auf ein Laufwerk. Anders ausgedrückt muss das Laufwerk »entsperrt« sein. Wenn Sie CHKDSK /F /R ausführen und das Laufwerk nicht entsperrt werden kann, dann erhalten Sie die Meldung »Das aktuelle Laufwerk kann nicht gesperrt werden«, was bedeutet, dass ein anderer Prozess das Laufwerk gesperrt hat und damit verhindert, dass CHKDSK das Laufwerk selbst schließen kann. Danach bietet Ihnen CHKDSK die Option an, den Befehl beim nächsten Neustart des Systems auszuführen (Abbildung 15.29).

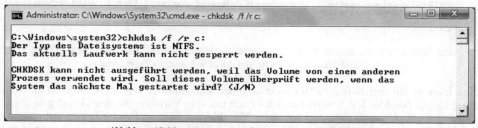

Abbildung 15.29: CHKDSK /F /R bei einem gesperrten Laufwerk

FORMAT

Nach den vorherigen Kapiteln sollten Sie Experte im Formatieren und Partitionieren von Festplatten sein (oder damit zumindest recht gut vertraut sein). Wie Sie wissen, handelt es sich bei der Formatierung um den Vorgang des Löschens oder der Vorbereitung einer partitionierten Platte für die

Aufnahme eines Betriebssystems oder von Daten. Wir sind bereits die verschiedenen verfügbaren Windows-internen Dienstprogramme durchgegangen, mit denen Laufwerke formatiert werden können, und zweifellos wissen Sie, dass eine Unmenge entsprechender Dienstprogramme von Drittanbietern erhältlich ist. In diesem Kapitel müssen Sie sich nur mit dem Befehl FORMAT und seinen Schaltern vertraut machen.

Wie Sie sich vielleicht denken können, können Sie mit dem Befehl FORMAT Festplatten über die Eingabeaufforderung formatieren. Am besten machen Sie sich mit dem Befehl FORMAT und seinen verfügbaren Schaltern einfach durch Eingabe von FORMAT /? an der Eingabeaufforderung vertraut. Die Ausgabe dieses Befehls sollte Abbildung 15.30 ähneln.

Abbildung 15.30: Der Befehl FORMAT /? an der Eingabeaufforderung

Auch wenn sich die neuen A+-Prüfungen der CompTIA vorrangig auf die unter der grafischen Benutzeroberfläche verfügbaren Dienstprogramme und Optionen konzentrieren, sollten Sie sich auch mit dem Befehl FORMAT und dessen Schaltern vertraut machen und diese auf einem Testsystem ausprobieren, bei dem Sie wirklich bedenkenlos alle Daten löschen können. Abgesehen davon können Sie sich auch nie sicher sein, welche Leichen die CompTIA wieder einmal ausgräbt.

SFC (System File Checker)

SFC (System File Checker), das Windows-Ressourcenüberprüfungsprogramm oder einfach SFC.EXE, durchsucht das System nach wichtigen Windows-Systemdateien und stellt diese neben wichtigen Ordnern und Pfaden wieder her. Techniker benutzen das SFC-Dienstprogramm häufig aus einer noch funktionierenden Windows-Version oder von einer Windows-Installationsdisc aus, um eine beschädigte Windows-Umgebung zu reparieren. Wenn Sie SFC ausführen und Probleme erkannt werden, dann versucht das Programm, beschädigte oder fehlende Dateien durch die im Verzeichnis %WinDir%\System32\Dllcache\ zwischengespeicherten DLLs zu ersetzen. Ohne allzu tief in die damit verbundene Wissenschaft abzutauchen, sollten Sie zumindest wissen, dass Sie SFC dazu einsetzen können, um beschädigte Systemdateien wieder zu korrigieren. Um SFC von der Eingabeaufforderung aus zu starten, geben Sie SFC /SCANNOW ein. Um sich selbst mit den Schaltern von SFC vertraut zu machen, geben Sie SFC /? ein (Abbildung 15.31).

Abbildung 15.31: Anzeige der Optionen des Befehls SFC an der Eingabeaufforderung

Jenseits von A+

Benutzung der Funktionstasten

Falls Sie in der Eingabeaufforderung wiederholt dieselben oder wenigstens einander sehr ähnliche Befehle eingeben müssen, stellt Microsoft eine Reihe von Verfahren zur Verfügung, mit denen Sie auf bereits eingegebene Befehle wiederholt zurückgreifen können. Geben Sie z.B. an der Eingabeaufforderung DIR ein. Wieder an der Eingabeaufforderung betätigen Sie [F1]. Nun sehen Sie den Buchstaben »D«. Bei erneuter Betätigung von [F1] erscheint nach dem »D« der Buchstabe »I«. Mit [F1] können Sie also die einzelnen Buchstaben des vorherigen Befehls einzeln zurückholen. Mit [F3] wird der komplette, zuletzt eingegebene Befehl angezeigt. Jetzt probieren Sie die folgenden drei Befehle aus:

Die Eingabeaufforderung

```
DIR /W
ATTRIB
MD FRED
```

Jetzt drücken Sie die Taste [Pfeil ↑]. Drücken Sie sie so lange, bis Sie Ihren ursprünglichen DIR-Befehl wieder sehen – Sie sehen den Verlauf für alle Ihre ausgeführten Befehle. Jetzt drücken Sie [Pfeil →] und tragen am Ende Ihres DIR-Befehls /P ein. Die Nutzung des Befehlsverlaufs unter Windows ist sehr praktisch.

Compact und Cipher

Windows XP und Vista enthalten zwei tolle Befehle, die über die Eingabeaufforderung gestartet werden: COMPACT und CIPHER. COMPACT zeigt die Komprimierung von Dateien auf NTFS-Partitionen an oder ändert diese. CIPHER zeigt die Verschlüsselung von Dateien und Ordnern auf NTFS-Partitionen an oder verändert diese. Wenn Sie nur den Befehl ohne Parameter eingeben, zeigen COMPACT und CIPHER den Komprimierungsstatus bzw. den Verschlüsselungsstatus des aktuellen Ordners und aller darin enthaltenen Dateien an. Sie können mehrere Ordnernamen angeben, und Sie können Wildcards verwenden, wie Sie in diesem Kapitel bereits erfahren haben. Wenn die Befehle irgendetwas ändern sollen, müssen Sie Parameter angeben. Beispielsweise können Sie mit dem COMPACT-Befehl und /C Ordner und/oder Dateien komprimieren und mit /U dekomprimieren, und mit dem CIPHER-Befehl mit /E Ordner und/oder Dateien verschlüsseln und mit /D entschlüsseln. Wenn Sie diese Operationen ausführen, werden auch die betreffenden Ordner so markiert, dass alle Dateien, die Sie ihnen zukünftig hinzufügen, ebenfalls ihre Verschlüsselungs- oder Komprimierungseigenschaften übernehmen. Mit anderen Worten, wenn Sie einen Ordner und all seine Dateien verschlüsseln, werden alle Dateien, die Sie ihm später hinzufügen, ebenfalls verschlüsselt. Dasselbe gilt für das Komprimieren von Ordnern. Ich werde gleich ein paar Beispiele für die beiden Befehle vorstellen.

COMPACT

Zuerst probieren wir den Befehl COMPACT aus. Abbildung 15.32 zeigt, was passiert, wenn der Befehl COMPACT ohne Parameter eingegeben wird. Er zeigt den Komprimierungsstatus des Inhalts eines Ordners namens compact auf dem Laufwerk C: des Systems. Beachten Sie, dass COMPACT hinter der Dateiliste freundlicherweise mitteilt, wie viele Dateien komprimiert und wie viele nicht komprimiert sind, ebenso wie das Gesamtkomprimierungsverhältnis.

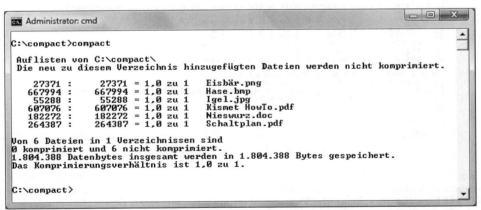

Abbildung 15.32: Der Befehl COMPACT ohne Schalter

Wenn Sie den Befehl COMPACT mit dem Schalter /C eingeben, komprimiert er alle Dateien im betreffenden Ordner (Abbildung 15.33). Betrachten Sie die Dateiliste genauer. Sie enthält die Originalgröße und die komprimierte Größe der Dateien und berechnet deren Komprimierungsverhältnis. Beachten

Sie außerdem, dass JPG- und PNG-Dateien (komprimierte Grafikformate) und WAV-Dateien überhaupt nicht komprimiert werden, während Word-Dateien und BMP-Dateien (ein nicht komprimiertes Grafikformat) häufig auf weniger als ein Drittel ihrer Originalgröße komprimiert werden. Erkennen Sie auch, was nun unten in der Abbildung anders ist? COMPACT behauptet, *sieben* Dateien in *zwei* Verzeichnissen komprimiert zu haben! Wie kann das denn sein? Das Geheimnis besteht darin, dass beim Komprimieren aller Dateien in einem Verzeichnis auch die Verzeichnisdatei selbst komprimiert werden muss, die sich im Beispiel »im« übergeordneten Verzeichnis C:\ befindet. Daher wird richtig berichtet, dass sieben Dateien komprimiert wurden, sechs im Ordner COMPACT und eine im Ordner C:\.

```
C:\compact>compact /C

 Festlegen von Verzeichnis C:\compact\, um neue Dateien zu komprimieren.[OK]

 Komprimieren der Dateien in C:\compact\.

Eisbär.png              27371 :      27371 = 1,0 zu 1 [OK]
Hase.bmp               667994 :     114688 = 5,8 zu 1 [OK]
Igel.jpg                55288 :      55288 = 1,0 zu 1 [OK]
Kismet HowTo.pdf       607076 :     585728 = 1,0 zu 1 [OK]
Nieswurz.doc           182272 :      94208 = 1,9 zu 1 [OK]
Schaltplan.pdf         264387 :     241664 = 1,1 zu 1 [OK]

7 Dateien in 2 Verzeichnissen wurden komprimiert.
1.804.388 Datenbytes insgesamt werden in 1.118.947 Bytes gespeichert.
Das Komprimierungsverhältnis ist 1,6 zu 1.

C:\compact>
```

Abbildung 15.33: COMPACT /C komprimiert den Inhalt des Ordners.

Wenn Sie jetzt erneut COMPACT eingeben, wird eine Liste des Ordnerinhalts angezeigt. Neben den komprimierten Dateien steht ein C (Abbildung 15.34).

```
C:\compact>compact

 Auflisten von C:\compact\
 Die neu zu diesem Verzeichnis hinzugefügten Dateien werden komprimiert.

     27371 :      27371 = 1,0 zu 1 C Eisbär.png
    667994 :     114688 = 5,8 zu 1 C Hase.bmp
     55288 :      55288 = 1,0 zu 1 C Igel.jpg
    607076 :     585728 = 1,0 zu 1 C Kismet HowTo.pdf
    182272 :      94208 = 1,9 zu 1 C Nieswurz.doc
    264387 :     241664 = 1,1 zu 1 C Schaltplan.pdf

Von 6 Dateien in 1 Verzeichnissen sind
6 komprimiert und 0 nicht komprimiert.
1.804.388 Datenbytes insgesamt werden in 1.118.947 Bytes gespeichert.
Das Komprimierungsverhältnis ist 1,6 zu 1.

C:\compact>
```

Abbildung 15.34: Die Dateien wurden komprimiert.

Angenommen, Sie wollen eine Datei dekomprimieren. Dazu verwenden Sie die Dekomprimierungsoperation mit dem Schalter /U und dem Namen der zu dekomprimierenden Datei (Abbildung 15.35). COMPACT meldet die erfolgreiche Dekomprimierung einer einzelnen Datei. Mit dem Schalter /C und Angabe des Dateinamens kann die Datei wieder komprimiert werden.

Hinweis

Lassen Sie sich von der Meldung »waren nicht komprimiert« nicht täuschen. Hier müsste eigentlich stehen: »wurden dekomprimiert«.

Die Eingabeaufforderung

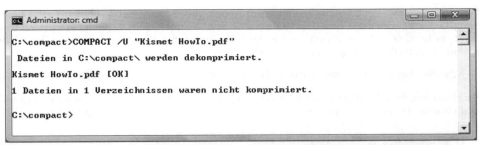

Abbildung 15.35: Mit COMPACT /U werden Dateien dekomprimiert.

CIPHER

Der Befehl CIPHER ist etwas kompliziert, aber in der grundlegenden Implementierung einfach nachzuvollziehen. Abbildung 15.36 zeigt zwei Schritte des Prozesses. Wie COMPACT zeigt auch CIPHER einfach den aktuellen Status der Dateien an, wenn der Befehl ohne Schalter eingegeben wird. Beachten Sie den Buchstaben U links neben den Dateinamen, das heißt, sie sind nicht verschlüsselt. Der zweite Befehl in Abbildung 15.36 lautet:

```
C:\cipher\>cipher /E /A
```

Jetzt verwendet der Befehl CIPHER zwei Schalter: /E gibt die Verschlüsselungsoperation an, und /A wendet sie auf die *Dateien* im Ordner und nicht nur auf den Ordner selbst an. Wie Sie sehen, ist die Befehlszeile hier recht geschwätzig. Sie meldet, dass eine Verschlüsselung stattfindet, zeigt dann an, was alles gemacht wurde, und warnt Sie, dass Sie alle nicht verschlüsselten Daten aus dem Ordner entfernen sollten.

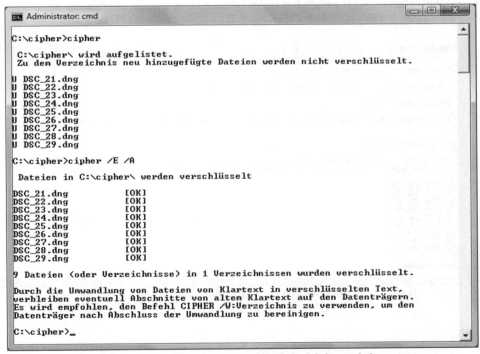

Abbildung 15.36: CIPHER /E /A verschlüsselt den Inhalt eines Ordners.

Um die Ergebnisse der CIPHER-Operation anzusehen, geben Sie erneut den Befehl CIPHER ein (Abbildung 15.37). Beachten Sie, dass das U links neben den Dateinamen jetzt durch ein E ersetzt wurde, das heißt, es handelt sich um verschlüsselte Dateien. Der andere Hinweis, dass dieses Verzeichnis verschlüsselt ist, ist die Anzeige oberhalb der Dateiliste:

> Zu dem Verzeichnis neu hinzugefügte Dateien werden nicht verschlüsselt.

Beachten Sie, dass der Befehl CIPHER hauptsächlich zum Verschlüsseln von Ordnern verwendet wird und einzelne Dateien nur dann verschlüsselt, wenn er ausdrücklich dazu aufgefordert wird.

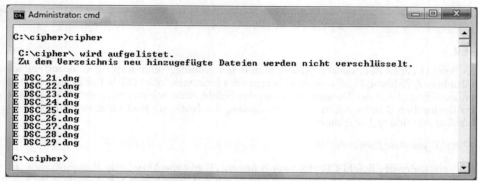

Abbildung 15.37: Der Befehl CIPHER bestätigt, dass die Dateien verschlüsselt wurden.

Das ist praktisch, aber was machen Sie, wenn Sie *eine* Datei entschlüsseln wollen? Wissen Sie, wie Sie den Befehl variieren müssen? Sie geben einfach den Namen der zu verschlüsselnden Datei hinter dem Befehl sowie die gewünschten Schalter an. Abbildung 15.38 zeigt die Ausführung des Befehls CIPHER zum Entschlüsseln einer einzelnen Datei.

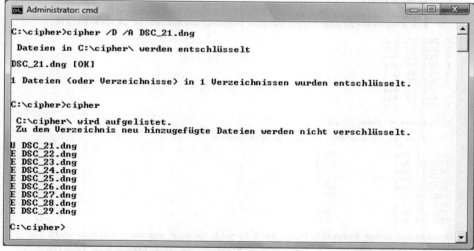

Abbildung 15.38: Mit CIPHER /D /A und dem Dateinamen wird eine einzelne Datei entschlüsselt.

Wiederholung

Fragen

1. Wie viele 8-Bit-Zeichen definiert der ASCII-Standard?
   A. 64
   B. 256
   C. 512
   D. 64.000

2. Wie lautet der korrekte Pfad für eine Datei namens YODA.TXT auf dem C:-Laufwerk in einem Ordner namens JEDI, der sich im Ordner REBELS befindet, der sich wiederum im Stammverzeichnis befindet?
   A. C:\ROOT\JEDI\YODA.TXT
   B. C:\JEDI\REBELS\YODA.TXT
   C. C:\REBELS\JEDI\YODA.TXT
   D. C:\ROOT\REBELS\JEDI\YODA.TXT

3. Welcher Befehl löscht alle Dateien in einem Ordner?
   A. DEL *.*
   B. DEL ALL
   C. DEL ?.?
   D. DEL *.?

4. Welcher Befehl legt in einem Windows-XP-Professional-System einen neuen Ordner an?
   A. MF
   B. MKFOL
   C. MD
   D. MAKEDIR

5. Welchen Befehl geben Sie in das Dialogfeld AUSFÜHREN ein, um auf die Befehlszeilenoberfläche von Windows XP zuzugreifen?
   A. CMD
   B. COMMAND
   C. MSDOS
   D. CP

6. Frank will den Namen einer Datei von START.BAT in HAMMER.BAT ändern. Welchen der folgenden Befehle verwendet er dazu?
   A. REN HAMMER.BAT START.BAT
   B. REN START.BAT HAMMER.BAT
   C. RENAME /S START.BAT HAMMER.BAT
   D. RENAME /S HAMMER.BAT START.BAT

7. Um was für Zeichen handelt es sich beim Stern (*) und dem Fragezeichen (?)?
   A. Wildcards
   B. Optionale
   C. Bezeichner
   D. Schalter

8. Mit welchem Befehl wird die Datei MYFILE.TXT schreibgeschützt?
   A. ATTRIB +R MYFILE.TXT
   B. ATTRIB -R MYFILE.TXT
   C. READONLY MYFILE.TXT
   D. MYFILE.TXT /READONLY

9. Was geben Sie ein, um mehr über die Syntax des Befehls DIR zu erfahren?
   A. HELP DIR
   B. DIR /?
   C. DIR /HELP
   D. A. oder B.

10. Mit welchem Befehl verlassen Sie die Befehlszeilenoberfläche?
    A. EXIT
    B. BYE
    C. QUIT
    D. STOP

Antworten

1. **B.** Der ASCII-Standard umfasst 256 Zeichen, weil mit 8 Bit nicht mehr möglich ist!
2. **C.** Sie finden die Datei YODA.TXT im Ordner C:\REBELS\JEDI\.
3. **A.** Mit der Wildcard-Kombination *.* werden alle Dateien in einem Ordner angesprochen.
4. **C.** MD legt ein Verzeichnis bzw. einen Ordner an. Sie können auch die ältere Form MKDIR verwenden.
5. **A.** Sie geben den Befehl CMD im Dialogfeld AUSFÜHREN ein, um unter Windows 2000/XP auf eine Eingabeaufforderung zuzugreifen.
6. **B.** Der Befehl REN benennt die Datei unter Verwendung der richtigen Syntax um: REN START.BAT HAMMER.BAT.
7. **A.** Der Stern und das Fragezeichen sind Wildcards für Befehle an der Eingabeaufforderung.
8. **A.** Der Befehl ATTRIB +R MYFILE.TXT bewirkt, dass MYFILE.TXT schreibgeschützt wird.
9. **D.** Um mehr über die Befehle in der Eingabeaufforderung zu erfahren, geben Sie den Befehl gefolgt vom Schalter /? oder HELP mit anschließendem Befehlsnamen ein.
10. **A.** Geben Sie EXIT ein und drücken Sie ⏎, um die Eingabeaufforderung unter Windows zu verlassen.

16

Windows-Ressourcen schützen

Themen in diesem Kapitel
- Benutzer und Gruppen unter Windows erstellen und verwalten
- NTFS-Berechtigungen für die Autorisierung definieren und nutzen
- Wie Windows-Rechner sicher gemeinsam genutzt werden können

Sie könnten mich fragen, welcher einzelne Aspekt ausschlaggebend dafür ist, dass Microsoft Windows das weltweit verbreitetste Betriebssystem ist. Ich würde dann antworten, dass sich mit Windows Ressourcen, einzelne Rechner und ganze Netzwerke besonders leicht schützen lassen. Wenn es um den Schutz geht, dann ist Windows wirklich führend. Windows verwendet eine Kombination von Benutzerkonten und Gruppen, die im NTFS-Dateisystem verankert ist, um Dateien und Ordner umfassend zu schützen. Diese Kombination von Benutzern, Gruppen und NTFS lässt sich von einzelnen Rechnern bis hin zu riesigen weltumspannenden Rechnernetzwerken skalieren. Die Windows-Schutzmaßnahmen hören aber auch nicht bei Dateien und Ordnern auf.

Das einzige ernsthafte Problem bei der ganzen herausragenden Sicherheit besteht darin, dass unter Windows die Grenzen zwischen dem Schutz einzelner Rechner und dem Schutz von Rechnern im Netzwerk verschwimmen. In diesem Kapitel werden wir uns mit dem Aspekt der Windows-Sicherheit für einen einzelnen, eigenständigen Rechner befassen. In Kapitel 26 (*Computersicherheit*) werden wir uns dann mit den meisten Sicherheitsaspekten noch einmal befassen und uns ansehen, wie sich mit denselben Tools Rechner im vernetzten Umfeld schützen lassen.

Essentials/Practical Application

Authentifizierung über Benutzer und Gruppen

Der Schutz Ihrer Daten basiert im Wesentlichen auf zwei verwandten Prozessen, der Authentifizierung und der Autorisierung. Bei der *Authentifizierung* handelt es sich um den Vorgang, über den festgestellt wird, ob es sich bei der Person an einem Rechner um die Person handelt, die sie vorgibt zu sein. Zumeist erfolgt die Authentifizierung über einen Benutzernamen und ein Kennwort. Wenn ein Benutzer erst einmal authentifiziert ist, muss er *autorisiert* werden. Bei der *Autorisierung* wird festgelegt, was einem Benutzer bei einem bestimmten System erlaubt bzw. untersagt ist. Die Autorisierung, mit der wir uns im zweiten Abschnitt dieses Kapitels befassen werden, wird – zumindest bei Dateien und Ordnern – vom NTFS-Dateisystem kontrolliert.

> **Wichtig**
>
> Die Prüfungen *Essentials* und *Practical Application* überlappen sich bei den in diesem Kapitel behandelten Themen stark. Der Stoff ist entsprechend für beide Prüfungen wichtig.

> **Hinweis**
>
> Das *Prinzip des kleinsten Privilegs* bietet unter Sicherheitsaspekten einen guten Ansatz, um zu bestimmen, welcher Benutzerkontentyp einer bestimmten Person zugeordnet werden soll. Letztlich wollen Sie Benutzern nur gerade jene Rechte einräumen, die sie zur Erledigung ihrer Aufgaben benötigen, aber nicht mehr. Durch Einräumen übermäßiger Rechte würde man förmlich Probleme und Zwischenfälle herausfordern, die es zu vermeiden gilt.

Microsofts Lösung für den Prozess der Authentifizierung/Autorisierung ist einzigartig. Auf jedem Windows-Rechner wird eine Liste mit Namen von Benutzern gespeichert, die auf ein System zugreifen dürfen. Wenn Windows startet, dann wird irgendein Anmeldebildschirm angezeigt, in dem Sie Ihren Benutzernamen eingeben (oder auswählen) können. Anschließend tippen Sie dann ein paar geheime Daten (üblicherweise ein Kennwort) ein, um zu bestätigen, dass Sie wirklich die Person mit dem angegebenen Benutzernamen sind. Diese einzelnen Datensätze werden *lokale Benutzerkonten* genannt. Wenn für Sie auf einem bestimmten System kein lokales Benutzerkonto erstellt wurde, dann können Sie sich bei diesem Computer nicht anmelden (Abbildung 16.1).

Abbildung 16.1: Der Anmeldebildschirm von Windows Vista

Unter den verschiedenen Windows-Versionen gibt es einander ähnelnde Anwendungen zum Erstellen von Benutzerkonten. Sie sind aber doch so verschieden, dass wir sie praktischerweise einzeln behandeln werden. Dann betrachten wir die Nutzung von Kennwörtern und Gruppen zur Verwaltung von Benutzern, einer Aufgabe, die unter allen Windows-Versionen anliegt.

Benutzerverwaltung unter Windows 2000

Ein praktisches Werkzeug zur Verwaltung von Benutzern ist unter Windows 2000 das Applet BENUTZER UND KENNWÖRTER (Abbildung 16.2). Sie erreichen dieses Tool über die Systemsteuerung.

Abbildung 16.2: Das Applet BENUTZER UND KENNWÖRTER

Bei der Installation von Windows 2000 werden standardmäßig zwei Benutzerkonten auf dem Computer angelegt, Administrator und Gast. Sie können sich auch dafür entscheiden, dass das System Sie für den einzigen Benutzer des Rechners hält und Sie bei der Windows-Anmeldung nicht zur Eingabe von Benutzername und Kennwort auffordert. Wie Sie sich wohl vorstellen können, schränkt dies die Sicherheit des Windows-Rechners stark ein.

Diese Einstellung können Sie nach der Installation über das Applet BENUTZER UND KENNWÖRTER in der Systemsteuerung unter BENUTZER MÜSSEN FÜR DEN COMPUTER BENUTZERNAMEN UND KENNWORT EINGEBEN prüfen. Abbildung 16.3 enthält an dieser Stelle ein aktiviertes Kontrollkästchen, was bedeutet, dass bei jedem Systemstart ein Anmeldedialogfeld angezeigt wird. Beachten Sie außerdem, dass anfangs nur der Administrator als einziger Benutzer erstellt wird. Über dieses Konto melden Sie sich an, wenn Sie kein Benutzerkonto verwenden.

Hinweis

Wenn der Rechner kein Mitglied einer Domäne ist, können Sie bei der Windows-Installation festlegen, dass Sie der einzige Benutzer des Rechners sind und dass das Anmeldedialogfeld nicht angezeigt wird.

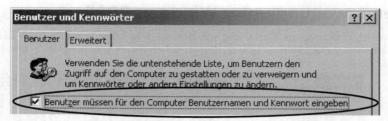

Abbildung 16.3: Die Sicherheit beginnt mit dem Aktivieren von BENUTZER MÜSSEN FÜR DEN COMPUTER BENUTZERNAMEN UND KENNWORT EINGEBEN.

Die Verwendung des Administratorkontos ist praktisch, wenn Sie administrative Aufgaben erledigen und etwa Aktualisierungen installieren, Drucker hinzufügen, Programme und Windows-Komponenten hinzufügen und entfernen oder Benutzer und Gruppen erstellen. Zur Erledigung von Alltagstätigkeiten wie dem Schreiben und Drucken von Berichten, Surfen im Internet und Computerspielen jedoch sollten Sie sich aber auch bei Ihrem eigenen Computer niemals mit einem so mächtigen Konto anmelden. Auf diese Weise lässt sich viel besser kontrollieren, was mit dem Rechner passieren kann.

Es gibt im Applet BENUTZER UND KENNWÖRTER noch eine weitere Einstellung, die aus Sicherheitsgründen sehr wichtig ist, nämlich EINSTELLUNGEN FÜR EINEN SICHEREN NEUSTART auf der Registerkarte ERWEITERT. Wenn Sie dort das Kontrollkästchen aktivieren (Abbildung 16.4), müssen die Benutzer vor der Anmeldung stets [Strg]+[Alt]+[Entf] drücken. Diese Einstellung schützt vor gewissen Viren, die Ihren Benutzernamen und das Kennwort abzufangen versuchen und zu diesem Zweck ein vorgetäuschtes Anmeldedialogfenster anzeigen. Durch Drücken von [Strg]+[Alt]+[Entf] wird ein Programm dieser Art aus dem Speicher entfernt und das originale Anmeldedialogfenster angezeigt.

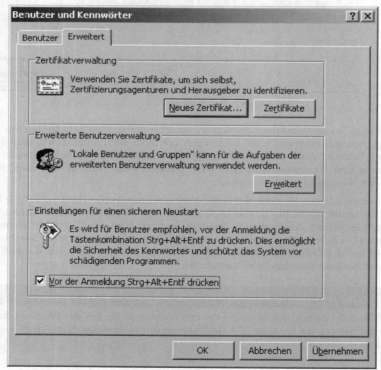

Abbildung 16.4: Machen Sie Ihren Computer sicherer durch Änderung der EINSTELLUNGEN FÜR EINEN SICHEREN NEUSTART.

Hinweis

Wenn der Zwang zur Eingabe von Benutzername und Kennwort deaktiviert wurde, kann unter Windows 2000 (und auch anderen Windows-Versionen) jeder mit direktem Zugriff auf den Rechner diesen einschalten und ohne Eingabe von Benutzername und Kennwort benutzen. Das wäre potenziell eine sehr große Gefahr!

Nach dem Erstellen eines neuen Benutzerkontos kann der Benutzer sich mit seinem Namen und Kennwort anmelden. Der Administrator kann ferner Rechte und Berechtigungen des Benutzers einstellen und seine Zugriffe auf Netzwerkressourcen überwachen. Deshalb empfiehlt es sich, bei Desktop-PCs Benutzer zu erstellen. Sie nutzen im kleinen Rahmen dieselben Konzepte wie Administratoren von Domänen. Wir wollen diese Schritte für Windows 2000 genauer betrachten.

Hinweis

Zum Erstellen und Verwalten von Benutzern müssen Sie als Administrator oder Mitglied der lokalen Administratorgruppe angemeldet sein oder ein Administratorkonto besitzen. Weisen Sie dem Administratorkonto ein Kennwort zu, damit nur autorisierte Benutzer Zugang zu diesem allmächtigen Konto haben.

Öffnen Sie nach der Anmeldung als Administrator bzw. Mitglied der lokalen Administratorgruppe das Applet BENUTZER UND KENNWÖRTER in der Systemsteuerung und klicken Sie die Schaltfläche HINZUFÜGEN an. Nun wird der Assistent NEUEN BENUTZER HINZUFÜGEN gestartet (Abbildung 16.5). Geben Sie den Namen an, mit dem sich der Benutzer anmelden wird. Geben Sie im Feld VOLLSTÄNDIGER NAME den Vor- und Nachnamen des Benutzers ein. Im Feld BESCHREIBUNG können Sie eine Beschreibung des Benutzers eingeben. In einem Unternehmen können Sie hier beispielsweise eine Beschreibung des Arbeitsgebiets hinterlegen. Die letzten beiden Felder sind optional.

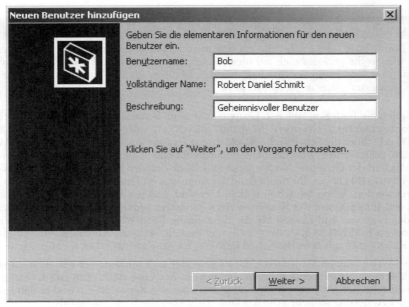

Abbildung 16.5: Das Dialogfeld NEUEN BENUTZER HINZUFÜGEN

Kapitel 16

Nach der Eingabe der Benutzerdaten klicken Sie WEITER an. Auf der nächsten Seite geben Sie das anfängliche Kennwort des neuen Benutzers ein und bestätigen es (Abbildung 16.6). Klicken Sie zum Fortfahren WEITER an.

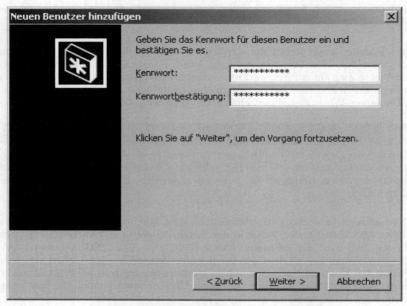

Abbildung 16.6: Ein Kennwort für den Benutzer eingeben

Vorsicht

Leere Kennwörter oder solche, die gut sichtbar auf Notizzetteln hinterlegt sind, bieten *keine Sicherheit*. Bestehen Sie grundsätzlich auf nicht leeren Kennwörtern und darauf, dass Kennwörter nicht offen und für jedermann sichtbar herumliegen. Mehr zu diesem Thema erfahren Sie im Abschnitt über Kennwörter später in diesem Kapitel.

Nun können Sie festlegen, welchen Gruppen der neue Benutzer angehören soll. Sie können eine der zwei vorgeschlagenen Gruppen (STANDARDBENUTZER oder BENUTZER MIT EINGESCHRÄNKTEM ZUGRIFF) oder über die Schaltfläche ANDERE eine Gruppe aus einer Liste auswählen. Wenn Sie STANDARDBENUTZER wählen, wird der neue Benutzer auf einem Desktop-PC unter Windows 2000 Professional Mitglied der Gruppen *Hauptbenutzer* und *lokale Benutzer*. Klicken Sie zum Schließen des Dialogfeldes FERTIG STELLEN an. Ihr neuer Benutzer sollte nun im Dialogfeld BENUTZER UND KENNWÖRTER angezeigt werden. Wenn Sie schon einmal hier sind, können Sie sich gleich davon überzeugen, wie einfach ein Administrator das Kennwort eines Benutzers ändern kann. Wählen Sie dazu einen Benutzer in der Liste aus und klicken Sie die Schaltfläche KENNWORT ÄNDERN an. Geben Sie das neue Kennwort im Feld NEUES KENNWORT ein und bestätigen Sie es. Abbildung 16.7 zeigt das Dialogfeld NEUES KENNWORT mit dem Dialogfeld BENUTZER UND KENNWÖRTER im Hintergrund.

Auf diese Weise können Sie jederzeit die Kennwörter anderer Benutzer wie auch Ihr eigenes ändern. Sie klicken den entsprechenden Benutzernamen in der Liste BENUTZER DES COMPUTERS und dann die Schaltfläche KENNWORT ÄNDERN an, geben das neue Kennwort ein und bestätigen es. Zur Übernahme der Änderung schließen Sie das Dialogfeld über die Schaltfläche OK.

Abbildung 16.7: Das Dialogfeld KENNWORT ÄNDERN

Benutzerverwaltung unter Windows XP

Windows XP verfügt über grundsätzlich dieselbe Art von Kontodatenbank wie Windows 2000. Das Applet BENUTZERKONTEN in der Systemsteuerung ersetzt das frühere Applet BENUTZER UND KENNWÖRTER und bietet eine weitere Vereinfachung der Aufgaben der Benutzerverwaltung.

Windows XP unterstützt zwei sehr unterschiedliche Methoden für den Umgang mit Benutzerkonten und wie Sie sich an einem System anmelden: die an Windows 2000 erinnernden leeren Textfelder für Benutzername und Kennwort, und den *Begrüßungsbildschirm* von Windows XP (Abbildung 16.8). Wenn Ihr Windows-XP-Computer zu einer Windows-Domäne gehört, verwendet er automatisch den klassischen Windows-Stil wie unter Windows 2000, einschließlich der Aufforderung, Strg+Alt+ Entf zu drücken, um zu den Textfeldern mit Name und Kennwort zu gelangen. Gehört Ihr Windows-XP-Computer nicht zu einer Windows-Domäne, können Sie beide Methoden verwenden, wobei der Begrüßungsbildschirm die Standardmethode darstellt. Windows XP Home und Windows XP Media Center können keiner Domäne beitreten, deshalb verwenden diese Windows-Versionen nur den Begrüßungsbildschirm. Windows Tablet PC Edition verhält sich genau wie Windows XP Professional.

Unter der Annahme, Ihr Windows-XP-System gehört *nicht* zu einer Domäne, konzentriere ich mich hier auf den Begrüßungsbildschirm von XP und einige der Optionen des Applets BENUTZERKONTEN aus der Systemsteuerung.

Kapitel 16

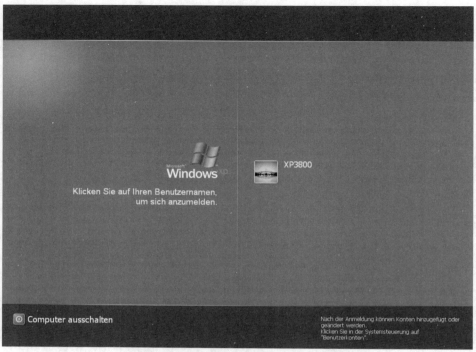

Abbildung 16.8: Begrüßungsbildschirm von Windows XP

Das Applet BENUTZERKONTEN unterscheidet sich wesentlich von dem alten Applet BENUTZER UND KENNWÖRTER unter Windows 2000. BENUTZERKONTEN beinhaltet die vollständige Benutzerliste unter Verwendung eines vereinfachten Verweises auf den Kontentyp, wobei es sich eigentlich um einen Verweis auf die Gruppenmitgliedschaft handelt. Ein Konto, das Mitglied der lokalen Administratorengruppe ist, wird als *Computeradministrator* bezeichnet. Ein Konto, das nur zur lokalen Benutzergruppe gehört, wird *eingeschränktes Konto* genannt. Welche Benutzer das Applet anzeigt, hängt davon ab, welche Art Benutzer gerade angemeldet ist (siehe Abbildung 16.9). Ist ein Administrator angemeldet, sieht er beide Kontentypen und auch das Gastkonto. Eingeschränkte Benutzer sehen nur ihr eigenes Konto.

Unter Windows XP müssen Sie während der Installation ein zweites Konto anlegen, das Mitglied der Administratorengruppe ist. Dabei handelt es sich einfach um eine Redundanzmaßnahme – wenn ein Administrator nicht zur Verfügung steht oder sich nicht am Computer anmelden kann, steht möglicherweise der andere bereit.

Benutzer lassen sich recht einfach anlegen. Sie geben einen Benutzernamen an (das Kennwort kann später hinzugefügt werden), und Sie müssen wissen, welche Art Konto angelegt werden soll: Computeradministrator oder eingeschränkt. Um unter Windows XP einen neuen Benutzer anzulegen, öffnen Sie in der Systemsteuerung das Applet BENUTZERKONTEN und klicken NEUES KONTO ERSTELLEN an. Auf der Seite WÄHLEN SIE EINEN KONTOTYPEN (Abbildung 16.10) können Sie einen beliebigen Kontotyp anlegen. Folgen Sie einfach den Anweisungen auf dem Bildschirm. Nach dem Anlegen Ihrer lokalen Konten werden diese aufgelistet, sobald Sie das Applet BENUTZERKONTEN öffnen.

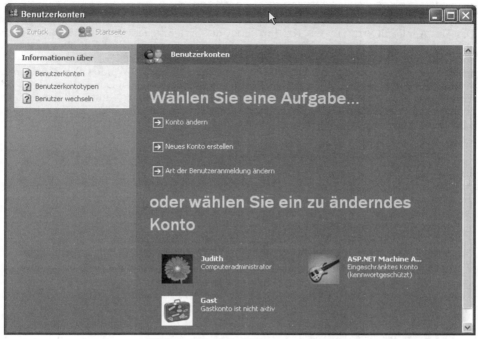

Abbildung 16.9: Dialogfeld BENUTZERKONTEN

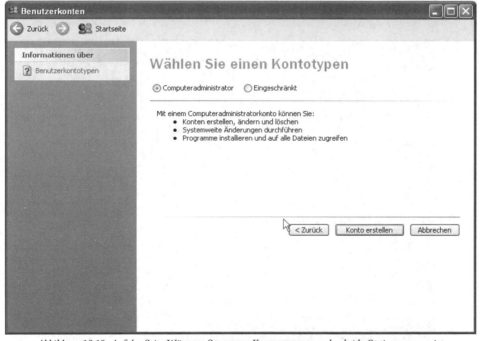

Abbildung 16.10: Auf der Seite WÄHLEN SIE EINEN KONTOTYPEN werden beide Optionen angezeigt.

Kapitel 16

> **Hinweis**
>
> Das alte Applet BENUTZER UND KENNWÖRTER der Systemsteuerung existiert immer noch unter allen Versionen von Windows XP. Bei einem System unter Windows XP Professional oder Windows XP Tablet PC Edition, das Teil einer Domäne ist, wird das alte Programm automatisch angezeigt, wenn Sie das Applet BENUTZERKONTEN starten. Wenn Sie Window XP Professional oder Windows XP Tablet PC Edition auf einem Rechner, der *nicht* einer Domäne angehört, oder XP Home oder Media Center ausführen, dann wählen Sie START|AUSFÜHREN und geben den Befehl CONTROL USERPASSWORDS2 ein. Daraufhin wird das alte Applet angezeigt, über das sich das Administratorkennwort bei einem System am besten ändern lässt.

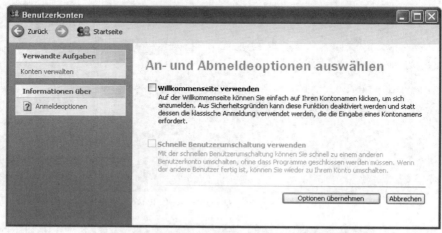

Abbildung 16.11: Auswahl der Optionen für die An- und Abmeldung

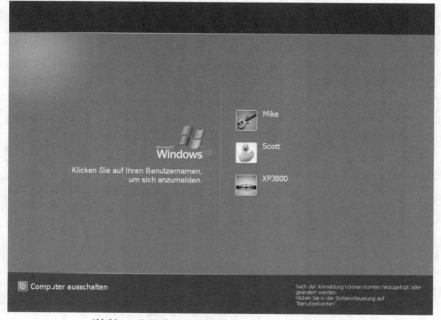

Abbildung 16.12: Begrüßungsbildschirm mit drei Benutzerkonten

Sehen Sie sich jetzt im Applet BENUTZERKONTEN die Option ART DER BENUTZERANMELDUNG ÄNDERN an. Wählen Sie sie aus. Sie sehen zwei Kontrollkästchen (Abbildung 16.11). Wenn Sie das Kontrollkästchen WILLKOMMENSSEITE VERWENDEN aktivieren, zeigt Windows bei jeder Anmeldung eines Benutzers den freundlichen Begrüßungsbildschirm aus Abbildung 16.12 an. Ist dieses Kontrollkästchen nicht aktiviert, müssen Sie bei der klassischen Anmeldung einen Benutzernamen und ein Kennwort eingeben (Abbildung 16.13).

Abbildung 16.13: Klassischer Anmeldedialog

Die zweite Option, SCHNELLE BENUTZERUMSCHALTUNG VERWENDEN, ermöglicht Ihnen, auf einen anderen Benutzer umzuschalten, ohne den aktuellen Benutzer abzumelden. Das ist sehr praktisch, wenn zwei Leute aktiv an einem System arbeiten oder wenn sich jemand Ihr System kurzzeitig ausleihen will, Sie aber nicht alle Ihre Programme schließen wollen. Diese Option ist nur dann aktiviert, wenn Sie das Kontrollkästchen WILLKOMMENSSEITE VERWENDEN markiert haben. Wenn die Option SCHNELLE BENUTZERUMSCHALTUNG VERWENDEN markiert ist und Sie im Startmenü auf die Schaltfläche ABMELDEN klicken, erhalten Sie die Möglichkeit, den Benutzer zu wechseln (Abbildung 16.14).

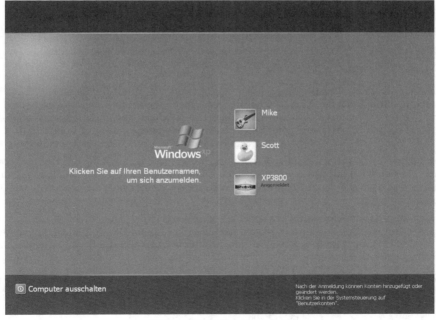

Abbildung 16.14: Benutzer wechseln

Kapitel 16

Benutzerverwaltung unter Windows Vista

Mit Windows Vista hat Microsoft einige wesentliche Änderungen vorgenommen, die auch die Benutzerkonten und das Applet betreffen, über das diese erstellt und geändert werden. Wie bei Windows XP erstellen Sie bei der Einrichtung eines Computers drei Benutzerkonten: Gast, Administrator und ein lokales Konto, das Mitglied der Gruppe Administratoren ist. Damit hören die Ähnlichkeiten aber bereits auf.

Wenn Sie ein Benutzerkonto erstellen oder ändern wollen, dann stehen Ihnen zahlreiche Optionen zur Verfügung, die sich bei den verschiedenen Ansichten der Systemsteuerung und den Versionen und Updateständen von Vista voneinander unterscheiden. Bei Windows Vista Business und Ultimate finden Sie z.B. in der Standardansicht der Systemsteuerung die Option BENUTZERKONTEN UND JUGENDSCHUTZ (Abbildung 16.15). Bei Windows Home Premium finden Sie hier hingegen das Applet BENUTZERKONTEN. Und auch die Optionen bei den verschiedenen Applets unterscheiden sich voneinander.

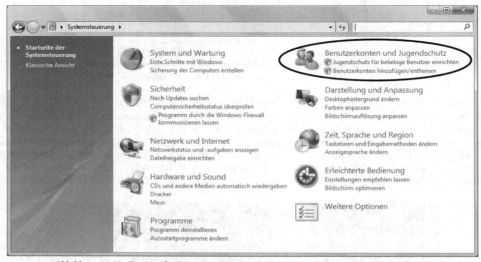

Abbildung 16.15: Das Applet BENUTZERKONTEN UND JUGENDSCHUTZ unter Vista Ultimate

Die meisten Techniker schalten in der Systemsteuerung sofort auf die klassische Ansicht um, aber selbst dann können sich die Applets unter den verschiedenen Windows-Versionen noch in Abhängigkeit davon, ob Sie bei einer Arbeitsgruppe oder eine Domäne angemeldet sind, voneinander unterscheiden. Das ist z.B. bei dem Applet BENUTZERKONTEN der Fall, das in Abbildung 16.16 in der Version unter Windows Vista Ultimate bei der Anmeldung bei einer Arbeitsgruppe dargestellt wird.

Die Aufgaben links im Fenster sind zwar ähnlich, wobei der Jugendschutz mit Home Premium hinzukommt, aber die Hauptoptionen unterscheiden sich teilweise doch erheblich. Da wir in diesem Kapitel von einem eigenständigen Rechner ausgehen, sehen wir uns hier die Optionen von Vista Home Premium näher an.

Windows Vista Home Premium verwendet die Vista-Version des Anmeldebildschirms, so dass jedem Benutzerkonto ein Bild zugeordnet ist, das Sie über das Applet BENUTZERKONTEN ändern können. Hier können Sie auch den Namen und den Kontotyp ändern und z.B. ein Administratorkonto zu einem Benutzerkonto herabstufen.

Hinweis

Es muss auf einem Rechner ein Administratorkonto geben. Wenn nur ein einziges Administratorkonto vorhanden ist, dann ist die Option EIGENEN KONTOTYP ÄNDERN deaktiviert.

Windows-Ressourcen schützen

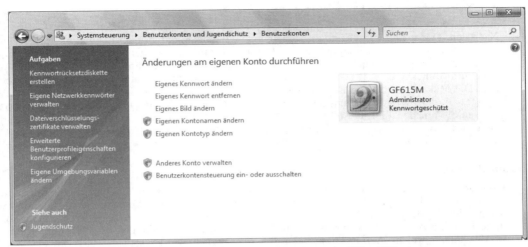

Abbildung 16.16: Das Applet BENUTZERKONTEN unter Vista Ultimate

Benutzerkontensteuerung

Unter Windows XP war es zu leicht und eigentlich sogar beinahe notwendig, dass das primäre Benutzerkonto auf einem Rechner ein Administratorkonto war. Weil Benutzern mit beschränkten Konten selbst eine Reihe gängiger Aufgaben, wie z.B. das Ausführen bestimmter Programme, die Installation von Anwendungen, die Aktualisierung von Windows usw., untersagt war, haben die meisten Anwender einfach ein Konto auf Administratorebene erstellt und sich darüber angemeldet. Da derartige Konten aber volle Kontrolle über den Computer haben, konnten Schädlingsprogramme, die sich darüber Zugang verschafft hatten, eine Menge zusätzlichen Schaden anrichten.

Microsoft hat dieses Problem mit der *Benutzerkontensteuerung* (*UAC – User Account Control*) behoben, bei der es sich um eine Funktion handelt, mit der Standardbenutzer auch gängige Aufgaben erledigen können und die ein Bestätigungsdialogfeld anzeigt (Abbildung 16.17), wenn Standardbenutzer *und* Administratoren bestimmte Dinge tun, die einem Rechner möglicherweise schaden könnten (wie z.B. der Versuch der Installation eines Programms). Funktional ähneln Vista-Benutzerkonten nun sehr viel mehr den Benutzerkonten unter Linux und Macintosh OS X, bei denen Administratorrechte angefordert werden, bevor Änderungen am Computer vorgenommen werden.

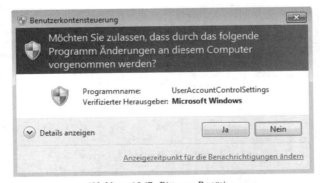

Abbildung 16.17: Bitte um Bestätigung

647

Kapitel 16

> **Hinweis**
>
> Nach dem Erscheinen von Windows Vista gefiel die Benutzerkontensteuerung den meisten Technikern und Anwendern überhaupt nicht. Das Dialogfeld wurde bereits bei kleinen Änderungen angezeigt und forderte zur Eingabe eines Kennworts auf, wenn man als Hauptbenutzer angemeldet war, oder zum Abnicken einer Bestätigung, wenn man mit einem Administratorkonto am Rechner arbeitete. Die Meldungen der Benutzerkontensteuerung lassen sich leicht über das Applet BENUTZERKONTEN in der Systemsteuerung deaktivieren, was Microsoft aber definitiv nicht empfiehlt. Dazu müssen Sie nur den Link BENUTZERKONTENSTEUERUNG EIN- ODER AUSSCHALTEN anklicken und dann das Kontrollkästchen neben BENUTZERKONTENSTEUERUNG VERWENDEN, UM ZUM SCHUTZ DES COMPUTERS BEIZUTRAGEN deaktivieren.

Jugendschutz

Über den *Jugendschutz* können Sie unter Windows Vista die Aktivitäten beliebiger Standardbenutzer überwachen und beschränken. Mit dieser Funktion haben Eltern und Manager hervorragende Kontrollmöglichkeiten über die Inhalte, auf die ihre Kinder und Angestellten zugreifen können (Abbildung 16.18). In Aktivitätsberichten wird protokolliert, welche Anwendungen ausgeführt bzw. gestartet werden sollten, welche Websites besucht wurden oder besucht werden sollten, welche Dateien heruntergeladen wurden usw. Über ihren Typ oder die Eingabe spezifischer URLs können Sie verschiedene Websites sperren oder auch nur den Zugriff auf bestimmte Websites zulassen, was weit wirksamer und restriktiver ist.

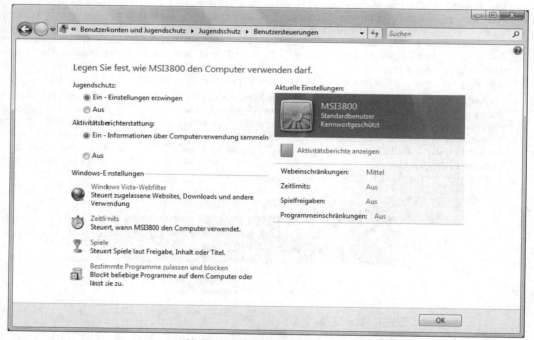

Abbildung 16.18: Jugendschutz unter Vista

Über den Jugendschutz können Sie beschränken, wie lange ein Standardbenutzer online bleiben darf. Sie können angeben, zu welchen Uhrzeiten sich Standardbenutzer anmelden oder nicht anmelden können. Sie können den Zugriff auf Spielkategorien und bestimmte Anwendungen beschränken. Wenn Sie selbst gerne eher brutale Spiele mit vielen Monstern und Blut spielen, die

Ihre Kinder aber nicht spielen können sollen, dann können Sie einfach Spiele mit bestimmten Alterseinstufungen sperren.

Allgemeine Benutzerverwaltung

Abgesehen von den für die verschiedenen Windows-Versionen spezifischen Aspekten der Benutzerverwaltung gibt es einige Sicherheitsaspekte, die alle Windows-Versionen gleichermaßen betreffen, wie z.B. die Verwendung geeigneter Kennwörter und die Erstellung von Gruppen.

Kennwörter

Kennwörter sind der wichtigste Schlüssel zum Schutz Ihrer Computer. Ein Benutzerkonto ohne gültiges Kennwort erlaubt jedem, sich am System anzumelden. Selbst wenn das Benutzerkonto nur eingeschränkte Berechtigungen besitzt, entsteht dadurch eine Sicherheitslücke. Merken Sie sich: Hacker haben die Schlacht bereits halb gewonnen, wenn sie in das Netzwerk gelangen.

Schützen Sie Ihre Kennwörter. Geben Sie Ihre Kennwörter nie telefonisch weiter. Wenn ein Benutzer ein Kennwort verliert, sollte ein Administrator das Kennwort auf eine komplizierte Kombination aus Buchstaben und Ziffern zurücksetzen und es dem Benutzer dann erlauben, das Kennwort nach seinen Vorstellungen zu ändern.

Achten Sie darauf, dass Ihre Benutzer sinnvolle Kennwörter verwenden. Ich habe ein Seminar zum Thema Sicherheit besucht, und der Referent ließ jeden von uns aufstehen. Er stellte uns Fragen zu unseren Kennwörtern – wenn wir eine Frage bejahten, mussten wir uns setzen. Er begann mit Fragen wie etwa: »Verwenden Sie den Namen Ihrer Frau/Ihres Mannes als Kennwort?« oder »Verwenden Sie den Namen Ihres Haustiers?« Nach etwa 15 Fragen standen nur noch 6 Leute von etwa 300! In der Praxis wählen die meisten von uns Kennwörter, die erstaunlich leicht zu knacken sind. Verwenden Sie *starke Kennwörter*: mindestens sechs bis acht Zeichen lang, mit Buchstaben, Zahlen und Interpunktionszeichen.

> **Hinweis**
>
> Die Verwendung anderer als alphanumerischer Zeichen macht es aus zwei Gründen sehr viel schwieriger, ein Kennwort zu knacken. Erstens müssen Hacker bei der Verwendung nichtnumerischer Zeichen sehr viel mehr Zeichen als nur Buchstaben und Ziffern berücksichtigen. Zweitens verwenden die meisten Kennwort-Hacker beim Versuch, ein Kennwort herauszufinden, Kombinationen aus gebräuchlichen Wörtern und Zahlen. Weil nichtalphanumerische Zeichen in normalen Wörtern oder Zahlen nicht vorkommen, verhindert die Verwendung beispielsweise eines Ausrufezeichens diese Hacker-Suche nach gängigen Wörtern. Sie können aber nicht bei allen Systemen Zeichen wie @, $, % oder \ verwenden und müssen also ein bisschen probieren, um zu erkennen, ob Ihr Server sie akzeptiert.

Nachdem Sie Ihre Benutzer zur Verwendung starker Kennwörter gezwungen haben, sollten Sie darauf achten, dass sie ihre Kennwörter regelmäßig wechseln. Dieses Konzept hört sich theoretisch sehr gut an, ist aber praktisch nur schwer durchzusetzen. Insbesondere vergessen Anwender ihre Kennwörter allzu leicht, wenn sich diese häufig ändern. Das kann zu noch größeren Sicherheitsproblemen führen, weil die Benutzer dann anfangen, sich ihre Kennwörter zu notieren!

Wenn in Ihrem Unternehmen häufige Kennwortwechsel vorgesehen sind, können Sie sich das Kennwort mit Hilfe eines Zahlensystems merken. Ich habe bei einem Unternehmen gearbeitet, in dem ich zu Beginn jedes Monats mein Kennwort wechseln musste. Das habe ich mir einfach gemacht. Ich habe ein Hauptkennwort gewählt, etwa »m3y3rs5« und dann jeweils eine Zahl angefügt, die für den Monat stand. Im Juni war es also »m3y3rs56«. Das hat recht gut funktioniert.

> **Hinweis**
>
> Alle Organisationen, die Wert auf Sicherheit legen, erstellen verschiedene Sicherheitsrichtlinien und sorgen für Maßnahmen, die diese gewährleisten sollen. Windows unterstützt verschiedene Mechanismen zur Implementierung entsprechender Maßnahmen, wie z.B. den Zwang zur Verwendung starker Kennwörter. Kapitel 26 (*Computersicherheit*) befasst sich ausführlich mit der Einrichtung von lokalen und Gruppenrichtlinien.

Unter Windows XP und Vista kann der aktuell angemeldete Benutzer, für den Fall, dass er sein Kennwort einmal vergessen sollte, eine *Kennwortrücksetzdiskette* erstellen. Das ist sehr wichtig, denn wenn Sie Ihr Kennwort vergessen und ein Administrator es über BENUTZERKONTEN oder LOKALE BENUTZER UND GRUPPEN zurücksetzt und Sie sich mit dem neuen Kennwort anmelden, werden Sie feststellen, dass Sie anschließend auf bestimmte Dinge (beispielsweise Dateien, die Sie mit dem alten Kennwort verschlüsselt haben) nicht mehr zugreifen können. Wenn Sie ein Kennwort mit einer Kennwortrücksetzdiskette zurücksetzen, haben Sie weiterhin Zugriff auf zuvor verschlüsselte Dateien.

> **Hinweis**
>
> Im letzten Abschnitt dieses Kapitels (*Datenschutz durch Verschlüsselung*) erfahren Sie ein wenig über diese ultimativen Schutzmaßnahmen.

Darüber hinaus können Benutzer mit einer Kennwortrücksetzdiskette ihre eigenen Kennwörter selbst reparieren. Ermutigen Sie Ihre Benutzer zur Verwendung von Kennwortrücksetzdisketten. Sie können ihre Kennwörter nämlich nur dann reparieren, wenn sie daran denken, eine Kennwortrücksetzdiskette anzulegen, *bevor* sie das Kennwort vergessen! Wenn Sie eine Kennwortrücksetzdiskette für einen Computer in einem Netzwerk (Domäne) anlegen müssen, suchen Sie im Hilfesystem nach »Kennwortrücksetzdiskette« und folgen den entsprechenden Anweisungen für einen Computer in einer Domäne.

Unter Windows Vista finden Sie im Applet BENUTZERKONTEN die kaum zu übersehende Option KENNWORTRÜCKSETZDISKETTE ERSTELLEN im Aufgabenbereich. Sie müssen eine Diskette eingelegt oder einen USB-Stick angeschlossen haben, um die »Diskette« erstellen zu können.

Gruppen

Eine *Gruppe* ist einfach eine Zusammenfassung von Konten mit denselben Zugriffsberechtigungen. Einzelne Konten können Mitglieder mehrerer Gruppen sein. Gruppen sind bei der Verwaltung von Netzwerkrechnern unverzichtbar, können aber auch bei einzelnen Rechnern mit mehreren Benutzern durchaus praktisch sein.

Gruppen machen die Windows-Administration in zweierlei Hinsicht viel einfacher. Zunächst lassen sich nun einer Gruppe bestimmte Zugriffsberechtigungen für eine Datei oder einen Ordner zuordnen und müssen nicht jeweils den einzelnen Konten zugewiesen werden. Wir können eine Gruppe unter dem Namen *Buchhaltung* anlegen und für alle Beschäftigten der Buchhaltung Konten in dieser Gruppe einrichten. Wenn ein Benutzer das Unternehmen verlässt, müssen wir uns keine Gedanken über die richtigen Berechtigungen beim Anlegen des neuen Kontos für den Nachfolger machen. Wir legen einfach ein neues Konto an und fügen den neuen Beschäftigten zu einer Gruppe hinzu! Zweitens enthält Windows bereits zahlreiche vordefinierte Benutzergruppen mit voreingestellten Eigenschaften. Wie Sie sich denken können, gibt es auch hier Unterschiede zwischen den verschiedenen Windows-Versionen.

Gruppen unter Windows 2000

Windows 2000 bietet sieben vordefinierte Gruppen: Administratoren, Hauptbenutzer, Benutzer, Sicherungs-Operatoren, Replikations-Operatoren, Jeder und Gast. Diese Gruppen besitzen eine Reihe vordefinierter Eigenschaften und lassen sich nicht löschen.

- *Administratoren.* Alle Konten, die dieser Gruppe angehören, besitzen die vollen Administrator-Berechtigungen. Sehr häufig gehört das Konto des Hauptbenutzers eines Windows-Systems zur Administratoren-Gruppe.
- *Hauptbenutzer.* Die Berechtigungen der Hauptbenutzer-Gruppe entsprechen fast denen der Administratoren-Gruppe. Allerdings können sie keine neuen Geräte installieren oder auf Dateien anderer Anwender zugreifen, sofern ihnen diese Berechtigungen für die entsprechenden Dateien oder Ordner nicht ausdrücklich eingeräumt worden sind.
- *Benutzer.* Konten der Benutzer-Gruppe können weder die Registrierungsdatenbank bearbeiten noch auf kritische Systemdateien zugreifen. Sie können zwar Benutzergruppen anlegen, dürfen aber nur die selbst angelegten Gruppen verwalten.
- *Sicherungs-Operatoren.* Sicherungs-Operatoren haben dieselben Berechtigungen wie Benutzer, können aber ausschließlich zum Zweck der Datensicherung Programme ausführen, die auf *alle* Dateien und Ordner zugreifen dürfen.
- *Replikations-Operatoren.* Mitglieder der Gruppe Replikations-Operatoren können Dateien und Ordner in Domänen replizieren.
- *Jeder.* Dieses Konto bezieht sich auf alle Benutzer, die sich beim System anmelden können. Diese Gruppe lässt sich nicht bearbeiten.
- *Gäste.* Wenn jemand, der auf einem System kein Konto besitzt, sich bei diesem anmelden will, kann er sich dazu des Gast-Kontos bedienen, sofern es nicht deaktiviert worden ist. Sie könnten dieses Konto z.B. bei einer Party verwenden, um einem Gast den Zugriff auf das Internet zu ermöglichen, oder an einem Terminal in einer Bibliothek. Bei den verschiedenen Windows-Versionen bleibt diese Gruppe meist deaktiviert.

Gruppen unter Windows XP

Windows XP unterscheidet sich hinsichtlich der Benutzerkonten von Windows 2000. Wenn Sie XP Professional verwenden und sich in einer Windows-Domäne befinden, beinhaltet XP alle oben aufgelisteten Gruppen, unterstützt darüber hinaus aber einige weitere spezielle wie z.B. *Hilfedienstgruppe* und *Remotedesktopbenutzer*. Wenn XP Home oder XP Professional auf einem einzelnen oder einem an eine Arbeitsgruppe angeschlossenen Rechner installiert ist, der aber nicht mit einer Domäne verbunden ist, dann läuft es in einem speziellen Netzwerkmodus mit der so genannten *einfachen Dateifreigabe* (*Simple File Sharing*). Ein Windows-XP-System mit einfacher Dateifreigabe verwendet nur drei Kontentypen: *Administratoren*, *Benutzer* und *Gäste*. Computeradministratoren dürfen alle Funktionen nutzen. *Benutzer* können nur auf bestimmte Funktionen und Bereiche zugreifen und Dateien nicht beliebig auf der Festplatte speichern. Das Gastkonto ist zwar standardmäßig deaktiviert, funktioniert ansonsten aber wie unter Windows 2000.

Gruppen unter Windows Vista

Die für den professionellen Einsatz vorgesehenen Versionen von Windows Vista (Business, Ultimate und Enterprise) unterstützen dieselben Gruppen wie Windows XP Professional und darüber hinaus noch einige mehr. Einige der verdefinierten Gruppen (z.B. DISTRIBUTED COM-BENUTZER) sind für spezielle Aufgaben in bestimmten Branchen gedacht und dürften für gewöhnliche Benutzer oder Techniker kaum von Bedeutung sein. Über andere spezifische Gruppen lässt sich die Leistung und Zuverlässigkeit eines Computers prüfen, ohne dabei auf irgendwelche Dokumente zugreifen zu können. Zu diesen Gruppen zählen EREIGNISPROTOKOLLLESER, LEISTUNGSPROTOKOLLBENUTZER und SYSTEMMONITORBENUTZER. Diese Gruppen bieten Technikern hervorragende Zugriffsmöglichkeiten bei der Wartung und Instandsetzung laufender Vista-Installationen.

Wie bei Windows XP gibt es auch in den Home-Editionen von Windows Vista (Home Basic und Home Premium) nur drei Gruppen: ADMINISTRATOREN, BENUTZER und GÄSTE. Die Gruppen Administratoren und Gäste funktionieren wie in den anderen Windows-Versionen. Die Mitglieder der Benutzer-Gruppe werden aber Standardbenutzer genannt und unterscheiden sich deutlich von den armselig beschränkten Benutzern unter Windows XP. Standardbenutzer können das System zwar nicht beschädigen und auch keine Anwendungen deinstallieren, aber die meisten Anwendungen ausführen. Techniker müssen nicht die Benutzerkonten durchlaufen, um ihnen den Zugang zu gängigen Aufgaben wie Drucken oder E-Mail-Versand einzuräumen.

Gruppen erstellen und Gruppenmitgliedschaft ändern

Unter den professionellen Versionen von Windows 2000, XP und Vista/7 können Sie über die Option LOKALE BENUTZER UND GRUPPEN im Applet COMPUTERVERWALTUNG, das Sie über VERWALTUNG erreichen, neue Gruppen erstellen. Mit ihr können Sie auch Benutzerkonten erstellen und die Gruppenmitgliedschaft von Benutzern ändern. Abbildung 16.19 zeigt die Option LOKALE BENUTZER UND GRUPPEN unter Windows Vista mit dem markierten Element GRUPPEN.

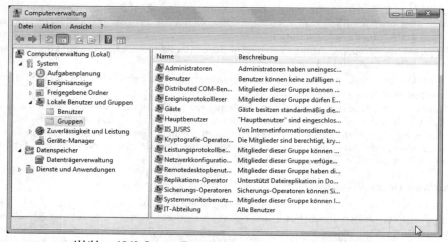

Abbildung 16.19: LOKALE BENUTZER UND GRUPPEN unter Windows Vista

Um eine Gruppe hinzuzufügen, klicken Sie einfach einen freien Bereich im Ordner GRUPPEN mit der rechten Maustaste an und wählen im Kontextmenü NEUE GRUPPE. Daraufhin wird das Dialogfeld NEUE GRUPPE angezeigt, in dem Sie einen Gruppennamen und eine Beschreibung in den entsprechenden Feldern eintragen können (Abbildung 16.20).

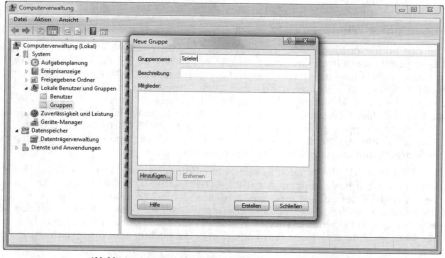

Abbildung 16.20: Dialogfeld NEUE GRUPPE unter Windows Vista

Windows-Ressourcen schützen

Um einen Benutzer zu dieser Gruppe hinzuzufügen, klicken Sie die Schaltfläche HINZUFÜGEN an. Die Bezeichnungen in dem dann angezeigten Dialogfeld unterscheiden sich unter den verschiedenen Windows-Versionen ein wenig. Unter Vista heißt das Dialogfeld BENUTZER WÄHLEN (Abbildung 16.21). Unter Windows 2000 führt das Dialogfeld eine Liste der Benutzerkonten auf. Unter Windows XP und Vista/7 ist das Werkzeug jedenfalls ein wenig komplexer geworden.

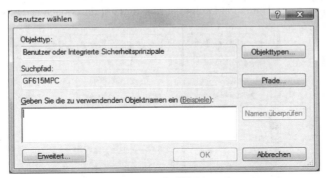

Abbildung 16.21: Das Dialogfeld BENUTZER WÄHLEN

Bei Benutzerkonten, Gruppen und Computern handelt es sich in der Microsoft-Begriffswelt durchweg um Objekttypen. Um Ihnen mehr Kontrolle über die Auswahl und die Änderung der verschiedenen Objekte zu geben, hat Microsoft dieses Dialogfeld überarbeitet. Bei der einfachen Variante wählen Sie ein Benutzerkonto dadurch aus, dass Sie erst die Schaltfläche ERWEITERT und dann im vergrößerten Dialogfeld die Schaltfläche JETZT SUCHEN anklicken (Abbildung 16.22).

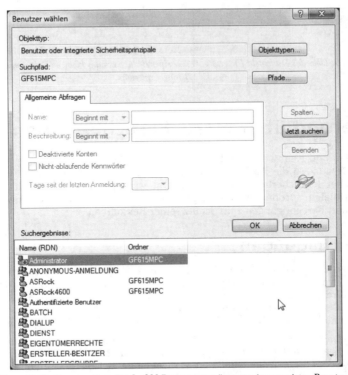

Abbildung 16.22: Das erweiterte Dialogfeld BENUTZER WÄHLEN mit angezeigten Benutzernamen

Über LOKALE BENUTZER UND GRUPPEN können Sie Benutzerkonten zu Gruppen hinzufügen oder aus diesen entfernen. Sie wählen das Element BENUTZER aus, klicken das zu ändernde Benutzerkonto mit der rechten Maustaste an und wählen im Kontextmenü EIGENSCHAFTEN. Dann aktivieren Sie im Dialogfeld die Registerkarte MITGLIED VON (Abbildung 16.23). Klicken Sie die Schaltfläche HINZUFÜGEN an, um den Benutzer zum Mitglied einer Gruppe zu machen. Wenn Sie eine Gruppe markieren und die Schaltfläche ENTFERNEN anklicken, können Sie einem Benutzer die Mitgliedschaft einer Gruppe entziehen. Alles in allem ein aufgeräumtes und gut durchdachtes Hilfsprogramm.

Abbildung 16.23: Über das Dialogfeld EIGENSCHAFTEN eines Benutzerkontos können Sie bestimmen, welchen Gruppen der Benutzer angehört.

Autorisierung über NTFS-Berechtigungen

Benutzerkonten und Kennwörter bilden die Grundlage für den Schutz eines Windows-Rechners und ermöglichen Benutzern die Authentifizierung bei diesem PC. Die Autorisierung bildet die wichtige nächste Stufe bei der Sicherheit, denn sie bestimmt, was legitime Benutzer mit den Ressourcen dieses Computers (Dateien, Ordner, Anwendungen usw.) machen können. Windows verwendet das NT-Dateisystem und Berechtigungen zum Schutz seiner Ressourcen.

NTFS-Berechtigungen

Unter Windows 2000/XP und Vista/7 gehört zu allen Ordnern und Dateien in einer NTFS-Partition eine Liste mit zwei Datengruppen. Erstens werden in der Liste alle Benutzer und Gruppen aufgeführt, die auf diese Ordner oder Dateien zugreifen dürfen. Zweitens gibt die Liste die Zugriffsrechte an, die die einzelnen Benutzer oder Gruppen bei diesen Dateien oder Ordnern haben. Die Zugriffsrechte werden über eine Reihe von Beschränkungen definiert, die *NTFS-Berechtigungen* genannt werden.

NTFS-Berechtigungen geben genau an, welche Rechte ein bestimmtes Konto hinsichtlich des Zugriffs und/oder der Bearbeitung einer Datei oder eines Ordners hat. Hier lassen sich detaillierte Angaben vornehmen, so dass dieses Werkzeug überaus mächtig ist. Beispielsweise können Sie einem Benutzer bzw. Konto zwar die Bearbeitung einer Datei erlauben, das Löschen der Datei aber unterbinden. Sie können Ordner anlegen und anderen Benutzern keine Rechte zum Anlegen von Unterverzeichnissen einräumen. NTFS-Datei- und -Ordnerberechtigungen sind derart kompliziert, dass komplette Bücher zu diesem Thema geschrieben worden sind! Glücklicherweise brauchen Sie für die Prüfungen zur A+-Zertifizierung nur einige Grundkonzepte der NTFS-Berechtigungen zu verstehen: Besitz, Änderung von Berechtigungen, Ordnerberechtigungen und Dateiberechtigungen.

- *Besitz.* Wenn Sie in einer NTFS-Partition eine neue Datei oder einen neuen Ordner anlegen, werden Sie zum *Besitzer* dieser Datei bzw. dieses Ordners. Standardmäßig hat *jeder* Vollzugriff auf einen neu erstellten Ordner (bzw. eine neu erstellte Datei) und kann nach Belieben auf diese(n) zugreifen, ihn löschen und anderweitig manipulieren. Der Besitzer kann ebenfalls all diese Änderungen an *seinen* Dateien bzw. Ordnern vornehmen *und* deren Berechtigungen so ändern, dass andere und selbst Administratoren nicht darauf zugreifen können.
- *Besitzrechte übernehmen.* Alle Benutzer mit dieser speziellen Berechtigung können die Besitzrechte für Dateien/Ordner übernehmen. Administratoren-Konten haben für alles die Berechtigung »Besitzrechte übernehmen«. Beachten Sie hier den Unterschied zwischen den Besitz- und den Zugriffsrechten. Wenn Sie eine Datei besitzen, können Sie verhindern, dass andere Benutzer darauf zugreifen. Wenn Sie Administratoren die Zugriffsrechte jedoch nicht einräumen, können diese immer noch die Besitzrechte übernehmen und anschließend auf diese Datei zugreifen! Verstanden?
- *Berechtigungen ändern.* Eine weitere wichtige Berechtigung für alle NTFS-Dateien und -Ordner ist »Berechtigungen ändern«. Konten mit dieser Berechtigung können anderen Konten Berechtigungen entziehen oder gewähren.
- *Ordnerberechtigungen.* Sehen wir uns das einfach einmal am Beispiel eines typischen Ordners auf meinem Windows-XP-System an. Mein Laufwerk E: wurde mit dem NTFS-Dateisystem formatiert. Auf diesem Laufwerk habe ich den Ordner E:\MIKE angelegt. Nun setze ich die Berechtigungen für den Ordner, indem ich in seinem Kontextmenü die Option EIGENSCHAFTEN wähle und anschließend das Register SICHERHEIT aktiviere (Abbildung 16.24).

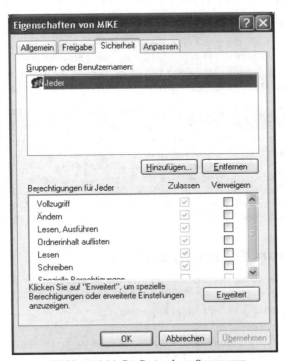

Abbildung 16.24: Die Registerkarte SICHERHEIT

❏ *Dateiberechtigungen.* Dateiberechtigungen ähneln Ordnerberechtigungen. Um Dateiberechtigungen wird es unmittelbar nach der Beschreibung der Ordnerberechtigungen gehen.

Unter Windows finden Sie bei fast allen Objekten bei dessen Eigenschaften die Registerkarte SICHERHEIT. Sie enthält immer zwei Hauptbereiche. Im oberen Bereich werden die Konten mit Berechtigungen für diese Ressource aufgeführt. Im unteren Bereich wird detailliert angezeigt, welche Berechtigungen den jeweils markierten Konten eingeräumt worden sind.

Die Standardberechtigungen für einen Ordner sind:

❏ *Vollzugriff.* Alle Aktionen lassen sich ausführen!
❏ *Ändern.* Alle Aktionen mit Ausnahme des Löschens von Dateien und Unterverzeichnissen.
❏ *Lesen, Ausführen.* Inhalt des Ordners und seiner Unterverzeichnisse einsehen.
❏ *Ordnerinhalt auflisten.* Inhalt des Ordners und seiner Unterverzeichnisse einsehen. (Diese Berechtigung scheint mit »Lesen, Ausführen« identisch zu sein, wird aber nur von Ordnern vererbt.)
❏ *Lesen.* Lesen aller im Ordner enthaltenen Dateien.
❏ *Schreiben.* Ändern und Anlegen von neuen Dateien und Ordnern.

Dateiberechtigungen. Dateiberechtigungen sind Ordnerberechtigungen recht ähnlich und unterscheiden sich vorwiegend hinsichtlich der Spezialberechtigungen, auf die ich weiter hinten in diesem Kapitel noch eingehen werde.

❏ *Vollzugriff.* Alle Aktionen möglich!
❏ *Ändern.* Mit Ausnahme von Besitzrechte übernehmen und Berechtigungen ändern sind alle Aktionen bei der Datei möglich.
❏ *Lesen, Ausführen.* Wenn es sich bei der Datei um ein Programm handelt, kann sie ausgeführt werden.
❏ *Lesen.* Wenn es sich um eine Datendatei handelt, kann sie gelesen werden.
❏ *Schreiben.* Ermöglicht das Schreiben bzw. Speichern von Änderungen an der Datei.

Denken Sie einen Moment über diese Berechtigungen nach. Warum wurden sie von Microsoft geschaffen? Denken Sie an Situationen, in denen Sie einer Gruppe die Berechtigung »Ändern« geben würden. Sie können auch mehr als eine Berechtigung zuweisen. In vielen Situationen ist es angebracht, dass Benutzer sowohl die Berechtigung zum Lesen als auch zum Schreiben der Datei haben.

Berechtigungen sind kumulativ. Wenn Sie Vollzugriff auf einen Ordner, aber eigentlich nur die Leseberechtigung für eine Datei haben, erhalten Sie auch für die Datei Vollzugriff.

Hinweis

Die Home-Versionen von Windows verfügen nur über eine begrenzte Menge an Berechtigungen, die Sie zuweisen können. Was die Ordnerberechtigungen betrifft, können Sie nur eine einzige zuweisen und Ordner freigeben oder auch nicht. Um zu beobachten, wie das geht, klicken Sie die Datei oder einen Ordner mit der rechten Maustaste an und wählen die Option FREIGABE UND SICHERHEIT. Beachten Sie, dass Sie nicht einfach EIGENSCHAFTEN wählen und dann die Registerkarte SICHERHEIT aktivieren können, wie es unter den Professional-Versionen von Windows möglich ist. Die Home-Versionen von Windows unterstützen keine Berechtigungen auf Dateiebene.

Propagieren von Berechtigungen

Beim Verschieben oder Kopieren von Dateien tritt bei Berechtigungen ein interessantes Problem auf. Techniker müssen verstehen, was mit Berechtigungen unter bestimmten Umständen geschieht:

❏ Daten innerhalb einer NTFS-Partition kopieren
❏ Daten innerhalb einer NTFS-Partition verschieben
❏ Daten von einer in eine andere NTFS-Partition kopieren
❏ Daten von einer in eine andere NTFS-Partition verschieben

Windows-Ressourcen schützen

❏ Daten von einer NTFS-Partition in eine FAT- oder FAT32-Partition kopieren
❏ Daten von einer NTFS-Partition in eine FAT- oder FAT32-Partition verschieben

Bleiben die Berechtigungen des Originals erhalten? Wie ändern sie sich? Hier geht es also um die Frage, wie Berechtigungen und vererbbare Berechtigungen übertragen bzw. übernommen werden. Microsoft und die CompTIA sprechen hier vom *Propagieren von Berechtigungen* und dabei geht es um die Frage, was mit den Berechtigungen eines Objekts geschieht, wenn dieses verschoben oder kopiert wird.

Unten auf der Registerkarte SICHERHEIT von Windows 2000 befindet sich das Kontrollkästchen VERERBBARE ÜBERGEORDNETE BERECHTIGUNGEN ÜBERNEHMEN. Wenn es markiert ist, bedeutet dies, dass allen in diesem Ordner erstellten Dateien oder Unterverzeichnissen dieselben Berechtigungen für jeweils dieselben Benutzer/Gruppen wie für den Ordner selbst zugewiesen werden. Wenn Sie diese Option deaktivieren, können Sie verhindern, dass Benutzer bestimmte Berechtigungen erben können. Windows XP und Windows Vista besitzen dieselbe Funktion, aber dort erreichen Sie sie über die Schaltfläche ERWEITERT auf der Registerkarte SICHERHEIT. Darüber hinaus bietet Windows explizite VERWEIGERN-Funktionen für die einzelnen Optionen (Abbildung 16.25). Das Verweigern hat Vorrang vor der Vererbung.

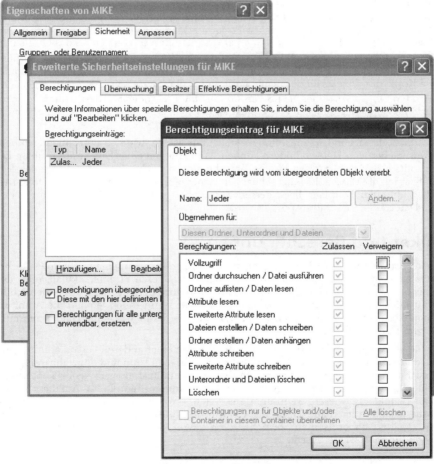

Abbildung 16.25: Spezielle Berechtigungen

> **Wichtig**
>
> Sie brauchen sich die speziellen Berechtigungen nicht zu merken. Sie sollten nur wissen, dass es sie gibt und dass die auf der Registerkarte SICHERHEIT bereitgestellten Berechtigungen einen Großteil unserer Bedürfnisse abdecken.

Betrachten wir unsere Liste mit den sechs Aktionen, bei denen Techniker wissen müssen, was mit den kopierten oder verschobenen Objekten (Dateien oder Ordner) geschieht.

1. Wird innerhalb einer Partition kopiert, entstehen zwei Kopien des Objekts. Beim Originalobjekt bleiben die Berechtigungen unverändert *erhalten*. Die Kopie des Objekts *erbt* bzw. *übernimmt* die Berechtigungen der neuen Position. Die neue Kopie kann also andere Berechtigungen als das Original haben.
2. Beim Verschieben innerhalb einer Partition gibt es nur eine Kopie des Objekts. Bei diesem bleiben die Berechtigungen unverändert *erhalten*.
3. Wird ein Objekt von einer NTFS-Partition in eine andere kopiert, entstehen zwei Kopien des Objekts. Beim Originalobjekt bleiben die Berechtigungen unverändert *erhalten*. Die Kopie des Objekts *erbt* bzw. *übernimmt* die Berechtigungen der neuen Position. Die neue Kopie kann also andere Berechtigungen als das Original haben.
4. Wird ein Objekt von einer NTFS-Partition in eine andere verschoben, gibt es nur eine Kopie des Objekts. Das Objekt an seiner neuen Position *erbt* bzw. *übernimmt* die Berechtigungen der neuen Position. Das verschobene Objekt kann also andere Berechtigungen als das Original haben.
5. Wird ein Objekt von einer NTFS-Partition in eine FAT- oder FAT32-Partition kopiert, entstehen zwei Kopien des Objekts. Beim Originalobjekt bleiben die Berechtigungen unverändert *erhalten*. Die Kopie des Objekts an der neuen Position hat überhaupt keine Berechtigungen.
6. Wird ein Objekt von einer NTFS-Partition in eine FAT- oder FAT32-Partition verschoben, gibt es nur eine Kopie des Objekts. Das Objekt an der neuen Position hat überhaupt keine Berechtigungen.

Aus der Sicht des Technikers müssen Sie einfach nur wissen, wie sich Berechtigungen beim Kopieren oder Verschieben von Dateien ändern können. Wenn Sie bei einer Datei mit sensiblen Daten Zweifel haben sollten, dann überprüfen Sie die Berechtigungen noch einmal, bevor Sie das System wieder Ihrem Kunden überlassen. Es nützt schließlich wenig, wenn ein streng geheimes Dokument zwar total geschützt auf einer Festplatte liegt, dessen Kopie aber völlig ungeschützt auf einem USB-Stick mit FAT32-Dateisystem herumtransportiert wird!

Techniker und Berechtigungen

Techniker hassen die NTFS-Berechtigungen in der Regel. Um auf einem Windows-Rechner fast alles machen zu können (Updates und Anwendungen installieren, Treiber aktualisieren usw.), werden Administratorrechte benötigt. Die meisten Administratoren erteilen aber (aus offensichtlichen Gründen) nur höchst ungern Administratorberechtigungen. Wenn Ihnen jemand die Administratorrechte für einen Rechner erteilt und das System, während Sie daran arbeiten, Schaden nimmt, werden Sie sofort zum Hauptverdächtigen!

Wenn Sie an einem Windows-System arbeiten, das von einer anderen Person administriert wird, sollten Sie dafür sorgen, dass er Ihre Aktivitäten nachvollziehen kann und ungefähr weiß, wie lange diese voraussichtlich dauern werden. Lassen Sie sich vom Administrator ein neues Konto mit Administratorrechten anlegen. Bitten Sie nie um ein dauerhaftes Administratorkonto! Auf diese Weise wird Ihnen nicht die Schuld zugewiesen, wenn mit dem System etwas schiefläuft: »Nun ja, als Annette die neue Festplatte installiert hat, habe ich ihr das Kennwort gegeben ... vielleicht war sie es ja!« Wenn Sie das System repariert haben, sollten Sie sich zudem davon überzeugen, dass der Administrator *das von Ihnen benutzte Konto* wieder löscht.

Diese Einstellung, sich selbst »vor Kennwörtern zu schützen«, betrifft nicht nur den technischen Support von Windows-Rechnern. PC-Supporter erhalten eine Menge Kennwörter, Scan-Karten, Schlüssel und Identifikationskennungen. Unerfahrene Techniker neigen zu der Einstellung: »Ich kann mich frei bewegen und habe überall Zugriff.« Diese Einstellung ist aber sehr gefährlich. Ich habe gesehen, wie viele Jobs verloren und Freundschaften kaputtgegangen sind, als eine Bandsicherung plötzlich verschwunden oder eine kritische Datei gelöscht worden war. In derartigen Situationen zeigen alle auf den Support-Techniker. Wenn es um die physische Sicherheit von Räumlichkeiten geht, lassen Sie sich Türen am besten aufschließen. In einigen Fällen habe ich buchstäblich dafür gesorgt, dass der Administrator oder Systemeigentümer hinter mir saß und eine Zeitschrift gelesen hat, um die erforderlichen Kennwörter jeweils selbst eintippen zu können. Wenn Sie keinen Zugriff haben, kann man Ihnen auch nicht die Schuld zuweisen!

Einen Windows-PC sicher gemeinsam nutzen

Benutzerkonten, Gruppen und NTFS arbeiten zusammen, damit Sie einen Windows-PC sicher mit mehreren Benutzern gemeinsam und mehreren Benutzerkonten nutzen können. Sie können Dateien, Ordner, Programme und mehr schnell freigeben. Und wichtiger noch, Sie können nur das freigeben, was freigegeben werden soll, und den Zugriff auf Dateien und Ordner unterbinden, die privat bleiben sollen. Alle Windows-Versionen wissen zwar mit mehreren Benutzerkonten umzugehen, behandeln die Freigaben zwischen diesen Konten aber ein wenig anders. Daher werden wir nachfolgend Windows 2000, Windows XP und Windows Vista getrennt behandeln und abschließend ein paar andere Freigabe- und Sicherheitsaspekte betrachten.

Freigaben unter Windows 2000

Jedes Benutzerkonto auf einem Rechner unter Windows 2000 erhält einen Ordner EIGENE DATEIEN, in dem persönliche Dokumente standardmäßig gespeichert werden. Das hört sich zwar toll an, aber alle Konten aus der Gruppe Administratoren können standardmäßig den Inhalt der Ordner EIGENE DATEIEN aller anderen Benutzer einsehen.

Um für einen sicheren gemeinsam benutzten Windows-2000-Rechner zu sorgen, ändert man daher typischerweise die Berechtigungen des Ordners EIGENE DATEIEN so, dass man selbst vollen Zugriff hat, während man allen anderen Konten alle Berechtigungen entzieht. Sie sollten auch keine Benutzerkonten erstellen, deren Rechte über die eines Hauptbenutzers oder vielleicht auch nur eines normalen Benutzers hinausgehen.

Schließlich müssen Sie noch einen Ordner erstellen, den Benutzer gemeinsam verwenden können, um Dateien dorthin kopieren zu können, die für andere Konten leicht zugänglich sein sollen. Typischerweise würden Sie einen Ordner auf Laufwerk C: erstellen, den Sie z.B. PROJEKT X nennen könnten, und dann dessen Berechtigungen so ändern, dass alle Benutzer darauf vollen Zugriff haben.

Um die Berechtigungen von Ordnern zu ändern, klicken Sie den erstellten Ordner mit der rechten Maustaste an und wählen im Kontextmenü FREIGABE. Daraufhin wird das EIGENSCHAFTEN-Dialogfeld des Ordners mit bereits aktivierter Registerkarte FREIGABE angezeigt (Abbildung 16.26). Aktivieren Sie das Optionsfeld DIESEN ORDNER FREIGEBEN und nehmen Sie über die Schaltfläche BERECHTIGUNGEN die gewünschten Anpassungen vor.

Kapitel 16

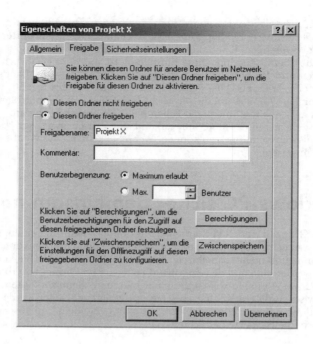

Abbildung 16.26: Die Registerkarte FREIGABE im EIGENSCHAFTEN-Dialogfeld des freizugebenden Ordners

Freigaben unter Windows XP

Unter Windows XP sollten sichere Freigaben einfacher als unter älteren Windows-Versionen möglich sein. Diesem Zweck dienten mehrere Funktionen. Zunächst wurden für jedes Benutzerkonto wie unter Windows 2000 im Ordner EIGENE DATEIEN eine Reihe von Unterverzeichnissen erstellt, die der Benutzer freigeben kann und auf die Administratoren zugreifen können. Aber unter Windows XP wird zusätzlich eine Reihe von Verzeichnissen im Ordner GEMEINSAME DOKUMENTE automatisch erstellt, auf die alle Benutzer des Computers zugreifen können. Zudem ist unter Windows XP die so genannte *einfache Dateifreigabe* standardmäßig aktiviert, die Freigabe von Dateien für andere Benutzer weiter vereinfacht. Und schließlich können Sie unter Windows XP Professional optional weiterhin die vollständigen NTFS-Berechtigungen nutzen, die benutzerspezifische Freigaben ermöglichen.

Persönliche Dokumente schützen

Da die meisten Benutzer von Windows-XP-Rechnern als Computeradministrator und nicht mit eingeschränkten Benutzerrechten arbeiten, entstehen bei von mehreren Benutzern gemeinsam verwendeten Rechnern gewisse Probleme. Standardmäßig können Administratoren den vollständigen Inhalt des Ordners DOKUMENTE UND EINSTELLUNGEN einsehen, in dem sich auch der Ordner EIGENE DATEIEN der einzelnen Benutzerkonten befindet. Sie können diese Einstellung über das EIGENSCHAFTEN-Dialogfeld des Ordners EIGENE DATEIEN ändern. Wenn Sie auf der Registerkarte FREIGABE die Option DIESEN ORDNER NICHT FREIGEBEN aktivieren, kann niemand mehr auf dessen Inhalt zugreifen (Abbildung 16.27).

Beachten Sie dabei, dass ein Administrator die Besitzrechte bei allen Objekten übernehmen kann, so dass Sie die eigenen Daten vor ihm nur wirklich schützen können, wenn Sie sie verschlüsseln. Aktivieren Sie dazu im EIGENSCHAFTEN-Dialogfeld von EIGENE DATEIEN die Registerkarte ALLGEMEIN und klicken Sie dort die Schaltfläche ERWEITERT an. Im Dialogfeld ERWEITERTE ATTRIBUTE aktivieren

Sie die Option INHALT VERSCHLÜSSELN, UM DATEN ZU SCHÜTZEN. Wenn Sie die Verschlüsselung nutzen wollen, sollten Sie aber unbedingt eine Kennwortrücksetzdiskette erstellen.

Abbildung 16.27: Persönliche Dokumente vor neugierigen Augen schützen

Gemeinsame Dokumente

Den Ordner GEMEINSAME DOKUMENTE können Sie dazu benutzen, um Dateien und Ordner zwischen vielen Benutzern eines einzelnen Rechners auszutauschen. Alle Konten können auf diesen Ordner und dessen Unterverzeichnisse (GEMEINSAME BILDER, GEMEINSAME MUSIK und GEMEINSAME VIDEOS) zugreifen (Abbildung 16.28). Da neue Ordner die Berechtigungen des übergeordneten Ordners erben, können alle Konten standardmäßig auch auf alle neu im Ordner GEMEINSAME DOKUMENTE erstellten Unterverzeichnisse zugreifen.

Abbildung 16.28: Das EIGENSCHAFTEN-Dialogfeld des Ordners GEMEINSAME MUSIK

Einfache Dateifreigabe

Bei der *einfachen Dateifreigabe* haben Sie eigentlich nur eine lokale Freigabeoption, die darin besteht, alle freizugebenden Dateien im Ordner GEMEINSAME DOKUMENTE abzulegen. Um einen Ordner über ein Netzwerk freizugeben, stehen Ihnen auch nur wenige Optionen zur Verfügung. Sie können den Ordner im Netzwerk freigeben (oder nicht) und allen Benutzern den Vollzugriff gestatten. Beachten Sie, dass diese Freigabe in Abbildung 16.29 aktiviert ist. Letztlich erlauben Sie dabei entweder alles oder nichts.

Abbildung 16.29: Freigegebener Ordner, der aber bestimmt nicht geschützt ist

Unter Windows XP Home und Media Center gibt es nur die einfache Dateifreigabe, so dass die Freigabe von Dateien und Ordnern einfach ist. Unter Windows XP Professional können Sie andererseits die einfache Dateifreigabe deaktivieren und die Leistungsvielfalt von NTFS und Berechtigungen in vollem Umfang nutzen. Um die einfache Dateifreigabe zu deaktivieren, wählen Sie in irgendeiner Variante des Windows-Explorers (z.B. EIGENE DATEIEN) im Menü EXTRAS|ORDNEROPTIONEN und aktivieren die Registerkarte ANSICHT. Dort finden Sie die Option EINFACHE DATEIFREIGABE VERWENDEN (EMPFOHLEN). Deaktivieren Sie diese Option wie in Abbildung 16.30 und klicken Sie dann OK an.

Wenn Sie nun die Registerkarten FREIGABE und SICHERHEIT aktivieren, dann finden Sie dort umfassendere Optionen, wie sie auch unter Windows 2000 üblich waren (Abbildung 16.31).

Windows-Ressourcen schützen

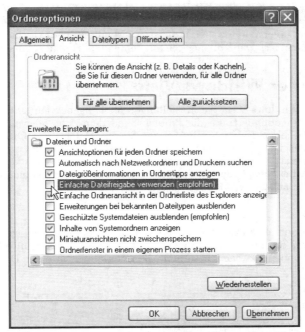

Abbildung 16.30: Die einfache Dateifreigabe deaktivieren

Abbildung 16.31: Die vollständigen Freigabe- und Sicherheitsoptionen unter Windows XP

Kapitel 16

> **Hinweis**
>
> Wenn ein Rechner unter Windows XP Professional Mitglied einer Domäne ist, dann ist die einfache Dateifreigabe deaktiviert. Dann müssen Sie mit dem vollen Funktionsumfang vorliebnehmen.

Freigaben unter Windows Vista

Microsoft hat bei Windows Vista die Einstellungen für Freigaben auf einem einzelnen Rechner mit mehreren Benutzern optimiert, um die Probleme mit dem Alles-oder-nichts-Ansatz der einfachen Dateifreigabe zu beheben. Beispielsweise können Sie nun Dateien und Ordner für bestimmte Benutzerkonten freigeben. Die Rechte des Standard-Benutzerkontos (um das es in diesem Kapitel bereits ging) wurden erweitert, so dass Benutzer auf jene Funktionen zugreifen können, die sie zur Verrichtung sinnvoller Arbeit benötigen. Erwähnenswert ist zudem das erweiterte Konzept des Ordners GEMEINSAME DOKUMENTE, aus dem der Ordner ÖFFENTLICH wurde.

Gezielte Freigabe

Um einen Ordner oder eine Datei für einen bestimmten (oder alle) Benutzer freizugeben, klicken Sie ihn einfach mit der rechten Maustaste an und wählen im Kontextmenü FREIGABE. Im Dialogfeld DATEIFREIGABE können Sie dann bestimmte Benutzerkonten in einer Dropdown-Liste auswählen (Abbildung 16.32).

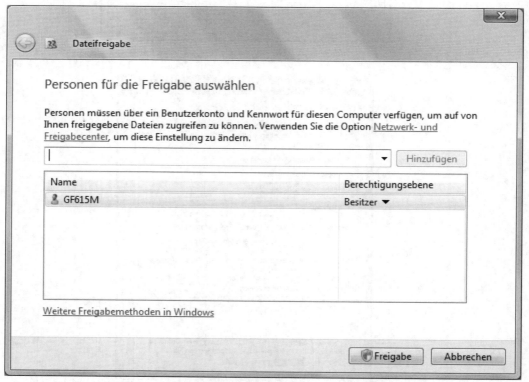

Abbildung 16.32: Das Dialogfeld DATEIFREIGABE bei einem einzelnen Rechner

> **Hinweis**
>
> Wenn der betreffende Computer Mitglied einer Windows-Domäne ist, dann sieht das Dialogfeld DATEIFREIGABE etwas anders aus und Sie können das Netzwerk nach Domänen-Benutzerkonten durchsuchen. Dadurch werden Freigaben im Netzwerk erleichtert.

Wenn Sie ein Benutzerkonto ausgewählt haben, können Sie auswählen, welche *Berechtigungsebene* diesem zugeordnet werden soll. Hier stehen Ihnen drei Optionen zur Auswahl: LESER, MITWIRKENDER oder MITBESITZER (Abbildung 16.33). LESER können Dateien einfach nur lesen. Bei MITWIRKENDER darf der Benutzer die Dateien lesen und schreiben und die selbst zum Ordner hinzugefügten Dateien löschen. (Die Option MITWIRKENDER lässt sich nur auf Ordnerebene nutzen.) Ein MITBESITZER schließlich darf alles.

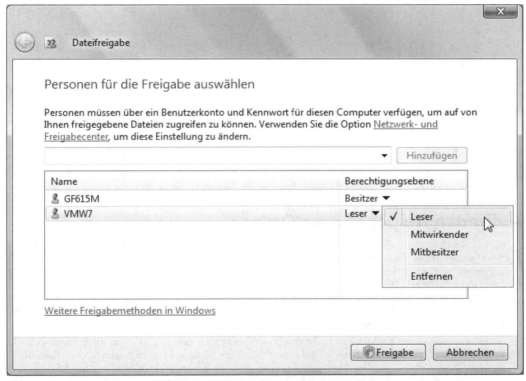

Abbildung 16.33: Die verschiedenen Berechtigungsebenen

Der Ordner Öffentlich

Der Ordner ÖFFENTLICH bietet andere Möglichkeiten zur Freigabe von Dateien und Ordnern. Alles, was Sie für alle anderen Benutzer auf dem lokalen Rechner (oder in einem Netzwerk für das gesamte Netzwerk) freigeben wollen, legen Sie einfach im Ordner ÖFFENTLICH oder einem seiner vielen Unterordner (z.B. ÖFFENTLICHE DOKUMENTE oder ÖFFENTLICHE BILDER) ab (Abbildung 16.34). Beachten Sie, dass Sie beim Ordner ÖFFENTLICH keinerlei Kontrolle darüber haben, was jemand mit den Daten bzw. Dateien macht, auf die er zugreift.

Abbildung 16.34: Freigegebene Ordner im Ordner ÖFFENTLICH

Auffinden freigegebener Ordner

Bevor Sie sich (als Techniker) von einem Computer entfernen, sollten Sie prüfen, ob es irgendwelche überflüssige oder (Ihnen) unbekannte freigegebene Ordner auf der Festplatte gibt. Dadurch können Sie den Computer für Benutzer besonders gut schützen. Wenn Sie ARBEITSPLATZ oder COMPUTER öffnen, dann springen Ihnen freigegebene Ordner insbesondere dann nicht gerade ins Auge, wenn sie sich tief im Dateisystem verbergen. Wenn das Laufwerk C: freigegeben ist, dann fällt das zwar sofort auf, wenn aber z.B. der Ordner D:\temp\backup\Simon\secret freigegeben ist, dann sieht das spätestens dann ganz anders aus, wenn keines der übergeordneten Verzeichnisse freigegeben wurde.

Windows enthält ein praktisches Hilfsmittel, mit dem sich – unabhängig von ihrer Position im Dateisystem – alle freigegebenen Ordner auf einem Rechner leicht aufspüren lassen. In der Konsole COMPUTERVERWALTUNG, die Sie über das Applet oder den Eintrag VERWALTUNG im Startmenü erreichen, gibt es unter SYSTEM die Option FREIGEGEBENE ORDNER. Darunter befinden sich drei Elemente: FREIGABEN, SITZUNGEN und GEÖFFNETE DATEIEN. Wenn Sie FREIGABEN markieren, dann werden Ihnen alle aktuell freigegebenen Ordner angezeigt (Abbildung 16.35).

Sie können die einzelnen Freigaben doppelt anklicken, um sich deren EIGENSCHAFTEN-Dialogfeld anzeigen zu lassen. Anschließend können Sie die Freigaben (z.B. Benutzer und Berechtigungen) auf die gleiche Weise wie in allen anderen Freigabe-Dialogfeldern ändern.

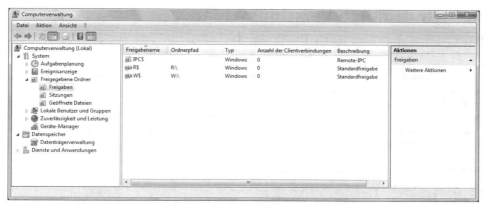

Abbildung 16.35: Freigaben in der COMPUTERVERWALTUNG unter Vista

Administrative Freigaben

Wenn Sie sich die Freigaben bei Ihrem Rechner oder auch Abbildung 16.35 ansehen, dann könnten Sie ein wenig fragend blicken und die Stirn runzeln. Was hat es denn mit Freigaben wie ADMIN$, PRINT$, FAX$, IPC$ oder F$ auf sich?

Bei allen Windows-Versionen seit Windows NT werden einige Standardfreigaben eingerichtet, insbesondere für alle Festplatten (nicht für optische Laufwerke, externe Festplatten oder USB-Sticks) und den Ordner %systemroot% (bei dem es sich üblicherweise um C:\Windows oder C:\WINNT handelt und der als ADMIN$ freigegeben wird). Je nach Systemkonfiguration können noch einige weitere so genannte *administrative Freigaben* eingerichtet sein (insbesondere die eben aufgeführten für Drucker, Fax und die Remoteverwaltung von Netzwerkservern). Sie gestatten lokalen Administratoren den administrativen Zugriff auf die betreffenden Ressourcen, wenn sie sich lokal oder von einem anderen Rechner aus beim System anmelden. (Im Unterschied zu den administrativen Freigaben werden manuell eingerichtete Freigaben *lokale Freigaben* genannt.)

Administrative Freigaben sind schon etwas sonderbar. Sie können deren Berechtigungen nicht ändern. Sie können Sie zwar löschen, aber dann werden sie von Windows normalerweise nach jedem Neustart wieder automatisch neu eingerichtet. Und sie bleiben verborgen, weil sie nicht angezeigt werden, wenn Sie auf den Rechner über das Netzwerk zugreifen. Sie können sie aber durchaus über deren Namen benutzen.

Abbildung 16.35 stammt von einem Rechner, auf dem einige der Standardfreigaben mit einem Hilfsprogramm gelöscht wurden. (IPC$ lässt sich nicht löschen, ohne die Rechnerfunktion erheblich zu beeinträchtigen.) Und die Abbildung zeigt zudem, dass Vista auch administrative Freigaben für DVD-Laufwerke (im Beispiel R$ und W$) einrichtet.

Wenn Sie für die Sicherheit des Administratorkennworts sorgen, gefährden diese Standardfreigaben die Gesamtsicherheit des Rechners nicht weiter.

> **Hinweis**
>
> Administrative Freigaben wurden von Malware-Programmen ausgenutzt, was insbesondere dadurch erleichtert wurde, dass viele Benutzer das Administratorkonto ohne Kennwort einrichten. Seit Windows XP Home hat Microsoft die Berechtigungen für Remotezugriffe bei derartigen Rechnern geändert. Wenn Sie sich seither von einem anderen Rechner aus als Administrator ohne Kennwort anmelden, dann erfolgt der Zugriff nur noch als Gast und nicht mehr als Administrator. Dadurch werden mögliche Angriffe bereits im Keim erstickt.

Kapitel 16

Datenschutz durch Verschlüsselung

Das Codieren von Daten durch *Verschlüsselung*stechniken bietet die einzige echte Möglichkeit zum Schutz Ihrer Daten vor dem Zugriff durch andere Benutzer. Administratoren können Besitzrechte übernehmen und so auf alle und auch die nicht explizit freigegebenen Dateien und Ordner auf einem Rechner zugreifen. Bei extrem geheimen Daten müssen Sie daher andere Schutzmaßnahmen implementieren. Unter den verschiedenen Windows-Versionen stehen Ihnen unterschiedlich viele Verschlüsselungsoptionen zur Verfügung: Windows Home bietet gar keine derartigen Sicherheitsfunktionen, Windows XP Professional bietet die *Dateiverschlüsselung* (*EFS – Encrypting File System*) und unter Windows Vista Ultimate und Enterprise kommt ein Verschlüsselungssystem hinzu, mit dem komplette Festplatten verschlüsselt werden können.

Dateiverschlüsselung (EFS – Encrypting File System)

Die Professional-Versionen von Windows bieten mit *EFS* (*Encrypting File System* ein Verschlüsselungsverfahren, das alle Benutzer zur Verschlüsselung von einzelnen Dateien oder Ordnern auf einem Rechner einsetzen können. Bei den Home-Versionen von Windows fehlen zwar die integrierten Tools zur Verschlüsselung von Dateien, aber Sie können hier natürlich immer noch auf Programme von Drittanbietern zurückgreifen, wie z.B. TrueCrypt, um Ihre Daten zu schützen.

Abbildung 16.36: Klicken Sie im EIGENSCHAFTEN-Dialogfeld die Schaltfläche ERWEITERT auf der Registerkarte ALLGEMEIN an.

Eine Datei oder einen Ordner zu verschlüsseln, dauert nur wenige Sekunden. Sie klicken die zu verschlüsselnden Dateien oder Ordner mit der rechten Maustaste an und wählen im Kontextmenü EIGENSCHAFTEN. In dem für das Objekt angezeigten Dialogfeld aktivieren Sie die Registerkarte ALLGEMEIN und klicken die Schaltfläche ERWEITERT an (Abbildung 16.36). Im Dialogfeld ERWEITERTE ATTRIBUTE aktivieren Sie dann das Kontrollkästchen INHALT VERSCHLÜSSELN, UM DATEN ZU SCHÜTZEN (Abbildung 16.37). Klicken Sie zweimal OK an, um erst das Dialogfeld ERWEITERTE ATTRIBUTE und dann das EIGENSCHAFTEN-Dialogfeld zu schließen. Jetzt sind Ihre Dateien oder Ordner für alle Benutzerkonten außer Ihrem eigenen verschlüsselt.

Abbildung 16.37: Die Verschlüsselung aktivieren

Solange Ihr Kennwort geheim bleibt, bleiben all Ihre EFS-verschlüsselten Daten vor neugierigen Augen geschützt. Diese Sicherheit hat aber ihren Preis, bei dem Ihr Kennwort eine wichtige Rolle spielt. Die Windows-Sicherheitsdatenbank speichert zwar das Kennwort (sicher und nicht im Klartext, so dass Sie darüber nicht besorgt sein müssen), aber das bedeutet auch, dass der Zugriff auf Ihre verschlüsselten Dateien von der jeweiligen Windows-Installation abhängig ist. Wenn Sie Ihr Kennwort vergessen oder wenn es von einem Administrator zurückgesetzt wird, dann kommen Sie selbst nicht mehr an Ihre verschlüsselten Daten heran. Es gibt keine Wiederherstellungsmöglichkeit. Und auch wenn der Rechner seinen Geist aufgibt und Sie durch Installation der Festplatte in einem anderen System wieder an Ihre Daten kommen wollen, haben Sie Pech gehabt. Selbst wenn Sie auf dem neuen System denselben Benutzernamen verwenden, ist die dieses Benutzerkonto definierende Sicherheitskennung anders als beim alten System. Auch dann haben Sie Pech gehabt.

Erinnern Sie sich noch an die Kennwortrücksetzdiskette, um die es in diesem Kapitel bereits ging? Wenn Sie EFS nutzen, dann müssen Sie für den Fall schrecklicher Katastrophen einfach eine gültige Kennwortrücksetzdiskette besitzen.

Dazu noch eine abschließende Warnung. Wenn Sie eine so verschlüsselte Datei auf einen Datenträger kopieren, der nicht NTFS-formatiert ist, dann wird eine Meldung angezeigt, die darauf hinweist, dass die kopierte Datei nicht verschlüsselt wird. Wenn Sie die Daten auf einen NTFS-Datenträger kopieren, bleibt die Verschlüsselung allerdings erhalten. Die verschlüsselten Dateien selbst bleiben aber, selbst wenn sie sich auf Wechselmedien befinden, nur auf dem jeweiligen System und nur für das entsprechende Benutzerkonto lesbar.

BitLocker-Laufwerkverschlüsselung

Unter Windows Vista Ultimate und Enterprise lassen sich Laufwerke über die *BitLocker-Laufwerkverschlüsselung* vollständig verschlüsseln. BitLocker verschlüsselt das komplette Laufwerk und die Dateien aller Benutzer und arbeitet daher unabhängig von irgendwelchen Benutzerkonten. Gut an BitLocker ist, dass alle Daten auf der Festplatte geschützt sind, wenn diese (nebst dem Laptop, in den sie eingebaut ist) einmal gestohlen werden sollte. Der Dieb kann darauf nicht zugreifen, selbst wenn es auf dem Laptop einen Benutzer geben sollte, der vergessen hat, seine Daten individuell zu verschlüsseln und damit zu schützen.

BitLocker funktioniert nur, wenn ein spezieller *TPM*-Chip (*Trusted Platform Module*) im Mainboard eingebaut ist. Der TPM-Chip überzeugt sich beim Start beispielsweise davon, dass es sich noch um denselben Vista-Rechner und dasselbe installierte Betriebssystem handelt und dass der Rechner nicht von irgendeinem bösartigen Programm gehackt wurde. Der TPM-Schutz funktioniert auch, wenn Sie das BitLocker-Laufwerk in ein anderes System einbauen.

Wenn ein gewöhnlicher BitLocker-Fehler (kein Diebstahl) auftritt, weil jemand am Laufwerk herumgebastelt hat oder das Laufwerk in ein anderes System eingebaut wurde, dann benötigen Sie einen korrekt erstellten und verfügbaren Wiederherstellungsschlüssel oder ein Wiederherstellungskennwort. Der Schlüssel oder das Kennwort wird generell erstellt, wenn Sie BitLocker aktivieren und sollte irgendwo sicher aufbewahrt werden, z.B. als Ausdruck in einem Safe oder als Datei auf einem Netzwerkserver, auf die nur Administratoren zugreifen können.

Um BitLocker zu aktivieren, klicken Sie in der Systemsteuerung das Symbol BITLOCKER-LAUFWERKVERSCHLÜSSELUNG in der klassischen Darstellung doppelt an oder wählen auf der Startseite der Systemsteuerung erst SICHERHEIT und dann COMPUTER DURCH VERSCHLÜSSELN VON DATEN AUF DEM DATENTRÄGER SCHÜTZEN (Abbildung 16.38).

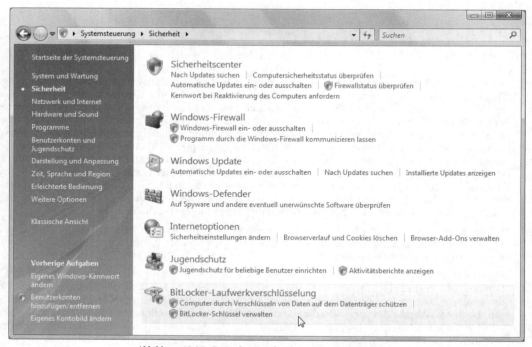

Abbildung 16.38: BitLocker-Laufwerkverschlüsselung aktivieren

Jenseits von A+

Neben den unter Windows verfügbaren Tools werden im Internet einige hervorragende Verschlüsselungsprogramme zum Download angeboten. Das wohl beste und leistungsfähigste dieser Werkzeuge ist *TrueCrypt*.

TrueCrypt

TrueCrypt ist eine quelloffene Anwendung zur Verschlüsselung von Datenträgern, von dem Versionen für fast alle Betriebssysteme erhältlich sind. Sie können TrueCrypt zur Verschlüsselung ganzer Partitionen verwenden oder ein verschlüsseltes Volume erstellen, um dort Daten sicher zu speichern. Das Schöne am verschlüsselten Volume ist, dass es sich wie ein Ordner verhält, den Sie verschieben oder auf einen USB-Stick kopieren können. Sofern Sie das Kennwort haben und TrueCrypt auf dem anderen System installiert ist, können Sie damit das verschlüsselte Volume mit zu anderen Systemen nehmen und dessen Inhalt dort lesen. Wenn der USB-Stick über genügend Speicherplatz verfügt, können Sie auch eine Kopie von TrueCrypt darauf speichern und das Programm direkt vom Stick laufen lassen. Dann können Sie den Inhalt des verschlüsselten Volumes lesen, sofern Sie nur das richtige Kennwort wissen.

TrueCrypt weist einige Beschränkungen auf und unterstützt so beispielsweise keine dynamischen Datenträger und bereitet Probleme bei Multiboot-Systemen. Aber angesichts der Kosten (kostenlos, auch wenn Spenden begrüßt werden) und der enormen Leistungsfähigkeit fällt es schwer, das Programm nicht zu mögen. Diese Besprechung von TrueCrypt kann nur an der Oberfläche der Fähigkeiten des Programms kratzen, weshalb Sie sich selbst über www.truecrypt.org eingehender darüber informieren sollten. Wenn Sie Windows XP Home oder Windows Vista Home Premium benutzen, können Sie kaum ein besseres Werkzeug für den Schutz Ihrer Daten bekommen.

Wiederholung

Fragen

1. Mit welchem der folgenden Werkzeuge können Sie unter Windows XP ein neues Benutzerkonto erstellen?
   A. BENUTZERKONTEN
   B. BENUTZERKONTENSTEUERUNG
   C. BENUTZER UND GRUPPEN
   D. BENUTZER UND KENNWÖRTER

2. Durch welche Funktion können Sie unter Windows XP zu einem anderen Benutzerkonto wechseln, ohne den aktuellen Benutzer abmelden zu müssen?
   A. Konto wechseln
   B. Schnelle Benutzerumschaltung
   C. Benutzerkontensteuerung
   D. Benutzer und Gruppen

3. Was wäre das beste Kennwort für den Benutzer Jochen, dessen Haustier Purzel heißt, und der am 8. Januar 1982 geboren ist?
   A. Jochen1982
   B. JochenliebtPurzel
   C. 1982Winter
   D. oddvr88*

4. Was können Mitglieder der Gruppe *Benutzer* unter Windows 2000?
   A. Eine Gruppe erstellen
   B. Alle Gruppen verwalten
   C. Die Registrierung bearbeiten
   D. Auf kritische Systemdateien zugreifen

5. Welche Funktion sorgt unter Windows Vista dafür, dass für Standardbenutzer ein Dialogfeld angezeigt wird, in dem sie die Anmeldedaten eines Administrators eingeben können, um verschiedene Aufgaben erledigen zu können, die ansonsten Administratoren vorbehalten bleiben?
   A. Befehl Benutzerzugriff
   B. Benutzerzugriffssteuerung
   C. Befehl Benutzerkonto
   D. Benutzerkontensteuerung

6. Mit welcher Berechtigung kann ein Administrator die Besitzrechte einer Datei ändern, ohne das Kennwort des Benutzerkontos für diese Datei zu kennen?
   A. *Ändern*
   B. *Besitzrechte ändern*
   C. *Besitz*
   D. *Besitzrechte übernehmen*

7. Sie kopieren eine Datei von einem Ordner auf einer NTFS-formatierten Festplatte, die für alle Benutzer nur lesbar ist, auf einen USB-Stick mit FAT32-Dateisystem. Welche effektiven Berechtigungen besitzt die so erstellte Kopie der Datei?
   A. Nur lesbar für alle
   B. Vollzugriff für alle
   C. Keine
   D. Dateien lassen sich von NTFS-Laufwerken nicht auf FAT32-Laufwerke kopieren.

8. Welcher Ordner steht allen Benutzern auf einem Rechner unter Windows XP zur Verfügung?
   A. EIGENE DOKUMENTE
   B. PERSÖNLICHE DOKUMENTE
   C. ÖFFENTLICH
   D. GEMEINSAME DOKUMENTE

9. Bei welchen der folgenden Betriebssystemversionen können Sie die einfache Dateifreigabe nicht deaktivieren? (Wählen Sie zwei Antworten aus.)
   A. Windows XP Home
   B. Windows XP Media Center
   C. Windows XP Professional
   D. Windows Vista Ultimate

10. Mit welchem der folgenden Dateisysteme können Sie ein Bild so verschlüsseln, dass es mit allen Konten außer dem eigenen nicht mehr angezeigt werden kann?
    A. EFS
    B. FAT
    C. FAT32
    D. OSR

Antworten

1. **A.** Über das Applet BENUTZERKONTEN können Sie unter Windows XP ein neues Benutzerkonto erstellen.
2. **B.** Unter Windows XP können Sie bei aktivierter schneller Benutzerumschaltung zu einem anderen Benutzerkonto wechseln, ohne den aktuellen Benutzer abmelden zu müssen.
3. **D.** *oddvr88** wäre von den aufgeführten Alternativen das beste Kennwort. Es enthält ein nicht alphanumerisches Zeichen, durch das es für Hacker schwerer zu knacken ist.
4. **A.** Mitglieder der Gruppe Benutzer können unter Windows 2000 zwar eine Gruppe erstellen, aber nur die selbst angelegten Gruppen verwalten. Sie können weder die Registrierung bearbeiten, noch auf kritische Systemdateien zugreifen.
5. **D.** Die Funktion *Benutzerkontensteuerung* unter Windows Vista sorgt dafür, dass Standardbenutzern ein Berechtigungsdialogfeld angezeigt wird, in dem sie die Administrator-Anmeldedaten eingeben können, um verschiedene Aufgaben ausführen zu können, die normalerweise Mitgliedern der Gruppe Administratoren vorbehalten bleiben.
6. **D.** Mit der Berechtigung *Besitzrechte übernehmen* kann ein Administrator die Besitzrechte einer Datei ändern, ohne das Kennwort des Benutzerkontos für die Datei zu kennen.
7. **C.** Hier ist es wichtig, dass Sie die Datei von einer NTFS-Festplatte auf ein USB-Laufwerk mit FAT32-Dateisystem kopieren. Dabei werden zwei Kopien des Objekts erstellt. Die Kopie des Objekts an der neuen Position besitzt letztlich überhaupt keine Berechtigungen.
8. **D.** Die Ordner unter GEMEINSAME DOKUMENTE stehen auf einem Rechner unter Windows XP allen Benutzern zur Verfügung.
9. **A, B.** Unter Windows XP Home und Windows XP Media Center können Sie die einfache Dateifreigabe nicht deaktivieren.
10. **A.** Mit dem EFS-Dateisystem können Sie ein Bild so verschlüsseln, dass es nur noch über Ihr eigenes Konto angezeigt werden kann.

17

Wartung und Fehlerbehebung für Windows

Themen in diesem Kapitel
- Wartung von Windows
- Optimierung von Windows
- Fehlersuche in Windows

Ein installiertes Windows-Betriebssystem muss gelegentlich optimiert und ständig gewartet werden. Wenn es nicht korrekt funktioniert, muss eine Fehlersuche durchgeführt werden. Vor nicht allzu langer Zeit hatte Windows den zweifelhaften Ruf, dass Wartung und Fehlersuche sehr schwierig seien. Microsoft nutzte seine über 20-jährige Erfahrung im Bereich der Betriebssysteme und suchte nach Möglichkeiten, die Wartung und die Fehlersuche weniger beschwerlich zu gestalten. In den neuesten Windows-Versionen ist ihnen das relativ gut gelungen, so dass die Optimierung und die Wartung einfacher geworden sind. Die Fehlersuche ist allerdings immer noch problematisch – was für alle Betriebssysteme gilt.

Dieses Kapitel beginnt mit der Beschreibung von Wartung und Optimierung, deshalb wollen wir hier diese Begriffe klären. Die *Wartung* beschreibt Aufgaben, die Sie regelmäßig ausführen, damit Windows seine Leistung behält. Dazu gehören beispielsweise die Dienstprogramme für die Festplatte. CompTIA betrachtet die *Optimierung* als Aufgaben, die Sie ausführen, damit Ihr Windows-System eine bessere Leistung zeigt – ein gutes Beispiel dafür ist der Einbau von zusätzlichem RAM. Dieses Kapitel beschreibt Standardaktivitäten bei der Wartung und Optimierung von Windows sowie die Werkzeuge, die die Techniker dafür einsetzen.

Im letzten Teil des Kapitels geht es um die *Fehlersuche* unter Windows. Dabei werden die Schritte betrachtet, wie Sie ein System im Katastrophenfall reparieren können. Sie lernen Techniken kennen, einen PC wiederherzustellen, der nicht bootet oder der beim Booten einen Fehler erzeugt.

Essentials

Die Wartung von Windows

Die Wartung von Windows lässt sich mit der eines neuen Autos vergleichen. Natürlich hat ein neues Auto Garantie, deshalb bringen wir es meist zum Händler, der die Arbeiten dann für uns erledigt. Hier sind aber *Sie selbst* der Mechaniker und müssen daher wie ein Kfz-Mechatroniker denken. Zunächst einmal muss sich ein Kfz-Mechatroniker um Rückrufe kümmern, wenn der Hersteller ernsthafte Probleme erkennt. PC-Techniker müssen hier dafür sorgen, dass jeweils die aktuellen System-Patches von Microsoft installiert werden. Und Sie müssen auch jene Komponenten überprüfen, die typischerweise mit der Zeit verschleißen. Bei einem Auto würden Öl- und Reifenwechsel anfallen. Bei einem Windows-System geht es darum, die Festplatte und die Registrierungsdatenbank in gutem Zustand und aufgeräumt zu halten.

Patches, Updates und Service Packs

Windows-Updates sind für viele Computerbenutzer eine wichtige, aber oftmals auch vernachlässigte Aufgabe. Microsoft sorgt dafür, dass Probleme in seiner Software in der Regel rechtzeitig entdeckt und behoben werden. Bei früheren Windows-Versionen entschied der Benutzer selbst, wann (falls überhaupt) aktualisiert wurde – mit manchmal desaströsen Ergebnissen. Im Sommer 2003 legte der Blaster-Wurm weltweit die Computer lahm – Tausende von PCs begannen plötzlich, unvorhersehbar neu zu starten. Eine beachtliche Leistung für ein so winziges Programmchen! Blaster nutzte einen Fehler in Windows 2000/XP aus und verbreitete sich wie ein Steppenbrand. Bereits Wochen *vorher* hatte Microsoft den Fehler mit einem Sicherheitsupdate behoben. Wenn die Benutzer schlicht ein einfaches Update ausgeführt hätten, hätte sich der Virus nicht so rasant ausbreiten können.

> **Wichtig**
>
> In den Prüfungen 220-701 und 220-702 der CompTIA A+ können Fragen zur Installation von Service Packs und Patches vorkommen. Prägen Sie sich die hier aufgeführten Schritte also ein.

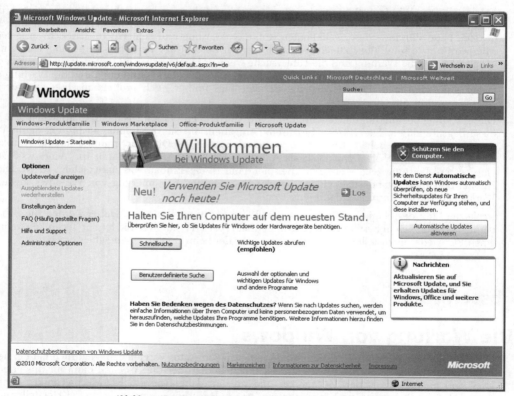

Abbildung 17.1: Die Webseite WINDOWS UPDATE im Internet Explorer

Wartung und Fehlerbehebung für Windows

Das Internet hat es Microsoft ermöglicht, Aktualisierungen bereitzustellen. *Windows Update* kann diese Updates abholen und den Rechner automatisiert patchen. Selbst wenn Sie nicht wollen, dass Windows Update automatisch Patches auf Ihrem Rechner installiert, kann es Sie immer wieder über Updates informieren, bis Sie deren Installation schließlich zustimmen. Windows Update steht in allen aktuellen Windows-Versionen zur Verfügung.

Nachdem Microsoft das Service Pack 2 für Windows XP veröffentlicht hatte, begann es, automatische Updates für Windows bereitzustellen. Sie können Windows Update auch manuell starten. Wenn Ihr Computer mit dem Internet verbunden ist, starten Sie das Dienstprogramm unter Windows 2000 mit START|WINDOWS UPDATE. Unter Windows XP/Vista wählen Sie START|ALLE PROGRAMME|WINDOWS UPDATE oder START|SYSTEMSTEUERUNG|WINDOWS UPDATE (in der klassischen Ansicht der Systemsteuerung). Wenn Sie Windows Update manuell starten, stellt das Programm eine Verbindung zur Microsoft-Website her und überprüft Ihren Computer, um festzustellen, welche Updates erforderlich sind. Abhängig von der Verbindungsgeschwindigkeit wird nach einigen Sekunden oder Minuten ein recht übersichtliches Fenster angezeigt (Abbildung 17.1).

Hier haben Sie mehrere Möglichkeiten, von denen zwei direkt ins Auge stechen. Wenn Sie die Schaltfläche SCHNELLSUCHE anklicken, dann übernimmt Windows Update alle wichtigen Updates (Sicherheitsupdates) und installiert sie auf Ihrem Rechner. Wenn Sie die Schaltfläche BENUTZERDEFINIERTE SUCHE anklicken, dann können Sie Ihre Updates aus einer Liste optionaler Updates auswählen.

Abbildung 17.2 zeigt Windows Update mit einer Liste von Patches und Sicherheitsupdates. Sie können die Liste durchblättern und sich die Beschreibungen der einzelnen Updates ansehen. Sie können über Kontrollkästchen neben dem betreffenden Update einzelne Elemente ausschließen, die dann weder heruntergeladen noch installiert werden. Durch Anklicken der Schaltfläche UPDATES INSTALLIEREN werden alle in der Liste noch enthaltenen Aktualisierungen installiert.

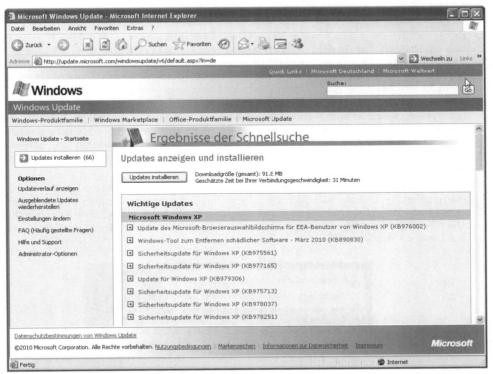

Abbildung 17.2: Auswahl der zu installierenden Updates

Automatische Updates

Da die Updates so überaus wichtig sind, bietet Microsoft Ihnen die Möglichkeit, Windows automatisch aktualisieren zu lassen. Eigentlich nörgelt es hier sogar! Bald nach der Installation von Windows (meiner Erfahrung nach ein oder zwei Tage später) wird eine Ballonmeldung über der Taskleiste angezeigt, die zur Aktivierung der automatischen Updates auffordert. Wenn Sie diese anklicken, wird der Assistent für automatische Updates gestartet, über den Sie den Updateprozess konfigurieren können. Sie haben diese Ballonmeldung noch nie gesehen und wollen die Updates automatisieren? Auch kein Problem. Unter Windows 2000/XP klicken Sie ARBEITSPLATZ (im Startmenü) mit der rechten Maustaste an und wählen EIGENSCHAFTEN. Aktivieren Sie im Dialogfeld anschließend die Registerkarte AUTOMATISCHE UPDATES und dann das Kontrollkästchen DEN COMPUTER AUF DEM NEUESTEN STAND HALTEN. Alternativ öffnen Sie die Systemsteuerung und klicken das Symbol AUTOMATISCHE UPDATES doppelt an. Unter Windows Vista wählen Sie START|ALLE PROGRAMME|WINDOWS UPDATE. Klicken Sie dann links im Aufgabenbereich die Option EINSTELLUNGEN ÄNDERN an, um sich das entsprechende Fenster anzeigen zu lassen. Wenn das Internet jetzt für den Computer erreichbar ist, dann nimmt er automatisch Verbindung mit der Seite WINDOWS UPDATE auf. Welche Aktion als Nächstes stattfindet, hängt von Ihren jeweiligen Einstellungen ab. Sie haben die folgenden Möglichkeiten:

- AUTOMATISCH (EMPFOHLEN) oder UPDATES AUTOMATISCH INSTALLIEREN (EMPFOHLEN). Windows Update aktualisiert Ihren Computer automatisch und hält ihn auf aktuellem Stand. Das dürfte für die meisten Benutzer die beste Option sein, die sich aber bei tragbaren Rechnern nicht unbedingt empfiehlt. Niemand will schließlich über eine langsame DFÜ-Verbindung im Internet surfen und sich dabei die ganze Bandbreite von automatisch heruntergeladenen Hotfixes verstopfen lassen!
- UPDATES HERUNTERLADEN, ABER… Windows Update lädt alle Patches im Hintergrund herunter und informiert Sie nach Abschluss des Downloads darüber. Dann können Sie entscheiden, ob Sie sie direkt, erst später oder gar nicht installieren wollen.
- BENACHRICHTIGEN, ABER … oder NACH UPDATES SUCHEN, ABER … Windows Update zeigt einfach ein Dialogfeld an, in dem es Ihnen mitteilt, dass Updates verfügbar sind, lädt aber nichts herunter, bis Sie den Download ausdrücklich anstoßen. Das ist die beste Option für Benutzer tragbarer Rechner. Sie können die Dateien dann zu einem Ihnen passenden Zeitpunkt herunterladen, wenn Sie sich beispielsweise zu Hause und nicht unterwegs oder im Büro befinden.
- AUTOMATISCHE UPDATES DEAKTIVIEREN oder NIE NACH UPDATES SUCHEN (NICHT EMPFOHLEN). Diese Option ist entsprechend ihrem Wortlaut zu verstehen. Es werden keine Patches automatisch heruntergeladen und Sie werden auch nicht über verfügbare Updates benachrichtigt. Diese Option sollten Sie nur bei Systemen nutzen, die keine Internetverbindung herstellen können (oder zeitkritische Aufgaben erledigen). Wenn Sie mit einem Rechner online gehen, dann muss er auf aktuellem Stand gehalten werden!

Wenn Windows Update so arbeitet, wie Microsoft es empfiehlt, dann durchsucht es die Microsoft-Website regelmäßig, lädt die wichtigen Patches bei ihrem Erscheinen herunter und installiert sie auf Ihrem Rechner. Wenn Sie Updates zwar automatisch herunterladen lassen, sie aber manuell installieren, dann benachrichtigt Windows Update Sie, wenn Updates heruntergeladen wurden und installiert werden können (Abbildung 17.3).

Abbildung 17.3: Ballonmeldung von Windows Update

Windows Vista bietet Ihnen die standardmäßig aktivierte Option, dass Windows Update empfohlene Updates zusammen mit wichtigen Updates herunterlädt bzw. Sie über deren Verfügbarkeit informiert. Wenn Ihre Internetverbindung schnell genug ist, dann handelt es sich dabei um ein nützliches Hilfsmittel, um auch Ihre Treiber und andere Microsoft-Programme auf aktuellem Stand zu halten.

> **Hinweis**
>
> Microsoft bietet das *Microsoft Update Tool* (Windows XP) und das *Systemupdate-Vorbereitungstool* bzw. *System Update Readiness Tool* (Vista/7) an. Diese Programme sollen Sie unterstützen, wenn Sie wissen wollen, ob Ihr System für ein Upgrade auf eine neuere Windows-Version bereit ist. Sie erhalten diese Hilfsprogramme über die Microsoft-Website.

> **Wichtig**
>
> Wenn Microsoft den Support für eine Windows-Version eingestellt hat, dann erhalten Sie dafür keine Sicherheitsupdates mehr. Der Support von Windows Vista ohne Service Packs und von Windows XP mit Service Pack 2 wurde so beispielsweise kurz vor dem Erscheinen dieses Buches eingestellt.

Temporäre Dateien und Datenträgerbereinigung

Vergessen Sie nicht die gelegentliche *Datenträgerbereinigung*, um die überflüssigen Dateien zu entfernen, die sich bei der täglichen Arbeit ansammeln. Wenn Sie in der Nacht durch das Web surfen, kostet das nicht nur Zeit, sondern auch Speicherplatz, weil Hunderte temporärer Internetdateien zurückbleiben. Diese und andere Relikte, wie beispielsweise »gelöschte« Dateien, die sich immer noch in Ihrem Papierkorb befinden, können jede Menge Festplattenspeicher belegen, wenn Sie sie nicht regelmäßig entfernen.

Sie erreichen dieses Tool über das Startmenü (START|ALLE PROGRAMME|ZUBEHÖR|SYSTEMPROGRAMME), oder Sie starten COMPUTER bzw. ARBEITSPLATZ, klicken das zu bereinigende Laufwerk mit der rechten Maustaste an und wählen im Kontextmenü EIGENSCHAFTEN. Auf der Registerkarte ALLGEMEIN klicken Sie dann die Schaltfläche BEREINIGEN an.

Die Datenträgerbereinigung berechnet den Platz, der wahrscheinlich freigegeben werden kann, und zeigt anschließend ein Dialogfeld an (Abbildung 17.4). Darin wird angegeben, wie viel Speicherplatz durch das Löschen bei den einzelnen Kategorien und insgesamt gewonnen werden kann. Unter Vista können Sie zusätzlich beim Start des Programms festlegen, ob Sie nur die eigenen Dateien oder alle Dateien auf dem Rechner bereinigen wollen. Wenn nicht alle Kategorien in der Liste der zu löschenden Dateien aktiviert sind, dann wird natürlich weniger Platz freigegeben. Während der Aus- und Abwahl der Kategorien können Sie beobachten, wie sich die Menge des freigegebenen Speicherplatzes verändert.

Wenn Sie in der Liste nach unten blättern, stoßen Sie auf die Möglichkeit zur Komprimierung alter Dateien. Überraschenderweise scheint die Datenträgerbereinigung mehr zu machen, als nur Dateien zu löschen. Ich weiß aber nicht, ob man diesen Trick mit der Dateikompression wirklich als »Aufräumarbeit« bezeichnen kann. Jedenfalls erhalten Sie hier einige der wenigen Möglichkeiten zum Rückgewinnen größerer Mengen an Speicherplatz. Eine weitere Kategorie, mit der Sie im größeren Rahmen Speicherplatz sparen können, finden Sie bei den temporären Internetdateien. Probieren Sie die Datenträgerbereinigung einmal auf einem Computer aus, der täglich mehrere Stunden in Betrieb ist – die Ergebnisse werden Sie erfreuen!

Abbildung 17.4: Das Dialogfeld DATENTRÄGERBEREINIGUNG

Wartung der Registrierung

Ihre Registrierung ist eine riesige Datenbank, die Windows ständig aktualisiert. Aus diesem Grund ist sie häufig voll mit Einträgen, die längst nicht mehr relevant sind. Diese Einträge verursachen normalerweise keine direkten Probleme, aber sie können Ihr System bremsen. Interessanterweise bietet Microsoft kein Werkzeug zur Bereinigung der Registrierung. Um die Registrierung zu bereinigen, brauchen Sie ein Programm von einem Drittanbieter. Für diesen Zweck gibt es eine ganze Reihe von Programmen. Mein Favorit ist die Freeware *CCleaner* von *Piriform*. Die aktuelle Version können Sie unter www.ccleaner.com herunterladen.

Bevor Sie in wilder Hektik anfangen, Ihre Registrierung zu bereinigen, beachten Sie, dass alle Bereinigungswerkzeuge ein gewisses Risiko bergen, weil immer die Gefahr besteht, dass etwas aus der Registrierung gelöscht wird, was noch benötigt wird. Da sich die Registrierung zwischen den verschiedenen Windows-Versionen unterscheidet, müssen Sie darauf achten, dass Ihr Dienstprogramm die eingesetzte Windows-Version auch wirklich unterstützt. Und das gilt insbesondere für die 64-Bit-Versionen von Windows! Ich nutze CCleaner bereits seit einiger Zeit und es hat sich bei mir bewährt.

Hinweis

Viele der Programme zum Aufräumen der Registrierung bereinigen auch gängige Webbrowser und/oder andere verbreitete Anwendungen.

Sicherheit: Spyware/Antivirus/Firewall

Ein moderner Computer kommt nicht mehr ohne Sicherheitsprogramme aus, die Sie vor den verschiedensten Angriffen von Spyware, Malware, Viren und Hackern schützen. Die Installation, Überwachung und Aktualisierung dieser Programme (und möglicherweise sogar geeigneter Hardware) ist so wichtig, dass dafür ein eigenes Kapitel vorgesehen ist. In Kapitel 26 (*Computersicherheit*) finden Sie eine umfassende Abhandlung des Themas!

Fehlerprüfung und Defragmentierung

Laufwerke gesund und munter zu halten, ist eine entscheidende Aufgabe für jeden Techniker. Die *Fehlerprüfung* und die *Defragmentierung*, um die es in Kapitel 12 (*Vorbereitung und Wartung von Festplatten*) ging, sind die wichtigsten Wartungswerkzeuge für diese Aufgabe unter Windows.

Wenn Sie für ein Problem wie einen Systemabsturz oder einen Neustart keine Gründe in der Software finden (und da gibt es viele Möglichkeiten), könnte die Festplatte die Ursache sein. Um dies festzustellen, setzen Sie die Fehlerprüfung ein. Die Fehlerprüfung kann mit dem Befehl CHKDSK von der Eingabeaufforderung aus erfolgen. Sie können aber auch über die grafische Benutzeroberfläche auf das Werkzeug zugreifen, wenn Sie das zu prüfende Laufwerk mit der rechten Maustaste anklicken, EIGENSCHAFTEN wählen und dann die Registerkarte EXTRAS aktivieren, auf der Sie die Schaltfläche JETZT PRÜFEN anklicken. Dann durchsucht, die Fehlerprüfung das Laufwerk nach fehlerhaften Sektoren, verlorenen Clustern und ähnlichen Problemen und versucht sie zu reparieren.

Führen Sie die Defragmentierung (Abbildung 17.15) regelmäßig aus, um zu verhindern, dass Ihr System langsam wird, weil die Dateien in vielen kleinen Teilen über die ganze Festplatte verteilt sind. Bevor Sie DEFRAGMENTIEREN anklicken, sollten Sie erst die Schaltfläche ANALYSE anklicken, da Windows dann erst einmal die Festplatte analysiert und feststellt, ob eine Defragmentierung überhaupt erforderlich ist. Wenn Sie Vista/7 einsetzen, wird das System automatisch defragmentiert.

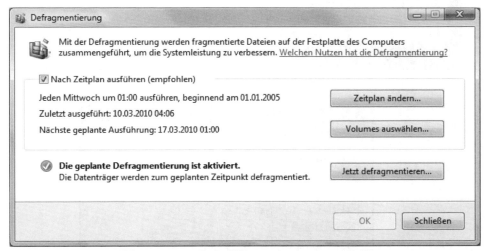

Abbildung 17.5: Das Dialogfeld DEFRAGMENTIERUNG unter Vista

Die *Fehlerprüfung* und die *Defragmentierung* sind derart kritische Wartungsprogramme, dass Sie sie wirklich automatisch ausführen lassen sollten. Nehmen wir uns also ein wenig Zeit, um uns anzusehen, wie wir diese und andere kritische Aufgaben geplant ausführen lassen können.

Geplante Ausführung von Wartungsarbeiten

Die Wartung kann nur dann richtig funktionieren, wenn sie regelmäßig ausgeführt wird. Abhängig von der jeweiligen Windows-Version können Sie verschiedene Wartungsarbeiten automatisch nach einem Zeitplan ausführen lassen. Innerhalb der Prüfungsziele der CompTIA gibt es drei Bereiche, die sich dafür anbieten: Defragmentierung, Datenträgerprüfung und Autostart-Programme. Zumeist wird die *Aufgabenplanung* (*Geplante Tasks*) zu diesem Zweck eingesetzt. Dabei gilt es gewisse Unterschiede zwischen den verschiedenen Windows-Versionen zu berücksichtigen.

Aufgabenplanung/Geplante Tasks

Es gibt zwei Programmversionen für die geplante Ausführung von Aufgaben. Die erste finden Sie in Windows 2000/XP unter dem Namen GEPLANTE TASKS und die zweite in Vista/7 unter dem Namen AUFGABENPLANUNG. Bei beiden Varianten können Sie ein ausführbares Programm auswählen und festlegen, wann es ausgeführt werden soll. Die Abbildungen 17.6 und 17.7 zeigen GEPLANTE TASKS, das Sicherungen zu einer bestimmten Tageszeit ausführen soll.

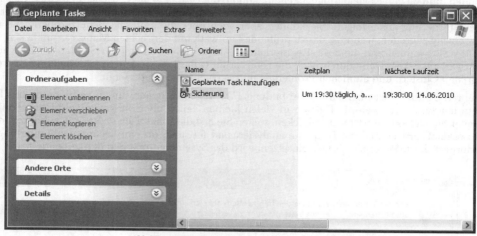

Abbildung 17.6: GEPLANTE TASKS unter Windows XP

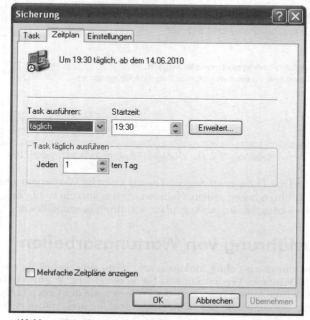

Abbildung 17.7: Planung einer täglichen Sicherung unter Windows XP

Die Version unter Vista/7 ist viel leistungsfähiger und flexibler und unterteilt Aufgaben in Trigger, Aktionen und Bedingungen. *Trigger (Auslöser)* sind Aktionen oder Zeitpunkte, die bzw. zu denen ein Programm gestartet wird. *Aktionen* sind Schritte, die definieren, welches Programm wie ausgeführt werden soll. *Bedingungen* sind zusätzliche Kriterien, die erfüllt sein müssen, wenn das Programm ausgeführt werden soll. (Befindet sich das System im Leerlauf? Ist es mit dem Internet verbunden?) Abbildung 17.8 zeigt die Registerkarte BEDINGUNGEN für eine geplante Aufgabe.

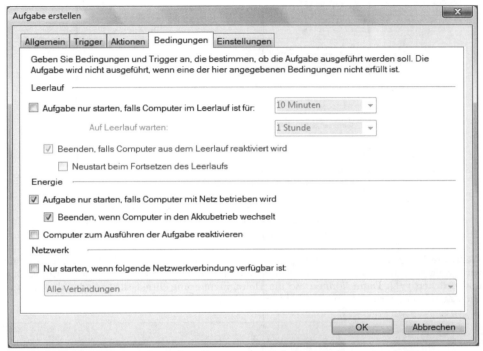

Abbildung 17.8: Die Registerkarte BEDINGUNGEN in der AUFGABENPLANUNG unter Vista

GEPLANTE TASKS oder AUFGABENPLANUNG starten Sie über START|(ALLE) PROGRAMME|ZUBEHÖR|SYSTEMPROGRAMME. Beachten Sie dabei die unterschiedlichen Namen des Programms im Startmenü.

Um Programme geplant ausführen zu können, müssen Sie ihre Namen und die der gegebenenfalls benötigten speziellen Parameter kennen, da Sie sie möglicherweise eingeben müssen. Im Rahmen der hier vorgestellten Beispiele werde ich Ihnen die Namen nennen.

> **Wichtig**
>
> In den CompTIA A+-Prüfungen können beide Namen des Windows-Programms zur geplanten Ausführung von Aufgaben verwendet werden. Merken Sie sich, dass es unter Windows 2000/XP GEPLANTE TASKS, unter Windows Vista/7 AUFGABENPLANUNG heißt.

Defragmentierung

Wenn Sie die Defragmentierung geplant ausführen wollen, dann müssen Sie nach einer ausführbaren Datei namens DEFRAG.EXE suchen. Unter Windows 2000/XP starten Sie GEPLANTE TASKS, suchen nach DEFRAG.EXE und fügen dann noch das zu defragmentierende Laufwerke an den Befehl an (siehe Abbildung 17.9).

Kapitel 17

Abbildung 17.9: Geplante Ausführung der Defragmentierung unter Windows XP

Wenn Sie Windows Vista/7 einsetzen und ändern wollen, wann die Defragmentierung ausgeführt wird (oder die Ausführung vollständig zu deaktivieren), öffnen Sie das Startmenü, tippen DEFRAG ein und drücken ⏎. Dann können Sie die Defragmentierung direkt starten oder dessen Ausführung nach Zeitplan ändern/deaktivieren (Abbildung 17.10).

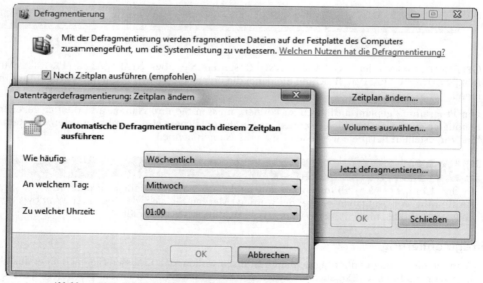

Abbildung 17.10: Das Dialogfeld zum Ändern des Zeitplans der Defragmentierung unter Vista

Wartung und Fehlerbehebung für Windows

Am besten lassen Sie die Defragmentierung möglichst jeden Abend ausführen. Wenn Sie Vista benutzen, dann können Sie die Option AUFGABE NUR STARTEN, FALLS COMPUTER IM LEERLAUF IST FÜR nutzen, um zu verhindern, dass die Datenträgerdefragmentierung möglicherweise wichtigere Aufgaben unterbricht.

Wichtig

In den CompTIA-Prüfungen wird die Datenträgerdefragmentierung möglicherweise nur kurz *Defrag* genannt. Das ist der gebräuchliche Techniker-Slang für dieses Programm.

Fehlerprüfung (Scandisk und Check Disk)

Die Tools, die Sie unter der Bezeichnung *Fehlerprüfung* kennen und schätzen, werden in den CompTIA A+-Prüfungen auch *Scandisk* und *Check Disk* genannt. (Keines dieser Programme gibt es unter modernen Windows-Versionen wirklich.) Wie Sie die entsprechenden Programme auch nennen, empfiehlt es sich doch, sie automatisch ausführen zu lassen.

Hinweis

Keine der Windows-Versionen führt die Prüfung der Datenträger automatisch aus, weshalb Sie selbst für die geplante Ausführung dieser Aufgabe (dieses Tasks) sorgen müssen, wenn Sie dies wünschen.

Auf dieselbe Weise wie gerade eben bei der geplanten Ausführung der Datenträgerdefragmentierung, erstellen Sie einen weiteren geplanten Task für die Ausführung der Fehlerprüfung. Dabei handelt es sich um eine ausführbare Datei namens CHKDSK.EXE (Abbildung 17.11). Es gibt zwei Schalter, die Sie dabei benutzen sollten, nämlich /F, um Sektoren zu reparieren, und /R, um die Fehlerprüfung dazu zu bringen, dass sie Daten in bekanntermaßen defekten Sektoren wiederherzustellen versucht.

Abbildung 17.11: Die Fehlerprüfung als geplanter Task unter Windows XP

Darüber, wie häufig man die Dateisystemprüfung geplant ausführen sollte, gehen die Meinungen auseinander. Für die CompTIA-Prüfungen wäre eine monatliche Überprüfung sicherlich nicht verkehrt. Praktisch sollten Sie immer dann eine Überprüfung starten, wenn Sie vermuten, dass bei einem Ihrer Laufwerke Probleme aufgetreten sind.

Startprogramme

Techniker benutzen das *Systemkonfigurationsprogramm* zur Bearbeitung der beim Start des Betriebssystems geladenen Prozesse und Dienste und der Behebung von Problemen, die in diesem Bereich auftreten. Es steht unter allen Windows-Betriebssystemen außer Windows 95 und Windows 2000 zur Verfügung. Vor Windows Vista konnten Sie mit dem Systemkonfigurationsprogramm schnell auf die Datei BOOT.INI zugreifen und diese korrigieren. Einige dieser Funktionen gibt es auch noch unter Vista, wie z.B. die Möglichkeit zur Aktivierung oder Deaktivierung problematischer oder unerwünschter Dienste oder Startprogramme. Unter Windows Vista wird aber der BCD-Datenspeicher anstelle der Datei BOOT.INI verwendet, so dass Sie mit dem Systemkonfigurationsprogramm naturgemäß nicht mehr die BOOT.INI bearbeiten können.

Um das Programm SYSTEMKONFIGURATION zu starten, wählen Sie START|AUSFÜHREN oder START|SUCHE STARTEN, geben MSCONFIG ein und klicken OK an oder drücken ⏎ (Abbildung 17.12). Unter Windows XP wird das Programm nun gestartet, während Sie unter Vista, je nach Einstellung der *Benutzerkontensteuerung* (*UAC – User Account Control*) möglicherweise erst noch ein paar weitere Eingaben vornehmen oder Meldungen abnicken müssen.

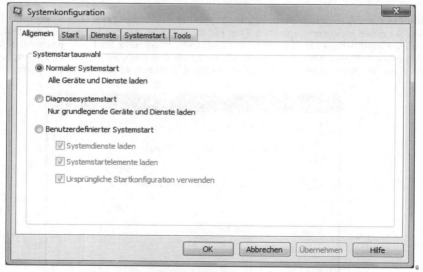

Abbildung 17.12: SYSTEMKONFIGURATION *unter Windows Vista*

Wichtig

Denken Sie daran, dass Sie das Programm SYSTEMKONFIGURATION für die Fehlersuche über SYSTEMSTARTAUSWAHL auf der Registerkarte ALLGEMEIN konfigurieren können. Nachdem Sie die automatisch gestarteten Programme mit dem Systemkonfigurationsprogramm geändert haben, können Sie über die Option NORMALER SYSTEMSTART alle Treiber und Dienste laden. Bei Wahl von DIAGNOSESYSTEMSTART werden nur die Basisdienste geladen und bei der Wahl von BENUTZERDEFINIERTER SYSTEMSTART können Sie auswählen, welche Systemdienste und Autostart-Programme beim Systemstart geladen werden.

Windows optimieren

Bei der Wartung versucht man zu verhindern, dass sich die Leistung von Windows mit der Zeit verschlechtert. Aber natürlich ist Stillstand unerwünscht und unsere Systeme sollen besser, leistungsfähiger und schneller werden! Alles, was Sie tun, um Windows besser als zuvor zu machen, wie beispielsweise die Installation von Software oder Hardware, damit irgendetwas besser funktioniert, wird *Optimierung* genannt.

Software installieren und entfernen

Die häufigste Optimierung, die auf PCs vorgenommen wird, ist wahrscheinlich das Hinzufügen und Entfernen von Programmen. Die Installation und das Entfernen von Software gehören zum Alltag jedes PC. Immer wenn Sie Software hinzufügen oder entfernen, nehmen Sie Änderungen und Entscheidungen vor, die das System über die Arbeitsweise dieser Software hinaus beeinflussen kann, Sie sollten also wissen, wie Sie es richtig machen.

Systeminformationen

Zusammen mit Windows wird das praktische Utility SYSTEMINFORMATIONEN ausgeliefert (Abbildung 17.13), das Information über Hardwareressourcen, Komponenten und die Softwareumgebung sammelt. Wenn es damit fertig ist, dann fasst es sie in einem netten kleinen und sauber formatierten Bericht zusammen, der Ihnen die Diagnose und Behebung aller Probleme und Konflikte erleichtert. Wie viele andere Tools erreichen Sie das Programm über START|AUSFÜHREN oder das Suchfeld im Startmenü, denn in den CompTIA A+-Prüfungen wird auf das Utility SYSTEMINFORMATIONEN bevorzugt über seine ausführbare Datei namens MSINFO32.EXE Bezug genommen.

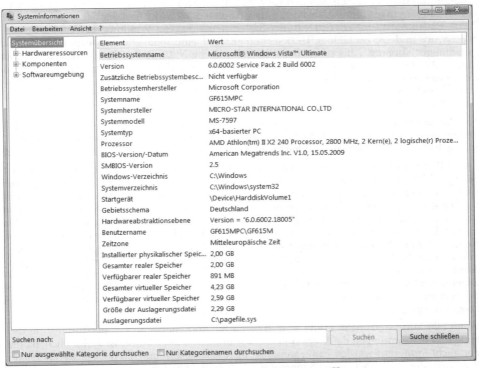

Abbildung 17.13: SYSTEMINFORMATIONEN *unter Vista*

Sie können das Programm SYSTEMINFORMATIONEN wie folgt starten:

- ❏ Wählen Sie START|PROGRAMME oder START|ALLE PROGRAMME und dann ZUBEHÖR|SYSTEMPROGRAMME|SYSTEMINFORMATIONEN.
- ❏ Unter Windows 2000/XP klicken Sie erst START, dann AUSFÜHREN an, geben MSINFO32 ein und klicken OK an. Unter Windows Vista/7 geben Sie in das Suchfeld im Startmenü MSINFO32 ein und drücken ⏎.

Wichtig ist noch anzumerken, dass Sie SYSTEMINFORMATIONEN auch dazu verwenden können, um Information über entfernte Computer sammeln zukönnen, wenn Sie im Menü ANSICHT|REMOTECOMPUTER wählen und dann den Namen des Remotecomputers im Netzwerk eingeben. Und über EXTRAS können Sie (allerdings nicht mehr unter Windows Vista/7) zudem schnell auf einige weitere Werkzeuge zugreifen, wie z.B. SYSTEMWIEDERHERSTELLUNG (nur XP) und das DIRECTX-DIAGNOSEPROGRAMM (DXDIAG), mit dem Sie Audio- und Grafikkarten überprüfen können und das in Kapitel 19 (*Anzeige: Bildschirm und Grafikkarte*) ausführlicher vorgestellt wird.

Software installieren

Die meisten Anwendungsprogramme werden auf optischen Discs ausgeliefert. Glücklicherweise unterstützt Windows die Funktion *Autorun*, die gleich nach dem Einlegen bzw. Anschließen eines Datenträgers oder Speichermediums (optische Discs oder USB-Speichersticks) eine spezielle Datei namens AUTORUN liest und das in AUTORUN.INF genannte Programm startet. Die meisten auf Wechselmedien ausgelieferten Anwendungsprogramme verfügen über eine AUTORUN-Datei, die das betreffende Installationsprogramm aufruft.

Manchmal müssen Sie Programme aber auch manuell installieren. Der Grund kann darin liegen, dass ein AUTORUN-Installationsprogramm fehlt oder dass Windows so konfiguriert ist, dass Programme auf optischen Medien manuell gestartet werden müssen. Manchmal enthalten Discs auch mehrere Programme, aus denen Sie dann das richtige Installationsprogramm auswählen müssen. Was auch immer der Grund sein mag – unter Verwendung des Applets SOFTWARE und der darin enthaltenen Funktion NEUE PROGRAMME HINZUFÜGEN in der Systemsteuerung von Windows (in Windows 2000 heißt es SOFTWARE und INSTALLIEREN/DEINSTALLIEREN) ist eine manuelle Installation ein einfacher und geradliniger Vorgang. Klicken Sie dazu die Schaltfläche NEUE PROGRAMME HINZUFÜGEN an (Abbildung 17.14), folgen Sie den Anweisungen und sorgen Sie dafür, dass ein Datenträger bereitsteht bzw. der Speicherort der Dateien angegeben wird. Unter Windows Vista/7 hat das Applet PROGRAMME UND FUNKTIONEN das Applet NEUE PROGRAMME HINZUFÜGEN ersetzt, in dem es die Schaltfläche NEUE PROGRAMME HINZUFÜGEN nicht mehr gibt.

Falls Sie die zum Installieren von Programmen erforderlichen Berechtigungen besitzen und Ihr Benutzerkonto unter Windows 2000/XP beispielsweise zur Gruppe der Administratoren gehört, dann startet das Installationsprogramm. Fehlen Ihnen Berechtigungen, unterbindet Windows die Installation.

Unter Windows Vista/7 erschwert die Benutzerkontensteuerung (UAC) den Installationsprozess ein wenig. Wahrscheinlich wird bei der Installation einer Anwendung eine Meldung der Benutzerkontensteuerung angezeigt. Dann haben Sie ein wenig Zeit, um zu registrieren, was mit Ihrem System geschieht, und können die Installation des Programms unterbinden. Wenn Sie ein Administratorkonto verwenden, dann können Sie einfach FORTSETZEN anklicken und die Installation abschließen. Wenn Sie sich über ein Konto mit weniger Rechten angemeldet haben, dann müssen Sie den Namen und das Kennwort eines Kontos mit Administratorberechtigungen eingeben. Einige Installationsprogramme informieren die Benutzerkontensteuerung nicht richtig darüber, dass mehr Berechtigungen benötigt werden, und versagen einfach und unabhängig von den Berechtigungen des Kontos, über das Sie sich angemeldet haben. In derartigen Fällen klicken Sie das Symbol des Installationsprogramms besser mit der rechten Maustaste an und wählen im Kontextmenü ALS ADMINISTRATOR AUSFÜHREN, um dem Programm gleich zu Beginn die von ihm erwarteten Rechte einzuräumen.

Wenn alle Voraussetzungen erfüllt sind, müssen Sie normalerweise vor der Installation der Anwendung den Bestimmungen der Softwarelizenz zustimmen. Dieser Schritt ist verbindlich, da die Installation nicht fortgesetzt werden kann, wenn Sie nicht alle Bestimmungen des Softwareherstellers akzeptiert und den richtigen Code eingegeben haben. Unter Umständen müssen Sie während des

Installationsprozesses noch verschiedene weitere Entscheidungen treffen. Beispielsweise werden Sie danach gefragt, wo das Programm installiert werden soll und ob Sie die Installation zusätzlicher Programmkomponenten wünschen. Sofern keine wichtigen Gründe dagegen sprechen, ist es generell immer am einfachsten, die empfohlenen Einstellungen zu übernehmen.

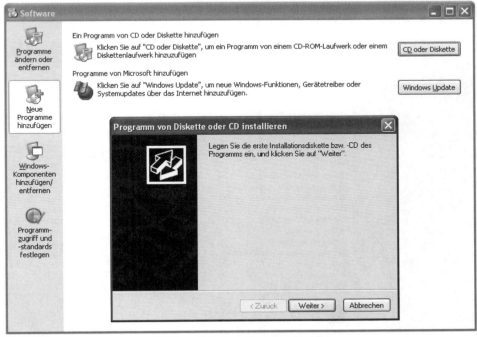

Abbildung 17.14: Neue Programme hinzufügen

Software entfernen

Jede installierte Anwendung benötigt Platz auf der Festplatte. Nicht länger benötigte Programme verschwenden also Platz, der für andere Zwecke sinnvoller verwendet werden könnte. Das Entfernen dieser Programme gehört daher zu den wichtigen Aufgaben im Rahmen der Optimierung.

Das Entfernen eines Programms von einem Windows-PC läuft ähnlich wie die Installation ab. Dazu sollten Sie möglichst das Deinstallationsprogramm der Anwendung verwenden. Sie finden es in der Regel in der Programmgruppe der betreffenden Anwendung im Startmenü (Abbildung 17.15).

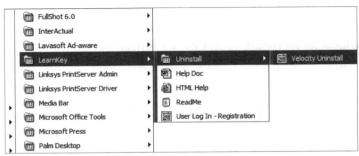

Abbildung 17.15: Deinstallieren eines Programms über dessen Deinstallationsprogramm

Kapitel 17

Falls kein Deinstallationsprogramm zur Verfügung stehen sollte, verwenden Sie das entsprechende Applet in der Systemsteuerung. Abbildung 17.16 zeigt dieses Applet unter Windows Vista. Sie wählen das zu entfernende Programm aus und klicken anschließend die Schaltfläche ÄNDERN/ENTFERNEN bzw. DEINSTALLIEREN an. Sie brauchen keine Sorge zu haben: Die Anwendung wird nun nicht auf einmal gelöscht. Als Erstes erhalten Sie eine Meldung angezeigt, die Sie darauf hinweist, dass das Programm nun dauerhaft von Ihrem PC entfernt wird. Wenn es das ist, was Sie möchten, klicken Sie auf JA.

Abbildung 17.16: Programme deinstallieren

Unter Umständen bekommen Sie dann noch eine Meldung, die Sie darauf hinweist, dass eine gemeinsam genutzte Datei, die anscheinend nicht länger benötigt wird, nun gelöscht werden wird. Diesen Vorgang müssen Sie dann bestätigen (bzw. ablehnen). Generell ist es besser, diese Dateien zu löschen. Falls Sie sie nicht löschen, werden sie sehr wahrscheinlich als nutzlose Dateien auf Ihrem Computer herumliegen und nichts anderes tun, als ewig Platz zu belegen. In manchen Fällen wird durch das Anklicken der Schaltfläche ÄNDERN/ENTFERNEN das Deinstallationsprogramm der Anwendung gestartet (das Programm, das Sie zuvor nicht finden konnten). Sie können dann die installierten Programmfunktionen ändern. Diese Funktion gehört nicht zu Windows, sondern zu dem zu entfernenden Programm. Zum Schluss der Aktion sollten dann die einzelnen Bestandteile und Registrierungseinträge der Anwendung vom Rechner gelöscht werden.

Windows-Komponenten hinzufügen und entfernen

Während der Installation versucht Windows festzustellen, welche der optionalen Windows-Komponenten Sie benötigen. So werden beispielsweise der Editor, die Modemunterstützung oder Spiele auf Ihrem PC installiert. Sie können Windows-Komponenten dieser Art jederzeit von Ihrem System entfernen oder auch weitere Komponenten nach Wunsch hinzunehmen. Zum Hinzufügen von Komponenten benötigen Sie Ihre Windows-Disc bzw. die an einem anderen Ort gespeicherten Windows-Originaldateien.

Zum Hinzufügen oder Entfernen von Windows-Komponenten unter Windows 2000/XP starten Sie das Applet SOFTWARE in der Systemsteuerung und wählen dann WINDOWS-KOMPONENTEN HINZUFÜGEN/ENTFERNEN. Damit wird der ASSISTENT FÜR WINDOWS-KOMPONENTEN gestartet (Abbildung

17.17). Sie können nun ein installiertes Programm auswählen, sich die Verwendungshäufigkeit und den verbrauchten Plattenplatz anzeigen lassen und so (manchmal) Aufschluss über den Zeitpunkt der letztmaligen Verwendung erhalten.

Abbildung 17.17: Der ASSISTENT FÜR WINDOWS-KOMPONENTEN

Unter Windows Vista/7 starten Sie das Applet PROGRAMME UND FUNKTIONEN in der Systemsteuerung und klicken dann im Aufgabenbereich die Option WINDOWS-FUNKTIONEN EIN- ODER AUSSCHALTEN an. Wenn sich die Benutzerkontensteuerung meldet, klicken Sie FORTSETZEN an. Daraufhin wird das Dialogfeld WINDOWS-FUNKTIONEN angezeigt (Abbildung 17.18). Um eine Funktion zu aktivieren oder zu deaktivieren, klicken Sie einfach das entsprechende Kontrollkästchen an. Anders als bei den älteren Windows-Versionen benötigen Sie beim Aktivieren von Funktionen die Installations-Disc nicht mehr.

Abbildung 17.18: Das Dialogfeld WINDOWS-FUNKTIONEN unter Vista

Kapitel 17

Installation und Optimieren von Geräten

Die Installation neuer Hardware erfolgt unter den verschiedenen Windows-Versionen auf dieselbe Weise und die Schritte zur Problembehebung ähneln denen bei der Installation neuer Geräte stark. Der Installationsprozess wird in den jeweiligen Kapiteln dieses Buchs genauer beschrieben, in denen es um die verschiedenen Gerätetypen geht, deshalb konzentriert sich dieser Abschnitt hauptsächlich auf Aspekte der Optimierung.

> **Wichtig**
>
> Fragen zur Installation und Optimierung von Geräten finden Sie in beiden CompTIA A+-Prüfungen.

Treiberupdates

Die Gerätehersteller aktualisieren in unregelmäßigen Abständen ihre Treiber. Die meisten dieser Updates erfolgen, um Probleme zu korrigieren, aber viele umfassen auch neue Funktionen. Wie dem auch sei, wenn neue Treiber verfügbar sind, dann ist deren Installation Ihre Aufgabe. Über WINDOWS UPDATE/MICROSOFT UPDATE können Sie leicht Treiber von Herstellern aktualisieren, die diesen Service nutzen. Sie brauchen normalerweise nur die Option BENUTZERDEFINIERT auszuwählen, um sich diese Updates anzeigen zu lassen, weil Windows bei der Option SCHNELLSUCHE nur Updates höchster Priorität installiert. Wenn Sie die Option BENUTZERDEFINIERT anklicken, finden Sie unter HARDWARE, OPTIONAL (linke Seite) gegebenenfalls Treiberupdates (Abbildung 17.19).

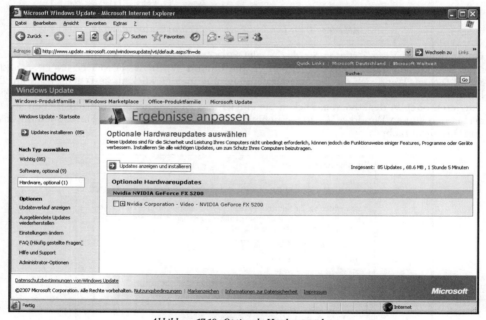

Abbildung 17.19: Optionale Hardwareupdates

Wenn Sie Vista/7 verwenden, dann müssen Sie VERFÜGBARE UPDATES ANZEIGEN anklicken, um zu prüfen, ob neue Treiber für Ihr System verfügbar sind. Unabhängig von der verwendeten Windows-Version sollten Sie sich ein wenig Zeit nehmen und lesen, was die Updates bewirken. Manchmal wollen Sie die Treiberupdates vielleicht nicht installieren, weil sie für Ihr System nicht nötig oder nützlich sind.

Wartung und Fehlerbehebung für Windows

Wenn Windows keine Treiberupdates über Windows Update bereitstellt, woher wissen Sie dann, wenn Geräte neue Treiber benötigen? Dazu müssen Sie Ihre Geräte kennen. Grafikkartenhersteller bieten relativ häufig Updates an. Sie sollten Ihre Grafikkarten beim Hersteller registrieren, um auf dem Laufenden zu bleiben. Insbesondere bei relativ neuartigen Komponenten sind häufig Updates erforderlich. Wenn Sie dieses tolle neue Spielzeug für Ihr System kaufen, lesen Sie am besten auf der Website des Herstellers nach, ob es seit der Auslieferung irgendwelche Updates gegeben hat. Das passiert öfter, als Sie denken!

> **Hinweis**
>
> Für viele Komponenten gibt es mittlerweile Programme, die Sie installieren können und die automatisch nach Updates suchen. Letztlich müssen Sie selbst entscheiden, was automatisch aktualisiert werden soll, und dabei daran denken, dass all diese Programme Speicher und Rechenzeit benötigen.

Treibersignierung

Gerätetreiber werden zu einem integralen Bestandteil des Betriebssystems und können, wenn sie schlecht programmiert werden, durchaus eine Menge Probleme verursachen. Um Windows vor fehlerhaften Gerätetreibern zu schützen, hat Microsoft die so genannte *Treibersignierung* eingeführt, bei der Treiber digitale Signaturen erhalten. Alle auf Windows-Installationsmedien oder über die Website von Windows Update zur Verfügung gestellten Treiber sind digital signiert. Nach der Installation eines Treibers können Sie über die Eigenschaften des Treibers prüfen, ob er digital signiert wurde. Abbildung 17.20 zeigt die Registerkarte TREIBER im Dialogfeld EIGENSCHAFTEN für einen Treiber mit digitaler Signatur.

Abbildung 17.20: Ein digital signierter Treiber

Wenn während der Hardwareinstallation ein unsignierter Treiber entdeckt wird, wird eine Meldung wie in Abbildung 17.22 angezeigt, die Ihnen den Abbruch oder das Fortsetzen der Installation anbietet. Signierte Treiber sind mehr oder weniger sicher, aber das bedeutet nicht, dass nicht signierte Treiber problematisch sind – überprüfen Sie nur, woher der Treiber stammt, und stellen Sie sicher, dass Ihr Gerät nach der Installation korrekt funktioniert.

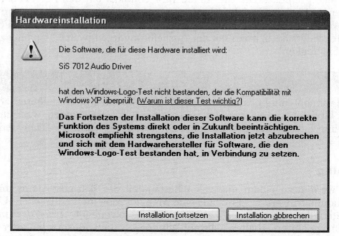

Abbildung 17.21: Die Installation eines nicht signierten Treibers abbrechen oder fortsetzen?

Das Verhalten von Windows während der Installation von Treibern können Sie selbst festlegen. Klicken Sie auf der Registerkarte HARDWARE des Dialogfeldes SYSTEMEIGENSCHAFTEN die Schaltfläche TREIBERSIGNIERUNG an, um sich das in Abbildung 17.22 dargestellte Dialogfeld TREIBERSIGNATUROPTIONEN anzeigen zu lassen. Bei Auswahl von WARNEN werden Sie beim Erkennen unsignierter Treiber während des Installationsprozesses zu einer Bestätigung aufgefordert. Sie können die Installation dann abbrechen oder fortsetzen. Bei Auswahl von SPERREN wird die Installation unsignierter Treiber ganz unterbunden.

Abbildung 17.22: Das Dialogfeld TREIBERSIGNATUROPTIONEN

Die Standardeinstellung lautet WARNEN. Die Standardeinstellung ist auch während der Windows-Installation aktiv, so dass Sie also beim Erkennen eines unsignierten Treibers auch hier immer gewarnt werden. Bei Standardinstallationen ist das unproblematisch, sofern Sie vor Ihrem Computer sitzen und alle Meldungen beantworten können. Aber bei unbeaufsichtigten und automatisierten Installationen kann es zu Problemen kommen. Damit haben Sie nun einen Grund gefunden, vor der Installation von Windows alle Ihre Gerätetreiber sorgfältig zu überprüfen! Bei den 64-Bit-Versionen von Windows müssen *alle systemnahen* Treiber ausnahmslos signiert sein. Microsoft will hier die Treiber stärker kontrollieren, um die Stabilität zu verbessern. (Es gibt durchaus weniger systemnahe Treiber, die auch bei den 64-Bit-Versionen von Windows *nicht* signiert sein müssen.)

Geräte-Manager

Als es um die Installation und die Fehlersuche für Geräte ging, haben Sie in anderen Kapiteln bereits mit dem Geräte-Manager gearbeitet. Aber auch für die Optimierung von Gerätetreibern brauchen Sie ihn. Klicken Sie im Geräte-Manager ein Gerät mit der rechten Maustaste an, um das Kontextmenü anzeigen zu lassen. Von hier aus können Sie den Treiber aktualisieren oder deinstallieren, das Gerät deaktivieren, nach Hardwareänderungen suchen oder das Dialogfeld EIGENSCHAFTEN anzeigen lassen. Dort finden Sie abhängig vom jeweiligen Gerät mehrere Registerkarten. Bei den meisten Geräten gibt es die Registerkarten ALLGEMEIN, TREIBER, DETAILS und RESSOURCEN. Für die Optimierung ist die Registerkarte TREIBER am wichtigsten.

Auf der Registerkarte TREIBER finden Sie die Schaltflächen TREIBERDETAILS, AKTUALISIEREN, INSTALLIERTER TREIBER und DEINSTALLIEREN (2000/XP) bzw. TREIBERDETAILS, TREIBER AKTUALISIEREN, VORHERIGER TREIBER, DEAKTIVIEREN und DEINSTALLIEREN (Vista/7). TREIBERDETAILS listet die Treiberdateien und ihre Speicherposition auf der Festplatte auf. (TREIBER) AKTUALISIEREN öffnet den Hardwareaktualisierungs-Assistenten, was meist wenig sinnvoll ist, da die Installationsprogramme der meisten Treiber dies automatisch erledigen. Über die Option INSTALLIERTER TREIBER/VORHERIGER TREIBER können Sie einen aktualisierten Treiber entfernen und zur vorherigen Treiberversion zurückkehren (*Driver Rollback*). Dies kann lebensrettend sein (Abbildung 17.23), wenn Sie einen neuen Treiber installieren und feststellen müssen, dass er schlechter als der vorherige Treiber ist! Über die ab Vista verfügbare Option DEAKTIVIEREN können Sie bei Bedarf Treiber vorübergehend deaktivieren, ohne sie gleich zu deinstallieren, was bei der Fehlersuche hilfreich sein und Zeit sparen kann. Über DEINSTALLIEREN entfernen Sie den Treiber.

Abbildung 17.23: Rückkehr zu einem zuvor installierten Treiber

Ein neues Gerät hinzufügen

Windows sollte automatisch neue Geräte erkennen, die dem System hinzugefügt werden. Erkennt Windows ein neu angeschlossenes Gerät nicht, verwenden Sie den Hardware-Assistenten (Abbildung 17.24), um das Gerät zu erkennen und die Treiber zu installieren. Sie finden ihn in der klassischen Ansicht der Systemsteuerung als Applet HARDWARE in der Systemsteuerung.

Klicken Sie auf der Willkommen-Seite WEITER an. Unter Windows 2000/XP sucht der Assistent nun nach Hardware, die angeschlossen wurde, für die es aber noch keine Treiber gibt. Wenn der Assistent das Gerät erkannt hat, markieren Sie es, und er installiert daraufhin den Treiber. Möglicherweise müssen Sie die Quelle für die Treiberdateien angeben. Erkennt der Assistent das Gerät nicht, was sehr wahrscheinlich ist, fragt er Sie, ob die Hardware angeschlossen ist. Wenn Sie mit JA antworten und WEITER anklicken, wird eine Liste der installierten Hardware angezeigt (Abbildung 17.25).

Kapitel 17

Abbildung 17.24: Hardware-Assistent

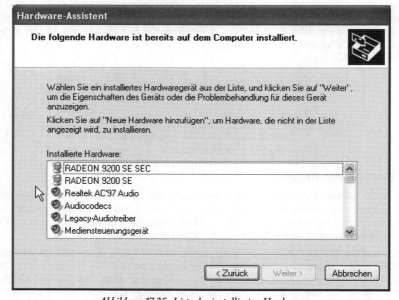

Abbildung 17.25: Liste der installierten Hardware

Befindet sich das Gerät in der Liste, wählen Sie es aus und klicken WEITER an. Andernfalls blättern Sie nach unten, wählen NEUE HARDWARE HINZUFÜGEN (bzw. ALLE GERÄTE ANZEIGEN unter Vista) und klicken dann WEITER an.

Handelt es sich bei dem Gerät um einen Drucker, eine Netzwerkkarte oder ein Modem, wählen Sie nun NACH NEUER HARDWAREKOMPONENTE AUTOMATISCH SUCHEN UND INSTALLIEREN und klicken WEITER an. Wenn der Assistent das Gerät erkannt und den Treiber installiert hat, sind Sie fertig. Wenn Sie das Gerät in der Liste nicht finden, ist HARDWARE MANUELL AUS EINER LISTE WÄHLEN UND INSTALLIEREN Ihre letzte Hoffnung. Wählen Sie auf den nachfolgend angezeigten Bildschirmen die Gerätekategorie, den Gerätehersteller und das richtige Modell aus und antworten Sie auf die Fragen des Hardware-Assistenten, um die Installation zu vervollständigen.

> **Hinweis**
>
> Unter Windows Vista hat sich die Reihenfolge der Seiten ein wenig geändert. Hier wird insbesondere die im letzten Absatz vorgestellte Seite gleich anfangs angezeigt. Ansonsten ist die Vorgehensweise aber prinzipiell gleich.

Leistungsoptionen

Über LEISTUNGSOPTIONEN können Sie unter allen Windows-Versionen Optimierungen vornehmen. Hier können Sie die Einstellungen für CPU, RAM und virtuellen Speicher (Auslagerungsdatei) konfigurieren. Um auf diese Optionen unter Windows 2000/XP zuzugreifen, klicken Sie ARBEITSPLATZ mit der rechten Maustaste an, wählen EIGENSCHAFTEN, aktivieren die Registerkarte ERWEITERT und klicken im Bereich SYSTEMLEISTUNG die Schaltfläche OPTIONEN (Windows 2000) oder EINSTELLUNGEN (Windows XP) an. Unter Windows Vista/7 klicken Sie COMPUTER mit der rechten Maustaste an, wählen im Kontextmenü EIGENSCHAFTEN und klicken dann in der Aufgabenliste die Option ERWEITERTE SYSTEMEINSTELLUNGEN an. Wenn Sie zur Eingabe eines Administratorkennworts oder um Zustimmung gebeten werden, dann geben Sie das Kennwort ein und klicken FORTSETZEN an. Klicken Sie auf der Registerkarte ERWEITERT im Bereich LEISTUNG die Schaltfläche EINSTELLUNGEN an. Das Verhalten des Dialogfelds LEISTUNGSOPTIONEN unterscheidet sich zwischen Windows 2000 und XP/Vista. (Das ist eine der wenigen Stellen, an denen sich Vista wie XP verhält!)

Unter Windows 2000 zeigt das Dialogfeld LEISTUNGSOPTIONEN zwei Optionsschaltflächen namens PROGRAMME und HINTERGRUNDDIENSTE an. Diese Optionsschaltflächen legen fest, wie die Prozessorzeit zwischen den Programmen im Vordergrund und den Hintergrundaufgaben aufgeteilt wird. Wählen Sie PROGRAMME, wenn Sie Programme ausführen, die mehr Prozessorzeit benötigen, wählen Sie HINTERGRUNDDIENSTE, um allen ausgeführten Programmen dieselbe Prozessornutzung zuzuteilen. In diesem Dialogfeld können Sie auch die Größe der Auslagerungsdatei anpassen, aber größtenteils ändere ich nichts an diesen Einstellungen und überlasse Windows die Kontrolle über die Auslagerungsdatei.

Das Dialogfeld LEISTUNGSOPTIONEN unter Windows XP/Vista enthält drei Registerkarten: VISUELLE EFFEKTE, ERWEITERT und DATENAUSFÜHRUNGSVERHINDERUNG (Abbildung 17.26). Auf der Registerkarte VISUELLE EFFEKTE können Sie die visuellen Effekte anpassen, die sich auf die Leistung auswirken könnten. Klicken Sie die oberen drei Auswahlmöglichkeiten an und beobachten Sie die Liste mit den Einstellungen. Beachten Sie die kleinen Unterschiede zwischen den beiden ersten Auswahlmöglichkeiten. Die dritte Auswahlmöglichkeit, FÜR OPTIMALE DARSTELLUNG ANPASSEN, deaktiviert alle visuellen Effekte, und die vierte Option (BENUTZERDEFINIERT) ist eine Einladung, eigene Anpassungen vorzunehmen. Wenn Sie einen Computer benutzen, dessen Leistung für Windows XP/Vista so gerade eben ausreicht, kann die Deaktivierung der visuellen Effekte gewaltige Unterschiede bei seinen Reaktionen bedeuten. Meist können Sie die Einstellungen aber unverändert lassen.

Auf der Registerkarte ERWEITERT (Abbildung 17.27) gibt es drei Bereiche: PROZESSORZEITPLANUNG, SPEICHERNUTZUNG und VIRTUELLER ARBEITSSPEICHER. Im Bereich PROZESSORZEITPLANUNG können Sie die beste Leistung für Programme oder für Hintergrunddienste festlegen. Im Bereich SPEICHERNUTZUNG können Sie Programmen oder dem Systemcache mehr Speicher zuteilen. Über den Bereich VIRTUELLER ARBEITSSPEICHER können Sie schließlich die Größe und die Speicherposition

Kapitel 17

der Auslagerungsdatei ändern. Microsoft hat unter Vista den Bereich Speichernutzung aus dem Dialogfeld entfernt.

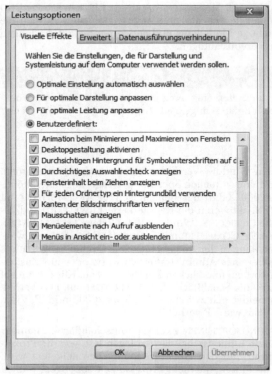

Abbildung 17.26: Registerkarte VISUELLE EFFEKTE im Dialogfeld LEISTUNGSOPTIONEN unter Vista

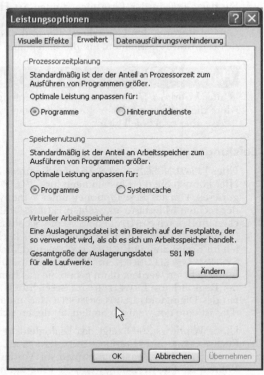

Abbildung 17.27: Registerkarte ERWEITERT im Dialogfeld LEISTUNGSOPTIONEN

Mit Windows XP Service Pack 2 hat Microsoft *DEP* (*Data Execution Prevention, Datenausführungsverhinderung*) eingeführt. Diese Funktion arbeitet im Hintergrund und verhindert, dass Viren oder andere Malware die Kontrolle über Programme im Systemspeicher übernehmen. Sie verhindert nicht, dass Viren auf Ihrem Computer installiert werden, kann deren Wirkung aber abschwächen. Standardmäßig überwacht die Datenausführungsverhinderung nur kritische Betriebssystemdateien im RAM, aber über die Registerkarte DATENAUSFÜHRUNGSVERHINDERUNG können Sie auch dafür sorgen, dass alle ausgeführten Programme überwacht werden. Das funktioniert, bremst aber das System. Wie bei den anderen Optionen im Dialogfeld LEISTUNGSOPTIONEN ist es auch hier meist am sinnvollsten, die Einstellungen unverändert zu lassen.

Ressourcenüberwachung

Problematisch an der Optimierung ist, dass man nie genau weiß, wann sie erforderlich ist. Angenommen, Ihr Windows-Computer wird scheinbar langsamer. Dann lässt sich mit der Ressourcenüberwachung das Leistungsproblem wirksam identifizieren. Mit dem TASK-MANAGER und der Konsole LEISTUNG stehen Ihnen Werkzeuge zur Verfügung, mit denen Sie die Ursachen von Engpässen (falls vorhanden) aufspüren können.

Task-Manager

Der *Task-Manager* kann vielseitig eingesetzt werden. Die meisten Benutzer kennen nur die Registerkarte ANWENDUNGEN, über die sich nicht mehr funktionierende Programme abbrechen lassen. Für Optimierungszwecke ist der Task-Manager ein großartiges Werkzeug, mit dem sich feststellen lässt, wie weit und warum RAM und CPU ausgelastet sind. Am schnellsten lässt sich der Task-Manager über [Strg]+[⇧]+[ESC] aufrufen. Auf der Registerkarte SYSTEMLEISTUNG finden Sie die praktisch nützlichsten Informationen: CPU-Auslastung, Verfügbarer physischer Speicher, Größe des Festplatten-Caches, Zugesicherter Speicher (für Programme) und Kernel-Speicher (von Windows verwendeter Speicher). Abbildung 17.28 zeigt ein System mit einem Dual-Core-Prozessor, weshalb es auch zwei getrennte Diagramme im Bereich VERLAUF DER CPU-AUSLASTUNG gibt. Bei einem System mit einem einzelnen Prozessorkern wird hier nur ein Diagramm angezeigt.

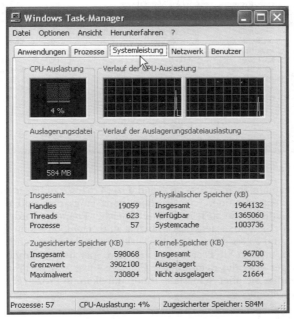

Abbildung 17.28: Der Task-Manager

Beachten Sie, dass Ihnen der Task-Manager nicht nur mitteilt, wie viel CPU und RAM gerade genutzt werden, sondern auch, welches Programm diese Ressourcen nutzt. Angenommen, Ihr System läuft sehr langsam. Sie öffnen den Task-Manager und stellen fest, dass die CPU voll ausgelastet ist. Anschließend lassen Sie sich über die Registerkarte PROZESSE alle Prozesse anzeigen, die auf Ihrem System ausgeführt werden. Klicken Sie die Spalte CPU(-AUSLASTUNG) an, um die Prozesse nach der CPU-Auslastung sortieren zu lassen und um zu sehen, welcher die CPU besonders stark beansprucht (Abbildung 17.29)! (Wenn es sich dabei um den *Leerlaufprozess* handelt, dann ist das völlig in Ordnung.) Um einen Prozess zu beenden, markieren Sie ihn und klicken die Schaltfläche PROZESS BEENDEN an. Häufig startet ein Prozess viele andere. Wenn Sie wirklich sichergehen und nicht nur einen einzelnen Prozess, sondern auch die von ihm gestarteten Prozesse beenden wollen, markieren Sie diesen und klicken in seinem Kontextmenü die Option PROZESSSTRUKTUR BEENDEN an.

Hinweis

Alle auf Ihrem System ausgeführten Programme bestehen aus einem oder mehreren Prozessen.

Abbildung 17.29: CPU-Auslastung

Der Task-Manager eignet sich auch hervorragend dazu, Prozesse zu beenden, die übermäßig viel Speicher beanspruchen. Angenommen, der Rechner wird langsamer und die Festplatten-LED blinkt unaufhörlich, was deutlich dafür spricht, dass der Speicher knapp geworden ist und die Auslagerungsdatei verwendet wird. Sie öffnen den Task-Manager und sehen, dass kein freier Systemspeicher mehr zur Verfügung steht, und *wissen* damit, dass die Auslagerungsdatei verwendet wird. Um den PC wieder schneller zu machen, müssen Sie Programme aus dem Speicher entfernen. Aber welche? Stellen Sie dazu im Task-Manager über die Registerkarte PROZESSE fest, welche Prozesse den meisten Speicher beanspruchen. Beenden Sie aber keinesfalls Ihnen unbekannte Prozesse! Die könnten vom Rechner unbedingt benötigt werden!

Die Leistungskonsole

Der Task-Manager ist gut dafür geeignet, aktuelle Probleme zu erkennen, aber was ist mit Problemen, die während Ihrer Abwesenheit auftreten? Was machen Sie, wenn Ihr System die CPU ständig zu 20 Prozent auslastet – ist das gut oder schlecht? Unter Windows 2000/XP gibt es mit der *Leistungskonsole* ein Werkzeug, das Sie zur Protokollierung der Ressourcennutzung einsetzen können, um z.B. die CPU- und RAM-Auslastung über einen längeren Zeitraum hinweg beobachten zu können. Bei der Leistungskonsole handelt es sich um eine MMC-Konsolendatei namens PERFMON.MSC, die Sie über START|AUSFÜHREN oder das Symbol LEISTUNG unter VERWALTUNG starten können. Starten Sie die Konsole nun über eines der dargestellten Verfahren (Abbildung 17.30). Wie Sie sehen können, gibt es in ihr die beiden Hauptoptionen SYSTEMMONITOR und LEISTUNGSDATEN UND WARNUNGEN.

Datenobjekte und Leistungsindikatoren

Bevor Sie mit der Leistungskonsole zu arbeiten beginnen, müssen Sie die beiden Begriffe Datenobjekt und Leistungsindikator verstanden haben. Ein *Datenobjekt* ist eine Systemkomponente mit einem Satz von Eigenschaften, die vom Betriebssystem als Ganzes verwaltet werden kann. Ein *Leistungsindikator* protokolliert bestimmte Informationen über ein Objekt. Das Prozessor-Datenobjekt beispielsweise verfügt über den Leistungsindikator Prozessorzeit (%), der die zur Ausführung eines Threads, der sich nicht im Leerlauf befindet, benötigte Prozessorzeit in Prozentwerten misst. Einem Datenobjekt können dabei viele Leistungsindikatoren zugeordnet sein.

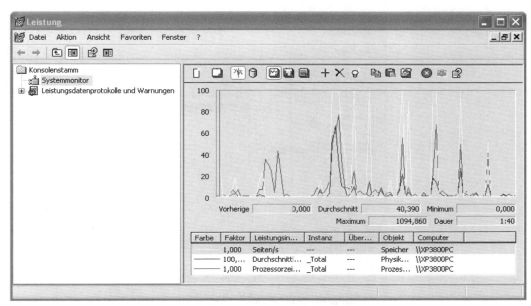

Abbildung 17.30: Die Leistungskonsole

Systemmonitor

Der *Systemmonitor* sammelt Echtzeitdaten über Objekte wie etwa den Speicher, physische Datenträger, den Prozessor und/oder das Netzwerk und zeigt diese als Grafik in einem Liniendiagramm, einem Histogramm (Balkendiagramm) oder einem einfachen Bericht an. Sie können sich den Systemmonitor als umfassenderen, anpassbaren Task-Manager vorstellen. Wenn Sie den Systemmonitor erstmals starten, werden die Daten grafisch dargestellt. Die angezeigten Daten beziehen sich auf die drei unter dem Diagramm angegebenen Leistungsindikatoren. Wenn Sie Leistungsindikatoren hinzufügen möchten, klicken Sie die Schaltfläche HINZUFÜGEN (mit dem Plus-Zeichen) an oder drücken zum Öffnen des Dialogfeldes LEISTUNGSINDIKATOREN HINZUFÜGEN [Strg]+[I]. In der Liste unter DATENOBJEKT können Sie eines der zahlreichen Datenobjekte zur Überwachung auswählen. Schön am Dialogfeld LEISTUNGSINDIKATOREN HINZUFÜGEN ist, dass Sie einen Leistungsindikator auswählen und durch Anklicken der Schaltfläche ERKLÄRUNG jederzeit eine Beschreibung des Indikators bekommen können (Abbildung 17.31). Probieren Sie das jetzt einfach einmal aus!

Auch wenn nur drei Leistungsindikatoren ausgewählt sind, kann sich in der grafischen Darstellung eine Menge tun. Dann wird eine Funktion des Systemmonitors besonders nützlich, mit der Sie einen der Graphen im Diagramm besonders hervorheben können. Wählen Sie dazu einfach den betreffenden Leistungsindikator unten aus und drücken Sie anschließend [Strg]+[H]. Wenn Sie dabei PROZESSORZEIT (%) ausgewählt haben, dann wird der entsprechende Graph im Diagramm deutlich hervorgehoben (Abbildung 17.32). Stellen Sie sich vor, wie praktisch dies ist, wenn Sie Dutzende von Indikatoren überwachen!

Kapitel 17

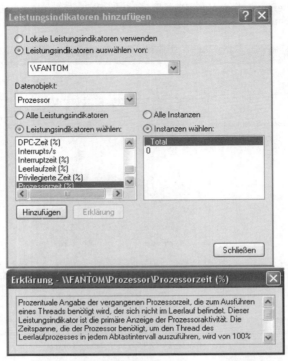

Abbildung 17.31: Das Dialogfeld LEISTUNGSINDIKATOREN HINZUFÜGEN

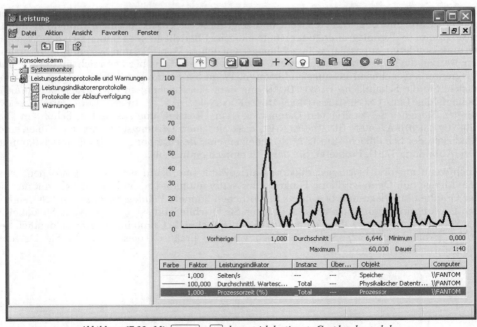

Abbildung 17.32: Mit Strg + H *lassen sich bestimmte Graphen hervorheben.*

Leistungsdatenprotokolle und Warnungen

Über das Snap-In LEISTUNGSDATENPROTOKOLLE UND WARNUNGEN können Sie unter Windows 2000/XP von so gut wie allen Systemereignissen einen schriftlichen Bericht erzeugen. Möchten Sie vielleicht wissen, wer sich am System anzumelden versucht, wenn Sie sich gerade einmal nicht in der Nähe befinden? Die folgenden Schritte beziehen sich zwar auf XP, sind aber unter Windows 2000 nahezu identisch.

Zum Erstellen eines neuen Protokolls klicken Sie LEISTUNGSINDIKATORENPROTOKOLLE mit der rechten Maustaste an und wählen NEUE PROTOKOLLEINSTELLUNGEN aus. Geben Sie dem neuen Protokoll einen Namen (in unserem Fall »Unautorisierter Zugriff«). Wenn Sie OK anklicken, wird ein Dialogfeld für das neue Protokoll angezeigt (Abbildung 17.33).

Abbildung 17.33: Erstellen eines neuen Leistungsprotokolls

Legen Sie nun Indikatoren für das Protokoll fest. Klicken Sie dazu INDIKATOREN HINZUFÜGEN an und aktivieren Sie das Optionsfeld LOKALE LEISTUNGSINDIKATOREN VERWENDEN. Wählen Sie aus dem Pulldown-Menü DATENOBJEKT das Objekt SERVER aus, wählen Sie dann in der Liste der Indikatoren ANMELDEFEHLER aus, klicken Sie HINZUFÜGEN und dann SCHLIESSEN an.

Falls Sie festlegen möchten, wann die Protokollierung beginnen soll (wahrscheinlich nach Feierabend), aktivieren Sie nun die Registerkarte ZEITPLAN. Legen Sie anschließend fest, wann die Protokollierung gestartet und beendet werden soll (zum Beispiel morgen früh, wenn Sie zur Arbeit kommen). Aktivieren Sie die Registerkarte PROTOKOLLDATEIEN, um nachzusehen, wo die Protokolldatei gespeichert wird (normalerweise unter C:\Perflogs), und notieren Sie sich den Dateinamen. Der Dateiname besteht aus dem von Ihnen vergebenen Protokollnamen und einer Ziffernfolge. In unserem Beispiel heißt das neue Leistungsprotokoll »Unautorisierter Zugriff«, so dass der Dateiname Unautorisierter Zugriff_000001.blg lautet. Schließen Sie die Erstellung des Leistungsindikatorenprotokolls durch Anklicken von OK ab.

Wenn Sie nun am nächsten Morgen wieder da sind, starten Sie die Leistungskonsole und wählen LEISTUNGSDATENPROTOKOLLE UND WARNUNGEN und anschließend LEISTUNGSINDIKATORENPROTOKOLLE aus. Ihr Protokoll sollte im Fenster rechts enthalten sein. Das Symbol ist rot, wenn das Protokoll

Kapitel 17

beendet wurde, und grün, wenn es noch läuft. Falls es noch läuft, markieren Sie es und klicken Sie die Schaltfläche zum Beenden (die mit dem Quadrat) an (Abbildung 17.34).

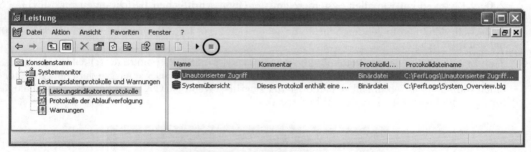

Abbildung 17.34: Die Leistungsprotokollierung stoppen

Zum Betrachten des Protokolls wählen Sie wieder SYSTEMMONITOR und laden das Protokoll über das Dialogfeld EIGENSCHAFTEN als neue Quelle.

Zuverlässigkeits- und Leistungsüberwachung

Unter Windows Vista wurde die alte Leistungskonsole mit der ZUVERLÄSSIGKEITS- UND LEISTUNGS-ÜBERWACHUNG deutlich verbessert. ZUVERLÄSSIGKEITS- UND LEISTUNGSÜBERWACHUNG enthält weiterhin eine vollständige Leistungskonsole mit allen Objekten und Indikatoren wie unter Windows 2000/XP, darüber hinaus aber eine hervorragende Ressourcenübersicht, eine Zuverlässigkeitsüberwachung und weit flexiblere Möglichkeiten zur Nutzung von Indikatoren über Sammlungssätze und Berichte.

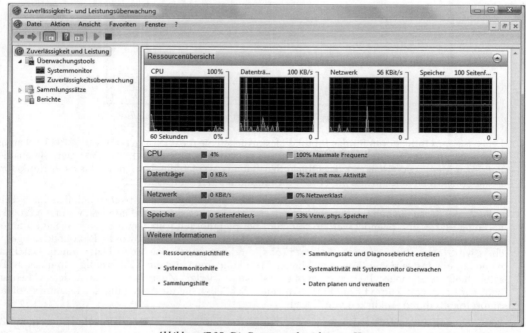

Abbildung 17.35: Die Ressourcenübersicht unter Vista

704

Wartung und Fehlerbehebung für Windows

> **Hinweis**
>
> Eine vollständige Beschreibung der Zuverlässigkeits- und Leistungsüberwachung geht über die Zielsetzungen der CompTIA A+-Prüfungen hinaus. Jedenfalls handelt es sich bei dem Programm um ein beeindruckendes Werkzeug!

Unter Windows Vista können Sie die ZUVERLÄSSIGKEITS- UND LEISTUNGSÜBERWACHUNG in der Systemsteuerung über das gleichnamige Symbol im Applet VERWALTUNG starten. Daraufhin wird Ihnen eine Ressourcenübersicht präsentiert (Abbildung 17.35). Sie können das Tool auch über das Startmenü, Eingabe von PERFMON.MSC im Suchfeld und Drücken von ↵ starten.

Stellen Sie sich die Ressourcenübersicht als eine Art besserer Task-Manager vor, der Ihnen Einzelheiten über CPU, DATENTRÄGER, NETZWERK und SPEICHER verrät. Wenn Sie einen dieser vier Leisten anklicken, dann werden Ihnen weitere Details über die diese Ressourcen nutzenden Prozesse angezeigt, wodurch die Ressourcenübersicht zu einem mächtigen Werkzeug wird, wenn Sie den Verdacht haben, dass ein Programm mit der einen oder anderen Ressource allzu verschwenderisch umgeht! Abbildung 17.36 zeigt die geöffnete NETZWERK-Leiste mit den Prozessen, die das Netzwerk nutzen, und den von ihnen übertragenen Daten.

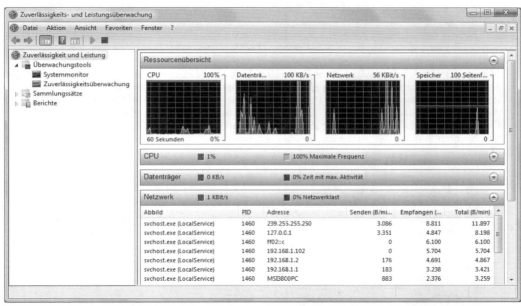

Abbildung 17.36: NETZWERK-Leiste in der ZUVERLÄSSIGKEITS- UND LEISTUNGSÜBERWACHUNG

Bei der Option SYSTEMMONITOR, die Sie unter ÜBERWACHUNGSTOOLS auswählen können, handelt es sich einfach um eine erneuerte Version der Leistungskonsole, die genau wie zuvor für Windows 2000/XP beschrieben funktioniert (Abbildung 17.37). Hierbei handelt es sich um ein tolles Werkzeug, um bestimmte Indikatoren schnell zu überprüfen.

Kapitel 17

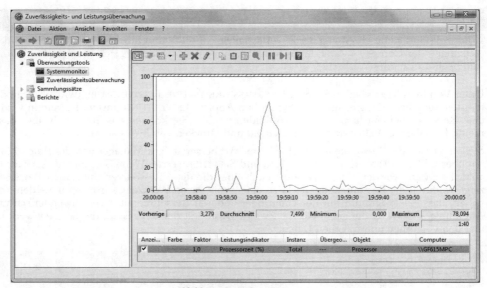

Abbildung 17.37: Systemmonitor

Microsoft hat Sammlungssätze in die Zuverlässigkeits- und Leistungsüberwachung mit aufgenommen, über die sich Indikatoren beim Erstellen von Berichten zu Gruppen zusammenfassen lassen. Sie können über die Option BENUTZERDEFINIERT eigene Sammlungssätze erstellen oder einfach die vordefinierten Systemsätze verwenden. Wenn Sie einen Sammlungssatz erstellt haben, können Sie die Option BERICHTE zur Anzeige der Ergebnisse nutzen (Abbildung 17.38). Über Sammlungssätze können Sie nicht nur zu überwachende Indikatoren auswählen, sondern auch deren Überwachungszeiten planen.

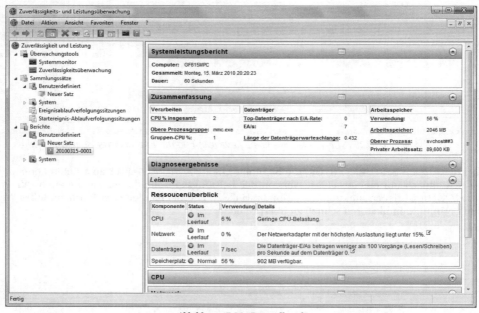

Abbildung 17.38: Beispielbericht

> **Wichtig**
>
> In den CompTIA A+-Prüfungen werden Ihnen nicht allzu viele detaillierte Fragen zur Leistungskonsole oder zur Zuverlässigkeits- und Leistungsüberwachung gestellt werden. Deshalb sollten Sie diese hervorragenden Werkzeuge aber nicht ignorieren! Wenn Sie deren Nutzung wirklich verstanden haben, dann können Sie alle Systemereignisse überwachen und somit Probleme besser diagnostizieren.

Auf Probleme vorbereitet sein

Im Rahmen der Optimierung von Windows müssen Techniker Vorbereitungen für den Fall von Problemen treffen. Sie müssen kritische Systemdateien und Daten sichern und Tools für den Notfall bereithalten. Unter den verschiedenen Windows-Versionen können Sie unterschiedliche vorbereitende Maßnahmen ergreifen. Microsoft unterteilt die Sicherung in verschiedene Bereiche: Sicherung persönlicher Daten, lokale Sicherung kritischer Systemzustandsdaten, Sicherung einiger weniger höchst kritischer Systemdaten auf irgendwelchen Wechseldatenträgern und Möglichkeiten, um Sicherungen bei nicht mehr bootenden Systemen benutzen zu können. Die entsprechenden Möglichkeiten werden wir nun eingehender betrachten.

Sicherung persönlicher Daten

Bei den wichtigsten Daten auf Ihrem Rechner handelt es sich um Ihre persönlichen Daten: Ihre Dokumente, E-Mail-Nachrichten und Kontakte, Internetfavoriten, Fotos und andere Dateien. Zur Sicherung persönlicher Daten gehört bei allen Windows-Versionen irgendein Sicherungsprogramm zum Lieferumfang. Die Sicherungsprogramme von Windows 2000/XP unterscheiden sich aber stark von denen von Vista (das sich wiederum von dem von Windows 7 unterscheidet). Daher werde ich die Sicherung der persönlichen Daten für Windows 2000/XP und Vista getrennt behandeln.

Datensicherung unter Windows 2000/XP (NTBackup)

Das *Windows-Sicherungsprogramm* NTBACKUP stellt unter 2000/XP fast alle von Ihnen benötigten Funktionen zur Verfügung. Seit seinen Anfängen unter Windows NT wurde es mehrfach weiterentwickelt. Es unterstützt jetzt mehr Geräte für Sicherungen: Netzwerk- und logische Laufwerke, Bandlaufwerke und Wechseldatenträger (aber keine optischen Discs). Die meisten Anwender verlassen sich aber auch heute noch beim Sichern von System-, E-Mail-, Browser- und persönlichen Daten auf Programme von Drittanbietern.

> **Hinweis**
>
> Das Dienstprogramm SICHERUNG ist in der Standardinstallation von Windows XP Home nicht enthalten. Sie müssen es manuell von der Windows-CD-ROM installieren. (Dort finden Sie es im Ordner \VALUEADD\NTBACKUP.)

Sie starten das Sicherungsprogramm über ZUBEHÖR|SYSTEMPROGRAMME im Startmenü oder durch Anklicken der Schaltfläche JETZT SICHERN auf der Registerkarte EXTRAS im Dialogfeld mit den Eigenschaften eines Datenträgers. Ich starte es bevorzugt über START|AUSFÜHREN und Eingabe von NTBAKKUP. Das funktioniert unter Windows 2000 und XP. Um die XP-Version im erweiterten Modus auszuführen, klicken Sie im Begrüßungsbildschirm den Link ERWEITERTEN MODUS an (Abbildung 17.39). Um sie immer im erweiterten Modus zu starten, deaktivieren Sie das Kontrollkästchen IMMER IM ASSISTENTMODUS STARTEN. Wenn das Programm im erweiteten Modus gestartet wird, Sie aber lieber den Sicherungs- und Wiederherstellungs-Assistenten benutzen wollen, dann klicken Sie den im erweiterten Modus angezeigten Link ASSISTENTMODUS an (siehe Abbildung 17.40).

Kapitel 17

Abbildung 17.39: Die Option zur Ausführung des Sicherungs- und Wiederherstellungs-Assistenten im erweiterten Modus

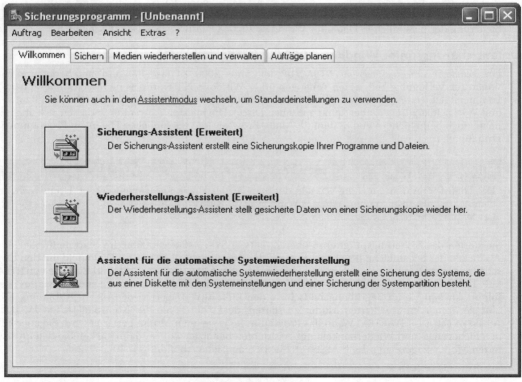

Abbildung 17.40: Optionen des Sicherungsprogramms von Windows XP

Um eine Sicherung anzulegen, starten Sie das Dienstprogramm SICHERUNG, wählen den erweiterten Modus und aktivieren die Registerkarte SICHERN. Aktivieren Sie die Kästchen neben den Laufwerken und Dateien, die Sie in die Sicherung einbeziehen wollen. Um die Systemstatusinformation mit einzubeziehen, wie beispielsweise Registrierungs- und Bootdateien (was Sie wirklich tun sollten), aktivieren Sie das Kontrollkästchen neben SYSTEM STATE. Um anzugeben, wo die zu erstellende Sicherungsdatei abgelegt werden soll, geben Sie in das Feld SICHERUNGSMEDIUM ODER DATEINAME einen Pfad und Dateinamen ein. Sie können auch DURCHSUCHEN anklicken, um eine Speicherposition auszuwählen und einen Dateinamen einzugeben. Klicken Sie dann SICHERUNG STARTEN an. Geben Sie an, ob Sie diese Sicherung einer vorhergehenden hinzufügen wollen oder ob Sie diese ersetzen wollen. Klicken Sie ERWEITERT an. Im Dialogfeld ERWEITERTE SICHERUNGSOPTIONEN aktivieren Sie DATEN NACH DER SICHERUNG ÜBERPRÜFEN und klicken OK an. Klicken Sie STARTEN an. In einem Dialogfeld wird der Sicherungsfortschritt angezeigt. Nach dem Abschluss der Sicherung klicken Sie im Dialogfeld SCHLIESSEN an und beenden dann das Sicherungsprogramm.

In beiden Versionen des Sicherungsprogramms stehen Ihnen nach Auswahl des erweiterten Modus drei Optionen zur Verfügung: SICHERUNGS-ASSISTENT (ERWEITERT), WIEDERHERSTELLUNGS-ASSISTENT (ERWEITERT) und eine dritte Option, die ebenfalls sehr wichtig ist. Unter Windows 2000 handelt es sich dabei um die Option zum Erstellen einer Notfalldiskette, unter Windows XP um den ASSISTENT FÜR DIE AUTOMATISCHE SYSTEMWIEDERHERSTELLUNG (Abbildung 17.40).

Die Notfalldiskette (ERD) unter Windows 2000

Auf der *Notfalldiskette* (*ERD – Emergency Repair Disk*) von Windows 2000 werden kritische Bootdateien und Partitionsinformationen gespeichert. Sie ist das wichtigste Tool zum Beheben von Bootproblemen unter Windows 2000. Die Diskette ist nicht bootfähig und sie enthält auch nicht besonders viele Daten. Die Notfalldiskette kann eine gute Datensicherung daher keinesfalls ersetzen! Sie nutzt einen speziellen Ordner namens \WINNT\REPAIR, in dem eine Kopie der Registrierung gespeichert wird. Diese Lösung ist zwar nicht perfekt, bietet aber Rettung bei den meisten auftretenden Startproblemen. Vor der Installation neuer Geräte oder Programme sollten Sie stets eine neue Notfalldiskette erstellen. (Noch besser ist es natürlich, wenn Sie die komplette Systempartition sichern.) Falls ich die Diskette dann brauchen sollte, habe ich sie gleich zur Hand.

Nachdem wir nun also eine wunderbare Notfalldiskette haben, die sich aller Probleme bei der Reparatur unseres Systems annimmt, legen wir sie einfach in das Diskettenlaufwerk ein und fertig! Oder?

Noch nicht. Wie bereits erwähnt, handelt es sich bei der Notfalldiskette nicht um eine bootfähige Diskette. Um die Notfalldiskette verwenden zu können, müssen Sie das System mit der Installations-CD von Windows zuerst booten. Gehen Sie wie folgt vor, um ein System mit der Notfalldiskette zu reparieren:

1. Booten Sie das System entweder über Ihre Bootdisketten oder Ihre Installations-CD.
2. Drücken Sie auf der Begrüßungsseite die Taste [R], um die Option zur Reparatur der Windows-2000-Installation auszuwählen.
3. Das Menü mit den Reparaturoptionen für Windows 2000 wird angezeigt. Sie können hier die Wiederherstellungskonsole starten oder die Notfalldiskette verwenden.
4. Drücken Sie die Taste [R], um eine Reparatur von Windows 2000 über den Notfallreparaturprozess durchzuführen.
5. Auf der nächsten Seite können Sie zwischen manueller und schneller Reparatur wählen.
   - ❏ Bei der manuellen Reparatur können Sie die folgenden Reparaturoptionen auswählen: Überprüfung der Startumgebung, Überprüfung der Systemdateien und Überprüfung des Bootsektors.
   - ❏ Bei der schnellen Reparatur müssen Sie keine weiteren Eingaben machen.
6. Folgen Sie den Anweisungen auf dem Bildschirm und legen Sie bei entsprechender Aufforderung die Notfalldiskette ein.
7. Ihr System wird geprüft und, falls möglich, wiederhergestellt. Anschließend wird das System neu gestartet.

Automatische Systemwiederherstellung unter Windows XP

Die *automatische Systemwiederherstellung* (*ASR* – *Automated System Recovery*) von Windows XP ähnelt stark der Notfalldiskette unter Windows 2000. Über ASSISTENT FÜR DIE AUTOMATISCHE SYSTEMWIEDERHERSTELLUNG können Sie die Daten Ihres Systems sichern. Diese Sicherung umfasst auch eine Diskette und weitere Datenträger, die die Systempartition und Komponenten des Betriebssystems enthalten (Abbildung 17.41).

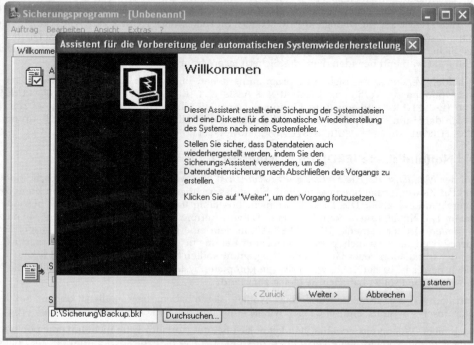

Abbildung 17.41: Erstellen einer Sicherung für die automatische Systemwiederherstellung

Die automatische Systemwiederherstellung umfasst die komplette Neuinstallation des Betriebssystems vorzugsweise auf einer neuen Partition. Wie Sie sehen, sollten Sie diese Lösung dann wählen, wenn alles andere versagt hat. Sie starten dazu das Windows Setup über die CD und drücken im Textmodus [F2]. Folgen Sie dann den Anweisungen auf dem Bildschirm. Zunächst werden Sie nach der Diskette und dann nach dem Sicherungsmedium gefragt.

Der Sicherungs-Assistent

Datendateien werden weder auf der Notfalldiskette noch bei der automatischen Systemwiederherstellung gesichert. Das müssen Sie also selber erledigen. Starten Sie das Dienstprogramm SICHERUNG im erweiterten Modus und klicken Sie die Option SICHERUNGS-ASSISTENT (ERWEITERT) an (siehe Abbildung 17.40). Klicken Sie dann WEITER an. Daraufhin wird das in Abbildung 17.42 dargestellte Dialogfeld mit drei Optionen angezeigt. Die ersten beiden sind weitgehend selbsterklärend: ALLES AUF DIESEM COMPUTER SICHERN und AUSGEWÄHLTE DATEIEN, LAUFWERKE ODER NETZWERKDATEN SICHERN.

Über das dritte Optionsfeld können Sie die Systemstatusdaten sichern. Unter Windows 2000/XP können Sie hier allerdings kaum mehr als eine Notfalldiskette (ERD) mit einer Sicherung der Registrierung anlegen. Wirklich Sinn macht diese Option hauptsächlich bei Serversystemen mit Windows 2000 Server oder Windows Server 2003, weil mit ihr Active-Directory-Daten (die auf Systemen mit Windows 2000/XP nicht gespeichert werden) und weitere kritische, für Server wichtige Funktionen gesichert werden. Ein wenig mehr zu diesem Thema erfahren Sie in Kapitel 23 (*Lokale Netzwerke*). Es kann aber durchaus sein, dass Sie diese Dinge für die CompTIA A+-Zertifizierungsprüfungen wissen müssen!

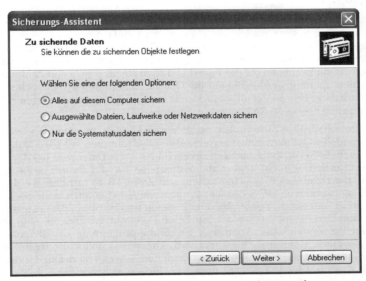

Abbildung 17.42: Das Sicherungsprogramm im Assistentmodus

Bandsicherung

Die seltsame Tatsache, dass Microsoft den Sicherungs- und Wiederherstellungs-Assistenten nicht aktualisiert hat, um Ihnen Sicherungen auf beliebigen optischen Datenträger zu ermöglichen, hält die Bandsicherung ein wenig am Leben. Bandlaufwerke werden wie optische Laufwerke über den ATA- oder SCSI-Bus angeschlossen, aber anstelle schimmernder optischer Medien verwenden Sie bei der Sicherung Magnetbänder (Abbildung 17.43).

Abbildung 17.43: Magnetbänder für die Datensicherung

Die Hersteller der Bandlaufwerke haben sich wirklich angestrengt, um Bandsicherungen möglichst schnell zu machen, aber die Technologie hat zwei riesige Nachteile. Erstens handelt es sich um ein Band, das heißt, alle Daten müssen sequenziell gesichert und wiederhergestellt werden. Das Laufwerk muss also beispielsweise erst über Datei 1 und Datei 2 hinwegspulen, um auf Datei 3 zugreifen zu können. Zweitens sind Bänder extrem langsam, wenn man sie mit Festplatten, optischen Laufwerken oder Flash-Speicher vergleicht.

Kapitel 17

Der einzige große Vorteil von Bändern besteht darin, dass sie auch bei hohen Speicherkapazitäten relativ preiswert sind. Da aber die Preise für Festplatten und wiederbeschreibbare optische Discs heute extrem niedrig sind, dürften die Tage der Bänder vermutlich gezählt sein.

Sicherungsoptionen

Das Ziel der Datensicherung besteht darin, dafür zu sorgen, dass eine aktuelle Kopie der Daten vorhanden ist, wenn ein System ausfällt. Sie könnten dazu einfach am Ende eines jeden Tages (oder in irgendwelchen anderen sinnvollen Zeitabständen) das komplette System sichern, aber vollständige Backups können eine enorme Verschwendung von Zeit und Material bedeuten. Statt das gesamte System zu sichern, berücksichtigen Sie die Tatsache, dass in einem gegebenen Zeitraum nicht alle Dateien geändert werden. Zumeist werden Sie nur die Dateien sichern müssen, die sich seit der letzten Sicherung geändert haben. Entsprechend verfügen die meisten Sicherungslösungen neben der vollständigen Sicherung auch über eine Reihe weiterer Optionen.

Um andere als vollständige Sicherungen verstehen zu können, müssen Sie wissen, was *Dateiattribute* sind. Dabei handelt es sich um einige einzelne Bits, die zusammen mit allen Dateien gespeichert werden. Die verbreitetsten Attribute sind *Verborgen* (Hidden – die Datei wird bei der Eingabe von dir an der Eingabeaufforderung nicht angezeigt), *System* (eine für das System kritische Datei), *Nur-Lesen* (Read-Only – die Datei lässt sich nicht löschen) und *Archiv*. Diese Attribute wurden zunächst auf FAT-formatierten Laufwerken im DOS-Zeitalter genutzt, werden aber auch heute noch von allen Dateisystemen vollständig unterstützt. Das *Archivbit* funktioniert im Prinzip so, dass es jeweils aktiviert (gesetzt) wird, wenn eine Datei gespeichert wird. Wird eine Datei nur geöffnet, hat dies keine Auswirkungen auf den aktuellen Zustand des Archivbits. Sicherungsprogramme deaktivieren üblicherweise das Archivbit einer Datei, wenn diese gesichert wird. Theoretisch sollte also irgendwo eine ordnungsgemäße Sicherung einer Datei vorhanden sein, wenn deren Archivbit deaktiviert ist. Wenn das Archivbit gesetzt ist, dann wurde die Datei seit der letzten Sicherung geändert (Abbildung 17.44).

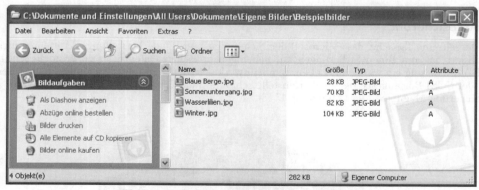

Abbildung 17.44: Das Archivbit ist bei diesen Dateien gesetzt.

Hinweis

Der Windows-Explorer (ARBEITSPLATZ unter Windows 2000/XP, COMPUTER unter Vista/7) zeigt selbst bei Auswahl von DETAILS im Menü ANSICHT viele Angaben zu den Dateien standardmäßig nicht an. Diese Ansicht lässt sich aber umfassend anpassen und liefert dann enorm viele und unterschiedliche Informationen über Dateien. Um Ihre Ansicht anzupassen, klicken Sie die graue Leiste mit den Spaltenüberschriften (NAME, GRÖSSE, TYP, GEÄNDERT AM usw.) mit der rechten Maustaste an, um sich die Standardauswahl anzeigen zu lassen. Hier werden neben ATTRIBUTE, BESITZER, AUTOR und TITEL eine Menge dateitypspezifische Optionen wie GENRE, DAUER und BITRATE (für Audiodateien) angeboten. Und wenn Sie die standardmäßig angezeigten zusätzlichen Details nicht begeistern können, dann erreichen Sie über die Option WEITERE ein Dialogfeld mit noch sehr viel mehr Alternativen! Für diesen Abschnitt klicken Sie ATTRIBUTE an, um sich die Datei- und Ordnerattribute anzeigen zu lassen.

Archivbits werden bei anderen als vollständigen Sicherungen benutzt. Die folgenden Sicherungsarten werden meist unterstützt:

- *Normale Sicherung.* Dabei handelt es sich um ein vollständiges Backup. Alle ausgewählten Dateien werden gesichert und ihr Archivbit wird anschließend jeweils deaktiviert. Hierbei handelt es sich um die übliche Option zum Sichern aller Dateien.
- *Sicherungskopie.* Eine *Backup-Kopie* entspricht einer normalen Sicherung, nur dass hier die Archivbits *nicht* geändert werden. Diese Option wird zuweilen (allerdings eher selten) dazu benutzt, um zusätzliche Kopien einer zuvor bereits erfolgten Sicherung zu erstellen.
- *Inkrementelle Sicherung.* Ein *inkrementelles Backup* umfasst nur Dateien, bei denen das Archivbit gesetzt ist. Es werden also nur jene Dateien kopiert, die sich seit der letzten Sicherung geändert haben. Bei dieser Art der Sicherung werden die Archivbits deaktiviert.
- *Differenzielle Sicherung.* Das *differenzielle Backup* ist mit der inkrementellen Sicherung identisch, nur dass dabei die Archivbits nicht deaktiviert werden.
- *Tägliche Sicherung.* Beim täglichen Backup oder der täglichen Sicherungskopie werden nur jene Dateien kopiert, die sich am jeweiligen Tag geändert haben. Die Archivbits bleiben dabei unverändert.

Wichtig
Sie sollten die verschiedenen Sicherungsarten kennen und insbesondere wissen, bei welchen die Archivbits geändert werden bzw. unverändert bleiben.

Warum es inkrementelle und differenzielle Sicherungen gibt, ist auf den ersten Blick vielleicht nicht ersichtlich, denn schließlich sind sich die beiden derart ähnlich, dass sie im Grunde genommen fast identisch sind. Die inkrementelle Sicherung scheint zunächst die bessere Alternative zu sein. Wenn eine Datei gesichert wird, dann sollte doch das Archivbit deaktiviert werden, nicht wahr? Ja, vielleicht. Es gibt aber eine Situation, in der das weniger sinnvoll ist. Im Rahmen der meisten Sicherungspläne wird einmal wöchentlich ein normales, umfassendes Backup erstellt, dem an den nachfolgenden Arbeitstagen tägliche inkrementelle oder differenzielle Sicherungen folgen. Abbildung 17.45 verdeutlicht den Unterschied zwischen inkrementellen und differenziellen Backups.

Inkrementell

MO	DI	MI	DO	FR
Vollständige Sicherung	Alle Änderungen vom Dienstag	Alle Änderungen vom Mittwoch	Alle Änderungen vom Donnerstag	Alle Änderungen vom Freitag

Differenziell

MO	DI	MI	DO	FR
Vollständige Sicherung	Alle Änderungen bis Dienstag	Alle Änderungen bis Mittwoch	Alle Änderungen bis Donnerstag	Alle Änderungen bis Freitag

Abbildung 17.45: Inkrementelle und differenzielle Sicherung im Vergleich

Beachten Sie, dass differenzielle Sicherungen kumulativ sind. Da die Archivbits nicht gesetzt werden, werden weiterhin alle Änderungen seit dem letzten normalen Backup gesichert. Das führt dazu, dass die Sicherungsdateien im Laufe der Woche (bei einer wöchentlichen standardmäßigen normalen Sicherung) immer größer werden. Bei der inkrementellen Sicherung werden hingegen nur die seit dem letzten Backup geänderten Dateien gesichert. Die einzelnen inkrementellen Sicherungsdateien bleiben dadurch relativ klein und unterscheiden sich völlig von den jeweils vorherigen Sicherungsdateien.

Nehmen wir nun an, dass das System an einem Donnerstagmorgen abstürzt und die Daten verloren sind. Wie lässt sich das System wieder in einen brauchbaren Zustand versetzen?

Wenn Sie mit inkrementellen Sicherungen arbeiten, müssen Sie zunächst die letzte wöchentliche Sicherung vom Montag, dann die Sicherung vom Dienstag und zuletzt die vom Mittwoch wiederherstellen, um das System wieder in den Zustand von Donnerstagmorgen zu versetzen. Je größer die Zeitspanne zwischen den normalen Sicherungen, desto mehr inkrementelle Backups müssen Sie wiederherstellen.

Wenn Sie in derselben Situation mit differenziellen anstelle von inkrementellen Sicherungen arbeiten, müssen Sie nach dem wöchentlichen Backup nur noch die Sicherung vom Mittwoch wiederherstellen, um Ihr System wieder betriebsbereit zu machen. Bei differenziellen Sicherungen benötigen Sie immer nur zwei Backups zur Wiederherstellung des Systems. Plötzlich wird das differenzielle Backup damit attraktiver als das inkrementelle! Andererseits haben inkrementelle Sicherungen den Vorteil der geringeren Größe der Sicherungsdateien. Differenzielle Sicherungsdateien werden im Unterschied zu inkrementellen oft vergleichsweise riesengroß.

Das Applet Sichern und Wiederherstellen unter Vista

Eine der vielen Änderungen zwischen XP und Vista betrifft den Wegfall von NTBackup, das durch SICHERN UND WIEDERHERSTELLEN ersetzt wurde. Wenn Sie dieses Programm starten, dann wird Ihnen auffallen, dass Ihnen nur zwei Optionen angeboten werden: Sicherung und Wiederherstellung von Dateien oder des ganzen Computers (Abbildung 17.46).

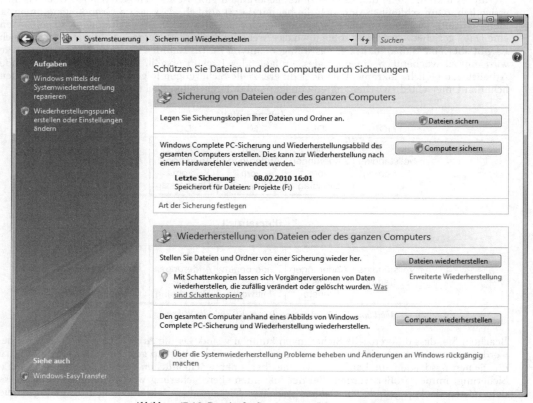

Abbildung 17.46: Das Applet SICHERN UND WIEDERHERSTELLEN

Wenn Sie sich zum Sichern der Daten Ihres Computers entscheiden, werden Ihnen zwei weitere Optionen angeboten: DATEIEN SICHERN und COMPUTER SICHERN. Bei DATEIEN SICHERN können Sie die zu sichernden Dateitypen auswählen (Abbildung 17.47). Über COMPUTER SICHERN werden alle Daten des Rechners und damit jede einzelne Datei und jeder Ordner gesichert. Vista unterstützt keine Bandsicherungen mehr und Sie können auch nicht mehr zwischen differenziellen oder inkrementellen Backups wählen. Wenn Sie diese Optionen benötigen, dann müssen Sie auf Sicherungsprogramme von Drittanbietern zurückgreifen.

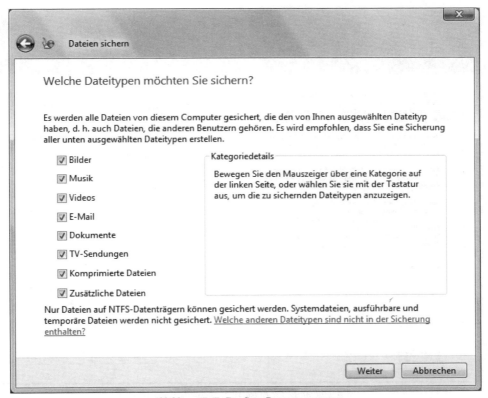

Abbildung 17.47: Die Seite DATEIEN SICHERN

Das Vista-Programm enthält einen praktischen Assistenten, der die gewünschten Sicherungstermine automatisch konfiguriert. Auch wenn jetzt also einige der Optionen von NTBackup fehlen, handelt es sich doch um ein mächtiges Werkzeug, das den meisten Sicherungsansprüchen genügt.

Systemwiederherstellung

Jeder Techniker hat so seine Geschichten über Benutzer zur Hand, die ihren PC mit der neuesten Hardware und der coolsten Software ausstatten wollten. Dann kam die große Überraschung und nichts ging mehr: Das System hängte sich auf, bootete nicht mehr oder verhielt sich einfach nur noch höchst seltsam. Und natürlich konnte sich der Benutzer nicht mehr daran erinnern, was er wann installiert hatte. Dann weiß er nur noch, dass Sie das Problem möglichst schnell wieder beheben sollten ...!

Microsoft waren Vorfälle dieser Art nicht unbekannt, weshalb man sich eine Lösung ausgedacht hat. Sie heißt *Systemwiederherstellung* und wurde erstmals mit Windows Me eingeführt und mit Windows XP weiter verbessert. Mit der Systemwiederherstellung können Sie Wiederherstellungspunkte definieren, bei denen es sich um Kopien der Computerkonfiguration zu einem definierten Zeitpunkt handelt. Bei einem späteren Absturz oder einem beschädigten Betriebssystem können Sie damit das System wieder in seinen früheren Zustand zurückversetzen.

Zum Erstellen eines Wiederherstellungspunktes wählen Sie START|ALLE PROGRAMME|ZUBEHÖR|SYSTEMPROGRAMME|SYSTEMWIEDERHERSTELLUNG. Beim Start des Tools aktivieren Sie die Option EINEN WIEDERHERSTELLUNGSPUNKT ERSTELLEN und klicken WEITER an (Abbildung 17.48). Datum und Uhrzeit brauchen Sie nicht anzugeben, da sie automatisch übernommen werden. Nach dem Anklicken von ERSTELLEN haben Sie Ihren Teil der Arbeit erledigt.

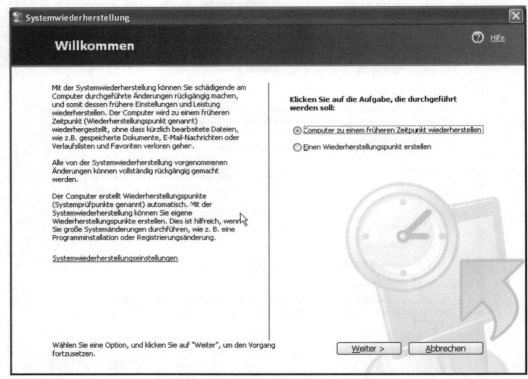

Abbildung 17.48: Einen Wiederherstellungspunkt erstellen

Unter Windows Vista arbeitet die Systemwiederherstellung weitgehend automatisch und das Betriebssystem erstellt eine Reihe von Wiederherstellungspunkten automatisch. Um einen eigenen Wiederherstellungspunkt zu erstellen, rufen Sie im Applet SYSTEM über ERWEITERTE SYSTEMEINSTELLUNGEN im Aufgabenbereich das Dialogfeld SYSTEMEIGENSCHAFTEN auf. Dann aktivieren Sie die Registerkarte COMPUTERSCHUTZ und klicken die Schaltfläche ERSTELLEN an (Abbildung 17.49).

Wenn Sie die Schaltfläche SYSTEMWIEDERHERSTELLUNG anklicken, werden Sie vielleicht davon überrascht sein, wie viele Wiederherstellungspunkte bereits automatisch angelegt wurden (Abbildung 17.50). Meist benötigen Sie nur einen dieser Wiederherstellungspunkte, um Ihr System wieder in einen früheren Zustand zurückzuversetzen. (Entsprechend löschen Bereinigungsprogramme meist alle Wiederherstellungspunkte mit Ausnahme des letzten.)

Abbildung 17.49: Einen Wiederherstellungspunkt unter Vista manuell erstellen

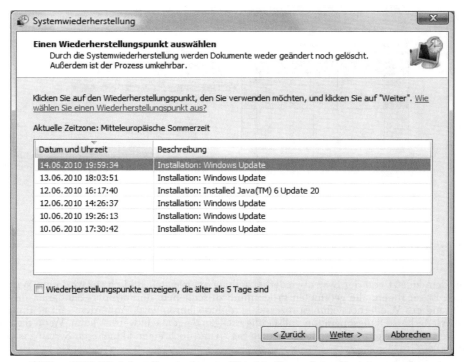

Abbildung 17.50: Wiederherstellungspunkte unter Vista (vier Tage nach einer Bereinigung des Systems)

Kapitel 17

Die Systemwiederherstellung erstellt einige Wiederherstellungspunkte automatisch. Standardmäßig wird beispielsweise bei jeder Installation neuer Software von XP ein Wiederherstellungspunkt erstellt. Falls eine solche Installation Schaden auf Ihrem Rechner anrichten sollte, versetzen Sie das System einfach wieder in den Zustand vor der Installation, wodurch der Schaden behoben sein sollte.

Während des Wiederherstellungsvorgangs werden nur Einstellungen und Programme geändert. Daten gehen dabei nicht verloren. Alle Programme und Einstellungen auf dem Rechner werden wieder in den Zustand zum Zeitpunkt der Erstellung des Wiederherstellungszeitpunktes versetzt. Diese Funktion ist für überarbeitete Techniker von unschätzbarem Wert! Durch die einfache Wiederherstellung lassen sich zahlreiche von Benutzern verursachte Fehler beheben.

Um das System anhand eines zuvor angelegten Wiederherstellungspunktes wiederherzustellen, starten Sie den Assistenten der Systemwiederherstellung über START|ALLE PROGRAMME|ZUBEHÖR|SYSTEMPROGRAMME|SYSTEMWIEDERHERSTELLUNG. Anschließend markieren Sie das erste Optionsfeld, COMPUTER ZU EINEM FRÜHEREN ZEITPUNKT WIEDERHERSTELLEN, und klicken WEITER an. Abbildung 17.51 zeigt einen Kalender mit Wiederherstellungspunkten. Für jeden Tag mit fett dargestelltem Datum gibt es mindestens einen Wiederherstellungspunkt. Diese Punkte werden angelegt, nachdem Sie Software installiert oder entfernt haben oder wenn Sie Windows-Updates installieren und auch beim normalen Herunterfahren Ihres Computers. Wählen Sie ein Datum im Kalender aus und anschließend einen der aufgeführten Wiederherstellungspunkte und klicken Sie WEITER an.

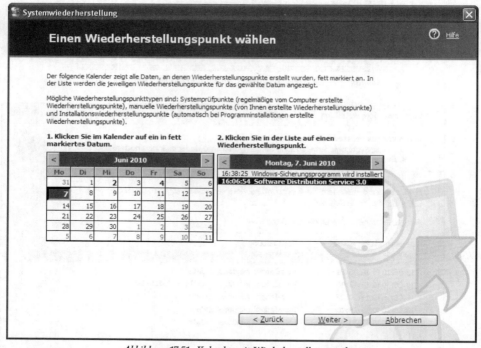

Abbildung 17.51: Kalender mit Wiederherstellungspunkten

Auf dem zuletzt von der Systemwiederherstellung angezeigten Bildschirm wird eine Warnung angezeigt. Er rät Ihnen, alle geöffneten Programme zu schließen, und erinnert Sie daran, dass Windows während des Wiederherstellungsprozesses heruntergefahren wird. Außerdem teilt er Ihnen mit, dass die Wiederherstellungsoperation vollständig rückgängig gemacht werden kann. Wenn Sie also zeitlich zu weit zurückgekehrt sein sollten, können Sie später noch einen aktuelleren Systemzustand wiederherstellen.

Sie müssen sich nicht darauf verlassen, dass Wiederherstellungspunkte automatisch angelegt werden. Sie können die Systemwiederherstellung jederzeit starten und die Option EINEN WIEDERHERSTELLUNGSPUNKT ERSTELLEN wählen. Das sollten Sie vor allen Änderungen tun, die möglicherweise nicht zur automatischen Erstellung eines Wiederherstellungspunktes führen, wie beispielsweise der manuellen Bearbeitung der Registrierung.

Die Systemwiederherstellung ist standardmäßig aktiviert und belegt einen Teil der Festplattenkapazität zum Ablegen der Daten von Wiederherstellungspunkten. Um die Systemwiederherstellung zu deaktivieren oder die dafür vorgesehenen Festplattenkapazitäten zu ändern, starten Sie in der Systemsteuerung das Applet SYSTEM und aktivieren die Registerkarte SYSTEMWIEDERHERSTELLUNG (Abbildung 17.52).

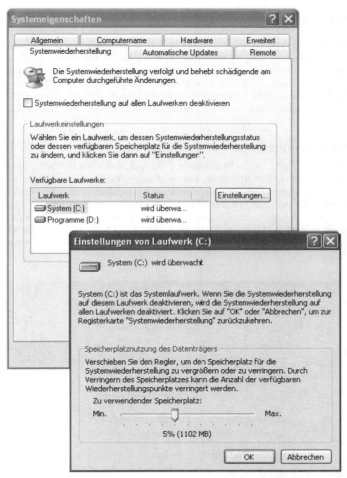

Abbildung 17.52: Die Registerkarte SYSTEMWIEDERHERSTELLUNG im Dialogfeld SYSTEMEIGENSCHAFTEN

Wiederherstellungskonsole installieren

Wenn ein Windows-System wirklich große Probleme macht, brauchen Sie die *Wiederherstellungskonsole*. Dabei handelt es sich um einen Windows-Start im Textmodus, nach dem Ihnen eine Oberfläche präsentiert wird, die der Eingabeaufforderung von Windows ähnelt.

Kapitel 17

Wenn Sie den Rechner über die Installations-CD für Windows 2000/XP starten, können Sie die Wiederherstellungskonsole starten; sobald das Auswahlmenü im Textmodus angezeigt wird, drücken Sie R, um Windows mit Hilfe der Wiederherstellungskonsole zu reparieren. Wenn Sie die Dinge lieber vorausschauend regeln wollen, können Sie die Wiederherstellungskonsole auch auf Ihrer Festplatte installieren. Dadurch wird sie zum Bestandteil der Startoptionen und Sie müssen die Installations-CD nicht mehr verwenden. Die Schritte dazu sind unter Windows 2000 und XP nahezu identisch.

Als Erstes müssen Sie sich als Administrator beim System anmelden. Schnappen Sie sich dann die Installations-CD von Windows 2000 oder XP und legen Sie sie ein. Wenn die Autorun-Funktion ausgeführt wird, klicken Sie NEIN an. Zum Installieren der Wiederherstellungskonsole und zu ihrer Integration in die Startoptionen klicken Sie das Startmenü und dann AUSFÜHREN an und geben Folgendes ein

```
D:\I386\WINNT32 /CMDCONS
```

Falls Ihr optisches Laufwerk einen anderen Laufwerksbuchstaben verwendet, ersetzen Sie D: durch Ihren Laufwerksbuchstaben. Folgen Sie anschließend den Anweisungen auf dem Bildschirm. Falls Sie mit dem Internet verbunden sind, gestatten Sie dem Setup-Programm das Herunterladen aktueller Dateien. Ab jetzt wird bei jedem Systemstart im Menü zur Betriebssystemauswahl neben Ihrem Betriebssystem (Windows 2000 Professional bzw. Windows XP) die Microsoft Windows Wiederherstellungskonsole angezeigt. Falls Sie einen Multiboot-PC verwenden, gibt es dort noch weitere Optionen.

Systemwiederherstellungsoptionen

Unter Windows Vista/7 gibt es die Wiederherstellungskonsole nicht mehr, denn sie wurde durch die SYSTEMWIEDERHERSTELLUNGSOPTIONEN mit grafischer Benutzeroberfläche ersetzt. Die Systemwiederherstellungsoptionen befinden sich auf den Vista/7-Installationsmedien und sie werden ausgeführt, wenn Sie den Rechner so wie bei der Windows-Installation über diesen Datenträger hochfahren. Dabei nehmen Sie die Spracheinstellungen vor, klicken WEITER an, wählen COMPUTER REPARIEREN und klicken noch einmal WEITER an. Daraufhin wird das Dialogfeld SYSTEMWIEDERHERSTELLUNGSOPTIONEN angezeigt (Abbildung 17.53). Es enthält einige Elemente, die in bestimmten Situationen hilfreich sein können.

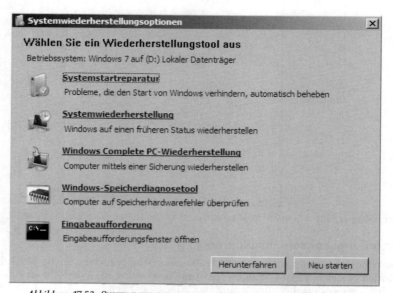

Abbildung 17.53: SYSTEMWIEDERHERSTELLUNGSOPTIONEN unter Windows Vista

Systemstartreparatur

Die SYSTEMSTARTREPARATUR sollte Ihre erste Wahl unter den Systemwiederherstellungsoptionen sein. Nach Auswahl dieser Option versucht Windows, Ihr System automatisch zu reparieren. Dabei werden die wichtigsten Systemdateien korrigiert bzw. neu erstellt und anschließend kann Windows in den meisten Fällen wieder gestartet werden. Wenn die Option SYSTEMSTARTREPARATUR nicht funktioniert, dann hoffe ich, dass Sie auf den einen oder anderen Systemwiederherstellungspunkt oder eine anderweitige Sicherung zurückgreifen können!

Systemwiederherstellung

Die Option SYSTEMWIEDERHERSTELLUNG sucht auf dem Rechner nach Wiederherstellungspunkten. Werden mehrere gefunden, können Sie einen für die Wiederherstellung auswählen. Dadurch wird hoffentlich der Fehler behoben, der den Start des Rechners verhindert. Falls nicht, können Sie vielleicht die folgende Option nutzen.

Windows Complete PC-Wiederherstellung

Sofern Sie eine Sicherung erstellt haben, als das System noch fehlerfrei lief, können Sie Ihren Rechner über diese Option wiederherstellen.

Windows-Speicherdiagnosetool

Defekte Speichermodule sind ein bei Computern leider recht häufig auftretendes Problem, das sich häufig bei deren Start zeigt. Aus diesem Grund bietet Microsoft dieses mächtige Tool an, mit dem Sie den Arbeitsspeicher testen können. Wird defekter Arbeitsspeicher erkannt, dann meldet das Windows-Speicherdiagnosetool einen Fehler und gibt die entsprechende(n) Speicherposition(en) an. Sie ersetzen das oder die Speichermodule und schon haben Sie das Problem behoben.

Eingabeaufforderung

Bei EINGABEAUFFORDERUNG handelt es sich um eine ausgewachsene befehlszeilenorientierte Benutzeroberfläche, die Sie nicht mit der Wiederherstellungskonsole von Windows 2000/XP verwechseln sollten. Über sie können Sie beliebige Befehlszeilenprogramme starten.

Practical Application

Behebung von Windows-Fehlern

In den Kapiteln 4, 12 und 14 bis 16 haben Sie die wichtigsten Werkzeuge für die Fehlersuche und die Reparatur von Windows kennen gelernt. Sie wissen jetzt nicht nur, was die Datenträgerverwaltung, der Geräte-Manager und die Ereignisanzeige sind. Sie haben unzählige Stunden damit verbracht, Systeme mit dem Sicherungsprogramm (NTBACKUP.EXE) und der Systemwiederherstellung auf den Katastrophenfall vorzubereiten. Natürlich haben Sie auch erfahren, wie man diese Werkzeuge benutzt. In diesem Abschnitt werden diese Tools kombiniert genutzt, und es werden Ihnen Pläne vermittelt, mit denen Sie möglichen Katastrophen bei Windows-Computern begegnen können.

Dieser Abschnitt betrachtet die Probleme unter Windows von Anfang an. Er beginnt mit katastrophalen Fehlern, bei denen der PC nicht bootet, und beschreibt dann, wie derartige Probleme gelöst werden können. Im nächsten Abschnitt geht es um Ursachen und Lösungen für den Fall, dass die grafische Benutzeroberfläche von Windows nicht geladen wird. Wenn die GUI geladen wird, stehen Ihnen alle Diagnose- und Fehlersuchwerkzeuge von Windows zur Verfügung, über die Sie bereits so viel gelernt haben. Aber zuerst müssen Sie dorthin gelangen.

Windows bootet nicht

Boot-Fehler unter Windows treten in der kurzen Zeit zwischen dem Abschluss des POST und dem Laden des Windows-Bildschirms auf. Damit Windows 2000/XP die Hauptkomponenten des Betriebssystems starten kann, müssen sich die wichtigen Systemdateien NTLDR, NTDETECT.COM und BOOT.INI im Stammverzeichnis des C:-Laufwerks befinden, und BOOT.INI muss auf die Bootdateien von Windows verweisen. Ist eine dieser Anforderungen nicht erfüllt, kommt das System nicht über diesen Schritt hinaus. Nachfolgend einige häufige Fehler, die dann gemeldet werden:

- ❏ No Boot Device Present (Kein Boot-Gerät vorhanden)
- ❏ NTLDR Bad or Missing (NTLDR fehlerhaft oder nicht vorhanden)
- ❏ Invalid BOOT.INI (Fehlerhafte BOOT.INI)

Windows Vista/7 verwendet diese Dateien nicht mehr, so dass Sie ein völlig neuer Satz von Fehlermeldungen über vorliegende Bootfehler informiert. Glücklicherweise gibt es mit der Datei BOOTMGR nur eine wirklich kritische Datei, die beschädigt werden könnte, und Windows Vista stellt diese zudem normalerweise beim Erkennen von Fehlern gleich wieder her. Nur in wirklich seltenen Fällen werden Fehler erkannt, bei denen der *Windows-Start-Manager* einen Fehler wie in Abbildung 17.54 anzeigt.

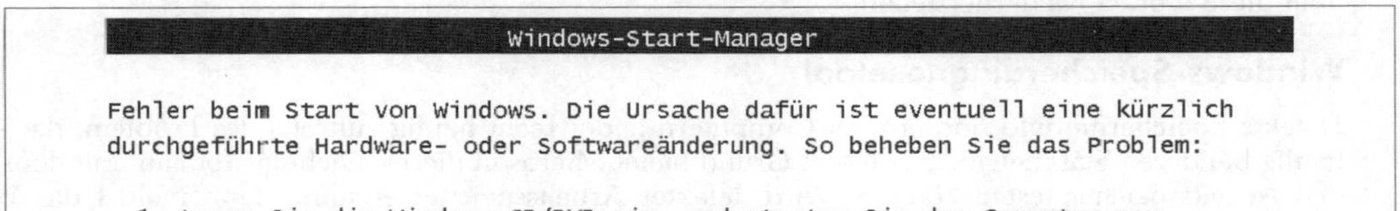

```
                        Windows-Start-Manager

    Fehler beim Start von Windows. Die Ursache dafür ist eventuell eine kürzlich
    durchgeführte Hardware- oder Softwareänderung. So beheben Sie das Problem:

     1. Legen Sie die Windows-CD/DVD ein, und starten Sie den Computer neu.
     2. Wählen Sie die Spracheinstellungen aus, und klicken Sie dann auf "Weiter".
     3. Klicken Sie auf "Computer reparieren".

    Wenn Sie diesen Datenträger nicht besitzen, wenden Sie sich an den
    Systemadministrator oder den Computerhersteller.




        Status: 0xc0000001

        Info: Unerwarteter Fehler.








  EINGABETASTE=Weiter                                              ESC=Beenden
```

Abbildung 17.54: Fehlermeldung des Windows-Start-Managers

Beachten Sie, dass die Fehlermeldungen im Textmodus relativ früh im Startprozess auftreten. Das ist ein recht eindeutiger Hinweis auf vorliegende Bootprobleme. Wenn sie der Begrüßungsbildschirm von Windows angezeigt wird und der Rechner dann erst hängt, sieht das ganz anders aus, Sie sollten den Unterschied also kennen.

Wenn Sie eine der katastrophalen Fehlermeldungen unter Windows 2000/XP erhalten, müssen Sie einen dreistufigen Prozess durchlaufen, um das System wieder zum Laufen zu bringen. Erstens sollten Sie versuchen, es zu reparieren. Klappt das nicht, sollten Sie das System über eine Sicherungskopie von Windows wiederherzustellen versuchen. Funktioniert die Wiederherstellung ebenfalls nicht oder lässt sie sich nicht nutzen, bleibt nur noch die Möglichkeit der Neuinstallation. In der Wiederherstellungs- und Neuinstallationsphase werden Daten verloren gehen, deshalb sollten Sie wirklich erst alles versuchen, um eine erfolgreiche Reparatur durchzuführen! Wenn Sie Vista/7 benutzen, dann sehen die Schritte zur Behebung von Bootfehlern genau wie bei einer nicht geladenen grafischen Benutzeroberfläche aus. Im nächsten Abschnitt über die Optionen der Systemwiederherstellung erfahren Sie, was Sie dann tun müssen.

Versuch einer Reparatur mit der Wiederherstellungskonsole (2000/XP)

Um mit der Behebung eines dieser Fehler zu beginnen, starten Sie den Rechner über die Installations-CD und lassen Sie Windows eine Reparaturinstallation durchführen. Windows fragt nach, ob Sie die Wiederherstellungskonsole, eine automatische Systemreparatur oder die Notfalldiskette verwenden wollen. Beginnen Sie mit der Wiederherstellungskonsole.

Wenn Sie den Anweisungen weiter vorn gefolgt sind, dann haben Sie die Wiederherstellungskonsole auf Ihrem System installiert und sie lässt sich beim Start des Systems optional nutzen. Falls nicht, starten Sie den Rechner wie oben beschrieben über die Installations-CD von Windows 2000 oder XP. Bei Auswahl der Wiederherstellungskonsole werden Meldungen zu NTDETECT und den Start der Wiederherstellungskonsole angezeigt. Anschließend werden Sie von der folgenden Meldung und Eingabeaufforderung begrüßt:

```
Microsoft Windows XP<TM> Wiederherstellungskonsole.
Die Wiederherstellungskonsole bietet Reparatur- und
Wiederherstellungsfunktionen.
Geben Sie EXIT ein, um die Wiederherstellungskonsole zu beenden und den Computer
neu zu starten.

1: C:\WINDOWS
An welcher Windows XP-Installation möchten Sie sich anmelden?
<Drücken Sie die Eingabetaste, um den Vorgang abzubrechen>?
```

Beim Cursor handelt es sich um ein kleines, weißes Rechteck, das rechts neben dem Fragezeichen in der letzten Zeile angezeigt wird. Wenn Sie nicht mit der Arbeit an der Eingabeaufforderung vertraut sind, kann das ein wenig irritierend sein. Wenn es nur eine Windows-XP-Installation auf Ihrem PC gibt, geben Sie an der Eingabeaufforderung die Ziffer 1 ein und drücken ⏎. Wenn Sie die Eingabetaste vor einer gültigen Eingabe betätigen, wird die Wiederherstellungskonsole beendet und der Rechner wird neu gestartet. In unserem Beispiel steht als Auswahl nur 1 zur Verfügung. Auf dem Bildschirm wird nun eine weitere Zeile angezeigt, hinter der sich der Cursor befindet:

```
Geben Sie das Administratorkennwort ein:
```

Geben Sie das Administratorkennwort für den Computer ein und drücken Sie ⏎. Das Kennwort wird nicht auf dem Bildschirm angezeigt; stattdessen erscheinen nur Sternchen. Sofern keine Fehler passieren, auf die Sie entsprechend aufmerksam gemacht werden, werden auf dem Bildschirm weiterhin Meldungen über die weiteren Fortschritte angezeigt. Die Anzeige sollte nun etwa so aussehen:

```
Microsoft Windows XP<TM> Wiederherstellungskonsole.
Die Wiederherstellungskonsole bietet Reparatur- und
Wiederherstellungsfunktionen.
Geben Sie EXIT ein, um die Wiederherstellungskonsole zu beenden und den Computer
neu zu starten.

1: C:\WINDOWS
An welcher Windows XP-Installation möchten Sie sich anmelden?
<Drücken Sie die Eingabetaste, um den Vorgang abzubrechen>
Geben Sie das Administratorkennwort ein: ********
C:\Windows>
```

Kapitel 17

So weit, so gut, Sie wissen nun, dass der rechteckige Cursor direkt hinter der letzten Zeile als Eingabeaufforderung dient. Wie geht es weiter? Natürlich nutzen wir nun die Wiederherstellungskonsole. Hier stehen Ihnen neben vielen Befehlen, die Sie bereits von der Eingabeaufforderung her kennen und mit der wir uns in Kapitel 15 (*Die Eingabeaufforderung*) befast haben, auch einige nur hier nutzbare Befehle zur Verfügung. Tabelle 17.1 enthält die häufig verwendeten Befehle der Wiederherstellungskonsole.

Befehl	Beschreibung
`attrib`	Ändert die Attribute einer Datei bzw. eines Ordners
`cd` (bzw. `chdir`)	Zeigt den Inhalt des aktuellen Verzeichnisses an oder wechselt das Verzeichnis
`chkdsk`	Startet das CheckDisk-Programm
`cls`	Löscht den Bildschirm
`copy`	Kopiert Daten von einem Wechseldatenträger in Systemordner auf der Festplatte. Keine Platzhalterzeichen möglich.
`del` (bzw. `delete`)	Löscht Dienste oder Ordner
`dir`	Zeigt den Inhalt eines bestimmten Ordners an (nur auf der Systempartition)
`disable`	Deaktiviert einen Dienst oder Treiber
`diskpart`	Ersetzt **FDISK** und erstellt bzw. löscht Partitionen
`enable`	Aktiviert einen Dienst oder Treiber
`extract`	Extrahiert Dateien aus .CAB-Dateien
`fixboot`	Schreibt einen neuen Bootsektor in die Systempartition
`fixmbr`	Schreibt einen neuen Masterbootrecord in den Partitionsbootsektor
`format`	Formatiert einen Datenträger
`listsvc`	Führt die auf einem System ausgeführten Dienste auf
`logon`	Zeigt die Windows-2000/XP-Installationen auf einem Rechner an, bei denen Sie sich anmelden können (sofern es mehrere gibt)
`map`	Zeigt die aktuellen Zuordnungen der Laufwerksbuchstaben an
`md` (bzw. `mkdir`)	Erstellt ein Verzeichnis
`more` (bzw. `type`)	Zeigt den Inhalt von Textdateien an
`rd` (bzw. `rmdir`)	Löscht ein Verzeichnis
`ren` (bzw. `rename`)	Benennt einzelne Dateien um
`systemroot`	Macht das aktuelle Verzeichnis zum Systemhauptverzeichnis auf dem Laufwerk, bei dem Sie angemeldet sind
`type`	Zeigt den Inhalt einer Textdatei an

Tabelle 17.1: Häufig verwendete Befehle der Wiederherstellungskonsole

Über die Wiederherstellungskonsole können Sie die Registrierung manuell wiederherstellen, problematische Dienste beenden, Partitionen neu erstellen (nur nicht die Systempartition) und mit EXPAND defekte Dateien durch (extrahierte) Kopien auf CD oder Diskette ersetzen.

Mit der Wiederherstellungskonsole können Sie einen Dienst so neu konfigurieren, dass er mit anderen Einstellungen gestartet wird. Sie können Laufwerke auf der Festplatte formatieren, lokale FAT- oder NTFS-Datenträger lesen oder darauf schreiben und Ersatzdateien von einer Diskette oder optischen Disc kopieren. Mit der Wiederherstellungskonsole können Sie auf das Dateisystem zugreifen, wobei die vom NTFS-Dateisystem gebotene Datei- und Ordnersicherheit gewahrt bleibt. Dadurch wird sie zu einem sichereren Werkzeug als manche Lösungen von Drittanbietern.

Die Wiederherstellungskonsole ist für die Reparatur von drei Dingen ganz besonders gut geeignet: Reparatur des MBR, Neuinstallation der Bootdateien und Neuerstellung der BOOT.INI. Wir werden diese Dinge einzeln betrachten.

Bei einem fehlerhaften Bootsektor wird normalerweise der Fehler angezeigt, dass kein Bootgerät vorhanden ist. Wenn sich herausstellt, dass dies nicht das Problem ist, macht der Befehl der Wiederherstellungskonsole zu seiner Reparatur auch nichts weiter kaputt. Geben Sie an der Eingabeaufforderung der Wiederherstellungskonsole einfach Folgendes ein:

```
fixmbr
```

Damit wird der Master Boot Record repariert.

Das zweite Problem, für dessen Korrektur die Wiederherstellungskonsole bestens geeignet ist, sind fehlende Systemdateien, worauf normalerweise durch die Meldung hingewiesen wird, dass *NTLDR fehlerhaft oder nicht vorhanden* ist. Es ist sehr wahrscheinlich, dass dann neben NTLDR auch die übrigen Systemdateien fehlen. Um dies zu korrigieren, gehen Sie in das Stammverzeichnis (mit CD\, wie Sie aus Kapitel 15, *Die Eingabeaufforderung*, wissen) und geben Folgendes ein:

```
copy d:\i386\ntldr
```

Anschließend geben Sie ein:

```
copy d:\i386\ntdetect.com
```

Damit sind zwei der drei großen Probleme behoben, und wir kommen zum letzten, der Neuerstellung der BOOT.INI. Wenn die Datei BOOT.INI fehlt oder defekt ist, führen Sie den folgenden Befehl in der Wiederherstellungskonsole aus:

```
bootcfg /rebuild
```

Anschließend versucht die Wiederherstellungskonsole, alle installierten Kopien von Windows zu finden, und fragt Sie, ob sie diese der neu zu erstellenden BOOT.INI hinzufügen soll. Stimmen Sie für diejenigen zu, die in eine neu erstellte Datei aufgenommen werden sollen.

Wenn in der Wiederherstellungskonsole alles geklappt hat, legen Sie so bald wie möglich eine komplette Sicherung an (für den Fall, dass irgendetwas anderes schiefgeht). Kann die Wiederherstellungskonsole das Problem nicht lösen, müssen Sie im nächsten Schritt versuchen, Windows XP wiederherzustellen.

Versuch der Wiederherstellung

Wenn Sie Ihre Daten fleißig gesichert haben, dann können Sie versuchen, das System in einen früheren Zustand zurückzuversetzen und so Windows wieder in einen funktionsfähigen Zustand versetzen. Abhängig vom Betriebssystem haben Sie zwei grundlegende Alternativen. Unter Windows 2000 können Sie es mit der Notfalldiskette versuchen. Unter Windows XP können Sie die automatische Systemwiederherstellung nutzen.

Hinweis

Um die Systemwiederherstellung von Windows XP nutzen zu können, müssen Sie Windows starten können. Die »Wiederherstellung« setzt bei Windows XP damit voraus, dass Sie Windows noch irgendwie starten können.

Wenn Sie unter Windows 2000 eine Notfalldiskette (ERD – Emergency Recovery Disk) angelegt haben, können Sie versuchen, Ihr System darüber wiederherzustellen. Booten Sie Ihr System über die Installations-CD von Windows 2000 und entscheiden Sie sich für die Reparaturinstallation mit Notfalldiskette. Führen Sie dann die in diesem Kapitel bereits beschriebenen Schritte aus. Vielleicht führt das ja zu einem gewissen Erfolg.

Die automatische Systemwiederherstellung kann Ihr System in einen zuvor installierten Status zurückversetzen, aber diese Möglichkeit sollten Sie wirklich nur als letzten Ausweg sehen. Sie verlieren alle nach dem Anlegen der Diskette für die automatische Systemwiederherstellung neuen oder geänderten

Daten. Wenn es jedoch nicht anders geht, führen Sie die automatische Systemwiederherstellung entsprechend den in diesem Kapitel bereits beschriebenen Schritten aus.

Neuaufbau

Bei einem vollständigen Systemneuaufbau haben Sie abhängig vom jeweiligen System mehrere Möglichkeiten. Sie könnten einfach von der Windows-CD booten und direkt auf dem alten das neue System installieren, aber das ist meist keine optimale Lösung. Um zu vermeiden, dass Sie wichtige Daten verlieren, sollten Sie besser das C:-Laufwerk durch eine leere Festplatte ersetzen und eine neue, saubere Version von Windows installieren.

Die meisten OEM-Systeme bringen eine so genannte *Recover-CD* oder *Recovery-Partition* mit, wobei die Begriffe ein wenig in die Irre führen. Die Recover-CD ist eine CD, die Sie booten und ausführen können. Die Recovery-Partition ist eine verborgene Partition auf der Festplatte, die Sie beim Booten aktivieren, indem Sie eine für den jeweiligen Hersteller spezifische Tastenkombination gedrückt halten. (Weitere Informationen über die Tastenkombination und andere Details finden Sie im Handbuch zum Mainboard oder im Benutzerhandbuch.) Beide »Recover«-Optionen machen genau dasselbe, denn sie versetzen den Computer wieder in seinen werksseitigen Auslieferungszustand zurück. Wenn Sie eines dieser Werkzeuge ausführen, werden alle Daten von Ihrem System gelöscht und all Ihre Dateien, Ordner und Programme sind dann weg! Bevor Sie also eines dieser Werkzeuge ausführen, stellen Sie sicher, dass alle wichtigen Dateien und Ordner auf einer optischen Disc oder einer Ersatzfestplatte gesichert wurden.

Die grafische Benutzeroberfläche (GUI) kann nicht geladen werden

Angenommen, Windows schafft es, während des Startprozesses zu booten, und fängt dann an, das eigentliche Windows-Betriebssystem zu laden. Sie sehen das Startbild auf dem Bildschirm (Abbildung 17.55), das so lange angezeigt wird, bis Windows den Desktop geladen hat.

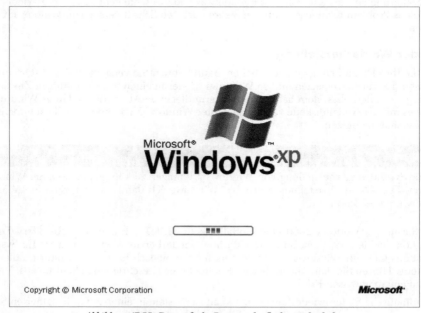

Abbildung 17.55: Die grafische Benutzeroberfläche wird geladen.

Es kann verschiedene Ursachen haben, wenn Windows die grafische Benutzeroberfläche nicht laden kann, wie beispielsweise fehlerhafte Treiber oder Probleme mit der Registrierung. Selbst automatisch geladene Programme können dazu führen, dass die grafische Benutzeroberfläche nicht geladen werden kann. Der erste Schritt zur Fehlersuche ist, eine der erweiterten Startoptionen (wie später in diesem Kapitel beschrieben) zu verwenden, um diesen Punkt zu überwinden und Windows vollständig zu starten.

Gerätetreiber

Wenn Probleme mit Gerätetreibern verhindern, dass die grafische Benutzeroberfläche geladen wird, können die Fehlermeldungen schon recht schrecklich wirken. Abbildung 17.56 zeigt den gefürchteten *Stopp-Fehler* von Windows, der auch *Blue Screan of Death (BSoD)* genannt wird. Der BSoD erscheint nur, wenn ein Fehler aufgetreten ist, den Windows nicht selbst beheben kann. Der BSoD wird nicht nur bei Gerätetreiberproblemen angezeigt, diese sind aber eine der möglichen Ursachen für seine Anzeige.

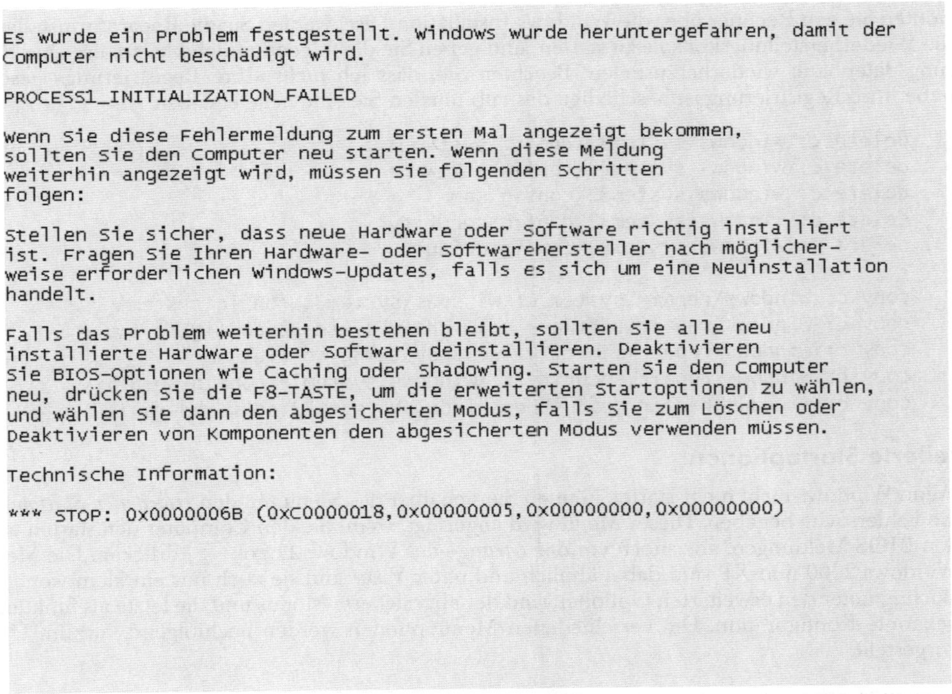

```
Es wurde ein Problem festgestellt. Windows wurde heruntergefahren, damit der
Computer nicht beschädigt wird.

PROCESS1_INITIALIZATION_FAILED

Wenn Sie diese Fehlermeldung zum ersten Mal angezeigt bekommen,
sollten Sie den Computer neu starten. Wenn diese Meldung
weiterhin angezeigt wird, müssen Sie folgenden Schritten
folgen:

Stellen Sie sicher, dass neue Hardware oder Software richtig installiert
ist. Fragen Sie Ihren Hardware- oder Softwarehersteller nach möglicher-
weise erforderlichen Windows-Updates, falls es sich um eine Neuinstallation
handelt.

Falls das Problem weiterhin bestehen bleibt, sollten Sie alle neu
installierte Hardware oder Software deinstallieren. Deaktivieren
Sie BIOS-Optionen wie Caching oder Shadowing. Starten Sie den Computer
neu, drücken Sie die F8-TASTE, um die erweiterten Startoptionen zu wählen,
und wählen Sie dann den abgesicherten Modus, falls Sie zum Löschen oder
Deaktivieren von Komponenten den abgesicherten Modus verwenden müssen.

Technische Information:

*** STOP: 0x0000006B (0xC0000018,0x00000005,0x00000000,0x00000000)
```

Abbildung 17.56: BSoD

Immer wenn ein BSoD angezeigt wird, sollten Sie die angezeigten Fehlerinformationen lesen. Auf dem BSoD teilt Ihnen Windows den Namen der Datei mit, bei der der Fehler aufgetreten ist, und schlägt Ihnen normalerweise auch geeignete Maßnahmen vor. Manchmal sind diese Hinweise hilfreich, oft aber auch nicht.

BSoD-Probleme aufgrund von Gerätetreibern treten fast immer unmittelbar nach der Installation eines neuen Geräts und dem Neustart des Computers auf. Bauen Sie das Gerät wieder aus und starten Sie den Rechner neu. Wenn Windows korrekt startet, suchen Sie die Website des Herstellers auf. Wenn ein neues Gerät diesen Fehler verursacht, liegt wirklich ein ernsthaftes Problem vor, das vor dessen Veröffentlichung hätte gelöst werden sollen. Häufig stellen die Hersteller aktualisierte Treiber zum Download bereit oder empfehlen einen Ersatztreiber.

Kapitel 17

Beim zweiten Hinweis auf ein Geräteproblem, das während der GUI-Phase des Startprozesses auftritt, friert der Rechner ein: Der Windows-Startbildschirm wird angezeigt und bleibt einfach auf dem Bildschirm stehen, ohne dass Sie je die Möglichkeit zur Anmeldung bekommen. In einem solchen Fall benutzen Sie eine der nachfolgend beschriebenen erweiterten Startoptionen.

Registrierung

Ihre Registrierungsdateien werden bei jedem Start des Computers geladen. Windows schützt Ihre Registrierungsdateien zwar recht gut, aber manchmal übersieht auch Windows etwas und versucht dann, eine beschädigte Registrierung zu laden. Diese Fehler können zu einem BSoD führen, der auf einen Fehler mit der Registrierungsdatei hinweist, es können aber auch nur Meldungen angezeigt werden, die Ihnen mitteilen, dass Windows nicht gestartet werden kann. Unabhängig von der Ursache müssen Sie wieder für eine fehlerfreie Kopie der Registrierung sorgen. Am besten verwenden Sie dazu die Option LETZTE ALS FUNKTIONIEREND BEKANNTE KONFIGURATION, die im nächsten Abschnitt beschrieben wird. Wenn dies nicht funktioniert, können Sie über die Wiederherstellungskonsole eine ältere Version der Registrierung wiederherstellen.

Booten Sie den Rechner über die Windows-Installation-Disc, wählen Sie die Reparaturinstallation, um die Wiederherstellungskonsole zu starten, und geben Sie die folgenden Befehle ein, um eine Registrierungsdatenbank wiederherzustellen. Beachten Sie, dass ich nicht »Ihre Registrierung« geschrieben habe. Ihre Registrierung ist beschädigt, deshalb müssen Sie eine neue erstellen.

```
delete c:\windows\system32\config\system
delete c:\windows\system32\config\software
delete c:\windows\system32\config\sam
delete c:\windows\system32\config\security
delete c:\windows\system32\config\default

copy c:\windows\repair\system c:\windows\system32\config\system
copy c:\windows\repair\software c:\windows\system32\config\software
copy c:\windows\repair\sam c:\windows\system32\config\sam
copy c:\windows\repair\security c:\windows\system32\config\security
copy c:\windows\repair\default c:\windows\system32\config\default
```

Erweiterte Startoptionen

Wenn Windows nicht mehr startet, können Sie sich über das Menü mit den *erweiterten Startoptionen* auf die Fehlersuche begeben. Dieses Menü wird angezeigt, wenn Sie den Computer neu starten und nach den BIOS-Meldungen, aber noch vor der Anzeige des Windows-Logos [F8] drücken. Die Menüs von Windows 2000 und XP sind dabei ähnlich und unter Vista sind sie auch nur ein klein wenig anders. Wichtig unter den erweiterten Optionen sind der abgesicherte Modus und die letzte als funktionierend bekannte Konfiguration. Die verschiedenen Menüoptionen werden nachfolgend kurz im Überblick vorgestellt.

Wichtig

Unter Windows 9x gab es eine Option mit schrittweiser Bestätigung, die jedoch unter Windows 2000/XP und Vista/7 nicht mehr zur Verfügung steht. Achten Sie in den Prüfungen darauf, da diese Option hier als falsche Antwort auftauchen könnte!

Abgesicherter Modus (Alle Versionen)

Der *abgesicherte Modus* startet Windows, lädt aber nur die grundlegenden, nicht herstellerspezifischen Treiber für Maus, VGA-Monitor (nicht unter Vista), Tastatur, Massenspeicher und Systemdienste (Abbildung 17.57).

Abbildung 17.57: Abgesicherter Modus

Sobald Sie sich im abgesicherten Modus befinden, können Sie mit Tools wie dem Geräte-Manager nach der Ursache des Fehlers forschen und ihn zu beheben versuchen. Wenn Sie den Geräte-Manager im abgesicherten Modus verwenden, können Sie auf alle Eigenschaften der Geräte zugreifen, und zwar auch bei denen, die im abgesicherten Modus nicht funktionieren. Der für das jeweilige Gerät angezeigte Status entspricht dem Status beim normalen Start. Selbst Netzwerkkarten werden in diesem Modus als aktiviert angezeigt. Verdächtige Geräte können Sie nun deaktivieren. Auch andere Aufgaben wie das Entfernen oder Aktualisieren von Treibern können durchgeführt werden. Falls Probleme mit einem Gerätetreiber auftreten, die den normalen Start des Betriebssystems verhindern, können Sie an dieser Stelle nach den Warnsymbolen Ausschau halten, die unbekannte Geräte kennzeichnen.

Abgesicherter Modus mit Netzwerktreibern (Alle Versionen)

Dieser Modus entspricht dem einfachen abgesicherten Modus, nur dass hier die Netzwerkunterstützung geladen wird. Ich verwende diesen Modus bei Problemen mit Netzwerktreibern. Falls Windows nicht normal starten kann, es aber im abgesicherten Modus tut, kann ich in den abgesicherten Modus mit Netzwerktreibern starten. Ist der Start mit Netzwerktreibern nicht möglich, dann liegt das Problem bei einem Netzwerktreiber. Ich starte dann erneut im abgesicherten Modus, führe den Geräte-Manager aus und beginne dann mit dem Deaktivieren der Netzwerkkomponenten, wobei ich zunächst den Netzwerkadapter selbst deaktiviere.

Abgesicherter Modus mit Eingabeaufforderung (Alle Versionen)

Wenn Sie Windows in diesem Modus starten und nicht den Desktop im grafischen Modus laden, wird nach der Anmeldung die Eingabeaufforderung (CMD.EXE) als Benutzeroberfläche des Betriebssystems angezeigt (Abbildung 17.58). Diese Möglichkeit ist recht praktisch, wenn der Desktop überhaupt nicht mehr angezeigt wird. Dieser Fall kann auftreten, wenn das Programm EXPLORER.EXE beschädigt ist. An der Eingabeaufforderung können Sie dann die beschädigte Datei EXPLORER.EXE durch eine fehlerfreie Kopie ersetzen. Dazu müssen Sie allerdings mit der Arbeit und den Befehlen zum Navigieren innerhalb der Verzeichnisstruktur an der Eingabeaufforderung vertraut sein. Außerdem müssen Sie den Speicherort der zu ersetzenden Dateien kennen. Auch wenn der Explorer selbst nicht geladen wird, können Sie immer noch andere GUI-Tools laden, die nicht vom Explorer abhängen. Sie müssen dazu lediglich den richtigen Befehl eingeben. Zum Start der Ereignisanzeige geben Sie beispielsweise in der Befehlszeile eventvwr.msc ein und drücken ↵.

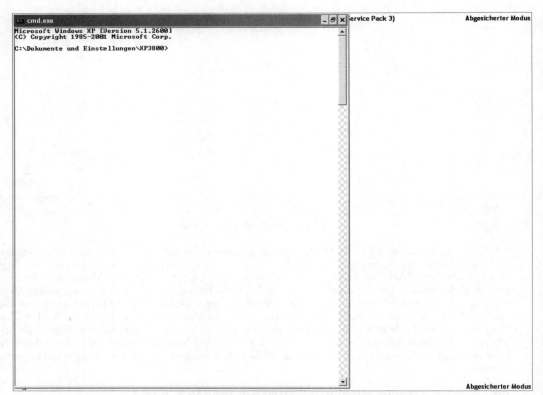

Abbildung 17.58: Abgesicherter Modus mit Eingabeaufforderung

Startprotokollierung aktivieren (Alle Versionen)

Diese Option startet Windows normal und erzeugt dabei eine Protokolldatei mit den Namen der in den Speicher geladenen Treiber. Die Datei heißt NTBTLOG.TXT und wird im Ordner %SystemRoot% gespeichert. Falls der Start wegen eines fehlerhaften Treibers fehlschlägt, verweist der letzte Eintrag in dieser Datei auf den Treiber, der beim Auftreten des Fehlers vom Betriebssystem zuletzt initialisiert wurde.

Starten Sie den Rechner neu und rufen Sie die Wiederherstellungskonsole auf. Benutzen Sie den Befehl `type ntbtlog.txt`, um das Startprotokoll zu lesen, und deaktivieren oder aktivieren Sie problematische Geräte oder Dienste.

VGA-Modus aktivieren (2000/XP)/Anzeige mit niedriger Auflösung aktivieren (Vista/7)

VGA-MODUS AKTIVIEREN bzw. ANZEIGE MIT NIEDRIGER AUFLÖSUNG AKTIVIEREN startet Windows normal, lädt aber nur einen VGA-Standardtreiber. Wenn dieser Modus funktioniert, wissen Sie, dass Sie einen fehlerhaften Grafikkartentreiber verwenden oder dass der Grafiktreiber zwar korrekt ist, aber falsch konfiguriert wurde (möglicherweise ist die Bildwiederholrate und/oder die Auflösung falsch). Während der abgesicherte Modus einen generischen VGA-Treiber lädt, lädt dieser Modus hier die in Windows konfigurierten Grafiktreiber, die dann jedoch nicht mit den eingestellten, sondern mit Standardwerten für den VGA-Modus gestartet werden. Nach dem Start in diesem Modus öffnen Sie die Anzeigeeigenschaften und ändern die Einstellungen.

Letzte als funktionierend bekannte Konfiguration (Alle Versionen)

Falls Windows gleich nach der Installation eines neuen Treibers, aber noch vor der erneuten Anmeldung beim System hängt, können Sie die Option LETZTE ALS FUNKTIONIEREND BEKANNTE KONFIGURATION ausprobieren. Dieser Modus ist zwar nur gelegentlich erfolgreich, aber ihn auszuprobieren kann nicht schaden.

Verzeichnisdienstwiederherstellung (Alle Versionen)

Die Bezeichnung weist bereits darauf hin, dass sich diese Option auf Domänencontroller für Active Directory bezieht. Diese Rolle können nur Windows-Server-Versionen übernehmen, weshalb ich nicht weiß, warum Microsoft die Option überhaupt mit aufgenommen hat. Wenn Sie sie bei den anderen Windows-Versionen auswählen, booten Sie den Rechner einfach im abgesicherten Modus.

Debugmodus (Alle Versionen)

Wenn Sie diese Option auswählen, startet Windows im Kernel-Debugmodus. Die Sache ist derart technisch, dass wahrscheinlich selbst Supertechniker diesen Modus heute nicht mehr benutzen. Sie müssen den Computer dazu über eine serielle Verbindung mit einem anderen Computer verbinden. Beim Start von Windows wird ein Debugsatz des Kernels an den zweiten Computer gesendet, auf dem ein entsprechendes Debuggerprogramm laufen muss. Ich erinnere mich daran, dass ich den Debugmodus einmal für eine frühe Windows-2000-Version benutzt habe. Meine Mitarbeiter und ich haben es damals nur deshalb getan, weil wir gerade für die MCSE-Examen gepaukt hatten und vermuteten, dass das in der Prüfung vorkommen würde. Wir waren anschließend alle der Meinung, dass wir uns diese Erfahrung besser erspart hätten!

Automatischen Neustart bei Systemfehler deaktivieren (Alle Versionen)

Manchmal erscheint beim Starten ein BSoD, und Ihr Computer startet sofort wieder neu. Das ist gut und schön, aber das passiert meist so schnell, dass Sie gar nicht lesen können, wo die Ursache des Problems liegt. Wenn Sie den automatischen Neustarts bei Systemfehlern über das Menü mit den erweiterten Startoptionen deaktivieren, unterbinden Sie den Neustart des Computers bei Stopp-Fehlern. Dann können Sie sich die Informationen zum Fehler notieren und diesen hoffentlich leichter beheben.

Erzwingen der Treibersignatur deaktivieren (Vista/7)

Unter Windows Vista/7 müssen alle wirklich systemnahen Treiber (die im Kernel-Modus ausgeführt werden) normalerweise von Microsoft signiert sein. Wenn Sie einen älteren Treiber verwenden, um einen Festplattencontroller oder eine andere systemnahe Funktion nutzen zu wollen, dann müssen Sie diese Option benutzen, um Windows zum Laden des Treibers zu bewegen. Sie sollten aber besser immer prüfen, ob Ihr Mainboard und Ihre Festplatten mit Vista (oder 7) kompatibel sind und diese Option besser niemals benutzen.

Windows normal starten (Alle Versionen)

Mit dieser Option wird Windows normal gestartet, ohne dass der Rechner neu gebootet wird. Sie haben ihn ja bereits neu gestartet, um zu diesem Menü zu gelangen. Sie nehmen diese Option, wenn Sie es sich anders überlegt haben und die übrigen exotischen Optionen doch nicht verwenden wollen.

Neu starten (Alle Versionen)

Diese Option führt einen Warmstart des Rechners durch.

Zum Betriebssystemauswahlmenü zurückkehren (Alle Versionen)

Auf Rechnern mit mehreren installierten Betriebssystemen führt Sie diese Option zum Betriebssystemauswahlmenü zurück, in dem Sie das zu ladende Betriebssystem auswählen können. Wenn Sie Windows laden und F8 drücken, um in das Menü mit den erweiterten Startoptionen zu gelangen, wird diese Option auch angezeigt.

Werkzeuge zur Fehlersuche in der grafischen Benutzerumgebung

Wenn Sie Windows im abgesicherten Modus oder unter Verwendung einer der anderen Optionen starten können, stehen Ihnen alle Windows-Werkzeuge zur Verfügung. Hat beispielsweise ein fehlerhafter Gerätetreiber die Startprobleme verursacht, können Sie den Geräte-Manager öffnen und dort mit der Fehlersuche beginnen, wie Sie es in früheren Kapiteln gelernt haben. Wenn Sie glauben, ein Dienst oder die Registrierung hätten das Problem verursacht, informieren Sie sich über die Ereignisanzeige, welche Ereignisse kürzlich stattgefunden haben.

Hinweis

In Kapitel 26 (*Computersicherheit*) geht es ausführlich um die Ereignisanzeige und insbesondere die Möglichkeit zur Überwachung eines Systems im Rahmen der Problemanalyse.

Die Ereignisanzeige kann Probleme mit Anwendungen aufdecken, die nicht geladen werden können, was eine wichtige Ursache für Startprobleme von Windows sein kann (Abbildung 17.59). Außerdem kann sie auf Probleme mit Diensten hinweisen, die nicht gestartet werden können. Außerdem kann Windows Probleme beim Laden von DLLs haben. Sie können diese Aspekte einzeln betrachten oder die Systemwiederherstellung von Windows XP verwenden, um einen Wiederherstellungspunkt zu laden, der vor dem Auftreten dieser Fehler liegt.

Automatisch gestartete Programme

Windows unterstützt das automatische Laden von Programmen bei seinem Start. Meist ist das auch wirklich praktisch, weshalb wohl alle Windows-PCs diese Möglichkeit nutzen. Autostart-Programme werden dann problematisch, wenn sich eines davon fehlerhaft verhält und Sie dessen Ausführung unterbinden müssen! Benutzen Sie das Systemkonfigurationsprogramm, um den automatischen Start derartiger Programme zu unterbinden.

Wartung und Fehlerbehebung für Windows

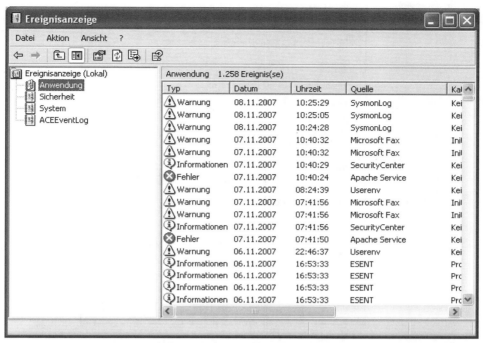

Abbildung 17.59: Ereignisanzeige mit Fehlern

Dienste

Windows lädt beim Starten verschiedene Dienste. Wenn einer der kritischen Dienste nicht geladen werden kann, teilt Ihnen Windows dies sofort in einer Fehlermeldung mit. Das entscheidende Wort ist hier »kritisch«. Windows meldet nicht *alle* Fehler, die beim Starten von Diensten auftreten. Wenn ein in den Augen von Windows weniger kritischer Dienst nicht gestartet werden kann, wartet es normalerweise, bis Sie ein Programm zu verwenden versuchen, das diesen Dienst benötigt, bevor es Ihnen eine Fehlermeldung präsentiert (Abbildung 17.60). Viele Dienste greifen auf andere zurück und können erst gestartet werden, wenn die Dienste, von denen sie abhängig sind, zuvor bereits gestartet wurden.

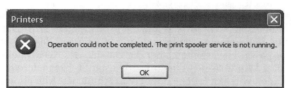

Abbildung 17.60: Fehlermeldung zu einem nicht laufenden Dienst

Sie finden die Systemdienste unter SYSTEMSTEUERUNG|VERWALTUNG|DIENSTE. Dort können Sie überprüfen, ob der von Ihnen benötigte Dienst ausgeführt wird. Ist dies nicht der Fall, starten Sie ihn. Beachten Sie außerdem, dass jeder Dienst einen STARTTYP hat – AUTOMATISCH, MANUELL oder DEAKTIVIERT. Der Starttyp definiert, wann der Dienst gestartet wird. Häufig sind Dienste auf MANUELL gesetzt, obwohl sie eigentlich den Starttyp AUTOMATISCH haben sollten, damit sie beim Booten von Windows gestartet werden (Abbildung 17.61).

Abbildung 17.61: Einen Dienst automatisch starten

Hinweis

Unter Windows Vista/7 gibt es mit AUTOMATISCH (VERZÖGERTER START) einen weiteren Starttyp. Wenn Dienste, die eigentlich über AUTOMATISCH beim Windows-Start gestartet werden sollten, nicht gestartet werden, können Sie diesen neuen Starttyp ausprobieren. Oft klappt der verzögerte Start dieser Dienste dann. Nach einem Neustart von Windows Vista/7 müssen Sie dann aber möglicherweise ein wenig warten, bis jene Programme, die auf verzögert gestartete Dienste zurückgreifen, in vollem Umfang funktionieren.

Systemdateien

Windows stützt sich auf DLL-Dateien (Dynamic Link Library). Fast alle von Windows verwendeten Programme und bestimmt alle wichtigen Programme rufen DLL-Dateien auf, um Windows zu seiner Schwerarbeit zu veranlassen. Windows schützt alle kritischen DLL-Dateien sehr sorgfältig, aber manchmal erhält man dennoch eine Fehlermeldung, die besagt, dass Windows eine bestimmte DLL nicht laden kann. Das passiert zwar selten, aber die Dateien des Kernsystems von Windows können so beschädigt werden, dass Windows nicht mehr korrekt startet. Normalerweise sieht man dann die Meldung »Fehler beim Laden von XXXX.DLL« oder etwas Ähnliches. Manchmal werden aber auch einfach Programme nicht gestartet, wenn Sie deren Symbole doppelt anklicken. In diesen Fällen können Sie die *Dateisystemprüfung* (*SFC – System File Checker*) über die Eingabeaufforderung ausführen. Sie überprüft verschiedene kritische Dateien, einschließlich des so wichtigen DLL-Caches. SFC.EXE unterstützt mehrere Schalter, von denen /scannow besonders wichtig ist. Geben Sie an der Eingabeaufforderung Folgendes ein, um das Programm zu starten:

```
SFC /scannow
```

SFC prüft automatisch alle kritischen Dateien und ersetzt sie, wenn es Beschädigungen feststellt. Während dieses Prozesses fordert das Programm möglicherweise die Installations-CD von Windows an, halten Sie sie also bereit!

Wartung und Fehlerbehebung für Windows

> **Hinweis**
>
> Manche ältere Windows-Programme werden nicht korrekt beendet, wenn sie unter neueren Windows-Versionen gestartet wurden. Dann läuft ihr Prozess noch und sie lassen sich möglicherweise erneut starten. In derartigen Fällen ist der Task-Manager das geeignete Werkzeug, da Sie mit ihm Prozesse manuell beenden können.

Systemwiederherstellung

Bei Systemen unter Windows XP und Vista/7 können Sie nach der Installation fehlerhafter Geräte oder Anwendungen mit der *Systemwiederherstellung* einen Wiederherstellungspunkt laden. Gehen Sie dazu wie in diesem Kapitel bereits beschrieben vor. Die Systemwiederherstellung bietet den letzten Ausweg bei der Behebung größerer Windows-Probleme.

Anwendungsprobleme

Nahezu allen Windows-Programmen liegt irgendein praktisches Installationsprogramm bei. Wenn Sie es ausgeführt haben, können Sie anschließend das eigentliche Programm starten. Es könnte kaum einfacher sein.

Programme, die etwas auf sich halten, sollten sich auch ebenso einfach wieder deinstallieren lassen. Meist finden Sie eine Option zur Deinstallation im Ordner des Programms im Start-Menü. Und immer (außer bei Programmen mit einem schlecht konfigurierten Installationsprogramm) sollte die Anwendung entweder im Applet PROGRAMME HINZUFÜGEN/ENTFERNEN oder PROGRAMME UND FUNKTIONEN angezeigt werden (Abbildung 17.62).

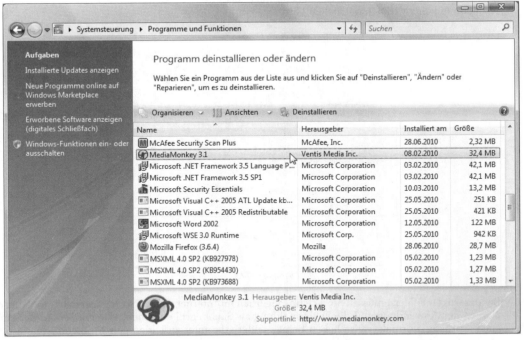

Abbildung 17.62: Das Applet PROGRAMME UND FUNKTIONEN *unter Windows Vista*

> **Hinweis**
>
> Denken Sie daran, dass Sie unter allen Windows-Versionen lokale Administratorrechte zum Installieren von Anwendungen benötigen. Nur wenige (zumindest der größeren) Anwendungen lassen sich ohne diese Rechte installieren.

Ungeachtet der Bemühungen von Microsoft können immer einmal Probleme mit Anwendungen auftreten. Auch wenn es Hunderte von Varianten dieser Fehler gibt, lassen sich die allermeisten doch drei Kategorien zuordnen: Installations-, Kompatibilitäts- oder Deinstallationsprobleme.

Installationsprobleme

Bei Programmen, die sich nicht installieren lassen, ist der Fehler üblicherweise nicht bei ihnen selbst zu suchen. Meist verhindern irgendwelche Windows-Probleme, dass die Installation klappt, insbesondere fehlende andere Programme, die die Anwendung benötigt, um funktionieren zu können. Eines der besten Beispiele ist das verbreitete *.Net-Framework*. Bei *.Net* handelt es sich um eine Erweiterung des Windows-Betriebssystems, die für die Unterstützung einer Reihe Funktionen sorgt, zu denen mächtigere Tools für die Schnittstelle und den viel flexibleren Datenbankzugriff zählen. Wenn ein Programm so geschrieben wurde, dass es das .Net-Framework benutzt, dann muss .Net selbst auch installiert sein. Wenn das nicht der Fall ist, dann sollte die Anwendung zwar in den meisten Fällen versuchen, es bei der eigenen Installation gleich mitzuinstallieren, aber darauf können Sie sich nicht verlassen. Falls .Net fehlt oder die installierte Version zu alt ist (es hat seit der ersten Veröffentlichung von .Net im Jahr 2002 etliche Versionen gegeben), können einige der nichtssagendsten Fehlermeldungen in der Geschichte der Windows-Anwendungen angezeigt werden.

Abbildung 17.63 zeigt ein derartiges Beispiel unter Windows 7, in dem der vSphere-Client von VMware wegen einer falschen .Net-Version nicht ausgeführt werden kann. Nur schade, dass die Fehlermeldung keine wirklich nützlichen Hinweise gibt!

Abbildung 17.63: .Net-Fehler

Bei derartigen Fehlern müssen Sie sich unweigerlich im Internet auf die Suche begeben und dabei den Namen der Anwendung und die Fehlermeldung als Suchbegriff eingeben. Wie gravierend der Fehler auch sein mag, normalerweise haben bereits andere darunter zu leiden gehabt. Sie müssen also nur noch herausfinden, wie sie den Fehler umgehen oder beheben konnten.

Kompatibilität

Die meisten neueren Anwendungen werden auch für die jeweils aktuellen Windows-Versionen geschrieben. Aber es gibt immer wieder neue Windows-Versionen. Manchmal (wie beim Umstieg von Windows 2000 auf Windows XP) sind die Unterschiede zwischen diesen derart gering, dass nur wenige oder gar keine Kompatibilitätsprobleme auftreten, wenn eine für eine ältere Windows-Version entwickelte Anwendung ausgeführt wird. In anderen Fällen, wie insbesondere dem Übergang von Windows XP auf Vista (und 7), hat sich der Unterbau des Betriebssystems so stark geändert, dass Sie bestimmte Maßnahmen ergreifen müssen, wenn Sie wollen, dass die älteren Programme weiterhin laufen. Windows 2000, XP und Vista bieten zur Unterstützung älterer Anwendungen verschiedenartige *Kompatibilitätsmodi* an.

Hinweis

Auch wenn es manchmal eine echte Herausforderung ist, eine ältere Anwendung unter neueren Windows-Versionen zum Laufen zu bekommen, stellt das Gegenteil überhaupt kein Problem dar. Die Installationsprogramme wissen, wie sie die Windows-Version überprüfen können, und zeigen Fehlermeldungen an, wenn Ihre Windows-Version zu alt ist.

Windows 2000 bietet nur Kompatibilitätsunterstützung für betagte DOS-Programme. DOS-Programme wissen nichts von Windows, so dass Sie einfach die EXE-Datei auf Ihren Computer kopieren. Wenn Sie unter Windows 2000 ein DOS-Programm mit der rechten Maustaste anklicken, dann werden die beiden Registerkarten SPEICHER und PROGRAMM angezeigt. Über die Registerkarte SPEICHER können Sie den vom DOS-Programm verwendeten Speicher anpassen. Damals im Jahr 2000 war RAM noch teuer und hier konnten Sie durch vorsichtige Anpassungen ein paar Kilobyte einsparen. Interessanter war die Schaltfläche ERWEITERT auf der Registerkarte PROGRAMM (Abbildung 17.64). Hier konnten Sie dafür sorgen, dass das DOS-Programm benutzerdefinierte Versionen der Dateien AUTOEXEC.BAT und CONFIG.SYS lud.

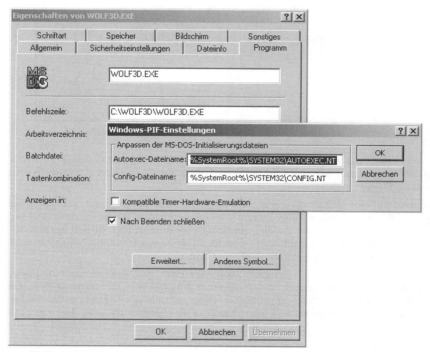

Abbildung 17.64: Die Registerkarte PROGRAMME für DOS-Programme unter Windows 2000

Kapitel 17

Unter Windows XP wurde der Ansatz der Kompatibilität einen Schritt vorangetrieben und das Dialogfeld mit den Programmeigenschaften wurde um die neue Registerkarte KOMPATIBILITÄT erweitert (Abbildung 17.65). Auf dieser konnten Sie ältere Windows-Programme über die neu eingeführten Kompatibilitätsmodi so konfigurieren, dass sie auch unter XP noch ausgeführt werden konnten. Auf der Registerkarte KOMPATIBILITÄT können Sie auch eine Reihe spezieller Anzeigeeinstellungen vornehmen.

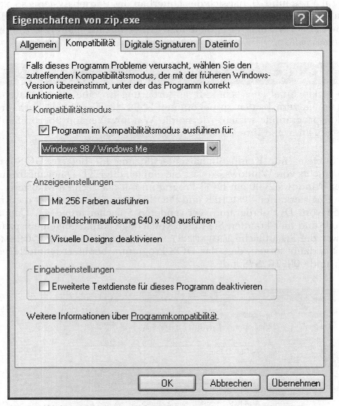

Abbildung 17.65: Der Kompatibilitätsmodus unter Windows XP

Unter Windows Vista wurde die Registerkarte KOMPATIBILITÄT noch einmal um zwei wichtige Funktionen erweitert: den Windows-XP-Modus und PROGRAMM ALS EIN ADMINISTRATOR AUSFÜHREN (Abbildung 17.66).

Es ist bestimmt kein Geheimnis mehr, dass Sie bei älteren Programmen versuchen sollten, diese im Kompatibilitätsmodus auszuführen, wenn sie unter neueren Windows-Versionen nicht oder nicht mehr korrekt laufen! Wenn Sie wirklich sorgfältig vorgehen wollen, suchen Sie erst im Web nach der Anwendung, bevor Sie sie auszuführen versuchen. Der Kompatibilitätsmodus ist ein praktisches Hilfsmittel, um ältere Anwendungen zum Laufen zu bringen.

Ein Fehler, der zwar bei älteren Systemen häufiger auftritt, der aber bei modernen Systemen eher selten oder unsichtbar geworden ist, ist der *allgemeine Schutzfehler* (*GPF – General Protection Fault*). Dieser Fehler tritt auf, wenn ein Programm irgendwelche unzulässigen Aktionen durchführen und z.B. in geschützten Speicher schreiben will, was Windows überhaupt nicht mag. Das kann zur Anzeige von

Fehlermeldungen oder sogar zum Totalabsturz des Rechners führen. Allgemeine Schutzfehler sind heute recht selten geworden.

Abbildung 17.66: Der Kompatibilitätsmodus unter Vista

Probleme beim Deinstallieren

Das wohl größte Problem beim Deinstallieren besteht wohl darin, dass Anwender es ohne Administratorrechte durchzuführen versuchen. Wenn beim Deinstallieren Fehlermeldungen angezeigt werden, melden Sie sich als Administrator an und schon sollte es klappen. Vergessen Sie auch nicht, dass Sie unter Vista/7 die meisten der im Menü PROGRAMME angezeigten Deinstallationsprogramme mit der rechten Maustaste anklicken und die Option ALS ADMINISTRATOR AUSFÜHREN wählen können, um mit Administratorrechten arbeiten zu können (Abbildung 17.67).

Kapitel 17

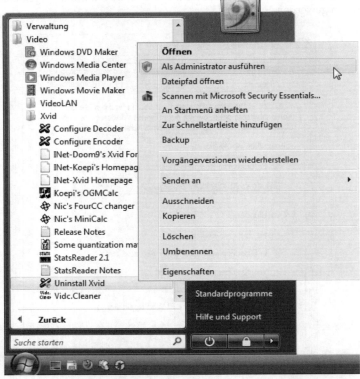

Abbildung 17.67: ALS ADMINISTRATOR AUSFÜHREN im Kontextmenü auswählen

Jenseits von A+

Die Mehrzahl der in diesem Kapitel vorgestellten Werkzeuge und Dienstprogramme stehen in direktem Zusammenhang mit den CompTIA A+-Prüfungen 2009. Es gibt aber viele andere, die Sie selbst möglicherweise benutzen könnten. Und da ich schon darauf hingewiesen habe, will ich kurz erwähnen, welche Befehle unter Windows Vista an der Eingabeaufforderung verfügbar sind:

- ❑ CHOICE: Ein Befehl für Batchdateien, bei dem Benutzer unter mehreren Optionen auswählen können.
- ❑ CLIP: Leitet die Ausgabe eines anderen Befehls in die Windows-Zwischenablage um.
- ❑ CMDKEY: Erzeugt und löscht gespeicherte Benutzernamen, Kennwörter und andere Anmeldeinformationen und zeigt diese an.
- ❑ FORFILES: Wählt Dateien in einem bestimmten Ordner für die Batchverarbeitung aus.
- ❑ ICACLS: Dient dem Anzeigen, Ändern, Sichern und Wiederherstellen von Zugriffssteuerungslisten (ACL – Access Control List) für Dateien und Verzeichnisse.
- ❑ FSUTIL: Vergrößert den Speichercache für das Dateisystem.
- ❑ MKLINK: Erstellt symbolische und feste Links.
- ❑ TAKEOWN: Ermöglicht einem Administrator die Übernahme der Besitzrechte einer Datei.
- ❑ TIMEOUT: Hält die Befehlsverarbeitung für die angegebene Anzahl von Sekunden an.

❏ VSP1CLN: Bereinigt Windows Vista um Rückstände der Installation von SP1.
❏ VSSADMIN: Dient der Verwaltung des Volumeschattenkopie-Dienstes.
❏ WHERE: Zeigt die Position von Dateien an, die einem Suchmuster entsprechen.

Wiederholung

Fragen

1. Wie teilen Sie Windows Update mit, dass es nur wichtige Sicherheitsupdates herunterladen und installieren soll?
    - **A.** Windows Update lässt sich nicht anpassen.
    - **B.** Ich klicke auf der Windows-Update-Seite die Schaltfläche SCHNELLSUCHE an.
    - **C.** Ich aktiviere das Kontrollkästchen NUR WICHTIGE UPDATES.
    - **D.** Ich führe Microsoft-Sicherheitsupdate aus.

2. Mit welchem Tool können Sie ändern, welche Programme beim Start von Windows geladen werden?
    - **A.** MSSTARTUP
    - **B.** MSINFO32
    - **C.** MSCONFIG
    - **D.** IPCONFIG

3. Wozu dient das Programm SYSTEMINFORMATIONEN?
    - **A.** Es liefert Ihnen einen Bericht über die Hardwareressourcen, Komponenten und das Softwareumfeld in Ihrem Computer.
    - **B.** Es ermöglicht Ihnen die Auswahl der Programme und Dienste, die beim Starten von Windows automatisch geladen werden.
    - **C.** Es ermöglicht Ihnen die geplante Ausführung von Programmen wie DATENTRÄGERDEFRAGMENTIERUNG, CHKDSK und anderer Aufgaben.
    - **D.** Es ermöglicht Ihnen die automatische benutzerdefinierte Sicherung Ihrer Dateien und Einstellungen.

4. Wie heißt das Sicherungsprogramm für Windows 2000/XP?
    - **A.** WIN BACKUP
    - **B.** BACKUP 2000
    - **C.** NTBACKUP
    - **D.** NSBACKUP

5. Worin besteht der Unterschied zwischen inkrementellen und differenziellen Sicherungen?
    - **A.** Ein differenzielles Backup schaltet das Archivbit ab, während es bei einem inkrementellen Backup unverändert bleibt.
    - **B.** Ein differenzielles Backup lässt das Archivbit unverändert, während es bei einem inkrementellen Backup abgeschaltet wird.
    - **C.** Ein differenzielles Backup sichert alle Dateien des Systems, während ein inkrementelles Backup nur geänderte Dateien sichert.
    - **D.** Differenzielle und inkrementelle Sicherung sind nur zwei verschiedene Bezeichnungen für dieselbe Sache.

6. Mit welchem Tool können Sie ein beschädigtes Windows-Betriebssystem reparieren, indem Sie den Rechner in einen früheren Zustand zurückversetzen?
   A. WINDOWS-WIEDERHERSTELLUNG
   B. WIEDERHERSTELLUNGS-MANAGER
   C. ZEITMASCHINE
   D. SYSTEMWIEDERHERSTELLUNG

7. Was ist ein wichtiges Werkzeug zur Reparatur nicht mehr startender Windows XP-Installationen?
   A. SYSTEMSTARTREPARATUR
   B. BOOTMGR
   C. AUTORUN.INI
   D. WIEDERHERSTELLUNGSKONSOLE

8. Wie erhalten Sie einen ausführlichen, speziell angepassten Bericht zur Systemleistung?
   A. TASK-MANAGER
   B. SYSTEMMONITOR
   C. LEISTUNGSANZEIGE
   D. SYSTEMLEISTUNG

9. Worum handelt es sich bei der Datenausführungsverhinderung?
   A. Eine Technologie, die verhindert, dass Viren die Kontrolle über in den Arbeitsspeicher geladene Programme übernehmen
   B. Eine Technologie, mit der Sie unterschiedliche Berechtigungen für verschiedene Benutzer des Rechners setzen können
   C. Eine Technologie, die verhindert, dass Programme auf Ihrem Rechner installiert werden
   D. Eine Technologie, die verhindert, dass Dateien auf Ihre Festplatte geschrieben werden

10. Mit welchem Werkzeug können Sie eine frühere Treiberversion wieder zurückholen, wenn Sie einen Treiber auf Ihrem System installieren, der Probleme verursacht?
    A. TREIBERVERWALTUNG
    B. MSCONFIG
    C. GERÄTE-MANAGER
    D. SYSTEMINFORMATIONEN

Antworten

1. **B.** Über die Schaltfläche SCHNELLSUCHE auf der Windows-Update-Seite werden nur wichtige Updates installiert.
2. **C.** Mit MSCONFIG können Sie die Prozesse und Dienste auswählen, die beim Start von Windows geladen werden.
3. **A.** Das Programm SYSTEMINFORMATION liefert Ihnen eine Fülle von Informationen über Ihr System.
4. **C.** Windows 2000/XP verwendet NTBACKUP zum Sichern von Dateien.
5. **B.** Differenzielle und inkrementelle Sicherungen funktionieren gleich, bei der differenziellen Sicherung bleibt aber das Archivbit unverändert und wird nicht abgeschaltet.
6. **D.** Über SYSTEMWIEDERHERSTELLUNG können Sie den Rechner in einen früheren Zustand zurückversetzen.
7. **D.** Die WIEDERHERSTELLUNGSKONSOLE ist ein mächtiges Werkzeug zur Reparatur beschädigter Windows-Installationen.
8. **B.** Der Systemmonitor sammelt Daten über Ihr System und gibt die Ergebnisse in einer Grafik oder einem Bericht aus.

9. **A.** Die mit Windows XP Service Pack 2 eingeführte Datenausführungsverhinderung (DEP – Data Execution Prevention) verhindert, dass Viren die Kontrolle über in den Arbeitsspeicher geladene Programme übernehmen können.
10. **C.** Die Option INSTALLIERTER TREIBER/VORHERIGER TREIBER (Driver Rollback) im Geräte-Manager eignet sich hervorragend zur Behebung von Treiberproblemen.

18

Eingabe/Ausgabe

Themen in diesem Kapitel
- Erklären, wie verbreitete Ein-/Ausgabeanschlüsse betreut werden
- Bestimmte Anschlüsse für Ein-/Ausgabegeräte am PC identifizieren
- Beschreiben, wie bestimmte spezielle Ein-/Ausgabegeräte an einem PC funktionieren

In Kapitel 3 (*Der gläserne PC*) haben Sie eine Reihe verbreiteter Geräte und die von ihnen verwendeten Anschlüsse kennen gelernt. Weil diese Geräte und ihre Anschlüsse manchmal ausfallen, sollten Sie wissen, wie sie funktionieren und wie Sie im Fehlerfall dabei auftretende Probleme lösen können. Dieses Kapitel stellt einige der wichtigsten Eingabeanschlüsse vor, beschreibt verbreitete und weniger verbreitete Ein-/Ausgabegeräte (E/A- oder I/O-Geräte) und befasst sich mit Problemen, denen Sie beim Umgang mit Ein-/Ausgabegeräten und ihren Anschlüssen begegnen können.

Ein-/Ausgabegeräte bei Computern lassen sich in drei Kategorien einteilen: allgemeine, multimediale und spezielle. Allgemeine Ein-/Ausgabegeräte, wie beispielsweise Tastaturen und Mäuse, findet man an fast jedem PC. Multimediageräte unterstützen Grafik- und Soundfunktionen. Spezielle Ein-/Ausgabegeräte können einerseits recht verbreitet (Touchscreen), andererseits aber auch sehr selten sein (biometrische Geräte). Eine weitere Gruppe von Ein-/Ausgabegeräten – die Netzwerkgeräte – werden darüber hinaus in den Prüfungen als eigenständige Technologie behandelt. Dieses Buch widmet den Themen Sound, Drucken, Anzeige und Netzwerke jeweils eigene Kapitel, in denen Sie mehr über den Umgang mit diesen Gerätetypen und die von ihnen verwendeten Anschlüsse erfahren. Dieses Kapitel konzentriert sich auf zwei Gruppen von Ein-/Ausgabegeräten: die allgemeinen und die speziellen Geräte. Sie werden lernen, wie Sie die gebräuchlichsten und einige der ungewöhnlichsten Ein-/Ausgabegeräte betreuen, denen Sie heute beim PC begegnen können.

Essentials/Practical Application

Allgemeine Ein-/Ausgabeanschlüsse

Immer wenn Sie es mit einem Ein-/Ausgabegerät zu tun bekommen, das sich seltsam verhält, sollten Sie daran denken, dass Sie es nicht nur mit einem Gerät, sondern auch mit dessen Anschluss zu tun haben. Bevor Sie sich den Ein-/Ausgabegeräten zuwenden können, müssen Sie sich erst einmal mit den Aspekten und Technologien einiger der gängigsten Ein-/Ausgabeanschlüsse befassen und auch damit, wie Sie dafür sorgen können, dass sie korrekt funktionieren.

Kapitel 18

> **Wichtig**
>
> Dieses Kapitel finden Sie in beiden CompTIA A+-Zertifizierungsprüfungen wieder. In diesen Prüfungen werden jeweils bestimmte Aspekte von Ein-/Ausgabegeräten, Anschlüssen, der Konfiguration usw. abgefragt. Sie sollten dieses Kapitel daher keinesfalls einfach überspringen.

Serielle Schnittstellen

Neue PCs mit echten seriellen Anschlüssen waren schon beinahe ausgestorben, weil man für Geräte, für die zuvor serielle Anschlüsse benutzt wurden, größtenteils bessere Schnittstellen und USB verwendet hat. Bei vielen PCs fehlt am Gehäuse daher der serielle Anschluss. Das scheint sich im Zuge des Trends der Virtualisierung wieder ein wenig geändert zu haben. Denn was nützt einem eine virtuelle Maschine auf einem realen Rechner, wenn man seine alten Geräte daran doch nicht nutzen kann, weil man keinen Zugriff auf serielle oder parallele Schnittstellen hat? Oft gibt es darüber hinaus auch auf den Mainboards noch Stiftleisten für serielle und/oder parallele Anschlüsse, die sich aber nur nach Einbau eines zusätzlichen Slotblechs mit den entsprechenden Anschlüssen nutzen lassen.

Und sieht man einmal von dem eben dargestellten Phänomen ab, verwenden auch heute noch viele Geräte, vor allem die Modems, die in bestimmten Bereichen (z.B. Telefonie) weiterhin recht verbreitet sind, weiterhin integrierte serielle Schnittstellen.

In Kapitel 8 (*Erweiterungsbus*) haben Sie erfahren, dass es sich bei COM-Anschlüssen eigentlich nur um voreingestellte E/A-Adressen und IRQs für serielle Schnittstellen handelt. Sie wollen eine integrierte serielle Schnittstelle sehen? Dann öffnen Sie den Geräte-Manager. Dort finden Sie den Eintrag ANSCHLÜSSE (COM UND LPT). Wenn Sie das Pluszeichen (+) links neben dem Eintrag anklicken, um diesen Zweig zu erweitern, dann werden Ihnen die im System vorhandenen Schnittstellen angezeigt, und es sollte Sie nicht überraschen, wenn sich darunter auch COM-Anschlüsse befinden. Selbst wenn es an Ihrem PC keine sichtbaren, physischen seriellen Schnittstellen gibt, können sie doch vorhanden sein. Sie befinden sich einfach in einer Komponente, wie z.B. einem Faxmodem.

> **Hinweis**
>
> Sie finden keinen PC mit seriellen Anschlüssen? Probieren Sie es mit Laptops, denn in diese ist fast durchweg ein Modem eingebaut.

Der Erweiterungsbus Ihres PC arbeitet mit paralleler Datenübertragung, mit mehreren Datenleitungen, die gleichzeitig jeweils ein Bit Daten zu den Geräten übertragen. Viele E/A-Geräte arbeiten mit serieller Datenübertragung und damit mit einer Leitung zum Senden und einer zum Empfangen von Daten. Eine *serielle Schnittstelle* muss die Daten konvertieren, die zwischen parallel und seriell arbeitenden Komponenten übertragen werden. Eine traditionelle serielle Schnittstelle besteht aus zwei Komponenten: einem 9-poligen physischen DB-Anschluss (Abbildung 18.1) und dem so genannten *UART*-Chip (*Universal Asynchronous Receiver/Transmitter*), einem Chip, der die Umwandlung der seriellen und parallelen Daten übernimmt. Genau genommen handelt es sich beim UART um die serielle Schnittstelle. Beim Anschluss hinten am Rechner handelt es sich eigentlich nur um eine standardisierte Verbindung, über die verschiedene serielle Geräte die serielle Schnittstelle nutzen können. Der UART enthält die gesamte Elektronik der seriellen Schnittstelle.

> **Hinweis**
>
> Jedem UART in einem System werden COM-Schnittstellenwerte zugeordnet. Ein internes Modem wird direkt mit dem Erweiterungsbus verbunden und besitzt immer einen eigenen UART. Daher besitzen auch Modems ohne physischen seriellen Anschluss höchstwahrscheinlich eine integrierte serielle Schnittstelle.

Eingabe/Ausgabe

Abbildung 18.1: Serieller Anschluss

RS-232 ist ein sehr alter Standard, der die serielle Schnittstelle mit deren Geschwindigkeiten, die verwendete »Sprache« und das Aussehen der Stecker komplett definiert. Der RS-232-Standard legt fest, dass zwei serielle Geräte über 8-Bit-Datenblöcke miteinander kommunizieren, lässt aber in anderen Bereichen eine gewisse Flexibilität zu, wie z.B. bei Geschwindigkeit und Fehlerprüfung. Serielle Schnittstellen stammen noch aus der Zeit, als Geräte manuell konfiguriert wurden, und der RS-232-Standard wurde nie aktualisiert, so dass er keine automatische Konfiguration unterstützt. Serielle Schnittstellen werfen einen in die Frühzeit der Computerwartung zurück, denn es handelt sich bei ihnen um die letzten manuell konfigurierten Schnittstellen, denen man am PC begegnet.

Welche Einstellungen müssen Sie für eine serielle Schnittstelle konfigurieren? Suchen Sie sich einen PC mit echtem seriellem Anschluss (einem echten 9-poligen Stecker an der Rückseite). Klicken Sie mit der rechten Maustaste im Geräte-Manager KOMMUNIKATIONSANSCHLUSS (COM1) an und wählen Sie im Kontextmenü EIGENSCHAFTEN, um sich darüber zu informieren. Klicken Sie auf der Registerkarte ANSCHLUSSEINSTELLUNGEN die Schaltfläche ERWEITERT an. Daraufhin wird das in Abbildung 18.2 dargestellte Dialogfeld angezeigt.

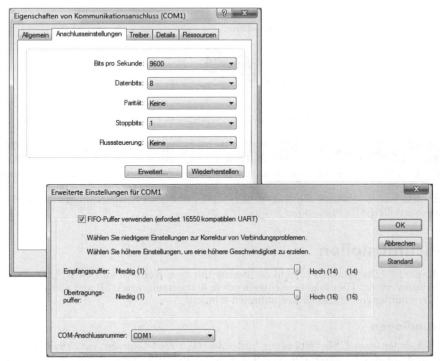

Abbildung 18.2: Einstellungen für den seriellen Anschluss

747

Kapitel 18

Für Geräte mit integrierten seriellen Schnittstellen, wie z.B. Modems, gibt es kein Symbol für Kommunikationsanschlüsse im Geräte-Manager, weil es hier nichts zu ändern gibt. Wissen Sie, warum? Auch wenn diese Geräte einen Kommunikationsanschluss verwenden, ist dieser nie mit etwas anderem als der Komponente verbunden, in die er eingelötet ist, weshalb deren Einstellungen zum Glück nicht geändert werden können!

Wenn Sie einen Kommunikationsanschluss konfigurieren, dann lassen sich eine Menge verschiedene, Ihnen mehr oder weniger sinnvoll erscheinende Einstellungen konfigurieren. Das Praktische daran ist, dass Ihnen die Anweisungen für ein neues serielles Gerät, das Sie mit einem seriellen Anschluss verbinden, genau mitteilen, welche Einstellungen Sie verwenden sollen. Abbildung 18.3 zeigt die entsprechenden Anweisungen für einen Cisco-Switch.

Connecting a PC or Terminal to the Console Port

To connect a PC to the console port, use the supplied RJ-45-to-DB-9 adapter cable. To connect the switch console port to a terminal, you need to provide a RJ-45-to-DB-25 female DTE adapter. You can order a kit (part number ACS-DSBUASYN=) containing that adapter from Cisco. For console port and adapter pinout information, see the "Cable and Adapter Specifications" section.

The PC or terminal must support VT100 terminal emulation. The terminal-emulation software—frequently a PC application such as Hyperterminal or Procomm Plus—makes communication between the switch and your PC or terminal possible during the setup program.

Follow these steps to connect the PC or terminal to the switch:

Step 1 Configure the baud rate and character format of the PC or terminal to match these console port default characteristics:

- 9600 baud
- 8 data bits
- 1 stop bit
- No parity

After you have gained access to the switch, you can change the console baud rate through the **Administration > Console Baud Rate** window in the Cluster Management Suite (CMS).

Step 2 Using the supplied RJ-45-to-DB-9 adapter cable, insert the RJ-45 connector into the console port, as shown in Figure 2-1.

Step 3 Attach the DB-9 female DTE adapter of the RJ-45-to-DB-9 adapter cable to a PC, or attach an appropriate adapter to the terminal.

Step 4 Start the terminal-emulation program if you are using a PC or terminal.

Figure 2-1: Connecting to the Console Port

Abbildung 18.3: Anweisungen für den Anschluss eines Geräts an eine serielle Schnittstelle

> **Hinweis**
>
> Wenn Sie eine serielle Schnittstelle benötigen, weil diese zur Unterstützung eines älteren Geräts gebraucht wird, es auf dem Mainboard aber keinen entsprechenden Anschluss gibt, dann ist das auch nicht weiter schlimm. Sie können sich immer eine PCI-Erweiterungskarte mit klassischen, 9-poligen seriellen Anschlüssen besorgen.

USB-Schnittstellen

Aus Kapitel 3 (*Der gläserne PC*) sind Sie bereits mit dem Konzept von USB, USB-Anschlüssen und USB-Hubs vertraut. Hier folgt eine eingehendere Betrachtung von USB und einiger Probleme, die bei der Verwendung von USB-Geräten auftreten können.

USB-Grundlagen

Den Eckpfeiler einer USB-Verbindung bildet der *USB-Host-Controller*, ein Schaltkreis, der normalerweise in den Chipsatz eingebaut ist, der alle daran angeschlossenen USB-Geräte steuert. Innerhalb des Host-Controllers befindet sich mit dem *USB-Root-Hub* jener Teil des Host-Controllers, der die physische Verbindung mit den USB-Anschlüssen herstellt. Abbildung 18.4 zeigt eine Skizze der Beziehungen zwischen Host-Controller, Root-Hub und USB-Anschlüssen.

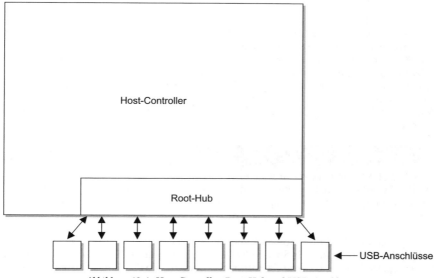

Abbildung 18.4: Host-Controller, Root-Hub und USB-Anschlüsse

Es gibt keine Regel dafür, wie viele USB-Anschlüsse ein einzelner Hostadapter haben darf. Frühe USB-Hostadapter hatten zwei USB-Anschlüsse. Die neueren unterstützen oft acht oder zehn. Selbst wenn ein Hostadapter eine bestimmte Anzahl an Anschlüssen unterstützt, gibt es keine Garantie dafür, dass der Mainboard-Hersteller sie auch alle bereitstellt. Häufig unterstützt ein Hostadapter zwar acht Anschlüsse, von denen der Mainboard-Hersteller aber nur vier bereitstellt. Allerdings befinden sich dann auf dem Mainboard oft Stiftleisten für zwei oder mehr USB-Anschlüsse, die z.B. mit dem Frontpanel des Rechners verbunden werden können.

Sie sollten sich insbesondere merken, dass sich alle USB-Geräte, die an einen einzelnen Hostadapter/Root-Hub angeschlossen sind, diesen USB-Bus mit allen anderen daran angeschlossenen Geräten teilen. Je mehr Geräte Sie an einen einzigen Hostadapter anschließen, desto langsamer wird die USB-Verbindung der einzelnen Geräte und desto mehr Strom muss der Bus liefern. Diese Aspekte sorgen für die beiden größten praktischen Probleme im Zusammenhang mit USB-Geräten.

USB-Geräte brauchen wie alle anderen elektrischen Geräte Strom, kümmern sich aber nicht unbedingt um ihren eigenen Energiebedarf. Ein USB-Gerät mit eigener Stromversorgung besitzt ein eigenes Netzkabel, das normalerweise über einen Adapter an eine Steckdose angeschlossen wird. *Über den Bus mit Strom versorgte USB-Geräte (selbstversorgende USB-Geräte)* beziehen ihren Strom über den USB-Bus selbst. Sie selbst liefern keinen Gleich- oder Wechselstrom. Wenn zu viele Geräte über den Bus mit Strom versorgt werden und zu viel Energie benötigen, dann können unangenehme Fehler auftreten. Einige Geräte funktionieren nicht zuverlässig, andere stürzen ab. Häufig meldet sich Windows auch einfach nur und teilt Ihnen mit, dass der Hub nicht die benötigte Energie liefern kann und nicht mehr funktioniert.

USB-Geräte sind für eine von drei verschiedenen Geschwindigkeiten ausgelegt. Die Version 1.1 des USB-Standards hat zwei Geschwindigkeiten definiert, *Low-Speed* mit maximal 1,5 Mbps (für Tastaturen und Mäuse ausreichend) und *Full-Speed* mit bis zu 12 Mbps Brutto-Transferrate. Später kam mit USB 2.0 *Hi-Speed* mit einer Übertragungsrate von 480 Mbps hinzu. Die Industrie bezeichnet Low-Speed- und Full-Speed-USB manchmal als USB 1.1, Hi-Speed als USB 2.0.

Hinweis

USB 2.0 definierte nicht nur eine neue Geschwindigkeit. Viele Low-Speed- und Full-Speed-USB-Geräte entsprechen ebenfalls dem USB-2.0-Standard.

Neben der viel höheren Übertragungsrate ist Hi-Speed-USB vollständig abwärtskompatibel zu Geräten, die den langsameren USB-Standards entsprechen. Die alten Geräte laufen dann aber auch nicht schneller als zuvor. Um die schnellste USB-Geschwindigkeit nutzen zu können, müssen Hi-Speed-USB-Geräte über Hi-Speed-USB-Kabel an Hi-Speed-USB-Ports angeschlossen werden. Hi-Speed-USB-Geräte funktionieren zwar an Full-Speed-USB-Anschlüssen, arbeiten dann aber nur mit 12 Mbps. Während die Abwärtskompatibilität Ihnen zumindest erlaubt, das neuere USB-Gerät an einem älteren Anschluss zu verwenden, müssen Sie nur ein wenig rechnen, um sehr schnell zu erkennen, wie viel Zeit es kostet, wenn man eine 240 MB große Datei nur mit 12 Mbps statt mit 480 Mbps Transferrate überträgt!

Wichtig

Das *USB-IF* (*USB Implementers Forum*) verwendet die Begriffe *Low-Speed* und *Full-Speed* nicht offiziell zur Beschreibung von 1,5- und 12-Mbps-Geräten, sondern spricht nur von »USB«. Sie werden jedoch feststellen, dass in den CompTIA A+-Prüfungen die marktüblichen Bezeichnungen verwendet werden.

Als der USB-Standard 2.0 im Jahre 2001 veröffentlicht wurde, kauften die Leute in aller Eile USB-2.0-Controller, damit ihre neuen Hi-Speed-Geräte auch mit ihrer vollen Geschwindigkeit arbeiten konnten. Die gängigste Lösung bestand damals im Einbau von USB-2.0-Steckkarten (Abbildung 18.5).

Abbildung 18.5: USB-Steckkarte

Die Mainboard-Hersteller fanden bald eine clevere Lösung, um einen zweiten USB-2.0-Host-Controller hinzuzufügen. Statt den USB-2.0-Host-Controller vom USB-1.1-Host-Controller zu trennen, legten sie die Komponenten so aus, dass die beiden Controller alle vorhandenen USB-Anschlüsse gemeinsam nutzen konnten (Abbildung 18.6). Beim Anschluss eines Low-Speed- oder Full-Speed-Geräts übernimmt der USB-1.1-Host-Controller und beim Anschluss eines Hi-Speed-Geräts übernimmt der USB-2.0-Host-Controller dessen Verwaltung und das unabhängig vom jeweils verwendeten USB-Anschluss. Intelligent und äußerst praktisch!

USB 2.0 ist bereit seit einiger Zeit der aktuelle Standard. Mittlerweile wurde aber auch USB weiterentwickelt, um die Zukunft dieses Busses zu sichern! Die ersten USB-3.0-Geräte (auch *SuperSpeed-USB* genannt) wurden 2010 erhältlich. USB 3.0 bietet neben einer höheren Geschwindigkeit (bis zu 4,8 Gbps) eine bessere Stromversorgung für Peripheriegeräte (max. 900 mA) und volle Abwärtskompatibilität mit älteren Geräten. USB 3.0 wird wahrscheinlich erst dann in die CompTIA A+-Prüfungen aufgenommen, wenn es weiter verbreitet ist. Sie sollten aber darauf vorbereitet sein, denn das könnte angesichts der bisherigen Beliebtheit von USB recht schnell der Fall sein.

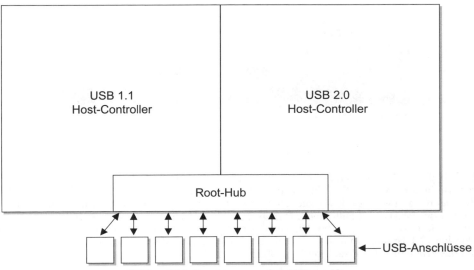

Abbildung 18.6: Gemeinsam verwaltete USB-Anschlüsse

Hinweis

Sie können die Geschwindigkeit Ihrer USB-Anschlüsse und -Komponenten unter Windows leicht feststellen. Sie öffnen den Geräte-Manager und suchen die beiden Controller unter dem Eintrag UNIVERSAL SERIAL BUS. STANDARD ENHANCED HOST CONTROLLER ist der Hi-Speed-Controller. STANDARD OPENHCD HOST CONTROLLER ist der Low- und Full-Speed-Controller.

Abbildung 18.7: USB-Hub

USB-Hubs und -Kabel

Jeder USB-Host-Controller unterstützt bis zu 127 USB-Geräte, aber wie bereits erwähnt, stellen die meisten Mainboard-Hersteller nur sechs bis acht USB-Anschlüsse zur Verfügung. Was also machen Sie, wenn Sie mehr USB-Geräte anschließen wollen, als Anschlüsse auf dem Mainboard vorhanden sind? Sie bauen weitere Host-Controller ein (in Form interner Karten), oder Sie verwenden einen USB-Hub. Ein USB-Hub ist ein Gerät, das einen USB-Anschluss auf zwei oder mehr USB-Anschlüsse erweitert, und zwar fast immer von einem der an den Root-Hub angeschlossenen USB-Anschlüsse aus. Abbildung 18.7 zeigt einen typischen USB-Hub. USB-Hubs werden manchmal auch in Peripheriegeräte integriert. Die Tastatur in Abbildung 18.8 beinhaltet einen eingebauten USB-Hub – sehr praktisch!

Abbildung 18.8: USB-Tastatur mit eingebautem Hub

USB-Hubs gehören zu den PC-Komponenten, die in der Praxis häufig lange nicht so gut funktionieren wie in der Theorie. (Es tut mir leid, ihr USB-Anhänger, das ist eben so!) USB-Hubs arbeiten mit derselben Geschwindigkeit wie die anderen USB-Geräte. Der Hub der Tastatur aus Abbildung 18.8 läuft beispielsweise mit Full-Speed. Das wird problematisch, wenn man ein Hi-Speed-USB-Gerät mit einem dieser Anschlüsse verbindet, weil das Hi-Speed-Gerät an ihm nur mit 12 Mbps arbeiten kann. Windows XP ist immerhin so höflich, dass es Sie über eine Meldung im Systembereich der Taskleiste auf das Problem aufmerksam macht (Abbildung 18.9).

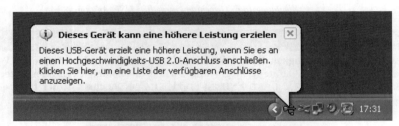

Abbildung 18.9: Geschwindigkeitshinweis von Windows XP

Hubs gibt es ebenfalls mit (*aktive Hubs*) und ohne eigene Stromversorgung (*passive Hubs*). Wenn Sie einen Mehrzweck-USB-Hub wie den aus Abbildung 18.7 verwenden, dann sollten Sie sich für einen mit eigener Stromversorgung entscheiden, weil die an einem einzelnen USB-Hub angeschlossenen Geräte ansonsten zu viel Energie ziehen und Probleme bereiten.

Auch die Kabellänge führt bei USB zu wichtigen Einschränkungen. Die USB-Spezifikation erlaubt eine maximale Kabellänge von 5 Metern, aber man kann alle 5 Meter einen stromversorgten USB-Hub einbauen, um die Entfernung zu erweitern. Obwohl die meisten USB-Geräte keine derart langen Kabel benötigen, gibt es Geräte, wie beispielsweise Digitalkameras, bei denen das doch der Fall ist. Weil USB eine bidirektionale Verbindung ist, sind längere Kabel (selbst wenn es sich um gut abgeschirmtes und verdrilltes 0,8-mm-Standardkabel handelt) anfällig gegenüber elektrischen Störungen. Um diese Probleme zu vermeiden, bleibe ich bei Kabeln, die nicht länger als zwei Meter sind.

Wenn Sie sichergehen wollen, geben Sie ein paar Euro mehr aus, um ein wirklich qualitativ hochwertiges USB-2.0-Kabel zu kaufen (Abbildung 18.10). Diese Kabel besitzen eine zusätzliche Abschirmung und bessere elektrische Kenndaten, so dass Ihre USB-Daten sicher vom Gerät zum Computer gelangen können.

Der bereits erwähnte Aspekt der Stromversorgung von Geräten über das USB-Kabel sorgt für eine ganze Reihe von Problemen. USB-Hubs, die den Standards 1.1 und 2.0 entsprechen, können maximal 500 mA Strom liefern. Schließt man nun an eine USB-Schnittstelle eine der beliebten kleinen 2,5-Zoll-

Festplatten an, dann reicht das für deren zuverlässigen Betrieb schnell nicht mehr aus. Hinzu kommt, dass alle USB-Kabel einen gewissen Widerstand haben, wodurch die Stromstärke mit der Länge des Verbindungskabels abnimmt. Manche Festplattenhersteller geben daher für ihre 2,5-Zoll-Festplatten eine maximale Kabellänge von nur 15 Zentimetern an. Generell sind 2,5-Zoll-Festplatten, die mit geringerer Umdrehungsgeschwindigkeit (5.400 U/min) arbeiten und weniger Masse zu bewegen haben (geringere Kapazität), an USB-Anschlüssen tendenziell zuverlässiger. Viele der externen 2,5-Zoll-USB-Festplatten können auch über ein Y-Kabel zusätzlich mit Strom versorgt werden. Entsprechende Beschwerden unwissender Benutzer füllen jedenfalls die einschlägigen Internet-Foren mit Beiträgen und führen oft auch zu enttäuschten Erwartungen und schlechten Produktbewertungen. Allzu häufig zwar verständlich, aber eigentlich unberechtigt!

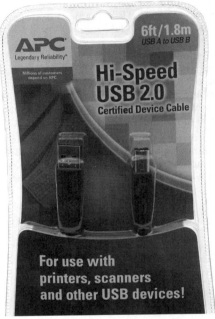

Abbildung 18.10: USB-2.0-Kabel

Hinweis

Eines der Ziele von USB 3.0 bestand darin, der Problematik der Stromversorgung über den USB-Bus die Zähne zu ziehen. Denn wie Sie sich mittlerweile sicherlich denken können, riskieren Sie beim Schreiben von Daten auf nur unzureichend mit Strom versorgte, externe USB-Festplatten üble Datenverluste!

USB-Konfiguration

Die größte Herausforderung bei der USB-Fehlersuche hat direkt mit der weiten Verbreitung und der einfachen Nutzung zu tun. Nahezu jeder moderne PC hat mehrere USB-Anschlüsse, und jeder kann sich im Computershop die allerneuesten USB-Geräte kaufen. Das Problem entsteht, wenn die Installationsaktivitäten außer Kontrolle geraten, weil zu viele Geräte die falschen Anschlüsse benutzen oder zu viel Energie ziehen. Glücklicherweise können Sie diese Probleme unter Befolgung einiger einfacher Schritte vermeiden oder ganz aus der Welt schaffen.

Die erste und die am häufigsten ignorierte Regel bei der USB-Installation lautet: Installieren Sie immer erst den Gerätetreiber für neue USB-Geräte, *bevor* Sie sie mit dem USB-Anschluss verbinden.

Nachdem Sie das Gerät installiert haben und wissen, dass die Anschlüsse aktiv sind (im Geräte-Manager werden keine Fehler angezeigt), können Sie das neue Gerät jederzeit und beliebig oft anschließen und trennen. Wenn Sie diese Regel befolgen, dann wird die Installation von USB-Geräten zum Kinderspiel!

Hinweis

Es gibt Ausnahmen von der Regel, erst die Treiber zu installieren. Wie Sie sich aus Kapitel 13 (*Wechseldatenträger*) vielleicht noch erinnern können, benötigen USB-Sticks keine zusätzlichen Treiber. Sie brauchen sie nur anzuschließen, und schon werden sie von Windows erkannt. (Aus technischer Sicht wurden die Treiber bereits zusammen mit dem Betriebssystem *vorinstalliert!*) Dieser Sachverhalt gilt für alle USB-Geräte, die nur USB-Klassentreiber verwenden, wie z.B. *Massenspeichergeräte*. Wenn Sie also Ihr Handy oder einen MP3-Player als Massenspeichergerät konfigurieren, dann können Sie ohne weitere Treiberinstallation von Windows aus direkt darauf zugreifen!

Windows 2000, XP und Vista enthalten zahlreiche vorinstallierte Treiber für USB-Geräte. Sie können sich auf Windows verlassen, wenn es darum geht, Tastaturen, Mäuse und andere Basisgeräte zu erkennen. Wenn Ihre neue Maus oder die Tastatur jedoch über irgendwelche Extras verfügen, werden diese von den USB-Standardtreibern möglicherweise nicht unterstützt. Damit ich auch wirklich alle Funktionen nutzen kann, installiere ich immer die mit dem Gerät gelieferten oder von der Website des Herstellers heruntergeladenen Treiber.

Wenn Sie dem System ein neues USB-Gerät hinzufügen wollen, überzeugen Sie sich erst einmal davon, dass es an Ihrem Computer einen USB-Anschluss gibt, der die erforderliche Geschwindigkeit unterstützt. Bei der meisten modernen PCs ist das kein Problem, aber auch hier kann es vorkommen, dass nach dem Hinzufügen von Hubs usw. Geräte entweder überhaupt nicht mehr funktionieren oder, schlimmer noch, sich seltsam verhalten.

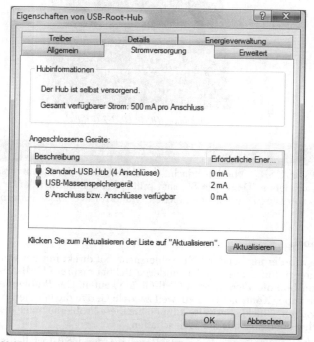

Abbildung 18.11: Registerkarte STROMVERSORGUNG für einen USB-Root-Hub

Eingabe/Ausgabe

Das letzte Problem betrifft die bereits erwähnte Stromversorgung. Wenn die für USB-Geräte verfügbare Energie deren Bedarf nicht decken kann, funktionieren die Geräte möglicherweise gar nicht oder nur fehlerhaft. Wird zu viel Strom verbraucht, müssen Sie Geräte vom jeweiligen USB-Hub trennen, bis der Fehler verschwindet. Wenn Sie mehr Geräte anschließen müssen, als Ihr USB-Hub unterstützt, können Sie eine zusätzliche USB-Erweiterungskarte oder einen aktiven USB-Hub kaufen, der in einen Laufwerkschacht eingebaut werden kann.

Um den USB-Energieverbrauch unter Windows zu überprüfen, öffnen Sie den Geräte-Manager und suchen unter dem Eintrag USB-CONTROLLER nach USB-Hubs. Klicken Sie den entsprechenden Hub mit der rechten Maustaste an und wählen Sie im Kontextmenü EIGENSCHAFTEN. Anschließend aktivieren Sie die Registerkarte STROMVERSORGUNG. Hier sehen Sie den aktuellen Verbrauch aller an den Hub angeschlossenen Geräte (Abbildung 18.11).

Hinweis

Auf der Registerkarte STROMVERSORGUNG eines USB-Hubs wird der Energiebedarf nur als Momentaufnahme angezeigt. Um also genauere Angaben zu erhalten, müssen Sie sich die Werte über die Schaltfläche AKTUALISIEREN häufiger anzeigen lassen. Sorgen Sie dafür, dass das USB-Gerät zu tun hat, und klicken Sie dann AKTUALISIEREN an, um sich über dessen maximalen Energiebedarf zu informieren.

Die meisten Root-Hubs liefern 500 mA je Anschluss, was für die meisten USB-Geräte (abgesehen von Festplatten) ausreicht. Die meisten Energieprobleme treten auf, wenn Sie neue Hubs hinzufügen, insbesondere wenn diese über den Bus mit Strom versorgt werden, und daran dann zu viele Geräte anschließen. Abbildung 18.2 zeigt die Registerkarte STROMVERSORGUNG für den über den Bus mit Strom versorgten integrierten Hub der Tastatur aus Abbildung 18.8. Beachten Sie, dass dieser nur maximal 100 mA je Anschluss liefern kann.

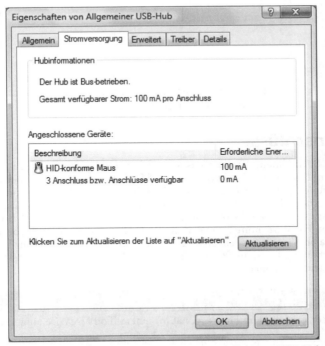

Abbildung 18.12: Über den Bus mit Strom versorgter allgemeiner USB-Hub

Kapitel 18

Es gibt noch ein Problem mit der USB-Stromversorgung: Manchmal wechseln USB-Geräte in den Standby-Modus und wachen nie wieder auf. Eigentlich werden sie vom System dazu aufgefordert, in den Standby-Modus zu wechseln, um Strom zu sparen. Dieses Problem könnte vorliegen, wenn Sie auf ein USB-Gerät zuzugreifen versuchen, das vorher bereits funktioniert hat, dann aber plötzlich im Geräte-Manager nicht mehr angezeigt wird. Zur Behebung des Problems rufen Sie über den Geräte-Manager wieder die Eigenschaften des Hubs auf, aktivieren diesmal aber die Registerkarte ENERGIEVERWALTUNG. Entfernen Sie die Markierung aus dem Kontrollkästchen DER COMPUTER KANN DAS GERÄT AUSSCHALTEN, UM ENERGIE ZU SPAREN (Abbildung 18.13).

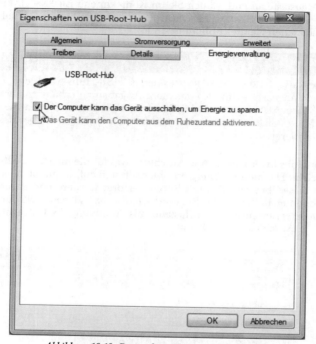

Abbildung 18.13: Registerkarte ENERGIEVERWALTUNG

FireWire-Anschlüsse

Auf den ersten Blick ähneln *FireWire*, das auch *IEEE 1394* genannt wird, und USB einander stark. FireWire kann mit denselben Funktionen wie USB glänzen, verwendet aber andere Stecker und ist eigentlich die ältere der beiden Technologien. Jahrelang war FireWire im Vorteil, wenn Daten schnell von und zu externen Geräten übertragen werden mussten. Mit der Einführung von Hi-Speed-USB änderte sich das, so dass FireWire in vielen Bereichen gegenüber USB Boden verloren hat. Ein Bereich, in dem FireWire immer noch dominiert, ist die digitale Videobearbeitung. Die meisten modernen digitalen Videokameras verwenden IEEE-1394-Schnittstellen zur Übertragung von Videodaten zur Verarbeitung mit dem PC. Die hohen FireWire-Transferraten erleichtern die Übertragung großer Videodateien erheblich.

> **Hinweis**
>
> Selbst Apple, der Erfinder von FireWire, hat in seinem iPod FireWire aufgegeben und sich für USB entschieden.

Eingabe/Ausgabe

FireWire-Grundlagen

FireWire verwendet zwei unterschiedliche Steckertypen, die beide häufig an PCs zu finden sind. Der erste ist ein 6-poliger Stecker mit zwei *integrierten Stromversorgungsleitungen*, dem Sie bei vielen Desktop-PCs begegnen können. Wie bei USB können Sie Geräte auch über den FireWire-Anschluss mit Strom versorgen, und es dabei gelten dieselben Aspekte hinsichtlich des Energieverbrauchs der Geräte, auch wenn IEEE 1394 laut Spezifikation bis zu 1,5 A liefern kann. Der andere Steckertyp ist 4-polig. Bei diesem Steckertyp, den man häufig bei tragbaren Computern und Kameras findet, fehlen die beiden Stromversorgungsleitungen. Dieser Steckertyp stellt gar keinen Strom für Geräte bereit, so dass sie anderweitig extern mit Strom versorgt werden müssen.

Der FireWire-Standard definiert zwei Geschwindigkeiten: *IEEE 1394a* (*FireWire 400*, das Sony auch *i.LINK* nennt) mit 400 Mbps und *IEEE 1394b* (*FireWire 800*) mit maximal 800 Mbps Datentransferrate. FireWire-Geräte unterstützen auch das Bus-Mastering, so dass zwei FireWire-Geräte (z.B. eine digitale Videokamera und eine externe FireWire-Festplatte) direkt miteinander kommunizieren können. Was die reine Geschwindigkeit betrifft, ist FireWire 800 (IEEE 1394b) deutlich schneller als Hi-Speed-USB.

FireWire unterscheidet sich aber von USB nicht nur hinsichtlich seiner Geschwindigkeit und der verwendeten Stecker. USB-Geräte müssen direkt an einen Hub angeschlossen werden, während FireWire-Geräte entweder einen Hub verwenden oder aber in Reihe (in Serie) geschaltet werden können. Abbildung 18.4 zeigt den Unterschied zwischen dem Anschluss an einem Hub und der Hintereinanderschaltung von Geräten (*daisy chaining*). Dann unterstützt FireWire maximal 63, USB 127 Geräte. Und schließlich darf jedes Kabel zwischen zwei FireWire-Geräten maximal 4,5 Meter lang sein, während es bei USB (theoretisch) bis zu 5 Meter sein dürfen.

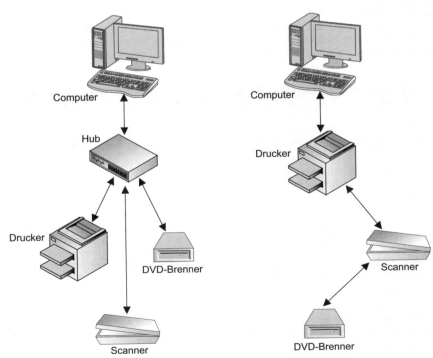

Abbildung 18.14: Stern- und Reihenschaltung

Kapitel 18

> **Hinweis**
>
> Der IEEE-1394b-Standard wurde mittlerweile um *FireWire 1600* und *FireWire 3200* erweitert. Wenn sich Geräte mit diesen höheren Transferraten am Markt durchsetzen, könnten Ihnen in den Prüfungen auch dazu Fragen begegnen.

FireWire konfigurieren

FireWire wurde von Apple Computer erfunden und wird zu einem gewissen Maß immer noch von dieser Firma kontrolliert. Diese Einzelzuständigkeit macht FireWire stabiler und austauschbarer als USB – einfach ausgedrückt, FireWire ist extrem einfach zu benutzen. In einer Windows-Umgebung weist FireWire dieselben Eigenheiten wie USB auf, wie beispielsweise, dass Treiber vorab installiert werden müssen, dass die Onboard-Geräte aktiv sein müssen usw. Aber keiner dieser Aspekte ist bei einer FireWire-Verbindung so kritisch. Wie bei USB sollten Sie beispielsweise FireWire-Gerätetreiber installieren, bevor Sie das Gerät anschließen, aber da die allermeisten FireWire-Geräte an PCs entweder externe Festplatten oder digitale Videoverbindungen sind, funktionieren auch die vorinstallierten Windows-Treiber fast immer problemlos. FireWire-Geräte verbrauchen mehr Energie als USB-Geräte, aber die FireWire-Controller sind entsprechend ausgelegt und warnen Sie in den seltenen Fällen, wenn FireWire-Geräte zu viel Energie ziehen.

Allgemeine Probleme mit Anschlüssen

Egal, welchen Anschlusstyp Sie auch verwenden, wenn er nicht funktioniert, sollten Sie immer ein paar Dinge prüfen. Als Erstes sollten Sie feststellen, ob es sich um ein Problem des Anschlusses oder des Geräts handelt. Am besten schließen Sie dazu ein bekanntermaßen funktionierendes Gerät an denselben Anschluss an, und prüfen, ob es dort funktioniert. Falls nicht, dann handelt es sich sehr wahrscheinlich um ein Problem des Anschlusses. Es ist auch nicht verkehrt, den umgekehrten Weg zu beschreiten und das suspekte Gerät mit einem Anschluss zu verbinden, von dem Sie wissen, dass er funktioniert.

> **Hinweis**
>
> Alle Techniker nutzen Geräte, von denen sie wissen, dass sie funktionieren, um andere Geräte zu überprüfen. Wenn Sie beispielsweise annehmen, dass eine Tastatur defekt ist, dann schließen Sie eine andere Tastatur an, und prüfen, ob diese an demselben Anschluss funktioniert.

Wenn Sie sicher sind, dass der Anschluss nicht funktioniert, können Sie drei Dinge prüfen: Erstens sehen Sie nach, ob der Anschluss auch aktiviert ist. Nahezu alle E/A-Anschlüsse auf einem Mainbord lassen sich über das CMOS deaktivieren. Starten Sie das System neu, suchen Sie die Komponente und prüfen Sie, ob sie deaktiviert wurde. Über den Geräte-Manager von Windows lassen sich die meisten Komponenten und Anschlüsse ebenfalls deaktivieren. Abbildung 18.15 zeigt einen deaktivierten parallelen Anschluss im Geräte-Manager. Unter Windows Vista/7 zeigt ein nach unten weisender Pfeil und unter Windows 2000/XP ein rotes X über dem Symbol der Komponente an, dass es deaktiviert wurde (oder nicht funktioniert). Um den Anschluss wieder zu aktivieren, klicken Sie das Symbol der Komponente mit der rechten Maustaste an und wählen im Kontextmenü AKTIVIEREN.

Die Tatsache, dass Sie einen Anschluss im Geräte-Manager deaktivieren können, weist auf einen weiteren, weniger offensichtlichen Aspekt hin: Anschlüsse brauchen Treiber, so wie Geräte Treiber brauchen. Da Windows über ausgezeichnete integrierte Treiber für alle verbreiteten Anschlüsse verfügt, können Sie, wenn ein Anschluss im Geräte-Manager nicht angezeigt wird (und er im CMOS aktiviert ist), davon ausgehen, dass es sich um ein physisches Problem des Anschlusses handelt.

Weil mit Anschlüssen immer wieder Stecker verbunden und davon getrennt werden, können sie physisch beschädigt werden. Abbildung 18.16 zeigt einen USB-Anschluss, der sich unter zu großer Krafteinwirkung vom Mainboard gelöst hat. Wenn Sie keine Erfahrung mit dem Löten haben, müssen Sie auf die weitere Nutzung dieser Anschlüsse verzichten oder das gesamte Mainboard austauschen.

Eingabe/Ausgabe

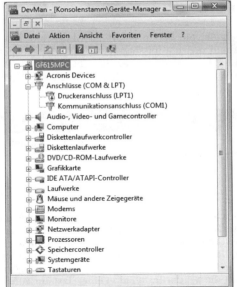
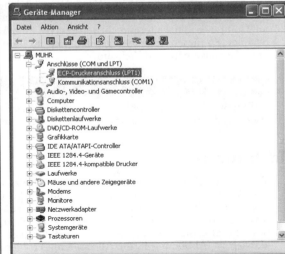

Abbildung 18.15: Deaktivierter Druckeranschluss im Geräte-Manager von Vista und Windows XP

Abbildung 18.16: Physisch defekte USB-Anschlüsse

Abbildung 18.17: Verbeulter PS/2-Stecker

Viele Buchsen oder Stecker haben winzige Anschlusspins oder recht empfindliche Metallgehäuse, die leicht beschädigt werden können. PS/2-Stecker sind höchst anfällig gegenüber verbogenen Pins oder verbeulten Steckergehäusen. Abbildung 18.17 zeigt, was mit einem PS/2-Stecker passiert ist, als ich es einmal eilig hatte und ihn mit roher Gewalt anbringen wollte. Es sind zwar Ersatzstecker erhältlich, die aber auch keine echte Alternative sind, wenn Sie nicht gerade löterfahren sind (und auf eine vernünftige Lötstation zurückgreifen können). Mit ein wenig Geduld können Sie den Stecker vielleicht aber auch so noch retten. Mit einer Spitzpinzette und einer Schere konnte ich diesen Stecker jedenfalls so hinbiegen, dass er wieder in den PS/2-Anschluss passte.

Verbreitete Ein-/Ausgabegeräte

Was ist ein »verbreitetes« Ein-/Ausgabegerät? Ich hoffe, Sie haben sofort an Maus und Tastatur gedacht, zwei der existenziellen, notwendigsten und am meisten misshandelten Ein-/Ausgabegeräte am Computer. Ein weiteres recht verbreitetes Ein-/Ausgabegerät, das es bereits recht lange gibt, ist der Scanner. Zu diesen Veteranen gesellen sich im Bereich der verbreiteten Geräte die (relativen) Frischlinge Digitalkamera und Webcam.

Hinweis

Wenn Sie pingelig sein wollen, dann können Benutzer über diese fünf verbreiteten Ein-/Ausgabegeräte nur *Daten eingeben*, da sie gar keine Ausgabe unterstützen.

Tastaturen

Tastaturen stellen das älteste und immer noch das wichtigste Verfahren der Dateneingabe beim PC dar. Windows enthält für alle Tastaturen gut geeignete Treiber. Für einige Tastaturen mit Spezialtasten werden jedoch spezielle Treiber benötigt, die installiert sein müssen, wenn sie in vollem Umfang korrekt funktionieren sollen. Das fast einzige Problem, das bei der Tastaturinstallation auftreten kann, betrifft USB-Tastaturen: Sorgen Sie dann dafür, dass im CMOS die Option USB KEYBOARD SUPPORT aktiviert ist (Abbildung 18.18). Alle anderen Probleme, die bei der Installation einer Tastatur auftreten können, wurden wahrscheinlich bereits in den Abschnitten über allgemeine Anschlussprobleme am Anfang dieses Kapitels behandelt.

```
OnChip USB                        V1.1+2.0
 - USB Keyboard Support           Enabled
 - USB Mouse Support              Enabled
```

Abbildung 18.18: Die CMOS-Option USB KEYBOARD SUPPORT

Tipp

Drahtlose Tastaturen sind wirklich praktisch, da sie kein Verbindungskabel benötigen. Sie sollten bei deren Nutzung aber *immer* Reservebatterien herumliegen haben.

Bei einer Standardtastatur gibt es kaum etwas zu konfigurieren. Das einzige Konfigurationswerkzeug, das Sie möglicherweise benötigen, ist das Applet TASTATUR in der Systemsteuerung. Mit ihm können Sie die Verzögerung der Zeichenwiederholung (die Zeit, wie lange eine Taste gedrückt sein muss, bevor das Zeichen wiederholt wird), die Wiederholrate (wie schnell Zeichen nach Ablauf der Zeichenwiederholverzögerung wiederholt werden) und die Cursorblinkrate einstellen. Abbildung 18.19 zeigt das Standarddialogfeld EIGENSCHAFTEN VON TASTATUR von Windows, das von einigen Tastaturtreibern um zusätzliche Registerkarten erweitert wird.

Tastaturen sind zwar einfach zu installieren, fallen aber manchmal aus. Abhängig von ihrem Standort – direkt vor Ihnen – verursachen drei Dinge die meisten Tastaturprobleme: verschüttete Flüssigkeiten, physische Beschädigungen und Schmutz.

Wenn Sie Limonade in Ihre Tastatur schütten, kann der Tag gelaufen sein. Falls Sie schnell sind und die Tastatur vom PC entfernen, bevor die Flüssigkeit die elektrischen Komponenten erreicht, können Sie die Tastatur möglicherweise noch retten. Sie muss jedoch gereinigt werden (lesen Sie dazu die Reinigungsempfehlungen). Häufig haben Sie es dann aber mit einer klebrigen, schlecht funktionierenden Tastatur zu tun. Das sollten Sie sich wirklich nicht antun und sie besser austauschen!

Andere häufig auftretende physische Beschädigungen rühren von Dingen her, die auf die Tastatur fallen, wie beispielsweise einem schweren Buch (wie das, das Sie gerade lesen). Das kann schlimme Folgen haben! Die meisten Tastaturen sind aber recht robust und überleben meist auch den einen oder anderen Sturz vom Schreibtisch.

Eingabe/Ausgabe

Abbildung 18.19: Das Dialogfeld EIGENSCHAFTEN VON TASTATUR

Entfernen Sie Schmutz und Ablagerungen auf den Tasten mit einem leicht mit Wasser befeuchteten Tuch. Wenn Wasser allein nicht mehr reicht, können Sie auch ein bisschen Isopropylalkohol auf das Tuch geben (Abbildung 18.20).

Abbildung 18.20: Reinigung der Tasten

Schmutzige Tasten sehen lediglich unschön aus, Schmutz unter den Tasten kann aber dafür sorgen, dass die Tastatur überhaupt nicht mehr funktioniert. Wenn Tasten hängen bleiben, verwenden Sie eine Dose Druckluft, um sie zu reinigen. Machen Sie das am besten draußen oder über einer Mülltonne, denn es kann sich eine Menge Unrat unter den Tasten ansammeln. Wenn Sie eine Tastatur dadurch ruinieren, dass Sie beispielsweise Ihren Kakao hineinschütten, müssen Sie sie möglicherweise zur Reinigung völlig zerlegen. Das ist relativ einfach, solange Sie sich merken, wo die einzelnen Teile hingehören. Tastaturen bestehen aus (beschichteten) Kunststofffolien, die beim Drücken der Tasten elektrische Verbindungen herstellen. Schrauben Sie die Tastatur auf (und merken Sie sich, wo Sie die Schrauben hinlegen!) und ziehen Sie die Kunststofffolien vorsichtig ab. Reinigen Sie sie einzeln mit einem feuchten Tuch (Abbildung 18.21). Lassen Sie die Folien trocknen und setzen Sie die Tastatur dann wieder zusammen.

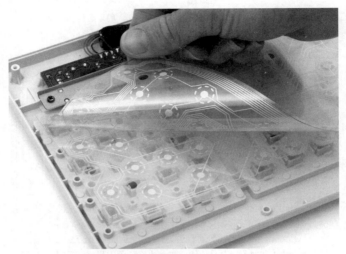

Abbildung 18.21: Eine schwere Tastaturoperation

Manchmal geraten Schmutz oder Fremdkörper unter einzelne Tasten, so dass Sie diese bei der Reinigung entfernen müssen. Das Entfernen einzelner Tasten aus einer Tastatur ist ein wenig riskant, weil Tastaturen unterschiedlich montiert sind. Bei den meisten Herstellern sitzen die Tasten auf einem einzelnen Plastikpfosten. Dann können Sie einen Schraubendreher oder ein anderes flaches Werkzeug benutzen, um Tasten herauszuhebeln (Abbildung 18.22). Gehen Sie dabei sehr vorsichtig vor! Sie müssen ein wenig Kraft aufwenden, und einzelne Tasten werden Ihnen bestimmt durch das Zimmer fliegen. Andere Tastaturhersteller (hauptsächlich für Laptops) verwenden winzige, scherenförmige Plastikstifte. Wenn Sie derartige Tasten herauszuhebeln versuchen, werden Sie sie unweigerlich zerstören!

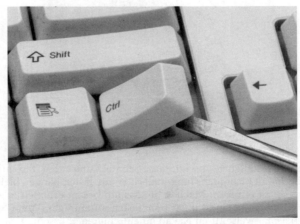

Abbildung 18.22: Eine Taste heraushebeln

Eingabe/Ausgabe

Weil jedoch eine Tastatur sehr wahrscheinlich nutzlos ist, wenn ihre Tasten festkleben, können Sie genauso gut versuchen, sie zu reinigen. Schlimmstenfalls müssen Sie eben eine neue Tastatur kaufen.

Mäuse

Haben Sie schon einmal versucht, ohne Maus mit Windows zu arbeiten? Das macht zwar keinen Spaß, ist aber möglich. Alle Techniker lernen irgendwann die Navigationstasten von Windows kennen, für den Fall, dass Mäuse ausfallen, aber alles in allem lieben wir unsere Mäuse. Wie für Tastaturen enthält Windows auch für alle Standardmäuse gute Treiber. Die Ausnahme bilden anspruchsvollere Mäuse mit zusätzlichen Tasten. Praktischerweise gehört das Scrollrad für die Windows-Treiber zur Standardausstattung von Mäusen, so dass es ebenfalls unterstützt wird.

Hinweis
Alle Ausführungen in diesem Abschnitt gelten auch für Trackballs.

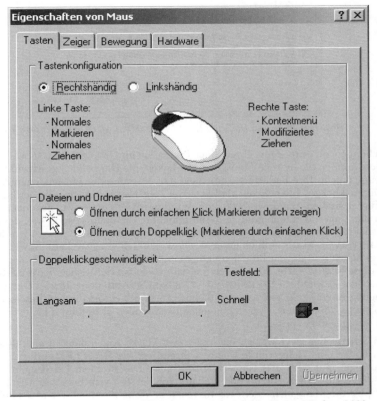

Abbildung 18.23: Das Dialogfeld EIGENSCHAFTEN VON MAUS unter Windows 2000

Die Mauseinstellungen werden über das Applet MAUS in der Systemsteuerung angepasst. Abbildung 18.23 zeigt die Version von Windows 2000. Beachten Sie, dass das Dialogfeld unter Windows 2000 anders als unter Windows XP und Vista (Abbildung 18.24) aufgebaut ist, wobei diese beiden Varianten nahezu identisch aussehen.

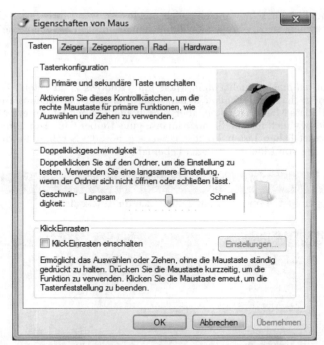

Abbildung 18.24: Das Dialogfeld EIGENSCHAFTEN VON MAUS unter Windows Vista

Alle Einstellungen zur Anpassung Ihrer Maus finden Sie im Dialogfeld EIGENSCHAFTEN VON MAUS. Insbesondere können Sie hier die Mausgeschwindigkeit, die Doppelklickgeschwindigkeit und die Zeigerbeschleunigung an Ihre Bedürfnisse anpassen. Die Wirkung der Einstellungen Zeigergeschwindigkeit und Doppelklickgeschwindigkeit sind klar, die Zeiger*beschleunigung* soll aber kurz erklärt werden, weil sich hier zwischen Windows 2000 und Windows XP/Vista etwas geändert hat. Ursprünglich bezog sich die Zeigerbeschleunigung auf eine Funktion, die dafür gesorgt hat, dass die Zeigerbewegung schneller wurde, wenn die Maus über eine relativ große Strecke bewegt wurde. Das Dialogfeld EIGENSCHAFTEN VON MAUS enthielt unter Windows 2000 die Registerkarte BEWEGUNG, über die Zeigergeschwindigkeit und dessen Beschleunigung eingestellt werden konnten. Unter Windows XP und Vista fehlt diese Registerkarte. Hier finden Sie stattdessen auf der Registerkarte ZEIGEROPTIONEN das Kontrollkästchen ZEIGERBESCHLEUNIGUNG VERBESSERN (Abbildung 18.25). Die verbesserte Zeigerbeschleunigung ist eine sehr viel fortschrittlichere Form der automatischen Beschleunigung, die zwar meist problemlos funktioniert, aber in einigen Anwendungen dazu führen kann, dass der Mauszeiger mehr oder weniger stark springt.

Momentan beherrschen zwei Maustechnologien den Markt: Kugelmäuse und optische Mäuse. Kugelmäuse verwenden eine kleine runde Kugel, während *optische Mäuse* LEDs oder Laser haben und die Mausbewegungen mit einer Art Kamera aufzeichnen. Das Problem bei Kugelmäusen ist, dass die Kugel und deren Führungsrollen im Mausgehäuse mit der Zeit verschmutzen. Der Schmutz lagert sich so lange ab, bis die Maus nicht mehr richtig reagiert. Wenn Sie mit Ihrer Maus beim Anfahren von Objekten auf dem Bildschirm kämpfen müssen, sollten Sie sie reinigen. Nur wenige Hersteller produzieren noch Kugelmäuse, weil sie viel mehr Wartungsaufwand als optische Mäuse erfordern.

Um Zugang zum Innenleben der Maus zu erhalten, drehen Sie sie um und entfernen die Schutzabdeckung über der Mauskugel. Wie diese Abdeckung entfernt wird, ist unterschiedlich, aber normalerweise müssen Sie dafür den Ring drehen, der die Kugel hält, bis er herausspringt (Abbildung 18.26). Seien Sie vorsichtig, denn wenn Sie den Ring gedreht haben, fällt die Kugel heraus, wenn die Öffnung nach unten zeigt.

Eingabe/Ausgabe

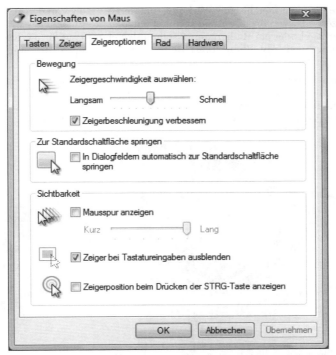

Abbildung 18.25: Kontrollkästchen ZEIGERBESCHLEUNIGUNG VERBESSERN auf der Registerkarte ZEIGEROPTIONEN

Abbildung 18.26: Den Ring einer Kugelmaus entfernen

Kapitel 18

Verwenden Sie ein nicht metallisches Werkzeug, um den Schmutz von den Rollen zu entfernen, ohne sie zu verkratzen oder zu verbiegen. Sie könnten auch ein kommerzielles Reinigungskit verwenden, aber Ihr Fingernagel oder ein Radiergummi sollten sich ebenso gut für die Reinigung der Rollen eignen und kosten weniger (Abbildung 18.27). Reinigen Sie eine Kugelmaus mindestens alle zwei bis drei Monate auf diese Weise.

Optische Mäuse benötigen viel weniger Wartungsaufwand und müssen fast nie gereinigt werden, weil ihre Optik nie in direkten Kontakt mit der rauen Außenwelt kommt. Sollte sich eine optische Maus dennoch einmal fehlerhaft verhalten, versuchen Sie den Schmutz, der möglicherweise die Optik blockiert, mit einem feuchten Baumwolllappen zu entfernen (Abbildung 18.28).

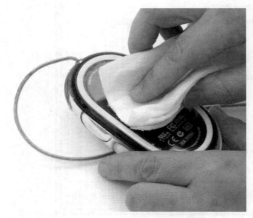 

Abbildung 18.27: Reinigung einer optischen Maus   *Abbildung 18.28: Die Rollen müssen gereinigt werden.*

Scanner

Mit einem Scanner können Sie digitale Kopien von Fotos, Dokumenten, Zeichnungen usw. erstellen. Mit besseren Scannern können Sie oft auch Dias oder Negative direkt kopieren, was zu Bildern erstaunlicher Qualität führt, sofern das Originalfoto nur halbwegs gut ist! In diesem Abschnitt sehen wir uns an, wie Scanner funktionieren, und dann erkläre ich, wie Sie den richtigen Scanner für sich selbst oder Ihre Kunden auswählen können.

Wie Scanner arbeiten

Alle Scanner für Endanwender, die so genannten *Flachbettscanner*, arbeiten gleich. Sie legen ein Foto oder eine andere Vorlage auf das Glas, schließen den Deckel und initiieren das Scannen mit irgendeiner Software. Der Scanner führt ein helles Licht ein- oder mehrmals am Glas entlang, um das Bild aufzunehmen. Abbildung 18.29 zeigt einen geöffneten Scanner.

Die Scan-Software, über die die Hardware gesteuert wird, kann ganz unterschiedlich aussehen. Die meisten Hersteller benutzen eigene Treiber und weitere Programme, um eine Schnittstelle zwischen Rechner und Scanner herzustellen. Wenn Sie beispielsweise am Epson Perfection aus Abbildung 18.29 die vordere Taste drücken, öffnet die Epson-Software zusammen mit seiner eigenen Benutzeroberfläche das Programm Photoshop.

Eingabe/Ausgabe

Abbildung 18.29: Offener Scanner mit eingelegtem Foto

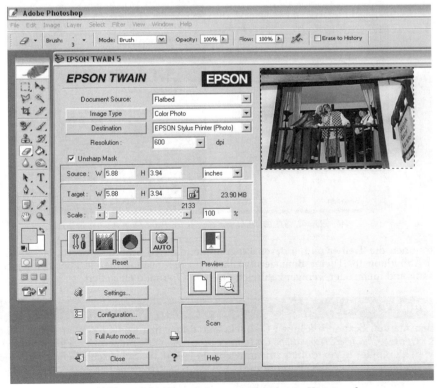

Abbildung 18.30: Epson-Software mit Photoshop im Hintergrund

Sie können auch zuerst Ihre bevorzugte Bildbearbeitungssoftware starten und dann ein Bild von einem Scanner importieren. Abbildung 18.31 zeigt die Funktion zum Importieren eines Bildes vom Scanner in dem verbreiteten Bildbearbeitungsprogramm Paint Shop Pro. Wie in vergleichbaren Programmen wählen Sie hier erst DATEI|IMPORTIEREN und dann eine Quelle. Im Beispiel wird der traditionelle TWAIN-Treiber genutzt. TWAIN steht für *Technology Without an Interesting Name* (das habe ich nicht erfunden!) und ist seit Langem der Standardtreibertyp für Scanner.

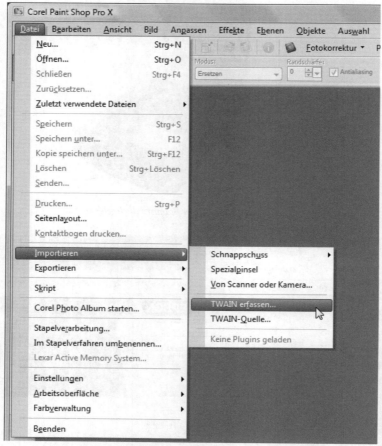

Abbildung 18.31: Ein Bild vom Scanner in Paint Shop Pro importieren

Jetzt kommen die Treiber und anderen Programme, die den Scanner steuern, ins Spiel, und stellen (wie in Abbildung 18.31) eine Benutzeroberfläche für den Scanner bereit. Hier können Sie meist die Auflösung und mehr oder weniger zahlreiche weitere Optionen einstellen.

Hinweis

Mit den meisten Scannern können Sie nicht nur Bilder in Ihren Computer laden, sondern auch OCR (*Optical Character Recognition, Optische Zeichenerkennung*) nutzen und Dokumente einscannen und vom Computer in Textdokumente umwandeln lassen, die Sie anschließend bearbeiten können. Vielen Scannern liegen OCR-Porgramme bei, wie z.B. *ABBYY FineReader*.

Die Auswahl eines Scanners

Bei der Auswahl eines Scanners müssen Sie fünf Hauptaspekte berücksichtigen: Auflösung, Farbtiefe, Graustufentiefe, Anschluss und Scan-Geschwindigkeit. Die drei ersten können Sie beim Scannen einstellen, aber meist nur auf Werte, die unter dem Maximum liegen. Für den Anschluss müssen Sie sich vor dem Kauf entscheiden. Die Scan-Geschwindigkeit ist mit allen vier der anderen Parameter verknüpft, und die maximale Geschwindigkeit wird von der Scannerhardware bestimmt.

Konfigurierbare Variablen

Scanner wandeln das gescannte Bild in ein Punktraster um. Die maximale Anzahl an Punkten bestimmt, wie detailliert Bilder aufgenommen werden können und wie sie bei Vergrößerungen aussehen. Größtenteils wird der Begriff *Auflösung* zur Angabe der Feinheit des Rasters verwendet. Wie Sie sich wahrscheinlich vorstellen können, gilt: Je höher die Auflösung, desto detaillierter wird das eingescannte Bild und desto besser lässt es sich vergrößern.

Ältere Scanner erzeugen nur Bilder mit Maximalauflösungen von 600x600 dpi (Dots per Inch), während neuere Modelle üblicherweise die vierfache und professionelle Geräte sogar noch höhere Werte erreichen können. Die Hersteller geben oft zweierlei Werte für die Scannerauflösung an: die tatsächliche Auflösung der Scanneroptik (*optische Auflösung*) und die erweiterte oder *interpolierte Auflösung*, die ein Scanner mit Hilfe integrierter Programme erreichen kann.

Angaben zur interpolierten Auflösung sagen im Prinzip nichts aus. Ich empfehle mindestens eine optische Auflösung von 2.400x2.400 dpi; wenn die Bilder aber nur im Internet veröffentlicht werden sollen, dann reicht auch eine niedrigere Auflösung aus.

Über die *Farbtiefe* wird festgelegt, wie viele Bits ein Scanner zur Beschreibung der Farbe eines einzelnen Punktes benutzt. Diese Zahl gibt die Farbe, den Farbton, die Sättigung usw. an. Höhere Werte stehen also für eine wesentlich bessere Bildqualität. Bei Binärzahlen sorgt jedes zusätzliche Bit für eine Verdopplung der Qualität. Beispielsweise lassen sich mit einem 8-Bit-Scan maximal 256 Farbvariationen je Bildpunkt speichern. Bei einem 16-Bit-Scan sind es bereits 65.536 Farbvariationen und nicht nur 512, wie Sie vielleicht erwartet hätten!

Moderne Scanner unterstützen Farbtiefen von 24, 36 und 48 Bit. Heute sind 48-Bit-Scanner derart verbreitet, dass Sie sich selbst bei knappem Budget nicht mit weniger zufriedengeben sollten. Die Abbildung 18.32 soll Ihnen einen vagen Eindruck von den unterschiedlichen Auflösungen beim Scannen geben.

Abbildung 18.32: Ohrring, gescannt mit 72, 300 und 1.200 dpi (von links) bei 24-Bit-Farbtiefe (nicht maßstabsgetreu)

Scanner unterscheiden sich ganz wesentlich in der *Graustufentiefe*, einer Zahl, die definiert, wie viele Graustufen Scanner bei einzelnen Bildpunkten speichern können. Das spielt dann eine Rolle, wenn Sie mit Schwarzweißbildern arbeiten, weil die Graustufentiefe normalerweise sehr viel kleiner als die Farbtiefe ist. Die aktuellen Scanner für Privatbenutzer unterstützen Graustufentiefen von 8, 12 und 16 Bit. Ich empfehle mindestens 16 Bit.

> **Hinweis**
>
> Es gibt noch eine ganze Reihe weiterer Qualitätsaspekte bei Scannern, zu denen Sie aber kaum verlässliche Herstellerangaben finden dürften. Ein möglicherweise bedeutsames Beispiel ist die *Tiefenschärfe* (auch: Abbildungstiefe), die etwas darüber aussagt, bis zu welcher Entfernung Gegenstände von der Optik (eines Scanners) scharf aufgenommen werden können. Dazu ein Beispiel: Mit manchen Scannern lassen sich scharfe Bilder von Steckkarten anfertigen, mit anderen nicht. Bei Letzteren »vermatscht« das Bild aufgrund der relativ schlechten Tiefenschärfe des Scanners bereits bei Abständen von wenigen Millimetern zur Scanneroptik bzw. Auflagefläche.

Anschluss

Fast alle modernen Scanner werden über einen USB-Anschluss mit dem Rechner verbunden, einige professionelle Geräte unterstützen auch FireWire. Ältere Scanner verwenden SCSI- und parallele Anschlüsse.

Scan-Geschwindigkeit

Scanner haben eine von ihrer Hardware bestimmte maximale Scan-Geschwindigkeit. Die Zeit für die Ausführung eines Scans wird auch durch die von Ihnen eingestellten Parameter bestimmt und verlängert sich, wenn Sie mehr Details aufnehmen wollen. Ein typischer, einfacher Scanner benötigt beispielsweise mehr als 30 Sekunden, um ein 10x15 cm großes Foto mit 300 dpi zu scannen. Ein schnellerer Scanner schafft dies hingegen innerhalb von 10 Sekunden.

Wenn Sie die Auflösung des Scans auf 600 dpi bei einer Farbtiefe von 48 Bit erhöhen, können auch schnellere Scanner eine Minute bis zum fertigen Bild benötigen. Verwenden Sie die für Ihre Bedürfnisse optimalen Einstellungen. Versuchen Sie nicht immer den bestmöglichen Scan durchzuführen, wenn Sie die Auflösung gar nicht brauchen.

Auch der Anschluss spielt eine Rolle. Ein guter Hi-Speed-USB-Scanner kann ein 20x25 cm großes Bild mit 300 dpi in etwa 12 Sekunden scannen. Ich habe den Fehler gemacht, einen Scanner mit zu einer Freundin zu nehmen, die Schmuck einscannen wollte, der nur einen Full-Speed-USB-Anschluss hatte. Ich habe den Scanner an ihren Rechner angeschlossen und der benötigte für jedes 20x25-Bild 45 Sekunden. Das Projekt nahm die ganze Nacht in Anspruch!

Tipps zur Installation und zum Scannen

Für die meisten USB- und FireWire-Geräte müssen vor dem Erstanschluss des Geräts Software-Treiber installiert werden. Ich kenne aber auch Ausnahmen und empfehle Ihnen daher dringend, das Handbuch des Scanners *vor* dessen Installation zu lesen.

Als allgemeine Regel sollten Sie den besten Scan erzeugen, den Sie verarbeiten können, und die Größe und Bildqualität bei Scans für das Web oder E-Mails abzuändern. Die Größe des Arbeitsspeichers in Ihrem System und zum Teil auch die Prozessorgeschwindigkeit bestimmen, wie groß die von Ihnen verarbeiteten Dateien sein können, auch wenn das immense Wachstum der Arbeitsspeicherkapazitäten in den letzten Jahren in diesem Bereich für eine (erfreuliche) Entspannung der Lage geführt haben.

Auf 20x25-cm-Scans bei 600 dpi sollten Sie jedenfalls verzichten, wenn die Arbeitsspeicherkapazität eines Systems nur bei 128 MB liegt, weil die Bilddatei alleine über 93 MB groß wird. Da das Betriebssystem, die Scanner-Software, das Bildbearbeitungsprogramm und zahlreiche andere Dinge ebenfalls RAM benötigen, stürzt Ihr System dann sehr wahrscheinlich ab.

Wenn Sie viel unterwegs sind, sollten Sie den Sperrmechanismus der Scanner-Beleuchtung verriegeln. Entriegeln Sie ihn aber unbedingt wieder, bevor Sie den Scanner benutzen, sonst bleibt der Lichtstrahl an einer Position hängen. Damit machen Sie keine besonders guten Scans!

> **Wichtig**
>
> Im Rahmen der Practical Application-A+-Zertifizierung der CompTIA wird die Behebung von Scannerproblemen stärker geprüft als bei der Essentials-Prüfung. Achten Sie auf Fragen, bei denen es um den Sperrmechanismus, die Reinigung der Scanner-Auflagefläche und das Einscannen scharfkantiger Objekte geht, die den Scanner beschädigen könnten.

Digitalkameras

Eine weitere Möglichkeit, Standbilder aufzunehmen, bieten Digitalkameras, die die ältere Filmtechnologie in weiten Bereichen abgelöst haben. *Digitalkameras* sind wunderbare Werkzeuge, um Momentaufnahmen festzuhalten und diese Freunden und Verwandten zuzusenden.

Innerhalb kürzester Zeit sind die Preise für Digitalkameras von schwindelerregenden Höhen, die sie nur für ein paar wohlhabende Technikfreaks erschwinglich machten, so weit gefallen, dass sie zu den allgemeinen Verbrauchsgütern im Elektronikbereich zählen. Weil Digitalkameras an Computer angeschlossen werden können, sollten CompTIA A+-zertifizierte Techniker deren Grundlagen kennen.

Speichermedien – Digitaler Film für Ihre Kamera

Jede für Endverbraucher vorgesehene Kamera speichert die mit ihr aufgenommenen Bilder auf irgendwelchen Wechseldatenträgern. Stellen Sie sich ihn als digitalen Film vor. Der vermutlich gebräuchlichste Wechseldatenträger für moderne Digitalkameras (und wahrscheinlich die beste Wahl) ist die *SD-Karte* (*Secure Digital*) (Abbildung 18.33). Es gab diese kleinen Karten mit Kapazitäten zwischen 64 MB und 4 GB. Wenn Kameras mit den noch leistungsfähigeren *SDHC-Speicherkarten* (*Secure Digital High Capacity*) arbeiten, bieten diese aktuell Speicherkapazitäten zwischen 4 und 32 GB. SD und SDHC gehören zu den schnellsten Datenträgertypen, die Daten zu und von einem PC übertragen, und sie sind relativ robust.

Abbildung 18.33: Eine SD-Karte

Handys mit integrierter Kamera, PDAs, MP3-Player und Routenplaner nutzen mittlerweile häufig die noch kleineren *microSD-Karten*, für die im Prinzip dasselbe wie für SDHC-Karten gilt. Diese winzigen Speicherwunder sind nur noch etwa so groß wie ein Fingernagel und das ist auch ihr wohl größter Nachteil: Wenn sie nicht fest in einem Gerät verbleiben, dann können sie allzu leicht verloren gehen und vom Staubsauger gefressen werden.

> **Hinweis**
>
> Die SD-Karten mit geringerer Kapazität sind heute kaum oder gar nicht mehr erhältlich, was bei defekten älteren Geräte problematisch werden kann, wenn diese die neueren Karten mit höherer Speicherkapazität nicht unterstützen.

Anschluss

Fast alle modernen Digitalkameras lassen sich heute direkt mit einem USB-Anschluss verbinden (Abbildung 18.34) und von Windows aus über dessen integrierte als *USB-Massenspeichergerät* ansprechen. Häufig wird auch nur das Speichermedium an den Computer angeschlossen, wozu digitale Kartenleser oder USB-Adapter verwendet werden können.

Abbildung 18.34: Anschluss einer USB-Kamera über einen Mini-USB-Stecker

Es gibt Lesegeräte speziell für SD-Karten, aber auch andere Typen. Die meisten Lesegeräte können mehrere Datenträgerformate lesen. Viele Computer besitzen bereits eingebaute *Multipanel-Kartenleser* (Abbildung 18.35).

Abbildung 18.35: In einen Computer eingebauter Multipanel-Kartenleser

Qualität

Wie bei Scannern sollten Sie auf die Datenmenge achten, die ein Kameramodell aufnehmen kann. Im Kamerabereich wird die Auflösung in *Megapixeln* angegeben. Statt eines lichtempfindlichen Films haben digitale Kameras einen *CCD-* (*Charged Coupled Device*) oder *CMOS*-Sensor (*Complementary Metal-Oxide Semiconductor*), der mit lichtempfindlichen Pixeln (so genannten *Photosites*) bedeckt ist, über die das Bild aufgenommen wird. Je mehr Pixel der Sensor hat, desto höher ist die Auflösung des damit aufgenommenen Bildes.

Es ist noch gar nicht so lange her, dass 1-Megapixel-Digitalkameras das obere Ende der Technologie im Bereich der digitalen Fotografie bildeten. Nur wenige Jahre später gab es aber bereits Kameras mit der zehnfachen Auflösung für ein paar hundert Euro. Als Anhaltswert können Sie davon ausgehen, dass eine 2-Megapixel-Kamera Fotos (10x15 cm) in Druckqualität aufnehmen kann, während eine 5-Megapixel-Kamera für qualitativ hochwertige 20x25-Abzüge ausreicht.

Hinweis

Da größere Bilder mehr Speicher belegen und 5-Megapixel-Aufnahmen selbst für 20x25-Abzüge ausreichend sind, sollten höhere Auflösungen bei der Auswahl von Digitalkameras kaum noch eine Rolle spielen.

Ein weiteres Funktionsmerkmal der meisten Digitalkameras ist die Fähigkeit, ein Motiv einzuzoomen. Am besten sollte das wie bei den normalen Kameras passieren, nämlich über die Linsenoptik der Kamera. Die meisten besseren Kameras verfügen über einen *optischen Zoom*, aber fast alle Modelle unterstützen das *digitale Zoomen* in mehreren Stufen, das über trickreich arbeitende Programme in der Kamera erreicht wird. Benutzen Sie den optischen Zoom bei der Kameraauswahl als Entscheidungskriterium. Einen optischen Dreifach-Zoom sollte eine Digitalkamera schon mindestens bieten. Den digitalen Zoom können Sie vergessen, da sich dieser auch mit Bildbearbeitungsprogrammen nachträglich am Rechner realisieren lässt, so dass er letztlich allenfalls der besseren Wahl des Bildausschnitts dient.

Gehäuseform

Wie bei Filmkameras spielt auch bei digitalen Kameras die Größe eine Rolle. Digitale Kameras gibt es in unterschiedlichen Gehäuseformen. Es gibt winzige, ultrakompakte Modelle für die Hemd- oder Hosentasche, aber auch große Kameras mit riesigen Linsen. Man kann es zwar nicht verallgemeinern, aber normalerweise gilt, je größer die Kamera ist, desto mehr Funktionen und Sensoren besitzt sie. Größer ist also hinsichtlich der Qualität normalerweise besser. Was die Bauform betrifft, gibt es sie als *Kompaktkamera*, bei der die Linse in den Rumpf zurückgezogen werden kann, oder als *Spiegelreflexkamera* (*SLR-Kamera*) mit der Linse außerhalb des Rumpfs. Abbildung 18.36 zeigt die beiden Varianten.

Abbildung 18.36: Typische Digitalkameras

Webcams

Webcams werden bevorzugt für die Videokommunikation im Internet verwendet und sind mittlerweile auch seit etlichen Jahren erhältlich. Viele Anwender kaufen einfach die billigsten Kameras, ohne auf die enormen Unterschiede zwischen den billigen und den teureren Modellen zu achten. Sie nehmen sich auch nicht die Zeit, ihre Webcam richtig zu konfigurieren. Hier betrachten wir einige der Funktionen, auf die Sie beim Kauf von Webcams achten sollten, sowie einige der Probleme, die bei ihrer Benutzung auftreten können.

Hinweis

Sehr viele digitale Fotoapparate lassen sich heute auch als Webcam nutzen. Das wohl einzige Problem dabei ist, dass Sie sie auf ein Stativ neben dem Bildschirm stellen müssen, während sich die echten Webcams typischerweise irgendwo am Flachbildschirm anbringen lassen. (Die echten Webcams beiliegenden Programme verfügen zudem meist über bessere aufgabenbezogene Funktionen.)

Das größte Problem bei Webcams ist ihre Bildqualität. Die Auflösung von Webcams wird in Pixeln angegeben. Heute gibt es neben einfachsten VGA-Webcams (640x480 Pixel) Webcams mit Auflösungen im Megapixel-Bereich und auch Geräte mit mehreren Millionen Pixeln Auflösung. Die meisten Webcam-Benutzer sind sich einig, dass 1,3 Megapixel die für Videoübertragungen im Internet höchste nutzbare Auflösung ist. Mehr führt selbst bei schnellen DSL-Verbindungen allzu leicht zu Problemen.

Das nächste Problem bei Webcams ist ihre Bildrate, also wie viele Bilder sie pro Sekunde (fps – frames per second) aufnehmen können. Höhere Bildraten führen zu glatteren Bewegungsabläufen. Viele Webcams arbeiten mit bis zu 30 Bildern pro Sekunde. Eine gute Webcam mit hoher Auflösung und Bildrate bietet ausgezeichnete Möglichkeiten für Videokonferenzen. Abbildung 18.37 zeigt den Autor mit Headset bei einer Unterhaltung über die Webcam unter Verwendung des Programms *Skype*.

Abbildung 18.37: Videounterhaltung über eine Webcam mit Skype

Hinweis

Weitere Informationen über Pixel und Einzelbildraten finden Sie in Kapitel 19 (*Anzeige: Bildschirm und Grafikkarte*).

Die meisten Leute, die Online-Video nutzen, wünschen sich auch ein Mikrofon. Viele Webcams enthalten ein Mikrofon, Sie können aber ein eigenständiges verwenden. Diejenigen von Ihnen, die sehr viele Videounterhaltungen führen, bevorzugen möglicherweise eine Kamera ohne Mikrofon und kaufen sich ein qualitativ hochwertiges Headset, über das sie sprechen und hören können.

Viele moderne Kameras können Bewegungen so verfolgen, dass Ihr Gesicht im Bild bleibt. Das ist in Videokonferenzen sehr praktisch für unruhige Benutzer! Diese interessante Technologie kann ein menschliches Gesicht erkennen und die Kameraoptik so drehen, dass es im Bildausschnitt bleibt. Einigen Kameras liegen auch noch lustige Extras bei, die zwar meist wenig produktiv, dafür aber immer für einen Lacher gut sind (Abbildung 18.38).

Eingabe/Ausgabe

Abbildung 18.38: Der animierte Charakter aus dem Webcam-Programm ahmt Ihre Bewegungen in Konferenzen mit Kollegen oder Bekannten nach.

Fast alle Webcams werden über USB angeschlossen. Windows enthält nur wenige mehr oder weniger generische Treiber für Webcams, weshalb Sie unbedingt die mit der Kamera gelieferten Treiber installieren sollten, bevor Sie die Kamera anschließen. Die meisten Webkameras nutzen Hi-Speed-USB und sollten daher mit einem Hi-Speed-USB-Anschluss verbunden werden.

Nachdem die Kamera angeschlossen wurde, müssen Sie ihre Funktion testen. Bei allen Kameras gibt es entsprechende Programme, die aber möglicherweise schwierig zu finden sind. Einige Hersteller legen ein Symbol im Infobereich ab, andere auf dem Arbeitsplatz, wieder andere in der Systemsteuerung, und manche nutzen alle drei Möglichkeiten! Abbildung 18.39 zeigt die Dialogfelder zur Einstellung einer Webcam mit einer Menge spezieller Optionen.

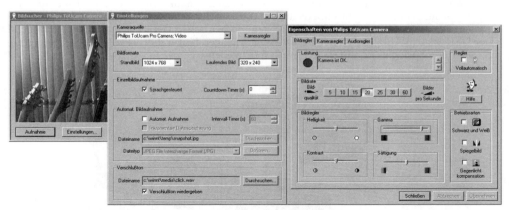

Abbildung 18.39: Bildsucher und Dialogfelder mit Einstellungen einer Webcam

Das größte Problem bei der Verwendung von Webcams besteht darin, Anwendungen dazu zu bringen, sie zu erkennen. Jedes Programm geht anders vor, aber die grundlegenden Schritte sind normalerweise alle gleich (mit zahlreichen Ausnahmen):

1. Sie teilen dem Programm mit, dass Sie eine Kamera benutzen wollen.
2. Sie teilen dem Programm mit, ob sich die Kamera automatisch einschalten soll, wenn Sie sich unterhalten.
3. Sie konfigurieren die Bildqualität.
4. Sie testen die Kamera.

Bei Problemen mit einer Webcam gehen Sie immer zuerst von den allgemeinen Ein-/Ausgabeproblemen aus, weil damit die häufigsten Fehlerursachen behoben werden können. Falls es weiterhin Probleme bei der Benutzung der Webcam in Programmen gibt, schließen Sie alle anderen Programme, die sie möglicherweise auch benutzen. Unter Windows kann eine Webcam jeweils nur von einem Programm genutzt werden.

Spezielle Ein-/Ausgabe-Geräte

Die CompTIA A+-Zertifizierungsprüfungen wollen sicherstellen, dass Sie vier weitere Ein-/Ausgabegerätetypen kennen: biometrische Scanner, Barcode-Lesegeräte, Touchscreen-Bildschirme und KVM-Umschalter. Diese relativ speziellen Geräte werden wir uns nun genauer ansehen.

Biometrische Geräte

Wenn Sie die Wikipedia zum Thema »Biometrie« befragen, erhalten Sie die folgende Definition: »Die *Biometrie* (auch *Biometrik*, gr. *Bio* = *Leben* und *Metron* = *Maß*) beschäftigt sich mit Messungen an Lebewesen und den dazu erforderlichen Mess- und Auswerteverfahren.«

Der Einsatzbereich der Biometrie beinhaltet auch zahlreiche Sicherheitsgeräte, wie beispielsweise Türschlösser und Sicherheitskameras, die eigentlich nicht zum PC-Bereich zählen. Dieser Abschnitt konzentriert sich auf biometrische Geräte, die Sie kaufen und zusammen mit Ihrem PC nutzen können. Im Computerbereich umfasst die Biometrie zahlreiche Technologien von Speichersticks mit Fingerabdruckscannern bis hin zu Software zur Spracherkennung.

PCs nutzen die Biometrie für Sicherheitszwecke. Biometrische Sicherheitsgeräte scannen Körperteile (z.B. Netzhaut, Iris, Kopf oder Fingerabdrücke) und merken sich deren eindeutige Eigenschaften. Dazu werden Abtastgeräte verwendet, wie etwa Netzhautscanner. Die Daten werden dann als elektronischer Schlüssel benutzt, um unberechtigte Personen daran zu hindern, auf geschützte Dinge zuzugreifen. Die meisten heute am PC verwendeten biometrischen Geräte sichern nur die eigenen Daten. Der USB-Stick in Abbildung 18.40 besitzt einen winzigen Fingerabdruckscanner. Sie lassen Ihren Finger über den Stick gleiten, um seinen Inhalt freizugeben.

Abbildung 18.40: USB-Stick mit Fingerabdruckscanner (Bild mit freundlicher Genehmigung von Lexar Media)

Weniger gebräuchlich sind biometrische Sicherheitsgeräte, die ganze Computer sichern. Beim Fingerabdruckscanner von Microsoft handelt es sich um ein USB-Gerät, das das Standardsicherheitsverfahren mit Benutzername und Kennwort ersetzt. Abbildung 18.41 zeigt den in eine Tastatur eingebauten Scanner. Wenn ein Programm oder eine Website Benutzernamen und Kennwort abfragen, pressen Sie einfach Ihren Finger auf den Fingerabdruckscanner. Er bestätigt Ihre Identität (vorausgesetzt, der Abdruck stimmt überein), und die spezielle Software des Scanners leitet Ihren Benutzernamen und Ihr Kennwort an das Programm oder die Website weiter.

Abbildung 18.41: Fingerabdruckscanner in einer Microsoft-Tastatur

Biometrische Geräte werden auch zu Erkennungszwecken verwendet. Erkennung unterscheidet sich dahingehend von der Sicherheit, dass es hier dem biometrischen Gerät egal ist, wer Sie sind, denn es interessiert sich nur dafür, was Sie machen. Spracherkennungsprogramme wandeln Spracheingaben in Befehle oder Text um. Spracherkennung am PC gibt es bereits seit längerer Zeit. Sie war aber nie zuverlässig genug, um eine Tastatur ersetzen zu können. Allerdings wird die Spracherkennung häufig für Geräte verwendet, die nur begrenzt viele Befehle interpretieren müssen, wie beispielsweise Handys oder PDAs. Wenn Sie die Worte »Mike Meyers anrufen« in Ihr Smartphone sprechen, weiß Ihr Handy, was es tun soll, oder sollte es zumindest wissen!

Hinweis

Im englischen Sprachraum wird die Spracherkennung häufiger genutzt als im deutschsprachigen Raum. Warum? Nun, deutsche Sprache, schwere Sprache. Und das stellt die entsprechenden Programme vor größere Probleme als die englische Sprache.

Egal welche biometrischen Geräte Sie nutzen, deren Einrichtung erfolgt immer auf dieselbe Weise:

1. Sie installieren das Gerät.
2. Sie registrieren sich bei dem Gerät, indem Sie ihm Ihr Auge, Ihren Finger oder einen anderen eindeutigen Körperteil (da gibt es nichts zu lachen!) so präsentieren, dass er gescannt werden kann.
3. Sie konfigurieren seine Software, um dem Gerät mitzuteilen, was es tun soll, wenn es Sie erkennt.

Barcode-Lesegeräte

Barcode-Lesegeräte sollen standardisierte *UPC-Strichcodes* (*Universal Product Code*) einlesen (Abbildung 18.42). Das Einlesen der Barcodes dient meist nur dem Zweck, die eigenen Lagerbestände elektronisch zu überwachen. Beim Einsatz von Barcode-Lesegeräten können die auf Rechnern gespeicherten Lagerbestände in den Datenbanken schnell und automatisch aktualisiert werden. Barcode-Lesegeräte gehören zu den ältesten speziellen Ein-/Ausgabegeräten, die zusammen mit Rechnern benutzt werden, und sind bei modernen Kassensystemen nicht mehr wegzudenken.

Abbildung 18.42: Typischer UPC-Strichcode

Am PC begegnet man vor allem zwei Arten von Barcode-Lesegeräten, Stift- und Handscannern. *Stiftscanner* (Abbildung 18.43) sehen aus wie ein Schreibgerät, und der Benutzer muss damit über den Barcode streichen. *Handscanner* werden vor den UPC-Code gehalten, der beim Drücken eines Schalters eingelesen wird. Alle Barcode-Lesegeräte geben nach dem Scannen einen Ton aus, damit man weiß, dass der Code erfolgreich eingelesen wurde. Ertönt dann noch ein Ton, wurde der Code entweder falsch erfasst oder der Artikel ist in der Datenbank (noch) nicht vorhanden.

Abbildung 18.43: Stiftscanner (Bild mit freundlicher Genehmigung von Wasp® Barcode Technologies)

Ältere Barcode-Lesegeräte benutzen serielle Anschlüsse, während die neueren entweder PS/2- oder USB-Anschlüsse verwenden. Normalerweise müssen sie nicht weiter konfiguriert werden, wenn man einmal davon absieht, dass das jeweilige Barcode-Lesegerät mit den für die Datenbank oder den Kassiervorgang verwendeten Programmen zusammenarbeiten muss. Im Zweifelsfall finden die meisten Benutzer die PS/2-Barcode-Lesegeräte am besten, weil sich diese genau wie eine Tastatur verhalten. Sie verbinden das Lesegerät mit dem Tastaturanschluss und schließen dann die Tastatur an das Lesegerät an. Anschließend brauchen Sie nur noch Programme, die Tastatureingaben entgegennehmen (und welche tun das nicht?), und es funktioniert.

Touchscreen-Bildschirme

Bei *Touchscreen-Bildschirmen* handelt es sich um Anzeigen, deren Oberfläche berührungsempfindlich sind und die Position und Dauer des Kontakts eines Fingers oder eines Stifts erkennen können. Alle Touchscreen-Bildschirme geben die Berührungsdaten so an den Rechner weiter, als ob es sich um Mausereignisse handeln würde. Touchscreens werden dann verwendet, wenn die traditionelle Maus- oder Tastatureingabe unmöglich oder ungeeignet ist. Hier einige Einsatzgebiete von Touchscreen-Bildschirmen:

- Informationsstände
- PDAs

❏ Routenplaner
❏ Verkaufssysteme (POS-Terminals/Point-Of-Sale-Systeme)
❏ Tablet PCs

Touchscreen-Bildschirme können in zwei Gruppen eingeordnet werden: eingebaute Bildschirme (z.B. bei PDAs) und eigenständige Touchscreen-Bildschirme, wie man sie bei vielen Verkaufssystemen findet. Aus der Sicht des Technikers können Sie sich einen unabhängigen Touchscreen wie einen Bildschirm mit einem davor montierten durchsichtigen Grafiktablett vorstellen, das letztlich auch nur als Mausersatz dient. Alle Touchscreens haben separate USB- oder PS/2-Anschlüsse für ihre Mauskomponente, für die möglicherweise spezielle Treiber installiert werden müssen.

KVM-Umschalter

Bei einem *KVM-Umschalter* (Keyboard, Video, Mouse) handelt es sich um ein Gerät, das zumeist dafür sorgt, dass mehrere Rechner über eine einzige Maus, eine einzige Tastatur und einen einzigen Bildschirm bedient werden können. Bei einigen KVMs wird diese Funktion umgekehrt, so dass einzelne Rechner über mehrere Tastaturen, Mäuse oder andere Geräte bedient werden können. KVMs sind insbesondere nützlich, wenn in einer Datenzentrale mehrere Server in Regalen stehen, der Platz beschränkt ist und der Energieverbrauch von Bedeutung ist. Ein Administrator kann über einen KVM-Umschalter mehrere Serversysteme über eine Tastatur, eine Maus und einen Bildschirm bedienen.

Es gibt eine Menge verschiedener KVM-Umschalter. An manche lassen sich nur zwei Systeme anschließen und andere steuern Hunderte. Einige besitzen zusätzlich Audiobuchsen zum Anschluss von Lautsprechern oder USB-Schnittstellen. Typischen KVM-Umschaltern liegen zwei oder mehr Kabelsätze bei, über die die Eingänge (Maus und Tastatur) und die Bildschirmausgänge der Rechner mit dem Umschalter verbunden werden (Abbildung 18.44).

Abbildung 18.44: Ein einfacher KVM-Umschalter

Um einen KVM-Umschalter zu verwenden, schließen Sie einfach eine Tastatur, eine Maus und einen Bildschirm an den Umschalter an und verbinden dann die Rechneranschlüsse mit den entsprechenden KVM-Anschlüssen. Wenn die Anschlüsse stehen und der Umschalter richtig konfiguriert ist, können Sie mit bestimmten Tastenkombinationen, die vom KVM-Hersteller vorgegeben werden, zwischen den an den Umschalter angeschlossenen Rechnern hin- und herwechseln. Wenn nur zwei Rechner an einen Umschalter angeschlossen werden können, dann ist die zweifache Betätigung der

Taste `Rollen` zum Umschalten zwischen den Sitzungen recht beliebt. Oft gibt es auch am KVM-Umschalter selbst Schalter, die anstelle der speziellen Tastenkombinationen zum Umschalten zwischen den Sitzungen benutzt werden können.

Die Installation eines KVM-Umschalters ist nicht schwierig. Sie müssen dabei lediglich darauf achten, dass Sie die Rechner einzeln und nacheinander mit den Kabelsätzen an den Umschalter anschließen, damit nicht versehentlich die Maus einen und die Tastatur einen anderen Rechner bedient, während die Bildschirmausgabe von wieder einem anderen Computer stammt. (Ich kann Ihnen nur dringend empfehlen, die Kabel mit Aufklebern oder Anhängern zu kennzeichnen.)

Die Stromversorgung der KVM-Umschalter erfolgt typischerweise über die Maus- und/oder Tastaturstecker. Sollte diese nicht ausreichen, lässt sich teilweise zusätzlich ein Netzteil an den Umschalter anschließen. Die jeweiligen Lösungen sind hier aber in jedem Fall herstellerspezifisch und können daher unterschiedlich ausfallen.

Wenn mit den Anschlüssen etwas nicht stimmt, dann funktioniert der KVM-Umschalter nicht wie gewünscht. Das Ergebnis habe ich eben bereits beschrieben. Verwechseln Sie also nicht die Kabelanschlüsse!

Hinweis

Ältere KVM-Umschalter arbeiteten passiv (oder rein mechanisch) und konnten nicht fortwährend mit allen angeschlossenen Systemen kommunizieren. Das kann zu Problemen führen, wenn die angeschlossenen Systeme bei Stromschwankungen oder Stromausfällen automatisch neu starten. Moderne aktive KVM-Umschalter lösen dieses Problem dadurch, dass sie *Peripheriegeräte emulieren* und damit mit allen angeschlossenen Systemen gleichzeitig kommunizieren und sie überwachen können.

Wiederholung

Fragen

1. Ein serieller Anschluss kann Daten senden und empfangen. Welches Gerät übersetzt diese seriellen Daten für den Rechner in parallele?
   A. Paralleler Übersetzer-Chip
   B. Serieller Übersetzer-Chip
   C. COM-Chip
   D. UART-Chip

2. Welche integrierte Schaltung steuert die mit einem USB-Anschluss verbundenen USB-Geräte?
   A. Host-Controller
   B. IC-USB
   C. Serielle Schnittstelle
   D. UART

3. Was passiert mit der Busgeschwindigkeit und dem Stromverbrauch, wenn Sie mehrere Geräte an einen USB-Hub anschließen?
   A. Die Busgeschwindigkeit bleibt gleich, aber der Stromverbrauch steigt an.
   B. Die Busgeschwindigkeit steigt, weil jedes Gerät mit eigenen Spitzenraten arbeitet, der Stromverbrauch steigt.

- C. Die Busgeschwindigkeit sinkt, weil sich alle Geräte die Gesamtbandbreite teilen, der Stromverbrauch steigt.
- D. Die Busgeschwindigkeit sinkt, weil sich alle Geräte dieselbe Gesamtbandbreite teilen, der Stromverbrauch sinkt.

4. Welcher Anschlusstyp bietet die höchste Transferrate?
   - A. IEEE 1394a
   - B. IEEE 1394b
   - C. Full-Speed-USB
   - D. Hi-Speed-USB

5. Ein Benutzer beschwert sich telefonisch bei Ihnen darüber, dass er die Fehlermeldung »Hub power exceeded« (Hub-Stromversorgung erschöpft) erhält, wenn er seinen neuen USB-Stick mit dem externen USB-Anschluss der Tastatur verbindet. Außerdem funktioniert das Gerät nicht. Was ist die wahrscheinlichste Ursache des Problems?
   - A. Sein USB-Anschluss ist defekt.
   - B. Der USB-Stick ist defekt.
   - C. Er hat ein Hi-Speed-Gerät in einen Full-Speed-Anschluss gesteckt.
   - D. Er hat zu viele Geräte an den USB-Hub angeschlossen.

6. Welche nominelle Höchstgeschwindigkeit unterstützt der Hi-Speed-Modus von USB 2.0?
   - A. 12 Mbps
   - B. 120 Mbps
   - C. 400 Mbps
   - D. 480 Mbps

7. Mit welchen zwei Geschwindigkeiten können USB-1.1-Geräte arbeiten?
   - A. 1 und 2 Mbps
   - B. 1,5 und 12 Mbps
   - C. 1,5 und 15 Mbps
   - D. 12 und 48 Mbps

8. Welche maximale Kabellänge gilt für USB?
   - A. 1,2 Meter
   - B. 1,2 Yard
   - C. 5 Meter
   - D. 5 Fuß

9. Welche der mit den folgenden Technologien arbeitenden Mäuse müssen am häufigsten gereinigt werden?
   - A. Kugel
   - B. Optisch
   - C. Parallel
   - D. Seriell

10. Wenn Sie versuchen, einen Gegenstand zu scannen, und die Scannerlampe bewegt sich nicht, was könnte das Problem am wahrscheinlichsten verursachen?
    - A. Der Scanner hat sich aufgehängt.
    - B. Der Scanner ist defekt.
    - C. Das Beleuchtungselement des Scanners ist verriegelt.
    - D. Das Beleuchtungselement des Scanners wird gerade neu initialisiert.

Antworten

1. **D.** Der UART übersetzt serielle in parallele Daten (und umgekehrt).
2. **A.** Der Host-Controller steuert die mit dem USB-Bus verbundenen USB-Geräte.
3. **C.** Die Busgeschwindigkeit sinkt, weil sich alle Geräte dieselbe Gesamtbandbreite teilen müssen, und der Stromverbrauch steigt.
4. **B.** FireWire 800 hat hier die Nase deutlich vorn.
5. **D.** Wie die Fehlermeldung schon sagt, benötigt der Speicherstick zu viel Energie, die der Hub nicht bereitstellen kann.
6. **D.** Der Hi-Speed-Modus von USB 2.0 unterstützt theoretisch eine maximale Transferrate von 480 Mbps.
7. **B.** USB-1.1-Geräte laufen mit 1,5 Mbps oder 12 Mbps.
8. **C.** USB unterstützt eine maximale Kabellänge von 5 Metern.
9. **A.** Kugelmäuse verschmutzen am schnellsten.
10. **C.** Das Beleuchtungselement des Scanners ist wahrscheinlich verriegelt.

19

Anzeige: Bildschirm und Grafikkarte

Themen in diesem Kapitel
- ❏ Erklären, wie die Bildschirmanzeige funktioniert
- ❏ Die richtige Grafikkarte auswählen
- ❏ Bildschirmtreiber installieren und konfigurieren
- ❏ Fehlersuche bei grundlegenden Anzeigeproblemen

Die Begriffe *Anzeige* und *Grafiksystem* beziehen sich auf das komplexe Zusammenspiel zwischen zahlreichen PC-Komponenten, die gemeinsam Bilder auf einem Monitor anzeigen. Der Monitor zeigt an, was Programme und das Betriebssystem gerade machen, und ist das primäre Ausgabegerät der meisten Rechner. Die *Grafikkarte* bzw. der *Grafikadapter* ist für die gesamte Kommunikation zwischen der CPU und dem Monitor zuständig (Abbildung 19.1). Das Betriebssystem muss wissen, wie es mit der Kommunikation zwischen der CPU und der Grafikkarte umgehen muss, weshalb es auf für die jeweiligen Grafikkarten spezifische Treiber und die passenden Windows-Einstellungen angewiesen ist. Schließlich müssen alle Anwendungen mit dem übrigen Grafiksystem zusammenarbeiten können.

Abbildung 19.1: Typische Grafikkarte mit Monitor

Wir werden Grafikkarten und Bildschirme getrennt betrachten. Damit Sie die vielen Einzelheiten verstehen können, die das Grafiksystem so komplex machen, werde ich dann weiter hinten in diesem Kapitel wieder auf die Zusammenarbeit dieser beiden Komponenten eingehen. Dabei werden wir mit dem Bildschirm beginnen und uns dann mit der Grafikkarte befassen.

Grafikanzeige

Sie benötigen gewisse Kenntnisse der einzelnen Komponenten und deren Zusammenwirken bei der Erzeugung der mehr oder weniger schönen Bilder auf dem Bildschirm, wenn Sie Monitore verstehen wollen. Wenden wir uns also diesen Themen zu. Unterschiedliche Arten von Bildschirmen verwenden verschiedene Verfahren und Technologien zur Bewältigung dieser Aufgabe. Grafikanzeigen für PCs gibt es in drei Varianten: CRT, LCD und Projektoren. Die beiden ersten Varianten finden Sie beim Desktop und beim Laptop, die Projektoren eher in Vortragssälen und Klassenzimmern, wo Bilder an die Wand geworfen werden.

Geschichte und Konzepte

Röhrenmonitore (CRT)

Bei Bildschirmen mit *Kathodenstrahlröhren* (*CRT – Cathode Ray Tube*) handelt es sich um die ursprünglichen Computerbildschirme, schwere, kastenförmige Bildschirme, die die Hälfte des Schreibtischs einnahmen. Bei neuen Systemen wurden sie zwar größtenteils durch die LCD-Technologie ersetzt, aber es befinden sich immer noch eine Menge CRT-Bildschirme im Einsatz. Wie der Name bereits andeutet, enthält ein solcher Bildschirm eine große Kathodenstrahlröhre, eine Art Vakuumröhre. Am einen Ende dieser Röhre befindet sich ein schlanker Zylinder, der drei Elektronenkanonen enthält. Am anderen Ende der Röhre, das deutlich voluminöser und breiter ist, befindet sich die Anzeigefläche.

Bevor wir richtig loslegen, hier eine Warnung hinsichtlich des Innenlebens herkömmlicher Monitore. Ich werde beschreiben, was sich reparieren lässt und was man besser einem spezialisierten Fachmann überlassen sollte. Machen Sie keinen Fehler! Das Innere eines Monitors ähnelt mit seinen Leiterplatten und verwandten Komponenten zwar dem Innern eines PC, damit sind die Ähnlichkeiten aber auch schon am Ende. In keinem Rechner gibt es Spannungen von 15.000 bis 30.000 Volt, während das in den meisten Bildschirmen der Fall ist. Eines sollte Ihnen also völlig klar sein: Das Öffnen eines Monitors kann buchstäblich tödlich sein! Selbst wenn der Bildschirm von der Versorgungsspannung getrennt wurde, halten bestimmte Komponenten immer noch längere Zeit eine beträchtliche Spannung. Es ist möglich, dass Sie versehentlich eine dieser Komponenten kurzschließen und sich selbst zu Tode rösten. Angesichts dieses Risikos zählen bestimmte Aspekte der Monitorreparatur nicht zu den Anforderungen des normalen PC-Supports und definitiv nicht zu den CompTIA A+-Testbereichen! Ich werde Ihnen zeigen, wie Probleme zu behandeln sind, die Sie gefahrlos beheben können, und dafür sorgen, dass Sie jene Probleme verstehen, die Sie besser speziellen Monitor-Reparaturwerkstätten überlassen sollten.

> **Vorsicht**
>
> Das Innere eines Röhrenmonitors enthält Hochspannungskomponenten. Diese können buchstäblich tödlich sein. Passen Sie also auf!

Innen ist die Anzeigefläche mit Phosphor beschichtet. Wenn an einer oder mehreren der Elektronenkanonen Spannung anliegt, wird ein Elektronenstrahl auf die Seite der Röhre abgeschossen, auf der das Bild angezeigt wird (Abbildung 19.2). Auf seinem Weg wird dieser Strahl Magnetfeldern ausgesetzt, die von einem Ring von Elektromagneten erzeugt werden (Magnetjoch) und die das Ziel des Elektronenstrahls steuern. Wenn die Phosphorschicht vom Elektronenstrahl getroffen wird, gibt es dessen Energie in Form sichtbaren Lichts ab.

Die Freigabe der Energie durch den Phosphor erfolgt sehr schnell und zu schnell, um von der Kombination aus menschlichem Auge und Gehirn wahrgenommen zu werden. Glücklicherweise besitzt Phosphor eine Eigenschaft, das so genannte *Nachleuchten*, so dass die Phosphorelemente noch eine

Weile, nachdem sie vom Elektronenstrahl getroffen wurden, leuchten. Leuchtet der Phosphor zu lange nach, wirkt das Bild verwaschen; leuchtet er zu kurz nach, scheint das Bild zu flackern. Die perfekte Abstimmung zwischen Bestrahlung und Nachleuchten sorgt für scheinbar stabile Bilder.

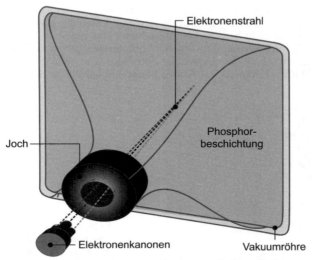

Abbildung 19.2: Elektronenstrahl in einer Kathodenstrahlröhre

Essentials

Bildwiederholrate (Refresh Rate)

Bilddaten werden auf dem Monitor dargestellt, wenn die Elektronenkanone in horizontalen Linien über den Bildschirm streicht und dabei die entsprechenden Bereiche der Phosphorschicht mit Energie lädt. Der Elektronenstrahl streicht von der oberen linken Ecke zeilenweise nach unten rechts über die Phosphorschicht des Bildschirms. Die einzelnen abgetasteten Bildschirmzeilen werden *Rasterzeilen* genannt (Abbildung 19.3).

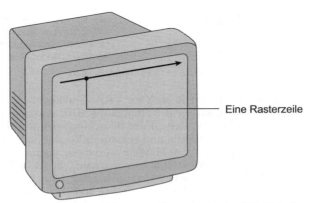

Abbildung 19.3: Der Elektronenstrahl streicht über eine Bildschirmzeile.

Die Geschwindigkeit, mit der der Elektronenstrahl eine Bildschirmzeile abtastet, wird *Horizontal-* oder *Zeilenfrequenz* genannt (*HRR – Horizontal Refresh Rate*; vgl. Abbildung 19.4). Der Elektronenstrahl tastet eine gewisse Anzahl von Bildschirmzeilen je Sekunde ab und hinterlässt dabei letztlich eine Spur leuchtender Phosphorpartikel. Die Anzahl der abgetasteten Bildschirmzeilen je Sekunde liegt dabei nicht fest, im Unterschied zu Fernsehbildschirmen, die mit festgelegten Frequenzen arbeiten. Die Bildschirmzeilen werden nur in einer Richtung gezeichnet. Wenn der Elektronenstrahl die untere rechte Ecke des Bildschirms erreicht hat, wird er abgeschaltet und wieder in die obere linke Bildschirmecke zurückgeführt (horizontal retrace). Die für das Abtasten des gesamten Bildschirms und die Rückführung des Elektronenstrahls in die obere linke Bildschirmecke benötigte Zeit wird *Vertikal-* oder *Bildwiederholfrequenz* (*VRR – Vertical Refresh Rate*) genannt und wird in Abbildung 19.5 dargestellt.

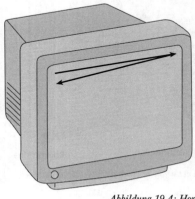

Die Horizontalrate misst die Zeit, die für das Zeichnen einer kompletten Bildzeile und die Rückkehr an den Anfang der nächsten Zeile benötigt wird. Sie wird in kHz angegeben.

Abbildung 19.4: Horizontalfrequenz

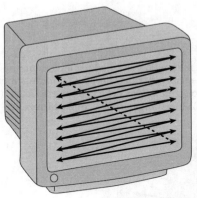

Die vertikale Bildwiederholrate gibt an, wie oft der gesamte Bildschirm pro Sekunde neu gezeichnet werden kann, und wird in Hz angegeben.

Abbildung 19.5: Vertikalfrequenz

Der Bildschirm bestimmt weder die HRR noch die VRR. Grafikkarten versorgen den Monitor bei einer bestimmten VRR mit Daten, aus der der Monitor die HRR ermittelt. Wenn die Grafikkarte zu niedrige Vertikalfrequenzen verwendet, flackert der Bildschirm wahrnehmbar. Dadurch werden die Augen des Anwenders verstärkt beansprucht und es kann zu Kopfschmerzen kommen. Gelangen die Daten mit zu hohen Vertikalfrequenzen zum Monitor, wird dieser überlastet, so dass es zu Bildstörungen und Beschädigungen der Monitorelektronik kommen kann, die schließlich zu dessen Ausfall führen. Zu hoch eingestellte Bildwiederholfrequenzen sind in erster Linie für den Ausfall von Monitoren verantwortlich, während zu niedrig eingestellte Bildwiederholfrequenzen vorrangig für schlecht gelaunte Büroangestellte sorgen. Gute PC-Supporter haben dafür Verständnis, nehmen sich die erforderliche Zeit und stellen die Bildwiederholfrequenz so ein, dass die Grafikkarte die Daten für den

Monitor mit der größtmöglichen Geschwindigkeit anliefert, die diesen nicht beschädigt. Hierbei handelt es sich um den »Heiligen Gral« des Bildschirm-Supports!

Phosphorarten und Lochmasken

Alle Bildschirme mit Bildröhren enthalten Phosphorpartikel oder andere lichtempfindliche Elemente, die *rot*, *grün* oder *blau* leuchten, wenn sie vom Elektronenstrahl getroffen werden, arbeiten also mit dem RGB-Farbsystem. Die einzelnen Punkte werden *Phosphorelemente* genannt. Diese Phosphorelemente sind gleichmäßig über die vordere Innenseite des Monitors verteilt (Abbildung 19.6).

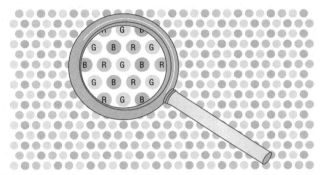

Abbildung 19.6: Ein Monitor besteht aus einem Raster aus roten, grünen und blauen Phosphorelementen.

Die Bildröhre enthält drei Elektronenkanonen: Eine trifft die roten, eine die blauen und eine die grünen Phosphorelemente. Es ist wichtig zu verstehen, dass die Elektronenkanonen kein farbiges Licht abstrahlen, sondern einfach Elektronen mit unterschiedlichen Intensitäten, die für das Leuchten der Phosphorelemente sorgen. Je größer die Intensität, desto heller die Farbe.

Direkt hinter den Phosphorelementen befindet sich die *Lochmaske*, eine Schablone, die dafür sorgt, dass nur die richtige Elektronenkanone die entsprechenden Phosphorelemente treffen kann (Abbildung 19.7). Dies verhindert z.B., dass der rote Elektronenstrahl benachbarte blaue und grüne Phosphorelemente trifft, was ein »Ausbluten« (bleeding) der Farben zur Folge hätte.

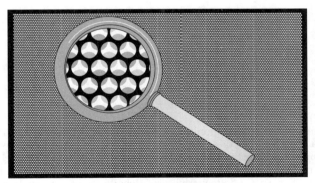

Abbildung 19.7: Lochmaske

Die Elektronenkanonen streichen über die Phosphorelemente und werden dabei schnell ein- und ausgeschaltet. Wenn die drei Elektronenstrahlen das Ende einer Bildschirmzeile erreichen, werden sie an den Anfang der nächsten Zeile geführt. Elementar für das Verständnis der Funktionsweise des Monitors ist es zu wissen, dass das Ein- und Ausschalten der Elektronenkanonen in Verbindung mit dem Zeilenwechsel das »Mosaik« erzeugt, aus dem das auf dem Monitor sichtbare Bild besteht. Die Anzahl der Ein- und Ausschaltvorgänge zusammen mit der Anzahl der Bildschirmzeilen bestimmen die

Kapitel 19

Anzahl der Mosaiksteinchen, aus denen das Bild besteht. Diese einzelnen »Steinchen« werden *Pixel* (Kürzel für »picture elements«) genannt. Die Pixel lassen sich nicht anfassen. Bei ihnen handelt es sich lediglich um einen Bereich aus Phosphorelementen, die zu leuchten beginnen, wenn die drei Elektronenstrahlen eingeschaltet werden. Die Größe der Pixel kann sich mit der Häufigkeit der Ein- und Ausschaltvorgänge der Elektronenkanonen und der gezeichneten Anzahl der Bildschirmzeilen ändern.

Hinweis

Nicht alle Röhrenmonitore verwenden Punktmasken. Die Sony-Trinitron-Röhren arbeiten mit Streifenmasken. Bei ihnen sind die Aussparungen in der Lochmaske rechteckig. Viele Anwender glauben, dass Streifenmasken für eine deutlich kontrastreichere, klarere Bilddarstellung sorgen. Das kann wohl auch nicht ganz falsch sein, da die Trinitron-Monitore recht beliebt waren. Aber auch wenn die Phosphorelemente und die Lochmasken eine andere Form haben, gelten die weiteren Ausführungen gleichermaßen für Trinitron-Bildröhren.

Bildschirmauflösung

Die Bildschirmauflösung (resolution) wird immer als Anzahl der horizontalen Pixel mal Anzahl der vertikalen Pixel angegeben. Eine Auflösung von 640x480 weist daher auf eine horizontale Auflösung von 640 Pixel und eine vertikale Auflösung von 480 Pixel hin. Wenn Sie diese beiden Werte miteinander multiplizieren, wissen Sie, wie viele Pixel auf dem Bildschirm dargestellt werden: 640 x 480 = 307.200 Pixel je Bildschirm. Abbildung 19.8 zeigt ein Beispiel dafür, wie sich die Auflösung auf die Pixelgröße auswirkt.

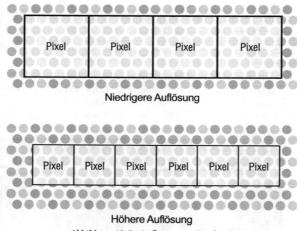

Abbildung 19.8: Auflösung vs. Pixelgröße

Gängige Auflösungen bei Röhrenmonitoren sind 640x480, 800x600, 1.024x768, 1.280x1.024 und 1.600x1.200. Beachten Sie, dass diese Auflösungen zumeist mit einem Seitenverhältnis von 4:3 arbeiten (die Auflösung von 1.280x1.024 hat ein Seitenverhältnis von 5:4). Das Seitenverhältnis wird auch *aspect ratio* genannt. Die meisten Bildschirme haben die Form herkömmlicher Fernsehbildschirme und verfügen physisch über ein 4:3-Seitenverhältnis. Viele der so genannten *Widescreen-Bildschirme* unterstützen Seitenverhältnisse von 16:9 oder 16:10. Zwei der gebräuchlichsten Auflösungen für diese Bildschirme sind 1.366x768 und 1.920x1.080.

Hinweis

Im Abschnitt *Grafikmodi* weiter hinten in diesem Kapitel finden Sie die Bezeichnungen der verschiedenen Auflösungen.

Die letzte wichtige Frage ist die Bestimmung der größtmöglichen Auflösung eines Monitors. Mit anderen Worten geht es um die Frage, wie klein die Pixel werden können. Dies wird durch die Phosphorelemente bestimmt. Ein Pixel muss immer mindestens aus einer Gruppe von einem roten, einem grünen und einem blauen Phosphorelement bestehen, wenn sich alle Farben erzeugen lassen sollen (*Triade*, vgl. Abbildung 19.9). Verschiedene physische und technische Grenzen des Bildschirms, der Steuerelektronik und der Technologie der Elektronenkanone bestimmen die maximale Auflösung.

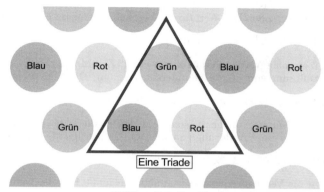

Abbildung 19.9: Eine Triade

Pixelabstand (Dot Pitch)

Die Auflösung eines Monitors wird von den maximal von einem Monitor darstellbaren Details definiert. Letztlich beschränkt der *Pixelabstand (dot pitch)* die Auflösung. Der Pixelabstand beschreibt den diagonalen Abstand zwischen Phosphorelementen derselben Farbe und wird in *Millimetern* (mm) gemessen. Da ein niedriger Pixelabstand mit mehr Bildschirmpunkten gleichbedeutend ist, sorgt er üblicherweise für eine schärfere, detailreichere Bildschirmdarstellung (Abbildung 19.10). Der Punktabstand und die maximale Anzahl der vom Monitor unterstützten darstellbaren Zeilen bestimmen die maximal mögliche Auflösung des Monitors. Theoretisch lassen sich Bilder bei einer Auflösung von 1.600x1.200 auf einem 15-Zoll-Monitor mit einem Punktabstand von 0,31 mm anzeigen. Besonders scharf wäre die Anzeige jedoch nicht.

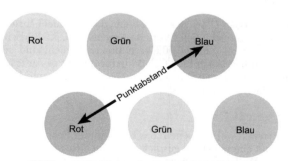

Abbildung 19.10: Messung des Punktabstands (dot pitch)

Der Punktabstand kann im Bereich zwischen 0,39 und 0,18 mm liegen. Bei den meisten Windows-basierten Anwendungen auf einem 17-Zoll-Monitor halten die meisten Leute maximal 0,28 mm noch für akzeptabel, wenn das Bild noch eine vernünftige Schärfe haben soll.

Bandbreite

Die *Bandbreite* (*bandwidth*) bestimmt, wie oft die Elektronenkanone je Sekunde ab- und eingeschaltet werden kann. Sie wird in *Megahertz* (MHz) angegeben. Im Wesentlichen teilt uns die Bandbreite mit, wie schnell ein Monitor Bilder auf den Bildschirm zeichnen kann. Ein typischer Wert für einen besseren 17-Zoll-Monitor liegt z.B. bei ca. 150 MHz, so dass der Elektronenstrahl 150 Mio. Mal je Sekunde ein- und ausgeschaltet werden kann. Die Bandbreitenangabe für einen Monitor bestimmt die maximale Vertikalfrequenz (VRR), mit der die Grafikkarte bei den verschiedenen Auflösungen die Daten zum Monitor übertragen sollte. Der Wert für die Vertikalfrequenz berechnet sich wie folgt:

```
Maximale VRR = Bandbreite / Pixel je Seite
```

Was ist z.B. die maximale Vertikalfrequenz, die ein 17-Zoll-Monitor mit einer Bandbreite von 100 MHz und einer Auflösung von 1.024x768 unterstützen kann? Die Antwort lautet:

```
Maximale VRR = 100.000.000 / (1.024 × 768) = 127 Hz
```

Das ist ein recht guter Monitor, da die meisten Grafikkarten die Daten nicht mit mehr als 120 Hz zum Monitor übertragen! Bei einer Auflösung von 1.200x1.024 betrüge die Vertikalfrequenz:

```
100.000.000 / (1.200 × 1.024) = 81 Hz
```

Daher müssten wir die Vertikalfrequenz der Grafikkarte auf 80 Hz oder weniger einstellen. Wenn Sie einen Monitor mit einer Bandbreite von nur 75 MHz hätten, betrüge die maximale Vertikalfrequenz bei einer Auflösung von 1.200x1.024 nur 61 Hz.

Die meisten Monitorhersteller wissen, dass sich Anwender kaum die für diese Berechnungen erforderliche Zeit nehmen. Deshalb nehmen sie ihnen diese Berechnungen ab und erstellen Tabellen mit den Bildwiederholraten bei verschiedenen Auflösungen, um so über die Fähigkeiten des Monitors zu informieren.

Prima! Damit kennen Sie bereits die Grundlagen der herkömmlichen Röhrenbildschirme, so dass wir uns den LCD-Monitoren zuwenden können. Zwar gibt es hinsichtlich der verwendeten Technologie bei den Monitortypen deutliche Unterschiede, aber die meisten der für Röhrengeräte verwendeten Begriffe werden auch für LCD-Geräte benutzt.

LCD-Bildschirme

LCD-Bildschirme (*Liquid Crystal Displays*) stellen heute die gebräuchlichste Anzeigetechnologie für PCs dar. LCD-Bildschirme bieten zahlreiche Vorteile gegenüber CRT-Bildschirmen. Sie sind flacher und leichter, verbrauchen weniger Energie, flackern praktisch nicht und setzen keine möglicherweise gefährlichen Strahlungen frei. Auch für LCD-Bildschirme gibt es Auflösung, Bildwiederholraten und Bandbreite, aber man findet hier auch einen ganz eigenen Jargon und Begriffe, die man kennen muss, wenn man LCDs installieren, warten und betreuen will.

Die Funktionsweise von LCDs

Wenn man LCDs verstehen will, muss man das Konzept der Polarität des Lichts verstehen. Wer in der Schule schon einmal mit einem Prisma gespielt oder einen Regenbogen betrachtet hat, weiß, dass sich das Licht in Form von Wellen fortbewegt (hier bitte keine Quantenmechanik) und dass die Wellenlänge die Farbe des Lichts bestimmt. Wir wissen aber meist nicht, dass die Lichtwellen in drei Dimensionen von einer Lichtquelle abgestrahlt werden. Da sich keine deutliche, dreidimensionale Zeichnung von dreidimensionalen Wellen abdrucken lässt, verwenden wir stattdessen eine Analogie. Denken Sie, um sich das Ganze besser vorstellen zu können, an das von einer Taschenlampe abgestrahlte Licht. Stellen Sie sich nun das von der Taschenlampe abgestrahlte Licht als Springseil vor, das von jemandem bewegt wird. Dabei handelt es sich nicht etwa um ein rhythmisches Schwingen (vor und zurück oder auf und ab), sondern eher um wilde Bewegungen in unterschiedlicher Geschwindigkeit, mit denen das Seil kreuz und quer über den ganzen Platz geschwungen wird (auf und ab, rechts und links mit ständig wechselnder Geschwindigkeit).

So verhält sich Licht. Treiben wir die Analogie noch ein wenig weiter und nehmen wir an, dass die Person unendlich viele Arme hat, mit denen sie jeweils ein Springseil in alle denkbaren Richtungen schwingt, um uns so die »Dreidimensionalität« der Lichtwellen vorzustellen. Leider kann ich das (a) nicht zeichnen und (b) reicht ein Springseil durchaus zur Erklärung von LCDs aus. Die verschiedenen Geschwindigkeiten sorgen für unterschiedliche Wellenlängen (von sehr kurz bis sehr lang). Wenn Licht mit vielen verschiedenen Wellenlängen von unseren Augen aufgenommen wird, sehen wir weißes Licht. Wenn das Licht lediglich eine Wellenlänge hat, sehen wir nur diese Farbe. Licht, das durch einen polarisierenden Filter gelenkt wird (wie z.B. eine Sonnenbrille), lässt sich mit einem Gartenzaun mit senkrechten Latten vergleichen, der sich zwischen uns und der Person befindet, die das Springseil schwingt. Wir sehen zwar alle Wellenlängen, aber nur die Wellen mit ähnlicher Richtung. Wir würden immer noch alle Farben sehen, allerdings sehen wir diese schwächer, weil wir nur die Wellen mit derselben Richtung sehen, wodurch das Bild dunkler wird. Aus diesem Grunde verwenden viele Sonnenbrillen polarisierende Filter.

Was würde nun passieren, wenn wir einen weiteren Gartenzaun verwenden würden, bei dem die Zaunlatten horizontal verlaufen? Das würde dazu führen, dass letztlich alle Wellen eliminiert werden. Das ist dann der Fall, wenn zwei polarisierende Filter in einem 90-Grad-Winkel kombiniert werden: Es wird kein Licht mehr durchgelassen.

Was würde nun passieren, wenn zwischen die beiden Zäune ein dritter Zaun eingefügt wird, bei dem die Latten in einem 45-Grad-Winkel angeordnet sind? Dies würde dafür sorgen, dass einige der Schwingungen des Seils so umgelenkt werden, dass die Wellen durchgelassen werden. Dasselbe gilt für polarisierende Filter. Der dritte Filter lenkt einen Teil des Lichts so ab, dass es durchgelassen wird. Sollten Sie wissenschaftlich ambitioniert sein, können Sie sich im Lehrmittelhandel für ein paar Euro drei polarisierende Filter besorgen und es selbst ausprobieren. Es funktioniert wirklich.

Flüssigkristalle (liquid crystals) nutzen die Eigenschaft der Polarisierung aus. Flüssigkristalle bestehen aus einer speziell beschaffenen Flüssigkeit, in der lange, dünne Kristalle enthalten sind, die sich ständig selbst in derselben Richtung auszurichten versuchen (vgl. Abbildung 19.11). Diese Substanz verhält sich genau wie ein flüssiger polarisierender Filter. Wenn man eine dünne Schicht von diesem Zeug zwischen zwei kleine Glasscheibchen gießen könnte, hätte man eine verflucht gute Sonnenbrille.

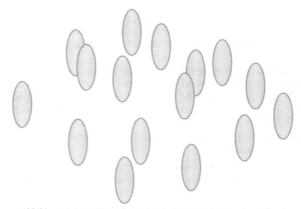

Abbildung 19.11: Flüssigkristallmoleküle mit gleicher Ausrichtung

Stellen Sie sich vor, man würde extrem feine Rillen auf einer Seite dieser Glasscheibchen einritzen. Wenn Sie diese Flüssigkeit mit einer fein gerillten Oberfläche in Kontakt bringen, dann richten sich die Moleküle selbstständig nach den Rillen in der Oberfläche aus (Abbildung 19.12).

Kapitel 19

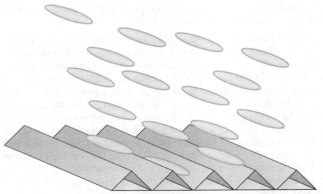

Abbildung 19.12: Flüssigkristallmoleküle versuchen, sich auszurichten.

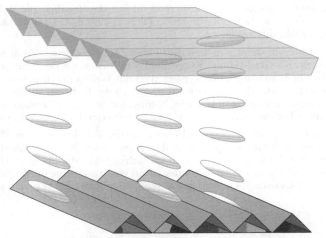

Abbildung 19.13: Flüssigkristallmoleküle und deren Drehung

Wenn wir nun eine weitere fein gerillte Oberfläche hinzufügen, deren Rillen in einem 90-Grad-Winkel zur anderen Oberfläche ausgerichtet sind und die der anderen Oberfläche gegenüberliegt, dann versuchen die Moleküle, die zu dieser Seite Kontakt haben, sich nach deren Rillen auszurichten. Die Moleküle dazwischen richten sich im Bestreben, sich an beiden Flächen zu orientieren, sofort in einer netten Drehung aus (Abbildung 19.13). Wenn dann zwei rechtwinklige polarisierende Filter auf die beiden Seiten der Flüssigkristalle platziert werden, lenken die Flüssigkristalle das Licht so ab, dass es durchgelassen wird (Abbildung 19.14).

Wenn wir an die Flüssigkristalle ein elektrisches Potenzial anlegen, dann ändern die Kristalle ihre Richtung und passen sich an die Richtung des elektrischen Feldes an. Die Drehung verschwindet und es wird kein Licht mehr durchgelassen (Abbildung 19.15).

Ein LCD-Farbbildschirm setzt sich aus einer großen Anzahl winziger Flüssigkristallmoleküle (so genannter *Subpixel*) zusammen, die zwischen polarisierenden Filtern in Reihen und Spalten angeordnet sind. Eine lichtdurchlässige Folie oberhalb der Subpixel ist rot, grün oder blau eingefärbt. Jede winzige, aus drei Subpixeln – einem roten, einem grünen und einem blauen – bestehende Einzelgruppe bildet ein physisches Pixel, wie in Abbildung 19.16 gezeigt.

Anzeige: Bildschirm und Grafikkarte

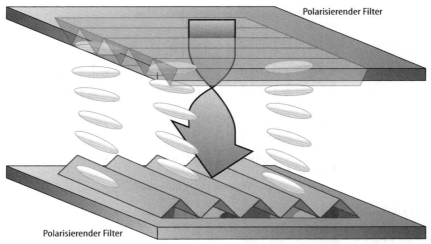

Abbildung 19.14: Wenn keine Ladung anliegt, wird das Licht durchgelassen.

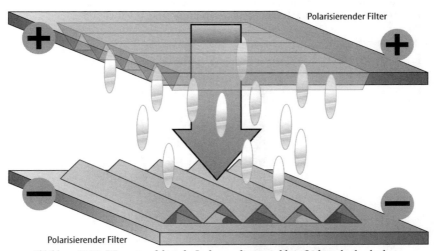

Abbildung 19.15: Wenn eine elektrische Ladung anliegt, wird kein Licht mehr durchgelassen.

Hinweis

LCD-Pixel unterscheiden sich sehr deutlich von den Pixeln auf einem CRT-Bildschirm. Die Größe eines CRT-Pixels ändert sich abhängig von der Auflösung. Die Pixel einer LCD-Anzeige sind feststehend und können nicht verändert werden. Lesen Sie dazu auch den nachfolgenden Abschnitt *LCD-Auflösung*.

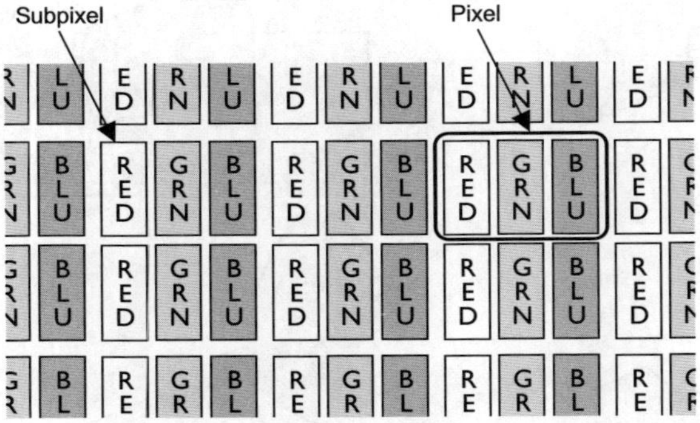

Abbildung 19.16: LCD-Pixel

Wie aber können Sie, nachdem alle Pixel an Ort und Stelle sind, die jeweils richtigen Positionen laden, um ein Bild zu erzeugen? Die früheren LCDs verwendeten keine rechteckigen Pixel. Stattdessen setzten sich die Bilder aus unterschiedlich geformten Elementen zusammen, die alle elektrisch voneinander getrennt waren. Um ein Bild zu erzeugen, wurden die jeweils benötigten Bereiche gleichzeitig geladen. Abbildung 19.17 zeigt die Zahl 0. Diese Anzeige ist möglich, wenn sechs Bereiche geladen werden, die eine Art Ellipse bilden. Dieser Prozess, die so genannte *statische Ladung*, wird in vielen einfachen Ziffernanzeigen (z.B. bei Taschenrechnern) immer noch verwendet.

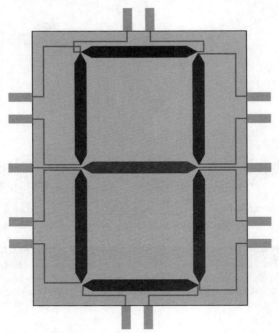

Abbildung 19.17: Einzelnes Zeichen auf einem statischen numerischen LCD

Das statische Verfahren lässt sich wegen seiner geringen Flexibilität beim PC nicht einsetzen. Stattdessen wurde bei der ersten Generation der LCD-Bildschirme für den PC ein Gitter aus Drähten eingesetzt (Abbildung 19.18). Die vertikalen Drähte (Y-Drähte) verlaufen zu jedem einzelnen Subpixel in der Spalte. Die horizontalen Drähte (X-Drähte) verlaufen entlang einer ganzen Reihe von Subpixeln.

Sowohl der X- als auch der Y-Draht müssen geladen sein, um genügend Spannung aufzubauen, um ein einzelnes Subpixel zu beleuchten.

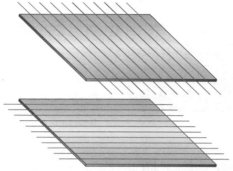

Abbildung 19.18: LCD-Matrix aus Drähten

Wenn Farben angezeigt werden sollen, benötigt man drei Matrizen. Die drei Matrizen überschneiden sich und liegen dabei sehr dicht beieinander. Über den Schnittpunkten ist das Glas mit winzigen roten, grünen und blauen Punkten bedeckt. Durch unterschiedlich starke Spannungspegel lassen sich Rot, Grün und Blau in unterschiedlicher Intensität erzeugen (Abbildung 19.19).

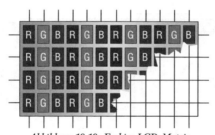

Abbildung 19.19: Farbige LCD-Matrix

Diese LCD-Technologie wird *passive Matrix* genannt. Über Jahre hinweg wurde für alle LCDs im PC-Bereich ausschließlich die passive Matrix eingesetzt. Leider ist die passive Matrix langsam und sorgt für geringe Überlappungen bei den einzelnen Pixeln. Dadurch wirkt das angezeigte Bild ein wenig unscharf. Schließlich entwickelten die Hersteller ein schnelleres Anzeigeverfahren, die so genannte *passive Dual-scan-Matrix*, bei der jeweils zwei Zeilen des Bildschirms neu aufgebaut wurden. Auch wenn seither andere LCD-Technologien entwickelt worden sind, begegnet man dem Dual-scan-Verfahren weiterhin bei einigen einfacheren LCDs.

Hinweis

Es gibt auch passive Matrix-Anzeigen in kleineren tragbaren Geräten. Weitere Informationen dazu finden Sie in Kapitel 21, *Tragbare Rechner*.

TFT (Thin Film Transistor)

Eine wesentliche Verbesserung gegenüber dem Dual-Scan-Verfahren ist die so genannte *aktive Matrix* oder *TFT (Thin Film Transistor)*. Statt X- und Y-Drähten werden ein oder mehrere winzige Transistoren zur Steuerung der einzelnen Farbpunkte verwendet, wodurch eine schnellere Bildanzeige, eine klarere Definition und eine sehr viel genauere Farbkontrolle möglich werden. TFT ist heute das LCD der Wahl, auch wenn es viel teurer ist als die passive Matrix (Abbildung 19.20).

Kapitel 19

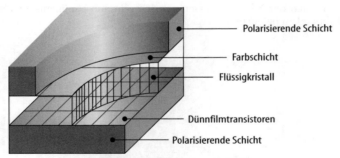

Abbildung 19.20: Aktivmatrix (TFT)

LCD-Bauteile

Der typische LCD-Projektor setzt sich aus drei Komponenten zusammen: dem LCD-Panel, der Hintergrundbeleuchtung und den Invertern. Das LCD-Panel erzeugt das Bild, die Hintergrundbeleuchtung beleuchtet das Bild, damit Sie es sehen, und die Inverter versorgen die Hintergrundbeleuchtung mit Strom. Abbildung 19.21 zeigt die typische Anordnung der internen Komponenten eines LCD-Bildschirms.

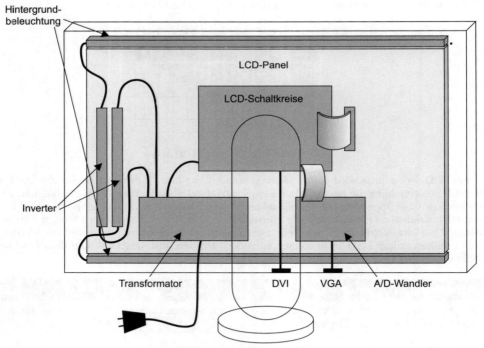

Abbildung 19.21: LCD-Innenleben

Eine der großen Herausforderungen für die Energieversorgung von LCDs resultiert daraus, dass die Hintergrundbeleuchtung Wechselstrom, die Elektronik aber Gleichstrom benötigt. Die Abbildung zeigt eines der vielen Verfahren, mit denen LCD-Hersteller mit diesem Problem umgehen. Der Wechselstrom aus der Steckdose wird in einen Transformator geschickt, der den Strom in den vom LCD-Panel benötigten Gleichstrom umwandelt.

Beachten Sie in Abbildung 19.21, dass dieser Bildschirm zwei Hintergrundbeleuchtungen verwendet: eine oben und eine unten. Die meisten LCDs haben zwei Hintergrundbeleuchtungen, aber viele haben auch nur eine. Die LCD-Hintergrundbeleuchtung basiert traditionell auf *Kaltkathodenlampen* (*CCFL – Cold Cathode Florescent Lamp*), die für einen geringen Energiebedarf und lange Lebensdauer bekannt ist. Abbildung 19.22 zeigt eine Kaltkathodenlampe aus einem LCD-Panel.

Abbildung 19.22: Kaltkathodenlampe für die LCD-Hintergrundbeleuchtung

Kaltkathodenlampen benötigen für ihren Betrieb Wechselstrom, aber weil der Transformator den ankommenden Wechselstrom in Gleichstrom umwandelt, wird für die Hintergrundbeleuchtung ein so genannter Inverter verwendet, der den Gleichstrom wieder in Wechselstrom umwandelt. Abbildung 19.23 zeigt einen typischen Inverter in einem LCD.

Abbildung 19.23: Inverter

Betrachten Sie noch einmal Abbildung 19.21 und beachten Sie dabei die DVI- und VGA-Eingänge. Bei DVI handelt es sich um ein digitales Signal, das direkt in die LCD-Schaltkreise eingespeist werden kann. Das VGA-Signal wird erst zu einem Analog/Digital-Wandler geleitet, bevor es an die LCD-Schaltkreise weitergereicht wird.

Denken Sie daran, dass es sich bei Abbildung 19.21 um eine generische Darstellung handelt. Die eigentliche Platzierung und die Verbindungen der verschiedenen Komponenten sind variabel und können bei den heute angebotenen LCD-Bildschirmen anders aussehen.

Hinweis

In jüngerer Zeit werden LCDs auch mit *Leuchtdioden-Hintergrundbeleuchtung* (*LED-Backlight*) gefertigt. Mit dieser neuen Technik sollen die typischen Probleme von LED-Bildschirmen (niedriger Kontrast, ungleichmäßige Ausleuchtung) weitgehend behoben werden.

LCD-Auflösung

Alle LCD-Monitore haben eine natürliche (*native*) Auflösung, wie z.B. 1.680x1.050, bei der sie ihr schärfstes Bild liefern. Da die Pixel fest verdrahtet sind, entspricht eine Gruppe aus RGB-Punkten immer einem Pixel. Mehr als die natürliche Auflösung ist mit LCDs nicht möglich. Ein größerer Nachteil ist jedoch der Umstand, dass es bei LCDs keine Entsprechung zur Lochmaske gibt, so dass auch beim Betrieb mit einer geringeren als der natürlichen Auflösung die Darstellungsqualität deutlich schlechter wird. Bei einer Bildröhre können einfach mehr Punkte und die Filterung und Glättung durch die Lochmaske dafür sorgen, dass das dargestellte Bild auch bei niedrigerer Auflösung ähnlich gut und scharf wie bei höherer Auflösung aussieht. Bei LCDs ist dies jedoch unmöglich. Wenn eine geringere als die natürliche Auflösung verwendet wird, müssen bei LCDs Kantenglättungsverfahren (Anti-Aliasing) eingesetzt werden, um den Treppeneffekt an den Rändern der Pixel abzuschwächen, was zu einer mehr oder weniger deutlich schlechteren Darstellungsqualität führt. Und das Fazit? Nutzen Sie bei LCDs einfach immer deren Maximalauflösung!

Hinweis

Zwei LCD-Bildschirme mit denselben physischen Abmessungen können unterschiedliche natürliche Auflösungen haben.

Durch die fest vorgegebene LCD-Auflösung entstehen für Techniker und Benutzer Probleme bei größeren, besseren Bildschirmen. Ein typischer 15-Zoll-LCD-Bildschirm hat eine Auflösung von 1.024x768. Bei 17-Zoll-LCDs liegt die Auflösung üblicherweise bei 1.280x1.024. Bei dieser hohen Auflösung werden die auf dem Bildschirm angezeigten Menüs und Texte recht klein, was insbesondere bei Personen mit gewissen Sehschwächen problematisch werden kann. Vielfach werfen diese Personen einfach das Handtuch und betreiben die hochwertigen LCDs bei niedrigerer Auflösung und leben einfach mit der geringeren Bildqualität. Das ist aber nicht der beste Ansatz zur Behebung des Problems.

Unter Windows XP (und weniger ausgeprägt auch in früheren Windows-Versionen) lässt sich die Schnittstelle umfassend anpassen. Sie können Schriftgröße, Schriftart und Schriftfarbe ändern. Symbole, Werkzeugleisten usw. lassen sich in der Größe anpassen. Sie können sogar die Auflösung (in dpi – angezeigte Punkte je Zoll) für den gesamten Bildschirm anpassen, so dass alle angezeigten Elemente größer oder kleiner werden!

Die Grundanpassung können Sie über das Applet ANZEIGE in der SYSTEMSTEUERUNG vornehmen. Aktivieren Sie dort das Register DARSTELLUNG. Um die Anzeigeauflösung unter Windows XP zu ändern, aktivieren Sie das Register EINSTELLUNGEN und klicken dort die Schaltfläche ERWEITERT an. Im Register ALLGEMEIN finden Sie die Option DPI-EINSTELLUNG, die dem erwähnten Zweck dient. Unter Windows Vista klicken Sie dazu einfach die Option SCHRIFTGRAD ANPASSEN (DPI) in der Aufgabenliste an. Ihre Kunden werden es Ihnen danken!

Helligkeit

Die Stärke der Hintergrundbeleuchtung eines LCD-Bildschirms bestimmt die Helligkeit des Bildschirms. Die Helligkeit wird in *Nits* (cd/m^2) angegeben und liegt zwischen 100 und 1000 Nits am oberen Ende. Durchschnittliche LCD-Bildschirme haben etwa 300 Nits, was größtenteils für eine ausgezeichnete Helligkeit gehalten wird.

Hinweis

Ein Nit entspricht einem Candela/m^2. Ein Candela entspricht in etwa der von einer Kerze ausgestrahlten Lichtmenge.

Reaktionszeit

Bei der Reaktionszeit eines LCD-Bildschirms handelt es sich um die Zeit, die es dauert, bis alle Subpixel von reinem Schwarz in reines Weiß wechseln und wieder zurück. Das entspricht in etwa dem Konzept der CRT-Bildwiederholrate, mit einem wichtigen Unterschied. Nachdem die Elektronenkanone in einem CRT-Bildschirm ein Phosphor beleuchtet hat, beginnt dieses Phosphor zu verblassen, bis es wieder angestrahlt wird. Einzelne LCD-Subpixel behalten ihren Leuchtwert aber bei, bis er von der LCD-Schaltung wieder geändert wird. Daher gibt es bei LCDs auch keinerlei Probleme mit Bildschirmflackern.

Die Hersteller messen die LCD-Reaktionszeiten in Millisekunden – je niedriger, desto besser. Ein typischer betagter LCD-Bildschirm hat eine Reaktionszeit von etwa 20 bis 25 ms. Diese Bildschirme sehen zwar gut aus, erzeugen beim Betrachten von Filmen oder bei schnellen Spielen aber so etwas wie Geisterbilder. In den letzten Jahren haben die Hersteller dieses Problem in den Griff bekommen, und es gibt LCD-Bildschirme mit Reaktionszeiten von 5 bis 8 ms.

Bildwiederholrate (Refresh Rate)

Die Bildwiederholrate wird bei LCD-Monitoren ähnlich wie bei Röhrenmonitoren angegeben (z.B. 60 Hz), der Begriff hat aber bei den beiden Technologien eine etwas andere Bedeutung. Bei CRT-Bildschirmen wird, wie Sie wissen, das Leuchten des Phosphors auf dem Bildschirm schwächer und es muss von den Elektronenkanonen vielfach in der Sekunde erneut beschossen werden, wenn für eine flackerfreie Darstellung gesorgt werden soll. Im Gegensatz dazu sorgen bei den einzelnen Pixeln einer LCD-Matrix Transistoren dafür, dass diese leuchten. Die Pixel müssen nicht aufgefrischt werden und sind entweder ein- oder ausgeschaltet. Unabhängig von der Bildwiederholrate können LCD-Monitore daher nicht flackern.

Die Bildwiederholrate gibt beim LCD-Monitor an, wie oft der Bildschirminhalt geändert bzw. komplett neu aufgebaut werden kann. Wenn Sie sich die Bildwiederholrate bei einem LCD-Monitor als Metronom oder Taktgeber vorstellen, dann kommt dies dessen Funktionsweise näher. Bei den meisten Rechneranwendungen sind die 60 Hz in Ordnung, die sich als Industriestandard etabliert haben. Menschen können bei Bewegtbildern etwa bis zu 24 Änderungen pro Sekunde wahrnehmen. Dieser Wert wird auch bei Kinofilmen standardmäßig verwendet und liegt beim Fernsehen, bei *HD*-Signalen (*High Definition*) und Spielfilmen auf DVD oder Blu-Ray-Discs nur geringfügig höher. Wenn der Bildschirm also etwa zwei bis drei Mal schneller aufgebaut werden kann, dann ist das selbst für Spiele mit schnellen Bewegungen mehr als ausreichend.

Monitorhersteller haben aber im Zuge des Zusammenwachsens von LCDs, Fernsehern und Computern auch 100-, 120- und jüngst sogar 200-, 240-Hz-LCD-Monitore entwickelt, um HD-Filme oder *SD*-Inhalte (*Standard Definition*) problemlos und ohne sichtbare Artefakte auf LCD-Monitoren darstellen zu können.

Bei dem in Deutschland und den meisten europäischen Ländern eingesetzten PAL-System (Phase Alternating Line) bieten sich 100 oder 200 Hz als Bildwiederholfrequenz an, weil Filme hier mit einer Bildwiederholrate von 25 Hz (bzw. 50 Halbbildern) wiedergegeben werden, die sich wiederum aus der *Netzfrequenz* (50 Hz) ableitet. In Ländern, in denen der *NTSC*-Standard (*National Television Systems Committee*) eingesetzt wird, basiert die Bildwiederholrate auf der dort üblichen Netzfrequenz (60 Hz) und der dort im Fernsehbereich üblichen Bildwiederholrate von etwa 30 Hz (bzw. 60 Halbbildern).

> **Hinweis**
>
> Eine Grafikkarte muss Dual-Link-DVI unterstützen, um einen 120-Hz-Monitor oder einen entsprechenden Fernseher ansteuern zu können. Mehr dazu erfahren Sie bei der Vorstellung der DVI-Anschlüsse später in diesem Kapitel.

Kontrastverhältnis

Ein großer Nachteil von LCD-Bildschirmen besteht darin, dass sie (insbesondere in heller Umgebung) nicht annähernd die Farbsättigung oder den Kontrast guter Bildröhren bieten, auch wenn die LCD-Technologie hier stetig aufholt. Ein gutes Kontrastverhältnis (der Unterschied zwischen den dunkelsten und hellsten Farbtönen, die ein Bildschirm darstellen kann) liegt bei 450:1, ein kurzer Besuch im Computerladen zeigt jedoch, dass es LCDs mit schlechteren (250:1), aber auch besseren Werten (1000:1) gibt.

LCD-Hersteller werben mit Angaben für das *dynamische Kontrastverhältnis* ihrer Bildschirme, bei dem der Unterschied zwischen einem voll erleuchteten, weißen Bildschirm und einem voll abgeschalteten, schwarzen Bildschirm gemessen wird. Dabei ergibt sich ein viel höherer Wert als bei dem ansonsten üblichen Kontrastverhältnis. Meine Samsung-Bildschirme haben z.B. ein Kontrastverhältnis von 1000:1, aber ein dynamisches Kontrastverhältnis von 20.000:1. Klingt schrecklich, oder? Allgemein hat das dynamische Kontrastverhältnis auf die Arbeit am Computermonitor keine Auswirkungen. Konzentrieren Sie sich bei Ihrem Urteil über LCD-Bildschirme auf das Standard-Kontrastverhältnis.

Projektoren

Projektoren bieten Computern eine Alternative zur Darstellung von Bildern. Sie sind erste Wahl, wenn es um Präsentationen vor Publikum oder die großflächige Anzeige in einem Klassenzimmer oder größeren Räumen geht. Es gibt zwei Methoden der Bildprojektion, nämlich von hinten und von vorn. Wie der Name schon sagt, wirft ein *Rückprojektor* (Abbildung 19.24) das Bild von hinten auf den Bildschirm. Rückprojektoren sind immer in ein Gerät eingebaut und sehr beliebt bei großflächigen Fernsehgeräten, werden aber in der PC-Welt so gut wie gar nicht genutzt.

Abbildung 19.24: Rückprojektor (Foto mit freundlicher Genehmigung von Samsung)

Die herkömmlichen *Projektoren*, die häufig *Beamer* genannt werden, strahlen Bilder nach vorne hin ab, und müssen sich in passender Entfernung von einer geeigneten Projektionsfläche befinden. Beamer, die an PCs mit Microsoft PowerPoint angeschlossen sind, gehören seit mindestens zehn Jahren zu den unverzichtbaren Hilfsmitteln bei Meetings (Abbildung 19.25). Dieser Abschnitt befasst sich mit Projektoren, die an PCs angeschlossen werden können.

Abbildung 19.25: Beamer (Foto mit freundlicher Genehmigung von Dell Inc.)

> **Hinweis**
>
> Computer- und die Unterhaltungsindustrie wachsen immer mehr zusammen. Neuere Grafikkarten bieten DVI- und oft auch HDMI-Anschlüsse. Diese sorgen (notfalls über entsprechende Adapter) für die Verbindung mit modernen Beamern. Mehr dazu erfahren Sie weiter hinten in diesem Kapitel im Abschnitt *Anschlüsse*.

Projektortechnologien

Projektoren, die an PCs angeschlossen werden, gibt es schon fast so lange wie die eigentlichen PCs. Innerhalb dieser Zeit wurden verschiedene Technologien für die Projektoren verwendet. Die erste Projektorgeneration verwendete CRTs. Jede Farbe verwendete eine separate Röhre, die das Bild auf einen Bildschirm projizierte (Abbildung 19.26). CRT-Projektoren erzeugen wunderbare Bilder, aber sie sind teuer, groß und extrem schwer, und sie wurden mittlerweile größtenteils von moderneren Technologien abgelöst.

Abbildung 19.26: CRT-Projektor

Angesichts der Tatsache, dass LCD-Panels lichtdurchlässig sind, eignen sich LCD-Projektoren optimal als Beamer. LCD-Projektoren sind leicht und viel preiswerter als CRTs, bieten aber nicht dieselbe Bildqualität. LCD-Projektoren sind so leicht, dass fast alle tragbaren Projektoren LCDs verwenden (Abbildung 19.27).

Abbildung 19.27: LCD-Projektor (Foto mit freundlicher Genehmigung von ViewSonic)

> **Hinweis**
>
> Eine weitere Technologie, die man heute bei Projektoren findet, die jedoch außerhalb des Themenbereichs für die CompTIA A+-Prüfungen liegen, ist *DLP* (*Digital Light Processing*). Einzelheiten dazu finden Sie im Abschnitt *Jenseits von A+* in diesem Kapitel.

Alle Projektoren haben in etwa dieselben Eigenschaften wie Bildschirme, die mit der gleichen Technologie arbeiten. So haben beispielsweise LCD-Projektoren alle eine natürliche, feste Auflösung. Darüber hinaus müssen Sie drei für Projektoren spezifische Konzepte verstehen: Lumen, Projektionsdistanz und Lampen.

Lumen

Die Helligkeit von Projektoren wird in *Lumen* angegeben. Ein Lumen entspricht der Lichtmenge, die eine vom menschlichen Auge aus einem bestimmten Winkel wahrgenommene Lichtquelle abstrahlt. Je größer der Lumenwert eines Projektors ist, desto heller ist er. Die jeweils besten Lumenwerte sind von der Raumgröße und von der dort vorhandenen Beleuchtung abhängig. Es gibt keine allgemeingültige Empfehlung für den »richtigen« Lumenwert für einen Projektor, aber Anhaltswerte: Wenn Sie einen Projektor in einem kleinen, abgedunkelten Raum verwenden, sind 1.000 bis 1.500 Lumen völlig ausreichend. Wenn Sie dagegen einen Projektor in einem mittelgroßen Raum mit typischer Beleuchtung einsetzen, benötigen Sie mindestens 2.000 Lumen. Projektoren für große Räume haben Lumenwerte von 10.000 und sind sehr teuer.

Projektionsdistanz

Die *Projektionsdistanz* (*Throw*) ist die Größe des Bildes bei einem bestimmten Abstand vom Bildschirm. Alle Projektoren haben eine empfohlene minimale und maximale Projektionsdistanz, die Sie berücksichtigen sollten. Eine typische Projektionsdistanz kann wie folgt ausgedrückt werden. Ein Projektor mit einem Bildverhältnis von 16:9 muss 3,5 bis 4 Meter von der Projektionsoberfläche entfernt sein, um eine Bildschirmdiagonale von 2,5 Metern zu erhalten. Eine so genannte *Long-Throw-Linse* besitzt ein Verhältnis von Bildschirmgröße zu Distanz von 1:2. Um also eine einen Meter große Projektion zu erhalten, müssen Sie den Projektor zwei Meter entfernt von der Leinwand aufstellen. Einige *Short-Throw-Linsen* verringern dieses Verhältnis auf bis zu 1:1!

Lampen

Lampen sind die Schwachstelle aller Projektoren. Lampen leisten Schwerstarbeit im Projektor, weil sie eine enorme Menge an Licht produzieren müssen. Daher erzeugen sie relativ viel Wärme, und alle Projektoren benötigen Lüfter, die ein Überhitzen der Lampen verhindern. Wenn Sie einen Projektor ausschalten, läuft der Lüfter weiter, bis die Lampe vollständig abgekühlt ist. Lampen sind sehr teuer und kosten oft mehrere Hundert Euro, was auf Benutzer schockierend wirkt, die beim Ausfall der Lampe nicht auf derartige Preise gefasst sind!

Gemeinsame Merkmale

Bildröhre oder LCD, alle Monitore besitzen eine Reihe von Merkmalen, die Sie für den Einkauf, die Installation, die Wartung und die Fehlersuche kennen müssen.

Bildschirmgröße

Beim Kauf von Röhrenbildschirmen sollten Sie sorgfältig vorgehen. Es gibt eine ganze Reihe unterschiedlicher Bildschirmabmessungen, die jeweils in Zoll angegeben werden (meist werden auch die entsprechenden metrischen Werte genannt). Bei allen Bildschirmen finden Sie zwei Angaben: die Bildschirmgröße und den tatsächlich sichtbaren Bereich. Die Bildschirmgröße wird von einer zur anderen diagonal gegenüberliegenden Ecke gemessen. Der tatsächlich sichtbare Bereich wird von einer Ecke der sichtbaren Röhre zur diagonal gegenüberliegenden Seite gemessen. Die letzte der beiden Angaben wird häufig *sichtbarer Bereich* genannt (Abbildung 19.28). Der Unterschied zwischen den beiden Angaben beträgt meist ein oder zwei Zoll. Der sichtbare Bereich bei einem 17-Zoll-Monitor beträgt z.B. ca. 15,5 Zoll.

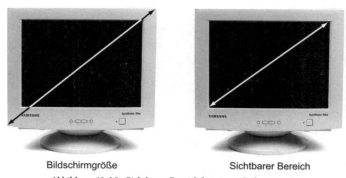

Bildschirmgröße   Sichtbarer Bereich

Abbildung 19.28: Sichtbarer Bereich bei einem Röhrenmonitor

Bei LCD-Monitoren werden keine zwei Werte mehr angegeben. Hier finden Sie üblicherweise nur die Angabe für den sichtbaren Bereich. Diesen Sachverhalt müssen Sie beim Vergleich von LCD-Monitoren mit herkömmlichen Bildschirmen berücksichtigen. Der sichtbare Bereich ist bei einem 15-Zoll-LCD-Monitor beinahe genauso groß wie bei einem 17-Zoll-Röhrenmonitor.

Anschlüsse

Herkömmliche PC-Monitore verwenden heute durchweg den bekannten 15-poligen, dreireihigen *DB-Anschluss* (Abbildung 19.29), der oft auch *D-Sub-Anschluss* oder *VGA-Anschluss* genannt wird, und einen Netzstecker. Bei größeren Mehrzweckmonitoren begegnen Sie möglicherweise einigen anderen Anschlüssen. Soweit es die herkömmlichen Monitore betrifft, benötigen Sie aber nur diese beiden Anschlüsse.

Abbildung 19.29: Traditioneller Monitorstecker

Hinweis

Für LCD-Monitore werden Sie häufig auch die Bezeichnungen *Flatpanel* oder *LCD-Panel* hören. Ich ziehe es aber vor, von *LCD-Monitoren* zu sprechen. Sie sollten sich jedoch auf eine Reihe unterschiedlicher Bezeichnungen gefasst machen.

Anders als herkömmliche analoge Röhrengeräte arbeiten LCD-Monitore mit digitalen Signalen. Damit entsteht eine neue Problematik. Die im RAM einer Grafikkarte gespeicherten Daten sind eindeutig digital. Alle Grafikkarten ab VGA enthalten einen speziellen Chip (oder eine in einen Chip mit weiteren Aufgaben integrierte Funktion), der *RAMDAC* (*Random Access Memory Digital-to-Analog Converter*) genannt wird. Wie der Name bereits besagt, übernimmt der RAMDAC die digitalen Daten aus dem Video-RAM und wandelt sie in analoge Signale für das analoge Röhrengerät um (Abbildung 19.30). Der RAMDAC bestimmt eigentlich die von der Grafikkarte ausgegebene Bandbreite.

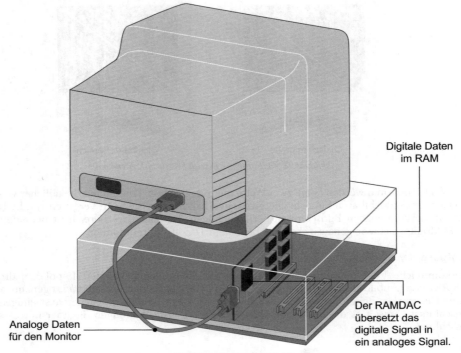

Abbildung 19.30: RAMDAC

RAMDACs sind sicherlich bei der Ausgabe auf herkömmlichen analogen Monitoren mit ihren Bildröhren sinnvoll. Wenn Sie jedoch einen LCD-Monitor an eine herkömmliche Grafikkarte anschließen wollen, müsste es im LCD-Monitor wiederum Schaltkreise geben, die das analoge Signal in ein digitales umwandeln (Abbildung 19.31).

Viele LCD-Monitore beschreiten diesen Weg. Sie werden *analoge LCD-Monitore* genannt. Der Monitor ist eigentlich nicht analog, sondern digital, arbeitet aber mit den üblichen VGA-Eingangssignalen. Derartige Monitore haben den Vorteil, dass sich beliebige Standard-VGA-Grafikkarten verwenden lassen. Aber bei diesen Monitoren ist eine Anpassung des analogen Taktsignals an den digitalen Takt im Innern des Monitors erforderlich. Das ist üblicherweise recht aufwendig. Allerdings enthalten die meisten analogen LCD-Monitore mittlerweile intelligente Schaltungen, die diesen Prozess entweder automatisieren oder sehr einfach machen.

Warum soll man aber das digitale Signal überhaupt erst in ein analoges Signal um- und anschließend wieder zurückwandeln? Diese Frage haben sich auch die Hersteller von Monitoren und Grafikkarten gestellt, so dass es etliche digitale LCD-Monitore und digitale Grafikkarten gibt. Diese Geräte verwenden nicht mehr den alten 15-poligen DB-Anschluss der herkömmlichen Grafikkarten und Monitore. Nach einigen fehlgeschlagenen Versuchen mit Anschlussstandards, wie z.B. P&D und DFP, folgen fast alle Geräte im digitalen LCD-Bereich dem *DVI*-Standard (*Digital Video Interface*). Bei DVI handelt es sich eigentlich um drei verschiedene Anschlüsse, die sich sehr ähnlich sind. *DVI-D* dient dem digitalen und *DVI-A* dem analogen Anschluss (wenn der Monitorhersteller die Abwärtskompatibilität wünscht). Mit *DVI-A/D* oder *DVI-I* (Interchangeable) lassen sich schließlich sowohl DVI-D- als auch DVI-A-Stecker verbinden. DVI-D und DVI-A sind so codiert, dass sie sich nicht versehentlich falsch anschließen lassen.

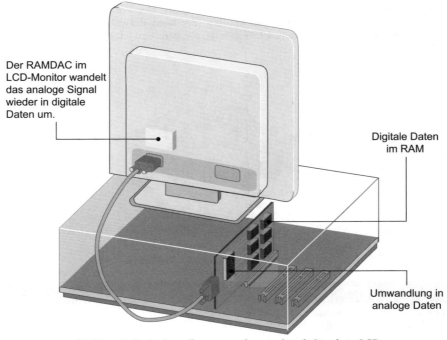

Abbildung 19.31: Rückwandlung von analogen in digitale Signale im LCD

DVI-D- und DVI-I-Anschlüsse gibt es in zwei Varianten, mit einfacher Verbindung (Single Link) und doppelter Verbindung (Dual Link). *Single-Link-DVI* hat eine maximale Bandbreite von 165 MHz, was in der Praxis die maximale Auflösung eines Bildschirms auf 1920x1080 bei 60 Hz oder 1280x1024 bei 85 Hz beschränkt. *Dual-Link-DVI* verwendet mehr Pins, um den Durchsatz zu verdoppeln, und erlaubt deshalb höhere Auflösungen (Abbildung 19.32). Mit Dual-Link-DVI können Sie Anzeigen mit Auflösungen von bis zu 2.048x1.536 bei 60 Hz betreiben!

Abbildung 19.32: Dual-Link-DVI-I-Anschluss

Hinweis

Sie können einen Single-Link-DVI-Bildschirm problemlos mit einem Dual-Link-DVI-Anschluss verbinden.

Im Monitorbereich ersetzen digitale Anschlüsse immer mehr die analogen. Digitale Anschlüsse machen Bildschirme und Grafikkarten preiswerter, erzeugen ein besseres Signal, weil keine Umwandlung erforderlich ist, und auch die Installation ist einfach. Das Problem dabei ist, dass kein Grafikkarten- oder Bildschirmhersteller der erste sein will, der nur noch digitale Anschlüsse unterstützt, deshalb werden sicherheitshalber weiterhin Produkte mit analogen und digitalen Anschlüssen hergestellt.

Die Grafikkartenhersteller haben es da leichter. Sie verwenden entweder sowohl einen VGA- als auch einen DVI-D-Anschluss, oder aber einen DVI-I-Anschluss. Der Vorteil von DVI-I ist, dass Sie einen billigen DVI-I/VGA-Adapter verwenden können (der normalerweise im Lieferumfang der Grafikkarte enthalten ist), wie in Abbildung 19.33 gezeigt, um ganz einfach einen analogen Bildschirm anzuschließen.

Abbildung 19.33: DVI/VGA-Adapter

Hinweis

Grafikkarten mit zwei Grafikanschlüssen unterstützen den Anschluss von zwei Bildschirmen, was später in diesem Kapitel im Abschnitt *Dual-Monitior-Betrieb* noch beschrieben wird.

Die Bildschirmhersteller haben es schwerer. Die meisten Hersteller von LCD-Bildschirmen haben den Wechsel auf DVI vollzogen, aber viele stellen auch einen VGA-Anschluss für die Geräte bereit, die ihn noch benötigen.

Wenn Sie nicht gerade ein völlig neues System kaufen, werden Sie selten gleichzeitig sowohl eine Grafikkarte als auch einen Bildschirm kaufen. Wenn Sie einen Bildschirm oder eine Grafikkarte kaufen, achten Sie darauf, dass die Anschlüsse des neuen Geräts zum alten passen!

Einstellungen

Die meisten Monitoreinstellungen werden im Rahmen der Installation vorgenommen. Hier geht es erst einmal nur darum zu wissen, was sich einstellen lässt und wo sich diese Einstellungen vornehmen lassen. Natürlich besitzen alle Monitore einen Netzschalter. Üblicherweise gibt es auch Helligkeits- und Kontrastregler. Darüber hinaus verfügen die meisten Monitore (zumindest jene, zu deren Kauf sich raten lässt) über ein integriertes Menüsystem, über das man eine Reihe von Einstellungen vornehmen kann. Der Zugang zu diesen Menüs ist bei den verschiedenen Herstellern unterschiedlich geregelt, sie weisen aber durchweg zwei Hauptfunktionen auf, zu denen die Größe der Darstellung (größer, kleiner, nach links, rechts, oben und unten verschieben usw.) und die Farbanpassung zählen. Im Rahmen der Farbanpassung lassen sich die Farbkanonen (rot, grün, blau) so einstellen, dass man möglichst ideale Farbtöne erhält. All diese Einstellungen werden von persönlichen Vorlieben beeinflusst. Sorgen Sie dafür, dass der jeweilige Anwender des Rechners versteht, wie er diese Einstellungen ändern kann (Abbildung 19.34).

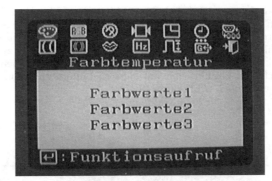

Abbildung 19.34: Typische Menüsteuerung zur Monitoreinstellung

Energie sparen

CRT- und LCD-Bildschirme unterscheiden sich im Hinblick auf den Energieverbrauch ganz wesentlich. Ganz einfach ausgedrückt: CRTs brauchen viel, LCDs brauchen viel weniger.

Bei einem Desktop-PC entfällt etwa die Hälfte des Energieverbrauchs auf den Monitor. Bildschirme, die der *VESA-Spezifikation* (*Video Electronics Standards Association*) für *DPMS* (*Display Power-Management Signaling*) entsprechen, können den Energieverbrauch um ca. 75 Prozent senken. Das wird dadurch erreicht, dass die Grafikkarte während Leerlaufzeiten weniger oder gar keine Signale mehr zum Monitor überträgt. Wenn keine Signale mehr übertragen werden, legt der Monitor letztlich ein Nickerchen ein. Der Vorteil vor dem einfachen Abschalten des Monitors liegt in der für den Wiederaufbau des Bildschirminhalts erforderlichen Zeitspanne.

Ein typischer Röhrenmonitor verbraucht ca. 120 Watt. Während eines Nickerchens oder im Stromsparmodus wird der Energieverbrauch auf weniger als 25 Watt abgesenkt, während der Bildschirminhalt immer noch in weniger als zehn Sekunden wiederhergestellt werden kann. Das völlige Abschalten wird dadurch erreicht, dass keine Taktimpulse mehr zum Monitor gesendet werden. Dies verringert den Stromverbrauch auf weniger als 15 Watt. Allerdings dauert es dann etwa 15 bis 30 Sekunden, bis wieder eine lesbare Anzeige hergestellt werden kann.

Ein typischer LCD-Bildschirm verbraucht weniger als die Hälfte der von einem Röhrenmonitor benötigten Energie. Ein 19-Zoll-Flachbildschirm mit einem 4:3-Seitenverhältnis benötigt z.B. als Spitzenwert etwa 33 Watt und im DPMS-Modus weniger als 2 Watt. Bei größeren LCDs liegen die Spitzenwerte höher als bei kleineren. Ein 21-Zoll-Widescreen-Modell könnte als Spitzenwert beispielsweise etwa 75 Watt benötigen, kommt aber im DPMS-Modus ebenfalls mit weniger als 2 Watt aus. Sie können Ihre Stromrechnung senken, wenn Sie Ihre Röhrenmonitore durch LCDs ersetzen!

Hinweis

Diese Aussagen lassen sich auf große Fernseher nicht übertragen! Da diese sich keine Nickerchen leisten können, brauchten 81-cm-Röhrenfernseher (solange es sie noch gab) und entsprechende Flachbildfernseher etwa gleich viel Energie (etwa 150 Watt).

Grafikkarten

Die Grafikkarte verarbeitet im PC die Daten vom Prozessor, bereitet sie auf und überträgt sie zum Bildschirm. Die Grafikkarte besteht aus zwei wesentlichen Komponenten: dem *Video-RAM* und den Schaltkreisen des *Grafikprozessors*. Im Video-RAM wird das anzuzeigende Bild gespeichert. Bei den ersten Grafikkarten handelte es sich (wie beim RAM auf dem Mainboard) um einfaches DRAM. Die heutigen Grafikkarten arbeiten häufig mit schnellerem Speicher als das System! Die Schaltkreise des Grafikprozessors übernehmen die Daten aus dem Video-RAM und übertragen sie zum Monitor. Während die ersten Grafikprozessoren nur wenig mehr getan haben, als zwischen dem Prozessor des Rechners und dem Video-RAM zu vermitteln, sind Grafikprozessoren heute oft sogar leistungsfähiger als die CPU des Rechners! Grafikkarten mit eigenen Lüftern zur Kühlung ihrer Prozessoren sind heute keineswegs ungewöhnlich (Abbildung 19.35).

Abbildung 19.35: Grafikkarte mit Kühlkörper und Lüfter

Dieser Abschnitt befasst sich mit den fünf Aspekten, die eine Grafikkarte ausmachen: Grafikmodi, Mainboard-Anschlüsse, Grafikprozessor, Video-RAM und Anschlüsse.

Grafikmodi

Am besten lassen sich Grafikkarten verstehen, wenn man sich mit ihren Anfängen und Entwicklungen befasst. Lange vor dem ersten PC gab es Anzeigegeräte für Computer. Als der PC Verbreitung fand, wurden fast ausschließlich Texte auf dem Bildschirm ausgegeben, so dass Grafikkarten nur »Bilder« auf dem Monitor darstellen konnten, die aus den 256 ASCII-Zeichen bestanden. Diese Zeichen bestanden aus Pixelmustern, die im System-BIOS gespeichert waren. Wenn Programme ein Zeichen anzeigen wollten, verständigten sie sich mit DOS oder dem BIOS, die dann das Bild dieses Zeichens im Speicher der Grafikkarte ablegten. Dann erschien das Zeichen auf dem Monitor.

Textbasierte Grafikkarten ließen sich einfach einsetzen und preiswert herstellen. Die Einfachheit resultierte daraus, dass es nur 256 Zeichen gab und dass keine Farben, sondern lediglich einfarbiger (monochromer) Text verfügbar war.

Die Zeichen ließen sich jedoch hell, dunkel, normal, unterstrichen oder blinkend darstellen. Sie ließen sich einfach positionieren, da lediglich für 80 Zeichen pro Zeile und 25 Zeilen Platz zur Verfügung stand.

Vor vielen Jahren war RAM sehr teuer, weshalb die Hersteller von Grafikkarten ein Interesse daran hatten, möglich wenig RAM zu verwenden. Die Herstellung von Monochrom-Grafikkarten, die lediglich im Textmodus arbeiteten, war eine gute Möglichkeit, die RAM-Kosten niedrig zu halten. Denken wir einen Augenblick darüber nach. Erstens befindet sich der Bildschirminhalt im Video-RAM. Man benötigt mindestens so viel Video-RAM, wie zur Darstellung eines kompletten Bildschirms erforderlich ist. Alle ASCII-Zeichen belegen acht Bit (per Definition), so dass ein Monitor bei 80 Zeichen/Zeile und 25 Zeilen

```
80 Zeichen x 25 Zeilen = 2.000 Zeichen = 16.000 Bit bzw. 2.000 Byte
```

benötigt. Die Grafikkarte braucht also weniger als 2 KB Speicher. Das war selbst für 1981, als der erste PC erschien, nicht viel. Dabei habe ich jedoch ein paar Dinge übersehen, denn auch die Informationen über Unterstreichungen, Blinken usw. müssen irgendwo gespeichert werden. Letztlich ließen sich die Karten jedoch bei der winzigen Menge des erforderlichen Speichers preiswert halten.

In den ersten Tagen des PC wurde eine neue Art Grafikkarte erfunden, die auch Grafiken darstellen konnte. Sie ähnelte dem reinen Textadapter. Der Textadapter war jedoch auf die 256 ASCII-Zeichen beschränkt, während die Programme beim Grafikadapter beliebige Pixel auf dem Bildschirm ein- und ausschalten konnten. Die Karte war immer noch monochrom, aber Programme konnten auf einzelne Pixel zugreifen und hatten daher viel kreativere Steuerungsmöglichkeiten des Bildschirms. Natürlich war dazu mehr Video-RAM erforderlich. Die ersten Grafikadapter arbeiteten mit 320x200 Pixel. Für jedes Pixel wurde ein Bit benötigt (an und aus), so dass

```
320 x 200 = 64.000 Bit oder 8.000 Byte
```

benötigt wurden. Das ist schon wesentlich mehr, als für den reinen Text erforderlich war, war aber auch für die damalige Zeit noch nicht viel. Mit steigenden Auflösungen nahm jedoch auch die Größe des zur Speicherung dieser Daten erforderlichen Video-RAMs zu.

Nach der Erfindung der Monochrom-Grafikkarte war der Schritt hin zu farbigen Text- und Grafikadaptern nicht weiter schwierig. Die Frage war nur, wie die Farbinformationen für die einzelnen Zeichen (Textadapter) oder Pixel (Grafikadapter) gespeichert werden sollten. Die Antwort war einfach, denn es mussten lediglich einige zusätzliche Bits für die einzelnen Pixel oder Zeichen bereitgestellt werden. Damit lautete die Frage nun, wie viele Bits jeweils verwendet werden sollten. Und das hing von der Anzahl der Farben ab, die verwendet werden sollten. Im Grunde genommen bestimmt die Anzahl der Farben die Anzahl der Bits. Wenn man z.B. vier Farben verwenden will, benötigt man zwei Bit (je Pixel). Dann lassen sich z.B. die folgenden Farben realisieren:

00 = Schwarz	01 = Zyan (Blau)
10 = Magenta (rötliches Pink)	11 = Weiß

Wenn man zwei Bit je Pixel verwendet, lassen sich vier Farben darstellen. Wenn man mit 16 Farben arbeiten will, benötigt man vier Bit bzw. 16 verschiedene Binärkombinationen. Da niemand jemals einen Textmodus mit mehr als 16 Farben erfunden hat, beschränken wir uns von nun an auf Grafikmodi und denken in Bit je Pixel. Für 256 Farben müsste jedes Pixel durch 8 Bit repräsentiert werden. Beim Computer entspricht die Anzahl der Farben immer einer Zweierpotenz: 4, 16, 64, 256 K usw. Beachten Sie, dass zur Speicherung der Informationen bei höherer *Farbtiefe* mehr Video-RAM benötigt wird. Die folgenden Farbtiefen mit den zu ihrer Speicherung je Pixel erforderlichen Bits sind am verbreitetsten:

2 Farben = 1 Bit (mono)
4 Farben = 2 Bit
16 Farben = 4 Bit
256 Farben = 8 Bit
64 K Farben = 16 Bit
16,7 Millionen Farben = 24 Bit

Kaum ein Techniker wird je sagen: »Ich stelle meine Grafikkarte so ein, dass sie mehr als 16 Millionen Farben darstellt.« Stattdessen sagen sie: »Ich verwende eine Farbtiefe von 24 Bit.« Reden Sie von Bits und nicht von Farben! Man geht davon aus, dass Sie die Anzahl der Farben bei den verschiedenen Farbtiefen kennen.

Bei einem Computer unter Windows 2000 oder XP können Sie die Farbtiefe im Applet EIGENSCHAFTEN VON ANZEIGE auf der Registerkarte EINSTELLUNGEN einstellen (Abbildung 19.36). Wenn Sie einen typischen Windows-XP-Computer einrichten, sehen Sie dort, dass Windows Ihnen 32-Bit-Farbqualität anbietet, so dass Sie glauben könnten, dass Sie aus über 4 Milliarden Farben auswählen können, aber das ist einfach nicht der Fall. Die 32-Bit-Farbeinstellung unterstützt 24-Bit-Farbtiefe mit

Kapitel 19

einem 8-Bit-Alpha-Kanal. Ein Alpha-Kanal kontrolliert die Deckkraft einer bestimmten Farbe. Durch die Verwendung eines Alpha-Kanals kann Windows Farben beim Erzeugen halbtransparenter Bilder effizienter mischen. In Windows XP sehen Sie dies am Schlagschatten unter einem Menü, unter Windows Vista kann fast jedes Bildschirmelement halbtransparent dargestellt werden (Abbildung 19.37).

Abbildung 19.36: Einstellung der Farbtiefe unter Windows XP

Abbildung 19.37: Halbtransparenz unter Windows Vista

Anzeige: Bildschirm und Grafikkarte

Ihre Grafikkarte und Ihr Bildschirm können Windows in einer bestimmten Anzahl verschiedener Auflösungen und Farbtiefen darstellen. Die Auswahlmöglichkeiten sind von den möglichen Auflösungen und Farbtiefen und den vom Bildschirm unterstützten Bandbreiten abhängig. Jede Kombination aus Auflösung und Farbtiefe, die Sie für Ihr System einstellen können, wird als *Modus* bezeichnet. Der Standardisierung halber hat VESA bestimmte Auflösungen definiert, die alle von dem Uhrahn der Grafikmodi abgeleitet sind: VGA.

VGA

Mit der Einführung des PS/2 stellte IBM den *VGA*-Standard (*Video Graphics Array*) vor. Dieser Standard arbeitete bei einer Auflösung von 640x480 Pixeln mit 16 Farben. Der VGA-Standard konnte mehr Farben unterstützen, da er mit einem analogen Videosignal und nicht mehr digital arbeitete, wie es vorher der Fall gewesen war. Ein digitales Signal kann nur zwei Werte (ein/aus) annehmen. Durch die Verwendung eines analogen Signals kann der VGA-Standard 64 verschiedene Pegel für die drei Farben (RGB) unterscheiden und bringt es damit auf 64^3 bzw. 262.144 mögliche Farben, auch wenn jeweils nur 16 oder 256 gleichzeitig darstellbar sind. In den meisten Fällen beschreibt die Auflösung von 640x480 bei 16 Farben den »VGA-Modus«. Das ist typischerweise die Auflösung und Farbtiefe, die lange auf vielen Softwarepaketen als Minimalanforderung für die Anzeige angegeben wurde. Alle seither hergestellten Grafikkarten können die ursprüngliche VGA-Auflösung ausgeben. Reine VGA-Grafikkarten sind mittlerweile aber längst veraltet.

Jenseits von VGA

Die 1980er-Jahre waren hinsichtlich der Grafikdarstellung auf dem Bildschirm eine recht merkwürdige Zeit. Auch wenn höhere Auflösungen durchaus gefragt waren, war VGA bis in die späten 1980er hinein der höchste von der VESA definierte Modus. Die Nachfrage motivierte die VESA dann mit der Zeit zur Einführung einiger neuer Modi mit Bezeichnungen wie z.B. SVGA und XGA. Selbst heute werden noch neue Modi veröffentlicht! Tabelle 19.1 führt einige der gängigsten Modi auf.

Grafikmodus	Auflösung	Seitenverhältnis	Typisches Gerät
VGA	640x480	4:3	Ursprünglicher VGA-Standard
SVGA	800x600	4:3	Kleine Bildschirme
XGA	1.024x768	4:3	Viele ältere LCD-Bildschirme
HDTV 720p	1.280x720	16:9	Kleinste Auflösung, die oft als HDTV oder auch *HDReady* bezeichnet wird
WXGA	1.280x800	16:10	Kleine Widescreen-Laptops
SXGA	1.280x1.024	5:4	Native Auflösung vieler Desktop-LCD-Bildschirme
WSXGA	1.440x900	16:10	Widescreen-Laptops
SXGA+	1.400x1.050	4:3	Laptop-Bildschirme und Profi-Projektoren
WSXGA+	1.680x1.050	16:10	Viele 20- bis 22-Zoll-Computermonitore
UXGA	1.600x1.200	4:3	Größere CRT-Bildschirme
HDTV 1080p	1.920x1.200	16:9	Full-HDTV-Auflösung
WUXGA	1.920x1.200	16:10	24-Zoll-Computermonitore

Tabelle 19.1: Verbreitete Anzeigemodi

Um die verschiedenen Kombinationen von Auflösung und Farbtiefe unterstützen zu können, müssen Grafikkarten ausreichend viel Video-RAM besitzen. Lange war dies wirklich entscheidend, weil der Speicher der Grafikkarten spärlich bemessen war. Eine Grafikkarte mit nur 2 MB RAM konnte z.B. bei hoher Farbtiefe (16 Bit) eine Auflösung von 1.024x768 unterstützen, scheiterte daran aber bei True-Color-Darstellung (24 Bit Farbtiefe). Tabelle 19.2 zeigt einige Auflösungen und Werte für den praktischen Speicherbedarf bei verschiedenen Farbtiefen. Alle modernen Grafikkarten unterstützen die True-Color-Darstellung bei all ihren Auflösungen.

Auflösung	16 Bit (High Color)	24 Bit (True Color)
640x480	1 MB	1 MB
800x600	1 MB	2 MB
1.024x768	2 MB	4 MB
1.200x1.024	4 MB	4 MB
1.600x1.200	4 MB	6 MB

Tabelle 19.2: Praktische RAM-Anforderungen bei verschiedenen Auflösungen/Farbtiefen

Wichtig

Bei Hochformat-LCD-Monitoren können die Zahlenangaben für die Grafikauflösung vertauscht werden. Statt 1.280x1.024 kann dann z.B. 1.024x1.280 angegeben sein. Auf den Speicherbedarf hat dies keinen Einfluss.

Mainboard-Anbindung

Die Nutzung höherer Farbtiefen verlangsamt die Bildschirmausgabe. Die von der Grafikkarte zum Bildschirm transportierten Daten müssen über die Speicherchips der Grafikkarte und den Erweiterungsbus übertragen werden, deren Geschwindigkeit begrenzt ist. Die in fast allen Systemen vorhandenen Standard-PCI-Steckplätze sind auf 32-Bit-Transfers bei etwa 33 MHz beschränkt, woraus sich eine maximale Bandbreite von 132 MBps ergibt. Das scheint zwar viel zu sein, relativiert sich bei Nutzung höherer Auflösungen, Farbtiefen und Bildwiederholraten aber schnell.

Betrachten Sie z.B. die typische Auflösung von 800x600 bei der (für einen Röhrenmonitor) moderaten Bildwiederholrate von 70 Hz. 70 Hz bedeutet, dass die Bildschirmanzeige 70-mal pro Sekunde neu aufgebaut wird. Wenn Sie eine niedrigere Farbtiefe von 256 Farben verwenden, also 8 Bit ($2^8 = 256$), dann lassen sich alle Werte leicht miteinander multiplizieren, um zu überprüfen, wie viele Daten pro Sekunde zum Bildschirm übertragen werden müssen:

```
800 x 600 x 1 Byte x 70 = 33,6 MBps
```

Wenn Sie dasselbe Beispiel für 16 Millionen Farben (24-Bit-Farbtiefe) betrachten, erhalten Sie 100,8 MBps. Vielleicht denken Sie jetzt, »PCI schafft doch 132 MBps, also ist das doch kein Problem!« Das wäre richtig, wenn der PCI-Bus sonst nichts tun müsste und sich ausschließlich um die Grafikkarte kümmern könnte, aber es gibt in fast jedem System mehrere PCI-Steckkarten, die alle ihr Stück vom Kuchen abbekommen wollen. Der PCI-Bus kann daher die Anforderungen der aktuellen Systeme längst nicht mehr erfüllen.

AGP

Mit *AGP (Accelerated Graphics Port)* kam Intel dem Wunsch nach einer höheren Grafikbandbreite nach. Bei AGP handelt es sich um einen einzelnen, speziellen Anschluss, der einem PCI-Steckplatz zwar ähnelt, der aber speziell für Grafikkarten vorgesehen ist. Es gibt kein Mainboard mit zwei AGP-Steckplätzen. Abbildung 19.38 zeigt einen AGP-Steckplatz der ersten Generation. AGP wurde von der PCI-2.1-Spezifikation mit 66 MHz und 32 Bit abgeleitet. AGP verwendet eine Funktion, das so genannte *Strobing*, das den Signaltakt je Zyklus verdoppelt, vervier- oder verachtfacht.

AGP nur als schnellere PCI-Variante zu beschreiben, würde seiner Leistungsfähigkeit aber nicht gerecht werden. AGP hat gegenüber PCI einige technologische Vorteile, wie z.B. den Bus, die interne Arbeitsweise und die Fähigkeit, 3-D-Texturen verarbeiten zu können.

Anzeige: Bildschirm und Grafikkarte

Abbildung 19.38: AGP-Steckplatz

Zunächst einmal wird für AGP ein eigener Datenbus verwendet, der direkt mit der Northbridge verbunden ist (Abbildung 19.39). Das ist sehr wichtig, weil die fortschrittlicheren AGP-Varianten abgesehen vom Frontside-Bus jeden anderen Bus im System überfordern würden!

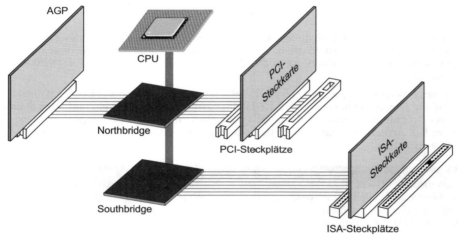

Abbildung 19.39: Ein AGP-Bus

Dann nutzt AGP – ähnlich wie die CPU – Pipelining-Befehle. Und schließlich unterstützt AGP eine *Sidebanding* genannte Funktion, bei der es sich im Grunde um einen zweiten Datenbus handelt, über den die Grafikkarte weiterhin Befehle zur Northbridge übertragen kann, während sie gleichzeitig andere Befehle empfängt.

Grafikkarten können allerlei praktische Tricks im eigenen Speicher ausführen. Beispielsweise können Grafikkarten Kopien einzelner Fenster speichern, um sie sehr schnell an verschiedenen Stellen auf dem Bildschirm anzeigen zu können. Anspruchsvolle Programme können das Video-RAM schnell auslasten, weshalb AGP über Möglichkeiten verfügt, mit denen es Teile des regulären Arbeitsspeichers für sich beanspruchen kann, um dort Grafikdaten zu speichern, wie insbesondere Texturen. Allgemein wird bei dieser recht gängigen Funktion von *Arbeitsspeicherzugriffen* (*System Memory Access*) gesprochen.

Hinweis

Intel selbst konnte sich nicht dazu durchringen, AGP-Arbeitsspeicherzugriffe auch so zu nennen, sondern verwendet stattdessen eine Reihe verschiedener Begriffe. Der Grafikprozessor nutzt Teile des Arbeitsspeichers unter Verwendung der *GART* (*Graphics Address Remapping Table*). Die Größe des so abgebildeten Speichers wird *AGP aperture* genannt. 32 oder 64 MB sind dafür typische Größen.

AGP hat drei verschiedene Spezifikationen (AGP1.0, AGP2.0 und AGP3.0) durchlaufen, aber die offiziellen Namen werden häufig ignoriert. Die meisten Techniker und Verbraucher nennen die verschiedenen Karten entsprechend ihrem Taktmultiplikator AGP 1x, AGP 2x, AGP 4x bzw. AGP 8x. Durch das Verwischen der Unterschiede zwischen den Spezifikationen entsteht nur das Problem, dass viele neuere Mainboards ältere AGP-Karten einfach nicht unterstützen, weil diese einen anderen physischen Anschluss benötigen.

Einige Mainboards unterstützen mehrere AGP-Versionen. Abbildung 19.40 zeigt einen AGP-Steckplatz, der sich für alle Varianten bis hin zu AGP 8x und selbst für die seltenen AGP-Pro-Steckkarten eignet. Beachten Sie, dass der Einsatz im Sockel die zusätzlichen Kontakte abdeckt, die für AGP Pro benötigt werden.

Abbildung 19.40: AGP-8x-Steckplatz

Da viele AGP-Karten auch in älteren AGP-Mainboards funktionieren, kann es gutgehen, wenn Karten und Steckplätze unterschiedlichen AGP-Spezifikationen entsprechen. Die beste und stabilste Leistung bekommen Sie aber dann, wenn Sie eine vom Mainboard umfassend unterstützte AGP-Karte verwenden.

Der einzige wesentliche Nachteil von AGP sind die niedrigen Toleranzen bei den Kontakten der Karten. Häufig setzt man eine neue AGP-Karte ein, schaltet den Rechner ein und muss dann feststellen, dass der Rechner nicht startet und allenfalls noch piept, um zu signalisieren, dass er keine Grafikkarte erkannt hat. Achten Sie immer sorgfältig darauf, dass die AGP-Steckkarte richtig fest sitzt, bevor Sie das System starten.

> **Hinweis**
>
> Der Hinweis gilt auch dann, wenn Sie an einem Rechner mit AGP-Grafikkarte Umbauten vornehmen oder das System transportiert wurde. AGP-Grafikkarten neigen dazu, »einfach mal so« aus ihren Steckplätzen zu rutschen.

PCIe

AGP ist ein wunderbares Verfahren, um Grafikdaten schnell von und zu Grafikkarten zu transportieren, hat aber den Nachteil, einen speziellen Anschluss zu benötigen – und das in einem Bereich, in dem Einsparungen höchste Priorität haben. Das auf PCI basierende AGP verwendet eine parallele Schnittstelle. Als die PCI-Express-Schnittstelle (PCIe) als designierter PCI-Nachfolger entwickelt wurde, setzten die Entwickler alles daran, auch AGP zu ersetzen. PCIe ist eine natürliche Weiterentwicklung für Grafikkarten, weil es unglaublich schnell ist und mit serieller Datenübertragung arbeitet. Weil es sich bei PCIe um einen echten Erweiterungsbus handelt, der dafür ausgelegt wurde, mit CPU und RAM zu kommunizieren, unterstützt er auch die vielen kleinen AGP-Extras, wie beispielsweise Sidebanding und Arbeitsspeicherzugriffe. Alle PCIe-Grafikkarten verwenden den PCIe-x16-Steckplatz (Abbildung 19.41). PCIe konnte AGP als primäre Grafikschnittstelle beinahe von einem auf den anderen Tag ersetzen.

Grafikprozessoren

Der *Grafikprozessor* (*GPU – Graphics Processing Unit*) leistet die Schwerarbeit und übernimmt und übersetzt die Befehle von der CPU in vom Bildschirm verstandene Koordinaten und farbige Darstellungen.

Anzeige: Bildschirm und Grafikkarte

Abbildung 19.41: PCIe-Grafikkarte in einem PCIe-Steckplatz

In Gesprächen, die sich um Grafikkarten drehen, geht es (zumindest unter Technikern) fast immer um verwendete Grafikprozessoren und die Speicherkapazitäten der Karten. Eine typische Grafikkarte könnte z.B. ATI Radeon X1950 XTX 512 MB heißen. Das wollen wir jetzt genauer betrachten. ATI heißt der Hersteller, Radeon X1950 XTX das Modell und gleichzeitig der Grafikprozessor, und 512 MB weist auf die Kapazität des Video-RAMs hin.

Es gibt zwar viele Unternehmen, die Hunderte verschiedener Grafikkarten anbieten, aber nur zwei Unternehmen, die die meisten der aktuell auf Grafikkarten eingesetzten Grafikprozessoren herstellen: nVidia und ATI. ATI und NVIDIA stellen Grafikprozessoren her und verkaufen sie an Dritthersteller, die dann eigene Grafikkarten entwickeln, herstellen und unter ihrem eigenen Markennamen anbieten. ATI bietet auch eine eigene Palette von Grafikkarten an. Abbildung 19.42 zeigt eine nVidia GeForce GTX 260 auf einer Steckkarte der Firma EV3A.

Abbildung 19.42: nVidia GeForce GTX 260

Kapitel 19

Die Auswahl des Grafikprozessors ist die wohl wichtigste Einzelentscheidung beim Kauf einer Grafikkarte. Preiswerte Grafikprozessoren eignen sich üblicherweise gut für den Durchschnittsanwender, der Briefe schreiben oder mit einem Webbrowser arbeiten will. High-End-Grafikprozessoren werden entwickelt, um die jeweils aktuell beliebten 3-D-Spiele zu unterstützen.

nVidia und ATI sind heftige Konkurrenten, und beide Unternehmen bringen in jedem Jahr mehrere Grafikprozessormodelle (und damit auch neue Kartenmodelle) heraus. Wenn Sie jedoch nicht gerade den Vista-Aero-Glass-Desktop verwenden, sind alle Zusatzfunktionen, die die Grafikkarten bieten, letztlich nur für die eigentliche treibende Kraft für die Grafikkarten vorgesehen: 3-D-Spiele. Ihr PC kann Ihnen mit zahlreichen beliebten Spielen Stunden faszinierender Unterhaltung bieten, die Sie in 3-D-Umgebungen voller Licht, Schatten, Explosionen und anderer erstaunlicher Effekte mitnehmen – mit einer abwechslungsreichen und wunderbaren Spielerfahrung.

Diese 3-D-Spiele stellen spezielle Anforderungen, um all diese wunderbaren Dinge leisten zu können. Eine dieser Anforderungen betrifft die *Oberflächenstrukturen* bzw. *Texturen*. Dabei handelt es sich um kleine Bilder, die auf Wänden, Böden und anderen Oberflächen immer wieder wiederholt werden, um die 3-D-Welt zu erschaffen. Betrachten Sie die Mauer in Abbildung 19.43. Sie besteht aus drei Texturen, die sich auf der Oberfläche immer wieder wiederholen.

Abbildung 19.43: Eine aus Texturen bestehende Wand

In Spielen werden auch Hunderte von Lichteffekten, wie z.B. Transparenz (Wasser), Schatten, Reflexionen und Oberflächengestaltungen verwendet, so dass sich mehrere Texturen an einer Stelle überlagern und für ein unebenes, welliges Aussehen der Oberfläche sorgen. In derartigen Spielen können die besseren Grafikprozessoren ihre überlegenen Fähigkeiten erst wirklich ausspielen.

Die Wahl des Grafikprozessors ist deshalb problematisch, weil von den Herstellern laufend neue Modelle entwickelt werden. Einen der besten Anhaltspunkte bietet der Preis. Die besten (und neuesten) Grafikkarten kosten etwa 400 bis 500 Euro. Die preiswertesten Modelle sind bereits für knapp 50 Euro erhältlich. Üblicherweise halbiere ich die Preisdifferenz und entscheide mich für eine Grafikkarte, die etwa 200 Euro kostet. Derartige Karten bieten bereits die meisten der gewünschten Merkmale und sprengen dabei nicht gleich das Bankkonto.

Wenn Sie Ihren Computer nur für 2-D-Programme einsetzen (die meisten Büroanwendungen, wie z.B. Textverarbeitung, E-Mail und Webbrowser), dann nützen Ihnen die meisten Funktionen anspruchsvollerer Grafikkarten recht wenig. Wenn Sie nicht zu den Spielernaturen gehören, dann können Sie sich einfach nur am Preis orientieren, da dann bereits die preiswertesten Grafikkarten alle Anforderungen mehr als erfüllen sollten.

Video-RAM

Der Grafikspeicher ist für den Betrieb des Rechners kritisch. Bei ihm handelt es sich wahrscheinlich um jene elektronischen Bauteile, die im PC am härtesten arbeiten müssen. Video-RAM wird laufend aktualisiert und spiegelt alle Änderungen auf dem Bildschirm wider. Ein Grafikspeicher kann drei ernsthafte Engstellen darstellen, wenn Sie mit sehr leistungsabhängigen Programmen (wie etwa Spielen) arbeiten: Datendurchsatzgeschwindigkeit, Zugriffsgeschwindigkeit und einfach Kapazität.

Die Hersteller haben diese Engpässe auf drei Wegen überwunden, indem sie die Breite des Busses zwischen dem Video-RAM und dem Grafikprozessor vergrößert haben, indem sie spezielle, superschnelle RAM-Bausteine einsetzen und indem sie immer mehr Arbeitsspeicher hinzufügen.

Erstens haben die Hersteller den Grafikspeicher auf den Karten von der typischen 32 Bit breiten Struktur auf 64, 128 oder sogar 256 Bit erweitert. Dies wäre kein großer Vorteil, da ja der Systembus weiterhin auf 32 bzw. 64 Bit beschränkt bleibt, wenn es sich bei den meisten Grafikkarten nicht eigentlich um Platinen mit grafischen Koprozessoren handeln würde. Das Rendering und die Verarbeitung werden größtenteils von dem Grafikprozessor auf der Grafikkarte selbst und nicht vom Systemprozessor übernommen. Das Hauptsystem liefert lediglich die Eingangsdaten für den Prozessor auf der Grafikkarte. Durch den Speicherbus auf der Grafikkarte, der bis zu acht Mal breiter als der Standard-32-Bit-Übertragungsweg (256 Bit) ist, lassen sich Daten viel schneller manipulieren und zum Monitor übertragen (Abbildung 19.44).

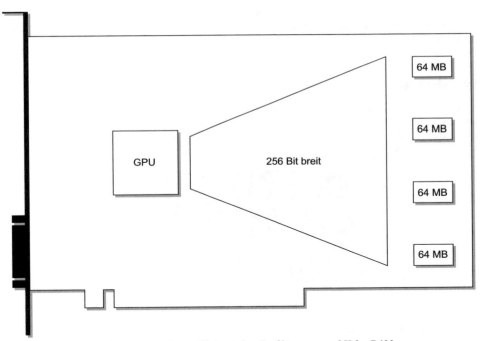

Abbildung 19.44: Breiter Pfad zwischen Grafikprozessor und Video-RAM

Neben der Verbreiterung des Busses zwischen dem Grafikprozessor und dem Video-RAM haben die Hersteller eine Reihe spezieller RAM-Varianten entwickelt, die die Ausgabegeschwindigkeit deutlich steigern. Das wichtigste unterscheidende Merkmal zwischen DRAM und Video-RAM besteht darin, dass Grafik-RAM gleichzeitig Daten lesen und schreiben kann. Tabelle 19.3 führt einige der gebräuchlichen Video-RAM-Technologien auf, die früher verwendet wurden und heute noch verwendet werden – Sie sollten sie für die Prüfungen kennen!

Abküring	Name	Zweck
VRAM	Video RAM	Das ursprüngliche Grafik-RAM
WRAM	Window RAM	Sollte VRAM ersetzen, hat dies jedoch nie geschafft
SGRAM	Synchronous Graphics RAM	SDRAM-Version mit Funktionen für den beschleunigten Zugriff auf Grafiken
DDR-SDRAM	Double Data Rate Synchronous DRAM	Wurde für preiswertere Grafikkarten und häufig für Laptop-Grafikkarten verwendet
DDR2-SDRAM	Double Data Rate Version 2, Synchronous DRAM	Beliebt für Grafikkarten bis GDDR3; niedrigere Spannung als DDR-Speicher
GDDR3-SDRAM	Graphics Double Data Rate, Version 3	Vergleichbar mit DDR2, läuft aber mit höheren Geschwindigkeiten, andere Kühlanforderungen
GDDR4 SDRAM	Graphics Double Data Rate, Version 4	Upgrade von GDDR3, schnellerer Takt
GDDR5 SDRAM	Graphics Double Data Rate, Version 5	Nachfolger von GDDR4 mit verdoppelter E/A-Rate

Tabelle 19.3: Video-RAM-Technologien

Schließlich bieten viele fortgeschrittene 3-D-Grafikkarten hohe Video-RAM-Kapazitäten. Häufig findet man Karten mit 64, 128, 256, 512 MB oder sogar 1 GB RAM! Warum so viel? Selbst mit PCI Express dauert der Zugriff auf Daten im System-RAM immer deutlich länger als der Zugriff auf Daten im lokalen Arbeitsspeicher der Grafikkarte. Durch den riesigen Video-RAM-Speicher können Spielentwickler ihre Spiele optimieren und mehr wichtige Daten lokal im Video-RAM speichern.

Anschlüsse

Moderne Grafikkarten bieten Anschlüsse für einen oder mehrere Bildschirme. Vielfach finden Sie auch Anschlüsse für andere Geräte, wie z.B. Fernseher. Die Grafikkarte in Abbildung 19.45 besitzt drei Anschlüsse: VGA, DVI-I und S-Video. Weiterhin werden Composite-, Komponenten- und HDMI-Anschlüsse häufiger verwendet.

Abbildung 19.45: Grafikkarte mit VGA-, DVI-I- und S-Video-Anschlüssen

Für Standardbildschirme

Aus den Abschnitten, in denen die Bildschirme vorgestellt wurden, kennen Sie die Standardanschlüsse der Bildschirme bereits: VGA und DVI. Dem ist eigentlich nur noch hinzuzufügen, dass die meisten DVI-Anschlüsse an Grafikkarten heute nativ auch Analogsignale unterstützen. Daher können Sie z.B. auch einen einfachen DVI-VGA-Adapter benutzen, um ein VGA-Kabel an eine Grafikkarte anzuschließen.

Desktop-Rechner wie der Apple Macintosh verwenden zur Verbindung mit einem Monitor einen *DisplayPort*-Anschluss anstelle von VGA oder DVI. Dell unterstützt zurzeit ebenfalls DisplayPort. Abbildung 19.46 zeigt eine DisplayPort-Buchse an einem portablen Rechner der Firma Dell.

Abbildung 19.46: DisplayPort-Buchse

Für Multimediageräte

An Grafikkarten kann es neben den Standardanschlüssen einen oder mehrere weitere standardisierte und auch nicht standardisierte Anschlüsse geben, über die sich der PC mit Multimediageräten, wie z.B. Fernsehern, DVD-Playern oder Videokameras verbinden lässt. Der älteste Anschluss, dem man häufiger begegnete, war der S-Video-Anschluss. Dieser diente der Videoausgabe in brauchbarer Qualität und fungierte manchmal auch als Videoeingang. Heute noch ist es durchaus üblich, dass sich an Grafikkarten neben einem runden S-Video-Anschluss noch ein weiterer proprietärer runder Anschluss findet, mit dem man über einen Adapter einen Component- oder eine Komponenten-Verbindung herstellen kann. Abbildung 19.47 zeigt die ähnlichen runden Anschlüsse.

Abbildung 19.47:

Bei einem *Composite*-Anschluss wird das Videosignal über ein einzelnes Kabel, bei einem *Komponenten*-Anschluss (auch *Component*-Anschluss oder *YUV*-Anschluss) werden über einen Adapter getrennte Farbsignale (Rot, Grün und Blau) übertragen. Abbildung 19.48 zeigt die beiden Adapter, die eine bzw. drei Cinch-Buchsen bereitstellen.

Abbildung 19.48: Adapter für Komponenten- und Composite-Videosignale

Kapitel 19

> **Hinweis**
>
> Bei den Cinch-Anschlüssen handelt es sich um die auch an HiFi-Anlagen üblichen Stecker und Buchsen. Das Composite-Videosignal lässt sich über einen Adapter z.B. auch mit der bei älteren Fernsehgeräten vorhandenen SCART-Schnittstelle verbinden. (Und dieser technischen Generation entspricht das Composite-Videosignal auch qualitativ.)

Der *HDMI*-Anschluss (*High Definition Multimedia Interface*) stellt die beste Alternative zur Übertragung von Videosignalen zu einem Fernseher dar. Immer mehr Geräte, Grafikkarten und Bildschirme besitzen HDMI-Ausgänge und/oder entsprechende Eingänge (Abbildung 19.49). Und auch wenn an der Grafikkarte kein HDMI-Ausgang vorhanden ist, lässt sich ein Dual-Link-DVI-Anschluss über einen entsprechenden Adapter oder ein Adapterkabel mit einem HDMI-Anschluss verbinden. Abbildung 19.50 zeigt ein Beispiel für ein entsprechendes Kabel.

Abbildung 19.49: HDMI-Anschluss an einem Lenovo-Rechner

Über den HDMI-Anschluss werden im Bereich der Unterhaltungselektronik Bild und Ton übertragen. Da DVI-Anschlüsse kein Tonsignal transportieren, muss bei der Verwendung eines Adapterkabels wie in Abbildung 19.50 bei Bedarf getrennt für die Tonverbindung gesorgt werden. Und ja, Sie können den Adapter auch dazu verwenden, um Computermonitore mit HDMI-Videosignalen zu speisen. (Möglicherweise klappt das aber nicht, weil der Computermonitor mit den Signalfrequenzen nichts anzufangen weiß. Häufig funktionieren aber zumindest die weniger anspruchsvollen Auflösungen, wie z.B. 720p.)

Abbildung 19.50: Ein solches Adapterkabel verwandelt einen DVI- in einen HDMI-Anschluss (und umgekehrt).

Anzeige: Bildschirm und Grafikkarte

Immer mehr Grafikkarten besitzen zudem direkt einen HDMI-Anschluss. Und auch der Ton muss dann nicht auf der Strecke bleiben. Wenn die entsprechenden Grafikkarten über einen *S/PDIF-Eingang* (zwei- oder dreipolige Stiftleiste) und das Mainboard über den dazu passenden *S/PDIF-Ausgang* (ebenfalls zwei- oder dreipolige Stiftleiste) verfügt, dann lässt sich über diese Verbindung der HDMI-Ausgang der Grafikkarte mit dem Tonsignal speisen.

> **Hinweis**
>
> Einige Grafikkarten enthalten integrierte TV-Tuner, mit denen ein PC auch als Fernseher genutzt werden kann, sofern man daran nur noch das passende Antennenkabel anschließt. Mehr über TV-Tuner und auch über S/PDIF erfahren Sie in Kapitel 20, *Multimedia*.

Grafikkarten installieren und konfigurieren

Nachdem Sie entschieden haben, welche Funktionen und welchen Preis Ihre neue Grafikkarte oder Ihr neuer Bildschirm haben soll, müssen Sie sie nur noch in Ihrem System installieren. Wenn es den passenden Anschluss an der Grafikkarte gibt, ist der Anschluss des Monitors ganz einfach. Etwas schwieriger gestaltet sich die Installation der Grafikkarte.

Beim Einbau der Grafikkarte müssen Sie auf zwei mögliche Probleme achten: lange Karten und den Abstand zur nächstgelegenen PCI-Karte. Einige der teuren Grafikkarten passen einfach nicht in bestimmte Gehäuse oder blockieren den Zugang zu wichtigen Mainboard-Anschlüssen, wie etwa den IDE-Anschlüssen. Für derartige Probleme gibt es keine einheitliche Lösung. Dann müssen Sie einfach eine der Komponenten umsetzen oder austauschen (Grafikkarte, Mainboard oder Gehäuse). Weil qualitativ hochwertige Grafikkarten oft sehr heiß werden, sollten Sie sie auch nicht direkt neben einer anderen Karte platzieren. Sorgen Sie dafür, dass der Lüfter auf der Grafikkarte ausreichend Lüftungsraum erhält. Dabei ist es sinnvoll, den Steckplatz neben der Grafikkarte frei zu lassen, um für einen besseren Luftstrom zu sorgen (Abbildung 19.51).

Abbildung 19.51: Einbau einer Grafikkarte

Nachdem Sie die Grafikkarte korrekt installiert und an den Bildschirm angeschlossen haben, ist die Hälfte schon geschafft. Sie müssen nur noch die Treiber installieren und für die passenden Einstellungen im Betriebssystem sorgen, also los!

Software

Die Softwarekonfiguration erfolgt normalerweise in zwei Schritten. Zuerst müssen Sie die Treiber für die Grafikkarte laden. Anschließend starten Sie die Systemsteuerung und dort das Applet ANZEIGE (Windows 2000/XP) bzw. ANPASSUNG (in der klassischen Ansicht unter Vista/7), um Ihre Einstellungen vorzunehmen. Jetzt wollen wir uns ansehen, wie die Grafikkarte und der Bildschirm unter Windows in Betrieb genommen werden.

Treiber

Wie alle anderen Hardwarekomponenten ist auch die Grafikkarte auf Treiber angewiesen, um funktionieren zu können. Die Treiber von Grafikkarten werden weitgehend wie die bereits beschriebenen anderen Treiber installiert: Entweder befindet sich bereits ein Treiber im Lieferumfang von Windows oder Sie müssen die mit der Grafikkarte gelieferte Installations-CD oder Treiber aus dem Internet benutzen.

Die Hersteller von Grafikkarten aktualisieren laufend ihre Treiber. Daher ist es sehr wahrscheinlich, dass für Grafikkarten, die bereits einige Monate alt sind, zumindest eine aktualisierte Treiberversion erhältlich ist. Daher sollten Sie möglichst die aktuellen Treiber von der Website des Herstellers benutzen, sofern solche verfügbar sind. Wenn auf der Website keine Treiber angeboten werden, dann verwenden Sie am besten die Treiber von der Installations-CD. Meiden Sie möglichst die Verwendung der Treiber aus dem Lieferumfang von Windows, da diese meist veraltet sind.

Auf Treiberaspekte werde ich ausführlicher nach der Beschreibung des Applets ANZEIGE bzw. ANPASSUNG eingehen. Wie viele andere Dinge im Zusammenhang mit dem Grafiksystem können Sie das eine Thema nicht vollständig verstehen, ohne zuvor nicht zumindest ein anderes verstanden zu haben!

Das Applet ANZEIGE/ANPASSUNG

Wenn die Treiber installiert sind, dann können Sie die Anzeigeeinstellungen konfigurieren. Die nächste Haltestelle ist das Applet ANZEIGE bzw. ANPASSUNG in der SYSTEMSTEUERUNG. Dieses Applet bietet praktischen, zentralen Zugang zu allen Anzeigeeinstellungen, wie z.B. der Auflösung, der Bildwiederholrate, den Treiberinformationen und der Farbtiefe.

Das Applet ANZEIGE verfügt unter Windows XP über fünf Registerkarten (Abbildung 19.52): DESIGNS, DESKTOP, BILDSCHIRMSCHONER, DARSTELLUNG und EINSTELLUNGEN. Die meisten dieser Registerkarten finden Sie auch unter älteren Windows-Versionen wieder. Die ersten vier Registerkarten enthalten Optionen, über die Sie das Aussehen von Windows beeinflussen und einen Bildschirmschoner einrichten können. Über die fünfte Registerkarte nehmen Sie Anpassungen vor, die sich direkt auf Bildschirm und Grafikkarte beziehen.

Das Applet ANPASSUNG bietet unter Windows Vista zwar ähnliche Funktionen, diese werden aber in einem Fenster als anklickbare Optionen und nicht auf mehrere Registerkarten verteilt angeboten (Abbildung 19.53). Vier der sieben Optionen gestalten sich dann ähnlich wie unter älteren Windows-Versionen, wie z.B. FENSTERFARBE UND -DARSTELLUNG, DESKTOPHINTERGRUND, BILDSCHIRMSCHONER und DESIGN. Über die letzte Option, ANZEIGE, nehmen Sie die Anpassungen des Monitors und der Grafikkarte vor. Um zwei der Optionen, SOUNDS und MAUSZEIGER, müssen wir uns hier gar nicht kümmern.

Anzeige: Bildschirm und Grafikkarte

Abbildung 19.52: Das Dialogfeld EIGENSCHAFTEN VON ANZEIGE unter Windows XP

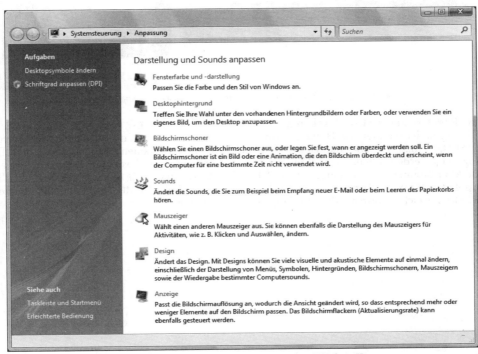

Abbildung 19.53: Das Applet ANPASSUNG unter Windows Vista

Kapitel 19

Unabhängig von der Darstellung auf Registerkarten oder als Optionen sind die Funktionen der beiden Applets einander doch recht ähnlich, weshalb ich sie nur einmal erklären werde. Auf wichtige Unterschiede zwischen den Versionen werde ich dabei hinweisen.

Wie der Bildschirm hübsch aussieht

Drei Registerkarten/Optionen im Applet ANZEIGE/ANPASSUNG haben die Aufgabe, das Erscheinungsbild des Bildschirms anzupassen: DESIGNS/DESIGN, DESKTOP/DESKTOPHINTERGRUND und DARSTELLUNG/FENSTERFARBE UND -DARSTELLUNG. Windows-Designs sind voreingestellte Konfigurationen für die Gestaltung der gesamten Windows-Umgebung (Abbildung 19.54).

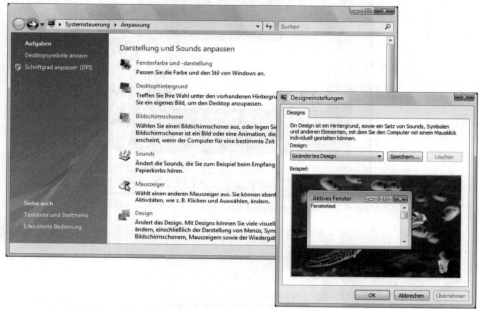

Abbildung 19.54: Die Option DESIGN im Applet ANPASSUNG unter Windows Vista

Die Registerkarte DESKTOP (Abbildung 19.55) bzw. die Option DESKTOPHINTERGRUND definiert die Hintergrundfarbe oder das Hintergrundbild. Außerdem finden Sie dort die praktische Schaltfläche DESKTOP ANPASSEN, über die Sie Symbole und Webseiten auswählen können, die auf dem Desktop angezeigt werden sollen. Unter Windows Vista/7 können Sie die Positionierung des Bildes auf dem Desktop bestimmen (Abbildung 19.56). Über DESKTOPSYMBOLE ÄNDERN in der Aufgabenliste des Applets ANPASSUNG können Sie hier wählen, welche Symbole (COMPUTER, PAPIERKORB und NETZWERK) in welcher Form auf dem Desktop angezeigt werden.

Anzeige: Bildschirm und Grafikkarte

Abbildung 19.55: Die Registerkarte DESKTOP im Dialogfeld EIGENSCHAFTEN VON ANZEIGE

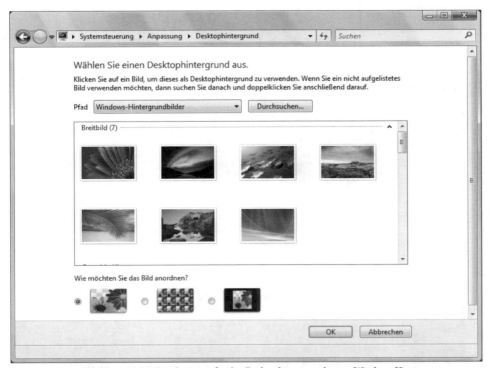

Abbildung 19.56: Die Optionen für den Desktophintergrund unter Windows Vista

Kapitel 19

Die letzte Registerkarte für die Desktopgestaltung unter Windows 2000/XP ist DARSTELLUNG. Hier findet die Feineinstellung des von Ihnen gewählten Designs statt. Der Hauptbildschirm bietet nur einige wenige Optionen, die eigentlich mächtigen sind über die Schaltfläche ERWEITERT erreichbar (Abbildung 19.57). In diesem Dialogfeld können Sie fast alles einstellen, was den Desktop betrifft, wie unter anderem die Schriften und Farben für jeden Fensterbereich.

Abbildung 19.57: Das Dialogfeld ERWEITERTE DARSTELLUNG

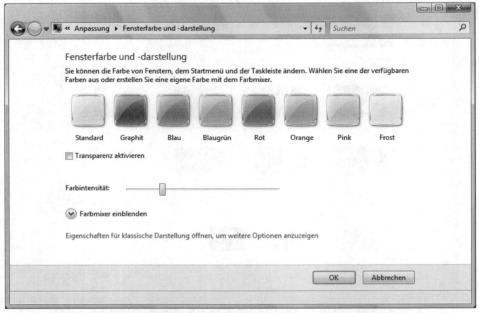

Abbildung 19.58: Die Option FENSTERFARBE UND -DARSTELLUNG unter Windows Vista

826

Oberflächlich betrachtet, ist die Option FENSTERFARBE UND DARSTELLUNG unter Windows Vista/7 ein wenig einfacher gestrickt und ermöglicht Ihnen nur die Änderung des Farbschemas, der Farbintensität und der Transparenz (Abbildung 19.58). Das ganze Füllhorn der Optionen wird aber erreichbar, wenn Sie den Link EIGENSCHAFTEN FÜR KLASSISCHE DARSTELLUNG ÖFFNEN, UM WEITERE OPTIONEN ANZUZEIGEN anklicken.

Bildschirmschoner

Auf den ersten Blick lässt sich über die Registerkarte/Option BILDSCHIRMSCHONER nur ein solcher einrichten. Nichts Aufregendes, denn die meisten Anwender benutzen irgendeinen Bildschirmschoner. Aber hier haben Sie Zugang zu einer der wichtigsten Einstellungen Ihres Systems – zur Energieverwaltung. Klicken Sie die Schaltfläche ENERGIEVERWALTUNG bzw. den Link ENERGIEEINSTELLUNGEN ÄNDERN an, um das Dialogfeld EIGENSCHAFTEN VON ENERGIEOPTIONEN bzw. das Applet ENERGIEOPTIONEN zu öffnen (Abbildung 19.59).

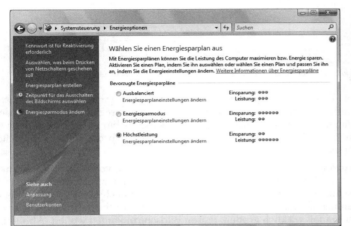

Abbildung 19.59: Das Applet ENERGIEOPTIONEN und das Dialogfeld EIGENSCHAFTEN VON ENERGIEOPTIONEN

Über diese Registerkarten und Optionen lässt sich die Energieverwaltung für das gesamte System einstellen. Da es sich bei der Energieverwaltung um einen recht umfassenden Prozess handelt, spare ich mir deren eigentliche Beschreibung für einen Bereich auf, wo das Energiesparen am wichtigsten ist, nämlich für Kapitel 21 (*Tragbare Rechner*).

Registerkarte Einstellungen/Applet Anzeige

Bei der Registerkarte EINSTELLUNGEN bzw. dem Applet ANZEIGE (Abbildung 19.60) handelt es sich um die zentrale Anlaufstelle zur Konfiguration aller Grafikeinstellungen. Im Hauptdialogfeld können Sie die Auflösung und die Farbtiefe einstellen. Windows zeigt nur die Auflösungen und Farbtiefen an, die von Ihrer Grafikkarte und Ihrem Bildschirm unterstützt werden und die für die meisten Situationen geeignet sind. Jeder hat eine bevorzugte Einstellung, und mehr ist nicht unbedingt besser. Insbesondere wenn man Probleme damit hat, kleine Bildschirmelemente zu erkennen, können hohe Auflösungen Schwierigkeiten bereiten – ohnehin kleine Symbole sind bei 1.280x1.024 schon *sehr* viel kleiner als bei 800x600. Probieren Sie alle Auflösungen aus, um zu sehen, welche Ihnen am besten gefällt – beachten Sie dabei jedoch, dass die Darstellung bei LCD-Bildschirmen bei ihrer ursprünglichen Auflösung (normalerweise der höchsten aufgeführten) am deutlichsten ist.

Kapitel 19

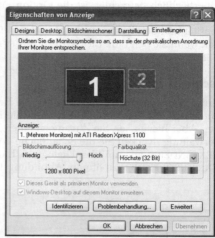

Abbildung 19.60: Das Dialogfeld ANZEIGEEINSTELLUNGEN und das Dialogfeld EIGENSCHAFTEN VON ANZEIGE

Die Option FARBQUALITÄT bzw. FARBTIEFE bestimmt, wie viele Farben auf Ihrem Bildschirm dargestellt werden. Die Bildschirmauflösung kann mit einem einfachen Schieberegler geändert werden, während die Farbtiefe (in Abhängigkeit vom Anzeigesystem) von 4 Bit bis hin zu 32 Bit wählbar ist. Wenn Sie nicht gerade eine alte Grafikkarte oder größere Geschwindigkeitsprobleme haben, sollten Sie Ihr System auf 32-Bit-Farben einstellen und dies nie wieder ändern.

Eine weitere Option bei den Anzeigeeinstellungen betrifft die Verwendung von zwei Bildschirmen. Windows unterstützt zwei (oder mehr) Bildschirme. Diese Bildschirme können zusammenarbeiten wie zwei Hälften eines großen Bildschirms, oder der zweite Bildschirm kann einfach dasselbe wie der erste anzeigen. Zwei Monitore zu benutzen, kann dann sehr praktisch sein, wenn Sie zwar mehr Platz auf dem Bildschirm benötigen, aber keinen wirklich großen, teuren Bildschirm kaufen wollen (Abbildung 19.61). Microsoft nennt diese Funktion auch *DualView*.

Abbildung 19.61: Mein Lektor bei der Arbeit mit zwei Bildschirmen

Wichtig

Windows unterstützt die *DualView*-Technologie, mit deren Hilfe Sie mehrere Bildschirme gleichzeitig benutzen können.

Anzeige: Bildschirm und Grafikkarte

Es gibt zwei Möglichkeiten, zwei Bildschirme einzurichten: zwei Grafikkarten einbauen, oder eine Grafikkarte verwenden, die zwei Bildschirme unterstützt (eine *Dual-Head*-Grafikkarte). Beide Methoden sind gebräuchlich und funktionieren problemlos. Duale Bildschirme sind einfach zu konfigurieren – Sie schließen die Bildschirme einfach an, und Windows erkennt sie. Windows zeigt beide Bildschirme auf der Registerkarte EINSTELLUNGEN an, wie Abbildung 19.62 zeigt. Standardmäßig ist der zweite Bildschirm nicht aktiviert. Um den zweiten Bildschirm nutzen zu können, markieren Sie einfach das Kontrollkästchen DESKTOP AUF DIESEN MONITOR ERWEITERN. Alternativ können Sie den jeweiligen Monitor mit der rechten Maustaste anklicken und im Kontextmenü die Option ANGEFÜGT aktivieren.

Abbildung 19.62: Zwei Monitore aktivieren

Wenn Sie erweiterte Einstellungen benötigen, klicken Sie die Schaltfläche ERWEITERT bzw. ERWEITERTE EINSTELLUNGEN an (Abbildung 19.63). Sofern der Platz reicht, werden in der Titelleiste dieses Dialogfelds der Bildschirm und das Grafikkartenmodell angegeben.

Die beiden Registerkarten, die Sie hier am häufigsten verwenden werden, sind GRAFIKKARTE und MONITOR. Die Registerkarte GRAFIKKARTE bietet detaillierte Angaben zur Grafikkarte, wie beispielsweise über deren Videospeicher, den Grafikprozessor und die BIOS-Informationen (ja, auch Grafikkarten haben ein BIOS!). Sie können auch die Schaltfläche ALLE MODI AUFLISTEN anklicken, um den aktuellen Modus der Grafikkarte zu wechseln, aber hier gibt es keinen Modus, den Sie nicht auch mit Hilfe der Schieberegler auf dem Hauptbildschirm einstellen könnten.

Falls Sie noch einen CRT-Bildschirm verwenden, ist die Registerkarte MONITOR extrem praktisch. Hier können Sie die Wiederholrate (Abbildung 19.64) einstellen. Windows zeigt nur Wiederholraten an, die vom Bildschirm unterstützt werden, aber viele Bildschirme kommen auch mit höheren Wiederholraten zurecht, die besser für die Augen sind. Um alle Modi anzuzeigen, die von der Grafikkarte unterstützt werden, deaktivieren Sie das Kontrollkästchen MODI AUSBLENDEN, DIE VON DIESEM MONITOR NICHT ANGEZEIGT WERDEN.

Kapitel 19

Abbildung 19.63: Erweiterte Anzeigeeinstellungen

Abbildung 19.64: Registerkarte MONITOR

Anzeige: Bildschirm und Grafikkarte

> **Hinweis**
>
> Alle LCD-Bildschirme arbeiten mit einer feststehenden Wiederholrate.

Wenn Sie diese Möglichkeit nutzen wollen, steigern Sie die Wiederholrate in kleinen Schritten. Wenn der Bildschirm damit besser aussieht, verwenden Sie sie. Erscheint der Bildschirm verzerrt oder die Anzeige verschwindet, warten Sie einen Moment, dann kehrt Windows wieder zur ursprünglichen Wiederholrate zurück. Seien Sie vorsichtig bei der Verwendung von Modi, die Windows als ungeeignet für den Bildschirm erachtet. Wenn Sie einen CRT-Bildschirm länger als eine oder zwei Minuten auf eine höhere Wiederholrate setzen, die von ihm eigentlich nicht mehr unterstützt wird, können Sie ihn damit zerstören.

Viele Grafikkarten fügen dem Dialogfeld ERWEITERT eine eigene Registerkarte hinzu, andere erweitern die Systemsteuerung um ein eigenes Applet (Abbildung 19.65). Dort finden Sie alle Spezialeinstellungen der Grafikkarte. Was hier angezeigt wird, ist vom jeweiligen Modell der Karte und von der Treiberversion abhängig, aber hier finden Sie möglicherweise einige sehr interessante Einstellungen.

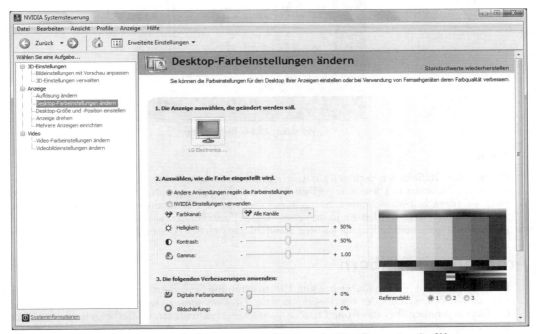

Abbildung 19.65: Applet der Systemsteuerung mit umfassenden Einstellungen einer Grafikkarte

Farbkorrektur

Manchmal entsprechen die Farben auf Ihrem Bildschirm nicht genau Ihrem Geschmack oder einfach nicht der Farbe, die Sie erzeugen wollen. In diesem Fall verwenden Sie die Farbkorrektur, um eine Feineinstellung der auf dem Bildschirm dargestellten Farben vorzunehmen.

Drehung

Fast alle Bildschirme sind standardmäßig breiter als hoch. Man spricht auch vom *Landschaftsmodus* oder der *Landscape-Darstellung*. Einige LCD-Bildschirme lassen sich aber auch so drehen, dass sie Benutzer unterstützen, die ihre Desktops höher als breit sehen wollen (*Porträt-Darstellung*). Abbildung

19.66 zeigt den LCD-Bildschirm des Autors im Porträtmodus. Wenn Sie Ihren Bildschirm drehen wollen, müssen Sie dies dem System mitteilen.

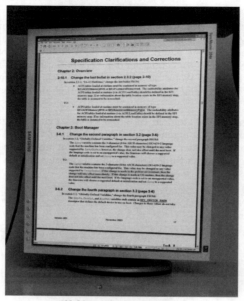

Abbildung 19.66: Porträtmodus

Modi

Die meisten Grafikkarten verfügen zusätzlich über sehr fortgeschrittene Einstellungen zur Feineinstellung Ihres Bildschirms. Diese sehr gefährlichen Einstellungen tragen Namen wie etwa »Sync-Polarität« oder »Vordere Schwarzschulter«. Sie gehören nicht in den Rahmen von CompTIA A+, und die wenigsten Techniker werden sie je brauchen. Diese Einstellungen werden hauptsächlich verwendet, um Auflösungen einzustellen, die keinem Standard entsprechen. Lassen Sie einfach die Finger davon!

Arbeiten mit Treibern

Da Sie nun wissen, wo Sie die wichtigsten Hilfsprogramme für die Anzeige im Betriebssystem finden, ist es an der Zeit, sich mit der Feinabstimmung des Grafiksystems zu befassen. Sie müssen wissen, wie Grafikkartentreiber über das Applet ANZEIGE/ANPASSEN aktualisiert, wiederhergestellt oder deinstalliert werden können.

Windows ist recht empfindlich, wenn es um Grafikkartentreiber geht. Wenn Sie vergessen, erst die Treiber der alten Grafikkarte zu deinstallieren, dann können Sie Windows durch die Installation der Treiber einer neuen Grafikkarte gelegentlich derart abstürzen lassen, dass das Betriebssystem neu installiert werden muss. Das geschieht zwar nur selten, kann aber passieren. Sie sollten der Grundregel folgen, immer erst die Treiber der alten Grafikkarte zu deinstallieren, bevor Sie die Treiber einer neuen Karte installieren.

Wenn Sie die Treiber einer Grafikkarte aktualisieren, dann können Sie wahlweise erst die alten Treiber deinstallieren, um anschließend die neuen zu installieren. Damit entspricht der Vorgang der Installation einer neuen Karte. Sie können aber auch die digitalen Muskeln ein wenig spielen lassen und neue Treiber direkt über die alten installieren.

Um die Treiber zu aktualisieren, klicken Sie das Applet ANZEIGE bzw. ANPASSEN in der SYSTEMSTEUERUNG doppelt an. Unter Windows 2000/XP aktivieren Sie im Dialogfeld EIGENSCHAFTEN VON

ANZEIGE die Registerkarte EINSTELLUNGEN und klicken die Schaltfläche ERWEITERT an. Unter Windows Vista/7 klicken Sie im Dialogfeld ANZEIGEEINSTELLUNGEN die Schaltfläche ERWEITERTE EINSTELLUNGEN an. Im dann angezeigten Dialogfeld aktivieren Sie die Registerkarte GRAFIKKARTE und klicken dort die Schaltfläche EIGENSCHAFTEN an. Im EIGENSCHAFTEN-Dialogfeld der Grafikkarte (Abbildung 19.67) aktivieren Sie die Registerkarte TREIBER und klicken dort die Schaltfläche AKTUALISIEREN/TREIBER AKTUALISIEREN an, um den Assistenten zu starten.

Abbildung 19.67: Registerkarte mit Angaben zur Treiberversion der Grafikkarte

Practical Application

3-D-Grafik

Kein anderer Bereich spiegelt die erstaunliche Beschleunigung der technologischen Entwicklungen besser wider als 3-D-Grafiken und insbesondere 3-D-Spiele. Wir sind die Zuschauer einer neuen Welt, in der die Software und die Hardware miteinander darum wetteifern, neue Realitäts- und Komplexitätsebenen zu erreichen und diese auf dem Computerbildschirm darzustellen. Mit dem Geld von Millionen PC-Spielern, die immer neue und bessere Spiele nachfragen, führen Hersteller ständig neue Grafikkarten ein und stellen neue Software vor, die unglaublich realistisch ist und für ungeheuren Spielspaß sorgt. Auch wenn der Spielesektor die PC-Industrie sicherlich in den Bereich der 3-D-Technologien führen wird, greifen viele andere PC-Anwendungen, wie z.B. CAD-Programme (*Computer Aided Design*), diese Technologien auf, so dass 3-D nicht nur im Spielesektor nützlich ist. In diesem Abschnitt werden wir die vielen über die letzten Kapitel verstreuten Fragmente zur 3-D-Grafik aufgreifen und zusammensetzen, damit Sie die Funktionen und die Konfiguration von 3-D-Grafiken schließlich verstehen werden.

Bis zum Beginn der 1990er Jahre eigneten sich PCs nicht besonders zur Darstellung von 3-D-Grafiken. Sicherlich gab es bereits viele 3-D-Anwendungen (vorwiegend 3-D-Design-Programme, wie z.B.

Kapitel 19

AutoCAD und Intergraph), aber diese Anwendungen griffen zur Erzeugung von 3-D-Grafiken auf proprietäre Verfahren zurück und machten es häufig notwendig, dass Anwender Komplettsysteme erwerben mussten, was für Gelegenheitsanwender keine wirkliche Alternative war.

Der große Wandel fand 1992 statt, als das kleine Unternehmen id Software ein neues Spiel namens *Wolfenstein 3-D* herausbrachte, das eine völlig neue Spielegattung ins Leben rief, die im englischen Sprachraum *first-person shooters* (FPS) genannt wird (Abbildung 19.68). In diesen Spielen dringt der Spieler in eine dreidimensionale Welt ein und interagiert mit Wänden, Türen und Gegenständen und schießt alle bösen Buben über den Haufen, die sich ihm im Spiel in den Weg stellen.

Abbildung 19.68: Wolfenstein 3-D

Wolfenstein 3-D erschütterte die PC-Spielewelt bis in ihre Grundfesten. Ein aufstrebendes kleines Unternehmen erschien plötzlich mit diesem neuen Spielformat, so dass Wolfenstein 3-D und id Software quasi über Nacht berühmt wurden. id Software wusste, dass ihr 3-D-Spiel für die damalige Zeit ziemlich hohe Hardwareanforderungen stellte, riskierte es aber und vertraute darauf, dass es genügend leistungsfähige Systeme gab, um das Spiel erfolgreich werden zu lassen. Das Risiko wurde belohnt und machte John Carmack und John Romero, die Gründer von id Software, zu den Vätern der 3-D-Spiele.

In frühen 3-D-Spielen kamen starre 3-D-Bilder (so genannte *Sprites*) zum Einsatz, aus denen die 3-D-Welt aufgebaut wurde. Ein Sprite ist nichts anderes als eine Bitmap-Grafikdatei, wie z.B. eine BMP-Datei. In diesen frühen Spielen wurde die Position eines Objekts aus der Perspektive des Spielers berechnet und ein Sprite zur Darstellung des Objekts platziert. Für die einzelnen Objekte standen nur beschränkt viele Sprites zur Verfügung. Wenn man um ein Objekt herumging, konnte man deutliche Sprünge wahrnehmen, wenn das aktuelle Sprite durch ein neues an der neuen Position ersetzt wurde. Abbildung 19.69 zeigt verschiedene Sprites desselben bösen Buben in Wolfenstein 3-D. Sprites waren nicht gerade schön, funktionierten bei den Einschränkungen der damaligen 486er und ersten Pentium-Rechnern jedoch recht gut.

Abbildung 19.69: Für die einzelnen Charaktere gab es eine beschränkte Anzahl von Sprites.

Die zweite 3-D-Generation begann, als Sprites durch echte 3-D-Objekte ersetzt wurden, die wesentlich komplexer als Sprites waren. Ein echtes 3-D-Objekt setzt sich aus vielen *Schnittpunktbeschreibungen* (*vertices*; Singular: vertex) zusammen. Jeder dieser Schnittpunkte verfügt in einer 3-D-Welt über eine definierte X-, Y- und Z-Position. Abbildung 19.70 zeigt die Schnittpunktbeschreibungen für ein Flugzeug in einer 3-D-Welt.

Der Computer muss laufend die Schnittpunkte aller Objekte in der 3-D-Welt aufzeichnen und dabei auch jene erfassen, die aktuell nicht sichtbar sind. Denken Sie daran, dass es in 3-D-Welten bewegungslose Objekte (wie z.B. eine Wand geben kann), animierte Objekte (wie z.B. eine sich öffnende und schließende Tür) oder sich bewegende Objekte (wie z.B. böse Monster, die versuchen, Sie mit ätzendem Schleim zu bespucken) geben kann. Dieser Berechnungsprozess wird *Transformation* genannt und beansprucht, wie Sie sich sicherlich denken können, die meisten Prozessoren äußerst stark. Intels SIMD- und AMDs 3-DNow!-Prozessorerweiterungen wurden speziell für die Berechnung von Transformationen entwickelt.

Abbildung 19.70: Schnittpunktbeschreibungen für ein 3-D-Flugzeug

Wenn der Prozessor erst einmal die Positionen aller Schnittpunkte errechnet hatte, konnte das System mit dem Füllen der 3-D-Objekte beginnen. Das Verfahren beginnt mit dem Zeichnen von Linien (*Kanten* bzw. *edges* in 3-D-Terminologie) zwischen den Schnittpunkten, um so das 3-D-Objekt aus vielen Dreiecken aufzubauen. Warum Dreiecke? Nun, vorwiegend wohl, weil die Spiele-Entwickler übereinstimmend der Meinung waren, dass zwar alle geometrischen Formen prinzipiell geeignet waren, dass sich Dreiecke vom mathematischen Standpunkt aus aber am besten eigneten. Wenn ich hier darauf ausführlicher eingehen wollte, müsste ich über Trigonometrie schreiben, und ich möchte wetten, dass Sie derart ausführliche Beschreibungen ohnehin nicht lesen würden! Bei allen 3-D-Spielen werden die Schnittpunktbeschreibungen (vertices) durch Dreiecke verbunden. Das 3-D-Verfahren fasst die Dreiecke dann in verschiedenen Formen, die *Polygone* genannt werden, zu Gruppen zusammen. Abbildung 19.71 zeigt das Modell aus Abbildung 19.70, wobei diesmal alle Schnittpunktbeschreibungen zu einer großen Anzahl von Polygonen verbunden sind.

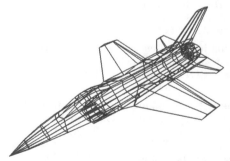

Abbildung 19.71: Die verbundenen Schnittpunkte bilden Polygone auf dem 3-D-Flugzeug.

Ursprünglich übernahm der Systemprozessor diese Berechnungen zum Erzeugen der Dreiecke. Heute wird diese Aufgabe jedoch von speziellen 3-D-Grafikkarten übernommen, die diesen Vorgang erheblich beschleunigen.

Der letzte Schritt bei den Spielen der zweiten Generation war die *Texturierung*. Alle 3-D-Spiele speichern eine Reihe von Bitmaps, die *Texturen* genannt werden. Das Programm »wickelt« die Texturen um das Objekt, um ihm eine Oberfläche zu geben. Texturen eignen sich hervorragend, denn sie bieten viele Details, ohne dass übermäßig viele Dreiecke berechnet werden müssen. Für einzelne

Objekte können eine oder mehrere Texturen verwendet werden, die auf einzelne Dreiecke oder Gruppen von Dreiecken (Polygone) angewandt werden. Abbildung 19.72 zeigt das fertige Flugzeug.

Abbildung 19.72: 3-D-Flugzeug mit hinzugefügten Texturen

Echtes 3-D, bei dem eher von »gerenderten« Objekten die Rede ist, sorgte sofort für eine Nachfrage nach überaus leistungsfähigen Grafikkarten und breiteren Datenbussen. Die Entwicklung von AGP durch Intel hatte vorrangig das Ziel, den mittlerweile für Grafikkarten zum Engpass gewordenen PCI-Bus abzulösen und einen Datenpfad zu schaffen, der auch die riesigen, zwischen dem Prozessor und der Grafikkarte zu transportierenden Datenmengen gewachsen war. Intel verlieh AGP die Fähigkeit zum Lesen des System-RAMs, um den zur Unterstützung von Texturen erforderlichen Speicher (auch) auf diesem Weg zur Verfügung stellen zu können. Ohne 3-D-Spiele gäbe es AGP (und wohl auch PCIe) wahrscheinlich nicht.

3-D-Grafikkarten

Mitte der 1990er Jahre war keine CPU auch nur annähernd in der Lage, die umfangreichen Berechnungen zum Rendern von 3-D-Welten zu bewältigen. Denken Sie daran, dass der Bildschirminhalt auch bei 3-D-Welten mindestens 24 Mal je Sekunde (Bildwiederholrate von Kinofilmen) aufgefrischt werden muss, um realistisch wirkende Bewegungsabläufe darstellen zu können. Der gesamte Prozess von der Transformation bis hin zur Texturierung darf also höchstens 1/24stel-Sekunde dauern! Weiterhin muss das Spiel nicht nur den Bildschirm neu aufbauen, sondern auch die Ereignisse aufzeichnen und z.B. die Anzahl der verbrauchten Munition notieren und für ein gewisses »intelligentes« Verhalten der bösen Buben sorgen. Es musste einfach etwas zur Entlastung der CPU unternommen werden. Die Lösung konnte nur aus dem Bereich der Grafikkarten kommen.

Es wurden Grafikkarten mit intelligenten Onboard-GPUs (*Graphical Processing Units*) entwickelt. Die GPU half der CPU, indem sie einige, manchmal sogar alle 3-D-Darstellungen übernahmen. Diese Grafikkarten haben nicht nur GPUs, sondern auch einen riesigen RAM-Speicher, um Oberflächenstrukturen zu speichern.

Ein Problem bleibt bei dieser Konfiguration aber bestehen: Wie lässt sich mit derartigen Grafikkarten kommunizieren? Natürlich benötigt man dafür Gerätetreiber. Wäre es aber nicht toll, wenn man Standardbefehle verwenden könnte, mit denen sich der Prozess weiter beschleunigen ließe? Am besten wäre es, wenn man einen standardisierten Befehlssatz definieren würde, den alle 3-D-Programme bei grundlegenden Aufgaben zur Kommunikation mit 3-D-Grafikkarten verwenden könnten und der aus Befehlen, wie z.B. »zeichne einen Kegel« und »lege Textur 237 über den gerade gezeichneten Kegel« bestünde.

Die Standards der Befehle für Grafikkarten führten zu einer Reihe von APIs (*Application Programming Interface* – Schnittstelle für die Anwendungsprogrammierung). Im Wesentlichen handelt es sich bei einem API um eine Bibliothek mit Befehlen, die die Entwickler von 3-D-Spielen in ihren Programmen verwenden. Das Programm, das die Grafikkarte gerade benutzt, sendet API-Befehle direkt an den Gerätetreiber. Gerätetreiber müssen die API-Befehle interpretieren können. Wenn Sie sich das Grafiksystem eines Rechners wie eine mehrschichtige Torte vorstellen, dann würde sich das Programm, das den Treiber für die Grafikhardware aufruft, der dann die Grafikhardware steuert, in der obersten Schicht befinden.

Im Laufe der Zeit wurden mehrere verschiedene APIs entwickelt, wobei es letztlich zwei klare Gewinner gab: OpenGL und DirectX. Der OpenGL-Standard wurde zwar für Unix-Systeme entwickelt, wurde aber *portiert*, so dass er mit einer Vielzahl von Computersystemen kompatibel ist, zu denen Windows- und Apple-Rechner zählen. Mit zunehmender Nachfrage nach 3-D-Grafik entschloss sich Microsoft selbst zur Teilnahme an dem Wettrennen und entwickelte sein eigenes API, das DirectX genannt wurde. DirectX werde ich im nächsten Abschnitt eingehender behandeln.

Auch wenn die verschiedenen APIs im Grunde genommen dieselben Aufgaben erfüllen (z.B. Befehle übersetzen und zum Grafikkartentreiber weiterleiten), erfüllen sie ihre Aufgabe doch auf etwas unterschiedliche Weise. In einigen 3-D-Spielen sorgt der OpenGL-Standard möglicherweise für die bessere Darstellung bei weniger CPU-Belastung als der DirectX-Standard. Im Allgemeinen werden Sie jedoch keinen großen Unterschied zwischen den mit OpenGL und DirectX erzeugten Bildern bemerken können.

DirectX und Grafikkarten

In der guten alten Zeit kommunizierten viele Anwendungen direkt mit einem großen Teil der PC-Hardware und konnten damit, wenn sie nicht sauber programmiert waren, einen Rechner zum Absturz bringen. Microsoft versuchte dieses Problem dadurch zu beheben, dass es die gesamte Hardware unter die Kontrolle von Windows stellte. Den Programmierern gefiel das aber gar nicht, weil Windows der Grafikverarbeitung zu viel zusätzliche Arbeit aufbürdete und den gesamten Programmablauf verlangsamte. Für die anspruchsvollsten Programme, wie z.B. Spiele, eignete sich nur der direkte Hardwarezugriff.

Diese Notwendigkeit, »Windows zu umgehen«, motivierte Microsoft zur Entwicklung einer neuen Reihe von Protokollen, die *DirectX* genannt wurden. Die Programmierer konnten DirectX nutzen, um bestimmte Hardwarekomponenten zu steuern und direkt mit dieser Hardware zu kommunizieren. DirectX bot die für die heute beliebten anspruchsvollen Spiele erforderliche Geschwindigkeit. Das vorrangige Ziel der Entwicklung von DirectX war es, die Ausführung von 3-D-Spielen unter Windows zu ermöglichen. Das heißt nicht, dass sich 3-D-Spiele unter Windows *vor* DirectX nicht ausführen ließen, sondern nur, dass sich Microsoft am API-Rennen vorher nicht beteiligt hatte und nichts damit zu tun haben wollte. Das Ziel von Microsoft bei der Entwicklung von DirectX bestand darin, eine absolut stabile Umgebung zu schaffen, die einen direkten Zugriff auf die Hardware ermöglichte, um 3-D-Anwendungen und 3-D-Spiele unter Windows angemessen ausführen zu können.

DirectX unterstützt nicht nur die Grafikausgabe, sondern auch Sound, Netzwerkverbindungen, Eingabegeräte und andere PC-Komponenten. Die verschiedenen Unterbereiche von DirectX tragen Namen wie DirectDraw, Direct3D oder DirectSound:

- ❑ *DirectDraw* unterstützt den Direktzugriff auf die Hardware bei 2-D-Grafik.
- ❑ *Direct3-D* unterstützt den Direktzugriff auf die Hardware bei 3-D-Grafik und ist damit der wohl wichtigste Teil von DirectX.
- ❑ *DirectInput* unterstützt den Direktzugriff auf die Hardware bei Joysticks und anderen Spielsteuerungen.
- ❑ *DirectSound* unterstützt den Direktzugriff auf die Hardware bei gesampelten Toninformationen.
- ❑ *DirectMusic* unterstützt den Direktzugriff auf die Hardware bei MIDI-Geräten.
- ❑ *DirectPlay* unterstützt den Direktzugriff auf Netzwerkgeräte bei Multiplayer-Spielen.
- ❑ *DirectShow* unterstützt den Direktzugriff auf Video- und Präsentationsgeräte.

Microsoft erweitert und ändert diese Liste laufend. Da fast alle Spiele auf DirectX angewiesen sind und die Treiber fast aller Grafikkarten DirectX unterstützen, müssen Sie sich davon überzeugen, dass DirectX auf Ihrem System installiert ist und ordnungsgemäß funktioniert. Dazu benutzen Sie das DirectX-Diagnoseprogramm, das Sie unter Windows 2000/XP z.B. über das Programm SYSTEMINFORMATIONEN aufrufen können. Sie erreichen das Programm über die Optionen ZUBEHÖR und SYSTEMPROGRAMME im Startmenü und wählen dann im Menü EXTRAS die Option DIRECTX-DIAGNOSEPROGRAMM. Wenn Sie sich vor ein wenig Tipparbeit nicht scheuen und sich den Programmnamen merken können, geht es allerdings deutlich schneller, wenn Sie im Startmenü einfach die Option AUSFÜHREN aufrufen und DXDIAG eingeben. Das Diagnoseprogramm sehen Sie in Abbildung 19.73.

Kapitel 19

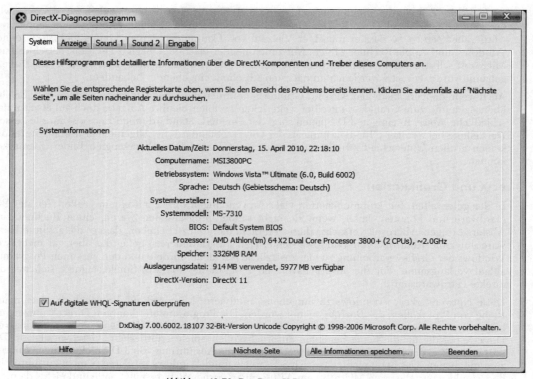

Abbildung 19.73: Das DirectX-Diagnoseprogramm

Entsprechend können Sie auch unter Windows Vista/7 im Startmenü in das Suchfeld dxdiag eingeben und [←] betätigen.

Die Registerkarte SYSTEM gibt Aufschluss über die installierte DirectX-Version. Auf dem System in Abbildung 19.73 ist DirectX 11 installiert. Anschließend können Sie die einzelnen DirectX-Funktionen testen, wenn Sie die anderen Register der Reihe nach aktivieren und die Tests ausführen lassen.

Was bringt DirectX also einer Grafikkarte? In den Zeiten, bevor DirectX bei den Spielentwicklern beliebt wurde, entwickelten viele Hersteller von GPUs ihre eigenen chipspezifischen APIs. 3dfx hatte z.B. Glide und S3 hatte ViRGE. Der Kauf von Spielen wurde dadurch unnötig kompliziert. Oft gab es von demselben Spiel mehrere Versionen für die verschiedenen Grafikkarten. Schlimmer noch, viele Spielentwickler nutzten die 3-D-Beschleunigung erst gar nicht, weil es dann einfach zu schwierig wurde, all die verschiedenen Grafikkarten zu unterstützen.

Das alles änderte sich, als Microsoft mit DirectX herauskam und immer mehr GPU-Hersteller dazu brachte, es zu unterstützen. Dadurch konnten die Spielhersteller wiederum Spiele schreiben, die DirectX nutzten und die auf allen erhältlichen Grafikkarten funktionierten. Fazit: Wenn Microsoft eine neue DirectX-Version veröffentlicht, dann versuchen alle GPU-Hersteller, um nicht auf der Strecke zu bleiben, möglichst schnell auf diesen Zug aufzuspringen.

Die Entscheidung über den Kauf einer Grafikkarte lässt mich angesichts der Vielzahl an Optionen buchstäblich schaudern! Beim Kauf einer neuen Grafikkarte ist es aber sicherlich ratsam, sich jeweils darüber zu informieren, welche Grafikchips aktuell angesagt sind. Statten Sie zu diesem Zweck einigen Websites einen Besuch ab, auf denen sich Testberichte einsehen lassen. Auf den Webseiten vieler Computermagazine werden Sie z.B. in dieser Hinsicht fündig. Wenn Sie Namen und Modell einer der infrage kommenden Alternativen in eine der gängigen Suchmaschinen eingeben, werden Sie in der Regel ebenfalls schnell etwas finden.

Anzeige: Bildschirm und Grafikkarte

Problembehebung beim Anzeigesystem

Die Benutzer erkennen sofort, wenn ihr Bildschirm den Windows-Desktop nicht mehr anzeigt, weshalb Grafikprobleme für Techniker von größter Wichtigkeit sind. Eine defekte Soundkarte oder andere defekte Geräte werden von den Benutzern möglicherweise vorübergehend ignoriert, aber wenn der Bildschirm nicht mehr wie gewünscht funktioniert, dann machen sie einen Aufstand. Um Grafikprobleme schnell zu beheben, beginnen Sie am besten damit, sie in zwei Kategorien einzuteilen: Grafikkarten/Treiber und Bildschirme.

Fehlersuche bei Grafikkarten/Treibern

Grafikkarten gehen selten kaputt, die meisten Probleme werden durch inkompatible Treiber oder fehlerhafte Einstellungen verursacht. Stellen Sie immer sicher, dass Sie den richtigen Treiber installiert haben. Wenn Sie einen nicht kompatiblen Treiber einsetzen, verwendet Windows die gute alte VGA-Auflösung mit 16 Farben und einer Auflösung von 640x480. Wird ein Treiber plötzlich beschädigt, zeigt sich dieses Problem normalerweise erst beim nächsten Neustart. Wenn Sie ein System mit defektem Treiber starten, kann Windows wie folgt reagieren: in den VGA-Modus wechseln, den Bildschirm leer lassen, abstürzen oder Unsinn auf dem Bildschirm anzeigen. Egal, was auch ausgegeben wird, booten Sie im abgesicherten Modus und setzen Sie den Treiber zurück oder löschen Sie ihn. Beachten Sie, dass die fortschrittlicheren Grafikkarten ihre Treiber als installierte Programme unter SOFTWARE anzeigen. Sehen Sie also immer erst dort nach, bevor Sie versuchen, Treiber über den Geräte-Manager zu löschen. Laden Sie den neuesten Treiber herunter und installieren Sie ihn.

Grafikkarten sind relativ robust, aber sie enthalten meist zwei Komponenten, die ausfallen können: Lüfter und RAM. Glücklicherweise führt ein Defekt an einer der beide Komponenten zu den gleichen bizarren Ausgaben auf dem Bildschirm, nach denen kurz darauf die Bildschirmanzeige einfriert. Normalerweise läuft Windows weiter. Sie können mit Ihrem Mauszeiger weiter auf dem Bildschirm zeigen und die Fenster aktualisieren sich, aber auf dem Bildschirm wird nur ein gewaltiges Chaos angezeigt (Abbildung 19.74).

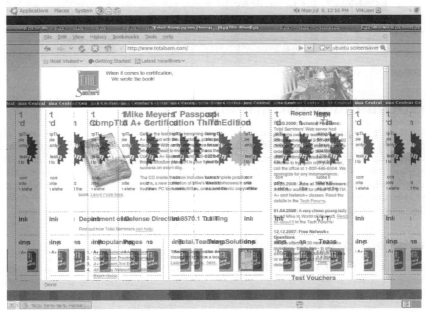

Abbildung 19.74: Hier besteht ein ernsthaftes Problem mit der Anzeige.

Fehlerhafte Treiber können dieses Fehlerbild gelegentlich ebenfalls verursachen, wechseln Sie also immer erst in den abgesicherten Modus, um festzustellen, ob das Problem dort auch noch besteht. Falls nicht, gibt es auch kein Problem mit der Grafikkarte!

Das letzte und wahrscheinlich häufigste Problem sind einfach fehlerhaft konfigurierte Grafikeinstellungen. Ihre Erkennung hat nur mit dem gesunden Menschenverstand zu tun – wenn Ihr Bildschirm alles zur Seite verschiebt, hat sich jemand an den Einstellungen zu schaffen gemacht. Wenn Ihr wunderbarer Bildschirmhintergrund eines Bergpasses aussieht wie ein hässlicher Vier-Farben-Comic, hat jemand die Farbtiefe verringert. Gehen Sie in die Anzeigeeigenschaften und wählen Sie die korrekten Einstellungen aus. Das einzige ernsthafte Problem bei fehlerhaften Konfigurationen ist, dass die Auflösung zu hoch eingestellt wird. Wenn Sie Ihre Auflösung anpassen und Ihr Bildschirm eine Fehlermeldung wie etwa »Sync out of range« anzeigt (Abbildung 19.75), müssen Sie die Auflösung auf einen Wert zurücksetzen, der sich für Ihre Kombination aus Grafikkarte und Bildschirm eignet.

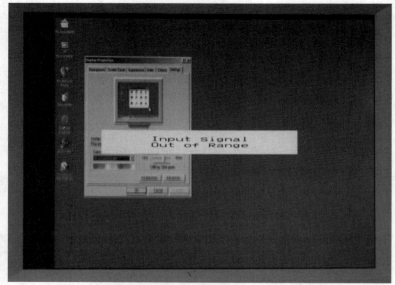

Abbildung 19.75: Das war zu viel für den Bildschirm.

Fehlersuche bei Bildschirmen

Weil die hohen Frequenzen und Spannungen, mit denen Bildschirme arbeiten, sehr gefährlich sein können und weil für eine korrekte Einstellung eine spezielle Ausbildung erforderlich ist, konzentriert sich dieser Abschnitt darauf, wie Sie einem Support-Fachmann die erforderlichen Informationen bereitstellen, damit dieser für eine Reparatur sorgen kann. Fast kein Bildschirmhersteller stellt heute mehr die Schaltpläne öffentlich zur Verfügung, hauptsächlich wegen Haftungsproblemen bei Todesfällen durch Stromschläge. Um die Fehlersuche zu vereinfachen, betrachten Sie den Prozess in drei Stufen: allgemeine Bildschirmprobleme, externe Einstellungen und interne Einstellungen.

Verbreitete Monitorprobleme

Auch wenn ich mich nicht recht wohlfühle, wenn es an das Eingemachte im Zusammenhang mit Bildschirmen geht, können Sie doch einen großen Teil der Monitorprobleme selbstständig beheben. Die folgende Liste beschreibt die häufigsten Monitorprobleme und gibt Ihnen Hinweise zu deren Behebung, selbst wenn das heißt, dass Sie den Monitor zur Reparatur einsenden.

- ❏ Die Bedienelemente lassen sich bei fast allen herkömmlichen und LCD-Monitoren austauschen. Wenn der Helligkeitsregler oder der Schalter für den Menüaufruf nicht mehr funktionieren oder locker zu sein scheinen, sollten Sie beim Hersteller anfragen, ob es entsprechende Ersatzteile gibt. Meist erhalten Sie diese nur im vollständigen Satz.
- ❏ Bei Problemen mit Geisterbildern, Streifen und/oder unscharfen vertikalen Kanten sollten Sie die Kabelverbindungen und das Kabel selbst überprüfen. Die Ursache derartiger Probleme liegt nur selten beim Monitor selbst. Viel häufiger stellt die Grafikkarte das Problem dar.
- ❏ Wenn eine Farbe ausfällt, sollten Sie das Kabel daraufhin überprüfen, ob es Brüche aufweist oder ob einzelne Anschlusspins des Steckers verbogen sind. Prüfen Sie die Steuerelemente bzw. Einstellmöglichkeiten für diese Farbe an der Vorderseite des Monitors. Wenn sich die Farbregulierung bereits am Anschlag befindet, sind interne Wartungsarbeiten erforderlich.
- ❏ Wenn Monitore altern, verlieren sie an Helligkeit. Wenn der Helligkeitsregler komplett aufgedreht ist, das Bild aber immer noch zu dunkel scheint, sind interne Einstellungen am Monitor erforderlich. Das ist ein starkes Argument für Energieverwaltungsfunktionen. Lassen Sie den Monitor nicht eingeschaltet, wenn ein Bild auf dem Schirm angezeigt wird, da dies seine Lebenserwartung deutlich mindert. Nutzen Sie die Energieverwaltungsoptionen von Windows oder schalten Sie den Monitor einfach ab.

Häufige Probleme bei Röhrengeräten

Wegen der vergleichsweise großen Komplexität der Röhrengeräte müssen wir einige Probleme behandeln, die ausschließlich bei diesen auftreten. Bei den meisten dieser Probleme muss das Monitorgehäuse geöffnet werden. Seien Sie also vorsichtig und wenden Sie sich im Zweifelsfall an eine Reparaturwerkstatt!

- ❏ Monitore, deren Fokussierung nicht mehr stimmt, lassen sich meist neu justieren. Die Regler für die Fokussierung befinden sich üblicherweise irgendwo im Innern in der Nähe des Transformators, der die Hochspannungsanode mit Strom versorgt.
- ❏ Zischende oder knisternde Geräusche weisen häufig auf einen Bruch der Isolierung im Transformator hin. Diese Geräusche werden häufig von Ozongeruch begleitet. Wenn Ihr Monitor derartige Symptome zeigt, sollten Sie sich definitiv an einen qualifizierten Techniker wenden. Da ich bereits selbst einmal einen solchen Transformator ausgewechselt habe, kann ich sagen, dass es der damit verbundene Ärger angesichts der Gefahren an Leib und Leben, denen man sich dabei aussetzt, nicht wert ist.
- ❏ Die Anzeige weist große Farbflecken auf. Hier handelt es sich um eine einfache und preiswerte Reparatur. Suchen Sie den Entmagnetisierschalter oder die entsprechende Funktion und nutzen Sie sie. Wenn Ihr Monitor keine Entmagnetisierfunktion (Degauss-Funktion) besitzt, können Sie bei jedem Elektronikhändler eine spezielle Entmagnetisierspule erwerben.
- ❏ Vogelähnliches Zwitschern, das in regelmäßigen Intervallen auftritt, weist üblicherweise auf ein Problem im Zusammenhang mit dem Monitornetzteil hin.
- ❏ Angenommen, Sie konnten preiswert einen gebrauchten 19-Zoll-Monitor erstehen, dessen Anzeige allerdings ein wenig dunkel ist, obwohl Sie die Helligkeitsregler bis zum Anschlag aufgedreht haben. Dies weist auf eine sterbende Kathodenstrahlröhre hin. Wie sieht es aber mit dem Austausch der Bildröhre aus? Das können Sie getrost vergessen. Selbst wenn Ihnen der Monitor geschenkt worden wäre, würde sich der Aufwand nicht lohnen. Ersatzbildröhren sind einfach zu teuer. Niemand hat jemals einen Monitor verkauft, weil dessen Anzeige zu hell oder zu scharf war. Sparen Sie Ihr Geld und kaufen Sie sich einen neuen Monitor.
- ❏ Der Monitor zeigt nur eine einzige horizontale oder vertikale Linie an. Hier handelt es sich wahrscheinlich um ein Problem, das zwischen der Hauptplatine und dem Joch angesiedelt ist, oder um eine durchgebrannte Jochspule. Hier ist definitiv ein Anruf bei einer Reparaturwerkstatt angebracht.
- ❏ Ein einzelner weißer Punkt auf einem ansonsten schwarzen Bildschirm weist darauf hin, dass der Hochspannungstransformator sehr wahrscheinlich durchgebrannt ist. Bringen Sie den Monitor in eine Werkstatt.

Externe Einstellungen

Monitoreinstellungen umfassen sowohl einfache Helligkeits- und Kontrasteinstellungen als auch anspruchsvollere Korrekturen von Kissen- oder Trapezverzerrungen. Die externen Regler und Steuerelemente geben dem Anwender die Möglichkeit zur Feineinstellung des Monitorbildes. Viele Monitore verfügen über Bedienelemente für die Tönung (Farbtemperatur) und Sättigung der Farben, auch wenn sich diese Regler bei vielen Bildschirmen innerhalb des Gehäuses verbergen. Bei besseren Bildschirmen können Sie den sichtbaren Bereich des Bildschirms an das Monitorgehäuse anpassen.

Schließlich gibt es bei den meisten Bildschirmen eine *Degauss-Funktion*, die beim Drücken einer Taste ausgeführt wird. Mit der Zeit nimmt die Lochmaske eine schwache elektrische Ladung an, die die korrekte Fokussierung der Elektronenstrahlen beeinträchtigen kann. Dieses magnetische Feld sorgt dafür, dass das Bild ein wenig unscharf und verwaschen wird. Die meisten Monitore verfügen über eine spezielle integrierte Schaltung (eine *Entmagnetisierspule*), mit der sich diese Magnetisierung beseitigen lässt. Wenn die Entmagnetisierschaltung eingesetzt wird, wird ein Wechselstrom durch eine Spule gesandt, die die Bildröhre umgibt, der für ein magnetisches Feld mit wechselnder Polarität sorgt und die Lochmaske entmagnetisiert. Die Entmagnetisierspule wird über den Degauss-Schalter oder eine entsprechende Menüauswahl am Monitor aktiviert. Bei der Entmagnetisierung gibt der Monitor ein kurzes, wirklich hässliches Geräusch von sich und scheint dann für eine Weile zu »spinnen« (keine Angst, das ist normal). Immer wenn ich einen Anruf von einem Anwender mit einem »Unscharfen-Monitor-Problem« erhalte, fordere ich ihn erst einmal auf, den Bildschirm zu entmagnetisieren.

Problembehebung bei Röhrenmonitoren

Im Auslieferungszustand erzeugen die meisten Bildschirme keine Anzeige, die über die Ränder des sichtbaren Bereichs hinausgeht, da die *Konvergenz* in der Nähe der Ränder nachlässt. Die *Konvergenz* beschreibt, wie genau sich die drei Farben bei einem einzelnen Punkt treffen. Bei völliger Konvergenz bilden die drei Farben einen einzigen weißen Punkt. Bei Konvergenzabweichungen lassen sich Lichthöfe der einen oder anderen Farbe außerhalb des weißen Punkts feststellen. Je weiter die Bildpunkte von der Mitte des Bildschirms entfernt sind, desto größer ist die Wahrscheinlichkeit von Konvergenzabweichungen. Bei schlechteren Bildschirmen treten derartige Probleme besonders häufig auf. Auch wenn die Einstellung der Konvergenz eines Monitors nicht schwierig ist, muss man dazu das Monitorgehäuse öffnen und benötigt eine Kopie des Schaltplans mit der Position der Potentiometer. Daher überlässt man diese Einstellungen auch besser geschultem Fachpersonal.

Ich öffne das Gehäuse von Röhrengeräten nur höchst ungern. Ich versuche, dies aus zwei Gründen zu vermeiden: (1) Ich weiß nur sehr wenig über die elektronischen Schaltungen und (2) ich habe mich durch einen elektrischen Schlag einmal beinahe selbst getötet. Wie dem auch sei, die A+-Prüfungen erwarten von Ihnen, dass Sie über ein gewisses Verständnis der möglicherweise erforderlichen Einstellungen im Innern eines Bildschirms verfügen. Bevor es weitergeht, will ich Sie aber noch einmal an eine Winzigkeit im Zusammenhang mit Bildröhrengeräten erinnern (Abbildung 19.76).

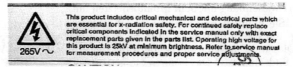

Abbildung 19.76: Heh! 25 kV sind 25.000 Volt! VORSICHT!

Im Innern aller Röhrengeräte befindet sich eine so genannte *Hochspannungsanode*, die von einem Saugnapf verdeckt wird. Wenn Sie diesen Saugnapf anheben, trifft Sie mit einiger Sicherheit fast augenblicklich der Schlag. Unter dem Saugnapf befindet sich ein Draht, bei dem es sich um die eigentliche Hochspannungsanode handelt. Auf der anderen Seite dieses Drahts, der zur Hochspannungsanode führt, befindet sich ein Transformator. Sie brauchen nicht zu wissen, was diese Bauteile machen. Hauptsache, Sie wissen, was sie *Ihnen* antun können! Denn dort gibt es noch einen großen Kondensator, der mehr als 25.000 Volt Ladung haben kann. Der Kondensator hält diese Spannung auch, wenn der Monitor ausgeschaltet ist, und auch, wenn der Monitor von der Stromversorgung getrennt wurde. Dieser Kondensator kann seine Ladung (je nach System) über Tage, Wochen, Monate oder sogar Jahre hinweg halten. Da Sie dies nun wissen, sollen Sie erfahren, wie Sie eine Kathodenstrahlröhre (CRT) entladen können.

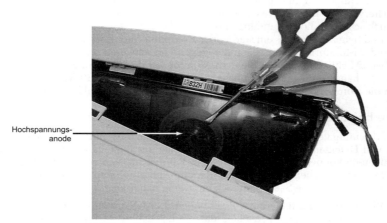

Abbildung 19.77: Entladen einer Kathodenstrahlröhre

Entladen einer Bildröhre

Es gibt 75.000 verschiedene Meinungen darüber, wie eine Bildröhre richtig entladen werden sollte. Auch wenn mein Verfahren keinem entspricht, das sich in offiziellen Handbüchern oder Anleitungen wiederfindet, weiß ich, dass es funktioniert. Lesen Sie die Anleitung und sehen Sie sich dann Abbildung 19.77 an.

1. Überzeugen Sie sich davon, dass alle Steckerverbindungen (insbesondere die der Stromversorgung) getrennt wurden.
2. Lassen Sie den Monitor möglichst ein paar Stunden lang unberührt. Die meisten guten Monitore entladen sich nach maximal zwei oder drei Stunden von selbst und einige neue Monitore benötigen dafür nur wenige Minuten.
3. Holen Sie sich einen großen, gut isolierten Schlitzschraubendreher.
4. Besorgen Sie sich ein dickes Kabel mit Krokodilklemmen an beiden Enden.
5. Sorgen Sie dafür, dass Ihr Körper in keiner Form geerdet ist. Tragen Sie Schuhe mit Gummisohlen und keine Ringe oder Uhren.
6. Tragen Sie zur Sicherheit eine Schutzbrille, um für den Fall einer der äußerst seltenen Bildschirmimplosionen gerüstet zu sein.
7. Entfernen Sie das Monitorgehäuse. Merken Sie sich, wo die verschiedenen Schrauben hingehören.
8. Befestigen Sie eine der Krokodilklemmen an einem nicht lackierten Teil des Metallrahmens des Monitors.
9. Befestigen Sie die Krokodilklemme am anderen Ende des Kabels am Metallschaft des Schraubendrehers.
10. Schieben Sie die Klinge des Schraubendrehers unter den Saugnapf. Überzeugen Sie sich drei Mal davon, dass weder Sie selbst noch der Schraubendreher versehentlich Kontakt zu irgendeinem Metallgegenstand hat.
11. Schieben Sie die Klinge des Schraubendrehers weiter unter den Saugnapf, bis Sie ein lautes Ploppen hören ... und auch eine nette blaue Entladung sehen.
12. Wenn sich jemand im Gebäude befindet, das Ploppen gehört hat und angerannt kommt, überzeugen Sie ihn davon, dass alles in Ordnung ist.
13. Warten Sie etwa 15 Minuten und wiederholen Sie dann den Vorgang.

Kapitel 19

Die wesentlichen Regler, für deren Einstellung das Entfernen des Monitorgehäuses erforderlich ist, sind jene für die Konvergenz, die Verstärkung der einzelnen Farbkanonen und manchmal die Fokussierung. Ein Techniker mit informeller oder formeller Ausbildung in der Reparatur von Komponenten kann üblicherweise feststellen, welche Regler für welche Einstellungen zuständig sind. Manchmal lassen sich auch schlechte Lötverbindungen bzw. Wackelkontakte im Innern des Monitorgehäuses leicht erkennen und beheben, so dass ein sterbender Röhrenmonitor noch gerettet werden kann. Wägen Sie die Kosten der Monitorreparatur gegen die Folgen von schweren oder gar tödlichen Verletzungen ab. Ist es das wert? Schließlich sollten Sie dem Monitor vor der Änderung von Einstellungen speziell im Innern des Gehäuses eine Aufwärmphase von mindestens 15 bis 30 Minuten gewähren. Diese Zeit benötigen die Komponenten auf den Platinen und die Kathodenstrahlröhre selbst.

Fehlersuche bei LCDs

Seit der Verbreitung von LCD-Panels im Computerbereich müssen PC-Techniker wissen, was sie beim Auftreten von Defekten an ihnen tun können. Einige der Bauteile lassen sich reparieren, einige der internen Bauteile können ausgetauscht werden. Bei den meisten echten Problemen mit LCDs neige ich zwar dazu, entsprechend spezialisierte Reparaturunternehmen mit deren Behebung zu beauftragen, aber sehen wir uns die Sache dennoch ein wenig näher an.

Ein LCD-Bildschirm kann fehlerhafte Pixel haben. Ein fehlerhaftes Pixel ist ein einzelnes Pixel, das nicht so reagiert, wie es sollte. Ein Pixel, das nie beleuchtet wird, ist ein totes Pixel. Ein Pixel, das immer weiß bleibt, ist ein beleuchtetes Pixel, und ein Pixel in einer bestimmten Farbe ist ein festes Pixel. Fehlerhafte Pixel können nicht repariert werden – der ganze Bildschirm muss ausgetauscht werden. Die LCD-Hersteller haben vereinbart, dass selbst auf völlig neuen LCD-Bildschirmen eine bestimmte Anzahl defekter Pixel zulässig ist. Lesen Sie in der Garantie für Ihren Bildschirm nach, um festzustellen, wie viele fehlerhafte Pixel zulässig sind, bevor Sie den Bildschirm zurückgeben.

❑ Wenn Ihr LCD-Bildschirm zerbricht, kann er nicht repariert werden und muss ersetzt werden.
❑ Wenn Ihr LCD-Bildschirm dunkel wird, Sie aber bei heller Beleuchtung noch ein Bild sehen können, sind entweder die Lampe oder der Inverter kaputtgegangen. In vielen Fällen, insbesondere bei superflachen Panels, ersetzen Sie das gesamte Panel und die Lampe als Einheit. Ein Inverter kann sich andererseits (wie in Abbildung 19.78) auf einer eigenen Platine befinden, die ersetzt werden kann.
❑ Wenn Ihr LCD-Monitor einen rauschenden Ton von sich gibt, wird der Inverter bald ausfallen. Auch hier lässt sich notfalls wieder der Inverter austauschen.

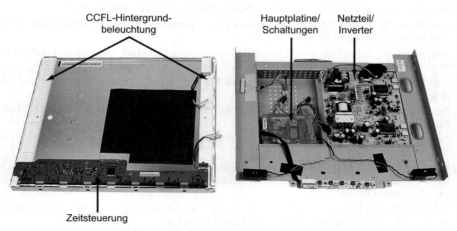

Abbildung 19.78: Die Komponenten eines LCD-Monitors

Passen Sie auf, wenn Sie einen LCD-Monitor öffnen, um an seinen Innereien zu arbeiten. Der Inverter könnte Sie auf mehrerlei Weise beißen. Erstens wird er von elektrischen Schaltkreisen mit Hochspannung versorgt, die Ihnen einen fürchterlichen Schlag versetzen können. Und der Inverter bleibt auch noch etliche Minuten nach der Trennung des Monitors vom Stromnetz geladen. Warten Sie nach dem Ziehen des Netzsteckers also eine Weile. Zweitens werden Inverter recht heiß, so dass Sie sich an Ihnen übel verbrennen können. Auch deshalb sollten Sie nach dem Ziehen des Netzsteckers eine Weile warten. Und schließlich könnten auch Sie selbst dem Inverter einen Schlag versetzen und ihn dadurch irreparabel beschädigen. Versuchen Sie, elektrostatische Entladungen also mit entsprechenden Vorkehrungen zu verhindern.

Das Fazit hinsichtlich der Reparatur von LCD-Monitoren? Es gibt zwar Unternehmen, die Ersatzteile für LCDs anbieten, deren Reparatur ist aber ziemlich schwierig. Und es gibt Leute, die das für Sie preiswerter und schneller erledigen, als Sie selbst es könnten. Suchen Sie nach Unternehmen, die sich auf die LCD-Reparatur spezialisiert haben. Weltweit gibt es sicherlich Hunderte derartiger Unternehmen.

Reinigung des Monitors

Die Reinigung von Monitoren ist einfach. Benutzen Sie immer antistatische Tücher. Für einige LCD-Monitore ist eine spezielle Reinigungsausrüstung erforderlich. Benutzen Sie nie Fensterreiniger oder Flüssigkeiten, da Sie sich der Gefahr von Stromschlägen aussetzen, wenn Flüssigkeit in den Bildschirm gelangt! Viele der erhältlichen Reinigungslösungen können den Kunststoff eines LCD-Monitors buchstäblich auflösen!

Jenseits von A+

Grafikkarte und CMOS

Ich bin immer wieder von der Anzahl der Optionen im CMOS-Setup beeindruckt, die im Zusammenhang mit dem Grafiksystem stehen und die sich speziell bei den anspruchsvolleren CMOS-Optionen verstecken. Ich bin ebenso von der Vielzahl der Fehlinformationen hinsichtlich dieser Einstellungen beeindruckt. In diesem Abschnitt werde ich einige der häufigsten CMOS-Einstellungen im Zusammenhang mit dem Grafiksystem beschreiben. Sie werden vielleicht bemerken, dass hier keine Power-Management-Optionen behandelt werden.

Video

In jedem Standard-CMOS-Setup finden Sie eine Option für die Videounterstützung. Die Standardeinstellung lautet unvermeidlich EGA/VGA. Vor vielen Jahren wurde dem BIOS mit dieser Einstellung mitgeteilt, welche Grafikkarte im System installiert war, damit es sich mit ihr verständigen konnte. Heute hat diese Einstellung keinerlei Bedeutung. Was Sie hier auch eingeben, es wird immer ignoriert, so dass das System normal startet.

Init Display First

Diese CMOS-Einstellung befindet sich üblicherweise unter den ADVANCED OPTIONS oder bei den BIOS OPTIONS. Bei Systemen mit mehreren Grafikkarten können Sie über INIT DISPLAY FIRST festlegen, ob die PCIe- oder die PCI-Grafikkarte beim Rechnerstart initialisiert wird. Diese Einstellung legt auch den anfänglich primären Monitor unter Windows fest.

Assign IRQ for VGA

Viele Grafikkarten benötigen keinen *IRQ* (*Interrupt Request*). Über diese Option können Sie festlegen, ob Ihrer Grafikkarte ein IRQ zugewiesen wird. Meist informieren preiswertere Grafikkarten das System nicht darüber, dass sie eigentlich gar keinen IRQ benötigen. Die meisten fortschrittlicheren Grafikkarten benötigen einen IRQ, weshalb beide Varianten zutreffen könnten. Wenn ein IRQ benötigt wird, hängt das System, wenn keiner zugewiesen wird. Wenn kein IRQ benötigt wird, wird einer zusätzlich frei, was bei modernen Systemen aber auch keine Rolle spielt.

VGA Palette Snoop

Echte VGA-Geräte können jeweils nur 16 von möglichen 262.000 Farben gleichzeitig anzeigen. Die 16 aktuellen Farben werden *Palette* genannt. VGA PALETTE SNOOP ermöglicht anderen Geräten den Zugriff auf die Farbpalette einer PCI-Grafikkarte, so dass sie diese bei Bedarf lesen oder vorübergehend ändern können. Ich kenne kein Gerät, das diese Option heute noch benötigen würde.

Video Shadowing Enabled

Über diese Einstellungen können Sie das Video-ROM spiegeln lassen. In den meisten Fällen wird diese Option ignoriert, da die heutigen Grafikkarten selbst automatisch für eine entsprechende Spiegelung sorgen. Bei einigen Grafikkarten muss diese Einstellung deaktiviert werden, weshalb ich sie mittlerweile generell abschalte, nachdem ich sie über Jahre hinweg eingeschaltet gelassen habe.

Andere Anzeigetechnologien

Es gibt noch ein paar weitere Anzeigetechnologien, die aber für Computermonitore so gut wie nicht genutzt werden. Plasma- und DLP-Bildschirme zieren allerdings als TV-Bildschirm in vielen Haushalten das Heimkino.

Plasma

PDPs (*Plasma Display Panels*) sind eine sehr beliebte Technologie für die Anzeige von Filmen. Leider weisen Plasma-Fernseher zwei Probleme auf, die sie zu einer schlechten Alternative für die Verwendung in Kombination mit dem PC machen. Erstens, sie haben seltsame native Auflösungen (wie etwa 1366x768), die die meisten Grafikkarten kaum unterstützen. Zweitens kann ein *Einbrennen* auftreten – die Tendenz, dass auf dem Bildschirm ein »Geisterbild« erscheint, selbst wenn das Bild schon gar nicht mehr auf dem Bildschirm angezeigt wird. Die Hersteller der Plasma-Fernseher haben den Einbrenneffekt fast verschwinden lassen, aber selbst die neuesten Geräte verursachen ihn, wenn sie als PC-Monitor eingesetzt werden.

DLP

DLP (*Digital Light Processing*) ist eine relativ neue Technologie, bei der ein Chip eingesetzt wird, der mit mikroskopisch kleinen Spiegeln bedeckt ist (Abbildung 19.79).

Abbildung 19.79: DLP-Chip (Foto mit freundlicher Genehmigung von Texas Instruments)

Diese einzelnen Spiegel bewegen sich mehrere Tausend Mal pro Sekunde zu einer Lichtquelle hin oder von dieser weg. Je öfter pro Sekunde sie sich zu einer Lichtquelle hin bewegen, desto weißer wird das Bild. Je seltener sie es tun, desto grauer wird das Bild. Abbildung 19.80 zeigt eine Skizze, wie die Spiegel in einer Mikroskopaufnahme des Chips aussehen könnten.

Abbildung 19.81 zeigt den Aufbau eines typischen DLP-Systems. Die Lampe projiziert das Bild durch ein Farbrad auf den DLP-Chip. Der erzeugt das Bild, indem er die winzigen Spiegel bewegt, die das Bild wiederum auf die Leinwand umlenken.

Anzeige: Bildschirm und Grafikkarte

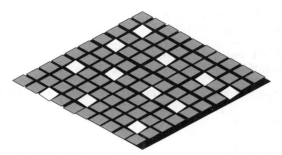

Abbildung 19.80: Mikroskopische Nahaufnahme eines DLP mit seinen winzigen Spiegeln – beachten Sie, dass einige davon geneigt sind

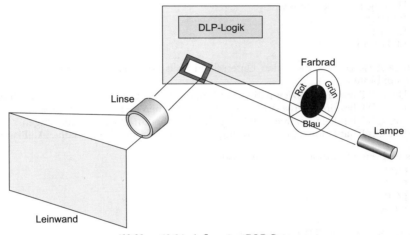

Abbildung 19.81: Aufbau eines DLP-Systems

DLP war einige Zeit lang bei Heimkinosystemen sehr beliebt, weil es erstaunlich detailgenaue Bilder erzeugt. DLP hatte bisher relativ wenig Einfluss auf den PC-Bereich, war aber im Projektorbereich äußerst erfolgreich. DLP-Projektoren sind sehr viel teurer als LCD-Projektoren, aber viele Kunden sind der Meinung, die gebotene Bildqualität sei die höheren Kosten wert.

Wiederholung

Fragen

1. Welcher Begriff beschreibt die Zeit, die es dauert, um einen ganzen Bildschirm zu zeichnen und die Elektronenkanonen wieder zurück in die obere linke Ecke zu positionieren?
    A. Horizontale Bildwiederholrate
    B. Horizontale Neuzeichnungsrate
    C. Vertikale Bildwiederholrate
    D. Vertikale Neuzeichnungsrate

2. Was beschreibt der Punktabstand bei einem CRT-Bildschirm?
   A. Die Auflösung, wie etwa 1.024x768
   B. Die Bildschärfe, wie etwa 0,31 oder 0,18
   C. Die maximale Bildwiederholrate, wie etwa 100 Hz
   D. Die minimale Bildwiederholrate, wie etwa 60 Hz

3. Welche Technologie verwendet bei einem LCD-Bildschirm eine Matrix aus Drähten unter farbigem Glas?
   A. Aktive Matrix
   B. Passive Matrix
   C. Aktives TFT
   D. Passives TFT

4. Was sorgt bei LCD-Bildschirmen für die Beleuchtung?
   A. Hintergrundbeleuchtung
   B. Inverter
   C. Lampe
   D. LCD-Feld

5. Welche Aussage beschreibt den Unterschied (falls vorhanden) zwischen CRT- und LCD-Auflösung am besten?
   A. Der CRT hat eine einzige native Auflösung; LCDs haben keine native Auflösung.
   B. Der CRT hat drei native Auflösungen; LCDs haben keine native Auflösung.
   C. Der CRT hat keine native Auflösung; LCDs haben drei native Auflösungen.
   D. Der CRT hat keine native Auflösung; LCDs haben eine einzige native Auflösung.

6. Was verbraucht normalerweise mehr Strom?
   A. CRT
   B. DVI
   C. LCD
   D. VGA

7. Wie hoch ist die WSXGA-Auflösung?
   A. 1.024x768
   B. 1.280x1.024
   C. 1.440x900
   D. 1.920x1.080

8. Wie wird der Prozessor einer Grafikkarte genannt?
   A. CPU
   B. GPU
   C. GDDR
   D. MPU

9. Welches Microsoft-API unterstützt 3-D-Grafik?
   A. Active Desktop
   B. DirectX
   C. Glide
   D. OpenGL

10. Wie werden die Bildschirmeinstellungen unter Windows Vista angepasst?
    A. Sie wählen START|AUSFÜHREN und geben DISPLAY ein, um das Applet ANZEIGE zu öffnen.
    B. Sie wählen START|SYSTEMSTEUERUNG und klicken das Symbol des Applets ANPASSEN doppelt an.
    C. Sie wählen START|SYSTEMSTEUERUNG und klicken das Symbol des Applets ANZEIGE doppelt an.
    D. Sie wählen START|ALLE PROGRAMME und klicken das Symbol des Applets ANZEIGE an.

Antworten

1. **C.** Die vertikale Bildwiederholrate gibt an, wie lange es dauert, den ganzen Bildschirm zu zeichnen und die Elektronenkanone dann wieder in die obere linke Ecke zurückzusetzen.
2. **B.** Der Punktabstand, gemessen in Millimetern, gibt an, wie scharf das angezeigte Bild ist.
3. **B.** Die Passivmatrix-Technologie verwendet eine Matrix aus Drähten unter farbigem Glas.
4. **A.** Die Hintergrundbeleuchtung sorgt für die Beleuchtung des LCD-Panels.
5. **D.** Röhrenbildschirme haben keine native Auflösung; LCDs haben eine einzige native Auflösung.
6. **A.** Röhrenmonitore verbrauchen normalerweise mehr Strom als LCDs.
7. **C.** Die WSXGA-Auflösung beträgt 1.440x900.
8. **B.** Prozessoren auf Grafikkarten werden GPU genannt.
9. **B.** Microsoft hat das DirectX-API zur Unterstützung von 3-D-Programmen entwickelt.
10. **C.** Über das Applet ANPASSUNG in der Systemsteuerung können Sie die Anzeigeeinstellungen unter Windows Vista ändern.

20

Multimedia

Themen in diesem Kapitel
- Beschreiben, wie Sound in einem PC funktioniert
- Hardware und Software für Videoaufnahmen installieren und konfigurieren
- Einen PC für den Fernsehempfang einrichten

Vor langer Zeit wurde der PC zu einem Gerät, das weit mehr konnte, als nur Bürodokumente zu erstellen und Rechenaufgaben effizient zu erledigen. Mit modernen PCs können Sie unterschiedlichste Inhalte vom realistischen Film bis hin zum dreidimensionalen Raumklang genießen. Und Sie können den Computer mit Hardware und Software so erweitern, dass Sie mit ihm selbst Multimediainhalte, Filme und weit mehr erstellen können.

Dieses Kapitel befasst sich mit den vielfältigen multimedialen Aspekten moderner PCs. Zunächst werden wir uns mit der Aufnahme und Wiedergabe von Audiodaten befassen. Dann geht es um die Konzepte, die Hardware und die Software im Zusammenhang mit der Videoaufnahme. Und schließlich schlagen wir die Brücke und wenden uns dem Thema der Installation und Konfiguration eines TV-Tuners im Computer zu. Und ... Film ab!

Sound

Wenn man eine virtuelle Rennstrecke hinunterrast, dann fliegen die Pixel über den Bildschirm und man hört den Motor aufheulen, wenn man das »Gaspedal« durchdrückt und durch die nächste Kurve jagt. Vielleicht surfen Sie aber auch im Internet und sehen sich wunderschöne Landschaften oder Bilder an und lassen sich dabei von den sanften, einschmeichelnden Klängen Mozarts berauschen. Sound zählt heute zu den integralen Bestandteilen der Computererfahrung, so dass auch die Einrichtung und Optimierung von Soundkarten zu den Pflichtaufgaben aller PC-Techniker zählt.

Da an der Tonerzeugung viele Komponenten beteiligt sind, müssen Sie einige Dinge wissen, um Soundkarten richtig einrichten zu können. Die Soundkarte muss korrekt installiert und deren Treiber müssen geladen sein. Dann benötigen Sie halbwegs vernünftige Lautsprecher und unterstützende Programme, wie z.B. das richtige API für ein bestimmtes Spiel. Weiterhin müssen passende Einstellungen unter Windows vorgenommen werden und die Anwendungen müssen so eingerichtet werden, dass sie die Funktionen der Soundkarte richtig nutzen können. Und wirklich gute Techniker müssen wissen, wie sowohl gewöhnliche als auch eher ungewöhnliche Probleme im Zusammenhang mit der Audioausgabe behoben werden können.

Kapitel 20

Geschichte und Konzepte

Wie die Tonausgabe beim PC funktioniert

So wie die Wellen von der Mitte eines Teichs aus zum Ufer rollen, wenn Sie einen Stein hineinwerfen, so bewegen sich auch Tonwellen unsichtbar, aber messbar von einer Quelle fort und treffen auf die Membrane in Ihren Ohren und bringen diese auf bestimmte Weise zum Schwingen. Durch den komplexen Aufbau des Ohrs können die meisten Menschen Melodien von Kakophonien und laute von leisen Geräuschen unterscheiden. Computer sind bei Weitem nicht so weit entwickelt wie Ohr und Gehirn beim Menschen, weshalb sorgfältig entwickelte Standards für die Umwandlung von Musik in ein Format benötigt werden, das der PC zur *Aufzeichnung* und *Wiedergabe* von Tönen verwenden kann.

Grundlagen der Audioaufzeichnung

Praktisch alle Personal Computer sind heute mit den vier kritischen Komponenten ausgestattet, die für Aufzeichnung und Wiedergabe von Audiodaten benötigt werden: Soundkarte, Lautsprecher, Mikrofon(anschluss) und Software zur Aufnahme/Wiedergabe von Audiodaten. Die Aufzeichnung von Tonwellen erfolgt in einem Prozess, der *Abtasten* bzw. *Sampling* genannt wird. Im einfachsten Sinne bedeutet Sampling die Aufzeichnung des Zustands oder der Eigenschaften einer bestimmten Tonwelle in einer bestimmten Häufigkeit je Sekunde. Die *Abtastrate* oder *Sampling-Rate* wird in Tausenden von Schwingungen je Sekunde bzw. Kilohertz (kHz) angegeben. Je häufiger eine Tonwelle abgetastet wird, desto naturgetreuer lässt sich der aufgezeichnete Ton reproduzieren. Die meisten Aufzeichnungen im PC-Bereich erfolgen mit Frequenzen zwischen 11 kHz (sehr niedrige Qualität, wie beim Telefon) und 192 kHz (äußerst hohe Qualität, besser als das menschliche Ohr).

Töne unterscheiden sich hinsichtlich ihrer Lautstärke (*Amplitude*), ihrer Tonhöhe (*Frequenz*) und den Eigenschaften, die Noten voneinander unterscheiden, wenn sie auf verschiedenen Instrumenten gespielt werden (*Timbre*). Alle Eigenschaften der jeweiligen Tonwelle (Amplitude, Tonhöhe und Timbre) müssen aufgezeichnet und in Nullen und Einsen übersetzt werden, um den Ton mit dem Computer und über die Lautsprecher reproduzieren zu können.

Die Anzahl der Merkmalsausprägungen (unterschiedliche Signalpegel), die beim Abtasten eines bestimmten Tons aufgezeichnet werden können, werden über die *Abtasttiefe* (*Bittiefe* oder auch *Bitauflösung*) angegeben. Je höher die bei der Aufzeichnung eines Tons verwendete Abtasttiefe, desto mehr Merkmale lassen sich speichern und damit auch reproduzieren. Bei einem 8-Bit-Sample eines Gitarrensolos von Jimi Hendrix können z.B. nur $2^8 = 256$ verschiedene Signalpegel des Tons aufgezeichnet werden. Das würde sich wie eine billige Kopie einer Aufnahme anhören und klänge wahrscheinlich recht flau und dünn. Mit 16-Bit-Samples lassen sich hingegen $2^{16} = 65.536$ verschiedene Merkmalsausprägungen erfassen. Mit 16-Bit-Samples lassen sich alle vagen Obertöne und Rückkopplungen reproduzieren, die zu Hendrix' unverwechselbarem Sound beigetragen haben.

Der letzte Aspekt der Audioaufzeichnung betrifft die Anzahl der Spuren, die getrennt aufgenommen werden können. Meist wird nur eine einzelne Spur (*Mono*) oder zwei Spuren aufgezeichnet (*Stereo*). Spezielle Soundkarten lassen auch die gleichzeitige Aufzeichnung von mehr als zwei Tonspuren zu, aber dieses Thema würde den Rahmen dieses Buches sprengen.

Abtastrate und Bittiefe bestimmen gemeinsam, wie naturgetreu die Töne, die Sie hören, in ihre digitale Version überführt bzw. aufgezeichnet werden. Bei der Tonaufzeichnung spricht man von *CD-Qualität*, wenn diese mit einer Abtastrate von 44,1 kHz und 16 Bit Abtasttiefe aufgenommen werden. Bei den meisten Aufnahmeprogrammen können Sie diese Werte vor der eigentlichen Aufnahme einstellen. Abbildung 20.1 zeigt die entsprechenden Einstellungen beim Windows-Audiorecorder.

Augenblick! Ist Ihnen die Einstellung FORMAT in Abbildung 20.1 aufgefallen? Was ist denn das? Sie können aufgenommene Audiodaten auf vielerlei Arten speichern. Und dann spielen das so genannte *Format* bzw. *Dateiformat* und die *Komprimierung* der Daten eine große Rolle.

Multimedia

Abbildung 20.1: Einstellung der Aufnahmeeigenschaften im Windows-Audiorecorder

Sounddatei-Formate

PCM (*Pulse Code Modulation*) ist der Urahn aller Soundformate. PCM wurde in den Sechzigern zur Übertragung von Telefonanrufen über die ersten digitalen Leitungen entwickelt. Mit einigen wenigen Änderungen, die den Einsatz im PC-Bereich ermöglichen, wird das PCM-Format bis heute verwendet, auch wenn es hier meist mit dem verbreiteten *WAV*-Dateiformat gleichgesetzt wird. WAV-Dateien eignen sich zwar hervorragend zur naturgetreuen Aufzeichnung von Audiodaten, haben aber auch Nachteile. WAV-Dateien können ziemlich groß werden, insbesondere wenn sie mit hoher Abtastrate und hoher Bittiefe aufgezeichnet werden. Ein mit 44 kHz bei 16 Bit aufgezeichneter 4-Minuten-Song belegt z.B. gut 40 MB! Auf eine 700-MB-CD, wie z.B. eine Audio-CD, passen daher ca. 70 Minuten Musik, wenn diese im PCM-Format codiert darauf abgelegt ist.

Hinweis

»Waves« bzw. *Tonwellen* sind für den Namen der Wave-Dateien (WAV-Dateien) verantwortlich, die zuweilen auch Wellenform-Dateien genannt werden.

Interessant an der Aufnahmequalität ist, dass die Fähigkeiten des menschlichen Ohrs nicht ausreichen, um alle feinen Variationen unterschieden zu können, die in 16-Bit-Stereo/44-kHz-Dateien aufgezeichnet werden können. Clevere Programmierer haben Algorithmen geschrieben, mit denen Audiodaten komprimiert werden können. Dabei werden psycho-akustische Modelle verwendet und Einzelheiten weggelassen, die vom menschlichen Ohr ohnehin nicht wahrgenommen werden können. Diese Algorithmen bzw. Programme werden *Codec* (Compressor/Decompressor) genannt. Der vom Fraunhofer-Institut entwickelte MPEG-1-Layer-3-Codec ist der wohl bekannteste Codec. Wenn von ihm die Rede ist, dann spricht man meist nur von der Dateinamenerweiterung der entsprechend codierten Audiodaten, *MP3*.

Hinweis

Mit der MP3-Kompression lassen sich WAV-Dateien um den Faktor 12 verkleinern, ohne dass die Klangqulität darunter besonders leidet. Wenn Sie eine WAV-Datei in eine MP3-Datei umwandeln, dann gilt die wichtigste Entscheidung der *Bitrate*. Dabei handelt es sich um die Datenmenge (Anzahl der Bits), die von der Datei innerhalb einer Sekunde zum MP3-Decoder übertragen wird. Je höher die Bitrate einer MP3-Datei, desto besser die Klangqualität. Die Bitrate von MP3-Audiodateien wird allgemein in Tausend Bits pro Sekunde angegeben und dies wird mit *Kbps* abgekürzt. Die meisten MP3-Codierprogramme unterstützen Bitraten von 24 bis 320 Kbps (320.000 Bits pro Sekunde). Bei einer Bitrate von 128 Kbps wird bereits annähernd CD-Qualität erreicht.

WAV und MP3 sind nur zwei von vielen Dateiformaten zur Speicherung von Audiodaten. Entsprechend werden von Wiedergabeprogrammen nicht alle Formate unterstützt. Bei vielen Audioformaten handelt es sich aber um nichts weiter als eine auf die ein oder andere Art codierte, komprimierte

WAV-Datei. Sofern der passende Codec geladen werden kann, lassen sich daher die meisten Audiodateiformate wiedergeben. Das WAV-Dateiformat ist also nur so etwas wie ein Container. Die in den entsprechenden Dateien gespeicherten Audiodaten können auf unterschiedlichste Weise codiert sein!

MIDI

Alle Soundkarten können Töne erzeugen und nicht nur bereits zuvor aufgezeichnete Audiodateien wiedergeben. Alle Soundkarten enthalten einen zweiten Prozessor, der im MIDI-Format (*Musical Instrument Digital Interface*) gespeicherte Dateien interpretieren kann. Angemerkt werden muss, dass es sich, anders als bei einer WAV-Datei, bei einer MIDI-Datei nicht um eine eigenständige Audiodatei handelt. Während sich WAV-Dateien unabhängig von dem zur Wiedergabe verwendeten PC immer weitgehend gleich anhören, handelt es sich bei einer MIDI-Datei um eine Art (formatierte) Textdatei, die Anweisungen für vorhandene Audiohardware zur Erzeugung von Tönen enthält. Programmierer nutzen diese kleinen Dateien, um der Soundkarte mitzuteilen, welche Noten wie lange wie laut auf welchem Instrument gespielt werden sollen. Stellen Sie sich MIDI-Dateien wie elektronische Notenblätter vor, wobei die Instrumente in die Soundkarte eingebaut sind.

> **Hinweis**
>
> Für MIDI-Dateien wird üblicherweise die Dateinamenerweiterung .MID verwendet.

Der besondere Vorteil von MIDI-Dateien besteht darin, dass sie – verglichen mit WAV-Dateien – winzig sind. Der erste Satz der fünften Symphonie von Beethoven belegt als hochwertige WAV-Datei z.B. 78 MB. Für dieselben ca. sieben Minuten werden in einer MIDI-Datei hingegen nur schlappe 60 KB benötigt.

MIDI ist hardwareabhängig, so dass die Fähigkeiten und die Qualität der jeweiligen Soundkarte darüber entscheiden, wie sich der von ihr reproduzierte Musiktitel anhört. Soundkarten geben MIDI mit Hilfe einer von zwei Technologien wieder: FM- oder Wavetable-Synthese.

FM-Synthese

Ältere Prozessoren arbeiteten mit elektronischen Emulationen der verschiedenen Instrumente und damit einer Technik, die häufig *FM-Synthese* genannt wird, um Musik und andere Audioeffekte mehr oder weniger authentisch wiederzugeben. Software-Entwickler konnten den Audioprozessor zur Wiedergabe bestimmter von einem Piano gespielter Noten auffordern und dafür sorgen, dass Töne aus dem Lautsprecher drangen, die entfernt einem Piano ähnelten. Das Problem bei der FM-Synthese besteht darin, dass sich der modulierte Ton zwar bei einzelnen Noten (z.B. dem Grundton A) gut anhören kann, dann aber zunehmend elektronisch klingt, wenn man von diesem ausgehend höhere oder tiefere Noten erzeugt.

Wavetable-Synthese

Um den seltsam elektronisch-künstlich klingenden ersten Audioprozessoren ihre Unarten abzugewöhnen, begannen die Hersteller damit, echte Instrumente oder andere Töne aufzunehmen und diese in der Soundkarte (oder externen Dateien) zu speichern. Moderne Soundkarten verwenden diese aufgenommenen Daten, um Instrumente deutlich naturgetreuer als bei der FM-Synthese zu reproduzieren. Wird der Audioprozessor z.B. dazu aufgefordert, ein C auf einem Piano oder einer Bratsche wiederzugeben, dann holt er sich ein zuvor aufgezeichnetes Klangmuster aus einer Datei (gelegentlich auch aus einem Speicherbaustein auf der Soundkarte) und ändert dessen Tonhöhe und andere Merkmale so, dass es dem angeforderten Ton entspricht. Diese Technik wird *Wavetable-Synthese* genannt.

Ein weiteres Qualitätsmerkmal von Soundkarten ist die so genannte *Polyphonie* (Mehrstimmigkeit). Hierbei handelt es sich um gleichzeitig erzeugte Noten. Die meisten Soundkarten können heute mindestens 64 Noten gleichzeitig und die Klänge von 128 Instrumenten wiedergeben, was bereits einem recht ansehnlichen Silizium-Symphonieorchester entspricht!

Multimedia

> **Hinweis**
>
> MIDI-Dateien sind heute weit weniger beliebt als Dateien mit digitalisierten Audiodaten. Alle Windows-Rechner und alle Soundkarten unterstützen aber MIDI üblicherweise weiterhin umfassend.

Andere Dateiformate

Die Formate WAV, MP3 und MIDI werden zwar für einen Großteil der Audiodateien verwendet, aber es gibt durchaus noch eine ganze Reihe weiterer mehr oder weniger verbreiteter Audiodateiformate, die Ihnen im PC-Bereich begegnen können:

- **AAC** (Advanced Audio Coding) ist das native Format für Lieder, die aus der Musikbibliothek iTunes heruntergeladen wurden. Das AAC-Format ist Bestandteil des MPEG-4-Standards, bietet bessere Komprimierungsalgorithmen als MP3 und ist frei verfügbar. Apple kapselt heruntergeladene Songs mit einem Verfahren, das *Fairplay* genannt wird, und versieht sie so mit einer *digitalen Rechteverwaltung* (*DRM – Digital Rights Management*), über die sich die Vervielfältigung der Songs steuern lässt.
- **AC3**-Dateien werden Ihnen zwar vergleichsweise selten begegnen, sollen hier aber deshalb erwähnt werden, weil *AC3* bzw. *Dolby Digital*, wie weitere Bezeichnungen dieses Formats lauten, bei DVDs und Blu-ray-Discs zum Einsatz kommt und für den Mehrkanalton sorgt.
- **AIFF**-Dateien (Audio Interchange File Format) sind zum Speichern von Audiodaten auf Macintosh-Rechnern äußerst beliebt. Entsprechenden Dateien begegnen Sie häufig auf Websites. Zu ihrer Wiedergabe können Sie z.B. den bekannten QuickTime Player verwenden.
- **ASM**-Dateien (Assembly Language Source) sind komprimierte Audiodateien, denen Sie im Internet häufiger begegnen und die zum Streamen von Audiodaten verwendet werden. (Mehr zum *Streaming* erfahren Sie weiter hinten in diesem Kapitel.)
- **ASX** wurde von Microsoft zur Unterstützung von Streaming-Audio über das Internet mit dem Windows Media Player entwickelt. Dabei handelt es sich aber nicht nur um ein Format, sondern um eine Art Playliste, über die sich Multimedia-Inhalte beschreiben lassen und die auch die Wiedergabe anderer Dateitypen ermöglicht. Der vollständige Name des Formats lautet Microsoft Advanced Streaming Redirector.
- **AU** ist ein weiteres im Windows-Bereich recht verbreitetes Format. Viele Player verstehen dieses Format und es gibt auch Player für Nicht-Windows-Systeme, wie z.B. Sun, Next, Unix und Macintosh.
- **FLAC** (Free Lossless Audio Codec) komprimiert Audiodaten *verlustfrei*. Der Codec ist frei verfügbar. Zwar bleiben die Dateien aufgrund der verlustfreien Kompression immer noch recht groß, aber in Bereichen, in denen keinerlei Verluste toleriert werden, wird er verbreitet eingesetzt.
- **OGG** (*Vorbis*)ist ein quelloffener Codec, der von der *Xiph.Org Foundation* entwickelt wurde und der mit AAC, WMA und MP3 konkurrieren kann. Vorbis-Dateien werden mit der Dateinamenerweiterung .OGG gespeichert, weshalb man also häufig (fälschlicherweise) von »Ogg«-Dateien spricht.
- **RM** bzw. RealMedia-Dateien können entweder nur Audio oder Audio und Video enthalten. Hierbei handelt es sich um ein herstellerspezifisches Format der Firma *RealMedia*, von der auch der im Internet recht verbreiteten Player stammt. Um diese Dateien wiedergeben zu können, benötigen Sie einen RealMedia Player, da das Format von den meisten anderen Playern nicht unterstützt wird.
- **WMA** (Windows Media Audio) ist das proprietäre Komprimierungsformat von Microsoft.

Die Aufstellung kann nur einen Bruchteil der mehr als 100 existierenden Audiodateiformate erfassen, enthält aber immerhin jene Formate, denen Sie mit der größten Wahrscheinlichkeit begegnen.

Wiedergabe von Audiodateien

Viele Programme können Audiodateien auf einem typischen Windows-Rechner wiedergeben. Zunächst einmal befindet sich auf praktisch jedem Windows-Rechner der Windows Media Player, das vielleicht beliebteste aller Audiowiedergabe-Programme. Abbildung 20.2 zeigt den Windows Media Player unter Windows Vista. Sie können natürlich auch viele andere Player herunterladen, wie unter anderem iTunes, das Media-Programm von Apple für Windows und OS X. Das ist praktisch, weil nicht alle Sound-Player alle Sounds abspielen können.

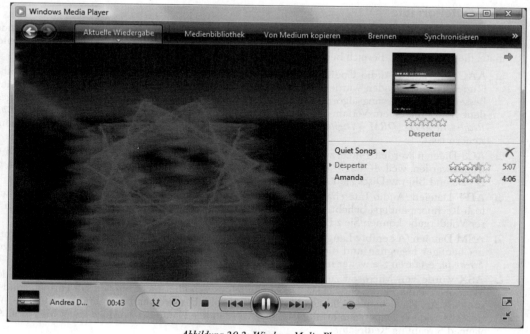

Abbildung 20.2: Windows Media Player

Viele Anwendungen und insbesondere Spiele geben ebenfalls Töne aus. Vor noch nicht allzu langer Zeit verwendeten Spiele oder Anwendungen häufig eigene Audioformate. Heute nutzen aber die meisten Anwendungen und Spiele Dateien in den Standardformaten WAV, MP3 oder MIDI.

Bei *Streaming-Media* werden Daten übertragen, sofort wiedergegeben und anschließend gleich wieder verworfen bzw. gelöscht. Streaming-Media ist im Internet unglaublich beliebt und hat mit den Internet-Radiosendern eine ganze Industrie hervorgebracht. Die drei beliebtesten Streaming-Media-Player sind Windows Media Player, Winamp und iTunes von Apple. Mit der zunehmenden Verbreitung von Breitbandanschlüssen hat sich die Qualität von Streaming-Radio wesentlich verbessert. Viele der Internet-Radiosender streamen heute MP3-Dateien mit 128 Kbps und mehr. Einige Sites bieten sogar Surround-Sound-Musik für diejenigen, die entsprechende Lautsprecher benutzen und sie genießen können.

Essentials

Beschaffung der passenden Audiohardware

Moderne Mainboards enthalten zwar Chips zur Verarbeitung von Audiodaten, für bestimmte Einsatzgebiete (und ältere Rechner) werden aber weiterhin Soundkarten angeboten, die in PCI- oder PCIe-Erweiterungssteckplätze eingesetzt oder an eine USB- oder FireWire-Schnittstelle angeschlossen werden können. Soundkarten verfügen über viele Funktionen, wie z.B. zwei eigenständige Audioprozes-

Multimedia

soren (einen für abgetastete Formate, wie z.B. WAV, und einen für MIDI), Chips zur Unterstützung von Joysticks und anderen Eingabegeräten, die an den Gameport angeschlossen werden, Aufnahmemöglichkeiten, Unterstützung für MIDI-Instrumente und mehr. Alle Soundkarten, angefangen bei den preiswertesten bis hin zu den teuersten, können Musik wiedergeben und ein Paar Lautsprecher ansteuern, so dass sich Techniker schon ein wenig eingehender mit diesem Thema befassen müssen, um die wesentlichen Unterschiede zwischen den verschiedenen Soundkarten verstehen zu können. Soundkarten unterscheiden sich in fünf grundlegenden Bereichen: Merkmale des Audioprozessors, Lautsprecherunterstützung, Aufnahmequalität, Anschlussbuchsen und Zusatzmerkmale.

Die Soundkarte selbst ist aber nur ein Teil des Ganzen. Sie benötigen auch gute Lautsprecher, wenn Sie Musik über den Rechner hören oder einige der anspruchsvolleren Funktionen, wie z.B. Surround-Sound, nutzen wollen.

Hinweis

Bei der Hardware handelt es sich im Bereich der Audioverarbeitung entweder um einen Chip auf dem Mainboard oder um eine Erweiterungskarte. Techniker bezeichnen beide Formen als *Soundkarten*, auch wenn es sich bei der ersten Variante um keine Steckkarte handelt. Die allgemeine Bezeichnung ist geblieben.

Soundkarten-Standards

Die meisten Soundkarten entsprechen einem von zwei Standards, AC'97 oder Intel High Definition Audio, obwohl die Hersteller nicht dazu verpflichtet sind, sich an diese Standards zu halten. Und dies gilt sowohl für die auf Mainboards verbauten Chips als auch für Erweiterungskarten.

Der *AC'97*-Standard betrifft die weniger leistungsfähigen Audiokomponenten und wurde entwickelt, als noch allenfalls Stereo gefragt war. Derartige Soundkarten bieten bei Wiedergabe und Aufnahme eine akzeptable Qualität, die für typische Bürorechner sicherlich ausreicht. Wenn es aber ein wenig mehr als nur Durchschnitt sein soll, dann sollten Sie sich für Mainboards oder Steckkarten entscheiden, die einem neueren Standard folgen.

Intel hat den HDA-Standard (*High Definition Audio*) entwickelt, um Funktionen wie echten Surround-Sound mit vielen eigenständigen Lautsprechern zu unterstützen. Während AC'97 in technischer Hinsicht maximal sechs Kanäle bei einer Qualität von maximal 48 kHz/20 Bit unterstützt, sind es bei HDA acht Kanäle und maximal 192 kHz/32 Bit, was einen erheblichen Fortschritt bedeutet. HDA unterstützt auch die Übertragung mehrerer Audiodatenströme vom Computer zu verschiedenen Ausgabegeräten, so dass ein einzelner Rechner z.B. in einem Raum Internet-Radio und in einem anderen eine CD wiedergeben kann.

Hinweis

Wie bei neuen Mikroprozessoren üblich, hat auch der HDA-Standard einen Codenamen erhalten. Halten Sie nach Mainboards Ausschau, die die *Azalia*-Spezifikationen erfüllen. Dabei handelt es sich um Intel High Definition Audio.

Hinweis

Die meisten Chipsatzhersteller vertrauen bei neueren Mainboards auf Intels HDA-Standard. Und das gilt auch für direkte Intel-Konkurrenten, wie z.B. nVidia. Um Azalia kommt man heute kaum mehr herum!

Merkmale von Audioprozessoren

Die Leistungsfähigkeit der Audioprozessoren fällt bei den einfachen und den High-End-Soundkarten höchst unterschiedlich aus, auch wenn sich dies nicht unbedingt im Preis niederschlägt. Der Audioprozessor ist für die Kommunikation zwischen Anwendungen, dem Betriebssystem und der CPU zuständig und übersetzt Befehle in die ausgegebenen Lautsprechertöne. Einfache Audioprozessoren übernehmen kaum mehr als die Übersetzung der Befehle, wodurch der CPU der größte Teil der Schwerarbeit überlassen bleibt.

Bessere Audioprozessoren nehmen der CPU hingegen mehr Last ab und bringen eine Reihe zusätzlicher Fähigkeiten mit. Durch die zusätzliche Leistung der Soundkarte wird die CPU entlastet und kann sich verstärkt anderen Aufgaben widmen. Die besseren Audioprozessoren können daher die Audioverarbeitung wirklich *beschleunigen*. Sie können auch Töne so hervorragend reproduzieren, dass die über den PC wiedergegebenen MP3-Dateien ähnlich gut klingen wie über die Stereoanlage wiedergegebene CDs.

Die meisten Audioprozessoren unterstützen im mittleren und oberen Preisbereich verschiedene Surround-Sound-Standards, so dass entsprechende Spiele und andere Anwendungen mit Audiopositionierungseffekten (*Positional Audio*) arbeiten und Töne in allen Einzelheiten modellieren können. (Durch diese Funktionen gelangen Sie mit PC-Spielen in eine völlig neue Dimension.) Sie werden die verschiedenen Standards eingehender im Abschnitt *Lautsprecher* dieses Kapitels kennen lernen, weshalb hier ein Beispiel ausreichen soll. Mit richtig implementiertem Positional Audio hören Sie hinter sich die Geräusche der auf der Jagd nach Ihnen aufmarschierenden Wachen, während Sie im Bestreben, den Schatz des Paschas zu stehlen, durch die Halle schleichen. Der potenzielle Nutzen derart realistischer Effekte geht zwar über Spiele hinaus, vorläufig profitieren aber vorrangig diese von dieser Technologie.

Lautsprecherunterstützung

Alle Soundkarten unterstützen zwei Lautsprecher oder einen Stereokopfhörer, während viele bessere Soundkarten fünf oder mehr getrennte Lautsprecherkanäle unterstützen. Mit mehreren Lautsprechern lässt sich echter Surround-Sound erzeugen, der nicht nur bei Spielen, sondern auch bei der DVD-Wiedergabe über den PC häufig geschätzt wird. Die Soundkarte in Abbildung 20.3 unterstützt beispielsweise bis zu acht Lautsprecher.

Abbildung 20.3: Eine Soundkarte mit mehreren Lautsprecheranschlüssen

Eine weitere beliebte Erweiterung von Lautsprechersystemen stellen *Subwoofer* dar. Subwoofer sind Basslautsprecher (*Tieftöner*), die für die beeindruckenden tieffrequenten Töne sorgen, die mit dem Surround-Sound von Spielen und der Musik aus einer einfachen Stereo-MP3-Datei einhergehen und für eine zusätzliche Klangdimension sorgen. Bessere Soundkarten unterstützen sowohl Surround-Sound als auch einen Subwoofer. In den Anzeigen müssen Sie hier auf Angaben wie *Dolby Digital* und *DTS* achten. Abbildung 20.4 zeigt ein Beispiel für ein Surround-Lautsprechersystem. (Mehr über Surround-Sound erfahren Sie im nachfolgenden Abschnitt *Lautsprecher*.)

Abbildung 20.4: Surround-Lautsprechersystem

Aufnahmequalität

Nahezu alle Soundkarten verfügen über einen Mikrofon- und einen Line-In-Eingang, aber die besseren Karten können Töne mit deutlich weniger Rauschen oder Störungen aufzeichnen. Bei der Angabe, die die relative Qualität eines Eingangs beschreibt, handelt es sich um den *Rauschabstand* bzw. das *Signal/Rausch-Verhältnis* (SNR – Signal-to-Noise Ratio), das in Dezibel (dB) angegeben wird. Je kleiner der Wert, desto schlechter eignet sich die Karte für die Audioaufnahme und desto stärker ist das in den Aufnahmen enthaltene Rauschen. Bei den meisten preiswerten Soundkarten ist der Rauschabstand vergleichsweise niedrig, weshalb sie sich für die Audioaufnahme kaum eignen, was insbesondere für den Mikrofoneingang gilt. Bei hochwertigen Soundkarten liegt der Rauschabstand bei etwa 96 bis 100 dB und damit in einem Bereich, der vor einigen Jahren noch Musikern im Studio vorbehalten war. Prüfen Sie die Dokumentation bzw. die technischen Angaben auf der Verpackung (Abbildung 20.5), bevor Sie eine Soundkarte für Aufnahmezwecke kaufen oder empfehlen.

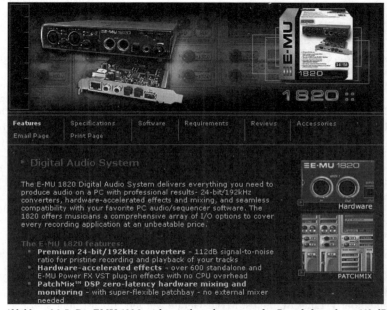

Abbildung 20.5: Die EMU 1820 wirbt mit ihrem hervorragenden Rauschabstand von 112 dB.

Hinweis

Bessere Soundkarten haben üblicherweise auch einen geringeren *Klirrfaktor* und einen nahezu linearen *Frequenzgang*. Darüber hinaus spielt bei Musikaufnahmen noch die so genannte *Latenz* eine wichtige Rolle, bei der es sich um die Verzögerung zwischen dem Eintreffen eines Audiosignals und dessen Wiedergabe handelt. (Durch die Codierung entstehen immer gewisse Latenzen, die aber möglichst gering sein sollten.)

Anschlussbuchsen

Praktisch alle Soundkarten verfügen über mindestens drei Anschlüsse: einen für ein Stereolautsprechersystem mit integriertem Verstärker (*Line-Out*), einen für ein Mikrofon und einen Eingang, der *Line-In* genannt wird. Wenn Sie einen Blick auf die Rückseite eines Mainboards mit integrierter Soundkarte werfen, dann finden Sie dort unweigerlich diese drei Anschlüsse. Bei den meisten Systemen sind diese Anschlüsse farblich gekennzeichnet (Line-Out – Grün, Mikrofon – Pink, Line-In – Blau). Häufig finden Sie darüber hinaus noch weitere Anschlüsse (Abbildung 20.6).

Kapitel 20

Mini-Audioanschlüsse
(3,5-mm-Klinkenbuchsen)

Abbildung 20.6: Typische Anschlüsse einer im Mainboard integrierten Soundkarte

Sehen wir uns also an, wozu diese Anschlüsse dienen:

- **Main-Speaker Out:** Hierbei handelt es sich um den Haupt-Lautsprecherausgang, an den Sie standardmäßig Lautsprecher anschließen.
- **Line-Out:** Line-Out ist ein Ausgang mit einem definierten Signalpegel, wie er auch bei HiFi-Anlagen verwendet wird (ca. 1 mV). Hier lassen sich neben Lautsprechern mit integriertem Verstärker oder Kopfhörern auch andere externe Aufnahmegeräte an den Rechner anschließen.
- **Line-In:** Auch der Line-In-Eingang arbeitet mit dem bereits beschriebenen Signalpegel. An ihn lassen sich z.B. ein Kassettenrecorder oder ein CD-Player anschließen, um Audio mit dem Computer aufzunehmen.
- **Rear-Out:** Dieser Ausgang dient dem Anschluss der hinteren Lautsprecher eines Surround-Sound-Lautsprechersystems.
- **Analog/Digital Out:** Der multifunktionale Analog/Digital-out-Anschluss dient als spezielle digitale Verbindung zu externen digitalen Geräten oder digitalen Lautsprechersystemen und kann auch als analoger Anschluss für den mittleren Kanal vorn und den Subwoofer dienen. (Im Abschnitt *Lautsprecher* weiter hinten in diesem Kapitel wird Surround-Sound beschrieben.)
- **Mikrofon:** An den Mikrofonanschluss lässt sich ein Mikrofon zur Sprachaufzeichnung anschließen.
- **Gameport:** Der Gameport dient dem Anschluss eines Joysticks oder eines MIDI-Gerätes an die Soundkarte. Beim Gameport handelt es sich um einen zweireihigen, weiblichen DB15-Anschluss, der heute aber veraltet ist. (Selbst MIDI-Geräte werden zumeist über spezielle Adapter und die USB-Schnittstelle mit dem Rechner verbunden.)

Hinweis

Bei modernen Soundkarten lässt sich die Zuordnung der Anschlüsse teilweise ändern!

Weitere Merkmale

Seit mehr und mehr Mainboards über integrierte Soundkarten verfügen, versehen Soundkartenhersteller ihre Modelle mit Zusatzfunktionen, deren Versuchung für gewisse Personengruppen unwiderstehlich ist. Dazu zählen digitale Ausgänge, über die sich der PC in das Heimkinosystem integrieren lässt. Die entsprechenden Anschlüsse werden häufig nach vorn herausgeführt, können in einen 5,25-Zoll-Einbauschacht eingebaut werden und bieten manchmal auch FireWire-Anschlüsse für das gemeinsame Spielen und die gemeinsame Nutzung von Dateien oder auch die direkte Wiedergabe von MP3-Dateien von portablen MP3-Playern. Abbildung 20.7 zeigt eine Variante der Breakout-Box von Creative Labs. Derartige Extras sind nicht für jeden etwas, stellen aber für viele Kunden einen Kaufanreiz dar.

Multimedia

Abbildung 20.7: Breakout-Box einer SoundBlaster-Live!-Platinum-Soundkarte

Lautsprecher

Ich stehe immer wieder fassungslos da, wenn ich in ein Zimmer komme und dort das dünne, jammernde Quäken von 10-Euro-Lautsprechern hören muss, die an einen teuren High-End-Rechner angeschlossen sind. Wenn Sie Musik hören oder am Rechner spielen wollen, dann können anständige Lautsprecher das Erlebnis deutlich steigern! Lautsprecher sind in den unterschiedlichsten Abmessungen, Bauformen, Technologien und Qualitäten erhältlich und können den nicht informierten Techniker ordentlich verwirren, der nicht ohne Weiteres erkennen kann, dass die 50-Euro-Lautsprecher rechts in Abbildung 20.8 weitaus besser als die 25-Euro-Lautsprecher links klingen.

Abbildung 20.8: Qualitativ hochwertige Lautsprecher eines Herstellers (rechts) und preiswerte Lautsprecher eines anderen Herstellers (links)

Lautsprecherstandards

Mit der Verbreitung von Surround-Sound im Computerbereich entstanden auch eine Reihe von Lautsprecherstandards. Sie sollten diese Standards kennen, damit Sie die Lautsprecher auswählen können, die sich am besten für Sie selbst und Ihre Kunden eignen.

Stereo ist die älteste Lautsprechertechnologie, der Sie im PC-Bereich beggenen können. Bei Stereolautsprechern handelt es sich einfach um zwei Lautsprecher, einen für den linken und einen für den rechten Kanal (Abbildung 20.9). Die beiden Lautsprecher werden über einen einzelnen Klinkenstecker mit der Soundkarte verbunden. Bei den meisten Billiglautsprechern handelt es sich um Stereolautsprecher.

Abbildung 20.9: Stereolautsprecher

2.1-Lautsprechersysteme bestehen aus einem Paar Stereolautsprecher (so genannte Satelliten) und einem Subwoofer (Tieftöner; Abbildung 20.10). Üblicherweise werden die drei Lautsprecher über einen Stecker an die Soundkarte angeschlossen, dessen Leitung zum Subwoofer läuft. Vom Subwoofer gehen dann die Kabel für die beiden Stereolautsprecher ab. Wenn Sie Musik genießen wollen, aber keinen Surround-Sound benötigen, dann handelt es sich hier um die erste Wahl hinsichtlich des Lautsprecherstandards.

Abbildung 20.10: Typische 2.1-Lautsprecher

Die Beschränkungen von zwei Audiokanälen (Stereo) hinter sich zu lassen, war im Audiobereich bereits seit den 1970er Jahren eine Zielsetzung. Aber erst mit der Entwicklung von *Dolby Digital* durch die Dolby-Laboratorien Anfang der 1990er gelang der große Durchbruch. Dolby Digital unterstützt fünf Audiokanäle: vorn links, vorn rechts, vorn Mitte, hinten links und hinten rechts. Hinzu kommt ein Subwoofer und schon entstand das Kürzel *5.1*. Die Firma *DTS* (Digital Theatre Systems) entwickelte einen konkurrierenden Standard, der ebenfalls 5.1-Lautsprechersysteme unterstützte. Mit der Einführung der DVD wurden beide 5.1-Standards (Dolby Digital und DTS) in deren Spezifikation auf-

Multimedia

genommen, wodurch 5.1-Lautsprechersysteme quasi über Nacht zur Pflichtausstattung im Heimkino wurden. Wenn Sie DVDs mit vollem Surround-Sound über Ihren PC genießen wollen, dann müssen Sie ein komplettes 5.1-Lautsprechersystem erstehen (... und Programme besitzen, die Surround-Sound unterstützen). Mittlerweile sind zahlreiche 5.1-Lautsprechersysteme erhältlich. Die Entscheidung wird dabei meist vom Klang der Lautsprecher abhängig gemacht.

Viele bessere Soundkarten verfügen zudem über einen speziellen S/PDIF-Anschluss (*Sony/Philips Digital Interface*), über den Sie die Soundkarte direkt mit einem 5.1-Lautsprechersystem oder einem entsprechenden Receiver verbinden können (Abbildung 20.11). Wenn man einen einzelnen S/PDIF-Ausgang anstelle separater Leitungen für die einzelnen Lautsprecher verwendet, vereinfacht das die Aufstellung der Lautsprecher deutlich. S/PDIF-Anschlüsse gibt es in zwei Varianten, optisch und koaxial. Die optische Variante sieht aus wie ein Quadrat mit einer kleinen Tür (in Abbildung 20.11 rechts). Beim Koaxial-Anschluss handelt es sich um einen normalen RCA-Anschluss (links), wie er auch zum Anschließen des CD-Players an die Stereoanlage verwendet wird. Es spielt keine Rolle, welche Anschlussvariante Sie verwenden, Sie müssen nur dafür dorgen, dass es einen freien Anschluss am Receiver oder den Lautsprechern gibt.

Abbildung 20.11: S/PDIF-Anschlüsse

Hinweis

Nur wenige 5.1-PC-Lautsprecher unterstützen S/PDIF. Größtenteils müssen Sie die regulären Audioausgänge der Soundkarte benutzen. Häufiger begegnen Sie dem Anschluss bei 6.1- und 7.1-Systemen.

Auch Spiele nutzen die Vorteile von 5.1-, 6.1- und 7.1-Lautsprechern, greifen dabei aber auf den *DirectX*-Standard zurück. DirectX umfasst zahlreiche Befehle und APIs, mit denen sich Befehle wie »gib den Ton auf dem rechten Lautsprecher aus« oder »lasse die Musik über den rechten und linken Kanal ertönen« realisieren lassen. DirectX vereinfacht auf diese Weise die zum Erstellen von Audio und Video erforderliche Programmierung. Die zu erzeugenden Töne müssen nicht mehr auf unterschiedliche Weise für die verschiedenen Soundkarten-Optionen programmiert werden, sondern können einfach über DirectX erzeugt werden. Und die Hardwarehersteller müssen einfach nur noch dafür sorgen, dass ihre Soundkarten DirectX-kompatibel sind.

Mit der DirectX-Version 3 wurde *DirectSound3D* (DS3D) eingeführt, das eine Reihe von Befehlen unterstützt, mit denen Töne irgendwo im dreidimensionalen Raum platziert werden können. Dies wird auch »Positional Audio« genannt und hat die PC-Spielewelt mittlerweile revolutioniert. DS3D konnte zwar nicht alle Audioinformationen verarbeiten, unterstützte aber Befehlserweiterungen, mit denen sich auch anspruchsvollere Audiofunktionen realisieren ließen. Dadurch fühlten sich wiederum die Soundkartenentwickler herausgefordert, die daraufhin das Konzept des Positional Audio weiterentwickelten. Creative Labs veröffentlichte *EAX* (*Environmental Audio eXtensions*). Mit EAX, das mehrere Audio-Voreinstellungen umfasst, können Entwickler räumliche Umgebungen schaffen und sie so überzeugend simulieren, dass selbst Entfernungen zwischen dem Spieler und Audioereignissen real zu sein scheinen. Abbildung 20.12 zeigt ein Dialogfeld mit EAX-Einstellungen.

Ende 2000 wurden einige EAX-Effekte in die Audiokomponente von DirectX 8.0 integriert. Dies wies darauf hin, dass EAX als Standard für Audioeffekte in Spielen anerkannt war. Kurz danach begann Creative Labs mit der Auslieferung von Dolby-5.1-kompatiblen Soundkarten. Seither lassen sich 5.1-Lautsprechersysteme direkt an Soundkarten anschließen. Die Soundkarte verwendet bei der Wieder-

Kapitel 20

gabe von DVDs automatisch die entsprechenden Standards (z.B. Dolby/DTS) und EAX bei Spielen, die diesen Standard unterstützen. Alle aktuellen Soundkarten unterstützen DirectX und EAX.

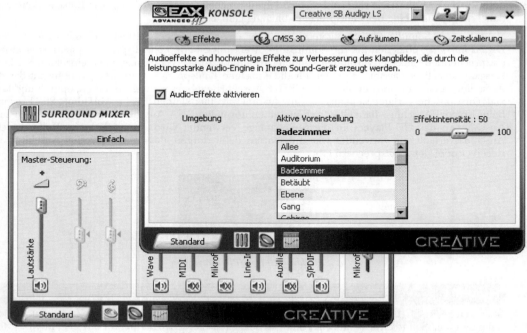

Abbildung 20.12: Dialogfeld zur EAX-Einrichtung

Hinweis

Nicht alle Karten unterstützen Dolby Digital/DTS. Die meisten Software-DVD-Player und einige Soundkarten unterstützen Dolby Digital. Die DTS-Unterstützung ist dagegen seltener. Lesen Sie auf der Website des Herstellers nach, um festzustellen, ob Ihre Karte DTS unterstützt.

Windows Vista geht mit Audio anders als die vorherigen Windows-Versionen um. Insbesondere unterstützt Vista keine direkten Zugriffe auf die Audiohardware mehr, so dass DirectSound nicht mehr funktioniert. Die Entwickler von Drittanbietern haben verschiedene Workarounds für die fehlende Unterstützung entwickelt, damit bestimmte ältere Spiele und Hardwarekomponenten auch unter Windows Vista noch funktionieren. Andere Entwickler sind hinter das OpenAL-API gestiegen und nutzen es unter Vista für Audioeffekte. Die Spiele umfassen dann spezielle OpenAL-Treiber, die für die notwendige Unterstützung sorgen.

Lautsprechereigenschaften

Lautsprecher verfügen über einige weitere Merkmale, die Sie bei Ihrer Auswahl für sich selbst oder Ihre Kunden berücksichtigen sollten. Lautsprecher werden unterschiedlich mit Strom versorgt, die Regler sind mehr oder weniger gut zugänglich und möglicherweise gibt es an den Lautsprechern auch eine Kopfhörerbuchse, um nur einige Beispiele zu nennen.

Die meisten Lautsprecher besitzen einen Lautstärkeregler und einen Ein/Aus-Schalter. Besorgen Sie sich Lautsprecher, bei denen diese Bedienelemente vorn an einem der Lautsprecher oder an einer speziellen Steuerkonsole leicht zugänglich sind.

Kopfhörer werden dann problematisch, wenn Sie sie an der Rückseite des Rechners anschließen und Windows über das Applet SOUNDS UND MULTIMEDIA der SYSTEMSTEUERUNG mitteilen müssen, dass die Ausgabe über Kopfhörer erfolgt. Sie können diese Unannehmlichkeiten sparen, wenn Sie ein Lautsprechersystem benutzen, das einen praktischen Mikrofonanschluss an einem der Lautsprecher oder einer Steuerkonsole besitzt.

Ein weiteres wichtiges Merkmal von Lautsprechern kann dann noch deren Leistung sein, die in Watt angegeben wird. Dabei können Ihnen zwei unterschiedliche Angaben begegnen. Die *PMPO*-Angabe (*Peak Music Power Output* oder *Pulse Maximum Power Output*) dient eigentlich nur Werbezwecken und übertreibt die tatsächliche Leistung maßlos. Sie gibt lediglich die Maximalbelastung an, die ein Lautsprechersystem verkraftet, ohne dass es gleich seinen Geist aufgibt. Wesentlich aussagekräftiger sind Angaben zur *Sinusleistung* (*RMS – Root Mean Square*), die nach einer anerkannten Messmethode ermittelt werden und zumindest halbwegs vergleichbar sind. Allgemein gilt hier ansonsten, dass die Lautsprecherleistung nicht allzu niedrig und dem jeweiligen Nutzungszweck angemessen sein sollte.

Installation von Audiokomponenten bei einem Windows-System

Bei der Audiohardware und modernen PCs gibt es drei Optionen: eine eigenständige Soundkarte, die in das Mainboard integrierte Soundlösung und spezielle, externe Audiokomponenten. Bei Soundkarten entspricht die Installation im Grunde genommen dem bei allen anderen Steckkarten. Sie setzen die Karte in einen Steckplatz ein, schließen die Lautsprecher daran an, installieren die Treiber und haben damit bereits den größten Teil der Arbeit erledigt. Bei den auf dem Mainboard verbauten Lösungen müssen Sie darauf achten, dass die Audiokomponenten im BIOS-Setup aktiviert sind und dass deren Treiber installiert sind. Bei externen Lösungen folgen Sie am besten den Angaben im Handbuch. Bei manchen müssen Sie erst die Treiber installieren, bevor Sie die Hardware anschließen, andere schließen Sie erst einmal an, um dann die Treiber zu installieren, und wieder andere werden von Windows direkt mit Treibern unterstützt.

Wie bei den meisten der in diesem Buch beschriebenen Komponenten erfolgt die Soundkarteninstallation generell in drei wesentlichen Schritten: der physischen Installation, der Installation der Gerätetreiber und der Konfiguration.

Abbildung 20.13: Eine typische Soundkarte

Physische Installation

Die physische Installation ist recht einfach. Bei den ins Mainboard integrierten »Soundkarten« gibt es nichts zu installieren und bei den meisten anderen Soundkarten handelt es sich um PCI-Steckkarten (seltener PCIe- oder USB-Komponenten) aus der Massenproduktion (Abbildung 20.13), bei denen die physische Installation vorwiegend aus Entscheidungen über den Anschluss der Lautsprecher, des Mikrofons usw. besteht. Die heute verbreiteten Surround-Sound-Soundkarten verfügen über eine Vielzahl von Buchsen, weshalb Sie die Einzelheiten am besten der Soundkarten-Dokumentation entnehmen. Hier aber ein paar Hinweise:

- ❏ Für das typische Stereo- oder 2.1-Lautsprechersystem wird nur eine einzige Buchse verwendet. Halten Sie nach der Kennzeichnung »Speaker« oder »Speaker 1« Ausschau.
- ❏ Für Surround-Sound-Lautsprechersysteme wird entweder ein einzelner digitaler Anschluss (S/PDIF) verwendet, der meist von der Soundkarte zum Subwoofer führt, oder es sind drei getrennte Kabel erforderlich: eines für die vorderen beiden Lautsprecher (Speaker 1), eines für die hinteren beiden Lautsprecher (Speaker 2) und ein drittes Kabel für den (zentralen) Subwoofer (Digital/Audio Out oder Speaker 3).

Hinweis

Sie können die Lautsprecher oder die Soundkarte nicht beschädigen, wenn Sie Audiostecker an der Soundkarte falsch anschließen. Sie können also auch experimentieren, wenn Sie nicht genau wissen, welcher Stecker mit welchem Anschluss verbunden werden muss. Schlimmstenfalls vertauschen Sie vorn und hinten oder die Geräte funktionieren einfach nicht!

Betrachten wir nun kurz die Installation einer Soundkarte. Wie bei allen Erweiterungskarten benötigen Sie dafür einen Kreuzschlitz-Schraubendreher und müssen die bekannten Vorkehrungen gegen elektrostatische Entladungen treffen. Natürlich benötigen Sie auch die Soundkarte selbst, einen Satz Lautsprecher, ein Audiokabel und zudem ein Mikrofon oder Verbindungen zur HiFi-Anlage, wenn Sie Audiodaten aufnehmen wollen.

1. Fahren Sie zunächst den Rechner herunter, trennen Sie ihn vom Stromnetz und öffnen Sie das Gehäuse.
2. Machen Sie einen freien PCI-Steckplatz ausfindig und setzen Sie die Soundkarte dort ein. Vergessen Sie dabei nicht, sorgsam mit der Steckkarte umzugehen, insbesondere wenn es sich bei ihr um ein teures High-End-Exemplar handelt! Achten Sie darauf, dass die Karte richtig im Steckplatz sitzt, und befestigen Sie sie mit einer Schraube im Gehäuse.

Tipp

Wenn zwei Soundkarten in einem System vorhanden (und aktiviert) sind, kommt es häufiger zu Problemen. Bei der Installation einer Sound-Steckkarte empfiehlt es sich daher meist, den Soundchip auf dem Mainboard über das CMOS-Setup des Rechners zu deaktivieren. Da die daraus möglicherweise resultierenden Probleme bis hin zum »blauen Bildschirm des Todes« reichen können, aber oft nur sporadisch auftreten, sind sie schwer aufzuspüren. (Ähnliches kann auch für andere Audiogeräte gelten, wie z.B. das in eine Webcam eingebaute Mikrofon!)

Treiberinstallation

Wenn die Soundkarte physisch installiert ist, starten Sie das System und lassen Windows die Treiber der Soundkarte über die Plug&Play-Funktion erkennen. Wie Sie möglicherweise bereits ahnen, haben Sie auch hier oft wieder die Wahl zwischen den mit Windows gelieferten Treibern und den Treibern, die der Soundkarte auf CD beiliegen. Wie bei anderen Steckkarten verwenden Sie auch hier am besten die mit der Soundkarte gelieferten Treiber oder aktuelle Treiber aus dem Internet. Wenn Autoplay aktiviert ist, wird das Einrichtungsprogramm bei den meisten Soundkarten automatisch von der Installations-CD gestartet. Dann werden Sie schrittweise durch die Installation geleitet (Abbildung 20.14).

Multimedia

Abbildung 20.14: Startdialog des automatisch gestarteten Setup-Programms einer Soundkarte

Hinweis

Die Treiber für Soundkarten werden gelegentlich aktualisiert. Nehmen Sie sich einen Augenblick Zeit und suchen Sie die Website des Herstellers auf, um nachzusehen, ob es dort aktuellere Treiber für Ihre Soundkarte gibt.

Sollten Sie eine USB-Soundkarte gekauft haben (Abbildung 20.15), dann müssen Sie bei der Installation meist in umgekehrter Reihenfolge vorgehen. Das einzige Geheimnis bei diesen Geräten ist, dass Sie die wichtige Regel für alle USB-Geräte beherzigen sollten: *Installieren Sie die Treiber, bevor Sie das Gerät anschließen.* Windows, insbesondere Windows XP und Vista, verfügen zwar wahrscheinlich über einfache Treiber für diese USB-Soundkarten, aber darauf sollten Sie es nicht ankommen lassen – installieren Sie immer zuerst die Treiber!

Abbildung 20.15: USB-Soundkarte

Wenn Sie die Soundkarte selbst und die Treiber installiert haben (das kann übrigens selbst bei schnellen Rechnern eine Weile dauern), rufen Sie kurz den Geräte-Manager auf, um sich davon zu überzeugen, dass dabei auch wirklich alles geklappt hat. Damit haben Sie das meiste bereits geschafft. Aber

Kapitel 20

die Installation der Treiber ist nie der letzte Schritt bei der Installation einer Soundkarte. Abschließend müssen Sie die Soundkarte immer noch konfigurieren und mit mindestens einem Programm testen. Den meisten Soundkarten liegen spezielle Konfigurationsprogramme und/oder Anwendungs- oder Testprogramme bei. Werfen wir einen kurzen Blick auf diese Zusatzprogramme, die ich einfach *Audioanwendungen* nennen werde.

Installation von Audioanwendungen

Sie haben bereits erfahren, dass Sie für die Wiedergabe von Audio Programme benötigen, wie z.B. den Windows Media Player oder Winamp. Es befinden sich aber zwei weitere Arten von Audioprogrammen auf dem Rechner: Programme zur Konfiguration der Soundkarte und spezielle Anwendungen, die zusammen mit der Soundkarte geliefert oder eigenständig erworben werden.

Windows-Anwendungen für die Konfiguration

Auf allen Windows-Rechnern gibt es mindestens ein wichtiges Programm zur Konfiguration von Soundkarten: das Applet, das unter Vista SOUND, unter Windows XP SOUNDS UND AUDIOGERÄTE und unter Windows 2000 SOUNDS UND MULTIMEDIA heißt. Wie dieses Applet auch heißen mag, es ist für dieselben Aufgaben zuständig und vereint die meisten oder sogar alle für eine Soundkarte benötigten Konfigurationsoptionen. Als Beispiel soll uns hier zunächst das Applet SOUNDS UND AUDIOGERÄTE von Windows XP dienen. Das Applet SOUNDS UND MULTIMEDIA von Windows 2000 funktioniert ganz ähnlich, auch wenn sich die ein oder andere Einstellung an einer anderen Stelle befindet.

Im Applet SOUNDS UND AUDIOGERÄTE gibt es fünf Registerkarten: LAUTSTÄRKE, SOUNDS, AUDIO, STIMME und HARDWARE. Das Interessanteste heißt LAUTSTÄRKE. Hier lässt sich die Lautstärke der Lautsprecher einstellen und hier erreichen Sie auch die Einstellungen für die Art des verwendeten Lautsprechersystems (Abbildung 20.16).

Abbildung 20.16: Das Dialogfeld ERWEITERTE AUDIOEIGENSCHAFTEN

Multimedia

Über die Registerkarte SOUNDS können Sie Windows-Ereignissen (z.B. dem Start eines Programms oder dem Herunterfahren von Windows) bestimmte Sounds bzw. Audiodateien zuordnen oder die entsprechenden Tonsignale abschalten. Die Registerkarten AUDIO (Abbildung 20.16) und STIMME sind grob ausgedrückt für dieselbe Aufgabe zuständig: Sie geben die für die Aufnahme und Wiedergabe allgemeiner Sounds (AUDIO) bzw. von Sprache (STIMME) zuständigen Geräte an. Diese Einstellungen sind praktisch, wenn Sie z.B. ein herkömmliches Mikrofon und Lautsprecher besitzen, aber auch ein Headset (Kopfhörer/Mikrofon-Kombination) für Spracherkennung oder Internet-Telefonie verwenden. Wenn Sie Windows mitteilen, dass Sie das Mikrofon für normale Audioaufnahmen und das Headset für die Spracherkennung benutzen wollen, müssen Sie manuell nichts mehr ändern, wenn Sie hier eine MP3-Datei hören und dort mit Ihrem Urgroßvater über das Internet telefonieren wollen.

Abbildung 20.17: Registerkarte AUDIO

Die Registerkarte HARDWARE wird nicht gerade häufig verwendet, aber sie enthält eine interessante Option, über die sich alle im System installierten Audio- und Videocodecs anzeigen lassen. (Mehr über Codecs erfahren Sie im Abschnitt *Fehlende Codecs* weiter hinten in diesem Kapitel.)

Die Konfiguration von Audiogeräten hat sich mit Vista ein wenig geändert. Das Applet SOUND unterstützt z.B. besser die Einrichtung mehrerer Lautsprecher und über HDMI-Konfigurationsoptionen die Zusammenarbeit mit Fernsehern.

Um die Lautsprecher zu konfigurieren, klicken Sie in der Kategorieansicht in der SYSTEMSTEUERUNG erst HARDWARE UND SOUND und dann SOUND an. In der klassischen Ansicht starten Sie in der SYSTEMSTEUERUNG das Applet SOUND mit einem Doppelklick. Anschließend wird das Dialogfeld SOUND angezeigt (Abbildung 20.18).

Abbildung 20.18: Das Applet SOUND unter Windows Vista

Markieren Sie die Option LAUTSPRECHER und klicken Sie die Schaltfläche KONFIGURIEREN an, um das Dialogfeld LAUTSPRECHER-SETUP anzeigen zu lassen (Abbildung 20.19). Wählen Sie unter AUDIO-KANÄLE die für Sie geeignete Option aus, und wählen Sie z.B. wie in Abbildung 20.19 dargestellt für das Büro die Option STEREO. Um zu überprüfen, dass die Lautsprecher funktionieren, können Sie nun die Lautsprechersymbole einzeln oder die Schaltfläche TESTEN anklicken, nach deren Betätigung nacheinander über alle konfigurierten Lautsprecher Töne ausgegeben werden.

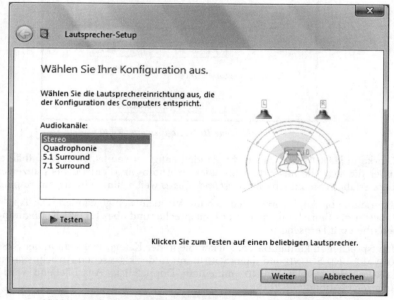

Abbildung 20.19: Das Dialogfeld LAUTSPRECHER-SETUP unter Windows Vista

Herstellerspezifische Konfigurationsprogramme

Bei vielen Soundkarten werden bei der Installation auch herstellerspezifische Programme auf die Festplatte kopiert, über die z.B. spezielle Konfigurationseinstellungen vorgenommen werden, die Windows nicht bietet. Abbildung 20.20 zeigt ein solches Programm. Dabei handelt es sich um ein Konfigurationsprogramm, das einem MSI-Mainboard beilag und der Konfiguration eines der Azalia-Spezifikation entsprechenden Realtek-Audiochips dient.

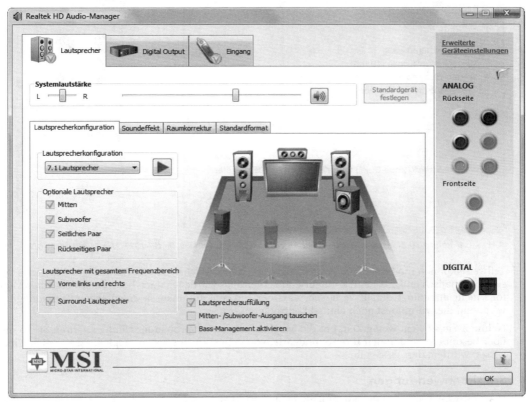

Abbildung 20.20: Realtek HD Audio-Manager

Den meisten Soundkarten liegt das eine oder andere Konfigurations- oder Testprogramm bei, das Sie meist als Applet über die Systemsteuerung aufrufen können und mit dem Sie die Wiedergabe Ihren Vorstellungen entsprechend einrichten können. Abbildung 20.21 zeigt ein paar weitere Details des Programms zur Konfiguration im REALTEK HD AUDIO-MANAGER. Eine der vielen interessanten Funktionen moderner Soundkarten besteht darin, dass sie erkennen können, ob eine Buchse verwendet wird. Darüber gibt das Programm rechts im Dialogfeld Aufschluss. Ist ein Kabel angeschlossen, dann wird die entsprechende Buchse farbig, ansonsten grau dargestellt. Fährt man mit dem Mauszeiger über die angezeigten Buchsensymbole, wird angezeigt, welche Funktion die Buchse hat und was daran angeschlossen ist. Rechts in Abbildung 20.21 hängen an dem mit dem Mauszeiger angefahrenen Lautsprecherausgang Lautsprecher. Wird ein Kabel neu angeschlossen, dann wird das in Abbildung 20.21 links angezeigte Fenster eingeblendet. Dort können Sie dann festlegen, welche Funktion die Buchse übernehmen soll bzw. was daran angeschlossen wurde. Auf diese Weise lassen sich auch mehrere Ausgänge mit derselben Funktion belegen und z.B. zwei Stereoausgänge konfigurieren (einer für die Stereolautsprecher im Monitor und einer für den Anschluss an die HiFi-Anlage). Eine wirklich tolle Funktion, die *Autosensing* oder *Jack Sensing* oder auch *automatische Geräteerkennung* genannt wird.

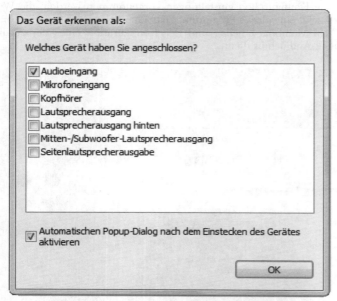
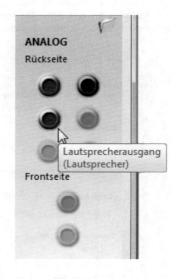

Abbildung 20.21: Geräteerkennung und Anzeige der Anschlussbelegung im REALTEK HD AUDIO-MANAGER

Teilweise können moderne Soundkarten sogar erkennen, welche Art von Gerät angeschlossen ist, und sich automatisch entsprechend konfigurieren. Allerdings würde ich mich beim Anschluss eines Mikrofons nicht unbedingt darauf verlassen, dass der Eingang automatisch entsprechend umkonfiguriert wird, und dies zumindest noch einmal kontrollieren.

Nehmen Sie sich ein wenig Zeit, um die Möglichkeiten auszuprobieren. Häufig erfahren Sie so mehr über besondere Funktionen Ihrer Soundkarte, von denen Sie ansonsten möglicherweise nicht einmal wissen würden, dass es sie gibt.

Spezialanwendungen

Einige Soundkarten, wie die von Creative Labs, die dafür geradezu berüchtigt sind, kopieren während der Installation die ein oder andere Audioanwendung auf die Festplatte, die angeblich das Sounderlebnis steigern soll. Dabei handelt es sich nicht um Konfigurationsprogramme, sondern um Programme, mit denen Sie z.B. Musik komponieren oder Ihre Audiodateien verwalten können. Ich persönlich habe keine großartige Verwendung für Programme wie den in Abbildung 20.22 dargestellten *3DMIDI Player*. Aber vielleicht gefallen Ihnen ja gerade solche Programme. Wie dem auch sei, installieren Sie zunächst ruhig die mit der Soundkarte gelieferten Programme. Wenn Sie Ihnen nicht gefallen, können Sie sie später ja einfach deinstallieren.

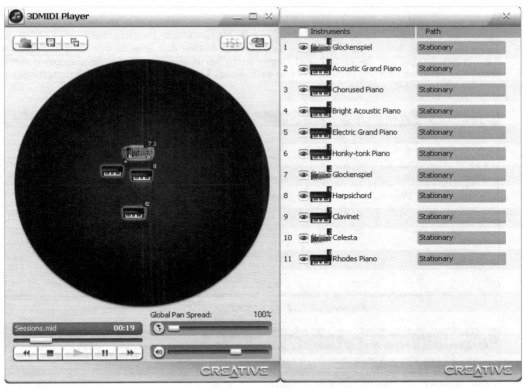

Abbildung 20.22: 3DMIDI PLAYER von Creative Labs

Practical Application

Problembehebung bei Soundkarten

Die im Zusammenhang mit Audiohardware auftretenden Probleme lassen sich meist zwei Kategorien zuordnen: Probleme, die äußerst einfach behoben werden können, und Probleme, die sich jeder Logik entziehen und sich scheinbar unmöglich beheben lassen. In diesem Abschnitt werden Soundprobleme drei Kategorien zugeordnet: Hardware-, Konfigurations- und Anwendungsprobleme. Natürlich erhalten Sie auch wieder Hinweise zur Behebung dieser Probleme.

Hardwareprobleme

Hardwareprobleme sind bei Weitem die häufigsten Soundprobleme, insbesondere wenn die Soundkarte bereits einige Zeit lang funktioniert hat. Wenn Soundkarten erst einmal richtig installiert und konfiguriert sind, dann fallen diese so gut wie nie aus.

Lautstärkeregelung

Wenn kein Ton mehr aus den Lautsprechern oder Kopfhörern kommt, dann sollten Sie immer erst die Lautstärkeeinstellungen kontrollieren. Denken Sie daran, dass die Lautstärke auf zwei Wegen eingestellt werden kann: über Software und direkt an den Lautsprechern. Ich weiß nicht, wie oft bei mir

Kapitel 20

kein Ton mehr aus den Lautsprechern kam, nur weil meine Frau die Regler heruntergedreht hatte. Wenn die Einstellung an den Lautsprechern in Ordnung ist, dann rufen Sie die LAUTSTÄRKEREGE-LUNG von Windows (Abbildung 20.23) auf, indem Sie das kleine Lautsprechersymbol rechts in der Taskleiste doppelt anklicken, und überzeugen Sie sich davon, dass sowohl der Hauptregler als auch die übrigen (zumindest die benötigten) Regler nicht heruntergezogen oder stumm geschaltet sind. Sollte nur ein Lautsprecher keinen Ton von sich geben, kontrollieren Sie, ob die Balanceregler nicht versehentlich verstellt wurden.

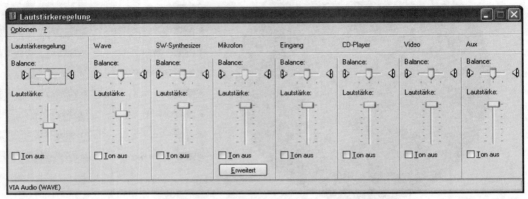

Abbildung 20.23: Die LAUTSTÄRKEREGELUNG von Windows

Hinweis

Wenn Sie das kleine Lautsprechersymbol im Infobereich der Taskleiste ein Mal anklicken, dann wird nur der Hauptregler angezeigt. Klicken Sie es doppelt an, wird das Fenster LAUTSTÄRKEREGE-LUNG angezeigt. Sollten Sie über eine Tastatur mit separaten Tasten für die Lautstärkeregelung verfügen, so sind diese für den Hauptregler zuständig.

Hinweis

Wenn sich bei Ihnen im Infobereich der Taskleiste derart viele Symbole befinden, dass das kleine Lautsprechersymbol schwer zu finden ist oder gar nicht angezeigt wird, dann können Sie über die Systemsteuerung das Applet SOUNDS UND AUDIOGERÄTE starten. Auf der Registerkarte LAUT-STÄRKE klicken Sie dann im Bereich GERÄTELAUTSTÄRKE die Schaltfläche ERWEITERT an. Wenn unter Windows XP das Lautsprechersymbol in der Taskleiste gar nicht angezeigt wird, dann können Sie es über die Registerkarte LAUTSTÄRKE im Dialogfeld mit den Geräteeigenschaften hinzufügen. Aktivieren Sie dazu einfach das Kontrollkästchen LAUTSTÄRKEREGELUNG IN DER TASKLEISTE ANZEIGEN.

Lautsprecher prüfen

Die zweite Anlaufstelle bei Problemen sind die Lautsprecher selbst. Sorgen Sie dafür, dass die Lautsprecher wirklich eingeschaltet sind und ausreichend mit Strom versorgt werden. Weiterhin müssen Sie prüfen, ob die Lautsprecher an der richtigen Buchse an der Soundkarte angeschlossen sind. Wenn hier alles in Ordnung ist, dann versuchen Sie, einen Klang wiederzugeben. Wenn es dann so aussieht, als ob der Sound abgespielt werden würde (vielleicht verfügt die Anwendung über eine Pegelanzeige oder eine Statusanzeige, die dies bestätigt), dann sollten Sie prüfen, ob die Lautsprecher defekt sind. Probieren Sie andere Lautsprecher aus oder schließen Sie die vorhandenen Lautsprecher testweise an ein anderes Gerät an, um dies zu prüfen.

Meist dürfte es sich, unabhängig vom verwendeten System (2.1, 4.1 oder 5.1), bei den Lautsprechern um einen aufeinander abgestimmten Satz handeln, zu dem passende Anschlusskabel gehören. Gelegentlich bekommen Sie es aber auch mit einem System zu tun, bei dem der Besitzer Lautsprecher aus verschiedenen Sets miteinander kombiniert oder die Originalkabel durch längere Leitungen ersetzt hat. Die Funktion muss dadurch zwar nicht beeinträchtigt sein, Sie sollten dann aber prüfen, ob die Leistung der Lautsprecher zueinander passt und ob die Verbindungskabel in Ordnung sind.

Wenn Sie es mit einem System zu tun haben, bei dem zwei Lautsprecher sehr leise und zwei sehr laut sind, dann stimmt deren Leistung möglicherweise nicht überein. Die Typenschilder auf den Lautsprechern sollten darüber Auskunft geben können. Sie können aber auch das eine Lautsprecherpaar gegen das andere austauschen und prüfen, welche Auswirkungen dies auf deren jeweilige Lautstärke hat. Schlechte Kabel verringern hingegen einfach nur die Klangqualität. Wenn der Klang der Lautsprecher an einem kurzen Kabel in Ordnung war, bei verlängerten Kabeln aber nicht mehr, dann dürfte das am Kabel liegen.

> **Tipp**
>
> Bei HD-Audiosystemen kann die Ursache unausgewogener Lautstärken auch ein Einstellungsproblem sein. Diese Systeme bieten teilweise Funktionen zur *Raumkorrektur* an, mit denen sich die Lautstärke entsprechend den eigenen Klangvorstellungen und den jeweiligen räumlichen Gegebenheiten ungleichmäßig einstellen lässt. Rufen Sie das entsprechende Applet auf, um diese Einstellungen zu kontrollieren.

Konfigurationsprobleme

Konfigurationsfehler treten auf, wenn die Soundkarte zwar physisch in Ordnung ist, aber die ein oder andere Einstellung nicht richtig vorgenommen wurde. Diese Fehler treten zwar vorrangig bei der Installation auf, können aber auch ein funktionierendes System betreffen.

> **Hinweis**
>
> Aus technischer Sicht handelt es sich beim Herunterziehen der Lautstärke in der LAUTSTÄRKEREGELUNG um kein Konfigurationsproblem, aber ich prüfe sie immer gleich mit, wenn ich die Einstellung an den Lautsprechern kontrolliere.

Rufen Sie zunächst den GERÄTE-MANAGER auf. Wenn Treiberprobleme bestehen, dann sehen Sie es hier sofort. Deinstallieren Sie dann den Treiber und installieren Sie ihn neu. Wenn beim Treiber keine Probleme angezeigt werden, versuchen Sie wieder, einen Sound auszugeben, um zu prüfen, ob sich der Player so verhält, als würde er etwas wiedergeben. Wenn das der Fall ist, dann prüfen Sie im Applet SOUNDS UND AUDIOGERÄTE (bzw. SOUNDS UND MULTIMEDIA), ob ein Konfigurationsfehler vorliegt. Möglicherweise haben Sie das System für 5.1 konfiguriert, haben aber nur Stereolautsprecher angeschlossen oder vielleicht ist auch einfach nur ein anderes bevorzugtes Gerät eingestellt. Nehmen Sie sich Zeit und suchen Sie ein wenig. Konfigurationsfehler verraten sich letztlich selbst.

Anwendungsprobleme

Anwendungsprobleme lassen sich oft nur schwer beheben und können auch auf Systemen auftreten, auf denen Audio zuvor problemlos wiedergegeben wurde.

Achten Sie zunächst auf gegebenenfalls angezeigte Fehlermeldungen (Abbildung 20.24). Notieren Sie sich *genau*, was angezeigt wird, und suchen Sie die Support-Website des Programms auf. Wenn Sie den genauen Fehlertext kennen, dann stehen die Chancen gut, dass Sie dort eine Lösung für das Problem finden. Natürlich können Sie immer hoffen, dass die programminterne Hilfe bereits die erforderlichen Informationen enthält, aber die Hilfesysteme sind in derartigen Fällen meist wenig hilfreich.

Kapitel 20

Abbildung 20.24: Beispiel für eine Fehlermeldung

Geben Sie auch nicht immer der Soundanwendung die Schuld und denken Sie daran, dass auch Sounddateien fehlerhaft sein können. Die meisten Programme geben zwar aussagekräftige Fehlermeldungen aus, aber das ist nicht immer der Fall. Versuchen Sie, die Sounddatei mit einer anderen Anwendung wiederzugeben.

Oft kann bereits die Neuinstallation einer Anwendung die Probleme beheben.

Video-Capture

Mit einem Mikrofon, einer Soundkarte und etwas Software können Sie Audio aufnehmen, aber mit einer Kamera, die neben dem Ton auch Bewegtbilder aufnehmen kann, können Sie den PC in Ihr eigenes Filmstudio verwandeln. Das wird *Video-Capture* oder *Videoaufzeichnung* genannt. Um Videoquellen aufnehmen zu können, muss die richtige Hardware installiert sein, die eine Schnittstelle für einen Camcorder oder ein Videoabspielgerät bereitstellt und die das Signal (im Falle von analogen Quellen) auch umwandeln kann. Darüber hinaus benötigen Sie eine richtig konfigurierte Anwendung, die die Aufzeichnung übernimmt. Nach der Aufzeichnung können Sie die Filme mit dem einen oder anderen Programm schneiden und bearbeiten. Und dann speichern Sie das Video in einem Format, um es auf YouTube hochladen zu können, oder als DVD-Video oder auf einem Wechselmedium.

Hardware

Um Video aufzeichnen zu können, muss die richtige Hardware installiert sein. Digitale Aufzeichnungen von einem modernen Camcorder oder ähnlichen Geräten, die direkt auf ihre internen Speichermedien aufnehmen, können Sie direkt über ein Kabel, das Sie z.B. mit dem FireWire-Ausgang des Camcorders und dem FireWire-Anschluss an Ihrem Rechner verbinden, auf den Computer kopieren. Wenn der Camcorder keinen FireWire-Anschluss besitzt, dann erfolgt die Übertragung sehr wahrscheinlich über eine Hi-Speed-USB-Schnittstelle. Wenn Sie analoge Videoquellen aufzeichnen wollen, wie z.B. VHS-Kassetten oder Hi-8-Bänder, dann benötigen Sie aber andere Verbindungen und Hardware, die die analogen in digitale Daten übersetzt bzw. codiert.

Die in Abbildung 20.25 dargestellte *Pinnacle Blue Box* bietet beispielsweise zwei verschiedene Videoanschlüsse (links S-Video und daneben einen Composite-Cinch-Anschluss), Cinch-Anschlüsse für den Stereoton und einen FireWire-Port (auf der Steckkarte, zu der das abgebildete Anschlusspanel gehört), der für die Direktverbindung mit dem FireWire-Anschluss an einem Camcorder sorgt. Derartige Kisten mit Anschlüssen verwenden üblicherweise proprietäre Verbindungen, die mit einer Steckkarte im Rechner verbunden werden, und werden meist *Breakout-Box* oder auch (externe) *Anschlusspanel* genannt.

Multimedia

Abbildung 20.25: Ein Video-Capture-Gerät

> **Hinweis**
>
> Die FireWire-Verbindung scheint hier überflüssig zu sein, denn man kann doch direkt die bereits vorhandenen FireWire-Anschlüsse am PC benutzen, oder etwa nicht? Sie ist aber deshalb vorhanden, weil zwei Ziele erreicht werden sollen. Erstens besitzen sehr viele PCs keinen FireWire-Port, weshalb erst noch eine zusätzliche FireWire-Erweiterungskarte installiert oder ein anderer Verbindungstyp verwendet werden müsste. Und zweitens hat Sony vor einigen Jahren eine Reihe von Hi-8-Camcordern mit FireWire-Anschlüssen hergestellt, bei denen gewisse Übersetzungen stattfinden mussten, um das analoge Signal in ein digitales umwandeln zu können.

Sie benötigen einen halbwegs schnellen Rechner mit einer Menge freier Speicherkapazität auf der Festplatte und ausreichend Arbeitsspeicher, um Video- und Audiodatenströme von einer externen Quelle importieren zu können. Und wenn Sie ein neues Video aus unterschiedlichem Quellmaterial zusammenstellen und bearbeiten wollen, dann benötigen Sie bestimmt einen wirklich schnellen Prozessor. Es gibt aber keine einfachen Regeln, mit denen sich der wirkliche Ressourcenbedarf ermitteln ließe. Verschiedene Projekte (und insbesondere Videoauflösungen) stellen die Hardware vor höchst unterschiedliche Herausforderungen. Wenn Sie aber einen neuen Computer für die Videoaufzeichnung einrichten, dann gilt die einfache Regel, dass Sie ein möglichst leistungsfähiges System mit möglichst großer Festplatte und möglichst viel Arbeitsspeicher zusammenstellen und sich alles leisten sollten, was das Budget hergibt.

Wenn die Hardware erst einmal installiert ist, dann muss die Software bei der Videoaufzeichnung den größten Teil der Last stemmen.

Software

Mit Videobearbeitungsprogrammen wie Pinnacle Studio oder Apple Final Cut können Sie Videodaten importieren und anschließend direkt bearbeiten. Abbildung 20.26 zeigt die der Pinnacle Blue Box beiliegende, etwas ältere Software bei der Übernahme von Video- und Audiodaten von einem Hi-8-Camcorder. Viele Webcams (selbst die in tragbaren Rechnern) arbeiten noch analog und nicht digital. Daher legen einige Programme für die importierten Filme automatisch Schnittpunkte (um Irritationen zu vermeiden: Stellen, an denen der Film automatisch geschnitten wird) an, um die spätere Bearbeitung zu erleichtern.

Mit Videobearbeitungsprogrammen können Sie Video und Audio von einer oder mehreren Quellen übernehmen und Videoclips in einer *Zeitleiste* (*time line*) zusammenstellen. Dann können Sie Übergänge (verschiedene Blenden) zwischen den Clips einfügen, die Clips einzeln zurechtkürzen und noch viel mehr. Abbildung 20.27 zeigt das »Drehbuchkonzept« (*storyboard*) in *Final Cut Pro* und ein Lernvideo, das meine Mitarbeiter hausintern erstellt haben.

Kapitel 20

Abbildung 20.26: Ein Video in Adobe Premiere Elements importieren

Abbildung 20.27: Videobearbeitung in Final Cut Pro

Multimedia

Nach Abschluss der Videobearbeitung können Sie den Film zur Archivierung in einer Datei z.B. auf einer optischen Disc speichern oder ihn im Web auf einer Videoseite veröffentlichen. Bei Audiodateien ist das noch vergleichsweise einfach. Sie entscheiden sich für ein Format wie MP3 und speichern die Datei. Bei Videodateien ist das sehr viel komplizierter.

Videodateien bestehen aus zwei (oder mehr) eigenständigen Datenspuren (Bewegtbilder und Audio), die jeweils mit einem bestimmten Algorithmus komprimiert werden. Ansonsten bekämen Sie selbst bei kurzen Videos riesige Dateien. Dann werden die komprimierten Spuren in eine *Containerdatei* (oft auch *Wrapper* oder auch einfach nur *Container* genannt) verpackt. Wenn Sie in Standardcontainern (z.B. .MOV bei einem QuickTime-Film) verpackte Dateien erhalten, dann können Sie erst einmal nicht wissen, welche Codecs zur Komprimierung der in der Containerdatei enthaltenen Video- und Audiospuren verwendet wurden (Abbildung 20.28).

Abbildung 20.28: Eine Containerdatei enthält mehrere Spuren, die jeweils separat codiert wurden.

Videocodecs

Videodateien verwenden Standard-Audioformate bzw. Audiocodecs für die Audiospuren, wie z.B. MP3, AC-3 (Dolby Digital), AAC oder WAV, unterscheiden sich aber stark hinsichtlich der verwendeten *Videocodecs*. Wie die Audiocodecs bei Audiodateien übernehmen auch Videocodecs einen Datenstrom (nur eben einen Video-Datenstrom) und komprimieren ihn unter Verwendung verschiedener Algorithmen. Einige der standardisierten Videocodecs sind:

- *MPEG-2* (Part 2) wird für DVDs verwendet.
- *MPEG-4* (Part 2) wird häufig für Internet-Videoübertragungen verwendet. Aber auch andere Umsetzungen basieren auf diesem Standard, wie z.B. die verbreitet verwendeten DivX- und Xvid-Codecs.
- *H.264* wird für hochauflösende Filme verwendet, wie sie z.B. auf Blu-ray-Discs enthalten sind.
- *WMV* (*Windows Media Video*) steht für eine Gruppe von Microsoft entwickelter Codecs.
- *Theora* ist ein quelloffener Codec, der im Rahmen des Ogg-Projekts entwickelt wurde, um den Vorbis-Audiocodec zu begleiten.
- *TrueMotion* VP6 wird z.B. von Adobe Flash, Truemotion VP7 für Skype-Videokonferenzen verwendet.
- *VC-1* ist ein von Microsoft entwickelter Codec, der mit H.264 und anderen leistungsfähigen Codecs um die Gunst der Blu-ray-Entwickler buhlt. Üblicherweise begegnen Sie diesem Codec bei WMV-Containerdateien (siehe folgender Abschnitt).

Container

Wenn die Video- und Audioströme Ihrer Videodatei komprimiert werden, dann werden sie in irgendeiner Containerdatei (*wrapper*) abgelegt. Dabei ist es wichtig, dass Sie wissen, dass Sie aus der Art der Containerdatei nicht unbedingt darauf schließen können, wie die Video- und Audiospuren komprimiert wurden. Sie können z.B. zwei scheinbar identische Videodateien vorliegen haben, die jeweils mit der Dateierweiterung .MOV gespeichert wurden, und müssen dann doch feststellen, dass bei der einen Video und Audio im Windows Media Player fehlerfrei wiedergegeben werden, während bei der anderen nur der Ton zu hören ist, weil dem Media Player der zur Wiedergabe des Videodatenstroms erforderliche Codec fehlt. (Mehr dazu im Abschnitt *Problembehebung*.) Einige der Standardcontainer für Videos sind:

- ❏ *ASF* ist ein Container, der vorwiegend für WMA- und WMV-Ströme verwendet wird. Beachten Sie, dass Dateien im WMV-Format auch in einem WMV-Container verpackt sein können.
- ❏ *AVI* ist der Standardcontainer unter Windows, in dem sich die unterschiedlichsten Formate verbergen können.
- ❏ *FLV* (*Flash Video*) enthält Ströme, die mit verschiedenen Codecs codiert worden sein können, wie z.B. H.263 oder VP6 oder auch H.264. FLV war zeitweise der vorherrschende Standard zur Anzeige von Videoinhalten auf Webseiten wie YouTube.
- ❏ *MOV* ist der Standardcontainer von *Apple QuickTime* unter Macintosh OS X und Windows.
- ❏ *MPEG-TS* (*MPEG-2 Transport Stream*) ist ein Container für die Funkübertragung, der viele Datenströme enthalten kann, wie z.B. deutsche und französische Sprachspuren oder Mehrkanalaudio. Die für MPEG-TS-Dateien verwendete Namenerweiterung lautet oft .TS, vielfach aber auch .MPG. Insbesondere DVB-T arbeitet mit MPEG-Transportströmen.
- ❏ *Ogg* ist ein Container, der für die quelloffenen Vorbis- und Theora-Codecs entwickelt wurde.

Problembehebung

Bei der Videoaufzeichnung und -wiedergabe haben Sie mit einer Reihe von Macken zu kämpfen. Bei der Aufnahme können Einzelbilder ausfallen, die Synchronisation zwischen Bild und Ton kann auf der Strecke bleiben und/oder die Aufnahmequalität kann allgemein schlecht sein. Wiedergabeseitig stellen fehlende Codecs das einzige echte Problem dar.

Fallen gelassene Einzelbilder (Dropped Frames)

Viele Dinge können dazu führen, dass bei ersten Aufnahmen Bilder fallen gelassen werden, wodurch Videodaten verloren gehen und es bei der Wiedergabe zu Rucklern kommt. Das kann bei analogen und digitalen Quellen passieren und muss kein Problem der Umwandlung sein. Und diese nicht aufgezeichneten, *fallen gelassenen Bilder*, die auch *dropped frames* genannt werden, treten beängstigend häufig auf.

Generell werden bei der Aufzeichnung einzelne Bilder dann ausgelassen, wenn der Rechner geschwindigkeitsmäßig mit der Codierung nicht mehr mitkommt. Da das menschliche Auge weniger empfindlich auf Aussetzer reagiert als das Ohr, werden dann erst einzelne Bilder übersprungen. Oft handelt es sich bei derartigen Aussetzern also um ein Problem, dessen Ursache in der zu geringen Leistungsfähigkeit der Hardware zu suchen ist. Entsprechend bekommt man das Problem der fallen gelassenen Bilder häufig auch dadurch in den Griff, dass man bestimmte Dinge *abschaltet oder unterlässt*. Einige der möglichen Maßnahmen sind offensichtlich. Wenn Sie im Internet surfen oder chatten, während Videoaufzeichnungen laufen, dann werden dabei bestimmt ein Haufen Einzelbilder (*frames*) auf der Strecke bleiben. Lassen Sie das bleiben. Tatsächlich ist es vielleicht sogar besser, wenn Sie den Rechner völlig vom Internet trennen, damit auch im Hintergrund keine Daten übertragen werden können. Nutzen Sie den betreffenden Rechner ausschließlich zur Videoaufnahme und verwenden Sie einen anderen Rechner, wenn Sie Multitasking betreiben wollen oder müssen.

Wenn Sie während der Aufzeichnung bereits die aufgenommenen Inhalte zeitversetzt betrachten (*Time-Shifting*) kann das oft auch dazu führen, dass Einzelbilder fallen gelassen werden. Wenn Sie Aufnahmen später archivieren wollen, dann sollten Sie auf die Nutzung derartiger Funktionen während der Aufnahme besser verzichten. (Wenn Sie sie später nur ansehen wollen, sind die Aussetzer weniger störend und können vielleicht toleriert werden.) Aber die offensichtlichen Programme sind nicht notwendigerweise die vorrangigen Verursacher fallen gelassener Bilder.

Das Betriebssystem Windows lässt sich extrem erweitern und Programmierer lieben es, Hilfsprogramme irgendwo so abzulegen, dass sie im Hintergrund laufen, um speziell ihre Anwendungen zu optimieren. Wenn Sie z.B. *Apple iTunes* installieren, dann werden damit gleichzeitig etliche Programme zusätzlich installiert. Dazu zählen neben dem iTunes-Player selbst Programme zur automatischen Update-Prüfung, iPod-Hilfsprogramme, ein Schnellstarter für QuickTime und mehr.

Die beste Lösung wäre natürlich ein speziell für die Videoaufzeichnung abgestelltes System. Wenn ein Rechner aber mehrere Aufgaben erfüllen soll, dann können Sie vor dem Starten der Videoaufzeichnung immerhin einige der automatisch gestarteten Hilfsprogramme abschalten. Dazu beenden Sie die entsprechenden Prozesse und Dienste über den Task-Manager.

Unter Windows Vista erreichen Sie den Task-Manager über die Tastenkombination [Strg]+[◊]+[ESC] oder über [Strg]+[Alt]+[Entf] und Anklicken der Option TASK-MANAGER STARTEN. Auf der Registerkarte PROZESSE werden die laufenden Prozesse angezeigt. Sie können alle nicht benötigten Prozesse beenden, wenn Sie sie mit der rechten Maustaste anklicken und im Kontextmenü PROZESS BEENDEN oder PROZESSSTRUKTUR BEENDEN anklicken (Abbildung 20.29). Ich verwende generell die letztere der beiden Optionen, nur für den Fall, dass ein anderer Prozess nur deshalb läuft, weil er den nicht benötigten Prozess unterstützt. Damit beende ich gleich alle zusammenhängenden Prozesse.

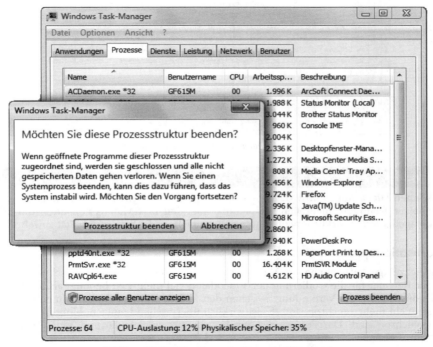

Abbildung 20.29: Eine Prozessstruktur unter Vista beenden

Wenn Sie die Prozesse beendet haben, dann können Sie sich der Registerkarte DIENSTE zuwenden. Hier können Sie schnell erfassen, was gerade läuft, wenn Sie die Dienste nach ihrem Status sortieren lassen. Klicken Sie dazu einfach die Spaltenüberschrift STATUS (mehrfach) an, bis sich die Prozesse mit dem Hinweis WIRD AUSGEFÜHRT oben in der Liste befinden. Klicken Sie nicht benötigte Dienste mit der rechten Maustaste an und wählen Sie im Kontextmenü DIENST BEENDEN (Abbildung 20.30). Es könnte nicht leichter sein, allerdings lassen sich viele Dienste auf diese Weise dann doch nicht beenden. Und das Beenden von Diensten über den Task-Manager gilt jeweils nur für die aktuelle Sitzung.

Sollten Sie versehentlich einen noch benötigten Dienst beendet haben, dann können Sie ihn einfach wieder starten, wenn Sie ihn erneut mit der rechten Maustaste anklicken und im Kontextmenü DIENST STARTEN wählen. Sollte das System sogar instabil werden, dann wird nach dessen Neustart der ursprüngliche Zustand wiederhergestellt.

Kapitel 20

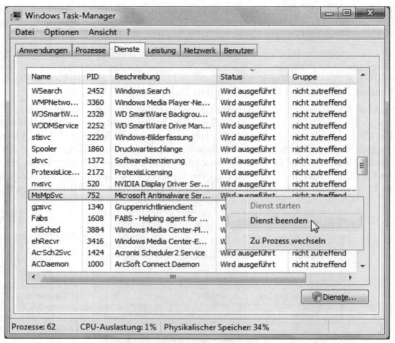

Abbildung 20.30: Einen Dienst beenden

Hinweis

Sie können Dienste auch über das Applet DIENSTE unter VERWALTUNG beenden. Allgemein ist es aber besser, wenn Sie einen Dienst erst einmal über den Task-Manager beenden, um sich davon zu überzeugen, dass er wirklich nicht benötigt wird und dass die Systemstabilität gewahrt bleibt.

Synchronisationsprobleme

Das gleichzeitige Aufzeichnen von Video- und Audioströmen kann eine echt schwierige Aufgabe sein, weil der Rechner für die Codierung der Videodaten viel mehr Zeit benötigt als für die der Audiodaten. Dadurch kann die Verbindung zwischen den Video- und den Audioströmen verloren gehen, so dass sie nicht mehr synchron sind. Es ist wirklich überraschend einfach, Filme zu erstellen, die nicht lippensynchron sind! Der Prozess des Synchronisierens von Audio und Video wird kurz *A/V-Sync* genannt.

Hinweis

Synchronisationsprobleme treten häufig auch bei der Umwandlung der Video- und Audiodaten für das Brennen einer Video-DVD auf. Dabei handelt es sich aber um ein anderes Problem als den Synchronisationsproblemen bei der Aufzeichnung.

Manchmal lässt sich das Problem bereits dadurch beheben, dass man andere Programme oder auch nur andere Programmversionen verwendet. Bei Problemen mit der Aufzeichnung analoger Datenströme können Sie alternativ das analoge Signal mit einem digitalen Videocamcorder aufnehmen und es dann von dort aus auf den Rechner übertragen. (Andersherum kann diese Notlösung übrigens ebenfalls funktionieren, führt aber zu mehr oder weniger starken Qualitätseinbußen.) Auf den ersten Blick ein nicht unerheblicher Aufwand, aber immerhin könnte es funktionieren. Schließlich können

Sie als letzte Lösung noch die Audio- und Videodatenströme trennen, anschließend manuell synchronisieren und wieder zusammenfügen. Sofern es sich um systematische und über das gesamte Video hinweg konstante Abweichungen handelt, ist dies mit den geeigneten Programmen gar nicht so schwer.

Die Bearbeitung von Videoaufzeichnungen kann aber auch recht schwierig und zeitaufwendig werden, und das nicht nur, wenn es um die Digitalisierung analoger Datenquellen geht. Eine ausführliche Behandlung dieses Themas würde jedenfalls den Rahmen dieses Buches bei Weitem sprengen. Es gibt aber eine ganze Reihe von Foren und Online-Ratgeber, die sich nur mit diesem Thema befassen.

Schlechte Aufnahmequalität

Viele Faktoren können die Qualität der Videoaufzeichnung beeinträchtigen, wie z.B. Hintergrundprogramme, unzureichende Hardware und die schlechte Qualität des Ausgangsmaterials. Auf Hintergrundprogramme bin ich bereits im Zusammenhang mit fallen gelassenen Bildern (*dropped frames*) eingegangen. Wenn sich der Computer oder die Aufnahmekomponenten für die Aufgabe nicht eignen, dann können Sie nur die Hardware aufrüsten. Die Aufnahmegeräte und die CPU kommen hier zuerst in Betracht. Und selbstverständlich sollte die Kapazität des Arbeitsspeichers ausreichend bemessen sein.

Wichtig

Ein speziell für die A/V-Bearbeitung vorgesehener Rechner sollte eine schnelle CPU, eine Menge RAM und Festplattenkapazität besitzen.

Hinsichtlich der Qualität des Ausgangsmaterials (z.B. einer alten Videokassette, die mit der Zeit gelitten hat) können Sie wenig machen. Wenn diese nicht stimmt, können Sie auch vom Ergebnis nicht allzu viel erwarten. Manchmal hilft es aber, wenn Sie die Magnetköpfe des Camcorders oder Abspielgeräts reinigen oder das Gerät verwenden, mit dem die Aufnahme ursprünglich erfolgt ist.

Tipp

Bandkassetten sollten Sie vor der Aufnahme immer mindestens einmal vollständig vor- und zurückspulen. Bereits bei ein klein wenig Feuchtigkeit fangen Bänder an zu verkleben und bei der Wiedergabe zu eiern.

Fehlende Codecs

Bei allen Windows-Versionen werden einige Audio- und Videocodecs mitgeliefert und installiert. Die Audiocodecs können zwar mit den verbreitetsten Audioformaten umgehen, für einige (z.B. Vorbis) müssen Sie aber zusätzliche Codecs installieren, wenn Sie sie verwenden wollen. Bei Videocodecs verhält es sich ein wenig anders.

Der erste Hinweis auf fehlende Codecs bei der Bearbeitung von Videodateien besteht darin, dass zwar der Ton wiedergegeben wird, aber kein Bild zu sehen ist. Teilweise zeigen die verwendeten Media-Player an, dass ein Videocodec fehlt, und versuchen diesen automatisch aus dem Internet herunterzuladen. Sie können Codecs oder ganze Codecpakete aber auch manuell aus dem Internet herunterladen und anschließend installieren.

Unter Windows XP können Sie sich die installierten Codecs leicht anzeigen lassen. Starten Sie dazu in der SYSTEMSTEUERUNG das Applet SOUNDS UND AUDIOGERÄTE. Aktivieren Sie dann die Registerkarte HARDWARE, markieren Sie in der Liste die Option AUDIOCODECS und klicken Sie die Schaltfläche EIGENSCHAFTEN an. Im Dialogfeld EIGENSCHAFTEN VON AUDIOCODECS aktivieren Sie nun die Registerkarte EIGENSCHAFTEN, um sich eine Liste aller installierten Audiocodecs anzeigen zu lassen (Abbildung 20.31).

Auf ähnliche Weise können Sie sich auch die Videocodecs anzeigen lassen, wenn Sie auf der Registerkarte HARDWARE die Option VIDEOCODECS markieren. Klicken Sie sich dazu zum Eigenschaften-Dialogfeld durch. Abbildung 20.32 zeigt die unter Windows XP installierten Videocodecs.

Kapitel 20

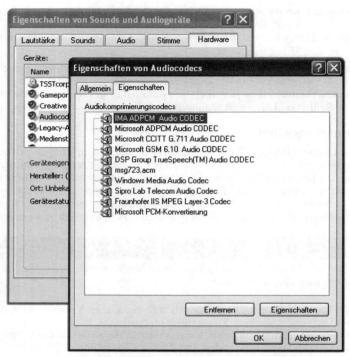

Abbildung 20.31: Installierte Audiocodecs unter Windows XP

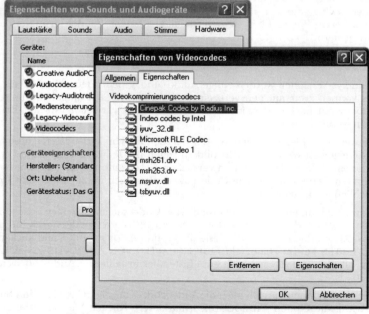

Abbildung 20.32: Installierte Videocodecs unter Windows XP

Unter Windows Vista sind die Angaben über die installierten Codecs ein wenig schwerer zu finden. Starten Sie dazu den Windows Media Player. Betätigen Sie [Strg]+[M], um die klassischen Menüs anzeigen zu lassen. Wählen Sie dann HILFE|INFO, um sich das Dialogfeld mit den Angaben zur Programmversion anzeigen zu lassen (Abbildung 20.33).

Abbildung 20.33: Das INFO-Dialogfeld des Windows Media Players unter Windows Vista

Klicken Sie dann den Link TECHNISCHE UNTERSTÜTZUNG an. Daraufhin wird der Standardbrowser gestartet, der eine lange Aufstellung mit verschiedenen Multimedia-Einstellungen anzeigt. Um die installierten Audio- und Videocodecs zu finden, müssen Sie ein wenig nach unten blättern (Abbildung 20.34).

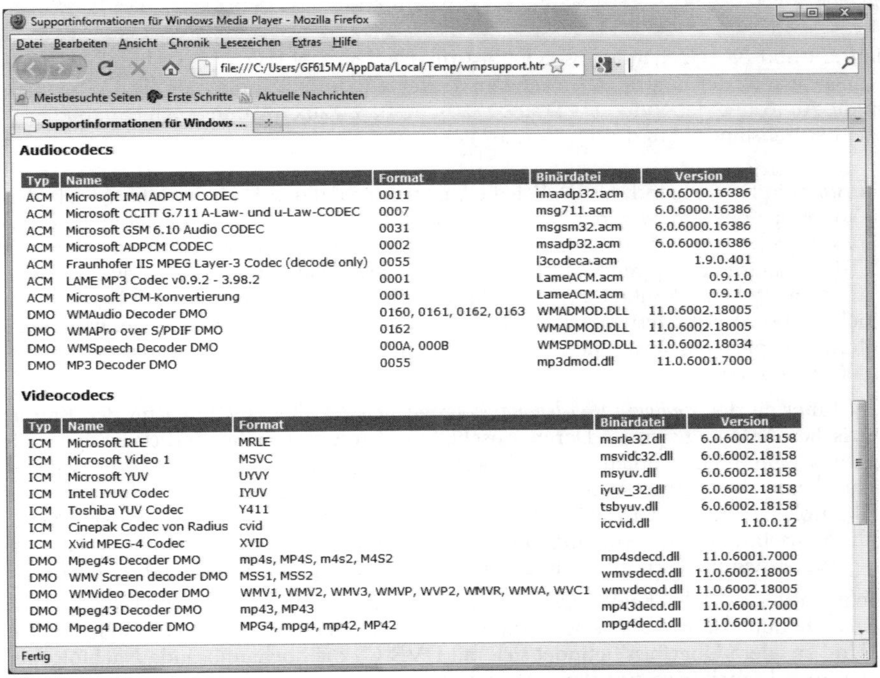

Abbildung 20.34: Die Anzeige der installierten Audio- und Videocodecs unter Windows Vista

Wenn ein benötigter Codec nicht installiert ist, dann können Sie ihn aus dem Internet herunterladen. Eine empfehlenswerte Website mit Codecinformationen ist www.fourcc.org.

Sie können auch ganze Codec-Pakete aus dem Internet herunterladen, wie z.B. das unter www.afree-codec.com erhältliche *Vista Codec Package*. Derartige Pakete enthalten nahezu alle Codecs, die Sie benötigen, um sich Inhalte aus dem Internet ansehen und/oder anhören zu können.

TV-Tuner

Mit einem *TV-Tuner* bekommen Sie alles in einem Paket: einen Computer, mit dem Sie auch die aktuellen TV-Shows sehen können. Da sich der TV-Bereich aber im Umbruch und teilweise noch in der Umstellungsphase zum digitalen Fernsehzeitalter befindet, sind noch ältere und neuere TV-Tuner-Varianten im Handel erhältlich. Dabei ist grundsätzlich zwischen dem Empfang analoger und digitaler Signale und dem terrestrischen Empfang, dem Kabel- und Satellitenempfang zu unterscheiden. Hinzu kommt dann noch die Unterscheidung zwischen dem Digitalempfang und dem hochauflösenden Digitalempfang (HDTV). Einen Überblick über die verschiedenen Varianten und Abkürzungen gibt Tabelle 20.1.

	analog	digital	HDTV
terrestrisch	abgeschaltet	DVB-T	DVB-T2
Kabel	Abschaltung geplant	DVB-C	DVB-C2
Satellit	Abschaltung geplant	DVB-S	DVB-S2

Tabelle 20.1: TV-Tuner-Empfangsvarianten

Hinweis

Bei *HDTV* und *Full HD* handelt es sich um zwei paar Schuhe! HDTV steht für alle HD-Auflösungen, für die gern auch der Begriff *HD-Ready* verwendet wird und die höher als die TV-Standardauflösung bzw. die Auflösung der Video-DVD sind (720x576 bzw. 720x480 oder auch 800x600 – je nach Sichtweise, Fernsehstandard und/oder Gerätekategorie).

Terrestrisch ist in Deutschland mit DVB-T die Umstellung auf den Digitalempfang vorläufig abgeschlossen. »Vorläufig« deshalb, weil der DVB-T2-Standard zwar bereits verabschiedet ist, dieser aber nicht abwärtskompatibel zu DVB-T ist und alle Anwender bei Einführung schon nach kürzester Zeit ihre DVB-T-Empfangsgeräte gegen DVB-T2-Komponenten austauschen müssten, was nicht erwünscht ist, weshalb es noch keine konkreten Pläne hinsichtlich der Einführung von DVB-T2 gibt. Bisher liefen lediglich einige DVB-T2-Testversuche. (DVB-T2 wird in einigen Ländern eingesetzt, die mit der DVB-T-Einführung spät dran waren und dann gleich auf den moderneren und robusteren Nachfolgestandard setzen konnten.)

Als TV-Tuner für den *analogen Kabelempfang* eignen sich die alten TV-Tuner für den Empfang analoger terrestrischer Antennensignale. Deren Anschaffung kann man unter Berücksichtigung des Programmangebots kaum mehr empfehlen. Die Übertragung analoger Signale über Kabel würden die Anbieter lieber heute als morgen einstellen. Da die Umstellung insbesondere bei Hausanlagen alles andere als unkompliziert ist, ein Großteil der Bevölkerung aber in ihren Mietwohnungen noch auf diesem Weg ihr Fernsehprogramm empfängt und man der alten Oma nicht einfach das Fernsehen abschalten kann, gestaltet sich die Umstellung trotz massiver Marketinganstrengungen hier höchst zäh.

Hinsichtlich des *digitalen Kabelempfangs* stehen Sie vor dem Problem, dass das Angebot an DVB-C-Tunern recht dünn ist, was teilweise an unterschiedlichen Standards der verschiedenen Kabelbetreiber liegt. Und zu allem Überfluss befindet sich mit DVB-C2 die hochauflösende Nachfolgegeneration des digitalen Kabels auch bereits in den Startlöchern.

Beim *Satellitenempfang* steht die *analoge Variante* kurz vor ihrem Aus. Die Abschaltung war ursprünglich für Mitte 2010 geplant, wird nun aber nach und nach schrittweise vollzogen. Entsprechende TV-Tuner für den PC waren ohnehin kaum erhältlich. Abhilfe schuf bei Bedarf die Anzeige und Aufnahme der Fernsehbilder mit Video-Capture-Karten auf dem PC.

Bleibt zum Schluss die Variante, die momentan den wohl besten Eindruck hinterlässt, nämlich der *digitale Satellitenempfang* (DVB-S). Hier wird bereits auf den Folgestandard DVB-S2 umgestellt, aber die DVB-S2-Komponenten sind abwärtskompatibel. Zwar müssen die Satellitenschüsseln mit HDTV-tauglichen DVB-S2-*LNBs* (*Low Noise Block Converter*) ausgerüstet werden, so dass diese kleinen Dinger, die vor den Satellitenschüsseln sitzen, ausgewechselt werden müssen. Wenn man DVB-S2 empfangen will, kann man aber die alten DVB-S-Tuner weiterhin benutzen, auch wenn für den HDTV-Empfang hier neue DVB-S2-Geräte benötigt werden. Aber immerhin ... Zumindest können Sie hier empfehlen, besser gleich auf DVB-S2-Komponenten zu setzen.

> **Hinweis**
>
> Schwirrt Ihnen der Kopf angesichts der ganzen Kürzel? Nun gut, DVB steht für »Digital Video Broadcasting«, also die digitale Übertragung von Fernsehbildern. Das T steht für »terrestrisch«, das C für »Kabel« (englisch: *cable*) und das S für »Satellit«. Diesen Buchstaben wird bei den HDTV-Varianten (HDTV steht für »High Definition Television«, also hochauflösendes Fernsehen) die Ziffer 2 nachgestellt. (Es gibt zwar noch andere HDTV-Standards, aber die würden hier den Rahmen sprengen.)

Um das Ganze noch einmal kurz zusammenzufassen, werden rechnerseitig für den Fernsehempfang drei oder vier Komponenten benötigt: das Fernsehsignal (analog/digital über Antenne, Kabel oder Satellitenschüssel), ein TV-Tuner (analog/digital für Antenne, Kabel oder Satellit), dazu passende Treiber und Programme und möglicherweise eine Programmzeitung. Ein paar Hinweise zur Problembehebung bei TV-Tunern finden Sie ein paar Abschnitte weiter hinten.

TV-Tuner-Hardware

TV-Tuner sind für die meisten Erweiterungsvarianten des Computers erhältlich, für PCI- oder PCIe-Steckplätze auf dem Mainboard, als PC Card oder ExpressCard für tragbare Rechner oder als Hi-Speed-USB-Adapter für Desktop- und Laptop-Rechner. Abbildung 20.35 zeigt die PCIe-Version einer TV-Tuner-Steckkarte von ATI.

Abbildung 20.35: TV-Tuner auf einer Steckkarte von ATI

Um einen TV-Tuner zu installieren, folgen Sie den üblichen Installationsverfahren.

Kapitel 20

> **Hinweis**
>
> TV-Tuner bieten teilweise auch die Möglichkeit zur Aufnahme externer Videoquellen. Dann sind TV-Tuner und Videoaufnahmegerät in einer Hardwarekomponente vereint.

Um Signale mit einem TV-Tuner empfangen zu können, benötigen Sie wie beim Fernseher eine Signalquelle. Dabei kann es sich um analoge oder digitale Kabelanschlüsse (DVB-C/DVB-C2), Antennen (DVB-T/DVB-T2) oder Satellitenschüsseln (DVB-S/DVB-S2) handeln. Abbildung 20.36 zeigt einen USB-TV-Tuner von Hauppauge mit einer Teleskopantenne. Bessere Ergebnisse erzielen Sie aber (insbesondere in einiger Entfernung vom Sendeturm) meist mit einer besseren Zimmer- oder Außenantenne.

Abbildung 20.36: USB-TV-Tuner von Hauppauge mit Teleskopantenne

Antennen oder Satellitenschüsseln werden über Standard-Koaxialkabel (75 Ohm) an TV-Tuner angeschlossen. Dabei gibt es keine Unterschiede zu herkömmlichen Fernsehern.

TV-Tuner-Software

Wenn Sie die Hardware installiert haben, dann müssen Sie (eine) spezielle Anwendung(en) starten, damit der TV-Tuner als solcher arbeitet. Wenn auf Ihrem Rechner Windows Media Center installiert ist, dann können Sie dieses Programm häufig zu diesem Zweck verwenden. Den TV-Tunern liegen aber üblicherweise eigene Anwendungen oder Anwendungen von Drittanbietern bei. Abbildung 20.37 zeigt beispielhaft das Programm *ArcSoft TotalMedia*, mit dem sich mit dem PC unter Windows fernsehen lässt.

Multimedia

Abbildung 20.37: Fernsehen mit ArcSoft TotalMedia

Problembehebung bei TV-Tunern

Bei den beiden größten Problemen im Zusammenhang mit TV-Tunern handelt es sich um die Betriebssystemkompatibilität und die schlechte Empfangsqualität. Einige arbeiten einfach nicht mit Windows Vista oder auch nur dem Windows Media Center zusammen, was an Treiberinkompatibilitäten oder anderen Dingen liegen kann. Wenn sich auch auf den Internet-Seiten der Hersteller keine aktualisierten Treiber und Programme finden lassen, dann kann nur der Einsatz anderer, funktionierender Hardware für Abhilfe sorgen.

Die den TV-Tunern häufiger beiliegenden Antennen sorgen zwar für den TV-Empfang an den meisten Orten und insbesondere innerhalb größerer Städte. Wunderdinge kann man von ihnen aber nicht erwarten, weshalb den Fernsehgenuss empfindlich störende Aussetzer keineswegs selten sind. Wenn Sie z.B. mit einem Laptop unterwegs sind, dann sind diese kleinen Antennen (mit ihren Magnetfüßen) ja recht nett, aber wenn Sie einen TV-Tuner in einen Rechner mit festem Standort einbauen, dann sollten Sie sich doch überlegen, ob Sie nicht besser ein wenig Geld in eine bessere Zimmer- oder auch Außenantenne investieren sollten.

Tipp

Manchmal können auch die verbauten Rechnerkomponenten den Empfang der ein oder anderen Frequenz empfindlich stören. Manchmal reicht es bereits aus, wenn man nur das Antennenkabel ein wenig anders verlegt, um den Empfang deutlich zu verbessern.

Jenseits von A+

Benchmarks für Soundkarten

Soundkarten können immens viel Systemressourcen für sich beanspruchen – insbesondere CPU-Zeit –, wenn sie intensiv eingesetzt werden (wie beispielsweise bei Spielen). Die meisten Techniker, die einen sonst funktionierenden PC überprüfen, dessen Leistung aber bei Spielen einbricht, verdächtigen sofort die Grafikkarte oder deren Treiber. Sie erkennen nicht, dass auch Soundkarten derartige Probleme verursachen können. Beispielsweise hat der Test der Audiohardware bei einem Kunden zu der Entdeckung geführt, dass die Soundkarte teilweise mehr als 30 Prozent der Prozessorzeit für sich beanspruchte. Dreißig Prozent! Nicht schlecht! Und er fragte sich, warum die Systemleistung tags zuvor beim Spielen einbrach. Jetzt kann er einfach vergessen, Crysis zu spielen.

Unter http://audio.rightmark.org finden Sie ein hervorragendes Benchmark-Programmpaket für Soundkarten, mit dem Sie die Besonderheiten der verschiedenen Karten analysieren können: RightMark 3DSound (Abbildung 20.38). Es führt relativ aufwendige Tests durch – von normalem Sound bis hin zu 3D-Positional Audio – und zeigt, ob der Soundprozessor – eingebaut oder Erweiterungskarte – ein Problem hinsichtlich des Ressourcenverbrauchs verursacht.

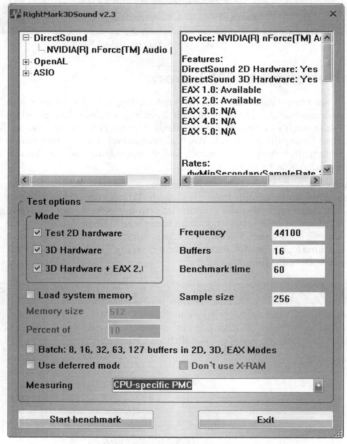

Abbildung 20.38: Rightmark 3DSound

Wiederholung

Fragen

1. Welcher Begriff bezieht sich beim Sampling auf die mögliche Anzahl der Ausprägungen eines aufgenommenen Tons?
   A. Sampling-Rate
   B. Kilohertz
   C. Bittiefe
   D. Qualitätsrate

2. Von welchem Format leiten sich alle heute beim PC für die Aufnahme verwendeten Sound-Formate ab?
   A. WAV
   B. Fraunhofer
   C. MP3
   D. PCM

3. Welches Sound-Format enthält eigentlich keine Tonaufnahmen, sondern nur eine Folge von Befehlen in einer Textdatei, die von der Soundkarte interpretiert werden?
   A. WMA
   B. WAV
   C. MIDI
   D. MP3

4. Wie viele Lautsprecher gibt es bei einer Dolby-Digital-5.1-Konfiguration?
   A. Fünf Lautsprecher und einen Subwoofer
   B. Sechs Lautsprecher und einen Subwoofer
   C. Sieben Lautsprecher und einen Subwoofer
   D. Acht Lautsprecher und einen Subwoofer

5. Wie werden die von Creative Labs entwickelten Erweiterungen des DirectSound3D-Standards bezeichnet?
   A. EAX
   B. MP3
   C. Positional Audio
   D. Hall

6. Wie wird der standardisierte digitale Anschluss bezeichnet, der bei einigen Soundkarten mehrere analoge Verbindungen ersetzt?
   A. CD-Audioanschluss
   B. AUX-Anschluss
   C. TAD-Anschluss
   D. S/PDIF-Anschluss

7. Welche Sampling-Rate sorgt für die beste Klangqualität?
   A. 8 Hz
   B. 8 kHz
   C. 128 Hz
   D. 128 kHz

8. Was muss auf Ihrem System installiert sein, um eine Sound-Datei decodieren zu können?
   A. Der richtige Codec
   B. Audio-Anwendungen
   C. Lautsprecher
   D. Universelle Audiokabel

9. Wobei handelt es sich um gültige Audio-Dateiformate?
   A. ASF, WMA, ASP
   B. PCI, MP3, ASX
   C. WAV, PCM, AU
   D. MID, MPEG, AVI

10. Welcher Begriff beschreibt die Stereolautsprecher in einem 2.1-Soundsystem?
    A. Woofer
    B. Satelliten
    C. Subwoofer
    D. Twins

Antworten

1. **C.** Die Bittiefe gibt die mögliche Anzahl der Ausprägungen eines bestimmten aufgenommenen Tons beim Sampling an.
2. **D.** Alle heute beim PC verwendeten aufgezeichneten Sound-Formate leiten sich vom PCM-Format ab.
3. **C.** MIDI-Dateien enthalten keine eigentliche Tonaufzeichnung, sondern nur Befehlsfolgen in Textdateien, die von der Soundkarte interpretiert werden.
4. **A.** Eine Dolby-Digital-5.1-Konfiguration besteht aus fünf Lautsprechern und einem Subwoofer.
5. **A.** Creative Labs hat die EAX-Erweiterungen entwickelt.
6. **D.** Der S/PDIF-Anschluss ersetzt auf einigen Soundkarten analoge Anschlüsse.
7. **D.** Je höher der Wert, desto besser die Qualität, also ist hier 128 kHz das Beste.
8. **A.** Es muss ein geeigneter Codec installiert sein, um eine Sounddatei decodieren zu können.
9. **C.** WAV, PCM und AU sind Audio-Dateiformate.
10. **B.** Stereolautsprecher werden Satelliten genannt.

21

Tragbare Rechner

Themen in diesem Kapitel
- ❏ Beschreibung der verschiedenen tragbaren Computer, die es heute gibt
- ❏ Erweiterungen und Upgrades für tragbare Computer
- ❏ Verwaltung und Wartung tragbarer Computer
- ❏ Fehlersuche bei tragbaren Computern

Es gibt Zeiten, in denen man einen Tapetenwechsel braucht und am liebsten mal allein sein möchte, um den großen Ideendurchbruch zu fördern (manchmal fühlt man sich von den Kolleginnen und Kollegen auch einfach nur genervt und braucht seine Ruhe ...). Bei vielen Tätigkeiten ist dies nur schwer möglich: Sie brauchen den Zugriff auf Ihre Dokumente und Tabellen und können ohne E-Mail oder Internet nicht arbeiten. Kurz gesagt: Sie benötigen einen Computer, um Ihre Arbeit erledigen zu können!

Tragbare Computer kombinieren Mobilität und Computerpower und bieten Ihnen so das Beste aus beiden Welten. Mit portablen Geräten können Sie einen großen Teil (wenn nicht sogar alle) Ihrer Computingbedürfnisse auch unterwegs erfüllen. Tragbare PCs können heute ein komplettes System mit Windows XP/Vista/7 mit sämtlichen Features anbieten, mit dem Sie alle Ihre Microsoft-Office-Anwendungen problemlos vom Schreibtisch mit zum Caféhaustisch nehmen können. Auch mit den kleinsten tragbaren Geräten können Sie immer noch Ihre Termine und Ihr Adressbuch prüfen oder im Wartesaal bei Ihrem Arzt Solitär spielen. In diesem Kapitel finden Sie einen umfassenden Überblick über Portables. Sie werden als Erstes die wichtigen heute marktgängigen Varianten kennen lernen und sich anschließend mit speziellen technischen Aspekten der Erweiterung, Aufrüstung, Wartung und Pflege portabler Rechner befassen. Und los geht's!

Essentials/Practical Application

Tragbare Rechenknechte

Alle portablen Geräte besitzen gewisse gemeinsame Leistungsmerkmale. Die Ausgabe erfolgt über LCD-Bildschirme, bei denen es sich um stolze 20-Zöller, aber auch mikroskopisch kleine 2-Zoll-Bildschirme handeln kann. Portable Geräte bieten unterschiedliche Soundqualität, die irgendwo zwischen einfachen Piepsern bis hin zu recht akzeptabler Musikwiedergabe reicht. Alle Geräte werden über Batterien mit Gleichstrom betrieben, wobei es unterschiedlich haltbare, leistungsfähige und teure

Akkutechnologien gibt. Abgesehen von Bildschirm, Sound und Batteriebetrieb gibt es tragbare Rechner in einer verwirrenden Vielfalt von Varianten und Abmessungen und für die verschiedensten Einsatzgebiete und Anwendungen.

> **Wichtig**
>
> Beachten Sie, dass es in diesem Kapitel keinen Abschnitt *Geschichte und Konzepte* gibt. Alle Themen sind für die CompTIA A+-Zertifizierungsprüfungen relevant, passen Sie also gut auf!

LCD-Bildschirme

Laptops gibt es in den verschiedensten Größen und Preisklassen. Ein wichtiger Faktor für die allgemeinen Kosten eines Laptops ist die Größe des LCD-Bildschirms. Die Bildschirme der meisten Laptops besitzen Diagonalen zwischen 12 und 17 Zoll, es gibt aber auch Geräte mit größeren Bildschirmen. Aber der Monitor wird nicht nur größer, denn auch hier hat sich das *Widescreen*-Format mittlerweile zum Standard entwickelt.

Viele Hersteller verabschieden sich vom alten 4:3-Seitenverhältnis und nutzen nun das Widescreen-Format. Beim *Seitenverhältnis* handelt es sich um das Verhältnis von Bildschirmbreite zu Bildschirmhöhe. Abhängig von der Bildschirmauflösung kann das Seitenverhältnis bei Widescreens 10:6, 16:10 oder 16:9 betragen. Das 16:9-Seitenverhältnis wird für viele Widescreen-Filme verwendet, während 16:10 zeitweise Standard bei LCD-Computerbildschirmen war, mittlerweile aber auch verbreitet vom 16:9-Format abgelöst wurde.

Laptop-LCDs können verschiedene Auflösungen haben, für die häufig Kürzel wie XGA, WXGA oder WSXGA angegeben werden. Das *W* am Anfang steht für Widescreen. Tabelle 21.1 listet die gebräuchlichsten Laptop-Bildschirmauflösungen auf.

Akronym	Bezeichnung	Native Auflösung
XGA	eXtended Graphics Array	1.024x768
WXGA (16:10)	Wide eXtended Graphics Array	1.280x800
WXGA (16:9)	Wide eXtended Graphics Array	1.366x768
SXGA	Super eXtended Graphics Array	1.280x1.024
SXGA+	Super eXtended Graphics Array Plus	1.400x1.050
WSXGA+	Widescreen SXGA Plus	1.680x1.050
UXGA	Ultra eXtended Graphics Array	1.600x1.200
WUXGA	Widescreen UXGA	1.920x1.200

Tabelle 21.1: Bildschirmauflösungen

Die Oberfläche von Laptop-LCDs kann *matt* oder *spiegelnd* sein. Die matten Oberflächen waren jahrelang der Industriestandard und boten einen guten Kompromiss zwischen Farbumfang und Reflexion oder Blendung. Die besseren Bildschirme haben einen breiteren Sichtwinkel und eine bessere Reaktionszeit. Der größte Nachteil bei den matten Laptop-Bildschirmen ist, dass die Farben in heller Umgebung recht blass wirken. Einen solchen Laptop irgendwo in einem Biergarten zu verwenden, ist bei normalem Tageslicht fast hoffnungslos.

2006 haben die Hersteller Laptops mit *Hochglanzbildschirmen* eingeführt, die schnell in allen Regalen zu finden waren. Die spiegelnde Oberfläche sorgt für einen höheren Kontrast, sattere Farben und einen breiteren Sichtwinkel als die matten Bildschirme. Jeder Hersteller verwendet einen anderen Namen für seine Hochglanzbeschichtung. Dell spricht von TrueLife, Acer von CrystalBrite und HP von BrightView. Der Nachteil bei den Hochglanzbildschirmen ist, dass sie im Gegensatz zu den Behauptungen der Hersteller nahe gelegene Gegenstände und damit auch den vor dem Bildschirm sitzenden

Benutzer recht stark reflektieren! Durch die satteren Farben und den höheren Kontrast lässt sich zwar tagsüber draußen mit den Geräten besser arbeiten, aber auch nur, wenn sich die Reflexionen in Grenzen halten.

Ersatz für Desktop-PCs

Bei der Frage nach tragbaren Rechnern fällt den meisten Leuten zuerst der Laptop (Abbildung 21.1) mit integriertem LCD-Monitor, Eingabegerät (in diesem Fall ein *Touchpad*) und integrierter Tastatur ein. Ein typischer Laptop ist wie ein vollwertiger PC, der einen Desktop-PC sogar ersetzen kann. Der Laptop in Abbildung 21.1 beispielsweise verfügt über alle Leistungsmerkmale eines vollwertigen PC: eine schnelle CPU, viel RAM, ein Festplattenlaufwerk mit reichlich Kapazität, CD-RW- und DVD-Laufwerke, hervorragenden Sound und ein Windows-Betriebssystem. Wenn Sie sich mit ihm mit einem Netzwerk verbinden, können Sie im Internet surfen und E-Mails versenden. Beachten Sie, dass er fast so viel wie ein PC im Minitower-Gehäuse wiegt (jedenfalls fühlt er sich so an, wenn ich ihn durch den Flughafen trage!). Ein derartiger Portable kann durchaus als *Desktop-Ersatz* betrachtet werden, da er alles kann, was die meisten Benutzer mit einem Desktop-PC machen würden, und weil er keine Kompromisse bei der Leistung eingeht, nur um ihn ein paar Kilo leichter zu machen oder dafür zu sorgen, dass die Akkus eine Stunde länger durchhalten.

Abbildung 21.1: Ein Notebook

Hinweis

Bezüglich der Namensgebung für all die vielen verschiedenen Typen von portablen Rechnern gibt es keinen Industriestandard. Die Hersteller überlassen es daher ihren Marketingleuten, sich passende Namen auszudenken. Was ist nun der Unterschied zwischen einem tragbaren Gerät, einem Laptop und einem Notebook? Gar keiner. Der eine Hersteller nennt sein zwei Kilo schweres Gerät mit 12-Zoll-Bildschirm Notebook, während ein anderer auch bei seinem viel größeren Desktop-Ersatz noch von Notebook spricht. Bei einem Laptop handelt es sich meist um einen Rechner im bekannten Design mit aufklappbarem Gehäuse, in dem sich unten die Tastatur und oben der LCD-Bildschirm befinden und die dem Standardaussehen mobiler PCs entsprechen.

Als Eingabegerät verwendeten die Desktop-Ersatzgeräte (und auch andere portable Rechner) anfangs *Trackballs* als Mausersatz, die häufig auch wie eine Maus angeschlossen werden mussten und sich mit einem Clip seitlich am Gehäuse befestigen ließen. Bei anderen Modellen befanden sich die Trackballs direkt in der Fläche vor der Tastatur oder irgendwo hinten in der Tastatur direkt vor dem Bildschirm.

Dann wurde IBMs *Trackpoint* entwickelt, wobei es sich um einen Mini-Joystick im Radiergummiformat handelte, der sich in der Mitte der Tastatur befand. Mit dem Trackpoint konnte man den Zeiger bewegen, ohne dabei die Finger von der Tastatur nehmen zu müssen. Mit dem Mittelfinger bewegte man den Joystick, während man die Mausklicks über zwei Schaltflächen unterhalb der Leertaste erzeugte. Dieser Typ von Zeigegerät wurde seither von anderen Herstellern lizenziert. Er ist in Laptops auch heute noch gebräuchlich.

Das heute weitaus verbreitetste Laptop-Zeigegerät ist jedoch das *Touchpad* (Abbildung 21.2), ein flaches, berührungsempfindliches Feld vor der Tastatur. Man bewegt den Zeiger, indem man mit dem Finger über die Touchpad-Oberfläche fährt. Die Mausklicks erzeugt man durch ein- oder zweimaliges Antippen der Oberfläche. Zum Klicken stehen außerdem Schaltflächen unterhalb des Pads zur Verfügung. Die meisten Leute gewöhnen sich innerhalb weniger Minuten an diese Technik. Der Hauptvorteil des Touchpads gegenüber den älteren Laptop-Zeigegeräten liegt darin, dass es ohne bewegliche Teile auskommt – ein Umstand, der für die Lebensdauer eines Laptops im Dauerbetrieb nicht unwichtig ist. Manche moderne Laptops überlassen auch dem Benutzer die Wahl und besitzen Trackpoint *und* Touchpad.

Abbildung 21.2: Das Touchpad eines Laptops

Ergänzung des Desktop-PC

Manche Hersteller bieten so genannte *Desktopextender* an, die den Desktop nicht ersetzen, sondern nur eine Untermenge der typischen Desktop-PC-Funktionen bieten und mobil zur Verfügung stellen sollen. Abbildung 21.3 zeigt ein tragbares Gerät mit einem guten, aber ziemlich kleinen 13,3-Zoll-Bildschirm. Das System verfügt über 512 MB RAM, einen 2-GHz-Prozessor, eine 60-GB-Festplatte und einen Akku, mit dem Sie netzunabhängig mehr als fünf Stunden arbeiten können. Obwohl er Musik abspielen kann und über passable, winzige Lautsprecher verfügt, können Sie derartige Geräte nicht zum Spielen benutzen (vielleicht Solitär, aber definitiv nicht Crysis!). Dafür wiegt er nur die Hälfte eines typischen Portables als Desktop-Ersatz.

Bevor Sie jetzt angesichts eines so leichten Laptops in Begeisterungsstürme ausbrechen, sollten Sie wissen, dass die Hersteller das Gewicht ihrer portablen Rechner meist ohne das Gewicht der Akkus und/oder der Wechsellaufwerke angeben. Diese Verschleierung ist bedauerlich, aber sie ist innerhalb der Branche üblich, weil kein Hersteller der erste sein will, der sagt, dass sein tragbarer Computer, der als Ersatz für den Desktop dienen soll, einschließlich Batterie und DVD-RW acht Kilo wiegt, wenn sein Mitbewerber ein vergleichbares Gerät anbietet, das nur vier Kilo schwer ist! Das würde sehr schnell zu schwindenden Marktanteilen führen.

Wenn Sie also tragbare Rechner kaufen oder empfehlen, berücksichtigen Sie das tatsächliche Gewicht. Wenn Sie Ihre Laptop-Tasche mit Netzteil, externer Maus, einer Ersatzbatterie und allem anderen Zubehör füllen, werden Sie definitiv mehr als die versprochenen drei bis vier Kilo tragen müssen.

Abbildung 21.3: Ein erstklassiger tragbarer Computer mittleren Formats

Mit Desktopextendern werden Sie mobil. Manchmal möchte man gern mal eben den Arbeitsplatz verlassen und auf einen Kaffee oder ein Bierchen ins Café gegenüber gehen. Dann benötigt man keinen voll ausgerüsteten Laptop mit riesigem 15- oder 17-Zoll-Bildschirm, sondern einfach nur eine gute Textverarbeitung und vielleicht noch die Möglichkeit zum drahtlosen Surfen über das WLAN des Cafés. Ein leichter Laptop mit einer Bildschirmdiagonalen von maximal 12 oder 13 Zoll, einem anständigen Prozessor und genügend RAM reicht da völlig aus.

Netbooks

Netbooks sind Computer, die die Lücke zwischen PDAs und den kleineren Laptops füllen. Diese Geräte haben meist 6- bis 10-Zoll-Displays, eine vergleichsweise bescheidene Festplattenkapazität und CPUs, die nicht auf Leistung, sondern auf minimalen Energieverbrauch getrimmt sind. Bei Netbooks geht es vorwiegend um die Abmessungen und den Preis, sie sind also typischerweise kleiner und preiswerter als ihre umfassender ausgestatteten Verwandten. Dieses Marktsegment ist jedoch ständig in Bewegung und zudem verwischen die Grenzen zwischen den verschiedenen Laptop-Klassen immer mehr.

Ein hervorragendes Beispiel für ein Netbook ist der *Asus Eee PC*, der in Abbildung 21.4 auf der Tastatur eines vollwertigen Laptops steht. Dieses Netbook besitzt einen 9-Zoll-Monitor, eine 1,6-GHz-Intel-Atom-CPU, eine kleine Solid-State-Festplatte und nutzt eine speziell angepasste Linux-Distribution als Betriebssystem. Eines der Merkmale, die der Unterscheidung dieser Netbooks dienen, ist die Verwendung des Atom-Prozessors von Intel. Die Atom-CPU hilft zwar, den Energieverbrauch zu senken, bietet aber auch deutlich weniger Leistung als ihre stromhungrigeren Verwandten. Daher läuft auf den meisten Netbooks entweder Windows XP oder irgendeine Linux-Version als Betriebssystem, die sich besser für die beschränkten Ressourcen eignen.

Hinweis

Mittlerweile wird auf vielen Netbooks *Windows 7 Starter* als Betriebssystem vorinstalliert. Dabei handelt es sich um die abgespeckte Einstiegsversion von Windows 7, die vergleichsweise geringe Anforderungen an RAM und CPU stellt.

Kapitel 21

Abbildung 21.4: Ein Asus Eee PC auf der Tastatur eines Laptops

PDAs und Smartphones

Es erleichtert einem die täglichen Aufgaben, wenn man stets die wichtigsten Computerfunktionen nutzen kann. Vielleicht klappt dann auch die Terminplanung und das Einhalten von Verabredungen besser ...! Unternehmen wie Palm, Apple, Sony, Toshiba und Hewlett-Packard stellen winzige Handheld-Rechner her, mit denen Sie Daten wie Ihr Adressbuch, persönliche Notizen, Terminpläne, Musik und Videos und Ähnliches speichern können. Derartige Geräte werden *Personal Digital Assistants (PDAs)* oder (mit Telefonfunktion ausgestattet) auch *Smartphones* genannt. Alle modernen PDAs sind mit einer Reihe von Anwendungen ausgestattet, wie z.B. einem Webbrowser für die Internet-Nutzung unterwegs und einem Editor, mit dem Sie sich Notizen machen können. Abbildung 21.5 zeigt das Smartphone *Apple iPhone*.

Abbildung 21.5: Apple iPhone

Wichtig

Da sich die CompTIA A+-Prüfungen nur mit Windows befassen, werden Ihnen darin leider keine Fragen zum Apple iPhone gestellt. Ungeachtet dessen handelt es sich beim iPhone um ein hervorragendes Beispiel für ein Smartphone.

PDAs laufen nicht unter Windows XP oder Vista, sondern unter speziellen Betriebssystemenen, wie z.B. *Windows Mobile, Google Android, Apple iPhoneOS, Palm WebOS* oder verschiedenen *Linux*-Varianten. All diese Betriebssysteme bieten eine grafische Oberfläche, die Sie über den berührungsempfindlichen Bildschirm direkt bedienen. Viele der heute verfügbaren PDAs arbeiten mit Handschriftenerkennung in Kombination mit modifizierten Mausfunktionen; üblicherweise in der Form eines bleistiftähnlichen Schreibstifts, der dieser Eingabeform dann auch den Namen *pen-based computing* (*Stiftcomputer*) zu verdanken hat. Zum Laden einer Anwendung nehmen Sie beispielsweise den Stift aus der Halterung am Gehäuse des PDAs heraus und berühren das entsprechende Symbol mit der Spitze des Stifts.

Datensynchronisation

PDAs sind hervorragende Begleiter für die Hosentasche, da Sie mit ihnen schnell mal eine Kundenadresse oder Telefonnummer aufschreiben, den Terminkalender überprüfen und Verabredungen neu festlegen können. Darüber hinaus können Sie die Daten auch noch automatisch mit Ihrem Desktop-PC synchronisieren. PDAs können Daten mit dem von Ihnen hauptsächlich genutzten PC so austauschen, dass Sie auf beiden Geräten über denselben Datenbestand verfügen. Viele PDAs verfügen über eine Station, in der Sie den PDA ablegen und seine Batterie laden können. Die Station wird zumeist über einen USB-Anschluss mit dem PC verbunden. Über spezielle Software synchronisieren Sie dann die Daten zwischen PDA und PC (Abbildung 21.6). Wenn Sie beispielsweise die Datensynchronisation für einen PDA unter Windows Mobile einrichten, müssen Sie unter Windows XP ein Programm namens *Activesync* installieren. Unter Vista und Windows 7 gibt es dieses Programm nicht mehr. Hier verwenden Sie stattdessen das *WMDC* (*Windows Mobile-Gerätecenter/ Windows Mobile Device Center*). Diese Software übernimmt alle Synchronisationsaufgaben. Sie legen den PDA einfach nur in die angeschlossene Station und schon werden die Daten automatisch synchronisiert. Abbildung 21.6 zeigt einen PDA während der Datensynchronisation.

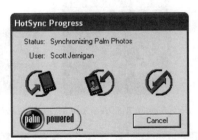

Abbildung 21.6: Datensynchronisation zwischen PDA und PC

Datenaustausch zwischen PDAs

Nahezu alle PDAs bieten Möglichkeiten zur Übertragung von Daten von einem auf einen anderen PDA. Ursprünglich wurde für diesen Zweck *IrDA* (*Infrared Data Association*) und damit Infrarotlicht verwendet, und beim Datenaustausch sprach man auch vom *Beamen*. IrDA funktioniert ähnlich wie die TV-Fernbedienung, nur dass hier größere Datenmengen von einem zum anderen PDA übertragen werden. Auf diesem Weg können Sie zwar Kontaktdaten oder kleine Bilder halbwegs flott übertragen, bei größeren Dateien dauert das aber vergleichsweise lange, weil IrDA recht langsam ist.

Heute erfolgt die Datenübertragung zwischen PDAs normalerweise über Funkwellen und damit via *Bluetooth*, *WLAN* oder *WAN-Funkzellen*. *Bluetooth* können Sie sich als eine Art direkten Ersatz für die alte IrDA-Technologie vorstellen. Wenn Sie Dateien zwischen zwei Bluetooth-Geräten übertragen wollen, dann müssen Sie sich zunächst darum kümmern, dass die beiden Geräte *erkennbar* sind. Damit sorgen Sie dafür, dass die Bluetooth-Geräte in ihrer Umgebung nach anderen Geräten suchen und diese entdecken können. Bei dem PDA, von dem aus die Daten gesendet werden sollen, wählen Sie dann den PDA (bzw. das Gerät) aus, zu dem die Daten übertragen werden sollen. Über das empfangende Gerät muss dann noch der Datenübertragung zugestimmt werden und anschließend müssen Sie nur noch eine Weile warten, bis die Datenübertragung beendet ist. Praktisch!

Bei WLAN und WAN-Funkzellen verhält sich Ihr PDA, Smartphone oder Handy einfach wie ein Computer in einem Netzwerk. Er bekommt eine IP-Adresse zugeordnet und kann (abhängig vom PDA-Betriebssystem) freigegebene Dateien und Daten nutzen. Die meisten modernen PDAs besitzen einen Touchscreen-Bildschirm, der sich zur Dateneingabe nutzen lässt, und unterstützen IrDA-, Bluetooth- und/oder WLAN-Verbindungen zur Kommunikation mit anderen Geräten. Und auch bessere Handys unterstützen meist IrDA und/oder Bluetooth.

> **Hinweis**
>
> In Kapitel 24 erfahren Sie mehr über drahtlose Netzwerke und die entsprechenden Technologien.

Speicherkarten für PDAs

Fast jeder PDA verfügt intern über mindestens ein Megabyte Flash-ROM-Speicher, der sich typischerweise über die ein oder andere Form von Speicherkarte erweitern lässt. Die *SD*-Technologie (*Secure Digital*) hat den größten Marktanteil unter den konkurrierenden Standards. Es gibt außerdem noch zahlreiche weitere Speicherkarten. SD-Karten gibt es in verschiedenen Größen (SD, MiniSD und MicroSD). Sie werden in einen speziellen SD-Einschub eingesetzt. Die heute gängigen Kapazitäten reichen von 2 bis 32 GB, die Ihnen auf Karten mit nur der Größe von Briefmarken oder eines Fingernagels zur Verfügung gestellt werden. (Ältere Varianten mit niedrigerer Speicherkapazität sind – wenn überhaupt – nur noch schwer erhältlich.) Abbildung 21.7 zeigt zwei typische Speicherkarten.

Abbildung 21.7: SDHC- und MicroSD-Speicherkarte

> **Hinweis**
>
> Speicherkarten werden seit 2003 nicht mehr nur von winzigen Geräten wie PDAs, Digitalkameras und Routenplanern, sondern auch von tragbaren Rechnern und sogar Desktop-Rechnern zunehmend genutzt. Viele Rechner und externe Laufwerke sind heute mit entsprechenden Anschlüssen ausgestattet und für die meisten gibt es zudem preiswerte USB-Adapter.

Tablet-PCs

Tablet-PCs verbinden die Vorteile handschriftlicher Eingaben wie bei den PDAs mit dem vollen Funktionsumfang traditioneller tragbarer Rechner. Derartige Geräte eignen sich hervorragend für die Anforderungen vieler Berufe. Anders als PDAs und Smartphones verwenden Tablet-PCs ein komplettes PC-Betriebssystem wie Vista Home Premium.

Anstelle (oder neben) einer Tastatur und einer Maus besitzen Tablet-PCs einen Bildschirm, der gleichzeitig als Eingabegerät dient. Mit einem speziellen Stift (*Stylus*) können Sie auf dem Bildschirm schreiben (Abbildung 21.8). Achten Sie nur darauf, dass Sie den Stift nicht versehentlich mit Ihrem Folienschreiber verwechseln! Anders als viele PDA-Bildschirme reagieren die meisten Tablet-PCs nicht auf Druck – Sie müssen mit dem Stift auf den Bildschirm schreiben. Tablet-PCs gibt es hauptsächlich in zwei Formen: *Convertibles*, die eine ausklappbare Tastatur beinhalten, und *Slates*, die völlig auf die Tastatur verzichten. Der Convertible Tablet-PC in Abbildung 21.8 verhält sich beispielsweise wie ein typischer aufklappbarer Laptop (Abbildung 21.1). Hier wird er jedoch mit einem um 180 Grad gedrehten Bildschirm dargestellt und flach hingelegt, damit er wie eine Schreibtafel benutzt werden kann. Sehr praktisch!

Abbildung 21.8: Ein Tablet-PC

In Anwendungen, die das Tablet nicht unterstützen, verhält sich der Stift genau wie eine Maus, so dass Sie damit Dinge markieren, doppelklicken, rechtsklicken usw. können. Um Text mit dem Stift einzugeben, drücken Sie damit entweder Tasten auf einer virtuellen Tastatur (Abbildung 21.9), schreiben im Schreibprogramm (Abbildung 21.10) oder verwenden Spracherkennungsprogramme. Mit ein bisschen Übung reicht die Genauigkeit der Schrifterkennung für die meisten Benutzer für fast alle Texteingaben aus. Sehr schnelle Tipper werden längere Dokumente aber trotzdem lieber über die Tastatur eingeben.

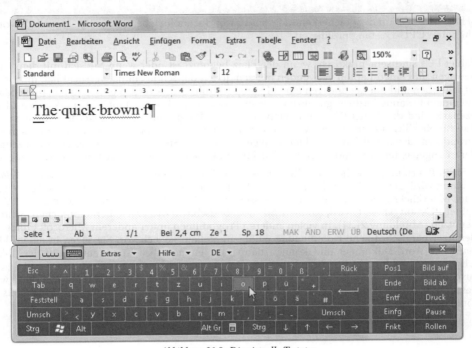

Abbildung 21.9: Die virtuelle Tastatur

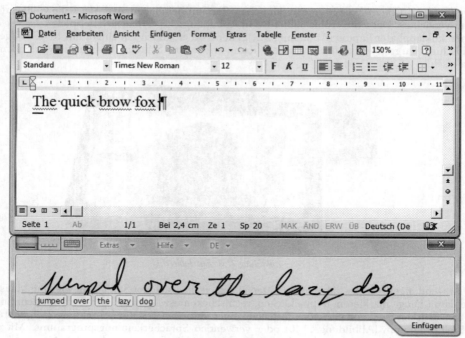

Abbildung 21.10: Das Schreibfeld

Hinweis

Handschriften- und Spracherkennung sind zwei Technologiebereiche, die wesentlich von einer höheren CPU-Leistung profitieren.

Tablet-PCs sind sehr praktisch, wenn der Platz begrenzt ist oder wenn Sie sich mit dem Computer bewegen und einen Laptop verwenden müssen. Jeder, der schon einmal versucht hat, mit einer Hand zu schreiben und mit der anderen einen Laptop festzuhalten, während er sich in einem Gebäude oder auf einem Gelände fortbewegt, wird mir sofort zustimmen, dass ein Tablet-PC praktisch ist. In diesem Szenario sind die Tablet-PCs am effektivsten, wenn Programme genutzt werden, die für einen Stift statt für eine Tastatur entwickelt wurden. Ein Inventurprogramm beispielsweise könnte dem Benutzer Dropdown-Listen und Optionsfelder anzeigen, wobei ein Stift das perfekte Eingabewerkzeug ist. Mit derart angepassten Anwendungen werden Tablet-PCs schnell zu unverzichtbaren Werkzeugen.

Microsoft ermutigt die Software-Entwickler zur Nutzung einer Funktion, die auch *digitale Tinte* genannt wird. Damit können Programme Stifteingaben entgegennehmen, ohne dass diese erst in Text oder Mausklicks umgewandelt werden müssen. Mit Microsoft Journal, das zusammen mit Windows-Tablet-PCs ausgeliefert wird, können Sie den Bildschirm wie einen herkömmlichen Schreibblock benutzen (Abbildung 21.11). In vielen anderen Programmen (unter anderem Microsoft Office) können Benutzer handschriftliche Kommentare einfügen. Stellen Sie sich vor, Sie sitzen in einem Flugzeug, lesen ein Word-Dokument und können dann ganz einfach Ihre Kommentare auf den Bildschirm schreiben (Abbildung 21.12). Sie müssen das Dokument nicht mehr erst ausdrucken und den Rotstift auspacken! Stellen Sie sich vor, Sie halten eine PowerPoint-Präsentation und können diese währenddessen mit Anmerkungen versehen. Achten Sie in Zukunft auf Programme, die Microsofts digitale Tinte unterstützen.

Abbildung 21.11: In Microsoft Journal lassen sich Stifteingaben wie digitale Tinte verwenden.

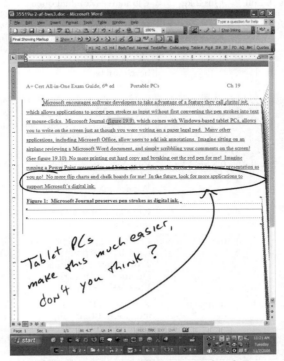

Abbildung 21.12: Microsoft Office unterstützt digitale Tinte.

Es gibt viele praktische Programme von Drittanbietern, die speziell auf den Tablet-PC zugeschnitten sind. Im juristischen und im medizinischen Bereich, in denen Tablet-PCs besonders beliebt sind, gibt es endlos viele Alternativen. Ein praktisches, kostenloses Programm, das alle Redner (Lehrer, Verkäufer usw.), schätzen werden, ist *Inkyboard* (www.cfcassidy.com/Inkyboard/). Inkyboard ist eine virtuelle Weißwandtafel, mit dem Sie in Meetings immer eine Präsentationsfläche zur Verfügung haben. Wollten Sie schon einmal alles aufschreiben, was Ihr Lehrer (oder Chef) an die Tafel geschrieben hat? Hätte der Lehrer Inkyboard verwendet, ließen sich leicht Kopien erstellen und verteilen.

Portable Rechnertypen

Der Versuch, alle heute erhältlichen tragbaren Computer vorzustellen, wäre zu langwierig (und würde weit über CompTIA A+ hinausgehen). Tabelle 21.2 führt neben den sieben gebräuchlichsten Arten portabler Rechner einige ihrer wichtigsten Merkmale und deren vorwiegenden Verwendungszweck auf. Diese Tabelle ist keinesfalls vollständig, beschreibt aber die wesentlichen Vorzüge.

	Bildschirmgröße	Gewicht	Leistungsmerkmale	Verwendungszweck
Desktop-PC-Ersatz	14 bis 20 Zoll und mehr	3 bis 6 kg	Alles, was auch ein Desktop-PC bietet	Mobile Multimediabearbeitung, Präsentationen, mobiles Spielen
Desktop-PC-Ergänzung	10 bis 14 Zoll	2 bis 3 kg	Fast alles, was Sie auch auf einem Desktop finden. Bessere Akkulaufzeit als bei Desktopersatz-Geräten.	Präsentationen, Notizenmachen in Meetings und Unterricht, Reisebegleiter für Geschäftsreisende
Netbook	6 bis 10 Zoll	1 bis 2 kg	Ultimative Mobilität ohne gänzliche Preisgabe von PC-Funktionalität. Hervorragende Akkulaufzeiten. Keine optischen Laufwerke, beschränkte Massenspeicherkapazität.	Dauer-Reisebegleiter für das Gepäck oder den Rucksack. Perfekt für das Surfen im Internet oder das Schreiben von E-Mails unterwegs!
Tablet-PC	10 bis 12 Zoll	2 kg	Stiftbasierende Oberfläche, Schreiben wie auf einem Notizblock, keine optischen Laufwerke, integrierte WLAN-Funktionen	Nischenmarkt für Leute, die handgeschriebene Notizen auf den PC übertragen wollen
Netbook	4 bis 7 Zoll	0,5 bis 1 kg	Eine Variante von Tablet-PCs. UMPCs laufen unter Windows XP (Tablet oder Home Edition). Stift-basierte Oberfläche und keine optischen Laufwerke.	Noch mehr ein Nischenmarkt als Tablet-PCs, stehen in Konkurrenz zu Netbooks
PDA	max. 4 Zoll	0,5 kg	Leichtes Multifunktionsgerät für Adressbuch und Terminplanung; oftmals mit Funktionen zur MP3- und Video-Wiedergabe	Unterstützt Planung und Organisation, klassische PDAs ohne Telefonfunktion sind heute selten.
Smartphone	max. 4 Zoll	weniger als 0,5 kg	Winzige, in Handys integrierte PDAs mit Internetzugriff, SMS und weiteren Funktionen	Verringert die Menge des technischen Spielzeugs, das manche Leute mit sich herumtragen und hat die reinen PDAs fast völlig ersetzt

Tabelle 21.2: Portable Geräte

Tragbare Rechner gibt es in derart vielen Varianten (Größe, Ausführung, Funktion und Form), dass eine einfache Tabelle in einem Buch den vielen Geniestreichen und Entwicklungen der Gerätehersteller nie gerecht werden kann. Falls Sie einmal ein paar der Extreme aus diesem Bereich kennen lernen wollen, sollten Sie die Website www.dynamism.com aufsuchen. Dieses Unternehmen hat sich darauf spezialisiert, auch für das englischsprachige Marktsegment Produkte verfügbar zu machen, die eigentlich nur für den japanischen Markt vorgesehen waren. Auf dieser Site finden Sie die heißesten Laptops und die schnuckeligsten Subnotebooks, die bis ins letzte Detail für den englischsprachigen Markt aufbereitet wurden.

Practical Application

Portable Rechner erweitern und aufrüsten

In der Steinzeit der tragbaren Rechner mussten Sie einen Haufen Geld für nicht einmal erweiterungsfähige Geräte hinlegen, die sich bereits nach einiger Zeit kaum mehr sinnvoll nutzen ließen. Einen Laptop aufrüsten? Ihren Desktop-Ersatz um neue Funktionen erweitern? Falls überhaupt, gab es nur wenige Alternativen. Man musste viel Geld für Geräte bezahlen, die bereits nach einem Jahr mit der technischen Entwicklung kaum mehr mithalten konnten und nach zwei Jahren funktional veraltet waren.

Wichtig

Da es in jeder fünften Frage um Laptops und portable Rechner geht, sollten Sie bei der Vorbereitung auf die CompTIA A+-Zertifizierung auf dieses Kapitel besonders achten!

Moderne tragbare Rechner bieten viele Möglichkeiten zur Erweiterung ihrer Funktionen an. Über interne und externe Erweiterungsbusse können Sie portable Rechner mit völlig neuen Funktionen ausstatten und z.B. Scanner oder mobile Drucker anschließen. Die aktuellen drahtlosen Technologien nutzen Sie einfach durch Einsetzen einer Karte in den entsprechenden Steckplatz Ihres Laptops. Die Innereien moderner Laptops sind darüber hinaus modular aufgebaut. So können Sie beispielsweise den Arbeitsspeicher erweitern oder austauschen (die erste Aufrüstaktion vieler Laptopbesitzer). Sie können ferner die Festplattenkapazität steigern und (zumindest bei einigen Modellen) die CPU, Grafikkarte, Soundkarte und anderes mehr austauschen. Die Zeiten, in denen Laptops bereits nach kürzester Zeit veraltet waren, sind also vorbei! Wenden wir uns also jenen Technologien zu, die dafür sorgen, dass sich Laptops heute erweitern und aufrüsten lassen, nämlich dem PC-Card-Standard, speziellen und allgemeinen Steckplätzen oder Anschlüssen und modularen Komponenten.

PC Cards

Die *PCMCIA* (*Personal Computer Memory Card International Association*) definiert Standards für portable Computer, insbesondere für Erweiterungskarten, die allgemein als *PC-Karten* bezeichnet werden. PC Cards sind kreditkartengroße Komponenten, über die sich die Funktionen eines tragbaren PC erweitern lassen. PC Cards gehörten bei tragbaren Computern lange ebenso zum Standard wie ein Festplattenlaufwerk. PC Cards sind einfach zu benutzen, preiswert und praktisch. Abbildung 21.13 zeigt eine typische PC Card.

Wichtig

CompTIA verwendet den älteren Begriff PCMCIA-Karten für PC-Karten. Erschrecken Sie nicht, wenn dieser in Ihrer Prüfung als mögliche Antwort aufgeführt wird! Viele Techniker verwenden ihn ebenfalls immer noch, auch wenn ihn die PCMCIA-Handelsgruppe seit Jahren nicht mehr verwendet.

Kapitel 21

Abbildung 21.13: PC Card

Viele portable Rechner besitzen einen oder mehrere Steckplätze für PC Cards. Eine Karte unterstützt mindestens eine, manchmal aber auch zwei oder mehr Funktionen. Sie können eine PC Card kaufen, die beispielsweise Anschlüsse für Wechselmedien (etwa kombinierte SD- und CF-Kartenleser) besitzt. Sie finden auch PC Cards, die an mehrere verschiedene Netzwerktypen angeschlossen werden können. Alle PC Cards sind *hot-swappable* und lassen sich daher ohne Ausschalten des PC entnehmen und einstecken.

Wichtig

Viele Hersteller verwenden anstelle des Begriffs hot-swappable eher den Begriff *hot-pluggable*, um die Fähigkeit zu beschreiben, PC Cards im laufenden Betrieb einzustecken und zu entnehmen. Im Examen können Ihnen beide Begriffe begegnen.

Die PCMCIA hat zwei Versionen von PC-Karten entwickelt, wobei die eine einen parallelen und die andere einen seriellen Bus verwendet. Jede Version unterstützt wiederum zwei technische und mehrere physische Varianten. Das klingt zunächst vielleicht etwas kompliziert, aber Sie werden gleich erfahren, was es damit auf sich hat.

Parallele PC-Karten

Parallele PC-Karten gibt es in zwei Varianten, *16-Bit* und *CardBus*, und für jede Variante gibt es drei unterschiedliche Bauformen, die Typ I, Typ II und Typ III genannt werden. Bei den 16-Bit-PC-Karten handelt es sich, wie der Name schon sagt, um 16-Bit/5-V-Karten, die bis zu zwei verschiedene Funktionen oder Geräte bereitstellen können, wie beispielsweise eine Kombination aus Modem/Netzwerkkarte. CardBus PC Cards sind 32-Bit-Karten, die mit 3,3 Volt betrieben werden und bis zu acht (!) verschiedene Funktionen auf einer einzigen Karte vereinen können. Normale PC Cards passen zwar in die Steckplätze für CardBus, aber dies gilt nicht umgekehrt. CardBus dominiert den heutigen Markt der PC Cards, obwohl Sie auch immer noch die älteren PC Cards finden können.

Die Typen I, II und III unterscheiden sich nur hinsichtlich der Dicke der Karte (Typ I ist am dünnsten und Typ III am dicksten). Alle PC Cards verwenden dieselbe Schnittstelle mit 68 Kontakten, so dass alle PC Cards in jeden Steckplatz passen, sofern nur genug Platz für den Kartentyp ist. PC-Karten des Typs II sind die häufigste Variante. Viele Laptops verfügen daher über zwei übereinanderliegende Steckplätze des Typs II, so dass an den Rechner zwei Karten des Typs I oder II oder eine des Typs III angeschlossen werden kann (Abbildung 21.14).

Abbildung 21.14: Steckplätze für PC Cards

Obwohl die Kartentypen keine bestimmten Funktionen bieten müssen, folgen die meisten PC Cards doch den PCMCIA-Empfehlungen. Tabelle 21.3 enthält die PC-Card-Kartentypen, deren Abmessungen und typische Verwendungszwecke.

Typ	Länge	Breite	Dicke	Typischer Verwendungszweck
Typ I	85,6 mm	54,0 mm	3,3 mm	Flash-Speicher
Typ II	85,6 mm	54,0 mm	5,0 mm	E/A-Funktionen (Modem, Netzwerkkarte o.Ä.)
Typ III	85,6 mm	54,0 mm	10,5 mm	Festplattenlaufwerke

Tabelle 21.3: PC-Card-Typen, Abmessungen und Verwendungszweck

Hinweis

Die meisten PC Cards werden in einer Box aus hartem Kunststoff ausgeliefert. In dieser Box sollten Sie die Karten immer dann aufbewahren, wenn sie gerade nicht benutzt werden. So vermeiden Sie, dass Staub, Schmutz und Fett die Anschlusskontakte an der Karte verunreinigen, was deren Funktion beeinträchtigen kann. Seien Sie außerdem vorsichtig, wenn PC Cards aus dem Steckplatzschacht an der Seite Ihres Laptops herausragen. Einmal habe ich nachts meinen Laptop mit eingesteckter PC-Card-Netzwerkkarte im dunklen Flur abgestellt, um mir ein Glas Wasser zu holen. Als ich zurückkam, stieß ich mit dem Fuß gegen die Karte, wobei sie fast zerbrach. Der Laptop blieb zwar unbeschädigt, aber die PC-Karte war hin!

ExpressCard

ExpressCard, die leistungsfähigere serielle Version der PC-Karte, hat letztere bei neueren Laptops weitgehend ersetzt. Der ExpressCard-Standard ist zwar deutlich leistungsfähiger als der PC-Card-Standard, aber mit diesem nicht kompatibel. Sie können eine PC-Karte nicht für den ExpressCard-Anschluss eines Laptops verwenden. PC-Karten waren bei portablen Rechnern lange verbreitet, wurden dann aber funktional von ExpressCard- und USB-Anschlüssen ersetzt. ExpressCard gibt es in zwei Breiten: 54 mm und 34 mm. Abbildung 21.15 zeigt die beiden ExpressCard-Varianten. Beide Kartenvarianten sind 75 mm lang und 5 mm tief, also kürzer als alle vorherigen PC-Karten und genauso dick wie PC-Karten vom Typ II.

Kapitel 21

Abbildung 21.15: 34 und 54 mm breite ExpressCards

ExpressCards werden entweder über den Hi-Speed-USB-2.0-Bus oder den PCI-Express-Bus angebunden. Das führt zu enormen Geschwindigkeitsunterschieden. Die vergleichsweise erschreckend langsame USB-Variante bietet einen maximalen Durchsatz von 480 Mbps. Die PCIe-Variante bringt es hingegen auf stolze 2,5 Gbps bei unidirektionaler Kommunikation. Nicht schlecht!

Tabelle 21.4 zeigt die verschiedenen parallelen und seriellen PC-Card-Varianten und deren Durchsatz.

Standard	Maximaler theoretischer Durchsatz
PC-Karte mit 16-Bit-Bus	160 Mbps
CardBus-PC-Karte mit PCI-Bus	1.056 Mbps
ExpressCard mit PCIe-Bus	2,5 Gbps
ExpressCard mit USB-2.0-Bus	480 Mbps

Tabelle 21.4: Geschwindigkeiten von PC-Karten

Software-Unterstützung für PC-Karten

Der PCMCIA-Standard definiert zur Unterstützung von PC-Karten zwei Ebenen für Software-Treiber. Die erste, untere Ebene, wird auch *Socket Services* genannt. Socket Services sind Gerätetreiber, die den PC-Karten-Sockel unterstützen, wodurch das System erkennt, wenn eine PC-Karte eingesetzt oder entfernt wurde, und die erforderlichen Ein-/Ausgaben zum Gerät leitet. Die zweite, höhere Ebene, wird auch *Card Services* genannt. Diese Ebene erkennt die Funktion einer bestimmten PC-Karte und stellt die speziellen Treiber bereit, die für die Karten-Funktionen benötigt werden.

In modernen Laptops sind die Socket Services standardisiert und werden vom System-BIOS verwaltet. Windows selbst kümmert sich um die Card Services und enthält eine Menge vorinstallierter Treiber für PC-Karten. Die meisten PC-Karten bringen jedoch ihre eigenen Treiber mit.

Hinweis

ExpressCards benötigen keine Socket Services oder Card Services, jedenfalls nicht so wie PC-Karten. Die ExpressCard-Module konfigurieren die Software auf dem Computer automatisch, bieten also echtes Plug&Play.

Spezifische Anschlüsse

Alle portablen PCs und auch viele PDAs besitzen einen oder mehrere Anschlüsse. Sie dürften kaum ein Gerät ohne Lautsprecheranschluss finden können. Mein Apple iPhone eignet sich beispielsweise hervorragend als MP3-Player, was heute für die allermeisten PDAs und Smartphones gilt. Manche Portables bieten noch Line-In- und Mikrofonanschlüsse. Laptops bringen unweigerlich einen Anschluss für einen externen Monitor (VGA, DVI und/oder HDMI) und oft auch noch PS/2-Ports für Maus und Tastatur mit. Weiterhin enthalten moderne tragbare PCs bereits integrierte Netzwerkkarten und/oder Modems für die Verbindungsaufnahme mit Netzwerken. (Im Abschnitt »Der modulare Laptop« auf Seite 912 weiter hinten in diesem Kapitel erfahren Sie mehr zu diesem Thema.)

Diese Anschlüsse an den portablen Rechnern sind mit denen an Desktop-Rechnern technisch identisch. Sie verbinden ein Gerät mit dem dafür vorgesehenen Anschluss und können dann nach dem Start von Windows (sofern die richtigen Treiber gefunden werden) damit arbeiten. Der einzige Anschluss, der etwas Extramühe macht, ist der für den Bildschirm.

Die meisten Laptops unterstützen einen zweiten Monitor, der mit einem analogen VGA- oder einem digitalen DVI- oder HDMI-Anschluss hinten am Gehäuse verbunden werden kann. Mit einem zweiten angeschlossenen Monitor können Sie Windows entweder auf dem Laptopmonitor, dem zweiten Monitor oder beiden Bildschirmen gleichzeitig anzeigen. Nicht alle Portables kommen dabei mit all diesen Varianten zurecht, sie werden aber verbreitet unterstützt. Die meisten Portables verfügen über eine spezielle Funktionstaste [FN], die bestimmten Tasten der Tastatur eine zusätzliche dritte Funktion verleiht. Abbildung 21.16 zeigt eine typische Tastatur mit einer derartigen Funktionstaste und mehrfach belegten Tasten. Beachten Sie die zusätzlichen Funktionen, die über diese Funktionstaste erreichbar sind und die auf den Tasten angegeben werden. Um einen zweiten Monitor zu aktivieren oder den Betriebsmodus zu wechseln, halten Sie hier die Funktionstaste [F2] gedrückt und betätigen zusätzlich die spezielle Funktionstaste [FN].

Abbildung 21.16: Laptoptastatur mit spezieller Funktionstaste und angegebener Spezialbelegung

> **Hinweis**
>
> Nicht alle Laptops nutzen die Methode mit der Funktionstaste zum Wechseln der Monitor-Betriebsmodi. Dann müssen Sie im Applet ANZEIGE in der Systemsteuerung ein Kontrollkästchen aktivieren. Achten Sie darauf, dass ein Laptop einen VGA-, DVI- oder HDMI-Anschluss besitzt, denn dann können Sie auch die Monitormodi wechseln!

Mehrzweckanschlüsse

Laptops verfügen nur selten über alle benötigten oder erwünschten Hardwarekomponenten. PC-Card- und/oder ExpressCard-Anschlüsse sind zwar nützlich, aber moderne Laptops verzichten mittlerweile vielfach ganz auf diese Schnittstellen und bieten stattdessen eher den ein oder anderen USB-

Anschluss mehr an, über die Sie die Hardwareausstattung erweitern können. Einige Laptops stellen weiterhin die älteren Erweiterungsanschlüsse (PS/2, serielle RE-232-Anschlüsse usw.) zur Installation von Peripheriegeräten zur Verfügung. Wenn Sie Glück haben, gibt es sogar einen FireWire-Anschluss, mit dem Sie Ihre tolle neue Digitalkamera für Video- oder Ihr Mischpult für Musikaufnahmen anschließen können. Und wenn Sie wirklich Glück haben, dann ist vielleicht sogar eine Docking-Station oder ein Port-Replikator erhältlich, damit Sie die Peripheriegeräte nicht immer wieder einzeln anschließen müssen.

USB, FireWire und eSATA

USB (*Universal Serial Bus*), FireWire (bzw. *IEEE 1394*) und *eSATA* arbeiten mit einfach zu nutzenden Steckern und sorgen dafür, dass Benutzer Geräte an ihr System anschließen können, während es läuft. Es muss für den Anschluss von Peripheriegeräten also nicht erst neu gestartet werden. Mit Hilfe von USB, FireWire und eSATA schließen Sie einfach den Stecker an und können loslegen! Da portable Rechner intern weniger erweiterungsfähig als Desktop-Rechner sind, werden für den Anschluss von Peripheriegeräten an Laptops vorwiegend USB, FireWire und eSATA genutzt (siehe Abbildung 21.17).

Abbildung 21.17: Geräte, die über USB oder FireWire an einen Laptop angeschlossen sind

> **Hinweis**
>
> Immer mehr PDAs, Handys, MP3-Player, Routenplaner und andere Handheld-Geräte lassen sich über USB-Anschlüsse mit dem PC verbinden. Ältere Geräte haben meist ein USB-Kabel verwendet, bei dem sich am einen Ende ein standardmäßiger USB-Stecker und am anderen Ende ein proprietärer Stecker befand. Derartige Kabel sollten Sie möglichst nicht verlieren! Heute sollten Sie derartige Geräte im Laden stehen lassen und in jedem Fall zu Geräten greifen, bei denen sich am einen Ende des USB-Kabels ein normaler USB-Stecker und am anderen Ende ein standardmäßiger USB-Mini-Stecker befindet (siehe Kapitel 3, *Der gläserne PC*)!

Portreplikatoren

Ein *Portreplikator* wird mit einem einzelnen Anschluss am tragbaren Rechner (oft USB, manchmal aber auch ein proprietärer Anschluss) verbunden und stellt dann die gängigen Anschlüsse bereit (serielle, parallele, USB-, Netzwerk- und PS/2-Schnittstellen). Durch Verbinden Ihres Notebookcomputers mit einem Portreplikator verfügen Sie unverzüglich über nicht tragbare Systemkomponenten wie etwa einen Drucker, Scanner, Monitor oder eine große Tastatur. Portreplikatoren verwendet man normalerweise zu Hause oder im Büro für den festen Anschluss nicht portabler Geräte. Abbildung 21.18 zeigt einen an einen Portreplikator angeschlossenen Dell-Laptop.

Tragbare Rechner

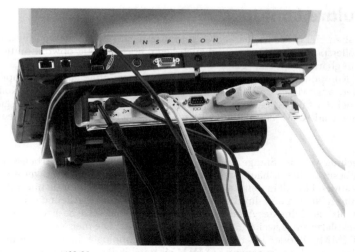

Abbildung 21.18: Portreplikator für einen Dell-Laptop

Nach der Verbindung mit dem Portreplikator kann der Computer auf alle daran angeschlossenen Geräte zugreifen, so dass nicht mehr jedes Gerät einzeln an den Rechner angeschlossen werden muss. Als schöner Nebeneffekt bieten Ihnen Portreplikatoren oft außerdem noch die Möglichkeit zum Anschluss von Legacy-Geräten (wie etwa parallelen Druckern) an einen modernen Laptop, der nur noch mit zeitgemäßen Anschlüssen wie USB und FireWire ausgerüstet ist und nicht mehr über parallele oder serielle Schnittstellen verfügt.

Hinweis

Portable Rechner werden zwar oft über USB mit Portreplikatoren verbunden, einige Unternehmen verwenden aber auch herstellerspezifische Verbindungen für proprietäre Portreplikatoren. Solange ein derartiger tragbarer Rechner USB-Schnittstellen besitzt, können Sie wahlweise entweder herstellerspezifische Hardware oder flexiblere USB-Geräte nutzen.

Dockingstation

Eine *Dockingstation* ähnelt in vielerlei Hinsicht einem Portreplikator, denn auch sie bietet spezifische und multifunktionale Anschlüsse für ältere und neuere Geräte (Abbildung 21.19). Eine typische Dockingstation besitzt einen herstellerspezifischen Anschluss, bietet zusätzlich aber noch Extrafunktionen wie etwa ein DVD-Laufwerk oder Steckplätze für PC Cards für zusätzliche Erweiterungen. Dockingstations sind für viele Laptopmodelle erhältlich, auch wenn sie am häufigsten für Desktop-Ergänzungsrechner verwendet werden. Dockingstations sind für derartige Rechner eine hervorragende Begleitausstattung.

Abbildung 21.19: Dockingstation

Kapitel 21

Der modulare Laptop

Jahrelang haben Hersteller tragbarer PCs rein proprietäre Komponenten für all ihre Modelle entwickelt. Herstellerspezifische Designs sind auch heute noch beliebt, obwohl mittlerweile auch auf dem Markt der tragbaren PCs eine gewisse Tendenz zur Modularität vorherrscht. Dadurch lassen sich wesentliche Komponenten und Aufrüstungen vornehmen, ohne auf teure proprietäre Komponenten des Herstellers angewiesen zu sein. Da es nur wenig Händler gibt, die diese Komponenten anbieten, greifen Sie bei der Suche bei Bedarf am besten auf das Internet zurück. Die gängigsten modularen Komponenten sind RAM, Festplatten, CPUs, Grafikkarten, optische Laufwerke und Netzwerkkarten.

RAM

Portable Rechner von der Stange sind typischerweise bescheiden mit Arbeitsspeicher ausgestattet, so dass Laptopbesitzer diesen häufig recht schnell aufrüsten (lassen). Preiswerte Laptops mit Windows XP Home standen überall in den Regalen der Händler. Lange waren sie nur mit 256 MB RAM ausgestattet, was ihren Nutzen und ihre Leistung unnötig beschränkte. Allein das Betriebssystem benötigt ja bereits mehr als die Hälfte des Arbeitsspeichers! Glücklicherweise besitzen alle halbwegs vernünftigen Laptops Steckplätze zur Erweiterung des Arbeitsspeichers. Die meisten älteren Geräte verwenden entweder SO-DIMMs (72 oder 144 Pins) mit SDRAM-Technologie. In Systemen mit DDR-, DDR2- oder DDR3-Speicher werden vorwiegend SO-DIMMs mit 200 Pins, in manchen Laptops aber auch Micro-DIMMs verwendet (Abbildung 21.20).

Abbildung 21.20: SO-DIMM mit 200 Pins (Vorder- und Rückseite)

Tipp

Die für den stabilen und effizienten Betrieb eines portablen Rechners erforderliche Arbeitsspeicherkapazität hängt von den eingesetzten Anwendungen und den Anforderungen des Betriebssystems ab. Bevor Sie einem Kunden zu einer Aufrüstung des Laptop-Arbeitsspeichers raten, sollten Sie ihm grundlegende Fragen wie z.B. nach dem Verwendungszweck des Laptops stellen. Wenn er für E-Mail, Textverarbeitung und das Surfen im Web eingesetzt wird, sollte eine Grundausstattung von 512 MB (für Windows XP) bzw. 1 GB (für Vista/7) ausreichend sein. Falls der Benutzer eine hochwertige Digitalkamera besitzt und unterwegs mit Photoshop große Bilddateien bearbeiten will, muss der Speicher entsprechend erweitert werden. Rechnen Sie dann für eine sinnvolle Empfehlung den Speicherbedarf des Betriebssystems hinzu.

RAM aufrüsten oder austauschen

Die RAM-Erweiterung erfolgt bei portablen Rechnern in mehreren Schritten. Erst müssen Sie natürlich die richtigen Speichermodule besorgen. In älteren Rechnern wurden oft herstellerspezifische RAM-Lösungen eingesetzt. Dann müssen Sie die passenden Speichermodule direkt bei Dell, HP oder Sony bestellen und dafür exorbitante Preise bezahlen. Die meisten Hersteller zeigen mittlerweile aber Gnade mit den Verbrauchern und verwenden standardmäßige SO-DIMMs oder Micro-DIMMs. Schauen Sie dazu auf der Website des Herstellers oder im Handbuch des Portables (sofern vorhanden) nach und informieren Sie sich über den benötigten RAM-Typ.

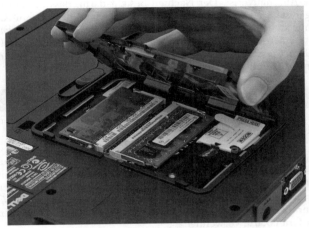

Abbildung 21.21: Öffnen einer RAM-Abdeckplatte

Dann stellt jeder portable Rechner Techniker bei Speichererweiterungen vor gewisse Herausforderungen, weil es hinsichtlich der Vorgehensweise keine etablierten Standards gibt. Meistens müssen Sie dazu eine Abdeckplatte an der Unterseite entfernen (Abbildung 21.21) und den RAM-Baustein nach Wegdrücken der Halterungsfedern herausnehmen (Abbildung 21.22). Entnehmen Sie den alten Baustein vorsichtig und setzen Sie den neuen in der umgekehrten Reihenfolge der Schritte ein.

Abbildung 21.22: Entnahme des Speichermoduls

Gemeinsam genutzter Speicher

Einige Laptops (und Desktops) unterstützen gemeinsam genutzten Speicher (*Shared Memory*). Dadurch lassen sich die Kosten für Grafikkarten reduzieren, da auf ihnen weniger Speicher installiert werden kann. Statt eine Grafikkarte mit 256 MB Grafikspeicher auszustatten, baut man vielleicht nur 64 MB ein und borgt sich die übrigen 192 MB beim Arbeitsspeicher des Systems. Damit kommt man zu einer Grafikkarte mit 256 MB Speicher.

Der offensichtliche Vorteil des gemeinsam genutzten Speichers liegt in der preiswerteren Grafikkarte (und dem preiswerteren Laptop!), die aber dennoch ähnlich leistungsfähig wie die mit viel mehr Speicher ausgestattete Alternative ist. Der Nachteil besteht darin, dass die Leistung des Gesamtsystems mehr oder weniger stark beeinträchtigt wird, da ja nun Teile des System-RAMs Programmen nicht mehr zur Verfügung stehen. (Es ist ein wenig irreführend, wenn man von *gemeinsamer Nutzung* spricht, da die Grafikkarte einen Teil des RAMs für sich nutzt. Diese Teile des System-RAMs werden *nicht* sowohl vom Grafikprozessor und der CPU genutzt.) Shared-Memory-Technologien sind unter anderem *TurboCache* (nVidia) und *HyperMemory* (ATI).

Hinweis

Unter Windows können Sie nicht feststellen, ob ein Rechner *Shared Memory* nutzt. Das lässt sich nur über die CMOS-Einstellungen feststellen.

Bei einigen Systemen können Sie festlegen, wie viel Speicher für die Grafikkarte als Shared Memory zur Verfügung gestellt werden darf, während Sie diese Funktion bei anderen nur aktivieren oder deaktivieren können. Die Einstellungen befinden sich im CMOS-Setup jener Systeme, die Shared Memory unterstützen. Der gemeinsam genutzte Speicher steht Windows nicht zur Verfügung, weshalb Windows dann z.B. nur 924 MB erkennt, obwohl 1 GB RAM im Laptop installiert ist. Der fehlende Speicher wird von der Grafikkarte verwendet!

Wenn Sie bei einem Laptop mit Shared Memory den Arbeitsspeicher des Systems erweitern, führt dies zu einer Leistungssteigerung. Auch wenn dann die Grafikleistung scheinbar besser wird, ist das nicht wirklich so. Es wird vielmehr die Gesamtleistung des Systems verbessert, weil dem Betriebssystem und der CPU mehr Arbeitsspeicher zur Verfügung stehen. Auf einigen Laptops kann sich auch die Grafikleistung verbessern, aber das ist von den CMOS-Einstellungen abhängig. Wenn für den gemeinsam genutzten Speicher vorher nicht die Maximalwerte verwendet wurden, dann wird das System durch eine Speichererweiterung schneller und die Grafikleistung steigt ebenfalls, wenn man dabei auch die Größe des gemeinsam genutzten Speichers heraufsetzen kann.

Hinweis

Bei Mainboards mit integrierten Grafikkarten finden Sie die Shared-Memory-Einstellungen typischerweise auch. Dabei gelten dieselben Zusammenhänge.

Festplatte

2,5-Zoll-SATA-Laufwerke sind heute der Standard in allen modernen Laptops. Obwohl sie deutlich kleiner als normale SATA-Laufwerke sind, bieten sie dieselben Funktionen und Konfigurationsmöglichkeiten. Die kleinformatigeren Festplatten verfügen allerdings über relativ kleinere Speicherkapazitäten als ihre 3,5-Zoll-Verwandten. 2,5-Zoll-Festplatten sind heute mit Kapazitäten bis zu 1 TB erhältlich, während 3,5-Zoll-Festplatten teilweise bereits mehr als 2 TB an Daten aufnehmen können! Bei älteren Laptops, die noch PATA-Laufwerke verwenden, müssen Sie möglicherweise das Laufwerk speziell konfigurieren (Master, Slave oder Cable Select). Informieren Sie sich daher beim Laptophersteller (oder zumindest im Handbuch) stets nach möglichen speziellen Aspekten. Ansonsten gibt es zwischen den 2,5- und den 3,5-Zoll-Laufwerken keine echten Unterschiede (Abbildung 21.23).

Abbildung 21.23: 2,5- und 3,5-Zoll-Laufwerke sind weitgehend identisch.

Modulare CPU

Aus Kapitel 5 (*Mikroprozessoren*) wissen Sie, dass sowohl AMD als auch Intel spezielle CPUs für Laptops herstellen, die weniger Wärme produzieren und weniger Strom verbrauchen. Man entfernt dabei einfach das alte Modell und ersetzt es durch das neue. Folgen Sie dabei jedoch besonders sorgfältig den Herstellervorgaben! Vergessen Sie nicht, dass Sie einen Laptop für den Austausch der CPU oft komplett zerlegen müssen. Sogar für Profis kann dies zu einer Sisyphosaufgabe werden! Falls Sie also den Prozessor Ihres Laptops aufrüsten wollen, ist es häufig besser, dies entsprechend geschulten Profis zu überlassen.

Grafikkarte

Die Hersteller von Grafikkarten haben sich beeilt, um auch modulare Grafikkarten für Laptops anbieten zu können. Obwohl es keinen übergreifenden Standard für alle verschiedenen Systeme gibt, kann ein schneller Telefonanruf beim technischen Support des Laptopherstellers oft überraschende Erweiterungsmöglichkeiten aufzeigen. Modulare Grafikkarten sind von allen modularen Komponenten am wenigsten standardisiert. Da sich die Herstellung jedoch zunehmend auf industrieweite Standards stützt, werden wir Grafikkarten bei Laptops wohl leichter als bisher auswechseln können.

Die Innereien

Um an die meisten der modularen Bauteile heranzukommen, müssen Sie bei einem Laptop nicht nur dessen Gehäuseabdeckung entfernen. Um an Komponenten heranzukommen, die direkt ans Mainboard angeschlossen sind, müssen Sie schon weiter in die Innereien vordringen. Bei vielen Laptops lässt sich die Tastatur leicht abnehmen, woraufhin eine metallene Wärmeableitung (einfach eine Platte über dem Mainboard) und ein halbes Dutzend winziger Schrauben zugänglich werden. Damit Sie die Schräubchen nicht beschädigen, benötigen Sie spezielle Schraubendreher. Diese sind als Uhrmacher-, Optiker- oder Feinmechanikerwerkzeug im Fachhandel erhältlich.

Beim Entfernen der Tastatur und des Wärmeableiters sollten Sie äußerste Vorsicht walten lassen. Die Tastatur ist mit einem schmalen Kabel angeschlossen, das bei zu starkem Ziehen leicht abreißen kann. Vergessen Sie auch nicht, diese Verbindung vor dem Wiedereinbau der Tastatur zu prüfen! Achten Sie darauf, elektrostatische Entladungen zu vermeiden (wie bei der Arbeit an anderen PCs auch), und ziehen Sie unter allen Umständen vor der Arbeit am Geräteinnern den Netzstecker und *entnehmen Sie auch den Akku!*

Modulare Laufwerke

Zur besseren Erweiterbarkeit ihrer Laptops bieten die Hersteller seit einiger Zeit auch modulare Laufwerke an. Für Portables sind so CD-, DVD- und Blu-ray-Laufwerke erhältlich. Der Vorteil der modularen Laufwerke liegt darin, dass Sie die verschiedenen Laufwerktypen leicht wechseln können. Brauchen Sie beispielsweise mehr Speicher? Entfernen Sie einfach das DVD-Laufwerk und setzen Sie eine weitere Festplatte ein! Bei vielen Laptops können Sie auch ein Laufwerk gegen einen zweiten Akku austauschen, um die Zeitspanne bis zum erneuten Aufladen der Akkus deutlich zu verlängern.

Ich habe einen Laptop, bei dem ich das CD/DVD-Laufwerk gegen einen zweiten Akku austauschen kann. Falls ich einmal keines der beiden Geräte brauche, entnehme ich die Komponente und verschließe die Öffnung mit einer Blindabdeckung. Das ist praktisch, wenn man unterwegs ist und sich sicher ist, dass man das Laufwerk nicht braucht. Schließlich wird der Laptop dadurch ja auch ein wenig leichter!

Abbildung 21.24: Werkzeug HARDWARE SICHER ENTFERNEN *in der Taskleiste*

Die meisten modularen Laufwerke unterstützen das »Hot-Swapping«, also das Wechseln der Geräte im laufenden Betrieb, so dass Sie Geräte auch ohne spezielle Software entfernen oder integrieren können. Für viele müssen Sie jedoch immer noch das Werkzeug HARDWARE SICHER ENTFERNEN benutzen, das Sie im Infobereich der Taskleiste finden (Abbildung 21.24). Im Zweifelsfall sollten Sie modulare Geräte immer mit Hilfe dieses Werkzeugs entfernen. Abbildung 21.25 zeigt das Dialogfeld HARDWARE SICHER ENTFERNEN. Um ein Gerät zu entfernen, markieren Sie es und klicken die Schaltfläche BEENDEN an. Windows fährt das Gerät dann herunter und teilt Ihnen mit, wenn Sie es sicher entfernen können.

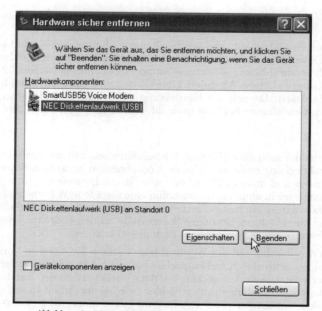

Abbildung 21.25: Dialogfeld HARDWARE SICHER ENTFERNEN

Mobile Netzwerkkarten und Mini-PCI

Alle in den letzten Jahren hergestellten Laptops bieten integrierte Netzwerkfunktionen. Laptops enthalten Ethernet-Anschlüsse zur Verbindung mit verkabelten Netzwerken und WLAN-Adapter und teilweise auch Funkmodems zur Einwahl ins Internet über das Mobiltelefonnetz. Auf Laptops läuft wie auf Desktop-Rechnern meist Windows, so dass alle benötigten Netzwerkprogramme griffbereit sind.

> **Hinweis**
> Mehr über DFÜ-Netzwerke und Ethernet erfahren Sie in Kapitel 23 (*Lokale Netzwerke*).

Viele dieser integrierten Netzwerk-Adapter werden in Mini-PCI-Steckplätzen auf dem Laptop-Mainboard installiert. Beim *Mini-PCI-Bus* handelt es sich um einen angepassten Standard-PCI-Bus, der speziell für integrierte Kommunikationslösungen entwickelt wurde, zu denen Modems und Netzwerkadapter zählen. Die integrierte Netzwerkunterstützung sorgt dafür, dass Sie keine zusätzlichen PC-Karten oder USB-Geräte benötigen, die eine Netzwerkkarte bereitstellen. Der Mini-PCI-Bus unterstützt darüber hinaus weitere integrierte Geräte wie Bluetooth, Modems, Audio- oder Festplatten-Controller. Ein toller Aspekt an Mini PCI ist, dass Sie einfach nur eine Steckkarte austauschen müssen, wenn die aktuellen Technologien durch neue abgelöst werden und Steckkarten für den Mini-PCI-Bus erhältlich sind.

> **Wichtig**
> Ein typischer Grund für den Austausch eines WLAN-Adapters auf einer Mini-PCI-Steckkarte ist die Unterstützung besserer Verschlüsselungsverfahren und die damit verbundene höhere Sicherheit.

Mini PCI wurde offiziell 1999 veröffentlicht. Bei dem 32 Bit breiten 33-MHz-Bus handelt es sich im Grunde genommen um PCI v2.2 mit einem anderen Formfaktor. Wie PCI unterstützt er Bus-Mastering und DMA. Mini-PCI-Karten sind etwa ein Viertel so groß wie reguläre PCI-Karten und können bis zu 2,75 Zoll x 1,81 Zoll x 0,22 Zoll klein sein. Man findet sie in kleinen Geräten, wie beispielsweise Laptops, Druckern oder Settop-Boxen.

Um die Batterielaufzeit zu verlängern, können integrierte Kommunikationsgeräte wie WLAN- oder Bluetooth-Adapter aus- und eingeschaltet werden, ohne dass der Computer ausgeschaltet wird. Viele Laptops haben vorne oder an der Seite einen Schalter, mit dem Sie diese Karten aus- oder einschalten können. Häufig gibt es dafür auch ein Tastaturkürzel, wobei meist die Funktionstaste FN zusammen mit einer anderen Taste gedrückt werden muss. Über die Taste FN lassen sich in Verbindung mit anderen Tasten bei vielen Laptops spezielle Funktionen erreichen. Auf meinem Laptop schaltet FN+F2 z.B. den WLAN-Adapter an und aus und mit FN+F10 kann ich die Disc aus meinem optischen Laufwerk auswerfen.

> **Hinweis**
> WLANs werden in Kapitel 24 (*Drahtlose Netzwerke*) ausführlich behandelt.

Wartung und Pflege von Portables

Die meisten portablen PCs sind ab Werk betriebsbereit und fertig konfiguriert. Die Hersteller wissen, dass nur wenige externe Techniker über das notwendige Wissen verfügen, um die Geräte warten zu können, weshalb Sie nicht am falschen Ende zu sparen versuchen. Aus der Sicht des Technikers besteht die Arbeit hauptsächlich in der Wartung und Pflege der Portables. Hierzu gehören die Pflege der Akkus und die Verlängerung der Batterielaufzeit durch die richtigen Einstellungen in der Energieverwaltung, den Schutz der Geräte vor Verschmutzung und das Vermeiden von übermäßiger Wärme.

Alle Wartungsarbeiten für PCs lassen sich auch auf tragbare PCs übertragen. Sie müssen Windows-Updates und Service Packs installieren und aktuelle, stabile Treiber verwenden. Ab und zu sollten Sie die Datenträger überprüfen (CheckDisk) und in jedem Fall die Festplatte defragmentieren. Die Datenträgerbereinigung ist ein Muss, wenn der Laptop unter Windows XP oder Vista/7 läuft. Schauen wir uns diese Aspekte nun einmal speziell für portable Rechner an.

Akkus

Die Hersteller verwenden drei verschiedene Akkutypen für tragbare PCs. Jeder Akkutyp stellt dabei spezielle Anforderungen und hat seine eigenen Macken. Sobald Sie diese Macken verstanden haben, können Sie Akkuprobleme *üblicherweise* auch erkennen und beheben. Die drei in mobilen PCs häufig verwendeten Akkutypen sind Nickel-Cadmium (Ni-Cd), Nickel-Metallhydrid (Ni-MH) und Lithium-Ionen (Li-Ion). Darüber hinaus testen die Hersteller *Brennstoffzellen*, aber diese Technologie steckt momentan noch in der Experimentierphase.

Ni-Cd (Nickel-Cadmium)

Ni-Cd-Akkus waren die ersten in mobilen PCs verbreiteten Akkus. Diese Technologie war nicht ganz frei von mehr oder weniger schwerwiegenden Problemen. Am meisten störte wohl der so genannte *Memoryeffekt*. Ni-Cd-Akkus neigen dazu, sich nicht mehr vollständig wiederaufladen zu lassen, wenn der Akku wiederholt aufgeladen wird, ohne zuvor völlig entladen worden zu sein. Ein Akku mit einer anfänglichen Laufzeit von zwei Stunden in einem Laptop hielt dann vielleicht nur noch 20 Minuten durch. Abbildung 21.26 zeigt einen typischen Ni-Cd-Akku.

Abbildung 21.26: Ni-Cd-Akku

Zur Vermeidung des Memoryeffekts mussten Ni-Cd-Akkus vor dem Aufladen stets komplett entladen werden. Auch das Wiederaufladen war nicht ganz einfach, weil Ni-Cd-Akkus auf Überladen empfindlich reagieren. Leider konnte man allenfalls bei teuren Ladegeräten (die kaum jemand besaß) feststellen, wann die Akkus voll geladen waren. Das führte dazu, dass die meisten Ni-Cd-Akkus meist nur eine höchst kurze Lebensspanne hatten und recht häufig ersetzt werden mussten. Das Problem ließ sich dadurch abmildern, dass man sich ein spezielles Ladegerät kaufte, mit dem die Ni-Cd-Akkus erst komplett entladen und das deren interne Bestandteile dann mit einem speziellen »umgekehrten« Strom »reinigte«. Die Akkus ließen sich dann öfter wiederaufladen und erreichten auch längere Laufzeiten. Ni-Cd-Akkus überstehen maximal 1.000 Ladezyklen, häufig weit weniger. Ni-Cds sind zudem extrem wärmeempfindlich. Und sie entladen sich recht schnell, wenn sie nicht benutzt werden. Lag ein Ni-Cd-Akku im Sommer im Auto, war es innerhalb kürzester Zeit komplett entladen!

Ni-Cd-Akkus verursachen aber selbst nach ihrem seligen Ende noch Probleme: Die hochgiftigen Metalle in ihrem Innern dürfen nicht einfach im Hausmüll landen. Sie müssen von spezialisierten Unternehmen fachgerecht entsorgt werden. Das ist äußerst wichtig, denn obwohl dieser Akkutyp in modernen Geräten kaum mehr verwendet wird, begegnet man ihm doch noch hier und da in älteren Mobil- und schnurlosen Telefonen. Gefährden Sie nicht dadurch die Umwelt, dass Sie Ni-Cd-Akkus einfach in den Müll werfen. Bringen Sie sie lieber zu den dafür vorgesehenen Entsorgungsstellen. Auch die Hersteller und Vertreiber der Akkus nehmen sie zurück. Leisten Sie Ihren Beitrag zum Umweltschutz!

> **Wichtig**
>
> Die hochgiftigen Ni-Cd-Akkus *müssen* speziell entsorgt oder recycelt werden.

Ni-MH (Nickel-Metallhydrid)

Ni-MH-Akkus waren bei den Akkus für mobile PCs die nächste Generation. Sie sind auch heute noch weit verbreitet. Ni-MH-Akkus sind grundsätzlich Ni-Cd-Akkus ohne deren Probleme (jedenfalls ohne die meisten dieser Probleme). Ni-MH-Akkus sind weniger anfällig für den Memoryeffekt, ertragen übermäßige Wärme besser, können öfter wieder aufgeladen werden und haben längere Laufzeiten zwischen den Ladezyklen. Wie Ni-Cds sind auch Ni-MH-Akkus aber immer noch empfindlich gegenüber zu viel Wärme. Sie sind aber immerhin weniger giftig und damit weniger umweltbelastend. Trotzdem sollten auch Ni-MH-Akkus speziell entsorgt werden. Da sie vor dem Wiederaufladen nicht erst vollständig entladen werden müssen, lädt man Ni-MH-Akkus anders als Ni-Cd-Akkus am besten in kürzeren Abständen. Ni-MH-Akkus sind außerdem häufig verwendete Ersatzakkutypen für Systeme mit Ni-Cd-Akkus (Abbildung 21.27).

Abbildung 21.27: Ni-MH-Akku

Li-Ion (Lithium-Ionen)

Li-Ion-Akkus (Lithium-Ionen) werden heute mit Abstand am meisten verwendet. Li-Ion-Akkus sind sehr leistungsstark, völlig immun gegenüber dem Memoryeffekt und halten nach einer Ladung mindestens doppelt so lange wie vergleichbare Ni-MH-Akkus. Obwohl sie leider weniger Ladezyklen als

Ni-MHs überstehen, sind die Benutzer in der Regel mit ihnen zufrieden, da sie als Ausgleich dafür längere Akkulaufzeiten zwischen den Ladevorgängen erhalten. Li-Ion-Akkus explodieren, wenn sie überladen werden – alle für PCs angebotenen Li-Ion-Akkus verfügen daher über integrierte Schaltungen, die das versehentliche Überladen verhindern. Li-Ion-Akkus können nur in Geräten verwendet werden, die speziell dafür entwickelt wurden, und lassen sich nicht als Austauschakkus verwenden (Abbildung 21.28).

Abbildung 21.28: Li-Ion-Akku

Andere Energiequellen für Portables

Um noch bessere Wartungsbedingungen für Laptopakkus bieten zu können, haben viele Hersteller einen Akkutyp entwickelt, der *Smart Battery* genannt wird. Smart-Batterien teilen dem Computer mit, wann sie wieder aufgeladen, konditioniert oder ersetzt werden müssen.

Pflege und Wartung von Akkus

Beachten Sie hier die folgenden allgemeinen Grundregeln: Lagern Sie Akkus immer möglichst kühl. Der Kühlschrank wäre zwar prinzipiell gut geeignet, kommt aber wegen der Feuchtigkeit, der Metallteile und der darin aufbewahrten Lebensmittel eher nicht in Frage. Laden Sie zweitens Ihre Ni-Cd- und Ni-MH-Akkus mit Ladegeräten auf, die die Akkus gleichzeitig konditionieren, damit sie länger leben. Halten Sie drittens die Akkukontakte stets mit etwas Alkohol oder einfach einem trockenen Tuch sauber. Vermeiden Sie generell den Einsatz beschädigter Akkus, da die für Akkus verwendeten Chemikalien sehr gefährlich sind. Schließlich sollten Sie alte Akkus grundsätzlich recyceln lassen.

> **Hinweis**
>
> Liegt bei Ihnen noch eine alte Batterie eines portablen PC herum? Sie müssen sie irgendwie loswerden, und weil diese Batterien häufig sehr gefährliche Chemikalien enthalten, können Sie sie auch nicht einfach in den Hausmüll werfen. Batteriesammelstellen gibt es aber bei vielen Händlern, die selbst Batterien oder batteriebetriebene Geräte verkaufen. Zumindest sollte man Ihnen hier hinsichtlich der Akkuentsorgung weiterhelfen können.

Energieverwaltung

Der typische Laptop enthält zahlreiche Bauteile, die alle Energie benötigen. Bei den frühen Laptops bestand ein großes Problem darin, dass diese einzelnen Bauteile kontinuierlich Strom zogen, und zwar unabhängig davon, ob das jeweilige Gerät gerade benötigt wurde oder nicht. Auch wenn es keine Zugriffe gab, drehte sich so z.B. unablässig die Festplatte und der LCD-Monitor war in Betrieb, auch wenn der Benutzer nicht vor dem Gerät saß.

Die optimale Lösung dieses Problems besteht darin, dass der Benutzer dem System mitteilen kann, wann welche nicht benötigten Geräte heruntergefahren werden können; vorzugsweise durch Festlegung einer Zeitspanne der Inaktivität, nach der der Rechner inaktive Systemkomponenten automatisch abschaltet. Bei längerer Inaktivität sollte möglichst das gesamte System heruntergefahren werden, wobei kritische Daten im Arbeitsspeicher verbleiben können. Bei entsprechenden Ereignissen (wie Mausbewegungen oder einem Tastendruck) sollte das System wieder aufwachen. Weiterhin sollte das System potenzielle Gefahren wie Unterbrechungen laufender Schreibvorgänge auf die Festplatte im Rahmen der Energiesparmaßnahmen erkennen können. Die Stromsparfunktionen sollten die Kosten des PC außerdem nicht merklich erhöhen. Ein PC, der diese Funktionen problemlos beherrscht, benötigt natürlich spezielle Hardware, ein spezielles BIOS und ein entsprechendes Betriebssystem. Die gesamte Steuerung der Hardware, des BIOS und des Betriebssystems zur Verringerung der Leistungsaufnahme ist unter der Bezeichnung *Energieverwaltung* bekannt.

SMM (System Management Mode)

Intel startete mit der Entwicklung der Energieverwaltung, als es eine Reihe von neuen Funktionen in die 386SX-CPU einbaute. Durch diese konnte die CPU langsamer laufen oder ihr Taktsignal stoppen, ohne dabei Registerdaten zu verlieren. Die neuen Funktionen wurden zusammenfassend *SMM* (*System Management Mode*) genannt. Alle modernen CPUs unterstützen heute den SMM. Die Energie sparende CPU stellte einen ersten Schritt dar. Trotzdem beschränkte sich die Energieverwaltung zunächst nur auf die Betätigung spezieller »Sleep«- oder »Doze«-Tasten (für Standby- und Ruhezustandsfunktionen), die die CPU und die Peripheriegeräte eines Laptops anhielten. Um die Vorteile von SMM wirklich zu nutzen, benötigte das System ein spezielles BIOS und Betriebssystem, die auf die SMM-CPU abgestimmt waren. Zu diesem Zweck entwickelte Intel 1992 die *APM*-Spezifikation (*Advanced Power Management*) und schließlich 1996 den *ACPI*-Standard (*Advanced Configuration and Power Interface*).

Voraussetzungen für APM/ACPI

APM und ACPI setzen einige Dinge voraus, um umfassend funktionieren zu können. Erst einmal wird eine SMM-fähige CPU benötigt. Da nahezu sämtliche CPUs SMM-fähig sind, lässt sich diese Forderung leicht erfüllen. Dann wird ein APM-kompatibles BIOS benötigt, mit dessen Hilfe die CPU Peripheriegeräte bei Bedarf abschalten kann. Weiterhin müssen sich Geräte auch selbst abschalten können. Derartige Geräte werden in der Regel als *Energy-Star*-Geräte bezeichnet, was darauf hinweist, dass Sie dem *Energy-Star-Standard* der EPA entsprechen. Energy-Star-Geräte müssen heruntergefahren werden können, ohne dabei komplett abgeschaltet zu werden. Zudem müssen sie weniger Energie als vergleichbare Geräte verbrauchen, die nicht dem Energy-Star-Standard entsprechen. Auch das Betriebssystem des Computers muss Anforderungen zum Herunterfahren bestimmter Komponenten übertragen können. Schließlich muss noch der CPU-Takt verringert oder gestoppt werden können.

ACPI geht insofern über den APM-Standard hinaus, als es Hot-Swappable-Geräte unterstützt, die bei APM immer höchst problematisch waren. Ohne diese Funktion lassen sich die Unterschiede zwischen Systemen mit APM bzw. ACPI auf den ersten Blick gar nicht so leicht beschreiben!

> **Hinweis**
>
> APM, ACPI und Energy Star sind nicht auf Laptops beschränkt. Praktisch alle Desktopsysteme und viele andere Geräte unterstützen ebenfalls Energieverwaltungsfunktionen.

APM/ACPI-Zustände

APM definiert hinsichtlich des Energieverbrauchs vier verschiedene Betriebszustände eines Systems. Damit die Hersteller die Zustände möglichst flexibel implementieren können, wurde deren Definition bewusst recht unpräzise formuliert. Der einzige echte Unterschied zwischen ihnen besteht in der Zeitspanne bis zur Aufnahme des normalen Betriebsmodus. Die Zustände sind:

- **Full On:** Das gesamte System läuft mit voller Leistung. Die Energieverwaltung ist nicht aktiv.
- **APM Enabled:** CPU und RAM laufen mit voller Leistung. Die Energieverwaltung ist aktiv. Unbenutzte Geräte können heruntergefahren werden.
- **APM Standby:** Die CPU wird angehalten. Alle Programme bleiben im RAM gespeichert. Alle Peripheriegeräte werden heruntergefahren, auch wenn die Konfigurationseinstellungen weiterhin

gespeichert bleiben. Die Geräte müssen also nicht neu initialisiert werden, um in den Zustand APM Enabled zurückkehren zu können.
- **APM Suspend:** Alle Komponenten im PC werden heruntergefahren oder arbeiten in dem Zustand mit dem niedrigsten Energieverbrauch. Viele Systeme nutzen einen speziellen Suspend-Modus, der *Ruhezustand* (*Hibernation*) genannt wird, und schreiben dabei kritische Konfigurationseinstellungen auf die Festplatte. Beim Aufwecken wird das System neu initialisiert. Zur Rückkehr des Systems in den APM-Enabled-Modus werden die auf der Festplatte gespeicherten Daten gelesen. Die Rückkehr vom Suspend-Zustand in den normalen Betriebsmodus dauert naturgemäß länger als beim Standby-Zustand.

ACPI unterstützt als Nachfolger von APM neben den erwähnten Zuständen einige weitere, wie z.B. *Softpower On/Off*, bei dem die Funktion des Netzschalters festgelegt werden kann. Sie sollten sich mit den Spezifikationen der folgenden ACPI-Systemzustände für die A+-Prüfungen und Ihre eigene praktische Tätigkeit vertraut machen, bei denen das G für *globale* und das S für *schlafende* Systemzustände stehen:

- **G0 (S0):** Voll betriebsfähiger Zustand.
- **G1:** Der *Schlafzustand* wird weiter in diese vier *S*-Zustände unterteilt:
  - **S1:** Die CPU stellt ihre Arbeit ein, wird aber ebenso wie das RAM weiter mit Strom versorgt.
  - **S2:** Die CPU wird abgeschaltet.
  - **S3:** Im *Sleep*- oder *Standby*-Modus wird das RAM weiterhin mit Strom versorgt.
  - **S4:** Im *Ruhezustand* (*Hibernation*) werden die Daten aus dem RAM in nichtflüchtigen Speicher oder auf ein Laufwerk geschrieben und das RAM wird abgeschaltet.
- **G2 (S5):** Im Softpower-Off-Modus können bestimmte Geräte (Tastatur, Netzwerkkarte, USB und andere Geräte) weiterhin zum Aufwecken des Systems genutzt werden und bleiben eingeschaltet, während die meisten anderen Komponenten abgeschaltet werden und sich im G3-Zustand befinden.
- **G3:** Im Mechanical-Off-Modus werden das System und all seine Komponenten (mit Ausnahme der Echtzeituhr) vollständig abgeschaltet.

Die APM/ACPI-Konfiguration

APM/ACPI lässt sich über die BIOS-Einstellungen oder über Windows konfigurieren. Die Windows-Einstellungen haben dabei Vorrang vor den BIOS-Einstellungen. Auch wenn die APM/ACPI-Standards reichlich flexibel sind und daher bei unterschiedlichen Implementierungen für einige Verwirrung sorgen können, gibt es bei der BIOS-Konfiguration einige allgemein übliche Einstellungen. Dabei handelt es sich zunächst um die Möglichkeit zur Initialisierung der Energieverwaltung, durch die das System in die Lage versetzt wird, in den APM-Enabled-Modus zu wechseln. Im BIOS können Sie manchmal Zeitfenster für den Wechsel in den Standby- und Suspend-Modus einstellen und festlegen, welche Maßnahmen in den verschiedenen Modi ergriffen werden sollen.

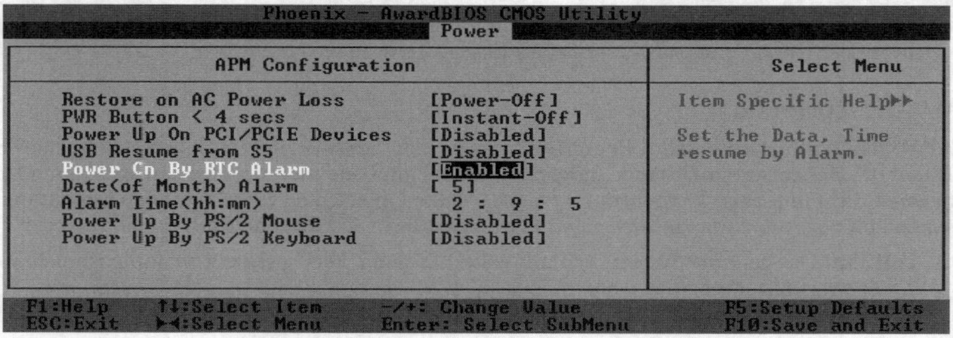

```
                    Phoenix - AwardBIOS CMOS Utility
                                 Power

         APM Configuration                              Select Menu

    Restore on AC Power Loss        [Power-Off]     Item Specific Help▶▶
    PWR Button < 4 secs             [Instant-Off]
    Power Up On PCI/PCIE Devices    [Disabled]      Set the Data, Time
    USB Resume from S5              [Disabled]      resume by Alarm.
    Power On By RTC Alarm           [Enabled]
    Date(of Month) Alarm            [ 5]
    Alarm Time(hh:mm)                 2 :  9 :  5
    Power Up By PS/2 Mouse          [Disabled]
    Power Up By PS/2 Keyboard       [Disabled]


    F1:Help      ↑↓:Select Item    -/+: Change Value        F5:Setup Defaults
    ESC:Exit     ►◄:Select Menu    Enter: Select SubMenu    F10:Save and Exit
```

Abbildung 21.29: Einrichtung eines Aufwachereignisses im BIOS

In vielen BIOS-Versionen lassen sich außerdem die Aufwachereignisse über entsprechende Einstellungen so definieren, dass z.B. ein Modem oder ein Netzwerkadapter überwacht wird (Abbildung 21.29). Diese Funktion finden Sie unter Bezeichnungen wie z.B. *Wake on LAN* im BIOS-Setup. Ein wirklich ACPI-kompatibles BIOS enthält Optionen für das ACPI-Setup. Abbildung 21.30 zeigt ein typisches modernes BIOS mit derartigen Einstellungen.

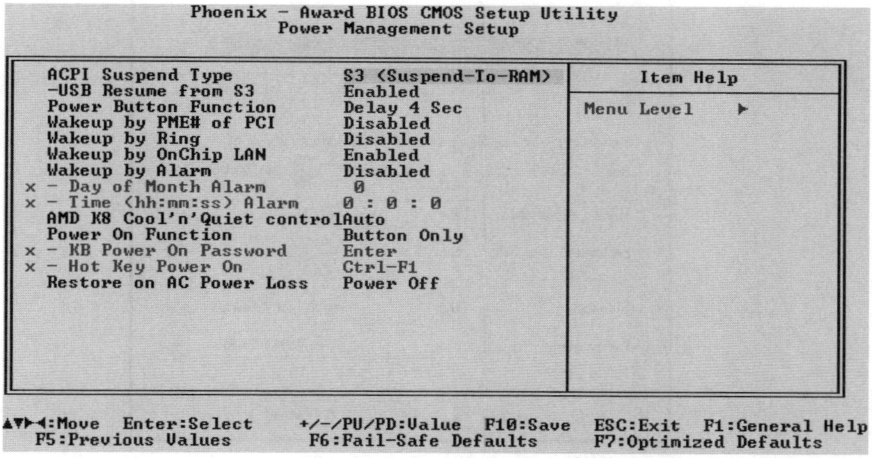

```
              Phoenix - Award BIOS CMOS Setup Utility
                       Power Management Setup

   ACPI Suspend Type           S3 (Suspend-To-RAM)        Item Help
    -USB Resume from S3        Enabled
   Power Button Function       Delay 4 Sec           Menu Level    ▶
   Wakeup by PME# of PCI       Disabled
   Wakeup by Ring              Disabled
   Wakeup by OnChip LAN        Enabled
   Wakeup by Alarm             Disabled
 x - Day of Month Alarm        0
 x - Time (hh:mm:ss) Alarm     0 : 0 : 0
   AMD K8 Cool'n'Quiet control Auto
   Power On Function           Button Only
 x - KB Power On Password      Enter
 x - Hot Key Power On          Ctrl-F1
   Restore on AC Power Loss    Power Off



 ▲▼▶◀:Move  Enter:Select    +/-/PU/PD:Value  F10:Save   ESC:Exit   F1:General Help
      F5:Previous Values        F6:Fail-Safe Defaults   F7:Optimized Defaults
```

Abbildung 21.30: BIOS mit Optionen zur ACPI-Einrichtung

Die APM/ACPI-Einstellungen finden Sie unter Windows 2000/XP/Vista im Applet ENERGIEOPTIONEN der Systemsteuerung.

Auf der Registerkarte ENERGIEOPTIONEN finden Sie mehrere standardmäßige *Energieschemas*, die das System nach einem bestimmten Zeitintervall in den Standby-Modus versetzen (Abbildung 21.30). Sie können auch veranlassen, dass das System nach einer von Ihnen bestimmten Zeitdauer in den Standby-Modus übergeht oder den Bildschirm oder die Festplatte nach einer bestimmten Zeitdauer ausschaltet, und damit Ihr eigenes, benutzerdefiniertes Energieschema anlegen.

Unter Windows XP finden Sie in diesem Applet einige vordefinierte *Energiesparpläne* wie z.B. MINIMALER ENERGIEVERBRAUCH und MINIMALE BATTERIEBELASTUNG, bei denen das System nach einer gewissen Zeitspanne in den Standby- oder den Ruhezustand versetzt wird (Abbildung 21.31). Sie können hier dafür sorgen, dass das System nach einer bestimmten Zeitspanne in den Standby-Modus versetzt wird, oder auch nur einzelne Komponenten (Monitor oder Festplatte) in den Schlaf schicken und so Ihre eigenen Energiesparpläne entwerfen. Über die auch *Sleep-Timer* genannten Einstellungen legen Sie die gewünschten Ausschaltzeiten fest.

Die vordefinierten Energiesparpläne von Windows Vista ähneln denen von Windows XP, die Anpassung der vordefinierten Pläne AUSBALANCIERT, ENERGIESPARMODUS und HOCHLEISTUNG ist aber einfacher (Abbildung 21.32). Sie können z.B. einen Energiesparplan für Ihren Laptop anpassen und die Anzeige bei Akku- oder Netzbetrieb nach einer bestimmten Zeitspanne abschalten lassen und den Rechner entsprechend den eigenen Vorstellungen in den Schlafmodus schicken (Abbildung 21.33).

Kapitel 21

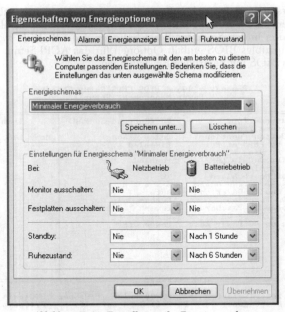

Abbildung 21.31: Einstellungen der Energieverwaltung

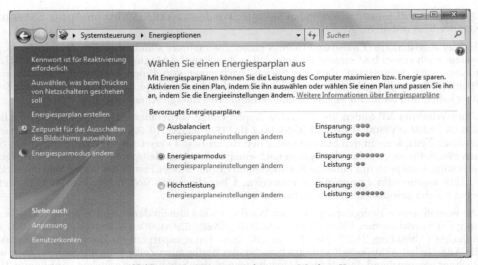

Abbildung 21.32: Energiesparpläne unter Windows Vista

Hinweis

Unter Windows XP erreichen Sie die Energieoptionen auch, wenn Sie den Desktop mit der rechten Maustaste anklicken, im Kontextmenü EIGENSCHAFTEN wählen und auf der Registerkarte BILD-SCHIRMSCHONER im Bereich ENERGIEVERBRAUCH ÜBERWACHEN die Schaltfläche ENERGIEVER-WALTUNG anklicken. Unter Windows Vista klicken Sie dazu den Desktop mit der rechten Maustaste an, wählen im Kontextmenü ANPASSEN, dann BILDSCHIRMSCHONER und klicken abschließend den Link ENERGIEEINSTELLUNGEN ÄNDERN an.

Tragbare Rechner

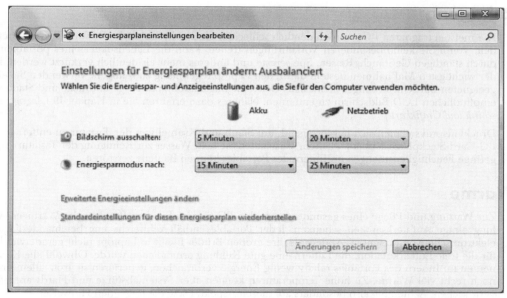

Abbildung 21.33: Anpassung eines Laptop-Energiesparplans unter Windows Vista

Die Funktion *Ruhezustand* lagert vor dem Herunterfahren des Systems alle Daten aus dem Arbeitsspeicher aus und legt sie auf der Festplatte ab. Wenn der PC aus dem Ruhezustand aufgeweckt wird, lädt Windows die gespeicherten Dateien und Programme wieder in den Arbeitsspeicher zurück. Abbildung 21.34 zeigt das Applet EIGENSCHAFTEN VON ENERGIEOPTIONEN unter Windows XP.

Abbildung 21.34: EIGENSCHAFTEN VON ENERGIEOPTIONEN

Reinigung

Die meisten tragbaren PCs werden deutlich schlechter als durchschnittliche Desktop-Rechner behandelt. Wenn Sie keine besonderen Vorkehrungen treffen, kann die Lebensdauer eines portablen PC durch ständigen Gebrauch, Reisen, Speisereste und anderes mehr als deutlich verkürzt werden. Eine der wichtigsten Maßnahmen besteht darin, den Laptop regelmäßig zu reinigen. Verwenden Sie einen geeigneten Bildschirmreiniger (keinesfalls Glasreinigungsmittel!), um Fingerabdrücke und Staub vom empfindlichen LCD-Bildschirm zu entfernen. Näheres dazu erfahren Sie in Kapitel 19 (*Anzeige: Bildschirm und Grafikkarte*).

Druckluftsprays eignen sich hervorragend, um Staub und Krümel von der Tastatur zu entfernen und PC-Card-Steckplätze sauber zu halten. Verwenden Sie kein Wasser zur Reinigung der Tastatur! Schon geringe Feuchtigkeitsmengen im Innern des Portables können Bauteile zerstören.

Wärme

Zur Wartung und Pflege eines gesunden portablen PC müssen Sie dem Problem der Wärmeentwicklung einige Aufmerksamkeit schenken. Jeder Portable enthält zahlreiche eng beieinanderliegende elektronische Komponenten. Anders als ihre großen Brüder bleibt in Laptops nicht gerade viel Platz für die freie Luftzirkulation, die Lüftern eine gute Kühlung ermöglichen würde. Obwohl alle Komponenten im Innern des Portables relativ wenig Energie verbrauchen, generieren sie trotz allem immer noch recht viel Wärme. Zu hohe Temperaturen können aber Systemabstürze und Hardwaredefekte verursachen. Achten Sie also besonders auf diesen Aspekt. Dazu die folgenden Hinweise:

- ❏ Verwenden Sie die Energieverwaltung auch dann, wenn Sie mit Netzstrom arbeiten. Dies ist insbesondere dann wichtig, falls Sie in einem warmen Raum (mehr als 26 Grad) arbeiten.
- ❏ Achten Sie auf Spielraum zur Luftzirkulation zwischen dem Laptop und der Oberfläche, auf der er steht. Ganz ungünstig wäre es, wenn Sie ihn auf ein Kissen in Ihrem Schoß legen, denn das sorgt garantiert für einen Wärmestau! Benutzen Sie immer eine harte, glatte Stellfläche.
- ❏ Verwenden Sie nicht für längere Zeit einen Tastaturschutz.
- ❏ Achten Sie auf den laufenden Lüfter (sofern Ihr Laptop über einen solchen verfügt). Wenn er öfter sehr schnell läuft (Sie erkennen es am hohen schwirrenden Geräusch), sollten Sie die Einstellungen in der Energieverwaltung und das Arbeitsumfeld prüfen. Sorgen Sie dafür, dass die Ursachen der übermäßigen Wärmeentwicklungen beseitigt werden.
- ❏ Und da wir gerade bei Lüftern sind, sollten Sie natürlich sofort alarmiert sein, wenn es plötzlich gar kein Lüftergeräusch mehr gibt. Lüfter können ausfallen, woraufhin der Laptop überhitzt und abstürzt. Defekte Laptop-Lüfter lassen sich typischerweise leicht ersetzen.

Den Computer schützen

Der Preis einfacher Laptops sinkt weiterhin, auch wenn wirklich leistungsfähige Systeme immer noch teuer sind. Um Ihre Investition zu schützen, sollten Sie sich an bestimmte Regeln halten. Sie haben in diesem Kapitel bereits Tipps zur Reinigung und zur Wärmeentwicklung gelesen, hier soll es nun um den »tragbaren« Teil der tragbaren Rechner gehen.

Stolpern

Achten Sie darauf, wo Sie das Netzkabel verlegen, wenn Sie Ihren Laptop an die Steckdose anschießen. Eine der wichtigsten Ursache für zerstörte Laptops ist, dass jemand über das Netzkabel stolpert und den Laptop vom Tisch reißt. Das ist insbesondere dann der Fall, wenn Sie irgendwo eine öffentlich zugängliche Steckdose benutzen, wie z.B. in einem Café oder am Flughafen. Denken Sie daran, denn damit könnten Sie Ihrem portablen Begleiter das Leben retten!

Aufbewahrung

Wenn Ihr Laptop oder Ihr PDA längere Zeit nicht benutzt wird, kann die sorgfältige Aufbewahrung dafür sorgen, dass er auch noch funktioniert, wenn Sie ihn wieder einschalten. Sie sollten in einen qualitativ hochwertigen Koffer investieren, der ausreichend ausgepolstert sein sollte. Kleinere Geräte wie PDAs lassen sich gut in kleinen, stoßsicheren Aluminiumköfferchen aufbewahren, die sich auch am Gürtel befestigen lassen, während Laptops am besten in gut gepolsterten Koffern oder Rucksäcken aufgehoben sind. Damit schützen Sie nicht nur Ihr System im Alltag auf dem Weg von zu Hause ins Büro, sondern sorgen auch dafür, dass es vor Staub und Tierhaaren geschützt wird. Außerdem sollten Sie die Batterie entfernen, wenn Sie das Gerät längere Zeit nicht benutzen, damit sie nicht im Gerät auslaufen kann.

Reisen

Wenn Sie mit einem Laptop reisen, achten Sie darauf, sich vor Diebstahl zu schützen. Verwenden Sie möglichst einen Koffer, der nicht nach Computer aussieht. Ein gut gepolsterter Rucksack ist ein wunderbares Transportmittel für einen Laptop und außerdem weniger attraktiv für Diebe. Vergessen Sie nicht, möglicherweise benötigtes Zubehör mit einzupacken, wie z.B. modulare Geräte, Ersatzakkus und Netzteile. Entfernen Sie Datenträger (CDs, DVDs oder Disketten) aus den Laufwerken. Und vor allem: Sichern Sie alle wichtigen Daten, bevor Sie sich auf den Weg machen.

Sorgen Sie dafür, dass der Akku nicht ganz entladen ist. Aufgrund der erhöhten Sicherheitsmaßnahmen auf Flughäfen müssen Sie Ihren Rechner möglicherweise einschalten, um zu beweisen, dass es sich wirklich um einen Computer handelt und nicht um einen Transportbehälter für fragwürdige Materialien. Und lassen Sie Ihren Laptop nie aus den Augen. Wenn er durchleuchtet werden soll, bitten Sie um eine manuelle Durchsuchung. Die Röntgenstrahlen können Ihrem Rechner zwar im Unterschied zu einem Metalldetektor nicht schaden, aber wenn der Laptop vor Ihnen durch die Sicherheitsschleuse gelangt, könnte ihn jemand stehlen. Wenn Sie fliegen, verstauen Sie den Laptop am besten unter dem Sitz Ihres Vordermanns, um ihn im Auge behalten zu können.

Wenn Sie ins Ausland reisen, müssen Sie beim Anschluss an das Stromnetz aufpassen. Nordamerika verwendet Netzspannungen von etwa 115 V, ansonsten wird überwiegend 230 V verwendet. Die Netzteile vieler portabler Computer können sich automatisch an die jeweilige Spannung anpassen. Dann benötigen Sie allenfalls passende Adapter für den Netzstecker. Bei anderen portablen Rechnern sind die Netzteile aber fest auf 115 oder 230 V Spannung eingestellt. Dann benötigen Sie einen Spannungswandler, den Sie in Elektrofachgeschäften kaufen können.

Versand

Ein Großteil der Ratschläge für das Aufbewahren und Reisen gilt auch für den Versand. Entfernen Sie die Batterien und entfernen Sie Datenträger aus den Laufwerken. Verpacken Sie den Computer gut und tarnen Sie den Behälter möglichst gut. Sichern Sie alle Daten und achten Sie auf die Garantiebedingungen. Nutzen Sie für den Versand vertrauenswürdige Transportunternehmen und fragen Sie immer nach einer Versandnummer und möglichst nach einer Empfangsbestätigung. Außerdem ist eine Transportversicherung empfehlenswert. Und wenn Sie der Angestellte fragt, was sich in dem Behälter befindet, sprechen Sie besser von »Elektrogeräten« und nicht von »meinem neuen Laptop mit 20-Zoll-Monitor«.

Sicherheit

Wenn jemand Ihren Laptop wirklich stehlen will, dann findet er einen Weg. Es gibt jedoch Möglichkeiten, sich selbst und die eigenen Geräte zu weniger attraktiven Angriffszielen zu machen. Wie Sie bereits erfahren haben, kann Tarnung nie schaden. Sie müssen Ihren Laptop nicht in einer Plastiktüte vom bekanntesten Discounter transportieren, aber unverdächtige Behälter ziehen weniger Aufmerksamkeit auf sich.

Ein weiteres physisches Hemmnis ist ein Laptop-Schloss. Vergleichbar mit einem Fahrradschloss hat es eine Schlinge an dem einen Ende und ein Schloss am anderen. Dabei geht es darum, dass Sie die Schlinge um einen festen Gegenstand (z.B. einen Bettrahmen) legen und dann Ihren Laptop daran befestigen können. Auch hier gilt: Wenn jemand Ihren Laptop stehlen will, findet er einen Weg. Im Zweifelsfall demontiert er den Bettrahmen. Am besten schützen Sie sich, wenn Sie wachsam bleiben und den Rechner nicht aus den Augen lassen.

Eine Alternative zur physischen Sicherung eines Laptops mit einem Schloss ist die Verwendung eines Software-Verfolgungssystems. Software-Hersteller wie beispielsweise Computer Security Products (www.computersecurity.com) bieten Programme an, die ein Signal zur Zentrale schicken, wenn der Computer gestohlen und irgendwo an eine Telefonleitung oder das Internet angeschlossen wird. Die Position des gestohlenen Rechners lässt sich dann zurückverfolgen und sensible Dateien können sogar automatisch nach Auslösung des Diebstahlsignals gelöscht werden.

Problembehebung bei tragbaren Computern

Viele der für Desktop-Systeme geeigneten Techniken der Fehlersuche lassen sich auch auf Laptops anwenden. Wenn Sie einen Laptop zerlegen, dann sollten Sie dabei z.B. ebenfalls auf die entsprechenden Vorkehrungen achten. Verwenden Sie geeignetes Werkzeug, dokumentieren Sie Ihre Schritte, beschriften Sie die Teile und bewahren Sie sie ordentlich auf, damit Sie alle Teile und Schrauben auch wiederfinden. Außerdem gibt es einige spezielle Verfahrensweisen für Laptops, die Sie ausprobieren sollten.

Der Laptop lässt sich nicht einschalten

- ❏ Überprüfen Sie die Stromversorgung, indem Sie ein anderes elektrisches Gerät an die Steckdose anschließen. Wird das andere Gerät mit Strom versorgt, ist die Steckdose in Ordnung.
- ❏ Wenn die Steckdose in Ordnung ist, schließen Sie den Laptop daran an und versuchen Sie, ihn einzuschalten. Wenn keine LEDs leuchten, ist möglicherweise das Netzteil defekt. Tauschen Sie es gegen ein Netzteil aus, von dem Sie wissen, dass es funktioniert.
- ❏ Auch ein defektes Peripheriegerät kann dafür sorgen, dass sich der Laptop nicht einschalten lässt. Entfernen Sie alle Peripheriegeräte, wie beispielsweise USB- oder FireWire-Geräte.

Hinweis

Wenn Sie einen Laptop haben, dessen Akku nicht lädt, kann dies zwei Ursachen haben. Einerseits kann der Akku, andererseits kann das Ladegerät/Netzteil defekt sein. Verwenden Sie ein Akku, von dem Sie wissen, dass er in Ordnung ist. Wenn der Laptop dann funktioniert, haben Sie den Schuldigen gefunden. Alternativ können Sie auch den Akku entfernen und den Laptop nur am Netzteil betreiben. Wenn das funktioniert, dann wissen Sie, dass das Netzteil in Ordnung ist. Falls nicht, ersetzen Sie das Netzteil.

Der Bildschirm funktioniert nicht richtig

- ❏ Wenn der Laptop bootet (Sie hören Piepser und Laufwerkgeräusche), prüfen Sie zunächst, ob der Bildschirm eingeschaltet ist. Drücken Sie die Taste zur Aktivierung des Bildschirms, bis er läuft. Wenn das nicht hilft, prüfen Sie den Abschalter des LCD-Panels, den kleinen Knopf, der sich bei vielen Laptops irgendwo in der Nähe des Monitors befindet und der diesen abschaltet, wenn Sie den Laptop schließen. Prüfen Sie, ob dieser Schalter klemmt und den Bildschirm deaktiviert.
- ❏ Wenn die Laptop-Anzeige sehr dunkel ist, ist möglicherweise ein Inverter defekt. Inverter sterben nie still. Sie können hässlich brummen und geben ein unangenehmes Geräusch von sich, wenn sie endgültig ihren Geist aufgeben. Häufig fallen Inverter dann aus, wenn Sie das Netzteil des Laptops anschließen, weil sie direkt über das Netzteil mit Strom versorgt werden. Möglicherweise ist auch die Hintergrundbeleuchtung des LCD-Panels ausgefallen, was allerdings vergleichsweise selten geschieht.

❏ Wenn sich der Bildschirm nicht einschaltet oder gerissen ist, dann können Sie an die meisten Laptops einen externen Bildschirm anschließen, über den Sie sich beim System anmelden können.

WLAN lässt sich nicht nutzen

❏ Suchen Sie an der Vorderseite, an der Rückseite oder seitlich am Laptop nach einem Schalter, der den internen WLAN-Adapter ein- und ausschaltet.
❏ Probieren Sie es mit der für Ihren Laptop speziellen Tastenkombination, um den WLAN-Adapter einzuschalten. Meist gibt es eine solche.
❏ Vielleicht befinden Sie sich einfach außerhalb der Reichweite des Netzwerks. Gehen Sie mit dem Laptop in die Nähe des Routers oder des Zugriffspunkts, um sich davon zu überzeugen, dass die Probleme nicht nur von einem zu schwachen Eingangssignalpegel verursacht werden.

Handschriftliche Eingaben werden nicht erkannt

❏ Wenn Ihr PDA oder Tablet-PC handschriftliche oder Stifteingaben nicht mehr erkennt, müssen Sie möglicherweise den Digitalisierer neu einrichten. Suchen Sie in den Einstellungen des Betriebssystems für Ihren PDA nach »Ausrichtung des Bildschirms«. Für Tablet-PCs unter Windows gibt es eine entsprechende Option unter START|EINSTELLUNGEN|SYSTEMSTEUERUNG bzw. START|SYSTEMSTEUERUNG.

Die Tasten funktionieren nicht

❏ Wenn keine der Tasten Ihres Laptops funktioniert, ist es wahrscheinlich, dass Sie den Tastaturstecker herausgezogen haben. Diese Stecker sind relativ empfindlich und können leicht aus dem Anschluss gezogen werden. Lesen Sie im Handbuch des Herstellers nach, um den Stecker für die Tastatur zu finden und wieder anzubringen.
❏ Wenn Ziffern angezeigt werden, obwohl eigentlich Buchstaben zu erwarten wären, ist die Funktionstaste NUMLOCK aktiviert. Deaktivieren Sie sie.

Das Touchpad funktioniert nicht

❏ Ein bisschen Druckluft wirkt manchmal Wunder und entfernt Tierhaare aus den Sensoren des Touchpads. Noch sauberer wird es, wenn Sie die Tastatur entfernen, bevor Sie mit der Druckluft arbeiten. Gehen Sie beim Abheben der Tastatur sehr vorsichtig vor und folgen Sie den Vorgaben des Herstellers.
❏ Möglicherweise muss der Treiber für das Touchpad neu konfiguriert werden. Probieren Sie die verschiedenen Optionen unter SYSTEMSTEUERUNG|MAUS aus.

Wiederholung

Fragen

1. Wie lautet der Name der unteren Treiberebene zur Unterstützung von PC-Karten?
   A. PCMCIA Services
   B. Socket Services
   C. Card Services
   D. I/O-Services

2. Wie viele Karten des Typs III passen normalerweise gleichzeitig in einen Laptop?
   A. 1
   B. 2
   C. 3
   D. 4

3. Parallele PC-Karten gibt es in ___-Bit- und ___-Bit-Versionen. Letztere wird CardBus genannt.
   A. 8, 16
   B. 16, 32
   C. 32, 64
   D. 64, 128

4. Was ist der typische Verwendungszweck für PC Cards vom Typ II?
   A. Zusätzliches RAM
   B. Festplattenlaufwerke
   C. Flash-Speicher
   D. E/A-Geräte wie etwa Modems und Netzwerkkarten

5. Was machen Sie mit Akkus? (Wählen Sie alle zutreffenden Antworten.)
   A. Die Kontakte mit Alkohol und einem weichen Tuch säubern.
   B. Sie bei längerer Nichtbenutzung in der Kühltruhe lagern.
   C. Sie in den Müll werfen, wenn sie kaputt sind.
   D. Sie an einem kühlen, trockenen Ort lagern.

6. Was ist das typische Eingabegerät bei einem PDA?
   A. Tastatur
   B. Maus
   C. Stift
   D. Sprache

7. Welche Formfaktoren gibt es für Tablet-PCs? (Wählen Sie alle zutreffenden Antworten aus.)
   A. Convertible
   B. Desktop
   C. Secure Digital
   D. Slate

8. An welche Busse werden ExpressCards angebunden? (Wählen Sie alle gültigen Antworten.)
   A. ISA
   B. PCI
   C. PCIe
   D. Hi-Speed USB

9. Klaras Laptop hat einen DVI-Anschluss, an den sie einen Projektor angeschlossen hat. Sie bereitet sich auf ihre Präsentation vor, aber auf dem Projektorbildschirm erscheint kein Bild. Auf dem Laptop wird die Präsentation angezeigt und auch der Projektor scheint zu funktionieren, aber auf der Leinwand erscheint nur ein helles weißes Bild. Wo liegt das Problem wahrscheinlich?
   A. Sie muss den Projektor anschließen.
   B. Sie betreibt den Laptop mit Batterien. Man muss den Laptop an das Stromnetz anschließen, um den DVI-Anschluss verwenden zu können.
   C. Sie muss ihre PC-Karten-Services aktualisieren, damit Projektoren unterstützt werden.
   D. Sie muss die Funktionstastenkombination auf ihrer Tastatur drücken, um den Bildschirmmodus zu wechseln.

10. Was ist der wichtigste Vorteil, wenn bei einem Laptop mit Shared Memory der Arbeitsspeicher erweitert wird? (Wählen Sie die beste Antwort aus.)
    A. Längere Batterielaufzeit
    B. Bessere Systemleistung
    C. Bessere Grafikleistung
    D. Nichts. Bei Systemen mit gemeinsam genutztem Speicher hat es keine Auswirkung, wenn mehr RAM eingebaut wird.

Antworten

1. **B.** Die erste und niedrigere Ebene ist unter dem Namen Socket Services bekannt.
2. **A.** Wegen ihrer Dicke passt nur je eine PCMCIA-Karte des Typs III in einen Laptop.
3. **B.** Parallele PC-Karten gibt es in 16-Bit- und 32-Bit-Varianten.
4. **D.** Der typische Verwendungszweck für PC Cards des Typs II besteht in E/A-Geräten wie Modems und Netzwerkkarten.
5. **A, D.** Theoretisch ist es nicht verkehrt, eine Batterie in der Gefriertruhe aufzubewahren, praktisch gilt das aber nicht. Alle Batterien enthalten giftige Chemikalien und sollten deshalb nie wie normaler Müll behandelt werden.
6. **C.** PDAs (und Tablet-PCs) verwenden einen Stift für die Eingabe.
7. **A, D.** Tablet-PCs gibt es in den Formfaktoren Convertible und Slate.
8. **C, D.** ExpressCards werden an den PCI. Express- oder dem Hi-Speed-USB-Bus angebunden.
9. **D.** Klara muss die Funktionstastenkombination auf ihrer Tastatur drücken, um die Bildschirmmodi zu wechseln.
10. **B.** Der wichtigste Vorteil der Arbeitsspeichererweiterung bei einem Laptop mit Shared Memory ist die bessere allgemeine Systemleistung.

22

Drucker

Themen in diesem Kapitel
- ❏ Aktuelle Druckertechnologien beschreiben
- ❏ Den Laserdruckprozess erklären
- ❏ Einen Drucker auf einem Windows-PC installieren
- ❏ Grundlegende Druckerprobleme erkennen und beheben

Trotz des ganzen Geredes über das »papierlose Büro« bleiben Drucker ein lebensnotwendiger Teil des typischen Büros. In vielen Fällen dienen PCs ausschließlich dem Zweck, Ausdrucke bzw. Dokumente auf Papier zu produzieren. Viele Anwender arbeiten einfach lieber mit Ausdrucken (Hardcopy). Und auch die Programmierer bedienen sich der Metaphern aus dem Büroalltag und verwenden in ihren Anwendungen Begriffe wie »Seite«, »Arbeitsmappe« und »Ordner«. Im Rahmen der CompTIA A+-Zertifizierung wird der Bereich des Druckens stark betont. Es wird von Ihnen ein hohes Maß an Kenntnissen der Funktionen und Komponenten, der Wartung und der Reparatur aller Druckerarten erwartet.

Essentials

Druckertechnologien

Kaum eine andere Hardwarekomponente für Computersysteme ist in größerer Vielfalt, in mehr verschiedenen Konfigurationen und mit mehr unterschiedlichen Merkmalen erhältlich als der Drucker. Was ein Drucker kann, ist weitgehend von der verwendeten Druckertechnologie abhängig und damit davon, wie der Ausdruck zu Papier gebracht wird. Moderne Drucker lassen sich in mehrere allgemeine Kategorien einteilen, zu denen Drucker mit Anschlag, Tintenstrahldrucker, Farbsublimationsdrucker, Thermodrucker, Laserdrucker und Festtintendrucker zählen.

Drucker mit Anschlag

Drucker, die das Druckbild dadurch erzeugen, dass ein Farbband physisch gegen die Oberfläche des Papiers gedrückt wird, werden Drucker mit Anschlag (*Impact Printer*) genannt. Typenraddrucker (bei denen es sich im Wesentlichen um eine an den PC und nicht direkt an eine Tastatur angeschlossene elektrische Schreibmaschine handelt) sind weitgehend von der Bildfläche verschwunden. Die ihnen

Kapitel 22

verwandten *Matrixdrucker* (*Nadeldrucker*) verrichten aber in vielen Büros weiterhin ihren Dienst. Zwar sind entsprechende Geräte beinahe vollständig aus den Regalen der Händler verschwunden, da sie nicht die vom Heimanwender bei niedrigen Preisen erforderliche Qualität und Flexibilität bieten können, aber im harten Büroeinsatz sind Nadeldrucker auch heute noch recht weit verbreitet. Dafür gibt es zwei Gründe: Die installierte Basis ist im Geschäftsbereich immer noch groß und sie eignen sich für das Bedrucken von Durchschlagformularen, da sie das Papier tatsächlich mechanisch bedrucken. Drucker mit Anschlag sind meist recht langsam und laut. Sie liefern aber akzeptable Ergebnisse, wenn Geschwindigkeit, Druckqualität und Flexibilität nicht kritisch sind. Rechner, die für das Bedrucken von Mehrfachformularen eingesetzt werden, wie z.B. am Ort des Verkaufs (POS – *Point of Sale*), und Rechnungen, Quittungen oder Belege in mehreren Kopien erstellen müssen, bilden in erster Linie den Markt für neue Matrixdrucker, auch wenn bis heute viele ältere Matrixdrucker weiterhin ihren Dienst verrichten.

Abbildung 22.1: Ein Epson-FX-880+-Matrixdrucker (Abbildung mit freundlicher Genehmigung von Epson)

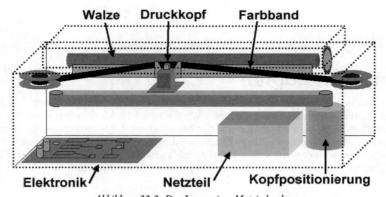

Abbildung 22.2: Das Innere eines Matrixdruckers

Matrixdrucker (Abbildung 22.1) arbeiten mit gitterförmig angeordneten, winzigen *Nadeln*, die auf das Druckerfarbband treffen und das Schriftbild auf dem Papier erzeugen. Das Bauteil, das die Nadeln enthält, wird *Druckkopf* genannt. Matrixdrucker arbeiten entweder mit neun oder 24 Nadeln und behandeln alle Seiten wie aus einzelnen Punkten bestehende Rasterbilder. Matrixdrucker mit neun Nadeln bieten nur *Entwurfsqualität* (*draft quality*), während bei 24-Nadel-Druckern von *Briefqualität* (*let-*

ter quality) oder annähernder Briefqualität (near letter quality) gesprochen wird. Das BIOS des Druckers (entweder im Drucker eingebaut oder in einen Druckertreiber integriert) interpretiert das Rasterbild auf dieselbe Weise wie der Bildschirm und setzt das Bild aus einzelnen Punkten (dots) zusammen. Je mehr Nadeln, desto höher natürlich die Auflösung. Abbildung 22.2 zeigt die üblichen Komponenten eines Matrixdruckers. Viele Matrixdrucker verwenden Endlospapier mit seitlichen Lochstreifen, in die Zapfen aus Metall oder Kunststoff greifen, um es zu transportieren. Hierbei wird von *Traktortransport* gesprochen, weil die Radzähne an die Räder von Traktoren erinnern.

Abbildung 22.3: Ein typischer Tintenstrahldrucker

Tintenstrahldrucker

Tintenstrahldrucker (Abbildung 22.3) sind relativ einfache Geräte, die aus dem Druckkopf-Mechanismus, der unterstützenden Elektronik, einem Mechanismus zur Bewegung des Druckkopfs und dem Transportmechanismus bestehen, der das Papier einzieht, befördert und auswirft (Abbildung 22.4). Tintenstrahldrucker schießen Tinte durch winzige Röhrchen bzw. *Düsen* auf das Papier. Bei den meisten Tintenstrahldruckern wird die Tinte durch Hitze auf das Papier aufgebracht (einige arbeiten mit mechanischen Verfahren). Die Tinte wird von winzigen Widerständen oder elektrisch leitenden Plättchen am Ende der einzelnen Röhrchen erhitzt. Die Tinte wird von diesen Widerständen oder Plättchen buchstäblich »aufgekocht«, so dass winzige Luftbläschen entstehen, die dafür sorgen, dass die Tintentröpfchen auf das Papier geschleudert werden und einzelne Bildpunkte erzeugen (Abbildung 22.5).

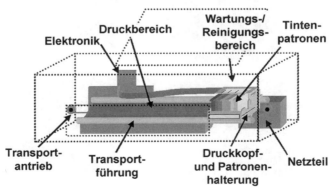

Abbildung 22.4: Das Innere eines Tintenstrahldruckers

Die Tinte wird in speziellen kleinen Behältern vorrätig gehalten, die *Tintenpatronen* (*ink cartridges*) genannt werden. Ältere Tintenstrahldrucker hatten zwei Patronen: eine für schwarze Tinte und eine weitere für farbige Tinte. Die Farbpatrone hatte separate Fächer für Cyan (Blau), Magenta (Rot) und Yellow (Gelb), um die Farben unter Verwendung der CMYK-Methode (mehr dazu später in diesem Kapitel) zu drucken. Wenn in der Farbpatrone eine dieser Farben ausging, musste man eine völlig neue Farbpatrone kaufen oder komplizierte Füllwerkzeuge benutzen.

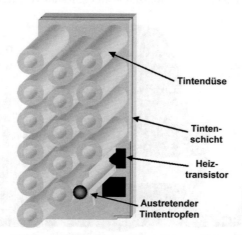

Abbildung 22.5: Detailansicht eines Tintenstrahl-Druckkopfs

Die Druckerhersteller begannen, die farbigen Tinten in drei separaten Patronen unterzubringen, so dass die Drucker schließlich vier Patronen hatten: eine für jede Farbe und eine vierte für Schwarz (Abbildung 22.6). Das war nicht nur preiswerter für den Benutzer, sondern sorgte auch für qualitativ bessere Ausdrucke. Heute findet man auch Farbtintenstrahler mit sechs, acht oder mehr Farbpatronen. Neben den vier CMYK-Basistinten gibt es noch weitere Patronen z.B. für Grün, Blau, Grau, Hellblau, Hellrot und/oder Dunkelblau. Normalerweise gilt, je mehr Tintenpatronen ein Drucker verwendet, desto höher ist die Qualität des ausgedruckten Bildes – und desto mehr kostet der Drucker.

Abbildung 22.6: Patronen für Tintenstrahldrucker

Bei der *Druckauflösung* (wie fein bzw. dicht die Tinte auf das Papier aufgetragen werden kann) und der *Druckgeschwindigkeit* handelt es sich um die beiden wichtigsten Merkmale von Tintenstrahldruckern. Die *Auflösung* (*resolution*) wird in *dots per inch* (*dpi* – Punkte pro Zoll) angegeben. Höhere Werte weisen darauf hin, dass die Abstände zwischen den einzelnen Druckpunkten auf dem Blatt kleiner sind, was zu einem besseren Aussehen der gedruckten Dokumente führt. Die Auflösung ist beim Ausdruck komplexer Bilder, wie z.B. Farbfotos, und beim Erstellen von Druckvorlagen, die vervielfältigt werden und entsprechend gut aussehen sollen, besonders wichtig. Die *Druckgeschwindigkeit* wird in Seiten pro Minute (ppm – pages per minute) angegeben. Bei Farbdruckern werden normalerweise zwei Geschwindigkeiten angegeben, eine (die höhere) für Schwarzweißdruck und die zweite für farbige Ausdrucke.

> **Wichtig**
>
> Die Druckauflösung wird in dpi (dots per inch) und die Druckgeschwindigkeit in ppm (pages per minute) angegeben.

Ein weiteres Merkmal von Tintenstrahldruckern ist, dass sie eine Reihe verschiedener Druckmedien unterstützen. Mit einem Tintenstrahldrucker können Sie auf verschiedene matte oder glänzende Fotopapiere oder auf Folie drucken, ebenso wie auf andere spezielle Medien. Einige Drucker können direkt auf speziell beschichtete CD- oder DVD-Datenträger drucken, und sogar auf Stoff. Stellen Sie sich vor, Sie könnten also ein T-Shirt durch Ihren Drucker laufen lassen und ihm Ihr ganz eigenes Motto aufdrucken (etwa »Ich bin CompTIA A+-zertifiziert!«). Und auch die Tinten sind im Laufe der Jahre besser geworden und bieten heute höhere Qualität und sind langlebiger als je zuvor. Während ältere Tinten verschmierten, wenn das Papier feucht wurde, oder innerhalb kurzer Zeit verblassten, sind moderne Tinten relativ schmiersicher und bieten Archivqualität – einige Tinten von Epson beispielsweise sind auf eine Lebensdauer von 200 Jahren ausgelegt.

Farbsublimationsdrucker

Der Begriff *Sublimation* steht für einen Prozess, bei dem etwas von einem festen in einen gasförmigen und wieder zurück in einen festen Zustand übergeht. Dieser Vorgang beschreibt den Farbsublimationsdruck, der manchmal auch *Thermofarbtransferdruck* (*thermal dye transfer*) genannt wird. Bei den »Tinten« ist entsprechend von Festtinten- oder Feststofftinten die Rede. *Farbsublimationsdrucker* (*dye-sublimation printers*) werden vorwiegend für den Druck von Fotos, High-End-Desktop-Publishing, medizinische und wissenschaftliche Drucke oder andere Anwendungen genutzt, bei denen feine Details und satte Farben wichtiger als Kosten und Geschwindigkeit sind. Kleinere spezialisierte Drucker arbeiten mit der Sublimationstechnik als *Fotodrucker* und sind deutlich preiswerter als ihre großen Kollegen. Derartige Drucker werden insbesondere als Zubehör für Digitalkameras angeboten und können teilweise auch unabhängig vom Computer ihren Dienst verrichten.

Beim Farbsublimationsdruck handelt es sich um ein Beispiel des CMYK-Farbdrucks (**c**yan, **m**agenta, **y**ellow, blac**k**). Dabei wird meist eine wärmeempfindliche Rolle mit Kunststofffolie verwendet, auf der es Abschnitte in Seitengröße gibt, in denen die jeweiligen Farben aufgetragen sind. Teilweise gibt es Abschnitte für Cyan (Blau), Magenta (Rot) und Yellow (Gelb), teilweise kommt aber auch ein schwarzer Abschnitt hinzu. Ein Druckkopf enthält Tausende von Heizelementen, deren Temperatur exakt gesteuert werden kann und die über die Kunststofffolie bewegt werden. Die Farbstoffe werden durch das Erwärmen gasförmig und verbinden sich, bevor sie wieder abkühlen und in ihren festen Zustand übergehen, mit dem unter der Rolle durchgeführten, speziell beschichteten Papier. Bei diesem Prozess ist für die einzelnen Farben ein Druckdurchgang erforderlich. Einige Drucker arbeiten zudem mit einem abschließenden Durchgang, bei dem auf die Seite z.B. eine Schutzschicht aufgetragen wird (*Laminierung*). Abbildung 22.7 verdeutlicht die Arbeitsweise von Farbsublimationsdruckern.

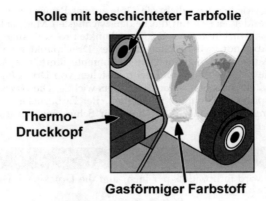

Abbildung 22.7: Der Farbsublimationsdruckprozess

Das Farbsublimationsverfahren erzeugt im Druck *kontinuierliche Farbtöne*. Jeder einzelne Bildpunkt entsteht durch Mischen verschiedener Farbstoffe. Damit unterscheidet sich dieses Verfahren von den gerasterten Bildern der anderen Drucktechnologien, bei denen über einfarbige, dicht nebeneinander platzierte Druckpunkte Farbverläufe simuliert werden (*Dithering*). Farbsublimationsdrucker erzeugen qualitativ hochwertige Farbdrucke, die mit den Ergebnissen professioneller Fotolabore konkurrieren können.

Thermodrucker

Es gibt zwei Arten von Thermodruckern im Einsatz. Die erste ist der *Thermodirekt-Drucker* (*direct thermal printer*) und die andere der *Thermowachsdrucker* (*thermal wax transfer printer*). Thermodirekt-Drucker arbeiten mit einem erhitzten Druckkopf, der die Punkte in die Oberfläche eines speziellen wärmeempfindlichen Papiers brennt. Wenn Sie sich noch an die erste Generation der Faxgeräte erinnern können, dann sind Sie bereits mit dieser Art von Druckern vertraut. Derartige Drucker werden auch heute noch in vielen Kaufhäusern als Belegdrucker genutzt. *Thermowachsdrucker* arbeiten ähnlich wie Farbsublimationsdrucker, benutzen aber keine Folienrollen mit eingebetteten Farbstoffen, sondern Folien, die mit farbigem Wachs beschichtet sind. Der Thermodruckkopf wird dabei über die Folie geführt und verschmilzt das Wachs mit dem Papier. Für Thermowachsdrucker muss kein spezielles Papier wie für Farbsublimationsdrucker verwendet werden, so dass sie flexibler und im Einsatz etwas preiswerter sind. Die Qualität des Ausdrucks ist aber weniger gut, da sie Farbverläufe durch Dithering erzeugen.

Laserdrucker

Laserdrucker erzeugen mit einem *elektrooptischen Verfahren* qualitativ hochwertige Text- und Grafikausdrucke und arbeiten dabei sehr schnell. Abbildung 22.8 zeigt einen typischen Laserdrucker. Die Funktion der Laserdrucker stützt sich auf die Lichtleitfähigkeit bestimmter organischer Bestandteile. *Lichtleitfähigkeit* bedeutet, dass diese Partikel Elektrizität *leiten*, wenn sie einer Bestrahlung durch Licht ausgesetzt werden. Bei Laserdruckern werden Laser als Lichtquelle eingesetzt, weil diese äußerst präzise arbeiten. Einige preiswertere Drucker verwenden stattdessen LED-Felder.

Die ersten Laserdrucker konnten nur Schwarzweißbilder erzeugen. Heute sind zwar auch Farblaserdrucker erhältlich, aber es werden weiterhin vorwiegend Schwarzweiß-Laserdrucker hergestellt. Ein Farblaser kann komplexe Vollfarbbilder wie beispielsweise Fotos ausdrucken, aber hauptsächlich werden sie genutzt, um so genannte Punktfarben auszudrucken – beispielsweise attraktive Überschriften, Zeilen, Diagramme oder andere grafische Elemente, die eine sonst einfach gedruckte Präsentation verschönern.

Drucker

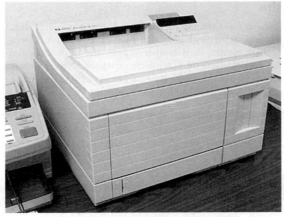

Abbildung 22.8: Ein typischer Laserdrucker

Hinweis

Einige Drucker haben einen sehr viel höheren Verbrauch als andere, deshalb ordnet die Industrie Drucker im Hinblick auf Kosten pro Seite ein. Bei einem billigen Drucker (Laser oder Tintenstrahler) kostet eine Seite etwa 2 Cent, während ein teurer Drucker Kosten von mehr als 10 Cent pro Seite verursachen kann – ein riesiger Unterschied, wenn Sie sehr viel drucken. Die verborgenen Kosten sind vor allem bei Tintenstrahldruckern im Preisbereich unterhalb von 100 Euro sehr unangenehm. Ihre niedrigen Preise locken häufig Kunden an, die dann feststellen, dass sie immense Verbrauchskosten verursachen. Ein einziger Satz farbiger und schwarzer Tintenstrahlpatronen kostet heute oft mehr als ein neuer Drucker!

Kritische Komponenten des Laserdruckers

In den CompTIA A+-Zertifizierungsprüfungen wird großer Wert auf die Besonderheiten des Druckprozesses von Laserdruckern gelegt, deshalb sollten Sie sich mit einem Laserdrucker auskennen. Jetzt werden wir uns mit den vielen Komponenten eines Laserdruckers und ihren Funktionen beschäftigen (Abbildung 22.9).

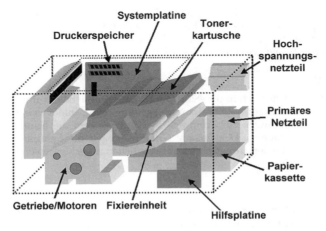

Abbildung 22.9: Komponenten im Innern eines Laserdruckers

939

Die Tonerkartusche

Die *Tonerkartusche* in einem Laserdrucker (Abbildung 22.10) versorgt den Drucker mit dem Toner, der auf das Papier aufgetragen wird und dort das Bild erzeugt. Zur Verringerung der Wartungskosten befinden sich viele Komponenten (insbesondere jene, die dem stärksten Verschleiß unterliegen) des Laserdruckers in der Tonerkartusche. Dadurch wird zwar der Austausch *einzelner* Komponenten nahezu unmöglich, dieser ist aber auch kaum noch erforderlich, da jene Komponenten, deren Ausfallwahrscheinlichkeit am höchsten ist, ohnehin jeweils beim Wechsel der Kartusche ersetzt werden.

Hinweis

Bei Farblaserdruckern gibt es vier Tonerkartuschen für die vier CMYK-Farben.

Abbildung 22.10: Tonerkartusche eines Laserdruckers

Die lichtempfindliche Trommel

Bei der lichtempfindlichen Trommel handelt es sich um einen Aluminiumzylinder, der mit lichtempfindlichen Materialien beschichtet ist. Die Trommel selbst wird über das Netzteil geerdet, die Beschichtung aber nicht. Wenn Licht auf diese Partikel trifft, wird deren elektrische Ladung über den geerdeten Zylinder abgeführt.

Löschlampe

Die *Löschlampe* setzt die gesamte Oberfläche der lichtempfindlichen Trommel einer Bestrahlung durch Licht aus und sorgt so dafür, dass die lichtempfindliche Beschichtung leitend wird. Alle in den Partikeln vorhandenen elektrischen Ladungen fließen über die geerdete Trommel ab, wodurch die Teilchen an der Oberfläche elektrisch neutral werden.

Primäre Korona

Der *primäre Koronadraht*, der sich in der Nähe der lichtempfindlichen Trommel befindet, berührt diese nie. Wenn er mit einer extrem hohen Spannung geladen wird, bildet sich ein elektrisches Feld (eine Korona), wodurch Spannungen zur Trommel überspringen und die lichtempfindlichen Teilchen an der Oberfläche laden können. Der *primäre Gitterkreis* regelt die Spannungsübertragung und sorgt dafür, dass die Oberfläche der Trommel einer einheitlichen negativen Spannung zwischen ca. 600 und 1.000 Volt ausgesetzt wird.

Laser

Der *Laser* fungiert als Schreibmechanismus des Druckers. Alle Partikel auf der Trommel, die vom Laser getroffen werden, werden leitend, wodurch ihre Ladung zum geerdeten Kern der Trommel hin abfließt. Die gesamte Oberfläche der Trommel hat infolge der Aufladung durch den primären Koronadraht eine einheitliche negative Ladung zwischen ca. 600 und 1.000 Volt. Wenn Teilchen vom Laser getroffen werden, werden sie entladen und haben anschließend eine negative Ladung von ca. 100 Volt. Mit dem Laser lassen sich Bilder auf die Trommel »schreiben«. Beachten Sie, dass der Laser ein Positivbild auf die Trommel schreibt.

Toner

Beim *Toner* im Laserdrucker handelt es sich um ein feines Pulver, das aus an Eisenpartikel gebundenen Kunststoffteilchen besteht. Der *Tonerzylinder* sorgt für eine negative Ladung des Toners, die zwischen ca. 200 und 500 Volt beträgt. Da diese Ladung zwischen der ursprünglich einheitlichen negativen Ladung der lichtempfindlichen Trommel (600 bis 1.000 Volt) und der Ladung der vom Laser getroffenen Partikel auf der Trommeloberfläche (100 Volt) liegt, werden Tonerpartikel von jenen Bereichen der lichtempfindlichen Trommel angezogen, die vom Laser getroffen wurden (und die *relativ* zu den Tonerpartikeln positiv geladen sind).

Wichtig
Bei dem in Laserdruckern verwendeten Toner handelt es sich üblicherweise um ein Gemisch aus Kohlenstoff-Schmelzen und Polyesterharz.

Transferkorona

Um das Bild von der lichtempfindlichen Trommel auf das Papier übertragen zu können, muss das Papier so geladen werden, dass die Tonerpartikel von der Trommel weg und auf das Papier gezogen werden. Die *Transferkorona* ist ein dünner Draht, der von anderen dünnen Drähten geschützt wird und der das Papier positiv auflädt, so dass negativ geladene Tonerpartikel auf das Papier gezogen werden. Das positiv geladene Papier wird gleichfalls von der negativ geladenen Trommel angezogen. Damit sich das Papier nicht um die Trommel wickelt, wird seine statische Ladung durch den so genannten *Entstatisierer* (*static charge eliminator*) entfernt.

In den meisten Laserdruckern und gerade in großen, für den Einsatz in Unternehmen konzipierten Geräten befindet sich die Transferkorona außerhalb der Tonerkartusche. Die Transferkorona ist eine besonders kritische Komponente, da sie durch Toner und durch elektrostatische Anziehung leicht verschmutzt und daher gereinigt werden muss. Sie kann aber auch leicht beschädigt werden, da sie üblicherweise feiner als ein menschliches Haar ist. Den meisten Druckern mit freiliegender Transferkorona liegt zwar ein spezielles Werkzeug zu deren Reinigung bei, Sie können aber auch Q-Tips verwenden, die Sie in 90-prozentigen denaturierten Alkohol eintauchen. (Verwenden Sie keinen Reinigungsalkohol/Isopropylalkohol, da dieser Weichmacher enthält.) Generell sollten Sie keine Wartungsarbeiten an Druckern ausführen, ohne diese zuvor abgeschaltet und von der Stromversorgung getrennt zu haben.

Fixiereinheit

Die *Fixiereinheit* (*fuser*) ist fast immer von der Tonerkartusche getrennt. Sie lässt sich üblicherweise recht leicht ausfindig machen, da sie sich in der Nähe der Unterseite der Tonerkartusche befindet und in der Regel aus zwei Rollen zur Fixierung des Toners besteht. Manchmal ist die Fixiereinheit relativ gut in einem Gehäuse verborgen und schlecht zu erkennen, weil die Rollen dann nicht direkt sichtbar sind. Um die Position der Fixiereinheit zu ermitteln, denken Sie an den Papierweg im Drucker und daran, dass es sich beim Fixieren um den letzten Schritt des Druckprozesses handelt.

Der Toner liegt nach der Beseitigung der statischen Ladung des Papiers eigentlich nur noch locker auf der Oberfläche des Papiers. Der Toner muss permanent mit dem Papier verbunden werden, damit das Bild dauerhaft auf dem Papier bleibt. Zwei Rollen, eine Andruck- und eine Heizrolle, verschmelzen den Toner mit dem Papier. Die Andruckrolle wird gegen die Papierunterseite gedrückt, während die Heizrolle gegen die Oberseite drückt und den Toner mit dem Papier verschmilzt. Die Heizrolle ist mit einem nicht haftenden Material (z.B. Teflon) beschichtet, damit der Toner nicht an ihr haften bleibt.

Netzteile

Alle Laserdrucker enthalten mindestens zwei eigenständige Netzteile. Beim ersten Netzteil handelt es sich um das so genannte »Primärnetzteil«, das manchmal auch einfach nur »Netzteil« genannt wird. Dieses Netzteil, das auch aus mehreren Netzteilen bestehen kann, versorgt die Motoren für den Papiertransport, die Systemelektronik, den Laser und die Transferkorona mit Spannung. Das Hochspannungsnetzteil versorgt üblicherweise lediglich die Primärkorona mit Spannung. Durch die extrem hohe Spannung des Hochspannungsnetzteils wird dieses zu einem der gefährlichsten Komponenten im PC-Bereich! Sie sollten *Laserdrucker immer abschalten*, bevor Sie deren Gehäuse öffnen, um z.B. eine neue Tonerkartusche einzusetzen!

Antriebszahnräder

Laserdrucker müssen viele mechanische Funktionen ausführen. Zunächst muss das Papier eingezogen, bedruckt und aus dem Drucker ausgeworfen werden. Dann muss die lichtempfindliche Trommel gedreht und der Laser (oder ein Spiegel) von links nach rechts bewegt werden. Schließlich muss der Toner gleichmäßig verteilt und von der Fixiereinheit mit dem Papier verschmolzen werden.

All diese Funktionen werden von komplexen, aus Zahnrädern bestehenden Antriebssystemen übernommen. In den meisten Laserdruckern werden diese Antriebssysteme zu Einheiten zusammengefasst, die im Allgemeinen *Getriebegehäuse* oder *Antriebseinheit* genannt werden. Die meisten Laserdrucker enthalten zwei oder drei Getriebegehäuse, die gegebenenfalls im Falle ihres seltenen Ausfalls relativ leicht ausgetauscht werden können. Die meisten Getriebegehäuse verfügen auch über eigene Motoren oder Magnetspulen für den Antrieb der Zahnräder.

Systemplatine

Alle Laserdrucker enthalten wenigstens eine Platine mit elektronischen Bauteilen. Auf dieser Platine befinden sich der Hauptprozessor des Druckers, das Drucker-ROM und der Arbeitsspeicher zur Ablage des Bildes vor dem Drucken. Bei vielen Druckern befinden sich diese Funktionen auf drei oder vier Platinen, die sich verteilt im Druckergehäuse befinden. Bei älteren Druckern kann es auch einen separaten ROM-Chip und/oder einen speziellen Steckplatz zur Installation spezieller ROM-Chips enthalten, die üblicherweise der Nachrüstung spezieller Funktionen wie PostScript dienen.

Bei einigen Druckermodellen können Sie den Inhalt dieser ROM-Chips (der Firmware) aktualisieren, indem Sie einen Prozess ausführen, der als *Flashing* des ROMs bezeichnet wird. Flashing ist der Aktualisierung des System-BIOS ganz ähnlich, das Sie in Kapitel 7 (*BIOS und CMOS*) kennen gelernt haben. Eine Aktualisierung der Firmware kann helfen, Fehler zu korrigieren, neue Funktionen hinzuzufügen oder die Schriften im Drucker zu aktualisieren.

Besonders wichtig ist der Arbeitsspeicher des Druckers. Wenn der Drucker nicht über genügend RAM zur Speicherung des Bildes vor dem Ausdruck verfügt, dann kann es zum Speicherüberlauf kommen. Einige Drucker speichern auch andere Daten im RAM, wie z.B. Schriftarten oder spezielle Befehle. Die Erweiterung des Arbeitsspeichers ist üblicherweise recht einfach, da man dazu nur ein oder zwei DIMM- oder SIMM-Bausteine in die entsprechenden Steckplätze einsetzen muss. Die Verwendung der *richtigen* RAM-Bausteine ist aber wichtig. Rufen Sie den Druckerhersteller an und fragen Sie nach, welcher RAM-Typ verwendet werden muss. Auch wenn Ihnen die Druckerhersteller gerne eigene, teure RAM-Module verkaufen, lassen sich bei den meisten Druckern herkömmliche DRAM-Bausteine einsetzen, die auch für Personal Computer verwendet werden oder verwendet wurden.

Ozonfilter

Die Koronadrähte im Innern des Laserdruckers erzeugen Ozon (O_3). Ozon ist giftig und kann in höheren Konzentrationen z.B. Kopfschmerzen verursachen. Aber bereits in kleineren Konzentrationen kann es Druckerkomponenten beschädigen. Um diesem Problem zu begegnen, verfügen die meisten Laserdrucker über spezielle Ozonfilter, die in regelmäßigen Abständen mit einem Staubsauger gereinigt oder ersetzt werden müssen.

Sensoren und Schalter

Alle Laserdrucker haben etliche Sensoren und Schalter, die sich irgendwo im Gerät befinden. Die Sensoren erkennen eine Vielzahl von Betriebszuständen, wie z.B. Papierstaus, eine leere Papierzufuhr oder Tonermangel. Viele dieser Sensoren sind eigentlich winzige Schalter, die offene Abdeckungen usw. erkennen. Meist arbeiten diese Sensoren/Schalter zuverlässig. Gelegentlich können sie aber auch verschmutzt oder beschädigt sein und dadurch dem Drucker falsche Signale senden. Meist genügt es, wenn man kontrolliert, ob es sich um ein echtes Problem oder die Falschmeldung eines Sensors/Schalters handelt.

Festtinte

Festtintendrucker verwenden genau das, was Sie erwartet haben – feste Tinte. Die Technologie wurde ursprünglich von Tektronix entwickelt, einem Unternehmen, dessen Druckersparte von Xerox übernommen wurde. Festtintendrucker verwenden feste Stäbe ungiftiger »Tinte«, die eine viel lebendigere Farbe als andere Druckmethoden erzeugen. Die Festtinte wird geschmolzen und in die Papierfasern absorbiert. Anschließend wird sie wieder fest und erzeugt kontinuierliche Farbtöne. Anders als bei Farbsublimationsdruckern werden alle Farben in einem Durchgang auf das Medium aufgebracht, so dass eine Fehlerausrichtung unwahrscheinlich wird. Festtintenstäbe brauchen keine Behälter wie die Tinte für Tintenstrahldrucker und können während eines Druckvorgangs nachgeladen werden, indem zusätzliche Farbstäbe eingesetzt werden, ohne dass der Drucker dafür ausgeschaltet werden muss.

Darüber hinaus sind diese Drucker auch noch schnell. Ein Vollfarbdruck dauert für eine Seite etwa 6 Sekunden. Diese Geschwindigkeit und Qualität hat natürlich ihren Preis. Das Grundmodell von Xerox beginnt bei etwa dem doppelten Preis eines Laserdruckers, und die teureren Modelle haben etwa den sechsfachen Preis. Festtintendrucker werden jedoch erschwinglicher, wenn man an die Betriebskosten denkt. Ein Tintenstab kostet etwa so viel wie eine Tintenstrahlerpatrone, bietet aber eine Druckkapazität von etwa 1.000 Seiten, wodurch die Kosten mit der Zeit letztlich viel niedriger als bei Tintenstrahlern sind.

Druckersprachen

Da Sie nun die verschiedenen Druckertypen und Drucktechniken kennen, stellt sich die Frage, wie sie mit dem PC kommunizieren. Wie lässt sich dem Drucker mitteilen, dass er den Buchstaben »A« oder das Bild eines Leguans ausgeben soll? Drucker verstehen vordefinierte Druckersprachen, mit denen sich sowohl Zeichen als auch Grafiken verarbeiten lassen. Die Software muss bei der Kommunikation mit dem Drucker die richtige Sprache sprechen, damit der Drucker die Dokumente korrekt zu Papier bringen kann. Sehen wir uns einmal einige verbreitete Druckersprachen an.

ASCII (American Standard Code for Information Interchange)

Üblicherweise denkt man bei »ASCII« nur an einen standardisierten Zeichensatz, der aus dem Basisalphabet mit seinen Klein- und Großbuchstaben und einigen fremdartigen Symbolen besteht. ASCII enthält aber eine ganze Reihe von Steuercodes für die Übertragung von Daten, die teilweise zur Steuerung von Druckern eingesetzt werden können. Der ASCII-Code 10 (hexadezimal: 0Ah) bedeutet z.B. »Zeilenvorschub« (LF – Line Feed), der ASCII-Code 12 (0Ch) Seitenvorschub (FF – Form Feed). Diese Befehle waren bereits standardisiert, bevor es den IBM-PC überhaupt gab, und werden von allen Druckern verstanden. Wenn das nicht der Fall wäre, würde die Taste [Druck] nicht bei allen Druckern (unter DOS) funktionieren. Die hohe Standardisierung hat ihre Vorteile, auch wenn die Möglichkeiten mit diesen Steuercodes äußerst beschränkt sind. Wenn man qualitativ hochwertige Grafiken oder eine Vielzahl verschiedener Schriftarten drucken will, braucht man leistungsfähigere Druckersprachen.

PostScript

Adobe Systems hat die Seitenbeschreibungssprache (PDL – *Page Description Language*) PostScript in den frühen 1980ern als eine geräteunabhängige Druckersprache entwickelt, die hochauflösende Grafik und skalierbare Schriftarten bewältigt. PostScript-Interpreter lassen sich in Druckgeräte integrieren. Da PostScript von den Druckern auf der Hardwareebene verstanden wird, übernimmt der Drucker und nicht der Systemprozessor des Rechners den größten Teil der Bildverarbeitung. Da es sich bei PostScript aber um eine interpretierte Druckersprache handelt, ist sie langsamer als z.B. PCL. PostScript baut eine Seite als einziges großes Rasterbild auf, daher lassen sich PostScript-Dateien äußerst gut von einer Rechnerplattform auf eine andere übertragen. Die Dateien lassen sich auf einem Rechner oder einer Betriebssystemplattform erstellen und problemlos auf einem anderen Rechner oder einer anderen Plattform (wie z.B. auf hochwertigen Satzmaschinen) ausgeben.

PCL (Printer Control Language)

Das von Hewlett-Packard entwickelte *PCL* ist eine fortschrittliche Druckersprache mit einem stark erweiterten Druckerbefehlssatz, der weit über die Möglichkeiten von ASCII hinausgeht. PCL wurde von Hewlett-Packard vorrangig für die Ausgabe von Texten konzipiert. Es unterstützt keine anspruchsvollen grafischen Funktionen. Die jüngste Version von PCL (PCL6) bietet zwar skalierbare Schriftarten und zusätzliche Funktionen zum Zeichnen von Linien, ist aber im Unterschied zu PostScript von der Druckerhardware abhängig. PCL ist keine echte Seitenbeschreibungssprache, da die Zeichen auf dem Papier nicht über eine Reihe von Befehlen definiert werden. Die Befehle müssen von dem jeweiligen Druckermodell unterstützt werden, weshalb PCL-Dateien weniger portabel als PostScript-Dateien sind.

Windows-GDI und XPS

Unter Windows 2000 und XP ist die *GDI*-Komponente (*Graphical Device Interface* – *grafische Geräteschnittstelle*) des Betriebssystems für Druckfunktionen zuständig. Auch wenn man externe Druckersprachen (z.B. PostScript) benutzen *kann*, installieren die meisten Anwender ihre Drucker einfach nur und überlassen Windows die ganze weitere Arbeit. Die GDI nutzt den Prozessor des Rechners und nicht den des Druckers zur Verarbeitung eines Druckauftrags und überträgt dann den fertiggestellten Auftrag zum Drucker. Wenn Sie z.B. unter Windows einen Buchstaben in einer TrueType-Schriftart drucken, verarbeitet die GDI den Druckauftrag und überträgt dann ein Rasterbild (Bitmap) der jeweiligen Seite zum Drucker. Für den Drucker ist eine Seite mit TrueType-Text daher ein Bild und kein Text. Solange der Drucker leistungsfähig genug und mit genügend Speicher ausgestattet ist, müssen Sie sich keine weiteren Gedanken über die vom Drucker verwendete Sprache machen. Mit dem Drucken unter Windows werden wir uns später in diesem Kapitel noch eingehender befassen.

Windows Vista unterstützt zwar weiterhin den GDI-Druck, darüber hinaus mit dem so genannten *XPS* (*XML Paper Specification*) aber noch ein weiteres Druckverfahren. XPS bietet verglichen mit GDI einige Verbesserungen, zu denen ein besseres Farbmanagement (das mit dem Windows-Farbsystem zusammenarbeitet) und erweiterte Layoutmöglichkeiten gehören. Für den XPS-Druck wird ein Treiber benötigt, der XPS unterstützt. Einige Drucker unterstützen XPS aber auch direkt, so dass die Ausgabedaten vor dem Drucken nicht erst noch in eine gerätespezifische Druckersprache umgewandelt werden müssen.

Druckeranschlüsse

Die meisten Drucker werden über eine von zwei Schnittstellen mit dem PC verbunden, nämlich die parallele DB25-Schnittstelle oder einen USB-Anschluss. Bei der parallelen Schnittstelle handelt es sich um den klassischen Anschluss für einen Drucker, die meisten modernen Drucker verwenden aber USB. Sie müssen also sowohl mit den mittlerweile eher geheimnisvollen parallelen Schnittstellen, Kabeln und Verbindungen als auch mit den Plug&Play-USB-Verbindungen vertraut sein.

Parallele Schnittstelle

Der erste IBM-PC enthielt eine *parallele Schnittstelle* als schnellere Alternative zur seriellen Kommunikation. Die IBM-Entwickler hielten die auf die jeweilige Übertragung einzelner Datenbits beschränkte serielle Kommunikation für die »schnellen« Geräte (z.B. Matrixdrucker) der damaligen Zeit für zu langsam. Wie viele der in heutigen PCs eingesetzten Technologien gibt es die parallele Standardschnittstelle trotz einiger offensichtlicher Schwächen aus Gründen der Abwärtskompatibilität immer noch.

Die parallele Schnittstelle ist zwar deutlich schneller als die serielle Schnittstelle, aber gemessen an modernen Standards doch langsam. Die maximale Datentransferrate der parallelen Standardschnittstelle beträgt nur ca. 150 KB/s (KBps). Die parallele Standarddatenübertragung stützt sich beim PC zudem stark auf Software, so dass sie beträchtliche Mengen an Prozessorzeit beansprucht, die sich eigentlich besser verwenden ließe.

Hinweis

Auch wenn die Bezeichnung »Centronics-Standard« für die parallele Schnittstelle lange gebräuchlich war, gab es einen solchen doch gar nicht. Vor der Entwicklung von IEEE 1284 gab es nur eine Reihe recht unpräziser »Standards«, die von den Herstellern übernommen worden waren, um die Kompatibilitätsprobleme zumindest zu verringern.

Die mangelhafte Fähigkeit zur echten bidirektionalen Datenübertragung ist bei parallelen Schnittstellen zum Problem geworden. Die Datenübertragung in einer Richtung reicht zwar für einfache Zeilendrucker und Matrixdrucker aus. Da die parallele Datenübertragung häufig aber auch für andere externe Geräte genutzt wurde, bei denen Daten in beiden Richtungen ausgetauscht werden mussten, wurde dieser Mangel zu einem echten Problem. Auch wenn über die parallele Standardschnittstelle eine wechselseitige Kommunikation möglich ist, lässt deren Leistung doch sehr zu wünschen übrig.

Hinweis

Viele Techniker verwechseln das Konzept des *Duplexdrucks* (einen Prozess, der spezielle Drucker voraussetzt, die das Papier gleichzeitig beidseitig bedrucken können) mit dem bidirektionalen Druck. Die beiden Konzepte haben nichts miteinander zu tun!

Der IEEE-1284-Standard

1991 schlug eine Gruppe von Druckerherstellern dem IEEE (*Institute of Electrical and Electronics Engineers*) die Bildung eines Komitees vor, das eine abwärtskompatible, schnelle, bidirektionale parallele Schnittstelle für den PC entwickeln sollte. Das Komitee wurde unter dem Namen IEEE 1284 gebildet (und verlieh dem Standard seinen Namen).

Der *IEEE-1284-Standard* fordert

- ❏ Unterstützung von fünf verschiedenen Betriebsmodi (*Kompatibilitäts-*, *Halbbyte-*, *Byte-*, *EPP-* und *ECP-Modus*)
- ❏ Ein standardisiertes Verfahren, mit dem sich die verfügbaren Modi aushandeln lassen und mit dem festgestellt werden kann, welche Modi sowohl vom Rechner als auch vom Peripheriegerät unterstützt werden
- ❏ Eine standardisierte physische Schnittstelle (Kabel und Anschlussstecker)
- ❏ Eine standardisierte elektrische Schnittstelle (Terminierung, Impedanz usw.)

Da es nur einen Satz Datenleitungen gibt, sind alle Datentransfermodi des IEEE-1284-Standards Halbduplex-Modi: Die Daten werden jeweils nur in einer Richtung übertragen.

Kapitel 22

> **Hinweis**
>
> Die fünf Betriebsmodi für das parallele Drucken, die im IEEE-Standard 1284 angegeben sind (Kompatibilität, Halbbyte, Byte, EPP, ECP) veralten immer mehr, weil USB-Drucker zunehmend den Markt beherrschen. Sie finden diese Modi über verschiedene Suchmaschinen im Web, falls Sie die Leistung eines alten parallelen Druckers optimieren müssen.

Parallele Anschlüsse, Verkabelung und elektrische Eigenschaften

Obwohl es keine echten Standards gibt, bezieht sich der Begriff »Standard-Parallelkabel« normalerweise auf ein Druckerkabel mit dem zuvor beschriebenen DB-25-Stecker auf der einen Seite und einem 36-poligen *Centronics*-Stecker auf der anderen (Abbildung 22.11). Die Abschirmung (oder ihr Fehlen) der internen Drähte sowie andere elektrische Eigenschaften eines standardmäßigen parallelen Druckerkabels sind größtenteils undefiniert und entsprechen nur Konventionen. Praktisch eignen sich diese Standardkabel für die Übertragung von Daten mit 150 KBps und über Entfernungen von bis zu 1,80 m, sind aber bei einigen Übertragungsmodi gefährlich unzuverlässig.

Abbildung 22.11: Paralleles Standardkabel mit 36-poligem Centronics-Stecker auf der einen und DB-25-Stecker auf der anderen Seite

Um eine zuverlässigere Übertragung bei Abständen von bis zu zehn Metern zu erhalten, verwenden Sie ein dem IEEE-1284-Standard entsprechendes Kabel. Die Übertragungsgeschwindigkeit nimmt mit längerem Kabel ab, aber die Übertragung funktioniert, und manchmal ist der Kompromiss zwischen Geschwindigkeit und Distanz dies wert.

Die Anbringung eines parallelen Kabels ist einfach. Sie schließen den DB-25-Stecker an den parallelen Anschluss an der Rechnerrückseite und den Centronics-Stecker am Centronics-Anschluss des Druckers an, und schon kann es losgehen.

> **Hinweis**
>
> Einige Drucker haben sowohl einen USB- als auch einen parallelen Anschluss, aber das wird immer seltener. Wenn Sie für irgendein System einen parallelen Drucker benötigen, achten Sie darauf, dass das ausgewählte Modell mit Ihrem System kompatibel ist!

USB-Drucker

Neuere Drucker verwenden USB-Anschlüsse, die mit einem beliebigen USB-Port am Rechner verbunden werden können. Häufig befindet sich im Lieferumfang von USB-Druckern kein USB-Kabel, deshalb sollten Sie beim Druckerkauf auch an das Kabel denken. (Es ist recht frustrierend, mit einem neuen Drucker nach Hause zu kommen, nur um festzustellen, dass man ihn nicht anschließen kann, weil das USB-Kabel fehlt.) Die meisten Drucker verwenden den USB-Standardsteckertyp A am einen und den kleineren USB-Steckertyp B am anderen Ende, aber man findet auch Modelle mit zwei A-Steckern. Egal welche Anschlüsse Ihr USB-Drucker auch verwendet – Sie müssen einfach nur das USB-Kabel anschließen. Wirklich einfach!

> **Hinweis**
>
> Bevor Sie einen USB-Drucker an Ihren Computer anschließen, müssen Sie fast immer erst dessen Treiber installieren. Weitere Informationen über die Installation von Druckertreibern finden Sie später in diesem Kapitel.

FireWire-Drucker

Einige Drucker bieten zusätzlich oder anstelle von USB-Anschlüssen auch FireWire-Anschlüsse. FireWire-Drucker lassen sich ebenso leicht anschließen wie ein USB-Drucker, und man kann sie auch während des Betriebs anschließen oder entfernen. Auch hier müssen Sie dafür sorgen, dass Sie das richtige Kabel haben, weil das Kabel im Lieferumfang der Drucker meist fehlt. Welchen Anschluss verwenden Sie, wenn Ihr Drucker beide Anschlüsse anbietet? Die Antwort ist einfach, wenn Ihr PC nur einen USB-Anschluss hat und kein FireWire unterstützt. Wenn Sie die Wahl haben, ist eine Verbindung so gut wie die andere, und auch die Geschwindigkeiten sind vergleichbar. Wenn Sie bereits sehr viele USB-Geräte angeschlossen haben, sollten Sie den FireWire-Druckeranschluss verwenden, um die USB-Anschlüsse für die anderen Geräte freizuhalten.

Netzwerkdrucker

Der Anschluss eines Druckers an ein Netzwerk ist längst nicht mehr nur für Büros interessant. Immer mehr Privatbenutzer und Home-Office-Anwender nutzen die Vorteile des vernetzten Druckens. Meist wurde der Drucker bisher bei der Freigabe über ein Netzwerk allen Netzwerkbenutzern zur Verfügung gestellt. Der Drucker wurde an einen der Rechner angeschlossen und konnte dann über das gesamte Netzwerk benutzt werden. Um drucken zu können, musste dabei aber der Rechner, an den der Drucker angeschlossen war, immer eingeschaltet bleiben.

Heute besitzt der typische *Netzwerkdrucker* eine eigene Netzwerkkarte mit standardmäßigem RJ-45-Ethernet-Anschluss, über den er direkt über den Router an das Netzwerk angeschlossen werden kann. Der Drucker kann eine statische IP-Adresse erhalten oder diese dynamisch von einem DHCP-Server zugewiesen bekommen. (Sie wissen nicht, was ein Router, eine IP-Adresse oder ein DHCP-Server ist? Das erfahren Sie in Kapitel 23, *Lokale Netzwerke*.) Wenn der Drucker am Netzwerk angeschlossen ist, arbeitet er unabhängig von allen PCs. Einige der teureren Netzwerkdrucker besitzen eine eingebaute WLAN-Karte, so dass sie schnurlos mit dem Netzwerk verbunden werden können. Alternativ unterstützen einige Drucker auch Bluetooth-Schnittstellen für den Einsatz im Netzwerk.

Auch wenn ein Drucker über keine eingebauten Ethernet-, WLAN- oder Bluetooth-Schnittstelle verfügt, lässt er sich über eine eigenständige und separat erhältliche Netzwerkkomponente, einen so genannten *Druckerserver*, an das Netzwerk anschließen. An diese Ethernet- oder WLAN-Druckerserver lassen sich einzelne oder mehrere Drucker mit Parallel- oder USB-Schnittstelle anschließen. Sie können also durchaus Ihren alten Matrixdrucker in Ihr Netzwerk einbinden – wenn Sie sich trauen!

> **Hinweis**
>
> Eigenständige NAS-Laufwerke (eigenständige Festplatten im Netzwerk) bieten sehr häufig USB-Schnittstellen an, an die externe USB-Festplatten und/oder USB-Drucker angeschlossen werden können.

Anderer Drucker

Es gibt noch viele andere Anschlusstypen für Drucker. Wir haben uns hier auf parallele, USB-, FireWire- und Netzwerkanschlüsse konzentriert. Es ist jedoch jederzeit möglich, dass Sie einem alten Drucker mit seriellem Anschluss oder einem SCSI-Drucker begegnen. Das ist zwar unwahrscheinlich, kann aber passieren.

Practical Application

Der Laser-Druckprozess

Der Druckprozess kann beim Laserdrucker in sechs Schritte zerlegt werden, die Sie für die CompTIA A+-Prüfung kennen sollten. Als Techniker sollten Sie mit diesen Phasen vertraut sein, weil Ihnen das hilft, Druckprobleme zu lösen. Wenn beispielsweise in der Mitte einer Seite eine seltsame Line gedruckt wird, wissen Sie, dass es ein Problem mit der Trommel oder dem Reinigungsmechanismus gibt und die Tonerkartusche gewechselt werden muss.

Sie werden die physischen Abläufe beim Drucken mit einem Laserdrucker kennen lernen und anschließend erfahren, was bis zum sauberen Ausdruck von Text und Grafik elektronisch passiert.

Der physische Aspekt des Druckprozesses

Bei den meisten Laserdruckern besteht der Druckprozess aus sechs Schritten. Merken Sie sich aber, dass einige Laserdrucker möglicherweise ein wenig von der beschriebenen Vorgehensweise abweichen, auch wenn der Prozess meist in genau dieser Reihenfolge abläuft:

1. Reinigen
2. Laden
3. Schreiben
4. Entwickeln
5. Übertragen
6. Fixieren

> **Wichtig**
> Sie sollten die Reihenfolge des Laser-Druckprozesses kennen!

Reinigung der Trommel

Der Druckprozess beginnt mit der physischen und elektrischen Reinigung der lichtempfindlichen Trommel (Abbildung 22.12). Vor dem Drucken einer neuen Seite muss die Trommel wieder in ihren sauberen Zustand zurückversetzt werden. Der nach dem letzten Druck zurückgebliebene Toner muss entfernt werden. Diese Aufgabe übernimmt üblicherweise ein Gummiblatt (*Reinigungsrakel*), das den Toner von der Trommeloberfläche wischt. Wenn Partikel auf der Trommel haften bleiben, finden sich diese als zufällig verstreute Sprenkel und Streifen auf dem nächsten Blatt wieder. Bei der physischen Reinigung wird der übrige Toner entweder in einem Auffangbehälter gesammelt oder wieder in das Tonerreservoir der Kartusche zurückgeleitet. Die physische Reinigung muss mit großer Vorsicht erfolgen. Beschädigungen der Trommel führen dauerhaft zu Flecken oder Streifen auf allen nachfolgenden Druckseiten.

Der Drucker muss auch elektrisch gereinigt werden. Eine oder mehrere Löschlampen bombardieren die Oberfläche der Trommel mit Licht der entsprechenden Wellenlänge, wodurch die Oberflächenladungen vollständig entfernt werden und über die geerdete Trommel abfließen. Nach dem Reinigungsprozess sollten sich auf der neutral geladenen Trommel keine Tonerpartikel mehr befinden.

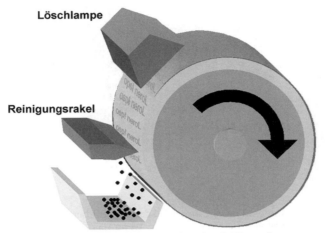

Abbildung 22.12: Reinigen und Löschen der Trommel

Ladung der Trommel

Damit neue Bilder auf die Trommel geschrieben werden können, muss sie geladen werden (Abbildung 22.13). Über den Draht der Primärkorona wird die gesamte Trommeloberfläche einheitlich negativ geladen (mit ca. 600 bis 1.000 Volt).

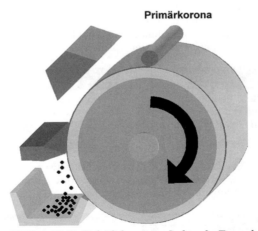

Abbildung 22.13: Einheitliche negative Ladung der Trommel

Schreiben und Entwickeln des Bildes

Mit einem Laser wird ein positives Bild auf die Trommeloberfläche geschrieben. Alle vom Laser getroffenen Partikel auf der Trommel geben den größten Teil ihrer negativen Ladung an die Trommel ab. Jene Partikel mit geringerer negativer Ladung besitzen relativ zu den Tonerpartikeln eine positive Ladung, wodurch diese von ihnen angezogen werden und so das entwickelte Bild erzeugen (Abbildung 22.14).

Abbildung 22.14: Das Schreiben des Bildes und das Aufbringen des Toners

Bildtransfer

Der Drucker muss das Bild von der Trommel auf das Papier übertragen. Über die Transferkorona wird das Papier mit einer positiven Ladung versehen. Wenn das Papier erst einmal eine positive Ladung hat, dann springen die negativ geladenen Tonerpartikel von der Trommel zum Papier über. Jetzt liegen die Partikel aber nur lose auf dem Papier auf. Sie müssen noch permanent damit verbunden werden.

Fixieren des Bildes

Die Partikel müssen mit dem Papier verschmolzen werden. Sie sind vom Papier angezogen worden, weil dieses von der Transferkorona positiv geladen wurde. Wenn der Vorgang hier beendet wäre, würden die Tonerpartikel vom Papier abfallen, sobald dieses angehoben wird. Da Tonerpartikel größtenteils aus Kunststoff bestehen, können sie mit dem Papier verschmolzen werden. Zwei Rollen, von denen die Heizrolle mit einem nicht haftenden Material beschichtet ist, verschmelzen den Toner mit dem Papier, wodurch er dort permanent fixiert wird.

Vorsicht

Die Heizrolle wird heiß genug, um bestimmte Plastikmaterialien schmelzen zu können, wie z.B. Overhead-Folien. Dadurch kann der Laserdrucker beschädigt werden (die Garantie verfällt dabei). Achten Sie also darauf, dass Sie nur speziell für Laserdrucker geeignete Folien und beschichtete Papiersorten verwenden!

Schließlich wird die positive Ladung des Papiers vom Entstatisierer entfernt (Abbildung 22.15). Wenn die Seite fertig bedruckt ist, wird sie vom Drucker ausgeworfen, und der Prozess beginnt mit der physischen und elektrischen Reinigung des Druckers erneut.

Hinweis

Farblaserdrucker verwenden vier verschiedene Tonerfarben (Cyan, Magenta, Gelb und Schwarz) für ihre Ausdrucke. Die meisten Modelle verwenden vier Durchgänge für die Seiten, wobei bei jedem Durchgang eine Farbe aufgetragen wird, um die gewünschten Ergebnisse zu erzielen, während andere alle Farben auf einem speziellen Band unterbringen und sie dann in einem Durchgang auf die Seite übertragen. In einigen Fällen verwendet der Drucker vier separate Tonerkartuschen und vier Laser für die vier Tonerfarben, und in anderen legt der Drucker einfach eine Farbe nach der anderen auf derselben Trommel ab und reinigt sie nach jedem der vier Durchgänge für jede Seite.

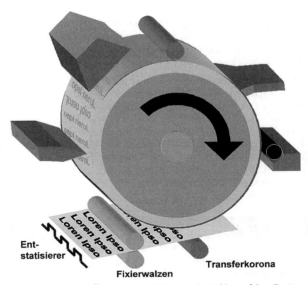

Abbildung 22.15: Übertragen und Fixieren des Bildes auf dem Papier

Die elektronischen Aspekte des Druckprozesses

Wenn Sie die DRUCKEN-Schaltfläche in einem Programm anklicken, dann geschehen mehrere Dinge. Zunächst verarbeitet die CPU die Anforderung und überträgt den Druckauftrag in einen Speicherbereich, der *Druckerwarteschlange (print spooler)* genannt wird. In der *Druckerwarteschlange* können Sie mehrere Druckaufträge ablegen, die der Drucker dann nacheinander abarbeitet. Dann überträgt Windows den ersten Druckauftrag zum Drucker. Dabei handelt es sich um den ersten potenziellen Engpass, denn wenn es sich um einen umfangreichen Druckauftrag handelt, dann muss das Betriebssystem die Seiten einzeln nacheinander ausgeben. Währenddessen wird im Infobereich unten rechts auf dem Bildschirm ein kleines Druckersymbol angezeigt. Wenn dieses Symbol aus dem Infobereich verschwindet, dann wissen Sie, dass die Druckerwarteschlange leer ist und alle Druckaufträge beim Drucker angekommen sind.

Wenn der Druckauftrag ganz oder teilweise beim Drucker angekommen ist, übernimmt die Druckerhardware und verarbeitet das Bild. Dabei handelt es sich um einen zweiten potenziellen Engpass mit mehreren Aspekten.

Rasterbilder

Bei Druckern mit Anschlag werden die Daten zeichen- oder zeilenweise übertragen, während bei Laserdruckern jeweils komplette Seiten übertragen werden. Laserdrucker erzeugen ein *Rasterbild* der Seite, das dem Endergebnis entspricht. Bei einem Rasterbild handelt es sich im Wesentlichen um eine Ansammlung vieler kleiner Bildpunkte (dots). Laserdrucker benutzen ein Bauteil (den Laser), um Rasterbilder auf die lichtempfindliche Trommel zu »malen«. Da Laserdrucker die komplette Oberfläche der Trommel »bemalen« müssen, bevor sie mit der Übertragung des Bildes auf das Papier beginnen können, müssen sie die Bilder jeweils seitenweise verarbeiten.

Laserdrucker verfügen mit dem so genannten *RIP (Raster Image Processor)* über einen Chip, der das an den Drucker übertragene Rasterbild in Befehle für den Laser übersetzt. Der RIP braucht Speicher (RAM), um die zu verarbeitenden Daten speichern zu können. Laserdrucker benötigen also ausreichend Speicher für eine komplette Seite. Einige hochauflösende Bilder erfordern möglicherweise mehr Speicher. Wenn der Speicher zur Verarbeitung des Bildes nicht ausreicht, kommt es zu einem

Kapitel 22

Speicherüberlauf (Memory Overflow). Wenn ein Speicherüberlauf gemeldet wird, dann können Sie versuchen, die Seite in verringerter Auflösung, mit verkleinerten Abbildungen oder abgeschaltetem RET (über diese Option erfahren Sie mehr im nachfolgenden Abschnitt) zu drucken. Die einfachste und wirksamste Methode, um dem Speicherüberlauf zu begegnen, ist aber natürlich die Erweiterung des Arbeitsspeichers des Laserdruckers.

Nehmen Sie aber nicht an, dass sich alle Fehler im Zusammenhang mit dem Speicher durch die einfache Erweiterung des Druckerspeichers beheben lassen. Genau wie das Hinzufügen weiterer RAM-Chips nicht alle Probleme des herkömmlichen PC-Speichers beheben kann, kann auch eine Erweiterung des Arbeitsspeichers bei Laserdruckern nicht alle Speicherprobleme beseitigen. Bei einem HP LaserJet bedeutet die Fehlermeldung »21 Error« zum Beispiel, dass der »Drucker sehr komplexe Daten nicht schnell genug für den Druck aufbereiten kann«. Das heißt nichts weiter, als dass die Daten einfach zu komplex für den RIP sind. Eine Speichererweiterung würde diese Fehlermeldung nicht beseitigen, sondern lediglich Geld kosten. Um ein solches Problem zu beheben, können Sie nur das Seitenbild weniger komplex gestalten, indem Sie weniger Schriftarten, weniger Formatierungen, niedrigere Auflösungen usw. verwenden.

Hinweis

Tintenstrahldrucker verwenden ebenfalls RIPs, aber diese befinden sich in den Gerätetreibern und nicht in druckerinternen Programmen. Sie können auch RIPs von Drittanbietern kaufen, die die Qualität Ihrer Ausdrucke verbessern können, wie z.B. von www.colorbytesoftware.com.

Auflösung

Ähnlich wie Bildschirme unterschiedliche Auflösungen beherrschen, können Laserdrucker in verschiedenen Auflösungen drucken. Die maximale Auflösung eines Laserdruckers wird von seinen physischen Merkmalen bestimmt. Die Auflösung von Laserdruckern wird in *dpi* (*dots per inch* – Druckpunkte je Zoll) angegeben. Übliche Auflösungen sind 600x600 oder 1.200x1.200 dpi. Die erste Zahl gibt die horizontale Auflösung an und wird davon bestimmt, wie fein der Laser fokussiert werden kann. Die zweite Zahl wird von der kleinsten Größeneinheit bestimmt, mit der die Trommel gedreht werden kann. Höhere Auflösungen führen zu einer besseren Ausgabequalität. Sie sollten aber nicht vergessen, dass sie auch mehr Speicher erfordern. In einigen Fällen lassen sich komplexe Bilder wegen ihres großen Speicherbedarfs nur in niedrigeren Auflösungen drucken. Selbst bei 300-dpi-Ausdrucken können Laserdrucker durch Einsatz von *RET*-Technologien (*Resolution Enhancement Technology*) qualitativ weit bessere Ausdrucke als Matrixdrucker erzeugen.

Beim Einsatz von RET werden kleinere Punkte bzw. Punkte in abgestuften Größen gedruckt, wodurch sich die treppenförmigen Kanten zwischen benachbarten Druckpunkten glätten lassen, die für Drucker ohne *Kantenglättungsverfahren* typisch sind (Abbildung 22.16). Durch den Einsatz von RET lässt sich zwar die Ausgabequalität von Laserdruckern steigern, es ist aber auch mehr Arbeitsspeicher im Drucker erforderlich. Wird ein Speicherüberlauffehler gemeldet, lässt sich dieser manchmal durch Deaktivierung von RET beheben.

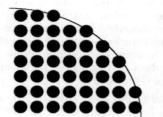
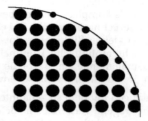

Abbildung 22.16: Kantenglättungsverfahren füllen Lücken mit kleineren Druckpunkten auf, um Treppeneffekte zu vermeiden.

Installation eines Druckers unter Windows

Sie sollten zuerst verstehen, wie Windows mit dem Druckvorgang umgeht, und dann lernen, wie man unter diesen Betriebssystemen Drucker installiert, konfiguriert und deren Probleme behebt.

> **Wichtig**
>
> Die A+-Prüfungen der CompTIA fragen Sie nach der Installation und Fehlersuche bei Druckern, deshalb sollten Sie diese Abschnitte aufmerksam lesen!

Für Windows 2000, XP und Vista/7 ist ein Drucker kein physisches Gerät. Es handelt sich dabei um ein *Programm*, das einen oder mehrere physische Drucker steuert. Der physische Drucker wird als *Druckgerät* genannt (obwohl ich größtenteils weiterhin den Begriff »Drucker« verwende). Es gibt weiterhin Druckertreiber und Druckerwarteschlangen, aber unter Windows 2000, XP und Vista/7 sind sie in den eigentlichen Drucker integriert (Abbildung 22.17). Durch dieses Schema kann Windows äußerst flexibel mit Druckern umgehen. Beispielsweise kann ein Drucker mehrere Druckgeräte unterstützen, so dass er sich wie ein Druckerserver verhalten kann. Wenn ein Druckgerät ausfällt, leitet der Drucker die Ausgabe automatisch auf ein funktionierendes Druckgerät um.

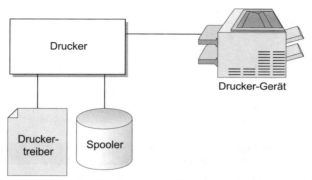

Abbildung 22.17: Drucker, Druckertreiber und Druckerwarteschlange unter Windows

Die allgemeine Vorgehensweise ist bei Installation, Konfiguration und Fehlersuche von Druckern unter Windows 2000, XP und Vista/7 grundsätzlich gleich. Nachfolgend finden Sie die Beschreibung einer typischen Druckerinstallation. Ich werde dabei gegebenenfalls auf die kleinen Unterschiede zwischen Windows 2000, XP und Vista hinweisen.

Einrichtung von Druckern

Die Einrichtung eines Druckers ist schon fast beängstigend einfach. Die meisten Drucker werden automatisch erkannt (PnP – Plug&Play), so dass sich die Installation eines Druckers auf dessen Anschluss und das Laden des gegebenenfalls erforderlichen Treibers beschränkt. Wenn das System den Drucker nicht erkennt oder es sich bei ihm nicht um ein PnP-Gerät handelt, dann wählen Sie unter Windows XP START|DRUCKER UND FAXGERÄTE und unter Windows 2000 START|EINSTELLUNGEN|DRUCKER, um das DRUCKER-Applet aufzurufen. Das Symbol dieses Applets finden Sie auch in der Systemsteuerung von Windows 2000/XP. Unter Windows Vista müssen Sie die Systemsteuerung aufrufen und in der Kategorieansicht unter HARDWARE UND SOUND den Eintrag DRUCKER anklicken. In der klassischen Ansicht der Systemsteuerung klicken Sie unter Vista das Symbol DRUCKER doppelt an.

Wie Sie sich wohl bereits denken können, wird ein neuer Drucker über das Symbol DRUCKER HINZUFÜGEN bzw. NEUER DRUCKER installiert. Anschließend wird der Assistent DRUCKER HINZUFÜGEN gestartet. Nach der Anzeige eines netten Begrüßungsdialogfelds können Sie angeben, ob der Drucker direkt an das System angeschlossen ist (lokaler Drucker) oder ob es sich um einen Netzwerkdrucker handelt. Windows XP zeigt das Dialogfeld aus Abbildung 22.18 an. Unter Windows 2000 finden Sie zudem die Option AUTOMATISCHE ERKENNUNG UND INSTALLATION VON PLUG & PLAY-DRUCKERN, die häufig für die Installation von USB-Druckern verwendet werden kann.

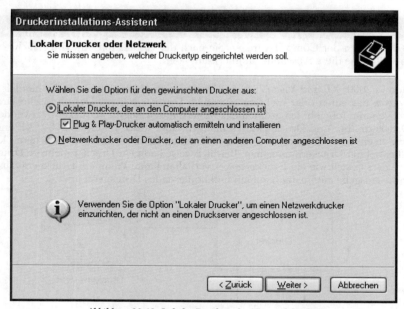

Abbildung 22.18: Lokaler Drucker oder Netzwerkdrucker?

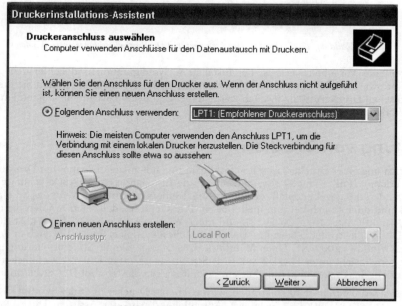

Abbildung 22.19: Auswahl eines Anschlusses

Wenn Sie sich für einen lokalen Drucker entscheiden (Netzwerkdrucker werden in Kapitel 23, *Lokale Netzwerke*, beschrieben), werden Sie von dem Applet zur Auswahl eines Anschlusses aufgefordert (Abbildung 22.19). Nachdem Sie den Anschluss ausgewählt haben, fordert Windows Sie auf, den Druckertyp anzugeben. Dazu wählen Sie entweder einen Typ aus der Liste aus oder Sie legen einen Datenträger ein, genau wie Sie bei jedem anderen Gerät vorgehen würden (Abbildung 22.20). Beachten Sie die praktische Schaltfläche WINDOWS UPDATE, über die sich gegebenenfalls aktuelle Druckertreiber aus dem Internet herunterladen lassen. Wenn Sie in diesem Dialogfeld WEITER anklicken, installiert Windows den Drucker.

Abbildung 22.20: Auswahl des Druckermodells

Abbildung 22.21 zeigt ein typisches Fenster DRUCKER UND FAXGERÄTE unter Windows XP für ein System mit zwei installierten Druckern (einem Netzwerkdrucker und einem lokalen Drucker). Beachten Sie das kleine Häkchen im Symbol des einen installierten Druckers, das darauf hinweist, dass es sich bei diesem um den Standarddrucker handelt. Wenn Sie mehrere Drucker besitzen, können Sie den Standarddrucker dadurch festlegen, dass Sie im Kontextmenü des entsprechenden Druckers die Option ALS STANDARD DEFINIEREN bzw. ALS STANDARDDRUCKER FESTLEGEN anklicken.

Neben der zuvor vorgestellten Installation echter Drucker und der dazu passenden Treiber werden manchmal auch *Druckeremulationen* installiert, wie sie z.B. auch für Faxgeräte, Modems oder ISDN-Karten installiert werden. Bei der Druckeremulation ersetzt man einfach den Treiber eines Druckers, der speziell für diesen erstellt wurde, durch einen anderen Treiber, wie z.B. den für ein baugleiches Druckermodell eines anderen Herstellers oder ein kompatibles Vorgängermodell desselben Herstellers. Auf die Druckeremulation greift man gewöhnlich in zwei Fällen zurück. Erstens werden einige neue Drucker ohne eigene Treiber geliefert. Stattdessen emulieren diese Drucker einen bekannten Drucker (z.B. einen HP LaserJet 4) und arbeiten einwandfrei mit dem entsprechenden Druckertreiber zusammen. Zweitens kann man natürlich auf die Emulation zurückgreifen, wenn die Datenträger mit Treibern nicht vorliegen oder abhandengekommen sind. Auf meinem Rechner sind drei verschiedene Druckermodelle (HP LaserJet und Epson-Tintenstrahler) installiert, da ich weiß, dass ich mit diesen Druckertreibern auf nahezu allen Druckern ausdrucken kann. Einige Drucker müssen in einen Emulationsmodus umgeschaltet werden, damit sie mit einem anderen als dem eigenen Treiber klarkommen.

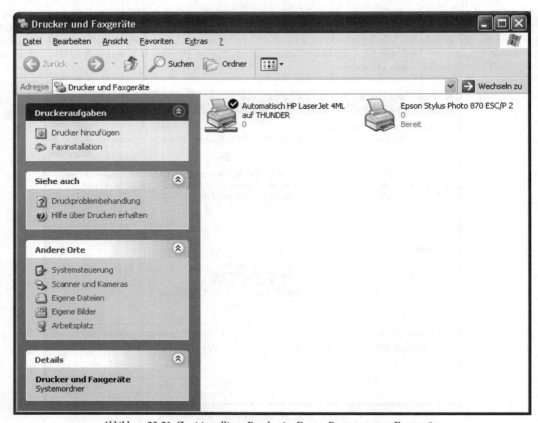

Abbildung 22.21: Zwei installierte Drucker im Fenster DRUCKER UND FAXGERÄTE

Hinweis

Sie haben gesehen, wie Sie Ihr System dazu bringen, einen Drucker zu erkennen, aber was machen Sie, wenn Sie einen völlig neuen Drucker haben? Wie die meisten Peripheriegeräte beinhaltet auch der Drucker eine CD-ROM für die Installation, auf der Sie verschiedene praktische Dateien finden. Eines der wichtigsten, aber am seltensten verwendeten Werkzeuge auf dieser CD-ROM ist die Readme-Datei. Diese Datei, die meist im TXT-Format vorliegt, enthält die neuesten Informationen über alle Eigenheiten, Probleme oder Inkompatibilitäten, die für Ihren Drucker oder Druckertreiber bekannt sind. Normalerweise findet man sie im Stammverzeichnis der Installations-CD, aber viele Druckertreiber installieren die Readme-Datei auch auf Ihrer Festplatte, so dass Sie über das Start-Menü darauf zugreifen können. Sie sollten sie immer als Erstes lesen, um späteres Kopfzerbrechen zu vermeiden!

Optimierung der Druckleistung

Der erste Schritt zu einer qualitativ hochwertigen Ausgabe ist zwar ein Qualitätsdrucker, aber Ihr Ausdruck ist noch von weiteren Faktoren abhängig. Das, was Sie auf dem Bildschirm sehen, stimmt möglicherweise nicht mit dem Ausdruck überein, deshalb spielt die Kalibrierung eine große Rolle. Wenn Sie das falsche Papier verwenden, kann die Qualität darunter ebenfalls stark leiden. Die Konfiguration des Druckertreibers und der Spool-Einstellungen kann sich ebenfalls auf Ihre Ausdrucke auswirken.

Kalibrierung

Wenn Sie schon einmal ewig an einem digitalen Foto auf dem Bildschirm gearbeitet haben, nur um anschließend festzustellen, dass der Ausdruck dann dunkler als erwartet ist, sollten Sie Ihren Bildschirm kalibrieren. Beim *Kalibrieren* wird die Ausgabe des Druckers an die Bildschirmausgabe angepasst und durch Programme verwaltet. Alle drei beteiligten Komponenten müssen richtig eingerichtet werden, wenn Ausdrucke und Bildschirmanzeige wirklich übereinstimmen sollen.

Computerbildschirme arbeiten mit RGB – das heißt, sie setzen die Farben unter Verwendung roter, grüner und blauer Pixel zusammen (siehe Kapitel 19, *Anzeige: Bildschirm und Grafikkarte*), während Drucker ihre Farben anders mischen, um zu dem gewünschten Ergebnis zu gelangen. Wie bereits erwähnt, werden bei der CMYK-Methode die Farben aus Cyan (Blau), Magenta (Rot), Gelb und Schwarz zusammengesetzt.

> **Wichtig**
>
> Merken Sie sich für die Prüfungen, dass beim *RGB-Farbmodell* die Farben Rot, Grün und Blau gemischt werden, während das *CMYK-Farbmodell* Zyan, Magenta, Gelb und Schwarz verwendet, um farbige Ausdrucke zu produzieren.

Der Drucker versucht also, mit CMYK (oder einer anderen Technik) das nachzubilden, was auf dem Bildschirm im RGB-Farbraum dargestellt wird. Weil die beiden Farbmodelle die Farben nicht auf dieselbe Weise erzeugen, sehen Sie Farbverschiebungen und deutliche Unterschiede zwischen dem Bild auf dem Bildschirm und dem gedruckten Bild. Durch die Kalibrierung Ihres Bildschirms können Sie die Einstellung so anpassen, dass sie der Ausgabe auf Ihrem Drucker besser entspricht. Dazu können Sie manuelle Einstellungen vornehmen und schätzen oder Sie können Anpassungen von automatischer Kalibrierungs-Hardware vornehmen lassen.

Um einen Bildschirm manuell zu kalibrieren, laden Sie ein Testbild aus dem Internet herunter (wie z.B. von www.DigitalDog.net) und drucken es aus. Wenn Sie ein gutes Auge haben, können Sie diesen Ausdruck mit der Bildschirmdarstellung vergleichen und die Anpassungen manuell über die Steuerelemente des Bildschirms oder die Anzeigeeinstellungen vornehmen.

Eine andere Möglichkeit ist, den Drucker anhand eines Farbprofils vom *ICC* (*International Color Consortium*) zu kalibrieren. Dabei handelt es sich um eine Referenzdatei, die Ihren Drucker anweist, Farben auf bestimmte Weise auszudrucken – so, dass sie annähernd der Darstellung auf dem Bildschirm entsprechen. Wenn Sie ein anderes Farbprofil laden, erhalten Sie eine andere Farbausgabe. Auch auf der Installations-CD eines Druckers befinden sich manchmal Farbprofile, aber Sie können auch benutzerdefinierte Profile erstellen oder kaufen. Die Verwendung von ICC-Profilen ist nicht auf Drucker beschränkt. Sie können sie auch für die Steuerung der Ausgabe von Bildschirmen, Scannern oder Digitalkameras verwenden. Windows Vista enthält mit *WCS* (*Windows Color System*) ein Hilfsmittel zum Erstellen von Farbprofilen für die Nutzung mit verschiedenen Geräten. WCS basiert auf einem neuen Standard, den Microsoft *CITE* (*Color Infrastructure and Translation Engine*) nennt.

Problembehebung bei Druckern

Drucker lassen sich nicht nur einfach einrichten, sondern arbeiten meist auch äußerst zuverlässig, sofern nur die richtigen Treiber installiert sind und der Drucker gut gewartet wird. Gelegentlich kommt es aber doch zu Druckerfehlern. Die häufigsten Windows-Druckprobleme und Probleme, die beim Einsatz spezieller Druckertypen auftreten können, werden wir uns nun ansehen.

Allgemeine Aspekte der Fehlersuche

Drucker aller Bauarten weisen einige allgemeine Probleme auf, wie beispielsweise dass Druckaufträge nicht ausgegeben werden, dass in merkwürdiger Größe gedruckt wird oder dass Ausdrucke fehlerhaft ausgerichtet sind. Andere Aspekte betreffen den Verbrauch, die gemeinsame Nutzung mehrerer Drucker oder den Absturz beim Einschalten. Wir werden diese allgemeinen Aspekte der Fehlersuche eingehender betrachten, werden aber erst einmal mit einem Überblick über die wichtigsten benötigten Werkzeuge beginnen.

Die wichtigsten Werkzeuge

Bevor Sie mit der Arbeit an einem problematischen Drucker beginnen, benötigen Sie ein paar Werkzeuge. Neben den Standardwerkzeugen aus Ihrer Werkzeugtasche können Sie einige weitere druckerspezifische Hilfsmittel verwenden. Die folgenden sind praktisch:

- Ein Multimeter für die Suche nach elektrischen Problemen, wie beispielsweise defekten Wandsteckdosen
- Verschiedene Reinigungslösungen, wie z.B. Brennspiritus (denaturierter Alkohol)
- Einen Magneten, um lockere Schrauben in Engstellen zu erwischen und eisenbasierten Toner zu entfernen
- Eine CD oder ein USB-Stick mit Testmustern zur Überprüfung der Druckqualität
- Ihre treuen Kreuzschlitz- und Schlitzschraubendreher, um für alle Fälle gerüstet zu sein

Druckaufträge werden nie ausgedruckt

Wenn der Drucker nach dem Anklicken der DRUCKEN-Schaltfläche gar nicht reagiert, sollen Sie zunächst alle möglichen offensichtlichen Fehlerquellen eliminieren. Ist der Drucker eingeschaltet? Ist er angeschlossen? Ist er online geschaltet? Hat er Papier? Wenn mit dem Drucker alles in Ordnung ist, sollten Sie einen Blick in die Druckerwarteschlange werfen. Den Status der Druckerwarteschlange können Sie feststellen, wenn Sie entweder das Symbol des Druckers im Applet DRUCKER doppelt oder das winzige Druckersymbol in der Taskleiste ein Mal anklicken, sofern dieses dort vorhanden ist. Das ist allerdings beim Vorliegen von Problemen fast immer der Fall (Abbildung 22.22).

Abbildung 22.22: Der Status der Druckerwarteschlange

Warteschlangen können leicht überlaufen oder wegen mangelnder Festplattenkapazität, zu vieler Druckaufträge oder tausend anderen Faktoren hakeln. In diesem Fenster werden alle noch ausstehenden Druckaufträge angezeigt. Hier können Sie einzelne Aufträge löschen, starten oder anhalten. Ich lösche üblicherweise nur kritische Druckaufträge und versuche den Ausdruck anschließend erneut.

Warteschlangen (Spooler) sind fürchterlich praktisch. Wenn der Drucker ausgeschaltet wird oder ausfällt, dann können Sie die Druckaufträge einfach in der Warteschlange lassen, bis der Drucker wieder eingeschaltet wird bzw. betriebsbereit ist. Bei einigen Windows-Versionen müssen Sie den Druckauftrag manuell fortsetzen, bei anderen wird er aber automatisch fortgesetzt bzw. neu gestartet. Wenn ein Drucker nicht ständig verfügbar ist oder nie mehr verfügbar sein wird, dann können Sie den oder die entsprechenden Druckaufträge einfach im Fenster der Druckerwarteschlange löschen und einen anderen Drucker ausprobieren.

Wenn Sie Probleme mit der Druckerwarteschlange haben, können Sie die entsprechenden Einstellungen ändern. Gehen Sie in das Applet DRUCKER bzw. DRUCKER UND FAXGERÄTE, klicken Sie den betreffenden Drucker mit der rechten Maustaste an und wählen Sie EIGENSCHAFTEN. In dem Dialogfeld (Abbildung 22.23) markieren Sie das Optionsfeld DRUCKAUFTRÄGE DIREKT ZUM DRUCKER SENDEN und klicken auf OK. Anschließend senden Sie Ihren Druckauftrag erneut. Beachten Sie, dass Sie über dieses Dialogfeld auch wahlweise dafür sorgen können, dass Druckaufträge sofort gestartet werden, sobald sich in der Warteschlange nur genügend Daten befinden, oder dass erst dann mit dem Drucken begonnen wird, wenn sich der gesamte Auftrag in der Warteschlange befindet.

Abbildung 22.23: Einstellungen für die Druckerwarteschlange

Eine weitere mögliche Ursache für einen nicht ausgeführten Druckauftrag kann sein, dass der Drucker einfach auf das richtige Papier wartet. Vor allem bei Laserdruckern gibt es Einstellungen und Sensoren, über die ihnen mitgeteilt wird, welche Papiergröße sich im Papierschacht befindet. Wenn ein Programm einen Druckauftrag für eine andere Papiergröße sendet und beispielsweise einen Standardumschlag bedrucken will, sich im Papierschacht aber nur A4-Papier befindet, dann nimmt der Drucker seine Arbeit normalerweise gar nicht erst auf, sondern wartet erst einmal darauf, dass jemand die Papierkassette wechselt oder das für den Druckauftrag benötigte Papier manuell einlegt. Wenn Sie am Drucker die Taste OK oder GO drücken, dann bedrucken die meisten Drucker anschließend auch das eigentlich falsche Papierformat.

Die Standardoptionen für Papierschacht und Papiergröße variieren abhängig vom Druckertyp und vom Modell. Sie erreichen diese Einstellungen im Applet DRUCKER bzw. DRUCKER UND FAXGERÄTE über die Registerkarte ALLGEMEIN und die Schaltfläche DRUCKEINSTELLUNGEN. Hier können Sie das Quellfach (bei Druckern mit mehreren Papierschächten) und die Papierart festlegen.

Wenn Sie die Einstellungen der Druckerwarteschlange und die Papiergröße zwar doppelt überprüft haben, der Drucker aber partout immer noch nicht drucken will, dann wird es Zeit, auf eine bewährte Technik zurückzugreifen, die meist erstaunlich gut funktioniert: Schalten Sie den Drucker aus, warten Sie ein paar Sekunden und schalten Sie ihn dann wieder ein (*Power-Cycling*). Prüfen Sie auch, ob der

Drucker wirklich mit dem Rechner verbunden ist. Sie wären erstaunt, wie viele Druckprobleme (und Computerprobleme allgemein) nur deshalb entstehen, weil sich Kabel gelöst haben oder versehentlich entfernt wurden.

Seltsame Abmessungen

Wenn Druckaufträge in merkwürdiger Größe ausgedruckt werden, weist dies üblicherweise darauf hin, dass der Anwender bei deren Einrichtung Fehler gemacht hat. Alle Anwendungen verfügen über Befehle zum Drucken und zur Seiteneinrichtung. Im Rahmen der Seiteneinrichtung oder der Druckeinstellungen können Sie eine Reihe von Druckoptionen festlegen, die sich je nach Einsatz und verwendetem Drucker unterschiedlich auswirken können. Abbildung 22.24 zeigt das Dialogfeld SEITE EINRICHTEN von Word. Bevor Sie dem Drucker die Schuld geben, sollten Sie sich davon überzeugen, dass der Anwender die Seite richtig eingerichtet hat.

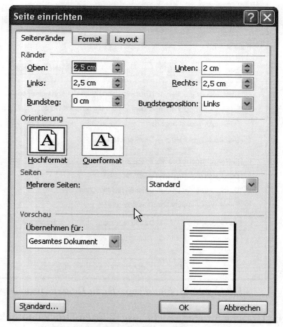

Abbildung 22.24: Optionen der Seiteneinrichtung

Wenn Sie wissen, dass die Seite richtig eingerichtet wurde, prüfen Sie noch einmal die Druckertreiber. Deinstallieren Sie die Druckertreiber bei Bedarf und installieren Sie sie neu. Wenn das Problem weiterhin bestehen bleibt, könnte ein ernsthafter Fehler der Druckerelektronik vorliegen. In diesem Fall müssten Sie aber auch ständig Ausdrucke mit denselben seltsamen Abmessungen erhalten, wenn Sie von anderen Anwendungen aus drucken.

Falsch ausgerichtete oder nicht lesbare Ausdrucke

Wenn Ausdrucke falsch ausgerichtet sind oder zwar drucktechnisch in Ordnung, aber dennoch nicht lesbar sind (z.B. »Hieroglyphen«), weist dies unweigerlich auf beschädigte oder falsche Treiber hin. (Mittlerweile ist es zwar recht schwer, falsche Treiber zu installieren, aber auch nicht ausgeschlossen.) Überzeugen Sie sich davon, dass der richtige Treiber verwendet wird, deinstallieren Sie den Druckertreiber und installieren Sie ihn anschließend neu. Wenn das Problem bestehen bleibt, geben Sie dem Drucker vielleicht einen Auftrag, den dieser gar nicht erfüllen kann. Vielleicht kommunizieren Sie ja über einen PCL-Treiber mit einem PostScript-Drucker. Prüfen Sie noch einmal das Druckermodell, um sich davon zu überzeugen, dass nicht versehentlich die falsche Treibervariante für diesen Drucker installiert worden ist!

Umgang mit Verbrauchsmaterialien

Alle Drucker produzieren eine Menge Abfall in Form von *Verbrauchsmaterialien*. Jene Drucker, die mit Anschlag arbeiten, verbrauchen Papier und Farbbänder, Tintenstrahldrucker Papier und Tintenpatronen, Laserdrucker Papier und Tonerkartuschen. Im heutigen umweltbewussten Umfeld wird die Entsorgung der meisten Druckerkomponenten von vielen Gesetzen reguliert. Fragen Sie bei den lokalen Behörden oder dem zuständigen Entsorgungsunternehmen nach, wie die verschiedenen Komponenten zu entsorgen sind, bevor Sie sie wegwerfen. Natürlich sollten Sie Tonerkartuschen nie wegwerfen – manche Unternehmen zahlen sogar für leere Kartuschen!

Wenn Sie nicht genau wissen, wie Sie mit einer Komponente umgehen sollen, lesen Sie auf dem Sicherheitsdatenblatt des Herstellers nach. Diese standardisierten Formulare bieten detaillierte Informationen über mögliche Umweltgefahren, die von bestimmten Komponenten ausgehen, und weisen auf geeignete Entsorgungsmethoden hin. Beispielsweise finden Sie unter www.hp.com/hpinfo/ globalcitizenship/environment/productdata/index.html das neueste Sicherheitsdatenblatt für Produkte von Hewlett-Packard. Dabei handelt es sich nicht nur um ein Druckerproblem – Sie finden dort auch Sicherheitsdatenblätter für die meisten PC-Komponenten. Im Zweifel können Sie notfalls immer noch direkt Kontakt mit dem Hersteller aufnehmen.

Anschluss mehrerer Drucker an einer Schnittstelle

Wenn Sie mehrere Drucker an derselben parallelen Schnittstelle anschließen wollen, müssen Sie einen *Druckerumschalter* einsetzen. Laserdrucker sollten nie an mechanischen Umschaltern betrieben werden. Mechanische Umschalter sorgen für Spannungsspitzen, die den Drucker beschädigen können. Wenn Sie einen Umschalter einsetzen müssen, sollten Sie Schalter verwenden, die Drucker elektronisch umschalten und über einen integrierten Überspannungsschutz verfügen.

»Abstürze« beim Einschalten

Sowohl Laserdrucker als auch Computer brauchen kurz nach dem Einschalten mehr Strom (der POST beim PC und die Aufwärmphase beim Laserdrucker) als während ihres eigentlichen Betriebs. Hewlett-Packard empfiehlt, die Reihenfolge beim Einschalten umzukehren. Schalten Sie erst den Laserdrucker ein und warten Sie, bis dessen Aufwärmphase beendet ist, bevor Sie den PC einschalten. Dadurch sorgen Sie dafür, dass diese beiden Geräte ihre größten Energiemengen nicht gleichzeitig aus dem Stromnetz ziehen.

Fehlerbehebung bei Matrixdruckern

Matrixdrucker erfordern regelmäßige Wartung, funktionieren aber ewig, wenn Sie diese sorgfältig ausführen. Die Walze, auf die die Nadeln auftreffen, und der Druckkopf sollten mit denaturiertem Alkohol sauber gehalten werden. Sorgen Sie auch dafür, dass Zahnräder und Rollen entsprechend den Vorgaben des Herstellers geschmiert werden. Zur Reinigung des Druckkopfs sollten Sie allerdings nie Flüssigkeiten verwenden, da diese dazu führen können, dass das Papier verschmiert und fleckig wird.

Schlecht aussehender Text

Weiße, horizontale Streifen, die durch den Text verlaufen, weisen auf einen verschmutzten oder beschädigten Druckkopf hin. Versuchen Sie, den Druckkopf mit ein wenig denaturiertem Alkohol zu säubern. Wenn das Problem weiterhin besteht, ersetzen Sie den Druckkopf. Beim Druckerhersteller oder bei Drittanbietern sind Druckköpfe für die meisten Drucker kurzfristig lieferbar. Wenn die Zeichen oben oder unten abgehackt werden, muss der Druckkopf wahrscheinlich neu justiert werden. Einzelheiten dazu entnehmen Sie den Anleitungen des Herstellers.

Schlecht aussehende Seite

Wenn das Papier mit kleinen Punkten übersät und verschmiert ist, dann ist die Andruckwalze verschmutzt. Säubern Sie die Andruckwalze mit denaturiertem Alkohol. Wenn das Schriftbild blass wirkt, das Farbband aber noch gut ist, justieren Sie den Druckkopf neu, damit er sich dichter an der Walze befindet. Wenn das Druckbild auf der einen Seite des Blattes zwar in Ordnung ist, zur anderen Seite hin aber schwächer wird, dann ist die Walze dejustiert. Die Andruckwalzen lassen sich im Allgemeinen nur schwer neu justieren, so dass es meist angeraten ist, sie (bzw. den Drucker) zur Wartungs- und Reparaturniederlassung des Herstellers zu schicken.

Problembehebung bei Tintenstrahlern

Tintenstahldrucker sind sehr zuverlässige Geräte, die nur sehr wenig Wartung erfordern, sofern sie innerhalb des vorgesehenen Rahmens genutzt werden. (Intensiv genutzte Geräte erfordern mehr Wartung.) Aufgrund der niedrigen Preise der Geräte wissen die Hersteller, dass deren Besitzer nicht bereit sind, viel Geld für die Wartung auszugeben. Wenn Sie nur die einfachsten Wartungsaufgaben ausführen, dann halten die Drucker meist problemlos viele Jahre lang. Tintenstrahler enthalten meist eingebaute Wartungsprogramme, die Sie von Zeit zu Zeit ausführen sollten, um den Tintenstrahler in gutem Betriebszustand zu halten.

Wartung von Tintenstrahlern

Tintenstrahldrucker verschmutzen weit weniger stark als Laserdrucker und die meisten Hersteller empfehlen keine periodische Reinigung. Sofern dies vom Hersteller nicht ausdrücklich empfohlen wird, sollten Sie Tintenstrahler nicht mit einem Staubsauger reinigen. Tintenstrahler werden zwar meist ohne Wartungskits geliefert, enthalten dafür aber zumeist umfassende Wartungsprogramme (Abbildung 22.25). Üblicherweise besteht das größte Problem darin, die entsprechenden Programme zu finden. Halten Sie nach einer entsprechenden Option bei den Druckereigenschaften, einer Option im Startmenü oder einem Symbol auf dem Desktop Ausschau. Irgendwo gibt es diese Programme!

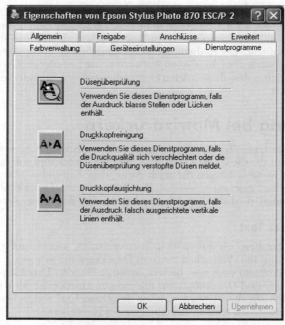

Abbildung 22.25. Die Registerkarte DIENSTPROGRAMME mit den Wartungsprogrammen eines Tintenstrahldruckers

Wenn Sie einen Tintenstrahler erstmals einrichten, dann werden Sie oft aufgefordert, Programme zur korrekten Ausrichtung der Druckköpfe auszuführen. Dabei drucken Sie eine Seite aus und wählen bestimmte nummerierte Einstellungen aus. Wenn diese Programme nicht ausgeführt werden, dann erkennen Sie dies an der Druckqualität. Die Routinen können aber jederzeit und beliebig oft ausgeführt werden. Wenn ein Drucker transportiert wird, auf den Boden gefallen ist oder einfach eine Zeit lang unbeaufsichtigt gearbeitet hat, dann lohnt es sich häufig, die Routinen zur Ausrichtung der Druckköpfe auszuführen.

Probleme von Tintenstrahlern

Habe ich gesagt, dass Sie Tintenstrahler nie reinigen sollten? Nun, das mag ja für den Drucker selbst zutreffen, aber es gibt einen Teil des Druckers, der von gelegentlicher Reinigung profitiert: die Düsen des Druckkopfs eines Tintenstrahlers. Die Düsen sind die winzigen Röhrchen, die die Tinte auf das Papier schießen. Ein verbreitetes Problem bei Tintenstrahldruckern ist das Eintrocknen der Düsen nach bereits relativ kurzer Zeit der Nichtbenutzung, so dass keine Tinte mehr austreten kann. Wenn der Drucker Windows zwar mitteilt, dass er druckt und auch Papier auswirft, aber nichts auf dem Papier erscheint (das geschieht meist dann, wenn Sie nur schwarzen Text drucken) oder nur bestimmte Farben gedruckt werden (aber noch genügend Tinte vorrätig ist), dann liegt es sehr wahrscheinlich daran, dass Tinte eingetrocknet ist und die Düsen verstopft sind.

Hinweis

Alle Tinten von Tintenstrahlern basieren auf Wasser, weshalb die Düsen mit Wasser besser als mit Alkohol gereinigt werden können.

Das Verfahren zur Reinigung der Druckköpfe sieht bei jedem Tintenstrahler etwas anders aus. Bei älteren Tintenstrahlern müssen Sie üblicherweise bestimmte Tasten am Drucker betätigen, um das Wartungsprogramm zu starten. Bei moderneren Tintenstrahlern können Sie auf die Wartungsprogramme zur Reinigung der Druckköpfe (auch) von Windows aus zugreifen.

Hinweis

Manchmal ist es notwendig, die Druckköpfe eines Tintenstrahldruckers zu reinigen, aber ich empfehle Ihnen nicht, dies regelmäßig vorbeugend zu machen. Bei der Reinigung wird eine Menge der sehr teuren Tinte verbraucht, deshalb sollten Sie dies nur dann tun, wenn ein Druckproblem auf verstopfte oder verschmutzte Druckköpfe hinweist.

Ein weiteres Problem, das zuweilen auftritt, ist der gefürchtete Einzug mehrerer Blätter gleichzeitig. Meist handelt es sich dabei eigentlich nicht um ein Problem des Druckers selbst. Feuchtigkeit kann dafür sorgen, dass die Blätter aneinanderkleben. Manchmal ist aber auch ein überhitzter Drucker der Schuldige. Wenn Sie also pausenlos viele Dokumente ausdrucken, dann sollten Sie dem Drucker besser hier und da eine Kaffeepause gewähren. Achten Sie auch darauf, dass Sie das Papier vor dem Einlegen in den Papierschacht auffächern, um die Blätter voneinander zu trennen.

Schließlich befindet sich im Wartungsbereich des Druckers, in dem die Druckköpfe geparkt werden, üblicherweise ein kleiner Behälter oder Tank, der die überschüssige Tinte beim Reinigungsprozess auffängt. Wenn der Drucker über einen solchen Auffangbehälter verfügt, prüfen Sie, wie voll er ist. Wenn der Behälter überläuft und die Tinte auf die Platine oder sogar auf das Netzteil des Druckers tropft, dann führt dies zur Beschädigung des Druckers. Wenn der Behälter bereits reichlich voll ist, dann können Sie überschüssige Tinte dadurch entfernen, dass Sie Papierhandtücher zusammendrehen, in den Behälter einführen und mit ihnen die Tinte aufsaugen. Dabei sollten Sie besser Latex- oder Kunststoffhandschuhe tragen. Beseitigen Sie verschüttete Tinte mit einem mit destilliertem Wasser befeuchteten Papierhandtuch.

Problembehebung bei Laserdruckern

Es gibt einige Probleme, die bei Laserdruckern auftreten können. Bevor wir uns aber damit befassen, werden wir uns erst einmal ein paar vorbeugende Maßnahmen ansehen, mit denen derartige Probleme *vermieden* werden können.

Vorsicht

Vor Wartungsarbeiten an einem Laserdrucker sollten Sie diesen *immer* abschalten und von der Stromversorgung trennen! Setzen Sie sich nicht den gefährlich hohen Spannungen aus, die in diesen Geräten vorhanden sein können.

Wartung von Laserdruckern

Anders als beim PC folgt die Wartung und Fehlersuche bei Laserdruckern einem recht einheitlichen und bewährten Verfahren. Befolgen Sie diese Schritte, damit der Drucker lange »gesund« und einsatzfähig bleibt.

Reinigung

Laserdrucker sind in der Regel recht robust konstruiert. Eine sorgfältige Reinigung bei jedem Austausch der Tonerkartusche kann jedoch dessen Leben verlängern, wodurch er jahrelang hält. Es gibt viele Beispiele für LaserJets, die auch nach mehr als einem Dutzend Betriebsjahren noch einwandfrei funktionieren. Derart lange Einsatzzeiten lassen sich aber wohl nur erreichen, wenn die Drucker tadellos sauber gehalten werden.

Im Allgemeinen gibt es nur zwei Ursachen für die Verschmutzung eines Laserdruckers. Die erste Ursache bilden überschüssige Tonermengen. Der Toner verteilt sich langsam im ganzen Drucker. Die zweite Ursache ist *Papierstaub*. Dieser lagert sich vorwiegend an jenen Stellen im Drucker ab, an denen das Papier über Walzen geführt wird oder die Mechanik das Papier aufnimmt. Anders als (schwarzer) Toner lässt sich Papierstaub gut erkennen und kann als Hinweis darauf dienen, dass der Drucker einer Reinigung bedarf. Nicht nur bei Druckern ist es üblicherweise am besten, wenn man Rückstände mit einer Dose Druckluft aus dem Gehäuse bläst. Das sollte möglichst außerhalb geschlossener Räume erledigt werden, wenn man hinterher nicht wie ein Schornsteinfeger aussehen will! Wenn Sie den Drucker innerhalb geschlossener Räume reinigen müssen, sollten Sie dazu Staubsauger verwenden, die speziell für die Reinigung elektronischer Komponenten entwickelt worden sind (Abbildung 22.26).

Abbildung 22.26: Staubsauger für elektronische Komponenten

Für alle Laserdrucker gibt es spezielle Reinigungsverfahren. Ein Bereich wird bei den Reinigungsanleitungen der meisten Laserdrucker aber vergessen. In allen Laserdruckern gibt es eine Reihe von Gummi-Führungsrollen, über die das Papier beim Druckvorgang geleitet wird. Diese kleinen Rollen nehmen mit der Zeit leicht Schmutz und Papierstaub auf, wodurch sie rutschig werden und Papierstaus verursachen können. Diese Rollen lassen sich aber einfach mit ein wenig 90-prozentigem Alkohol und einem fusselfreien Lappen reinigen. Der Alkohol entfernt die Rückstände und »totes«

Gummi. Sie können die Rollen und Trennelemente aber auch aufrauen, damit sie ihre Aufgabe wieder besser erfüllen, indem Sie sie mit ein wenig Alkohol befeuchten und über eine Scheuermatte ziehen.

> **Vorsicht**
>
> Die lichtempfindliche Trommel, die sich üblicherweise in der Tonerkartusche befindet, lässt sich bei Verschmutzung abwischen. *Lassen Sie dabei äußerste Vorsicht walten!!* Wenn die Trommel verkratzt wird, finden Sie diese Kratzer anschließend auf allen ausgedruckten Seiten wieder. Dann können Sie nur noch die komplette Tonerkartusche auswechseln.

Wenn Sie genau nach Vorschrift vorgehen wollen, dann besorgen Sie sich das Wartungshandbuch des Druckers. Dieses ist bei fast allen Druckerherstellern erhältlich und es enthält alle wesentlichen Angaben darüber, wie sich der Drucker reinigen und betriebsbereit halten lässt. Leider erhalten Sie diese Handbücher nicht von allen Herstellern. Vielfach können Sie die wichtigsten Einzelheiten auch den mit dem Drucker gelieferten Handbüchern oder Schnellanleitungen entnehmen, die auch bei der Fehlersuche bei Druckerproblemen äußerst praktische Dienste leisten!

Schließlich vertreibt Hewlett-Packard Wartungskits für die meisten seiner Laserdrucker. Dabei handelt es sich um Ersatzteile, die bei den jeweiligen Modellen des HP LaserJet besonders häufig verschleißen. Auch wenn diese Kits keine Voraussetzung für die Wahrung der Garantieansprüche sind, können Sie mit ihnen, wenn Sie sie vorschriftsmäßig einsetzen, für die andauernde Zuverlässigkeit eines LaserJets sorgen.

Periodische Wartung

Damit der Drucker problemlos seine Arbeit verrichtet, muss er nicht nur sauber gehalten werden. Wann und welche Komponenten in regelmäßigen Zeitabständen ausgewechselt werden müssen, erfahren Sie am besten vom Druckerhersteller. Wenn Sie den Angaben des Herstellers folgen, trägt das dazu bei, dass der Drucker über Jahre hinweg problemlos und zuverlässig funktioniert.

Viele Hersteller bieten *Wartungskits* mit Komponenten an, die regelmäßig getauscht werden sollten. Diese Wartungskits enthalten häufig eine Fixiereinheit und eine oder mehrere Rollen und weiteres Zubehör. Üblicherweise müssen Sie nach der Installation eines Wartungskits einen Seitenzähler zurücksetzen, damit der Drucker nach einer bestimmten Anzahl von Ausdrucken darauf hinweisen kann, wann die Wartungsarbeiten wieder fällig sind.

Einige Ozonfilter lassen sich mit einem Staubsauger reinigen, andere werden einfach ausgetauscht. Folgen Sie den Empfehlungen des Herstellers. Die Fixiereinheit kann mit 90-prozentigem denaturiertem Alkohol gereinigt werden. Prüfen Sie, ob die (mit Teflon beschichteten) Hitzerollen Löcher oder Kratzer aufweisen. Wenn ihre Oberfläche beschädigt sein sollte, dann tauschen Sie die Fixiereinheit aus.

Die meisten Drucker geben eine Fehlermeldung aus, wenn die Fixiereinheit beschädigt ist oder zu heiß wird und ersetzt werden muss. Andere geben eine vorbeugende Warnmeldung bzw. einen Fehlercode aus, wenn eine bestimmte Anzahl von Seiten gedruckt wurde. Folgen Sie auch hier wieder den Empfehlungen des Herstellers.

> **Hinweis**
>
> Sollte die Thermosicherung (sorgt dafür, dass die Fixiereinheit nicht überhitzt) ausfallen, dann kann der Ersatz der Fixiereinheit erforderlich sein. Einige Geräte enthalten mehr als eine Thermosicherung. Auch hier sollten Sie den Empfehlungen des Herstellers folgen. Viele Hersteller bieten Kits an, die Sie nach einer bestimten Anzahl gedruckter Seiten warnen und darauf hinweisen, wenn Sie die Fixiereinheit und die Rollen und Führungen auswechseln sollten.

Die Transferkorona kann mit 90-prozentigem, denaturiertem Alkohol auf einem Baumwolllappen gereinigt werden. Wenn der Draht beschädigt ist, dann können Sie ihn ersetzen. Vielfach rastet er einfach ein oder wird von ein paar Schrauben an Ort und Stelle gehalten. Papierführungen lassen sich auch mit einem mit Alkohol getränkten Lappen reinigen.

> **Vorsicht**
> Lassen Sie die Fixiereinheit immer erst abkühlen, bevor Sie sie reinigen, da diese 100 bis 150 Grad Celsius heiß werden kann!

Probleme bei Laserdruckern

Probleme bei Laserdruckern lassen sich üblicherweise an der mangelhaften Druckqualität erkennen. Einer der wichtigsten Tests für alle Drucker ist der Ausdruck allgemeiner oder spezifischer *Druckertestseiten*. Dazu hält man üblicherweise einen Schalter entweder beim Start des Druckers oder für eine gewisse Zeitspanne gedrückt oder nutzt die mit dem Drucker gelieferten Wartungsprogramme.

Leere Seiten

Leere Seiten weisen üblicherweise darauf hin, dass der Toner ausgegangen ist. Wenn der Drucker noch Toner hat, aber dennoch nichts ausgedruckt wird, sollten Sie den Ausdruck einer Testseite versuchen. Wenn diese ebenfalls leer ist, entfernen Sie die Tonerkartusche und werfen einen Blick auf die Bildtrommel. Wenn darauf noch das Druckbild zu sehen ist, dann wissen Sie, dass die Transferkorona oder das Hochspannungsnetzteil ausgefallen ist. Aus dem Wartungshandbuch des Druckers können Sie erfahren, wie Sie die tatsächliche Ursache ermitteln und die defekten Teile austauschen können.

Verschmutzte Ausdrucke

Wenn der Fixiermechanismus in einem Laserdrucker verschmutzt, dann bleibt ein wenig Tonerstaub auf dem ganzen Blatt und insbesondere auf dessen Rückseite zurück. Wenn Sie Tonerflecken im Ausdruck erkennen, dann sollten Sie den Drucker reinigen.

Geisterbilder

Auf der gedruckten Seite erscheinen manchmal in regelmäßigen Abständen Geisterbilder. Das kann daran liegen, dass die Bildtrommel nicht vollständig entladen wurde (und Toner für eines der vorherigen Bilder anzieht), daran, dass ein vorheriges Bild derart viel Toner benötigt hat, dass die Versorgung mit geladenem Toner nicht mehr ausreicht, oder daran, dass der Toner nicht hinreichend geladen wurde. Manchmal wird dieser Effekt auch von einem verschlissenen Reinigungsrakel verursacht, das den Toner nicht mehr richtig von der Trommel entfernen kann.

Helle vs. dunkle Geisterbilder

Eine ganze Reihe von Problemen können sowohl helle als auch dunkle Geisterbilder verursachen. Die häufigste Ursache heller Geisterbilder ist aber das Nachlassen der Entwicklereinheit. Wenn Laserdrucker äußerst dunkle oder komplexe Seiten drucken sollen, können sie derart viel Toner verbrauchen, dass für die nachfolgende Seite nicht genügend Toner zur Verfügung steht. Sie können den Tonerverbrauch und damit die Wahrscheinlichkeit des Entstehens von Geisterbildern durch die folgenden Maßnahmen verringern:

- Verringerung der Druckauflösung (300 statt 600 dpi)
- Andere Muster verwenden
- Vermeidung von 50-Prozent-Mustern, bei denen die einzelnen Dots abwechselnd gedruckt bzw. nicht gedruckt werden
- Änderung des Seitenlayouts, so dass Graustufenmuster nicht auf schwarze Bereiche folgen
- Aufhellen dunkler Bereiche und Abdunkeln heller Bereiche
- Ausdruck im Querformat
- Einstellung der Druckdichte und des Kantenglättungsverfahrens (RET)

❏ Druck einer völlig schwarzen Seite direkt vor der Seite mit dem Geisterbild innerhalb desselben Druckauftrags

Darüber hinaus können niedrige Temperaturen und zu geringe Luftfeuchtigkeit Probleme mit Geisterbildern fördern. Angaben für die Umgebungsbedingungen finden Sie im Benutzerhandbuch des Druckers. Dunkle Geisterbilder werden manchmal von einer beschädigten Trommel verursacht. Dann lässt sich das Problem möglicherweise durch Austausch der Tonerkartusche beheben. Helle Geisterbilder lassen sich auf diese Weise *nicht* beseitigen. Der Austausch anderer Komponenten hat üblicherweise keinen Einfluss auf Probleme mit Geisterbildern, da es sich dabei um einen Nebeneffekt des normalen Druckprozesses handelt.

Senkrechte weiße Linien

Senkrechte weiße Linien weisen üblicherweise auf Verklumpungen des Tonerpulvers hin, so dass dieses nicht wirklich gleichmäßig auf die Trommel aufgetragen werden kann. Schütteln Sie die Tonerkartusche, um Klumpen aufzulösen bzw. zu verlagern. Wenn das nicht hilft, sollten Sie die Tonerkartusche ersetzen.

Fleckige Ausdrucke

Dies liegt meist an einer ungleichmäßigen Verteilung des Toners, die besonders häufig auftritt, wenn der Toner langsam zur Neige geht. Schütteln Sie die Tonerkartusche seitlich hin und her und versuchen Sie den Ausdruck dann erneut. Sorgen Sie auch dafür, dass der Drucker waagerecht steht. Schließlich sollten Sie sich noch davon überzeugen, dass das Papier nicht stellenweise feucht geworden ist. Wenn die Flecken regelmäßig angeordnet sind, prüfen Sie, ob sich Fremdobjekte auf den Fixierwalzen oder der Trommel befinden.

Regelmäßig angeordnete Flecken

Wenn die Flecken in regelmäßigen Abständen auftreten, könnte die Trommel beschädigt sein, oder es könnte ein wenig Toner an den Fixierwalzen hängen geblieben sein. Wischen Sie die Fixierwalzen ab und prüfen Sie, ob die Trommel Beschädigungen aufweist. Wenn die Trommel beschädigt sein sollte, tauschen Sie sie aus.

Reliefeffekt

Wenn die Ausdrucke einen Reliefeffekt aufweisen (ähnlich dem Nachzeichnen einer Münze unter einem Blatt Papier mit einem Bleistift), befindet sich fast immer ein Fremdobjekt auf einer Walze. Reinigen Sie die Walzen z.B. mit 90-prozentigem, denaturiertem Alkohol oder einem leicht mit Wasser befeuchteten, weichen Lappen, um das Fremdobjekt zu entfernen. Wenn sich das Fremdobjekt auf der lichtempfindlichen Trommel befindet, müssen Sie wahrscheinlich die Tonerkartusche austauschen. Ein Reliefeffekt kann auch entstehen, wenn die Kontrasteinstellung zu hoch gewählt wurde. Bei der Kontrasteinstellung handelt es sich um einen Regler im Innern des Gerätes (bei älteren Modellen manchmal auch von außen zugänglich). Werfen Sie einen Blick in das Handbuch und stellen Sie fest, ob es einen solchen Regler beim betroffenen Drucker gibt und wo sich dieser befindet.

Unvollständige Zeichen

Probleme mit unvollständig gedruckten Zeichen auf Transparentfolien lassen sich manchmal dadurch beheben, dass die Druckdichte erhöht wird. Zudem sollten Sie sich von der Qualität der eingesetzten Kunststoffmaterialien überzeugen und ausschließlich Folien verwenden, die ausdrücklich für den Einsatz in Laserdruckern geeignet sind.

Zerknitterte Seiten

In Laserdruckern gibt es bis zu vier Walzen. Neben den Heiz- und Andruckwalzen der Fixiereinheit transportieren weitere Walzen die Blätter auf ihrem Weg von der Papierzufuhr bis in den Auswurfschacht. Diese Walzen biegen das Papier so, dass es normalerweise sauber durch den Drucker transportiert und nicht zerknittert wird, weshalb im Normalfall kein Papierstau im Drucker auftreten kann. Wenn das Papier sichtbar zerknittert wird, sollten Sie eine andere Papiersorte ausprobieren. Bestimmte Papiersorten knittern leichter als andere. Sie können die Ausgabe auch in den Auswurfschacht für Einzelblätter umleiten und so eine Transportwalze umgehen. (Dies empfiehlt sich bei dickeren Papiersorten oder Karton ohnehin.) Für dieses Problem gibt es keine Hardwarelösung, da es sich einfach um einen Nebeneffekt des Druckprozesses handelt.

Papierstau

In allen Druckern kann es gelegentlich zum Papierstau kommen. Wenn sich das Papier staut, folgen Sie zunächst den Angaben des Herstellers für derartige Problemfälle. Manche Drucker können allzu leicht beschädigt werden, wenn Sie das gestaute Papier einfach herausziehen! Wenn der Drucker zwar einen Papierstau meldet, sich darin aber kein Papier befindet, dann liegt sehr wahrscheinlich ein Problem mit einem der vielen Papierstau-Sensoren im Innern des Druckers vor. Papierstau wird oft aber auch gemeldet, wenn eine der Klappen an einem Drucker nicht richtig geschlossen ist. Wird aber ein Papierstau gemeldet, ohne dass eine der anderen (echten) Fehlermöglichkeiten vorliegt, dann ist es an der Zeit, den Drucker in die Werkstatt zu bringen.

Einzug mehrerer Blätter

Wenn der Drucker mehrere Blätter gleichzeitig greift, versuchen Sie es zunächst mit einem neuen Stapel Papier, den Sie in die Papierkassette einlegen. Wenn das funktioniert, dann handelt es sich wahrscheinlich um ein Feuchtigkeitsproblem. Wenn dies nicht hilft, dann prüfen Sie die Trennvorrichtung am Drucker. Dabei handelt es sich um ein kleines Kork- oder Gummiteilchen, das die Blätter voneinander trennt, wenn sie aus der Papierkassette gezogen werden. Verschlissene Trennvorrichtungen sind oft blank oder sehen buchstäblich verschlissen aus. Meist kann die Trennvorrichtung leicht ersetzt werden. Ob das auch bei Ihrem Drucker der Fall ist, sollten Sie bei dessen Hersteller oder Ihrem Händler erfahren können.

Verzerrte, überdruckte oder schlecht geformte Zeichen

Schlecht ausgebildete Zeichen können sowohl auf ein Problem mit dem Papier (bzw. den Druckmedien) als auch auf ein Problem der Hardware hinweisen.

Falsche Druckmedien können zu einer ganzen Reihe derartiger Probleme führen. Vermeiden Sie zu raue oder zu glatte Papiersorten. Zu raues Papier kann den Fixiervorgang behindern. Wenn das Papier zu glatt ist (wie z.B. einige beschichtete Papiersorten), kann es zu Störungen des Papiertransports kommen, die zu unsauberen oder überschriebenen Zeichen führen. Auch wenn es spezielle Papiersorten für Laserdrucker gibt, kommen alle Laserdrucker mit normalem Fotokopierpapier gut zurecht. Sorgen Sie dafür, dass das Papier nicht zu viel Feuchtigkeit aufnimmt. Öffnen Sie daher die Papierpakete erst, wenn Papier in die Kassette eingelegt werden soll. Fächern Sie das Papier immer erst auf, bevor Sie es in die Kassette legen, speziell wenn es bereits eine Zeit lang außerhalb der Verpackung aufbewahrt worden ist.

Aufgrund der Haltbarkeit gut gewarteter Laserdrucker verursacht die Hardware zwar eher selten Druckprobleme, kann aber hier und da doch einmal versagen. Glücklicherweise lässt sich die Hardware recht leicht prüfen. Die meisten Laserdrucker verfügen über Selbsttestfunktionen, die mit einem entsprechenden Ausdruck kombiniert sind oder zumindest separate Testdruckmöglichkeiten bieten. Dieser Selbsttest zeigt, ob der Laserdrucker Seiten korrekt ausgeben kann, ohne Druckbefehle vom Rechner zu empfangen. Über den Selbsttest lässt sich die Frage, ob der Drucker oder der Rechner den Fehler verursacht, recht leicht klären. Starten Sie den Selbsttest, wenn es um die Ermittlung der Ursache von Verbindungs- und Konfigurationsproblemen geht.

Zu den möglichen Lösungen zählt das Auswechseln der Tonerkartusche, gerade wenn sich sonderbare Geräusche vernehmen lassen. Dann sollten Sie die Kabelverbindungen prüfen und das Datenkabel ersetzen, insbesondere wenn Knicke oder Beschädigungen sichtbar sind oder Gegenstände auf dem Kabel stehen oder gestanden haben. Wenn der Drucker über ein Bedienfeld verfügt, können Sie die anspruchsvolleren Funktionen und höhere Geschwindigkeiten abschalten, um festzustellen, ob diese nicht funktionieren oder von der aktuellen Softwarekonfiguration nicht unterstützt werden (Einzelheiten zur Konfiguration können Sie den Handbüchern entnehmen). Wenn diese Lösungen nicht funktionieren, könnte es sein, dass sich das Problem nicht vom Anwender beheben lässt. Nehmen Sie Kontakt zu einem autorisierten Wartungszentrum auf.

Jenseits von A+

DOT4

Der allgemein unter dem Namen *DOT4* bekannte *IEEE-1284.4*-Standard wurde für *Multifunktionsgeräte* entwickelt, die die Funktionen von Drucker, Fax und Scanner in sich vereinen (Abbildung 22.27). Über das DOT4-Protokoll können die einzelnen Komponenten eines Multifunktionsgeräts gleichzeitig mehrere Datenpakete über eine einzige physische Verbindung senden und empfangen. Die Datenübertragungen sind dabei voneinander unabhängig, so dass Sie z.B. einen Druckauftrag abbrechen können, ohne dass andere Aufträge dadurch beeinträchtigt werden. Bei DOT4 handelt es sich um eine Erweiterung des IEEE-1284-Protokolls für parallele Drucker. Beim nächsten Besuch bei Ihrem Computerhändler könnten Sie sich ja einmal über Produkte informieren, die dieses Protokoll benutzen.

Abbildung 22.27: Multifunktionsgerät: Drucker, Scanner, Fax, Kopierer ... Kaffeemaschine und iPod-Andockstation (schön wär's)

Wiederholung

Fragen

1. Mit welchem Verfahren bringen die meisten Tintenstrahldrucker die Tinte auf das Papier?
    A. Elektrostatische Entladungen
    B. Schwerkraft
    C. Luftdruck
    D. Elektrisch leitende Plättchen

2. Was erzeugt bei einem Laserdrucker das Bild auf der lichtempfindlichen Trommel?
   A. Primärkorona
   B. Laser-Belichtungseinheit
   C. Transferkorona
   D. Toner

3. Wie sieht die Reihenfolge des Laserdruck-Prozesses aus?
   A. Reinigen, Laden, Schreiben, Entwickeln, Übertragen, Fixieren
   B. Laden, Schreiben, Übertragen, Fixieren, Entwickeln, Reinigen
   C. Reinigen, Schreiben, Entwickeln, Übertragen, Fixieren, Laden
   D. Reinigen, Laden, Schreiben, Entwickeln, Fixieren, Übertragen

4. Was schlägt bei einem Matrixdrucker zur Erzeugung des Druckbildes physisch gegen das Farbband?
   A. Elektromagneten
   B. Drucknadeln
   C. Typenrad
   D. Drucktypen

5. Bei welchen der folgenden Alternativen handelt es sich bei Matrixdruckern um Verbrauchsmaterialien? (Wählen Sie alle zutreffenden Antworten.)
   A. Antriebsmotor
   B. Papier
   C. Schwungrad
   D. Farbband

6. Was muss in regelmäßigen Zeitabständen mit einem Staubsauger gereinigt oder ersetzt werden, um durch die Aktivitäten des Koronadrahts verursachte Schäden zu vermeiden?
   A. Die Gummiwalzen
   B. Der Ozonfilter
   C. Der Transferfilter
   D. Das Reinigungsblatt

7. Welche der folgenden Schnittstellen unterstützt üblicherweise den Druckeranschluss? (Wählen Sie zwei aus.)
   A. Parallel
   B. USB
   C. Infrarot
   D. RS-232

8. Bei einem Einzelplatzdrucker ist der Ausdruck der Testseite zwar in Ordnung, anschließend sehen Ihre endgültigen Ausdrucke aber mehr als bescheiden aus. Wo ist der Fehler wahrscheinlich zu suchen?
   A. Der Toner geht zur Neige.
   B. Ein Fehler der Fixiereinheit
   C. Die Druckerschnittstelle
   D. Fehlerhafte Softwarekonfiguration

9. Welcher Druckprozess verwendet wärmeempfindliche Kunststoffbänder, in die verschiedene Farben eingebettet sind?
   A. Farbsublimation
   B. Tintenstrahl
   C. Tintendispersion
   D. Farbdispersion

10. Mit welchem Werkzeug können Sie feststellen, warum ein Druckauftrag nicht gedruckt wurde?
    A. Druckertreiber
    B. Druckereinrichtung
    C. Druckerwarteschlange
    D. Systemeinrichtung

Antworten

1. **D.** Bei den meisten Tintenstrahldruckern werden elektrisch leitende Plättchen benutzt, um die Tinte auf das Papier zu bringen.
2. **B.** Die Laserbelichtungseinheit erzeugt ein Bild auf der lichtempfindlichen Trommel.
3. **A.** Reinigen, Laden, Schreiben, Entwickeln, Übertragen und Fixieren ist die richtige Reihenfolge des Prozesses.
4. **B.** Die Drucknadeln schlagen bei Matrixdruckern physisch gegen das Farbband.
5. **B. und D.** Papier und Farbbänder zählen bei Matrixdruckern zu den Verbrauchsmaterialien.
6. **B.** Der Ozonfilter sollte regelmäßig mit einem Staubsauger gereinigt oder ausgewechselt werden.
7. **A, B.** Die meisten Drucker sind an parallele oder USB-Anschlüsse angeschlossen.
8. **D.** Die druckende Anwendung (die Software) ist wahrscheinlich falsch konfiguriert.
9. **A.** Farbsublimationsdrucker verwenden wärmeempfindliche Kunststoffbänder, in die verschiedene Farben eingebettet sind.
10. **C.** Die Druckerwarteschlange hilft Ihnen bei der Feststellung, warum ein Druckauftrag nicht gedruckt wurde.

23

Lokale Netzwerke

Themen in diesem Kapitel
- ❏ Netzwerktechnologien erklären
- ❏ Netzwerkbetriebssysteme erklären
- ❏ Verkabelte Netzwerke installieren und konfigurieren
- ❏ Fehlersuche bei Netzwerken

Netzwerke dominieren das moderne Computerumfeld. Unmengen der im Geschäftsbereich genutzten Rechner sind in kleinen lokalen Netzwerken (LAN – Local Area Network) miteinander verbunden und Großunternehmen können heute nicht mehr überleben, ohne ihre vielen Büros zu einem großen WAN (Wide Area Network) zu verbinden. Selbst die heutigen Betriebssysteme kommen ohne Netzwerkverbindungen nicht mehr aus. Microsoft geht mit Windows XP, Vista und 7 davon aus, dass der Rechner irgendwie mit einem Netzwerk verbunden ist, denn nur so kann es bis spätestens nach Ablauf von 30 Tagen aktiviert (Produktaktivierung) und weiter genutzt werden.

Netzwerke sind heute derart verbreitet, dass jeder gute Techniker die Grundlagen der Netzwerktechnologien, der Betriebssysteme, der verschiedenen Implementationen und der Problembehebung kennen muss. Entsprechend werden Sie in diesem Kapitel lernen, wie Sie ein einfaches Netzwerk einrichten und dabei auftretende Probleme beheben können.

Geschichte und Konzepte

Netzwerktechnologien

Als die ersten Netzwerkentwickler gemeinsam nach Möglichkeiten zur Verbindung von zwei oder mehr Rechnern und die gemeinsame Nutzung von Daten und Peripheriegeräten suchten, mussten sie eine Menge Details festlegen, um auch nur die grundlegendsten Fragestellungen zu beantworten. Die erste große Frage lautete: *Wie?* Es lässt sich leicht sagen: »Nun ja, dann verbinden wir die Kisten eben mit einem Kabel!« Auch wenn die Rechner in den meisten Netzwerken über irgendeine Form von Kabel untereinander verbunden sind, kratzt dies gerade einmal oberflächlich die vielen Aspekte, die hier ins Spiel kommen. Einige der *wichtigen* Fragen lauten beispielsweise:

- ❏ Wie lassen sich die einzelnen Rechner identifizieren? Wenn zwei oder mehr Rechner gleichzeitig kommunizieren wollen, wie lässt sich gewährleisten, dass alle Kommunikationsvorgänge korrekt verarbeitet werden?

Kapitel 23

❏ Welche Art von Kabel und welche Kabelmaße sollen verwendet werden? Wie viele Adern soll das Kabel enthalten? Welche Adern bzw. Leitungen sind für welche Aufgaben zuständig? Wie lang darf das Kabel maximal sein? Welche Anschlüsse sollen verwendet werden?
❏ Wenn mehrere Rechner auf dieselben Datenbestände zugreifen und diese ändern, wie lässt sich dann verhindern, dass Datenbestände bzw. Dateien beschädigt oder zerstört werden (Wahrung der Datenintegrität)?
❏ Wie lässt sich der Zugriff auf Daten und Peripheriegeräte steuern?

Um ein modernes PC-Netzwerk einzurichten, genügt es natürlich nicht, nur ein paar Kabel zu verlegen! Meist gibt es einen *Client*-Rechner, der Daten oder Dienste anfordert und in Anspruch nimmt. Es wird ein *Netzwerkadapter* (*NIC – Network Interface Card*) benötigt, der einen Client im Netzwerk definiert oder kennzeichnet. Netzwerkkarten sorgen auch dafür, dass Dateien für den Versand über das Netzwerk in kleinere Einheiten, so genannte *Pakete*, aufgeteilt werden und dass die empfangenen Pakete wieder zu kompletten Dateien zusammengesetzt werden. Weiterhin wird irgendein Medium als Übertragungsweg zwischen den verschiedenen Rechnern benötigt. Dabei handelt es sich zumeist um ein Kabel, das elektrische Impulse transportiert. Manchmal werden aber auch Funkwellen oder andere drahtlose Verfahren genutzt. Dann muss das Betriebssystem des Rechners mit seiner eigenen Netzwerkhardware und mit anderen Rechnern im Netzwerk kommunizieren können. Schließlich gibt es in modernen PC-Netzwerken häufig einen Server-Rechner, der Daten und/oder Dienste zur Verfügung stellt. Abbildung 23.1 zeigt ein Beispiel für den Aufbau eines typischen Netzwerks.

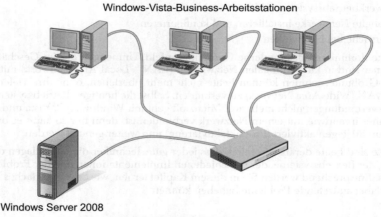

Abbildung 23.1: Ein typisches Netzwerk

In diesem Abschnitt des Kapitels werden wir die Möglichkeiten behandeln, die die Entwickler ersonnen haben, um die ersten beiden der vier aufgeführten Aspekte in den Griff zu bekommen. Nach einer kurzen Betrachtung der Kerntechnologien befasst sich das Kapitel mit vier spezifischen Netzwerkvarianten. Weiter unten im Kapitel wenden wir uns dann den Software-Aspekten zu.

Topologie

Wenn mehrere Computer zusammengeschlossen werden, um ein Netzwerk zu bilden, muss diese Verbindung nach einer bestimmten Logik oder Reihenfolge erfolgen. Man könnte beispielsweise jeden Computer an eine einzige Hauptleitung anschließen, die durch das gesamte Büro verläuft. Jeder Computer könnte eine eigene Leitung haben, und alle Leitungen werden an zentraler Stelle zusammengeführt. Oder man könnte alle Leitungen von allen Computern zu einer großen Schleife verbinden, die die Daten im Kreis transportiert.

Die *Netzwerktopologie* beschreibt, wie Computer in einem Netzwerk verbunden werden. Die gebräuchlichsten Netzwerktopologien sind Bus, Ring, Stern und Mesh. Abbildung 23.2 zeigt die vier Typen:

eine *Bus-Topologie*, wo alle Computer im Netz an eine Hauptleitung angeschlossen sind, das so genannte *Buskabel*, eine *Ring-Topologie*, wo alle Computer im Netzwerk an einen zentralen Kabelring angeschlossen sind, eine *Stern-Topologie*, wo alle Computer im Netzwerk mit einem zentralen Verkabelungspunkt (häufig als *Hub* bezeichnet) verbunden sind, und eine Mesh-Topologie, wo alle Computer über jeweils eigene Leitungen mit allen anderen Computern verbunden sind. Die Mesh-Topologie, die auch *vermanschte Topologie* (kein Witz!) genannt wird, wird vorwiegend in drahtlosen Netzwerken genutzt. Es gibt darüber hinaus auch *Hybridtopologien*, wie z.B. Stern-Bus oder Stern-Ring, bei denen verschiedene Aspekte der anderen Topologien kombiniert werden, um deren Stärken zu nutzen und deren Schwächen zu minimieren. Wir werden die wichtigste Hybridtopologie, die Stern-Bus-Topologie, gleich eingehender betrachten. Erst einmal sollten Sie sich aber die vier wesentlichen Topologien unbedingt merken!

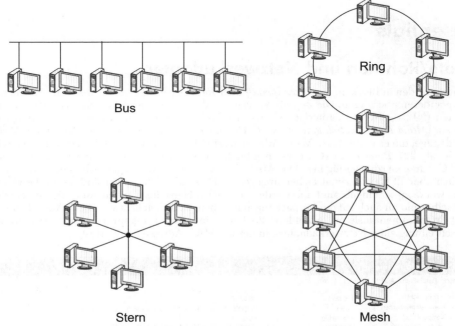

Abbildung 23.2: Im Uhrzeigersinn von oben links: Bus-, Ring-, Mesh- und Stern-Topologien

Wenn Sie sich Abbildung 23.2 genauer ansehen und denken, eine Mesh-Topologie sieht sehr zuverlässig und robust aus, dann haben Sie recht – zumindest ist das auf dem Papier so. Wenn jeder Computer physisch mit jedem Computer im Netzwerk verbunden ist, dann funktioniert das Netzwerk auch dann noch, wenn die Hälfte aller Computer ausfällt (jedenfalls für die überlebenden Rechner). In praktischer Hinsicht ist die Implementierung einer echten Mesh-Topologie jedoch ein teures Durcheinander. Selbst bei einem vergleichsweise winzigen Netzwerk mit nur zehn Rechnern bräuchten Sie 45 separate Leitungen, um sie alle untereinander zu verbinden. Schönes Chaos! Aus diesem Grund wurden Mesh-Topologien praktisch nie für verkabelte Netzwerke eingesetzt.

Eine Topologie beschreibt die Methode, wie Systeme in einem Netzwerk verbunden sind, aber die Topologie alleine besagt noch nicht, welche Merkmale nötig sind, damit das Verkabelungssystem funktioniert. Der Begriff *Bus-Topologie* beispielsweise beschreibt ein Netzwerk, das aus mehreren Geräten besteht, die über dieselbe Leitung an das Netzwerk angeschlossen sind. Beachten Sie, dass bei dieser Definition viele Fragen nicht beantwortet werden. Woraus besteht das Kabel? Wie lang darf es sein? Wie entscheiden die Geräte, welches Gerät zu einem bestimmten Zeitpunkt Daten senden darf? Ein auf einer Bus-Topologie basierendes Netzwerk kann die Fragen auf unterschiedliche Weisen beantworten.

Kapitel 23

Die meisten Techniker treffen eine klare Unterscheidung zwischen der *logischen Topologie* eines Netzwerks – wie das Netzwerk auf Papier geplant ist, mit hübschen geraden Linien und Kästchen – und der physischen Topologie. Die physische Topologie beschreibt das typische chaotische Computernetzwerk, mit Kabeln, die quer über die Decke verlaufen oder durch Wände verlegt werden müssen. Wenn jemand die Topologie eines bestimmten Netzwerks beschreibt, achten Sie darauf, dass Sie wissen, ob es gerade um das logische oder um das physische Netzwerk geht.

Im Laufe der Jahre haben Hersteller und die Standardisierungsorganisationen verschiedene spezielle Netzwerktechnologien basierend auf unterschiedlichen Topologien entwickelt. Eine *Netzwerktechnologie* ist eine praktische Anwendung einer Topologie und anderer wichtiger Technologien, um eine Methode zu schaffen, Daten von einem Computer über das Netzwerk zu einem anderen Computer zu transportieren.

Essentials

Pakete/Rahmen und Netzwerkadapter

Daten werden in Blöcken, die *Pakete* (*packet*) oder *Rahmen* (*frame*) genannt werden, von einem Rechner zum anderen übertragen. Die Begriffe »packet« und »frame« sind dabei austauschbar. Alle Netzwerkkarten (NICs – Network Interface Cards) der Welt enthalten eine eindeutige Kennung, die *MAC-Adresse* (*Media Access Control*) genannt wird. Doch, das stimmt! Alle Netzwerkkarten der Welt besitzen eindeutige, unverwechselbare MAC-Adressen! Die MAC-Adresse ist 48 Bit lang, so dass es insgesamt mehr als 281 *Billionen* MAC-Adressen gibt. Es stehen also immer noch eine Menge unbenutzter MAC-Adressen zur Verfügung. Die MAC-Adressen sind zwar eigentlich binär, werden aber wie üblich über 12 Hexadezimalzeichen angegeben. Diese MAC-Adressen sind fest in die Hardware der Netzwerkadapter eingebrannt und werden von vielen Herstellern auf einem Aufkleber auf dem Adapter selbst und oft auch auf der Verpackung angegeben. Natürlich lässt sich die MAC-Adresse aber auch mit Programmen auslesen. Abbildung 23.3 zeigt im Dienstprogramm SYSTEMINFORMATIONEN die Beschreibung eines Netzwerkadapters, in der die MAC-Adresse markiert ist.

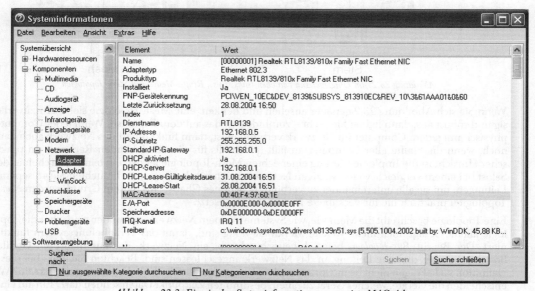

Abbildung 23.3: Eine in den Systeminformationen angezeigte MAC-Adresse

Lokale Netzwerke

> **Hinweis**
>
> Auch wenn die MAC-Adressen in die Netzwerkkarte fest integriert sind, können sie bei einigen NICs geändert werden. Dies ist jedoch nur selten erforderlich.

Aber geht es hier nicht um Pakete? Schon, aber Sie müssen MAC-Adressen verstanden haben, um Pakete verstehen zu können. Alle Paketvarianten verfügen über bestimmte gemeinsame Merkmale (Abbildung 23.4). Erstens enthalten die Pakete die MAC-Adresse der Netzwerkkarte, für die die Daten bestimmt sind. Zweitens enthalten sie die MAC-Adresse der Netzwerkkarte, die die Daten überträgt. Drittens sind in den Paketen die Daten selbst (momentan wissen wir nicht, um welche Daten es sich handelt, da dafür bestimmte Software zuständig ist), deren Menge in Abhängigkeit von der Art des verwendeten Rahmens (*frame*) variieren kann. Schließlich müssen die im Paket enthaltenen Daten irgendwie geprüft werden, z.B. mit dem so genannten *CRC-Verfahren* (*Cyclic Redundancy Check*), damit der empfangende Netzwerkadapter weiß, dass sie in ordnungsgemäßem Zustand empfangen wurden und in der richtigen Reihenfolge vorliegen.

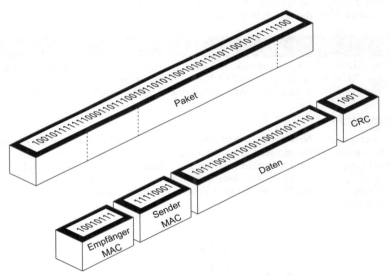

Abbildung 23.4: Allgemeines Format eines Pakets/Frames

Bei dieser Beschreibung von Paketen stellt sich die Frage, wie groß die Pakete eigentlich sind, bzw. etwas spezifischer, wie viele Daten zu einem einzelnen Paket gehören? Wie lässt sich dafür sorgen, dass der empfangende Rechner versteht, *wie* die Daten vom sendenden Rechner aufgeteilt wurden und wie diese Teile wieder zusammengesetzt werden können? Die Antwort ist ein wenig problematisch, weil viele verschiedene Aspekte einfließen. Als die ersten Netzwerke entwickelt wurden, musste *alles* von den Paketen über die Anschlüsse bis hin zum Kabel komplett neu erfunden werden.

Damit Netzwerke funktionieren können, müssen die sendenden und empfangenden Rechner dasselbe Hardwareprotokoll verwenden. Ein *Hardwareprotokoll* definiert viele Aspekte eines Netzwerks von der Topologie über den Pakettyp und die Verkabelung bis hin zu den verwendeten Anschlüssen. Ein Hardwareprotokoll definiert alles, was erforderlich ist, um Daten von einem Computer zu einem anderen zu übertragen. Im Laufe der Jahre wurden zwar viele Hardwareprotokolle implementiert, wie z.B. Token Ring, FDDI und ARCnet, aber ein Hardwareprotokoll dominiert klar die moderne PC-Landschaft: Ethernet.

Kapitel 23

Ethernet

Ein Firmenkonsortium um Digital Equipment, Intel und Xerox erfand Mitte der 1970er Jahre das erste Netzwerk. Sie entwickelten aber nicht nur ein Netzwerk, sondern verfassten auch eine Reihe von Standards, in denen alle Einzelheiten definiert wurden, die für die Übertragung von Daten von einem zu einem anderen Rechner erforderlich waren. Diese Standards wurden *Ethernet* genannt und bilden den vorherrschenden Standard der heutigen Netzwerke. Von Ethernet gibt es zwei Hauptvarianten, die über den Kabeltyp definiert sind: UTP (Unshielded Twisted Pair) und Glasfaser (fiber optic). Da alle Ethernet-Varianten mit demselben Pakettyp arbeiten, lassen sich Hardwarekomponenten und Verkabelungsvarianten in Ethernet-Netzwerken beliebig kombinieren. Alle Rechner können weiterhin problemlos miteinander kommunizieren.

Für die meisten modernen Ethernet-Netzwerke werden *10Base-T*, *100Base-T* und/oder *1000Base-T* als Technologie verwendet. Die Zahlen in den Bezeichnungen weisen auf die jeweils unterstützte maximale Datentransferrate hin: 10 Mbps bei 10Base-T, 100 Mbps bei 100Base-T und 1000 Mbps bzw. 1 Gbps bei 1000Base-T (*Gigabit-Ethernet*). Alle drei Technologien, die manchmal zusammenfassend *10/100/1000Base-T* oder auch einfach nur Ethernet genannt werden, arbeiten mit einer *Stern-Bustopologie* und werden über *UTP-Kabel* (*Unshielded Twisted Pair*) verbunden.

Hinweis

Bei älteren Ethernet-Varianten wurde Koaxialkabel eingesetzt: Bei *10Base-5* wurden maximal 500 Meter lange RG-8-Koaxialkabel mit DB-15-Anschlüssen (*AUI-Anschlüsse*) verwendet, während bei *10Base-2* maximal 185 Meter lange *RG-58*-Kabel mit BNC-Anschlüssen verwendet wurden.

Stern-Bustopologie

Stellen Sie sich ein Bus-Netzwerk vor und schrumpfen Sie den Bus auf eine Größe, dass er in ein kleines Kästchen passt. Weiterhin schließen Sie nun die Rechner nicht mehr direkt an den Bus (einen Hauptkabelstrang) an, sondern verbinden sie über Kabel mit speziellen Anschlüssen am Kästchen (Abbildung 23.5). Das Kästchen mit dem Bus kümmert sich zudem um alle lästigen Details, die im Zusammenhang mit einem Bus-Netzwerk beachtet werden müssen. Dann würde die Bustopologie wie ein Stern aussehen, oder?

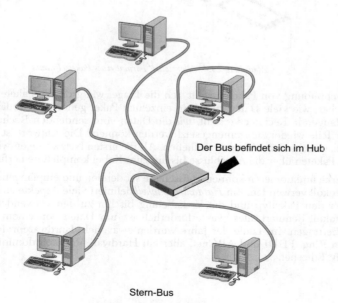

Stern-Bus

Abbildung 23.5: Stern-Bustopologie

Das zentrale Kästchen mit dem Bus wird Hub oder Switch genannt. Der *Hub* sorgt für einen gemeinsamen Anschlusspunkt für Netzwerkgeräte. Hubs unterscheiden sich hinsichtlich der Anzahl der vorhandenen Anschlüsse. Die meisten einfachen Hubs besitzen vier bis acht Anschlüsse, während Hubs für den Einsatz in Unternehmen auch 32 oder mehr Anschlüsse besitzen können. Hubs sind Geräte mit mittlerweile eigentlich veralteter Technik, die heute kaum noch eingesetzt werden. Ein *Switch* ist eine aktuellere und wesentlich leistungsfähigere Variante eines Hubs. Abbildung 23.6 zeigt einen typischen einfachen Switch.

Abbildung 23.6: Ein Switch

Netzwerke arbeiten mit unterschiedlicher Geschwindigkeit. Eine gängige Geschwindigkeit ist 100 Megabit pro Sekunde (Mbps). Diese Geschwindigkeit wird *Bandbreite* genannt. Wenn Sie 32 Rechner mit einem 100-Mbps-Hub mit 32 Anschlüssen verbinden, dann müssen sich diese 32 Rechner die 100-Mbps-Bandbreite teilen. Ein Switch kann dieses Problem dadurch beheben, dass er im Prinzip aus jedem Anschluss ein separates Ethernet-Netzwerk macht. Allen Rechnern steht dann die gesamte Bandbreite zur Verfügung. Und das Fazit? Wenn Sie noch vorhandene alte Hubs durch neuere Switches ersetzen, lässt sich die Netzwerkleistung dadurch drastisch steigern.

Preiswert und zentralisiert, fallen Stern-Bus-Netzwerke nicht gleich komplett aus, wenn einzelne Kabel defekt sind. Natürlich fällt das Netzwerk aus, wenn der Hub selbst defekt ist, aber das ist nur sehr selten der Fall. Selbst wenn ein Hub ausfällt, ist sein Austausch viel einfacher als die Suche nach Kabelbruchstellen bei einem Bus, der durch Wände läuft und hinter Verkleidungen liegt!

Wichtig

Auch wenn Token Ring heute kaum noch benutzt wird, will die CompTIA doch, dass Sie ein wenig der entsprechenden Terminologie beherrschen. Wie bei Ethernet haben sich auch die Token-Ring-Enwickler dazu entschieden, den Ring (im Gegensatz zum Ethernet-Bus) in eine Kiste zu packen, die wie ein Hub/Switch aussieht. Diese Kiste nennen sie *MAU* (*Media Access Unit* oder manchmal auch *Media Access Attachment*). Einige Techniker sprechen auch von einer *MSAU* (*Multistation Access Unit*), aber die CompTIA verwendet den Begriff MAU, den Sie sich für die Prüfungen merken sollten!

UTP (Unshielded Twisted Pair)

10/100/1000-Base-T arbeitet mit der UTP-Verkabelung, bei der es sich auch um die heute vorwiegend eingesetzte Verkabelungsvariante handelt. Es stehen viele TP-Kabelvarianten zur Auswahl, die je nach Anforderungen des Netzwerks eingesetzt werden können. TP-Kabel enthalten Leiter der Stärken AWG 22 bis AWG 26 (American Wire Gauge), die in farbig codierten Leiterpaaren paarweise verdrillt werden. Diese Leiterpaare werden dann locker von einem gemeinsamen, isolierenden Mantel umgeben.

CAT-Kategorien

UTP-Kabel sind in verschiedenen Kategorien erhältlich, die über die mit dem Kabel maximal mögliche Geschwindigkeit der Datenübertragung (maximale *Bandbreite*) Aufschluss geben. Die Hauptkategorien (CATs) finden Sie in Tabelle 23.1.

CAT1	Standard-Telefonleitung	CAT2	Max. 4 Mbps (ISDN- und T1-Leitungen)
CAT3	Max. 16 Mbps	CAT4	Max. 20 Mbps
CAT5	Max. 100 Mbps	CAT5e	Max. 1 Gbps
CAT6	Max. 10 Gbps		

Tabelle 23.1: Maximale Bandbreiten der CAT-Hauptkategorien

Die CAT-Kategorie sollte deutlich auf dem Kabel angegeben sein (Abbildung 23.7).

Abbildung 23.7: Angabe der CAT-Kategorie auf einem UTP-Kabel

Diese Kategorien werden von der *TIA/EIA* (*Telecommunication Industry Association/Electronics Industry Association*) festgelegt und sind in der TIA/EIA-568-Spezifikation enthalten. Zurzeit werden meist Kabel der Kategorien CAT5e oder CAT6 installiert. Auch wenn manche Netzwerke immer noch mit nur 10 Mbps arbeiten, ist doch eine klare Verschiebung hin zu schnelleren Netzwerken erkennbar, die mit mindestens 100 Mbps Datenübertragungsrate arbeiten. Da sich nur CAT5 oder höher für diese Geschwindigkeit eignet, wird fast überall entsprechendes oder besseres Kabel installiert, auch wenn für die aktuelle Geschwindigkeit CAT3 oder CAT4 durchaus ausreichen würden. Entsprechend sind häufig ohnehin nur noch Kabel der Kategorien CAT5, CAT5e oder CAT6 erhältlich.

STP (Shielded Twisted Pair)

STP-Kabel (*Shielded Twisted Pair*) besteht, wie der Name bereits andeutet, aus paarweise verdrillten Leitungen, die von einer Abschirmung umgeben sind, um sie vor elektromagnetischen Interferenzen (EMI) zu schützen. STP wird kaum eingesetzt, wahrscheinlich vorwiegend deshalb, weil die zusätzliche Abschirmung nur selten benötigt wird, die nur in einer Umgebung eine Rolle spielt, in der starkes elektronisches Rauschen auftritt, wie z.B. in einem Ladengeschäft mit vielen Lampen, Elektromotoren oder anderen Geräten, die bei anderen Kabeln zu Einstreuungen und damit Problemen führen können.

10/100/1000 Base-T implementieren

Der 10/100/1000 Base-T-Standard arbeitet mit zwei verdrillten Leiterpaaren, wobei über ein Paar Daten gesendet und über das andere Daten empfangen werden. Für 10Base-T wird Kabel der Kategorien CAT3, CAT4 oder CAT5 benötigt. Für 100Base-T wird mindestens Kabel der Kategorie CAT5 benötigt, während für 1000Base-T, das alle vier Leitungspaare nutzt, CAT5e oder CAT6 erforderlich ist. Diese Kabel verwenden einen speziellen Anschluss (einen so genannten *Westernstecker*), der die Bezeichnung *RJ-45* trägt. Die »RJ«-Kennung (Registered Jack) wurde vor Jahren vom amerikanischen Telefongiganten Bell »erfunden« und wird bis heute verwendet. Zurzeit werden lediglich zwei Arten von RJ-Westernsteckern verbreitet eingesetzt: RJ-11 und RJ-45 (Abbildung 23.8). (Verschiedenen anderen Westernsteckervarianten können Sie aber durchaus im Telefonbereich begegnen. Dort dienen sie z.B. dem Anschluss des Telefonhörers an den Telefonapparat.)

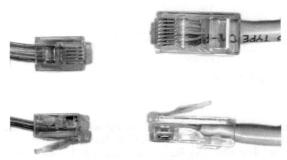

Abbildung 23.8: RJ-11 und RJ-45

Bei *RJ-11* handelt es sich um die amerikanische Norm für den Anschluss von Telefonen an die Amtsleitung, die allgemein auch bei Modems und mittlerweile auch vielfach an den hier zu Lande erhältlichen Telefonanlagen anzutreffen ist. (Die so genannten TAE-Stecker und -Anschlussdosen stellen in Deutschland die eigentliche Norm dar.) RJ-11 unterstützt zwei Leitungspaare, auch wenn die meisten Geräte im Rechnerbereich eigentlich nur zwei Leitungen benötigen. Die beiden anderen Leitungen führen lediglich den »Klingelstrom« oder können zur Unterstützung einer zweiten Telefonleitung genutzt werden. RJ-11-Anschlüsse werden in Netzwerkinstallationen üblicherweise nicht eingesetzt, da sie keine Abschirmung besitzen. *RJ-45* ist der Standard für UTP-Anschlüsse. Der RJ-45-Westernstecker ist achtpolig und bietet damit Kontakte für maximal vier Leiterpaare und ist deutlich breiter als der RJ-11-Stecker. Abbildung 23.9 zeigt die Position der Pins 1 und 8 an einem RJ-45-Stecker.

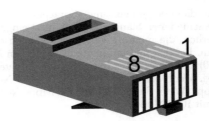

Abbildung 23.9: RJ-45-Kontaktnummerierung

Die TIA/EIA (*Telecommunication Industry Association/Electronics Industry Association*) hat zwei Standards für den RJ-45-Stecker und UTP-Kabel veröffentlicht: TIA/EIA 568A und TIA/EIA 568B. Beide sind verwendbar. Sie müssen sich an keinen bestimmten Standard halten, solange dieselben Leitungen am Ende des Kabels gepaart sind. Sie können sich das Leben jedoch ein wenig erleichtern, wenn Sie sich für einen bestimmten Standard entscheiden. Wenn all Ihre Kabel demselben Standard entsprechen, können Sie sich letztlich eine Menge Arbeit sparen. Besonders wichtig ist aber, dass Sie sich Aufzeichnungen machen!

Wie bei allen Kabeln sind auch die Leitungen bei UTP nummeriert. Diese Nummern tauchen auf den Leitungen oder Anschlüssen allerdings normalerweise nicht auf. Die Leitungen sind aber farbig codiert. Tabelle 23.2 enthält die offiziellen Standard-Farbcodierungen der TIA/EIA für UTP.

Pin	568A	568B
1	Weiß/Grün	Weiß/Orange
2	Grün	Orange
3	Weiß/Orange	Weiß/Grün
4	Blau	Blau
5	Weiß/Blau	Weiß/Blau
6	Orange	Grün
7	Weiß/Braun	Weiß/Braun
8	Braun	Braun

Tabelle 23.2: Farbcodierung des UTP-Kabels

Plenum vs. PVC

Wenn Netzwerkkabel innerhalb von Gebäuden verlegt wird, dann werden diese meist hinter Verkleidungen oder innerhalb von Wänden so durch Kabelschläuche geführt, dass nur die Anschlusssteckdosen in den Wänden sichtbar sind. Der Raum unterhalb der Decke, unter den Fußböden und in den Wänden, durch den Kabel verlegt werden können, wird als *Plenum* bezeichnet. Problematisch daran ist jedoch, dass der *Mantel* bei Netzwerkkabeln aus Plastik besteht, das bei größerer Hitze Rauch und giftige Dämpfe erzeugt.

Standard-Netzwerkkabel haben normalerweise eine Ummantelung aus PVC (Polyvinylchlorid), aber PVC erzeugt bei einem Brand giftigen Rauch. Der Rauch, der durch brennende Kabel im Plenum entsteht, kann sich schnell über das gesamte Gebäude ausbreiten, deshalb sollten Sie im Plenum Kabel mit einem feuerabweisenden Material verwenden. Plenum-fähige Kabel sind einfache Netzwerkkabel mit feuerabweisendem Mantel, der für Kabel im Plenum-Bereich gefordert wird. Plenum-Kabel kostet das Drei- bis Fünffache wie PVC, aber Sie sollten es verwenden, wenn Sie Kabel im Plenum-Bereich verlegen.

Kombi-Netzwerkkarten

Da alle Ethernet-Netzwerke dieselbe gemeinsame »Sprache« sprechen, lassen sich leicht Netzwerke realisieren, in denen die verschiedenen Standards kombiniert eingesetzt werden. Dazu sind nur Netzwerkkomponenten erforderlich, die mehrere Geschwindigkeiten oder sogar mehrere verschiedene Kabelstandards unterstützen. Bei den meisten heute in modernen Mainboards integrierten Netzwerkadaptern (Abbildung 23.10) handelt es sich z.B. um Gigabit-Adpater mit automatischer Geschwindigkeitserkennung (*Autosensing*). Wenn Sie sie mit einem 100Base-T-Netzwerk verbinden, dann arbeiten sie automatisch mit 100 Mbps. Wenn Sie sie an ein 1000-Mbps-Netzwerk anschließen, dann legen sie den Turbo ein und laufen mit 1000 Mbps.

Abbildung 23.10: Anschluss eines in das Mainboard integrierten Netzwerkadapters

Lokale Netzwerke

Crossover-Kabel

Zwei Netzwerkadapter lassen sich sogar direkt verbinden, ohne dass ein Switch verwendet werden müsste! Dazu ist nur ein spezielles gekreuztes Kabel erforderlich! Beim Crossover-Kabel entsprechen die Anschlüsse auf der einen Seite TIA568A und auf der anderen Seite TIA568B, so dass die sendenden und empfangenden Leitungen untereinander vertauscht werden. Crossover-Kabel eignen sich hervorragend zur schnellen Verbindung zweier Rechner. Entsprechende Kabel sind beim Computerhändler erhältlich.

Hinweis

Neben dem *Autosensing* beherrschen viele moderne Netzwerkkarten und Switches auch *Auto-MDI/ MDIX* (*Auto-Crossover*). Anschlüsse mit dieser Funktion erkennen selbstständig die Art der Verbindung und stellen sich darauf ein. Dann spielt es beim Anschluss überhaupt keine Rolle mehr, ob Crossover-Kabel oder »direkte« Kabel verwendet werden.

Duplex und Halbduplex

Alle modernen NICs unterstützen den *Vollduplex*-Modus und können gleichzeitig Daten senden und empfangen. Die große Mehrzahl der NICs und Switches verwenden eine Funktion zur automatischen Erkennung und Anpassung an sehr alte Geräte, die an das Netzwerk angeschlossen werden und möglicherweise im Halbduplex-Modus betrieben werden müssen. Halbduplex bedeutet, dass das Gerät zwar senden und empfangen kann, aber nicht beides gleichzeitig. Bei den Funkgeräten, mit denen Sie als Kind vielleicht gespielt haben, mussten Sie einen Knopf betätigen, um senden zu können. Dann konnten Sie aber nichts mehr empfangen, weshalb es sich bei ihnen um ein gutes Beispiel für Halbduplex-Geräte handelt. Halbduplex-Komponenten werden in modernen Rechnern immer seltener, aber Sie müssen diese Option verstehen. Einige Netzwerkadapter unterstützen den Vollduplex-Betrieb nicht, wenn sie direkt über ein Crossover-Kabel mit einem anderen Netzwerkadapter (also *nicht* über einen Switch) verbunden werden. Wenn man bei beiden Netzwerkadaptern die Vollduplex-Option abschaltet und die automatische Geschwindigkeitserkennung deaktiviert, dann können diese seltsamen Netzwerkadapter manchmal doch miteinander kommunizieren.

LED-Stastusanzeigen

Alle heute hergestellten Netzwerkadapter haben irgendwelche LED-Statusanzeigen (*Light-Emitting Diode*), die über den Status der Verbindung zu dem am anderen Ende des Kabels angeschlossenen Geräts Auskunft geben (*link lights*). Netzwerkadapter können von einer bis zu vier LEDs beliebiger Farbe haben. Sie geben darüber Auskunft, was sich bei einer Verbindung abspielt, und sollten immer als Erstes geprüft werden, wenn der Verdacht besteht, dass ein System vom Netzwerk getrennt wurde (Abbildung 23.11).

Abbildung 23.11: Hmmm, nette Lämpchen!

Kapitel 23

Auch an Hubs und Switches gibt es LED-Statusanzeigen, über die Sie Kabelverbindungen schnell überprüfen können. Wenn ein Rechner nicht auf ein Netzwerk zugreifen kann, dann sollten Sie erst einmal die LED-Statusanzeigen prüfen. Geräte, die mehrere Geschwindigkeiten unterstützen, besitzen LEDs, die die Geschwindigkeit der Verbindung signalisieren. In Abbildung 23.12 leuchtet oben die LED für Anschluss 2 z.B. orange und zeigt damit an, dass es sich am anderen Ende des Kabels um ein 10Base-T- oder 100Base-T-Gerät handelt. Wenn derselbe Port mit einer Gigabit-Netzwerkkomponente verbunden ist, dann leuchtet die LED grün. Das wird in Abbildung 23.12 unten dargestellt. (Und ähnlich schwer wie in der Graustufen-Abbildung haben es oft auch Menschen mit Farbsehschwächen, insbesondere rot und grün zu unterscheiden.)

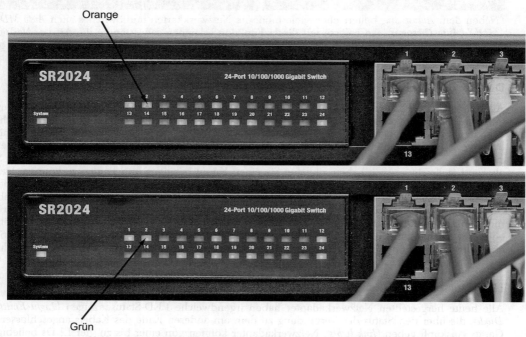

Abbildung 23.12: Mehrfarbige LEDs geben über die Verbindungsgeschwindigkeit Auskunft.

Wenn die Verbindung zwischen den beiden Komponenten fehlerfrei funktioniert, dann leuchtet die LED-Verbindungsanzeige im Beispiel dauernd. Kein Flackern, kein Blinken, sie leuchtet einfach ständig. Flackernde oder blinkende LEDs zeigen hier an, dass ein Verbindungsproblem vorliegt.

Weiterhin kann es *Aktivitäts-LEDs* geben, die dann aktiviert wird und flackert, wenn Datenübertragungen über eine Verbindung im Netzwerk stattfinden. Die Aktivitäts-LED kann beim Aufspüren von Netzwerkproblemen zum Lebensretter werden, denn die LED-Verbindungsanzeige kann manchmal eine falsche Auskunft geben. Wenn die LED-Verbindungsanzeige die Verbindung für in Ordnung hält, dann sollten Sie daher anschließend versuchen, eine Datei zu übertragen oder irgendwie anders für Datenverkehr im Netzwerk sorgen. Wenn die entsprechende Aktivitäts-LED dann nicht flackert, gibt es Probleme.

Dafür, wie die Hersteller von Netzwerkkomponenten LEDs einsetzen, gibt es keinerlei Standards. Entsprechend viele Lichtspielvarianten und LED-Kombinationen gibt es. Wenn Ihnen Netzwerkkomponenten mit mehreren LEDs begegnen, dann sollten Sie sich einen Augenblick Zeit nehmen, um festzustellen, was die einzelnen Lämpchen bedeuten. Auch wenn die LEDs an verschiedenen Netzwerkkomponenten unterschiedlich angeordnet sind und unterschiedlich arbeiten, bleibt deren grundlegende Funktion doch gleich. Letztlich geben alle Auskunft über den Status, die Aktivitäten und die Geschwindigkeit der Verbindung.

> **Wichtig**
>
> Auch wenn es keine Standards für die LEDs an Netzwerkkomponenten gibt, prüft die CompTIA, ob Sie die mehr oder weniger standardisierte Bedeutung der Lämpchen kennen. Dauerhaft grün leuchtende LEDs bedeuten typischerweise, dass eine Verbindung steht, blinkende grüne LEDs weisen auf periodisch bestehende Verbindungen und damit auf mögliche Verbindungsprobleme hin, bleibt die grüne LED aus, dann besteht keine Verbindung, und blinkende amber/braune LEDs weisen auf Kollisionen im Netzwerk hin (treten diese nur vereinzelt auf, ist das meist durchaus in Ordnung). Weiterhin sollten Sie wissen, dass Sie bei Verbindungsproblemen zunächst die LEDs der Netzwerkkomponenten prüfen sollten.

Fiber Optic Ethernet

Glasfaserkabel (fiber optic) stellt eine äußerst attraktive Alternative zur Übertragung von Ethernet-Netzwerkpaketen dar. Erstens ist Glasfaserkabel gegenüber elektrischen Problemen (Blitzeinschlag, Kurzschluss und statische Elektrizität) immun, da es mit Licht und nicht mit Elektrizität arbeitet. Zweitens können Glasfasersegmente bei einigen Standards wesentlich länger werden (bis zu ca. 2000 m, während es bei der UTP-Verkabelung maximal 100 m sind). Das zumeist für Fiber Optic Ethernet verwendete Kabel wird »62.5/125 *multimode* fiber optic cable« genannt. Alle Glasfaser-Ethernet-Netzwerke erfordern zwei dieser Kabel. Abbildung 23.13 zeigt die beiden am häufigsten in Glasfaser-Netzwerken verwendeten Stecker. In der Mitte und rechts sehen Sie quadratische SC-Stecker, und links einen runden ST-Stecker.

Abbildung 23.13: Typische Glasfaserkabel mit Steckern

Wie viele andere Glasfaser-Anschlüsse arbeiten auch die SC- und ST-Anschlüsse im Halbduplex-Modus, in dem die Daten nur in eine Richtung fließen, weshalb bei Glasfaser-Installationen auch zwei Kabel benötigt werden. Andere Halbduplex-Anschlüsse, denen Sie begegnen könnten, heißen FC/PC, SMA, D4, MU und LC. Sie sehen zwar ähnlich wie die SC- und ST-Anschlüsse aus, haben aber andere Abmessungen und Steckverbindungen. Neuere und hochwertigere Glasfaser-Installationen verwenden Vollduplex-Anschlüsse, wie z.B. MT-RJ.

> **Wichtig**
>
> In beiden Prüfungen werden wahrscheinlich Fragen zu den Glasfaser-Anschlüssen ST, SC, LC und MT-RJ gestellt.

Bei dem über Glasfaserkabel übertragenen Licht kann es sich um gewöhnliches Licht oder Laserlicht handeln. Dabei sind aber jeweils völlig andere Glasfaserkabel erforderlich. Bei den meisten Netzwerktechnologien, die mit Glasfaserkabel arbeiten, werden die zu übertragenden Lichtsignale mit LEDs (Light Emitting Diode) erzeugt. Diese Netzwerke verwenden *Multimode*-Glasfaserkabel. Multimode-Glasfaserkabel kann mehrere Lichtsignale gleichzeitig übertragen, wenn diese unterschiedliche Reflexionswinkel im Kabelkern verwenden. Die verschiedenen Reflexionswinkel streuen aber über größere Distanzen, weshalb Multimode-Glasfaserkabel nur für relativ kurze Entfernungen verwendet werden kann.

Mit Laserlicht arbeitende Netzwerktechnologien verwenden *Single-Mode*-Glasfaserkabel. Werden Laserlicht und Single-Mode-Glasfaserkabel verwendet, lassen sich überaus hohe Datentransferraten über sehr große Entfernungen hinweg realisieren. Sieht man einmal von Fernverbindungen ab, wird Single-Mode-Glasfaserkabel zurzeit noch selten verwendet, so dass Sie bei Begegnungen mit Glasfaserkabel ziemlich sicher sein können, dass es sich um Multimode-Kabel handelt.

Die beiden verbreitetsten Glasfaserstandards werden 1000Base-SX und 1000Base-SR genannt. Der einzige wirkliche Unterschied besteht in der Geschwindigkeit des Netzwerks (es gibt auch noch einige wichtige Unterschiede hinsichtlich der Art, wie die Systeme untereinander verbunden werden usw.). Glasfaserkabel sind empfindlich, teuer und schwer zu verlegen, deshalb werden sie üblicherweise nur in Datenverarbeitungszentren verwendet und selten für die Verbindung von Desktop-PCs eingesetzt.

Koax-/BNC-Kabel

Die ersten Ethernet-Netzwerke wurden über *Koaxialkabel* (kurz: Koax-Kabel) verbunden. Dabei handelt es sich um eine von einer Isolation umgebene zentrale Ader, um die herum sich wiederum eine Abschirmung aus verflochtenem Draht windet. Das gesamte Kabel ist dann wiederum von einem isolierenden Schutzmantel umgeben.

Sehr wahrscheinlich haben Sie bereits Koaxialkabel gesehen, wenn auch nicht unbedingt das in Netzwerken verwendete RG-58-Koaxialkabel. Für Kabelfernsehen und Antennenkabel wird z.B. Koaxialkabel mit den technischen Bezeichnungen RG-59 (einfach geschirmt) oder RG-6 (doppelt geschirmt) verwendet. Diese besitzen aber andere technische Eigenschaften, weshalb Sie die beiden Kabel keinesfalls verwechseln sollten. »RG« steht abkürzend für »Radio Grade«, einen Industriestandard für die technischen Daten von Koaxialkabel. Welchem RG-Standard ein Kabel entspricht, sollte auf dem Kabel selbst angegeben sein. Falls nicht, sollte darauf so etwas wie z.B. »Thinnet« oder »802.3« stehen, damit Sie wissen, dass Sie es mit dem richtigen Kabel zu tun haben. Zur Verbindung des Kabels mit den einzelnen Geräten werden *BNC-Stecker* und T-Stücke mit Bajonettverschlüssen verwendet.

Parallel/Seriell

Es wäre ein wenig unfair, wenn man die Möglichkeit der Direktverbindung von zwei Rechnern über die parallele oder serielle Schnittstelle nicht zumindest erwähnen würde. Alle Windows-Versionen unterstützen die Verbindung von genau zwei Rechnern über die serielle oder parallele Schnittstelle umfassend. Dazu benötigen Sie gekreuzte Versionen der IEEE-1284-Kabel für die parallele bzw. der RS-232-Kabel für die serielle Schnittstelle (*Nullmodemkabel*). Heute sollten Sie diese Verbindungsvariante angesichts der geringen erreichbaren Geschwindigkeiten aber nur noch als letzte Notlösung in Betracht ziehen. Direkte Kabelverbindungen sollten generell nur dann verwendet werden, wenn keine andere praktische Alternative verfügbar ist.

FireWire

Sie können zwei Computer mit einem FireWire-Kabel verbinden. Apple hat FireWire so entwickelt, dass es Netzwerkverbindungen erkennen kann, weshalb zwei Rechner auch feststellen können, dass sie für die Freigabe von Dateien und Ordnern konfiguriert wurden, so dass Sie die Verbindung unmittelbar nutzen können. Weitere Einzelheiten dazu finden Sie im Abschnitt *Ressourcenfreigabe und Sicherheit* später in diesem Kapitel.

USB

Sie können zwei Computer auch über USB verbinden, aber das ist nicht ganz so elegant wie mit FireWire. Es gibt mehrere Möglichkeiten. Die gebräuchlichste Methode ist, in jeden PC eine USB-Netzwerkkarte einzubauen und dann ein UTP-Crossover-Kabel zwischen den Ethernet-Anschlüssen zu verlegen. Es sind aber auch spezielle USB-Crossover-Kabel für die Verbindung von zwei Geräten erhältlich.

Essentials/Practical Application

Netzwerkbetriebssysteme

Nun kennen Sie bereits zwei der vier wesentlichen Dinge, die für ein funktionierendes Netzwerk benötigt werden. Mit dem Hardwareprotokoll Ethernet können Netzwerkadapter die Daten in Pakete aufteilen und diese, am Zielort angekommen, wieder zusammensetzen. Sie haben einen Kabelstandard, über den die Netzwerkadapter mit einem Hub oder Switch so verbunden sind, dass die Datenübertragung möglich ist. Damit können wir uns der dritten und vierten wesentlichen Komponente von Netzwerken zuwenden. Es wird ein Betriebssystem benötigt, das mit der Hardware und mit anderen Rechnern im Netzwerk kommunizieren kann, und es wird ein Server-Rechner benötigt, der Daten oder Dienste zur Verfügung stellt. Für die dritte und vierte Komponente ist das Netzwerkbetriebssystem zuständig.

Wichtig

Die beiden CompTIA A+-Prüfungen gehen davon aus, dass Sie ausreichende Kenntnisse über Netzwerkbetriebssysteme besitzen.

Im klassischen Sinne kommuniziert ein *Netzwerkbetriebssystem* (*NOS – Network Operating System*) über irgendein Protokoll mit der PC-Hardware und stellt Verbindungen zwischen mehreren Rechnern in einem Netzwerk her. Das Netzwerkbetriebssystem ermöglicht einem oder mehreren Rechnern, als Server zu fungieren und Daten und Dienste in einem Netzwerk freizugeben und damit Ressourcen für die gemeinsame Nutzung zur Verfügung zu stellen. Dann wird Software auf Client-Rechnern ausgeführt, die den Rechnern den Zugriff auf die auf dem Server freigegebenen Ressourcen ermöglicht.

Bevor Sie Ressourcen in einem Netzwerk freigeben können, müssen Sie eine Reihe von Fragen beantworten. Wie müssen Sie dabei vorgehen? Können alle Benutzer ihre Festplatten mit allen anderen Benutzern gemeinsam nutzen? Sollten die Freigaben beschränkt werden? Wo soll eine bestimmte Datei, auf die alle Benutzer des Netzwerks Zugriff haben sollen, gespeichert werden? Welche Sicherheitsanforderungen sollen erfüllt werden? Können alle Benutzer auf die Datei zugreifen? Was geschieht, wenn ein Benutzer die Datei versehentlich löscht? Wie sollen Datensicherungen durchgeführt werden? All diese Aspekte werden von den verschiedenen Windows-Versionen unterschiedlich gelöst. Sehen wir uns also zunächst die Netzwerkorganisation an und wenden wir uns dann den Protokollen, der Client-Software und der Server-Software zu.

Netzwerkorganisation

Alle Netzwerkbetriebssysteme lassen sich entsprechend ihrer Organisation drei grundlegenden Kategorien zuordnen: Client/Server, Peer-to-Peer und domänenbasiert. Betrachten wir nun die traditionelle Netzwerkorganisation.

Client/Server

In einem *Client/Server-Netzwerk* wird ein Rechner speziell abgestellt, um anderen Rechnern im Netzwerk Ressourcen zur Verfügung zu stellen. Auf diesen Servern läuft ein dediziertes Netzwerkbetriebssystem, das auf die Freigabe und die Verwaltung von Netzwerkressourcen hin optimiert wurde. Dieses spezielle Betriebssystem umfasst mächtige Cachingprogramme, die einen schnellen Dateizugriff ermöglichen. Es bietet hochwertige Schutzfunktionen und ist so organisiert, dass die Daten umfassend überwacht werden können. Ein solcher Rechner wird *dedizierter Server* genannt. Alle anderen Rechner, die die von ihm bereitgestellten Daten nutzen, werden *Client* (also »Kunden« des Servers) oder *Workstation* bzw. *Arbeitsstation* genannt.

In einem Client/Server-System wird ein Rechner speziell abgestellt, um als »Server« zu fungieren. Seine einzige Funktion besteht darin, anderen Rechnern im Netzwerk Ressourcen zur Verfügung zu stellen. Auf diesen Servern läuft weder Windows XP noch Windows Vista. Auf ihnen werden hochentwickelte und teure Netzwerkbetriebssysteme eingesetzt, die auf die Freigabe und die Verwaltung von Netzwerkressourcen hin optimiert worden sind. Spezielle Serverbetriebssysteme sind unter anderem Windows Server 2008, große Unix-Systeme wie IBM AIX und HP-UX und einige Linux-Versionen.

Hinweis

Die Begriffe *Client* und *Server* werden im Windows-Bereich recht freizügig verwendet. Merken Sie sich, dass es sich beim *Client* allgemein um einen beliebigen Prozess (oder in diesem Zusammenhang ein Computersystem) handelt, der eine Ressource oder einen Dienst anfordern kann, während es sich bei einem *Server* um einen beliebigen Prozess (oder ein System) handelt, das die Anforderungen erfüllen kann.

Peer-to-Peer

Einige Netzwerke erfordern keine dedizierten Server. In diesen Netzwerken können alle Rechner sowohl als Server als auch als Client fungieren. *Peer-to-Peer-Netzwerke* sind wesentlich preiswerter als Client/Server-Netzwerke, da diese Software weniger kostet und kein leistungsfähiger Rechner als dedizierter Server eingesetzt werden muss. Die beliebtesten Peer-to-Peer-Betriebssysteme sind heute die verschiedenen Windows-Versionen und Macintosh OS X.

Die größte Einschränkung in Peer-to-Peer-Netzwerken besteht darin, dass sie nicht für eine größere Anzahl von Rechnern konzipiert sind. Windows verfügt über eine interne Beschränkung der Anzahl der Benutzer, die gleichzeitig auf eine freigegebene Datei oder einen freigegebenen Ordner zugreifen können (10). Microsoft empfiehlt, dass Peer-to-Peer-Arbeitsgruppen aus nicht mehr als maximal 15 Rechnern bestehen sollten. Bei mehr Rechnern stellen die im folgenden Abschnitt beschriebenen domänenbasierten Netzwerke die bessere Alternative dar.

Die Sicherheit ist ein weiterer großer Schwachpunkt bei Peer-to-Peer-Netzwerken. Alle Systeme eines Peer-to-Peer-Netzwerks sind für ihre eigene Sicherheit verantwortlich (*verteilte Sicherheit*).

Bei den Professional-, Business- und Ultimate-Versionen von Windows können Sie die Sicherheit verstärken, wenn Sie NTFS-Berechtigungen lokal setzen. Sie müssen aber immer noch auf jedem System ein lokales Konto für jeden Benutzer einrichten, der die Ressourcen nutzen können soll. Selbst wenn Sie also in einem Peer-to-Peer-Netzwerk mit Windows-Professional/Business/Ultimate für mehr Sicherheit sorgen, bleibt die Systemadministration mit recht großem Aufwand verbunden, weil man sich zu den einzelnen Systemen begeben muss, um dort lokale Benutzer anzulegen und/oder zu löschen, wenn jemand dem Netzwerk beitritt oder dieses verlässt. Mit einem Wort: umständlich.

Peer-to-Peer-Arbeitsgruppen sind kaum mehr als ein hübsches Verfahren, Systeme so einzurichten, dass man sich leichter in der Netzwerkumgebung zurechtfinden kann (Abbildung 23.14). Praktisch sind derartige Arbeitsgruppen hinsichtlich der Sicherheit wenig wert. Wenn Ihre Netzwerkbedürfnisse begrenzt sind – wie beispielsweise bei einem kleinen Heimnetzwerk –, stellen Peer-to-Peer-Netzwerke jedoch eine einfache und kostengünstige Lösung dar.

Lokale Netzwerke

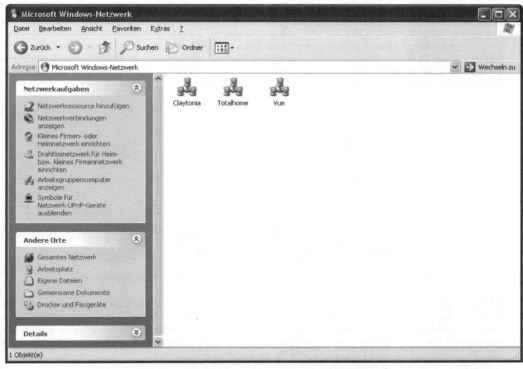

Abbildung 23.14: Mehrere Arbeitsgruppen in einem Netzwerk

Domänenbasiert

Client/Server- und Peer-to-Peer-Netzwerke ähneln sich darin, dass die Rechner eigene Listen mit Benutzerkonten führen. Wenn Sie auf einen Server zugreifen wollen, dann müssen Sie sich anmelden. Wenn nur ein Server existiert, dann dauert die Anmeldung nur eine Sekunde und sollte problemlos funktionieren. Problematisch wird es, wenn mehrere Server im Netzwerk vorhanden sind. Dann sind jeweils beim Zugriff auf einen anderen Server wiederholte Anmeldungen erforderlich (Abbildung 23.15). In größeren Netzwerken mit vielen Servern kann dies nicht nur für die Benutzer, sondern auch für den Netzwerkadministrator zu einem zeitaufwendigen Albtraum werden.

Abbildung 23.15: Mehrfachanmeldung in einem Peer-to-Peer-Netzwerk

Domänenbasierte Netzwerke stellen eine hervorragende Lösung für das Problem der multiplen Anmeldungen bereit. In einem domänenbasierten Umfeld wird die Sicherheitsdatenbank für alle Systeme auf einem oder mehreren dedizierten (eigens für diesen Zweck abgestellten) Servern abgelegt, die *Domänencontroller* genannt werden. Diese Datenbank enthält eine Liste aller Benutzer und Kennwörter innerhalb der Domäne. Wenn Sie sich von einem Rechner aus bei einem beliebigen anderen Rechner anmelden, dann wird die Anmeldeanforderung an einen verfügbaren Domänencontroller weitergeleitet, der dann Konto und Kennwort prüft (Abbildung 23.16).

Abbildung 23.16: Domänencontroller beseitigen die Notwendigkeit von Mehrfachanmeldungen.

Moderne domänenbasierte Netzwerke verwenden so genannte *Verzeichnisdienste* (*directory services*) zur Speicherung der Benutzer- und Kontendaten. Große, auf Microsoft basierende Netzwerke verwenden den *Active-Directory*-Verzeichnisdienst (*AD*). Stellen Sie sich Verzeichnisdienste wie einen umfassenden, zentralen Index vor, der einem Telefonbuch ähnelt und auf den alle Rechner zurückgreifen, wenn Ressourcen innerhalb der Domäne ausfindig gemacht werden sollen.

Die Windows-Serverversionen ähneln den Arbeitsplatzversionen zwar stark, verfügen aber über zusätzliche Netzwerkfähigkeiten, Dienste und Hilfsprogramme, die es ihnen erlauben, als Domänencontroller, Dateiserver, RAS-Server (*Remote Access Services*), Anwendungsserver, Webserver usw. zu fungieren. Wenn Sie bei einer Serverversion von Windows einen kurzen Blick in die Optionen werfen, die unter VERWALTUNG zur Verfügung stehen, dann können Sie leicht feststellen, um wie viel komplizierter diese verglichen mit den Versionen für Arbeitsplatzrechner sind. Abbildung 23.17 zeigt die Verwaltungswerkzeuge auf einer Arbeitsstation unter Windows Vista, die Ihnen vertraut sein sollten. Abbildung 23.18 zeigt einige der zusätzlichen Dienstprogramme von Windows Server 2008.

Abbildung 23.17: Verwaltungswerkzeuge unter Windows Vista Ultimate

Lokale Netzwerke

Abbildung 23.18: Verwaltungswerkzeuge unter Windows Server 2008

Jedes Windows-System beinhaltet ein spezielles Konto, das so genannte *Administratorkonto*. Dieses Konto besitzt die vollständige und absolute Macht über das gesamte System. Wenn Sie Windows 2000 oder XP installieren, müssen Sie ein Kennwort für das Administratorkonto anlegen. Jeder, der das Administratorkennwort kennt, hat die Berechtigung, beliebige Programme zu installieren und zu löschen, beliebige Dateien zu lesen, zu ändern oder zu löschen, jedes Programm auszuführen und alle Systemeinstellungen zu ändern. Sie erkennen also, dass es sinnvoll ist, das Administratorkennwort sorgfältig zu schützen. Ohne dieses Kennwort können Sie keine weiteren Konten anlegen (auch keine Konten mit Administratorrechten) und keine Systemeinstellungen ändern. Wenn Sie das Administratorkennwort verlieren (und es kein anderes Konto mit Administratorrechten gibt), müssen Sie Windows völlig neu installieren, um ein neues Administratorkonto einzurichten – passen Sie also auf!

Abbildung 23.19: Registerkarte COMPUTERNAME unter Windows XP

Unter Windows XP öffnen Sie das Dialogfeld EIGENSCHAFTEN für den ARBEITSPLATZ und aktivieren die Registerkarte COMPUTERNAME (Abbildung 23.19). Hier werden die aktuellen Einstellungen angezeigt. Windows Vista zeigt den Computernamen direkt im Fenster SYSTEMEIGENSCHAFTEN an und bietet Ihnen darüber hinaus einen Link (EINSTELLUNGEN ÄNDERN) an, über den Sie das Dialogfeld im Stil von Windows 2000/XP erreichen können (Abbildung 23.20). Wenn Sie die Schaltfläche NETZWERKKENNUNG anklicken, wird der Assistent für die Netzwerkanmeldung gestartet. Die meisten Techniker verwenden aber einfach die Schaltfläche ÄNDERN (Abbildung 23.21). Beim Anklicken von ÄNDERN passiert dasselbe wie beim Anklicken von NETZWERKKENNUNG, aber der Assistent erklärt Ihnen viele Dinge, die Sie nicht brauchen, wenn Sie wissen, was Sie vorhaben. Wenn Sie sich bei einer Domäne anmelden wollen, dann müssen Sie ein gültiges Domänenkonto haben, da das nur dann funktioniert.

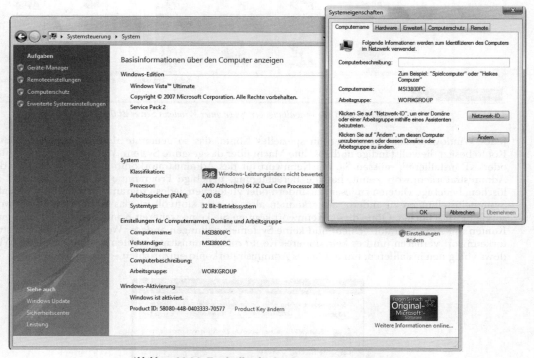

Abbildung 23.20: Fundstellen für den Computernamen unter Vista

Damit haben Sie das Betriebssystem bereits allgemein für die Nutzung eines Netzwerks vorbereitet. Nun müssen Sie aber noch mit der spezifischen Hardware kommunizieren können. Dazu müssen Sie Protokolle laden.

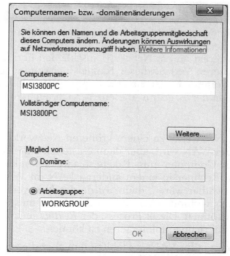

Abbildung 23.21: Das Dialogfeld zum Ändern des Computernamens/der Computerdomäne

Netzwerkprotokolle

Allein das Übertragen von Daten von einem Rechner zu einem anderen ist für ein vollständiges Netzwerk kaum ausreichend. Viele weitere Funktionen müssen ausgeführt werden. Wenn z.B. eine Datei von einem Rechner auf einen anderen kopiert wird, müssen die Pakete irgendwie registriert werden, damit sie später wieder ordnungsgemäß zusammengesetzt werden können. Wenn viele Rechner mit ein und demselben Rechner gleichzeitig kommunizieren, muss dieser Rechner irgendwie aufzeichnen, welche Pakete zu welchem anderen Rechner gesendet oder von welchem anderen Rechner empfangen wurden.

Eine andere Frage stellt sich, wenn die Netzwerkkarte bei einem Rechner im Netzwerk ausgetauscht wird. Bis jetzt lassen sich die Rechner nur über die MAC-Adresse der Netzwerkkarte voneinander unterscheiden. Zur Lösung dieses Problems müssen die einzelnen Rechner Namen erhalten, die im Netzwerk als Identifikation »oberhalb« der MAC-Adresse dienen. Alle Rechner oder zumindest ein Rechner muss eine Liste aller MAC-Adressen und der Namen der Rechner im Netzwerk führen, damit sich Pakete und Namen einander zuordnen lassen. Auf diese Weise kann das Netzwerk beim Austausch einer Netzwerkkarte nach einigen speziellen Anfragen die Liste aktualisieren, um die MAC-Adresse der neuen Netzwerkkarte mit dem Namen dieses Rechners zu verbinden.

Die Protokollsoftware übernimmt die eintreffenden Daten von der Netzwerkkarte, wahrt deren Organisation, leitet sie zu dem Programm weiter, das die Daten benötigt, und übergibt dann der Netzwerkkarte die Daten, die über das Netzwerk übertragen werden sollen. Alle Netzwerke benutzen irgendein Protokoll. Auch wenn es viele verschiedene Protokolle gibt, dominiert TCP/IP im PC-Bereich doch deutlich.

NetBEUI/NetBIOS

Bevor wir uns TCP/IP zuwenden, müssen wir uns noch ein wenig mit der Geschichte befassen. Im Laufe der 1980er Jahre entwickelte IBM mit *NetBEUI* (*NetBIOS Extended User Interface*) das Standardprotokoll für Windows für Workgroups, LANtastic und Windows 95. NetBEUI ist klein und relativ schnell, eignet sich jedoch nicht für das Routing. Durch die fehlenden Routingfähigkeiten bleibt NetBEUI auf kleinere Netzwerke mit maximal ca. 200 Knoten beschränkt.

> **Hinweis**
>
> Bei einem *Knoten* (*node*) handelt es sich um ein beliebiges Gerät mit einem Netzwerkanschluss. Das sind zwar üblicherweise Rechner, es kann sich aber durchaus auch um andere Geräte handeln. Viele Drucker lassen sich z.B. direkt an ein Netzwerk anschließen und können daher ebenfalls Knoten genannt werden. Im weiteren Verlauf dieses Kapitels verwende ich die Bezeichnung *Knoten* ausschließlich für Personal Computer oder *vernetzte Rechner*. Dies gilt insbesondere, wenn es um drahtlose Technologien geht, da der Begriff in diesem Bereich auch von den Herstellern so verwendet wird.

Man kann viele kleinere Netzwerke zu einem größeren Netzwerk zusammenschließen, so dass aus mehreren LANs ein großes WAN wird, aber dann entstehen eine Reihe von Problemen hinsichtlich des Netzwerkverkehrs. Ein Computer muss Pakete so adressieren können, dass sie einen Rechner im eigenen LAN oder einen Rechner in einem anderen LAN im WAN erreichen können. Wenn alle Pakete für alle Rechner sichtbar wären, dann würde der Netzwerkverkehr schnell außer Kontrolle geraten! Und die die LANs verbindenden Geräte, die *Router*, müssen diese Pakete sortieren und ins richtige LAN weiterleiten können. Dieser Prozess, der *Routing* genannt wird, erfordert Router und ein routingfähiges Protokoll, um richtig funktionieren zu können.

NetBEUI eignete sich zwar gut für LANs, es fehlten ihm aber die zusätzlichen Adressierungsfähigkeiten, die für ein WAN benötigt werden. Daher wurde ein neues Protokoll benötigt, dass auch das Routing beherrscht.

TCP/IP

TCP/IP (*Transmission Control Protocol/Internet Protocol*) wurde ursprünglich für den Vorläufer des Internets, das *ARPANET* (*Advanced Research Projects Agency Network*) des US-Verteidigungsministeriums entwickelt. 1983 wurde TCP/IP zum integrierten Protokoll des beliebten BSD UNIX, dem schon bald weitere Unix-Varianten folgten. TCP/IP ist das beste Protokoll für größere Netzwerke (mehr als 200 Knoten). Beim größten aller Netzwerke, dem Internet, ist TCP/IP das Standardprotokoll. Und auch bei Windows ist TCP/IP das Standardprotokoll. TCP/IP mangelt es zwar an Geschwindigkeit und es benötigt viel Speicher, aber es ist robust, wird gut verstanden und allgemein unterstützt.

> **Hinweis**
>
> Novell hat *IPX/SPX* (*Internetwork Packet Exchange/Sequenced Packet Exchange Protocol*) exklusiv für seine NetWare-Produkte entwickelt. Das IPX/SPX-Protokoll ist recht schnell, arbeitet gut mit Routern zusammen und benötigt nach dem Laden nur wenig Platz im Arbeitsspeicher. Es war zwar zeitweise verbreitet, musste mittlerweile aber TCP/IP weichen. Microsoft implementiert eine IPX/SPX-Version, die *NWLink* genannt wird.

Client-Software

Um auf Daten oder Ressourcen in einem Netzwerk zugreifen zu können, muss auf einem Windows-PC Client-Software für alle Serverarten installiert sein, auf die zugegriffen werden können soll. Wenn Sie eine Netzwerkkarte und deren Treiber installieren, dann installiert Windows mindestens eine Gruppe von Client-Programmen, die *Client für Microsoft-Netzwerke* genannt wird (Abbildung 23.22). Diese ermöglichen dem Rechner die Verbindungsaufnahme mit Microsoft-Netzwerken. Internetbasierte Dienste funktionieren auf dieselbe Weise. Sie brauchen einen Web-Client (wie beispielsweise Mozilla Firefox), um auf einen Webserver zugreifen zu können. Es ist also keine Zauberei im Spiel, wenn Windows-Rechner auf freigegebene Daten zugreifen, sondern es muss dazu die entsprechende Client-Software installiert sein.

Lokale Netzwerke

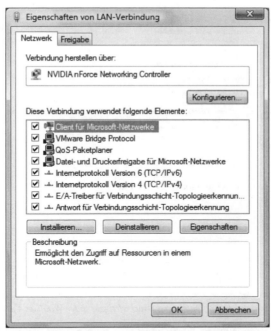

Abbildung 23.22: Im Dialogfeld EIGENSCHAFTEN VON LAN-VERBINDUNG wird angezeigt, dass (neben anderer Netzwerksoftware) der Client für Microsoft-Netzwerke installiert ist

Hinweis

Wenn Sie unter Windows Vista/7 das kleine Netzwerk-Symbol im Infobereich der Taskleiste mit der rechten Maustaste anklicken, dann erreichen Sie darüber das NETZWERK- UND FREIGABECENTER. Dort wird der Status Ihrer Netzwerkverbindung angezeigt und dort können Sie leicht verschiedene Netzwerkeinstellungen aktivieren oder deaktivieren, wie z.B. die Dateifreigabe, die Netzwerkerkennung und die Druckerfreigabe. Sie können auch sehen, in welcher Art von Netzwerk Sie sich befinden: Öffentlich, Privat oder Domäne. Unter Windows Vista können Sie beim ersten Beitritt zu einem Netzwerk auswählen, um welchen Netzwerktyp es sich dabei handeln soll (Privat oder Öffentlich). Windows Vista ändert dann basierend auf Ihrer getroffenen Auswahl die Netzwerkeinstellungen. Öffentliche Netzwerke werden dabei nicht für sicher gehalten und entsprechend deaktiviert Windows automatisch alle Freigabeoptionen des Netzwerks, damit keine bösen Buben auf Ihren Rechner zugreifen können. Private Netzwerke werden für sicher gehalten und die Freigabeoptionen werden aktiviert. Wenn Ihr Rechner Mitglied einer Domäne ist, dann kümmert sich Ihr Netzwerkadministrator um die Einstellung der Netzwerkoptionen.

Server-Software

Sie können jeden Windows-PC in einen Server verwandeln. Dazu müssen Sie einfach nur die *Datei- und Druckerfreigabe* auf dem entsprechenden Rechner aktivieren. Bei Windows wird die Datei- und Druckerfreigabe zwar standardmäßig installiert, aber nicht aktiviert. (Unter Windows XP Home wird allerdings eine einfachere Freigabevariante, die EINFACHE DATEIFREIGABE standardmäßig aktiviert, um die Freigabe von Medien über ein Heimnetzwerk zu vereinfachen.) Wie Abbildung 23.23 zeigt, muss zur Aktivierung der Datei- und Druckerfreigabe aber lediglich eine Option aktiviert werden.

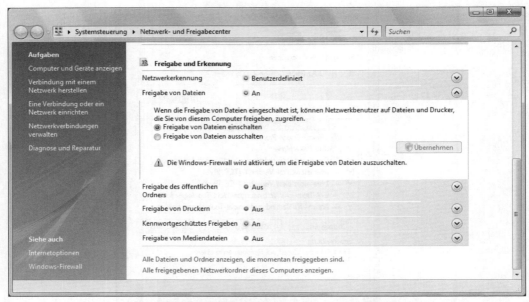

Abbildung 23.23: Datei- und Druckerfreigabe unter Windows Vista aktivieren

> **Hinweis**
>
> Alle Windows-Versionen ab Windows XP SP2 enthalten eine integrierte Firewall, die potenziell schädlichen Internet-Datenverkehr blockiert. Die Funktionen der Windows-Firewall unterscheiden sich bei den verschiedenen Windows-Versionen zwar nur geringfügig, aber Sie sollten eine Macke von Windows XP kennen: Die Firewall blockiert nämlich standardmäßig die Datei- und Druckerfreigabe. Wenn Sie also feststellen, dass Sie auf keine freigegebenen Ordner oder Drucker zugreifen können, dann sollten Sie prüfen, ob diese nicht von der Windows-Firewall blockiert werden. Dazu rufen Sie einfach die Systemsteuerung auf und öffnen dort das Applet WINDOWS-FIREWALL. Aktivieren Sie dann die Registerkarte AUSNAHMEN und prüfen Sie, ob das Kontrollkästchen neben der Option DATEI- UND DRUCKERFREIGABE aktiviert ist. Falls nicht, dann war das das Problem!

Installation und Konfiguration eines verkabelten Netzwerks

Nachdem das Kapitel nun bereits halb vorüber ist, können wir uns endlich den interessanteren Dingen zuwenden und uns praktisch mit der Installation und Konfiguration eines Netzwerks befassen! Damit die Netzwerkverbindungen funktionieren, müssen die folgenden Dinge installiert werden:

- *Netzwerkadapter* (NIC – Network Interface Card). Dabei handelt es sich um die physische Hardware, die für die Verbindung des Rechnersystems mit dem Netzwerkkabel sorgt.
- *Protokoll.* Die Sprache, die die Rechnersysteme zur Kommunikation verwenden.
- *Netzwerk-Client.* Die Schnittstelle, die für die Verbindung zwischen dem Rechnersystem und dem Protokoll sorgt.

Wenn Sie Ressourcen auf dem lokalen Rechner für andere Netzwerkbenutzer freigeben wollen, dann müssen Sie auch die bereits erwähnte *Datei- und Druckerfreigabe* aktivieren. Natürlich muss der Rechner über ein Kabel mit einem Hub, Switch oder Router verbunden werden. Wenn Sie es sich leisten können und entsprechendes Kabel verfügbar ist, dann sollten Sie ruhig CAT6-Kabel verwenden, aber das ist nur meine Meinung! Wenn Sie einen Netzwerkadapter installieren, dann installiert Windows bei dessen Einrichtung standardmäßig das TCP/IP-Protokoll, den Client für Microsoft-Netzwerke und die Datei- und Druckerfreigabe für Microsoft-Netzwerke.

Installation einer Netzwerkkarte

Die Netzwerkkarte sorgt für die Verbindung des Rechnersystems mit dem Netzwerk, weshalb sie zunächst installiert werden muss, wenn eine Verbindung zu einem Netzwerk hergestellt werden soll. Netzwerkkarten eignen sich jeweils für bestimmte Kabel und Netzwerktypen, wie z.B. 1000Base-T-Ethernet. Folgen Sie bei der Installation des Netzwerkadapters der Anleitung des Herstellers. Möglicherweise brauchen Sie einen Datenträger mit einem Treiber oder müssen sich den Treiber von der Website des Herstellers herunterladen, wenn Sie den neuesten und tollsten Netzwerkadapter installieren.

Der Hardware-Assistent automatisiert die Installation von Nicht-PnP-Komponenten oder von PnP-Komponenten, die nicht korrekt erkannt wurden. Starten Sie den Assistenten, indem Sie unter Windows 2000 START|EINSTELLUNGEN|SYSTEMSTEUERUNG oder unter Windows XP/Vista START|SYSTEMSTEUERUNG wählen und das Symbol des Applets HARDWARE doppelt anklicken. (Schalten Sie dazu bei Bedarf in die klassische Ansicht um.) Klicken Sie die Schaltfläche WEITER an, um die auszuführende Aufgabe auszuwählen bzw. folgen Sie den Aufforderungen des Hardware-Assistenten, um die Hardwarekomponente zu installieren.

Hinweis

Sie sollten bei der Auswahl der Netzwerkkarte darauf achten, dass Sie kein unbekanntes Produkt erwerben. Sie können sich dadurch viele Probleme ersparen. Aber auch die Netzwerkkarten weniger namhafter Hersteller sollten keine Probleme bereiten, wenn sie verbreitete Chips wie die der Firma Realtek verwenden.

Konfiguration eines Netzwerk-Clients

Um eine Verbindung zu einem Netzwerk herstellen zu können, muss ein Netzwerk-Client installiert und richtig konfiguriert sein. Für jede Art von Server-Netzwerkbetriebssystem, mit dem eine Verbindung hergestellt werden soll, muss ein Client installiert sein. Sehen wir uns daher den Microsoft-Client an.

Da der Client für Microsoft-Netzwerke zusammen mit dem Betriebssystem installiert wird, muss er nur selten konfiguriert werden und zudem sind nur wenige Konfigurationsoptionen verfügbar. Um ihn unter Vista/7 zu starten, klicken Sie erst START, dann mit der rechten Maustaste NETZWERK an und wählen im Kontextmenü EIGENSCHAFTEN. Klicken Sie dann links im Aufgabenbereich die Option NETZWERKVERBINDUNGEN VERWALTEN an. Unter Windows XP klicken Sie erst START und dann das Symbol NETZWERKUMGEBUNG mit der rechten Maustaste an und wählen im Kontextmenü EIGENSCHAFTEN. Unter Windows 2000 wählen Sie START|EINSTELLUNGEN|NETZWERK UND DFÜ-VERBINDUNGEN.

Unter allen Windows-Versionen müssen Sie nun im Fenster NETZWERKVERBINDUNGEN die LAN-Verbindung mit der rechten Maustaste anklicken und im Kontextmenü die Schaltfläche EIGENSCHAFTEN anklicken.

Unter allen Windows-Versionen markieren Sie nun das Element bzw. die Komponente CLIENT FÜR MICROSOFT-NETZWERKE und klicken die Schaltfläche EIGENSCHAFTEN an. Beachten Sie, dass hier nicht sehr viel mehr zu tun ist. Wenn Sie nicht von einem Netzwerkadministrator dazu aufgefordert werden, ändern Sie einfach nichts.

TCP/IP konfigurieren

In diesem letzten Abschnitt über Protokolle geht es nun um TCP/IP, bei dem es sich um das in modernen Netzwerken und im Internet bevorzugt eingesetzte Protokoll handelt. Wenn ein Rechner auf das Internet zugreifen soll, dann muss das TCP/IP-Protokoll installiert und richtig konfiguriert sein. TCP/IP ist mittlerweile derart dominant geworden, dass es meist auch für Netzwerke verwendet wird, die keine Verbindung zum Internet haben. TCP/IP ist zwar sehr leistungsfähig, allerdings auch nicht ganz einfach einzurichten. Ob Sie nun ein Modem für eine DFÜ-Verbindung zum Internet oder 500 Computer in privaten *Intranets* installieren, Sie müssen in jedem Fall ein paar TCP/IP-Grundlagen verstehen. Daher werden wir uns nun erst mit ein paar Grundlagen und dann mit den zur Installation und Konfiguration von TCP/IP erforderlichen Schritten befassen.

Netzwerk-Adressierung

Alle Netzwerkadressen müssen zwei Arten von Informationen enthalten. Sie müssen einen Rechner eindeutig identifizieren und ihn in einem größeren Netzwerk ausfindig machen können. In einem TCP/IP-Netzwerk identifiziert die *IP-Adresse* den Rechner innerhalb eines Netzwerks.

IP-Adressen

In einem TCP/IP-Netzwerk haben die Systeme keine Namen, sondern verwenden IP-Adressen. Bei der IP-Adresse handelt es sich um die eindeutige numerische Kennung eines Systems in einem Netzwerk. Ein Teil der Adresse identifiziert das Netzwerk und ein Teil stellt die Adresse des lokalen Rechners (*Host*) im Netzwerk dar. IP-Adressen bestehen aus vier Gruppen mit je acht Binärziffern (Oktette), die jeweils durch einen Punkt getrennt werden (*dotted-decimal notation*). Statt einem Rechner also einen Namen, wie z.B. SERVER1 zu geben, erhält er einen Namen wie diesen:

```
202.34.16.11
```

Schreibt man diesen binär, erhält man die Adresse

```
11001010.00100010.00010000.00001011
```

Statt die Adressen binär zu schreiben, haben sich die TCP/IP-Entwickler dazu entschlossen, die dezimalen Äquivalente zu verwenden:

```
00000000 = 0
00000001 = 1
00000010 = 2
...
11111111 = 255
```

IP-Adressen werden in Klassen unterteilt, die der potenziellen Größe des Netzwerks entsprechen: Klasse A, Klasse B und Klasse C. Adressen der Klasse A sind für riesige Unternehmen gedacht, wie z.B. bedeutende multinationale Konzerne. Adressen der Klasse B werden an mittlere Unternehmen vergeben. Die Klasse C ist für kleinere LANs vorgesehen. Bei Klasse-A-Netzwerken identifiziert das erste Oktett die Netzwerkadresse und die übrigen drei Oktette identifizieren den Host. Bei Klasse-B-Netzwerken werden die ersten beiden Oktette für die Netzwerkadresse und die übrigen zwei für den Host verwendet. Bei Klasse-C-Netzwerken identifizieren die ersten drei Oktette die Netzwerkadresse und das letzte Oktett identifiziert den Host. Tabelle 23.3 führt die Bereichszuordnungen (Klassen) auf.

Netzwerk-klasse	Adressbereich	Anzahl verfügbarer Netzwerkadressen	Anzahl der unterstützten Host-Knoten (Computer)
A	1–126	129	16.777.214
B	128–191	16.384	65.534
C	192–223	2.097.152	254

Tabelle 23.3: Die Adressklassen A, B und C

Lösung der IP-Adressenknappheit

Bei den hier vorgestellten IP-Adressen handelt es sich technisch gesehen um IPv4-Adressen (IP Version 4). Mit diesen Adressen gibt es aber ein Problem, denn die möglichen IP-Adressen werden dabei knapp und schon in ein paar Jahren ausgehen. Aber das ist kein besonderes Problem. Bevor Sie nun auf die Straße rennen und den anstehenden Zusammenbruch des Internets ausrufen oder Dosenfutter im Keller zu horten beginnen, werde ich Ihnen die Lösung des Problems präsentieren.

IPv6 (IP Version 6), die neueste Version des Internet-Protokolls wird uns eine Internet-lose Zukunft ersparen, denn es verwendet 128-Bit-Adressen anstelle der 32-Bit-Adressen bei IPv4. Das bedeutet, dass es mehr mögliche Adressen als bei IPv4 gibt. Viel mehr. Ich versuche mir das dadurch zu verdeutlichen, dass ich mir alle Moleküle vorstelle, aus denen die Erde besteht und deren Anzahl durch 7 dividiere. Das Ergebnis entspricht etwa der Anzahl der möglichen IPv6-Adressen.

Der Nachteil besteht darin, dass IPv6-Adressen weniger elegant als IPv4-Adressen sind und sich entsprechend schlechter merken lassen. Eine IPv6-Adresse sieht z.B. so aus: `2001:0db8:85a3:0000:0000:8a2e:0370:7334`. Damit lässt sich viel schlechter als mit `192.168.1.1` arbeiten, oder?

IPv6 geht auch mit dem Routing und verschiedenen anderen Dingen anders als IPv4 um, aber hauptsächlich sollten Sie wissen, dass die IPv6-Adressen deutlich anders aussehen und dass es genug davon gibt, dass sie uns eine Weile lang erhalten bleiben sollten. Es gibt noch keine festen Pläne für den Zeitpunkt des Übergangs auf IPv6, aber dieser wird größere Änderungen mit sich bringen.

Bei den aufgeführten IP-Adressbereichen fällt auf, dass der Bereich von 126.x.x.x bis 128.x.x.x fehlt. Das liegt daran, dass der 127-Adressbereich (127.0.0.1–127.255.255.255) für Netzwerktests (*Loopback*) reserviert ist. (Normalerweise verwenden wir nur die Adresse 127.0.0.1 und bezeichnen sie als *Localhost*-Adresse, aber jede andere Adresse, die mit 127 anfängt, funktioniert ebenso.) Dabei handelt es sich aber nicht um den einzigen reservierten Bereich! In jeder Netzwerkklasse ist ein bestimmter IP-Adressbereich für *private* Netzwerke reserviert. Der Datenverkehr dieser Netzwerke wird generell nicht in das Internet geroutet. Der private Bereich der Klasse A geht von 10.0.0.1 bis 10.255.255.255. Klasse B enthält zwei private Adressbereiche, die für manuell konfigurierte Adressen von 172.16.0.1 bis 172.16.255.255 und den für die *APIPA*-Funktion (*Automatic Private IP Addressing*) reservierten Bereich von 169.254.0.1 bis 169.254.255.254 geht. (Die APIPA-Funktion wird später noch vorgestellt.) Der private Adressbereich der Klasse C liegt zwischen 192.168.0.0 und 192.168.255.255.

Hinweis

Das Anpingen der Loopback-Adresse ist die beste Möglichkeit, zu testen, ob eine Netzwerkkarte korrekt funktioniert. Um das Loopback für eine Netzwerkkarte zu testen, muss sich das andere Ende des Kabels in einem funktionierenden Switch befinden oder Sie müssen einen Loopback-Adapter/Stecker verwenden.

Hinweis

Wenn zwar APIPA aktiviert ist, der DHCP-konfigurierte Client aber keinen DHCP-Server erreichen kann, dann wird der Client automatisch mit APIPA konfiguriert und erhält eine verbindungslokale IP-Adresse aus dem Bereich zwischen 169.254.0.1 und 169.254.255.254 und die Subnetzmaske der Klasse B zugewiesen, bis ein DHCP-Server erreicht werden kann.

Subnetzmaske

Bei der *Subnetzmaske* handelt es sich um einen Wert, der angibt, welcher Teil der IP-Adresse als Netzwerkadresse und welcher als Host-Adresse dient. Die Subnetzmaske blockiert (oder »maskiert«) die Netzwerkbereiche (Oktette) einer IP-Adresse. Bestimmte Subnetzmasken werden standardmäßig verwendet. Die Standard-Subnetzmaske für Adressen der Klasse A lautet 255.0.0.0, die für Klasse B 255.255.0.0 und die für Klasse C 255.255.255.0. Bei der IP-Adresse 131.190.4.121 der Klasse B mit der

Subnetzmaske 255.255.0.0 werden z.B. die ersten beiden Oktette (131.190) für die Netzwerkadresse und die letzten beiden Oktette für die Host-Adresse verwendet.

> **Wichtig**
>
> Die CompTIA A+-Zertifizierung verlangt von Ihnen nicht die Konfiguration von IP-Adressen und Subnetzmasken in Binärdarstellung oder den Umgang mit nicht standardmäßigen Subnetzmasken wie etwa 255.255.240.0, aber Sie sollten wissen, was IP-Adressen und Subnetzmasken sind und wie Sie Ihren PC so konfigurieren, dass er an ein TCP/IP-Netzwerk angeschlossen werden kann.

Eine neue Port-Variante

Der Begriff *Port* kann im Computerbereich verschiedene Bedeutungen haben. Oft ist damit eine Buchse an einem Ethernet-Netzwerkadapter gemeint, mit der Sie einen RJ-45-Stecker verbinden. In diesem Sinne wird der Begriff zumeist verwendet. Es gibt aber noch andere Bedeutungen des Wortes Port.

Im Zusammenhang mit TCP/IP handelt es sich bei *Ports* um 16-Bit-Zahlen zwischen 0 und 65.535, die einer bestimmten TCP/IP-Sitzung zugeordnet werden. Alle TCP/IP-Pakete (abgesehen von einigen wirklich elementaren Wartungspaketen) enthalten Portnummern, die von den beiden miteinander kommunizierenden Geräten nicht nur zur Identifizierung der Art der Sitzung und damit des für die Daten im Paket zu verwendenden Softwareprotokolls benutzt werden, sondern die auch bestimmen, wie das Paket oder die Antwort zurück zum sendenden Rechner gelangen kann.

Allen Paketen werden zwei Ports zugeordnet, ein Zielport (*destination port*) und ein Quellport (*ephemeral port*). Beim *Zielport* handelt es sich um eine feste, vorher bestimmte Zahl, die die Funktion oder den Sitzungstyp definiert. Für allgemeine TCP/IP-Sitzungstypen werden Zielportzahlen im Bereich zwischen 0 und 1023 verwendet. Beim *Quellport* handelt es sich um eine vom sendenden Rechner erzeugte Zufallszahl. Der empfangende Rechner benutzt den Quellport als Zieladresse, damit der sendende Rechner weiß, welche Anwendung er für die zurückkommenden Pakete verwenden muss. Für die Quellports werden üblicherweise Zahlen aus dem Bereich zwischen 1024 und 5000 verwendet, aber das ist bei den verschiedenen Betriebssystemen leicht unterschiedlich geregelt.

Durch Ports kann ein Computer gleichzeitig viele verschiedene Dienste bereitstellen, wie z.B. einen Web- und einen E-Mail-Server. Einige der häufig verwendeten Ports und die zugehörigen Dienste werde ich in Kapitel 25 (*Das Internet*) noch vorstellen.

TCP/IP-Dienste

TCP/IP unterscheidet sich von anderen Protokollen. Es unterstützt Datei- und Druckerfreigaben, bietet aber auch eine Reihe zusätzlicher einzigartiger Merkmale. Diese werden unter dem Oberbegriff *TCP/IP-Dienste* zusammengefasst. Der bekannteste TCP/IP-Dienst, bei dem es sich um die Sprache des World Wide Web handelt, wird HTTP (*HyperText Transfer Protocol*) genannt. Wenn Sie im Internet surfen wollen, muss TCP/IP installiert sein. TCP/IP stellt aber neben HTTP viele weitere Dienste zur Verfügung. Mit einem Dienst, der TELNET genannt wird, können Sie auf entfernte Rechnersysteme zugreifen, als ob Sie direkt davor säßen.

Ein weiteres Beispiel ist das praktische Dienstprogramm *PING*. Mit PING lässt sich prüfen, ob ein Rechner mit anderen Rechnern kommunizieren kann. Abbildung 23.24 zeigt ein Beispiel für PING unter Windows Vista. Ist es nicht interessant, dass viele TCP/IP-Dienste von der Eingabeaufforderung aus gestartet werden? Gut, wenn man weiß, wie man sie starten kann! Es gibt eine ganze Menge weiterer Dienste, die ich Ihnen gleich noch vorstellen werde.

Das Ziel von TCP/IP ist die Verbindung von zwei Hosts (ein Host ist in TCP/IP-Sprache einfach nur ein Computer), entweder im selben LAN oder über ein anderes Netzwerk innerhalb des WANs. Die LANs innerhalb des WANs werden über die unterschiedlichsten Verbindungen verknüpft, von einfachen Einwahlnetzen bis hin zu dedizierten, schnellen (und teuren) Datenleitungen (Abbildung 23.25). Um den Datenverkehr zwischen Netzwerken zu übertragen, verwenden Sie bestimmte Computer, so genannte *Router* (Abbildung 23.26). Jeder Host sendet Daten nur dann zum Router, wenn sie für ein entferntes Netzwerk vorgesehen sind, was den Datenverkehr über die teureren WAN-Verbindungen reduziert. Der Host entscheidet darüber anhand der Ziel-IP-Adressen der einzelnen Pakete.

Abbildung 23.24: PING in Aktion

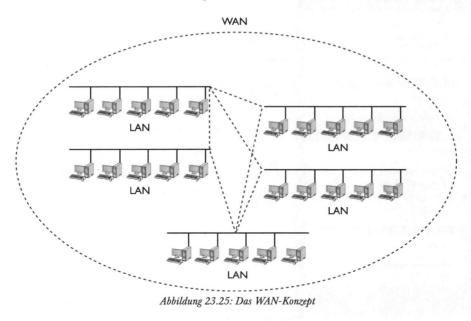

Abbildung 23.25: Das WAN-Konzept

Abbildung 23.26: Ein typischer Router

Kapitel 23

TCP/IP-Einstellungen

Für TCP/IP sind eine Reihe spezieller Einstellungen erforderlich, die korrekt vorgenommen werden müssen, wenn das Netzwerk ordnungsgemäß funktionieren soll. Leider sind einige dieser recht zahlreichen Einstellungen ein wenig verwirrend. Nicht alle Einstellungen werden für die verschiedenen Arten von TCP/IP-Netzwerken benötigt und es ist auch nicht immer klar, wo sie vorgenommen werden müssen.

Unter Windows wird der Vorgang vereinheitlicht, da hier sowohl die DFÜ- als auch die Netzwerkverbindungen über das Fenster NETZWERKVERBINDUNGEN konfiguriert werden (Abbildung 23.27). Sie gelangen dorthin, wenn Sie unter Windows 2000/XP NETZWERKUMGEBUNG oder unter Windows Vista/7 NETZWERK im Startmenü mit der rechten Maustaste anklicken und im Kontextmenü EIGENSCHAFTEN wählen. Unter Vista/7 müssen Sie dann noch im Aufgabenbereich die Option NETZWERKVERBINDUNGEN VERWALTEN anklicken. Anschließend markieren Sie dann die zu konfigurierende Verbindung und wählen nach einem Rechtsklick im Kontextmenü die Option EIGENSCHAFTEN, um zu den Eigenschaften für das Internetprotokoll (TCP/IP) zu gelangen.

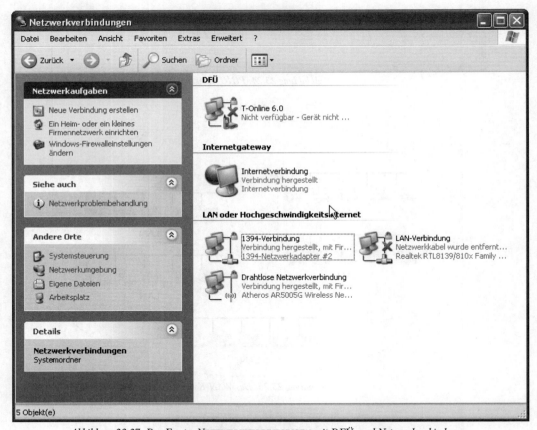

Abbildung 23.27: Das Fenster NETZWERKVERBINDUNGEN mit DFÜ- und Netzwerkverbindungen

Die CompTIA A+-Zertifizierung geht davon aus, dass Ihnen die richtigen und erforderlichen Einstellungen für das Netzwerk von einem Techniker oder einem Netzwerkguru mitgeteilt werden. Sie müssen daher nur ungefähr wissen, was die verschiedenen Einstellungen bewirken und wo Sie sie vornehmen müssen, wenn das System funktionieren soll. Wenden wir uns also einigen häufigeren TCP/IP-Einstellungen zu.

Lokale Netzwerke

> **Wichtig**
>
> Die Prüfungen im Rahmen der CompTIA A+-Zertifizierung folgen einer etwas seltsamen Auffassung hinsichtlich der erforderlichen Netzwerkkenntnisse. Üben Sie ausgiebig, wie Sie zu bestimmten Konfigurationsdialogfenstern für das Netzwerk kommen. Bereiten Sie sich auf Fragen der Art vor: »Mit welchem der folgenden Schritte können Sie den Wert XYZ ändern?«

Standardgateway

Ein Rechner, der Daten zu anderen Rechnern außerhalb des eigenen LANs übertragen will, muss nicht die IP-Adressen aller Rechner im Internet kennen. Stattdessen kennen alle IP-Hosts die Adresse von mindestens einem Router, zu dem sie alle Daten weiterleiten, die aus dem LAN hinausgehen sollen. Dieser Router wird *Standardgateway* genannt, was einfach ein anderer Name für »lokaler Router« ist (Abbildung 23.28).

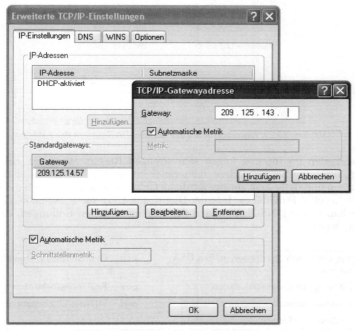

Abbildung 23.28: Einstellung des Standardgateways

DNS (Domain Name Service)

Wohl wissend, dass man den Anwendern den Umgang mit den rohen IP-Adressen nicht zumuten kann, haben die Internet-Pioniere eine Möglichkeit entwickelt, diese Zahlenkombinationen zu anwenderfreundlicheren Rechnerbezeichnungen in Beziehung zu setzen. Spezielle Rechner, die so genannten *DNS-Server* (*Domain Name Service*), warten Datenbanken mit den IP-Adressen und den zugeordneten Namen. Ein Rechner mit dem Namen TOTAL.SEMINAR1 wird z.B. in einem DNS-Verzeichnis mit der zugehörigen IP-Adresse (z.B. 209.34.45.163) geführt. Statt beim Kopieren einer Datei auf das Verzeichnis \\209.34.45.163\FREDC zuzugreifen, können Sie so die Adresse \\TOTAL.SEMINAR1\FREDC verwenden. Ihr System erfragt dann die IP-Adresse von TOTAL.SEMINAR1 beim DNS-Server und verwendet diese dann, um mit ihr den richtigen Rechner ausfindig zu machen. Wenn Sie die IP-Adressen nicht immer eintippen wollen, dann benötigen alle TCP/IP-Netzwerke mindestens einen DNS-Server (Abbildung 23.29).

Kapitel 23

Abbildung 23.29: Die manuelle Angabe von zwei DNS-Servern unter Windows Vista

Die Domänennamen im Internet folgen sehr strengen Regeln. Wenn Sie einen Domänennamen haben wollen, über den Sie für andere Teilnehmer im Internet erreichbar sind, müssen Sie diesen registrieren lassen und dafür eine geringe jährliche Gebühr entrichten. In den meisten Fällen kann Ihr ISP (Internet Service Provider – Internet-Diensteanbieter) diese Aufgabe für Sie übernehmen. Ursprünglich hatten alle DNS-Namen eine der folgenden sieben Endungen, die *Top Level Domains* (TLD) genannt werden:

.com	Allgemeine Geschäftsadressen (in den USA; commercial)	**.org**	Gemeinnützige Organisationen
.edu	Bildungsorganisationen (education)	**.gov**	Regierungsbehörden (government)
.mil	Militärorganisationen	**.net**	Internet-Organisationen
.int	Internationale Adressen		

Mit den zunehmend am Internet teilnehmenden Ländern wurde eine komplett neue Domänenebene hinzugefügt, die für das jeweilige Land steht (z.B. *.de* für Deutschland und *.ch* für die Schweiz). Die ursprünglichen sieben Endungen werden aber weiterhin unterstützt. Häufig begegnen Ihnen so DNS-Namen wie z.B. www.bbc.co.uk (BBC Großbritannien) oder www.louvre.fr (der Louvre in Frankreich). Die *ICANN* (*Internet Corporation for Assigned Names and Numbers*) hat die Entwicklung weiterer neuer Domänen angekündigt (u.a. *.name*, *.biz*, *.info*), die angesichts des explosiven Internet-Wachstums wahrscheinlich nicht die letzten bleiben werden! Über die jüngsten Entwicklungen können Sie sich auf der ICANN-Website unter www.icann.org informieren.

WINS

Bevor Microsoft die Internet-Standards wie etwa TCP/IP vollständig unterstützte, implementierte das Unternehmen einen eigenen Namensserver: *Windows Internet Name Server* (*WINS*). WINS ermöglicht, dass Windows-Netzwerknamen wie etwa SERVER1 den entsprechenden IP-Adressen zugeordnet werden, genau wie bei DNS, außer dass es sich bei diesen Namen um *Windows*-Netzwerknamen handelt, wie beispielsweise SERVER1, und nicht um *vollständige Domänennamen* (*FQDN – Fully Qualified Domain Name*) wie etwa `server1.example.com`. NetBIOS-Namen müssen eindeutig sein und dürfen maximal 15 Zeichen lang sein, aber davon abgesehen, gibt es nicht viel mehr darüber zu sagen. Vorausgesetzt, es gibt in Ihrem Netzwerk einen WINS-Server, dann brauchen Sie zur Einrichtung von WINS auf Ihrem PC nur die IP-Adresse des WINS-Servers einzugeben (Abbildung 23.30). Auf Windows 2000/XP/Vista/7 basierende Netzwerke verwenden kein WINS. Sie verwenden ein verbessertes *»dynamisches« DNS* (*DDNS*), das sowohl Internet-Namen als auch Windows-Namen unterstützt. In älteren Netzwerken, die immer noch den gelegentlich vorkommenden alten Windows-NT-4.0-Server unterstützen müssen, müssen Sie möglicherweise WINS konfigurieren, aber in den meisten TCP/IP-Netzwerken können Sie die WINS-Einstellung leer lassen.

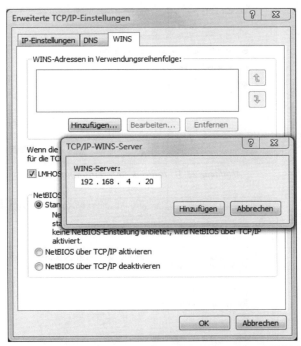

Abbildung 23.30: Einrichtung von WINS zur Nutzung von DHCP

DHCP

Die letzte Funktion, die die meisten TCP/IP-Netzwerke unterstützen, ist *DHCP* (*Dynamic Host Configuration Protocol*). Um DHCP zu verstehen, müssen Sie zuerst wissen, dass jedem Gerät eine IP-Adresse, eine Subnetzmaske, ein Standardgateway und mindestens ein DNS-Server (und vielleicht ein WINS-Server) zugeordnet werden muss. Diese Einstellungen können manuell im Fenster TCP/IP-EIGENSCHAFTEN hinzugefügt werden. Wenn Sie die IP-Adresse manuell einstellen, ändert sie sich nicht mehr und wird als *statische IP-Adresse* bezeichnet (Abbildung 23.31).

Mit DHCP können Sie einen Pool mit IP-Adressen anlegen, die den Geräten vorübergehend zugeordnet werden. DHCP ist vor allem für Netzwerke praktisch, in denen es viele Laptops gibt, die regelmäßig in das Netzwerk eintreten und dieses wieder verlassen. Warum sollte man einer Maschine, die nur ein paar Stunden pro Tag im Netzwerk ist, eine statische IP-Adresse zuordnen? Aus diesem Grund ist DHCP relativ beliebt. Wenn Sie in ein Windows-System eine Netzwerkkarte einbauen, sind die TCP/IP-Standardeinstellungen auf die Nutzung von DHCP voreingestellt. Wenn Sie diese automatischen Einstellungen übernehmen, weisen Sie die Maschine damit an, DHCP zu verwenden (Abbildung 23.32).

Kapitel 23

Abbildung 23.31: Festlegen einer statischen IP-Adresse

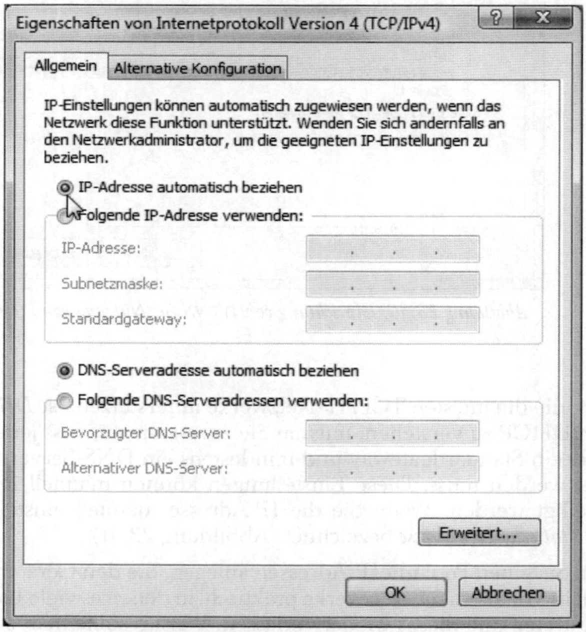

Abbildung 23.32: Automatisches Beziehen einer IP-Adresse

TCP/IP-Hilfsprogramme

Alle Windows-Versionen enthalten praktische Hilfsprogramme zum Testen von TCP/IP. Die vier Hilfsprogramme, die in diesem Bereich besonders häufig eingesetzt werden, sind IPCONFIG, NSLOOKUP und TRACERET. Alle diese Programme werden von der Eingabeaufforderung aus aufgerufen! Öffnen Sie eine Eingabeaufforderung, um sie auszuführen – wenn Sie sie nur im Dialogfeld AUSFÜHREN aufrufen, wird einen kurzen Moment lang die Eingabeaufforderung angezeigt und dann wieder geschlossen!

PING

PING, mit dem sich feststellen lässt, ob zwei Systeme miteinander kommunizieren können, haben Sie bereits kennen gelernt. Sie können es folgendermaßen nutzen. Aktivieren Sie die Eingabeaufforderung und geben Sie `PING` gefolgt von einer IP-Adresse oder einem DNS-Namen ein, also z.B. `PING www.chivalry.com`. Betätigen Sie [↵] und das war's auch schon! Abbildung 23.33 zeigt die allgemeine Syntax von `PING`.

```
C:\Windows\system32\cmd.exe

C:\>ping /?

Syntax: ping [-t] [-a] [-n Anzahl] [-l Größe] [-f] [-i TTL] [-v TOS]
             [-r Anzahl] [-s Anzahl] [[-j Hostliste] | [-k Hostliste]]
             [-w Zeitlimit] [-R] [-S Quelladresse] [-4] [-6] Zielname

Optionen:
    -t             Sendet fortlaufend Ping-Signale zum angegebenen Host.
                   Geben Sie STRG-UNTRBR ein, um die Statistik anzuzeigen.
                   Geben Sie STRG-C ein, um den Vorgang abzubrechen.
    -a             Löst Adressen in Hostnamen auf.
    -n Anzahl      Anzahl der zu sendenden Echoaufforderungen.
    -l Größe       Sendet Pufferlänge.
    -f             Setzt Flag für "Nicht fragmentieren" im Paket (nur IPv4).
    -i TTL         Gültigkeitsdauer (TTL).
    -v TOS         Diensttyp (nur IPv4).
    -r Anzahl      Route für Anzahl der Abschnitte (nur IPv4).
    -s Anzahl      Zeiteintrag für Anzahl der Abschnitte (nur IPv4).
    -j Hostliste   "Loose Source Route" gemäß Hostliste (nur IPv4).
    -k Hostliste   "Strict Source Route" gemäß Hostliste (nur IPv4).
    -w Zeitlimit   Zeitlimit in Millisekunden für eine Rückmeldung.
    -R             Verwendet den Routingheader, um die rückwärtige Route
                   ebenfalls zu testen (nur IPv6).
    -S Quelladr.   Zu verwendende Quelladresse.
    -4             Erzwingt Verwendung von IPv4.
    -6             Erzwingt Verwendung von IPv6.


C:\>
```

Abbildung 23.33: Die Syntax von PING

PING hat ein paar Optionen, die über die Grundlagen hinausgehen, die Sie für die CompTIA wissen müssen. Die erste ist `-t`. Wenn der Schalter `-t` verwendet wird, dann sendet PING fortwährend PING-Pakete, bis Sie das Programm mit der Tastenkombination [Strg]+[C] abbrechen. Bei der zweiten Option handelt es sich um den Schalter `-l`, bei dem Sie die Größe der zu übertragenden PING-Pakete festlegen können. Das kann bei der Diagnose bestimmter Probleme mit den Routern zwischen Ihrem und dem angepingten Rechner hilfreich sein.

IPCONFIG

Windows bietet das Befehlszeilenwerkzeug IPCONFIG an, mit dem Sie sich einen schnellen Überblick über Ihre Netzwerkeinstellungen verschaffen. Wählen Sie START|AUSFÜHREN und geben Sie `CMD` ein, um zur Eingabeaufforderung zu gelangen. Dort geben Sie `ipconfig /all` ein, um sich all Ihre TCP/IP-Einstellungen anzeigen zu lassen (Abbildung 23.34).

Wenn Ihr Rechner eine statische IP-Adresse hat, zeigt IPCONFIG nicht sehr viel mehr als die aktuellen IP-Einstellungen an, wie beispielsweise IP-Adresse, Subnetzmaske, Standardgateways, DNS-Server und WINS-Server. Wenn Sie dagegen DHCP verwenden, ist IPCONFIG auch das wichtigste

Werkzeug, um Ihre IP-Adresse freizugeben und zu erneuern. Sie geben einfach `ipconfig /renew` ein, um eine neue IP-Adresse zu erhalten, oder `ipconfig /release`, um die aktuelle IP-Adresse freizugeben.

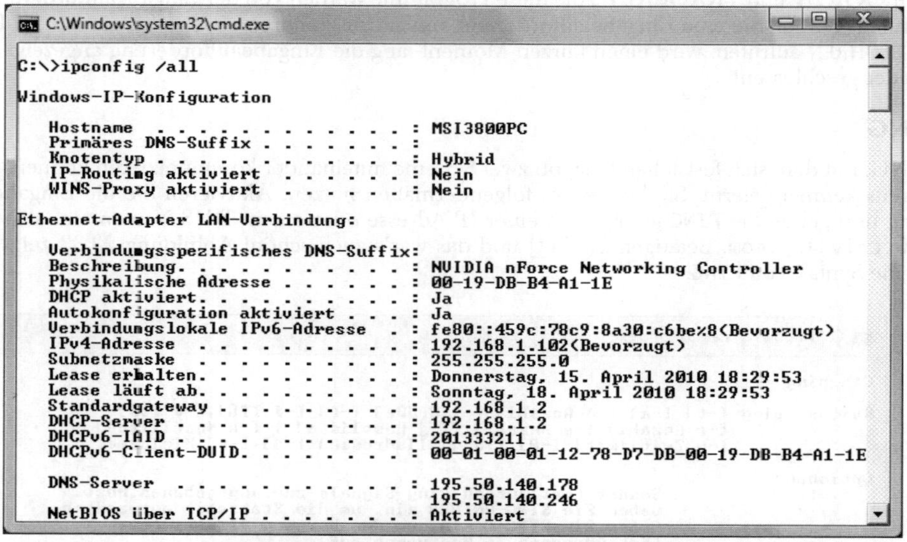

Abbildung 23.34: `ipconfig /all` *unter Windows Vista*

NSLOOKUP

NSLOOKUP ist ein mächtiges Befehlszeilenprogramm, mit dem Sie unter anderem den Namen eines DNS-Servers ermitteln können. Wenn TCP/IP installiert ist, steht NSLOOKUP unter allen Windows-Versionen zur Verfügung. Um das Programm zu starten, geben Sie `nslookup` an der Eingabeaufforderung ein und betätigen ⏎ (Abbildung 23.35). Beachten Sie, dass anschließend kaum Informationen angezeigt werden. Haben Sie aber bemerkt, dass sich die Eingabeaufforderung geändert hat? Das liegt daran, dass Sie jetzt ein Programm ausführen. Um wieder zur normalen Eingabeaufforderung zurückzukehren, geben Sie `exit` ein und betätigen ⏎.

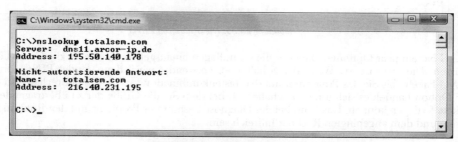

Abbildung 23.35: NSLOOKUP in Aktion

Hinweis

Mit NSLOOKUP lassen sich einige tolle Dinge anstellen, weshalb es bei einigen Technikern äußerst beliebt ist. Die Optionen sprengen zwar bei Weitem den Rahmen der CompTIA A+-Zertifizierung, aber wenn Sie sich dennoch ein wenig damit befassen wollen, dann geben Sie doch einfach `help` an der Eingabeaufforderung von NSLOOKUP ein, um sich eine Liste der Befehle und deren Syntax anzeigen zu lassen.

TRACERT

Das Programm TRACERT zeigt die Route an, die ein Paket auf dem Weg zu seinem Ziel nimmt. Geben Sie an der Eingabeaufforderung einfach TRACERT und anschließend ein Leerzeichen und eine IP-Adresse ein. Die Ausgabe beschreibt die Route vom lokalen Rechner zum Zielrechner und führt alle Geräte auf, durch die die Pakete geleitet werden, und wie lange die einzelnen Sprünge dabei dauern (Abbildung 23.36).

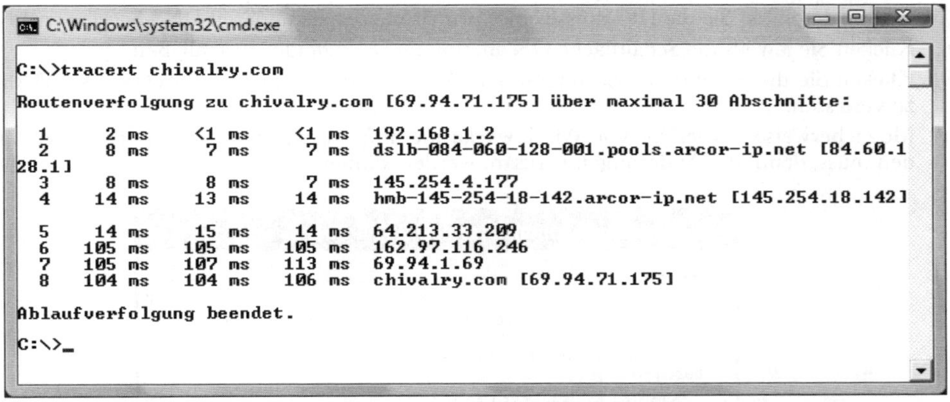

```
C:\Windows\system32\cmd.exe

C:\>tracert chivalry.com
Routenverfolgung zu chivalry.com [69.94.71.175] über maximal 30 Abschnitte:

  1     2 ms    <1 ms    <1 ms  192.168.1.2
  2     8 ms     7 ms     7 ms  dslb-084-060-128-001.pools.arcor-ip.net [84.60.1
28.1]
  3     8 ms     8 ms     7 ms  145.254.4.177
  4    14 ms    13 ms    14 ms  hmb-145-254-18-142.arcor-ip.net [145.254.18.142]
  5    14 ms    15 ms    14 ms  64.213.33.209
  6   105 ms   105 ms   105 ms  162.97.116.246
  7   105 ms   107 ms   113 ms  69.94.1.69
  8   104 ms   104 ms   106 ms  chivalry.com [69.94.71.175]

Ablaufverfolgung beendet.

C:\>_
```

Abbildung 23.36: TRACERT in Aktion

TRACERT kann nützlich sein, wenn es darum geht, Engpässe zu beheben. Wenn sich die Anwender darüber beklagen, dass bestimmte Zieladressen bei Verwendung von TCP/IP schwer zu erreichen sind, dann können Sie das Hilfsprogramm starten und mit ihm feststellen, ob das Problem bei einem Rechner besteht, der unter Ihrer Aufsicht steht, oder ob es sich um ein Problem bei einem anderen Rechner oder Router handelt. Wenn eine Zieladresse überhaupt nicht erreichbar ist, können Sie TRACERT ebenfalls einsetzen, um festzustellen, ob das Problem von einem Rechner oder Router verursacht wird, der unter Ihrer Aufsicht steht.

TCP/IP konfigurieren

Laut Voreinstellung wird das TCP/IP-Protokoll so konfiguriert, dass es eine IP-Adresse automatisch von einem DHCP-Server (Dynamic Host Configuration Protocol) im Netzwerk bezieht (und eine entsprechende Subnetzmaske automatisch zuordnet). Soweit es die CompTIA A+-Zertifizierung betrifft, erhalten Sie die benötigten Informationen zu IP-Adresse, Subnetzmaske und Standardgateway von Netzwerktechnikern oder Administratoren und konfigurieren den Rechner entsprechend. Da Sie über die einschlägigen Kenntnisse verfügen müssen, sollen Sie auch erfahren, wie die manuelle Einrichtung abläuft.

1. Klicken Sie unter Windows XP in der Systemsteuerung das Applet NETZWERKVERBINDUNGEN doppelt an. Unter Windows 2000 klicken Sie in der Systemsteuerung das Applet DFÜ- UND NETZWERKVERBINDUNGEN doppelt an. In beiden Fällen klicken Sie anschließend das Symbol der gewünschten Netzwerkverbindung (meist LAN-VERBINDUNG) doppelt an. Klicken Sie anschließend die Schaltfläche EIGENSCHAFTEN an. Unter Windows Vista/7 klicken Sie NETZWERK mit der rechten Maustaste an, wählen im Kontextmenü EIGENSCHAFTEN und klicken dann im Aufgabenbereich die Option NETZWERKVERBINDUNGEN VERWALTEN an. Anschließend klicken Sie auch hier das Symbol der LAN-Verbindung doppelt an.

2. Klicken Sie die Schaltfläche EIGENSCHAFTEN an, markieren Sie INTERNETPROTOKOLL (TCP/IP) und klicken Sie dann die Schaltfläche EIGENSCHAFTEN an. Unter Windows Vista/7 sollten Sie dabei die Option INTERNETPROTOKOLL VERSION 4 (TCP/IPv4) markieren, da hier standardmäßig jeweils IPv4 und IPv6 installiert werden.

Kapitel 23

3. Im nun angezeigten Dialogfeld aktivieren Sie die Option FOLGENDE IP-ADRESSE VERWENDEN.
4. Geben Sie die IP-Adresse in das entsprechende Feld ein.
5. Drücken Sie [⇆], um in das Feld SUBNETZMASKE (bzw. SUBNETMASK) zu wechseln. Beachten Sie, dass die Subnetzmaske automatisch eingetragen wird (Abbildung 23.37). (Sie können sie überschreiben, wenn Sie eine andere Subnetzmaske verwenden wollen.)
6. Optional können Sie weiterhin die IP-Adressen eines Standardgateways (Router oder ein anderes Computersystem, das Übertragungen über Ihr eigenes Netzwerk hinaus vornimmt) angeben.
7. Optional können Sie die IP-Adresse eines primären oder sekundären DNS-Servers angeben.
8. Klicken Sie jeweils die Schaltfläche OK an, um die Dialogfelder zu schließen.
9. Klicken Sie die Schaltfläche SCHLIESSEN an, um das Dialogfeld STATUS VON LAN-VERBINDUNG zu verlassen.
10. Möglicherweise werden Sie von Windows darüber informiert, dass der Rechner neu gestartet werden muss, damit die Änderungen wirksam werden können.

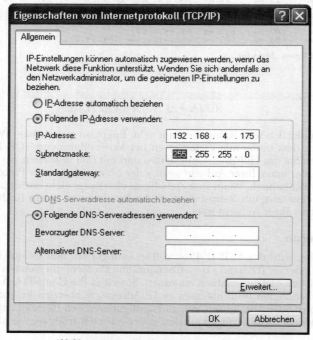

Abbildung 23.37: Eine IP-Adresse manuell festlegen

Automatische private IP-Adressierung

Windows unterstützt eine Funktion, die *APIPA* (*Automatic Private IP Addressing*) genannt wird, die einem System auch dann automatisch eine IP-Adresse zuweist, wenn es diese nicht über einen DHCP-Server beziehen kann. Die *IANA* (*Internet Assigned Numbers Authority*), das für die Zuordnung von IP-Adressen und die Verwaltung von Root-Serven zuständige nicht-kommerzielle Unternehmen, hat den Adressbereich von 169.254.0.0 bis 169.254.255.254 für diesen Zweck reserviert.

Wenn das Computersystem keine Verbindung zu einem DHCP-Server aufnehmen kann, dann erzeugt es eine Adresse nach dem Muster 169.254.*x.y* (bei *x.y* handelt es sich dabei um die Identifikation des Computers) und eine 16-Bit-Subnetzmaske (255.255.0.0) und überträgt diese über sein Netzwerksegment (Subnetz). Wenn kein anderer Computer auf diese Adresse antwortet, dann weist es sich selbst diese Adresse zu. Wird APIPA verwendet, dann kann das System nur mit anderen Computern im selben Subnetz kommunizieren, die ebenfalls den Adressbereich 169.254.$x.y$ mit einer 16-Bit-Maske nutzen. APIPA ist standardmäßig aktiviert, wenn das System für das automatische Beziehen von IP-Adressen konfiguriert wurde.

Hinweis

Wenn ein Computersystem in einem Netzwerk, in dem ein aktiver DHCP-Server vorhanden ist, eine IP-Adresse aus dem genannten Bereich verwendet, dann weist das darauf hin, dass Probleme bei der Verbindung mit dem DHCP-Server aufgetreten sind.

Ressourcenfreigabe und Sicherheit

Windows-Systeme können alle möglichen Ressourcen freigeben: Dateien, Ordner, komplette Laufwerke, Drucker, Faxgeräte, Internet-Verbindungen und noch viel mehr. Wie praktisch (für Sie), dass sich das Interesse der CompTIA A+-Zertifizierungsprüfungen auf Ordner, Drucker und Internet-Verbindungen beschränkt. Hier werden wir uns zunächst mit der Freigabe von Ordnern und Druckern befassen. Die Freigabe von Internet-Verbindungen heben wir uns für Kapitel 25 (*Das Internet*) auf.

Freigabe von Laufwerken und Ordnern (Verzeichnissen)

Im Grunde genommen werden Laufwerke und Ordner bei allen Windows-Versionen auf dieselbe Weise freigegeben. Klicken Sie einfach mit der rechten Maustaste ein Laufwerk oder einen Ordner an und wählen Sie EIGENSCHAFTEN. Aktivieren Sie die Registerkarte FREIGABE (Abbildung 23.38). Wählen Sie DIESEN ORDNER IM NETZWERK FREIGEBEN und fügen Sie gegebenenfalls einen Kommentar und eine Begrenzung auf eine gewisse Anzahl von Benutzern ein (was jedoch nicht zwingend erforderlich ist). Anschließend klicken Sie die Schaltfläche BERECHTIGUNGEN an (Abbildung 23.39).

Abbildung 23.38: Registerkarte FREIGABE für einen NTFS-Datenträger unter Windows XP

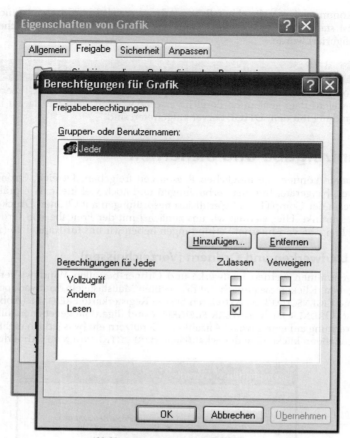

Abbildung 23.39: Netzwerkberechtigungen

Heh! Gibt es beim NTFS-Dateisystem nicht diese »wilden« Berechtigungen wie z.B. Lesen, Ausführen, Besitzer und so weiter? Ja, die gibt es, aber die NTFS-Berechtigungen und die Netzwerkberechtigungen werden völlig getrennt eingestellt und verwaltet. Microsoft wollte, dass Windows viele verschiedene alte und neue Partitionstypen unterstützt (NTFS, FAT16 und FAT32)! Über die Netzwerkberechtigungen ist eine Freigabe von Dateien auf allen von Windows unterstützten Partitionstypen möglich. Sicherlich sind die Optionen bei älteren Partitionstypen relativ eingeschränkt, aber die Freigabe und das Setzen von Berechtigungen ist immer möglich.

Das Schöne an Windows ist, dass es viel umfassendere Steuerungsmöglichkeiten über die NTFS-Berechtigungen bietet. Nur das NTFS-Dateisystem bietet diese Möglichkeiten. Dann müssen Sie allerdings zwei unabhängige Sätze von Berechtigungen konfigurieren. Wenn Sie einen Ordner auf einem NTFS-Laufwerk freigeben, wie dies heute normalerweise üblich ist, dann müssen Sie *sowohl* die Netzwerkberechtigungen als auch die NTFS-Berechtigungen konfigurieren, damit andere Anwender auf die freigegebenen Ressourcen zugreifen können. Ein paar gute Nachrichten! Eigentlich ist das nicht weiter problematisch! Stellen Sie die Netzwerkberechtigungen einfach so ein, dass alle Benutzer Vollzugriff haben, und nutzen Sie dann die NTFS-Berechtigungen, um festzulegen, *wer* auf die freigegebenen Ressourcen zugreifen darf und *wie* er darauf zugreifen darf. Um die NTFS-Berechtigungen einzustellen, aktivieren Sie die Registerkarte SICHERHEITSEINSTELLUNGEN.

Lokale Netzwerke

> **Hinweis**
>
> Unter Windows gibt es zwei Freigabearten: Netzwerkberechtigungen und NTFS-Berechtigungen.

Zugriff auf freigegebene Laufwerke/Ordner

Wenn Sie ein Laufwerk oder einen Ordner erst einmal freigegeben haben, bildet der Zugriff auf dieses freigegebene Laufwerk oder Verzeichnis den letzten Schritt. Unter Windows 2000/XP verwenden Sie die NETZWERKUMGEBUNG, unter Vista/7 NETZWERK. Allerdings müssen Sie schon ein wenig klicken, um die freigegebenen Ressourcen zu erreichen (Abbildung 23.40).

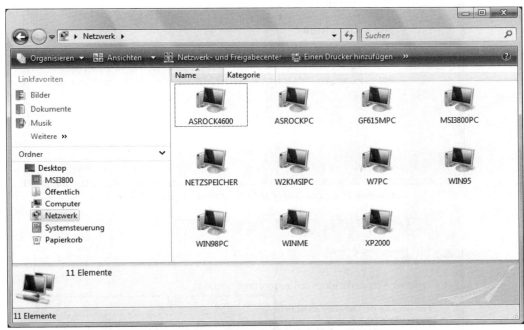

Abbildung 23.40: Freigegebene Ressourcen im Netzwerk

Netzwerkressourcen lassen sich auch auf lokale Ressourcennamen abbilden (*Mapping*). Zum Beispiel lässt sich die Freigabe von FREDC auf ein lokales Festplattenlaufwerk wie E: oder F: abbilden. Wählen Sie in einem beliebigen Arbeitsplatz/Explorer-Fenster (wie beispielsweise EIGENE DOKUMENTE oder NETZWERKUMGEBUNG) EXTRAS und dann NETZWERKLAUFWERK ABBILDEN/ZUORDNEN/VERBINDEN, um das entsprechende Dialogfeld zu öffnen (Abbildung 23.41). Unter Windows Vista/7 müssen Sie dabei möglicherweise [Alt] drücken, um die Menüleiste anzeigen zu lassen. Klicken Sie die Schaltfläche DURCHSUCHEN an, um sich umzusehen und ein freigegebenes Laufwerk zu finden (Abbildung 23.42).

Kapitel 23

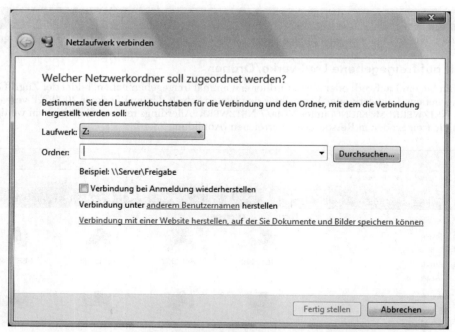

Abbildung 23.41: Das Dialogfeld NETZLAUFWERK VERBINDEN unter Vista

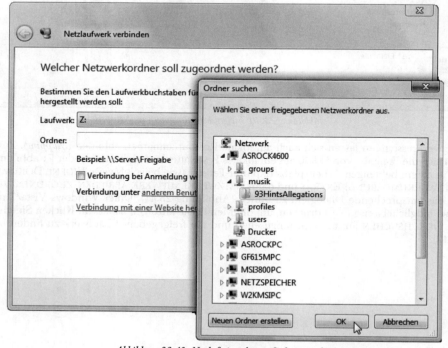

Abbildung 23.42: Nach freigegebenen Ordnern suchen

Unter Windows 2000 können Sie auch das praktische Symbol NETZWERKRESSOURCE HINZUFÜGEN in der NETZWERKUMGEBUNG dazu benutzen, um Netzwerkfreigaben einen Laufwerksbuchstaben zuzuordnen, auf die Sie häufig zugreifen (Abbildung 23.43). Unter Windows XP gibt es das Symbol nicht mehr. Stattdessen finden Sie die entsprechende Option hier links im Aufgabenbereich. Unter Windows Vista/7 lässt sich diese Funktion nur noch über Menüleiste erreichen.

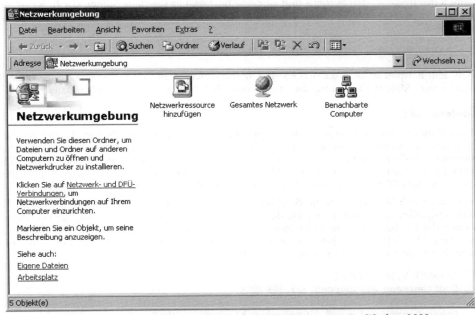

Abbildung 23.43: Das Symbol NETZWERKRESSOURCE HINZUFÜGEN unter Windows 2000

Die Möglichkeit zum Abbilden freigegebener Netzwerkordner oder -laufwerke wird gern genutzt, weil die auf anderen Rechnern freigegebenen Ressourcen auf dem lokalen Rechner dann einfach wie ein weiteres Laufwerk aussehen. Der einzige Nachteil besteht dabei darin, dass die Benutzer dann auch vergessen, dass sich das Laufwerk eigentlich im Netzwerk befindet. Ein klassisches Beispiel dafür ist der Benutzer, der immer auf eine bestimmte Datei im Netzwerk zugreift, um dann plötzlich die Meldung zu erhalten, dass die Datei nicht gefunden werden konnte, weil sich die Arbeitsstation nicht mehr im Netzwerk befindet. Benutzer erkennen dann häufig nicht, dass es sich eigentlich um einen Netzwerkfehler handelt, und vermuten stattdessen, dass die betreffende Datei verschwunden ist oder beschädigt wurde.

> **Tipp**
>
> Alle freigegebenen Netzwerkressourcen werden unter NETZWERKUMGEBUNG beziehungsweise NETZWERK (Vista/7) angezeigt. Wird eine freigegebene Ressource nicht angezeigt, überprüfen Sie zuerst alle grundlegenden Dinge: Ist die Datei- und Druckerfreigabe aktiviert? Ist das Gerät freigegeben? Lassen Sie sich nicht von dummen Fehlern narren!

UNC (Universal Naming Convention)

Alle Rechner, die Netzwerkressourcen freigeben oder nutzen, und alle freigegebenen Ressourcen müssen einen Freigabenamen haben. Alle Ressourcen im Netzwerk lassen sich dadurch beschreiben, dass man die Namen des freigebenden Systems und der freigegebenen Ressource kombiniert. Wenn auf einem Rechner namens SERVER1 das Laufwerk C: als FREDC freigegeben ist, dann lässt sich der komplette Name der Ressource so angeben:

```
\\SERVER1\FREDC
```

Dies nennt man *UNC* (*Universal Naming Convention*). Bei UNC werden doppelte Backslashes vor dem Namen des freigebenden Systems und einzelne Backslashes vor dem Namen der freigegebenen Ressource verwendet. Ein UNC-Name kann auch direkt auf eine bestimmte Datei oder auf einen Ordner verweisen:

```
\\SERVER1\FREDC\INSTALL-FILES\SETUP.EXE
```

In diesem Beispiel ist INSTALL-FILES ein Unterverzeichnis im freigegebenen Ordner FREDC (der auf dem Server FREDC heißen kann, aber nicht muss). SETUP.EXE ist eine einzelne Datei.

Der Befehl NET

Unter Windows können Sie sich mit dem Befehl NET schnell über ein Netzwerk informieren. Das ist dann besonders sinnvoll, wenn Sie einen Rechner erstmals mit einem Netzwerk verbinden und die Namen der anderen Rechner im Netzwerk nicht kennen. Um sich die vielen Optionen des NET-Befehls anzeigen zu lassen, geben Sie an der Eingabeaufforderung net ein und betätigen ⏎. Bei den Optionen VIEW und USE handelt es sich um ein hervorragendes Netzwerkhelferlein.

Sie können sich NET VIEW als die Befehlszeilenversion der Netzwerkumgebung vorstellen. Wird NET VIEW ausgeführt, dann wird eine Liste der Windows-Rechner im Netzwerk ausgegeben. Wenn Sie die Namen der Rechner erst einmal kennen, dann können Sie NET VIEW gefolgt vom Computernamen eingeben. NET VIEW zeigt dann alle Freigaben auf dem Rechner an und teilt Ihnen mit, ob es sich dabei um verbundene Laufwerke handelt.

```
C:\>NET VIEW SERVER1
Freigegebene Ressourcen auf SERVER1

Freigabename    Typ        Verwendet als   Kommentar
---------------------------------------------------------
FREDC           Platte
Forschung       Platte     W:
Der Befehl wurde erfolgreich ausgeführt.
```

Bei NET USE handelt es sich um die Befehlszeilenversion zum Verbinden mit Netzwerkfreigaben. Wenn Sie z.B. die Freigabe Forschung aus dem letzten Beispiel mit dem Laufwerk X: verbinden wollen, dann geben Sie einfach dies ein:

```
C:\>NET USE X: \\SERVER1\Forschung
```

Damit wird die Freigabe Forschung auf dem Computer SERVER1 mit dem Laufwerk X: auf dem lokalen Rechner verbunden.

Freigabe von Druckern

Die Freigabe von Druckern ist unter Windows ähnlich einfach wie die Freigabe von Laufwerken und Ordnern. Wenn die Druckerfreigabe auf dem System aktiviert ist, klickt man einfach den freizugebenden Drucker im Ordner DRUCKER in der Systemsteuerung mit der rechten Maustaste an. Im Kontextmenü wählt man dann FREIGABE bzw. FREIGEBEN, klickt FREIGEGEBEN ALS (Windows 2000) oder DRUCKER FREIGEBEN (XP/Vista/7) an und gibt dem Drucker einen Namen (Abbildung 23.44). (Unter Vista/7 müssen Sie erst die Schaltfläche FREIGABEOPTIONEN ÄNDERN anklicken, damit diese Option erreichbar wird.)

Lokale Netzwerke

Abbildung 23.44: Einem freizugebenden Drucker unter Windows XP einen Namen geben

Wenn Sie unter Windows auf einen freigegebenen Drucker zugreifen wollen, klicken Sie einfach das Symbol NEUER DRUCKER im DRUCKER-Ordner an. Bei der Frage, ob der Drucker direkt an den Rechner angeschlossen ist, markieren Sie die Option NETZWERKDRUCKER. Anschließend können Sie das Netzwerk nach dem Drucker durchsuchen, auf den Sie zugreifen wollen. Windows erledigt dann den Rest! Meist kopiert Windows den Druckertreiber des freigebenden Rechners. Sollte das nicht möglich sein, werden Sie aufgefordert, einen Datenträger mit den benötigten Treibern einzulegen.

Einer der besten Aspekte an der Konfiguration eines Systems für die Verbindung mit einem Netzwerk ist die Tatsache, dass der Vorgang weitgehend automatisch abläuft. Wenn Windows z.B. eine Netzwerkkarte im System erkennt, dann installiert es automatisch einen Treiber für die Netzwerkkarte, ein Netzwerkprotokoll (TCP/IP) und den Client für Microsoft-Netzwerke. Wenn Sie eine Ressource freigeben wollen, dann wurden also alle erforderlichen Komponenten bereits installiert. Beachten Sie dabei aber, dass die Datei- und Druckerfreigabe zwar als Dienst automatisch installiert wird, dass Sie sie aber anschließend, wie bereits erläutert, noch aktivieren müssen.

Essentials

Problembehebung bei Netzwerken

Wenn Sie es nicht mehr mit einem einzelnen Rechner zu tun haben, sondern sich im Bereich vernetzter Rechner bewegen, dann müssen Ihre Fähigkeiten im Bereich der Problembehebung qualitativ einen gewaltigen Sprung vorwärts machen. Denken Sie an die durch Netzwerke verursachte zusätzliche Komplexität. Plötzlich haben Sie es mit mehreren Rechnern und verschiedenen Benutzern zu tun, die an einem ordentlich funktionierenden PC unbeabsichtigt allerlei Schaden anrichten können. Durch vernetzte Rechner kommt eine Schicht vernetzter Hardware und freigegebener Ressourcen hinzu, durch die der Hilfeschrei eines Benutzers wegen eines Druckers, der nicht druckt, völlig neue Dimensionen erreicht.

Wo kann das Problem im *nicht*-vernetzten Umfeld liegen, wenn ein Benutzer nicht drucken kann? Führen wir doch einmal die offensichtlichen möglichen Ursachen auf:

- Der Drucker ist nicht an den Rechner angeschlossen.
- Der Drucker hat keine Tinte/keinen Toner mehr.
- Auf dem Rechner wurde ein falscher Treiber installiert.
- Der Rechner verwendet einen anderen Drucker als Standarddrucker, so dass die Ausgabe nicht auf dem vermeintlich angesprochenen Drucker erfolgt.

Das sind bereits die häufigsten Ursachen. Zwar könnte die parallele Schnittstelle im CMOS falsch konfiguriert sein oder die USB-Treiber könnten fehlerhaft sein, aber davon wollen wir hier einmal absehen. Sehen wir uns nun dasselbe Problem im Netzwerk an. Hier gibt es offensichtlich *weitere* Aspekte, die zu denen, die allein den lokalen Rechner betreffen, hinzukommen:

- Der Druckerserver wurde heruntergefahren.
- Ein anderer Benutzer beansprucht den Drucker.
- Die Netzwerkverbindung des Client-Rechners ist unterbrochen.
- Der Treiber des Netzwerkadapters ist defekt oder falsch.
- Auf dem Client-Rechner sind nicht die richtigen Druckertreiber für den Netzwerkdrucker installiert.
- Das Kabel zwischen dem Netzwerkadapter des Client-Rechners und dem nächsten Switch ist defekt.
- Der Anschluss am Switch, an den das Kabel angeschlossen ist, ist defekt.
- Der Switch ist ausgefallen.
- Jemand im Büro, in dem der Drucker steht, hat versehentlich Kaffee hineingeschüttet und den Vorfall nicht gemeldet.

Das sind eine ganze Menge möglicher Ursachen und dabei handelt es sich immer noch erst um die Spitze des Eisbergs. Im vernetzten Umfeld müssen auch die Maßnahmen und Fähigkeiten zur Problembehebung die zusätzliche Ebene berücksichtigen. In diesem Abschnitt finden Sie eine Reihe von Maßnahmen, die Sie ergreifen können, wenn Sie Probleme beliebiger Rechner in einem Netzwerk beheben sollen. Sehen wir uns also an, wie Sie Ihre technischen Fähigkeiten und allgemeinen Kommunikationsfähigkeiten einsetzen können, um einem Problem auf den Grund zu gehen und es zu beheben!

Prüfung der Symptome

Alle PC-Probleme weisen Symptome auf. Wenn nicht etwas (oder nichts) passieren würde, was der Benutzer bei seiner Arbeit bemerkt, dann gäbe es schließlich gar kein Problem, oder? Leider sind die meisten Benutzer nicht A+-zertifiziert. Techniker müssen daher erst eine recht unangenehme Kommunikationslücke überwinden, bevor sie mit der eigentlichen Behebung des Problems beginnen können. Bauen wir also Brücken.

> **Wichtig**
>
> Machen Sie sich in den Essentials-Prüfungen auf eine Menge Fragen zur Kommunikation mit Benutzern gefasst.

Am Anfang steht üblicherweise ein Telefonanruf:

Sie: »Technischer Support, mein Name ist Meyers. Wie kann ich Ihnen helfen?«

Benutzer: »Hallo, Herr Meyers, hier ist Herr Tobias aus der Buchhaltung. Ich komme nicht ins Netzwerk. Können Sie mir helfen?«

Herr Tobias hat erst diese Woche in der Buchhaltung angefangen und hat Sie bereits die ganze Woche über genervt. Wie gern nur würden Sie dieser Person Folgendes sagen: »Nein. Ich helfe nur Mitarbeitern, die mich nicht ständig nerven!« Oder ein wenig unverfänglicher: »Da muss ich erst einmal in meinem Terminkalender nachsehen ... Ah, ja. Ich kann mich um Ihr Problem in zwei Wochen kümmern. Passt Ihnen Montag, der 12., um 16 Uhr?«

Da Sie Ihren Beruf aber nun einmal lieben, werden Sie derartige Fragen natürlich nicht stellen und sich entsprechende Äußerungen verkneifen. Übernehmen Sie stattdessen die Gesprächsführung, gehen Sie dem Problem auf den Grund und versuchen Sie, die Symptome zu verstehen. Holen Sie einmal tief Luft, lächeln Sie und machen Sie sich an die Arbeit. Zwei Aspekte müssen an dieser Stelle berücksichtigt werden. Wenn Sie mit einem Benutzer zusammenarbeiten, dann müssen Sie ihn dazu bringen, die Symptome möglichst konkret zu beschreiben. Wenn Sie allein an einem System arbeiten oder via Telefon mit einem Benutzer sprechen, dann müssen Sie feststellen, ob es sich wirklich um das Symptom eines Problems handelt.

Einen Benutzer dazu zu bringen, dass er ein Symptom beschreibt, stellt oft eine echte Herausforderung dar. Benutzer sind keine Techniker und betrachten Rechner ganz anders als Sie. Gleichzeitig wissen die meisten Benutzer aber doch einiges über ihren PC, weshalb Sie die Fähigkeiten des Benutzers und dessen Erfahrungen möglichst nutzen sollten. Dazu ein Beispiel aus meinem persönlichen Erfahrungsschatz. Ich bekam einmal einen Anruf von einem Benutzer, der mir mitteilte, dass sein Bildschirm »leer« sei. Ich forderte ihn auf, seinen Rechner neu zu starten. Daraufhin fragte er mich, ob er denn seinen Rechner nicht erst herunterfahren solle. Ich sagte: »Aber Sie haben mir doch eben gesagt, der Bildschirm sei leer!« Er antwortete: »Das ist richtig. Auf dem Bildschirm befindet sich nichts außer dem Windows-Desktop.«

Wann ist das Symptom aufgetreten?

Wenn Sie das Symptom erst einmal kennen, müssen Sie es selbst untersuchen. Das heißt nicht unbedingt, dass Sie sich zu dem betroffenen System begeben müssen, da viele echte Probleme auch unter Ihrer Anleitung und Aufsicht vom Benutzer behoben werden können. Sie müssen aber verstehen, wann das Problem auftritt, um Ansatzpunkte für die Lösung finden zu können. Tritt der Fehler beim Booten auf? Dann könnte es sich um ein CMOS/BIOS-Problem handeln. Tritt es beim Laden des Betriebssystems auf? Dann müssen Sie die Initialisierungsdateien untersuchen. Tritt es auf, wenn das System eine Zeit lang ohne Benutzereingriffe gelaufen ist? Dann könnte es sich um ein Problem der Energieverwaltung bzw. nicht funktionierende Abschaltvorgänge handeln.

Was hat sich geändert?

Systeme, die korrekt arbeiten, fallen vergleichsweise selten aus. Wenn bei Systemen neue Hardware oder Software installiert wird, dann ist es sehr viel wahrscheinlicher, dass diese anschließend nicht mehr einwandfrei laufen. Wenn etwas nicht richtig funktioniert hat, dann sprechen Sie mit dem Anwender und versuchen Sie, festzustellen, was passiert ist, seit das System zuletzt fehlerfrei gearbeitet hat. Wurde neue Software installiert? Wurde der Arbeitsspeicher erweitert? Wurde die Windows-Domäne geändert? Wurde ein Windows-Update durchgeführt? Ist der Bildschirm versehentlich auf dem Boden gelandet? Sie müssen aber nicht nur diese Arten möglicher Änderungen berücksichtigen, sondern auch darauf achten, dass Sie nicht von Änderungen, die mit dem Problem nichts zu tun haben, auf die falsche Fährte gelockt werden. Wenn jemand gestern ein neues Diskettenlaufwerk installiert hat, dann steht das z.B. in keinem Zusammenhang mit einem heute nicht funktionierenden Drucker.

Zuletzt müssen Sie auch die Seiteneffekte von Änderungen berücksichtigen, die scheinbar nichts mit dem Problem zu tun haben. Ich hatte es einmal mit einem System zu tun, das unter Windows laufend abstürzte. Ich wusste, dass kürzlich erst eine zweite Festplatte installiert wurde, aber das System startete normal und arbeitete korrekt, wenn man einmal davon absieht, dass es dann nach einigen Minuten abstürzte. Die Festplatte war nicht das Problem. Vielmehr hatte man bei ihrem Einbau versehentlich den Prozessorlüfter von seiner Stromversorgung getrennt. Wenn ich erkenne, dass Änderungen vorgenommen wurden, dann versuche ich mir den entsprechenden Vorgang vorzustellen, um erkennen zu können, wie diese Änderung direkt oder indirekt zu einem Problem beigetragen haben könnte. Mit anderen Worten, wenn Sie in eine Situation geraten, in der ein Rechner nach der Installation einer Netzwerkkarte nicht mehr bootet, dann sollten Sie sich fragen, welcher Teil der Installation wohl nicht funktioniert und dafür gesorgt haben könnte, dass der Rechner nicht mehr korrekt arbeitet.

Prüfung der Umgebung

Ich verwende den Begriff *Umgebung* unterschiedlich. Zunächst handelt es sich um die klassische Definition der Umgebung im Sinne von Umweltfaktoren, wie z.B. Hitze, Luftfeuchtigkeit, Staub und Schmutz, die den Betrieb eines Rechnersystems beeinträchtigen können. Bei der anderen Verwendung des Begriffs handelt es sich um eine eher technische Definition, die sich auf das Rechnerumfeld und andere Rahmenbedingungen bezieht. Um welches System handelt es sich, welches Betriebssystem wird verwendet, welche Anwendungsprogramme und/oder Antivirenprogramme werden eingesetzt und welche Personen nutzen das System, sind hier typische Fragestellungen.

Wenn Sie diese Fragen beantworten, dann erhalten Sie einen Überblick darüber, was das System intern und extern beeinträchtigen könnte. Wenn Sie diese Aspekte kurz überdenken, kann dies auf mögliche Probleme hinweisen, die anderweitig nicht erkannt werden können. Ich habe einmal einen Anruf von einer Benutzerin erhalten, die sich darüber beschwerte, dass sie keine Verbindung zum Netzwerk hatte. Zunächst habe ich die Netzwerkkarte bzw. deren LED-Verbindungsanzeige geprüft. (Das sollte man immer gleich am Anfang machen, um sich davon zu überzeugen, dass die physische Verbindung funktioniert!) Und gleich musste ich erkennen, dass die LED überhaupt nicht leuchtete. Jemand hatte ein mobiles Heizgerät eingeschaltet, und das hatte das Kabel zerstört!

Reproduzieren des Problems

Meine Grundregel bei PC-Problemen lautet: »Wenn ein Problem ein einziges Mal auftritt, dann ist es kein Problem.« Personal Computer bleiben schon einmal gelegentlich hängen, spucken eine Fehlermeldung aus und machen Dinge, die durch einen Neustart schnell behoben werden können und dann nie wieder auftreten. Und warum treten derartige Fehler auf? Ich weiß es auch nicht, auch wenn mir bestimmt eine clevere Erklärung einfallen würde, wenn jemand auf einer Antwort bestehen würde. Die meisten Rechner verfügen aber nun einmal über keine eingebaute Doppelsicherung und daher ist es ganz in Ordnung, wenn sie gelegentlich »Schluckauf« bekommen.

Probleme werden für mich erst dann interessant, wenn sie mehrfach auftreten. Wenn ein Problem zwei Mal auftritt, dann ist es sehr viel wahrscheinlicher, dass es auch ein drittes Mal auftritt. Und dann will ich sehen, wie es unter meiner Aufsicht dieses dritte Mal auftritt. Ich will, dass der Benutzer dann das Problem zu reproduzieren versucht, während ich ihm dabei zuschauen kann, um zu sehen, was den Fehler verursacht. Das bietet meist einen deutlichen Hinweis, der beim Aufspüren des echten Problems hilft. Gelegentliche Aussetzer sind die wohl frustrierendsten Ereignisse im Leben eines Technikers. Denken Sie aber daran, dass viele scheinbar gelegentliche Aussetzer eigentlich gar nicht nur gelegentlich auftreten – möglicherweise haben Sie die Ereignisse nur nicht genau genug reproduzieren können, um die Konsistenz des Problems erkennen zu können. Nehmen Sie sich immer die Zeit, um alle Schritte genau zu wiederholen, die zu einem Problem geführt haben, um denselben Fehler zu reproduzieren.

Isolieren des Symptoms

Angesichts der Unmengen an Bauteilen und Komponenten, aus denen Personal Computer bestehen, müssen Sie sich schon ein wenig Zeit nehmen, wenn Sie Symptome isolieren und sichergehen wollen, dass Ihre Korrekturmaßnahmen wirklich der Software oder Hardware gelten, die das Problem verursacht. Bei Hardwarekomponenten bedeutet dies üblicherweise, dass verdächtige Teile so lange entfernt werden, bis nur noch ein Verdächtiger übrig bleibt. Bei der Software bedeutet dies zunächst das Entfernen von Hintergrundprogrammen, das Starten des Rechners im abgesicherten Modus oder das Herstellen einer Situation, in der nur noch das verdächtige Programm ausgeführt wird.

Wenn Netzwerke beteiligt sind, dann bekommt die Problemisolierung eine völlig neue Bedeutung. Eines der besten Hilfsmittel in Netzwerken ist die Isolierung. Tritt das Problem auch bei anderen Systemen, in anderen Arbeitsgruppen oder anderen Rechnern auf, bei denen z.B. DHCP aktiviert ist? Wenn innerhalb von Netzwerken Probleme auftreten, dann ist die Isolierung der Schlüssel zur Eingrenzung des Problems!

Unterscheiden von Hardware- und Softwareproblemen

Viele bei einem PC auftretende Probleme lassen sich nur sehr schlecht der Software oder der Hardware zuordnen. Wenn Sie sich in einer solchen Situation befinden, dann gibt es einige Ansätze, die Ihnen möglicherweise helfen können, den Verdächtigen einzukreisen.

Bekanntermaßen funktionierende Hardware

Die beste Möglichkeit, um zu ermitteln, ob es sich um ein Hardware- oder ein Softwareproblem handelt, stellt der Ersatz der verdächtigen Hardwarekomponente durch eine bekanntermaßen einwandfrei funktionierende Komponente dar. Wenn Sie nicht feststellen können, ob ein Windows-Seitenfehler von defekten Speicherbausteinen oder einer Software-Inkompatibilität verursacht wird, dann ersetzen Sie die Speicherbausteine eben kurz durch fehlerfrei funktionierende, um auf diese Weise festzustellen, ob der Arbeitsspeicher oder die Software schuld ist.

Kabel- und Loopback-Tests

Auch ein defekter Netzwerkadapter kann dazu führen, dass das Netzwerk nicht erkannt wird. Benutzen Sie die Hilfsprogramme des Betriebssystems, um sich davon zu überzeugen, dass die Netzwerkkarte ordnungsgemäß funktioniert. Sollte es für den suspekten Netzwerkadapter Diagnoseprogramme geben, dann führen Sie sie aus. Diese Programme prüfen die Schaltkreise des Netzwerkadapters. Die Buchse am Netzwerkadapter ist eine häufige Fehlerquelle, weshalb die Diagnoseprogramme von Netzwerkadaptern dafür meist mit dem so genannten Loopback-Test eine Prüfung bereithalten. Dabei werden Daten von der Netzwerkkarte gesendet und es wird geprüft, ob sie zurückkommen. Einige Netzwerkkarten führen nur einen internen Loopback-Test durch, bei dem zwar die für die Datenübertragung verantwortlichen Schaltkreise, aber nicht die eigentlichen Anschlusskontakte der Buchse geprüft werden. Für einen echten Loopback-Test müssen Sie einen *Loopback-Stecker* mit dem Anschluss der Netzwerkkarte verbinden (Abbildung 23.45). Wenn die Netzwerkkarte defekt ist, dann sollten Sie sie ersetzen und dabei, um keine neuen Treiber installieren zu müssen, eine möglichst identische Komponente verwenden.

Abbildung 23.45: Loopback-Stecker

Netzwerkkabel sorgen häufig für Ärger in Netzwerken. Wenn Sie Kabelprobleme vermuten, können Sie einen Kabeltester verwenden. Mit dem richtigen Werkzeug lassen sich Kabelprobleme leicht diagnostizieren. Alle Netzwerkbetreiber sollten einen brauchbaren Kabeltester besitzen, wie z.B. den *Fluke MicroScanner*. Mit ein wenig Übung lässt sich mit derartigen Geräten nicht nur feststellen, dass ein Kabel getrennt wurde, sondern auch wo (Längenmessung). Insbesondere bei nicht gekennzeichneten Kabeln brauchen Sie dabei zwar mehr oder weniger Geduld, aber Sie werden das Problem finden.

Deinstallation und Neuinstallation

Sofern dies problemlos möglich ist, sollten Sie die verdächtige Software deinstallieren und anschließend neu installieren. Viele Hardware-/Softwareprobleme verschwinden auf geheimnisvolle Weise nach einer Neuinstallation.

Patchen und Updaten

Viele Hardware- und Softwareprobleme beruhen auf Inkompatibilitäten zwischen zwei (oder auch mehr) verdächtigen Komponenten. Versuchen Sie, die Treiber zu aktualisieren. Laden Sie sich Software-Patches oder Programmaktualisierungen aus dem Internet herunter, insbesondere wenn das Alter der Hardware und der Software um mehr als zwei Jahre differiert.

Virenprüfung

Sollten die bisherigen Schritte nicht geholfen haben, dann sollten Sie sorgfältig nach Viren suchen! (Bei einem entsprechenden Verdacht sollten Sie die Virenprüfung natürlich ganz am Anfang durchführen!) Die heutigen Viren können derart vielfältige Symptome zeigen, dass Sie viel Zeit verschwenden können, wenn Sie die jeweiligen Rechner nicht einer Virenprüfung unterziehen. Kürzlich hatte ich es mit einer neuen Festplatte zu tun, die von Anfang an hässliche klickende Geräusche von sich gab, was normalerweise ein sicherer Hinweis für einen Hardwaredefekt ist. Ich führte dennoch eine intensive Virenprüfung durch und musste feststellen, dass es sich um ein Virenproblem handelte! Wer hätte das gedacht! Ich rief die Website des Festplattenherstellers auf und sah, dass mein Verdacht dort bestätigt wurde. Aber dieses Beispiel soll Ihnen nur zeigen, dass auch die besten Techniker manchmal Opfer einfachster Probleme werden können!

Nachforschungen

Wenn Sie das Problem mental erfasst haben, dann ist es an der Zeit, es zu beheben. Sofern es sich nicht um ein recht einfaches Problem (z.B. ein nicht angeschlossenes Netzwerkkabel) oder ein Problem handelt, das Ihnen bereits begegnet ist, so dass Sie die erforderlichen Schritte zu seiner Behebung genau kennen, dann müssen Sie fast immer ein paar Nachforschungen anstellen und sich eingehender informieren. Durch das Internet wird dies einfach. Wenn Sie einen recht bizarren Fehler vorliegen haben und ihn eingrenzen können, dann hilft es häufig bereits, wenn Sie einfach den Fehler(text) selbst als Suchbegriff in eine Suchmaschine eingeben. Meist stoßen Sie dann bereits schnell auf eine Lösung!

Fehlerbehebung und Test

Wenn Sie die Problemursache ermittelt haben, dann wird es Zeit, das Problem zu beheben. Sichern Sie die Daten oder weisen Sie den Benutzer zumindest darauf hin, dass immer die Gefahr besteht, dass das System ausfällt. Sofern möglich, sollten Sie sich den Ausgangszustand des Systems merken, damit Sie diesen Zustand wiederherstellen können, wenn die Problembehebung misslingt. Nach der Reparatur müssen Sie geeignete Prüfungen durchführen, um sich davon zu überzeugen, dass das System nun korrekt arbeitet. Geben Sie dem Benutzer die Gelegenheit, sich selbst davon zu überzeugen, dass das System korrekt funktioniert, und lassen Sie sich die durchgeführten Arbeiten bestätigen bzw. Ihre entsprechenden Aufzeichnungen gegenzeichnen.

Das OSI-Schichten-Modell

Viele Leute denken bei Netzwerken und der Fehlersuche bei Netzwerken an das 7-Schichten-OSI-Modell. Anhand dieses Modells (oder anhand meines im nächsten Abschnitt beschriebenen 4-Schichten-Modells) können Sie Probleme leichter isolieren und dann Lösungen bereitstellen. Das OSI-Modell hat die folgenden sieben Schichten:

- *Schicht 1:* Physische Schicht
- *Schicht 2:* Sicherungsschicht
- *Schicht 3:* Netzwerkschicht
- *Schicht 4:* Transportschicht
- *Schicht 5:* Sitzungsschicht
- *Schicht 6:* Darstellungsschicht
- *Schicht 7:* Anwendungsschicht

Die *physische Schicht* definiert die Form der Daten für die Übertragung über eine Leitung. Geräte, die auf der physischen Schicht arbeiten, sind unter anderem Netzwerkkarten, Hubs und Switches. Abbildung 23.46 zeigt eine sendende Netzwerkkarte, die eine Kette aus Einsen und Nullen in ein elektrisches Signal umwandelt, und eine empfangende Netzwerkkarte, die das Signal wieder in Einsen und Nullen umwandelt.

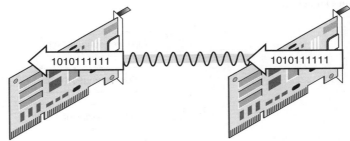

Abbildung 23.46: Die physische Schicht wandelt einen Binärcode in ein physisches Signal und wieder zurück in Einsen und Nullen.

Hinweis

Einfache Switches werden der Schicht 2 (Sicherungsschicht) des OSI-Modells zugeordnet. Sie sorgen auf der Grundlage der MAC-Adressen für eine Filterung. Anspruchsvollere Switches, die InterVLAN und Protokolle unterstützen, arbeiten auf der Schicht 3 und werden auch *Layer-3-Switch* genannt. Dazu zählen Router.

Die *Sicherungsschicht* definiert die Regeln für Zugriff und Verwendung der physischen Schicht. MAC-Adressen und CSMA/CD arbeiten auf der Sicherungsschicht.

Die *Netzwerkschicht* definiert die Regeln, wie den Datenpaketen Informationen hinzugefügt werden, die steuern, wie die Router sie von ihrer Quelle auf einem Netzwerk an das Ziel auf einem anderen Netzwerk transportieren. Das IP-Protokoll, das für die IP-Adressierung zuständig ist, arbeitet auf Schicht 3.

Die *Transportschicht*, Schicht 4, splittet die Daten von den darüberliegenden Schichten (d.h. Schichten 5–7) in kleinere Teile auf, damit sie in den auf den unteren Schichten erzeugten Datenpaketen transportiert werden können. In TCP/IP-Netzwerken werden für diesen Übergang zwischen unteren und oberen Schichten die Protokolle TCP und UDP verwendet.

Die *Sitzungsschicht* verwaltet die Verbindungen zwischen den Geräten im Netzwerk. Protokolle wie beispielsweise NetBIOS und Sockets ermöglichen einem Computer, beispielsweise Verbindungen zu einem Server einzurichten und E-Mails zu übertragen oder Dateien herunterzuladen. Für jede auf einem Server ausgeführte Aufgabe wird ein anderer Sitzungstyp benötigt.

Die *Darstellungsschicht* stellt die Daten des sendenden Systems in einer Form dar, die der Empfänger versteht. Die meisten Funktionen von Schicht 6 werden von derselben Software verwaltet, die auch die Funktionen von Schicht 7 verwaltet.

Auf der *Anwendungsschicht* können Sie (oder ein Benutzer) mit den Computern kommunizieren. Dabei handelt es sich um Programme, die die Arbeit mit Netzwerken ermöglichen, wie beispielsweise Webbrowser oder E-Mail-Programme. Weitere Informationen über diese Anwendungen finden Sie in Kapitel 25 (*Das Internet*).

Der Schlüssel für die Verwendung des OSI-Modells ist die traditionelle Frage bei der Fehlersuche: Was kann die Ursache für das Problem sein? Wenn Maria eine Website nicht anzeigen kann, könnte das ein Problem der Schicht 7 sein? Natürlich: Wenn der Browser nicht funktioniert, kann auch nichts mehr angezeigt werden. Es könnte sich jedoch auch um ein Problem auf einer tiefer liegenden Schicht handeln, und Sie müssen alle möglichen anderen Fragen durchlaufen. Kann Maria irgendwelche anderen Aufgaben über das Netzwerk erledigen? Wenn die LEDs an der Netzwerkkarte nicht flackern, könnte das auf die physische Schicht hinweisen, nämlich eine defekte Netzwerkkarte oder Probleme mit dem Kabel oder dem Switch.

Wenn sie zwar auf das gesamte Netzwerk zugreifen, den Webserver aber nicht anpingen kann, könnte es sich um ein völlig anderes Problem handeln. Abbildung 23.47 zeigt das OSI-7-Schichten-Modell in einer grafischen Darstellung.

Abbildung 23.47: OSI

Der einzige Nachteil des OSI-7-Schichten-Modells ist meiner Meinung nach, dass es zu kompliziert ist. Ich zerlege die Netzwerkprobleme gerne in weniger Schichten – vier, um genau zu sein. Lesen Sie dazu den nächsten Abschnitt.

Mikes Vier-Schichten-Modell

Angesichts der Komplexität von Netzwerken handelt es sich bei Netzwerkproblemen meist um komplexere Probleme. Angesichts dessen betrachte ich Rechnernetzwerke mit meinem »Mike-Vier-Schichten-Modell«. Über vier Dinge denke ich immer nach, wenn ich es mit einem Netzwerkproblem zu tun habe. Ich unterteile Netzwerke in vier eigenständige Kategorien, die mir die Isolierung der Symptome und das Ergreifen geeigneter Maßnahmen erleichtern sollen.

Hardware

Die Kategorie Hardware ist weitgehend selbsterklärend. Sie umfasst die vielen verschiedenen Verfahren, mit denen sich Daten von einem Rechner zu einem anderen übertragen lassen. Steht die Verbindung des Systems zum Netzwerk und wie ist es verkabelt? Diese Kategorie umfasst auch die Frage, ob die Netzwerkadapter richtig installiert und getestet wurden, und all jene interessanten Kästchen, über die die Kabel des Netzwerks geleitet werden (Hubs, Switches und Repeater). Alles, was Sie sehen können, fällt in diese Kategorie!

Protokolle

Diese Kategorie beinhaltet Protokolle, wie z.B. TCP/IP oder NetBEUI. Ist das Protokoll installiert? Ist es richtig konfiguriert? Sorgen bestimmte Konfigurationseinstellungen dafür, dass es mit einem anderen System nicht ordnungsgemäß zusammenarbeitet?

Netzwerk

Die Kategorie Netzwerk besteht aus zwei Teilen: Server und Clients. Netzwerkbetriebssysteme müssen zwischen Server- und Client-Systemen unterscheiden. Wenn es sich bei einem System um einen Server handelt, dann muss irgendwie dafür gesorgt werden, dass Ressourcen freigegeben werden. Wenn ein System Ressourcen freigibt, dann müssen ihnen auch Namen zugeordnet werden. In dieser Kategorie geht es auch um die korrekte Einrichtung von Benutzern und Benutzergruppen. Werden sie vom System benötigt? Existieren die richtigen Konten und funktionieren sie wie gewünscht?

Freigegebene Ressourcen

Wenn alle Systeme, Benutzer und Gruppen Namen erhalten haben, müssen die zur gemeinsamen Nutzung freigegebenen Ressourcen identifiziert werden können. Wenn ein Laufwerk, ein Ordner oder eine Datei freigegeben wird, dann muss das Betriebssystem feststellen können, dass es gemeinsam genutzt werden kann. Die Regeln für die Vergabe von Namen für freigegebene Ressourcen werden *Namenskonventionen* genannt. Ein gutes Beispiel wäre ein System, bei dem der Ordner D:\FRED freigegeben ist. Diese Freigabe benötigt einen Netzwerknamen, wie z.B. SERVE_FRED. Dieser Netzwerkname wird auf allen Geräten im Netzwerk angezeigt.

Mit der Freigabe einer Ressource ist es aber nicht getan. Einzelsysteme müssen auf die freigegebenen Ressourcen auch zugreifen können. Es muss also ein Verfahren geben, mit dem sich die Rechner im Netzwerk umsehen können, um festzustellen, welche Ressourcen verfügbar sind. Und wenn sie gefunden wurden, muss es auf dem jeweiligen lokalen Rechner so aussehen, als ob es sich um lokale Ressourcen handeln würde. In einem Netzwerk muss auch der Ressourcenzugriff überwacht werden. Ein Laserdrucker kann z.B. für die gemeinsame Nutzung freigegeben werden, aber nur in der Rechnungsabteilung, während andere Abteilungen ausgeschlossen bleiben.

Wiederholung

Fragen

1. Was muss installiert werden, damit ein Rechner eine physische und elektronische Verbindung zu einem Netzwerk aufnehmen kann?
   A. Ein Hub
   B. Ein Router
   C. Eine NIC
   D. Eine Bridge

2. Was wird für die Konfiguration einer PnP-Netzwerkkarte in einem Windows-XP-System benötigt?
   A. CMOS
   B. Konfigurationsprogramme
   C. Gerätetreiber
   D. DMA

3. Wie weit können zwei Rechner voneinander entfernt sein, die an denselben 100Base-T-Switch angeschlossen sind?
   A. 100 m
   B. 200 m
   C. 330 m
   D. 1.000 m

4. Welche Kabelspezifikation muss für 100Base-T-Netzwerke mindestens eingesetzt werden?
   A. CAT2
   B. CAT3
   C. CAT4
   D. CAT5

5. Jochen muss zwei Computer in seinem Büro über eine Peer-to-Peer-Ethernet-Verbindung miteinander vernetzen. Welchen Typ von Kabel benötigt er dazu?
   A. CAT5
   B. Crossover
   C. UTP
   D. STP

6. Wie heißen die beiden TIA/EIA-Standards, die den Anschluss eines RJ-45-Steckers an ein UTP-Kabel regeln?
   A. 10Base-T/100Base-T
   B. CAT5/CAT5e
   C. RG-58/RG-59
   D. 568A/568B

7. Das Windows-XP-System von Franz kann sich nicht mehr mit dem Internet verbinden, und er bittet Sie um Hilfe. Sie stellen fest, dass es sich um ein DHCP-Problem handelt. Welchen Befehl bzw. welches Programm sollten Sie ausführen, damit er über DHCP eine neue IP-Adresse erhält?
   A. IPCONFIG
   B. WINIPCFG
   C. CONFIG
   D. DHCP /RENEW

8. Welchen Befehl würden Sie verwenden, wenn Sie ermitteln wollen, welche Route ein Ethernet-Paket genommen hat?
   A. PING
   B. IPCONFIG
   C. TRACERT
   D. NSLOOKUP

9. Wie nennt sich die Organisation des Netzwerks bei einem Rechner, der anderen Daten und Dienste bereitstellt?
   A. Client/Server
   B. Peer-to-Peer
   C. Ethernet
   D. Token Ring

10. Helga, die hypernervöse Verwaltungsangestellte, kommt an Ihren Schreibtisch und beklagt sich lauthals darüber, dass ihre Internet-Verbindung nicht funktioniert. Was wäre Ihr erster Schritt zur Behebung des Problems?
    A. Einen neuen Netzwerkadapter in ihren Rechner installieren
    B. Die IP-Adresse des Rechners zurücksetzen
    C. Sie bitten sie, ihren Rechner neu zu starten.
    D. Sie prüfen die Symptome ihres Netzwerkproblems.

Antworten

1. **C.** Ein System muss über eine Netzwerkkarte (NIC) verfügen, wenn es an irgendein Netzwerk angeschlossen werden soll.
2. **C.** Bei PnP-Adaptern werden nur passende Gerätetreiber benötigt.
3. **B.** Da die Entfernung der einzelnen Systeme zu einem Switch maximal 100 Meter betragen darf, kann der Abstand zwischen zwei Systemen bis zu 200 Meter groß sein.
4. **D.** Für 100Base-T wird mindestens CAT5-Kabel benötigt.
5. **B.** Jochen benötigt ein Crossover-Kabel, um zwei Rechner in seinem Büro über eine Peer-to-Peer-Ethernet-Verbindung sicher miteinander vernetzen zu können. (Mit etwas Glück würde es bei modernen Netzwerkadaptern auch mit einem normalen Kabel klappen.)
6. **D.** Die beiden TIA/EIA-Standards für die Anschlussbelegung der RJ-45-Stecker am UTP-Kabel heißen TIA/EIA 568A und TIA/EIA 568B.
7. **D.** Sie sollten `IPCONFIG` ausführen, um Franz' Windows-XP-System über DHCP eine neue IP-Adresse zuweisen zu lassen. `WINIPCFG` musste man unter Windows 9x/Me für diese Aufgabe verwenden.
8. **C.** Der Befehl `TRACERT` verfolgt den Weg eines Datenpakets bis an dessen Bestimmungsort.
9. **A.** Ein Server stellt in einem Netzwerk Daten und Dienste bereit, während die Clients Verbindungen zum Server herstellen.
10. **D.** Sie sollten erst einmal die Symptome ihres Netzwerkproblems überprüfen. Wenn Sie das eigentliche Problem nicht kennen, können Sie es schlecht beheben.

24

Drahtlose Netzwerke

In diesem Kapitel
- Komponenten für drahtlose Netzwerke
- Erörterung drahtloser Netzwerkstandards
- Drahtlose Netzwerke installieren und konfigurieren
- Problembehebung bei drahtlosen Netzwerken

Drahtlose Netzwerke werden zwar bereits seit vielen Jahren verbreitet genutzt, aber anders als verkabelte Netzwerke. Deshalb wissen viele Leute nicht wirklich, wie drahtlose Netzwerke funktionieren. Teilweise könnte dies daran liegen, dass einfache drahtlose Netzwerke derart preiswert und leicht zu konfigurieren sind, dass sich die meisten Benutzer und Techniker nie fragen, *wie* sie überhaupt funktionieren. Die Möglichkeit, ohne Kabel und den damit verbundenen Kabelsalat auszukommen und die Geräte einfach anschließen zu können, ist wohl ungeheuer reizvoll. Nun, das sollten wir ändern und uns daher eingehend mit drahtlosen Netzwerken befassen.

> **Wichtig**
>
> In den CompTIA A+-Prüfungen wird von Ihnen erwartet, dass Sie die Anschlüsse (bzw. deren Fehlen) bei drahtlosen Netzwerken kennen.

Geschichte und Konzepte

Drahtlose Netzwerkkomponenten

Statt allen möglichen Kabeln zwischen den Netzwerkknoten verwenden WLANs entweder Funkwellen oder Infrarotlicht, um miteinander zu kommunizieren. In der Vergangenheit kamen und gingen unterschiedliche Arten von drahtlosen Netzwerken. Die heutigen mit Funkwellen arbeitenden drahtlosen Netzwerke basieren auf dem drahtlosen Ethernet-Standard *IEEE 802.11*, *Wi-Fi (Wireless Fidelity)* oder auf Bluetooth-Technologien. Mit Infrarotlicht arbeitende Netzwerke beschränken sich auf jene, die das *IrDA-Protokoll (Infrared Data Association)* verwenden. Die Handy-Unternehmen spielen in diesem Bereich mittlerweile ebenfalls mit und bieten den Internetzugang über das Mobiltelefonnetz mit Technologien wie *EDGE* und *3G*.

Kapitel 24

Abbildung 24.1: Sensoren von Infrarot-Transceivern bei einem PDA und einem Laptop

Drahtlose Netzwerkfunktionen der einen oder anderen Art finden Sie in vielen modernen Rechnern. Infrarot-*Transceiver* zählen bei portablen Rechnern, PDAs und hochwertigen Druckern oft zur Standardausstattung. (Bei aktuellen Geräten verschwinden sie aber zunehmend, weil es leistungsfähigere Lösungen gibt.) Abbildung 24.1 zeigt die Abdeckung der Infrarot-Transceiver bei einem älteren Laptop und einem PDA. Drahtlose Ethernet- und Bluetooth-Komponenten werden zunehmend fest in Geräte integriert oder lassen sich leicht über USB-, PCI-, PCI-Express- oder PCMCIA-Erweiterungskarten nachrüsten. Abbildung 24.2 zeigt eine PCI-Steckkarte mit einem Ethernet-WLAN-Adapter. Sie können drahtlose Netzwerkfunktionen auch über externe drahtlose USB-WLAN-Netzwerkadapter nachrüsten (Abbildung 24.3).

Abbildung 24.2: WLAN-Netzwerkadapter auf einer PCI-Steckkarte

Drahtlose Netzwerke

Abbildung 24.3: Externer drahtloser USB-Netzwerkadapter

Nicht nur Personal Computer bieten drahtlose Netzwerkfunktionen. Viele Handhelds, PDAs, Smartphones und selbst bessere Mobiltelefone bieten integrierte drahtlose Netzwerkfunktionen oder entsprechende Nachrüstoptionen. Abbildung 24.4 zeigt ein Smartphone, das über eine WiFi-Verbindung auf das Internet zugreifen kann.

Abbildung 24.4: Smartphone mit drahtlosen Netzwerkfunktionen

Essentials

Um die Fähigkeiten eines drahtlosen Ethernet-Netzwerks zu erweitern und z.B. eine Verbindung zu einem kabelgestützten Netzwerk herzustellen oder eine schnelle Internetverbindung zu nutzen, benötigen Sie einen drahtlosen *Zugriffspunkt*, einen so genannten *WAP* (*Wireless Access Point*). Ähnlich wie ein Switch bei verkabelten Ethernet-Rechnern ist ein WAP eine zentrale Verbindungsstelle für drahtlose Netzwerkknoten. Viele WAPs fungieren auch als Switches (für kabelgestützte Rechner) und Internet-Router, wie z.B. der WLAN-Router von Linksys in Abbildung 24.5.

Abbildung 24.5: WAP, Switch und DSL-Router in einem WLAN-Router von Linksys vereint

Bei neueren Rechnern und Peripheriegeräten ist die drahtlose Kommunikation via Bluetooth häufig bereits integriert. Wenn das nicht der Fall ist, können Sie Bluetooth über einen externen USB-Bluetooth-Adapter nachrüsten. Abbildung 24.6 zeigt einen Bluetooth-Adapter und die darüber angeschlossenen Geräte (Maus und Tastatur).

Abbildung 24.6: Externer USB-Bluetooth-Adapter, Bluetooth-Maus und Bluetooth-Tastatur

Wichtig

Die drahtlosen Zugriffspunkte werden *WAP* (*Wireless Access Point*), *AP* (*Access Point*), *Funkzugriffspunkt* oder auch *WLAN-Router* genannt.

Software für drahtlose Netzwerke

Drahtlose Geräte verwenden dieselben Netzwerkprotokolle und Dienste wie ihre verkabelten Gegenstücke und arbeiten auf der Grundlage des *CSMA/CA*-Zugriffsverfahrens (*Carrier Sense Multiple Access/ Collision Avoidance*). »CA« steht für *Kollisionsvermeidung* (*Collision Avoidance*), einem etwas anderen Standard als die *Kollisionserkennung* (*detection*), die in verkabelten Ethernet-Netzwerken verwendet wird. Drahtlose Knoten hören nämlich das drahtlose Medium ab, um festzustellen, ob gerade ein anderer Knoten Daten überträgt. Wenn das der Fall ist, dann warten sie eine zufällige Zeitspanne ab und versuchen dann erneut, Daten zu übertragen. Bis hierhin entspricht das Verfahren genau dem verkabelter Ethernet-Netzwerke. Da die Erkennung von Datenkollisionen für drahtlose Knoten aber schwieriger ist, kann optional das *RTS/CTS-Protokoll* (*Request to Send/Clear to Send*) verwendet werden. Wenn es aktiviert ist, dann überträgt ein Knoten, der ein freies drahtloses Medium erkennt und senden will, ein RTS-Paket zum Empfänger-Knoten. Dieser antwortet mit einem CTS-Paket und teilt dem Sender-Knoten mit, dass er mit der Übertragung beginnen kann. Wenn Daten übertragen wurden, dann wartet der sendende Knoten auf eine Bestätigung (*ACK – acknowledgment*) des Empfänger-Knotens, bevor er das nächste Datenpaket überträgt. Das ist zwar sehr elegant, aber dadurch führt RTS/CTS zu einem deutlichen Overhead, der die Leistung beeinträchtigt.

Wichtig

Drahtlose Netzwerke verwenden den CSMA/CA-Standard (Carrier Sense Multiple Access/Collision Avoidance), während verkabelte Ethernet-Netzwerke CSMA/CD (Carrier Sense Multiple Access/Collision Detection) nutzen.

Bei der Konfiguration der Software für drahtlose Netzwerke müssen Sie nur wenig tun. Drahtlose Netzwerkadapter entsprechen dem PnP-Standard, so dass sie von allen modernen Windows-Versionen bei ihrer Installation sofort erkannt werden. Möglicherweise werden Sie dann zum Einlegen eines Datenträgers mit Hardwaretreibern aufgefordert. Es wird allerdings ein Hilfsprogramm benötigt, mit dem Parameter wie der Netzwerkname gesetzt werden können.

Windows enthält seit XP integrierte Hilfsprogramme zur Konfiguration dieser Einstellungen, unter älteren Windows-Versionen sind Sie aber auf Konfigurationsprogramme des Anbieters des drahtlosen Netzwerkadapters (bzw. des Herstellers des verwendeten Chips) angewiesen. Abbildung 24.7 zeigt das Konfigurationsprogramm eines typischen drahtlosen Netzwerkadapters. Mit diesem Hilfsprogramm können Sie die Verbindungsqualität (LINK QUALITY) und die Signalstärke (SIGNAL STRENGTH) ermitteln, den drahtlosen Netzwerkmodus konfigurieren (wird nachfolgend beschrieben), die Verschlüsselung aktivieren, Energieoptionen einstellen usw.

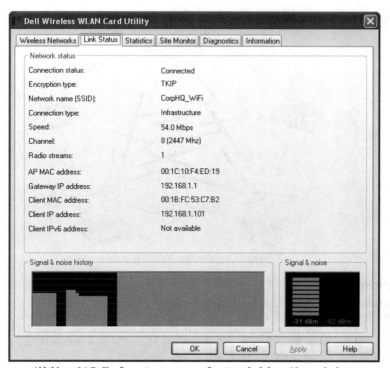

Abbildung 24.7: Konfigurationsprogramm für einen drahtlosen Netzwerkadapter

> **Tipp**
>
> Viele der Netzwerkadapter sind technisch identisch. Deshalb lassen sich anstelle der Programme des Herstellers auch für den jeweiligen Netzwerkchip geeignete generische Programme der Chiphersteller verwenden. Welcher Chip vom Adapter verwendet wird, können Sie meist dem Handbuch entnehmen. Aber auch die Hardwarekennung im Geräte-Manager kann Ihnen hier bei Bedarf weiterhelfen.

Drahtlose Netzwerkmodi

Das einfachste drahtlose Netzwerk besteht aus zwei oder mehr Rechnern, die direkt (ohne Kabel oder andere vermittelnde Hardware) miteinander kommunizieren. Komplexere drahtlose Netzwerke nutzen einen WAP, um die drahtlose Kommunikation zu zentralisieren und drahtlose Netzwerksegmente mit kabelgestützten Netzwerksegmenten zu verbinden. Diese zwei verschiedenen Verfahren werden Ad-hoc- und Infrastruktur-Modus genannt.

Ad-hoc-Modus

Der *Ad-hoc-Modus* wird manchmal auch *Peer-to-Peer-Modus* genannt. Dabei befinden sich alle drahtlosen Knoten in einem dezentralisierten und frei zugänglichen Modus untereinander in direktem Kontakt (Abbildung 24.8). Zwei oder mehr im Ad-hoc-Modus kommunizierende drahtlose Knoten bilden eine Gruppe (IBSS – Independent Basic Service Set). Netzwerke lassen sich im Ad-hoc-Modus einfacher als im Infrastruktur-Modus konfigurieren und eignen sich für kleine Rechnergruppen (weniger als etwa ein Dutzend), die Dateien übertragen oder Drucker gemeinsam nutzen wollen. Ad-hoc-Netzwerke sind auch gut für temporäre Netzwerke geeignet, wie z.B. Studiengruppen oder Geschäftstreffen.

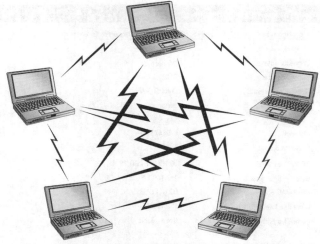

Abbildung 24.8: Drahtloses Netzwerk im Ad-hoc-Modus

Infrastruktur-Modus

Im *Infrastruktur-Modus* arbeitende drahtlose Netzwerke benutzen mindestens einen WAP, um die drahtlosen Netzwerkknoten mit einem verkabelten Netzwerksegment zu verbinden (Abbildung 24.9). Ein einzelner WAP, der für einen bestimmten Bereich zuständig ist, wird *BSS* (*Basic Service Set*) genannt. Der abgedeckte Bereich lässt sich durch das Hinzufügen weiterer WAPs erweitern. Entsprechend ist dann von *EBSS* (*Extended Basic Service Set*) die Rede.

Drahtlose Netzwerke

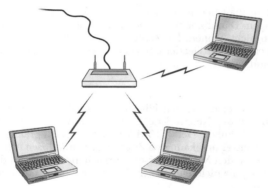

Abbildung 24.9: Drahtloses Netzwerk im Infrastruktur-Modus

Im Infrastruktur-Modus arbeitende drahtlose Netzwerke erfordern mehr Planung und sind schwieriger zu konfigurieren als Netzwerke im Ad-hoc-Modus, bieten aber mehr Kontrolle über die Operation des Netzwerks. Der Infrastruktur-Modus eignet sich besser für Unternehmensnetze, in denen dedizierte Ressourcen (z.B. Internetverbindungen und zentrale Datenbanken) gemeinsam genutzt werden.

Sicherheit in drahtlosen Netzwerken

Einer der häufigsten Einwände gegen drahtlose Netzwerke sind deren schwache Sicherheitsfunktionen. Oft müssen Sie sich, um auf ein drahtloses Netzwerk zugreifen zu können, nur in die Reichweite des WAP begeben und ein drahtloses Gerät einschalten! Weiterhin werden die Datenpakete über Funk und nicht geschützt über die Leitungen eines Netzwerkkabels übertragen. Was soll also skrupellose Techniker davon abhalten, die übertragenen Datenpakete abzufangen und die Daten zu lesen?

Drahtlose Netzwerke verwenden drei Verfahren, um den Zugriff auf das Netzwerk selbst und die übertragenen Daten zu schützen. Der *SSID*-Parameter (*Service Set Identifier* bzw. *Netzwerkname*) definiert das drahtlose Netzwerk. Das ist sehr praktisch, wenn mehrere drahtlose Netzwerke im selben Bereich arbeiten!

SSID

Eine der wesentlichen Sicherheitsschwächen drahtloser Netzwerke besteht darin, dass bei den Komponenten im Auslieferungszustand meist *keinerlei* Sicherheitsfunktionen aktiviert sind! Drahtlose Geräte *wollen* »gehört« werden und WAPs sind üblicherweise so konfiguriert, dass sie ihre Präsenz bis an die Grenzen ihrer Reichweite verkünden und alle anderen antwortenden, drahtlosen Geräte zu einem Plausch einladen.

Ändern Sie immer sofort die SSID und das Kennwort. Die vorkonfigurierten Netzwerknamen und Kennwörter sind bekannt und online erhältlich. Das soll die Einrichtung drahtloser Netzwerke möglichst vereinfachen, sorgt aber spätestens dann für enorme Sicherheitslücken, wenn sich auf engem Bereich viele drahtlose Netzwerke überlappen. Alle drahtlosen Netzwerkknoten und Zugriffspunkte innerhalb eines drahtlosen Netzwerks müssen mit derselben eindeutigen SSID konfiguriert werden. Die SSID wird dann in den Header aller übertragenen Datenpakete im drahtlosen Netzwerk eingebunden. Datenpakete mit falscher SSID werden zurückgewiesen.

> **Wichtig**
>
> Das Ändern der vorkonfigurierten SSID eines WAPs ist der erste Schritt zur Sicherung eines drahtlosen Netzwerks.

Kapitel 24

Ein weiterer Trick, dem man bei drahtlosen Netzwerken häufig begegnet, besteht darin, die SSID nicht offen zu übertragen. Damit können Unberechtigte nicht ganz so leicht auf Netzwerke zugreifen, weil sie deren Namen nicht kennen. Für echte Hacker stellt das aber kein Hindernis dar, denn die SSID müssen ja immer noch im Header der Datenpakete enthalten sein, da sie festlegt, für welches Netzwerk diese bestimmt sind.

MAC-Adressfilter

Die meisten WAPs unterstützen auch das Filtern von MAC-Adressen. Bei diesem Verfahren können Sie den Zugang zum drahtlosen Netzwerk auf bestimmte physische, fest verdrahtete Adressen drahtloser Netzwerkadapter beschränken. Der *MAC-Adressfilter* bietet ein praktisches Verfahren zum Erstellen von Listen zulässiger Benutzer und kann den Zugang zum drahtlosen Netzwerk strikt beschränken. Im WAP wird eine Tabelle mit den MAC-Adressen gespeichert, die auf das drahtlose Netzwerk zugreifen dürfen. Alle Datenpakete, die nicht eine der in dieser Tabelle aufgeführten MAC-Adressen enthalten, werden zurückgewiesen.

> **Hinweis**
>
> Viele Techniker sprechen nicht vom MAC-Adressfilter, sondern einfach vom *MAC-Filter*. Dagegen ist nichts einzuwenden.

WEP

Schon sehr früh führten die Entwickler zum Schutz der im WLAN übertragenen Daten das *WEP*-Protokoll (*Wired Equivalent Privacy*) ein. WEP verwendet standardmäßige eine 40-Bit-Verschlüsselung für die Datenpakete. Viele Anbieter unterstützen auch eine 104-Bit-Verschlüsselung. Beachten Sie, dass zwar oft mit 128-Bit-Verschlüsselung geworben wird, dass dabei aber eigentlich 104-Bit-Schlüssel verwendet werden. Leider enthält die WEP-Verschlüsselung eine Lücke, durch die sie leicht zu knacken ist. WEP ist zwar besser als gar keine Verschlüsselung, kann aber gewiefte Angreifer mit den nötigen Kenntnissen nicht aussperren.

Wichtig ist es anzumerken, dass WEP keine umfassende Verschlüsselung zwischen den Endpunkten bietet. WEP verschlüsselt nur zwischen dem WAP und dem drahtlosen Gerät. Die Verschlüsselung der Datenpakete wird entfernt, wenn sie nachfolgenden Netzwerkschichten übergeben werden. Eine echte und vollständige Verschlüsselung erreichen Sie erst mit WPA oder WPA2.

WPA

WPA (*Wi-Fi Protected Access*) vermeidet die Schwächen von WEP und stellt eine Art Aktualisierung des WEP-Sicherheitsprotokolls dar. WPA bietet erweiterte Sicherheitsfunktionen, wie z.B. eine Integritätsprüfung verschlüsselter Daten und eine Benutzerauthentifizierung über den Industriestandard *EAP* (*Extensible Authentication Protocol*). Der Einsatz von EAP ist deutlich sicherer als die WEP-Verschlüsselung. Schließlich lassen sich MAC-Adressen leicht ausspähen, da sie unverschlüsselt im Klartext übertragen werden. Benutzernamen und Kennwörter werden hingegen verschlüsselt und sind daher wesentlich besser geschützt. Selbst mit diesen Erweiterungen war WPA lediglich als vorübergehende Sicherheitslösung bis zur Fertigstellung und Implementation des IEEE-802.11i-Sicherheitsstandards gedacht.

WPA2

Neuere Versionen von Mac OS X und Microsoft Windows unterstützen den vollständigen IEEE-802.11i-Standard, der auch als *WPA2* (*Wi-Fi Protected Access 2*) bekannt ist, um drahtlose Netzwerke zu sichern. Neben anderen Verbesserungen verwendet WPA2 *AES* (*Advanced Encryption Standard*) zum Schutz der drahtlosen Umgebung. Wenn Sie WPA2 noch nicht verwenden, dann sollten Sie die entsprechenden Upgrades schnell nachholen.

> **Hinweis**
>
> Windows unterstützt WPA2 ab XP mit Service Pack 3 direkt. Für Windows XP mit Service Pack 2 lässt sich die Unterstützung über einen speziellen Patch nachrüsten, der nicht automatisch installiert wird (KB917021).

Aspekte der Geschwindigkeit und Reichweite

Der Datendurchsatz drahtloser Netzwerke hängt von mehreren Faktoren ab. Zunächst von dem von den drahtlosen Geräten verwendeten Standard. Je nach eingesetztem Standard liegt der Datendurchsatz zwischen mäßigen 2 Mbps und recht flotten gut 100 Mbps. Einer der anderen Faktoren, die die Geschwindigkeit beeinflussen, ist die Entfernung zwischen den drahtlosen Knoten (oder zwischen den drahtlosen Knoten und dem zentralen Zugriffspunkt). Drahtlose Geräte handeln die für die Kommunikation zu verwendende Spitzengeschwindigkeit dynamisch aus, ohne dass dabei sonderlich viele Datenpakete ungültig werden. Mit zunehmender Entfernung nimmt die Geschwindigkeit ab, so dass der maximale Durchsatz nur bei kurzer Entfernung erreicht werden kann (weniger als etwa zehn Meter). In den Grenzbereichen der Reichweite kann die Geschwindigkeit bis auf ca. 1 Mbps abfallen, bevor die Kommunikation komplett abbricht.

Die Geschwindigkeit wird auch durch Störungen durch andere drahtlose Geräte, die in demselben Frequenzbereich arbeiten (z.B. Schnurlostelefon oder Babyfon), und massive Gegenstände beeinflusst. So genannte »tote Bereiche« (dead spots) treten auf, wenn die Funksignale zwischen den drahtlosen Netzwerkknoten unterbrochen werden. Große Elektrogeräte, wie z.B. Kühlschränke, können die Signale drahtloser Netzwerke *äußerst* wirksam unterbrechen! Weitere mögliche Störenfriede sind elektrische Sicherungskästen, Rohrleitungen aus Metall, Klimaanlagen usw.

> **Hinweis**
>
> Die Geschwindigkeit und die Signalstärke Ihres drahtlosen Netzwerks können Sie bei den Eigenschaften des drahtlosen Netzwerkadapters ablesen.

Die Reichweite drahtloser Netzwerke lässt sich nur schwer definieren. Meist finden Sie Angaben wie »ca. 50 Meter« oder »etwa 100 Meter«. Das liegt einfach daran, dass die Reichweite ähnlich wie der Datendurchsatz stark von Umweltfaktoren beeinflusst wird. Die Angaben zur maximalen Reichweite im nächsten Abschnitt entsprechen daher denen der Hersteller und sind theoretische Maximalwerte. Im praktischen Einsatz werden diese Werte nur unter Idealbedingungen erreicht. Meist liegt die Reichweite praktisch nur bei etwa der Hälfte der angegebenen Werte.

Die Reichweite lässt sich mit einigen Verfahren erhöhen. Zunächst einmal können Sie mehrere WAPs installieren, so dass man zwischen den verschiedenen Deckungsbereichen der WAPs wechseln kann, und damit ein EBSS einrichten. Oder Sie können Ersatzantennen verwenden, um die Signalstärke zu erhöhen. Und wenn das noch nicht reicht, können Sie Signalverstärker installieren, die zu deutlich stärkeren Signalen und noch mehr Reichweite führen.

> **Wichtig**
>
> Bereiten Sie sich auf Fragen in den CompTIA A+-Prüfungen vor, die sich auf Faktoren beziehen, die die drahtlose Kommunikation, deren Reichweite und Geschwindigkeit beeinträchtigen können.

Drahtlose Netzwerkstandards

Um die drahtlose Netzwerktechnologie besser verstehen zu können, werden wir nun kurz die von ihr verwendeten Standards betrachten.

Kapitel 24

Drahtlose IEEE-802.11-Netzwerke

Der drahtlose Ethernet-Standard *IEEE 802.11*, der auch unter dem Namen *Wi-Fi* bekannt ist, definiert Verfahren der Datenübertragung über »gespreizte« Funkwellen (*Spread-Spectrum*). Beim Spread-Spectrum-Verfahren werden die Daten in kleinen Blöcken über die verschiedenen verfügbaren Frequenzen innerhalb eines bestimmten Frequenzbereichs verteilt übertragen.

Hinweis

In der Anfangszeit meinten viele Netzwerktechniker und Computerhändler, dass *Wi-Fi* für *Wireless Fidelity* und in irgendeiner Beziehung zu Hi-Fi stehen würde. Das mag zeitweise der Fall gewesen sein, aber die *Wi-Fi Alliance*, die für die Regulierung der Standards für 802.11-basierte Netzwerke zuständige Behörde, verwenden den Begriff Wi-Fi heute einfach. Der Begriff Wi-Fi wurde oder wird aber jedenfalls immer noch auch für andere über Funk kommunizierende Geräte und nicht nur für Ethernet-WLAN-Komponenten verwendet, was zu einer gewissen Verwirrung führen kann.

Alle der auf 802.11 basierenden drahtlosen Technologien verwenden zum Senden und Empfangen eines von zwei frei zugänglichen ISM-Bändern. Dabei handelt es sich um den 2,4- oder 5,8-GHz-Frequenzbereich. (Das Kürzel ISM steht für »Industrial, Scientific and Medical«.) Aus Gründen, die sich meiner Kenntnis entziehen, spricht man beim 5,8-GHz-ISM-Band einfach vom 5-GHz-Band. Der ursprüngliche 802.11-Standard wurde mit der Zeit um die Varianten 802.11*a*, 802.11*b* und 802.11*g* erweitert, die in drahtlosen Wi-Fi-Netzwerken verwendet werden. All diese 802.11-Varianten verwenden eines der beiden ISM-Bänder, nur 802.11n kann auch beide benutzen. Keine Sorge, ich werde das für Sie gleich noch genauer aufschlüsseln.

Hinweis

Wi-Fi ist heute der bei Weitem verbreitetste drahtlose Netzwerktyp. Drahtlose Netzwerke werden nicht nur in vielen Kleinunternehmen und Wohnungen, sondern auch an öffentlichen Plätzen (z.B. Cafés und Bibliotheken) eingesetzt, die ebenfalls den Internetzugang über drahtlose Netzwerke anbieten.

Neuere drahtlose Geräte können mit älteren drahtlosen Geräten kommunizieren. Wenn Sie also einen 802.11n-WAP verwenden, dann kann dieser von all Ihren 802.11g-Geräten benutzt werden. Die Ausnahme bildet 802.11a, das von allen Geräten direkt unterstützt werden muss. In den folgenden Absätzen werden die wichtigen Spezifikationen der verschiedenen 802.11-basierten drahtlosen Netzwerkstandards beschrieben.

Hinweis

Geräte, die mit dem ursprünglichen Standard 802.11 (ohne Buchstaben) arbeiten, sind heute nur noch selten anzutreffen. Meist finden Sie sie in Netzwerken, die bereits mit Aufkommen der Technologie eingerichtet wurden (oder im Museum). Der ursprüngliche 802.11-Standard war langsam (max. 2 Mbps) und war auch hinsichtlich seiner Reichweite (ca. 50 Meter) recht eingeschränkt. 802.11 verfügte aber bereits über einige der Merkmale der aktuellen drahtlosen Standards. 802.11 nutzt den 2,4-GHz-Frequenzbereich.

802.11a

Ungeachtet der Kennung »a« dieser Erweiterung des 802.11-Standards wurde *802.11a* eigentlich erst *nach* 802.11b entwickelt. 802.11a unterscheidet sich von den anderen 802.11-basierten Standards deutlich. Zunächst nutzt es mit 5 GHz einen anderen Frequenzbereich. Dadurch werden Geräte, die mit diesem Standard arbeiten, weniger durch andere Geräte gestört, die im selben Frequenzbereich operieren. 802.11a bietet mit 54 Mbps auch einen deutlich besseren Datendurchsatz als 802.11 und 802.11b, auch wenn die tatsächliche Datenrate bei normaler Nutzung nicht über 25 Mbps liegt. Die maximal erreichbare Reichweite liegt zwar bei ca. 50 Metern, wird aber im typischen Büroumfeld auch nur selten erreicht. Ungeachtet der höheren Geschwindigkeit und der geringeren Störanfälligkeit ist 802.11a im PC-Bereich wenig verbreitet.

802.11b

802.11b war der erste im Bereich drahtloser Netzwerke weit verbreitete Standard. Der 802.11b-Standard unterstützt einen Datendurchsatz von maximal 11 Mbps (bei einem tatsächlichen mittleren Durchsatz von 4 bis 6 Mbps), liegt damit etwa gleichauf mit den alten verdrahteten 10Base-T-Netzwerken und bietet unter Idealbedingungen eine maximale Reichweite von ca. 100 Metern. Im typischen Büroumfeld ist die maximale Reichweite geringer. Der wesentliche Nachteil von 802.11b besteht darin, dass es mit dem 2,4-GHz-Band eine bereits reichlich überlastete Frequenz benutzt, wodurch leicht Störungen durch andere drahtlose Geräte auftreten können.

802.11g

802.11g erschien 2003 und übernahm die besten Eigenschaften von 802.11a und 802.11b und vereinte sie in einem einzigen Standard. 802.11g bietet Datentransferraten von maximal 54 Mbps (wie 802.11a) bei der größeren Reichweite von ca. 100 Metern (wie 802.11b). Wichtiger ist aber, dass 802.11g abwärtskompatibel mit 802.11b ist, so dass ein 802.11g-WAP sowohl 802.11b- als auch 802.11g-Knoten unterstützt. 802.11g ist unglaublich verbreitet, gerät aber im Vergleich mit der neuesten Version 802.11n des 802.11-Standards langsam ins Hintertreffen.

802.11n

Mit dem *802.11n*-Standard gehen einige Verbesserungen in Wi-Fi-Netzwerken einher, zu denen höhere Geschwindigkeiten und neue Antennentechnologien zählen.

Um eine Funktion zu unterstützen, die *MIMO* (*Multiple In/Multiple Out*) genannt wird und mit deren Hilfe Geräte mehrere Verbindungen gleichzeitig aufbauen können, fordert die 802.11n-Spezifikation, dass mit Ausnahme von Handheld-Geräten alle Geräte mehrere Antennen benutzen. Mit bis zu vier Antennen können 802.11n-Geräte erstaunliche Geschwindigkeiten erreichen. (Der offizielle Standard unterstützt Datenraten von bis zu 600 Mbps, die Werte im praktischen Einsatz liegen aber deutlich niedriger.)

Viele 802.11n-WAPs nutzen mit der *Sendestrahlsteuerung* (*TxBF – Transmit Beamforming*) eine Mehrantennentechnologie, mit der sich tote Punkte besser vermeiden bzw. abschwächen lassen. Wenn ein WAP einen Client erkennt, dann passt die Antenne das Funksignal zwecks Optimierung an.

Wie bei 802.11g können auch 802.11n-WAPs das 2,4-GHz-ISM-Band nutzen und ältere, langsamere 802.11b/g-Geräte unterstützen. 802.11n-Geräte können aber auch den leistungsfähigeren so genannten *Dualband*-Modus unterstützen. Dazu werden fortschrittlichere (und teurere) WAPs benötigt, die gleichzeitig die beiden Frequenzen 5 und 2,4 GHz nutzen. Teilweise unterstützen derartige Geräte nicht nur 802.11b/g, sondern auch 802.11a. Praktisch!

Tabelle 24.1 führt die wichtigsten Unterschiede der verschiedenen 802.11-Versionen auf.

Standard	802.11a	802.11b	802.11g	802.11n
Max. Durchsatz	54 Mbps	11 Mbps	54 Mbps	> 100 Mbps
Max. Reichweite	50 Meter	100 Meter	100 Meter	> 100 Meter
Frequenzband	5 GHz	2,4 GHz	2,4 GHz	2,4 und 5 GHz
Sicherheit	SSID, MAC-Filterung, Industriestandard: WEP, WPA	SSID, MAC-Filterung, Industriestandard: WEP, WPA	SSID, MAC-Filterung, Industriestandard: WEP, WPA	SSID, MAC-Filterung, Industriestandard: WEP, WPA

Tabelle 24.1: Vergleich der 802.11-Standards

Standard	802.11a	802.11b	802.11g	802.11n
Kompatibilität	802.11a	802.11b	802.11b, 802.11g	802.11b, 802.11g, 802.11n (teilweise 802.11a)
Spread-Spectrum-Verfahren	DSSS	OFDM	OFDM	OFDM
Kommunikationsmodus	Ad-hoc oder Infrastruktur	Ad-hoc oder Infrastruktur	Ad-hoc oder Infrastruktur	Ad-hoc oder Infrastruktur
Beschreibung	Produkte, die dem Standard entsprechen, werden »Wi-Fi-zertifiziert« genannt. Acht verfügbare Kanäle. Weniger störungsanfällig als 802.11b und 802.11g.	Produkte, die dem Standard entsprechen, werden »Wi-Fi-zertifiziert« genannt.	Produkte, die dem Standard entsprechen, werden »Wi-Fi-zertifiziert« genannt. Bessere Sicherheitsfunktionen. 14 definierte Kanäle im 2,4-GHz-Band. Drei nicht überlappende Kanäle.	Wie 802.11g, nutzt aber zusätzlich das 5-GHz-Band, das auch von 802.11a verwendet wird. 802.11n kann mehrere Antennen verwenden, um Geschwindigkeit und Reichweite zu erhöhen.

Tabelle 24.1: *Vergleich der 802.11-Standards (Forts.)*

Wichtig

Für die Prüfungen müssen Sie die Unterschiede zwischen 802.11a, 802.11b, 802.11g und 802.11n kennen.

Andere drahtlose Standards

Drahtlose Infrarot-Netzwerke

Drahtlose Netzwerke auf der Basis der Infrarot-Technologie werden heute meist übersehen, was möglicherweise an dem steigenden Interesse an neueren und schnelleren drahtlosen Standards liegt. Infrarot bietet aber immer noch eine sinnvolle Möglichkeit zur Dateiübertragung bei einigen älteren Geräten.

Bei der Kommunikation über Infrarot-Geräte wird das *IrDA*-Protokoll (*Infrared Data Association*) genutzt. Beim IrDA-Protokollstapel handelt es sich um einen weit verbreiteten Industriestandard, der von allen Windows-Versionen seit Windows 95 unterstützt wird.

Hinweis

Apple- und Linux-Rechner unterstützen IrDA ebenfalls.

Geschwindigkeit und Reichweite von Infrarot-Netzwerken sind wenig beeindruckend. Infrarot-Geräte können Daten mit einer Geschwindigkeit von maximal 4 Mbps übertragen. Nicht allzu schlecht, aber bestimmt nicht gerade rekordverdächtig. Die maximale Entfernung zwischen Infrarot-Geräten beträgt einen Meter. Für Infrarot-Verbindungen muss eine direkte Sichtverbindung bestehen und sie sind recht störanfällig. Infrarot-Verbindungen können durch alles unterbrochen werden, was den Lichtstrahl bricht, sei es nun ein unbedacht platziertes Glas, ein Mitarbeiter, der zwischen Tischen hindurchgeht, oder auch nur helles Sonnenlicht, das den Infrarot-Transceiver trifft und für Störungen sorgt.

Infrarot wurde nur für die Herstellung von Punkt-zu-Punkt-Verbindungen zwischen zwei Geräten im Ad-hoc-Modus entwickelt. Einen Infrastruktur-Modus gibt es nicht. Sie können aber einen *Infrarot-*

Zugriffspunkt (*IR-AP*) dazu verwenden, um über IrDA mit einem Ethernet-Netzwerk zu kommunizieren. Infrarot-Geräte arbeiten im Halbduplex-Betrieb, so dass ein Gerät immer nur entweder senden oder empfangen kann. Zwei Geräte können nicht gleichzeitig senden *und* empfangen. IrDA bietet zwar einen Modus an, der die Vollduplex-Kommunikation emuliert, dieser arbeitet aber eigentlich auch nur halbduplex. Im Hinblick auf die Sicherheit bietet das IrDA-Protokoll rein gar nichts hinsichtlich Verschlüsselung oder Authentifizierung. Das Hauptsicherheitsmerkmal von Infrarot ist in der Tatsache zu sehen, dass Sie sich buchstäblich im Abstand einer Armeslänge befinden müssen, um eine Verbindung herstellen zu können. Infrarot ist natürlich keine besonders gute Lösung für eine laufende Netzwerkverbindung, eignet sich aber durchaus für die gelegentliche Übertragung von Dateien oder Druckaufträgen und hat den Vorteil, dass Sie sich dabei die Hände nicht schmutzig machen müssen.

Tabelle 24.2 führt die wichtigen Infrarot-Spezifikationen auf.

Standard	Infrarot (IrDA)
Max. Durchsatz	4 Mbps
Max. Reichweite	1 Meter
Sicherheit	Keine
Kompatibilität	IrDA
Kommunikationsmodus	Punkt-zu-Punkt, Ad-hoc

Tabelle 24.2: Infrarot-Spezifikationen

Hinweis

An vielen modernen Laptops finden Sie kleine Infrarot-Sensoren hinter entsprechenden Abdeckungen. Lassen Sie sich aber nicht täuschen, diese Laptops bieten typischerweise keine IrDA-Netzwerkfunktionen. Diese IR-Empfänger sind für die Fernbedienung, damit Sie den Laptop als Fernseher oder DVD-Player nutzen können.

Bluetooth

Die drahtlose *Bluetooth*-Technologie (benannt nach dem im neunten Jahrhundert lebenden dänischen König Harald Blauzahn) wurde entwickelt, um Geräte innerhalb kleiner drahtloser »persönlicher Netzwerke« (*PAN – Personal Area Network*) für bestimmte Aufgabenstellungen untereinander zu verbinden. Einige Beispiele sind Headsets für Smartphones, *PANs* zur schnellen Verbindung zweier Personal Computer zu einem Netzwerk und Eingabegeräten wie Tastatur und Maus. Bluetooth wurde *nicht* als umfassende Netzwerklösung konzipiert und soll auch nicht mit Wi-Fi konkurrieren. Bluetooth hat in erster Linie die Infrarot-Verbindungen zwischen Personal Computern und Peripheriegeräten ersetzt.

Wie alle Technologien wurde auch Bluetooth über die Jahre hinweg mehrfach aktualisiert, um es schneller und sicherer zu machen. Zwei Hauptversionen von Bluetooth sind heute weit verbreitet. Die erste Generation (Versionen 1.1 und 1.2) unterstützt Geschwindigkeiten von etwa 1 Mbps. Die zweite Generation (2.0 und 2.1) ist mit der ersten abwärtskompatibel und unterstützt zusätzlich höhere Geschwindigkeiten über die so genannte *EDR* (*Enhanced Data Rate*), die für Spitzengeschwindigkeiten von etwa 3 Mbps sorgt.

Die IEEE-Organisation hat Bluetooth zur Grundlage des 802.15-Standards für drahtlose PANs gemacht. Bluetooth verwendet das FHSS-Spread-Spectrum-Übertragungsverfahren und schaltet zwischen allen der 79 im 2,45-GHz-Bereich verfügbaren Frequenzen hin und her. Die Frequenzwechsel (das *Frequenzhüpfen – frequency hopping*) erfolgen bei Bluetooth ca. 1.600-mal je Sekunde, so dass es recht unempfindlich gegen Störungen ist.

Allgemein benötigen Geräte mehr Strom, wenn sie schneller arbeiten oder Daten über größere Entfernungen übertragen. Die Bluetooth-Entwickler hatten schon vor langer Zeit verstanden, dass einige Geräte (z.B. Bluetooth-Headsets) dadurch Energie sparen können, dass sie Daten langsamer oder nur über kurze Entfernungen übertragen, während andere Bluetooth-Geräte mit höherer Leistung arbeiten mussten. Zu diesem Zweck werden alle Bluetooth-Geräte für eine von drei Klassen konfiguriert, die den maximalen Energieverbrauch in Milliwatt (mW) und die maximale Entfernung definieren (Tabelle 24.3).

Klasse	Max. Leistungsaufnahme	Max. Entfernung
Class 1	100 mW	100 Meter
Class 2	2,5 mW	10 Meter
Class 3	1 mW	1 Meter

Tabelle 24.3: Bluetooth-Klassen

Bluetooth wurde *nicht* als vollwertige drahtlose Netzwerklösung entwickelt. Bluetooth soll den Kabelsalat beseitigen, der entsteht, wenn man verschiedene Peripheriegeräte (Tastatur, Maus, Drucker, Scanner usw.) mit dem PC verbindet. Es wird aber 802.11-basierte Netzwerkgeräte in absehbarer Zeit nicht ersetzen können.

Nachdem das geklärt ist, sind Geräte mit drahtlosen Bluetooth-Funktionen auf verschiedene Weise mit anderen drahtlosen Technologien vergleichbar:

- ❑ Wie Infrarot eignet sich auch Bluetooth für die einfache Dateiübertragung, wenn keine anderen verkabelten (oder schnelleren drahtlosen) Verbindungen verfügbar sind.
- ❑ Nahezu alle drahtlosen Headsets nutzen heute Bluetooth.
- ❑ Durch seine Geschwindigkeit und Reichweite eignet sich Bluetooth gut für drahtlose Druckerserver-Lösungen.

Die Bluetooth-Hardware wird entweder in viele der neueren tragbaren elektronischen Kleingeräte wie PDAs und Mobiltelefone integriert oder als Adapter mit einem internen oder externen Erweiterungsbus verbunden. Bluetooth-Netzwerke werden über Ad-hoc-Verbindungen zwischen zwei Rechnern (oder PDAs, Handhelds oder Mobiltelefonen) oder über eine Art Infrastruktur-Modus und Bluetooth-Zugriffspunkte realisiert. Bluetooth-Zugriffspunkte ähneln stark den 802.11-basierten APs und bilden eine Brücke zwischen drahtlosen Bluetooth-PAN- und verkabelten LAN-Segmenten.

Mobilfunknetze

Über *Mobilfunknetze* (auch: *Mobiltelefonnetz*) können Sie sich über einen PDA, ein Mobiltelefon oder Smartphone, das für den Zugang zu diesem Netz sorgt, mit dem Internet verbinden. Mit einer entsprechenden PC Card oder einem USB-Adapter können Sie auch Ihren Laptop mit Mobilfunknetzen verbinden. Abbildung 24.10 zeigt den USB-Adapter *AT&T USBConnect Mercury 3G*, der genau diesem Zweck dient.

Abbildung 24.10: AT&T USBConnect Mercury 3G

Drahtlose Netzwerke

In Gebieten mit dichter Mobilfunkabdeckung, wie z.B. in Großstädten, unterstützen die Funknetze überall schnelle Zugriffe (etwa 1,5 Mbps beim Download). Die Träger verwenden viele Protokolle für die höheren Geschwindigkeiten, die unter dem Sammelbegriff *3G* bekannt sind. Starten Sie einfach Ihr Smartphone oder Ihren tragbaren Rechner und beginnen Sie im Web zu browsen! In Gebieten, in denen die 3G-Netzwerke weniger gut ausgebaut sind, fällt die Geschwindigkeit aber ab und liegt dann nur noch etwa auf dem Niveau herkömmlicher Modemverbindungen. (In Kapitel 25, *Das Internet*, erfahren Sie mehr über Modems.)

Mobilfunknetze verwenden für Verbindungen verschiedene Protokolle, wie z.B. *GSM* (*Global System for Mobile Communications*), *GPRS* (*General Packet Radio Service*) und/oder *CDMA* (*Code Division Multiple Access*). Die 3G-Netzwerke nutzen Protokolle wie *UMTS/HSPA*, *EV-DO* und *UMTS*. Um deren Unterstützung kümmern sich Software und Hardware im Hintergrund. Für den Endbenutzer ist nur TCP/IP sichtbar und er kann wie in einem verkabelten Netzwerk arbeiten.

> **Hinweis**
>
> 3G steht für die »Dritte Generation« bei Mobilfunkstandards. In Deutschland wird UMTS (Universal Mobile Telecommunications System) mit HSDPA (High Speed Downlink Packet Access) verbreitet unterstützt. In Kombination mit HSUPA (High Speed Downlink Packet Access), das die Upload-Datenraten steigert, wird aus den beiden Kürzeln HSDPA/HSUPA das im letzten Absatz erwähnte HSPA (High Speed Packet Access) . Die verwendeten Standards und Frequenzbänder unterscheiden sich zwischen den verschiedenen Ländern. Der weltweit verbreitetste Mobilfunk-Standard, der auch in Deutschland für Telefonie und Kurzmitteilungen genutzt wird, ist GSM, bei dem es sich um einen Standard der zweiten Generation (2G) handelt. Mit einer ausführlichen Behandlung der Mobilfunk-Technologien und -Standards würde ich den Rahmen dieses Buches bei Weitem sprengen.

Practical Application

Drahtlose Netzwerke installieren und konfigurieren

Die Einrichtung eines drahtlosen Netzwerks unterscheidet sich kaum von einem verkabelten Netzwerk. Die physische Installation eines drahtlosen Netzwerkadapters unterscheidet sich nicht von der eines kabelgestützten Netzwerkadapters. Bei beiden kann es sich um interne PCI-Steckkarten, PC Cards oder externe USB-Geräte handeln. Sie installieren die Komponente einfach und überlassen PnP die Erkennung und die Ressourcenzuordnung. Wenn Sie dazu aufgefordert werden, dann installieren Sie die mit dem Gerät gelieferten Treiber und sind damit praktisch fertig. Sofern Sie ältere Windows-Versionen einsetzen, müssen Sie dabei auch das Konfigurationsprogramm für den drahtlosen Netzwerkadapter installieren, damit Sie den Kommunikationsmodus, SSID usw. einstellen können. Die neueren Windows-Versionen (XP ab SP3 oder XP mit einem speziellen Patch, der nicht automatisch über Windows Update installiert wird) bringen die notwendigen Funktionen üblicherweise gleich mit.

Wie bereits erwähnt, wollen drahtlose Geräte miteinander kommunizieren, so dass die Verbindung mit einem verfügbaren drahtlosen Netzwerk normalerweise problemlos hergestellt werden kann. Umso wichtiger ist es, drahtlose Netzwerke so zu konfigurieren, dass nur bestimmte drahtlose Knoten ein drahtloses Netzwerk benutzen können, und damit gleichzeitig für die Sicherheit der per Funk übertragenen Daten zu sorgen.

Wi-Fi

Wi-Fi-Netzwerke unterstützen beide den Ad-hoc- und den Infrastruktur-Modus. Welcher Modus verwendet werden sollte, hängt davon ab, wie viele drahtlose Knoten unterstützt werden sollen, wie die Daten gemeinsam genutzt werden sollen und welche Verwaltungsanforderungen ansonsten gelten.

Ad-hoc-Modus

Drahtlose Ad-hoc-Netzwerke benötigen keinen WAP. Bei drahtlosen Netzwerken im *Ad-hoc-Modus* müssen nur die einzelnen drahtlosen Knoten mit demselben Netzwerknamen (SSID) konfiguriert werden und die IP-Adressen der Knoten müssen eindeutig sein. Abbildung 24.11 zeigt das Konfigurationsprogramm eines drahtlosen Netzwerkadapters mit aktiviertem Ad-hoc-Modus.

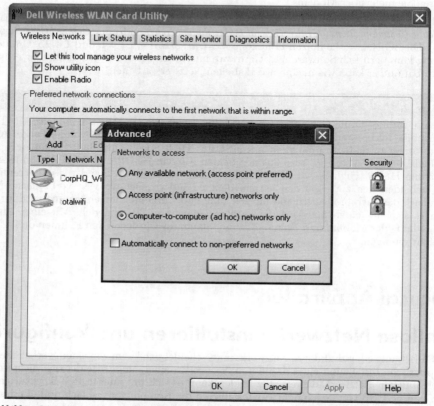

Abbildung 24.11: Auswahl des Ad-Hoc-Modus in einem Programm zur Konfiguration eines WLAN-Adapters

Darüber hinaus müssen Sie normalerweise nur noch dafür sorgen, dass die Knoten unterschiedliche IP-Adressen verwenden, wobei auch dieser Schritt entfällt, wenn alle Knoten DHCP verwenden, und dass der Dienst für die Datei- und Druckerfreigabe bei allen Knoten ausgeführt wird.

Infrastruktur-Modus

Typischerweise sind im *Infrastruktur-Modus* ein oder mehrere WAPs mit einem verkabelten Netzwerksegment und/oder einem Unternehmensnetzwerk oder dem Internet verbunden. Wie beim Ad-hoc-Modus müssen auch im Infrastruktur-Modus alle Knoten und WAPs des Netzwerks mit demselben Netzwerknamen (SSID) konfiguriert werden. Abbildung 24.12 zeigt ein Dialogfeld zur Konfiguration eines WLAN-Adapters von NETGEAR, in dem der Infrastruktur-Modus und als Sicherheitsoption WPA-PSK eingestellt werden. PSK steht für Pre-Shared Key und damit für einen vorher vereinbarten bzw. festgelegten Schlüssel. (Mehr dazu erfahren Sie gleich.)

Drahtlose Netzwerke

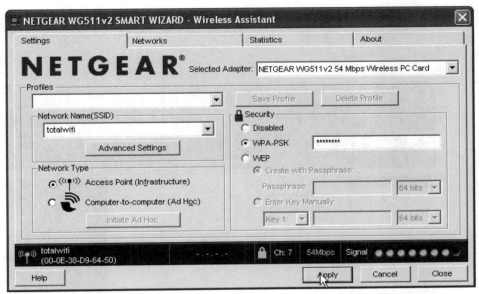

Abbildung 24.12: Auswahl des Infrastruktur-Modus im Konfigurationsprogramm eines WLAN-Adapters

WAPs verfügen über einen integrierten Webserver und werden über ein Browser-gestütztes Einrichtungsprogramm konfiguriert. Typischerweise starten Sie auf einem der Client-Arbeitsstationen im Netzwerk den Webbrowser und geben dessen (vorkonfigurierte) IP-Adresse ein (z.B. 192.168.1.1), um die Konfigurationsseite anzeigen zu lassen. Sie müssen dann ein administratives Kennwort angeben, das Sie der WAP-Dokumentation entnehmen können, um sich anmelden zu können (Abbildung 24.13), und das Sie bei der ersten Einrichtung möglichst sofort ändern sollten. Die Einrichtungsprogramme unterscheiden sich naturgemäß bei den verschiedenen Herstellern und WAP-Modellen. Abbildung 24.14 zeigt den Hauptbildschirm für einen WLAN-Router der Firma Linksys.

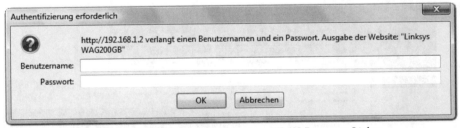

Abbildung 24.13: Kennwortabfrage für einen WLAN-Router von Linksys

Konfigurieren Sie die SSID-Option an der entsprechenden Stelle. Die Kanalauswahl erfolgt zwar normalerweise automatisch, Sie können diese Option aber auch neu konfigurieren, wenn in einem Unternehmen bestimmte Anforderungen gelten (z.B. mehrere drahtlose Netzwerke in einem gemeinsamen Bereich). Denken Sie daran, dass es immer sicherer ist, wenn Sie selbst eine eindeutige SSID konfigurieren und nicht die gut bekannte Vorgabe übernehmen. Sie sollten auch dafür sorgen, dass die Option zur Übermittlung der SSID nicht aktiviert ist. Dadurch können sich nur drahtlose Knoten, die speziell mit der richtigen SSID konfiguriert wurden, beim drahtlosen Netzwerk anmelden.

Kapitel 24

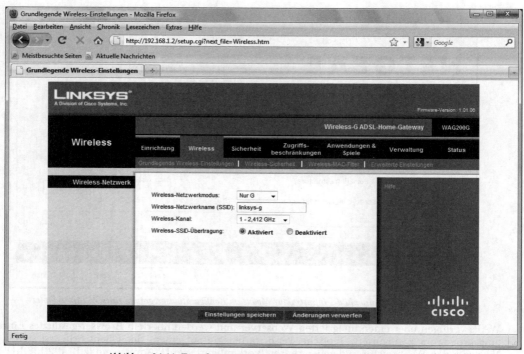

Abbildung 24.14: Einrichtungsprogramme eines WLAN-Routers von Linksys

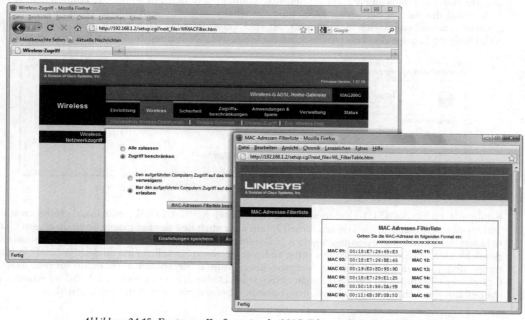

Abbildung 24.15: Fenster zur Konfiguration der MAC-Filterung bei einem Linksys-WAP

Um die Sicherheit weiter zu steigern, sollten Sie MAC-Filter benutzen. Abbildung 24.15 zeigt den Konfigurationsbildschirm für die MAC-Filterung bei einem Linksys-WAP. Geben Sie einfach die MAC-Adressen der drahtlosen Knoten ein, denen der Zugang zum drahtlosen Netzwerk gestattet (oder verwehrt) sein soll. Aktivieren Sie die Verschlüsselung beim WAP und erzeugen Sie dann einen eindeutigen Sicherheitsschlüssel (security key). Konfigurieren Sie dann alle an das Netzwerk angeschlossenen drahtlosen Knoten mit demselben Sicherheitsschlüssel. Abbildung 24.16 zeigt das Dialogfeld für die Konfiguration des WEP-Schlüssels bei einem Linksys-WAP.

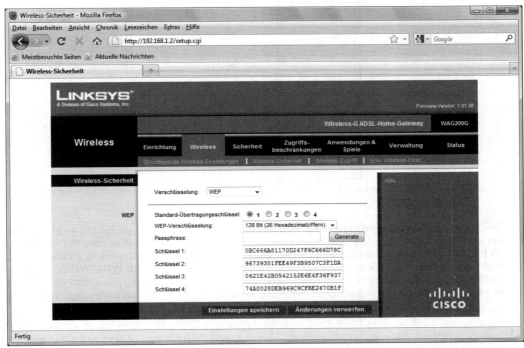

Abbildung 24.16: Bildschirm zur Konfiguration der Verschlüsselung bei einem Linksys-WAP

Wichtig

Wie bereits erwähnt, bietet das WEP-Protokoll zwar eine gewisse Sicherheit, kann aber relativ einfach geknackt werden. Verwenden Sie am besten WPA2 oder zumindest WPA, bis Sie ein Upgrade vornehmen können.

Bei der Einrichtung von WEP können Sie eine Reihe von Schlüsseln automatisch erzeugen lassen oder diese manuell vergeben. Sparen Sie sich die Denkarbeit und nutzen Sie das automatische Verfahren. Wählen Sie eine Verschlüsselungsebene. Hier haben Sie meist die Auswahl zwischen 64 und 128 Bit. Geben Sie dann einen eindeutigen Kennsatz (Passphrase) ein und klicken Sie die Schaltfläche GENERATE an (bzw. die entsprechende Schaltfläche oder Option bei Ihrem WAP). Wählen Sie dann einen Vorgabeschlüssel aus und speichern Sie die Einstellungen. Die Verschlüsselungsebene, der Schlüssel und der Kennsatz müssen beim drahtlosen Client-Knoten genau den hier vorgenommenen Einstellungen entsprechen, da nur dann die Kommunikation stattfinden kann. Bei vielen WAPs können Sie den Schlüssel auf einen Datenträger kopieren, um ihn bei den Client-Arbeitsstationen einfach importieren zu können. Alternativ können oder müssen Sie die Verschlüsselung manuell konfigurieren (Abbildung 24.17).

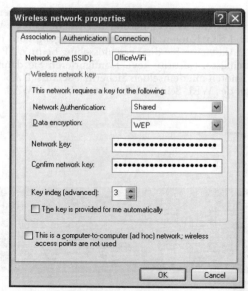

Abbildung 24.17: Registerkarte mit den Einstellungen für die Verschlüsselung im Konfigurationsprogramm eines WLAN-Adapters

Die WPA- und WPA2-Verschlüsselung wird ähnlich wie WEP konfiguriert. Es gibt zwei Alternativen bei der Einrichtung von WPA/WPA2: *PSK (Pre-shared Key)* oder *Enterprise*. Bei WPA/WPA2-PSK (WPA/WPA2-Personal) handelt es sich um die in kleinen und Heimnetzwerken gängigste Variante und auch die einzige, die von vielen preiswerten Routern unterstützt wird. WPA/WPA2-Enterprise ist viel komplexer und erfordert zusätzliche Hardware (einen RADIUS-Server) und wird vorwiegend nur in wirklich professionellen drahtlosen Netzwerken mit hohen Sicherheitsanforderungen eingesetzt.

Sie sollten für den WAP und die NICs in Ihrem Netzwerk möglichst die WPA2-Verschlüsselung verwenden. Sie konfigurieren WPA2 auf dieselbe Weise wie WPA. Beachten Sie, dass Sie bei WPA2-Enterprise für die Authentifizierung einen so genannten RADIUS-Server verwenden müssen (Abbildung 24.18). Auf diese Weise können Unternehmen nur Personen mit den richtigen Anmeldedaten die Verbindung mit ihren Wi-Fi-Netzwerken gestatten. Für ein Heimnetzwerk wählen Sie die PSK- bzw. Personal-Version von WPA/WPA2. Entscheiden Sie sich für die beste verfügbare Verschlüsselung. Wenn WPA2 angeboten wird, dann nutzen Sie es! Falls nicht, weichen Sie auf WPA aus. WEP ist immer nur die letzte Alternative, bei der Sie zudem ernsthaft erwägen sollten, Ihre (dann sehr wahrscheinlich veraltete) Hardware zu aktualisieren.

Hinweis

Probieren Sie WPA2-PSK (WPA2-Personal) immer als Erstes aus. Sollte es dann Rechner im WLAN geben, die sich nicht mit Ihrem WAP verbinden können, dann greifen Sie auf WPA-PSK (WPA-Personal) zurück.

Bei den meisten Heimnetzwerken können Sie für die Kanal- und Frequenzeinstellungen einfach die WAP-Voreinstellungen beibehalten. In einem Umfeld mit überlappenden Wi-Fi-Signalen müssen Sie diese aber anpassen. Die Option zur Einstellung des Wireless-Kanals finden Sie auf den WAP-Konfigurationsseiten. Abbildung 24.19 zeigt die Option zur Kanaleinstellung bei einem WAP der Firma Linksys.

Drahtlose Netzwerke

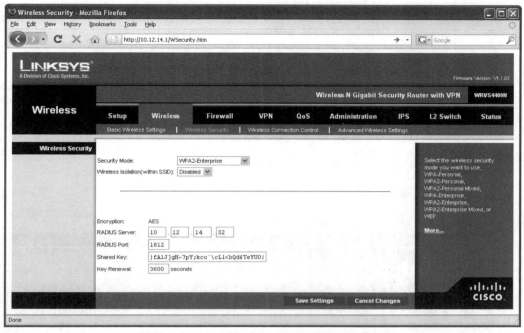

Abbildung 24.18: Verschlüsselung mit RADIUS-Server-Option

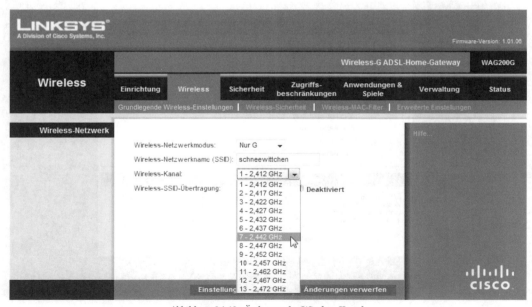

Abbildung 24.19: Änderung des Wireless-Kanals

Hinweis

Direkt benachbarte Wireless-Kanäle können einander stören. Achten Sie auf ausreichenden Abstand zwischen den verwendeten Kanälen und verwenden Sie bei drei WAPs z.B. die Kanäle 1, 7 und 12.

Bei Dualband-802.11n-WAPs können Sie wählen, welches Frequenzband für den 802.11n-Datenverkehr (2,4 oder 5 GHz) benutzt werden soll. In einem Umfeld mit überlappenden Signalen wird vorwiegend die 2,4-GHz-Frequenz genutzt, weil zumeist 802.11b- oder 802.11g-Geräte verwendet werden. Neben anderen drahtlosen Geräten verwenden auch Mikrowellen die 2,4-GHz-Frequenz und können für erhebliche Störungen sorgen. Sie können daher Konflikte mit Ihren 802.11n-Geräten vermeiden, wenn Sie stattdessen die 5-GHz-Frequenz benutzen. Abbildung 24.20 zeigt den Konfigurationsbildschirm für einen Dualband-802.11n-WAP.

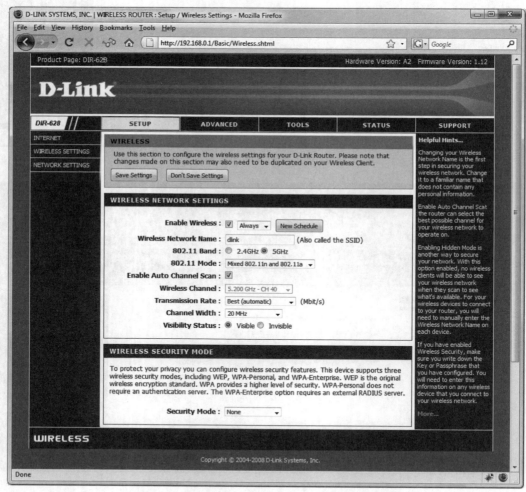

Abbildung 24.20: Einstellung der Frequenz bei einem Dualband-WAP

Drahtlose Netzwerke

> **Hinweis**
>
> Die in Deutschland zugelassenen Schnurlostelefone folgen dem europäischen *DECT*-Standard und nutzen den Frequenzbereich zwischen 1,88 und 1,9 GHz, sollten also Ihr drahtloses Netzwerk eigentlich nicht stören. (In anderen Ländern gelten teilweise andere Vorschriften und Standards.) Die Zuteilung der Frequenzen für die älteren schnurlosen Telefonsysteme (*CT1+* und *CT2*) endete in Deutschland am *31. Dezember 2008*. Seit diesem Stichtag ist ihr Betrieb hier nicht mehr gestattet und stellt eine *Ordnungswidrigkeit* dar, die ein Bußgeld nach sich ziehen kann. Diese älteren Standards arbeiteten teilweise im GSM-Frequenzbereich der Mobilfunketze (864 bis 960 MHz) und sollten Ihr WLAN auch nicht stören.

Positionierung von Zugriffspunkten

Die optimale Position eines Zugriffspunkts hängt von dem abzudeckenden Bereich, die Ausstrahlung über dessen Grenzen hinweg und den Störungen durch andere (drahtlose) Geräte ab. Zunächst inspizieren Sie den Standort. Dazu können Sie einfach einen Laptop mit WLAN-Adapter starten und mit ihm nach bereits vorhandenen SSIDs suchen. Es kann sich dabei aber auch um eine komplexe Aufgabe handeln, für die Sie Dienstleister mit Spezialausrüstung beauftragen, die den Standort besichtigen und einen sorgfältigen Plan ausarbeiten sollen, in dem die besten Positionen für die WAPs und die zu verwendenden Wireless-Kanäle angegeben werden. Um dafür zu sorgen, dass das Wireless-Signal nur die gewünschten Orte erreicht und nicht unerwünscht abgelauscht werden kann, müssen Sie die richtige Antenne verwenden. Sehen wir uns deshalb an, was für Antennentypen erhältlich sind.

Omnidirektional und zentral

Bei einem typischen Netzwerk sollen alle Bereiche abgedeckt werden, so dass man einen WAP mit einer omnidirektionalen Antenne zentral aufstellt (Abbildung 24.21). Bei einer omnidirektionalen Antenne werden die Funkwellen von dem WAP rundum ausgestrahlt. Der Vorteil besteht in der einfachen Nutzung, da alle Geräte, die sich im Signalradius befinden, potenziell auf das Netzwerk zugreifen können. Für die meisten drahtlosen Netzwerke und insbesondere im Heimbereich wird diese Kombination verwendet. Die übliche Antenne mit einem geraden Draht, die omnidirektional arbeitet, wird *Dipolantenne* genannt.

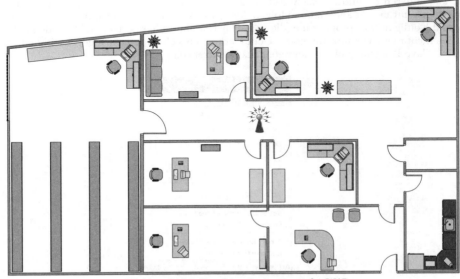

Abbildung 24.21: Grundriss mit einem zentralen WAP

Kapitel 24

Höhere Signalstärke

Eine Antenne verstärkt und konzentriert die von einem WAP abgestrahlte Funkfrequenz (RF – Radio Frequency). Das *Verstärkungsverhältnis (Gain)* wird in Dezibel (dB) angegeben. Das Verstärkungsverhältnis eines typischen Zugriffspunkts liegt bei 2 dB, was ausreicht, um einen sinnvollen Bereich abzudecken, aber für einen sehr großen Raum bereits zu wenig ist. Um das Signal zu verstärken, wird eine größere bzw. stärkere Antenne benötigt. Bei vielen WAPs lassen sich die Antennen austauschen und/oder durch zusätzlich angeschlossene ersetzen. Um das Signal in einem Umfeld mit omnidirektionaler und zentral aufgestellter Antenne zu verstärken, ersetzen Sie einfach die ursprüngliche Antenne durch eine stärkere (Abbildung 24.22). Wenn die Antenne stark genug ist, dann geht der Signalpegel bis zum Anschlag.

Abbildung 24.22: Austauschantenne an einem WAP

Bluetooth-Konfiguration

Wie alle anderen drahtlosen Netzwerklösungen unterstützen auch Bluetooth-Geräte PnP. Sie schließen einfach nur den Adapter an und folgen den Anweisungen zur Installation der verschiedenen Treiber und Konfigurationsprogramme (die vom Hardwarehersteller bereitgestellt werden). Danach müssen Sie nicht mehr viel tun: Bluetooth-Geräte erkennen sich automatisch gegenseitig und richten die Master/Slave-Beziehung ohne Eingreifen des Benutzers ein.

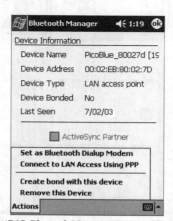

Abbildung 24.23: iPAQ Bluetooth Manager an einem Bluetooth-Zugriffspunkt

Die Verbindungen mit einem Bluetooth-PAN werden durch spezielle Programme verwaltet, die Ihr tragbares Gerät bereits enthält oder die Sie vom Hersteller des Bluetooth-Geräts erhalten. Abbildung 24.23 zeigt den *iPAQ Bluetooth Manager*, der auf einem älteren Laptop ausgeführt wird, um eine Verbindung zu einem Bluetooth-Zugriffspunkt herzustellen. Wie WAPs werden auch Bluetooth-Zugriffspunkte meist über den Internetbrowser konfiguriert. Abbildung 24.24 zeigt den Hauptbildschirm für einen Belkin-Bluetooth-Zugriffspunkt. Über diesen Einrichtungsdialog können Sie den Status der angeschlossenen Bluetooth-Geräte überprüfen, die Verschlüsselung konfigurieren, die MAC-Filterung einstellen und andere Sicherheitseinstellungen vornehmen. Außerdem können Sie andere vom Anbieter des Zugriffspunkts bereitgestellte Dienstprogramme nutzen.

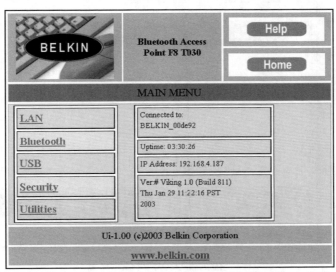

Abbildung 24.24: Einrichtungsdialog eines Bluetooth-Zugriffspunkts von Belkin

Hinweis

Bluetooth-Zugriffspunkten zu Netzwerken werden Sie kaum begegnen. Moderne tragbarle Geräte wie PDAs und Smartphones stellen ihre drahtlosen Verbindungen so gut wie immer über Wi-Fi oder Mobilfunknetze her.

Konfiguration von Mobilfunkgeräten

Für die Konfiguration eines Mobilfunkadapters gibt es keinen allgemeingültigen Standard, weil die Adapter und die Software bei den jeweiligen Herstellern, Anbietern und Netzbetreibern unterschiedlich aussehen können. Glücklicherweise ist die Installation der Adapter aber generell recht einfach. Zumeist müssen Sie nur die Software installieren und den Adapter anschließen.

Wenn Sie erst einmal die richtigen Treiber installiert haben, dann schließen Sie einfach den Adapter an und starten die Anwendung. Anschießend folgen Sie einfach den Anleitungen, die Sie zusammen mit der Software erhalten haben. Im Beispiel muss man nur im *VZAccess Manager* das im Fenster aufgeführte Netzwerk doppelt anklicken (Abbildung 24.25). Dadurch wird die Verbindung hergestellt (im Beispiel zum Verizon-Netzwerk). Über das Optionen-Menü können Sie sich hier auch Statistiken und Einzelheiten zur Verbindung anzeigen lassen (Abbildung 24.26).

Kapitel 24

Abbildung 24.25: VZAccess Manager

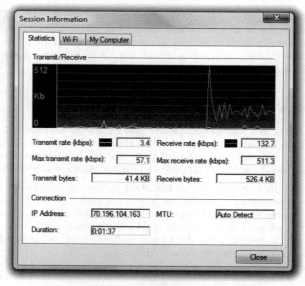

Abbildung 24.26: Sitzungsstatistik im VZAccess Manager

Beim Internetzugang über den Mobilfunk müssen Sie sich insbesondere merken, dass dieser nahezu vollständig vom Netzbetreiber konfiguriert und kontrolliert wird. Techniker können hier daher kaum mehr machen, als sich davon zu überzeugen, dass der Mobilfunk-Adapter angeschlossen ist, dass er vom Rechner erkannt wird und dass seine Treiber korrekt installiert sind.

Wi-Fi-Problembehebung

Drahtlose Netzwerke sind ein wahrer Segen, wenn sie korrekt funktionieren, können aber auch zu einem echten Ärgernis werden, wenn sie nicht so recht wollen. Daher werden wir uns nun einigen praktischen Ratschlägen zuwenden, mit deren Hilfe Sie Probleme im Zusammenhang mit der Hardware, Software und der Konfiguration von drahtlosen Geräten leichter beheben können.

Wie in jeder Troubleshooting-Situation müssen Sie auch hier die Aufgabe in logische Schritte unterteilen. Im ersten Schritt sollten Sie die Reichweite des Problems mit dem drahtlosen Netzwerk in Erfahrung bringen. Fragen Sie sich selbst Folgendes:

❑ Wer ist vom Problem betroffen?
❑ Wie äußert sich das Netzwerkproblem?
❑ Wann ist das Problem erstmals aufgetreten?

Die Antworten auf diese Fragen bestimmen zumindest anfangs die Richtung Ihrer weiteren Nachforschungen.

Wer ist also betroffen? Wenn alle Geräte im Netzwerk (verkabelt und drahtlos) keine Verbindungen mehr herstellen können, dann ist das Problem weitreichender und betrifft nicht nur die drahtlosen Geräte. Die weitere Problembehebung sieht dann wie bei jedem Netzwerkausfall aus. Wenn Sie ermittelt haben, welche drahtlosen Knoten betroffen sind, lässt sich leichter feststellen, ob das Problem bei einem oder mehreren Wireless-Clients oder einem oder mehreren Zugriffspunkten liegt.

Wenn Sie die Anzahl der betroffenen Geräte eingegrenzt haben, müssen Sie im nächsten Schritt herausfinden, welchen spezifischen Fehler die Benutzer wahrnehmen. Wenn Sie zwar auf einige, aber nicht auf alle Netzwerkdienste zugreifen können, dann ist es unwahrscheinlich, dass sich das Problem auf ihre drahtlosen Geräte beschränkt. Wenn sie beispielsweise zwar auf das Internet, aber nicht auf freigegebene Ressourcen auf einem Server zugreifen können, dann handelt es sich wahrscheinlich um ein Problem im Zusammenhang mit Berechtigungen und nicht um ein Problem der drahtlosen Geräte.

Schließlich ermitteln Sie, wann das Problem erstmals aufgetreten ist. Was hat sich geändert und könnte den Verbindungsabbruch erklären? Hat jemand die WLAN-Konfiguration geändert? Wenn das Netzwerk z.B. noch vor zwei Minuten tadellos funktioniert hat, dann aber der WEP-Schlüssel beim Zugriffspunkt geändert wurde und nun niemand mehr das Netzwerk sehen kann, dann haben Sie die Lösung oder zumindest Ihren Schuldigen gefunden! Gab es im Büro einen Stromausfall, Spannungsspitzen oder -schwankungen? Das könnten Gründe für einen WAP-Ausfall sein.

Allgemein können Sie sich immer die *sieben W-Fragen* (Wer, Was, Wann, Wo, Wie, Warum, Wen) stellen und wenn Sie diese geklärt haben, können Sie mit der eigentlichen Problembehebung beginnen. Typischerweise wird das Problem die Hardware, die Software, die Verbindungen oder die Konfiguration betreffen.

Hardwareprobleme

WLAN-Hardwarekomponenten im Netzwerk können wie alle anderen Hardwarekomponenten falsch bedient, behandelt oder installiert werden. Bei vermuteten Hardwareproblemen ist der Techniker in Ihnen gefragt.

Sehen Sie im Geräte-Manager von Windows nach, ob beim WLAN-Adapter Fehler oder Konflikte angezeigt werden. Wenn ein Ausrufezeichen oder ein rotes X neben dem Gerät angezeigt wird, dann handelt es sich entweder um einen Treiberfehler oder um einen Ressourcenkonflikt. Installieren Sie den Gerätetreiber neu oder stellen Sie (sofern das überhaupt möglich ist) die IRQ-Ressourcen manuell ein.

Wenn das Gerät im Geräte-Manager überhaupt nicht angezeigt wird, dann sitzt es möglicherweise nicht richtig in seinem PCI-Steckplatz oder seine PC Card bzw. USB-Adapter wurde nicht richtig oder nicht vollständig eingesteckt. Derartige Probleme lassen sich leicht beheben. Bei einem älteren Laptop könnte es sich noch um ein CardBus- oder PC-Card-Gerät handeln. Auch wenn sie dieselben Abmessungen wie PC-Card-Adapter haben, rasten CardBus-Adapter in anderen als CardBus-Steckplätzen nicht ein. Wenn Ihr Laptop bereits mehr als etwa fünf Jahre alt ist, unterstützt er CardBus vielleicht nicht, so dass Sie ein anderes PC-Card-Gerät besorgen müssen. Wenn Sie allerdings nach einem guten Grund für die Anschaffung eines neuen Laptops gesucht haben, dann dürften Sie ihn damit gefunden haben!

Hinweis

Wie bei allen Rechnerproblemen sollten Sie auch hier nicht vergessen, den Rechner erst einmal neu zu starten, bevor Sie überhaupt Änderungen an der Konfiguration oder der Hardware vornehmen!

Softwareprobleme

Wenn Sie bereits geprüft haben, ob die richtigen Treiber für Ihre Hardware verwendet werden, nach welchen Softwareproblemen könnten Sie dann noch suchen? Dabei fallen einem sofort zwei Dinge ein: das WLAN-Konfigurationsprogramm und die WAP-Firmware-Version.

Wie ich bereits erwähnt habe, arbeiten manche WLAN-Geräte nur dann richtig, wenn man erst die Treiber des Herstellers und das Konfigurationsprogramm installiert, bevor man das Gerät anschließt. Das gilt insbesondere für USB-WLAN-Adapter. Wenn Sie anders vorgegangen sind, dann müssen Sie den Geräte-Manager starten, das Gerät dort deinstallieren und anschließend von vorn beginnen.

Einige WAP-Hersteller (ich werde hier keine Namen nennen, aber jedenfalls sind sie recht bekannt) sind dafür berüchtigt, dass sie ihre Geräte ausliefern, ohne die aktuelle Firmware zu installieren. Das Problem äußert sich dann häufig so, dass die Clients zwar eine Verbindung herstellen können, die aber nur derart langsam ist, dass die Verbindung häufig abbricht. Um dieses Problem zu beheben, müssen Sie die Firmware des Zugriffspunkts aktualisieren. Suchen Sie die Website des Herstellers auf und dort nach der aktuellen Firmware-Version. Dazu benötigen Sie die genaue Modellbezeichnung und die Seriennummer Ihres Geräts, und das ist wirklich wichtig, da die Installation der falschen Firmware-Version Ihr Gerät garantiert unbrauchbar machen würde!

Folgen Sie auch hier genauestens den Anleitungen des Herstellers zur Aktualisierung der Firmware. Üblicherweise müssen Sie ein kleines ausführbares Update-Programm herunterladen, das die Firmware selbst (und oft auch die Anleitungen) enthält. Das dauert nur wenige Minuten, kann aber zu erstaunlichen Ergebnissen führen.

Verbindungsprobleme

Richtig konfigurierte WLAN-Clients sollten sich automatisch und schnell mit der gewünschten SSID verbinden. Wenn das nicht funktioniert, dann ist ein wenig Troubleshooting angesagt. Die meisten WLAN-Verbindungsprobleme lassen sich entweder auf eine falsche Konfiguration (z.B. ein falsches Kennwort) oder eine zu geringe Signalstärke zurückführen. Ist das Signal zu schwach, funktionieren selbst richtig konfigurierte WLAN-Clients nicht. WLAN-Clients benutzen ein Balkendiagramm (mit üblicherweise fünf Balken) zur ungefähren Anzeige der Signalstärke. Wird kein Balken angezeigt, wird auch kein Signal empfangen, während fünf Balken auf eine (nahezu) maximale Signalstärke hinweisen.

Beim Prozess zur Diagnose und Behebung von Problemen mit der Konfiguration oder der Signalstärke werden dieselben Verfahren wie bei verkabelten Netzwerken verwendet. Zunächst nutzen Sie die Verbindungs-LED (Link) an der WLAN-NIC, um zu prüfen, ob Datenpakete von und zum Netzwerk weitergeleitet werden. Dann benutzen Sie das Konfigurationsprogramm des WLAN-Adapters. Typischerweise finden Sie dann ein Symbol im Infobereich in der Taskleiste, das die WLAN-Signalstärke anzeigt. In Abbildung 24.27 sehen Sie das Symbol des WLAN-Konfigurationsprogramms von Windows XP Professional, des *Wireless Zero Configuration Tools* (oder einfach *Zeroconf*), über das Sie sich über den Verbindungsstatus und die Signalstärke informieren können.

Abbildung 24.27: Das WLAN-Konfigurationsprogramm von Windows XP Professional

Hinweis
Wenn Ihr Laptop einen intern installierten Netzwerkadapter besitzt (keine PC Card), dann gibt es möglicherweise keine LED, die den Verbindungsstatus anzeigt.

Der Verbindungsstatus gibt an, ob ein WLAN-Adapter mit einem drahtlosen Netzwerk verbunden ist oder nicht. Wenn beim Status angezeigt wird, dass der Rechner momentan keine Verbindung hergestellt hat, dann besteht möglicherweise ein Problem mit Ihrem WAP. Wenn das Signal zu schwach ist, um es empfangen zu können, dann befinden Sie sich eventuell außerhalb der Reichweite Ihres Zugriffspunkts oder ein Gerät stört die Verbindung.

Diese Probleme lassen sich auf verschiedene Weise beheben. Da Funksignale von Objekten reflektiert werden, können Sie versuchen, ob sich die Signalstärke bei kleinen Änderungen der Antennenposition verbessert. Sie können die Standardantenne gegen eine mit größerer Signalverstärkung austauschen. Sie können den PC oder den Zugriffspunkt oder das die Störungen verursachende Gerät an einem anderen Ort aufstellen.

Andere drahtlose Geräte, die denselben Frequenzbereich wie Ihre drahtlosen Knoten benutzen, können ebenfalls Störungen verursachen. Wechselsprechanlagen, Funkklingeln, Schnurlostelefone usw. sind mögliche Störenfriede. Möglicherweise können Sie die Störungen durch die anderen drahtlosen Geräte dadurch umgehen, dass Sie den von Ihrem Netzwerk benutzen Kanal ändern. Vielleicht können Sie auch die von dem störenden Gerät verwendete Funkfrequenz ändern. Wenn das nicht möglich ist, dann verschieben Sie das störende Gerät an einen anderen Ort oder ersetzen es durch ein anderes.

Konfigurationsprobleme

Auch wenn ich größte Hochachtung für all die guten Netzwerktechniker empfinde, stellen falsch konfigurierte Hardware oder Software doch die häufigste Fehlerursache bei WLAN-Problemen dar. Richtig, diese gefürchteten *Benutzerfehler*! Angesichts der Komplexität der drahtlosen Netzwerke ist das aber gar nicht so überraschend. Letztlich muss nur ein Finger auf der Tastatur verrutschen, um die Konfiguration vollständig über den Haufen zu werfen. Zumeist treten die Fehler bei der SSID und der Sicherheitskonfiguration auf.

Überprüfen Sie erst bei Ihrem Zugriffspunkt und dann bei den betroffenen drahtlosen Netzwerkknoten die SSID-Konfiguration. Bei den meisten drahtlosen Geräten können Sie beliebige Zeichen und auch Leerzeichen in der SSID verwenden. Passen Sie auf, dass Sie keine Leerzeichen an Stellen einfügen, an denen sie nichts zu suchen haben, wie z.B. hinter allen anderen Zeichen im Feld mit dem Netzwerknamen.

Wenn Sie MAC-Adressfilter nutzen, überzeugen Sie sich davon, dass sich die MAC-Adresse des Clients, der auf das Netzwerk zuzugreifen versucht, in der Liste der zulässigen Benutzer befindet. Darauf sollten Sie insbesondere achten, wenn Sie Adapter bei Rechnern austauschen oder neue Rechner zum WLAN hinzukommen.

Überprüfen Sie die Sicherheitskonfiguration, ob sie bei allen drahtlosen Knoten und Zugriffspunkten auch wirklich übereinstimmen. Wird ein Schlüssel falsch eingegeben, kann der betroffene Knoten selbst bei optimaler Signalstärke nicht mit dem WLAN kommunizieren! Denken Sie daran, dass viele Zugriffspunkte Schlüssel auf Diskette oder Wechselmedien exportieren können. Dann lässt sich der Schlüssel leicht über das Konfigurationsprogramm des WLAN-Adapters auf einem PC importieren. Denken Sie daran, dass die Verschlüsselungsverfahren bei den Zugriffspunkten und den WLAN-Knoten übereinstimmen müssen. Wenn Ihr WAP für die 128-Bit-Verschlüsselung konfiguriert ist, dann muss sie auch von allen Knoten benutzt werden.

Zu guter Letzt sollten Sie nicht vergessen, dass möglicherweise auch Kompatibilitätsprobleme zwischen verschiedenen WLAN-Komponenten auftreten können. Wenn z.B. WPA2 mit AES eigentlich überall funktionieren sollte, aber nicht so recht will, dann probieren Sie aus, ob es mit einer schwächeren Verschlüsselung klappt. Und dann gibt es noch die nette Option, über die sich einstellen lässt, ob nur einer der 802.11-Standards (z.B. nur b oder nur g) oder mehrere unterstützt werden, die dafür sorgen kann, dass bestimmte Clients ausgesperrt werden oder bleiben.

Wiederholung

Fragen

1. Welche maximalen Datenraten und Reichweiten unterstützt der 802.11g-Standard unter idealen Bedingungen?
   A. 11 Mbps/50 Meter
   B. 11 Mbps/100 Meter
   C. 54 Mbps/50 Meter
   D. 54 Mbps/100 Meter

2. Welches Verschlüsselungsprotokoll bietet die beste Sicherheit?
   A. Hi-Encrypt
   B. WEP
   C. WPA
   D. WPA2

3. Mit welchem Gerät können Sie die Fähigkeiten eines drahtlosen Netzwerks erweitern?
   A. WAP
   B. WEP
   C. WPA
   D. WPA2

4. In welchem Modus werden alle WLAN-Geräte direkt miteinander verbunden?
   A. Ad-hoc-Modus
   B. Ring-Modus
   C. Infrastruktur-Modus
   D. Mesh-Modus

5. Was bestimmt den Namen eines drahtlosen Netzwerks?
   A. EAP
   B. MAC-Adresse
   C. SSID
   D. WAP

6. Durch welche Technologie können 802.11n-Netzwerke mehrere simultane Verbindungen herstellen und damit eine höhere Geschwindigkeit als die bisherigen WLAN-Standards erreichen?
   A. Nutzung der 2,4-GHz-Frequenz
   B. Nutzung der 5-GHz-Frequenz
   C. MIMO
   D. WPA2

7. Welche Spitzentransferraten lassen sich mit der IrDA-Technologie erreichen?
   A. 2 Mbps
   B. 4 Mbps
   C. 11 Mbps
   D. 54 Mbps

8. Welche Art Netzwerk steht Computern über die Bluetooth-Technologie zur Verfügung?
   A. BAN (Bluetooth Area Network)
   B. PAN (Personal Area Network)
   C. LAN (Local Area Network)
   D. WAN (Wide Area Network)

9. Wie nennt man die bei drahtlosen Zugriffspunkten übliche omnidirektionale Antenne?
   A. Bipolantenne
   B. Dipolantenne
   C. Omniantenne
   D. Funkantenne

10. Ralph hat in seinem Haus ein drahtloses Netzwerk installiert. Der drahtlose Zugriffspunkt befindet sich an zentraler Position in der Küche. Das WLAN funktioniert zwar im Wohnzimmer und im Esszimmer tadellos, aber so gut wie gar nicht im Schlafzimmer. Worin liegt das Problem wahrscheinlich?
    A. Störungen durch andere Geräte
    B. Falsche Antenneneinrichtung
    C. Verwendung der Standard-SSID
    D. Die SSID ist mit der eines Nachbarn identisch

Antworten

1. **D.** Unter Idealbedingungen unterstützt der Standard 802.11g einen Datendurchsatz von maximal 54 Mbps bei einer Reichweite von maximal ca. 100 Metern.
2. **D.** WPA2 ist die beste Verschlüsselung der hier aufgelisteten Technologien.
3. **A.** Mit einem drahtlosen Zugriffspunkt (WAP – Wireless Access Point) lassen sich die Fähigkeiten eines WLANs erweitern.
4. **A.** In Netzwerken im Ad-hoc-Modus werden alle Knoten direkt miteinander verbunden.
5. **C.** Bei der SSID handelt es sich um den Namen eines drahtlosen Netzwerks.
6. **C.** Mit der MIMO-Technologie (Multiple In/Multiple Out) lassen sich mehrere Antennen verwenden. Sie ermöglicht in 802.11n-Netzwerken wesentlich höhere Geschwindigkeiten als in den älteren WLANs.
7. **B.** Die Datentransferraten mit dem IrDA-Protokoll erreichen maximal 4 Mbps.
8. **B.** Bluetooth erzeugt PANs (Personal Area Networks)
9. **B.** Omnidirektionale Standardantennen werden Dipolantennen genannt.
10. **A.** Achten Sie auf Mikrowellengeräte, Kühlschränke und Kabelkanäle in den Wänden. Sie können WLAN-Funksignale stören und zu toten Punkten führen.

25

Das Internet

Themen in diesem Kapitel
- ❑ Erklären, wie das Internet funktioniert
- ❑ Eine Verbindung zum Internet einrichten
- ❑ Software-Werkzeuge für das Internet benutzen

Stellen Sie sich einmal vor, dass Sie nach einem langen Arbeitstag voller Reparaturen an PCs nach Hause kommen, sich vor Ihren nagelneuen Computer setzen, das einzige auf dem Bildschirm in einer Ecke versteckte Symbol anklicken und sich plötzlich inmitten einer fantastischen Szenerie befinden, in der 100 m hohe Bäume sich an schneeweißen Sandstränden wiegen und Flugsaurier über den Himmel gleiten. Die ganze Zeit über sprechen Sie mit einem kleinen Gnom mit spitzen Ohren und langer Robe darüber, dass Sie auf der Suche nach einem Ungeheuer einen Berg besteigen wollen ... ist das SciFi im Fernsehkanal? Oder Spielbergs neueste Inszenierung? Wie wäre es mit einem interaktiven Spiel, an dem Millionen von Menschen überall auf dem Planeten täglich per Internetverbindung teilnehmen? Mit Ihrer letzten Vermutung liegen Sie richtig!

Dieses Kapitel behandelt die Fertigkeiten, die Sie als PC-Techniker zur Unterstützung von Leuten besitzen sollten, die eine Verbindung mit dem Internet herstellen wollen. Es beginnt mit einem kurzen Abschnitt darüber, wie das Internet funktioniert, und behandelt dabei auch die Konzepte der Konnektivität. Anschließend erfahren Sie mehr über die Hardware, die Protokolle und die Software, die das Internet nutzbar machen. Und los geht's!

Geschichte und Konzepte

Wie das Internet funktioniert

Das Internet bietet den Benutzern über riesige Entfernungen hinweg die Möglichkeit, miteinander zu kommunizieren, und dazu ist oftmals nur ein Wimpernschlag erforderlich. Als PC-Techniker müssen Sie wissen, wie PCs miteinander kommunizieren, und zwar aus zwei Gründen: Als Erstes können Sie mit konkretem Hintergrundwissen über den Prozess und die Komponenten der Kommunikation effektiv Fehlerbehebung betreiben, wenn Probleme auftreten. Zweitens müssen Sie mit Netzwerkfachleuten kommunizieren können, wenn diese zur Lösung von schwierigeren Problemen gerufen werden müssen.

Kapitel 25

Internet-Schichten

Wahrscheinlich wissen Sie, dass das Internet aus Millionen von Computern besteht, die alle verknüpft sind und damit das größte Netzwerk auf der Erde bilden. Viele Leute wissen jedoch nicht viel darüber, wie diese Computer organisiert sind. Um alles reibungslos am Laufen zu halten, ist das Internet in Gruppen eingeteilt, so genannte *Schichten* (*Tiers*). Die Hauptschicht, Tier 1, besteht aus zwölf Unternehmen, den so genannten *Tier-1-Providern*. Die Tier-1-Provider besitzen eigene *Backbones*: Hochgeschwindigkeits-Weitverkehrsnetze aus Glasfaser. Diese Backbones verknüpfen die größten Städte der Erde (nicht alle Tier-1-Backbones sind mit allen Städten verbunden) und treffen sich an speziellen Orten, so genannten *NAPs* (*Network Access Points*). Jeder, der einen Anschluss an einen der Tier-1-Provider benötigt, muss wirklich viel Geld dafür zahlen. Untereinander erheben die Tier-1-Provider jedoch keine Gebühren.

Tier-2-Provider haben kleinere, regionale Netzwerke und müssen an die Tier-1-Provider zahlen. Die bekanntesten Unternehmen, die Internet-Zugriff für die allgemeine Öffentlichkeit bereitstellen, sind Tier-2-Provider. *Tier-3-Provider* arbeiten noch regionaler und sind an die Tier-2-Provider angeschlossen.

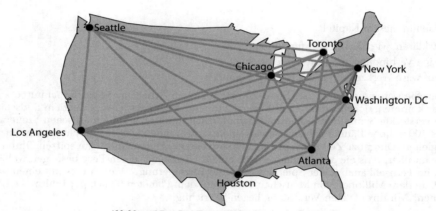

Abbildung 25.1: Die Tier-1-Verbindungen des Internets

Die Ausrüstung, die dieses geschichtete Internet-Konzept erst möglich macht, wird als *Backbone-Router* bezeichnet. Backbone-Router sind mit mehreren anderen Backbone-Routern verbunden, wodurch ein großes, verwobenes Grundgerüst für die Kommunikation entsteht. Abbildung 25.1 veranschaulicht die dezentrale und verwobene Natur des Internets. Der wichtigste Grund für diese Art der Verbindung ist, alternative Datenwege bereitzustellen, falls ein oder mehrere Router ausfallen. Wenn Jane in Houston daher beispielsweise eine Nachricht an ihre Freundin Polly in New York sendet, dann sollte der kürzeste Weg zwischen Jane und Polly im Idealfall der folgende sein: Janes Nachricht stammt von der Rice University in Houston, wird an die Emory University in Atlanta weitergeleitet, geht von da aus zur Virginia University in Richmond und landet schließlich bei SUNY in New York City (Abbildung 25.2) – Polly empfängt die Nachricht und ist glücklich! Das Internet funktioniert wie beabsichtigt.

Was geschieht aber, wenn der gesamte Südosten der Vereinigten Staaten einen gigantischen Stromausfall erlebt und alle Staaten von Virginia bis Florida vom Netz gehen? Janes Nachricht würde nun zurück zur Rice-Uni und den Computern dort gesendet werden. Clever, wie sie sein sollten, würden die Computer die Nachricht nun erneut auf den Weg an Knoten im Netz schicken, die noch funktionieren; sagen wir mal, von Rice zur University of Chicago, anschließend zur University of Toronto und dann zu SUNY (Abbildung 25.3). Und all das gehört im hochredundanten und flexiblen Internet zur täglichen Arbeit! Das Internet kann heute (2010) kaum noch komplett ausfallen – ausgenommen natürlich im Fall einer Katastrophe biblischer Ausmaße.

Das Internet

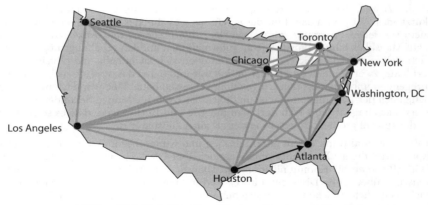

Abbildung 25.2: Nachrichtenübermittlung von Houston nach New York

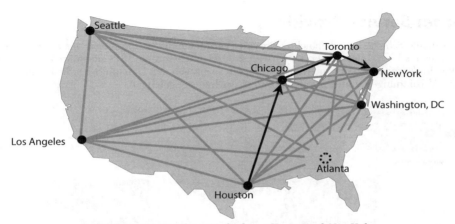

Abbildung 25.3: Umgeleitete Nachricht von Houston nach New York

TCP/IP – die gemeinsame Sprache des Internets

Wie Sie aus früheren Kapiteln des Buches wissen, kann man im Computerbereich mit Hardware allein wenig bewegen. Sie brauchen die Software dazu, um die Maschinen zum Leben zu erwecken und eine Schnittstelle für Menschen zur Verfügung zu stellen. Das Internet bildet da keine Ausnahme. TCP/IP sorgt für die grundlegenden Softwarestrukturen für die Kommunikation über das Internet.

In Kapitel 23 (*Lokale Netzwerke*) haben Sie bereits ausgiebig mit TCP/IP zu tun gehabt. Sie sollten daher einen Eindruck von seiner Flexibilität und (was vielleicht noch wichtiger ist) seiner Erweiterbarkeit bekommen haben. TCP/IP sorgt für die Namensgebung der Computer, die im Internet miteinander kommunizieren, mit Namen wie etwa 192.168.4.1 oder 16.45.123.7. Als Protokoll ist TCP/IP jedoch weitaus mehr als einfach nur ein Adressschema. TCP/IP ist die Grundlage und gemeinsame Sprache des Internets. Und es bietet eine enorm offene Basis für kreative Erweiterungen. Die Programmierer können Anwendungen schreiben, die sich die TCP/IP-Struktur und -Leistungsmerkmale zunutze machen und so etwas wie *TCP/IP-Dienste* entwickeln. Cool an den TCP/IP-Diensten ist, dass sie nur durch den Erfindungsreichtum der Programmierer beschränkt werden.

Im Abschnitt *Jenseits von A+* werden Sie noch mehr über TCP/IP-Dienste erfahren. Einen Dienst sollte ich aber bereits erwähnen, mit dem Sie sehr wahrscheinlich schon öfter gearbeitet haben, auch wenn Sie ihn vielleicht nicht unter seinem Fachbegriff kannten. Der berühmteste Dienst im Internet ist wohl

HTTP, das *HyperText-Transport-Protokoll*, also der Dienst, der für die Struktur des World Wide Web (abgekürzt »das Web«) und damit für das »grafische Gesicht« des Internets sorgt. Mit einem *Webbrowser*, einem speziellen Programm zum Darstellen, Interpretieren und Anzeigen von Webseiten, steht Ihnen auf Mausklick eine endlose Fülle an Informationen und Unterhaltungsmöglichkeiten zur Verfügung. Ich weiß nicht, wie oft ich schon im Internet etwas gesucht habe und plötzlich, ohne dass ich es bemerkt hatte, zwei Stunden und länger online war und dabei das, was ich suchte, angesichts der vielen aufregenden und interessanten Dinge völlig vergessen hatte. Und wenn ich mich dann endlich auf die Suche nach der Information mache, finde ich das Gesuchte binnen Sekunden und nicht mehr wie früher erst nach Tagen! Vom Web darf man mit Fug und Recht sagen, dass es seit der Erfindung des Buches der sowohl größte Zeitverschwender als auch Zeitsparer ist.

Jetzt haben wir es also mit einem enorm großen und wunderbar funktionierenden Netzwerk zu tun. Alle Rootserver, die als Backbones untereinander über Glasfaser- und Kupferkabel verbunden sind, und TCP/IP sorgen für Kommunikation und Dienste zum Aufbau sinnvoller Anwendungen, damit die Menschen über große Distanzen hinweg Verbindung miteinander aufnehmen können. Was fehlt nun noch? Natürlich: Wie können Sie sich nun mit diesem großartigen Netzwerk verbinden und seine Vorzüge nutzen?

Internet Service Provider

Nahezu alle Schicht-1- und Schicht-2-Provider vermieten die Verbindungen ins Internet an Unternehmen, die als ISPs (Internet Service Provider) bezeichnet werden. ISPs sitzen im Wesentlichen an den Ecken im Kernbereich des Internets und zapfen sozusagen den Datenfluss an. Sie können selbst umgekehrt Verbindungen vom ISP mieten und so ins Internet gelangen.

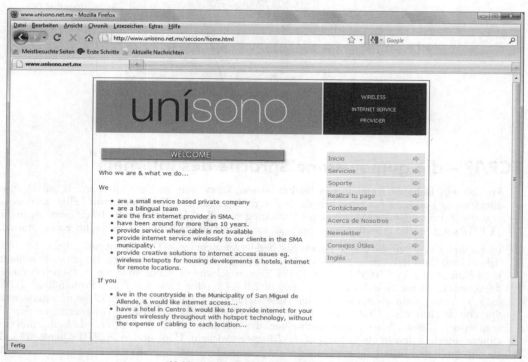

Abbildung 25.4: Die Homepage von Unísono Net

Hinweis

Microsoft nennt die Verbindungen, die ISPs ins Internet herstellen, *Zugriffspunkte* (*Access Points*), was ich für keine geeignete Bezeichnung halte. Neue Begriffe für neue Dinge sind ja gut und schön, aber einige Leute in der Industrie wollen sie unbedingt mit interessant klingenden Schlagworten belegen, was die ohnehin schon verwirrten Verbraucher noch mehr durcheinanderbringt.

ISPs gibt es in allen »Größen«. Kabelnetzbetreiber für das Fernsehen, die großen Telefongesellschaften und ähnliche Anbieter haben Millionen von Kunden und ermöglichen es Ihnen, vom lokalen Rechner aus im Web zu surfen. Und dann gibt es kleine, lokale ISPs wie *Unísono Net* in San Miguel de Allende in Mexiko (Abbildung 25.4). Dieses Unternehmen, das als bester ISP in San Miguel bewertet wurde, bedient nur eine kleine, aber erlesene Mitgliedergemeinde und Touristen.

Verbindungskonzepte

Die Verbindung mit einem ISP erfordert zwei Dinge, die aufeinander abgestimmt sein müssen, nämlich die Hardware für die Konnektivität (wie ein Modem und die Telefonleitung) und die Software (Protokolle zum Verwalten der Verbindung und des Datenflusses), die unter Windows konfiguriert werden muss. Außerdem brauchen Sie noch Anwendungen, die die verschiedenen TCP/IP-Dienste nutzen können. Sobald Sie einen Vertrag mit einem ISP geschlossen haben, der Ihnen den Zugang zum Internet bietet, sorgt der ISP für die TCP/IP-Konfigurationsangaben und -daten, damit Sie Ihre Software für die direkte Verbindung mit einem Router des ISP einrichten können. Der Router beim ISP wird dann zu Ihrem Gateway ins Internet. Dieser Router beim ISP wird übrigens oft als Standardgateway bezeichnet. Nach der korrekten Konfiguration Ihrer Software können Sie die Verbindung mit dem ISP herstellen und nun ins weite Internet gehen. Abbildung 25.5 zeigt eine übliche Konfiguration für die Verbindung des Rechners über einen ISP mit dem Internet. Beachten Sie, dass die Verbindung zwischen PC und Standardgateway mit verschiedenen Protokollen und anderer Software verwaltet wird.

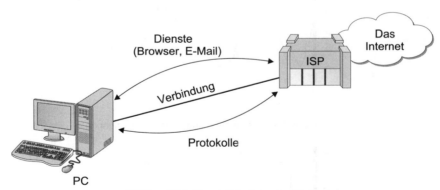

Abbildung 25.5: Eine einfache Internetverbindung

Essentials

Verbindung mit dem Internet herstellen

PCs werden mit einem ISP in der Regel unter Verwendung einer von sieben Technologien verbunden: analoge und ISDN-Wählverbindungen, dedizierte Verbindungen wie DSL, Kabel und LAN, drahtlose Technologien und Satellitenverbindungen. Die analoge Wählverbindung ist unter den zur Verfügung stehenden Technologien die langsamste. Sie erfordert eine Telefonleitung und ein spezielles Netzwerkgerät namens Modem. ISDN arbeitet mit digitaler Einwahl und ist schneller. Die übrigen Technologien nutzen normale Ethernet-Netzwerkadapter, wie Sie sie in Kapitel 23 (*Lokale Netzwerke*) kennen gelernt haben. Bei der Satellitenverbindung handelt es sich um einen etwas merkwürdigen Zwitter, denn sie kann in Abhängigkeit von der jeweiligen Konfiguration mit Modem und/oder Netzwerkkarte genutzt werden, auch wenn zumeist Netzwerkkarten verwendet werden. Schauen wir uns die verschiedenen Verbindungstypen nun der Reihe nach an.

Wählverbindungen

Eine Wählverbindung ins Internet setzt zwei Dinge voraus, nämlich die Hardware zum Anrufen des ISP wie etwa ein Modem oder einen ISDN-Terminaladapter und die Software zum Steuern der Verbindung wie etwa Microsofts DFÜ-Netzwerk. Schauen wir uns als Erstes die Hardware und anschließend die Softwarekonfiguration an.

Modems

In frühen Tagen des Computings betrachtete irgendein schlauer Kopf einen telefonierenden Menschen und dann den PC und zählte eins und eins zusammen. Weshalb nicht eine Telefonleitung zur Datenkommunikation benutzen? Das grundlegende Problem bei diesem Ansatz besteht darin, dass herkömmliche Telefonleitungen mit analogen Signalen, Computer aber mit digitalen Signalen arbeiten (Abbildung 25.6). Ein Einwählnetzwerk – in Windows *DFÜ-Netzwerk* (*Datenfernübertragungsnetzwerk*) genannt – setzt ein Gerät voraus, das digitale in analoge Signale verwandeln kann, die dann über die Telefonleitung gesendet und auf der anderen Seite wieder in digitale Signale umgewandelt werden. Bei einem Modem handelt es sich um ein derartiges Gerät.

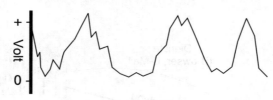

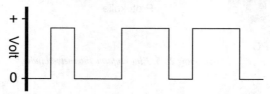

Abbildung 25.6: Über Telefonleitungen werden analoge Signale übertragen, während Computer mit digitalen Signalen arbeiten.

Mit *Modems* können Computer miteinander über herkömmliche, kommerzielle Telefonleitungen durch Umwandlung analoger in digitale Signale und umgekehrt kommunizieren. »Modem« ist eine Kurzform von MOdulator/DEModulator und beschreibt die Signalwandlung. Telefonleitungen übertragen Daten in Form analoger Signale über stetige Spannungswechsel. Computer hassen analoge Signale ... Sie brauchen digitale Signale, also Spannungen, die entweder anliegen oder nicht anliegen, was bedeutet, dass an der Leitung entweder Spannung anliegt oder aber nicht. Computer verwenden aufgrund ihrer binären Natur zwei Spannungszustände, nämlich null Volt und irgendeine (typischerweise niedrige) positive Spannung. Modems übernehmen die analogen Signale aus der Telefonleitung und verwandeln sie in für den PC verständliche digitale Signale (Abbildung 25.7). Und Modems wandeln umgekehrt auch die digitalen Signale des Rechners auch in analoge Signale für die abgehende Telefonleitung um.

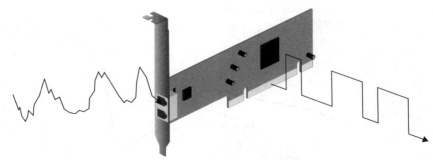

Abbildung 25.7: Ein Modem, das analoge in digitale Signale umwandelt

Modems übernehmen die Aufgabe der so genannten *seriellen Kommunikation*: Sie übertragen Daten als Folge einzelner Einsen und Nullen. Die CPU kann derartige Daten nicht verarbeiten. Sie nutzt parallele Verbindungen, bei denen die Daten in einzelnen Blöcken mit je acht Bits empfangen und gesendet werden (Abbildung 25.8). Die einzelnen seriellen Bits werden in parallele, acht Bit große Datenblöcke umgewandelt, die der PC über seinen UART-Chip (*UART – Universal Asynchronous Receiver/ Transmitter*) verstehen kann (Abbildung 25.9).

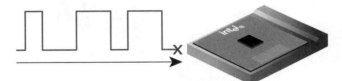

Abbildung 25.8: CPUs können keine seriellen Daten verstehen.

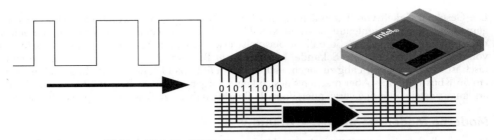

Abbildung 25.9: Ein UART-Chip wandelt serielle in parallele Daten um.

Es gibt viele verschiedene UART-Typen mit jeweils unterschiedlichen Funktionen. Serielle Kommunikationsgeräte sind eigentlich nichts anderes als UARTs. *Externe* Modems können analoge in digitale Signale und umgekehrt umwandeln. Sie benötigen dafür jedoch die seriellen Anschlüsse, um serielle und parallele Daten umwandeln zu können (Abbildung 25.10). Interne Modems können beide Jobs erledigen, weil sie eigene integrierte UARTs besitzen (Abbildung 25.11).

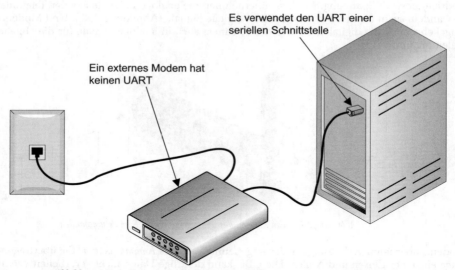

Abbildung 25.10: Ein externes Modem verwendet den seriellen Anschluss des Rechners.

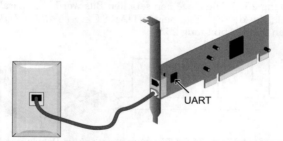

Abbildung 25.11: Ein internes Modem besitzt einen integrierten UART-Chip.

Die Geschwindigkeit von Telefonleitungen wird in *Baud* angegeben, womit ein Zyklus pro Sekunde gemeint ist. Eine Telefonleitung kann maximal 2.400 Baud erreichen. Modems können in jedes Baud mehrere Datenbits packen. So enthält beispielsweise bei einem Modem mit einer Geschwindigkeit von 33,6 Kbps (Kilobits pro Sekunde) jedes Baud 14 Bits, was 2.400 x 14 = 33,6 Kbps ergibt. Technisch ist es daher nicht richtig zu sagen: »Ich habe ein 56K-Baud-Modem.« Richtig heißt es: »Ich habe ein 56-Kbps-Modem.« Aber machen Sie sich keine Sorgen, denn der Begriff »Baud« wird bereits derart lange anstelle von bps verwendet, dass die Begriffe nahezu zu Synonymen geworden sind.

Moderne Modemstandards: V.90 und V.92

Die schnellste Datentransferrate, die ein Modem verarbeiten kann, basiert auf der Implementierung der internationalen Standards für Modemtechnologien, den V-Standards. Sie wurden von der ITU (International Telecommunication Union) aufgestellt. Die aktuellen Standards sind *V.90* und *V.92*. Beide Standards bieten Downloadgeschwindigkeiten, die nur knapp unter 56 Kbps liegen. Sie unterscheiden sich aber in den Uploadgeschwindigkeiten, die bis zu 33,6 Kbps bei V.90- und bis zu 48 Kbps bei V.92-Modems betragen. Um die Topgeschwindigkeiten von V.90- oder V.92-Modems erreichen zu können, benötigt man auf der anderen Seite der Leitung ein vergleichbares Modem und eine wirklich exzellente Telefonleitung. Praktisch werden Sie kaum höhere Geschwindigkeiten als 48 Kbps (Download) bzw. 28 Kbps (Upload) erreichen.

Flusskontrolle (Handshaking)

Bei der *Flusskontrolle*, die auch *Handshaking* genannt wird, handelt es sich um einen Vorgang, bei dem zwei serielle Geräte die Kommunikation wechselseitig verifizieren. Stellen Sie sich dazu einmal ein Gespräch zwischen CB-Funkern vor. Wenn ein Funker ausgeredet hat, sagt er üblicherweise »over«. Der andere Funker weiß dann, dass die Botschaft übermittelt wurde, und kann seinerseits sprechen. So wird jeder Teil des Gesprächs beendet. Während der Dateiübertragung finden zwei unterschiedliche Übertragungen statt, die eine Flusskontrolle erfordern, nämlich eine lokale (zwischen Modem und COM-Anschluss) und dann die zwischen den Modems selbst.

Untereinander übernehmen die Modems die Flusskontrolle selbst. Die Rechner können die lokale Flusskontrolle zwischen Modem und COM-Anschluss über Hardware oder Software steuern. Die Hardware-Flusskontrolle arbeitet mit zusätzlichen Leitungen in der seriellen Verbindung zwischen dem Modem und COM-Anschluss, über die ein Gerät dem anderen seine Sende- oder Empfangsbereitschaft signalisieren kann. Diese zusätzlichen Leitungen werden *RTS* (*Ready To Send*) und *CTS* (*Clear To Send*) genannt. Das Hardware-Handshaking wird daher oft auch *RTS/CTS* genannt. Bei der Software-Flusskontrolle wird ein spezielles Zeichen namens *XON* verwendet, das den Beginn des Datenflusses signalisiert. Ein weiteres spezielles Zeichen namens *XOFF* kennzeichnet das Ende der Datenübertragung. Software-Handshaking wird daher auch *XON/XOFF* genannt. Software-Handshaking ist langsamer und weniger zuverlässig als Hardware-Handshaking und wird deshalb kaum genutzt.

Markttrends

Auch wenn sich an der Kerntechnologie der Modems in den letzten Jahren kaum noch etwas verändert hat, entwickeln die Modemhersteller immer noch neue, bessere Peripheriegeräte. Heute erhalten Sie V.92-Modems mit integriertem Faxgerät und digitalem Anrufbeantworter. Sie können sogar Modems kaufen, die Ihren Rechner bei ankommenden Anrufen aufwecken (Abbildung 25.12). Was wird wohl als Nächstes kommen?

Abbildung 25.12: Der Hersteller preist die Leistungsmerkmale des SupraMax-Modems an.

Hinweis

Sie können Modems mit Hilfe so genannter *Loopback-Stecker* testen. Dazu schließen Sie den physischen Stecker an und führen anschließend spezielle Diagnoseprogramme aus.

Der Anschluss oder Einbau von Modems

Interne Modems werden ganz anders als externe an den Rechner angeschlossen. Nahezu alle internen Modems werden im Innern des Rechners in einen PCI- oder PCI-Express-Steckplatz eingesetzt, auch wenn einige kostenbewusste Hersteller auch kleinere Modems für spezielle Steckplätze anbieten, die entwickelt wurden, um Mehrzweck-Kommunikationsfunktionen wie Modems, Netzwerkkarten und Soundkarten zu unterstützen (Abbildung 25.13). Auf älteren AMD-Mainboards heißen diese Steckplätze *AMR* (*Audio/Modem Riser*) oder *ACR* (*Advanced Communications Riser*), während Ihnen auf Intel-Mainboards die sehr ähnlichen *CNR*-Steckplätze (*Communication and Networking Riser*) begegnen können.

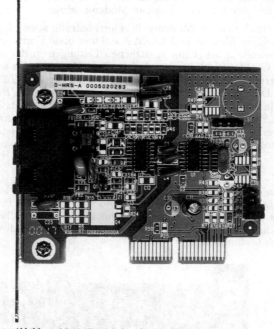

Abbildung 25.13: Ein Modem für den CNR-Steckplatz

Hinweis

AMR-, ACR- und CNR-Steckplätze sind Schnee von gestern und begegnen Ihnen allenfalls noch bei älteren Systemen. Moderne Systeme verwenden integrierte Komponenten oder PCIe-x1-Steckplätze für Modems, Sound- und Netzwerkkarten.

Externe Modems werden über verfügbare serielle Anschlüsse (die alte Methode) oder über USB mit dem PC verbunden (Abbildung 25.14). Viele ältere PCs wurden mit zwei 9-poligen seriellen Anschlüssen ausgeliefert, während externe Modems oft noch 25-polige serielle Anschlüsse verwenden. Dann benötigen Sie zum Anschluss des Modems einen Adapter, der im Fachhandel erhältlich sein sollte. Serielle Anschlüsse sind bei modernen Rechnern vergleichsweise rar geworden und teilweise wird auch ganz auf sie verzichtet. Dafür besitzen aber praktisch alle halbwegs modernen Rechner mindestens zwei USB-Anschlüsse.

Machen Sie sich keine Gedanken hinsichtlich der Entscheidung zwischen seriellen und USB-Modems, da die sehr niedrigen Geschwindigkeiten des Datentransfers über Modems die physische Art der Verbindung unwichtig werden lassen. Selbst die langsamste Schnittstelle (die betagte serielle Schnittstelle) reicht für 56-Kbps-Datentransfers mehr als aus. USB-Modems unterstützen Plug&Play und lassen sich leicht auch mit unterschiedlichen Rechnern nutzen. Zudem benötigen USB-Modems anders als externe Modems für die serielle Schnittstelle keine eigene externe Stromversorgung, da sie ihren Strom über die USB-Schnittstelle beziehen.

Das Internet

Abbildung 25.14: Ein USB-Modem

Hinweis
Ein Kriterium, das bei der Auswahl eines Modems von Bedeutung sein könnte, ist die Kompatibilität. Die internen PCI-Steckkarten sind hier typischerweise unproblematisch, während die Treiberunterstützung und damit die Kompatibilität mit verschiedenen Windows-Versionen bei externen USB-Modems teilweise arg zu wünschen lässt.

DFÜ-Netzwerk

Softwareseitig muss bei DFÜ-Netzwerken Windows für die Verbindung mit dem ISP konfiguriert werden. Der ISP stellt eine Telefonnummer oder IP-Nummer, Benutzername und Kennwort zur Verfügung. Außerdem teilt Ihnen der ISP mit, ob Sie im Softwaresetup spezielle Konfigurationsoptionen beachten müssen. Die vollständige Konfiguration eines DFÜ-Netzwerks würde den Rahmen dieses Buches sprengen. Sie sollten aber mindestens wissen, wo Sie die Einstellungen finden, die Sie entsprechend den Angaben des ISPs vornehmen müssen. Dazu wollen wir uns mit dem Applet NETZWERK- UND INTERNETVERBINDUNGEN in der Systemsteuerung von Windows XP ein wenig eingehender befassen.

Netzwerkverbindungen

Zum Einrichten einer Wählverbindung unter Windows XP öffnen Sie die Systemsteuerung. Klicken Sie in der Kategorieansicht NETZWERK- UND INTERNETVERBINDUNGEN an. Wählen Sie dann auf der Seite WÄHLEN SIE EINE AUFGABE das Symbol EIGENE INTERNETVERBINDUNG EINRICHTEN BZW. ÄNDERN aus. Von hier aus können Sie dann Ihre Arbeit erledigen (Abbildung 25.17). In der klassischen Ansicht der Systemsteuerung starten Sie das Applet INTERNETOPTIONEN und aktivieren dann die Registerkarte VERBINDUNGEN, um diese Einstellungen zu erreichen.

Klicken Sie die Schaltfläche EINRICHTEN an, um ins Dialogfeld ASSISTENT FÜR NEUE VERBINDUNGEN (Abbildung 25.16) zu gelangen, und beantworten Sie dort die nachfolgenden Fragen. Hier müssen Sie die Daten eingeben, die Sie von Ihrem ISP zur Herstellung der Verbindung erhalten haben. Wenn Ihr System entsprechend konfiguriert ist, wird nach Abschluss der Konfiguration im Startmenü die neue Option VERBINDEN MIT angezeigt. Abbildung 25.17 zeigt die Option zur Verbindung mit einem ISP.

Kapitel 25

Abbildung 25.15: Die Registerkarte VERBINDUNGEN im Dialogfeld EIGENSCHAFTEN VON INTERNET

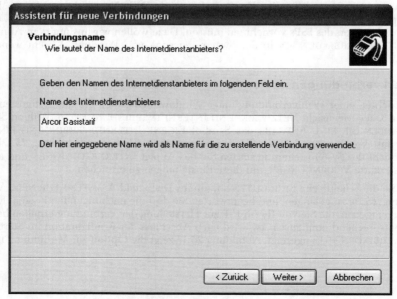

Abbildung 25.16: Der ASSISTENT FÜR NEUE VERBINDUNGEN

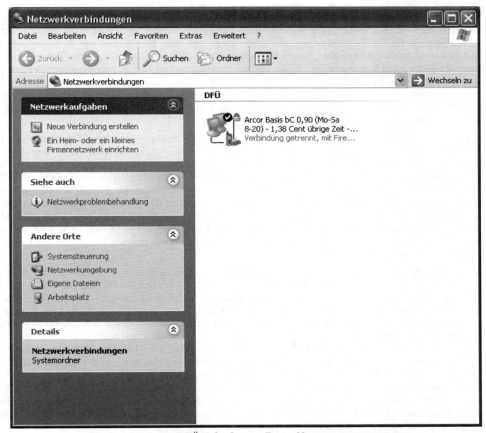

Abbildung 25.17: Die DFÜ-Verbindung im Fenster NETZWERKVERBINDUNGEN

PPP

DFÜ-Verbindungen ins Internet nutzen ein eigenes, spezielles Hardwareprotokoll namens *PPP* (*Point-to-Point-Protocol*). PPP ist ein Streaming-Protokoll, das speziell für Wählverbindungen mit dem Internet entwickelt wurde. Für Windows ist ein Modem eigentlich nichts anderes als eine spezielle Netzwerkkarte. Für Modems gibt es im Applet NETZWERKVERBINDUNGEN eine eigene Kategorie.

Die meisten Probleme der Art »Ich komme nicht ins Internet hinein!« haben bei Wählverbindungen mit Anwenderfehlern zu tun. Als Erstes sollten Sie das Modem überprüfen. Schauen Sie sich die Modemeigenschaften an und überprüfen Sie die Einstellung des Lautstärkereglers. Lassen Sie den Anwender dann auf die Verbindungsgeräusche lauschen – kann er den Wählton hören? Falls nicht, überprüfen Sie, ob die Leitung des Modems richtig an die Telefonbuchse angeschlossen ist. Hört er vielleicht zwar das Modem wählen, aber dann so etwas wie »Ja bitte?!« Falls ja, dann wurde sehr wahrscheinlich die falsche Nummer gewählt! Die Fehlermeldungen bei falscher Kennworteingabe erklären sich von selbst. Denken Sie auch daran, dass das Kennwort zwar richtig, der Benutzername aber falsch sein kann. Falls die Verbindung immer noch nicht hergestellt werden kann, wird es Zeit, die Netzwerkleute zu rufen, um die DFÜ-Netzwerkeinstellungen überprüfen zu lassen.

Kapitel 25

ISDN (Integrated Services Digital Network)

Um eine telefonische Verbindung herzustellen, sind einige Komponenten erforderlich. Zunächst einmal haben wir da die Telefonleitung, die vom Telefon zu dem Kasten mit der Netzwerkschnittstelle und von dort zu einem zentralen Switch führt, der der Telefongesellschaft gehört. (Teilweise sind noch weitere Geräte zwischengeschaltet.) Diese zentralen Schaltstellen sind dann untereinander mit *Amtsleitungen* hoher Kapazität verbunden. Vor 1970 war das gesamte Telefonnetz analog. Im Laufe der Zeit begannen dann die Telefongesellschaften damit, ihre Amtsleitungen digital aufzurüsten. Heute ist das gesamte Telefonnetz mit der Ausnahme der Leitung von Ihrem Telefon zur Vermittlungsstelle digital. (Und selbst die ist mittlerweile oft digital.)

Während der Aufrüstung des Telefonnetzes erwarteten die Kunden stets mehr Datendurchsatz für ihre Telefonleitungen. Mit der alten Telefonleitung ließ sich nicht mehr als 28,8 Kbps erreichen. (56K-Modems, von denen die Telefongesellschaften echt überrascht wurden, gab es erst 1995.) Die Telefonfirmen beeilten sich daher, neue Möglichkeiten für höhere Kapazitäten zu entwickeln. Ihre Lösung war recht einfach: Das gesamte Telefonnetz sollte digitalisiert werden. Durch zusätzliche spezielle Geräte in den zentralen Vermittlungsstellen und am Standort des Benutzers ließ sich ein Durchsatz von bis zu 64 K je Leitung erreichen (mehr dazu in den folgenden Abschnitten), und zwar über die bereits im Telefonnetz verwendeten herkömmlichen Kupferleitungen. Dieses Verfahren zur telefonischen Datenübertragung zwischen den Endstellen über komplett digitale Leitungen wird *ISDN (Integrated Services Digital Network)* genannt.

Die ISDN-Dienste arbeiten mit zwei unterschiedlichen Kanälen, den so genannten B- (Bearer) und D-Kanälen (Delta). Über die B-Kanäle lassen sich Daten und Sprache mit 64 Kbps übertragen. Über die D-Kanäle werden Steuer- und Konfigurationsdaten mit 16 Kbps übertragen. Bei den meisten ISDN-Anbietern können die Benutzer einen oder zwei B-Kanäle verwenden. Eine häufig verwendete Konfiguration besteht aus zwei B- und einem D-Kanal und wird auch *BRI (Basic Rate Interface)* genannt. Sie benutzt nur eine einzige physische Leitung, bei der über die beiden B-Kanäle Daten mit 64 K übertragen werden können, wodurch die Datenrate auf 128 K verdoppelt wird. Mit ISDN lassen sich Verbindungen zudem viel schneller als über Modems herstellen, weil der lange und manchmal nervtötende Verbindungsaufbau bei herkömmlichen Modems entfällt. Die monatlichen Kosten von ISDN-Anschlüssen sind typischerweise etwas höher als bei normalen Telefonanschlüssen. Für die Einrichtung und die benötigten Geräte werden zudem gewisse Gebühren erhoben. Die wesentliche Einschränkung besteht darin, dass ein ISDN-Anschluss normalerweise maximal etwa 5,5 km von einer zentralen ISDN-Vermittlungsstelle entfernt sein darf.

Die physischen ISDN-Verbindungen haben eine gewisse Ähnlichkeit mit den analogen Modemverbindungen. Bei der bekanntesten Schnittstelle zum Computer handelt es sich um ein Gerät, das *Terminaladapter* (TA) genannt wird. Terminaladapter sehen oft ähnlich wie normale Modems aus und sind (wie Modems) in externen und internen Varianten erhältlich. TAs können auch als Hubs angeboten werden, so dass Sie Ihr System damit direkt an Ihr LAN anschließen können.

Hinweis

Eine andere ISDN-Variante wird *PRI (Primary Rate Interface)* genannt und besteht aus 23 B-Kanälen mit 64 Kbps und einem D-Kanal mit 64 Kbps, erreicht also eine Gesamtdatenrate von 1,5 Mbps. PRI-ISDN-Leitungen sind auch unter der Bezeichnung *T1-Leitung* bekannt.

DSL (Digital Subscriber Line)

DSL (Digital Subscriber Line) als Verbindungstyp zum ISP verwendet eine standardmäßige Telefonleitung, jedoch spezielle Geräte auf jeder Seite, und bietet ständig online geschaltete Internetverbindungen bei rasanten Geschwindigkeiten (insbesondere im Vergleich mit analogen Wählverbindungen). Die typische Uploadgeschwindigkeit der ersten verbreiteten DSL-Variante lag bei 128 Kbps bei einer Downloadgeschwindigkeit von maximal 768 Kbps. Mittlerweile lassen sich verbreitet höhere Geschwindigkeiten erreichen. DSL 1000, DSL 2000, DSL 3000, DSL 6000, DSL 16000 und DSL 24000 sind Bezeichnungen, bei denen jeweils die (gerundeten maximalen) Downloadgeschwindigkeiten im Namen angegeben werden. Auch wenn sich die Uploadgeschwindigkeiten bei den verschiedenen Anbietern durchaus unterscheiden können, steigen sie doch mit der Downloadgeschwindigkeit und betragen bei DSL 16000 z.B. typischerweise 1 Mbps.

Hinweis

Die beiden häufigsten Formen von DSL sind asynchones (ADSL) und synchrones DSL (SDSL). ADSL-Leitungen arbeiten mit niedrigeren Uploadgeschwindigkeiten (typischerweise 128 bis 1.024 Kbps) und höheren Downloadgeschwindigkeiten (zwischen 768 Kbps und 16 Mbps). Bei SDSL sind Upload- und Downloadgeschwindigkeiten identisch, es ist aber auch deutlich teurer. Von DSL gibt es eine ganze Menge Varianten mit verschiedenen Leistungsmerkmalen, die zusammenfassend oft auch *xDSL* genannt werden.

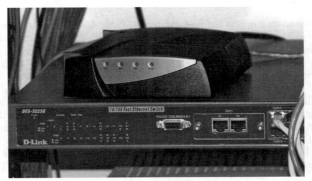

Abbildung 25.18: Ein DSL-Modem

DSL erfordert benutzerseitig nur wenig Einrichtungsaufwand. Ein Techniker kommt zu Ihnen nach Hause, baut eine Netzwerkkarte in den Internet-PC ein und installiert ein *DSL-Modem* (manchmal auch *DSL-Receiver* genannt) (Abbildung 25.18). Das DSL-Modem wird mit der Telefonleitung und dem PC verbunden (Abbildung 25.19). Der Techniker (oder auch der Benutzer, sofern er über entsprechende Kenntnisse verfügt) konfiguriert anschließend das TCP/IP-Protokoll für die Netzwerkkarte, damit die Einstellungen mit den vom ISP angegebenen Daten übereinstimmen. Das war's! Innerhalb weniger Sekunden gelangen Sie so zu fantastischen Geschwindigkeiten. Sie benötigen keine zweite Telefonleitung und auch sonst sind keine besonderen Voraussetzungen erforderlich. Die einzige Bedingung besteht darin, dass Sie innerhalb der ziemlich knappen Distanz von etwa 5,5 km zur nächsten Vermittlungsstelle wohnen müssen. Das hindert viele Benutzer außerhalb der großstädtischen Bereiche recht nachhaltig an der Teilnahme am DSL-Dienst.

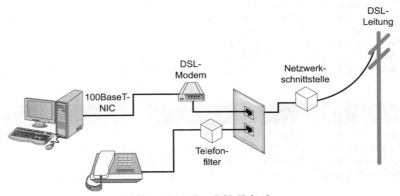

Abbildung 25.19: Eine DSL-Verbindung

Bei der gerade beschriebenen Installationsvariante wird genau ein Rechner über eine Netzwerkkarte über ein DSL-Modem mit dem Internet verbunden. Dabei müssen auf dem Rechner die für die DSL-Verbindung erforderlichen Protokolle eingerichtet werden. Zudem müssen Sie auf dem Rechner eine *Firewall* installieren, damit die Verbindung geschützt wird. Diesen Aufwand können Sie sich sparen, wenn Sie Rechner nicht direkt, sondern über einen so genannten DSL-Router mit dem Internet verbinden.

> **Hinweis**
>
> Die höheren ADSL-Geschwindigkeiten lassen sich natürlich nicht voll nutzen, wenn im Rechner nur eine alte 10-Mbps-Netzwerkkarte installiert ist, die maximal für DSL 6000 mit 6 Mbps ausreicht! Dann benötigen Sie schon eine 100-Mbps-NIC. Entsprechend benötigen Sie für die höheren DSL-Geschwindigkeiten auch ein ADSL-2+-Modem oder einen ADSL-2+-Router.

DSL-Router enthalten zumindest ein integriertes DSL-Modem und einen Switch und sind heute derart preiswert geworden, dass Sie sich die Installation der für die DSL-Verbindung erforderlichen Protokolle wirklich auch dann sparen und lieber ein paar Euro mehr ausgeben sollten, wenn Ihnen Ihr ISP nicht gleich einen DSL-Router kostenlos mitliefert. DSL-Router enthalten meist auch einen DHCP-Server und eine integrierte Firewall (und oft auch eine WLAN-AP). Die Internetverbindung lässt sich damit gleich von mehreren Rechnern aus nutzen und wenn man den DHCP-Server im DSL-Router aktiviert (lässt) und alle Rechner für DHCP konfiguriert (Standardeinstellung bei allen modernen Betriebssystemen), dann müssen Sie nur noch die Netzwerkkarten der Rechner mit dem DSL-Router verbinden (bei Bedarf lassen sich weitere Switches zwischenschalten) und die Zugangsdaten des ISPs im Konfigurationsprogramm des DSL-Routers passend eintragen. Im Grunde genommen müssen Sie dann für den Internetzugang auf den einzelnen Rechnern also gar nichts mehr installieren oder konfigurieren.

> **Hinweis**
>
> Mehr über DSL-Router erfahren Sie weiter hinten im Abschnitt *Hardware für die gemeinsame Nutzung einer Internetverbindung*. Firewalls werden in Kapitel 26 (*Computersicherheit*) behandelt.

Kabel

Per Kabel steht eine völlig andere Lösung für hohe Geschwindigkeiten im Internet zur Verfügung, die mit normalen Fernsehkabeln schnelle Verbindungen realisiert. Das Kabel bietet maximale Geschwindigkeiten, die mit DSL vergleichbar oder diesem sogar noch etwas überlegen sind. Kabel-Internetverbindungen stehen theoretisch überall dort zur Verfügung, wo auch Kabel-TV-Anschlüsse angeboten werden.

Zunächst benötigen Sie bei Kabelverbindungen ein RG-6- oder RG-59-Kabel für Ihre Wohnung. Das Kabel wird dann mit einem Kabelmodem verbunden, das wiederum per UTP-Ethernet-Kabel an eine Netzwerkkarte in Ihrem PC angeschlossen wird. Abbildung 25.20 enthält ein typisches Kabel-Setup. Ein schöner Vorteil von Kabel gegenüber DSL besteht darin, dass Sie fernsehen können, sofern Sie eine TV-Tunerkarte in Ihrem PC haben. Und mit der geeigneten Hardware lassen sich auch bei Kabelanschlüssen die Internetverbindungen über mehrere Computer in einem LAN gleichzeitig nutzen.

> **Hinweis**
>
> Der Begriff *Modem* wurde im Bereich moderner Netzwerktechnologien bis zur Unkenntlichkeit gewandelt. DSL- und Kabel-Internetverbindungen sind komplett digital. Dennoch wird auch dort immer noch der Begriff Modem zur Beschreibung der Box verwendet, die die eingehenden Signale aus dem Internet empfängt und in für den PC verständliche Daten umwandelt.

Das Internet

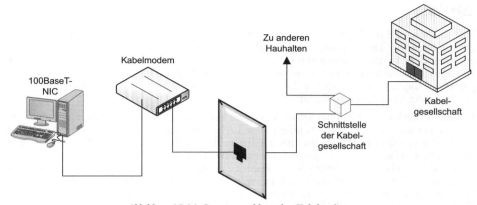

Abbildung 25.20: Internetanschluss über Kabelmodem

LAN

Die meisten Unternehmen verbinden ihre lokalen Netzwerke (LAN) über Hardware mit dem ISP, die von Netzwerktechnikern gewartet wird. Abbildung 25.21 zeigt die Verdrahtung eines Routers in einem typischen kleinen Unternehmen, der das LAN mit dem ISP verbinden wird. Die Verkabelung eines LAN war Gegenstand von Kapitel 23 (*Lokale Netzwerke*), so dass wir die Grundlagen hier nicht noch einmal wiederholen werden. Zur Vervollständigung einer LAN-Verbindung mit dem Internet benötigen Sie eine zweite Netzwerkkarte oder ein Modem, das Sie mit einem der PCs (dem Router) verbinden. Anschließend konfigurieren Sie diesen PC als Standardverbindung. Dieses Konzept wird uns gleich bei der Internetverbindungsfreigabe erneut begegnen.

Abbildung 25.21: Verkabelung eines Routers

Drahtlos

Jede Technologie hat irgendwann einmal alle Kinderkrankheiten überwunden und arbeitet dann so gut wie fehlerfrei. Die verschiedenen drahtlosen Netzwerktechnologien, die heute erhältlich sind, können den Traum vom grenzenlosen Computingerlebnis aber leider immer noch nicht (ganz) erfüllen. Solange sie funktionieren, bieten sie wirklich eine Art magisches Erlebnis – Sie gehen ins Café, klappen Ihren Laptop auf und starten Ihren Internetbrowser. Dann trinken Sie Ihren Latte und surfen im Internet, und das alles ohne Kabel!

Um sich drahtlos mit dem Internet verbinden zu können, müssen Sie natürlich irgendwie eine Verbindung mit einem Mobiltelefonnetz oder einem LAN herstellen können, das wiederum (über Kabel) mit einem ISP verbunden ist. Das Internetcafé hat zu diesem Zweck von einer Kabel- oder Telefongesellschaft einen Hochgeschwindigkeits-Internetdienst gemietet, mit dem man einen WAP (Wireless Access Point), also einen drahtlosen Netzwerk-Zugriffspunkt, mit dem eigenen Netzwerk verbinden kann. Wenn Sie mit Ihrem tragbaren PC mit drahtloser Netzwerkkarte hereinspazieren und einen Webbrowser starten, findet die drahtlose Netzwerkkommunikation über den WAP und dann komplett über einen *voll verkabelten* DHCP-Server statt. Obschon es drahtlos zu sein scheint, ist das LAN mit dem ISP nach wie vor über Leitungen verbunden.

Auch die für Handys verwendeten Mobiltelefonnetzwerke arbeiten drahtlos. Überall, wo Sie eine Verbindung für Ihr Handy haben, können Sie auch über Ihren Laptop eine Verbindung einrichten, wenn dieser entsprechend ausgestattet und eingerichtet ist.

> **Hinweis**
>
> Es gibt eine Form der drahtlosen Kommunikation, die lokale Verkabelung erfordert. Die Technologie des *Wireless Broadband* setzt einen ISP voraus, der die erforderlichen technischen Geräte auf einem Turm installiert. Jedes Gebäude in Sichtweite (etwa bis zu 16 km) kann dann in den Genuss der Hochgeschwindigkeitsverbindung kommen.

Satellit

Satellitenverbindungen ins Internet erhalten die Daten über die in Ihrem Haus oder Büro installierte Satellitenschüssel. Dabei übernimmt ein Receiver die Datenkontrolle. Eventuell werden die Daten über ein Ethernet-Kabel an die Netzwerkkarte in Ihrem PC geleitet. So weit die Downloadverbindung. Aber was ist hier mit der Uploadverbindung? In den frühen Tagen der Satellitentechnik mussten Sie sich über ein Modem verbinden. Dann standen Ihnen nur die langsamen Modemgeschwindigkeiten von 26 bis 48 Kbps zur Verfügung. Über die Satellitenschüssel hatten Sie dann aber wieder superschnelle Downloads. Es funktionierte ganz gut. Bei neueren Technologien müssen Sie die Einrichtung der Verbindung immer noch über ein Modem vornehmen, aber Download und Upload finden über die Schüssel statt. Damit können Sie sich sogar in eine Höhle in den Himalaya zurückziehen und immer noch Internet-Konnektivität in DSL-Geschwindigkeit genießen!

Die Satellitentechnik ist wohl von allen Verfahren zur Verbindung mit dem Internet immer noch die aufregendste. Wie auch beim Satellitenfernsehen müssen Sie jedoch eine Satellitenschüssel haben, die genau auf den Satelliten ausgerichtet ist (die Richtung ist von Ihrem Standort abhängig). Das einzige größere Problem bei Satelliten ist, dass die Laufzeit der Signale über die zurückzulegende Distanz zu kleinen Verzögerungen führt, die *Satelliten-Latenz* genannt werden. Diese Latenz ist im Allgemeinen zu vernachlässigen, es sei denn, die Signalqualität nimmt bei schlechtem Wetter (Regen und Schnee) deutlich ab.

Das Internet

Gemeinsame Nutzung der Internetverbindung

Durch die gemeinsame Nutzung der Internetverbindung kann ein System seine Internetverbindung mit anderen Systemen im Netzwerk teilen, was eine schnelle und einfache Methode für mehrere Systeme zur Nutzung einer einzigen Internetverbindung darstellt. Moderne Windows-Versionen (2000 bis 7) stellen durchweg die praktische Funktion der *Internetverbindungsfreigabe (ICS – Internet Connection Sharing)* zur Verfügung. Abbildung 25.22 verdeutlicht die typische Konfiguration der Internetverbindungsfreigabe. Beachten Sie an dieser Stelle auch die Terminologie. Der PC, der die Verbindung mit dem Internet herstellt und dann per Internetverbindungsfreigabe für Systeme im LAN bereitstellt, ist der (ICS-)*Hostcomputer*. PCs, die über ein LAN mit dem Hostcomputer verbunden werden, heißen einfach *Clientcomputer*.

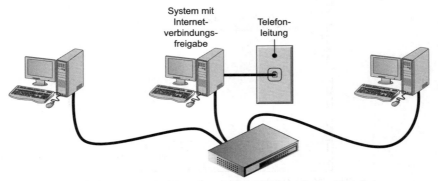

Abbildung 25.22: Ein typisches Setup für die Internetverbindungsfreigabe

Zum Verbinden mehrerer Computer mit einem Hostcomputer mit Internetverbindungsfreigabe müssen einige Voraussetzungen erfüllt sein. Als Erstes muss der Hostcomputer über eine dedizierte Netzwerkkarte für interne Verbindungen verfügen. Wenn Sie sich per DFÜ einwählen, verwendet der Hostcomputer beispielsweise ein Modem für die Internetverbindung. Außerdem verfügt er über eine Netzwerkkarte, die an einen Switch angeschlossen ist. Andere PCs im LAN sind ebenfalls an den Switch angeschlossen. Falls der Anschluss über schnellere Dienste wie etwa DSL erfolgt, das eine mit dem DSL-Modem verkabelte Netzwerkkarte verwendet, benötigen Sie im Hostcomputer der Internetverbindungsfreigabe für die Verbindung mit dem LAN und den Clientcomputern eine zweite Netzwerkkarte.

Die Einrichtung der Verbindungsfreigabe unter Windows ist sehr einfach. Unter Windows 2000/XP öffnen Sie dazu das EIGENSCHAFTEN-Dialogfeld von NETZWERKUMGEBUNG. Unter Windows Vista/7 öffnen Sie das NETZWERK- UND FREIGABECENTER und klicken links in der Aufgabenliste NETZWERKVERBINDUNGEN VERWALTEN (Vista) oder ADAPTEREINSTELLUNGEN ÄNDERN (Windows 7) an. Nun können Sie mit einem Rechtsklick das Kontextmenü der freizugebenden Verbindung aufrufen und im Kontextmenü EIGENSCHAFTEN wählen.

Klicken Sie dann die Registerkarte FREIGABE (Windows 2000/Vista/7) oder ERWEITERT (Windows XP) an. Klicken Sie dann GEMEINSAME NUTZUNG DER INTERNETVERBINDUNG AKTIVIEREN (Windows 2000) bzw. ANDEREN BENUTZERN GESTATTEN, DIE VERBINDUNG DES COMPUTERS ... ZU VERWENDEN (Windows XP/Vista/7) an (Abbildung 25.23). Die Clients benötigen keine spezielle Konfiguration, sondern sollten IP-Adressen und andere Konfigurationsdaten einfach über DHCP beziehen.

Kapitel 25

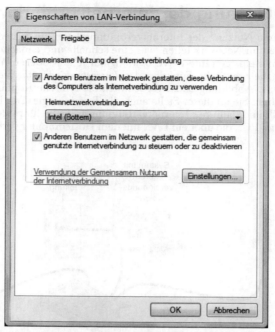

Abbildung 25.23: Aktivieren der Internetverbindungsfreigabe unter Windows Vista

Hardware für die gemeinsame Nutzung einer Internetverbindung

Die Internetverbindungsfreigabe funktioniert zwar, hat aber einen wesentlichen Nachteil, denn Sie müssen den Rechner ständig laufen lassen, damit andere Rechner im Netzwerk auf das Internet zugreifen können. Diese Aufgabe können kleine Router daher viel besser übernehmen. Etliche Hersteller bieten robuste und einfach zu konfigurierende Hardwarelösungen an, über die mehrere Computer eine einzige Internetverbindung nutzen können. Diese kleinen Kistchen erfordern nur wenig Konfigurationsaufwand und sorgen obendrein auch für einen gewissen Firewall-Schutz zwischen den Rechnern im LAN und dem Internet. Mehr über Firewalls erfahren Sie in Kapitel 26 (*Computersicherheit*). Letztlich müssen Sie zur Installation eines solchen Routers einfach nur Ihren Rechner mit einem der LAN-Anschlüsse an dessen Rückseite verbinden und dann das Kabel der Internetverbindung an die Buchse mit der Beschriftung Internet oder WAN anschließen.

Linksys (ein Tochterunternehmen von *Cisco*) stellt beispielsweise großartige kleinformatige DSL/Kabel-Router her, die vier 10/100-Ethernet-Anschlüsse für LAN-Computer bieten (Abbildung 25.24). Und die Geräte können sich zudem oft als WAP konfigurieren lassen und für den drahtlosen Internetzugang sorgen. All diese Router verwenden *NAT* (*Network Address Translation*) und übersetzen die internen LAN-Adressen in jene, die für den Internetzugriff verwendet werden. Mit NAT werden alle Rechner im LAN für das Internet zu einem einzigen Rechner. Dadurch werden Ihre Rechner auch vor dem Internet versteckt und sind in diesem für andere Computer nicht sichtbar. Alles, was irgendjemand im Internet sehen kann, ist Ihre *öffentliche* IP-Adresse (*Public IP Address*). Dabei handelt es sich um die Ihnen von Ihrem ISP zugewiesene Adresse, während für alle Rechner in Ihrem LAN *private* IP-Adressen verwendet werden, die für die Außenwelt unsichtbar sind. NAT arbeitet daher als Firewall und schützt Ihr internes Netzwerk vor Eindringlingen und äußeren Gefahren.

Das Internet

Abbildung 25.24: Verbreiteter Router mit WLAN-AP

Grundlegende Router-Konfiguration

Die kleinen Router erfordern nur sehr wenig Konfigurationsaufwand, wenn sie lediglich eine gemeinsame Internetverbindung bereitstellen sollen. Manchmal bekommen Sie es aber mit komplexeren Netzwerken zu tun, für die Sie die Router-Einstellungen anpassen müssen. Die allermeisten dieser Router besitzen integrierte Webseiten für die Konfiguration, auf die Sie zugreifen können, wenn Sie die IP-Adresse des Routers in die Adresszeile eines Webbrowsers eingeben. Die vorkonfigurierte Adresse unterscheidet sich bei den verschiedenen Modellen und Herstellern, aber in jedem Fall erfahren Sie sie aus der Dokumentation des Routers. Wenn Sie die richtige Adresse eingegeben haben, dann sollte ein Dialogfeld angezeigt werden, das Sie zur Eingabe von Benutzername und Kennwort für den Router auffordert (Abbildung 25.25). Wie die IP-Adresse unterscheiden sich auch die vorkonfigurierten Benutzernamen und Kennwörter bei den verschiedenen Modellen und Herstellern. Wenn Sie die korrekten Daten eingegeben haben, dann werden Sie von der Hauptseite des Router-Konfigurationsprogramms begrüßt (Abbildung 25.26). Darüber können Sie alle Router-Einstellungen ändern. Wenden wir uns damit nun einigen der grundlegenden Einstellungen zu, die Ihnen für die CompTIA-Prüfungen vertraut sein sollten.

Abbildung 25.25: Ein DSL-Router fordert zur Eingabe von Benutzername und Kennwort auf.

Kapitel 25

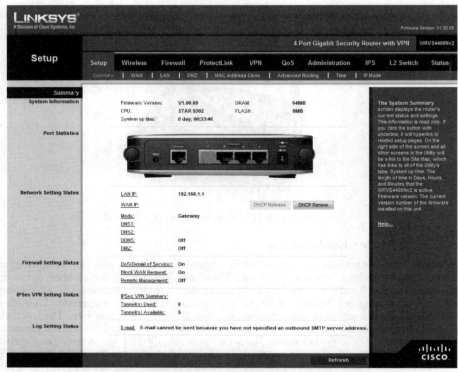

Abbildung 25.26: Die Startseite der Konfiguration bei einem Router

Benutzername und Passwort ändern

Eine der ersten Änderungen, die Sie bei Ihrem betriebsbereiten Router vornehmen sollten, besteht in der Änderung von Benutzername und Passwort, damit diese nicht mehr der Werksvorgabe entsprechen. Wie Sie aus Kapitel 24 (*Drahtlose Netzwerke*) noch wissen, ist das insbesondere wichtig, wenn Sie freie drahtlose Zugriffe zulassen. Wenn Sie Benutzername und Kennwort bei den Voreinstellungen belassen, kann jeder mit Zugang zu Ihrem LAN leicht auf den Router zugreifen und dessen Einstellungen ändern. Die Vorgaben lassen sich aber leicht ändern. Bei meinem Linksys-Router muss ich beispielsweise nur die Registerkarte VERWALTUNGSFUNKTIONEN aktivieren und dort ein paar Eintragungen in den entsprechenden Feldern vornehmen (Abbildung 25.27).

Abbildung 25.27: Änderung von Benutzername und Passwort eines Routers

Tipp

In Abbildung 25.27 sehen Sie zwei weitere Funktionen, die Sie unbedingt deaktivieren sollten, nämlich die Remote-Verwaltung und die Remote-Aktualisierung. Verwaltung und Aktualisierung können bei dem dargestellten Router auch über das Internet erfolgen. Aber sollte man sich derartigen Gefahren aussetzen? Sicherlich nicht!

DHCP deaktivieren

Wenn Sie einen Router für ein kleines Büro konfigurieren, dann könnte dessen integrierter DHCP-Server für Konflikte mit einem Domänencontroller im Netzwerk sorgen. Derartige Konflikte sind zwar nicht gefährlich, können aber zu einer Menge Frust und Geschrei führen, da die Netzwerkverbindungen dann plötzlich nicht mehr funktionieren. Um keine Beziehungen innerhalb des Büros unnötig zu strapazieren, sollten Sie den DHCP-Server im Router deaktivieren, bevor Sie ihn mit dem Netzwerk verbinden. Dazu verwenden Sie einen eigenständigen Rechner (z.B. einen Laptop) oder trennen Ihren Rechner vom Netzwerk und verbinden ihn direkt mit dem neuen Router, um sich bei diesem anzumelden. Unter den Konfigurationsseiten sollte es eine mit Einstellungen geben, die denen in Abbildung 25.28 ähneln.

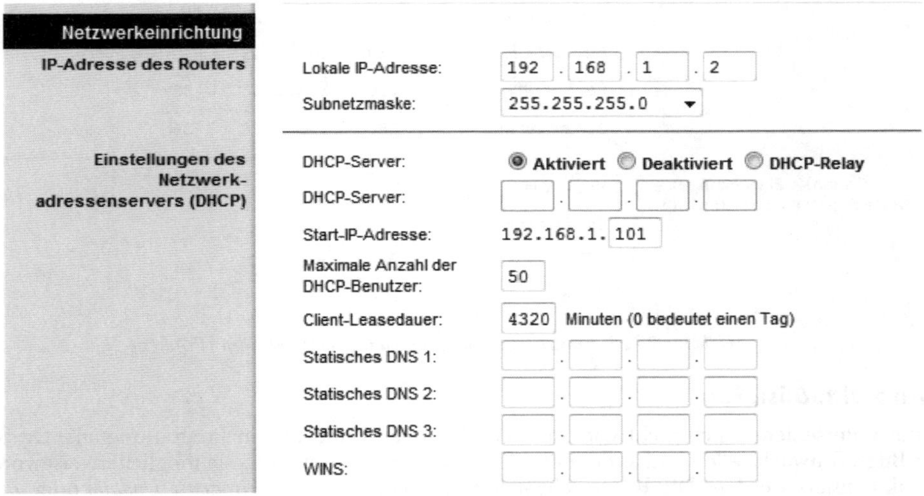

Abbildung 25.28: Konfiguration des DHCP-Servers in einem DSL-Router

Vorsicht

Wenn der DHCP-Server deaktiviert wurde, dann vergibt er keine IP-Adressen mehr. Daher müssen Sie dafür sorgen, dass sich die IP-Adresse des Routers im richtigen Subnetz Ihres Büronetzwerks befindet. Falls nicht, müssen Sie das vor der Deaktivierung von DHCP ändern.

Bei meinem Router muss ich nur die neue Adresse und die Subnetzmaske in die oben in Abbildung 25.28 dargestellten Felder eintragen und den DHCP-Server über die Zeile darunter deaktivieren. Wenn Sie sich nicht sicher sind, welche Adresse Sie verwenden müssen, fragen Sie Ihren Netzwerkadministrator oder den zuständigen Netzwerktechniker. Wenn Sie sich um die IP-Adresse des Routers gekümmert haben, müssen Sie nur noch das Optionsfeld DEAKTIVIERT anklicken und die Einstellungen speichern. Nun können Sie Ihren Router sicher mit dem LAN verbinden, ohne dabei den Zorn von Mitarbeitern zu riskieren, die plötzlich ohne Internet dastehen.

Einstellung statischer IP-Adressen

Wenn Sie sich um all das gekümmert haben, können Sie sich der Einrichtung des Routers für die Verwendung einer statischen IP-Adresse für das Internet oder die WAN-Verbindung zuwenden. In den meisten Fällen schließen Sie den Router an die Internetverbindung (WAN) an, und er erhält über DHCP wie jeder andere Computer eine IP-Adresse vom ISP zugewiesen (dynamische IP-Adresse). Natürlich bedeutet dies, dass sich Ihre Internet-IP-Adresse von Zeit zu Zeit ändert, was ein gewisser Nachteil sein kann. Die meisten Benutzer stört das nicht weiter, aber für einige Heimanwender und Unternehmen kann das ein Problem darstellen. Um dieses Problem zu lösen, können Sie bei den meisten ISPs auch eine statische IP anfordern. Wenn Ihnen Ihr ISP eine statische IP-Adresse zugewiesen hat, müssen Sie diese manuell in Ihrem Router eintragen. Das geschieht auf demselben Weg wie bei den bisher betrachteten Änderungen. Bei meinem Router gibt es eine Registerkarte zur WAN-Konfiguration, auf der ich alle Einstellungen vornehmen kann, die ich gemäß den Angaben meines ISPs vornehmen muss (Abbildung 25.29). Denken Sie daran, dass Sie Ihren Verbindungstyp ändern müssen (von Automatisch/DHCP auf Statische IP), um die neuen statischen Adressen eingeben zu können.

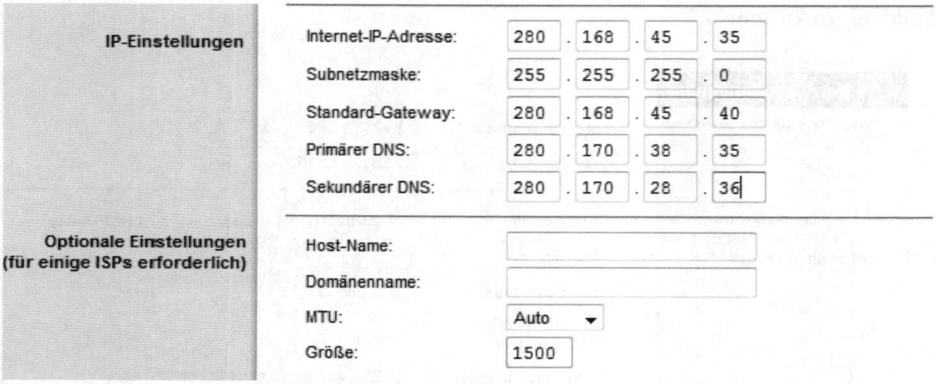

IP-Einstellungen					
	Internet-IP-Adresse:	280	168	45	35
	Subnetzmaske:	255	255	255	0
	Standard-Gateway:	280	168	45	40
	Primärer DNS:	280	170	38	35
	Sekundärer DNS:	280	170	28	36
Optionale Einstellungen (für einige ISPs erforderlich)	Host-Name:				
	Domänenname:				
	MTU:	Auto			
	Größe:	1500			

Abbildung 25.29: Einstellungen zur Verwendung einer statischen IP-Adresse

Firmware aktualisieren

Router unterschieden sich nicht von anderen Computern und führen Programme aus. Da Software aber Bugs, Schwachstellen und andere Probleme aufweisen kann, muss sie möglicherweise von Zeit zu Zeit aktualisiert werden. Die Router-Hersteller sprechen hier von *Firmware-Updates* oder *Firmware-Aktualisierungen* und stellen sie auf ihren Webseiten zum Download bereit. Um einen modernen Router zu aktualisieren, müssen Sie nur die aktuelle Firmware von der Website des Herstellers auf Ihren Rechner herunterladen. Dann rufen Sie die Konfigurationsseiten des Routers im Webbrowser auf und machen die Seite zur Firmware-Aktualisierung ausfindig. Bei meinem Router sieht sie wie in Abbildung 25.30 aus. Anschließend folgen Sie den weiteren Anleitungen und klicken abschließend UPDATE oder AKTUALISIEREN an. Dabei sollten Sie aber Vorsicht walten lassen, denn anders als Windows-Updates können Firmware-Aktualisierungen Ihren Router in einen nutzlosen Ziegelstein verwandeln. Misslungene Firmware-Aktualisierungen können die Hardware beschädigen und Ihren Router zum Briefbeschwerer machen. Das geschieht zwar sehr selten, Sie sollten es dennoch nicht vergessen, wenn Sie Firmware-Updates vornehmen.

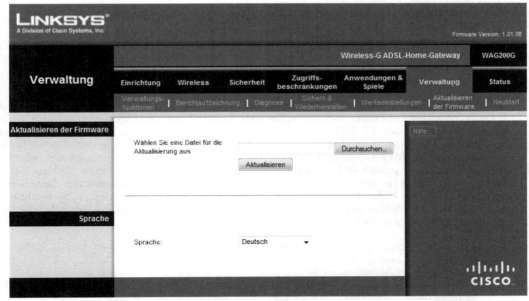

Abbildung 25.30: Seite zum Aktualisieren der Firmware

Internet-Softwaretools

Sobald Sie eine Verbindung zwischen PC und ISP hergestellt haben, brauchen Sie bestimmte Anwendungen, die die verschiedenen TCP/IP-Dienste nutzen können, um beispielsweise im Web surfen oder E-Mails versenden zu können. TCP/IP bietet dafür die folgenden häufig verwendeten Dienste:

- World Wide Web (HTTP und HTTPS)
- E-Mail (POP und SMTP)
- Newsgroups
- FTP
- Telnet
- VoIP

Jeder dieser Dienste (die manchmal auch mit dem überstrapazierten Begriff »TCP/IP-Protokolle« belegt werden) erfordert spezielle Anwendungen, die wiederum ihre speziellen Einstellungen haben. Diese Dienste und deren Konfiguration sollen nun der Reihe nach ausführlicher behandelt werden. Für den schnellen Überblick finden Sie in Tabelle 25.1 die üblichen Portnummern, die Sie für die CompTIA-Prüfungen besser kennen sollten.

TCP/IP-Dienst	Portnummer
HTTP	80
HTTPS	443
FTP	20, 21
POP	110

Tabelle 25.1: Portnummern wichtiger TCP/IP-Dienste

SMTP	25
TELNET	23

Tabelle 25.1: Portnummern wichtiger TCP/IP-Dienste (Forts.)

Das World Wide Web

Das Web sorgt für die grafische Oberfläche des Internets. *Webserver* sind Rechner, auf denen spezielle Programme ausgeführt werden und die im weitesten Sinne Websites und Webseiten anbieten, auf die Sie unter Benutzung des HTTP-Protokolls über Port 80 zugreifen können und die mit mehr oder weniger sinnvollen Informationen glänzen. Mit spezieller Webbrowsersoftware wie etwa *Internet Explorer* oder *Mozilla Firefox* klicken Sie Links auf einer Webseite an und werden unverzüglich mit beliebigen Webservern auf der ganzen Welt verbunden. Abbildung 25.31 zeigt den Internet Explorer mit der Homepage der Website meines Unternehmens (www.totalsem.com). Wo befindet sich dieser Server? Spielt das denn eine Rolle? Er könnte im WC meines Büros oder in einem riesigen Servercluster in Kanada stehen. Das Schöne am Web ist, dass Sie mit ein oder zwei Mausklicks an jede beliebige Stelle im Internet und die gewünschten Informationen gelangen können.

Abbildung 25.31: Mozilla Firefox bei der Anzeige der Webseite des Autors

Obwohl das Web der populärste Teil des Internets ist, macht die Einrichtung eines Webbrowsers so gut wie keine Mühe. Solange die Internetverbindung arbeitet, arbeiten die Webbrowser nahezu automatisch. Das soll nicht heißen, dass es nicht zahlreiche Einstellmöglichkeiten für sie gibt – die Standardeinstellungen funktionieren aber fast immer. Wenn Sie beispielsweise eine Webadresse eintippen wie diejenige der wohl besten Suchmaschine auf dem Planeten (www.google.de) und die funktioniert nicht, dann sollten Sie die Leitung und Ihre Netzwerkeinstellungen überprüfen. Sicher finden Sie das Problem schnell heraus.

Browser konfigurieren

Webbrowser lassen sich umfassend konfigurieren. Bei den meisten Webbrowsern können Sie die standardmäßige Schriftartgröße einstellen, und zwar unabhängig davon, ob er Grafiken anzeigen soll oder nicht. Dazu gibt es noch viele weitere Einstellmöglichkeiten. Obwohl alle Webbrowser diese Einstellungen anbieten, finden Sie sie an manchmal völlig unterschiedlichen Stellen. Falls Sie mit dem weit verbreiteten Internet Explorer arbeiten, der zusammen mit Windows ausgeliefert wird, dann finden Sie die entsprechenden Konfigurationstools im Applet INTERNETOPTIONEN in der Systemsteuerung oder im Menü EXTRAS.

Proxyserver

Viele Unternehmen verwenden einen Proxyserver, um den Internet-Zugang ihrer Angestellten zu filtern. Wenn Sie im Unternehmensnetzwerk arbeiten, müssen Sie Ihre Proxy-Einstellungen im Webbrowser (oder etwaiger anderer Internet-Software) festlegen. Ein *Proxyserver* ist eine Software, die die Durchleitung mehrerer Verbindungen ins Internet durch einen geschützten PC ermöglicht. Dies ähnelt der Internetverbindungsfreigabe in einem Heimnetzwerk. Im Unterschied zur Internetverbindungsfreigabe, die für die Client-Rechner transparent arbeitet und IP-Pakete manipuliert (wir sagen, dass sie auf Schicht 3 des in Kapitel 23 behandelten OSI-Modells, der Netzwerkschicht, arbeitet), kommunizieren Proxyserver direkt mit der Browseranwendung (sie arbeiten auf Schicht 7, der Anwendungsschicht). Anwendungen, die auf Internetressourcen zugreifen wollen, senden Anforderungen an den Proxyserver, anstatt direkt auf das Internet zuzugreifen, wodurch die Client-Rechner geschützt werden und der Netzwerkadministrator Internetzugriffe überwachen und beschränken kann. Alle Anwendungen müssen daher so konfiguriert werden, dass sie den Proxyserver verwenden. Um die Proxyeinstellungen im Internet Explorer zu konfigurieren, wählen Sie im Menü EXTRAS und aktivieren die Registerkarte VERBINDUNGEN. Klicken Sie dann unter LAN-EINSTELLUNGEN die Schaltfläche EINSTELLUNGEN an, um das Dialogfeld LAN-EINSTELLUNGEN anzeigen zu lassen (Abbildung 25.32).

Abbildung 25.32: Das Dialogfeld LAN-EINSTELLUNGEN

Beachten Sie, dass Sie hier drei Optionen haben, von denen die AUTOMATISCHE SUCHE DER EINSTELLUNGEN standardmäßig aktiviert ist. Nach Anklicken des entsprechenden Kontrollkästchens können Sie die IP-Adresse eines Proxyservers manuell eingeben (Abbildung 25.32).

Kapitel 25

Gelegentlich verwenden Unternehmen unterschiedliche Proxyserver für verschiedene Programme, wie z.B. FTP. Sie können diese Proxyadressen eingeben, wenn Sie die Schaltfläche ERWEITERT anklicken und die einzelnen IP-Adressen eingeben. Sie können auch Adressen eingeben, für die kein Proxyserver verwendet werden soll, wie z.B. Intranet-Websites. Diese Websites können in das Feld AUSNAHMEN unten im Dialogfeld eingetragen werden (Abbildung 25.33). Ihr Netzwerkverwalter sollte Ihnen die für die Konfiguration der Proxyserver benötigten Informationen geben können. Falls nicht, können Sie den Browser auch gefahrlos so konfiguriert lassen, dass er automatisch nach einem Proxyserver sucht. Wenn in Ihrem Netzwerk keine Proxyserver eingesetzt werden, funktioniert die automatische Konfiguration nicht und Ihr Browser versucht, eine direkte Verbindung zum Internet einzurichten. Es passiert also nichts Schlimmeres, wenn sie die Option AUTOMATISCHE SUCHE DER EINSTELLUNGEN aktiviert lassen.

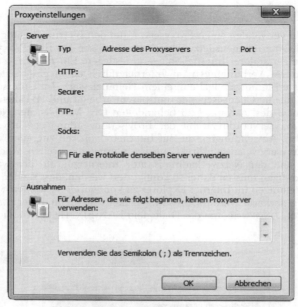

Abbildung 25.33: Angabe der Proxyserver-Adressen

Sicherheit und Skripte

Da wir gerade beim Thema der Konfiguration sind, sollten Sie auch gleich erfahren, wie man die Sicherheitseinstellungen im Webbrowser vornimmt. Auf vielen Webseiten finden Sie Programme, die Sie auf Ihr System herunterladen und automatisch ausführen lassen können. Diese Programme sind in speziellen Programmiersprachen geschrieben und verwenden Dateiformate wie *Java* oder *ASP* (*Active Server Pages*). Sie machen eine moderne Website außerordentlich mächtig und dynamisch, können aber auch von schädlichen Programmen als Einfallstor missbraucht werden. Alle besseren Webbrowser überlassen Ihnen im Hinblick auf die Sicherheit die Wahl, ob Sie diese potenziell riskanten Programme ausführen möchten oder nicht. Die Entscheidung liegt ganz bei Ihnen. Falls Ihr Webbrowser ein Java-Programm nicht ausführen will oder beim Download von Dateien nicht wie in Abbildung 25.34 nachfragt, dann sollten Sie die Sicherheitseinstellungen prüfen, weil der Browser in einem solchen Fall einfach nur Ihre Vorgaben befolgt! Die Sicherheitseinstellungen erreichen Sie im Internet Explorer über EXTRAS|INTERNETOPTIONEN auf der Registerkarte SICHERHEIT (Abbildung 25.35).

Das Internet

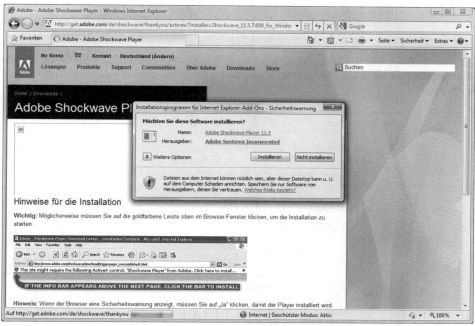

Abbildung 25.34: Sicherheitswarnung bei der Ausführung eines ActiveX-Skripts

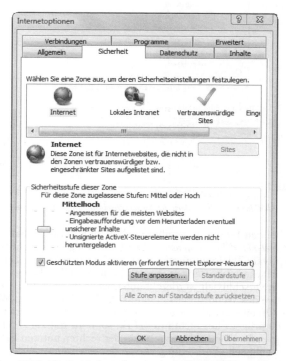

Abbildung 25.35: Die Registerkarte SICHERHEIT im Dialogfeld INTERNETOPTIONEN

Kapitel 25

Der Internet Explorer bietet Ihnen die Möglichkeit zur Auswahl vordefinierter Sicherheitsstufen. Sie klicken dazu die Schaltfläche STUFE ANPASSEN an und nehmen die entsprechende Auswahl anschließend im Pulldown-Menü vor (Abbildung 25.36). Die Änderung der Sicherheitseinstellung von MITTEL nach HOCH beispielsweise deaktiviert durch die Bank sämtliche potenziell riskanten Einstellungen von ActiveX bis Java. Außerdem können Sie die Funktionen, die Sie gern erlauben oder abschalten möchten, auch manuell im Listenfeld auswählen, das ebenfalls in Abbildung 25.36 zu sehen ist.

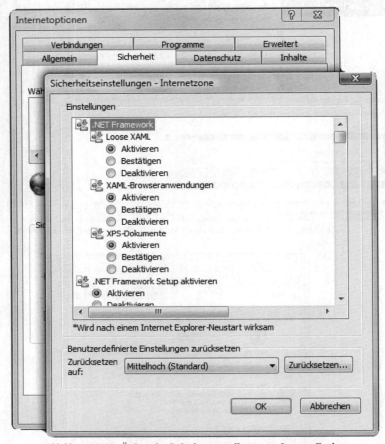

Abbildung 25.36: Ändern der Sicherheitseinstellungen im Internet Explorer

Die Sicherheit hört bei den Programmen aber noch nicht auf. Ein anderes wichtiges Sicherheitsinteresse betrifft den *Internet-Handel* (*E-Commerce*). Die Leute mögen es nicht besonders, im Internet ihre Kreditkartendaten, private Telefonnummern oder andere persönliche Daten einzugeben, weil diese möglicherweise von Hackern abgefangen werden könnten. Glücklicherweise gibt es Methoden, mit denen derartige Daten verschlüsselt werden können, wie z.B. die häufig verwendeten HTTPS-Websites. Aus der Perspektive des Webbrowsers ähneln sich HTTPS- und http-Websites stark, aber HTTPS verwendet Port 443. Ob eine gerade besuchte Website HTTPS verwendet, können Sie leicht feststellen, da die Adresse derartiger Sites nicht mit *HTTP*, sondern mit *HTTPS* beginnt (Abbildung 25.37). Der Webbrowser zeigt zudem ein Schlosssymbol in der rechten unteren Ecke an, um darauf hinzuweisen, dass Sie eine verschlüsselte Verbindung verwenden.

Das Internet

Abbildung 25.37: Eine sichere Website

Hinweis

Je nach besuchter HTTPS-Website und verwendetem Webbrowser wird möglicherweise auch ein Schloss in der Adressleiste angezeigt oder das komplette Adresseingabefeld in einer anderen Farbe dargestellt. Während sich diese Extras bei den verschiedenen Browsern und Websites unterscheiden, können Sie sich darauf verlassen, dass ein Schloss rechts in der Statusleiste und HTTPS in der Adresse angezeigt werden.

Es gibt jedoch ein Sicherheitsrisiko, gegen das kein Computer vollständig gefeit ist, nämlich den Benutzer selbst! Seien Sie daher insbesondere vorsichtig, wenn Sie Programme aus dem Internet herunterladen. Das Internet macht es einem ziemlich leicht, Programme herunterzuladen und zu installieren. Grundsätzlich ist nichts dagegen zu sagen, solange die Programme keinen Virus oder Trojaner enthalten und nicht beschädigt oder inkompatibel mit Ihrem Betriebssystem sind. Hier ist *gesunder Menschenverstand* gefragt. Laden Sie nur Programme aus vertrauenswürdigen Quellen herunter. Nehmen Sie sich die Zeit, die Onlinedokumentation zu studieren, damit Sie sicher sein können, dass Sie eine Programmversion herunterladen, die unter Ihrem Betriebssystem läuft. Verwenden Sie außerdem stets ein gutes Virenprogramm, vorzugsweise eines, das eintreffende Dateien noch vor der Installation auf Viren überprüft. Falls Sie hier etwas versäumen, müssen Sie mit Systemabstürzen, beschädigten Dateien und Bootproblemen rechnen. Und mit derartigen Problemen sollten Sie sich wirklich nicht herumschlagen müssen.

Kapitel 25

> **Hinweis**
>
> Weitere Informationen über Trojaner und andere Viren finden Sie in Kapitel 26 (*Computersicherheit*).

E-Mail

Für den Versand und Empfang von *E-Mail* benötigen Sie ein E-Mail-Programm. Die drei bekanntesten sind wohl *Outlook Express* und *Windows Mail* von Microsoft und Mozilla *Thunderbird*. Bei E-Mail-Clients ist etwas mehr Konfigurationsarbeit angesagt. Zunächst müssen Sie Ihre E-Mail-Adresse und das Kennwort bereithalten. E-Mail-Adressen werden im heute weithin bekannten Format Kontoname@Internetdomäne formuliert. Abbildung 25.38 zeigt E-Mail-Informationen, die in den Assistenten für den Internetzugang in Windows Mail eingegeben werden.

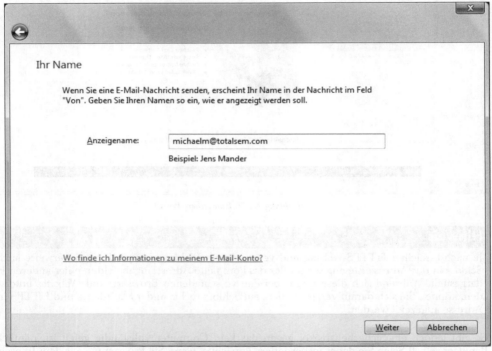

Abbildung 25.38: Hinzufügen eines E-Mail-Accounts in Windows Mail

Dann müssen Sie die Namen des POP3- (*PostOffice Protocol version 3*) oder IMAP- (*Internet Message Access Protocol*) und des SMTP-Servers (*Simple Mail Transfer Protocol*) eingeben. Der POP3- bzw. IMAP-Server ist der Computer, der eintreffende E-Mail für Sie verarbeitet. Der am weitesten verbreitete Standard ist POP3, obwohl die neueste Version von IMAP (*IMAP4*) heute einige Funktionen mehr als POP3 unterstützt. Mit IMAP4 können Sie beispielsweise Nachrichten auf dem Server nach bestimmten Schlüsselwörtern durchsuchen und die herunterzuladenden Nachrichten auswählen. Trotz der Vorteile von IMAP4 gegenüber POP3 verwendet die überwiegende Mehrheit aller Mailserver jedoch auch heute noch POP3.

> **Wichtig**
>
> Sie sollten die Portnummern dieser E-Mail-Protokolle kennen! POP3 verwendet Port 110, IMAP verwendet Port 143 und SMTP nutzt Port 25.

Das Internet

Der SMTP-Server kümmert sich um Ihre abgehende E-Mail. Beide Systeme haben oftmals denselben oder zumindest sehr ähnliche Namen (Abbildung 25.39). Alle diese Einstellungen erhalten Sie von Ihrem ISP. Falls nicht, sollten Sie wissen, wonach Sie fragen müssen. Sollte einer dieser Namen falsch sein, bekommen Sie entweder keine E-Mail oder Sie können keine senden. Falls eine E-Mail-Konfiguration eine Zeit lang korrekt funktioniert hat, aber plötzlich Fehler verursacht, ist es wahrscheinlich, dass die POP3- oder SMTP-Server abgestürzt sind oder dass der DNS-Server ausgefallen ist.

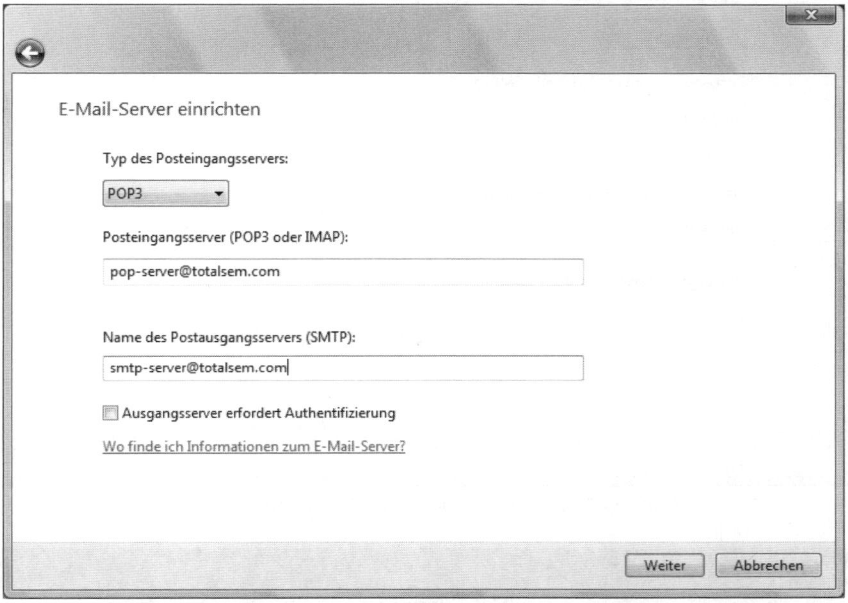

Abbildung 25.39: Eingabe von POP3- und SMTP-Daten in Windows Mail

Wenn ich den Namen eines POP3- oder SMTP-Servers erhalte, verwende ich erst einmal PING zur Ermittlung der IP-Adresse des Gerätes (Abbildung 25.40). Die schreibe ich mir dann auf. Falls ich dann Probleme mit dem Abholen von E-Mail haben sollte, dann rufe ich meine SMTP- bzw. POP3-Einstellungen auf und gebe diese IP-Adresse ein (Abbildung 25.41). Wenn ich dann wieder an meine E-Mail herankomme, weiß ich, dass der DNS-Server nicht funktioniert.

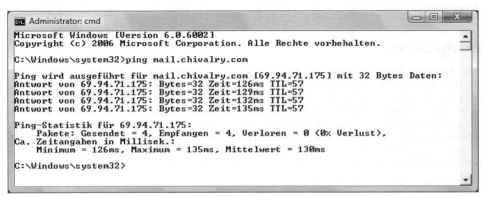

Abbildung 25.40: Mit PING ermitteln Sie die IP-Adresse.

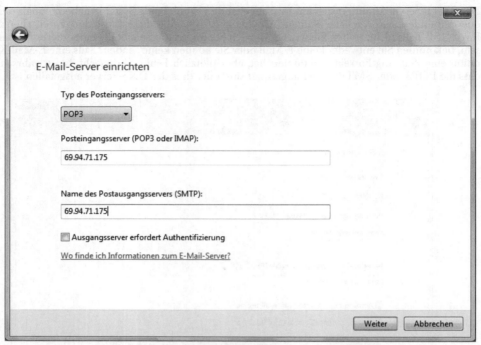

Abbildung 25.41: Eingabe von IP-Adressen für POP3- und SMTP-Server

Hinweis

Probieren Sie einmal das Dienstprogramm NETSTAT über die Eingabeaufforderung aus, um sich die von Ihren Anwendungen hergestellten Verbindungen anzeigen zu lassen. NETSTAT zeigt die lokale IP-Adresse und die Remoteadresse und auch die verwendete Portnummer an. Standardmäßig verwendet NETSTAT Computer- und Dienstnamen anstelle der Nummern. Wenn Sie den Befehl NETSTAT –N verwenden, werden Ihnen aber IP-Adressen und Portnummern angezeigt. NETSTAT ist ein mächtiges Tool, mit dem Sie jederzeit feststellen können, mit wem Ihr Rechner verbunden ist. Wenn Sie z.B. eine FTP-Verbindung sehen, aber nicht wissentlich einen FTP-Client oder FTP-Server ausführen, dann liegt möglicherweise ein unautorisierter Zugriff oder vielleicht sogar ein Malware-Problem vor.

Newsgroups

Newsgroups (*Nachrichtengruppen*) sind einer der ältesten Dienste im Internet. Zum Zugriff auf eine Newsgroup benötigen Sie einen *Newsreader*. Es existiert eine ganze Anzahl dieser speziellen Programme, wie etwa das populäre *Forté Free Agent*. *Outlook Express* bzw. *Windows Mail* von Microsoft sind aber die wohl verbreitetsten aller Newsreader (was nicht überraschend ist, da sie den meisten Windows-Versionen kostenlos beiliegen). Als Nächstes müssen Sie den Namen eines *Newsservers* kennen. Newsserver arbeiten mit dem *NNTP-Protokoll* (*Network News Transfer Protocol*). Es gibt auch öffentliche Newsserver, die aber meist recht langsam sind. Ihr ISP wird Ihnen den Namen des Newsservers und eventuell benötigte Benutzernamen und Kennwörter mitteilen (Abbildung 25.42).

Abbildung 25.42: Outlook Express für einen Newsserver konfigurieren

FTP (File Transfer Protocol)

FTP (File Transfer Protocol) verwendet die Ports 20 und 21 und eignet sich hervorragend für den Austausch von Dateien zwischen Systemen. FTP-Serversoftware gibt es für die meisten Betriebssysteme, so dass sich Dateien unabhängig vom Betriebssystem zwischen zwei Systemen übertragen lassen. Zum Zugriff auf eine FTP-Site müssen Sie einen FTP-Client wie etwa *FileZilla* verwenden, auch wenn die neueren Versionen des Internet Explorers und anderer Webbrowser zumindest FTP-Downloads auch direkt unterstützen. Sie geben einfach den Namen der FTP-Site in die Adressleiste ein. Abbildung 25.43 zeigt Mozilla Firefox beim Zugriff auf ftp://ftp.kernel.org.

Obwohl Sie auch mit einem Webbrowser arbeiten können, müssen Sie sich bei allen FTP-Sites anmelden. Wenn Sie sich als bestimmter Benutzer anmelden wollen, müssen Sie Ihren Benutzernamen zur URL hinzufügen. (Statt beispielsweise ftp://ftp.beispiel.com einzugeben, würden Sie ftp://franzl@ftp.beispiel.com eingeben.) Bei fast allen öffentlichen FTP-Sites kann man sich auch anonym anmelden. Viele Techniker bevorzugen für den FTP-Zugriff Programme von Drittanbietern, wie etwa FileZilla (Abbildung 25.44), weil diese Programme den Benutzernamen und die Kennworteinstellungen speichern. Auf diese Weise können Sie später einfacher wieder auf die FTP-Site zugreifen. Beachten Sie, dass FTP in einer vertrauensseligeren Zeit entwickelt wurde und dass Benutzername und Kennwort unverschlüsselt und im Klartext über das Netzwerk übertragen werden. Sie sollten für eine FTP-Site daher keinesfalls dasselbe Kennwort verwenden wie für Ihre Domänenanmeldung im Büro!

Kapitel 25

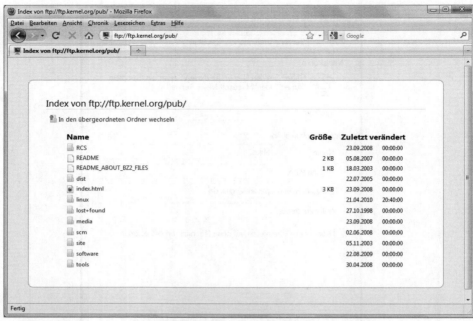

Abbildung 25.43: Eine FTP-Site in Firefox

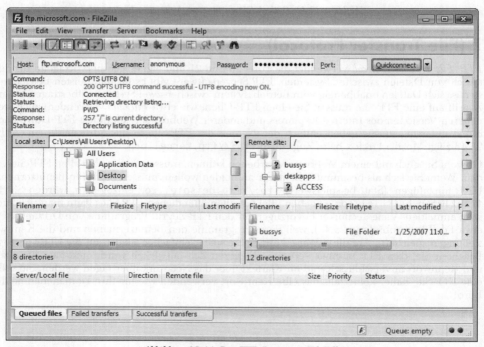

Abbildung 25.44: Das FTP-Programm FileZilla

Telnet und SSH

Telnet ist ein Terminalemulationsprogramm für TCP/IP-Netzwerke, das Sie mit einem Server verbindet und Befehle auf diesem Server so ausführt, als säßen Sie direkt davor. Auf diese Weise können Sie einen Server remote verwalten und mit anderen Servern im Netzwerk kommunizieren. Wie Sie sich vorstellen können, ist dies ziemlich riskant. Wenn Sie einen Computer remote steuern können, was hindert dann andere Leute daran, es Ihnen gleichzutun? Natürlich erlaubt Telnet nicht jedermann die Anmeldung und absichtliche Manipulation Ihres Netzwerks. Sie müssen einen bestimmten Benutzernamen und ein Kennwort eingeben, um Telnet nutzen zu können. Leider besitzt Telnet dieselben schlechten Angewohnheiten wie FTP und sendet Kennwörter und Benutzernamen im Klartext, deshalb sollten Sie es grundsätzlich nur innerhalb Ihres eigenen LANs benutzen.

Wenn Sie ein entferntes Terminal benötigen, das sicher über das Internet funktioniert, sollten Sie fortschrittlichere Werkzeuge benutzen, wie beispielsweise *SSH (Secure Shell)*. Tatsächlich hat SSH heute Telnet in fast allen Bereichen verdrängt, in denen es dereinst beliebt war. Für den Anwender funktioniert SSH genau wie Telnet. Im Hintergrund verwendet SSH Port 22 und arbeitet mit vollständig verschlüsselten Verbindungen, die dafür sorgen, dass kein Lauscher Ihre Daten abhört. SSH hat noch einen weiteren Trick im Ärmel und kann Dateien oder beliebigen TCP/IP-Netzwerkverkehr über seine sichere Verbindung übertragen. Im Netzwerkjargon nennt man das *Tunneling* und dabei handelt es sich um den Kern der VPN-Technologie, auf die ich weiter hinten in diesem Kapitel noch genauer eingehen werde.

Wichtig

Die CompTIA A+-Zertifizierung prüft Ihr Wissen über einige Netzwerktools wie etwa Telnet, aber nur so weit, dass Sie einen Network+-Techniker bzw. Netzwerkverwalter unterstützen können. Falls Sie Telnet oder das sicherere SSH einmal ausführen müssen, werden Sie die dazu notwendigen Einzelheiten von Ihrem Netzwerkverwalter erfahren. Über die Implementierung von Telnet müssen Sie für die CompTIA A+-Prüfungen nichts wissen.

VoIP (Voice over IP)

Voice over IP (VoIP) ermöglicht Ihnen, ganz normale Telefongespräche über Ihr Computernetzwerk zu führen. Warum brauchen Sie zwei Leitungen, eine für Sprache, eine für Daten, an jedem Schreibtisch? Warum nutzen Sie nicht einfach die überflüssige Kapazität des Datennetzwerks für Ihre Telefonanrufe? Genau das erledigt VoIP für Sie. VoIP lässt sich mit jeder Art schneller Internetverbindung nutzen, also über DSL, Kabel und Satellit.

VoIP verwendet nicht ein einzelnes, sondern mehrere Protokolle, um Telefongespräche über Datennetzwerke möglich zu machen. Anbieter wie etwa Skype und Vonage liefern beliebte VoIP-Lösungen, und viele Unternehmen verwenden VoIP für ihre internen Telefonnetzwerke. Bei der Installation und Problembehebung im VoIP-Bereich sollten Sie sich unbedingt merken, dass hier niedrige Netzwerklatenzen wichtiger als hohe Netzwerkgeschwindigkeiten sind. Als *Latenz* bezeichnet man jene Zeitspanne, die ein Paket benötigt, um seinen Zielort zu erreichen, und sie wird in Millisekunden gemessen. Je höher die Latenz, desto größer werden die durch spürbare Verzögerungen in VoIP-Telefonaten verursachten Irritationen und damit die Probleme.

Eine schnelle Möglichkeit zur Prüfung der aktuellen Latenz bietet der immer praktische PING-Befehl:

1. Führen Sie PING für ein bekanntes Ziel aus, wie z.B. www.microsoft.com oder www.totalsem.com.
2. Wenn PING ausgeführt wurde, achten Sie auf die durchschnittliche Zeitangabe am Ende der Ausgabe. Sie gibt die aktuelle Latenz bei einer Verbindung mit dieser Seite an.

Kapitel 25

Terminalemulation

In Microsoft-Netzwerken geben wir hauptsächlich Ordner und Drucker frei. Manchmal wäre es jedoch praktisch, vor einem anderen Computer zu sitzen – und zwar so, als hätte man wirklich seine Tastatur zur Verfügung. Man spricht von der *Terminalemulation*. Die Terminalemulation ist nichts Neues. Telnet ist eine der ältesten TCP/IP-Anwendungen, aber unter der Einführung grafischer Benutzeroberflächen hat seine Popularität gelitten. Wenn die Techniker heute von Terminalemulation sprechen, dann geht es normalerweise um grafische Terminalemulationsprogramme.

Wie so viele andere Windows-Anwendungen stammen auch die grafischen Terminalemulationen ursprünglich von Drittanbietern und wurden irgendwann in das Windows-Betriebssystem übernommen. Es gibt zwar viele Emulatoren von Drittanbietern, aber einer der beliebtesten ist *VNC* von der University of Cambridge. VNC ist kostenlos und plattformübergreifend, wodurch Sie beispielsweise ein Windows-System entfernt von Ihrem Macintosh-System steuern können. Abbildung 25.45 zeigt VNC bei der Arbeit.

Abbildung 25.45: VNC in Aktion

Hinweis

Alle Terminalemulationsprogramme benötigen separate Server- und Client-Programme.

Windows 2000 Server (nicht Professional) war die erste Windows-Version, die einen eingebauten Terminalemulator besaß, *Windows Terminal Services*. Terminal Services hat einige große Einschränkungen: Die Server-Software läuft nur unter Windows Server und die Client-Software nur unter Windows, aber immerhin unter *allen* Windows-Versionen, und der Client ist kostenlos. Abbildung 25.46 zeigt Windows Terminal Services auf einem Windows-2000-Computer.

Windows XP und Vista/7 bieten eine Alternative zu VNC: Remotedesktop. Remotedesktop bietet Kontrolle über einen entfernten Server mit der vollständigen grafischen Benutzeroberfläche. Ihr Desktop *wird* zum Server-Desktop (Abbildung 25.47). Fast unglaublich! Die Funktion steht aber erst ab Windows XP zur Verfügung.

Das Internet

Abbildung 25.46: Die alten Windows Terminal Services

Abbildung 25.47: Das Dialogfeld REMOTEDESKTOPVERBINDUNG unter Windows Vista

Wäre es nicht praktisch, wenn Sie bei einer technischen Anfrage einfach sehen könnten, was Ihr Kunde sieht? (Ich meine hier nicht die Webcam!) Wenn der Kunde sagt, dass irgendetwas nicht funktioniert, dann wäre es doch wunderbar, wenn Sie von Ihrem Schreibtisch zum Schreibtisch Ihres Kunden gehen könnten, um genau zu sehen, was er meint. Das würde die Missverständnisse wesentlich reduzieren, die dem Techniker das Leben so schwer machen. *Windows-Remoteunterstützung* hilft Ihnen dabei. Es basiert auf dem Shared Desktop, der im beliebten MSN Messenger enthalten war. Er erlaubt Ihnen, jedem die Kontrolle über Ihren Desktop zu überlassen. Wenn ein Benutzer ein Problem hat, kann er den Support direkt von Ihnen anfordern. Nachdem Sie die Support-Anfrage per E-Mail erhalten haben, melden Sie sich an seinem System an und übernehmen mit seiner Erlaubnis das Steuer. Abbildung 25.48 zeigt das Anfangsdialogfeld der Remoteunterstützung.

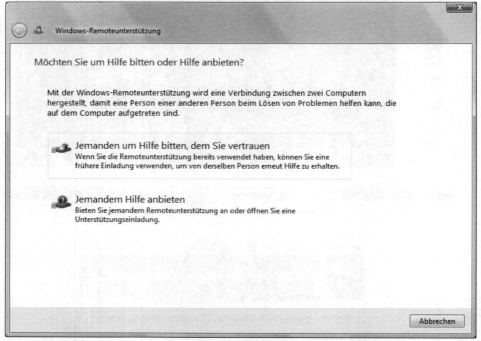

Abbildung 25.48: Remoteunterstützung in Aktion

Mit der Remoteunterstützung können Sie alles machen, was Sie auch direkt am jeweiligen Computer tun könnten. Sie können Hardwarekonfigurationen überprüfen oder Treiberprobleme lösen. Sie können Treiber installieren, Treiber zurücksetzen, neue Treiber herunterladen usw. Sie steuern die entfernte Maschine, solange der Kunde Ihnen das erlaubt. Der Kunde sieht alles, was Sie machen, und kann Sie sofort unterbrechen, wenn Sie irgendetwas tun, was ihn nervös machen würde. Remoteunterstützung kann Ihnen helfen, jemandem zu zeigen, wie ein bestimmtes Programm funktioniert. Sie melden sich auf dem PC eines Benutzers an, starten Outlook oder Mail und durchlaufen dann die Konfigurationsschritte, während der Benutzer zusieht. Der Benutzer kann dann seinen Computer wieder übernehmen und die Schritte selbst nachvollziehen, während Sie zusehen, und dabei die ganze Zeit über mit Ihnen sprechen. Genial!

Die neuen grafischen Terminalemulatoren bieten alles, was Sie brauchen, um von einem System aus auf ein anderes zuzugreifen. Sie sind sehr gebräuchlich, insbesondere jetzt, nachdem Microsoft kostenlose Terminalemulatoren bereitstellt. Egal, welchen Typ Emulator Sie verwenden, achten Sie immer darauf, dass Sie ein Server- und ein Client-Programm benötigen. Der Server muss auf dem System installiert werden, auf das Sie zugreifen wollen, und der Client auf dem System, von dem aus Sie auf den Server zugreifen. Bei vielen Lösungen sind Server- und Client-Software in ein einziges Produkt integriert.

VPN (Virtuelles privates Netzwerk)

Remoteverbindungen gibt es bereits seit langer Zeit, länger noch als das Internet. Der größte Nachteil von Remoteverbindungen bestand in ihren Verbindungskosten. Wenn Sie sich an einem Ende eines Kontinents oder eines Landes befanden und sich mit Ihrem LAN am anderen Ende des Kontinents oder Landes verbinden mussten, dann stand nur das Telefon als Verbindungsoption zur Verfügung. Oder Sie mussten, wenn Sie zwei LANs über weite Entfernungen miteinander verbinden wollten, horrende monatliche Gebühren für eine private Verbindung bezahlen. Mit der Einführung des Internets entstand für Menschen, die sich mit ihren Heimnetzwerken verbinden wollten, eine sehr preiswerte Verbindungsoption, die aber ein Problem hatte, da das gesamte Internet öffentlich zugänglich ist. Man wollte zwar keine Wählverbindungen oder teure private Verbindungen mehr verwenden und hätte lieber das Internet benutzt, aber das sollte auch sicher sein.

Die schlauen Netzwerkentwickler arbeiteten lang und hart und stellten dann mehrere Lösungen für dieses Problem vor. Es wurden Standards entwickelt, die verschlüsselte Tunnel zwischen Computern (oder Netzwerken an entfernt gelegenen Standorten) benutzten, um private Netzwerke über das Internet zu erstellen (Abbildung 25.49). Das Ergebnis ist unter dem Namen *VPN (Virtual Private Network)* bekannt.

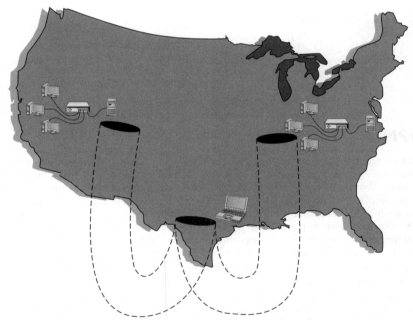

Abbildung 25.49: Ein VPN verbindet Rechner über die Vereinigten Staaten hinweg.

Ein verschlüsselter Tunnel erfordert Endpunkte, an denen die Daten verschlüsselt und entschlüsselt werden. Beim bereits vorgestellten SSH-Tunnel befindet sich der Client der Anwendung am einen und der Server am anderen Ende. Das ist auch bei VPNs so. Irgendwelche auf einem Rechner ausgeführten Programme oder manchmal auch dedizierte elektronische Kistchen müssen als Endpunkte eines VPNs fungieren (Abbildung 25.50).

Kapitel 25

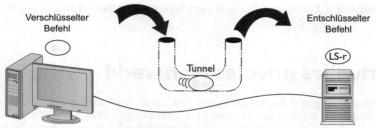

Abbildung 25.50: Ein typischer Tunnel

Damit VPNs funktionieren, wird ein Protokoll benötigt, das eines der vielen verfügbaren Tunneling-Protokolle nutzt und zudem eine IP-Adresse von einem lokalen DHCP-Server anfordern kann, um dem Tunnel eine IP-Adresse geben zu können, die dem Subnetz des lokalen LANs entspricht. Die Verbindung behält ihre IP-Adresse für die Internetverbindung, aber die Tunnelendpunkte müssen sich wie Netzwerkadapter verhalten (Abbildung 25.51). Sehen wir uns nun eines dieser Protokolle namens PPTP an.

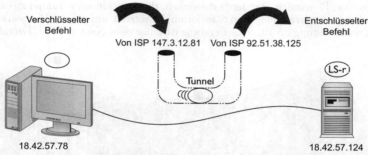

Abbildung 25.51: Die Endpunkte müssen ihre eigenen IP-Adressen besitzen.

PPTP-VPNs

Wie können wir IP-Adressen aus dem Nichts erscheinen lassen? Microsoft gab mit *PPTP* (*Point-to-Point Tunneling Protocol*) den Anstoß. Bei diesem Protokoll handelt es sich um eine weiterentwickelte Version eines Protokolls namens PPP, das für Wählverbindungen ins Internet verwendet wurde und das bereits von Beginn an all das beherrschte. Der einzige Trick betrifft die Endpunkte. Aus der Sicht von Microsoft sollen VPNs für die Verbindung einzelner Clients (denken Sie an reisende Angestellte) mit ihrem Büronetzwerk sorgen. Daher positionierte Microsoft die PPTP-Endpunkte beim Client und ein spezielles Remotezugriff-Serverprogramm namens *RRAS* (*Routing and Remote Access Service*), das ursprünglich nur unter Windows Server zur Verfügung stand, beim Server (Abbildung 25.52).

Auf Seiten des Windows-Clients starten Sie unter Windows 2000 das Applet NETZWERK- UND DFÜ-VERBINDUNGEN in der Systemsteuerung und klicken das Symbol NEUE VERBINDUNG ERSTELLEN doppelt an. Unter Windows XP klicken Sie im Applet NETZWERKVERBINDUNGEN im Aufgabenbereich die Option NEUE VERBINDUNG ERSTELLEN an. Unter Windows Vista klicken Sie im NETZWERK- UND FREIGABECENTER links im Aufgabenbereich die Option EINE VERBINDUNG ODER EIN NETZWERK EINRICHTEN und dann VERBINDUNG MIT DEM ARBEITSPLATZ HERSTELLEN an. Daraufhin werden Dialogfelder angezeigt, in denen Sie die Daten Ihres VPN-Servers eintragen können. Ihr Netzwerkadministrator sollte Ihnen die dabei benötigten Informationen geben. Das Ergebnis ist eine virtuelle Netzwerkkarte, der wie alle anderen eine IP-Adresse vom DHCP-Server in Ihrem Büro zugewiesen wird (Abbildung 25.53).

Das Internet

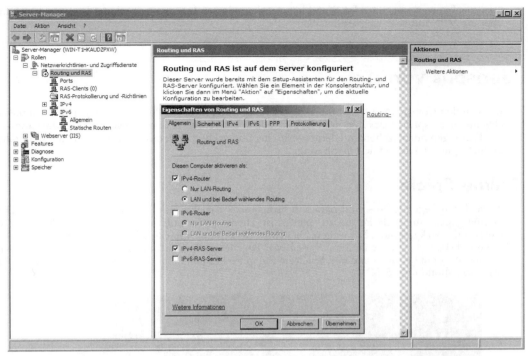

Abbildung 25.52: RRAS in Aktion (Windows Server 2008)

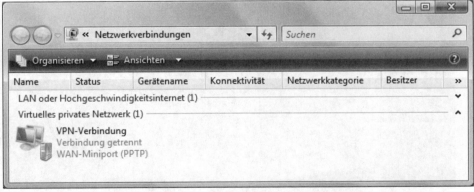

Abbildung 25.53: Eine VPN-Verbindung unter Windows Vista

> **Wichtig**
>
> Ein mit einem VPN verbundenes System verhält sich, als befände es sich im lokalen Netzwerk, arbeitet aber viel langsamer als ein im Büro direkt mit dem LAN verbundenes System.

Wenn sich Ihr Computer mit dem RRAS-Server im privaten Netzwerk verbindet, dann erzeugt PPTP einen sicheren Tunnel durch das Internet zurück ins private LAN. Ihr Client erhält eine IP-Adresse dieses Netzwerks, so als wäre der Rechner an das LAN im Büro angeschlossen. Selbst Ihr Internetverkehr geht erst über Ihr Büro. Wenn Sie Ihren Webbrowser starten, dann nimmt Ihr Client den Weg über das Internet zum Büro-LAN und benutzt dann dessen Internetverbindung! Deswegen surft man über ein VPN nur sehr langsam im Web.

Jenseits von A+

Die von den CompTIA A+-Zertifizierungsprüfungen abgedeckten Bereiche beschäftigen sich mit den allgemeinen Aspekten des Internets. Es gibt jedoch einige interessante Dinge, die über die CompTIA A+-Prüfungen hinausgehen und derart verbreitet und wichtig sind, dass sie Ihnen vertraut sein sollten: Online-Spiele, Chatten und File-Sharing.

Online-Spiele

Einer der aufregenderen – und natürlich lustigeren – Aspekte des Internets sind die Online-Spiele. Online gegen eine reale Person zu spielen, ist Thema vieler unterhaltsamer Spiele – Klassiker wie Hearts und Backgammon. Ein weiteres beliebtes Genre der Online-Spiele sind die immer wieder kontrovers diskutierten so genannten *Ego-Shooter*. Bei diesen Spielen bewegen sie sich innerhalb einer kleinen Welt mit bis zu 32 anderen Spielern. Ein gutes Beispiel dafür ist *Counter Strike: Source* von *Valve Software* (Abbildung 25.54).

Abbildung 25.54: Counter Strike: Source

Die Diskussion der Online-Spiele wäre nicht vollständig, würde man nicht auf den erstaunlichsten Spieletyp überhaupt hinweisen, die *MMORPGs* (*Massively Multiplayer Online Role-Playing Game*). Stellen Sie sich vor, Sie sind ein Blutelf, der begleitet von einer ganzen Horde Freunde auf Abenteuer in Welten geht, die so groß sind, dass Sie einen ganzen Tag bräuchten, um durch sie zu reisen. Stellen Sie sich vor, dass in derselben Welt 2.000 oder 3.000 andere Spieler und Tausende von dem Spiel gesteuerte Charaktere anwesend sind! Es gibt viele MMORPGs, aber das wohl beliebteste ist heute *World of Warcraft* (Abbildung 25.55).

Abbildung 25.55: World of Warcraft

Jedes dieser Spiele verwendet das gute alte TCP/IP, um Daten über spezielle Ports zu übertragen, die für das Spiel reserviert werden. Die Quake-Spielereihe verwendet beispielsweise Port 26000, während DirectX die Ports 47624 und 2300–2400 benutzt.

Chatten

Wir Menschen lieben es, uns zu unterhalten. Das Internet bietet Ihnen zahlreiche Möglichkeiten, sich mit anderen Menschen zu unterhalten, entweder über Tastatureingaben oder über echte Gespräche. Beachten Sie, dass Sie in Echtzeit chatten. Sobald Sie schreiben oder sprechen, kann Ihr Gegenüber hören oder sehen, was Sie zu sagen haben. Zum Chatten brauchen Sie eine Chat-Software. Die älteste Chat-Programmfamilie basiert auf dem IRC-Protokoll (Internet Relay Chat), und das beliebteste IRC-Chat-Programm ist wahrscheinlich mIRC. IRC-Protokolle bieten zahlreiche kleine Extras, wie beispielsweise den Austausch von Dateien.

Heute haben Unternehmen wie AOL, Yahoo! und Microsoft ihre eigenen Chat-Programme, die nicht nur Text unterstützen, sondern auch Sprache und Video, wodurch Ihr PC zu einem echten Ersatz für Ihr Telefon wird. Abbildung 25.56 zeigt den beliebten Microsoft Windows Live Messenger.

Abbildung 25.56: Windows Live Messenger

File-Sharing

Die letzte zusätzliche Internet-Funktion, die hier beschrieben werden soll, ist vermutlich auch die umstrittenste: File-Sharing. Beim File-Sharing werden mehrere Computer unter Verwendung eines Programms wie etwa Napster oder Kazaa zusammengeschlossen. Das File-Sharing-Programm ermöglicht jedem Computer, auf dem das Programm ausgeführt wird, Dateien anzubieten, wie beispielsweise MP3-Musikdateien oder MPEG-Filme. Wenn alle File-Sharing-Computer am Internet angemeldet sind, kann jeder von ihnen eine Datei herunterladen, die von einem anderen in der Gruppe angeboten wird.

Das File-Sharing ist damit fast anonym und kostenlos geworden – und das ist das Problem. Sie können *alles* übertragen, selbst urheberrechtlich geschützte Musik, Filme und vieles andere mehr. Insbesondere die Musikindustrie kämpft gegen die File-Sharing-Praktiken an. Daher sucht die Musikindustrie nach Möglichkeiten, um Personen Einhalt zu gebieten, die sehr viele Dateien übertragen. Aber die Softwareentwickler setzen Internet-Protokolle wie etwa *BitTorrent* dagegen, die die Verteilung verwalten und es schwieriger machen, die File-Sharer zu finden und zu bestrafen. Abbildung 25.57 zeigt eines der beliebtesten Programme mit *BitTorrent*-Protokoll, μTorrent (das μ ist das Symbol für »Mikro«, man spricht den Namen also wie »Mikro-Torrent« aus). BitTorrent hat aber auch viele legitime Benutzer – sein Protokoll ist extrem effizient für die Verteilung großer Dateien, und es ist zur Methode der Wahl für die Verteilung von Linux-Distributionen und großer Open-Source-Anwendungen wie etwa Apache und OpenOffice geworden.

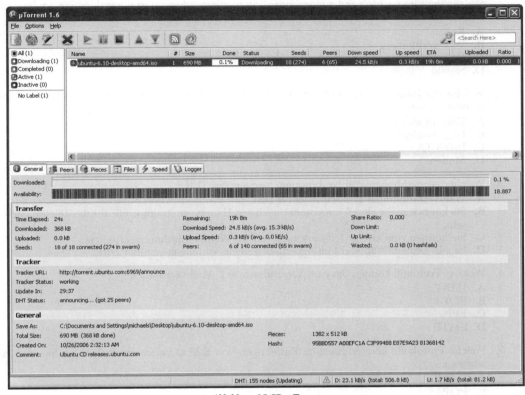

Abbildung 25.57: μTorrent

Hinweis

Der Webbrowser *Opera* enthält in den neueren Versionen einen integrierten BitTorrent-Client. (Mozilla Firefox und Internet Explorer lassen sich entsprechend erweitern.)

Diese Beispielprogramme sind nur die Spitze des Eisbergs. Es gibt unendlich viele Anwendungen, die das Internet benutzen. Einer der interessantesten Aspekte von TCP/IP ist, dass sein grundlegender Entwurf etwa 30 Jahre alt ist. Wir verwenden TCP/IP völlig anders, als ursprünglich von seinen Entwicklern vorgesehen, aber dennoch beweist es weiterhin seine Leistungsfähigkeit und Flexibilität. Nicht schlecht!

Kapitel 25

Wiederholung

Fragen

1. Welche der vier nachfolgend angegebenen Internetverbindungen ist normalerweise am langsamsten?
   A. Kabel
   B. Wählverbindung
   C. DSL
   D. Satellit

2. Welche der folgenden Technologien werden bei Wählverbindungen genutzt? (Wählen Sie zwei Antworten aus.)
   A. Kabelmodem
   B. DSL-Modem
   C. ISDN-TA
   D. Modem

3. Welchen Vorteil haben Wählverbindungen gegenüber DSL?
   A. Wählverbindungen sind schneller als DSL.
   B. Sie können mehr als 5,5 km von der nächsten Hauptvermittlungsstelle für das Telefon entfernt sein.
   C. Sie können eine zweite Telefonleitung nur für Wählverbindungen erhalten.
   D. Es gibt keinen. Wählverbindungen haben keine Vorteile gegenüber DSL.

4. Welches Protokoll können Sie zum Versenden von E-Mail verwenden?
   A. IMAP
   B. POP3
   C. PPP
   D. SMTP

5. Welche Protokolle können Sie zum Empfangen von E-Mail verwenden? (Wählen Sie zwei Antworten aus.)
   A. IMAP
   B. POP3
   C. PPP
   D. SMTP

6. Welchen Vorteil haben Satelliten gegenüber Kabel bei Internetverbindungen?
   A. Satelliten sind schneller als Kabel.
   B. Kabel ist bei schlechtem Wetter unzuverlässig, Satelliten nicht.
   C. Bei Satellitenverbindungen müssen Sie sich innerhalb einer Entfernung von 5,5 km zu einem zentralen Switch befinden.
   D. Kabel ist auf Gebiete beschränkt, in denen Kabel installiert sind, Satelliten nicht.

7. Mit welcher Microsoft-Technologie können Sie eine einzige Internetverbindung über mehrere Computer nutzen?
   A. Internetverbindungsfreigabe
   B. Netzwerkumgebung
   C. Remoteunterstützung
   D. Remotedesktop

8. Welcher Befehl ermöglicht Ihnen häufig die Diagnose von TCP/IP-Fehlern, wie beispielsweise Verbindungsprobleme?
   A. FTP
   B. PING
   C. POP3
   D. VOIP

9. Auf welcher der sieben Schichten des OSI-Modells arbeiten Proxy-Server?
   A. Schicht 1 – Physisch
   B. Schicht 2 – Sicherung
   C. Schicht 6 – Darstellung
   D. Schicht 7 – Anwendung

10. Welche der folgenden Programme bieten Ihnen Zugriff auf einen entfernten Computer von Ihrem lokalen Computer aus? (Wählen Sie zwei Antworten aus.)
    A. FTP
    B. Internetverbindungsfreigabe
    C. Remotedesktop
    D. Telnet

Antworten

1. **B.** Wählverbindungen sind robust und allgemein verfügbar, aber langsamer als die neueren Verbindungstypen.
2. **C, D.** ISDN-Terminal-Adapter und traditionelle Modems verwenden Wählverbindungen für den Internetzugang.
3. **B.** DSL ist auf die relativ kurze Entfernung von 5,5 km zu einem Haupt-Switch beschränkt, weshalb es in ländlichen Gebieten häufig nicht (oder nur mit Einschränkungen) genutzt werden kann. Für Wählverbindungen (DFÜ-Verbindungen) brauchen Sie nur eine Telefonleitung.
4. **D.** Sie können SMTP zum Versenden von E-Mail-Nachrichten verwenden.
5. **A, B.** Sie können entweder IMAP oder POP3 zum Empfang von E-Mail-Nachrichten verwenden.
6. **D.** Wenn Sie eine Satellitenverbindung benutzen, werden Sie natürlich unabhängig vom Kabel der Kabelbetreiber!
7. **A.** Mit der Internetverbindungsfreigabe können Sie eine Internetverbindung über mehrere Rechner gemeinsam nutzen.
8. **B.** Häufig können Sie den Befehl PING zur Diagnose von TCP/IP-Problemen verwenden.
9. **D.** Proxyserver arbeiten auf Schicht 7, der Anwendungsschicht.
10. **C, D.** Mit Telnet und Remotedesktop können Sie auf einem an einem anderen Ort stehenden Rechner arbeiten. Die letztere Option ist nur komfortabler!

26

Computersicherheit

Themen in diesem Kapitel
- ❏ Die Bedrohungen Ihres Computers und Ihrer Daten erklären
- ❏ Wesentliche Sicherheitskonzepte und -technologien
- ❏ Erklären, wie Sie Computer vor Netzwerkbedrohungen schützen

Ihr PC ist in Gefahr. Über Ihren PC können böswillige Personen wertvolle Informationen über Sie und Ihre Gewohnheiten in Erfahrung bringen. Sie können Ihre Dateien stehlen. Sie können Programme ausführen, die Ihre Eingaben aufzeichnen, und damit Kontonummern und Kennwörter, Kreditkartendaten und vieles andere mehr ausspionieren. Sie können Software ausführen, die einen Großteil Ihrer Rechenleistung verbraucht, und Ihren Computer nutzen, um Spam zu versenden oder etwas von anderen zu stehlen. Die Bedrohung ist real und aktuell. Und was noch schlimmer ist: Während ich dies schreibe, werden Ihre Kunden auf dieselbe Weise bedroht. Sie müssen Ihren Computer und Ihre Benutzer vor derartigen Angriffen schützen.

Aber was ist Computersicherheit? Ist es ein Antivirenprogramm? Sind es lange, komplizierte Kennwörter? Natürlich gehört das dazu, aber was ist mit der Tatsache, dass Ihr Laptop ganz einfach gestohlen werden kann?

Um Computer zu schützen, brauchen Sie eine vernünftige Strategie und die richtige Taktik. Aus strategischer Sicht müssen Sie die von unautorisierten Zugriffen auf lokale Rechner ausgehenden Bedrohungen und die mit der Einrichtung eines Netzwerks verbundenen Gefahren verstehen. In diesem Rahmen müssen Sie wissen, wie sich diese Gefahren durch Nutzung von Richtlinien, Programmen und Hardware in Grenzen halten lassen. Aus taktischer Sicht müssen Sie sich mit den Einzelheiten auskennen und die richtigen Werkzeuge implementieren und warten können. Sie müssen beispielsweise nicht nur Antivirenprogramme auf den Rechnern der Benutzer installieren, sondern diese Programme auch regelmäßig aktualisieren, um gegen die Flut ständig neuer Viren gewappnet zu bleiben.

Die Bedrohungen analysieren

Die Bedrohung Ihrer Daten und Ihres PC kommt aus zwei Richtungen: Unfälle und böswillige Menschen. Es kann alles Mögliche schiefgehen, von einem Benutzer, der Zugriff auf einen Ordner erhält, den er eigentlich nicht sehen sollte, bis hin zu einem Virus, der all Ihre Ordner löscht. Dateien können gelöscht und umbenannt werden oder einfach verloren gehen. Festplattenlaufwerke können sterben, und optische Datenträger können zerkratzt und damit unlesbar werden. Selbst Menschen, die es nur gut meinen, können Fehler machen.

Leider gibt es auch viele Leute, die Ihnen absichtlich Böses wollen. Wenn sich Bösartigkeit mit Computerbegabung paart, ist das eine tödliche Kombination. Wir werden die folgenden Probleme betrachten:

- Unerlaubter Zugriff
- Datenzerstörung, versehentlich oder absichtlich
- Administrativer Zugriff
- Katastrophale Hardwarefehler
- Viren/Spyware

Geschichte und Konzepte

Unerlaubter Zugriff und Einbruch

Unerlaubter Zugriff findet statt, wenn ein Benutzer auf unerlaubte Weise auf Ressourcen zugreift. Ressourcen sind in diesem Fall Daten, Programme und Hardware. Ein Benutzer kann Daten verändern oder löschen, auf sensible Informationen wie etwa Finanzdaten, persönliche Dateien oder E-Mails zugreifen oder einen Computer für Zwecke nutzen, die dessen Eigentümer nicht vorgesehen hat.

Nicht jeder unerlaubte Zugriff geschieht böswillig. Häufig tritt dieses Problem auf, wenn an einem Computer herumspielende Benutzer entdecken, dass sie auf Ressourcen so zugreifen können, wie es der eigentliche Besitzer nicht vorgesehen hat. Unerlaubter Zugriff wird böswillig, wenn Außenstehende bewusst und absichtlich Schwächen in Ihrem Sicherheitssystem nutzen, um Informationen zu sammeln, Ressourcen zu nutzen oder Daten zu zerstören!

Eine Variante des unautorisierten Zugriffs ist der Einbruch. Sicherlich können Sie sich vorstellen, wie jemand eine Tür eintritt und sich in einen Computer hackt, viel häufiger handelt es sich aber um jemanden, der zu Hause an seinem Rechner sitzt und die verschiedensten Kennwörter über das Internet ausprobiert. Das ist zwar weniger filmreif, aber ähnlich gefährlich …

Auch durch das Durchsuchen von Mülltonnen und Abfällen können Hacker an Informationen gelangen. Dabei handelt es sich ebenfalls um eine Art Einbruch. Sie würden es nicht glauben, wie viele sensible Daten in die Mülleimer von Unternehmen wandern! Vor einigen Jahren habe ich mit einem Profi aus dem Bereich der IT-Sicherheit zusammengearbeitet, mit dem ich unsere Büroabfälle untersucht habe. Binnen 20 Minuten hatten wir genug Informationen zusammen, um auf das Netzwerk zugreifen und etliche Mitarbeiter ernsthaft unter Druck setzen zu können. Wenn man nach Informationen sucht, wird man im Abfall oft fündig!

Social Engineering

Es ist zwar wahrscheinlicher, dass Sie Daten zufällig verlieren, aber die Taten böswilliger Benutzer sorgen für die Mehrzahl der Schlagzeilen. Ein Großteil dieser Angriffe erfolgt unter dem Stichwort *Social Engineering* bzw. der *sozialen Manipulation*. Dabei handelt es sich um eine Vorgehensweise, Menschen, die sich legitim innerhalb von Netzwerkumgebungen bewegen dürfen, so zu benutzen oder zu manipulieren, dass man von außen Zugriff auf ein Netzwerk erhält. Der Begriff *Social Engineering* deckt die vielen Methoden ab, mit denen Menschen manipuliert werden können, um unberechtigt an Informationen zu gelangen. Dabei könnte es sich beispielsweise um Anmeldedaten für das Netzwerk, Kreditkartennummern oder Kundendaten handeln – fast alles, was nicht für die Augen unternehmensfremder Personen gedacht ist.

Bei der sozialen Manipulation handelt es sich zumindest im klassischen Sinne nicht um Hacken, auch wenn die Ziele dieselben sind. Social Engineering findet statt, wenn Außenstehende Unternehmen über deren Mitarbeiter angreifen oder auf deren Besitz zugreifen, um an benötigte Informationen zu gelangen. Nachfolgend sind einige klassische Formen von Social-Engineering-Angriffen beschrieben.

Computersicherheit

> **Hinweis**
>
> Häufig werden Angriffe durch soziale Manipulation kombiniert. Wenn Ihnen also eine dieser Formen auffällt, sollten Sie auch auf die anderen achten.

Eindringen

Hacker können in Ihr Gebäude eindringen – und dabei so tun, als hätten sie einen legitimen Grund dafür, wie z.B. als Reinigungspersonal, Handwerker oder Boten getarnt. Sie durchsuchen Schreibtische nach Informationen. Sie könnten auch mit Unternehmensmitarbeitern sprechen, um Namen, Telefonnummern, Abteilungsnummern zu erfahren. Das ist an sich zwar nichts Weltbewegendes, kann aber zu leistungsfähigen Werkzeugen gemacht werden, wenn diese Informationen später mit anderen Angriffen aus dem Bereich des Social Engineerings kombiniert werden.

Wenn sich böswillige Personen wie legitime Benutzer kleiden und dabei gefälschte Ausweise und andere Hilfsmittel benutzen, können sie sich den unberechtigten Zugang erschleichen und damit potenziell auch an Ihre Daten gelangen. Recht häufig wird versucht, sich unerlaubten Zutritt dadurch zu erschleichen, dass man dicht hinter jemandem hergeht, so tut, als ob man zu ihm gehöre, und mit ihm durch eine Tür oder Schleuse geht (*tailgating*).

Die Telefonmasche

Betrügerische Telefonanrufe sind wahrscheinlich die häufigsten Angriffe im Rahmen des Social Engineerings. Dabei ruft der Angreifer irgendjemanden im Unternehmen an, um an Informationen zu gelangen. Der Angreifer versucht, sich als Mitarbeiter des Unternehmens auszugeben, um so die gewünschten Informationen zu erhalten. Am bekanntesten ist die Masche »Ich habe meinen Benutzernamen und mein Passwort vergessen.« Bei dieser Taktik verschafft sich der Angreifer durch Eindringen in das Unternehmen zuerst den Kontennamen eines legitimen Unternehmensmitarbeiters. Anschließend ruft er jemanden im Unternehmen an, häufig einen Supportmitarbeiter, um weitere Informationen zu erhalten, in diesem Fall ein Passwort.

Hacker: »Hi, hier ist Hans Dampf aus der Buchhaltung. Ich habe mein Kennwort vergessen. Könnten Sie es bitte zurücksetzen?«

Support: »Natürlich. Wie lautet Ihr Benutzername?«

Hacker: »h_h_dampf.«

Support: »OK, ich setze es auf e34rd3.«

Natürlich sind solche telefonischen Betrügereien nicht auf den Zugang zum Netzwerk beschränkt. Oft geht es auch um Bargeld, Material für Erpressungen und andere wertvolle Dinge.

Phishing

Beim *Phishing* handelt es sich um den Versuch, Benutzer auf elektronischem Wege zur Preisgabe ihrer Benutzernamen, Kennwörter und anderer Sicherheitsinformationen zu verleiten. Ein klassisches Beispiel stellen E-Mails dar, die angeblich von Ihrer Bank stammen und in denen Sie (zum Aufsuchen einer fingierten Webseite und) zur Angabe Ihres Benutzernamens und Kennworts aufgefordert werden. Beim Phishing handelt es sich heute um die weitaus häufigste Form des Social Engineerings.

Zerstörte/vernichtete Daten

Häufig sorgen erweiterte unerlaubte Zugriffe, bei denen Daten zerstört werden, für sehr viel mehr als nur beabsichtigt oder versehentlich gelöschte oder beschädigte Daten. Man kann sich leicht vorstellen, dass sich ein böswilliger Hacker Zugriff auf Ihr Netzwerk verschafft und alle Ihre wichtigen Dateien löscht, aber denken Sie an den Fall, wo berechtigte Benutzer auf bestimmte Daten zugreifen, aber mit diesen Daten mehr tun, als sie eigentlich dürfen. Ein gutes Beispiel dafür ist jemand, der unter Microsoft Access berechtigt auf eine Produktdatenbank zugreift, um Produktbeschreibungen zu ändern, und dann feststellt, dass er auch die Produktpreise ändern kann.

Diese Art Bedrohung ist vor allem dann gefährlich, wenn Benutzer nicht klar darüber informiert wurden, in welchem Umfang sie Änderungen vornehmen dürfen. Ein befreundeter Techniker erzählte mir einmal von einem Benutzer, der in eine wichtige Datenbank gelangen konnte, weil ihm jemand falsche Zugriffsrechte erteilt hatte. Als er darauf angesprochen wurde, sagte der Benutzer: »Wenn ich die Änderung nicht hätte durchführen dürfen, hätte es mir das System nicht erlaubt!« Viele Benutzer glauben, dass Systeme so restriktiv eingerichtet werden, dass sie einfach unerlaubte Aktionen nicht zulassen. Deshalb gehen Benutzer häufig davon aus, dass sie zu Änderungen berechtigt sind, die sie für notwendig halten, sofern ihnen nur der Zugriff auf die Daten erlaubt ist.

Administrativer Zugriff

Unter allen modernen Betriebssystemen können Sie Benutzerkonten anlegen und Dateien und Ordnern auf dem Rechner bestimmte Zugriffsrechte zuordnen. Als Administrator, Supervisor oder Root-Benutzer haben Sie volle Kontrolle über nahezu alle Aspekte des Computers. Unter Windows XP fällt es letztlich zu leicht, Benutzern administrative Zugriffsrechte auf den Computer zu erteilen, und dies gilt insbesondere für Windows XP Home, das nur zwei Arten von Konten unterstützt, Administratoren und eingeschränkte Benutzer. Weil Sie als eingeschränkter Benutzer nicht sehr viel bewerkstelligen können, werden auf den meisten Privatrechnern und den Rechnern in kleinen Büros einfach mehrere Administratorkonten eingerichtet. Wenn Sie den Zugriff auf Rechner kontrollieren wollen, dann sollten Sie die Home-Versionen von Windows nicht einsetzen.

Systemabstürze/Hardwarefehler

Wie jede Technologie können und werden Computer ausfallen – normalerweise dann, wenn es am wenigsten passt. Festplatten sterben, der Strom fällt aus – das gehört im Computerbereich zum Alltag. In anfälligen Bereichen müssen Sie für Redundanzen (z.B. eine USV für den Fall des Stromausfalls) und vor allem für die Durchführung der überaus wichtigen Datensicherungen sorgen. In Kapitel 16 (*Windows-Ressourcen schützen*) erfahren Sie mehr über die Verwendung von Microsoft Backup und andere Aspekte, die wichtig sind, wenn Sie für stabil und zuverlässig arbeitende Systeme sorgen wollen.

Essentials/Practical Application

Wichtig

Die CompTIA betrachtet die Sicherheit als extrem wichtiges Thema, egal ob für die Essentials- oder für Practical-Application-Prüfungen. Anders als in anderen Kapiteln betreffen nahezu alle Themen, die nachfolgend noch beschrieben werden, beide Prüfungen gleichermaßen. Mit anderen Worten, Sie müssen alles aus diesem Kapitel wissen, um eine der CompTIA A+-Zertifizierungsprüfungen zu bestehen.

Physischer Diebstahl

Ein im Netzwerkbereich findiger Freund forderte mich einmal auf, zu versuchen, sein neu installiertes Netzwerk zum Absturz zu bringen. Er hatte gerade einen leistungsfähigen und teuren Firewall-Router installiert und war davon überzeugt, dass ich nicht auf einen Test-Server gelangen könnte, den er seinem Netzwerk extra für mich hinzugefügt hatte. Nach ein paar Versuchen, über das Internet einzudringen, erkannte ich, dass ich auf diese Weise nicht weit kommen würde. Ich stieg also in mein Auto und fuhr in sein Büro. Dabei trug ich meinen sehr nach Techniker aussehenden Overall und eine alte ID-Karte aus meiner Sockenschublade. Ich lächelte die Dame am Empfang freundlich an und ging direkt am Büro meines Freundes vorbei (mir fiel auf, dass er selbstgefällig allen eingehenden IP-Verkehr über ein Paket-Sniffing-Programm überwachte) zu seinem neuen Server. Ich zog schnell die Leitungen von seinem kostbaren Server ab, schnappte ihn mir und ging wieder hinaus. Die Dame am Empfang war derart damit beschäftigt, herauszufinden, warum ihre E-Mail nicht mehr funktionierte, als dass sie gesehen hätte, wie ich den 30 Kilo schweren Server hinaustrug. Ich stellte ihn in der Halle ab und rief ihn von meinem Handy aus an:

Ich (freundlich): »Geschafft, ich habe alle deine Daten!«

Er (weniger freundlich): »Du hast meinen Server neu gebootet! Wie hast du das gemacht?«

Ich (lachend): »Ich habe ihn nicht gebootet – sieh nach!«

Er (jetzt panisch): »DU <KRAFTAUSDRUCK> DIEB! DU HAST MEINEN SERVER GESTOHLEN!«

Ich (herzlich): »Ja, genau. Gib mir zwei Tage, bis ich daheim in aller Ruhe dein Passwort herausgefunden habe, dann werde ich alles sehen. Bis dann!«

Ich ging sofort wieder zurück und gab ihm den Test-Server. Alles nur Spaß. Die Moral ist einfach – vergessen Sie nie, dass die beste Sicherheitssoftware für das Netzwerk sinnlos sein kann, wenn Ihre Systeme physisch ungeschützt bleiben!

Viren/Spyware

Netzwerke sind zweifellos die schnellsten und effizientesten Transportmittel für die Übertragung von Computerviren zwischen Systemen. In den Nachrichten geht es hauptsächlich um die vielen Virenangriffe aus dem Internet, aber viele Viren stammen immer noch von Benutzern, die Programme auf Disketten, optischen Datenträgern und USB-Laufwerken einschleppen. Dieses Kapitel beschreibt die verschiedenen Methoden der Vireninfektion, und im Abschnitt *Netzwerksicherheit* darüber hinaus, was Sie brauchen, um sich vor einer Infektion Ihrer vernetzten Systeme zu schützen.

Sicherheitskonzepte und -technologien

Sobald Sie die Bedrohungen Ihrer Computer und Netzwerke einschätzen können, müssen Sie Maßnahmen zum Schutz dieser wertvollen Ressourcen ergreifen. Abhängig von der Komplexität Ihrer Organisation kann das eine kleine Aufgabe sein, die nur einige grundlegende Sicherheitskonzepte und Vorgehensweisen umfasst, es kann sich aber auch um eine außerordentlich komplizierte Angelegenheit handeln. Die Sicherheitsbedürfnisse für ein aus drei Personen bestehendes Desktop-Publishing-Unternehmen würden sich beispielsweise extrem von denen eines Unternehmens unterscheiden, das das Sicherheitsministerium mit streng geheimem Spielzeug beliefert.

Aus der Sicht eines CompTIA A+-zertifizierten Technikers müssen Sie das Gesamtkonzept und dessen strategische Seite verstehen und die Einzelkonzepte und verfügbaren Sicherheitstechnologien kennen. Auf der Implementierungsebene (der taktischen Seite) müssen Sie wissen, wo die Sicherheitsrichtlinien unter Windows zu finden sind. Ein Techniker mit CompTIA Network+- oder CompTIA Security+-Zertifikat wird Ihnen sagen, welche speziellen Optionen Sie implementieren müssen. (Die Ausnahme stellt hier der Umgang mit bösartiger Software wie Viren dar, dem wir uns aber im letzten Teil dieses Kapitels zuwenden werden.) Sehen wir uns also die drei konzeptionellen und technologischen Bereiche an: Zugriffskontrolle, Datenklassifizierung und Konformität und Berichte.

> **Hinweis**
>
> Um lokale Kontrolle über Ressourcen zu erhalten, müssen Sie in erster Linie die Computer richtig einrichten. Mit diesem Thema befasst sich Kapitel 16 (*Windows-Ressourcen schützen*) eingehend. Die grundlegenden Eckpfeiler der lokalen Kontrolle sind Authentifizierung über Benutzernamen und Kennwörter und die Autorisierung über NTFS-Berechtigungen. Gruppen sind bei der Verwaltung mehrerer Benutzer wichtig. Und die Verschlüsselung wird insbesondere bei Rechnern wichtig, die in die Hände Dritter gelangen könnten.

Zugriffskontrolle

Zugriff ist alles. Wenn Sie den Zugriff auf Daten, Programme und andere Rechnerressourcen kontrollieren können, haben Sie ein sicheres System. Die *Zugriffskontrolle* besteht aus fünf miteinander verknüpften Bereichen, über die sich ein guter, sicherheitsbewusster Techniker Gedanken machen sollte: physische Sicherheit, Authentifizierung, das Dateisystem, Benutzer und Gruppen und Sicherheitsrichtlinien. Einen Großteil davon kennen Sie bereits aus früheren Kapiteln, aber dieser Abschnitt hilft Ihnen, alles im Hinblick auf die Sicherheit zu kombinieren.

Physische Sicherheitsbereiche und der Verschluss des Systems

Die erste Sicherheitsregel besteht darin, allen Personen den Zugang zur physischen Hardware zu verwehren, die darauf keinen Zugang haben sollen. Dabei handelt es sich um nichts Weltbewegendes. Verschließen Sie die Türen. Lassen Sie den PC nicht unbeaufsichtigt, solange Sie angemeldet sind. Lassen Sie ein angemeldetes System auch nicht allein, wenn Sie als beschränkter Benutzer arbeiten. Und wenn Sie einen Server verlassen, an dem Sie noch als Administrator angemeldet sind, hilft nur noch beten. Sie fordern das Schicksal heraus.

Wenn Sie also sehen, dass ein angemeldeter Benutzer seinen Computer verlässt, tun Sie dem Benutzer und Ihrem Unternehmen einen großen Gefallen und sperren Sie den Computer. Gehen Sie hin und drücken Sie `Strg`-`L` auf der Tastatur, um das System zu sperren. Das funktioniert unter allen Windows-Versionen.

Authentifizierung

Sicherheit beginnt mit einer korrekt implementierten Authentifizierung, d.h. im Wesentlichen, wie der Computer feststellen kann, wer auf was zugreifen darf. Die *Authentifizierung* kann über Hardware und/oder Software erfolgen.

Software-Authentifizierung: Die richtige Kennwortwahl

Ich bin immer noch schockiert, wenn ich den Computer eines Freundes einschalte und dann direkt auf seinen Desktop gelange oder wenn ich bei verheirateten Freunden mit Kindern auf eines der Benutzerkontensymbole klicke und nicht nach einem Kennwort gefragt werde. Das ist einfach falsch! Ich bin immer versucht, sofort Kennwörter einzurichten, ohne sie ihnen zu verraten, damit sie ihren Fehler einsehen, wenn sie sich wieder anmelden wollen. Ich mache das natürlich nicht, aber ich versuche zumindest immer, Ihnen die Bedeutung von Kennwörtern zu erklären.

Sorgen Sie dafür, dass Sie selbst und Ihre Benutzer *sichere* bzw. *starke Kennwörter* benutzen, die mindestens aus einer acht Zeichen langen Kombination aus Buchstaben, Ziffern und Satzzeichen bestehen sollten. Und achten Sie darauf, dass sie sich die Kennwörter nicht aufschreiben und sie auch nicht unter ihre Mauspads kleben! Probieren Sie einen Kennwortgenerator von einer Website aus, um für möglichst zufällige Kennwörter zu sorgen.

Sie müssen übrigens nicht nur an den Zugriff auf Windows denken. Wenn Computer öffentlich zugänglich aufgestellt werden, dann gibt es immer Leute, die in das System einzudringen versuchen, Unfug damit anstellen und z.B. die CMOS-Einstellungen so zu ändern versuchen, dass sich der Rechner erst wieder normal benutzen lässt, wenn ein Techniker den Schaden behoben hat. Alle modernen CMOS-Setup-Programme enthalten eine Reihe von Vorkehrungen zum Schutz des Rechners, wie z.B. Laufwerkverriegelung, Einbruchserkennung beim Gehäuse und natürlich Systemkennwörter (Abbildung 26.1). Wenn Sie noch einmal nachlesen wollen, was Sie auf der BIOS-Ebene zum Schutz Ihres Rechners unternehmen können, dann lesen Sie noch einmal in Kapitel 7 (*BIOS und CMOS*) nach.

Computersicherheit

```
[OS Extension v1.0A
ird Software, Inc.

·y Master ... ST10232A
·y Slave  ... None
lary
lary    Enter Password:
```

Abbildung 26.1: Kennwortabfrage für das CMOS-Setup

Hardware-Authentifizierung

Smartcards und biometrische Geräte erlauben modernen Systemen, Benutzer restriktiver zu authentifizieren als reine Kennwörter. Smartcards sind kreditkartengroße Karten mit einem Chip, der den Karteninhaber identifiziert. Smartcards sind zwar allgemein relativ verbreitet und dienen z.B. der Authentifizierung von Benutzern bei Eingangssystemen, werden im Computerbereich aber noch recht selten genutzt. Abbildung 26.2 zeigt eine Tastatur mit Smartcard-Lesegerät.

Abbildung 26.2: Smartcard und Tastatur mit Lesegerät (Foto mit freundlicher Genehmigung von Cherry)

Man kann zwar Kennwörter erraten oder herausfinden, aber es ist schon sehr viel schwerer, Fingerabdrücke zu fälschen. Die Tastatur in Abbildung 26.3 authentifiziert Benutzer eines Rechners über deren Fingerabdrücke. Andere Geräte, die eine vergleichbare Sicherheit bieten, sind RFID-Schlüsselanhänger, Netzhautscanner und PC-Karten für Laptop-Computer. Geräte, bei denen die Authentifizierung irgendwie körperlich erfolgt, werden *biometrische Geräte* genannt.

Abbildung 26.3: Microsoft-Tastatur mit Fingerabdruckscanner

Hinweis

Und wie wäre es jetzt mit einer Enthüllung? Microsoft behauptet nicht, dass die Tastatur in Abbildung 26.3 überhaupt für Sicherheit sorgt. Die Dokumentation besagt ausdrücklich, dass es sich beim Fingerabdruckscanner um ein Zugriffswerkzeug und keine Sicherheitsvorkehrung handelt. Weil er einer Person aber die Anmeldung bei einem Rechner ermöglicht, gehört er meiner Meinung nach doch in die Kategorie der Authentifizierungsgeräte.

Geschäftstüchtige Hersteller haben Schlüsselanhänger und Smartcards entwickelt, die mit *Funkfrequenzkennungen* (*RFID – Radio Frequency Identification*) arbeiten, um Authentifizierungsdaten zu übertragen, damit Benutzer nichts mehr in den Computer oder in den Kartenleser einstecken müssen. Der *Privaris plusID* beispielsweise kombiniert einen biometrischen Fingerabdruck-Schlüsselanhänger mit einem RFID-Sender, mit dem Sicherheitsvorkehrungen ebenso leicht wie Garagentoröffner genutzt werden können. Abbildung 26.4 zeigt ein plusID-Gerät.

Abbildung 26.4: plusID (Foto mit freundlicher Genehmigung von Privaris)

NTFS, nicht FAT32!

Wenn es um die Sicherheit geht, dann spielt das Dateisystem der Festplatten eine wichtige Rolle. Auf einem Windows-Rechner mit mehreren Benutzern müssen Sie einfach NTFS verwenden, da ansonsten gar keine Sicherheitsfunktionen unterstützt werden. Nicht nur primäre Laufwerke, sondern auch alle sekundären Laufwerke in Ihren Computern sollten mit NTFS formatiert werden. Ausnahmen bilden hier nur Wechseldatenträger, wie z.B. für die Sicherung Ihrer Systeme.

Wenn Sie auf ein System mit mehreren Laufwerken treffen, bei dem das zweite oder dritte Laufwerk mit FAT32 formatiert wurde, können Sie das FAT-Dateisystem mit dem Befehlszeilenprogramm *CONVERT* in NTFS umwandeln. Die Syntax ist ganz einfach. Um ein D:-Laufwerk von FAT oder FAT32 in NTFS umzuwandeln, geben Sie Folgendes ein:

```
CONVERT D: /FS:NTFS
```

Sie können anstelle des Laufwerksbuchstabens den Namen eines Bereitstellungspunktes angeben. Der Befehl unterstützt außerdem einige zusätzliche Schalter. Um sich über alle Optionen zu informieren, geben Sie an der Eingabeaufforderung CONVERT /? ein.

Benutzer und Gruppen

Windows verwendet *Benutzerkonten* und *Benutzergruppen* als Grundlage der Zugriffskontrolle. Ein Benutzerkonto wird einer Gruppe (z.B. Benutzer, Hauptbenutzer oder Administratoren) zugeordnet und erhält dadurch bestimmte Berechtigungen auf dem Computer. Der Einsatz von NTFS bietet die bestmögliche Kontrolle der Datenressourcen.

Die Zuordnung von Benutzern zu Gruppen ist ein wichtiger erster Schritt zur Kontrolle eines Rechners, aber diese Funktion kann erst dann wirklich glänzen, wenn sie in einer vernetzten Umgebung eingesetzt wird. Das wollen wir uns jetzt einmal genauer ansehen.

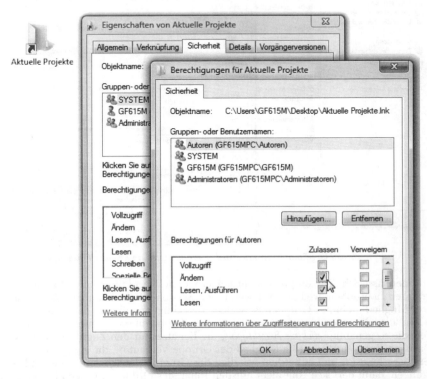

Abbildung 26.5: Einer Benutzergruppe unter Windows Vista Zugriffsberechtigungen auf einen Ordner einräumen

Kontrolle der Benutzerkonten über Gruppen

Der Zugriff auf Benutzerkonten sollte auf die zugehörigen Einzelpersonen beschränkt sein. Der Benutzer, der die Berechtigungen für die Konten einrichtet, sollte sich an das in Kapitel 16 (*Windows-Ressourcen schützen*) vorgestellte *Prinzip der geringsten Berechtigungen* erinnern. Konten sollten nur dazu berechtigt sein, genau auf jene Ressourcen zuzugreifen, die sie benötigen – und nicht mehr. Eine strenge Kontrolle der Benutzerkonten ist bei der Abwehr unberechtigter Zugriffe entscheidend. Die Deaktivierung nicht genutzter Konten ist ein wichtiger Teil dieser Strategie, aber eine gute Kontenkontrolle geht sehr viel weiter. Eines Ihrer besten Werkzeuge zur Kontrolle der Benutzerkonten sind *Gruppen*. Statt einzelnen Benutzerkonten Berechtigungen/Zugriffsrechte zu erteilen, erteilen Sie diese den Gruppen. Dann lässt sich viel leichter nachvollziehen, welche Berechtigungen einzelnen Benutzerkonten zugeordnet sind. Abbildung 26.5 zeigt, wie einer Benutzergruppe Berechtigungen für den Zugriff auf einen Ordner unter Windows Vista zugewiesen werden. Wenn eine Gruppe und deren Berechtigungen eingerichtet wurden, können Sie der Gruppe bei Bedarf Benutzerkonten zuordnen. Benutzerkonten, die Mitglied einer Gruppe sind, erhalten automatisch die ihr zugeordneten Berechtigungen. Abbildung 26.6 zeigt, wie ein Benutzer einer neu angelegten Gruppe hinzugefügt wird.

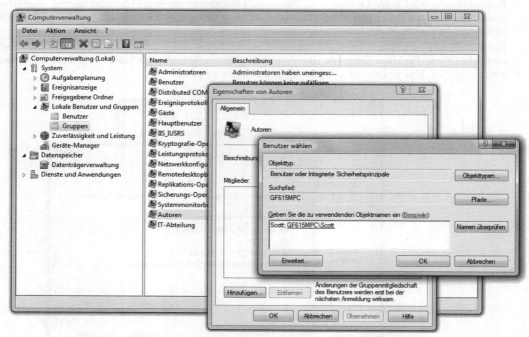

Abbildung 26.6: Einer neu erstellten Gruppe wird ein Benutzer hinzugefügt.

Mit Gruppen lässt sich die Komplexität gut steigern, ohne die administrative Last für die Netzwerkadministratoren zu erhöhen, weil alle Netzwerkbetriebssysteme Berechtigungen kombinieren. Wenn ein Benutzer Mitglied mehrerer Gruppen ist, welche Berechtigungen hat er dann für eine bestimmte Ressource? In allen Netzwerkbetriebssystemen werden Gruppenberechtigungen *kombiniert*, und daraus resultiert die so genannte *effektive Berechtigung*, die Benutzer für den Zugriff auf eine Ressource besitzen. Dazu ein Beispiel. Wenn Rita Mitglied der Gruppe Verkauf ist, die zur Anzeige des Inhalts eines Ordners berechtigt ist, und außerdem Mitglied der Gruppe Manager mit Lese- und Ausführungsberechtigungen, dann darf sich Rita nicht nur den Inhalt des Ordners anzeigen lassen, sondern verfügt *auch* über Lese- und Ausführungsberechtigungen.

Achten Sie auf *vordefinierte* Benutzerkonten und Gruppen – sie können zu Sicherheitsrisiken für Ihr Netzwerk werden! In allen Netzwerkbetriebssystemen gibt es die vordefinierte Gruppe JEDER, die leicht genutzt werden kann, um sich Zugriff auf freigegebene Ressourcen zu erschleichen. Die Gruppe JEDER umfasst buchstäblich alle, die eine Verbindung zu dieser Ressource herstellen. Standardmäßig richtet Windows dieser Gruppe alle Berechtigungen ein, weshalb Sie sie sofort deaktivieren sollten!

Bei allen vordefinierten Gruppen (JEDER, GAST, BENUTZER) handelt es sich um weit gefasste, allgemeine Benutzergruppen. Verwenden Sie sie allenfalls dann, wenn Sie wirklich allen Benutzern Zugriff auf eine Ressource gewähren wollen. Wenn Sie eine dieser vordefinierten Gruppen verwenden, achten Sie darauf, sie mit den richtigen Berechtigungen zu konfigurieren, damit Benutzer freigegebene Ressourcen nicht auf unerwünschte Weise manipulieren können!

All diese Gruppen und organisatorischen Einheiten haben eine Funktion: Sie unterstützen die Verwaltung der Benutzerkonten, damit Sie nur jenen Benutzern Berechtigungen einräumen können, die diese benötigen, und damit Benutzer auch nur auf Ressourcen zugreifen können, auf die sie zugreifen können sollen.

Sicherheitsrichtlinien

Während sich über Berechtigungen steuern lässt, wie Benutzer auf freigegebene Ressourcen zugreifen, gibt es noch andere Funktionen, die Sie kontrollieren sollten und die außerhalb des Ressourcenbereichs liegen. Sollen Benutzer in einem Windows-System beispielsweise auf die Eingabeaufforderung zugreifen können? Sollen Benutzer Software installieren können? Sollen sich Benutzer auf bestimmten Systemen nur zu bestimmten Tageszeiten anmelden können? Bei allen Netzwerkbetriebssystemen können Sie derartige und Hunderte weitere Sicherheitseinstellungen vornehmen. Unter Windows werden sie *Richtlinien* genannt. Ich stelle mir Richtlinien im Unterschied zu den eigentlichen Berechtigungen zur Steuerung von Ressourcenzugriffen gerne als Berechtigungen für Aktivitäten vor.

Eine Richtlinie wird normalerweise auf ein Benutzerkonto, einen Computer oder eine Gruppe angewendet. Betrachten wir dazu beispielhaft ein aus Windows-XP-Professional-Systemen bestehendes Netzwerk und ein Windows-2003-Server-System. Auf jedem Windows-XP-System gibt es ein eigenes lokales Programm, mit dem Richtlinien für das *jeweilige* System definiert werden können. Abbildung 26.7 zeigt das Werkzeug, mit dem Sie lokale Richtlinien für die jeweiligen Systeme definieren können (LOKALE SICHERHEITSEINSTELLUNGEN) und mit dem den Benutzerkonten beispielsweise das Recht zur lokalen Anmeldung entzogen werden kann.

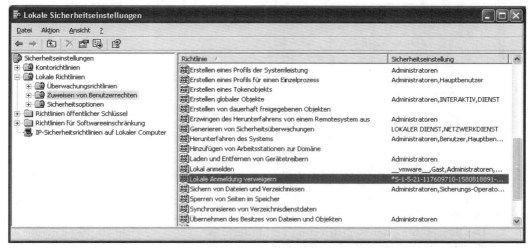

Abbildung 26.7: LOKALE SICHERHEITSEINSTELLUNGEN

Lokale Richtlinien eignen sich gut für einzelne Systeme, können aber extrem kompliziert zu konfigurieren sein, wenn dieselben Einstellungen auf mehreren Rechnern in Ihrem Netzwerk angewendet werden sollen. Wenn Sie Sicherheitseinstellungen für viele Benutzer definieren müssen, sollten Sie auf Windows Active Directory basierende *Gruppenrichtlinien* verwenden. Über Gruppenrichtlinien haben Sie viel mächtigere (Microsoft spricht von *granularen*) Möglichkeiten zur Verwaltung Ihrer Netzwerkclients.

Wollen Sie für alle Rechner innerhalb Ihrer Domäne einen einheitlichen Desktophintergrund festlegen? Mit Gruppenrichtlinien ist das möglich. Wollen Sie bestimmte Tools nur berechtigten Benutzern zugänglich machen? Auch das geht mit Gruppenrichtlinien. Wollen Sie den Zugang zum Internet kontrollieren, Stammordner umleiten, Skripts ausführen, Software bereitstellen oder einfach nur dafür sorgen, dass unberechtigte Zugriffsversuche auf das Netzwerk schnell ins Nirwana führen? Gruppenrichtlinien sind die Lösung. Abbildung 26.8 zeigt eine Gruppenrichtlinie, die den Titel aller Instanzen des Internet Explorers für alle Benutzer eines lokalen Rechners ändert!

Kapitel 26

Dabei handelt es sich nur um ein primitives Beispiel für Einstellungen, die Sie mit Gruppenrichtlinien konfigurieren können. Es gibt Hunderte mehr oder weniger wichtige Einstellungen, mit denen Sie sich aber nicht unbedingt vertraut machen müssen. Gruppenrichtlinien sind ein wichtiges Thema in den MCSA- und MCSE-Zertifizierungen (Microsoft Certified Systems Administrator und Microsoft Certified Systems Engineer), aber für die CompTIA A+-Prüfungen müssen Sie nur das Gruppenrichtlinien zugrunde liegende Konzept verstehen.

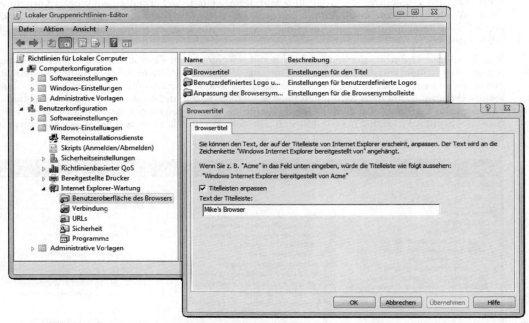

Abbildung 26.8. Mit der Gruppenrichtlinie steht im Titel des Internet Explorers jetzt der von mir festgelegte Text!

Es ist zwar hier nicht möglich, alle Richtlinien aufzuführen, die Sie auf einem Windows-System aktivieren können, aber nachfolgend finden Sie einige der am häufigsten gebrauchten:

- **Die Bearbeitung der Registrierung verhindern.** Wenn Sie versuchen, die Registrierung zu bearbeiten, erhalten Sie eine Fehlermeldung.
- **Zugriff auf die Eingabeaufforderung untersagen.** Diese Richtlinie verhindert, dass Benutzer an die Eingabeaufforderung gelangen, indem der Befehl AUSFÜHREN und die Verknüpfung MS-DOS-EINGABEAUFFORDERUNG deaktiviert werden.
- **Lokale Anmeldung.** Diese Richtlinie definiert, wer sich lokal am System anmelden darf.
- **System herunterfahren.** Diese Richtlinie definiert, wer das System herunterfahren darf.
- **Mindestkennwortlänge.** Diese Richtlinie erzwingt eine Mindestlänge für das Kennwort.
- **Schwellenwert für die Kontensperre.** Diese Richtlinie legt fest, wie viele Anmeldeversuche eine Person höchstens unternehmen darf, bevor sie von dem Konto ausgesperrt wird.
- **Windows-Installer deaktivieren.** Diese Richtlinie verhindert, dass Benutzer Software installieren können.
- **Drucker-Browsing.** Diese Richtlinie ermöglicht den Benutzern, im Netzwerk nach Druckern zu suchen, damit sie nicht nur die ihnen zugewiesenen Drucker benutzen können.

Die CompTIA A+-Prüfungen erwarten von Ihnen zwar nicht, dass Sie wissen, wie diese Richtlinien in einem Netzwerk implementiert werden, aber Sie müssen doch wissen, dass es insbesondere in Windows-Netzwerken Richtlinien gibt, die Erstaunliches hinsichtlich der Kontrolle der Benutzer im System leisten können. Wenn Sie auf die Eingabeaufforderung in einem Windows-System zuzugreifen versuchen und feststellen, dass der Befehl AUSFÜHREN deaktiviert ist, können Sie dafür eine Richtlinie und nicht den Computer verantwortlich machen!

Datenklassifizierung und Konformität

In größeren Organisationen (z.B. Behörden) ist es äußerst nützlich, wenn Daten entsprechend ihrer Sensibilität kategorisiert und organisiert werden. Durch die *Datenklassifizierung* wird dafür gesorgt, dass die Computerhardware und die Software möglichst einheitlich bleiben. Darüber hinaus müssen innerhalb der Organisation viele rechtliche und interne Regeln recht streng gehandhabt werden.

Wie die Daten klassifiziert werden, ist bei den einzelnen Unternehmen unterschiedlich. Bei einem verbreiteten Schema werden Dokumente als öffentlich, intern, streng vertraulich, streng geheim usw. klassifiziert. Wenn ein Klassifizierungsschema verwendet wird, wissen die Angestellten und auch die Techniker sehr schnell, wie mit bestimmten Dokumenten und Laufwerken verfahren werden muss. Ihre Vorgehensweise beim Recyceln des Computersystems eines auf einen neuen Rechner umgezogenen Mitarbeiters wird beispielsweise stark davon abhängig sein, ob sich auf dem Laufwerk nur als intern oder als streng geheim klassifizierte Daten befinden.

Konformität bedeutet kurz gefasst, dass sich die Mitglieder einer Organisation oder Mitarbeiter eines Unternehmens an alle Regeln halten müssen, die für diese gelten. Gesetze und Statuten geben bestimmte Vorgehensweisen oder Verbote vor, an die sich Mitarbeiter am Arbeitsplatz halten müssen.

Aus der Perspektive des Technikers geht es beim verbreitetsten Konformitätsaspekt um die Software. Dabei gibt es Richtlinien, welche Software die Benutzer auf ihren Rechnern installieren dürfen oder wann und wie Sie ihnen mitteilen müssen, dass sie die neueste Programmversion nicht installieren dürfen, obwohl sie damit ihre Arbeit effizienter verrichten könnten, weil sich diese nicht auf der Liste der genehmigten Software befindet. Das kann zu einigen unangenehmen Auseinandersetzungen führen, die aber zu den Aufgaben von Technikern gehören.

Die der Konformität zugrunde liegenden Konzepte sollen nicht, wie es zunächst vielleicht aussehen mag, effizientes Arbeiten verhindern. Sie sollen vielmehr verhindern, dass Anwender ohne die notwendigen Fähigkeiten oder Kenntnisse potenziell schädliche oder die Systemstabilität gefährdende bzw. beeinträchtigende Programme oder Anwendungen installieren. Das sorgt dafür, dass die Zahl der Anrufe beim technischen Support gering bleibt und dass sich die Techniker auf wichtigere Probleme konzentrieren können.

Berichte

Auf der letzten Ebene müssen alle Sicherheitsprobleme einem Netzwerkadministrator oder Techniker gemeldet werden, damit dieser geeignete Maßnahmen zu deren Behebung ergreifen kann. Unter Windows können Sie zwei Werkzeuge nutzen, um sich vom Betriebssystem über Probleme informieren zu lassen, die Ereignisanzeige und Überwachungsrichtlinien. Beide Möglichkeiten werden wir nachfolgend eingehender betrachten.

Ereignisanzeige

Bei der *Ereignisanzeige* handelt es sich unter Windows um das Programm, das Ihnen am meisten über die Aktivitäten des Systems verraten kann. Sie finden sie im Applet VERWALTUNG der Systemsteuerung. Standardmäßig verfügt die EREIGNISANZEIGE über die drei Bereiche ANWENDUNG, SICHERHEIT und SYSTEM. Wenn der Internet Explorer installiert ist, dann kommt noch eine vierte Option für den Browser unter der Überschrift INTERNET EXPLORER hinzu (Abbildung 26.9). Wie Sie aus Kapitel 17 (*Wartung und Fehlerbehebung für Windows*) wissen, wird die Ereignisanzeige insbesondere genutzt, um sich im Rahmen der Fehlersuche über Anwendungs- oder Systemfehler zu informieren (Abbildung 26.10).

Kapitel 26

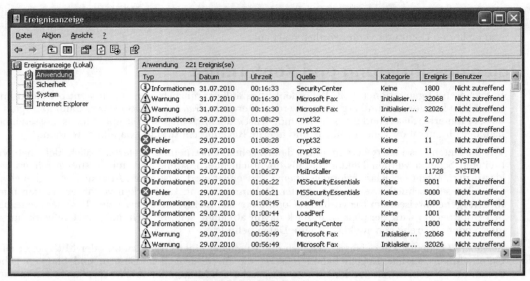

Abbildung 26.9: EREIGNISANZEIGE

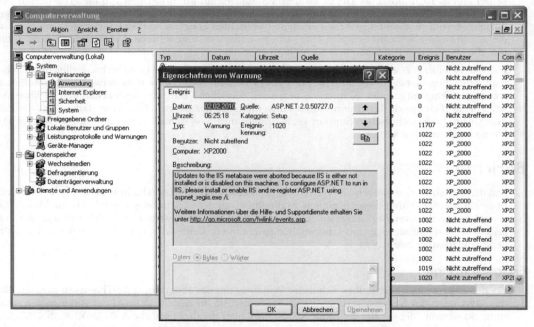

Abbildung 26.10: Typische Fehlermeldung einer Anwendung

Sehr praktisch an der Ereignisanzeige ist, dass Sie Links anklicken können, um die Online-Hilfe und das Supportcenter von Microsoft aufzurufen. Die Software meldet Ihren Fehler (Abbildung 26.11), fragt die Online-Datenbank ab und liefert Ihnen dann mehr oder weniger hilfreiche Erklärungen (Abbildung 26.12).

Computersicherheit

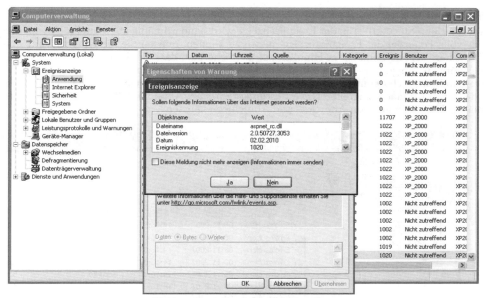

Abbildung 26.11: Zu übertragende Einzelheiten

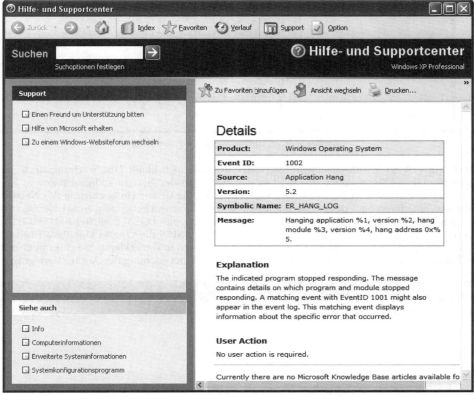

Abbildung 26.12: Das Hilfe- und Supportcenter kann recht hilfreich sein.

Überwachung

Im Abschnitt SICHERHEIT in der Ereignisanzeige wird standardmäßig überhaupt nichts angezeigt. Um das volle Potenzial der Ereignisanzeige nutzen zu können, müssen Sie die Überwachung einrichten. Die Überwachung bedeutet in Hinblick auf die Sicherheit, dass Sie dafür sorgen, dass Windows bei bestimmten Ereignissen Einträge in das Sicherheitsprotokoll vornimmt. Dabei kann z.B. überwacht werden, wann sich Benutzer anmelden (*Ereignisüberwachung*) oder versuchen, auf eine bestimmte Datei oder einen Ordner zuzugreifen (*Objektzugriffsüberwachung*). Abbildung 26.13 zeigt die Ereignisanzeige bei der Überwachung von Anmelde- und Abmeldeereignissen.

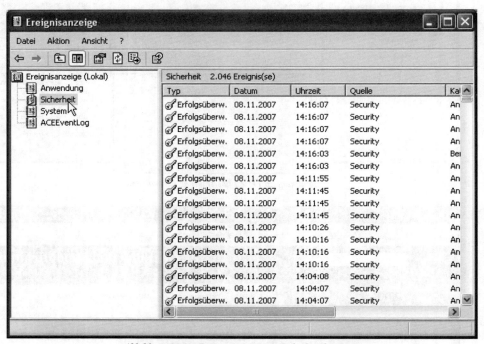

Abbildung 26.13: Ereignisanzeige mit Sicherheitshinweisen

Die CompTIA A+-Zertifizierungsprüfung testet nicht, ob Sie brillante Überwachungsstrategien für Ihr Büro einrichten können, denn das zählt zu den Aufgaben der Netzwerkadministratoren. Sie müssen nur wissen, was bei der Überwachung passiert und wie Sie sie zur Unterstützung des Netzwerkadministrators aktivieren oder deaktivieren können. Um die Überwachung lokal zu aktivieren, rufen Sie in der Systemsteuerung erst VERWALTUNG und dann das Applet LOKALE SICHERHEITSRICHTLINIE auf. Markieren Sie dann unter dem Eintrag LOKALE RICHTLINIEN die Option ÜBERWACHUNGSRICHTLINIE(N). Doppelklicken Sie auf eine der Richtlinienoptionen und markieren Sie eines oder beide Kontrollkästchen. Abbildung 26.14 zeigt das Dialogfeld zur Überwachung der Anmeldeereignisse.

Hinweis
Die Ereignisanzeige speichert ihre Protokolldateien im Ordner %SystemRoot%\System32\Config.

Computersicherheit

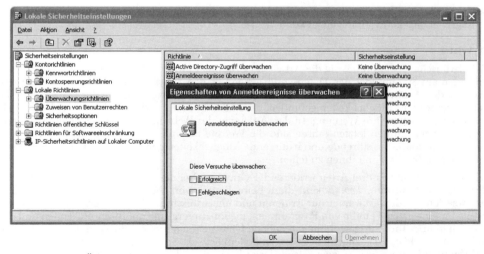

Abbildung 26.14: Überwachung von Anmeldeereignissen mit dem Fenster LOKALE SICHERHEITSEINSTELLUNGEN im Hintergrund

Zwischenfallberichte

Wenn Sie Daten über ein bestimmtes System gesammelt oder ein Computer- oder Netzwerkproblem behoben haben, müssen Sie darüber meist Ihrem Vorgesetzten berichten. Man spricht auch von *Zwischenfallberichten*. Viele Unternehmen haben vorgefertigte Formulare, die Sie einfach ausfüllen und weiterleiten. Andere gehen formaler vor. Unabhängig von der Verfahrensweise müssen Sie diese Aufgabe jedoch erledigen!

Die Zwischenfallberichte haben verschiedene Vorteile. Erstens protokollieren Sie damit die von Ihnen verrichteten Arbeiten. Zweitens stellen sie Informationen bereit, die zusammen mit anderen möglicherweise Muster erkennen lassen und auf schwerwiegendere Probleme hinweisen können. Ein scheinbar unwichtiger Sicherheitsüberwachungsbericht könnte z.B. zu vielen gleichartigen Ereignissen an mehreren Stellen im Gebäude passen und damit eine koordinierte, zielgerichtete Maßnahme einleiten.

Netzwerksicherheit

Netzwerke werden auch von außen bedroht, weshalb in diesem Abschnitt Aspekte untersucht werden, die Angriffe aus dem Internet, Firewalls und drahtlose Netzwerke betreffen. Diese Dinge gehören zu den täglichen Aufgaben eines CompTIA A+-Technikers, so dass Sie die Konzepte und Vorgehensweisen verstehen müssen, um sie richtig implementieren zu können.

Bösartige Software

Das Internet ist deshalb so toll, weil es Ihnen vom eigenen Stuhl aus bequemen Zugang zu weltweiten Ressourcen bietet. Dabei werden aber Daten in beiden Richtungen ausgetauscht, so dass alle Menschen weltweit theoretisch von ihrem bequemen Stuhl aus auf Ihren Computer zugreifen können. Im Internet gibt es eine Menge bösartige Software (*Malware*), die selbst jetzt Ihre Systeme zu infizieren versucht. Bei Malware handelt es sich um Computerprogramme, die in Rechner einbrechen oder Chaos darauf anrichten sollen. Die gängigsten Malware-Varianten sind Grayware, Spam, Viren, Troja-

1127

ner und Würmer. Sie müssen die verschiedenen Malware-Typen verstehen, um sich und Ihre Benutzer erfolgreich dagegen verteidigen zu können.

Grayware

Unerwünschte Programme, die die Arbeit am Computer zwar beeinträchtigen, aber keine wirklichen Schäden am System oder den Daten verursachen, werden *Grayware* genannt. Auf den meisten Systemen ist der Webbrowser die am häufigsten verwendete Software. Im Laufe der Jahre haben die Websites immer mehr Möglichkeiten gefunden, das in den Vordergrund zu rücken, was Sie ihrer Meinung nach sehen sollten: ihre Werbung. In den Anfängen des Webs mussten wir gelegentliche Bannerwerbung ertragen. In den letzten Jahren sind die Website-Entwickler aber sehr viel kreativer geworden und haben zahlreiche störende und irritierende Möglichkeiten gefunden, mit denen sie Sie dazu bringen wollen, Ihr Geld mit ihnen zu teilen.

Grundsätzlich gibt es drei Arten irritierender Grayware bei der Nutzung des Webbrowsers: Pop-ups, Spyware und Adware. *Pop-ups* sind diese beim Besuch von Webseiten automatisch auftauchenden Browserfenster, die fast immer nur irritieren und unerwünscht sind. Der Begriff *Spyware* steht mittlerweile für eine ganze Familie von Programmen, die im Hintergrund auf Ihrem PC laufen und die Informationen über Ihre Surfgewohnheiten an jene Unternehmen senden, die sie auf Ihrem System installiert haben. *Adware* ist allgemein weniger bedenklich als Spyware, verhält sich aber ähnlich, um Werbung auf Ihrem System anzuzeigen. Dazu laden diese Programme neue Werbung herunter und erzeugen unerwünschten Netzwerkverkehr. Spyware ist von diesen drei Phänomenen das am wenigsten offensichtlichste, aber in jedem Fall das dreisteste. Im schlimmsten Fall kann Spyware Pop-up-Fenster mit Konkurrenzprodukten zu der aktuell angezeigten Website anzeigen. Wenn Sie also gerade auf einer Website eines Buchhändlers surfen, erhalten Sie womöglich Pop-ups von konkurrierenden Anbietern.

Pop-ups

Es ist nicht ganz einfach, Pop-ups loszuwerden. Sie haben wahrscheinlich bereits erkannt, dass die meisten Pop-up-Browserfenster gar nicht wie echte Browserfenster aussehen. Es gibt keine Menüleiste, keine Symbolleiste und kein Adressfeld, und doch handelt es sich um separate Browserfenster. Durch HTML-Code können Entwickler von Websites und Werbung die üblichen Navigationshilfen aus Browserfenstern entfernen, so dass Sie nur noch den Inhalt sehen. Wie ich gleich noch beschreiben werde, sollen einige Pop-up-Browserfenster sogar absichtlich Pop-up-Warnungen des Betriebssystems ähneln. Sie können auch Schaltflächen anbieten, die zwar wie die Schließen-Schaltflächen von Windows aussehen, die nach dem Anklicken aber nur dafür sorgen, dass noch mehr Pop-ups angezeigt werden! Also, was tun?

Beim Umgang mit Pop-ups müssen Sie als Erstes wissen, wie Sie sie schließen sollten, ohne sie anklicken zu müssen. Wie bereits erwähnt, fehlen in den meisten Pop-ups die Navigationshilfen und sie erscheinen auf dem Bildschirm an einer Position, bei der die SCHLIESSEN-Schaltfläche des Browserfensters (das kleine X oben rechts) außerhalb des sichtbaren Bildschirmbereichs liegt. Einige werden auch hinter dem aktiven Browserfenster angezeigt und warten dort. Ärgerlich! Um dies zu verhindern, gehen Sie zum Schließen des Pop-up-Fensters anders vor. Beispielsweise können Sie das Symbol für das Browserfenster in der Taskleiste mit der rechten Maustaste anklicken, um sich das Kontextmenü anzeigen zu lassen. Wenn Sie SCHLIESSEN wählen, sollte das Fenster verschwinden. Sie können das fragliche Browserfenster auch über die Tastenkombination [Alt]+[⇆] in den Vordergrund holen und es dann über [Alt]+[F4] schließen.

Die meisten Webbrowser unterstützen Funktionen zur Unterdrückung von Pop-ups, aber leider schießen diese Funktionen manchmal über ihr Ziel hinaus. Sie verhindern das Öffnen aller neuen Browserfenster, auch solcher, die Sie sehen wollen. Aber probieren Sie sie einfach aus, um festzustellen, ob sie sich für Ihre Bedürfnisse eignen. Anwendungen wie beispielsweise *Ad-Subtract* kontrollieren eine Vielzahl von Unannehmlichkeiten im Internet, unter anderem Pop-up-Fenster, Cookies und Java-Applets, und lassen sich besser konfigurieren, da Sie bei ihnen angeben können, was bei bestimmten Domänenadressen erlaubt sein soll. Die Vollversionen sind aber meist nicht ganz kostenlos und insbesondere Anfänger dürften sich angesichts der Vielzahl der Einstellungen eher irritiert fühlen.

Spyware

Einige Spyware-Typen dringen sehr viel weiter in Ihr System ein. Sie können die Ressourcen Ihres Computers nutzen, um *verteilte Programme* auszuführen, Tastenaktionen zum Stehlen von Kennwörtern aufzeichnen, DFÜ-Einstellungen auf andere und teure Telefonnummern umlenken oder sogar Ihre Internet-Verbindung und E-Mail-Adressliste nutzen, um sich wie ein Virus auf andere Computer zu übertragen! Macht Sie das betroffen?

Abgesehen von den wirklich zahlreichen rechtlichen und ethischen Aspekten sollten Sie zumindest wissen, dass Spyware die Rechnerleistung wesentlich beeinträchtigen und Probleme mit der Internet-Verbindung verursachen kann. Die Bedrohung ist real, welche praktischen Schritte können Sie also zum eigenen Schutz unternehmen? Sehen wir uns an, wie Sie die Installation von Spyware verhindern und wie Sie installierte Spyware erkennen und entfernen können.

Wie gelangt Spyware überhaupt auf Ihr System? Ein aufmerksamer Benutzer würde keinesfalls etwas herunterladen und installieren, von dem er weiß, dass es seinen Computer gefährden könnte. Die Hersteller von Spyware wissen das und kombinieren deshalb ihre Software mit anderen Programmen, die irgendwelche Vorteile versprechen.

Welche Art Vorteile? Denken Sie nur an den kostenlosen Zugriff auf MP3-Musikdateien. Ein beliebtes Programm namens *Kazaa* geht so vor. Und was ist mit einem praktischen Programm zur Datenverwaltung, das sich Ihre vielen Benutzernamen, Kennwörter und sogar Kreditkartennummern merkt, um Ihnen Ihre Online-Einkäufe zu erleichtern? Dies und einiges mehr leistet ein Programm namens *Gator*. Und was ist mit den Browsererweiterungen, Systemoptimierern, benutzerdefinierten Cursor-Effekten, Suchprogrammen, Freundeslisten, Bildschirmschonern oder Media-Playern? Die Liste ist endlos, und all diese Dinge sind kleine Dreingaben zum eigentlichen Zweck der Software. Sie sehen also, dass sich Spyware den Zugang zu Ihrem Rechner meist gar nicht erst erkämpfen muss. Stattdessen kommt sie ganz einfach durch die Vordertür herein. Wenn Ihnen Abbildung 26.15 vertraut vorkommt, haben Sie vielleicht selbst schon einmal einen Teil dieser Software installiert.

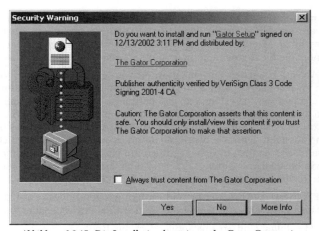

Abbildung 26.15: Die Installationsbestätigung der Gator Corporation

Einige Spyware-Hersteller wenden aggressivere Methoden an, um Sie zur Installation ihrer Software zu verleiten. Statt Ihnen irgendein attraktives Programm anzubieten, setzen sie auf Angst und Täuschung. Eine gebräuchliche Methode ist, in Pop-up-Browserfenstern eine scheinbar von Windows stammende Systemwarnung anzuzeigen (Abbildung 26.16). Sobald Sie sie anklicken, wird eine Flut weiterer Browserfenster angezeigt oder womöglich eine Datei heruntergeladen.

Kapitel 26

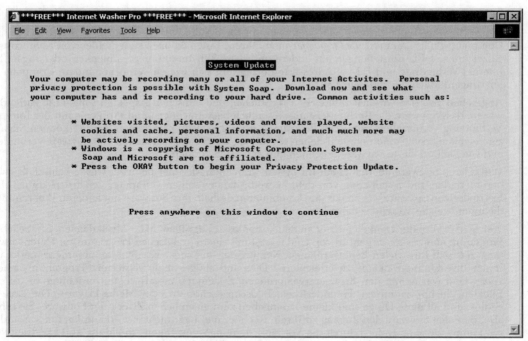

Abbildung 26.16: Ein Pop-up-Browserfenster von einer Spyware, wie sich als Windows-Warnung tarnt

Die Lektion ist einfach – *installieren Sie diese Programme nicht!* Es ist nicht verkehrt, alle Lizenzbedingungen einer Software sorgfältig durchzulesen, bevor man sie installiert, aber letztlich wird Ihr PC dadurch nicht geschützt. Mit dieser Information im Hinterkopf finden Sie nachfolgend einige vorbeugende Maßnahmen, die Sie ergreifen können, um parasitäre Software von Ihrem System fernzuhalten.

Wenn Sie eine Website besuchen und aufgefordert werden, ein Programm von einem Drittanbieter oder ein Plug-in zu installieren, von dem Sie nie zuvor gehört haben, dann *installieren Sie es nicht!* Bekannte und vertrauenswürdige Plug-ins, wie beispielsweise *Shockwave* oder *Flash* von Adobe, sind sicher, aber allen anderen gegenüber sollten Sie misstrauisch sein. Klicken Sie nicht einfach irgendwo in ein Pop-up-Browserfenster, auch wenn es wie eine Warnung von Windows oder wie eine DOS-Eingabeaufforderung aussieht, denn wie bereits erwähnt, ist es sehr wahrscheinlich gefälscht, und bei der SCHLIESSEN-Schaltfläche handelt es sich eigentlich um einen Hyperlink. Schließen Sie das Fenster auf andere Weise, wie beispielsweise mit Alt+F4 oder indem Sie das Browserfenster-Symbol in der Taskleiste mit der rechten Maustaste anklicken und SCHLIESSEN wählen.

Sie können auch Software zur Erkennung und Entfernung von Spyware auf Ihrem System installieren und regelmäßig ausführen. Das werden wir uns nun einmal etwas genauer ansehen.

Einige Spyware-Hersteller sind so anständig, dass sie Routinen zur Deinstallation ihrer Software bereitstellen. Gator-Programme werden Sie beispielsweise ganz einfach los, indem Sie sie über das Applet SOFTWARE bzw. PROGRAMME UND FUNKTIONEN in der Systemsteuerung entfernen. Andere dagegen sind nicht so kooperativ. Weil Spyware so hinterhältig ist, kann es sein, dass auf Ihrem System bereits entsprechende Programme installiert sind, ohne dass Sie es wissen. Und wie lässt sich das feststellen?

Windows beinhaltet den *Windows Defender*, ein praktisches Werkzeug zum Erkennen von Spyware, das aber leider auch nicht perfekt ist. Die bessere Lösung ist es, den Windows Defender mit einem zweiten Programm zum Entfernen von Spyware zu ergänzen. Es gibt verschiedene solcher Programme auf dem Markt, aber zwei davon sind besonders zu empfehlen, nämlich *Ad-Aware* von *Lavasoft* (Abbildung 26.17) und *Spybot Search & Destroy* von *PepiMK*.

Abbildung 26.17: Ad-Aware von Lavasoft

Beide Programme arbeiten genau, wie ihr Name sagt. Sie erkennen und löschen Spyware aller Art – verborgene Dateien und Ordner, Cookies, Registrierungsschlüssel und -werte. Ad-Aware ist kostenlos für den privaten Gebrauch, während Search & Destroy Shareware ist (Abbildung 26.18). Häufig habe ich beide Programme gleichzeitig eingesetzt, weil sie sich wunderbar ergänzen.

Spam

E-Mails, bei deren Absender es sich nicht um Freunde, Familienmitglieder oder Kollegen handelt und die Sie nicht angefordert haben, können für Ihren Rechner und Sie selbst riesiges Gefahrenpotenzial bergen. Diese unerwünschten E-Mails, die auch als *Spam* bezeichnet werden, sind für einen Großteil des Datenverkehrs im Internet verantwortlich. Spam gibt es in unterschiedlichen Varianten von Unternehmen, die Ihnen nur ihre Produkte verkaufen wollen, bis hin zu Betrügern, die einfach nur Ihr Bestes (Ihr Geld) wollen. Hoaxe, Pornographie und Schneeballsysteme füllen den Posteingang vieler E-Mail-Benutzer. Viel Zeitverschwendung, die einem leicht auf die Nerven gehen kann.

Es gibt mehrere Möglichkeiten zur Bewältigung der Spam-Flut. Zunächst einmal können Sie sich verteidigen. Veröffentlichen Sie nie Ihre E-Mail-Adresse im Internet, sofern Sie dazu nicht aus juristischen Gründen gezwungen sind. Eine Studie hat diese Theorie überprüft und festgestellt, dass sich *über 97 Prozent* der während der Studie empfangenen Spam-E-Mails auf im Internet veröffentlichte Adressen zurückführen ließ.

Filter und Filtersoftware können Spam auf Ihrem Mailserver und Computer blockieren. AOL hat im Jahr 2004 Blockierungsschemas eingeführt, mit denen die Zahl der durchschnittlich von ihren Abonnenten empfangenen Spam-E-Mails wesentlich, geschätzt um bis zu 50 Prozent, reduziert werden konnte. Sie können die meisten E-Mail-Programme so einstellen, dass sie E-Mail bestimmter Absen-

Kapitel 26

der (praktisch, wenn Ihnen jemand auf die Nerven geht) oder bestimmter Empfänger blockieren. Sie können E-Mails mit bestimmten Inhalten der Betreffzeile oder Schlüsselwörtern blockieren. Die meisten Anwender verwenden Anti-Spam-Programme von Drittanbietern anstelle der ihrer E-Mail-Programme.

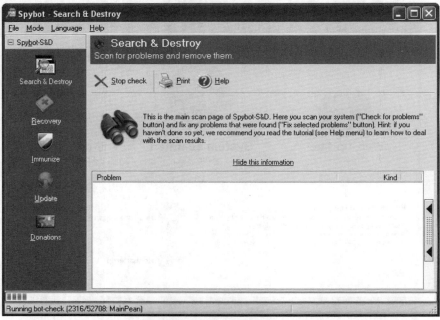

Abbildung 26.18: Spybot Search & Destroy

Viren

Wie bei einem biologischen *Virus*, der von Mensch zu Mensch weitergegeben wird, handelt es sich bei einem *Computervirus* um bösartige Software, die von Computer zu Computer weitergegeben wird (Abbildung 26.19). Computerviren werden so programmiert, dass sie sich selbst an Programme auf Ihrem Rechner anhängen und diese befallen können. Dabei könnte es sich um Ihr E-Mail-Programm, Ihre Textverarbeitung oder auch um ein Spiel handeln. Immer wenn Sie das infizierte Programm starten, wird der Virus aktiviert und macht das, wofür er konzipiert wurde. Er kann Ihre E-Mails löschen oder sogar die ganze Festplatte. Viren werden manchmal auch genutzt, um Daten zu stehlen oder Spam an alle Einträge in Ihrem Adressbuch zu senden.

> **Wichtig**
>
> Sie sollten den Unterschied zwischen Viren und Spyware kennen. Zu oft wird der Begriff gleichbedeutend verwendet, obwohl es sich um höchst unterschiedliche Dinge handelt.

Trojaner

Trojaner sind echte, eigenständige Programme, die – wie das antike Trojanische Pferd – nicht das sind, was sie angeblich sein sollten. Ein Beispiel für einen Trojaner ist ein Programm, das sich als Antivirenprogramm ausgibt, tatsächlich aber ein Virus ist. Einige Trojaner sind sehr kompliziert. Bei ihnen kann es sich um perfekt funktionierende Spiele handeln, die erst dann Schaden verursachen, wenn sie vom Benutzer beendet werden.

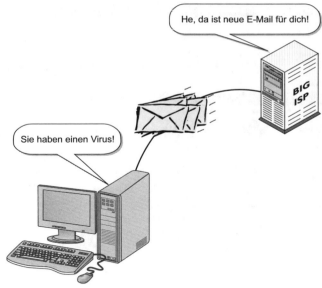

Abbildung 26.19: Sie haben Post!

Würmer

Würmer ähneln Trojanern, denn auch bei ihnen handelt es sich um vollständige Programme, die normalerweise über Rechnernetzwerke von einem zu anderen Rechnern übertragen werden. Die meisten Würmer sollen Sicherheitslücken in Betriebssystemen ausnutzen und sich selbst auf angreifbaren Maschinen installieren. Sie können sich in infizierten Netzwerken immer wieder selbst vervielfältigen und für derart viel Bandbreitenverbrauch sorgen, dass sie das Netzwerk überlasten und sogar Teile des Internets lahmlegen können.

Es gibt verschiedene Möglichkeiten, sich und seine Daten gegen diese Bedrohungen zu schützen. Erstens sollten Sie, insbesondere bei ständig aktiven Breitbandverbindungen mit dem Internet, für den Einsatz aktueller Virensoftware sorgen. Außerdem sollte Ihr Netz durch eine Hardware- oder Software-Firewall geschützt sein. (Mehr über Antivirenprogramme und Firewalls erfahren Sie später in diesem Kapitel.)

Weil Würmer größtenteils Systeme mit bestehenden Sicherheitslücken im Betriebssystem infizieren, sollten Sie im Rahmen der Verteidigung immer dafür sorgen, dass die jeweils aktuellste Version des Betriebssystems eingesetzt wird und dass regelmäßig Sicherheits-Patches installiert werden. Ein *Sicherheits-Patch* aktualisiert das Betriebssystem, um Löcher in dessen Code zu schließen. Sie können Sicherheits-Patches von der Windows-Update-Website herunterladen (Abbildung 26.20).

Windows Update ist praktisch, weil sich mit ihm leicht dafür sorgen lässt, dass die Sicherheitsfunktionen Ihres Betriebssystems auf dem aktuellen Stand sind. Der einzige Nachteil ist, dass nicht jeder daran denkt, Windows Update auszuführen. Warten Sie nicht bis zum Auftreten von Problemen auf Ihrem Computer oder bis die Nachrichten melden, dass bösartige Programme im Internet unterwegs sind, sondern führen Sie Windows Update im Rahmen der normalen Systemwartung einmal wöchentlich (oder besser automatisch) aus. Wenn Sie alle aktuellen Patches installieren (*Patch-Management*), dann sind Sie einem sicheren System schon sehr viel näher.

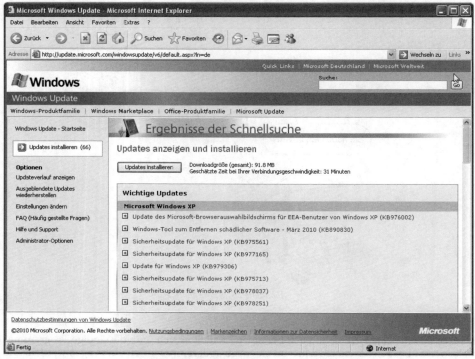

Abbildung 26.20: Windows Update

Viren: Vorbeugen und Wiederherstellen

Sie können Ihren PC nur dann dauerhaft gegen Viren schützen, wenn Sie ihn vom Internet trennen und auf keinen Fall möglicherweise infizierte Software installieren. Diese Vorgehensweise kann sich durchaus bei Systemen empfehlen, die einem klar definierten Zweck dienen, deren Funktionalität im Vordergrund steht und die nur relativ selten aktualisiert werden müssen. Bei Systemen zur Musikproduktion dürften Sie beispielsweise häufig besser fahren, wenn Sie hierfür ein dediziertes System einrichten, bei dem Sie die Netzwerkfunktionen deaktivieren bzw. auf genau die an der Musikproduktion beteiligten Rechner beschränken! Da diese Vorgehensweise heute aber zumeist unerwünscht ist, müssen Sie spezielle Antivirenprogramme benutzen, um sich vor den unweigerlich auftretenden Virenangriffen zu schützen. Wenn Sie erkennen, dass Systeme infiziert sind, dann müssen Sie wissen, wie Sie der weiteren Verbreitung der Viren Einhalt gebieten und sie von infizierten Rechnern entfernen können.

Antivirenprogramme

Antivirenprogramme schützen Rechner auf zweierlei Art. Sie können sowohl Schwert als auch Schild darstellen und sowohl aktiv Viren aufspüren und zerstören als auch passiv als Wachposten dienen. Wenn das Programm Viren suchen und zerstören soll, durchsucht es den Bootsektor des Computers und danach alle Dateien. Wenn es Viren erkennt, zeigt es die verfügbaren Optionen zu deren Entfernung oder Deaktivierung an. Antivirenprogramme können auch als *Virenschild* dienen, die Aktivitäten Ihres Computers passiv überwachen und nur bei bestimmten Ereignissen nach Viren suchen, wie z.B. bei der Ausführung von Programmen oder dem Herunterladen von Dateien.

Antivirenprogramme verwenden unterschiedliche Techniken zur Bekämpfung der verschiedenen Virentypen. Sie erkennen Bootsektorviren durch Vergleichen des Bootsektors eines Laufwerks mit einem Standardbootsektor. Das funktioniert, weil die meisten Bootsektoren grundsätzlich identisch sind. Einige Antivirenprogramme legen Sicherungskopien des Bootsektors an. Wenn sie einen Virus erkennen, ersetzen sie den infizierten Bootsektor wieder durch die Sicherungskopie. Ausführbare Viren sind etwas schwieriger zu erkennen, weil sie sich in allen ausführbaren Dateien befinden können. Um sie erkenn zu können, verwenden Antivirenprogramm Signaturbibliotheken. Bei *Signaturen* handelt es sich um typische Codemuster bekannter Viren. Das Antivirenprogramm vergleicht die ausführbaren Dateien mit seiner Signaturbibliothek. Es gibt aber durchaus auch Fälle, in denen völlig saubere Programme zufällig Code enthalten, der dem in den Signaturbibliotheken gespeicherten Codemustern von Viren entspricht. Normalerweise sorgen die Hersteller der Antivirenprogramme schnell für ein Patch, um weitere Fehlalarme zu vermeiden. Da Sie nun wissen, welche Virentypen es gibt und wie Antivirenprogramme uns gegen sie zu schützen versuchen, wollen wir uns mit einigen Begriffen befassen, die bei der Beschreibung bestimmter Virengefahren immer wieder verwendet werden.

Polymorphe Viren

Polymorphe Viren versuchen, ihre Signatur zu ändern, um die Erkennung durch Antivirenprogramme zu verhindern. Dazu verändern sie normalerweise kleine Abschnitte nutzlosen Codes. Glücklicherweise kann der veränderte Code identifiziert und als Signatur verwendet werden – nachdem die Antivirenhersteller auf den Virus aufmerksam geworden sind. Eine Technik, sich gegen unbekannte polymorphe Viren zu schützen, ist der Einsatz von Antivirenprogrammen, die Prüfsummen für alle Dateien auf dem Laufwerk anlegen. Bei der Prüfsumme handelt es sich in diesem Kontext um eine Zahl, die vom Programm in Abhängigkeit vom Dateiinhalt (nicht von Name, Datum oder Größe) berechnet wird. Die Algorithmen für die Erstellung dieser Prüfsummen unterscheiden sich bei den einzelnen Antivirenprogrammen (sie werden normalerweise auch geheim gehalten, um Virenentwicklern keine Möglichkeit für Gegenmaßnahmen zu bieten). Immer wenn ein Programm ausgeführt wird, berechnet das Antivirenprogramm die Prüfsumme neu und vergleicht sie mit seinen früheren Berechnungen. Wenn sich die Prüfsummen unterscheiden, ist das ein sicherer Hinweis auf einen Virus.

Stealth-Viren

Bei den »getarnten Viren« (Stealth-Viren) handelt es sich mehr um ein Konzept als eine echte Virenfunktion. Die meisten getarnten Virenprogramme sind Bootsektorviren, die verschiedene Methoden anwenden, um sich vor der Antivirensoftware zu verbergen. Der Stealth-Virus AntiEXE beispielsweise hängt sich an einen wenig bekannten, aber häufig verwendeten Software-Interrupt an und wird nur dann ausgeführt, wenn dieser ausgeführt wird. Andere legen Kopien unverdächtig aussehender Dateien an.

Tipps zur Virenvorbeugung

Am besten kann man Schäden durch bösartige Softwareangriffe vermeiden, wenn man sich gar nicht erst einen Virus einfängt. Wie bereits beschrieben, beinhalten alle guten Antivirenprogramme einen Virenschild, der E-Mails, Downloads, ausgeführte Programme usw. automatisch überprüft (Abbildung 26.21).

Nutzen Sie Ihren Antivirenschild. Sie sollten PCs permanent gegen mögliche Virenangriffe schützen. Alle Antivirenprogramme beinhalten Programme, die nach dem Rechnerstart im Hintergrund ausgeführt werden (TSR-Programme – *Terminate-and-Stay Resident*). Außerdem sollten Sie sich über die Herkunft von Software informieren, bevor Sie sie herunterladen. Die Wahrscheinlichkeit, dass eingeschweißte, kommerzielle Software Viren enthält, geht gegen null (bis auf ein paar bekannte Ausnahmen), aber der illegalen Kopie von Unreal Tournament, die Sie sich von einem stadtbekannten Hacker geliehen haben, sollten Sie wirklich mit Vorsicht begegnen.

Halten Sie Ihr Antivirenprogramm aktuell. Es erscheinen täglich neue Viren, und Ihr Programm sollte sie kennen. Die Liste der Viren, die Ihr Antivirenprogramm erkennen kann, wird in *Definitionsdateien* verwaltet, die Sie aktuell halten sollten. Glücklicherweise aktualisieren sich die meisten Antivirenprogramme automatisch. Darüber hinaus sollten Sie das Kernprogramm (die so genannte *Engine*) mit der »Virensuchmaschine« von Zeit zu Zeit aktualisieren, um auch in den Genuss der aktuellen Verbesserungen zu kommen.

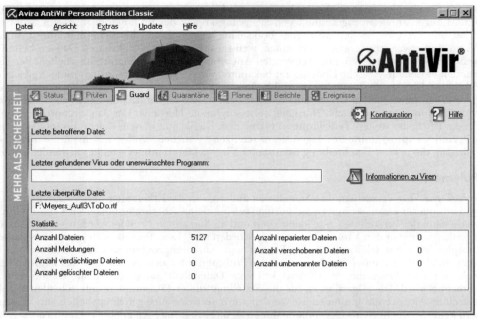

Abbildung 26.21: Ein Antivirenschild bei der Arbeit

Tipps zur Beseitigung von Viren

Wenn das Unvermeidbare geschieht und Ihr eigener Rechner oder der eines Anwenders von einem Computervirus befallen wird, dann müssen Sie bestimmte Schritte ausführen. Sie müssen verhindern, dass sich das Problem ausbreitet, und dafür sorgen, dass der befallene Computer möglichst schnell wieder einsatzbereit ist. Probieren Sie diese aus fünf Schritten bestehende Vorgehensweise aus:

1. Erkennung
2. Quarantäne
3. Suchen und zerstören
4. Sanierung
5. Weiterbilden

Erkennung und Quarantäne

Im ersten Schritt müssen Sie erkennen, dass ein potenzieller Virenbefall stattgefunden hat. Wenn Sie den Netzwerkverkehr überwachen und sehen, dass ein Computer plötzlich massenhaft E-Mails versendet, dann könnte es sich dabei um ein Anzeichen handeln. Oder Anwender beschweren sich vielleicht darüber, dass gestern noch flott laufende Rechner heute plötzlich zu fürchterlich lahmen Schnecken geworden sind.

In vielen Netzwerken wird Software eingesetzt, wie z.B. das quelloffene Programm *PacketFence*, die den Netzverkehr überwacht und Rechner automatisch aus dem Netz nehmen kann, wenn sie plötzlich verdächtige Datenpakete versenden. Sie können Computer natürlich unter Quarantäne stellen, indem Sie deren Netzkabel manuell trennen. Sobald Sie dafür gesorgt haben, dass der Rechner keine anderen anstecken kann, können Sie den Virus suchen und beseitigen.

Suchen und zerstören

Wenn Sie den oder die befallenen Rechner isoliert haben, müssen Sie für eine sichere Startumgebung sorgen und Antivirenprogramme ausführen. Zunächst können Sie den abgesicherten Modus von Windows ausprobieren, da Sie dafür nur den Rechner neu starten müssen. Wenn das nicht funktioniert oder wenn Sie einen Bootsektorvirus vermuten, dann müssen Sie externe bootfähige Medien verwenden, wie z.B. eine bootfähige CD oder einen USB-Speicherstick.

Gewöhnen Sie sich an, eine Antiviren-CD-R bereitzuhalten – eine bootfähige CD-R mit einer Kopie eines Antivirenprogramms. Wenn Sie einen Virus vermuten, verwenden Sie die Disc, selbst wenn Ihr Antivirenprogramm behauptet, den Virus eliminiert zu haben. Schalten Sie den PC aus und booten Sie ihn von der Antiviren-Disc neu. (Möglicherweise müssen Sie die CMOS-Einstellungen ändern, um von einer optischen Disc booten zu können.) Damit erhalten Sie eine saubere Startumgebung, von der Sie wissen, dass sie frei von irgendwelchen Bootsektorviren ist. Wenn Sie nur recht moderne Rechner unterstützen, lassen sich diese meist auch über einen USB-Stick starten. Dann können Sie die Startumgebung auf einem USB-Stick speichern, über den sich der Rechner noch etwas schneller starten lässt.

Es gibt etliche Optionen, um eine bootfähige CD/DVD oder einen bootfähigen USB-Stick zu erstellen. Zunächst einmal gibt es von einigen Antivirenprogrammen bootfähige Versionen, wie z.B. das *avast! Virus Cleaner Tool* (Abbildung 26.22).

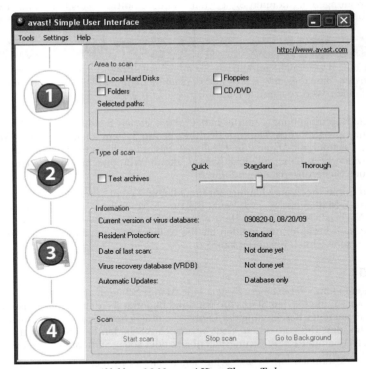

Abbildung 26.22: avast! Virus Cleaner Tool

Dann können Sie Linux-Versionen herunterladen, von denen es *LiveCDs* gibt, wie z.B. *Ubuntu*. Mit einer LiveCD können Sie den Rechner starten und eine vollständig funktionsfähige Version des Betriebssystems in den Arbeitsspeicher laden, ohne dabei die Daten auf der Festplatte zu ändern oder auch nur darauf zuzugreifen, um vollen Zugriff auf das Internet und die vielen Antiviren-Websites zu haben. (Für diese Werkzeuge benötigen Sie offensichtlich einen Internet-Zugang.) Kaspersky Labs unter www.kaspersky.com/de wären beispielsweise eine interessante Option.

Sie können sich eine Kopie der *Ultimate Boot CD* herunterladen und brennen. Sie umfasst einige Antivirenprogramme, so dass Sie weiter nichts benötigen. Sie finden sie unter www.ultimatebootcd.com. Der einzige Nachteil besteht dabei darin, dass die Suchmaschinen der Antivirenprogramme und auch deren Definitionsdateien wahrscheinlich nicht mehr aktuell sein dürften.

Wenn Sie lieber eigene Werkzeuge erstellen und verwenden wollen, können Sie sich Ihre eigene Bootumgebung erstellen und aktuelle Antivirenprogramme darin integrieren. Dazu können Sie zwei verschiedene *vorinstallierte Umgebungen* (*PE – Preinstalled Environment*) verwenden, nämlich *BartPE* und/oder *Windows PE*.

BartPE wurde von Bart Lagerweij entwickelt und eignet sich zum Erstellen einer bootfähigen Version von Windows XP mit grafischer Benutzeroberfläche und zusätzlichen Programmen. Um das Bootmedium erstellen zu können, benötigen Sie eine legale Kopie von Windows XP (Home oder Professional), da BartPE auf die Windows-Installationsdateien zurückgreift. Dann können Sie für Antivirenprogramme auf verschiedene Plug-ins zurückgreifen, die Sie unter www.nu2.nu/pebuilder im Internet finden.

Windows PE 2.0 für Windows Vista (Windows PE 3.0 für Windows 7) wird von Microsoft zur Verfügung gestellt, um die Installation des Betriebssystems auf mehreren Rechnern zu unterstützen. In der erstellten Bootumgebung können Sie ebenfalls andere Software ausführen, auch wenn dies weniger einfach als bei BartPE ist. Windows PE können Sie über die Microsoft-Website herunterladen.

Wichtig

In den Prüfungen wird nicht gefragt, wie Sie angepasste Bootumgebungen erstellen können. Sie sollten aber wissen, dass dies möglich ist und dass eine bootfähige Disc oder ein startfähiger USB-Stick in jede Techniker-Werkzeugtasche gehört.

Wenn Sie die Bootumgebung gestartet haben, dann starten Sie die umfassendsten Suchoptionen bei Ihren Antivirenprogrammen. Dann prüfen Sie alle am System angeschlossenen Wechselmedien und alle weiteren Rechner, die Daten vom befallenen System erhalten haben könnten. Vergessen Sie nicht, die Systemwiederherstellung zu deaktivieren, damit Windows nicht versehentlich eine Kopie des Virus in seinen Sicherungsdateien aufbewahrt.

E-Mails sind immer noch eine häufige Virenquelle, und nicht selten wird der Rechner infiziert, wenn eine infizierte E-Mail geöffnet wird. Wenn Sie Ihre E-Mails im Vorschaufenster anzeigen lassen, wird die E-Mail-Nachricht geöffnet und Ihr Rechner kann infiziert werden. Laden Sie nur Dateien von sicheren Websites herunter und meiden Sie die weniger vertrauenswürdigen Orte des Internets, weil man sich dort sehr schnell infizieren kann.

Sanierung

Virusinfektionen können bei einem System eine Menge Schäden anrichten und insbesondere wichtige Dateien zerstören, die für den Start von Windows benötigt werden. Daher müssen Sie ein zuvor infiziertes System nach der Bereinigung der Laufwerke möglicherweise sanieren. Bei der *Sanierung* geht es einfach darum, dass Sie von einem Virus verursachte Schäden beheben. Dazu müssen Sie vielleicht beschädigte Dateien der Registrierungsdatenbank oder sogar Startdateien ersetzen.

Wenn Sie Windows nach einem abgeschlossenen Virenscan nicht starten können, dann müssen Sie den in Kapitel 16 (*Windows-Ressourcen schützen*) dargestellten Schritten folgen, um die Wiederherstellungskonsole unter Windows 2000/XP oder die Reparaturumgebung unter Windows Vista zu starten.

Über die Wiederherstellungskonsole können Sie dann die Reparaturwerkzeuge nutzen. Hier können Sie die Befehle FIXMBR und FIXBOOT zum Reparieren des Bootsektors (der Bootblöcke) ausführen. Sie können BOOTCFG benutzen, um eine beschädigte BOOT.INI neu zu erstellen. Mit EXPAND können Sie Ersatzdateien aus Windows-CAB-Dateien extrahieren.

Computersicherheit

In der Reparaturumgebung von Windows Vista stehen Ihnen weitere Reparaturwerkzeuge zur Verfügung, zu denen SYSTEMSTARTREPARATUR, SYSTEMWIEDERHERSTELLUNG, WINDOWS COMPLETE PC-WIEDERHERSTELLUNG und EINGABEAUFFORDERUNG zählen (Abbildung 26.23). Wenn Sie die für die jeweilige Situation geeignete Option starten, sollte der Rechner schnell wieder betriebsbereit sein.

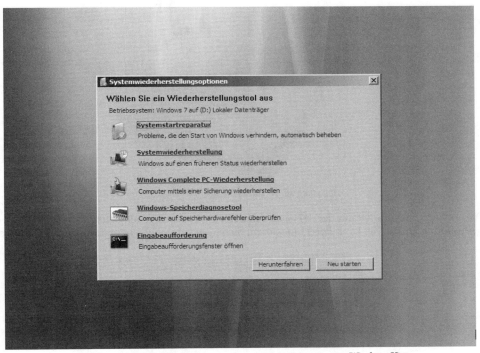

Abbildung 26.23: SYSTEMWIEDERHERSTELLUNGSOPTIONEN unter Windows Vista

Wissen ist Macht

Am besten schützen Sie sich gegen schädliche Programme, wenn Sie viel darüber wissen. Als IT-Sachverständiger müssen Sie mit Benutzern – insbesondere mit denjenigen, deren Systeme Sie in der letzten Zeit bereinigt haben – darüber sprechen, wie sie sich besser schützen können. Zeigen sie Ihnen Beispiele für gefährliche E-Mails, die sie nicht öffnen sollten, Websites, die sie meiden sollten, und die Art von Programmen, die sie nicht installieren oder im Netzwerk benutzen sollten. Jeder Benutzer, der die Risiken seiner Handlungen auf dem Computer versteht, wird sich besser verhalten und Malware meiden.

Schließlich müssen Sie dafür sorgen, dass die Benutzer regelmäßig Antispyware-Programme ausführen. Am besten planen Sie deren Ausführung zusammen mit dem Benutzer.

Firewall

Firewalls sind Geräte oder Programme, die ein internes Netzwerk vor unberechtigten Zugriffen auf das und aus dem Internet schützen. Hardware-Firewalls schützen Netzwerke unter Verwendung verschiedener Methoden, wie beispielsweise durch das Verbergen von IP-Adressen und die Blockierung von TCP/IP-Ports. Die meisten SOHO-Netzwerke verwenden eine Hardware-Firewall, wie beispielsweise den in Abbildung 26.24 dargestellten Linksys-Router. Viele Router unterstützen *Zugriffssteuerungslisten* (*ACL – Access Control List*), über die sich Zugriffe nach Portnummern, IP- und/oder MAC-Adressen usw. filtern lassen.

Abbildung 26.24: Linksys-Router mit integrierter Firewall

Windows enthält ab XP mit der *Windows-Firewall* eine hervorragende, entsprechende Softwarelösung (Abbildung 26.25). Sie kann Ports blockieren, Sicherheitsprotokolle anlegen und vieles andere mehr.

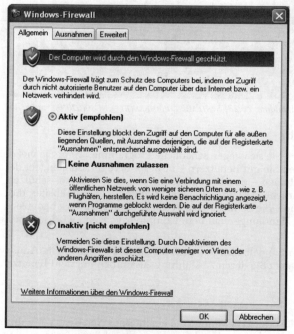

Abbildung 26.25: Windows-Firewall

Sie finden die Windows-Firewall, wenn Sie das Applet WINDOWS-FIREWALL der Systemsteuerung starten. In der Kategorieansicht klicken Sie dazu das Symbol SICHERHEITSCENTER (Abbildung 26.26) und dann im entsprechenden Dialogfeld die Option WINDOWS-FIREWALL an. Abbildung 26.27 zeigt die Registerkarte AUSNAHMEN der Windows-Firewall mit Programmen, die die TCP/IP-Ports auf dem Computer benutzen dürfen.

Abbildung 26.26: Systemsteuerung, Kategorieansicht

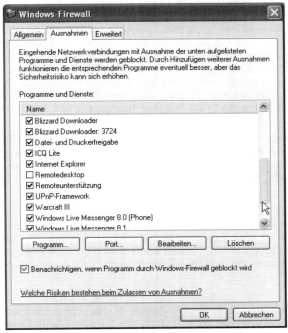

Abbildung 26.27: Wichtige Programme, die auf das Netzwerk zugreifen dürfen

Authentifizierung und Verschlüsselung

Aus den bisherigen Kapiteln wissen Sie, dass die Authentifizierung mit Benutzername und Kennwort der erste Schritt zum Schutz Ihrer Daten ist. Wenn Sie es aber mit Netzwerken zu tun haben, dann geht es nicht mehr um einzelne Benutzer, die an einem Rechner sitzen und Daten eintippen. Sie greifen auf entfernte Ressourcen zu und übertragen Anmeldedaten über das Internet. Was lässt sich also unternehmen, damit Ihr Benutzername und Kennwort möglichst nicht abgefangen werden kann?

Firewalls leisten gute Arbeit bei der Überwachung der in das und aus dem Internet übertragenen Netzwerkdaten, aber sie sind machtlos gegen Hacker, die den Datenverkehr in öffentlichen Teilen des Internets beobachten, um Sicherheitslücken zu finden. Wenn sich ein Datenpaket erst einmal im Internet befindet, kann es jeder mit der richtigen Ausrüstung auffangen und ansehen. Die Pakete enthalten reichlich Kennwörter, Kontennamen und andere für Hacker interessante Informationen, mit deren Hilfe sie in Ihr Netzwerk eindringen könnten. Weil wir Hacker nicht daran hindern können, diese Pakete zu untersuchen, müssen wir Daten v*erschlüsseln*, damit sie möglichst nicht mehr lesbar sind.

Die Netzwerkverschlüsselung erfolgt auf vielen verschiedenen Ebenen und ist keineswegs auf Internet-basierte Aktivitäten beschränkt. Und es gibt nicht nur viele verschiedene Ebenen der Netzwerkverschlüsselung, sondern jede Verschlüsselungsebene unterstützt mehrere Standards und Optionen, was die Verschlüsselung zu einem der kompliziertesten Bereiche im Umgang mit Netzwerken macht. Sie müssen verstehen, wo die Verschlüsselung eine Rolle spielt, welche Optionen zur Verfügung stehen und was Sie tun können, um Ihr Netzwerk zu schützen.

Netzwerkauthentifizierung

Haben Sie sich schon einmal überlegt, was passiert, wenn eine Person einen Benutzernamen und ein Kennwort für den Zugriff auf das Netzwerk eingibt, statt sich nur auf einer lokalen Maschine anzumelden? Was passiert, wenn diese *Netzwerkauthentifizierung* angefordert wird? Wenn Sie glauben, die vom Benutzer eingegebenen Daten (Benutzername und Passwort) werden an irgendeinen Server geschickt, der sie überprüft, dann haben Sie Recht – aber wissen Sie, wie Benutzername und Kennwort zu diesem System übertragen werden? Hier spielt die Verschlüsselung bei der Authentifizierung eine wichtige Rolle.

In einem LAN ist üblicherweise das Netzwerkbetriebssystem für die Verschlüsselung zuständig. In den heute immer diverseren und immer stärker vernetzten Netzwerkumgebungen ist es wünschenswert, dass Netzwerkbetriebssysteme beliebige Clients anderer Netzwerkbetriebssysteme authentifizieren können. Moderne Netzwerkbetriebssysteme wie beispielsweise Windows und OS X verwenden bei der Authentifizierung standardisierte Verschlüsselungsverfahren wie z.B. *Kerberos* von MIT, um unterschiedlichen Servern die Authentifizierung verschiedenartiger Clients zu ermöglichen. Diese LAN-Authentifizierungsverfahren sind üblicherweise transparent und funktionieren auch in heterogenen Netzwerken sehr gut.

Leider hat sich diese Einheitlichkeit erledigt, wenn Authentifizierungen für Remote-Zugriffe hinzugefügt werden. Es gibt derart viele verschiedene Tools für Remote-Zugriffe, die auf Serverprogrammen von Unix/Linux, Novell NetWare und Windows basieren, dass die meisten Remote-Zugriffssysteme eine Vielzahl unterschiedlicher Authentifizierungsverfahren unterstützen müssen.

PAP

Bei *PAP (Password Authentication Protocol)* handelt es sich um die älteste und grundlegendste Authentifizierungsvariante. Sie ist auch vergleichsweise unsicher, aber fast alle Netzwerkbetriebssysteme mit Remote-Zugriffsmöglichkeiten unterstützen aus Gründen der Abwärtskompatibilität neben PAP auch zahlreiche andere Programme (wie etwa Telnet), die nur PAP nutzen können.

CHAP

CHAP (Challenge Handshake Authentication Protocol) ist das gebräuchlichste Protokoll für den Remote-Zugriff. Bei CHAP überprüft das Server-System den Remote-Client. Dabei fragt das Hostsystem den

Remote-Client nach geheimen Daten (normalerweise einem Kennwort), mit denen der Remote-Client antworten muss, damit der Host die Verbindung zulässt.

MS-CHAP

MS-CHAP ist die Variante des CHAP-Protokolls von Microsoft. Es verwendet ein etwas fortschrittlicheres Verschlüsselungsprotokoll. Zusammen mit Windows Vista wird die Version 2 von MS-CHAP ausgeliefert (MS-CHAP v2).

Verschlüsselung bei Wählverbindungen konfigurieren

Nicht der Client, sondern der Server bestimmt die Verschlüsselung bei Wählverbindungen. Dessen Konfiguration ist maßgeblich dafür, wie Sie die Clients einrichten müssen. Microsoft-Clients können eine Vielzahl an Verschlüsselungsverfahren nutzen oder auch ganz auf die Authentifizierung verzichten. Wenn Sie wirklich einmal die Verschlüsselung eines Clients bei einer Wählverbindung ändern müssen, dann müssen Sie tief in deren Eigenschaften wühlen. Abbildung 26.28 zeigt das Dialogfeld ERWEITERTE SICHERHEITSEINSTELLUNGEN von Windows Vista, über das Sie die Verschlüsselung konfigurieren. Der für die Konfiguration des Servers Verantwortliche muss Ihnen mitteilen, welches Verschlüsselungsverfahren hier ausgewählt werden muss.

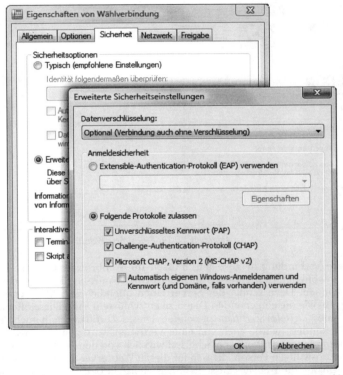

Abbildung 26.28: Konfiguration der Verschlüsselung für eine Wählverbindung über das Dialogfeld ERWEITERTE SICHERHEITSEINSTELLUNGEN

Datenverschlüsselung

Verschlüsselungsverfahren bleiben nicht auf die Authentifizierungsebene beschränkt. Es gibt viele Möglichkeiten, auch Netzwerk*daten* zu verschlüsseln. Die Auswahl des Verschlüsselungsverfahrens ist weitgehend von der von dem Kommunikationssystem verwendeten Methode abhängig, über das eine Verbindung hergestellt wird. Viele Netzwerke bestehen aus mehreren über irgendeine Art privater Verbindung (normalerweise eine Telefonleitung wie etwa ISDN oder DSL) miteinander verknüpften Netzwerken. Das Verschlüsselungsverfahren, das Microsoft für derartige Netzwerke verwendet, ist *IPSec* (abgeleitet von *IP Security*). IPSec sorgt für die transparente Verschlüsselung zwischen Server und Client. IPSec funktioniert auch in VPNs, aber hier werden üblicherweise andere Verschlüsselungsverfahren verwendet.

Anwendungsverschlüsselung

Bei der Verschlüsselung können sogar TCP/IP-Anwendungen eine wichtige Rolle spielen. Bei der bekanntesten Anwendungsverschlüsselung handelt es sich um das Sicherheitsprotokoll *Secure Sockets Layer* (*SSL*) von Netscape, mit dem sich sichere Websites erstellen lassen. Microsoft hat SSL in sein umfassenderes *HTTPS*-Protokoll (HTTP over SSL) integriert. Mit diesen Protokollen können Sie sichere Websites für Einkäufe über das Internet erstellen. HTTPS-Websites lassen sich am HTTPS:// in ihrer URL erkennen (Abbildung 26.29).

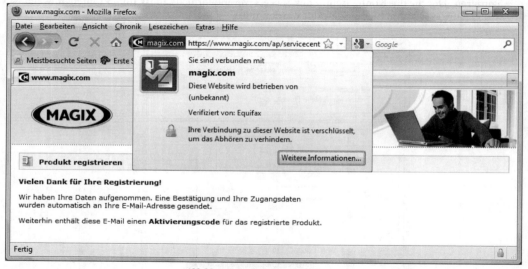

Abbildung 26.29: Eine sichere Website

Um eine sichere Verbindung herzustellen, müssen Ihr Webbrowser und der Webserver ihre Daten verschlüsseln. Sowohl der Webserver als auch der Browser müssen die Daten des jeweils anderen also entschlüsseln können. Dazu sendet der Server einen öffentlichen Schlüssel zu Ihrem Webbrowser, damit dieser weiß, wie die eingehenden Daten zu entschlüsseln sind. Diese öffentlichen Schlüssel werden in Form eines *digitalen Zertifikats* gesendet. Dieses Zertifikat stellt nicht nur den öffentlichen Schlüssel bereit, sondern wurde auch von einer vertrauenswürdigen Organisation signiert, die dafür bürgt, dass der empfangene öffentliche Schlüssel wirklich von dem Webserver stammt, und nicht etwa von irgendeiner böswilligen Person, die sich für diesen Webserver ausgibt. Es gibt viele Unternehmen, die digitale Zertifikate für Websites ausstellen. Das vielleicht bekannteste ist *Verisign*. Digitale Signaturen ähneln digitalen Zertifikaten, werden aber nicht von Dritten unterstützt.

Ihr Webbrowser enthält eine integrierte Liste vertrauenswürdiger Organisationen. Wenn ein Zertifikat von einer Website eintrifft, das von einem dieser angesehenen Unternehmen signiert wurde, geschieht innerhalb des Browsers weiter gar nichts. Sie gelangen einfach auf die sichere Website und rechts unten in der Ecke Ihres Browsers wird ein kleines Schlosssymbol angezeigt. Abbildung 26.30 zeigt die integrierte Liste der vertrauenswürdigen Organisationen des Webbrowsers Firefox.

Computersicherheit

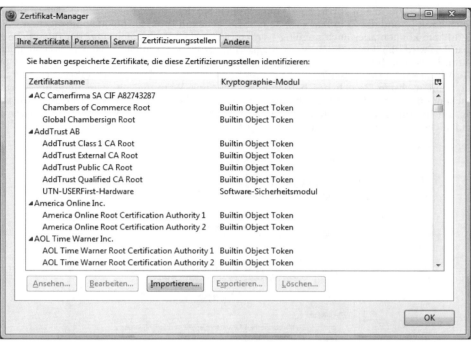

Abbildung 26.30: Vertrauenswürdige Organisationen

Wenn Sie aber ein Zertifikat von Zertifizierungsstellen erhalten, die nicht in der Liste Ihres Browsers enthalten sind, oder wenn nicht festgestellt werden kann, ob eine Verbindung sicher ist, dann wird eine Warnmeldung im Browser angezeigt. Dann können Sie entscheiden, ob Sie das Zertifikat dennoch akzeptieren und/oder fortfahren wollen (Abbildung 26.31).

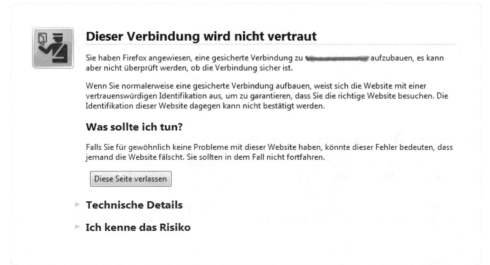

Abbildung 26.31: Hier kann Firefox nicht feststellen, ob eine Verbindung sicher ist.

1145

Was Sie jetzt tun, bleibt Ihnen überlassen. Wollen Sie diesem Zertifikat trauen? Meist antworten Sie einfach mit JA und das Zertifikat wird dem SSL-Cache mit Ihren Zertifikaten hinzugefügt. Akzeptierte Zertifikate können aber auch ungültig werden, wenn sie z.B. ablaufen oder der öffentliche Schlüssel geändert wird. Bei den in die Browser integrierten »großen« Zertifikaten passiert das eigentlich nie, bei intern in Firmen-Intranets verwendeten Zertifikaten passiert das aber häufiger, wenn beispielsweise ein Administrator die Aktualisierung vergessen hat. Wenn ein Zertifikat ungültig wird, gibt der Browser beim nächsten Besuch der betreffenden Site eine Warnung aus. Um ungültige Zertifikate zu löschen, müssen Sie den SSL-Cache löschen. Die Vorgehensweise ist vom jeweiligen Browser abhängig. Im Internet Explorer aktivieren Sie dazu unter INTERNETOPTIONEN die Registerkarte INHALTE und klicken die Schaltfläche SSL-STATUS LÖSCHEN an (Abbildung 26.32).

Abbildung 26.32: Registerkarte INHALTE

Besondere Aspekte bei drahtlosen Netzwerken

Wie Sie aus Kapitel 24 (*Drahtlose Netzwerke*) bereits wissen, bereiten drahtlose Netzwerke (WLANs) Technikern zusätzliche Kopfschmerzen hinsichtlich ihrer Sicherheit. Einige der Aspekte, die Sie sich merken oder vielleicht noch einmal nachlesen sollten, sind:

- ❏ Aktivieren Sie ein Verschlüsselungsverfahren. WEP ist nicht gerade sicher, weshalb Sie besser WPA oder das noch sicherere WPA2 einrichten und die Clients entsprechend konfigurieren sollten.
- ❏ Deaktivieren Sie DHCP und verlangen Sie von WLAN-Clients die Verwendung statischer IP-Adressen.
- ❏ Wenn Sie DHCP verwenden müssen, richten Sie nur die in Ihrem Netzwerk benötigten DHCP-Adressen ein, um ungenutzte Funkverbindungen zu vermeiden.

❏ Ändern Sie die Standardeinstellung der SSID bei den Zugangspunkten und deaktivieren Sie deren Übertragung.
❏ Filtern Sie nach MAC-Adressen, um nur bekannten Clients Zugang zum Netzwerk zu gewähren.
❏ Ändern Sie die allen Hackern bekannten Standardbenutzernamen und Kennwörter der WLAN-Zugangspunkte.
❏ Aktualisieren Sie die Firmware bei Bedarf.
❏ Sorgen Sie möglichst dafür, dass die Firewall-Einstellungen der Zugangspunkte aktiviert sind.

Wiederholung

Fragen

1. Wie nennt man die Manipulation von Menschen, um Zugriff auf Netzwerkressourcen zu erhalten?
   A. Cracking
   B. Hacking
   C. Netzwerkengineering
   D. Social Engineering

2. Womit ist eine gute Hardware-Authentifizierung möglich?
   A. Starke Kennwörter
   B. Verschlüsselte Kennwörter
   C. NTFS
   D. Smartcards

3. Mit welchem der folgenden Hilfsprogramme lässt sich verhindern, dass sich ein Benutzer bei einem lokalen Rechner anmeldet, ihm aber weiterhin die Anmeldung bei der Domäne gestatten?
   A. AD-Richtlinien
   B. Gruppenrichtlinien
   C. LOKALE SICHERHEITSEINSTELLUNGEN
   D. Benutzereinstellungen

4. Welche Art der Verschlüsselung ist am sichersten?
   A. MS-CHAP
   B. PAP
   C. POP3
   D. SMTP

5. Hannes hat ein Spiel aus dem Internet heruntergeladen und installiert. Als er es startet, wird der blaue Bildschirm des Todes (BSoD) angezeigt. Nach dem Neustart des Rechners entdeckt er, dass der Ordner mit seinen eigenen Dokumenten gelöscht wurde. Was ist geschehen?
   A. Er hat ein Spyware-Programm installiert.
   B. Er hat einen Trojaner installiert.
   C. Er hat gegen die Gruppenrichtlinien verstoßen.
   D. Er hat gegen die lokalen Sicherheitseinstellungen verstoßen.

6. Was sollte Maria bei ihrem WLAN-Router aktivieren, um ihn möglichst sicher zu machen?
   A. NTFS
   B. WEP
   C. WPA
   D. WPA2

7. Welches Werkzeug würden Sie zur Aktivierung von Überwachungsfunktionen auf lokaler Ebene verwenden?
   A. AD-Richtlinien
   B. Gruppenrichtlinien
   C. Lokale Sicherheitseinstellungen
   D. Benutzereinstellungen

8. Johann hat sich eine falsche Uniform besorgt und sich als Sicherheitsmann eines Unternehmens verkleidet, um dann zusammen mit echten Angestellten das Firmengelände zu betreten und sich Zugang zu den Ressourcen des Unternehmens zu verschaffen. Wie werden derartige Angriffe genannt?
   A. Administrativer Zugriff
   B. Datenvernichtung
   C. Spoofing
   D. Tailgating

9. An Ihrem ersten Arbeitstag erhält Gretel ein Arbeitsblatt, auf dem die für Benutzer genehmigten Programme und klare Anweisungen zu finden sind, die den Einsatz anderer Programme verbieten. Welche Art von Regeln muss sie hier befolgen?
   A. Klassifizierung
   B. Konformität
   C. Gruppe
   D. Sicherheit

10. Erna will in ihrem Unternehmen Richtlinien durchsetzen, um Vireninfektionen zu verhindern oder zumindest zu beschränken. Welche Richtlinie wäre die beste Lösung?
    A. Antivirenprogramme auf allen Rechnern installieren. Anwender schulen, damit sie wissen, wie sie diese benutzen können.
    B. Antivirenprogramme auf allen Rechnern installieren. Die Software für die regelmäßige Virensuche einrichten.
    C. Antivirenprogramme auf allen Rechnern installieren. Die Software so einrichten, dass die Virendefinitionen und die Suchmaschine automatisch aktualisiert werden. Die Software für die regelmäßige Virensuche einrichten.
    D. Antivirenprogramme auf allen Rechnern installieren. Die Software so einrichten, dass die Virendefinitionen und die Suchmaschine automatisch aktualisiert werden. Die Software für die regelmäßige Virensuche einrichten. Die Anwender schulen, damit sie wissen, welche Websites und Downloads sie meiden sollten.

Antworten

1. **D.** Beim Social Engineering werden Menschen benutzt oder manipuliert, um Zugang zu Netzwerkressourcen zu erhalten.
2. **D.** Smartcards sind ein Beispiel für Geräte zur Hardwareauthentifizierung.
3. **C.** Über LOKALE SICHERHEITSEINSTELLUNGEN können Sie verhindern, dass sich jemand bei einem lokalen Rechner anmeldet.
4. **A.** Von den angebotenen Verfahren ist MS-CHAP am sichersten.
5. **B.** Hannes hat offensichtlich einen Trojaner installiert, einen Virus, der sich als Spiel getarnt hat.
6. **D.** Maria sollte WPA2 bei ihrem WLAN-Router einrichten und aktivieren.
7. **C.** Die lokalen Überwachungsfunktionen können Sie über lokale Sicherheitseinstellungen aktivieren.

8. **D.** Johann hat sich im Schlepptau echter Beschäftigter bei dem nichts ahnenden Unternehmen unberechtigt Zutritt verschafft. Diese Vorgehensweise wird Tailgating genannt.
9. **B.** Gretel muss Konformitätsregeln befolgen, damit die Anzahl der Anrufe beim technischen Support minimiert und die Verfügbarkeit der Rechner und Server im Unternehmen maximiert wird.
10. **D.** Die beste Richtlinie umfasst die Aktualisierung der Suchmaschine der Software und der Definitionen, das regelmäßige Durchsuchen der Rechner und die Schulung der Anwender.

27

Der fertige PC-Techniker

Themen in diesem Kapitel
- Beschreiben, wie Computer funktionieren
- Eine Methodik für die Fehlersuche implementieren
- Der Werkzeugkasten eines Technikers

Wenn ein wichtiger Computer ausfällt, werden die Menschen nervös, egal in welcher Branche. Arbeiter können nicht arbeiten, deshalb fühlen sie sich schuldig. Arbeitgeber können ihre Produkte nicht rechtzeitig ausliefern, deshalb machen sie sich Sorgen. Die Angestellten werden von den Vorgesetzten beschuldigt, Fehler gemacht zu haben, oder haben zumindest Angst vor derartigen Schuldzuweisungen, auch wenn sie gar nichts falsch gemacht haben.

In diese geladene Atmosphäre kommt der Techniker, der den Computer reparieren soll. Dazu braucht er drei Dinge: Erstens muss er das defekte Gerät in- und auswendig kennen – er muss wissen, wie es richtig funktionieren *sollte*. Zweitens muss der Techniker die Arbeiter und Vorgesetzten beruhigen und Fragen stellen, um weitere Informationen zum Problem zu bekommen. Drittens muss er das Problem erkennen und das Gerät reparieren.

Dieses Kapitel beginnt mit einem Überblick über die Funktionsweise von Computern und geht dann auf den Umgang mit Kunden ein und wie Sie sie dazu bringen, Ihnen das zu sagen, was Sie wissen müssen. Das Kapitel endet mit einer erprobten Methodik für die Fehlersuche, die Ihnen dabei helfen soll, der Ursache von Problemen auf den Grund zu gehen und Reparaturen schnell durchführen zu können.

Essentials

Wie Computer funktionieren

Sie haben eine Menge Zeit mit dem Lesen dieses Buches verbracht und dabei Technologien und Komponenten sehr detailliert kennen gelernt. Alle Kapitel enthielten Informationen zur Fehlersuche bei den dort beschriebenen Komponenten. In Kapitel 3 (*Der gläserne PC*) beispielsweise haben Sie alles über CPUs erfahren, von ihrer Arbeitsweise bis hin zu ihrem Einbau. Sie haben für die CPU spezifische Arbeitsschritte kennen gelernt, einschließlich der möglicherweise schwierigen Aufgabe, den Lüfter und den Kühlkörper ein- oder auszubauen, die von allen CPUs benötigt werden. In den Kapiteln 11 (*Festplattentechnologien*) und 12 (*Vorbereitung und Wartung von Festplatten*) ging es vor allem um Festplatten. Mit jedem Kapitel haben Sie mehr über die Komponenten erfahren, aus denen moderne PCs bestehen.

In diesem Kapitel werde ich Ihr Wissen so zusammenführen, dass Sie den Computer als Ganzes betrachten können. Alle Komponenten arbeiten zusammen, damit wir mit dem Rechner die erstaunlichsten Sachen erledigen können.

Um als PC-Techniker die Fehlersuche zu beherrschen, müssen Sie sich einem technischen Problem nähern und sich die Frage stellen: »Was kann die Ursache für dieses Problem sein?« Weil an allen Prozessen mehrere Komponenten beteiligt sind, müssen Sie deren Zusammenspiel verstehen. Woran kann es liegen, wenn Franziska nicht drucken kann? Keine Verbindung? Treiber? Papierstau? Langsame Netzwerkverbindung? Abgestürzte Anwendung? Sonneneinstrahlung? Wir betrachten den Prozess genauer.

Ganz am Anfang, in Kapitel 3 (*Der gläserne PC*), haben Sie von den vier wesentlichen Elementen der Datenverarbeitung gehört: Eingabe, Verarbeitung, Ausgabe und Speicherung. Nun nehmen wir uns noch einmal die Zeit, um den Prozess der Datenverarbeitung zu wiederholen. Und diesmal werden wir uns ansehen, wie sich unser Wissen zur Reparatur von Computern nutzen lässt.

Wenn Sie ein Programm ausführen, durchläuft der Computer drei von vier Phasen: Eingabe, Verarbeitung und Ausgabe (Abbildung 27.1). Für die Eingabe werden spezielle Geräte benötigt (z.B. Tastatur oder Maus), mit denen Sie dem Computer befehlen können, bestimmte Aufgaben zu erledigen, und beispielsweise ein Programm öffnen oder ein Wort eingeben können. Das Betriebssystem stellt eine Benutzeroberfläche und Werkzeuge bereit, damit der Mikroprozessor und die anderen Chips Ihre Anfrage verarbeiten können. Über den Bildschirm und Töne aus den Lautsprechern erfahren Sie, dass der Rechner Ihren Befehl verstanden hat und wie das Ergebnis aussieht. Die Speicherung als vierte Phase kommt dann ins Spiel, wenn Sie Dokumente speichern wollen oder Programme und andere Dateien öffnen müssen.

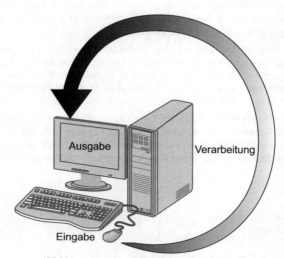

Abbildung 27.1: Eingabe, Verarbeitung und Ausgabe

Damit das Ganze funktioniert, müssen viele Komponenten auf komplizierte Weise zusammenarbeiten, unter anderem mehrere Hardwarekomponenten und Softwareschichten. Als Techniker müssen Sie alle Komponenten verstehen und wissen, wie sie zusammenarbeiten, damit Sie im Fehlerfall die Ursache erkennen und das Problem beheben können. Ein Blick auf ein modernes Programm zeigt, dass selbst für scheinbar relativ einfache Aktionen oder Änderungen auf dem Bildschirm im Computer komplexe Abläufe erforderlich sind.

Spiele wie etwa Second Life (Abbildung 27.2) sind riesig und benötigen mehrere Gigabyte Speicher auf einem Internet-Server. Sie passen einfach nicht in das RAM der meisten Computer, deshalb haben die Entwickler Verfahren entwickelt, durch die sie die RAM-Nutzung möglichst gering halten können.

Abbildung 27.2: Second Life

In Second Life bewegt man sich beispielsweise durch mehr oder weniger nahtlos verbundene Bereiche einer Online-Welt. Wenn Sie über eine Brücke von einer Insel auf eine andere gehen, sorgt das dafür, dass das Spiel die sichtbare Umgebung so schnell aktualisiert, dass Sie die neue Insel ohne Spielunterbrechung zu sehen bekommen und die Illusion der Online-Welt erhalten bleibt. Und das Folgende passiert, wenn Sie die Taste [W] auf Ihrer Tastatur drücken und Ihr Avatar die unsichtbare Zonengrenze überschreitet.

Hinweis

Second Life ist ein MMORPG (Massively Multiplayer Online Role Playing Game), das Ihnen ein einzigartiges Erlebnis bietet. Wenn Ihre Zeit und Ihr Geschick es zulassen, können Sie hier fast alles nur Vorstellbare erschaffen. In Second Life gibt es eine funktionierende Wirtschaft, die sich bis in die reale Welt erstreckt, das heißt, Sie können im Spiel Dinge kaufen und verkaufen und das Spielgeld in reales Geld tauschen, obwohl es eher üblich ist, dass man echtes Geld ausgibt, um virtuellen Besitz zu erlangen.

Der Tastaturcontroller wird von Ihrer Tastatur benachrichtigt, liest die Eingabe und überträgt die Daten über die Mainboard-Leitungen zur CPU (Abbildung 27.3). Die CPU versteht den Tastaturcontroller, weil beim Einschalten des Rechners ein kleines Programm vom System-BIOS, das sich im System-ROM-Chip auf dem Mainboard befindet, in den Arbeitsspeicher geladen wurde.

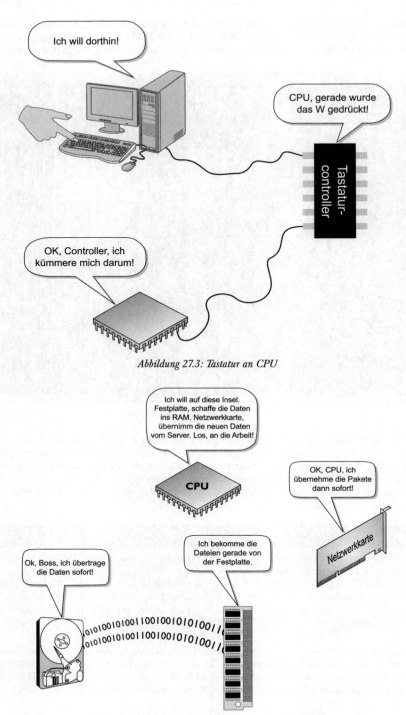

Abbildung 27.3: Tastatur an CPU

Abbildung 27.4: CPU an Festplatte und Netzwerkkarte

Die CPU und die Anwendung entscheiden, was im Spiel passieren soll, und weil sie erkennen, dass Ihr Avatar die Zonengrenze überschreitet, lösen sie eine ganze Reihe von Aktionen aus. Die Anwendung signalisiert dem Betriebssystem, dass ein neues Spielsegment in das RAM geladen werden muss. Das Betriebssystem signalisiert der CPU, dass Daten von der Festplatte und den Second-Life-Servern benötigt werden. Anschließend sendet die CPU Befehle an den Festplatten-Controller, damit dieser die entsprechenden Daten lädt und in den Arbeitsspeicher überträgt, während sie gleichzeitig einen Befehl zur Netzwerkkarte schickt, damit diese die aktuellen Daten herunterladen kann (Abbildung 27.4).

Der Festplatten-Controller weist die Festplatte an, mehrere Megabyte Daten herauszurücken, und überträgt diese dann über das Mainboard zum Speichercontroller, der sie in das RAM befördert und die CPU informiert, wenn er damit fertig ist. Die Netzwerkkarte und das Netzwerkbetriebssystem kommunizieren mit den Second-Life-Servern und laden die benötigten aktuellen Daten herunter. Anschließend verarbeitet die CPU die neuen Daten mit Hilfe der Anwendung und des Betriebssystems und überträgt, wiederum über die Mainboard-Leitungen, Grafikdaten zur Grafikkarte und Sounddaten zur Soundkarte (Abbildung 27.5).

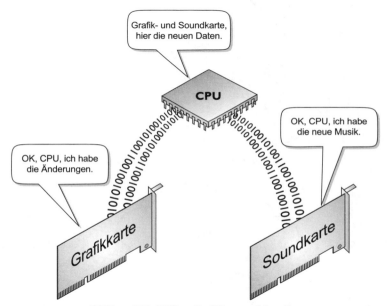

Abbildung 27.5: CPU an Grafikkarte und Soundkarte

Der Prozessor der Grafikkarte legt die eingehenden Daten in seinem Arbeitsspeicher ab, verarbeitet sie und fordert den Bildschirm zur Aktualisierung der Anzeige auf. Der Prozessor der Soundkarte verarbeitet ebenfalls seine Daten und sorgt dafür, dass die Lautsprecher neue Töne wiedergeben (Abbildung 27.6).

> **Hinweis**
>
> Windows Vista hat die Latte bei der Anforderung an das Grafiksystem noch einmal erheblich höher gelegt, so dass die Leistungsfähigkeit der Grafikkarte erheblichen Einfluss auf das Spielerlebnis haben kann. Vista benutzt die Grafikkarte, um die Benutzeroberfläche mit vielen tollen optischen Effekten auszustatten. Das kann dazu führen, dass eine schwache Grafikkarte in einem ansonsten durchaus leistungsfähigen Rechner bei Vista nicht wie gewünscht reagiert. Sofern Ihr Kunde keine echte Spielernatur ist, müssen Sie auch nicht mehr als 200 Euro für eine Grafikkarte einplanen. Ein System mit veralteter Grafikkarte zusammenzustellen oder zu empfehlen, ist aber kaum sinnvoll!

Kapitel 27

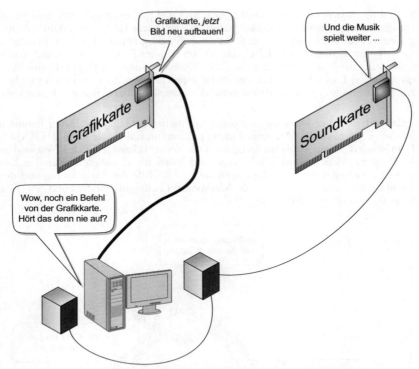

Abbildung 27.6: Bildschirm- und Lautsprecherausgabe aktualisieren

Abbildung 27.7: PC an Second-Life-Server

Um seine Arbeit verrichten zu können, muss der Rechner mit Strom versorgt werden. Dazu müssen der vom Netzteil gelieferte Gleichstrom und der diesem gelieferte Wechselstrom die richtige Spannung- und Stromstärke haben.

Und weil Second Life ein Netzwerkprogramm ist, muss das Betriebssystem Daten über die Netzwerkkarte in das Internet übertragen, damit die Rechner der Mitspieler ebenfalls jeweils auf den aktuellen Stand gebracht werden können. Dadurch sehen die Mitspieler, wie Sie sich vorwärtsbewegen (Abbildung 27.7).

Und was sehen und hören Sie, während sich die Elektronik für Sie abmüht? Aus dem Nichts (Abbildung 27.8) erscheint ein Schloss, das Stück für Stück aufgebaut wird, während Ihr Rechner die neuen Daten verarbeitet und die Bildschirmanzeige aktualisiert. Musik ertönt aus Ihren Lautsprechern. Wenn die Daten für die neue Insel vollständig heruntergeladen und verarbeitet wurden, sieht die Welt auf Ihrem Bildschirm binnen weniger Sekunden völlig anders aus (Abbildung 27.9). So sieht es aus, wenn alles gut gegangen ist. Viele Megabyte Daten wurden von Ihrer Festplatte und über das Internet bereitgestellt, von mehreren Prozessoren verarbeitet und schließlich auf den Bildschirm und zu den Lautsprechern geschickt.

Abbildung 27.8: Ein neuer Bereich wird geladen.

Kapitel 27

Abbildung 27.9: Das Schloss ist fertig.

Um das Spiel nicht zu unterbrechen, nutzt Second Life wie viele andere aktuelle Online-Spiele das so genannte *Streaming*. Ihr Computer lädt ständig aktualisierte Daten von den Second-Life-Servern herunter, wodurch die sich die für Sie sichtbare Welt mit jedem Schritt ändert. Streaming leistet erstaunliche Dinge. Im GameCube-Spiel *Zelda* beispielsweise ermittelt das Spiel, wohin Sie als Nächstes gehen können, und lädt den neuen Bereich bereits in das RAM, bevor Sie den nächsten Schritt gemacht haben. Während Sie sich in einem Bereich befinden, können Sie mit einem Teleskop in einen anderen voll aufgebauten Bereich blicken (Abbildung 27.10). Das ganze Spielerlebnis wirkt dabei erstaunlich nahtlos und fast wie im richtigen Leben.

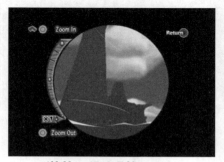

Abbildung 27.10: Zelda – gezoomt

Bei allen Problemen, deren Ursachen nicht sofort offensichtlich sind (z.B. ein herausgezogenes Stromkabel), sollten Sie die Verarbeitungsprozesse dazu nutzen, um sie einzugrenzen. Bei den Verarbeitungsprozessen arbeiten Komponenten auf bestimmte Weise zusammen. Es genügt aber nicht, bei der

Suche nach einem Problem einfach nur herumzustöbern. Sie müssen die Verarbeitungsprozesse dazu nutzen, um eine Theorie zu entwickeln und Ihren Auftrag zu erledigen.

> **Hinweis**
>
> Welche Anwendungen benutzen Sie auf Ihrem Rechner? Welche verwenden Ihre tatsächlichen oder potenziellen Kunden? Wenn Sie dies im Hinblick auf die Verarbeitungsprozesse im Rechner analysieren, können Sie sich die Suche nach dem Problem damit enorm erleichtern. Nehmen Sie beispielsweise Microsoft Excel, ein Programm, mit dem Sie Zahlen in Tabellen eintragen und in Diagrammen darstellen können. Wenn Sie mit Excel arbeiten, dann laden Sie das Programm von der Festplatte in den Arbeitsspeicher, geben Daten über die Tastatur ein und formatieren sie mit der Maus. Bei jedem Klick muss die CPU den Inhalt des Arbeitsspeichers und die Anzeige analysieren und aktualisieren.

Troubleshooting-Theorie

Bei der *Troubleshooting-Theorie* handelt es sich um nicht mehr als eine Reihe gedanklicher Schritte, die Sie bei der Diagnose und Reparatur eines Computers durchlaufen. Zur Troubleshooting-Theorie zählt die Kommunikation mit Anwendern, um herauszufinden, wie und wann das Problem aufgetreten ist, dessen Ursache zu bestimmen, das Testen, Prüfen und Dokumentieren. Techniker verwenden eine Reihe guter Troubleshooting-Theorien. Wenn Sie die CompTIA A+-Prüfungen ablegen wollen, dann haben Sie Glück, denn die CompTIA definiert ihre Ansichten zur Troubleshooting-Theorie klar im Rahmen der Prüfung 220-701.

2.1 Erklären Sie die Troubleshooting-Theorie anhand einer konkreten Situation

- ❏ Das Problem identifizieren
    - ❏ Den Nutzer befragen und Veränderungen am Computer durch den Nutzer identifizieren und Backups durchführen, bevor weitere Veränderungen vorgenommen werden
- ❏ Eine Theorie der wahrscheinlichsten Ursache aufstellen (das Offensichtliche hinterfragen)
- ❏ Die Theorie testen, um die Ursache zu bestimmen
    - ❏ Sobald die Theorie bestätigt ist, die nächsten Schritte identifizieren, um das Problem zu beheben
    - ❏ Sollte die Theorie nicht bestätigt worden sein, erstellen Sie eine neue Theorie oder eskalieren Sie
- ❏ Einen Handlungsplan aufstellen, um das Problem zu lösen und die Lösung zu implementieren
- ❏ Verifizieren Sie die volle Systemfunktionstüchtigkeit und, falls nötig, implementieren Sie präventive Maßnahmen
- ❏ Dokumentation der Befunde, Handlungen und des Ergebnisses

Das Problem identifizieren

Es gibt einen Grund dafür, dass Sie vor einem Computer stehen, um ihn zu reparieren: Es ist etwas geschehen, der Computerbenutzer meint, dass etwas nicht funktioniert, und deshalb sind Sie anwesend. Der erste Schritt beim *Identifizieren jedes Problems* besteht im Gespräch mit dem Benutzer. Bringen Sie den Benutzer dazu, Ihnen zu zeigen, was nicht funktioniert. Handelt es sich um einen Fehlercode? Lässt sich auf irgendetwas nicht zugreifen? Reagiert ein Gerät nicht? Dann stellen Sie dem Benutzer die klassische Technikerfrage (denken Sie an Ihre Kommunikationsfähigkeiten!): »Hat sich irgendetwas kürzlich am Rechner geändert, was dieses Problem hervorgerufen haben könnte?« Was Sie wirklich sagen, ist: »Haben Sie am Computer herumgespielt? Haben Sie ein schädliches Programm installiert? Haben Sie ein USB-Laufwerk derart kräftig in den Anschluss geschoben, dass der zerbrochen ist?« Natürlich werden Sie derartige Dinge nie sagen. Sie fragen einfach nett, ohne Benutzer zu beschuldigen, damit sie Ihnen bei der Beseitigung des Problems helfen können (Abbildung 27.11).

Abbildung 27.11: Ein nett fragender Techniker

In den meisten Troubleshooting-Situationen ist es wichtig, dass Sie kritische Dateien sichern, bevor Sie Änderungen am System vornehmen. Zum Teil handelt es sich dabei zwar um eine Aufgabe der laufenden Wartung, aber wenn irgendwelche Daten verschwinden und Sie keine Sicherung erstellt haben, dann wissen Sie doch, wem der Anwender die Schuld geben wird, oder etwa nicht?

Wichtig

Die CompTIA A+-Prüfungen geben davon aus, dass Techniker *immer* erst die Daten eines Systems sichern sollten, bevor sie daran arbeiten, auch wenn sich das praktisch nicht immer machen lässt.

Wenn Sie es mit einem noch teilweise funktionierenden System zu tun haben, dessen Betriebssystem Sie möglicherweise neu installieren müssen, aber auf dessen Festplatte Sie noch zugreifen können, sollten Sie kritische Daten, wie E-Mail, Browser-Favoriten, wichtige Dokumente und alle nicht auf einem regelmäßig gesicherten Server gespeicherten Daten sichern. Wenn man einmal vom Fall des Festplatten-Totalausfalls absieht, sollten Ihnen wesentliche Daten nie verloren gehen, wenn Sie Windows noch starten und die Wiederherstellungskonsole aufrufen können.

Hinweis

Auf ausgefallenen Festplatten bleiben die Daten meist (zumindest teilweise) erhalten und lassen sich wiederherstellen, wenn Sie entsprechend viel Geld lockermachen können. Eine gute Sicherung ist wirtschaftlich viel sinnvoller!

Eine Theorie der wahrscheinlichsten Ursache aufstellen (das Offensichtliche hinterfragen)

Jetzt ist es Zeit, um die Probleme zu analysieren und eine dazu passende *Theorie der wahrscheinlichsten Ursache* zu entwickeln und zu präsentieren. Vielleicht sollte man hier besser von »Vermutungen« sprechen, denn nur sehr wenige Fehler sind derart offensichtlich, dass Sie gleich wissen, was Sie zu tun haben. Greifen Sie auf Ihre Kenntnisse der Verarbeitungsprozesse zurück, um das Problem zu lokalisieren, das die Symptome hervorruft. Halten Sie Ihre Vermutungen (oder Theorien) einfach. Techniker neigen leider oft dazu, offensichtliche Probleme zu übersehen und sich gleich direkt mit dem System zu befassen (Abbildung 27.12).

Abbildung 27.12: Der Techniker Ferdinand vergisst das Offensichtliche!

Außerhalb des Gehäuses

Nehmen Sie sich vor dem Öffnen des Gehäuses einen Augenblick Zeit für die Suche nach Hinweisen. Und – noch wichtiger – nutzen Sie dabei all Ihre fünf Sinne.

War sehen Sie? Ist ein Stecker oder ein Plastikteil offensichtlich beschädigt? Selbst wenn der Stecker oder das Teil noch funktionieren, könnte die physische Beschädigung zusätzliche Hinweise liefern. Wenn sich der Benutzer nicht mit seinem Netzwerk verbinden kann, überprüfen Sie das Kabel. Wurde es von etwas so überrollt, dass die dünnen Leitungen im Kabel gerissen sind? Sind da etwa Reste von Marmelade an der verklemmten Schublade des optischen Laufwerks zu sehen? Eine äußerliche Sichtprüfung des Computers ist wichtig.

Fühlt sich die Systemeinheit heiß an, wenn Sie sie mit der Hand berühren? Können Sie die Vibrationen der Lüfter hören oder spüren? Falls nicht, würde dies auf einen sich überhitzenden oder einen überhitzten Computer hinweisen. Moderne Computer laufen zwar oft auch noch, wenn sie sehr heiß geworden sind, werden dann aber normalerweise sehr lahm. Wenn der Rechner nach der ersten Suche nach Schädlingsprogrammen (und deren Beseitigung) immer noch langsam ist, dann könnte übermäßige Hitze das Problem verursachen.

Wenn Sie einen Augenblick auf die Geräusche des PC achten, könnte Ihnen auch das Hinweise zur Ursache des Problems geben. Wie Sie aus Kapitel 12 (*Vorbereitung und Wartung von Festplatten*) wissen, geben korrekt funktionierende Festplatten nur wenig Geräusche von sich, lediglich ein gleichmäßiges Summen der rotierenden Platten. Wenn ein Laufwerk klickende oder schleifende Geräusche von sich gibt, dann ist das ein sehr schlechtes Zeichen und ein sehr wichtiger Hinweis! Zu starke Stöße oder übermäßige Plattenzugriffe können ebenfalls auf potenzielle Problembereiche hinweisen, wie z.B. auf zu wenig Arbeitsspeicher oder ein stark fragmentiertes Laufwerk.

Und schließlich sollten Sie auch Ihre Nase nicht vergessen. Wenn Sie Ozon riechen, dann wissen Sie, dass dieser Geruch auf ausfallende oder einfach zu heiß werdende elektronische Komponenten hinweist.

Innerhalb des Gehäuses

Auch nach dem Öffnen des Systemgehäuses sollten Sie weiterhin all Ihre Sinne nutzen. Sind irgendwelche physischen Schäden sichtbar? Wenn der Rechner gar nicht mehr funktioniert, sehen Sie sich die Kondensatoren auf dem Mainboard genauer an. Unbeschädigte Kondensatoren sollten oben flach und sauber sein. Keinesfalls sollten sie wie ausgelaufene Batterien und/oder stark verbeult aussehen. Lüfter sollten sich drehen. Das Netzteil sollte nicht kochendheiß sein. Die Quelle von Geräuschen sollten Sie bei geöffnetem Gehäuse besser orten können und die Gerüche überhitzter Komponenten sind dann definitiv stärker.

Wenn Sie das Äußere und Innere des Gehäuses inspizieren, sollten Sie keine voreiligen Schlüsse ziehen. Wenn Sie ein scheinbar offensichtliches Problem erkennen, dann halten Sie einen Augenblick inne und fragen sich selbst, ob es sich dabei wirklich um die Ursache des Problems handelt. Möglicherweise haben Sie bereits 50 Mal ein Problem gesehen und beim nächsten Mal handelt es sich doch um etwas anderes. Natürlich handelt es sich auch jetzt wahrscheinlich wieder um dasselbe Problem, aber durch das kurze Nachdenken können Sie sich möglicherweise späteren Ärger ersparen.

Gut, nun haben Sie sich für eine sinnvolle Theorie entschieden. Jetzt müssen Sie sich davon überzeugen, dass Ihre Theorie tatsächlich zum aktuellen Problem passt, und sie überprüfen, ob sich das Problem damit beheben lässt.

Die Theorie testen, um die Ursache zu bestimmen

Die größte Herausforderung bei der Reparatur von Computern besteht darin, dass sich die Theorie quasi erst gleichzeitig mit der Reparatur bestätigt. Kehren wir noch einmal zu der Situation zurück, in der der Stecker nicht in der Steckdose steckt. Sie beobachten, dass nichts geschieht, wenn der Schalter am Rechner betätigt wird. Sie prüfen hinten am Netzteil, ob das Kabel dort eingesteckt ist. Dann kontrollieren Sie die Steckdose und sehen, dass der Stecker dort nicht eingestöpselt wurde! Also stecken Sie den Stecker schnell in die Steckdose und – hurra –, alles funktioniert wieder! Sie sind ein Held! In diesem einfachen Beispiel entsteht Ihre Theorie und wird quasi im selben Moment geprüft und bestätigt (Abbildung 27.13).

Abbildung 27.13: Der Techniker Ferdinand ist ein Held!

Natürlich gestalten sich die meisten Probleme nicht derart einfach. Oft müssen Sie zur *Überprüfung Ihrer Theorie* nicht mehr machen, als einen Defekt zu erkennen. Angenommen, Sie haben einen aktualisierten Grafikkartentreiber installiert. Sie fahren den Rechner hoch, melden sich bei Windows an und müssen plötzlich erkennen, dass auf dem Bildschirm nur noch Chaos dargestellt wird. Ah, ein defekter Grafikkartentreiber, nicht wahr? Zur Überprüfung starten Sie den Rechner neu und drücken F8, um zum Menü mit den Start-Optionen zu gelangen. Sie wählen VGA-MODUS AKTIVIEREN (2000/XP) oder ANZEIGE MIT NIEDRIGER AUFLÖSUNG AKTIVIEREN (Vista/7) und starten den Rechner neu. Nun fährt der Rechner wieder fehlerfrei hoch. Hier kennen Sie zwar das Problem, aber wissen Sie, wie Sie es beheben können? Zum letzten Grafikkartentreiber zurückkehren? Einen älteren Treiber erneut installieren? Versuchen Sie, eine andere Kopie des neuen Treibers herunterzuladen, und installieren Sie den Grafikkartentreiber noch einmal? Jede dieser Lösungen könnte richtig sein. Entscheiden Sie sich für eine und probieren Sie sie aus (Abbildung 27.14).

Abbildung 27.14: Der Techniker Ferdinand probiert eine mögliche Lösung.

Schade, die erste Vermutung war falsch, denn auf dem Bildschirm wird immer noch Müll angezeigt. Keine Sorge, probieren Sie einfach eine Ihrer anderen Theorien aus. Meist fahren Sie einfach so fort, aber manchmal bekommt man es auch mit Problemen zu tun, die die eigenen Möglichkeiten oder Fähigkeiten übersteigen. Dabei könnte es sich um ein Problem mit einem Server handeln, den Sie nicht konfigurieren dürfen. Es könnte sich um ein Problem mit Benutzerkonten handeln, die Techniker in Ihrem Unternehmen nicht ändern dürfen. Oder es könnte sich um einen Anwender handeln, der sich darüber beschwert, dass er keine Antwort von der IT-Abteilung erhält. In derartigen Fällen müssen Sie das Problem *eskalieren*.

Bei der *Eskalation* handelt es sich um einen Vorgang in Ihrem Unternehmen (oder manchmal auch nur Ihre Entscheidung), der dann durchlaufen wird, wenn eine mit einer Reparatur beauftragte Person den Auftrag selbst (oder allein) nicht erledigen kann. An der Eskalation gibt es nicht auszusetzen, denn niemand kann alle Probleme beheben. In allen Unternehmen sollte es bestimmte Vorgehensweisen bei der Eskalation geben. Das könnte ein einfacher Anruf bei Ihrem Chef sein. Dabei müssen Sie möglicherweise ein internes Formular ausfüllen und an eine andere Abteilung weiterleiten. Manchmal wird aber auch eher formlos eskaliert. Vielleicht wollen Sie erst einmal online Nachforschungen zum Problem anstellen. Vielleicht wollen Sie erst einmal in der internen Dokumentation nachsehen, ob das Problem in der Vergangenheit schon einmal aufgetreten ist. (Lesen Sie dazu auch den Abschnitt *Dokumentation der Befunde, Handlungen und Ergebnisse* weiter hinten in diesem Kapitel.) Vielleicht wollen Sie auch nur einen Mitarbeiter hinzurufen, der sich mit dem aufgetretenen Problem besser auskennt (Abbildung 27.15).

Abbildung 27.15: Der Techniker Ferdinand bittet Josef um Hilfe.

Verifikation und Prävention

Fantastisch! Durch Ihre eigene sorgfältige Arbeit oder Eskalation haben Sie das Problem gelöst oder glauben es zumindest. Denken Sie hier an zwei Dinge. Erstens könnten Sie das Problem zwar für gelöst halten, während der Benutzer/Kunde in dieser Hinsicht anderer Meinung ist. Und zweitens sollten Sie möglichst vorbeugende Maßnahmen ergreifen, die dafür sorgen, dass das Problem zukünftig nicht erneut auftritt.

Die volle Systemfunktionstüchtigkeit verifizieren

Mit dem *Verifizieren* der vollen Systemfunktionstüchtigkeit weist die CompTIA darauf hin, dass Sie dafür sorgen sollen, dass der Anwender glücklich und zufrieden ist. Angenommen, ein Anwender kann nicht drucken. Sie stellen fest, dass die Druckwarteschlange wegen eines hängenden Laserdruckers angehalten wurde. Sie starten den Drucker neu und die Druckaufträge werden ausgegeben. Auftrag erledigt, nicht wahr? Nun, während der Überprüfung Ihrer Theorie haben Sie einen anderen Drucker, der sich in der dritten Etage befindet, als Standarddrucker eingestellt. Und leider weiß der Anwender nicht, wie er den gerade »reparierten« Drucker wieder zum Standarddrucker machen kann.

Am besten lässt sich die volle Systemfunktionstüchtigkeit dadurch überprüfen, dass man den Benutzer ein paar Minuten lang seine üblichen Aufgaben (vielleicht im Schnelldurchgang) ausführen lässt und ihn dabei beobachtet. Jeder kleinere Fehler (wie ein falsch konfigurierter Standarddrucker) werden dabei schnell erkannt und Sie erhalten zudem einen interessanten Einblick in die Arbeitsweise des Benutzers. Für gute Techniker ist es entscheidend, dass sie wissen, was ihre Benutzer tun, denn nur dann können sie ihnen dabei helfen, ihren Job besser zu machen (Abbildung 27.16).

Abbildung 27.16: Der Techniker wartet ab und beobachtet.

Präventive Maßnahmen bei Bedarf implementieren

Ein sehr erfahrener Techniker sagte mir einmal, dass das Ziel des wirklich guten Support-Technikers darin bestünde, seinen Stuhl nicht mehr verlassen zu müssen. Die Latte liegt zwar ziemlich hoch, scheint mir aber sinnvoll zu sein. Unternehmen Sie alles, damit sich ein Problem nicht wiederholt. Bei einigen Problemen lassen sich offensichtliche Maßnahmen ergreifen, bei denen Sie beispielsweise dafür sorgen, dass Virenschutzprogramme auf dem Rechner installiert werden, damit er nicht erneut infiziert werden kann. Manchmal gibt es aber auch gar keine Maßnahmen, die man ergreifen könnte, denn schließlich lässt sich nicht verhindern, dass Festplatten manchmal ihren Geist aufgeben. Es gab aber auch schon Modelle, die sich bereits kurz nach Ablauf der Garantiefrist ohne jedes Warnzeichen ins Nirwana verabschiedeten. Bei derartig frühzeitigem Ableben sollten Sie sich präventiv im Internet informieren, ob es sich um einen Einzelfall handelt oder ob andere Benutzer dieselben Erfahrungen gemacht haben. In fast allen Fällen können Sie aber eine weitere kritische Maßnahme ergreifen und die Anwender schulen. Nutzen Sie die Zeit beim Anwender, um ihn formlos über das Problem zu unterrichten. Zeigen Sie ihm die Gefahren schädlicher Software auf oder sagen Sie ihm, dass Festplatten manchmal einfach sterben. Je mehr Ihre Benutzer wissen, desto seltener müssen Sie Ihren Stuhl verlassen.

Dokumentation der Befunde, Handlungen und Ergebnisse

Ich glaube, dass der berühmte Historiker *George Santayana* ein hervorragender Techniker gewesen wäre, denn er sagte: »Wer sich der Geschichte nicht erinnert, ist dazu verdammt, sie zu wiederholen.« Für Techniker sollte die Dokumentation der letzte Schritt jedes Troubleshooting-Auftrags sein. Diese Dokumentation muss in einigen Unternehmen strengen formalen Anforderungen genügen, es kann sich aber auch einfach nur um ein paar Notizen handeln, die Sie für sich selbst machen. Sie müssen Ihre Tätigkeit aber dokumentieren! Was war das Problem? Mit welchen Maßnahmen konnten Sie es beheben? Was hat funktioniert? Was nicht? Den besten Leitfaden für die Dokumentation liefert diese Frage: »Was hätte ich über das Problem gern gewusst, bevor ich mich mit ihm befasst habe?« Eine gute Dokumentation ist der beste Hinweis auf einen guten Techniker (Abbildung 27.17).

Kapitel 27

Abbildung 27.17: Ferdinand dokumentiert eine erfolgreiche Reparatur.

Die *Dokumentation* von Problemen hilft Ihnen, den Fehlerverlauf einer Maschine zu beobachten, so dass Sie langfristig Entscheidungen treffen können, wie beispielsweise die Ausmusterung des Rechners oder weiterreichende Reparaturen. Wenn Sie und Ihre Kollegen mehrere Male eine bestimmte Reparatur am Computer von Susi ausgeführt haben, könnten Sie vielleicht entscheiden, das System komplett auszutauschen, statt die Reparatur noch ein viertes Mal durchzuführen.

Die Dokumentation hilft Ihren Kollegen, wenn sie eine Aufgabe fertigstellen müssen, die Sie nicht abgeschlossen haben, oder wenn sie eine Fehlersuche für eine Maschine ausführen müssen, die Sie schon einmal repariert haben. Und auch die umgekehrte Richtung trifft zu. Wenn Sie einen Anruf bekommen, dass der Computer von Moritz kaputt ist, und die Aufzeichnungen prüfen, um festzustellen, ob es bereits Serviceanfragen für den Computer gab, stellen Sie möglicherweise fest, dass die Reparatur für ein bestimmtes Problem bereits dokumentiert ist. Das gilt vor allem bei vom Benutzer verursachten Problemen. Wenn Sie dokumentiert haben, was Sie repariert haben, müssen Sie sich auch nicht auf Ihr Gedächtnis verlassen, wenn Ihr Mitarbeiter Sie fragt, was Sie gegen das komische Problem an dem Computer von Inge im letzten Jahr unternommen haben.

Die Dokumentation ist auch wichtig, wenn Sie oder ein Benutzer einen Unfall vor Ort haben. Wenn Ihr Kollege Karl einen Bildschirm auf seinen Fuß hat fallen lassen und der Bildschirm kaputt und der Fuß gebrochen ist, müssen Sie einen *Unfallbericht* ausfüllen, wie bei jedem anderen elektrischen, chemischen oder physischen Unfall. Ein Unfallbericht sollte genau beschreiben, was passiert ist und wo es passiert ist. Auf diese Weise können Ihre Vorgesetzten schnell und effizient die richtigen Maßnahmen ergreifen.

Werkzeuge für den Techniker

In Kapitel 2 (*Arbeitsabläufe*) haben Sie erfahren, welche Werkzeuge in jeder Werkzeugtasche eines Technikers vorhanden sein sollten: Kreuzschlitz- und Schlitzschraubendreher sowie verschiedene andere praktische Dinge, wie etwa ein Sechskantschlüssel oder eine Pinzette. Jeder gute Techniker sollte zumindest diese Werkzeuge mit sich führen (Abbildung 27.18). Mit der Zeit und zunehmender Erfahrung werden weitere Werkzeuge hinzukommen. Aber Schraubendreher und Steckschlüssel sind nicht alles, was in Ihre Werkzeugtasche gehört. Sie sollten weiterhin Dienstprogramme und *Austauschkomponenten* (*FRUs – Field Replacement Units*) mit sich führen.

Abbildung 27.18: Typisches Werkzeug des Technikers

Hilfsprogramme (Utilities)

Windows enthält bereits eine Menge praktischer *Hilfsprogramme*, die neudeutsch *Tools* und *Utilities* genannt werden. Manchmal brauchen Sie aber auch mächtigere Werkzeuge. Es gibt Tausende Utilities von Drittanbietern, die Techniker bei der Diagnose und Reparatur von PCs nutzen können. Leider kann ich Ihnen hier nicht einfach eine Auswahl von Tools präsentieren, die Sie sich besorgen sollten, denn die eingesetzten Hilfsprogramme unterscheiden sich bei erfahrenen Technikern abhängig von den jeweiligen Erfahrungen, Fähigkeiten und Aufgabenbereichen. Das heißt nicht, dass ich Ihnen hier nicht meine eigene Auswahl vorgestellt hätte! Ich habe in den verschiedenen Kapiteln eine ganze Reihe Utilities von Drittanbietern erwähnt, die Sie sich im Internet besorgen können. Da ich Ihnen bereits meine Meinung zu derart vielen Tools mitgeteilt habe, kann ich mich hier stattdessen auf die verschiedenen Programmkategorien beschränken, von denen Sie Vertreter in der Werkzeugsammlung der meisten Techniker vorfinden werden.

> **Hinweis**
>
> In den Techniker-Foren auf meiner Total-Seminars-Website (www.totalsem.com/forums) finden Sie einen Bereich mit »coolen Tools«. Wenn Sie an unserer Meinung über eine Vielzahl von Hilfsprogrammen interessiert sind, dann besuchen Sie doch einmal diese Foren.

Viele Techniker fragen, ob es sinnvoll ist, die Tools mit sich herumzuschleppen, denn schließlich lassen sie sich bei Bedarf großteils aus dem Internet herunterladen. Aber manchmal hat man keinen Internetzugriff und manchmal müssen Tools bereits fertig und einsatzbereit sein (z.B. Virenprogramme). Und dann kann die Suche und das Herunterladen von Tools auch eine ganze Menge Zeit verschlingen. Aber es gibt garantiert auch Tools, die ich nie mit mir herumschleppen würde. Gerätetreiber ändern sich heute beispielsweise derart häufig, dass es reine Zeitverschwendung wäre, sie jeweils auf eine Disc zu kopieren. Die hier aufgeführten Tools würde ich aber garantiert auf eine Disc oder einen Stick kopieren, um sie im Problemfall sofort griffbereit zu haben.

Schädlingsbereinigungsprogramme (Malware Cleaners)

Wenn Sie die besten Techniker danach fragen, womit sie in ihrem Beruf die meiste Zeit verbringen, werden sie Ihnen überwiegend antworten, dass es sich dabei um die Beseitigung von *Schädlingsprogrammen* (*Malware*) handelt. Schädlingsbereinigungsprogramme sollten Sie daher als Erstes in Ihre Werkzeugsammlung aufnehmen. Da manche Schädlingsprogramme auch installierte Bereinigungsprogramme angreifen, machen Sie es gleich richtig und speichern die Bereinigungsprogramme auf bootfähigen optischen Discs. Wenn Sie nicht wissen, welche Programme Sie zunächst ausprobieren sollten, besorgen Sie sich eine Kopie der *Ultimate Boot CD* und probieren Sie einige der darauf enthaltenen Bereinigungsprogramme aus.

Antivirenprogramme

Nach der Bereinigung des Rechners sollten Sie Antivirenprogramme griffbereit haben, die Sie installieren können, um zu verhindern, dass der Rechner erneut infiziert wird. Einige der verbreiteten Freeware-Varianten habe ich bereits vorgestellt, aber viele Techniker bevorzugen kommerzielle Programme und verkaufen sie auch ihren Kunden.

> **Tipp**
>
> Seit Ende 2009 bietet auch Microsoft mit seinen *Microsoft Security Essentials* einen kostenlosen Virenwächter an, der unter Windows XP ab Service Pack 2 und Vista/7 (achten Sie auf die verschiedenen Versionen) installiert werden kann.

Boot-Utilities

Sie benötigen ein Hilfsprogramm, mit dem sich die automatisch startenden Programme auf Ihrem Windows-Rechner besser als mit dem Programm SYSTEMKONFIGURATION kontrollieren lassen. Hier gibt es allerdings ein derart herausragendes Programm, das sich unbedingt besorgen sollten. Dabei handelt es sich um *AUTORUNS* von Mark Russinovich. Es ist dem integrierten Systemkonfigurationsprogramm deutlich überlegen und bietet Ihnen in diesem Bereich unglaubliche Möglichkeiten. Natürlich gibt es andere, aber mir gefällt AUTORUNS. Sie finden es unter der Webadresse www.sysinternals.com.

Password Clearer

Wenn Sie ein Windows-Kennwort und insbesondere das Administratorkennwort verlieren und Sie sich nicht beim System anmelden können, dann bedeutet das Ärger. Es gibt eine Reihe von Tools, mit denen sich beliebige Benutzerkennwörter zurücksetzen lassen. Diese Programme zeigen keine Kennwörter an, sondern setzen sie nur zurück. Wenn Sie einen Benutzer mit verschlüsselten Ordnern haben, dann lassen sich diese auf diesem Weg nicht wiederherstellen. Keines dieser Programme lässt sich einfach nutzen, aber wenn Sie sich ansonsten nicht anmelden können, bieten sie Rettung. Diese Programme müssen nahezu ausnahmslos über eine bootfähige CD gestartet werden.

ZIP-Dateimanager

Die neueren Windows-Versionen können zwar einige komprimierte Dateiformate lesen (z.B. ZIP), aber es gibt derart viele (komprimierte) Dateiformate, dass es oft praktisch ist, eigene Programme für diesen Zweck griffbereit zu haben. Mir persönlich gefällt *7-Zip* (www.7-zip.org), aber es gibt ein reichliches Angebot ähnlich beliebter Alternativen.

Sicherung

Es ist wahrscheinlich, dass Sie von Zeit zu Zeit Sicherungen von Systemen erstellen müssen. Ich habe immer eine externe Festplatte mit einem Sicherungsprogramm dabei, um schnell Backups der kritischsten Dateien erstellen zu können. Besonders empfehlenswert sind in diesem Zusammenhang Tools, mit denen Sie Image-Kopien von Festplatten erstellen können. Und dies gilt umso mehr, wenn Sie meiner Empfehlung folgen und diese Festplattenabbilder auf eine ausreichend große externe Festplatte kopieren können, die sich ebenfalls in Ihrem Werkzeugkasten befindet. (Vielleicht gibt es für diesen Zweck ja auch vor Ort geeignete Geräte.)

Vergessen Sie nicht Ihre USB-Sticks!

Wahrscheinlich zeigt sich hier mein Alter, wenn ich davon spreche, all diese Hilfsprogramme auf CD zu brennen. Leider bin ich aber bereits recht alt. Fast alle dieser Hilfsprogramme können Sie natürlich auch auf USB-Speichersticks ablegen. Ich speichere meine Hilfsprogramme auf CDs, weil ich es gelegentlich immer noch mit Systemen zu tun bekomme, bei denen sich die CMOS-Einstellungen nicht so ändern lassen, dass der Rechner über einen USB-Stick gestartet werden kann.

Austauschkomponenten (FRU – Field Replaceable Unit)

Wenn Sie sich im Außendienst oder an einem zu reparierenden Rechner befinden, sollten Sie immer einige *Austauschkomponenten* dabeihaben, die auch *FRUs (Field Replaceable Units)* oder einfach *gängige Ersatzteile* genannt werden. Wenn Sie bekanntermaßen fehlerfrei funktionierende Komponenten griffbereit haben, können Sie leicht potenziell fehlerhafte Hardwarekomponenten austauschen und so prüfen, ob diese das Problem darstellen. Was die verschiedenen Techniker dabeihaben, ist natürlich individuell unterschiedlich. Ein Druckerspezialist könnte beispielsweise ein paar Fixiereinheiten mitnehmen. Der Arbeitgeber hat auch einen großen Einfluss auf die Auswahl der mitgeführten Komponenten. Ich nehme generell ein paar Speichermodule (DDR, DDR2 und DDR3), eine PCI-Grafikkarte, eine Netzwerkkarte und ein Ersatznetzteil mit zum Kunden.

> **Wichtig**
>
> Für die CompTIA A+-Prüfungen müssen Sie wissen, dass es sich bei FRUs um funktionierende Austauschkomponenten für Rechner handelt, wie z.B. um Steckkarten, Speichermodule, Festplatten, Prozessoren oder Netzteile, die leicht vor Ort ersetzt werden können.

Ich habe in meiner Werkzeugkiste übrigens deshalb eine PCI-Grafikkarte, weil fast alle in den letzten zehn Jahren hergestellten Rechner über PCI-Steckplätze verfügen. Wenn ich es mit einem System mit Anzeigeproblemen zu tun bekomme, dann kann ich oft einfach die PCI-Grafikkarte einsetzen und schnell feststellen, ob die AGP- oder PCIe-Grafikkarte für die Probleme verantwortlich ist. Wenn der Rechner beispielsweise zwar mit der PCI-Grafikkarte hochfährt, dies aber mit der PCIe-Steckkarte nicht schafft, dann wissen Sie, dass entweder die PCIe-Grafikkarte oder ihr Steckplatz die Probleme verursacht.

Wiederholung

Fragen

1. Wenn Sie festgestellt haben, wo die Ursache eines Rechnerproblems liegt, müssen Sie was tun, bevor Sie Änderungen am System vornehmen?
   A. Antistatikarmband anlegen
   B. Nichts, ich beginne sofort mit der Behebung des Problems
   C. Kritische Dateien sichern
   D. Sich eine Freistellungserklärung vom Anwender unterschreiben lassen

2. Während Sie am Helpdesk arbeiten, erhalten Sie einen Anruf von einem verzweifelten Benutzer, der erzählt, er sieht nur einen leeren Bildschirm. Was wäre Ihre nächste Frage? (Wählen Sie zwei Antworten aus.)
   A. Ist der Computer eingeschaltet?
   B. Ist der Bildschirm eingeschaltet?
   C. Haben Sie neu gestartet?
   D. Was haben Sie gemacht?

3. Computer sind komplexe Geräte, aber oft ist die Lösung eines Problems:
   A. Unklar
   B. Komplex
   C. Offensichtlich
   D. Sehr schwer zu finden

4. Welches Werkzeug sollte in der Werkzeugtasche keines Technikers fehlen?
   A. Zange
   B. Hammer
   C. Schlitzschraubendreher
   D. Kreuzschlitzschraubendreher

5. Was sollten Sie gemäß der Troubleshooting-Theorie als Erstes machen, wenn Sie vor Ort für Arbeiten am Rechner eintreffen?
   A. Das Problem identifizieren
   B. Den Benutzer fragen, wie er den Rechner beschädigt hat
   C. Sich sofort mit der Arbeit am Problem befassen
   D. Kritische Daten sichern

6. Was sollten Sie machen, nachdem Sie das beim Rechner vorliegende Problem ermittelt und die kritischen Daten gesichert haben?
   A. Eine Theorie der wahrscheinlichsten Ursache entwickeln
   B. Mit der Reparatur des Rechners beginnen
   C. Dem Benutzer weitere Fragen stellen, um festzustellen, wie er das Problem verursacht hat
   D. Das Problem dokumentieren

7. Was sollten Sie tun, nachdem Sie eine Theorie zur wahrscheinlichsten Problemursache entwickelt haben?
   A. Den Rechner auf den Transport zurück zu Ihrem Arbeitstisch vorbereiten
   B. Den Anwender beschuldigen, der das Problem verursacht hat
   C. Die Theorie zur Problemursache überprüfen
   D. Das Problem eskalieren

8. Was müssen Sie nach erfolgreicher Reparatur eines Rechners unbedingt machen?
   A. Gar nichts, der Auftrag ist erledigt
   B. Den Benutzer ermahnen, weil er der IT-Abteilung derart viel Arbeit beschert hat.
   C. Die eigenen Befunde dokumentieren
   D. Den Rechner so verriegeln, dass der Benutzer dieselben Probleme nicht erneut verursachen kann

9. Sie haben neue Druckertreiber für den großen vernetzten Laserdrucker auf dem Computer von Roland installiert. Was sollten Sie tun, um den Auftrag abzuschließen?
   A. Dokumentieren, dass Sie neue Druckertreiber installiert haben
   B. Roland bitten, eine Testseite zu drucken
   C. Eine Testseite ausdrucken und zum Drucker gehen, um die Ergebnisse zu überprüfen
   D. Eine Testseite ausdrucken und zum Drucker gehen, um die Ergebnisse zu überprüfen. Dokumentieren, dass Sie erfolgreich neue Druckertreiber installiert haben.

10. Was ist ein FRU?
    A. Foreign Replacement Unit – ein billiges Teil aus einem Billiglohnland, das ein teures Teil ersetzt
    B. Field Replacement Unit – eine als funktionierend bekannte Computerkomponente, die während der Fehlersuche eine verdächtige Komponente ersetzt
    C. Free Repair Unit – ein Extra von einigen Unternehmen, dem Kunden beim ersten Besuch einen kostenlosen Support zu bieten
    D. Kurz für FRU Linux, eine Linux-Distribution

Antworten

1. **C.** Sie sollten dafür sorgen, dass keine Daten gefährdet werden, wenn Sie sie sichern können.
2. **A, B.** Prüfen Sie zuerst die einfachen Antworten. Bei einem leeren Bildschirm prüfen Sie zuerst, ob Computer und Bildschirm eingeschaltet sind.
3. **C.** Übersehen Sie nicht die offensichtlichen Lösungen wie herausgezogene Stromkabel.
4. **D.** Im Werkzeugkasten eines Technikers sollte sich mindestens ein Kreuzschlitzschraubendreher befinden.
5. **A.** Im ersten Schritt sollten Sie das Problem identifizieren.
6. **A.** Wenn Sie das Problem festgestellt und kritische Daten gesichert haben, sollten Sie eine Theorie der wahrscheinlichsten Ursache entwickeln.
7. **C.** Wenn Sie die Ursache zu kennen glauben, dann überprüfen Sie Ihre Theorie.
8. **C.** Nach Abschluss einer Reparatur sollten Sie immer Ihre Befunde dokumentieren.
9. **D.** Überprüfen Sie nach der Reparatur immer die Ergebnisse! Anschließend dokumentieren Sie Ihre Arbeiten.
10. **B.** Ein FRU ist eine als funktionierend bekannte Rechnerkomponente.

Zuordnung zu den Zielen von CompTIA A+

Zielzuordnung für CompTIA A+ Essentials

Thema	Kapitel
Wissensgebiet 1.0 Hardware	
1.1 Kategorisieren von Speichergeräten und Backupmedien	
FDD	3
HDD	3, 11
Solid-State-Speicherlösungen oder magnetische Speicherlösungen	11
Optische Laufwerke	3, 13
CD/DVD/RW/Blu-ray	3, 13
Wechselspeicher	11, 13, 17
Bandlaufwerk	17
Solid-State-Speicher (z.B. Thumb Drives, Flash- und SD-Karten, USB)	13
Externe CD-RW und Festplatten	13, 11
Hot-swappable Geräte und nicht hot-swappable Geräte	13
1.2 Erklären von Mainboardkomponenten, -typen und -eigenschaften	
Formfaktoren	9
ATX/BTX	9
Mikro-ATX	9
NLX	9
E/A-Schnittstellen	3, 18, 20, 22, 23, 25
Audio	3, 20

Anhang A

Thema	Kapitel
Video	3
USB 1.1 und 2.0	3, 18
Seriell	3, 18
IEEE 1394/FireWire	3, 18
Parallel	3, 22
Netzwerkkarte	3, 23
Modem	3, 25
PS/2	18
Speichersteckplätze	3, 6
RIMM	6
DIMM	3, 6
SO-DIMM	6
SIMM	6
Prozessorsockel	3, 5, 9
Busarchitektur	5, 8
Bussteckplätze	8, 9, 21
PCI	8, 9
AGP	8, 9
PCIe	8, 9
AMR	9
CNR	9
PCMCIA	21
PATA	11
IDE	11
EIDE	11
SATA, eSATA	3, 11
Vergleich RAID (Level 0, 1, 5)	11, 12
Chipsätze	5, 7, 9
BIOS/CMOS/Firmware	7
POST	7
CMOS-Batterie	7
Riser-Karten/Daughterboard	9

1.3 Klassifizieren Sie die Stromversorgungsarten und deren Charakteristika

AC-Adapter	10
ATX proprietär	10
Spannung, Wattleistung und Kapazität	10
Spannungswahlschalter	10
Pins (20, 24)	10

Thema	Kapitel
1.4 Zweck und Eigenschaften von CPUs erklären	

CPU-Typen identifizieren	5
AMD	5
Intel	5
Hyper-Threading	5
Multi-Core	5
Dual-Core	5
Triple-Core	5
Quad-Core	5
Onchip-Cache	5
L1	5
L2	5
Geschwindigkeit (real oder tatsächlich)	5
32 Bit oder 64 Bit	5

Thema	Kapitel
1.5 Erklären Sie Kühlmethoden und Kühlgeräte	

Wärmeableiter	5
CPU- und Gehäuselüfter	5, 10
Flüssige Kühlsysteme	5
Kühlkörper	5

Thema	Kapitel
1.6 Vergleich und Gegenüberstellung von Speicherarten, deren Charakteristika und Zweck	

Speichertypen	5, 6
DRAM	5, 6
SRAM	5
SDRAM	6
DDR/DDR2/DDR3	6
RAMBUS	6
Parität oder Nicht-Parität	6
ECC oder Nicht-ECC	6
Einseitig oder doppelseitig	6
Single-Channel oder Dual-Channel	6
Geschwindigkeit	6
PC100	6
PC133	6
PC2700	6
PC3200	6

Thema	Kapitel
DDR3-1600	6
DDR2-667	6

1.7 Unterscheidung der verschiedenen Anzeigegeräte und deren Eigenschaften

Projektoren, CRT und LCD	19
LCD-Technologien	19
Auflösung (z.B. XGA, SXGA+, UXGA, WUXGA)	19
Kontrastverhältnis	19
Native Auflösung	19
Anschlussarten	3, 19
VGA	3, 19
HDMI	3, 19
S-Video	19
Komponente/Rot-Grün-Blau	19
DVI-Pinkompatibilität	19
Einstellungen	19
Bildwiederholungsfrequenz	19
Auflösung	19
Mehrere Bildschirme	19
Degauss	19

1.8 Installieren und Konfigurieren von Peripherie- und Eingabegeräten

Maus	18
Tastatur	18
Strichcodelesegerät	18
Multimedia (z.B. Web- und Digitalkameras, MIDI, Mikrofone)	18
Biometrische Geräte	18
Touchscreens	18
KVM-Switch	18

1.9 Zusammenfassen der Adapterkartentypen und deren Funktion

Video	8, 19
PCI	8, 19
PCIe	8, 19
AGP	8, 19
Multimedia	20
Soundkarte	20
TV-Tunerkarten	20

Thema	Kapitel
Videoschnittkarten	20
E/A	3, 11, 18, 22
SCSI	3, 11
Seriell	3, 18
USB	3, 18
Parallel	3, 22
Kommunikation	3, 23
Netzwerkkarte	23
Modem	23

1.10 Installieren, Konfigurieren und Optimieren von Laptopkomponenten und Eigenschaften

Thema	Kapitel
Erweiterungsgeräte	21
PCMCIA-Karten	21
PCI-Express-Karten	21
Dockingstation	21
Kommunikationsverbindungen	21, 23, 24, 25
Bluetooth	21, 24
Infrarot	21, 24
Mobiltelefonnetz	21, 24
Ethernet	21, 23
Modem	21, 25
Stromversorgungs- und elektrische Eingabegeräte	10, 21
Automatische Umschaltung	10
Stromversorgung mit festem Eingang	10
Batterien (Akkus)	21
Eingabegeräte	21
Eingabestift/Digitalisierer	21
Funktionstasten	21
Zeigegeräte (z.B. Touchpad, Pointstick/Trackpoint)	21

1.11 Installieren und Konfigurieren von Druckern

Thema	Kapitel
Unterscheidung zwischen den Druckerarten	22
Laser	22
Inkjet	22
Thermodrucker	22
Nadeldrucker	22
Lokale oder Netzwerkdrucker	22

Anhang A

Thema	Kapitel
Druckertreiber (Kompatibilität)	22
Verbrauchsmaterialien	22

Wissensgebiet 2.0 Troubleshooting, Reparatur und Wartung

2.1 Erklären Sie die Troubleshooting-Theorie anhand einer konkreten Situation

	Kapitel
Das Problem identifizieren	23, 27
Den Nutzer befragen und Veränderungen am Computer durch den Nutzer identifizieren und Backups durchführen, bevor weitere Veränderungen vorgenommen werden	23, 27
Eine Theorie der wahrscheinlichsten Ursache aufstellen (das Offensichtliche hinterfragen)	23, 27
Die Theorie testen, um die Ursache zu bestimmen	23, 27
Sobald die Theorie bestätigt ist, die nächsten Schritte identifizieren, um das Problem zu beheben	27
Sollte die Theorie nicht bestätigt worden sein, erstellen Sie eine neue Theorie oder eskalieren Sie	27
Einen Handlungsplan aufstellen, um das Problem zu lösen und die Lösung zu implementieren	27
Verifizieren Sie die volle Systemfunktionstüchtigkeit und, falls nötig, implementieren Sie präventive Maßnahmen	27
Dokumentation der Befunde, Handlungen und des Ergebnisses	27

2.2 Erklären und interpretieren Sie anhand einer konkreten Situation häufige Hardware- und Betriebssystemprobleme und deren Ursachen

	Kapitel
Betriebssystemprobleme	4, 6, 9, 10, 17, 18, 22
Bluescreen	6, 9, 17
Systemabsturz	6, 10, 17
Eingabe-/Ausgabegeräte	18
Installation von Anwendungen	4
Starten oder laden	17
Windows-spezifische Druckprobleme	22
Verzögerung der Druckaufträge	22
Falscher/inkompatibler Treiber	22
Hardwarespezifische Probleme	5, 6, 8, 10, 12, 13, 19, 23, 27
Extreme Wärmeentwicklung	5, 10, 27
Geräusche	5, 12, 27
Gerüche	13, 27
Statusleuchtanzeigen	23

Thema	Kapitel
Fehlermeldungen	5, 6, 8, 10, 17
Sichtbare Schäden (z.B. Kabel, Plastikgehäuse)	5, 23, 27
Heranziehen von Dokumentation und Ressourcen	12, 17, 22
Benutzer-/Installationshandbücher	22
Internet/webbasierend	12
Trainingsunterlagen	17

2.3 Bestimmen Sie anhand einer konkreten Situation die Troubleshooting-Methoden und Tools für Drucker

Thema	Kapitel
Druckaufträge verwalten	22
Spooling	22
Druckereigenschaften und -einstellungen	22
Ausdrucken einer Testseite	22

2.4 Erklären und interpretieren Sie anhand einer konkreten Situation häufige Laptopprobleme und bestimmen Sie die geeignete Troubleshooting-Methode

Thema	Kapitel
Probleme	21
Energiezustand	21
Video	21
Tastatur	21
Mauszeiger	21
Eingabestift	21
Funkkartenprobleme	21
Methoden	10, 21
Strom überprüfen (z.B. LEDs, Wechselstromadapter austauschen)	10, 21
Nicht benötigte Peripheriegeräte entfernen	21
Externen Monitor anschließen	21
Umschalten mit Funktionstasten (Fn) oder Hardwareschaltern	21
LCD-Trennschalter überprüfen	21
Funktionalität der Hintergrundbeleuchtung und Pixelierung überprüfen	21
Schalter für die eingebauten WiFi-Antennen oder externen Antennen überprüfen	21

2.5 Integrieren Sie anhand einer konkreten Situation allgemeine vorbeugende Wartungsmethoden

Thema	Kapitel
Physische Inspektion	5, 11, 12, 22
Updates	4, 17

Thema	Kapitel
Treiber	8, 17
Firmware	7
Betriebssystem	17
Sicherheit	16, 26
Vorbeugende Wartung fest einplanen	4, 17
Defrag	17
Scandisk	17
Festplatte überprüfen	17
Startup-Programme	4, 17
Benutzung geeigneter Reparaturtools und Reinigungsmaterialien	5, 19, 21, 22
Druckluft	21, 22
Fusselfreie Tücher	19
Computerstaubsauger und Kompressoren	5
Stromgeräte	10
Geeignete Stromquellen, wie Mehrfachsteckdosen, Überspannungsschutz oder USV	10
Gewährleisten einer geeigneten Umgebung	21
Backup-Prozedere	16

Wissensgebiet 3.0 Betriebssysteme und Software

(Sofern nicht anders vermerkt, gelten die hier gemachten Angaben für die Betriebssysteme Microsoft Windows 2000, Windows XP Professional, XP Home, XP MediaCenter, Windows Vista Home, Home Premium, Business und Ultimate.)

3.1 Vergleichen Sie die verschiedenen Windows-Betriebssysteme und deren Eigenschaften

	Kapitel
Windows 2000, Windows XP 32 Bit oder 64 Bit, Windows Vista 32 Bit oder 64 Bit, Windows 2000, Windows XP 32 Bit vs. 64 Bit, Windows Vista 32 Bit vs. 64 Bit	4, 5
Sidebar, Aero, UAC, Mindest-Systemanforderungen, Systemgrenzen	4
Windows 2000 und neuer – Upgrade-Pfade und -Bedingungen	14
Terminologie (32 Bit oder 64 Bit – x86 oder x64)	4, 5
Anwendungskompatibilität, Orte der installierten Programme (32 Bit oder 64 Bit), Windows-Kompatibilitätsmodus	4
Benutzeroberfläche, Startleistenlayout	4

3.2 Demonstrieren Sie den richtigen Gebrauch der Benutzeroberflächen anhand einer konkreten Situation

	Kapitel
Windows-Explorer	4
Arbeitsplatz/Computer	4
Systemsteuerung	4

Thema	Kapitel
Befehlszeilentools	15
telnet	25
ping	23, 25
ipconfig	23, 25
Tools für das Ausführen-Dialogfeld/Suchfeld	4, 15, 17, 19
msconfig	17
msinfo32	17
Dxdiag	19
Cmd	4, 15
REGEDIT	4
Netzwerk/Netzwerkverbindungen	4
Taskleiste/Infobereich (Systray)	4
Administrative Tools	4, 17, 26
Leistungsmonitor, Ereignisanzeige, Dienste, Computerverwaltung	4, 17, 26
MMC	4
Task-Manager	17
Startmenü	4

3.3 Erklären Sie den Prozess und die einzelnen Schritte, um das Windows-Betriebssystem zu installieren und zu konfigurieren

Dateisysteme	12, 14
FAT32 oder NTFS	4, 12, 14, 16
Verzeichnisstrukturen	4, 14, 15
Ordner erstellen	15
In Verzeichnisstrukturen navigieren	4, 15
Dateien	4, 14
Erstellen	14
Erweiterungen	4, 15, 20
Attribute	15
Berechtigungen	16
Prüfung der Hardwarekompatibilität und Mindestanforderungen	14
Installationsmethoden	14
Bootmedien wie CD, Disketten oder USB	13, 14
Netzwerkinstallation	14
Installation von einem Image	14
Recovery CD (Wiederherstellungs-CD)	17
Werkpartition wiederherstellen	17
Installationsoptionen des Betriebssystems	12, 14
Dateisystemtyp	12, 14

Thema	Kapitel
Netzwerkkonfiguration	14
Reparatur-Installation	14
Reihenfolge der Datenträgervorbereitung	12, 14
Laufwerk formatieren	12, 14
Partitionierung	12, 14
Installation starten	12, 14
Geräte-Manager	4, 7, 8
Verifizieren	8
Gerätetreiber installieren und updaten	8
Treibersignatur	8, 17
Migration der Benutzerdaten – User State Migration Tool (USMT)	14
Virtueller Speicher	4, 8
Energieverwaltung konfigurieren	21
Suspend	21
Wake on LAN	21
Sleep Timer	21
Ruhezustand	21
Standby	21
Sicheres Entfernen von Peripheriegeräten demonstrieren	3, 21

3.4 Erklären Sie die grundlegenden Bootsequenzen, Methoden und Startup-Hilfsprogramme

Disk-Bootreihenfolge/Gerätepriorität	11
Unterschiedliche Bootgeräte (Disk, Netzwerk, USB, andere)	11
Bootoptionen	15, 17
Abgesicherter Modus	15, 17
Booten zur Wiederherstellungskonsole	17
Wiederherstellungsoptionen	17
Automatische Systemwiederherstellung (ASR)	17
Notfalldiskette (ERD)	17
Wiederherstellungskonsole	17

Wissensgebiet 4.0 Netzwerke

4.1 Fassen Sie die allgemeinen Netzwerkgrundlagen zusammen, einschließlich der Technologien, Geräte und Protokolle

Grundlagen der IP-Adressenkonfiguration und TCP/IP Eigenschaften (DHCP, DNS)	23
Bandbreite und Latenz	25

Thema	Kapitel
Statusanzeigen	23
Protokolle (TCP/IP, NETBIOS)	23
Vollduplex, Halbduplex	23
Grundlagen von Arbeitsgruppen und Domänen	23
Allgemein bekannte Ports: HTTP, FTP, POP, SMTP, TELNET, HTTPS	25
LAN/WAN	23
Hub, Switch und Router	23
Virtual Private Networks (VPN) identifizieren	25
Grundlagen der Klassenidentifizierung	23

4.2 Kategorisieren von Netzwerkkabeln und -verbindungen und deren Einsatz

	Kapitel
Kabel	23
Plenum/PVC	23
UTP (z.B. CAT3, CAT5/5e, CAT6)	23
STP	23
Glasfaser	23
Koaxialkabel	23
Netzwerkstecker	23
RJ45	23
RJ11	23

4.3 Die verschiedenen Netzwerktypen vergleichen und gegenüberstellen

	Kapitel
Breitband	25
DSL	25
Kabel	25
Satellit	25
Glasfaser	25
Dial-up	25
Drahtlos	24
Alle 802.11-Typen	24
WEP	24
WPA	24
SSID	24
MAC-Filterung	24
DHCP-Einstellungen	24
Bluetooth	24
Mobilfunk	24

Anhang A

Thema	Kapitel

Wissensgebiet 5.0 Sicherheit

5.1 Erklären Sie die grundlegenden Prinzipien der Sicherheitskonzepte und -technologien

Verschlüsselungstechnologien	12, 16, 24, 26
Datenlöschung/Festplattenzerstörung/Festplatten-Recycling	16
Software-Firewall	26
Portsicherheit	26
Ausnahmen	26
Authentifizierungstechniken	16, 26
Benutzername	16, 26
Passwort	16, 26
Biometrie	26
Smart Cards	26
Grundlagen der Datensensibilität und Datensicherheit	26
Konformität	26
Klassifizierung	26
Social Engineering	26

5.2 Geben Sie einen Abriss über die folgenden Sicherheitsmerkmale

Drahtlose Verschlüsselung	24
WEPx und WPAx	24
Client-Konfiguration (SSID)	24
Schutz vor bösartiger Software	26
Viren	26
Trojaner	26
Würmer	26
Spam	26
Spyware	26
Adware	26
Grayware	26
BIOS-Sicherheit	7, 26
Festplattensperrung	7
Passwörter	7, 26
Intrusion Detection	7
TPM	7
Passwortmanagement/Passwortkomplexität	16, 26
Sperren des Arbeitsplatzes	4, 26
Hardware	26

Thema	Kapitel
Betriebssystem	16
Biometrie	26
Fingerabdruckscanner	26

Wissensgebiet 6.0 Arbeitsabläufe

6.1 Umreißen Sie den Zweck von geeigneten Sicherheits- und Umweltprozederen und wenden Sie diese anhand einer konkreten Situation an

	Kapitel
ESD	2
EMI	2
Netzwerkstörung	2
Magnete	2
RFI	2
Störung durch schnurlose Telefone	2
Mikrowellen	2
Elektrische Sicherheit	10
CRT	19
Stromversorgung	10
Inverter	19
Laserdrucker	22
Energiebedarf der Geräte mit der Stromversorgung und USVs umsetzen	10
Material Safety Data Sheets (MSDS) – Sicherheitsdatenblätter	22
Kabelmanagement	2
Vermeidung von Stolperfallen	2
Physische Sicherheit	2
Schwere Geräte	2
Heiße Komponenten	2
Umwelt – ordnungsgemäße Entsorgung	22

6.2 Beweisen Sie anhand einer konkreten Situation passende Kommunikationsfähigkeit und Professionalität am Arbeitsplatz

	Kapitel
Benutzen Sie eine angemessene Sprache – versuchen Sie Fachjargon, Abkürzungen, Umgangssprache zu vermeiden	2
Haben Sie immer eine positive Einstellung	2
Hören Sie einem Kunden zu und unterbrechen Sie ihn niemals	2
Seien Sie sich kultureller Unterschiede bewusst	2
Seien Sie pünktlich	2
Sollten Sie sich verspäten, dann geben Sie dem Kunden Bescheid	2
Vermeiden Sie Ablenkungen	2
Private Anrufe	2

Thema	Kapitel
Sich mit einem Mitarbeiter unterhalten, während man mit Kunden interagiert	2
Persönliche Unterbrechungen	2
Mit einem schwierigen Kunden oder einer schwierigen Situation umgehen	2
Vermeiden Sie es, mit Kunden zu streiten und/oder in die Defensive zu gehen	2
Die Probleme des Kunden nicht herunterspielen	2
Seien Sie nicht wertend	2
Kundenaussagen klären	2
Stellen Sie offene Fragen, um das Problem genauer abzugrenzen	2
Wiederholen Sie das Problem oder die Frage, um sich sicher zu sein, dass Sie alles verstanden haben	2
Setzen Sie Erwartungen/einen Zeitplan und halten Sie diese auch ein und teilen Sie dem Kunden Ihre Fortschritte mit	2
Bieten Sie verschiedene Reparatur-/Ersatzmöglichkeiten an, wo dies zutreffend ist	2
Liefern Sie eine ordentliche Dokumentation der dargebrachten Leistungen ab	2
Fragen Sie bei einem Kunden/Nutzer zu einem späteren Zeitpunkt noch einmal nach, um zu erfahren, wie zufrieden er ist	2
Behandeln Sie vertrauliches Material von Kunden korrekt	2

Zielzuordnung für CompTIA A+ Practical Application

Thema	Kapitel
Wissensgebiet 1.0 Hardware	
1.1 Installieren, konfigurieren und warten Sie Personal-Computer-Komponenten anhand einer konkreten Situation	
Speichergeräte	11, 13
HDD	11
SATA	11
PATA	11
Solid State	11
FDD	13
Optische Laufwerke	13
CD/DVD/RW/Blu-ray	13
Wechselspeicher	13
Externe Speicher	11, 13
Mainboards	3, 5, 7, 8, 9, 18, 20, 22
Jumper-Einstellungen	9

Thema	Kapitel
CMOS-Batterie	7, 9
Erweiterte BIOS-Einstellungen	7
Busgeschwindigkeiten	8
Chipsätze	7
Firmware-Updates	7
Sockeltypen	3, 5, 9
Erweiterungssteckplätze	8, 9
Speichersteckplätze	6
Anschlüsse auf der Computervorderseite	9
E/A-Ports	9, 18
Audio, Video, USB 1.1, USB 2.0, Seriell, IEEE 1394/FireWire, Parallel, Netzwerkkarte, Modem, PS/2)	3, 18, 19, 20, 22
Stromversorgung	10
Wattleistung und Kapazität	10
Anschlussarten und -mengen	10
Ausgangsspannung	10
Prozessoren	3, 4, 5, 6, 8, 9
Sockeltypen	3, 5, 9
Geschwindigkeit	5
Anzahl der Kerne	5
Stromverbrauch	5
Cache	5
Frontside-Bus	5, 6, 8
32 Bit oder 64 Bit	4, 5
Speicher	6
Adapterkarten	3, 8
Grafikkarten	19
Soundkarten	20
Speichercontroller	3, 8, 9, 11, 12
RAID-Adapter (RAID-Array – Level 0,1,5)	9, 11, 12
eSATA-Adapter	3, 8, 11
E/A-Adapter	3, 18
FireWire	3, 18
USB	3, 18
Parallel	3, 22
Seriell	3, 18
Verdrahtete und drahtlose Netzwerkkarten	23, 24
Videoschnittkarten (TV, Video)	20
Kartenlesegeräte	13
Kühlsysteme	5, 10
Wärmeableiter	5

Anhang A

Thema	Kapitel
Kühlkörper	5
CPU-Ventilatoren	5
Gehäuse-Ventilatoren	5, 10

1.2 Finden Sie Probleme, führen Sie einen Troubleshoot durch und reparieren/ersetzen Sie Komponenten eines Personal Computer anhand einer konkreten Situation

Thema	Kapitel
Speichergeräte	11, 13
HDD	11
SATA	11
PATA	11
Solid State	11
FDD	13
Optische Laufwerke	13
CD/DVD/RW/Blu-ray	13
Wechselspeicher	13
Externer Speicher	13
Mainboards	3, 5, 7, 8, 9
Jumper-Einstellungen	9
CMOS-Batterie	7, 9
Erweiterte BIOS-Einstellungen	7
Busgeschwindigkeiten	8
Chipsätze	7
Firmware-Updates	7
Sockeltypen	3, 5, 9
Erweiterungssteckplätze	8, 9
Speichersteckplätze	3, 6, 9
Anschlüsse auf der Computervorderseite	3, 9
E/A-Ports	3, 18, 19, 20, 22
Audio, Video, USB 1.1, USB 2.0, Seriell, IEEE 1394/FireWire, Parallel, Netzwerkkarte, Modem, PS/2)	3, 18, 19, 20, 22
Stromversorgung	10
Wattleistung und Kapazität	10
Anschlussarten und -mengen	10
Ausgangsspannung	10
Prozessoren	3, 4, 5, 6, 8, 9
Sockeltypen	3, 5, 9
Geschwindigkeit	5
Anzahl der Kerne	5
Stromverbrauch	5

Thema	Kapitel
Cache	5
Frontside-Bus	5, 6, 8
32 Bit oder 64 Bit	4, 5
Speicher	6, 9
Adapterkarten	8, 11, 13, 18, 19, 20, 22 23, 24
Grafikkarten – Speicher	19
Soundkarten	20
Speichercontroller	8
RAID-Adapter	11
eSATA-Adapter	8, 11
E/A-Adapter	
FireWire	18
USB	18
Parallel	22
Seriell	18
Verdrahtete und drahtlose Netzwerkkarten	23, 24
Videoschnittkarten (TV, Video)	20
Kartenleser	13
Kühlsysteme	5, 10
Wärmeableiter	5
Kühlkörper	5
CPU-Ventilatoren	5
Gehäuse-Ventilatoren	5, 10

1.3 Anhand einer konkreten Situation installieren und konfigurieren Sie einen Personal Computer, finden Probleme, führen eine Fehlersuche durch und reparieren/ersetzen Komponenten

Komponenten des LCD, einschließlich Inverter, Bildschirm und Grafikkarte	19
Festplatte und Speicher	21
Demontage für sachgerechtes Wiederzusammenbauen	21
Dokumentieren Sie Kabel- und Schraubenaufbewahrungsorte und beschriften Sie sie	21
Ordnen Sie Einzelteile	21
Lesen Sie die Dokumentation des Herstellers durch	21
Benutzen Sie die richtigen Werkzeuge	21
Verstehen Sie interne Erweiterungssteckplatztypen in einem Laptop	21
Upgrade von drahtlosen Karten und Grafikkarten	19, 21
Ersetzen Sie Tastatur, Prozessor, Plastikteile, Zeigegeräte, Wärmeableiter, Ventilatoren, Leiterplatine, CMOS-Batterie, Lautsprecher	21

Anhang A

Thema	Kapitel
1.4 Wählen Sie anhand einer konkreten Situation aus den folgenden Tools aus und wenden Sie diese an	
Multimeter	10, 22
Stromversorgungsprüfer	10
Spezialhardware/Tools	2, 10, 22
Kabelprüfer	23
Loopback-Stecker	23
Antistatische Matten und Armbänder	2, 3, 8
Erweiterungsmagnet	2
1.5 Finden und lösen Sie häufige Druckerprobleme anhand einer konkreten Situation	
Symptome	22
Papierstau	22
Leeres Papier	22
Fehlercodes	22
»Kein Speicher vorhanden«-Fehler	22
Linien und Verschmieren	22
Unsinnige Ausdrucke	22
Geisterbilder	22
Keine Verbindung	22
Problemlösung	22
Fixiereinheit austauschen	22
Trommel austauschen	22
Papierstau entfernen	22
Neustart	22
Wartungs-Kit installieren (Seitenzähler zurücksetzen)	22
IP auf dem Drucker einstellen	22
Drucker reinigen	22
Wissensgebiet 2.0 Betriebssysteme und Software	
(Sofern nicht anders vermerkt, gelten die hier gemachten Angaben für die Betriebssysteme Microsoft Windows 2000, Windows XP Professional, XP Home, XP MediaCenter, Windows Vista Home, Home Premium, Business und Ultimate.)	
2.1 Wählen Sie die richtigen Befehle und Optionen aus, um Probleme zu finden und zu lösen	
MSCONFIG	17
DIR	15, 17

Thema	Kapitel
CHKDSK (/f /r)	12, 15, 17
EDIT	15
COPY (/a /v /y)	15, 17
XCOPY	15
FORMAT	15, 17
IPCONFIG (/all /release /renew)	23
PING (-t –l)	23
MD / CD / RD	15, 17
NET	23
TRACERT	23
NSLOOKUP	23
[Befehlsname] /?	15
SFC	15

2.2 Unterscheiden zwischen den verschiedenen Windows-Betriebssystem Datenverzeichnisstrukturen (Windows 2000, XP und Vista)

Dateiordner der Benutzer	4
Systemdateiordner	4
Schriftarten	4
Temporäre Dateien	4
Programmdateien	4
Offline-Dateien und -Ordner	4

2.3 Wählen Sie Systemhilfsprogramme/Tools anhand einer konkreten Situation aus und wenden Sie diese an. Evaluieren Sie anschließend das Ergebnis.

Disk-Management-Tools	
DEFRAG	12
NTBACKUP	17
Check Disk	12
Disk Manager	12
Aktive, primäre, erweiterte und logische Partition	12
Mount points (Einhängepunkt)	12
Ein Laufwerk einbinden (einhängen)	12
FAT32 und NTFS	12
Laufwerkstatus	12
Fremdlaufwerk	12
Gesund	12
Formatieren	12
Aktiv, nicht zugeordnet	12
Fehlgeschlagen	12
Dynamisch	12

Thema	Kapitel
Offline	12
Online	12
Systemmonitor	17
Administrative Tools	4, 17, 26
Ereignisprotokoll	4, 17, 26
Computerverwaltung	4
Dienste	4, 17
Leistungsmonitor	4, 17
Geräte-Manager	4, 8, 17, 19, 20
Aktivieren	4
Deaktivieren	4
Warnungen	8
Indikatoren	8
Task-Manager	17
Prozessliste	17
Ressourcenauslastung	17
Prozesspriorität	17
Beenden	17
Systeminformationen	4
System wiederherstellen	4, 17
Remote Desktop Protocol (Remotedesktop/Fernwartung)	4
Taskplaner	4, 17
Regionale Einstellungen und Spracheinstellungen	14

2.4 Evaluieren und Lösen von häufigen Problemen

Thema	Kapitel
Betriebsprobleme	17, 22
Windows-spezifische Druckprobleme	22
Verzögerung der Druckaufträge	22
Falsche/inkompatible Treiber/Formular drucken	22
Fehler beim automatischen Neustart	17
Bluescreen-Fehler	17
Systemabsturz	17
Fehlerhafte Gerätetreiber (Eingabe-/Ausgabegeräte)	17
Fehler beim Installieren, Starten oder Laden einer Anwendung	17
Dienst startet nicht	17
Fehlermeldungen und Konditionen	4, 12, 14, 17, 26
Beim Booten	11, 14, 17
Ungültige Bootdiskette	11
Kein Zugriff auf Bootlaufwerk	14, 17
Fehlender NTLDR	12, 17

Thema	Kapitel
Beim Systemstart	17
Gerät/Dienst konnte nicht gestartet werden	17
Gerät/Programm konnte nicht in Registrierung gefunden werden	17
Ereignisanzeige (Fehler im Ereignisprotokoll)	17, 26
Systemleistung und -optimierung	4, 17
Aero-Einstellungen	4
Indexeinstellungen	17
UAC (Benutzerkontensteuerung)	17
Seitenleisteneinstellungen	4
Systemstart-Dateiwartung	4, 17
Hintergrundprozesse	4, 17

Wissensgebiet 3.0 Netzwerke

3.1 Fehlersuche bei clientseitigen Konnektivitätsproblemen mit den richtigen Werkzeugen

Thema	Kapitel
TCP/IP-Einstellungen	23, 25
Gateway	23
Subnetzmaske	23
DNS	23
DHCP (dynamisch oder statisch)	23, 25
NAT (privat und öffentlich)	25
Merkmale von TCP/IP	23, 25
Loopback-Adressen	23
Automatische IP-Adresszuweisung	23, 25
Mail-Protokolleinstellungen	25
SMTP	25
IMAP	25
POP	25
FTP-Einstellungen	25
Ports	25
IP-Adressen	25
Ausnahmen	25
Programme	25
Proxy-Einstellungen	25
Ports	25
IP-Adressen	25
Ausnahmen	25
Programme	25
Tools (anwenden und Ergebnis interpretieren)	23, 25
Ping	23, 25

Anhang A

Thema	Kapitel
Tracert	23
Nslookup	23
Netstat	25
Net use	23
Net /?	23
Ipconfig	23
telnet	25
SSH	25
Sichere Verbindungsprotokolle	25
SSH	25
HTTPS	25
Firewall-Einstellungen	26
Offene und geschlossene Ports	26
Programmfilter	26

3.2 Installieren und Konfigurieren eines SOHO-Netzwerks (Small Office Home Office)

Anschlussarten	23, 24, 25, 26
Dial-up	25
Breitband	25
DSL	25
Kabel	25
Satellit	25
ISDN	25
Drahtlos	24
Alle 802.11-Typen	24
WEP	24
WPA	24
SSID	24
MAC-Filterung	24
DHCP-Einstellungen	24
Router/Zugriffspunkte	23, 24
DHCP deaktivieren	23
Statische IP benutzen	23
SSID-Standardeinstellung ändern	24
SSID-Broadcast deaktivieren	24
MAC-Filterung	24
Standard-Benutzernamen und Passwörter ändern	24
Update der Firmware	24
Firewall	26
LAN (10/100/1000BaseT, Geschwindigkeiten)	23
Bluetooth (1.0 oder 2.0)	24
Mobilfunk	24

Thema	Kapitel
Einfaches VoIP (Verbraucheranwendungen)	25
Grundlagen der Hardware- und Software-Firewallkonfiguration	25, 26
Portzuordnung/Regeln (Ausnahmen) aufsetzen	26
Port-Weiterleitung/Port-Auslöser	25
Physische Installation	23
Aufstellen des Drahtlos-Routers	23
Kabellänge	23

Wissensgebiet 4.0 Sicherheit

4.1 Vermeidung, Troubleshoot und Entfernen von Viren und Malware anhand einer konkreten Situation

	Kapitel
Antivirus-Software einsetzen	26
Malware-Symptome identifizieren	26
Infizierte Systeme in Quarantäne verschieben	26
Malwarearten, Symptome und Lösungen (Virus-Enzyklopädien) recherchieren	26
Infizierte Systeme heilen	26
Update der Antivirus-Software	26
Updates der Signatur und der Engine	26
Automatisch oder manuell	26
Geplante Scans	26
Bootblöcke reparieren	26
Scan- und Entfernungsmethoden	26
Abgesicherter Modus	26
Bootumgebung	26
Anwender schulen	26

4.2 Implementieren Sie Sicherheit und führen Sie eine Fehlersuche für häufige Probleme aus

	Kapitel
Betriebssysteme	4, 14, 15, 16, 26
Lokale Nutzer und Gruppen: Administrator, Hauptbenutzer, Gast, Anwender	16, 26
Vista User Access Control (UAC)	4, 16
NTFS oder Share-Genehmigungen	26
Erlauben oder Ablehnen	16
Unterschied zwischen Verschieben und Kopieren von Ordnern und Dateien	15
Dateiattribute	15
Freigegebene Dateien und Ordner	16, 26
Administrative Freigaben oder lokale Freigaben	16
Rechte übertragen	16, 26
Vererbung	16

Anhang A

Thema	Kapitel
Systemdateien und -ordner	14
Verschlüsselung (Bitlocker, EFS)	4
Benutzerauthentifizierung	16, 26
System	7, 26
BIOS-Sicherheit	7, 26
Festplattensperrung	7
Passwörter	7, 26
Intrusion Detection	7
TPM	7

Stichwortverzeichnis

Numerisch

1000Base-SR 986
1000Base-SX 986
1000Base-T 978
100Base-T 978
1080p 811
10Base-2 978
10Base-5 978
10Base-T 978
3,5-mm-Klinkenstecker 68
32-Bit-Verarbeitung 182
3-D-Grafik 833
3-D-Grafikkarte 836
3DNow! 194
3G 1043
64-Bit-CPU 201
720p 811
7-Zip 1168
8.3-Dateinamen 601
802.11a 1038
802.11b 1039
802.11g 1039
802.11n 1039
80286 182
80386 182
8042 258
8088 182
8237 305

A

A/V-Sync 882
AAC-Dateiformat 855
ABBYY FineReader 768
Abfall 1112
Abgesicherter Modus 728
Abgesicherter Modus mit Eingabeaufforderung 730
Abgesicherter Modus mit Netzwerktreibern 729
Abstandhalter 340
Abtastrate 852
Abtasttiefe 852
AC (Alternating Current) 351
AC'97 857
AC3-Dateiformat 855
Access Point 1065
ACL (Access Control List) 449, 1139
ACPI (Advanced Configuration and Power Interface) 921
   konfigurieren 922
ACR (Advanced Communications Riser) 1070
Acronis TrueImage 146
Active Directory 990
Active PFC 367
Activesync 899
AD (Active Directory) 990
Ad-Aware 1131
Ad-hoc-Modus 1034, 1044
ADMIN$ 667
Administrative Freigabe 667
Administratoren 651
Administratorkonto 991
Adressbus 175
   8088 176
Adressraum 176
Advanced Micro Devices 179
Adware 1128
Aero-Desktop 105
AES (Advanced Encryption Standard) 1036
AGP (Accelerated Graphics Port) 294, 812
AGP aperture 813
AGP Pro 814
AHCI (Advanced Host Controller Interface) 403
AIFF-Dateiformat 855
Aktive Leistungsfaktorkorrektur 367
Aktive Partition 434
Aktivierung 143, 546
Aliasnamen 124
Allgemeiner Schutzfehler 250, 738
Als Administrator ausführen 739
ALU 184

Stichwortverzeichnis

ALU (Arithmetic Logic Unit) 178
AMD 179
AMD (Advanced Micro Devices) 98, 178
AMD K5 190
AMD K6 194
AMI (American Megatrends Incorporated) 265
AMIBIOS 264
Ampere 350
Amplitude 852
AMR (Audio Modem Riser) 335
AMR (Audio/Modem Riser) 1070
Amtsleitung 1074
Anderen Benutzern gestatten, die Verbindung des Computers zu verwenden 1079
Android 899
Anmeldung 102
Anpassungsfähigkeit 43
Anschluss 63
Antistatikarmband 49
Antistatikbeutel 50
Antistatikmatte 50
Antivirenprogramm 1134
Antwortdatei 566
Anwendung 58
Anwendungsprogramm 58
Anwendungsschicht 1024
Anzeige 783
Anzeige (Applet) 136
AP (Access Point) 1032
APC (American Power Conversion) 358
APIC 300
APIPA (Automatic Private IP Addressing) 999, 1010
APM (Advanced Power Management) 921
    konfigurieren 922
Apple Extensios 509
Applet 136
Arbeitsspeicher 79, 130
Arbeitsstation 988
Archivbit 712
ARC-Namenssystem 588
Arithmetic Logic Unit 184
ARPANET 994
ASCII (American Standard Code for Information Interchange) 603
    Steuerbefehle 604
    Steuercodes 943
ASF 880
ASM-Dateiformat 855
ASP (Active Server Pages) 1088
Aspect ratio 788
ASR (Automated System Recovery) 710
Assistent
    für neue Verbindungen 1071
    Assistent zum Übertragen von Dateien und Einstellungen 578
ASX-Dateiformat 855
AT
    Festplattenschnittstelle 391

ATA (Advanced Technology Attachment) 390, 391
ATA Security Mode Feature Set 272
ATA/100 401
ATA/133 401
ATA/33 399
ATA/66 400
ATA-2 393
ATA-3 398
ATA-4 399
ATA-6 401
ATAPI (Advanced Technology Attachment Packet Interface) 397
AT-Bus 291
AT-Formfaktor 323
Athlon 64 98, 196, 203
Athlon FX 203
ATI 815
Atom 178
ATTRIB 614
ATX12V 1.3 363
ATX12V 2.0 365
ATX12V 2x4 365
ATX-Formfaktor 325
ATX-Tester 376
AU-Dateiformat 855
Audioprozessor 857
Auffangbehälter (Tintenstrahler) 963
Aufgabenplanung 147, 682
Auflösung
    native 798
AUI-Anschluss 978
Ausbluten 787
Ausführung
    spekulative 191
Ausführungsstufe 183
Auslagerungsdatei 130, 131, 240
Auslagerungspartition 437
Auslöser 683
Ausschaltverzögerung 362
Austauschkomponente 1169
Authentifizierung 635, 1116
Auto-Crossover 983
Autodetection 421
AUTOEXEC.BAT 737
Automated Installation Kit 572
Automatische Systemwiederherstellung 710
Automatische Updates 522
Automatische Wiedergabe 522
Auto-MDI/MDIX 983
Autoplay 522
Autorisierung 635
AUTORUN.INF 522, 688
AUTORUNS 1168
Autosensing 872, 982
Autostart-Programm 732
AUX-Stecker 363
Avanquest 489
AVI 880

1198

Award Software 265
AWG 22 979
AWG 26 979
Azalia 857

B

Backbone 1062
Backbone-Router 1062
Backside-Bus 192
Backup-Kopie 713
Bandbreite 790, 979
Bandsicherung 711
Bandwidth 790
Bank 230
Barcode-Lesegerät 777
Barebone 345
Barton 197
BartPE 1138
BASIC 596
Basic Input/Output System 260
Basisfestplatte 430
Basis-Volumes 435
Baud 1068
BCD (Boot Configuration Data) 590
BCDEDIT.EXE 591, 626
BD (Blu-ray Disc) 506
BD Advisor 528
BD-J (Blu-ray Disc Java) 534
BD-R 519
BD-RE 519
BD-ROM 519
Beamen 899
Beamer 800
Bedienoberfläche 89, 102
Bedrohung 1111
Beep-Code 276
Befehlssatz 168
Befehlszeile 89
Benutzerdateien 116, 122
Benutzergruppe 1119
Benutzerkontensteuerung 647, 686
    Deaktivieren 648
Benutzerkonto 642, 651, 1119
    erstellen 639
Benutzerschnittstelle 102
Berechtigung
    ändern 655
    effektive 1120
Berechtigungsebene 665
Bereitstellungspunkt 477
Besitzer 655
Besitzrechte übernehmen 655
Beta-Treiber 314
Betriebssystem 58, 537
Betriebssystemauswahlmenü 732
Betriebssystemprozess 591
Bewegungskompensierung 516
Bierdeckel 532

Big Drive 401
Bildröhre
    entladen 843
Bildschirm
    Anschluss 818
    Bandbreite 790
    CMOS-Optionen 845
    Einstellungen 806
    entmagnetisieren 842
    Fokussierung 841
    Konvergenz 842
    Phosphorschicht 784
    Pixelabstand 789
    reinigen 845
    Steuerelemente 842
Bildschirmauflösung 788
Bildwiederholfrequenz 786
Bildwiederholrate 785, 790
Binäres Zahlensystem 166
Binärzahlen 177
Biometrie 776
Biometrisches Gerät 1117
BIOS 260
    Flashen 281
Bit 173
Bitauflösung 852
BitLocker 272, 670
Bittiefe 852
BitTorrent 1106
Bleeding 787
Blindmodul 232
Blue Book 534
Blue Screan of Death 727
Bluescreen 249
Bluetooth 899, 1041
Blu-ray
    Regionalcode 528
Blu-ray Disc 83, 506, 518
BNC-Stecker 986
BOOT.INI 585, 586, 591, 722, 725
BOOTCFG 1138
Bootdateien 586
Booten 278
Boot-Konfigurationsdaten 590, 591
Bootmanager 590
BOOTMGR 590
Bootpartition 586
Boot-Reihenfolge 423
Boot-Sektor 279, 430
Bootstrap-Loader 278
Branch Prediction 187
Brandklasse 377
Brennsoftware 512
BRI (Basic Rate Interface) 1074
Briefqualität 934
BSoD 249, 727
BSS (Basic Service Set) 1034
BTX-Formfaktor 328
Bubble Memory 389

1199

Stichwortverzeichnis

Buchse 63
Buffer 532
Buffer Underrun 532
Bunte Bücher 533
Burn-in-Fehler 343
BurnProof 533
Buskabel 975
Bus-Master-Gerät 305
Bus-Topologie 975
Byte 173

C

CAB-Datei 576
Cable Select 418
Cache 186
CAD 833
Card Services 908
CardBus 906
Carmack, John 834
CAS (Column Array Strobe) 238
CCD-Sensor 772
CCFL (Cold Cathode Florescent Lamp) 797
CCleaner 680
CCNA-Zertifizierung 28
CD (Befehl) 608
CD (Compact Disc) 506, 507
CD Extra 534
CD-Brenner 510
CDDA (CD-Digital Audio) 508
CD-Formate 508
CDFS (CD File System) 509
CDMA (Code Division Multiple Access) 1043
CD-Qualität 852
CD-R (Recordable) 510
CD-Rekorder 514
CD-ROM 508
    Geschwindigkeit 509
    Tracks 508
CD-RW (CD-ReWritable) 511
CD-Writer 510
Celeron 178, 208
Celeron-M 208
Centrino 200
Centronics-Stecker 946
CF (CompactFlash 503
CFX12V 366
CHAP (Challenge Handshake Authentication Protocol) 1142
Chassis Intrusion Detection 269
CHDIR (Befehl) 608
Check Disk 685
Chip Creep 280
Chipsatz 256, 322
CHKDSK 479
CHKDSK (Befehl) 626
CHKDSK.EXE 685
CHOICE 740

CHS 388
CIPHER 629
Cisco 1080
CITE (Color Infrastructure and Translation Engine) 957
Client 974, 988
Client für Microsoft-Netzwerke 994
Client/Server-Netzwerk 988
CLIP 740
CLK (Clock) 168
Clonezilla 542
Cluster 441
Clustering 441
Clustern 441
CMD 599
CMDKEY 740
CMOS
    Boot Up Floppy Seek 501
    Kennwort 271
CMOS-Chip 263
CMOS-Sensor 772
CMOS-Setup 264
    Diskettenlaufwerk 501
CMYK-Farbmodell 957
CNR (Communications and Networking Riser) 335, 1070
Coaster 532
Codec 853
Codezeile 168
COM 303, 602
COM-Anschlüsse 746
COMPACT 629
COMPACT (Befehl) 629
Compact Disc 506
CompactFlash 503
Compatibility Center 307
Component-Anschluss 819
Composite-Anschluss 819
CompTIA 27
Computer Aided Design 833
Computername 562
Computersicherheit 1111
Computerverwaltung 153
CONFIG.SYS 737
Containerdatei 879
Continuity RIMM 232
CONVERT 1118
Convertibles 901
Cooler Master 373
COPY (Befehl) 618
Core 178
Core 2 205
Core i7 207
Core-Prozessor 205
Counter Strike: Source 1104
.CPL 137
CPU (Central Processing Unit) 77, 163
    Arbeitsweise 164
CPUID 188

CPU-Z 218, 244
CRC (Cyclic Redundancy Check) 977
CRIMM 232
Crossover-Kabel 983
CRT (Cathode Ray Tube) 784
CSM (Compatibility Support Module) 282
CSMA/CA (Carrier Sense Multiple Access/Collision Avoidance) 1032
CTS (Clear To Send) 1069
Cursorblinkrate 760

D

Daisy-Chaining 407, 757
Darstellungsschicht 1024
Data Lifeguard 399
Datei
    temporäre 482
Datei- und Druckerfreigabe 995
Dateiattribut 614, 712
Dateiberechtigung 656
Dateiformat 602
Dateiname 601
Dateisystem 429
Dateisystemprüfung 734
Dateisystemverschlüsselung 94
Dateiverschlüsselung 668
Dateizuordnung 128
Dateizuordnungseinheit 441
Dateizuordnungstabelle 440
Datenausführungsschutz 589
Datenausführungsverhinderung 698
Datenfernübertragungsnetzwerk 1066
Datenklassifizierung 1123
Datenobjekt 700
Datenträger 472
    dynamischer 430, 435, 471
    optischer 506
    übergreifender 435
Datenträgerbereinigung 145, 679
Datenträgerüberprüfung 479
Datenträgerverwaltung 465
Datenverschlüsselung 1143
DB-Anschluss 803
DB-Stecker 67
DC (Direct Current) 351
DDNS (Dynamisches DNS) 1005
DDR2 234
DDR2-SDRAM 818
DDR3 235
DDR-SDRAM 232, 818
Dead Spot 1037
Debugmodus 731
DECT-Standard 1051
Dedizierter Server 988
Defekter Sektor 487, 685
Definitionsdatei 1135
DEFRAG 684

Defrag 685
DEFRAG.EXE 683
Defragmentierung 145, 446, 681
Degauss 841
Degauss-Funktion 842
Deinstallationsprogramm 739
Deinstallieren
    Programme 739
DEL (Befehl) 617
DEP (Data Execute Protection) 589
DEP (Data Execution Prevention) 698
Designed for Windows (Logo) 311
Desktop 104
Desktop-Ersatz 895
Desktopextender 896
DFÜ-Netzwerk 1066, 1071
DHCP (Dynamic Host Configuration Protocol) 1005
Dienst 733
Dienste 157
Differenzielle Sicherung 713
Differenzielles Backup 713
Digital Research 596
Digital Versatile Disc 506, 514
Digital Video Disc 514
Digitales Zertifikat 1144
Digitalkamera 771
DIMM 230
DIMM (Dual Inline Memory Module) 79
Dipolantenne 1051
DIR (Befehl) 606, 615
Direct3-D 837
DirectCD 512
DirectDraw 837
DirectInput 837
DirectMusic 837
Directory services 990
DirectPlay 837
DirectShow 837
DirectSound 837
DirectSound3D 863
DirectX 837, 863
DirectX-Diagnoseprogramm 688, 837
Disk Duplexing 411, 412
Disk Mirroring 410, 412
Disk Striping 411
Diskette 496
Diskettenlaufwerk 496
    CMOS-Setup 501
    Flachbandkabel 498
    Floppy 3 Mode Support 502
    installieren 498
    Laufwerksbuchstaben 498
    Reinigungs-Kits 529
Diskettenlaufwerkcontroller 81
DisplayPort 818
Dithering 938
DivX 879
DL (Dual-Layer) 515

Stichwortverzeichnis

DLL (Dynamic Link Library) 734
DLL-Datei 734
DLP (Digital Light Processing) 846
DMA (Direct Memory Access) 304, 393
DMA-Controller 305
DMA-Modi 393
DMM (Digital MultiMeter) 353
DNS (Domain Name Service) 1003
DNS-Name 1004
DNS-Server 1003
Dockingstation 911
Dokumente und Einstellungen (Ordner) 660
Dolby Digital 858, 862
Domäne 93
Domänencontroller 990
Domänenname 1004
Doppelwort 173
Dot pitch 789
DOT4 969
Dots per inch 937
dpi 937
dpi (dots per inch) 952
DPMS (Display Power-Management Signaling) 807
DRAM (Dynamic Random Access Memory) 174, 223
    Aufbau 225
DRAM-Chip 224
DRAM-Modul 227
DriveLock 272
Driver Rollback 314, 695
DRM (Digital Rights Management) 272, 855
Dropped frames 880
Druckauflösung 937
Drucker 953
    Ausdruck optimieren 956
    Einrichtung 953
    hinzufügen 953
    Kalibrierung 957
    Probleme 957
    Verbrauchsmaterialien 961
Druckeremulation 955
Druckerfreigabe 1016
Druckerkabel 946
Druckerserver 947
Druckerumschalter 961
Druckerwarteschlange
    Status 958
Druckgerät 953
Druckgeschwindigkeit 937
Druckkopf
    Tintenstrahldrucker 935
DS (Double-Sided) 514
DS3D 863
DSL (Digital Subscriber Line) 1074
DSL-Modem 1075
DSL-Receiver 1075
D-Sub-Anschluss 803
D-Subminiatur-Stecker 67
D-Sub-Stecker 67

DTS 858
DTS (Digital Theatre Systems) 862
Dual Channel 231
Dual Inline Memory Module 230
Dual-Boot 433, 541
Dual-Core-Architektur 204
Duales Zahlensystem 166
Dual-Head-Grafikkarte 829
Dual-Link-DVI 805
Dual-scan-Matrix 795
DualView 828
Duplexdruck 945
Durchgangsprüfung 354
Duron 197
DVB-C 886, 888
DVB-C2 886, 888
DVB-S 886, 888
DVB-S2 886, 888
DVB-T 886, 888
DVB-T2 886, 888
DVD 506
    Regionalcode 528
DVD-10 515
DVD-18 515
DVD-5 515
DVD-9 515
DVD-RAM 514
DVD-ROM 516
DVD-Video 515
DVI (Digital Video Interface) 528, 804
DVI-A 804
DVI-A/D 804
DVI-Anschluss 70
DVI-D 804
DXDIAG 688, 837
Dynamic Random Access Memory 223

E

E/A-Adresse 297
E/A-Adressierung 297
E/A-Basisadresse 299
EAP (Extensible Authentication Protocol) 1036
EasyTransfer 146
EATX12V 365
EAX 863
EBSS (Extended Basic Service Set) 1034
ECC-RAM (Error Correction Code) 238
E-Commerce 1090
Edges 835
EDIT 621
Editor 621
EDR (Enhanced Data Rate) 1041
EFI (Extensible Firmware Interface) 282
EFS (Encrypting File System) 450, 668
Ego-Shooter 1104
Ehrlichkeit 41
EIDE (Enhanced IDE) 393

Stichwortverzeichnis

Eigene Dateien (Ordner) 659
Ein-/Ausgabegeräte 745
Einfache Dateifreigabe 651, 660, 662, 995
Einfühlungsvermögen 44
Eingabeaufforderung 149, 596, 721, 1139
    Programm starten 612
EISA (Extended ISA) 292
El Torito 509
Elektrisches Potenzial 49
Elektronen 350
Elektronenkanone 787
Elektronenstrahl 784
Elektrostatische Entladung 49
EM64T 204
E-Mail 1092
EMI (Elektromagnetische Interferenzen) 51, 357
Endbenutzerlizenz 551
Endwiderstände 408
Energiesparplan 923
Energieverwaltung 921
Energy Star 921
Entmagnetisierspule 842
Entstatisierer 941
Entwurfsqualität 934
EOF (End Of File) 442
EPS12V 364, 365
ERASE (Befehl) 617
ERD (Emergency Repair Disk) 709
Erdung 351, 353
Ereignisanzeige 154
Ereignisüberwachung 1126
Error Checking and Correction 238
Erweiterte Attribute (Dialogfeld) 660
Erweiterte Partition 435
Erweiterte Startoptionen 728
Erweiterungsbus 287
Erweiterungskarte 69
Erweiterungssteckplatz 69
eSATA (External SATA) 404
eSATA-Anschluss 75
ESD (ElectroStatic Discharge) 49
Eskalation 1163
Ethernet 978
EULA (End User License Agreement) 551, 558
EV-DO 1043
EXE 602
EXIT 599
EXPAND 486
EXPLORER.EXE 730
ExpressCard 907
Externer Datenbus 164

F

Fallen gelassene Bilder 880
Farbsättigung 842
Farbsublimationsdrucker 937
Farbtemperatur 842
Farbtiefe 769, 809
FAT (File Allocation Table) 440
    Clustergrößen (FAT32) 448
FAT16 440
FAT32 447
FAT-Dateisystem 90
FAX$ 667
FCC (U.S. Federal Communications Commission) 335
FDISK 438
Fehlerprüfung 681, 685
Fehlersuche (CD/DVD/BD) 529
Festplatte 81
    Installationsfehler 484
    Problembehebung 484
    Schreib/Leseköpfe 387
    Spur 387
    Track 387
    Zylinder 387
Festplatten-Cloning 574
Festplatten-Kontingente 453
Festplattenlaufwerk
    DOS 2.1 440
    Fehlerkorrektur (ECC) 487
    Laufwerksbuchstabe 435
Festplattenspiegelung 410
Festtintendrucker 943
Feuerlöscher 377
Fiber Optic Ethernet 985
File Allocation Unit 441
FileZilla 1095
Filtertreiber 530
Final Cut Pro 877
Firewall 1076, 1139
FireWire 66, 334
FireWire-Anschluss 756
FireWire-Drucker 947
Firmware 262, 263
FIXBOOT 1138
Fixiereinheit 941
FIXMBR 1138
FLAC-Dateiformat 855
Flachbandkabel 81
    Diskettenlaufwerk 498
    Verdreher 498
Flachbettscanner 766
Flash-Karte 503
Flash-ROM 261
Flash-Speicher 502
FlexATX 326
Flexibilität 43
Flip-3D 105
Floating Point Unit 184
Floppy 81
Floppycontroller 81
Flüssigkeitskühlung 216
Flüssigkeitslager 374
Flüssigkristall 791
Flusskontrolle 1069

Stichwortverzeichnis

Flusswechsel 385
Flux 385
FLV (Flash Video) 880
FM-Synthese 854
FORFILES 740
FORMAT (Befehl) 627
Formatieren 429
Formatierung 439
Formfaktor 322
Forté Free Agent 1094
Fotodrucker 937
FPM-RAM 230
fps (frames per second) 774
FPU 184
FQDN (Fully Qualified Domain Name) 1005
Fragmentierung 444
FreeMeter 241
Freigabe von Netzwerkressourcen 1011
Freigegebener Ordner
    auffinden 666
Frequency hopping 1041
Frequenz 852
Frequenzgang 859
Frequenzhüpfen 1041
Frontside-Bus 192
FRU (Field Replaceable Unit) 350, 1169
FSUTIL 740
FTP (File Transfer Protocol) 1095
Full HD 886
Full HDTV 811
Funkfrequenzkennung 1118
Funkstörung 51
Funkzugriffspunkt 1032
Fuser 941

G

Gadgets 118
Gain 1052
Gameport 860
Gast-Konto 651
Gateway 1003
Gator 1129
GDDR3-SDRAM 818
GDDR4 SDRAM 818
GDDR5 SDRAM 818
GDI (Graphical Device Interface) 944
Gehäuse 337
Gehäuselüfter 371
    Flüssigkeitslager 374
Gemeinsame Dokumente (Ordner) 660, 661
Gemeinsame Nutzung der Internetverbindung
    aktivieren 1079
Gender 64
Geplante Tasks 147, 682
Gepuffertes DRAM 239
Gerät
    biometrisches 1117

Geräte-Manager 138, 275, 315
Gerätetreiber 260, 274, 423
Geschlecht 64
Gespiegelte Datenträger 412
Gespiegeltes Volume 436
Gigabit-Ethernet 978
Glasfaserkabel 985
Gleichstrom 351
Gleitlager 374
Gnome Partition Editor 489
GParted 438, 489
GParted Live 491, 527
GParted LiveUSB 503
GPF (General Protection Fault) 250, 738
GPRS (General Packet Radio Service) 1043
GPT (GUID Partition Table) 282
GPU (Graphics Processing Unit) 814
Grafikadapter 783
Grafikkarte 783, 807
Grafiksystem 783
Grafische Benutzeroberfläche 102
Grayware 1128
Green Book 534
GRUB (Grand Unified Boot Manager) 433
Gruppe 650
Gruppen 1119
Gruppenrichtlinie 95, 1121
GSM (Global System for Mobile Communications) 1043
GUI (Graphical User Interface) 89

H

H.264 879
HAL (Hardware Abtraction Layer) 576
HAL.DLL 589
Halbleiterlaufwerke 389
Handscanner 778
Handshaking 1069
Hardcopy 933
Hardwareabstraktionsebene 576
Hardware-Assistent 695, 997
Hardwarekompatibilitätsliste 307
Hardwareprotokoll 977
Hauptbenutzer 651
Hauptverzeichnis 439
HBA (Host Bus Adapter) 402
HCL (Hardware Compatibility List) 307
HD (High Definition) 799
HDA (High Definition Audio) 857
HDCP (High-Bandwidth Digital Content Protection) 527
HDD (Hard Disk Drive) 389
HD-DVD 506, 518
HDMI (High Definition Multimedia Interface) 70, 528, 820
HD-Ready 886
HDTV 811, 886
Hexadezimal-Format 298

HHD (Hybrid Hard Disk) 426
Hibernation 922
High-Definition DVD 506
Highlevel-Formatierung 441
Hilfedienstgruppe 651
Hilfsprogramm 1167
HKEY_CURRENT_CONFIG 129
HKEY_CURRENT_USER 129
HKEY_LOCAL_MACHINE 129
HKEY_USER 129
Hochglanzbildschirm 894
Hochspannungsanode 842
Hochspannungsnetzteil (Laserdrucker) 942
Horizontal retrace 786
Horizontalfrequenz 786
Host 998
Hostadapter 405
Hot-pluggable 906
Hot-swappable 906
Hot-Swapping 66
HRR (Horizontal Refresh Rate) 786
HSDPA (High Speed Downlink Packet Access) 1043
HSPA (High Speed Packet Access) 1043
HSUPA (High Speed Downlink Packet Access) 1043
HTTP (HyperText Transfer Protocol) 1000, 1064
HTTPS 1144
Hub 975, 979
Hybrid-Festplatte 426
Hybridtopologie 975
Hydro Bearing 374
HyperMemory 914
HyperTransport 202

I

i.LINK 757
I/O addressing 297
I/O-Geräte 745
I/O-Modus 297
IANA 1010
IBM 596
ICACLS 740
ICANN 1004
ICC (International Color Consortium) 957
ICH (I/O Controller Hub) 331
ICS (Internet Connection Sharing) 1079
id Software 834
IDE (Integrated Drive Electronics) 390, 391
IEEE 945
IEEE 1284 945
IEEE 1284.4 969
IEEE 1394 756
IEEE 1394a 757
IEEE 1394b 757
IEEE 802.11 1029, 1038
Image-Datei 542
ImageX 574
IMAP (Internet Message Access Protocol) 1092

Impact Printer 933
InCD 512
Infobereich 108, 109
Infrarot-Transceiver 1030
Infrastruktur-Modus 1034, 1044
Ink cartridge 936
Inkrementelle Sicherung 713
Inkrementelles Backup 713
Installations-CD 274
Installations-Manager 566
Installationsproblem 575
    Software 736
INT13 400
Integer-Einheit 184
Integrated Drive Electronics 391
Integrität 41
Intel 178
Intel Core 2 205
Internet
    TCP/IP 1063
Internet Explorer 1086
    Sicherheitseinstellungen 1090
Internet-Handel 1090
Internetverbindungsfreigabe 1079
Interrupt 300
Interrupt-13-Erweiterungen 400
INT-Leitung 300
Inverter 797
IO/MEM 297
IOAPIC 300
IOH (I/O Hub) 331
IP
    öffentliche-Adresse 1080
    private-Adresse 1080
IP-Adresse 998
    statische 1005
IP-Adressklassen 998
iPAQ Bluetooth Manager 1053
IPC$ 667
IPCONFIG 1007
IPMP (Intellectual Property Management and
    Protection) 516
IPSec 1144
IPX/SPX-Protokoll 994
IR-AP (Infrared-Access Point) 1041
IRC (Internet Relay Chat) 1105
IrDA (Infrared Data Association) 899, 1029, 1040
IRQ (Interrupt Request) 299
ISA (Industry Standard Architecture) 292
ISA-Bus 291
ISDN (Integrated Services Digital Network) 1074
ISM (Industrial, Scientific and Medical) 1038
ISO-9660 509
ISO-Abbild 527
ISOBuster 509
ISO-Datei 527
ISO-Image 527, 532
ISP 1004

ISP (Internet Service Provider) 1064
Itanium 98
Itanium 2 202
ITU (International Telecommunication Union) 1068

J

Jack Sensing 872
Java 1088
Java ME (Java Platform, Micro Edition) 534
Java-API 534
JBOD (Just a Bunch of Disks) 413
Joliet 509
Joule 356
Jugendschutz 648
JustLink 533

K

K6 194
K6-2 194
K6-III 194
Kabelsalat 52
Kabelverbindung (Internet) 1076
Kabinettdatei 486
Kalibrierung
　Drucker 957
Kaltgerätestecker 352
Kaltkathodenlampe 797
Kanten 835
Kantenglättungsverfahren 952
Kartenleser 506
Kathodenstrahlröhre 784
Kazaa 1129
Kennwort 42, 649
Kennwortrücksetzdiskette 650, 669
Kerberos 1142
Klassenobjekt 127
Kleiderordnung 40
Klirrfaktor 859
Knoten 994
Koaxialkabel 986
Kombi-Netzwerkkarten 982
Kommandozeile 89
Kommunikation
　serielle 1067
Kompaktkamera 773
Kompatibilitätscenter
　Windows Vista 549
Kompatibilitätsmodus 100, 737
Komponenten-Anschluss 819
Kompressionsverfahren 516
Komprimierungsstatus 629
Konsolenstruktur 139
Kontextmenü 134
Kontingent 453
Konvergenz 842
Konvergenzabweichung 842

Koronadraht 940
Kugellager 374
Kühlkörper 215
KVM-Umschalter 779

L

L1-Cache 186
L2-Cache 186
Laminierung 937
LAN (Local Area Network) 973
Landezone 389
Lands 507
Landscape-Darstellung 831
Landschaftsmodus 831
Lane 295
Laserdisc 514
Laserdrucker 938
　Arbeitsspeicher 942
　Auflösung 952
　Aufwärmphase 961
　Fehlerbehebung 964
　Geisterbilder 966
　Ozonfilter 942
　Wartung 965
　Wartungskits 965
Latenz 859, 1097
Lauffeld 385
Laufwerk wechseln (Eingabeaufforderung) 609
Laufwerke
　optische 506
Laufwerksbuchstabe 435, 604
Laufwerkverschlüsselung 670
Lautsprecher 864
Lautstärkeregelung 874
Lavasoft 1131
Layer-3-Switch 1023
LBA (Logical Block Adressing) 395, 396
LCD 790
LCD (Liquid Crystal Display) 790
LCD-Bildschirm 790, 894
LED-Backlight 797
Leerlaufprozess 699
Legacy I/O Controller Hub 331
Legacy-free-computing 496
Leistungsdatenprotokolle und Warnungen 703
Leistungsindex 566
Leistungsindikator 700
Leistungsindikatorenprotokolle 703
Leistungskonsole 700
Leistungsoptionen 697
Leiterbahn 321
Letzte als funktionierend bekannte Konfiguration 731
Leuchtdioden-Hintergrundbeleuchtung 797
LFN (Long File Names) 602
LFX12V 366
LGA (Land Grid Array) 198
LGA 1366 207

Stichwortverzeichnis

Lichtleitfähigkeit 938
Li-Ion-Akku 919
Linearmotor (Festplattenlaufwerk) 386
Line-In 859
Line-Interactive-USV 357
Line-Out 859
Link lights 983
Linksys 1080
Linux 59, 899
Liquid crystals 791
LiveCD 1137
Lizenzbedingungen 543, 558
LNB (Low Noise Block Converter) 887
Lochmaske 787
Log-Datei 154
Logische Geometrie 396
Logisches Laufwerk 431
Logo'd Product List 307
Lokale Freigabe 667
Lokale Sicherheitseinstellungen 1121
Lokales Benutzerkonto 636
Lokales Netzwerk 973
Loopback 999
Loopback-Stecker 1021, 1069
Löschlampe 940
Low Profile Extended 324
Lowlevel-Formatierung 441
LPT 303
LPX 324
Lüfter 215
Lumen 802

M

MAC (Media Access Control) 976
MAC-Adresse 976, 993
MAC-Adressfilter 1036, 1057
MAC-Filter 1036, 1047
Magnetblasenspeicher 389
Magnetjoch 784
Mainboard 79
    einbauen 340
    Kabelanschluss 342
Malware 1127, 1168
Mapping 1013
Masseleitung 351
Master 417
Master-CD 507
Master-Installationsdatei 573
Matrix
    aktive 795
    Dual-scan-Matrix 795
    passive 795
Matrixdrucker 934
MAU (Media Access Unit) 979
Maus 72
MBR (Master Boot Record) 430, 586, 590
MCA (Micro Channel Architecture) 292

MCC (Memory Controller Chip) 175, 225, 255
MCH (Memory Controller Hub) 331
MD (Befehl) 610
Megapixel 772
Mehrkern-Prozessor 204
Mehrzweckregister 167
MEM.EXE 612
Memory addressing 306
Memory Controller Chip 175
Memory Stick 505
Memoryeffekt 918
Memtest86 251
MFT (Master File Table) 448, 585, 586
Micro Secure Digital 504
MicroATX-Formfaktor 326
MicroBTX 328
Microdrive 503
Micro-PGA 202
MicroSD 504
Microsoft 596
Microsoft Security Essentials 1168
Microsoft Update Tool 679
Microsoft Windows 95 OSR2 447
Microsoft Windows Logo 311
Microsoft-Produktaktivierung 546
MIDI (Musical Instrument Digital Interface) 854
Migration 578
Migration des Benutzerstatus 582
Mikro-DIMM 230
Mikroprozessor 77, 163
MIMO (Multiple In/Multiple Out) 1039
Mini Secure Digital 504
Minianwendung 118
Mini-Audiostecker 68
Mini-DIN-Anschluss 64
Mini-ITX 346
Mini-Molex-Stecker 500
Mini-PCI 294
Mini-PCI-Bus 917
MiniSD 504
Mini-USB-Stecker 772
Mirroring 335
MKDIR (Befehl) 610
MKLINK 740
MLC (Multi-Level Cell) 390
MMC 150, 505
MMC (Microsoft Management Console) 150
MMORPG (Massively Multiplayer Online Role-Playing Game) 1104
MMX (Multimedia Extensions) 193
Mobile Celeron 208
Mobilfunknetz 1042
Mobiltelefonnetz 1042
Modem 73, 1066
    Standards 1068
Modulator/Demodulator (Modem) 1066
Molex-Stecker 360
Monitorproblem 840

Stichwortverzeichnis

Motion Compensation 516
Mount Rainier 512
MOVE (Befehl) 618
Mozilla Firefox 1086
MP3 516, 853
MPA (Microsoft-Produktaktivierung) 546
MPAA (Motion Picture Association of America) 528
MPEG (Moving Picture Experts Group) 515
MPEG-1 516
MPEG-1 Layer 3 516
MPEG-2 515, 516, 879
MPEG-21 516
MPEG-4 516, 879
MPEG-7 516
MPEG-TS (MPEG-2 Transport Stream) 880
MSAU (Multistation Access Unit) 979
MS-CHAP 1143
MS-DOS 89, 596
    Laufwerk wechseln 605
MSINFO32.EXE 687
MSSE 1168
Mülltonne 1112
Multiboot 433, 541
Multiboot-Installation 540
Multicore-CPU 204
MultiMediaCard 505
Multimeter 353
Multipanel-Kartenleser 772
Multiplikator 193
Multisession-Laufwerk 511
Multi-Word-DMA 398
Music-CD-R 514

N

Nachfassaktion 48
Nachrichtengruppe 1094
Nadeldrucker 934
NAP (Network Access Point) 1062
NAT (Network Address Translation) 1080
Native Auflösung 798
Native Befehlswarteschlange 403
Navigationsfenster 112
NCQ (Native Command Queuing) 403
Nehalem 207
Nero Burning ROM 526
Nero Info Tool 508
NET (Befehl) 1016
NetBEUI 993
Netbook 897
NetBurst 198
.Net-Framework 736
NETSTAT 1094
Netzfrequenz 799
Netzschalter 376
Netzteil 80, 349
    Spannungstoleranz 376
Netzteillüfter 371

Netzteil-Tester 376
Netzwerk
    Aktivitäts-LED 984
    Frame 976
    LED-Statusanzeige 983
    lokales 973
    Namenskonventionen 1025
    Packet 976
    Pakete 976
    persönliches 1041
    Rahmen 976
Netzwerk- und Internetverbindungen 1071
Netzwerkadapter 974
Netzwerkberechtigung 1013
Netzwerkbetriebssystem 987
Netzwerkdrucker 947, 1017
Netzwerkkarte 72
Netzwerkname 1035
Netzwerkprotokoll 993
Netzwerkressource
    abbilden 1013
Netzwerkschicht 1023
Netzwerktechnologie 976
Netzwerktopologie 974
Neuer Drucker 953
Neuinstallation 540
Newsgroup 1094
Newsreader 1094
Newsserver 1094
Nibble 173
NIC (Network Interface Card) 72, 974
Ni-Cd (Nickel-Cadmium) 918
Ni-MH (Nickel-Metallhydrid) 919
Nits 798
NLX-Formfaktor 324
NMI (Non-Maskable Interrupt) 249
NNTP (Network News Transfer Protocol) 1094
Node 994
Normale Sicherung 713
Northbridge 255
Norton Ghost 146, 542, 574
Norton Unerase 618
NOS (Network Operating System) 987
NOTEPAD.EXE 621
Notfalldiskette 709
NSLOOKUP 1008
NT File System 448
NTBACKUP 707
NTBackup 714
NTBOOTDD.SYS 585
NTBTLOG.TXT 588, 730
NTDETECT.COM 585, 586, 589, 722
NTFS 448
    Sicherheitseinstellungen 657
NTFS-Berechtigung 654, 1012
NTFS-Dateisystem 90
NTFS-Zugriffssteuerung 95
NTLDR 585, 586, 722

NT-Loader 586
NTOSKRNL.EXE 589, 591
NTSC 515
NTSC (National Television Systems Committee) 799
NT-Startmenü 586
Nullmodemkabel 986
nVidia 815
NWLink 994

O

Oberflächenstrukturen 816
Oberschwingungen 367
Objektzugriffsüberwachung 1126
OCR (Optical Character Recognition) 768
Öffentlich (Ordner) 665
Öffentliche IP-Adresse 1080
Ogg 880
OGG-Dateiformat 855
Ohm 350
Oktette 998
OLGA (Organic Land Grid Array) 202
Online-USV 357
Opera 1107
Opteron 202
Optimierung 687
Option ROM 273
Optionen 606
Optischer Datenträger 506
Optischer Zoom 773
Optisches Laufwerk 82
Orange Book 533
Ordner 604
    Aliasnamen 122
Ordnerberechtigung 655
Ordnerliste 112
OS (Operating System) 58, 537
OSI-Schichten-Modell 1023
Outlook Express 1092
Ozonfilter 942

P

P8/P9 323
PAC (Pin Array Cartridge) 201
Packet Writing 512
PacketFence 1136
Page File 130, 240
Paket 974
PAL (Phase Alternating Line) 515, 799
Palette 846
Palm WebOS 899
Palomino 197
PAN (Personal Area Network) 1041
PAP (Password Authentication Protocol) 1142
Papierkorb 117, 482
Papierstaub 964
Papst 373

Parallele Schnittstelle 74, 945
Parallelverarbeitung 204
Paritätsbit 238
Paritätsdaten 411
Paritätsfehler 248
Parity-RAM 238
Partition 429
    aktive 434
    erweiterte 435
    verborgene 437
Partitionen
    erweiterte 431
    primäre 430
Partitionieren 429
Partitionierungsfehler 484
PartitionMagic 438, 489
Partitionstabelle 430
Passive Matrix 795
Password Clearer 1168
PATA (Parallel Advanced Technology Attachment) 82, 391
Patch 577, 677
PATH 625
PC Card 905
    Typ I, II, III 906
PCB (Printed Circuit Board) 54, 80
PC-Bus 290
PCI (Peripheral Component Interconnect) 292
PCI Express 295, 814
PCI Express Mini Card 295
PCIe 295, 814
PCI-X (PCI eXtended) 294
PC-Karten 905
PCL (Printer Control Language) 944
PCM (Pulse Code Modulation) 853
PCMCIA (Personal Computer Memory Card International Association) 905
PDA (Personal Digital Assistant) 898
    Datensynchronisation 899
PDL (Page Description Language) 944
PDP (Plasma Display Panel) 846
PE (Preinstalled Environment) 1138
Pearson/VUE 32
Peer-to-Peer-Modus 1034
Peer-to-Peer-Netzwerk 988
Pen-based computing 899
Pentium 178, 190
Pentium 4 198
Pentium 4 Extreme Edition 199
Pentium D 204
Pentium Dual-Core 208
Pentium II 193
Pentium III 195
Pentium Pro 190
PepiMK 1131
PERFMON.MSC 700, 705
Peripheriegerät 62
Perpendicular Recording 386

Personal RAID 416
Persönliche Dokumente 122
Persönlicher Ordner 116
Persönliches Netzwerk 1041
Pfadeinstellungen 625
Pfadname 605
PGA (Pin Grid Array) 79, 180
Phenom 206
Phenom X4 206
Phishing 1113
Phoenix Technologies 264, 265
Phosphor 784
    Nachleuchten 784
Phosphorart 787
Phosphorelement 787
Physische Geometrie 396
PIC 301
PicoBTX 328
Picture elements 788
Piepton 276
PING 1000, 1007, 1097
Pinnacle Blue Box 876
PIO (Programmed I/O) 393
PIO-Modi 398
PIO-Modus 393
Pipeline 183
Pipeline-Stalls 184
Pixel 788
Pixelabstand 789
Plasma 846
Platine 54
Platzhalterzeichen 615
Plenum 982
Plug&Play 293, 297
PMPO 865
Polygon 835
Polyphonie 854
POP3 (PostOffice Protocol version 3) 1092
Port 1000
Porträt-Darstellung 831
Porträtmodus 832
Portreplikator 910
Positional Audio 863
Positionierungsarm 386
POST (Power-On Self Test) 276
POST-Karte 277
Power Conditioning 357
Power Good 278
Power-Cycling 959
PowerDVD 526
PowerNow! 201
PPP (Point-to-Point-Protocol) 1073
PPTP (Point-to-Point Tunneling Protocol) 1102
Prescott 198
Presler 204
PRI (Primary Rate Interface) 1074
Print spooler 951
PRINT$ 667
Private IP-Adresse 1080

PRML (Partial Response Maximum Likelihood) 385
Product Key 460
Produktaktivierung 546
Produktschlüssels 460
Programm 172
Programme hinzufügen/entfernen 735
Programme und Funktionen 735
Projektionsdistanz 802
Projektor 800
Projektortechnologie 801
Prometric 32
Prompt 596
Propagieren von Berechtigungen 657
Protokolldatei 154, 577
Prozessor 163
Prozessorsockel 79
PS/2-Anschluss 325
PSK (Pre-Shared Key) 1044, 1048
PSU (Power Supply Unit) 349, 350
Public IP Address 1080
Pufferleerlauf 532

Q

QDOS 596
QPI (QuickPath Interconnect) 207
Quadword 173

R

RADIUS-Server 1048
RAID (Redundant Array of Independent Disks) 335, 412
RAID-5-Volume 436
RAM (Random Access Memory) 79, 173, 223
    dynamisches 174
    statisches 186
Rambus 232
Rambus DRAM 231
RAM-Cache 130
RAMDAC 804
RAM-Testgerät 250
Random Access Memory 173, 223
RAS (Row Array Strobe) 238
Rasterbild 944, 951
Rasterzeilen 785
Raumkorrektur 875
Rauschabstand 859
RD (Befehl) 611
RDRAM 231
ReadyBoost 426
RealMedia 855
Rechte 313
Recovery-Partition 591
Recycling 584
Red Book 533
Refresh Rate 786
REGEDT32.EXE 126
Regionalcode 528

Register 166, 171
Register-DRAM 239
Registrierung 125, 546
   bereinigen 680
   wiederherstellen 728
Registrierungsdateien 728
Registrierungsdatenbank 274
Registrierungs-Editor 125
Registry 274
Reinigungskit (CD/DVD) 530
Reinigungsrakel 948
Remotedesktop 94, 1098
Remotedesktopbenutzer 651
Remoteinstallationsdienste 542
Remoteverbindung 1101
REN 617
Reparaturinstallation 576
Reparaturumgebung 1139
Replikations-Operator 651
Ressoucenfreigabe 1011
Ressourcenübersicht 704
RET (Resolution Enhancement Technology) 952
RFI (Radio Frequency Interference) 51, 357
RFID (Radio Frequency Identification) 1118
RG-58-Kabel 978
RGB-Farbmodell 957
Richtlinie 1121
RightMark 3DSound 890
RIMM 231
Ring-Topologie 975
RIP (Raster Image Processor) 951
RIS (Remote Installation Services) 542
Riser-Karte 324
RJ-11 981
RJ-45 981
RJ-Anschluss 68
RLL (Run Length Limited) 385
RM-Dateiformat 855
RMDIR (Befehl) 611
RMS 865
Rock Ridge 509
ROM (Read-Only Memory) 261
Romero, John 834
Router 1000
RRAS (Routing and Remote Access Service) 1102
RTS (Ready To Send) 1069
RTS/CTS 1069
RTS/CTS-Protokoll 1033
Rückprojektor 800
Ruhezustand 921, 922, 925
Run 385

S

S.M.A.R.T. (Self-Monitoring Analysis and Reporting Technologies) 398
S/PDIF (Sony/Philips Digital Interface) 821, 863
S/PDIF-Anschluss 71
Sackkarre 53

Sammlungssatz 704, 706
Sampling 852
Sampling-Rate 852
Sanierung 1138
SATA 361
SATA (Serial Advanced Technology Attachment) 82
SATA (Serial ATA) 391, 401
SATA-Bridge 403
Satelliten-Latenz 1078
Satellitenverbindung (Internet) 1078
Scancode 258
ScanDisk 479, 685
Scanner 766
SCART 820
Schädlingsprogramm 1168
Schalter 606
Schicht
   physische 1023
Schichten-Modell 1023
Schnellstartleiste 110
Schnittpunktbeschreibung 834
Schnittstelle
   parallele 945
   serielle 746
Schnurlostelefon 1051
Schreibkompensation 389
Schrittmotor (Festplatte) 386
Schutzfehler 250
SCSI (Small Computer System Interface) 82, 390, 405
SCSI-Controller 405
SCSI-Festplatte 585
SCSI-ID 408
SCSI-Kette 405
SD (Secure Digital) 771, 900
SD (Standard Definition) 799
SDHC (Secure Digital High Capacity) 771
SDHC-Karte (Secure Digital High Capacity) 505
SD-Karten 504
SDRAM 230
SDR-SDRAM 232
SDXC-Karte (Secure Digital Extended Capacity) 505
SEC (Single Edge Cartridge) 193
Secure Digital 504
Secure Sockets Layer 1144
Seitenfehler 249
Seitenverhältnis 894
Sektor 440
Sektor (Festplatte) 388
Sektoren
   defekte 440
Sektorübersetzung 395, 396
Sektorübersetzung (Festplatten) 395
Sendestrahlsteuerung 1039
Senkrechte Aufzeichnung 386
Sensibilität 44
SEP (Single Edge Processor) 208
Serial ATA 401
Serielle Kommunikation 1067
Serielle Schnittstelle 74

Stichwortverzeichnis

Server 974
   dedizierter 988
Service Pack 577
Services 260
SET 625
SETUPLOG.TXT 577
SFC (System File Checker) 628, 734
SFF (Small Form Factor) 346
SFX12V 366
SGRAM 818
Shared Desktop 1100
Shared Memory 914
Shunt 219, 281
Shuttle Form Factor 345
Sicherheitscenter 147
Sicherheitseinstellungen 1012
Sicherheits-Patch 1133
Sicherheitsschlüssel 1047
Sichern und Wiederherstellen 714
Sicherung 144, 351
Sicherungs- und Wiederherstellungs-Assistent 707
Sicherungskopie 713
Sicherungs-Operator 651
Sicherungsschicht 1023
Sichtbarer Bereich 803
Sidebanding 813
Sieben W-Fragen 1055
Signal/Rausch-Verhältnis 859
Signallaufzeit 295
Signatur 1135
Simple File Sharing 651
Single Word DMA 393
Single-Link-DVI 805
Single-session-Laufwerk 511
Sitzungsschicht 1023
Skype 774
SL (Single-Layer) 515
Slates 901
Slave 417
SLC (Single-Level Cell) 390
Sleep-Timer 923
Slimline-Formfaktor 324
Slipstreaming 574
Slot 2 209
SLR-Kamera 773
Smart Battery 920
Smart Recovery 576
Smartcard 1117
SmartMedia 504
Smartphones 898
Smithfield 204
SMM (System Management Mode) 200, 921
SMTP (Simple Mail Transfer Protocol) 1092
Snap-Ins 150
SNR (Signal-to-Noise Ratio) 859
Social Engineering 1112
Sockel 7 194
Socket 8 192

Socket AM2 205
Socket Services 908
SO-DIMM 912
   installieren 247
SO-DIMM (Small Outline DIMM) 230
Softpower 326, 362
Software 263
   entfernen 689
   installieren 688
Solid-State Drive 389
Sonderzeichen 621
Sound (Applet) 868
Sounds und Audiogeräte 868
Sounds und Multimedia 868
Southbridge 256
Soziale Manipulation 1112
Spam 1131
Spanning 435
Spannung 350
Spannungsabfall 356
Spannungsschiene 364
Spannungsschwankung 356
Spannungsspitze 356
Spannungstoleranz (Netzteil) 376
Spannungswandler 189, 352
SPD-Chip 245
SpeedFan 374
SpeedStep 201
Speicher 172, 223
Speicheradressen 306
Speicheradressierung 306
Speicherbank 230
Speicherkarte 502, 503
Speichermodul 79, 227
Speichertestprogramm 251
Spiegelreflexkamera 773
Spiegelung 335
SpinRite 487
Splitter 361
Spread-Spectrum 1038
Sprunganweisung 172
Sprungvorhersage 187
Spybot Search & Destroy 1131
Spyware 1128
SRAM 186
SS (Single-Sided) 514
SSD (Solid-State Drive) 389
SSE (Streaming SIMD Extensions) 195
SSE-Befehlssatz 197
SSI (Server System Infrastructure) 364
SSID (Service Set Identifier) 1035
SSL 1144
Stammverzeichnis 439
Standarddrucker 955
Standardgateway 1003, 1065
Standardordner 122
   Aliasnamen 122
Standby-USV 357

1212

Startprotokollierung 730
Statische Ladung 794
Stealth-Virus 1135
Stecker 63
Steckverbinder 63
Stepper-Motor 386
Stern-Bustopologie 978
Stern-Topologie 975
Stiftcomputer 899
Stiftscanner 778
STP (Shielded Twisted Pair) 980
Streaming-Media 856
Streaming-Protokoll 1073
Strichcode 777
Stripeset 476
Stripeset-Datenträger 412
Stripeset-Volume 436
Striping 335, 412
Stromregelung 357
Stromstärke 350
Stylus 900
Sublimation 937
Subnetzmaske 999
Subpixel 792
Subwoofer 858
Super I/O-Chip 330
Superfetch 426
Superskalarität 191
Surround-Sound 71
SVGA 811
Swap File 130, 240
Swap-Partition 437
Switch 979
SXGA 811
SXGA+ 811
Syntax 606
SYSPREP 575
System Commander 433
System Update Readiness Tool 679
Systemablage 108, 109
System-BIOS 262
Systemdatei 585, 734
Systemdatenträger 279
Systemeinheit 62
Systeminformationen 687
Systemkonfigurationsprogramm 686
Systemmonitor 701, 705
Systempartition 585
Systemprogramme 143
Systemressourcen 296
System-ROM-Chip 261
SystemRoot 121
%systemroot% 667
Systemstartreparatur 721, 1139
Systemsteuerung 136
Systemtakt 170
Systemtaktgeber 170
Systemupdate-Vorbereitungstool 679

System-Volume 585
Systemvorbereitung 575
Systemwiederherstellung 147, 688, 715, 721, 735, 1139
Systemwiederherstellungsoptionen 720

T

T13 391
T1-Leitung 1074
Tablet-PCs 900
Tägliche Sicherung 713
TAKEOWN 740
Taktfrequenz 169, 188
Taktgeschwindigkeit 231
Taktleitung 168, 289
Taktvervielfachung 188
Taktzyklus 168
Taskleiste 108
Task-Manager 699
    starten 881
    Tastenkombination 881
Tastatur 760
    Scancode 258
Tastaturcontroller 258
TCP/IP 994
    Einstellungen 1002
    Hilfsprogramme 1007
TCP/IP-Dienst 1000
Technical Committee T13 391
Technischer Jargon 41
Techno-babble 41
TELNET 1000
Telnet 1097
Temporäre Datei 482
Temporäre Internetdateien 482
Terminaladapter 1074
Terminalemulation 1098
Terminierung 408
Textur 835
Texturen 816
Texturierung 835
TFT (Thin Film Transistor) 795
TFX12V 366
Theora 879
Thermodirekt-Drucker 938
Thermowachsdrucker 938
Thoroughbred 197
Thorton 197
Threads 185
Throw 802
Thunderbird 196, 1092
TIA/EIA 980
TIA/EIA 568A 981
TIA/EIA 568B 981
Tieftöner 858
Tier 1062
Timbre 852

Stichwortverzeichnis

TIMEOUT 740
Time-Shifting 880
Tintenpatrone 936
Tintenstrahldrucker 935
TLD 1004
Toner 941
Tonerkartusche 940
Tonerzylinder 941
Tool 1167
Top Level Domain 1004
Toter Bereich 1037
Touchpad 896
Touchscreen 778
TPM (Trusted Platform Module) 272, 670
TRACERT 1009
Trackball 73, 895
Trackpoint 895
Transfer Key 583
Transferkorona 941
Transformation 835
Transformator 352
Transistor 189
Transmit Beamforming 1039
Transparenz 105
Transportschicht 1023
Trapezverzerrung 842
Treibersignatur 731
Treibersignaturoptionen 694
Treibersignierung 693
Treiberupdate 692
Triade 789
Trigger 683
Trinitron-Bildröhre 788
Triple-channel memory 236
Trojaner 1132
Trommel (Laserdrucker) 940
Troubleshooting-Theorie 1159
True Image 542
TrueCrypt 671
TrueImage 574
TrueMotion 879
Tunneling 1097
TurboCache 914
TV-Standardauflösung 886
TV-Tuner 886
TWAIN-Treiber 768
TxBF 1039
Typenraddrucker 933

U

UAC (User Account Control) 647, 686
UART (Universal Asynchronous Receiver/Transmitter) 746, 1067
UBCD 491
Übergreifendes Volume 436
Überspannungsschutz 356
Übertaktung 217
Übertragungsschlüssel 583
Überwachungstools 705
Ubuntu 1137
UDF (Universal Data Format) 512
UEFI (Unified Extensible Firmware Interface) 282, 590
Ultimate Boot CD 491, 1138, 1168
Ultra DMA 306, 399
Umdrehungen pro Minute (U/min) 425
Umlaute 621
UMTS (Universal Mobile Telecommunications System) 1043
UMTS/HSPA 1043
UNC (Universal Naming Convention) 1016
Unfallbericht 1166
Unicode 604
Unísono Net 1065
Unterbrechung 300
UPC (Universal Product Code) 777
Update 577
Updateratgeber 545
Upgrade 540, 541
Upgraderatgeber 548
UPS (Uninterruptible Power Supply) 357
USB 334, 748
    Full-Speed 749
    Hi-Speed 749
    Low-Speed 749
    Massenspeichergerät 754
    SuperSpeed 750
USB (Universal Serial Bus) 65
USB 1.1 749
USB 2.0 749
USB-Drucker 946
USB-Flash-Memory-Laufwerk 502
USB-Host-Controller 748
USB-Hub 751
USB-IF (USB Implementers Forum) 750
USB-Kabel 751
USB-Massenspeichergerät 772
USB-Root-Hub 749
USB-Speicherstick 502
USB-Standard 749
USB-Sticks 502
User State Migration Tool 582
USMT (User State Migration Tool) 582
USV (Unterbrechungsfreie Stromversorgung) 357
Utility 1167
UTP
    TIA/EIA-Farbcodierung 981
UTP (Unshielded Twisted Pair) 978
UXGA 811

V

V.90 1068
V.92 1068
Valve Software 1104
VC-1 879